基本案情・裁判要旨・疑难问题・学理研究・结论性观点

集萃200期《月旦法学》杂志的刑事法判例

《月旦法学》
刑事法判例研究汇编

CASE BOOK OF YUE DAN TAIWAN
LAW REVIEW CRIMINAL LAW VOLUME

北京师范大学刑事法律科学研究院　《月旦法学》杂志编委会 / 编

主　编　赵秉志　　执行主编　左坚卫

参编人员　王　帅　肖志平　张圆国

北京大学出版社
PEKING UNIVERSITY PRESS

图书在版编目(CIP)数据

《月旦法学》刑事法判例研究汇编/赵秉志主编. —北京:北京大学出版社,2016.7
ISBN 978-7-301-25342-7

Ⅰ.①月… Ⅱ.①赵… Ⅲ.①刑事犯罪—案例—汇编—中国 Ⅳ.①D924.05

中国版本图书馆 CIP 数据核字(2015)第 005430 号

简体中文版由元照出版有限公司(Taiwan)授权出版发行。

书　　　名	《月旦法学》刑事法判例研究汇编 《Yuedan Faxue》Xingshifa Panli Yanjiu Huibian
著作责任者	赵秉志　主编
策 划 编 辑	陆建华
责 任 编 辑	王建君
标 准 书 号	ISBN 978-7-301-25342-7
出 版 发 行	北京大学出版社
地　　　址	北京市海淀区成府路 205 号　100871
网　　　址	http://www.pup.cn　http://www.yandayuanzhao.com
电 子 信 箱	yandayuanzhao@163.com
新 浪 微 博	@北京大学出版社　@北大出版社燕大元照法律图书
电　　　话	邮购部 62752015　发行部 62750672　编辑部 62117788
印 刷 者	北京中科印刷有限公司
经 销 者	新华书店 730 毫米×1020 毫米　16 开本　33 印张　866 千字 2016 年 7 月第 1 版　2016 年 7 月第 1 次印刷
定　　　价	139.00 元

未经许可,不得以任何方式复制或抄袭本书之部分或全部内容。
版权所有,侵权必究
举报电话: 010-62752024　电子信箱: fd@pup.pku.edu.cn
图书如有印装质量问题,请与出版部联系,电话: 010-62756370

判例是实践中的法律和法理(代序)

赵秉志*

一、发展中的大陆案例指导制度

案例"是总结审判经验、诠释法律精神的重要载体"①。尽管我国的法律体系通常被归入以成文法典为表现形式的大陆法系的范畴,至少更类似这一法系,但是,不可否认的事实是,司法机关在刑事审判中其实一直很重视先例。如果此前存在过类似的生效的法律判决,法官在作出判决的时候,底气就足得多。对先例的重视甚至遵循,已经跨越法系的藩篱,成为当代世界各国或地区法律界的共识。

为了加强对地方法院特别是基层法院刑事审判工作的指导,最高人民法院在发布大量司法解释的同时,还不断探索和实践具有中国特色的案例指导制度。"自人民司法制度建立以来,人民法院就一直重视案例指导,通过编发典型案例的方式指导审判工作。"②这种指导方式曾存在以下表现形式:

(1)最高人民法院分类汇编案例,以内部文件的形式印发各地法院执行;

(2)最高人民法院以文件形式印发《刑事犯罪案例选编》,指导当时的"严打"斗争;

(3)最高人民法院在《最高人民法院公报》上公开向社会发布案例,供各级人民法院学习、参照;

(4)最高人民法院中国应用法学研究所编辑系列的《人民法院案例选》,国家法官学院、中国人民大学法学院联合编辑《中国审判案例要览》,最高人民法院各刑事审判庭编辑《刑事审判参考》等连续出版物,刊发大量典型案例,供人民法院参考;

(5)《人民法院报》开设"案例指导"专栏,《人民司法》杂志社编辑《人民司法·案例》杂志,刊登典型疑难案例,供各级人民法院参考;

(6)最高人民法院发布指导性案例,指导各级人民法院开展刑事审判工作。

从法律效力的角度看,以上述指导方式发布的案例中,第一类和第六类具有法律约束力,各级人民法院必须按照案例所体现的裁判原则审判案件,其他各类案例的判决结果和判决理由则仅具有参考价值。不过,在司法实务中,第二类和第三类案例也具有很强的指导作用,各级人民法院通常会遵照有关案例确立的原则开展审判工作。

可以预见,随着案例指导工作的制度化、规范化,以及最高人民法院发布的指导性案例的不断增加,我国的案例指导制度将逐步健全和完善,对刑事司法审判工作的指导作用也会逐渐增强。

---

* 北京师范大学刑事法律科学研究院暨法学院院长、教授、博士生导师,中国刑法学研究会会长。

① 陈兴良、张军、胡云腾主编:《人民法院刑事指导案例裁判要旨通纂》,北京大学出版社2013年版,序一,第1页。

② 同上注。

二、中国(大陆)刑事审判面临的问题

经过多年的探索和实践,中国刑事审判质量有了很大程度的提高,但离现代法治社会的要求还有很大的差距。法院作出的刑事判决的权威性还有很大的提升空间,法院和法官要得到公众的肯定还有很多工作要做。张明楷教授就提出了这样的疑问:"中国的电视剧总是将警察、检察官与法官描写得很伟大,但公众还是不信任法官,司法依然缺乏权威性和公信力。这是为什么?"①

法院是否具有权威性和公信力,是由其作出的裁判是否具有权威性和公信力决定的。就刑事审判而言,导致法院缺乏权威性和公信力的主要原因有两个:其一,法院作出的部分刑事裁判结果缺乏公正性及合法性,因而缺乏权威性和公信力。其二,案例的主要载体即人民法院作出的裁判文书的说理性不够。关于法院作出的部分刑事裁判结果缺乏公正性及合法性的案例可以举出很多,限于篇幅,不展开论述。在此想要重点关注的是刑事裁判文书说理性不够的问题。就在此时,我的案头就有这样一份某地方法院的一审判决书。根据判决书的记载,这是一起被告人涉嫌职务侵占罪或者诈骗罪的案件,判决书厚达30多页,可是,整份判决书竟然完全没有按照刑法以及刑法学理论关于诈骗罪或者职务侵占罪的成立条件来分析被告人的行为性质,而是东拉西扯,顾左右而言他,最后竟然糊里糊涂得出一个被告人的行为不构成犯罪的判决结论。整份判决书思路不清、逻辑混乱,完全不讲法律和法理。可以想象,被害人拿到这样一份法院判决书,内心一定十分愤怒,法院在其心目中的权威性和公信力自然荡然无存。尽管最高人民法院已经下了很大力气来提升法院判决的析法说理的水平,但是,像我案头这样不讲理、不讲法的刑事判决书在当前的刑事司法实务中并不罕见。我在编辑《刑事法判解研究》过程中,经常会为寻找刑事判决书中的裁判要旨,亦即判决书的说理部分犯愁,因为不少判决书中根本就没有像样的说理部分。案件中明显、重要的争议问题,在法院的判决书中经常无影无踪。② 不直面问题,不解决争议,不尊重事实,不析法说理,这样的刑事审判怎么可能具有权威性和公正性?

提升我国刑事审判质量面临的一个严峻问题是,许多法官至今依然不知道如何在刑事判决书中根据证据能够证明的案件事实析法说理。法官不知道如何在刑事判决书中析法说理的具体表现是:

(1)对控辩双方争议的焦点把握不准。在一些判决书中,辩护人所发表的辩护意见的关键理由被忽略,定案的关键事实被忽视,留下的是经过取舍的无关痛痒的辩护理由,以致看不到控辩双方争议的焦点。这种对焦点的把握不准有时是故意而为之。正如张明楷教授所说,在目前的刑事审判活动中,"就相同案件而言,如果甲法官要认定为盗窃罪,他就会按盗窃罪的构成要件描述案件事实,如果乙法官要将其认定为诈骗罪,他就会按诈骗罪的构成要件描述事实,阅读判决书的人一般不可能看出其中存在的问题"。③ 这是因为,存在的问题已经被法官刻意隐瞒。

(2)对案件证据运用不当。迄今在许多判决书中,用以证明案件事实的证据都是被罗列和堆砌在一起,看不出哪些证据是用来证明法官所认定的哪项案件事实的。众所周知,定案是以事实为根据的,事实是需要证据来证明的,在判决书中找不到认定某一案件事实的证据,人们当然就会怀疑法官在胡乱下判,法院的判决也就无法服人了。

(3)对争议问题的法理阐述不够透彻。在刑事诉讼中,控辩双方的争论焦点,往往也是定案

---

① 张明楷:《刑事司法改革的片断思考》(一),载《现代法学》2014年第2期。
② 同上注。
③ 同上注。

的难点。因此,对争论焦点问题的明确回答和对为何如此处理的充分阐释,决定着判决是否做到了以理服人,是否经得起检验。恰恰在这一关键问题上,许多法官做得很不到位。在判决书中,对控辩双方争论的焦点、定案的难点等关键问题,经常是三言两语简单带过,缺乏逻辑严谨、理论深入的阐述。例如,某法院在对一起贩卖毒品的共同犯罪案件进行裁判时,对事关生死的两名共同犯罪人在犯罪中的地位和作用问题进行阐述时,仅仅用了百十来字,简单指出两名被告人在共同犯罪中的作用和地位相当,不宜区分主从,然后对两名被告人均判处死刑。而实际上,其中一名被告人只是居间介绍贩毒,从其在犯罪中所起作用和所处地位来看,不宜判处死刑。如此缺乏说理环节的死刑判决,怎么会具有权威性,又怎么能让人相信其判决结果是公正的呢?更不用说对刑事司法权威性和公信力的损害了。

我们需要时刻铭记英国著名哲学家培根在《论司法》中的这一警句:一次不公正的判断比多次不平的举动为祸尤烈,因为这些不平的举动不过弄脏了水流,而不公的判断则把水源败坏了。① 影响极大的杜培武、佘祥林、赵作海、"张氏叔侄"等冤错案件就是例证。这些冤错案件对中国刑事司法乃至整个司法系统权威性和公信力造成了长期、深度的损害,需要我们付出百倍的努力才可能慢慢弥补。以赵作海冤案为例,该案从侦查阶段的刑讯逼供、超期羁押,到检察阶段的证据不足审查起诉,再到司法判决的疑罪从轻,整个刑事诉讼过程岂止是一次"不公正"的裁判所能概括的。在冤案形成的背后,是司法理念的错位、程序正义的缺失、法律保障的空乏、责任追究的无奈。②

由于审判人员对法理掌握不扎实,难以结合案情对自己作出的裁判结果展开充分的说理,现阶段很难指望法官作出具有开创性的裁判。这是可以理解的。在成文法国家,法官本来就在一定程度上被视为贯彻执行法律的机器,对法官自由裁量权始终保持着高度警惕和严格限制的态度。这样的法律文化背景再加上自信心不足,法官为了避免麻烦,自然很少发挥主观能动性,作出具有一定风险甚至风险很大的开创性的裁判。

三、中国(大陆)刑法案例法理研究的价值及现状

基于我国刑事司法的上述现状,刑法理论界对典型案例进行深度研究,对判决结果和判决理由展开有理有据的剖析,就显得尤为重要和十分紧迫。要知道,法律的活力和价值都必须通过其在实践中的运用才能得到体现。法律如果不在实践中被适用,在适用中被解释,在解释中获得生命,就会成为一堆僵死的文字,甚至成为法制被践踏的证据。对已经发生的刑事案件如何适用法律作出符合法理与情理的判断,对已经作出的刑事裁判在适用法律方面是否妥当进行反思和拷问,是赋予刑事法律以生命,实现刑事法律之价值,建立现代法治社会的必由之路。刑法学是一门应用法学,不以现实生活中发生的具体案件作为研究对象,容易陷入抽象的空谈,不但于刑事司法实践无益,而且有害于刑法学本身的发展。"只学习理论与概念,不再从事于实例之检讨与分析,无法学以致用,更难以期待洞悉理论者将其所学用以解决实际之问题。"③

因为如此,我很早就开始关注刑法案例研究,并主编和出版了系统而有一定规模的研究成果,即9卷本的《中国刑法案例与学理研究》(法律出版社2001年4月版),该书出版后获得了好评,于2004年修订整合成6卷后再版。2006年,该套丛书获司法部优秀成果二等奖。此后,我又

---

① 参见〔英〕弗兰西斯·培根:《培根论说文集》,水天同译,商务印书馆1983年版,第193页。
② 参见赵秉志、张伟珂:《无罪推定的迷失与刑讯逼供的为祸——赵作海故意杀人案法理研究》,载《刑事法判解研究》(2010年第2辑),法律出版社2011年版,第34页。
③ 蔡墩铭:《刑法例题演习》,2001年自版,初版自序。

主编或者与他人合著了《中国疑难刑事名案法理研究》(迄今已经出版8卷)、《中国刑法典型案例研究》(5卷)、《刑法教学案例》《刑法总论案例分析》《死刑个案实证研究》《刑事大案要案中的法理智慧》等多部刑法案例研究著作。在我看来,刑法案例法理研究类著作具有多方面的独特价值:

(1) 可以帮助司法机关发现已经生效的刑事判决存在哪些不足之处,有利于防止今后出现类似的问题。尽管已经生效的刑事判决多数经得起法律和历史的检验,但不可否认的是,有部分刑事判决并不完美。其中,有的判决结果不够公正,有的判决理由不足,有的甚至完全错误。通过案例研究的方式对这些存在问题的刑事判决进行深度剖析,指出其不足或者错误所在,反思发生问题的原因,对司法机关今后正确处理类似案件显然具有重要的现实意义。

(2) 可以为司法机关在刑事判决书中如何析法说理提供参考,增强说服力。刑法案例法理研究成果通常会对法院作出的判决结论、裁判理由展开进一步的分析研究,会结合案情对相关的法理问题展开有针对性的探讨,其法理阐释的深度、析法说理的透彻度通常会强于裁判文书,这就为司法机关今后审理类似案件时充分阐明判决理由提供了有益的参考,有助于增强判决的说服力。

(3) 可以为我国案例指导制度的健康发展提供理论指导。目前,我国案例指导制度尚处于起步阶段,所发布的指导性案例的数量很少,所涉及的问题并不十分疑难,因而对司法实务的指导作用十分有限。但是,随着案例指导制度的逐步完善,指导性案例的不断增加,其指导司法实务的价值必将不断提升。在此过程中,难免会涉及一些理论和实务中有争议的重要疑难问题。高质量的刑法案例学理研究能够为将来发布这类指导性案例进行充分的理论准备,从而大大加强指导性案例裁判结果的合法性和合理性,保证所发布案例的质量。

(4) 可以推动刑法理论研究的深化。正如我一直强调的,刑法理论研究必须密切关注和回应刑事立法、司法实践中的疑难问题。刑法案例之学理研究就是这一追求最典型、最直接的表现。刑法个案涉及的问题具体并且独特,同时又可能是某一类案件中具有代表性的,因此,妥善解决一个问题,就意味着妥善解决了一类问题,就将这一领域的刑法学研究水平提升到了一个新的高度。随着刑法学领域的重大理论问题的研究逐渐成熟,能够推动刑法学研究进一步向纵深发展的,也许就是这种个案研究式的研究方法。

稍感遗憾的是,尽管刑法案例法理研究具有上述诸多独特价值,目前却未能充分展现出来。究其原因,主要是这种形式的研究成果较难发表在核心期刊上,对于担负沉重科研压力的学者们吸引力不大,以致质量好、对实务部门借鉴价值高的研究成果较少。大量的这类研究成果因为析法说理不够充分,结合案情和案件中的疑难问题展开的研究不够,对实务部门的参考价值不大,最后湮没无闻。还有一些人则依然以为,仅凭生活常识和经验就能在刑事审判中作出符合公平正义的裁判,甚至认为学了刑法以后反而不会断案了。殊不知,没有理论的实践是盲目的实践,而没有理论指导的刑法实践则不但盲目,而且危险。刑罚已经成为一把公认的双刃之剑,"用之得当,个人与社会两受其益;用之不当,个人与社会两受其害"①。所以,刑法理论的武器是任何刑事司法经验都不能代替的。如果不能对生效的既往判决进行理性的反思,不用刑法理论的武器来检验刑事审判实践的合法性、合理性,提升刑事审判质量的目标恐怕难以实现。因此,我们仍然亟须加强对刑法案例的法理研究,加强对生效刑事判决的理性反思,不断在刑法理论、刑法规范与刑事法律事实之间进行分析、比较、鉴别,在这种分析、比较、鉴别中发现法官断案的精彩

---

① 陈兴良:《刑法的价值构造》,中国人民大学出版社1998年版,题记。

或者不足之处,或者发现刑法理论的缺陷以及刑法规范的漏洞并加以弥补,同时找到最佳的处理刑事法律事实的方案,以推动刑事法治的进步和刑事司法实践水平的提升。

四、台湾地区刑事法判例研究成果对大陆具有重要参考价值

相比较而言,我国台湾地区的刑事法学者投在案例研究上的精力似乎比大陆学者更多,兴趣也更大。许多台湾地区著名的刑事法学者都重视案例法理研究,并且发表了诸多质量上乘的案例学理研究成果。他们的研究对象和研究思路对我们颇具启发和借鉴价值。台湾地区"最高法院"判例虽无法律上的约束力,但事实上多为下级法院所遵从,王泽鉴先生分析其原因有三:一是台湾地区"最高法院"判例历经三审,法官学识经验丰富,法律见解自较稳妥,下级法院无坚强的自信,实际上总会以判例作为准据。二是判例变更不易,"最高法院"自1927年公布《判例要旨》以来,仅作数次变更判例。三是判例的尊重,乃是基于法律安定性的要求。① 然而,即便如此,以台湾地区"最高法院"判例为批判性研究对象的研究成果仍然为数不少。例如,台湾东吴大学徐育安先生在研究台湾地区"最高法院"2005年台上字第5458号判决时,就直接与间接故意的区分问题,对台湾地区"最高法院"判决理由的不足提出了自己的看法。台湾大学王皇玉女士在研究2005年台上字第2676号判决时,对台湾地区"最高法院"将高等法院对该案的无罪判决予以撤销、发回重审的理由提出了不同看法。台北大学郑逸哲教授在其判解研究文章中,对台湾地区"最高法院"2006年台上字第695号判决在构成要件该当性的法律适用中存在的问题进行了批评,对2011年台上字第32号判决中论证和适用法律法则的流程方面存在的瑕疵进行了揭示,对2002年台上字第5995号判决更是提出了尖锐批评。高雄大学暨东海大学张丽卿教授对台湾地区"最高法院"在2000年台上字第852号判决中所持判决理由也提出了质疑。可见,即便台湾地区"最高法院"的判决具有较高的权威性,也不影响学者们对其展开批评检讨性研究。不过,学者们在进行判解研究时,并非只对法院的裁判进行批评,对于定性正确、量刑适当、说理充分的判决,他们也不会吝啬赞誉之词。这种不以判决主体级别高低,而是以判决质量为好坏评判标准的治学态度非常值得学习和借鉴。就学术批评而言,如果不以法律和法理为依据,其批评的质量必定难以得到保证,不但不利于司法进步,反而容易引发学术的混乱和实务的困惑。

台湾地区《月旦法学》杂志自1995年创刊以来,十分重视判解研究,积累了大量这方面的优秀成果。这些优秀成果紧扣案情及其蕴含的法理问题和审理过程中的争议问题,展开了较为深入的分析论证。由于研究人员学贯中西,理论功底扎实,其研究成果往往旁征博引,论述充分,说理透彻,并且文字优美。例如,有学者在谈及医患关系时,是这样描述的:"近年来,随着人际关系的疏离,医病关系日益恶化。民众不再对医师信任,发生纠纷时,惯以包围医院、抬棺抗议、撒冥纸或提告,要挟医院给予交代。医师则紧绷神经,处处察言观色,谨慎对答,分秒都提防病家因不满而被告。"② 还有学者在论及因意外事件而导致小孩死亡的案件时总结道:"不是所有的悲剧,都可以在刑法里找回公道或正义。"③ 古人云:"言而无文,行之不远。"④ 这种富有文采的论述或者评论颇值得借鉴,有利于大陆刑事法学界提升判解研究质量、深化判解研究内容。

我的多年好友、北京大学出版社副主编蒋浩先生作为一位有经验、有成就的法学著作出版专

---

① 参见《判例制度》,载百度百科(http://baike.baidu.com/view/11582365.htm?fr=aladdin),访问日期:2014年10月6日。
② 本书第55页。
③ 本书第22页。
④ 庚信:《燕射歌辞·角调曲》。

家慧眼识珠,敏锐地看到了《月旦法学》杂志中的判解研究成果对于大陆方兴未艾的刑事法判解研究活动的意义,主动与《月旦法学》出版方——元照出版公司联系有关研究成果在大陆出版事宜。在得到支持后,又不辞辛劳、不顾繁琐,与发表相关成果的台湾地区学者逐一联系,征询作者本人对其成果在大陆出版的意见。令人欣慰和钦佩的是,台湾地区学者们对大陆同仁的需求十分理解并充分支持,使得本书的编撰出版工作得以顺利完成。该书精选了台湾地区学者发表在《月旦法学》上的部分刑事法判解研究成果。这些研究成果既有刑事实体法方面的,也有刑事程序法方面的。刑事实体法方面的具体研究内容涉及刑法总论和分论,总论问题主要集中在犯罪主体、犯罪主观方面、犯罪客观方面和正当行为四个方面,分论问题覆盖危害公共安全犯罪、破坏市场秩序犯罪、侵犯公民权利犯罪、侵犯财产犯罪、妨害社会秩序犯罪。刑事程序法方面的具体研究内容包括非法证据排除、刑事强制措施的适用、证人义务、医疗刑事案件的诉讼问题等。所研究的多数问题在大陆刑事法理论与实务中也曾出现,相关研究成果具有重要的参考借鉴价值。在此,应当向台湾地区相关学者、台湾元照出版公司、蒋浩先生以及其他热情参与本书编辑出版工作的同仁表示由衷的感谢!

我们坚信,随着刑法学研究的进一步深化和细化,大陆刑事法理论界会越来越重视对刑法案例的研究,实务界也会越来越重视参考最高人民法院发布的已经生效的案件的裁判结果和理由,以刑法案例为对象的研究成果一定会越来越丰富。这是刑事法治发展和刑法理论研究深入的必然趋势。在这样的时代背景下,推出《〈月旦法学〉刑事法判例研究汇编》正当其时。

2016 年 5 月

目 录

总 则 篇

一、犯罪构成

（一）犯罪主体

心神丧失与精神鉴定
　　——评台湾地区高等法院1998年上字第3605号判决　　张丽卿 …………… 003

（二）犯罪主观方面

直接与间接故意之区分
　　——台湾地区"最高法院"2005年台上字第5458号判决之探讨　　徐育安 …………… 009

刑事医疗过失探微
　　——从一个案例说起　　林东茂 …………… 019

论医师的说明义务与亲自诊察义务
　　——评2005年台上字第2676号判决　　王皇玉 …………… 026

论急救与建议转诊义务
　　——台湾地区高等法院2007年医上诉字第3号刑事判决评释　　王志嘉 …………… 039

自杀责任
　　——评台湾地区"最高法院"2005年台上字第720号刑事判决　　关尚勇 …………… 053

整形美容、病人同意与医疗过失中之信赖原则
　　——评台北地院2002年诉字第730号判决　　王皇玉 …………… 062

（三）犯罪客观方面

构成要件该当性之法律适用
　　——评析台湾地区高等法院2005年重上更（五）字第127号判决和台湾地区"最高法院"2006年台上字第695号判决　　郑逸哲 …………… 073

难以确定"客观可避免性"，就不应展开"不纯正不作为构成要件该当性"审查
　　——评析台湾地区"最高法院"2011年台上字第32号判决　　郑逸哲 …………… 084

（四）正当化事由

窃盗被害人之财务追回权与正当防卫
　　——评台湾地区"最高法院"2002年台上字第4003号判决　　王皇玉 …………… 093

二、犯罪形态

"中止犯"属应减的"可罚未遂犯"
　　——评析台湾地区高等法院2007年上诉字第2925号暨"最高法院"2008年
　　台上字第364号刑事判决　　郑逸哲 …………… 106

分　则　篇

一、危害公共安全罪

酒测0.91毫克竟也无罪
　　——评台湾地区高等法院2010年交上易字第246号刑事判决　　张丽卿 …………… 121

二、破坏市场秩序罪

论商业判断法则于背信罪之适用妥当性
　　——评台湾地区高等法院高雄分院2007年金上重诉字第1号判决
　　　蔡昌宪　温祖德 …………… 130
只有一家别无分号
　　——评台北地方法院2004年自字第15号判决　　张丽卿 …………… 148

三、侵犯公民权利犯罪

"刑法"上死亡之认定
　　——评台湾地区"最高法院"2006年台上字第1692号判决　　王皇玉 …………… 156
评台湾地区高等法院2007年上易字第2020号"强制罪"刑事判决
　　——兼论病人生命身体法益的处分与医师紧急救治义务　　王志嘉 …………… 167
"刑法"第315条之一既未遂之认定
　　——台湾地区高等法院高雄分院2010年上易字第743号判决　　王皇玉 …………… 185
未成年人的医疗决策与生育自主权
　　——台湾地区"最高法院"2006年台非字第115号、台湾地区高等法院2002年
　　上诉字第2987号刑事判决评释　　王志嘉 …………… 193
解剖诽谤罪之构成要件
　　——评析台湾地区高等法院1998年上易字第6229号判决　　郑逸哲 …………… 207

四、侵犯财产犯罪

强盗预备罪与放弃续行犯罪的刑法评价
　　——评南投地方法院2009年诉字第88号刑事判决　　许恒达 …………… 217

强盗罪与诈欺罪的难题
　　——评台湾地区"最高法院"2000 年台上字第 852 号判决　　张丽卿 ……………… 231
"刑法"第 329 条准强盗规定之剖析及其适用
　　——评析台湾地区"最高法院"2002 年台上字第 5995 号判决、台中高分院 2002 年
　　　上诉字第 1156 号判决和台中地院 2002 年诉字第 114 号判决　　郑逸哲 …… 238
溢领借款的诈欺
　　——评台北地方法院 2003 年自字第 17 号判决　　李圣杰 ……………… 248
论"通讯保障及监察法"第 24 条与"刑法"第 315 条之 1 的适用疑义
　　——兼评台湾地区"最高法院"2005 年台上字第 5802 号判决、高等法院台南分院
　　　2002 年上诉字第 1153 号判决与 2005 年上更(一)字第 592 号判决
　　　王皇玉 ……………………………………………………………… 256
三角诈欺之实务与理论
　　——台湾地区"最高法院"2006 年台上字第 740 号及台湾地区高等法院 2010 年
　　　上易字第 2187 号判决评析　　徐育安 ……………………… 268
侵占构成要件乃纯正不作为身份犯构成要件
　　——评台湾地区高等法院 2003 年上易字第 2705 号判决　　郑逸哲 ………… 277

五、妨害社会秩序犯罪

复印件(影印)在伪造文书罪之相关问题
　　——评台湾地区"最高法院"2001 年台上字第 3261 号判决及相关实务见解
　　　吴耀宗 ……………………………………………………………… 287
论伪造文书罪之"足以生损害于公众或他人"
　　——评台湾地区"最高法院"2005 年台上字第 1582 号判决及相关实务见解
　　　吴耀宗 ……………………………………………………………… 301
使公务员登载不实罪
　　——评台湾地区"最高法院"2002 年台上字第 2431 号裁判及相关实务见解
　　　吴耀宗 ……………………………………………………………… 313
泄露使用电脑知悉秘密罪的保护射程
　　——评台中高分院 2009 年上诉字第 1319 号刑事判决　　许恒达 ………… 326
资讯安全的社会信赖与"刑法"第 359 条的保护法益
　　——评士林地方法院 2010 年诉字第 122 号判决　　许恒达 …………… 336
迟来的解释
　　——台湾地区桃园地方法院 1999 年易字第 2002 号刑事判决评释　　葛　谨 …… 347

程序法篇

私人不法取得证据应否证据排除
　　——兼评台湾地区"最高法院"2003年台上字第2677号判决　　吴巡龙 ………… 365
不自证己罪于非刑事程序之前置效力
　　——评2007年台上字第7239号判决及相关裁判　　林钰雄 ……………… 376
留置裁定要件之相关问题
　　——评"大法官会议"解释第523号解释等　　黄朝义 ………………… 391
侦查中之羁押审查
　　——台中地院2001年诉字第1022号裁定、台湾地区高院2002年抗字第
　　90号及2000年抗字第361号裁定　　陈运财 ……………………………… 401
徐自强掳人勒赎杀人案评析
　　——评台湾地区"最高法院"2003年台非字第242号等相关判决
　　　何赖杰　黄朝义　李茂生 ……………………………………………… 424
承受诉讼违法
　　——台湾地区"最高法院"2002年台上字第5042号刑事判决评释　　葛　谨 …… 445
医疗刑事诉讼认罪协商的实证研究
　　——从台南地方法院2004年简字第2351号刑事判决出发　　林萍章 ………… 467
初探医疗秘密与拒绝证言权
　　——从欧洲人权法院之Z v. Finland判决（艾滋病患案）谈起　　林钰雄 …… 476
刑事医疗诉讼审判之实务与改革
　　——兼评台湾地区"最高法院"2007年台上字第4793号判决　　张丽卿 ………… 495

主题词索引 ……………………………………………………………………………… 511

总　则　篇

一、犯罪构成

(一) 犯罪主体

心神丧失与精神鉴定[*]

——评台湾地区高等法院1998年上字第3605号判决

张丽卿[**]

基本案情

被告甲患有妄想症,因幻想曾遭林姓男子迫害①,投诉无门,乃急思伤害他人以为报复。甲于1998年1月间,携带水桶两只以及预购之硫酸4瓶,到台北市二二八纪念公园女厕内,将硫酸倒入水桶中,提往北一女校门口等候。当日下午,北一女放学,学生走出校门时,被告接续以水勺舀起桶中之硫酸,泼向横穿贵阳街之北一女学生及其他行人,使20多人受伤。被害人当中,有两人之脸部伤势严重,疤痕永久不可能消失。甲所泼洒之硫酸并造成两被害人之衣物及书包损坏。案经被害人提出告诉,台北地方法院检察署检察官侦查起诉。

裁判要旨

本案第一审判决被告无罪。判决的主要理由是,被告经台北市立疗养院鉴定其精神状态结果,以被告思考内容呈现明显系统化之被害妄想、关系妄想及疑似之恋爱妄想,思考流程有轻微的脱序及主题联结松散现象,且对于信息认知处理有明显障碍,其言谈内容相当局限,思考不合逻辑。故推断被告除认知扭曲(妄想)之影响外,亦疑似有知觉扭曲(幻听)之可能,故认为被告罹患妄想症而导致现实判断能力之障碍,虽然被告对于自己的一般生活功能,如照顾自己的生活、交谈等均正常,只对人际关系方面有障碍。然而意识非判断心神丧失之唯一标准,行为人虽可就犯罪情节为详细之描述,唯无法判断导致结果之原因行为之对或错,被告显然对于外界事物之知觉、理会、判断已受明显而严重之损害。故本件综合其思考判断流程及上述情形鉴定其于犯罪行为时之精神状态已达心神丧失之程度,而谕知被告无罪,令入相当处所施以监护3年。

案经检察官提起上诉,台湾地区高等法院指摘原判决不当,将原判决撤销改判有期徒刑7

---

[*] 原载于《月旦法学杂志》2000年第59期。
[**] 东海大学法律学系教授。
① 迫害妄想是指,患者毫无根据地怀疑有人要陷害他,无论如何解说总是深信不疑。通常均因与人关系不和睦,发生冲突而产生迫害妄想。患者可以怀疑任何人,从家人、朋友到有组织的团体或机构,迫害理由可以从私人仇恨到政治因素,变化无穷。参见曾文星、徐静:《现代精神医学》,1998年版,第278页。

年。从无罪改判为有罪的主要理由是：

一、被告有使人受重伤之故意

将硫酸泼洒人之脸部或身体，会使人之脸部或身体因受化学烧伤而致毁容，而有重大不治或难治之伤害，此为众所皆知之事实，亦为被告所知。因为，被告于检察官询问时答称"我当然知道泼硫酸会使人毁容等语"，可知被告的确有使人受重伤之故意。

二、鉴定意见并非判决之唯一依据

由于台湾地区"刑事诉讼法"采职权调查主义，鉴定报告只为法院形成心证之数据，对于法院之审判并无拘束力；待证事项虽经鉴定，法院仍应本于职权调查，以发现事实真相，不得仅以鉴定报告作为判决之唯一证据。本案被告在犯罪后立即被查获带往警局侦讯时，对其犯罪前之计划、犯罪时之行动过程均叙述详细，观察其犯罪前之计划及犯罪行动均属细密，显见被告犯罪当时思绪细密、有记忆能力且清楚自己之行为。台北市立疗养院及台大医院对被告所为之精神鉴定，虽认定被告有妄想症，观其犯罪之动机目的，及犯罪之全部过程，及其于实施犯罪行为当时之精神状态，对于外界事物并非完全丧失知觉理会及判断作用，而无自由决定意思之能力；被告此项能力并非完全丧失，仅较普通人之平均程度减退，被告于行为时仅属精神耗弱而非心神丧失，依法仍应负刑事责任。

疑难问题

本判决所涉之核心问题，在于"心神丧失"的意义与精神鉴定的评价。这项核心问题，还关系到几个子问题：一是心神丧失与罪责能力的评价；二是精神鉴定与法院判决的关系；三是司法上、立法上及养成教育上的改变是否可以减少专业人员与法官意见的相左？

一、心神丧失与罪责能力

决定行为人是否有罪责能力的两项要素是年龄与精神状态。年龄的计算，依照"刑法"第18条的规定。精神状态的情形，属于"刑法"第19条的规定。"刑法"第19条规定，心神丧失人之行为，不罚；精神耗弱人之行为，得减轻其刑。问题是"心神丧失"与"精神耗弱"为法律学上用语，非精神医学上用语，两者之区别何在？其精神障碍之程度有何不同？有何界限？立法上并没有解释清楚。台湾地区"最高法院"虽然曾解释"心神丧失或精神耗弱，应依行为时精神障碍之程度而判断，如行为时之精神对于外界事物全然缺乏知觉理会及判断作用，而无自由决定意思之能力者，为心神丧失；若此项能力并未完全丧失，仅较普通人之平均程度显然减退者，则为精神耗弱（"最高法院"1937年渝上字第237号判例参照）"，然其解释仅注重行为人"知"的要素（即理会及判断的作用），忽略"意"的要素（即决定自己行为的能力），除了无法充分掌握"罪责能力"的意义外，也经常导致法院判决的结果与鉴定意见不符的现象。

高等法院认为被告具有重伤之故意，因为被告于检察官询问时答称"我当然知道泼硫酸会使人毁容等语"，可知被告的确有使人受重伤之故意。然而，此种说法，显然受到上述判例的深远影响。因为，有无完备的罪责能力，必须具备两项要素：一是"辨识能力"，亦即，知的要素；二是"控制能力"[①]，亦即，决定自己行为的能力。换言之，行为人对行为有认识，也知道行为是法所不许，却无法依法律规定或自己决定不做出违法行为，亦即，行为人欠缺控制能力，无法控制自己行为

---

① Norbert Nedopil, Forensische Psychiatrie, 1996, S. 21ff.；auch Wilfried Rasch, Forensische Psychiatrie, 1999, S. 355ff.

时,就无法加以谴责。①

高等法院委请台大医院鉴定的结果为,被告自幼个性急躁冲动,不善与人相处,于十多年前起即逐渐有妄想经验之形成,其后日渐系统化精神病理以偏概全、无中生有之偏差认知形态,导致其妄想系统日渐复杂,其内容以被害为主,多年来因妄想之影响生活受挫,为一功能性精神病患者,虽无明显幻听经验及怪异思考内容,但就其妄想之多样性及思考形式之障碍,并其功能之减退,临床诊断为妄想型精神分裂症。虽于犯案前,被告有能力充分计划准备,对犯案当时四周景物、行动及发生细节能充分知觉及回忆,然而对于当时之所作所为皆基于固有之妄想经验。长久以来,对外界事务之知觉理会及判断作用,对于所接受信息之解读,均影响其判断能力及行为。

从上述鉴定内容得知,被告之精神状态长久以来已深远影响其行为及判断,被告虽有能力充分计划准备,对犯案当时四周景物、行动及发生细节能充分知觉及回忆,然而对于当时之所作所为皆基于固有之妄想经验系统及精神病理所左右,换言之,其虽仍具有辨识之能力,却无控制的能力。被告虽知道泼硫酸会使人毁容,但在精神病理与妄想系统的影响下,显然无法控制自己的行为,而不具备罪责能力,无法加以谴责。高等法院除了坚持已经不符合现代精神医学知识的判例解释(1937 年渝上字第 237 号判例参照)外,对于鉴定内容是否有瑕疵、鉴定程序有无问题或拒绝鉴定内容的理由,都未加以说明,即遽为有罪之判决,是否妥当,即值深思。

二、精神鉴定与法院判决的关系

高等法院改判为有罪的另一个重要理由是,鉴定意见并非判决之唯一依据。由于台湾地区"刑事诉讼法"采职权调查原则,鉴定报告只为法院形成心证之数据,对于法院之审判并无拘束力;待证事项虽经鉴定,法院仍应本于职权调查,以发现事实真相,不得仅以鉴定报告作为判决之唯一证据。

虽然"刑事诉讼法"规定,法院可依经验法则及论理法则,判断证据的证明力("刑事诉讼法"第 155 条参照),但是精神鉴定人的选任理由是,法院欠缺对精神医学的特别知识及经验("刑事诉讼法"第 198 条),亦即,欠缺精神医学上专业知识的论理法则与经验法则,故精神鉴定人有补充法官的专业知识上及经验上之不足,成为事实上的裁判者,法院根本没有能力实质判断精神鉴定内容的可能性,只能从程序上审查鉴定的过程是否有错误,这也是为何把鉴定人称呼为"穿白衣的法官"的缘故。②

高等法院强调自由心证之重要性,说明被告在犯罪后被带往警局侦讯时,对其犯罪前之计划、犯罪时之行动过程均叙述详细,显见被告犯罪当时思绪细密,有记忆能力且清楚自己之行为。被告虽罹患妄想症,但其于实施犯罪行为时的精神,对于外界事物并非全然缺乏知觉理会及判断作用,而无自由决定意思之能力,及其此项能力并未完全丧失,仅较普通人之平均程度显然减退而已,故属精神耗弱,仍应负刑事责任。

然而上述说理很难让人信服。因为,被告"有记忆能力且清楚自己之行为",并不表示被告仍有完整的罪责能力,如果被告欠缺决定自己行为的能力,亦即,欠缺控制能力时,仍然不具有负担刑事责任的能力。高等法院在欠缺精神医学上专业知识的论理法则与经验法则的前提下,仅以 1937 年渝上字第 237 号判例的内容重复解释,来作为自由心证法则运用的主要论据,显然过于牵强。

---

① 参见张丽卿:《刑法总则理论与运用》,1999 年版,第 181 页。
② 参见张丽卿:《刑事法学与精神医学之整合》,1994 年版,第 255 页。

学理研究

依照本文的看法,根本解决上述问题的方法有三:第一,司法制度的设计采用专家参审制;第二,立法上必须修正"刑法"第19条的规定;第三,教育养成过程的注重。

一、专家参审的可行性

要改进上述法院与鉴定人评价相互抵触,或甚至有外行领导内行的缺失,专家参审制度是个非常可行的办法。① 在将来参审制度的法律设计上,参审员应扮演对审判权控制的功能,主要目的是让专业法官的裁判可以受到牵制,并且让审判程序更加透明化,借由参审员的参与审判,让职业法官在审判时更加小心,对于证据的调查及其他裁判上的主要事实慎重其事。尤其重要的是,某些刑事案件的参审员应该是专家法官或鉴定法官②,因为许多专业领域的事件通常都非常复杂,法官对于其他领域的专业知识,无法充分了解,例如,本案涉及精神医学与心理学的知识,其案情让法官倍觉困难。若仅以一个已经不具现代精神医学知识的判例重复加以论证,非但不能让当事人信服,也让人觉得裁判过于草率。

"刑事诉讼法"虽有规定,法官可以选任具有特别知识经验的鉴定人提供鉴定意见③,但是,如果法官具有接近鉴定人的专业知识与经验,就可以避免完全倚赖鉴定人的意见④并且可以对案情做有意义且恰当的发问。⑤ 完全倚赖鉴定人的意见,无法判断鉴定意见的正确性,无异就是对鉴定人加以裁判,而不是法官的认定。所以,援用具有专业知识的参审员,不但符合审判民主化的要求,也是改进现行鉴定人制度缺点的最佳选择。

二、修正"刑法"第19条的规定

将"刑法"第19条的规定修正为:"行为时,因病理之精神障碍,一时之高度意识障碍,智能不足或其他严重之精神异常,致欠缺是非辨别之能力,或不能依是非辨别能力而实施违法行为者,不罚。行为时,由于前项原因,致是非辨别能力,或依是非辨别而实施违法行为之能力显著减弱者,得减轻其刑。"

精神疾病犯罪人责任能力的判断,是刑法实务上的难题。主要的困难,是由于现行"刑法"第19条的规定太过笼统。第19条只规定,心神丧失人之行为,不罚;精神耗弱人之行为,得减轻其刑。"心神丧失"与"精神耗弱"的概念,向来在精神医学与刑法实务上无法得到一致的看法。由

---

① "司法院"于1999年7月的台湾地区司法改革会议后,对于已经达成共识的专家参与审判制度,决定"专家咨询"与"专家参审"两个阶段实施专家参审制。有关参审制度的详细问题,可参见张丽卿:《参审制度之研究》,载《刑事法系列研讨会(一)》,书面资料研讨第23—52页。

② 这个看法与"刑事参审试行条例"的规定是相同的。"刑事参审试行条例草案"中的第3条第1项中的少年案件,需选任具有教育、社会、心理相关知识或工作经验的参审员,及第3条第1项第(3)款的专门职业及科技性的案件,需选任具有相关之专门知识或技能的参审员,就是带有专家法官参审的色彩。事实上,从1994年的"刑事参审试行条例草案"的规定内容到1999年的"专家参与审判咨询试行要点草案"的规定精神,都是为了将来可能实施专家参审的预作准备。

③ 然而,由于"刑事诉讼法"规定,"鉴定准用人证之规定"("刑事诉讼法"第197条参照),使得诉讼实务上将证人与鉴定人同样视为人证证据的误谬,其实鉴定人是在弥补法官专业知识的不足,在程序中应有其不同于证人的地位。

④ 法官之所以会形成倚赖鉴定人的原因,详细内容可参见张丽卿:《鉴定证据之研究》,载《台大法学论丛》,1994年第23卷第2期,第311—314页。

⑤ 因为依照Casper/Zeisel的研究指出,职业法官认为参审员的发问,算有意义的大约是15%到20%左右,主要原因是参审员根本不知从何发问。Vgl, Casper/Zeisel, Der Laienrichter im Strafprozeß, 1979, S. 37.

于法官大多是精神医学的门外汉,对精神鉴定报告所称精神疾病,做规范评价的结果,自然是与精神医学者的看法产生歧义。例如,精神医学者认为应该属于心神丧失的精神分裂病犯罪人,都被法官判决有罪。因此,比较可以避免产生歧义的做法,是把现行"刑法"作较为具体的修正。但是精神障碍的标准到底应该如何厘定,才能将复杂多样的精神疾病种类,纳入"刑法"规定之中,这是刑事立法上的一大困难。德国法在这一方面的规定,亦曾作过两次的修正。

修法建议,主要是参考现行《德国刑法》第20条及第21条的规定。《德国刑法》精神障碍的责任能力规定,有关生理上的原因,在1871年至1933年之间,只概括规定"意识丧失"与"精神活动的病理障碍"为无责任能力(当时《德国刑法》第51条)。另外,无责任能力的心理原因为"意思不自由"。之后,在1934年至1974年之间,该刑法规定被修正为:行为时"意识障碍"或发生"精神活动的病理障碍"或"精神耗弱"为无责任能力,而心理的原因被代之以"不能辨别其行为之不受容许,或不能依此识别而为行为"(当时《德国刑法》第51条第1、2项)。台湾地区现行"刑法"第19条的规定,相近于德国旧刑法的规定。① 现行《德国刑法》第20条及第21条,是1975年再次修正的新规定,有关无责任能力的生理上原因为:"病理之精神障碍""深度的意识障碍""心智薄弱""其他严重之精神异常"四种,而无责任能力的心理上原因为"不能辨别其行为的违法或不能依此辨别而为行为"。这个规定,使被告犯罪时的精神状态之鉴定结果与法律所规定的项目相符合,可以防止精神医学与刑事法学间评价歧义的现象。虽然有人批评规定不够详尽②,但大致仍被肯定。依照现行《德国刑法》第20条及第21条的规定,先确定责任能力之生理原因,再标明行为人行为时由此原因所生影响责任能力之心理状态。一方面顾及行为人的生理原因,另一方面并兼顾行为的辨识与控制(心理原因),此种混合的立法方式,容易与精神医学诊断的用语配合,因此,德国刑法实务上在援引前述规定时,尚不致发生困难。此一立法例,因而值得我们采酌。

三、开设"司法精神医学"之课程

改变法官与鉴定人评价歧义的根本解决方法,是在大学法律系与医学系合开"司法精神医学"课程,或在司法官训练所开课,以建立法律人与精神医学界之间的知识交流,并建立将来工作上相互信赖的基础。因为,法律人与精神医学界之间的接触,在刑事追诉审判工作上,颇为常见。例如,精神疾病犯罪人行为时的精神状态如何,往往需要精神鉴定人的鉴定报告。此一鉴定报告通常需要以精神医学的术语,描述病犯的精神状态。然而何种精神状态可以被评价为刑法上的无责任能力或限制责任能力,或有完全责任能力,必须法官作最后的判断。法官作此判断,应具备一定程度的精神医学基础知识。否则,如果不是完全信赖鉴定人的意见,即是情绪性地排斥鉴定人的意见。

完全信赖鉴定人意见的结果,可能形成鉴定人主导裁判的局面;情绪性地排斥鉴定人的意见,则可能恶化法官与精神鉴定人之间的关系。法官是否采取鉴定人的意见,应有说理上的论据,才能获得鉴定人与当事人的信服。此种说理,当然不只是法律规范的解释而已。相反,精神鉴定人往往希望自己的鉴定报告被法官重视,如意见未获采纳,鉴定人可能误以为法官不尊重专业知识。实际上,在诸如责任能力判断的法律案件,鉴定报告虽然可能是裁判的必要条件,但还

---

① "心神丧失"与德国1933年之前的"意识丧失"相近;"精神耗弱"与德国1974年之前的"精神耗弱"相同。
② 更具体详尽的做法,是把精神医学上对于精神疾病的分类,规定在刑法条文上,然而这个方法是不可行的。

不是充分的条件。易言之,鉴定报告并不是法官裁判上的唯一而且绝对的基础。此点也许鉴定人不能清楚认识。为了减少前述法官与鉴定人之间的紧张关系,必须从养成教育的阶段起,使双方有科技知识的交流机会。

"司法精神医学"课程的安排,使专攻精神医学的医学系学生与法律人,都可以借此了解自己专业之外的重要基础知识。兹以德国慕尼黑大学所开课程为例,在司法精神医学课程当中,由犯罪学兼刑法学的教授主持,并有精神医师与心理医师参加。课堂上,每次都有不同的个案出席,此个案通常是精神疾病犯罪人(监狱官员在旁戒护)。个案依次由心理医师与精神医师询问,如病犯为外国人,则同时有翻译人员口译。询问完毕,病犯离开课堂,主持教授与专家分别就法律、心理、精神问题提出报告,最后,由在场的医学系与法律系学生发问讨论。此一课程为选修课,法律系学生多于医学系学生。

台湾地区的法律教育,有浓厚的"考试领导教学"的色彩,在养成教育阶段也许不易开设此一课程。如真有困难,至少应在司法官训练所设此研究课程,而且有行政事务的配合,在司法官训练所也较为容易。

结论性观点

(1)将硫酸泼洒人之脸部或身体,会使人之脸部或身体因受化学烧伤而致毁容,而有重大不治或难治之伤害,此为众所皆知之事实。根据被告于检察官询问时答称"我当然知道泼硫酸会使人毁容"等语,可知被告的确有使人受重伤之故意。

(2)鉴定意见并非判决之唯一依据。在刑事诉讼法采职权调查主义的前提下,鉴定报告只为法院形成心证之数据,对于法院之审判并无拘束力;待证事项虽经鉴定,法院仍应本于职权调查,以发现事实真相,不得仅以鉴定报告作为判决之唯一证据。本案被告在犯罪后立即被查获带往警局侦讯时,对其犯罪前之计划、犯罪时之行动过程均叙述详细,观察其犯罪前之计划及犯罪行动均属细密,显见被告犯罪当时思绪细密,有记忆能力且清楚自己之行为。台北市立疗养院及台大医院对被告所为之精神鉴定,虽认定被告有妄想症,然观其犯罪之动机目的,及犯罪之全部过程,及其于实施犯罪行为当时之精神状态,对于外界事物并非完全丧失知觉理会及判断作用,而无自由决定意思之能力;被告此项能力并非完全丧失,仅较普通人之平均程度减退,被告于行为时仅属精神耗弱而非心神丧失,依法仍应负刑事责任。

（二）犯罪主观方面

直接与间接故意之区分①*

——台湾地区"最高法院"2005年台上字第5458号判决之探讨

徐育安**

基本案情

（一）陈○钦于1985年间与育有一子张○○的王○婴结婚（于1996年，杀害王○○部分，业经台湾地区嘉义地方法院以2003年重诉字第11号判处死刑，并经本院判决驳回上诉，现上诉至台湾地区"最高法院"），婚后并收养张○○（嗣改名为陈○志），与陈○志系父子关系。于1988年4月21日晚上9时许，陈○志于补习后返回嘉义县水上乡○○村○○○号住处，因迟误返家时间，陈○钦询其发生何事，讵陈○志答话时态度不佳，陈○钦颇感不满，上前欲掴其耳光，陈○志于闪躲时不慎摔倒受伤，陈○钦随即离去未加理会。嗣同日晚上11时许，王○婴前往陈○志房间察看时，发觉陈○志神情有异，而与陈○钦将陈○志送往嘉义市林综合医院救治，并即转入加护病房。同年4月23日，陈○志因病情稳定转入一般病房，但仍继续住院，并由陈○钦、王○婴轮流看护。于同年4月24日凌晨4时许，陈○钦可预见如将人体之后脑部撞击坚硬之墙壁，可能发生死亡结果，但因赌博需钱甚急，竟以纵令致陈○志死亡亦不违背其本意之杀人之不确定故意及借以诈领保险金之犯意，趁王○婴如厕之际，将陈○志头、肩托高后，以其后脑部猛撞病床后方墙壁，致陈○志于同日7时许，因后枕头部血肿伤3cm×2cm，并发脑干血肿死亡。陈○钦于陈○志死亡后，即意图为自己不法之所有，而向附表一所示保险公司申请理赔，致该保险公司陷于错误，而如数理赔，共诈得保险金6万元。

（二）陈○宏系陈○钦与曾○霞所生（于1985年间杀害曾○霞部分，业经台湾地区嘉义地方法院以2003年重诉字第11号判处死刑，减为无期徒刑，并经本院判决驳回上诉，现上诉至台湾地区"最高法院"中），于1995年7月28日晚上11时许，陈○宏在嘉义县水上乡○○○○○段南下车道车祸中受伤，经陈○钦与王○婴送往嘉义市嘉义基督教医院治疗，嗣同

---

① 直接与间接故意之用语，系立法理由书、实务及多数学说上对于"刑法"第13条第1项与第2项之名称，如林山田：《刑法通论》（增订十版）（上），2008年版，第290页以下；甘添贵：《刑法总论讲义》，1988年版，第93页以下；林东茂：《刑法综览》（第五版），2007年版，第1—103页；黄荣坚：《基础刑法学》（第三版）（上），2006年版，第439页；林钰雄：《新刑法总则》，2006年版，第176页以下；并请参见靳宗立：《刑法之传承与变革》，2007年版，第53页以下之整理。但"间接故意"一词其实常与"未必故意"混用，究竟何者较为适当，对此笔者持保留之态度，核先叙明。相关讨论亦请参见许玉秀：《主观与客观之间》，1997年版，第49页以下；柯耀程：《刑法概论》，2007年版，第164页以下。

* 原载于《月旦法学杂志》2008年第162期。
** 东吴大学法律学系助理教授。

年8月2日，陈○宏治愈出院，返回嘉义县○○乡○○村○○○○○号住处休养。于1995年8月3日凌晨1时许，陈○钦因发现陈○宏书写"要加入不良帮派组织、杀人放火"等字条而质问陈○宏，陈○钦可预见如将石头朝人体头部方向丢掷，可能发生死亡结果，但因于盛怒中，竟以纵令致陈○宏死亡亦不违背其本意之杀人之不确定故意，以家中摆设重约1台斤之雅石，朝陈○宏头部方向丢掷，致陈○宏于闪躲转头之际，遭雅石击中后脑倒地，受有左后枕头部血肿伤3cm×2cm并发脑干血肿之伤害，陈○钦见状仍返回房间未予理会，后经王○婴发觉有异而送医，于同日3时15分许不治死亡。陈○钦于陈○宏死亡后，即基于意图为自己及第三人不法所有之概括犯意，施用诈术以陈○宏搭乘朋友之机车摔倒而致头脑着地死亡为由，由其自己及不知情之王○婴，连续向保险公司申请理赔，致各保险公司陷于错误，而如数理赔，诈得保险金共计4 728 233元。

（三）陈○钦于1997年10月6日，与育有一子陈○庆之颜○琴结婚，婚后共同居住于嘉义市○○街○○○号，婚后并收养陈○庆，与陈○庆为父子关系，为1998年6月24日公布之"家庭暴力防治法"第3条第3款所称之直系血亲关系之家庭成员。陈○钦未经陈○庆之同意及授权，基于伪造署押之概括犯意，于1998年9月16日及同年9月30日，分别在富邦人寿保险股份有限公司（下称富邦人寿公司）及"国华人寿保险股份有限公司"（下称"国华人寿公司"）之保险单之要保书上伪签陈○庆之姓名各一枚，均足生损害于陈○庆及上述两保险公司。嗣于1998年10月6日晚上9时许，陈○庆返家后称其头痛，陈○钦为诈领保险金，乃先以其日常缓解失眠如服用过量足使人昏睡之酣乐欣3片，供陈○庆服用。嗣于同年10月7日凌晨零时许，陈○钦自上址三楼见到陈○庆房间有灯光，于是在三楼向二楼楼梯口呼唤陈○庆名字，颜○琴听闻声响亦随之起床，嗣颜○琴下至二楼客厅，见陈○庆犹在沙发昏睡不省人事，陈○钦遂命颜○琴下楼开车以将陈○庆送医，而由陈○钦以将双手穿过陈○庆腋下，把陈○庆头靠在其胸部之方式拖行下楼，至楼梯转角时，陈○钦可预见如将人体之后脑部撞击坚硬之楼梯棱角，可能发生死亡结果，但因积欠赌债甚巨待偿，竟以纵令致陈○庆死亡亦不违背其本意之杀人之不确定故意并借以诈领保险金之犯意，将陈○庆转向面对自己，再以手推陈○庆额头，使其后脑部直接撞击楼梯棱角后，再将陈○庆转向，以上述方式将其拖行下楼，致陈○庆因脑部重度水肿，经送医后延至同年10月25日17时30分许不治死亡。陈○钦于陈○庆死亡后，即基于意图为自己及第三人不法所有之概括犯意，施用诈术以陈○庆意外跌倒死亡为由，由其自己及不知情之颜○琴，连续向附表三所示之保险公司申请理赔，致各保险公司陷于错误，诈得保险金共计161 042元。

裁判要旨

台湾地区高等法院台南分院2005年少连上重诉字第1号判决认定理由：

一、陈○志部分

陈○志系因被告将其头、肩托高后，以其后脑部猛撞病床后方墙壁，致后枕头部血肿并发脑干血肿死亡，被告于警询、侦讯之自白核与事实相符。是以被告可预见如将人体之后脑部撞击坚硬之墙壁，可能发生死亡结果（但因欲使陈○志多住院几天以诈领保险金），仍将陈○志头、肩托高后，以其后脑部猛撞病床后方墙壁，则被告对于陈○志有纵令其死亡亦不违背其本意之杀人之不确定故意甚明。又被告之前述行为与陈○志死亡结果间有相当因果关系，则被告杀害陈○志之犯行即堪认定。

二、陈○宏部分

被告可预见如将石头朝人体头部方向丢掷,可能发生死亡结果,况被告于本院审理中亦供承伊当时与陈○宏在房间里,两人相距仅约两米等情,则击中之几率甚大,不能诿为不知。但被告因于盛怒中,仍以家中摆设重约 1 台斤之雅石,朝陈○宏头部方向丢掷,致陈○宏于闪躲转头之际,遭雅石击中后脑后倒地,且不能因陈○宏答称"不要管我",被告就不立即将其送医,置之不理,迨已隔约两小时后,始经王○婴发觉有异而送医,终不治死亡。则被告对于陈○宏有纵令致其死亡亦不违背其本意之杀人之不确定故意甚明。又被告之前述行为与陈○宏死亡结果间有相当因果关系,则被告杀害陈○宏之犯行即堪认定。

三、陈○庆部分

陈○庆系因被告以手推其额头,使其后脑部直接撞击楼梯棱角,致脑部重度水肿不治死亡,被告于警询、侦讯之自白核与事实相符。是以被告可预见如将人体之后脑部撞击坚硬之楼梯棱角,可能发生死亡结果,但被告因积欠赌债甚巨待偿,仍以手推陈○庆额头,使其后脑部直接撞击楼梯棱角,则陈○钦对于陈○庆有纵令致其死亡亦不违背其本意之杀人之不确定故意甚明。又被告之前述行为与陈○庆死亡结果间有相当因果关系,则被告杀害陈○庆之犯行即堪认定。是以被告辩称:于 1998 年 10 月 6 日晚上 9 时许,其没有持 3 片酣乐欣予陈○庆食用,也没有趁抱陈○庆下楼之际,趁机把陈○庆后脑部猛撞楼梯棱角;陈○庆昏睡在沙发上时,病情已很严重,其没有故意杀害他云云,显系卸责之词,委无足采。

台湾地区"最高法院"判决认定理由:

按"刑法"第 13 条第 1 项及第 2 项所规范之犯意,学理上称前者为希望主义或直接故意,后者称不确定故意或间接故意,二者之区隔为前者乃行为者明知并有意使其发生,故对于行为之客体及结果之发生,皆有确定之认识,并促使其发生;后者为行为者对于行为之客体或结果之发生,并无确定之认识,但若其发生,亦与其本意相符。原判决事实记载:"……陈○钦可预见如将人体之后脑部撞击坚硬之墙壁,可能发生死亡结果,但因赌博急需用钱,竟以纵令致陈○志死亡亦不违背其本意之杀人之不确定故意及借以诈领保险金之犯意……将陈○志头、肩托高后,以其后脑部猛撞病床后方墙壁,致陈○志于同日 7 时许,因后枕头部血肿伤 3cm×2cm,并发脑干血肿死亡……陈○钦……于盛怒中,竟以纵令致陈○宏死亡亦不违背其本意之杀人之不确定故意,以家中摆设重约 1 台斤之雅石,朝陈○宏头部方向丢掷,致陈○宏于闪躲转头之际,遭雅石击中后脑倒地,受有左后枕头部血肿伤 3cm×2cm 并发脑干血肿之伤害死亡……陈○钦可预见如将人体之后脑部撞击坚硬之楼梯棱角,可能发生死亡结果,但因积欠赌债甚巨待偿,竟以纵令致陈○庆死亡亦不违背其本意之杀人之不确定故意并借以诈领保险金之犯意,将陈○庆转向面对自己,再以手推陈○庆额头,使其后脑部直接撞击楼梯棱角后,再将陈○庆转向,以上述方式将其拖行下楼,致陈○庆因脑部重度水肿……死亡"(原判决第 2 页第 5 至 11 行、同页倒数第 6 行至末行、第 3 页倒数第 7 行至末行),认定上诉人杀害被害人陈○志及陈○庆,虽均有诈欺取财之犯意,但上述杀人犯行与杀害陈○宏部分均系本于不确定之杀人故意而为等情。

如果原判决之认定无讹,上诉人杀害被害人陈○志及陈○庆等二人时,即已有诈欺取财之犯意,且人体之后脑部位,乃人体之要害之一,亦是最脆弱及致命之部位,上诉人对住院中亟须看护之陈○志、甫出院正休养中之陈○宏及昏睡不省人事之陈○庆,利用彼等体力衰弱或无从抗拒之机会,以彼等之后脑部位猛撞坚硬之墙壁或楼梯棱角,或以重约 1 台斤之石块击打人体之后脑,似足认上诉人为诈取财物,明知其上述行为,足致人于死,却仍决意为之,且用力甚猛,致使被害人陈○志等3人终因之死亡,能否谓上诉人均无杀人之直接故意,仅为不确定之故意,饶有研究之余地,原审见未及此,遽行论断,已难谓无适用法则不当之违误。况参以上诉人于2003年6月5日检察官侦查时供以:"(问:将陈○庆的头部撞楼梯的棱角共撞了几下?)一下,撞在后脑部。""(问:当时是否很用力?)是。""(问:当时很用力将陈○庆的头部撞楼梯的棱角是要致他于死?)是。""(当天晚上10时拿3片酣乐欣让陈○庆服用就有致他于死之意图?)是。"(见同卷第63页)嗣于同年月6日检察官侦查时再供以:"[问:陈○志、陈○宏、陈○庆、曾○霞、王○婴(以上二人部分,原审另案审理)等五人确系你为诈领保险金而杀害?]是。""(问:这5人确系你为诈领保险金而各别计划下手杀害?)是。""(问:这5人你所实施攻击之部位均是后脑部?)是"各等语(见同卷第107页),如果上诉人所供无讹,上诉人于为前述犯行时即已有杀人之明确犯意,对于行为之客体及结果之发生,亦皆有确定之认识,并促使其发生,原审未详查细究,遽行判决,亦有证据之调查未尽之违法。

疑难问题

一、判决论点之分析

上述判决首先在事实上认定,本案行为人陈○钦(以下简称甲),为诈领保险金,于养子陈○志(以下简称乙)为其掴耳光并于闪躲时不慎摔倒受伤住院时,将乙头、肩托高后,以其后脑部猛撞病床后方墙壁,致乙因后枕头部血肿伤3cm×2cm,并发脑干血肿死亡。陈○宏(以下简称丙)系甲所亲生,某日于口角盛怒中,甲以家中摆设重约1台斤之雅石,朝丙头部方向丢掷,致丙于闪躲转头之际,遭雅石击中后脑倒地,受有左右枕头部血肿伤3cm×2cm并发脑干血肿之伤害,甲见状仍返回房间未予理会,虽经人送医,仍于同日不治死亡。陈○庆(以下简称丁)亦系甲之养子,甲为诈领保险金,先以安眠药提供头痛之丁服用,致其昏睡不省人事时,借故扶持下楼送医,使丁后脑部直接撞击楼梯棱角后,致丁因脑部重度水肿,经送医后仍不治死亡。

由以上之事实与台湾地区"最高法院"针对高等法院判决所为之指正,2005年台上字第5458号判决可先作如下初步分析:

(1) 台湾地区"最高法院"承其历来之见解(如2001年台上字第7964号判决)指出:"'刑法'第十三条第一项及第二项所规范之犯意,学理上称前者为希望主义或直接故意,后者称不确定故意或间接故意。"此处将希望主义与直接故意两个概念等同视之,如此相提并论易导致误会。所谓希望主义系一判断故意之学说,其含意与意欲理论(Willenstheorie)相同;而直接故意则是故意之一种形态。因此二者各有其定义与作用,在理论上有可能对间接故意采希望主义,所以希望主义与直接故意两者之相互关系应予厘清较为妥适。而对照台湾地区"最高法院"历来见解可以推知,上述判决所言应系为了说明,"刑法"第13条第1项所定义之直接故意系采希望主义,此与第2项之间接故意有所不同。

(2) 台湾地区"最高法院"于判决中对直接故意与间接故意之意义与区分,进一步予以阐明:"二者之区隔为前者乃行为者明知并有意使其发生,故对于行为之客体及结果之发生,皆有确定之认识,并促使其发生;后者为行为者对于行为之客体或结果之发生,并无确定之认识,但若发生,亦与其本意相符。"此一说明有助于解释"刑法"第13条第1项所谓"明知"及第2项"预见"之意义,是故,对于判决理由之证立有其重要性。

(3) 行为人对于被害之3人所为,依台湾地区"最高法院"判决理由之说明,皆系"为诈取财物,明知上述行为,足致人于死,却仍决意为之,且用力甚猛,致使被害人陈○志等3人终因之死亡,能否谓上诉人均无杀人之直接故意,仅为不确定之故意,饶有研求之余地,原审见未及此,遽行论断,已难谓无适用法则不当之违误"。

就此,上述之理由阐述对照所认定之诸多事实似乎带有些许笼统不清,依本文看法似可作下列进一步之区分:

(1) 行为人甲就被害人乙所为之部分,系于乙住院时,将其头、肩托高后,以其后脑部猛撞病床后方墙壁,致乙头部伤重而死亡。对此,台湾地区"最高法院"认为该行为在意欲方面,系有诈领保险金之目的;而在知的方面,行为人明知其行为将致人于死,因此认为应成立者为直接故意而非间接故意。台湾地区"最高法院"此一论述固然符合直接故意要件之检验标准。然而,有疑义的是,高等法院之判决中明白提及,行为人系欲使乙多住院几天以诈领保险金而为该行为,换言之,并非出于诈领死亡给付之意而为之,因此,在意欲方面并非杀人而系伤害。

再者,依高等法院之认定,行为人虽仅欲伤害乙但对该行为造成死亡结果之可能性有所认识,因此,其结论为不确定故意(间接故意),该结论之推导过程对照其事实认定并无在法律论理上出现瑕疵。台湾地区"最高法院"对于原判决之审查,固然系本于经验法则作出与高等法院不同之认定,但是在说理上似有不足之处。因为,台湾地区"最高法院"虽然可从行为人将乙脑部猛撞墙壁之行为而认定,行为人应系对于死亡结果有确切之认识,但是这仅符合直接故意的两个要件之一,意即"知"这个要件,而另外一个要件——意即"欲",则被笼统地以"为诈取财物"予以说明,未如高等法院明确地指出行为人所欲诈领的仅系住院医疗给付。因此,不够清楚的是,行为人于行为时有无欲使被害人死亡之意,如此一来,形成一个论理上的缺口。

(2) 行为人甲就被害人丙所为之部分,系某日于口角盛怒中,以重约1台斤之雅石,朝丙头部方向丢掷,致丙于闪躲转头之际,遭雅石击中后脑倒地不治死亡。上述台湾地区"最高法院"之见解若适用于此案,则其疑义实不亚于前述乙为被害人之部分。其理由在于,首先就甲是否对于死亡结果有确切认识这一点来说,可以确定的是,行为人应知若丙遭该用力掷出之石头击中,则将导致其生命之严重危险。但是,行为人是否有把握此一石块必然击中丙,从判决中述及丙曾闪避转头可知,丙并非毫无闪躲之余地,因此行为人甲应无其丢掷行为必然导致丙死亡之把握。再者,既然台湾地区"最高法院"同意行为人系与被害人争吵一时失控而动手,所谓"为诈取财物"之叙述,即不适用于此案,更不能以此说明行为人"有意"使结果发生。

(3) 行为人甲就被害人丁所为之部分,系于其不省人事时,使丁后脑部直接撞击楼梯棱角后,致其因脑部受创不治死亡。此行为则从所认定之事实之中,可以清楚地与台湾地区"最高法院"之判决理由相呼应,在意欲方面已确定有为诈领保险金而杀人之意,而行为人从其行为之方式亦知悉极易导致被害人丁死亡之结果,就此言之确如判决意旨应成立者为直接故意。

二、待厘清之问题

从台湾地区"最高法院"2005 年台上字第 5458 号判决中所涉及的三个案例,可以进一步讨论的问题如下:

(1) 台湾地区历来之实务意见,对于希望主义之内涵在说明上并不一致,本判决固然指出按照"刑法"之规定,直接故意系采希望主义,而间接故意则采容任主义;但是,1933 年上字第 4229 号判例[①]则将希望主义之范围扩张至第 13 条第 2 项间接故意之部分,依此,台湾地区"最高法

---

① "'刑法'关于犯罪之故意,系采希望主义,不但直接故意,须犯人对于构成犯罪之事实具备明知及有意使其发生之两个要件,即间接故意,亦须犯人对于构成犯罪之事实预见其发生,且其发生不违背犯人本意始成立,若对于构成犯罪之事实,虽预见其能发生,而在犯人主观上确信其不致发生者,仍应以过失论",同意旨 1987 年台上字第 2573 号、1999 年台上字第 1421 号判决。

院"所谓之希望主义,其含意为何,似乎并不清楚。其实,这里牵涉到在学说上对于希望主义存在广义与狭义两种理解,1933年上字第4229号判例系采广义,指的是那种以意欲为故意之必要要素的意见,即意欲理论;但是,本判决则属狭义的理解,指行为人抱持希望结果发生的心态。

另外,本判决关于希望主义与容任主义的阐述固然与法条文字不相违背,但是却未能完整地说明第13条规定之内容。因为,不论是所谓的希望或是容任,皆仅只涉及意欲的层面,换言之,此种理论的思考面向并未对"知"的要件提出具体之检验标准,只能推知,既然行为人对其行为产生的后果抱有所冀盼或不违初衷的态度,一般来说,对于此结果已有预见,但问题就在于预见与第13条第1项的"明知"不同。依此,上述实务见解仅能解释第2项之立法意旨,但无法以希望主义说明第1项之立法,所以首先要检讨的是,应如何说明台湾地区"刑法"对于故意所为之分类。

(2) 其实实务上对于故意之分类,另有一组概念以资说明,第13条第1项在实务上常被称为"确定故意",而第2项则多被称为"不确定故意"。① 借此"确定"与"不确定"相对立之用语,台湾地区"最高法院"所欲指出的是,第1项系行为者明知并有意使其发生,故对于行为之客体及结果之发生,皆有确定之认识,并促使其发生;而第2项之行为人对于行为之客体或结果之发生,则并无确定之认识,但若其发生,亦与其本意相符,而所谓"确定"与"不确定",系着眼于两者在认识之程度上强弱有别,而这样的解释符合第13条对于两者"知"的要素,分别以"明知"及"预见"规定。② 如此一来,实务上要面对的问题是,确定与不确定的区分忽略了在这两种故意形态中,行为人就"欲"这个要素上有何不同,而此要素又应扮演何种角色。此外,很显然的是,高等法院与台湾地区"最高法院"对于行为人究系明知抑或预见,有着相互龃龉之见解,这反映了所谓"确定"与"不确定"之间存在着应如何清楚划分的问题。

(3) 从上述讨论我们可以更进一步地思考,第13条第1项与第2项之间其实存在中间的形态:行为人有可能对于构成要件事实之发生并无相当之把握,但却非常希望该事实能够发生;或者,行为人亦可能对于结果之不发生仅存一丝侥幸,却又希望该结果不会发生。对于这两种情形,无法直接从法律条文中得知其归类,因此须借助对故意结构的分析予以厘清。

学理研究

一、立法沿革之考察③

考察台湾地区针对故意形态之立法,自《暂行新刑律》至1916年的第一次修正刑法草案,沿袭了《大清新刑律》的做法,仅对行为之处罚以出于故意或过失为限之有责原则予以规定,意即并未对故意概念及其下位形态赋予定义。迄至1918年刑法第二次修正案,始于第19条中规定:"犯人对于构成犯罪之事实明知并有意使其发生者,为故意。犯人对于构成犯罪之事实预见其发生,而其发生并不违背其本意者,以故意论。"该修正案所附之修正理由为:"原案于故意及过失之范围未尝确定,解释上一伸一缩,即易出入人罪,其关系匪浅,且故意与过失法家学说各有不同,若不确定其范围,匪独律文之解释不能划一,而犯人之处罚尤患失平,近年来立法例如意大利、俄

---

① 如1992年台上字第5901号、1995年台上字第828号、2007年瞩年上重更(一)字第1号判决。
② 参见2003年台上字第6900号、2001年台上字第7964号、2005年台上字第5458号判决。
③ 关于台湾地区旧例规定之说明,参见《法律草案汇编》(第三集)(刑事),成文出版社1973年版;许玉秀:《刑法注释研究第12条至第14条》,"国科会"专题研究计划成果报告[计划编号:NSC-84-2414-H-004-013-C4(1997.10)]。

国、泰国等国刑法典及瑞士前后各草案,德国刑法准备草案与委员会刑法草案,皆于条文规定故意及过失之定义,故本案拟从之。关于故意之解释,学说不一,其主要者有两派,一为意欲主义,一为认识主义,此二主义互相辩论,而以意欲主义为多数学者所主张及各国或地区立法例所采用,故本案从之,于本条第一项规定直接之故意,第二项规定间接之故意,此外皆不得以故意论。"

上述1918年的刑法第二次修正案即为台湾地区旧"刑法"第26条之前身,该条第1项即为:"犯人对于构成犯罪之事实,明知并有意使其发生者,为故意。"第2项则规定:"犯人对于构成犯罪之事实,预见其发生而其发生并不违背犯人本意者,以故意论。"与现行"刑法"第13条几无差异。由上述说明可知,对于台湾地区之故意定义,1918年刑法第二次修正案实具有关键性之地位。

二、与中国台湾旧例同时期之瑞士、德国刑法草案

（一）瑞士1893年刑法草案

1918年《瑞士刑法》第二次修正案之理由明确指出,该修正案系参酌意大利、俄国、泰国等国刑法典及瑞士前后各草案,德国刑法准备草案与委员会刑法草案,由于受限于文献之取得与阅读,本文仅以其中与台湾地区关系较为密切之瑞士与德国立法作为比较对象,考察瑞、德两国于同时期之草案,盼能进一步理解所谓当时之立法思潮,此应有助于解读1918年刑法第二次修正案之理由书,对于台湾地区现行之"刑法"第13条寻求适切解释当有裨益。

1918年刑法第二次修正案之理由书所称"瑞士前后各草案",究竟指涉为何稍嫌笼统,瑞士在1918年之前颇具有重要性之法案,如1893年由Stooss所负责编撰之瑞士刑法准备草案(Vorentwurf zu einem Schweizerischen Strafgesetz-buch),其中第12条即系故意之规定:"对于犯罪具有认识及意欲而犯之者,系故意。"Stooss在其立法理由中指出,该条文之立法采取多数见解,明确地反对所谓的认识说(Vorstellungstheorie),这一点可以从意欲系必要要素中明显看出。对他来说,较有疑问的是,是否未必故意(dolus eventualis)亦有立法规定之必要,但其认为,若行为人除了首要的目标之外,对于其他的因其行为而造成的后果有意欲时,虽然结果终究发生与否,系诸于行为当时具体情况而定(eventuell),但是既然这个可能性是行为人所要的,此种情形亦应论以故意。① 由此看来,Stooss认为,虽然未必故意同属故意,但无须另外立法,换言之,以其通过"认识"与"意欲"两个要素对故意所为之定义,即足以包含故意之不同形态。

（二）德国同时期之刑法草案

虽然德国与中国台湾不同,并未在现行刑法之中定义故意概念②,而由实务与学说发展此概念之内涵,但是1918年刑法第二次修正案理由书中所谈到德国法的部分,其中所谓《德国刑法准备草案》,应是指德国1909年之刑法准备草案(Vorentwurf zu einem Deutschen Strafgesetzbuch)③,其中第59条即为对于故意概念所为之立法定义,该条第1项规定:"对于犯罪具有认识及意欲而实行者,系故意";第2项规定:"行为人对于可罚行为之法定构成要件事实认为其存在不无可能,并且若有法定之构成要件结果时,认为其发生不无可能,则其具有认识及意欲";第3项规定"若行为人系为特定之结果而进行该故意行为,则属意图故意。"

1918年刑法第二次修正案理由书中所提到德国委员会《刑法草案》,则应是指德国于1913

---

① Stooss, Motiv zu dem Vorentwurf eines Schweizerischen Strafgesetzbuches, 1893, S. 26.
② 其缘由请参见许玉秀:《主观与客观之间》,1997年版,第55页以下。
③ Vorentwurf zu einem Deutschen Strafgesetzbuch, bearbeitet von der hierzu bestellten Sachverständi-gen-Kommission, 1909, S. 13.

年完成草拟之《刑法草案》(Entwurf zu einem Deutschen Strafgesetzbuch)①,其中第 17 条第 1 项为对于故意概念所为之立法定义,规定:"对于可罚行为之构成要件具有认识及意欲而予以实现者;或是虽仅认为其有可能构成要件之实现,但对该实现予以同意者,皆系故意。"

在文献上对于 1909 年刑法准备草案之讨论,与德国委员会《刑法草案》相比,可以说是丰富得多,不但在数量上与深入程度上皆是如此,这可能与前者对于其立法理由提供了详细之说明有关,而在该立法说明中,就故意定义及故意形态的部分亦有不少解说,可作为理解此一立法之重要参考,将其说明重点叙述于下:

首先,就立法的必要性来看,其认为过去之立法系通过关于错误之规定,间接地对于故意概念予以界定,并非一完整之规范方式,固有直接定义之必要。而针对区分故意与过失争议的诸学说,尤其是两大阵营——故意说与意欲说,该立法刻意保持中立之立场,另从实务之角度出发,研拟符合实践需要与修正实务见解缺陷之立法。②

其次,从第 1 项之规定言之,所谓对犯罪具有"认识及意欲",在其内涵上似乎不够确定③,然而在立法说明中明白指出,此处"认识及意欲"是指对犯罪行为实现构成要件具有确定之认识(das bes-timmte Wissen)与直接的意欲(das direkte Wollen),亦即对于该实现具有确切之把握且以此为其行为目标,此种故意形态称之为直接故意(der direkte Dolus)。④

最后,直接故意虽系最典型之故意,然而大部分之情况下的认识与意欲并非都能达成如此高的强度,更何况多有事实上证明之困难,但是若将无法确定为直接故意的情形一律排除于故意责任之外,必定造成极大之不公正,因此应将认识与意欲达成一定之强度者纳入故意,乃有第二项之规定。⑤

三、故意形态区分之检讨

从上述 1918 年刑法第二次修正案理由书中所提到的诸法案出发,我们可以进一步分析台湾地区立法之原意,并说明本文有关的几个问题,试作以下之检讨:

(一) 故意之结构

19 世纪末及 20 世纪初的时代,是一个自然科学式思考主宰法学的年代,法学家用心理学的方式分析故意概念之成分,从而建立了故意的结构。⑥ 在德国 1909 年之刑法准备草案中,已经将故意的概念区分为两个要素——"认识"与"意欲",其中"认识"区分为三个强度等级,依序为确信、一定程度之可能以及可能;而在"意欲"方面,则区分为直接对于目标之追求以及予以同意接受。⑦

上述各种描述,无非对行为人心理现象的描绘,其实依照当时的自然科学式思考,不但是故意的要素以及要素的判断,故意本身也是一种心理事实。既如此,以法律定义一个事实问题就

---

① Entwurf zu einem Deutschen Strafgesetzbuch nach den Beschlüssen der Strafrechtskommission, in: Schubert (Hrsg.) Entwurf Strafrechtskommission zu einem Deutschen Strafgesetzbuch und zu einem Einführungsgesetz (1911-1914), 1990 (Reprint), S. 257.

② Vorentwurf zu einem Deutschen Strafgesetzbuch, S. 203.

③ 对于此点之批评,参见 Kahl/Lilienthal/Liszt/Goldschmidt, Gegenentwurf zum Vorentwurf eines deutschen Strafgesetzbuchs. Begründung, 1911, S. 24.

④ Vorentwurf zu einem Deutschen Strafgesetzbuch, S. 204 ff.

⑤ A. a. O.

⑥ 代表性人物如 Löffler, Die Schuldformen des Strafrechts, in vergleichend-historischer und dogmatischer Darstellung, 1895, S. 1 ff.; Radbruch, Über den Schuldbegriff, ZStW 24 (1904), 333 ff.; v. Liszt, Lehrbuch des Deutschen Strafrechts, 21. u. 22. Aufl., 1919, S. 164 ff.

⑦ A. a. O. (Fn. 12), S. 203.

显得可疑,也因此,对于部分当时同样从心理学立场看问题的学者言之,认为这种对故意的立法定义毫无必要。因为在其眼中,故意作为一种心理现象而非法律概念,无须以法律规定之。换言之,心理现象之研究是心理学的研究领域,心理事实是一个客观上存在且被观察的对象,无法由立法者予以规定命令之,法律规定之定义若与此事实相同,则该规定属赘言,若与之有所抵触则系无效之规范,如同欲以法律规定太阳是从东方或是必须从西方升起一样,毫无意义。①

不论故意之立法定义有无必要,相同的是,在这样的思想背景下的故意概念,其结构无非是认识与意欲之间的心理联系现象,此现象就是将两者个别的强度予以排列组合,然后讨论哪种组合可以或不可以被称为故意。其中故意与过失的界线,依照德国1909年之刑法准备草案第59条第2项之规定。故意的底线是"行为人对可罚行为之法定构成要件事实认为其存在不无可能,并且若有法定之构成要件结果时,认为其发生不无可能"②;反面言之,如果行为人的想法是构成要件的实现不太具有可能性时,通常会对构成要件事实之发生不抱希望,此种情形即被排除于故意范围之外。③

(二) 台湾地区规定之检讨

回到台湾地区,在参考自然科学式的思潮背景下所为之立法,其对于故意内在结构的想法与上述德国1909年之《刑法准备草案》之思考其实并无不同。台湾地区"刑法"第13条对于两种故意形态的定义,也是从故意的强度着眼,并且分别从"知"与"欲"这两个要素的强度上予以规定:一则借此区分两种故意形态,直接故意与间接故意两者在认识与意欲上皆有所不同;二则用以划定出故意与过失之分野,故意之最低限度必须同时具备认识(预见)与意欲(不违本意)两个要素。

上述对于直接故意与间接故意之区分标准,是以法律文义而论,就此点而言,与台湾地区"最高法院""确定故意"与"不确定故意"之分类有所出入。因为"确定"与"不确定"所指涉的似乎仅只是,是否行为人对构成要件之实现已有十拿九稳之把握,或者仅是预料到其行为有可能使构成要件实现,这些都只关乎"认识"此一要素之强度。④ 换言之,并未提及第13条所明言之另一要素——"意欲";然而,与实务意见有所不同的是,依照台湾地区传统学者的看法⑤,确定故意与不确定故意之定义则是分别与第13条第1项及第2项之规定完全相同,亦即两者并不是只有在"知"这个部分有强弱之不同;而且在"欲"这个要素方面,亦有"有意"与"不违背其本意"之分,此一见解较合乎台湾地区之立法。

台湾地区"最高法院"在2005年台上字第5458号判决中,其与高等法院之间最重要的见解歧异,在于对"确定"与"不确定"两者的认定,如同德国1909年之刑法准备草案所坦然承认的,大部分情况下要证明认识已达到确定的强度,多有事实上的困难,因此无法确定为直接故意的情形纳入第二种较弱的故意形态。由此,我们可以理解高等法院判决理由底蕴之所在,而台湾地区"最高法院"在其判决中关于此点,似乎只有对丙的部分提供足以认定行为人具有确定认识之理由说明。

(三) 中间类型之归类

间接与直接故意这两种故意下位概念,所标志的是"刑法"所肯认的故意形态,与此同时,似应确立的是,行为人若是具备与此不同之心理事实,应将其排除于故意范围之外。但很清楚的

---

① 如 Sturm, Die Schuldarten und der Vorentwurf zu einem Deutschen Strafgesetzbuch, 1910, S. 5.
② 此规定依其立法理由之说明并非采认识说,参见 A. a. O. (Fn. 12), S. 206 f. 但另有不同意见,参见:Köhler, Studien zum Vorentwurf eines deutschen Strafgesetzbuches, 1910, S. 21.
③ A. a. O. (Fn. 12), S. 208.
④ 参见陈子平:《刑法总论》(上),2005年版,第172页。
⑤ 参见周冶平:《刑法总论》,1972年版,第249页以下;郭君勋:《案例刑法总论》,2002年版,第286页以下,亦与引类似。

是,这样的结论依上所述与故意的结构不相符合,除了"明知并有意使其发生"及"预见而不违本意"之外,行为人有可能对构成要件事实之发生并无相当把握,但却非常希望该事实能够发生;或者,行为人亦有可能对结果之不发生仅存一丝侥幸,却又希望该结果不会发生。很明显,与第14条过失犯的"应注意能注意而不注意"及"预见其发生而确信不发生"相比,上述两种形态亦与之截然不同,因此,还是有进一步说明其应然评价之必要。

对此两种情形应如何归类:

首先,从上述对于第13条立法之分析可知,该条对于故意类型归类之标准,取决于"认识"与"意欲"这两个要素的强度,亦即直接故意与间接故意相较,前者在认识与意欲这两个要素的强度上皆较后者所具备者为高。因此,对于"行为人就构成要件事实之发生并无相当之把握,但非常希望该事实能够发生"的情形,我们很清楚地可以从故意结构的分析而推论出,此种案例中行为人认识上的强度较直接故意所要求者弱,但在认识与意欲这两个要素的强度上,皆较第13条第2项所定者为高,故应成立间接故意。

其次,就第二种情形"行为人亦有可能对结果之不发生仅存一丝侥幸,却又希望该结果不会发生"言之,可说是较为棘手。因为此种情形似乎欠缺"意欲"要素,但是比较德国1909年之《刑法准备草案》第59条第2项规定所说的情形来看,在此种情况下亦同样可以成立故意。其理由在于其对行为人心理之分析,因为就一个精神状态正常之人言之,若行为时认知其将相当可能造成某种后果,则其必然对此具有意欲,而对照该立法理由之说明,此时行为人之意欲系对行为之后果予以接受,因此不排除该条第2项故意之成立。①

对于上述两种中间形态,可以从类型学的角度立论②,如德国刑法学者Puppe曾经提出这一个比较法则③:行为人预见结果发生的可能性愈大,需要对结果认同的等级愈小;反之,行为人预见结果发生的可能性愈小,需要对结果认同的等级愈强,如此可谓其有间接故意。我们可以援用这个法则思考,既然间接故意与直接故意在台湾地区法的规定中是以强度作区分,就上述的中间类型,其知与欲二者所共同形成之强度尚不足以达到直接故意之强度,但却已经超出间接故意,应以成立间接故意较为适当。

结论性观点

何谓刑法上之故意,上述所言是从台湾地区立法的时代背景出发,以比较法的方式立论,亦即从心理学式的故意概念为基点,而这样的说明也符合现今多数学说的立场。然而,撇开上述立场不论,要深究故意这种刑法上的责任形态,其实要从刑法的规范立场出发,重新检讨故意所应具有之评价性内涵,甚至质疑多数学说及台湾地区立法之正确性。然而,本文在这里作为一个判解评释,仅系一个从释义学之角度,对台湾地区"最高法院"内在逻辑结构所进行的初步观察,暂且保留对立法背景之基础理论的批判,有待日后再进一步对此予以分析说明。④

---

① A. a. O. (Fn. 12), S. 206 f.

② 关于类型学在刑法学上之发展,以及类型学与故意理论,参见徐育安:《刑法上类推禁止之生与死》,1998年版,第61页以下、第79页。

③ Puppe, Armin Kaufmann-GS, S. 31. Schünemann亦曾提出类似看法,参见许乃曼:《刑法上故意与罪责之客观化》,许玉秀、郑昆山译,载《政大法学评论》1994年第50期,第45页以下;许乃曼:《由语言学到类型学的故意概念》,林立译,载许玉秀、陈志辉编:《不移不惑献身法与正义——许乃曼教授论文选辑——贺许乃曼教授六秩寿辰》,第459页以下。

④ 笔者关于此立场之意见,参见 Yu-An Hsu, "Doppelindividualisierung" und Irrtum. Studien zur strafrechtlichen Lehre von der Erfolgszurechnung zum Vorsatz, 2007, S. 128 ff.

刑事医疗过失探微*

——从一个案例说起

林东茂**

> **基本案情**
>
> 这是桃园地方法院一项判决的事实背景①：病患因为肾脏结石就诊，同意接受对比剂（显影剂）的注射。护士先让病患填写同意书（说明书），病患在说明书"其他过敏病史"一栏打钩，而且表示曾有身体过敏反应。护士询问后，得知病患对食物或药物过敏，但没有进一步征询医师，即对病患注射对比剂。病患因对比剂过敏，休克死亡。

裁判要旨

桃园地方法院判决护士业务过失致死，处有期徒刑1年，缓刑3年。

疑难问题

医界有人不同意这个判决，认为注射对比剂而发生过敏性休克的几率极低，约等于飞机失事的可能性。病患死亡是意外，护士应该无罪。并以"双效原则"为由，认为医疗行为兼具正面与负面效应，负面效应既然无可避免，刑事司法即不应该介入失败的医疗。②

学理研究

笔者认为，针对护士的过失责任，双效原则不是合理的说法。病患的死亡不是意外，既然护士已知病患有过敏病史，就应该具有特殊的认知，必须征询医师的意见后，再采取进一步的检查措施。不这么做，等于制造病患的生命上不受容许的风险，等于违反护士该有的注意义务，故有过失。

一、医疗纠纷与刑事诉讼

基本上，失败的医疗才会发生纠纷。医疗纠纷走上刑事诉讼，是所有医疗人员的痛，因为必须耗掉许多时间与精力在无谓的纠缠上。虽然很多情况下，即使被起诉，也多以无罪判决，或虽有罪但宣告缓刑③（如本案），可是已经不胜疲惫，或蒙上阴影。所以，不要以刑法手段对待医疗

---

* 原载于《月旦法学杂志》2010年第176期。
** 东吴大学法律系教授。
① 桃园地方法院2006年诉字第2722号判决。
② 参见王晖智：《双效原则——评台湾桃园地方法院2006年诉字第2722号刑事判决》（台北荣民总医院五十周年院庆学术研讨会论文），载《台北医法论坛》2009年4月，第1—16页。
③ 根据长庚大学医学系林萍章教授的观察，21世纪的最初4年，台湾地区共有15件刑事医疗诉讼案件，16位医师被判决有罪，但皆获得缓刑宣告或得易科罚金。参见林萍章：《医疗常规与刑事责任》（台北荣民总医院五十周年院庆学术研讨会论文），载《台北医法论坛》2009年4月，第45页。

纠纷，是医疗人员的共同心声。

医疗纠纷的增多，是人民权利意识抬头的必然结果。各个领域的工作者都面临愈来愈多的诉讼纠缠，不只医疗人员。警察在处理民众纠纷、群众事件或追捕人犯时，也往往被告，除可能被攻击、承受身体与生命的风险，此外刑事诉讼的风险也很高。教师也面临愈来愈多的诉讼威胁，学生的自主意识愈高，教师愈可能被告。

依照医界常见说法，比起日本与美国，中国台湾医师因医疗纠纷而遭刑事追诉的几率明显较高。[1] 即使所述为真，其中的"法律社会学"的现象，仍待进一步观察。

如果前述医界说法为真，发生医疗纠纷后，台湾地区的病患或家属偏好刑事诉讼。我们应当追问，是否我们的医疗理赔远比美国或日本为少？病患家属在得到满意的医疗理赔之后，是否仍执意提告？医疗纠纷发生的原因为何？如果病患或家属觉得医师已尽心尽力，还会执意提告吗？若医疗上已针对侵入性治疗的重要事项加以说明，病患已清楚内容并签字同意，还会执意提告吗？这些问题都需进一步了解。

刑事诉讼是很被动的，如果没有人提告，检察官不会自找麻烦地找案件来办。"刑法"上的过失定义很含糊，只要有一点过失，就是过失。现实上有死亡或伤害的结果，而且医疗人员确有过失的嫌疑，一旦有人提告，检察机关即不能置之不理。

在司法实务上，检察官要作成不起诉处分比较麻烦，因为无罪的理由要写得很清楚，要对自己的法律见解具有不可动摇的意志，否则案子会被申请再议，而重新侦查。所以比较可能的情况是，有成罪的可能性就会起诉。这当然是不对的。

"刑事诉讼法"规定得很清楚，实施刑事诉讼程序的公务员，要对被告有利或不利的情形一律注意。除了收集有罪证据之外，检察官也必须针对有利于被告的情形加以注意，例如是否正当防卫、是否紧急避难、是否欠缺不法意识或是否欠缺期待可能性等。不该让难以定罪的案件进入审判程序，否则不但浪费司法资源，也等于制造当事人的灾难。遗憾的是，在司法现实上，有些检察官并没有严肃考虑这一点。

二、医疗过失全面除罪化？

医疗纠纷全面除罪化，是不可能的。因为确实有轻率（重大过失）而发生医疗纠纷的情形。例如手术后将纱布或手术刀留在病患体内；剖宫生产时应注射麻醉剂，竟错打止血剂，产妇因而死亡[2]；产后应开给子宫收缩的药，却开给降血压的药；拿错血袋输错血等。医师或护士重大的

---

[1] 林萍章教授《医疗常规与刑事责任》一文第58页，对于美国、日本与中国台湾的刑事医疗诉讼作了统计分析，提到：医疗纠纷刑事诉讼新案件发生率：中国台湾远大于美国和日本、日本远大于美国。统计上，中国台湾刑事诉讼新案件发生率显著高于美、日两国。

[2] 该事件发生于1998年6月29日的新竹。护士在手术房内抽取药剂时，将止血剂误为麻醉剂，注射于产妇的腰椎内，止血剂立即引起产妇的不适，因急性脑水肿合并脑疝形成而死亡。相关判决：新竹地方法院2000年诉字第4号；台湾地区高等法院2001年上诉字第3468号。这种打错针的案例并不少见。台北土城的一家妇幼医院也发生过这类医疗事故。甲、乙两名护士在医院里各有职掌，甲负责麻醉，乙负责施打疫苗等护理工作。2002年11月26日，7个新生儿接受肝炎疫苗的注射后，呼吸衰竭陷入昏迷，1人死亡，其他6人受到程度不等的伤害及后遗症。调查发现，乙所施打的是"肌肉松弛剂"，而不是肝炎疫苗。乙从婴儿房的冰箱里取药时，没有按照"三读五对"的标准程序，所以拿错针剂。这种肌肉松弛剂不该出现在婴儿房的冰箱里，是甲数月前放入的。甲将肌肉松弛剂放入冰箱时，书写警告标语，竖立在该药品前。但是这个标语在几个月间被频频翻动，已经失去警告作用。相关判决：板桥地方法院2003年瞩诉字第1号；台湾地区高等法院2002年瞩上诉字第1号。评论文献参见林钰雄：《第三人行为介入之因果关系及客观归责》（上）（下），载《台湾本土法学杂志》2006年第79期，第13—31页；2006年第80期，第21—40页。

违反医疗常规,只要稍加注意就不会发生错误,但却出错了,而且导致严重后果。对于这些案例,如果"刑法"不能介入,整体的过失犯罪就必须全部废除。

医疗上所能主张的,应要求比照运动比赛来处理医疗过失。运动比赛提供较大的社会利益,所以我们容忍运动员所能制造的危险范畴比较广。在被容许的危险范围内,一切死伤结果一概与这个危险无关,所以没有过失。F1方程式赛车、拳击比赛、跆拳比赛、足球比赛、棒球比赛、拉拉队的叠罗汉与抛接人体等,都有相当高的危险,但这些危险都被社会容许。既被容许,所以得到如下结论:"F1方程式赛车擦撞对手,导致死亡,没有过失。拳击手打死对手,没有过失。投手的触身球导致打者受伤,没有过失。足球比赛铲球动作把对手的脚骨踢断,没有过失。拉拉队抛接失败,有人因而跌地颈椎折断,队友并无过失。"前述的这类运动,除非有明显的恶意,否则运动员遭受伤害甚至死亡,没有人会提告,检察官也不会主动侦办。

我们对于运动员如此宽厚,对于制造更大利益的救护车又更为宽厚。基本上,一旦发生车祸,不会谴责执行勤务的救护车。除非有明显过失,例如救护车闯红灯不减速,或是还有避让的余地却不避让,而致生重大车祸。医疗行为所带来的社会利益,不会少于运动竞赛,与救护车制度相当。所以我们对于医疗行为的危险,至少要与运动竞赛的危险同等对待,甚至更宽厚地对待。医界要努力呼吁的,应该是这一点,而不是全面除罪化。如果全面除罪化,医界将形同享有治外法权。

三、护士有无过失?

任何领域的过失,包括医疗过失、交通过失、产品瑕疵的过失等,都有共同的本质及共同的判断原则。驾驶人失神而追撞前车,与护士恍神而打错药剂,二者的过失本质是一样的。不同的只是过失呈现出来的状态。

过失是什么?"刑法"只简略规定过失的概念,那就是:"行为人虽非故意,但按其情节,应注意,能注意,而不注意。"这就是一般所说的"违反注意义务"。依据这个概念定义,司法实务以及一般人多以为,只要违反注意义务,即有过失。但是注意义务的违反,不能很精准地当做过失的判断基础。

例如喝酒开车或超速行驶都违反法律上的规定、破坏注意义务,但当驾驶人在十字路口与闯红灯的驾驶人互撞,这是谁的过失造成的?应该是闯红灯的司机。在这个案例中,喝酒开车或超速行驶,都不是车祸可被归咎的条件。法律禁止酒后开车、禁止超速,目的何在?应该是:"不要制造其他用路人的风险,驾驶人要保有正常的反应能力,并因此避免事故发生。"在这个案例中,即使驾驶人没有喝酒、没有超速,遇上闯红灯的司机,车祸照样发生。这个车祸与法律的禁止目的并不相干,所以,车祸只能归咎于闯红灯的人。

笔者认为,在通常情况下,注意义务的违反,可当做过失的判准,但不能当做全面的判准。"刑法"的规定只是思考的框架,在不少个案上,还要注意个案的特殊性,才能判断周全。

所谓过失,还有其他常用的判准:结果发生的可认识性、结果发生的可预见性(日本学说的旧过失理论)、结果的可避免性(日本学说的新过失理论)等。依照客观归责理论,也可以恰当地解释过失的成立要件。客观归责理论的判断步骤有三个:第一,行为是否制造不被容许的风险?第二,这个风险与结果的发生,是否因果流程的常态?第三,因果流程的实现,是否在法规范的禁止范畴之内?通常情况下,客观归责理论判断到第二个步骤,就可以回答有无过失。只有针对很少部分的案例,才会进入第三个步骤的判断。

所有判准都只能解释较明显的过失案例,但遇上灰色的案例,有些判准就难圆说。举例而言,投手丢出触身球使人受伤,对这个结果投手应有认识,也能预见,因为即使最优秀的投手也无法让每一球都随心所欲地到位。若采取结果的可认识性与可预见性,岂不成立过失伤害罪?但有人去追究投手吗?结果的可认识性或结果的可避免性,显然不是优越的过失判准。

触身球的例子,依照客观归责理论即可轻松而且合理地解决。投手并无过失,因为没有制造不被容许的风险。何以故?任何运动比赛都有程度不等的风险,但由于运动比赛提供较大的社会利益,所以这些风险都会被社会接纳,意味接纳可能相应而生的结果。此结果就是球员受伤,裁判或观众也可能因赛事的进行而受伤。球员自己也知道赛事的进行,不可避免会有意料之中或之外的伤害。总之,运动员、裁判、观众以及社会人士都共同接受运动比赛所可能出现的伤害事故。假使不能接受运动伤害的发生,比赛就只能中规中矩地进行。果真如此,运动比赛就成为呆滞而且没有意义的社会活动,可以取消不要。

过失的定义及其理解,远比许多人所想象的要难。笔者认为,过失的意义近乎"道",道可道,非常道。过失的定义与理解,实在超乎语言与文字,我们都只是勉强去说它而已。所以不能期许会有一个天衣无缝的说法或理论。理论的拥护者必须小心谨慎,说法者,无法可说,是名说法。

解释上比较一致的看法是,由于意外或偶然所引起的结果,都不能归咎特定的行为。① 举一个例子:"父亲在公园里扶持自己的小孩学骑单车,有年轻人滑直排轮,不慎撞到父亲。父亲的双手从单车松开,小孩失去扶控,踩着单车摇晃冲出公园的窄门。窄门外即是车道,汽车驾驶人虽然依照速率开车,但发现小孩时来不及刹车,直接撞击,小孩当场死亡。"

父亲的松手,根本不具有刑法的意义。这是单纯的反射动作,没有任何意思决定的成分,刑法不过问。滑直排轮的年轻人撞到父亲,是小孩死亡的最初条件,二者之间有因果关系,但不是重要的因果关系。因为整体的因果流程(碰撞父亲,以至于小孩从窄门冲出,然后被路过的车子撞上)太不寻常。这种因果的发展太罕见,所以是偶然,不能归咎年轻人。至于驾驶人,在"通常的情况下"可以主张信赖保护原则②,而没有过失。不是所有的悲剧,都可以在刑法里找回公道或正义。

接下来检验案例中的护士有没有过失?或反过来看,接受对比剂注射的病患,他的死亡是不是意外?

病患在检查同意书上表示有"过敏的病史",护士也询问过,病患是否药物过敏、食物过敏等。如果护士进一步征询医师,考虑更合适的检查方法,或建议采用几乎没有副作用但健保不给付的显影剂,或进一步了解病患是否体质特殊,病患的死亡是否可以避免?同意书的意义是什么,应该是为了清楚知道病患的身体状况,决定检查或医疗的策略,而不全然是为了取得病患的同意。病患表示自己有过敏的病史,医疗常规上是否可以忽略不管?病患的过敏病史,是否足使一个小心谨慎的医疗人员起疑,而必须更谨慎地应对?护士没有小心求教于医师,就对病患施打显影剂,应是违反注意义务。除非病患有特殊体质(即使注射健保不给付的显影剂,依然很可能死

---

① 这在加重结果犯的判断同样适用。伤害致死罪的成立,必须行为人在客观上能够预见死亡的发生。如果死亡的发生是一种偶然,行为人无从预见,即不成立伤害致死罪,只成立伤害罪。台湾地区"最高法院" 2008 年台上字第 3104 号判决:"'刑法'第十七条所谓行为人不能预见其结果之发生者,系指结果之发生出于客观上之偶然,为行为人所不能预见者而言。"但是台湾地区"最高法院"的这个判决对于行为人不利。甲、乙互殴,乙因为急性心肌梗死而死亡,台湾地区"最高法院"的这个判决仍认为,伤害与死亡之间有相当因果关系,成立伤害致死罪。合理的回答应该是,不成立伤害致死罪。

② 例外的情况,又另当别论。假如驾驶人行经公园的近处,发现路旁竖立一警示牌语:"常有小孩嬉戏,请减速!"驾驶人不能主张已经依照规定速率开车,而是必须减速到随时可以刹车,以免危及可能从公园窜出的小孩。

亡),否则病患的死亡不能认为是意外。护士不能为求医疗检查或医疗流程畅快,而忽略医疗安全。

同意书当然有更普遍的目的:取得病患承诺(同意)。但须注意,是取得病患承诺"愿意接受结果的发生"。愿意接受器官摘除、截肢、侵入性的检查(如照胃镜)、结扎或化疗所引起的身体不适等。总之,是愿意接受侵入性治疗的身体损伤。事实上即使没有同意书,医师也可以为"业务上正当行为"而不违法。在不少情况下,除业务上正当行为外,也可以同时主张(为病患)紧急避难而不违法。告知后取得病患承诺,不过是业务上正当行为的证明而已。

本案例的病患,不会预知自己竟会死亡,更不会承诺注射显影剂之后而死亡的结果。所以这个同意书的签署(承诺),不能排除护士的过失。

四、业务上的中性行为

本案例护士能否主张业务上的中性行为,而不成立过失?

医疗行为等许多社会活动都带有相当程度的危险。F1方程式赛车、拳击比赛、棒球比赛、拉拉队表演、盖房子、交通警察取缔违规驾驶、卖菜刀、卖汽油、卖农药、卖快餐、卖方便面、卖蜜饯、开车等,都有正面效应,也都具有不同程度的生命与身体的危险。

任何一种方便都隐含危机。我们既然需要种种隐含危险的活动,就不能苛责凡是这类危险所引发的结果,都由行为人承担过失责任。行为人买农药之后,下毒杀人或自杀,农药行老板不会有罪。妇人买菜刀,回家杀自己的老公,五金行老板也不会有罪。消费者每餐吃麦当劳或方便面,导致心血管疾病或肝脏严重受损,生产商无罪。这些行为都可以主张"业务上的中性行为",或主张信赖原则而不受处罚。

针对这个问题,客观归责理论提供了值得参考的思考素材。在可受容许的范畴里,没有过失。只有逾越容许的界线,才有过失。通常情况下,业者必须相信消费者会正常使用购买的商品,不去危害他人,也不会伤害自己。如果业者必须假设,消费者将以购买的商品伤害他人或自己,经济交易势必无法进行。提供生活上便利的快餐,也都可能被取消。彼此信赖对方的理性,才能接纳社会活动必要的危险。所以在一般情况下,"业务上的中性行为"没有制造不受容许的危险。在这个可受容许的危险范围内,业者没有过失。

但当特殊情况出现时,农药行老板或五金行老板就须提高警觉。例如,当一个妇人走进店里,神情哀凄,用绝望且怪异的语气询问:"什么农药最毒,喝下去最快死?"老板就应该拒绝交易,否则就有过失。老板不能信赖这个妇人买最毒的药会拿去正常使用,不能主张"业务上的中性行为"而排除过失。同理,在店门口遭到老公毒打的妇人,杀气腾腾走进五金行,要买一把锐利的菜刀,店员应当出售吗?还可以信赖买这把菜刀是要回家杀鸡用吗?所谓"业务上的中性行为"应该有例外。

本案例中的护士即类似"业务上的中性行为"的例外。通常情况下注射对比剂的风险在可容许的范畴内,因出现过敏性休克的几率与飞机失事相同。此外,护士须信赖病患会诚实填写同意书,并因而理解这类检查的可能风险。但当病患已经表明他会药物过敏,就已发出警讯,护士即应该有特殊的认知。这种情况犹如神情哀凄的妇人买最毒的农药,农药行的老板必须缓以待之,最上策则是不卖。这些警讯意味着眼前是特殊个案,必须特殊处理。刑法所要过问的即是这一点:为什么不谨慎看待这个警讯?

所有原则都有例外,一切都是动态的平衡,阴阳相济。如果认为任何情况下的卖农药、卖菜刀、注射对比剂等,都是无害的,都不应该有刑法上的责任,恐怕有违事理,不是见道之言。

五、护士有无重大过失?

接下来要问护士的过失,是重大过失(鲁莽的过失,接于间接故意的过失),还是一般过失?

刑法并没有重大过失的规定,讨论重大过失,对于过失犯罪的判断没有实务意义,只能当做量刑上的参考。① 不过如前文所说,医疗过失的全面除罪化并不可能,医界应该努力的方向是,重大过失所引起的医疗纠纷才有刑事责任。所以从量刑参考上或从将来的立法政策参考上,重大过失确有讨论的价值。

针对某些犯罪类型,德国刑法上有重大过失[轻率(Leichtfertigkeit)]的规定。例如《德国刑法》第 345 条第 2 项,这是关于公务员滥权执行处罚的规定。第 345 条第 1 项主要规定:"公务员职司自由刑、剥夺自由保安处分或行政机关命令的执行,依法不应执行,却加以执行,处自由刑一年以上十年以下。"同条第 2 项规定:"公务员如果轻率而执行,处一年以下自由刑或科罚金。"公务员知道执行处罚的要件并不存在,却予以执行,是故意滥权。执行处罚的要件不存在,公务员连最基本的注意也没有,就加以执行,就是轻率(重大过失)滥权。例如,连人别询问也不做,错把不相干的人加以拘禁。

除非侵害重大价值的法益(如生命),否则刑法不处罚过失的行为。但针对某些侵害行为,如前述的公务员滥权,处罚重大过失可使行为人找不到借口逃避处罚。公务员不能辩称因工作太忙碌,所以眼花、摆乌龙;不能主张由于是过失而非故意滥权,所以不被处罚。重大过失的处罚规定,正如截堵的构成要件(Auffangstatbestand)②,有其拦截功能。躲掉故意滥权的指控,也逃避不了重大过失滥权的责任。

德国刑法没有重大过失的规定(即使是一般的过失,法条也不作规定)。重大过失的解释,只能求之于实务判决或学说。文献关于重大过失的理解,有两种取向:其一,认为是特殊的不法内涵;其二,认为是特殊的罪责内涵。比较多数的意见,认为重大过失属于不法构成要件。有一种折中的看法,认为重大过失应该从不法内涵与罪责的交互关系去下判断,但判断重点仍然是不法内涵。③

所谓重大过失,有几个大同小异的说法,例如:"轻率是一种高度的过失,重大的违反注意义务,特别是忽略损害发生的高度可能性。"④或例如:"轻率是一种高度危险的行为类型,行为人同时具有更高的主观可非难性。"⑤又例如:"违反特别重要的注意义务。"⑥

重大过失的判断不能只考虑行为的客观面(不法内涵),而忽略行为的社会意义。举例来说,急速行驶有发生事故的高度可能性,竞速飙车与救人送医而飙车,都有发生事故的高度可能性。若两种情况的飙车都肇事伤人,我们会认为二者都是重大过失吗?我们可能会说,飙车竞速而发生事故是重大过失,救人而飙车不是重大过失。理由是什么?因为飙车竞速是没有社会意义的举动,救人送医是具有社会意义的举动。针对具有社会意义的举动,我们有比较大的宽容;针对毫无意义的举动,我们的评价比较严苛。

医疗行为具有高度的社会意义,我们的评价态度自然应该比较宽容。这也就是不能轻易对

---

① 台湾地区"最高法院"2007 年台上字第 2200 号判决:"被告过失情节是否重大,系属事实审量刑时应依职权审酌之事项,非属犯罪构成要件之事实。"
② 截堵构成要件的译词,林山田教授在很早以前就曾使用,主要是在其《经济犯罪与经济刑法》一书。关于刑法里的重大过失,可以参见林山田:《刑法通论》(增订十版)(下),2008 年版,第 173—175 页。
③ *Roxin*, Strafrecht AT, I, 4. Aufl., 2006, § 24, Rn. 87 (S. 1094).
④ *Tenckhoff*, Die leichtfertige Herbeiführung qualifizierter Tatfolgen, ZStW 88 (1976), S. 911.
⑤ *Volk*, Reformüberlegungen zur Strafbarkeit der fahrlässigen Körperverletzung im Straßenverkehr, GA 1976, S. 179.
⑥ *Wegscheide*, Zum Begriff der Leichtfertigkeit, ZStW 98 (1986), S. 653.

一般的医疗过失加以处罚的理由。但是重大的过失或粗鲁的、明显违反医事常规的举动，却不能不过问。

案例中的护士，有无重大过失？一般情况下，注射对比剂而出现过敏性休克，可能性非常低，大约只有飞机失事的几率。护士即使知道注射对比剂有一些风险，但基于经验，她知道注射行为并不是"从事高度危险的行为类型"，她也没有"忽略侵害发生的高度可能性"，所以护士没有重大过失。

案例中护士已知病患有过敏的病史，我们的判断是否不同，认为护士有重大过失？若"过敏病史"或"药物过敏"这类陈述在医疗上的意义含糊，过敏病史不代表注射对比剂之后休克死亡的几率明显升高，那么护士所从事的也不是"从事高度危险的行为类型"，没有"忽略侵害发生的高度可能性"。所以护士知道病患有过敏病史而依然注射对比剂，也没有重大过失。

不过是否为重大过失，还要兼顾医疗常规。如果医疗常规严格指示，当发现病患有特殊状况时（如自陈有过敏病史），必须更详细检查才能进行下一步的医疗处置，护士忽略这项指示，即有重大过失。何以故？医院的严格指示，意味红色警戒，事关重大，代表医护人员的高度注意义务。护士"违反特别重要的注意义务"，即为重大过失。如果医院没有这项严格指示，护士知道病患有过敏病史，径行注射对比剂，就只是一般过失。

结论性观点

医疗是双面刃，可排除病人的症状或疼痛，在一定程度内治好疾病；但医疗也有危险性，即使单纯的用药都有危险，遑论侵入性的检查或治疗。医疗行为有其重要的社会利益，所以可能出现的危险应被容忍与接纳，不能让每个失败的医疗行为都承担刑法上的过失责任。由于意外所导致的失败医疗，绝不能归咎医师；由于一般过失所形成的失败医疗，也不能苛责医护人员。病患及其家属都须接受，医疗上有很大的不确定性，正如必须接受医师有其极限，不少难治之症是医师们无能为力的。

医疗过失的全面除罪化不是合理的主张。医疗上难免有重大过失，例如产妇准备开刀生产，应注射麻醉剂，却误打肌肉松弛剂，产妇因而死亡。如果这类医疗上的重大过失没有刑法责任，那么其他领域的重大过失也很难有处罚的理由。

重大过失所引起的失败医疗，才有刑法上的责任。医界应该努力的方向在此，而不是全面除罪化。法界所要努力的则是如何正确解释重大过失，如何清楚地切割重大过失与普通过失。这是刑法解释学上的艰难问题。

重大过失的判断有一些基本的原则："违反特别重要的注意义务""忽略侵害发生的高度可能性""从事高度危险的行为类型"。本案中的护士并没有重大过失，但有一般过失。注射对比剂可能引起过敏性休克的几率很低，与遭到雷击或飞机失事的几率一样低。护士并未忽略侵害发生的高度可能性，注射对比剂也不是高度危险的行为类型，所以护士没有重大过失。除非医疗上"严格指示"当病患表明有过敏病史时，应详细征询医师的意见才可注射对比剂，而护士竟然不顾，才因为违反"特别重要的注意义务"而有重大过失。

至于护士有一般过失，应难以争辩。病人既已在同意书上表明过敏病史，也口头表示有药物过敏的经历，这意味着警讯已出现。要求病患填写同意书的目的，不应只为获得同意，应该也是为求更清楚知道病患的身体状况，排除可能发生的医疗危险。针对这种警讯，假设医院没有严格指示该怎么处置，但是一个小心谨慎的护士总该怀疑若未进一步征询医师的意见，难免有医疗危险。护士放任这种危险发生，而其与病患死亡之间的因果流程不是严重地偏离常轨，所以有过失。

论医师的说明义务与亲自诊察义务[*]

——评2005年台上字第2676号判决

王皇玉[**]

基本案情

妇女甲到某医院接受心导管检查,主治医师乙并未告知病人或家属实施心导管检查之危险性,也未说明手术医疗的风险,或手术后的并发症,即叫护士拿手术同意书给家属签字。在实施心导管检查后,乙在病人甲之鼠蹊部伤口各压置每包两公斤之沙袋一个,因砂袋过重且没有及时拿开,导致甲股动脉栓塞并引发急性心肌梗死而死亡;此外,住院医师丙值班时未亲自巡视病房,而以电话指示护士施予病人甲舌下硝酸甘油含片解缓症状;住院医师丁值班时,于家属要求值班医师诊察时未到病房诊察,丙、丁二人涉嫌违反"医师法"第11条"医师非亲自诊察,不得施行治疗、开给方剂或交付诊断书"之规定。检察官因此认为医师乙、丙、丁涉有"刑法"第276条业务过失致死罪之嫌而起诉。本案经审理结果,在第一审地方法院与第二审台湾地区高等法院时,法院均以被告等之犯罪不能证明,判决被告无罪。

裁判要旨

台湾地区高等法院的无罪判决,经上诉台湾地区"最高法院",台湾地区"最高法院"则是撤销原判决,将案件发回高等法院更审。台湾地区"最高法院"撤销原判决的理由中,较为重要的论点有以下几点:

(1)"医疗乃为高度专业及危险之行为,直接涉及病人之身体健康或生命,病人本人或其家属通常须赖医师之说明,方得明了医疗行为之必要、风险及效果,故医师为医疗行为时,应详细对病人本人或其亲属尽相当之说明义务,经病人或其家属同意后为之,以保障病人身体自主权。"

(2)医师说明的内容:"除过于专业或细部疗法外,至少应包含:(一)诊断之病名、病况、预后及不接受治疗之后果。(二)建议治疗方案及其他可能之替代治疗方案暨其利弊。(三)治疗风险、常发生之并发症及副作用暨虽不常发生,但可能发生严重后果之风险。(四)治疗之成功率(死亡率)。(五)医院之设备及医师之专业能力等事项;亦即在一般情形下,如曾说明,病人即有拒绝医疗之可能时,即有说明之义务;于此,医师若未尽上开说明之义务,除有正当理由外,难谓已尽注意之义务。"

(3)医师说明之义务,以实质上已予说明为必要,若仅令病人或其家属在印有说明事项之同意书上,贸然签名,尚难认为已尽说明义务。

(4)除了说明义务外,关于医师的亲自到场诊察义务,台湾地区"最高法院"认为:"'医师法'第十一条第一项前段规定医师非亲自诊察,不得施以治疗、开给方剂或交付诊断书,旨在强制医师亲自到场诊察,以免对病人病情误判而造成错误治疗或延宕正确治疗时机,尤以高危险性之

---

[*] 原载于《月旦法学杂志》2006年第137期。
[**] 台湾大学法律学院助理教授。

病人,其病情瞬息万变,遇病情有所变化,医师自有亲自到场诊察之注意义务及作为义务,依正确之诊察,给予妥适之处分治疗,以保障医、病双方权益。因此,该规定能否限定解释为医师曾为病人诊察,自认为了解病情,病人之病情若有变化,亦可依以前诊察之认知,省略再次诊察之手续,径指示医师以外之医疗人员,例如,护士径为治疗?非无疑窦。"

疑难问题

过去台湾地区在医疗纠纷的刑事判决中,鲜少有被害人以医师未尽说明义务,作为诉求的重点。以往,只要医师取得病人或家属所签署的手术同意书或是麻醉同意书,在法律上就径而认为已得病人之同意。接着在法律的评价上,医师的行为可以用"得被害人承诺"此一超法规阻却违法事由加以阻却违法。至于医师在取得病人同意之前,是否已尽说明义务,让病人的同意建立在充分被告知医疗行为的内容与风险的前提下,常常不是争执的重点。近年来,病人对于自身医疗事项的关注,除了医疗质量的提升之外,更开始在乎病人本身所拥有的"医疗自我决定权"。而且对病人医疗自我决定权的实践,也开始将关注的焦点,从"有无同意",向前推移到医师"有无说明",或是"有无详尽说明"的议题上。台湾地区"最高法院"2005年台上字第2676号刑事判决,可以说正是针对医师说明义务而来。此一判决除了正面肯认"病人身体自主权"的概念之外,在判决中,对于医师说明义务的方式、说明的内容,以及未尽说明义务的法律效果,虽然点出了一些初步方向,但仍有许多值得探讨与争议的空间。[1] 笔者曾在判决一出来的时候,即为文作了简短评论[2],限于篇幅,未能进一步深入探讨。因此,借此机会,本文将继续深入探讨医师说明义务以及其他相关问题。

除此之外,本判决另一个重要但较少人论及的问题,则是医师亲自到场诊察义务与过失论断的问题。本案例中有关医师亲自诊察的问题点在于,医师每次投药或给予处方前,是否必须亲自诊察病人?医师可否根据先前诊断的基础与认知,省略再次诊察之程序,直接指挥护士给药?例如,本案例中,住院医师丙、丁在可否以先前的诊断方向为判断依据,未自己亲自到场诊察,径以护士告知与描述的病人症状,就指示护士给病人舌下硝酸甘油以缓解病人症状?以下的判决评释,即针对医师说明义务之违反,以及亲自诊察义务之违反两大问题加以论述。

学理研究

一、医师之说明义务

(一)说明的方式——以实质说明为必要

在医疗伦理与医事法律中,"告知后同意"原则,已属毋庸争论的基本概念。医疗行为之进行,必须事先取得病人同意。在病人同意之前,医师必须先对病人的病情、医疗行为性质、内容、风险、替代方案等事项,进行告知。理论上而言,病人同意的有效性,应该以医师的说明为前提。从另一个角度来看,医师对于医疗行为的说明,乃是病人行使医疗自我决定权的最重要依据。甚至,医师对病人说明病情与医疗内容,已被普遍认为是医师应遵守的一般医疗准则(lex artis)之

---

[1] 目前针对此一判决的评论,多是从民事法的观点切入,如杨秀仪:《告知后同意法则之司法实务发展》,载《台湾本土法学杂志》2005年第73期,第212页以下;廖建瑜:《论医师说明义务之建构与发展》,载《成大法学》2005年第10期,第231页以下。

[2] 参见王皇玉:《医师未尽说明义务之法律效果——简评2005年台上字第2676号判决》,载《台湾本土法学杂志》2005年第75期,第224—226页。

一,也被认为是产生医病合作信赖关系的基础。①

在台湾地区过去的医疗领域中,医师对"告知后同意"的实践,并不确实。② 尽管"医疗法"规定,医师在进行手术或麻醉之前,必须事先取得病人或家属的书面同意书。然而医师往往只在乎是否取得同意书,在病人同意之前,医师本身是否已尽说明义务,医师并不重视。本案中,医师向病人家属提示了"手术同意书",且是经由护士交给病人与家属签名。同意书上虽然载有应告知事项的内容,但台湾地区"最高法院"仍然质疑,如此能否认为主治医师对病人已尽告知义务。本判决所涉及的第一个与医师说明义务有关的问题,就是医师对病人说明的方式为何?

医师对于病人说明的方式,基本上不限形式,只要能让病人理解与自身医疗行为有关的信息即可,不论以口头或是书面方式。③ 然而,不管以什么方式进行,都必须探询病人是否理解。④ 因为"告知后同意"乃是一个"医师说明—病人理解—共同作出决定"的医病互动过程。⑤ 医师的说明即使是以书面方式为之,最后仍然必须实质地采取口头说明与问答方式与病人沟通,以及探询病人是否明了,才算是真正的说明。如果医师的说明只是以大量的书面信息替代,或是以书面说明书要求病人或家属自行阅读,实与"告知后同意"原则的意涵相去甚远。

本案判决中,由于病人与其家属均未受过高等教育,因此台湾地区"最高法院"的见解认为,医师对病人进行心导管检查前,若只是形式上请病人或家属签署印有说明事项的同意书,却未实质地作必要的说明,则病人与家属在签署同意书时,是否了解说明书的内容,显有疑问,故认为医师难认已尽说明义务。此一要求医师必须进行实质说明的见解,虽然必定会加重医师未来的说明负担,但从病人权利保护的观点来看,原则上值得肯认。

至于医师说明之后,是否必须确认病人已达理解之程度?在判决中,台湾地区"最高法院"认为,由于病人与其家属均未受过高等教育,因此若只是形式上地请病人或家属签署印有说明事项的同意书,难以认为已尽说明义务。然而,即使医师口头且实质地为病人说明之后,医师是否必须确认病人已经理解整个状况?从理论上而言,医师并非病人,医师永远无法真正知悉病人主观上理解与否,以及理解的程度如何。关于医师的说明是否必须让病人听懂才行?过去实务上曾出现一则判决,亦即台北地方法院2003年易字第2462号判决。其事实经过摘要如下:

某未婚且无性经验之女病人前往某妇产科进行诊疗时,医师对病人表示要进行内诊,以进一步确定病情,但并未对病人解释内诊之实施方式,以致内诊时导致病人"处女膜撕裂伤"之伤害。后经病人提起业务过失伤害罪之告诉。本判决中,法官认为,医师仅向病人称:要进行内诊等语,

---

① Schönke/Schröder, StGB, 26. Aufl., § 223, Rn. 35. 2001.
② 兹举一例说明,医师使用大量链霉素,对肺结核病有显著的疗效,但是会引起重听的副作用。若医师已尽注意义务,如未过量,这种危险结果的发生,应可容许,而不负过失刑责。此一案例援引自蔡振修:《医事法律总论》(增订版),2003年版,第286页。前述法律判断,就是一种完全忽略对药物风险与副作用说明的典型情形。
③ Laufs/Uhlenbruck, Handbuch des Artzrechts, 3. Aufl., 2002, S. 531. 虽然说明的形式不限方式,然而在诉讼过程中,有无说明的举证方式,常涉及医疗诉讼判决结果的走向;因此,德国学说与判决均明白建议,医师为了日后诉讼之用,最好在病历上或以书面方式记载对病人说明的时间、方式与对话内容。Laufs/Uhlenbruck, a. a. O. (Fn. 5), 532 f.
④ 以德国的医疗实务为例,德国医师在进行手术与麻醉之前,一定要向病人解释医疗行为与麻醉的意义与风险,且会一再询问病人是否理解,是否需要再解释一遍。即使病人表示不愿意听取说明,或是即使说明也不会影响决定,医师仍然表示,他必须加以说明。此一医疗场景的对话,参见 Knauer, Ärztlicher Heileingriff, Einwilligung und Aufklärung-Überzogene Anforderungen an den Arzt? in: Roxin/Schroth(hrsg.), Medizinstrafrecht, 1999, S. 9 f.
⑤ 参见杨秀仪:《论医师说明义务之建构与发展》,载《成大法学》2005年第10期,第212页。

却疏未详细解释内诊之方式及所用器械,可认为医师与病患间之沟通说明不尽完备,或有违反"医师法"第12条之1的规定,情理上难认妥适。然而,医师未尽说明义务而直接进行医疗行为,与其医疗行为是否产生伤害结果无涉。因此,即使告知义务容有疏失,亦难认为与伤害结果有何因果关系,故不涉及业务过失伤害罪责。

本案所遇到的争议问题,严格而言,并非在于医师没有说明。而是医师对于病人所称"要进行内诊"一事,并未详尽说明,以至于病人并不理解"内诊"是何种医疗方式。从学说上来看,医师对病人的说明应采取何种方式,以及究竟要说明到何种程度,或是如何说明才是适当的,一直存在有"理性医师标准"(reasonable physician standard)与"理性病人标准"(reasonable patient standard)之争。此一说明程度与方式的争议,基本上是美国医事法领域中,就医师是否已尽说明义务,在法律判断上应采取何种标准所衍生出来的争议。所谓"理性医师标准"认为,医师说明的方式、信息、内容与范围,应以医师专业的判断或医疗惯行决定。而"理性病人标准"则认为,医疗信息的揭示与否与如何揭示,应该以平均一般病人需要知道的信息与能够理解的方式作为决定标准。① 美国法上关于医师说明应采取何种标准,各州的立法与实务判决均不尽相同。但考虑到美国法上对医疗过失多以民事损害赔偿方式解决,较少涉及刑事责任,因此,即使采取对医师较为严苛的"理性病人标准",亦不至于使医师受到过重的负担。

在前面内诊案例中,法官在实际审理时,曾调查医师与护士的证词与病人的说辞之后,认为医师确实有对病人告知要进行内诊。至于病人不理解"内诊"之意义,以为只是进行阴道冲洗动作而同意,属医病之间沟通上的疏失。这样的见解,基本上可以说是倾向于采取"理性医师标准"的立场。由于刑事诉讼中,医师有可能面临刑罚的制裁,而这样的制裁手段又是公权力对人民最为严厉之侵害手段,因此刑法在适用与解释上,理应较为严格与谨慎。此乃"刑法的谦抑性"所使然。因此,在此判决中,法官采较为严格之标准,认定医师有说明要进行内诊,即属已对病人尽了说明义务,这样的见解,应属妥当。

(二)谁是说明义务人?

关于说明义务的第二个问题是,谁有义务对病人说明?目前在台湾地区医疗场域中,经常如同本案情形一样,医师并未亲自对病人说明,而是由护士交给病人或家属一份载有应告知事项的手术同意书。实际对病人或家属进行说明的人,往往不是医师本人,而是协助医疗的护理人员。病人或家属在填写表格有疑问时,也只能询问在场的护理人员。

究竟护理人员的说明,可否取代医师说明?从理论而言,有主要说明义务之人,应以实际进行医疗行为,且是最终要为医疗行为负责的主治医师。其他医疗辅助人员,例如护士,固然可以进行补充说明,但其说明终究不能代替实际进行医疗行为之医师说明的效力。② 因为护理人员的养成教育、资格取得与训练程序,均有别于医师。尽管护理人员可以通过自修或是经常反复地操作而了解医疗行为的流程或性质。但是对医疗行为的详细内容、风险、替代方案的利弊得失等,了解毕竟有限,因此不可能期待护理人员的医学知识与医学训练,已达到足以满足病人提问的程度。过去曾有判决认为,护理人员虽然对家属实施饮食控制症状、并发症、低血糖、高血糖症状与注意事项等卫教,但主治医师未善尽告知疾病的严重性及基本应注意事项,医师仍有业务过失伤害罪之成立。

---

① 参见杨秀仪:《美国"告知后同意"法则之考察分析》,载《月旦法学杂志》2005年第121期,第144页以下;廖建瑜:《论医师说明义务之建构与发展》,载《成大法学》2005年第10期,第253页以下。

② Schönke/Schröder, StGB, 26. Aufl., 2001, § 223 Rn. 40.

其案例事实与判决内容约略如下：一名庄姓妇女因头痛、呕吐而住进医院。主治医师诊断的结果，认为庄妇是患急性爆发性的糖尿病，住院几周后出院。出院回家后的第五天成为植物人，其家属对主治医师提起业务过失重伤害的告诉。本判决中，法院认为，护理人员虽然对家属实施饮食控制症状、并发症、低血糖、高血糖症状与注意事项等卫教，但都未提到定期测量血糖数，以及定时定量用餐的重要性，致使庄妇的家属只知依药包上的用药量喂食庄妇。本案经送鉴定结果，认为最可能导致庄妇血糖偏低的原因，是庄妇血糖已大为改善，可减少降血糖药物，却仍依原剂量服用。因此，法院判决认定，主治医师未善尽告知疾病的严重性及基本应注意事项，依业务过失重伤害罪，判处 6 个月有期徒刑，得易科罚金。① 此一判决即认为，即使护理人员对病人进行了卫教，说明糖尿病应如何控制饮食，但是护理人员的说明，并不足以完全取代医师的说明。因此，医师对于用药剂量与用药风险，未加以说明，仍应负业务过失伤害之责。

（三）说明义务的内容

医师对病人应该说明哪些内容？从现有的法律规范来看，医师在进行医疗行为之前，所应践行的一般性说明内容，在"医疗法"与"医师法"中均有明文规定。"医疗法"第 81 条规定："医疗机构诊治病人时，应向病人或其法定代理人、配偶、亲属或关系人告知其病情、治疗方针、处置、用药、预后情形及可能之不良反应。"此外，"医师法"第 12 条之 1 亦有相同规定："医师诊治病人时，应向病人或其家属告知其病情、治疗方针、处置、用药、预后情形及可能之不良反应。"关于医疗风险较高的手术与麻醉行为，"医疗法"第 63 条作了更仔细的规定，要求"医疗机构实施手术，应向病人或其法定代理人、配偶、亲属或关系人说明手术原因、手术成功率或可能发生之并发症及危险，并经其同意，签具手术同意书及麻醉同意书，始得为之。但情况紧急者，不在此限"。除了一般医疗行为与手术、麻醉行为之外，对于病人身体、生命亦有较高风险的侵入性检查与治疗行为，"医疗法"第 64 条规定："医疗机构实施'中央主管机关'规定之侵入性检查或治疗，应向病人或其法定代理人、配偶、亲属或关系人说明，并经其同意，签具同意书后，始得为之。但情况紧急者，不在此限。"

以上"医疗法"与"医师法"关于医师说明义务之内容，基本上可整理为如下几点：

（1）诊断的结果，亦即病情为何。

（2）所要采取治疗手段或疗程的内容、性质、处置范围。例如，医疗行为之内容是否涉及切除生理组织，其范围大小，是否包含肢体或器官的切除。

（3）要采取治疗手段或疗程的预期利益（例如，预后情形、手术成功率），以及预期风险，包含可能之不良反应，与可能发生之并发症及危险（例如，有无死亡风险，有无肢体丧失，器官的丧失或是功能减退情形，或是医疗行为之后是否会对日常生活造成不便或影响）。

尽管"医疗法"与"医师法"已针对医师说明事项进行规定，然而台湾地区"最高法院"在判决中，仍然列举了五种应说明事项。亦即：诊断之病名、病况、预后及不接受治疗之后果；建议治疗方案及其他可能之替代方案及其利弊；医疗风险、常发生之并发症及副作用，虽不常发生，但可能发生严重后果之风险；治疗之成功率（死亡率）；医院之设备及医师之专业能力等事项。相较之下，与"医疗法"和"医师法"规定不同之处为，医师就"不接受治疗之后果""建议治疗方案及其他可能之替代治疗方案及其利弊"以及"医院之设备及医师之专业能力"等事项，亦列入医师应说

---

① 参见士林地方法院 1994 年易字第 1484 号判决，本判决内容援引自蔡振修：《医事法律总论》（增订版），2003 年版，第 299 页。

明事项。

事实上,医师对于有无其他可能的医疗替代方案,例如,要接受放射线疗法还是进行手术,以及替代的医疗手段或疗程所带来的风险与利益,与病人如果不接受治疗所可能造成的风险与利益,本来就应该属于医师应说明的范围之一。因为这些事项,对病人是否同意医疗,还是要改采其他医疗手段,具有决定性的影响。尤其所进行的医疗行为本身,对于病人生命、身体而言,具有高度风险,则病人选择不接受治疗,应该属于医师可以预见的可能结果之一。此外,医师对于是否进行高风险的医疗行为有所疑问时,更应该将进行与不进行该医疗行为可能之后果加以说明,以协助病人决定。

关于风险告知问题,在实际医疗个案中,常会出现许多模糊不确定地带或令人困扰不该说明的情形。例如,手术并发症或危险性如果发生几率过小,是否应该说明?在医生的说明事项中,在法律上最为重要的,除了医疗行为本身的内容与性质外,就属风险告知,尤其是死亡风险,与发生不可逆的身体损伤的风险。因为法律,尤其是刑法,最在意的就是生命与身体健康价值。只要生命、健康受到损害,都免不了要用刑法检验一番。因此,对医生而言,任何医疗行为或替代性方案都会发生死亡风险,或发生不可逆的身体损伤之风险愈高时,医生愈应该告知,即使该风险发生可能性很小。就此问题,台湾地区"最高法院"在判决中提出了一个较为明确的判准。判决中明确表示,常发生之并发症及副作用固然必须说明,但是"虽不常发生,但可能发生严重后果之风险",也应说明。例如,心导管手术有可能导致病人死亡结果,即使此一风险发生几率很小,但医师仍然应该告知。就此,台湾地区"最高法院"另外提出了一个概括判断标准,亦即"在一般情形下,如曾说明,病人即有拒绝医疗之可能"的事项,即属应说明之事项。

(四) 医师说明义务之免除

学说上承认医师得以免除说明义务之情形主要有三种:第一,紧急情形。第二,病人明确表示不欲知情或不需告知。第三,医师认为告知病人一部分或全部的信息,有害病人的整体利益时,可以裁量不告知病人病情,例如癌症末期,或罹患重大不治之疾病,医师担心告知病人病情,造成病人陷于不安、悲观情绪而影响治疗成果。①

本案例中,台湾地区"最高法院"判决也提出两种例外不说明也不违法之情形。亦即情况过于紧急,来不及说明,或是过于专业或细部疗法,可以不予说明。急迫情形不需说明,如前所述,一直是学说上所肯认医师得以免除说明义务的正当事由之一。此外,"医疗法"第63条第1项与第64条第1项有关医师"告知后同意"原则的规定中,亦以但书明定"情况紧急者,不在此限"。从法律评价来看,只要医疗行为涉及避免病人生命、身体之紧急危难,即使未得病人同意,亦得根据"刑法"第24条紧急避难而阻却违法。因为医师未尽说明义务,所侵害者乃病人自主决定权利益,所维护者乃病人的生命、身体利益,两相权衡之下,以紧急避难法理来阻却违法,并无不可。再者,医师所负的说明义务,本来就会与医疗行为的急迫性产生消长关系。愈是急迫的状况,医师的说明义务负担愈轻,换言之,医师因紧急医疗而来不及向病人详细说明时,并不违法。相反,愈是不急迫的情形,例如,进行整形美容手术,则医师的说明义务越严格,尤其对于手术导致死亡或重伤风险的可能性,就必须详细告知。② 至于过于专业或细部疗法部分可不予说明,解释上应指那些涉及医疗专业技术,且一般而言不影响病人决定是否接受医疗的不具重要性信息。

---

① 参见杨秀仪:《告知后同意法则之司法实务发展》,载《台湾本土法学杂志》2005年第73期,第214页;黄丁全:《医事法》,2000年版,第393页以下。

② Vgl. Uhlenbruck/Laufs, Handbuch des Arztrechts, 3. Aufl., 2002, S. 361; NJW 1991, S. 2349.

二、医师违反说明义务在刑法上的效果

(一)德国学说与实务之意见

从法律上来看,医生愈详尽的说明,愈可以解除风险负担。因为病人如果被告知医疗行为有任何风险,仍予以同意,这个同意也就意味着,他不仅愿意接受治疗,也愿意接受治疗随之而来的风险。在此情形下,即使死亡或伤害的风险发生时,医生也可以不必负任何刑事上的责任。因为这是伴随病人同意而来的可容许风险。然而,医师未尽说明义务,后续医疗行为在刑法上之效果如何?原则上无法一概而论。

理论而言,医师的说明,乃病人同意的基础。因此,从解释学的观点来看,医师事先未进行说明或告知医疗内容,即对病人进行手术,在刑法上可以评价为故意伤害行为。因为未经说明的同意(承诺),将导致同意(承诺)的效力发生重大瑕疵而无法阻却伤害罪的违法性。① 然而在实际医疗场域中,医师对于医疗行为完全未进行说明的情形,日益少见。常见的反而是以下两种情形:

(1)医师有说明,但是说明不够详尽

医师未将应说明内容之重要事项进行说明,例如,未将医疗行为的内容或范围(手术应切除之部位与范围)、医疗行为可能产生之重大风险,或是不治疗所可能产生的不利益加以说明。

(2)医师有说明,然而病人并未完全理解

原因可能是说明时所用的语言、方式,为病人所不熟悉或不明了者,或是病人本身的教育程度以至于无法理解说明内容的意义。

所谓医师未尽说明义务,如果其情形是以上两种状况的话,可否直接认定病人的同意因医师之未尽说明义务而无效,显然有所疑问。因为这些状况,毕竟与医师故意不为说明,片面自行决定为病人进行医疗行为之情形有别。因此在刑法的评价上,"医师故意不为说明"应该与"医师未详尽说明"进行区别。

在德国,尽管学说上一再表明,医师未尽说明义务,有可能导致病人同意的效力发生瑕疵,因而造成医疗行为成为伤害行为。然而在实务判决上,医师未尽说明义务时,不管是检察官起诉或是法院判决,常是以过失伤害罪来论定医师的责任。兹举三则德国法院判决为例:

第一,医生诊断病人的子宫肌瘤约两个拳头大小,欲对病人进行子宫肌瘤摘除手术。然而在手术进行时,发现病人子宫肌瘤并非长在子宫表面,而是与子宫紧密相连。除非将子宫摘除,否则无法摘除肌瘤。医师遂于手术中自行决定将病人子宫摘除。此案例中,医师在手术前虽然预测到可能会有紧急且必要的切除子宫情形,但是担心将此事对病人说明,会造成病人的不安,因此事先未对病人说明此一状况。本案检察官以过失伤害罪起诉,第一审判决无罪,第二审判决认定医师在未经说明要摘除子宫的情形下,自行扩大手术范围,属侵害病人的身体完整性权利,以及病人的自我决定权。因为病人有权利权衡究竟是要让肌瘤继续存在,还是丧失子宫。但第二审判决最终并未以故意伤害罪论处,而是认定医师应负过失伤害责任。因为判决认为,病人为46岁妇女,在此之前已看过两名妇产科医师,对于子宫可能被摘除,已有一定程度的预知。因此动手术的医师应属过失未予说明,并非故意不予说明。最高法院则是维持此一判决意见。②

第二,某女约17岁半,前往妇产科装置子宫内避孕器,导致输卵管发炎。此女孩向检察官提起告诉后,检察官将案件送交医事鉴定,鉴定结果认为医师并未违反医疗上的注意义务。然而检

---

① Vgl. Ulsenheimer, Arztstrafrecht in der Praxis, 2. Aufl., 1998, S. 60.
② Vgl. BGH NJW 1958, S. 267 f.

察官在询问被告与被害人时,问及被告有无针对装设子宫内避孕器会导致输卵管发炎一事进行说明,医师表明有说明,然而被害人声称并无说明。此一案件最后检察官认定医师并未说明,因此成立过失伤害,但最终则是根据《德国刑事诉讼法》第 153 条 a 由医师赔偿被害人 5000 马克后,而给予缓起诉处分。①

第三,医师以腹腔镜手术方式为一名 9 岁男孩进行割除盲肠手术,结果误伤男孩的骨盆动脉,医师尝试要缝合动脉却失败。数小时之后,男孩的右腿之肌肉与神经因缺血而坏死,最后只能将右腿截肢。男孩的母亲向检察官提起告诉,检察官以医师未具有足够掌握腹腔内视镜手术的能力作为过失伤害的原因。然而此一理由在诉讼过程中,检察官始终无法有效举证。在审理过程中,法官询问医师是否事先向男孩母亲说明腹腔镜手术的意义与风险,经调查结果,先前在同一医院之诊断医师曾经向男孩母亲说明过,并签下同意书。然而法院仍然以进行手术的医师在手术之前,并未再次向男孩母亲说明,并口头询问同意为由,认为医师的行为过失违反医疗上所应该遵守之准则,认定医师应负过失伤害之责。②

前面三则德国法院发生之案例,第一则乃医师过失未详尽说明可能会扩大手术的范围,在手术时径行切除过大部位。第二则所涉及的问题是,医师关于风险告知部分有所不足,因而被认定有过失。第三则判决,法院认为医师为病人进行说明,乃属医师应该遵守的医疗准则之一,医师过失未遵守说明之义务,则应以过失违反医疗准则为由,认定应对伤害结果负过失责任。此三则判决,尽管医师说明的范围、内容或方式被认为是不充分的,法院也未立即以同意无效为由,径而认定医师应负故意伤害罪之责任。

(二) 本案判决的立场——以过失责任为主

刑法所要处理的事项或是所应非难的行为,并非单纯从结果来评价,还应该是导致结果发生之行为,其在社会生活上严重到令人无法忍受,且有必要以刑法加以制裁的程度,始有动用刑法处罚的必要。医师说明义务之违反,在刑法上的判断,不能如同民事侵权行为之认定,认为一有违反,即属有过失。刑法应该仅处罚那些因违反说明义务而导致病人身体、生命发生危害之情形。在此意义下,要符合刑法上过失犯的要件,除了损害结果出现之外,行为要被认定为违反注意义务,且行为与结果之间必须具有因果关系。

在医师违反说明义务之情形,其所可能出现的法律效果,应该分别情况判断。如果医师故意隐瞒不说,或根本未说明就进行医疗行为,则仍有可能成立故意伤害罪。但如果医师对医疗行为的内容与方式及其可能发生的风险已大致说明,但是针对风险与他种疗法并未一一充分说明,此时不能率而认定医师的未为说明就是意图导致病人作出错误决定来。因为关于风险事项与复数疗法事项的告知,医师根据其专业判断,与对于病人个案的接触与了解,本身应该有某程度的医疗裁量权。因此,所谓的风险告知,并非任何想象得到的大小风险,包括打针会有针头断裂、手术会有感染等风险,均一一告知。刑法上认为足以影响病人决定是否接受医疗行为的风险,应该是医疗行为所可能具有的典型风险,例如,手术之后会发生伤口疼痛或器官功能丧失、放射线治疗会发生身体严重不适或掉发等情形。这些均是医师在医疗行为之前可以预见与预期的风险,应该进行说明。此外,某些风险并非医疗行为的典型风险,且发生率极低,但危险一旦发生,将会造成死亡或重伤害的风险,且不容易回避。例如,全身麻醉可能导致死亡、进行抽脂手术可能导致脂肪栓塞而死亡,或是医疗行为有关的并发症。由于这些非典型的风险,有导致病人最后死亡或

---

① Vgl. Ulsenheimer, Arztstrafrecht in der Praxis, 2. Aufl., 1998, S. 51.
② Vgl. Ulsenheimer, a. a. O. (Fn. 15), S. 51 f.

重伤害的可能,其有无说明,深刻影响病人进行医疗行为的意愿,因此,医师未予说明,在刑法上不能不为结果的发生负责。①

在台湾地区,过去甚少发生因医师未尽说明义务而认定有医疗过失之案例。本文所要分析的判决,不仅具有指标性意义,判决中对医师违反说明义务的法律效果,原则上亦值得赞同。台湾地区"最高法院"对医师未对家属说明心导管手术所可能导致的风险,并非直接以未经说明而同意无效为由,论以故意伤害行为,而是将医师对于风险与不接受治疗的利与弊未详尽说明一事,认定为过失行为。

刑法上"过失犯"的成立,在不法层次上,主要审查行为人是否违反"客观注意义务"。"客观注意义务之违反"又包含两个内容,亦即是否违反社会交往之必要注意义务,以及对于构成要件之结果是否是客观上可预见的。② 实务见解亦采此一看法,2002年台上字第4857号判决见解认为:"'刑法'上之过失犯,以行为人对于结果之发生,应注意并能注意而不注意为成立要件,是被告应否论以过失犯,当以其有无违反注意义务及对于危险行为之发生有无预见之可能而疏于注意,致发生危险之结果为断。"

处罚过失犯之规范上意义,本在于要求行为人必须尽到某些社会交往中所必须遵守的注意义务。也就是经由过失犯提出一个规范上的命令,要求行为人在具体情况下,善尽注意义务,以避免危险结果之发生。换言之,注意义务的履行,本身必须隐含行为人对于不履行注意义务时,应该预见某些危险结果会发生(亦即对于危险结果具有预见可能性)。因此,在审查过失犯的时候,除了审查行为人是否违反社会交往时应尽的必要注意义务之外(包含注意义务内容与是否履行问题),还必须考虑危险结果之发生是否在客观上是可预见的。③ 换言之,只要是一个谨慎小心之人,在相同条件下,根据最基本的一般生活经验,就可能计算与预见到会有某些危险结果发生之可能,则行为人基本上也应该有此预见能力。在此之所以采"一般人",或是"客观"标准,乃在于有无预见可能,并非以行为人主观为标准,而是以一种平均人标准来审查。也就是说,一般人在此情况之下均有可能预见的话,行为人就不能推托其无法预见。④ 行为人的过失责任,则是因为有此预见可能性,但却因违反注意义务,以致只要尽注意义务就能避免可预见之危险结果发生,因未尽注意义务而使其发生,所以应该负过失责任。如果结果之发生,对于一般人而言,在客观上是不可预见且不可避免者,则无法论以过失责任。从而,过失犯的注意义务违反之成立,必定内涵了行为人对危险结果应该具有客观可预见性。甚至可以说,过失犯的处罚,并非仅仅在于归责行为人违反注意义务,而是要归责行为人违反注意义务时,应该预见到随之而来的危险结果

---

① Vgl. Ulsenheimer, a. a. O. (Fn. 15), S. 68 f.
② 参见林山田:《刑法通论》(下),第171页以下;黄常仁:《刑法总论》,2000年版,第114页以下;苏俊雄:《刑法总论》(Ⅱ),1997年版,第478页以下。黄荣坚则是认为,过失犯应以违反"主观的预见可能性"作为过失犯认定之标准,不应以"违反客观注意义务"为标准。参见黄荣坚:《基础刑法学》(上),2003年版,第298页以下。
③ 参见王皇玉:《整形美容、病人同意与医疗过失中之信赖原则》,载《月旦法学杂志》2005年第127期,第58页。
④ 行为人主观上是否的没有预见,应该是在罪责部分加以审查的问题,并不影响过失犯的成立。但是学说上有反对意见,认为过失犯的结构,是否必须继续维持"不法"与"罪责"之形式上区分,显有疑问,且认为过失犯所要求的预见能力(认识能力),应该采取行为人标准,或称"个别化理论"。详细参见许玉秀:《探索过失犯的构造——行为人能力的定位》,载《刑事法杂志》1997年第41卷第2期,第124页以下。然而如实行行为人个别化标准,将导致过失犯的成立,可能因为行为人个人的年龄、能力、智识程度、教育程度,甚至个性是谨慎或草率等因素,而有不同的结论。如此认定,将形成过失犯在法规范上的不安定。

会发生,却没有采取其他行为,以避免结果之发生。

在医疗过失的审查中,所谓医师在进行医疗行为时,应遵守客观必要的注意义务,乃指任何一个具有良知与理智而小心谨慎的医师,在相同的条件下,都会采取与保持的注意程度。① 这里所要求的是一种具有专业医生平均程度的注意义务,也就是说,医生所采取与保持的注意程度,必须根据当时与此医疗行为有关的专业医学应该具有的知识水平与能力,作为判准。② 之所以要求医师应具有平均专业医师的注意程度,乃考虑到对医师是否具有医疗过失,不能用一般人的医学常识作为标准判断。就如同对主治医生,也不能用实习医师的医学知识与技术作为标准判断其医疗行为有无过失。③

所谓平均专业医师之注意程度(也就是注意能力),在具体的审查上,并不以医生是否通过专业医师甄审程序、具有专业医生证书此等形式标准为依据,也就是说,不能认为只要是不具有专业医师执照,其所为之医疗行为一律违反客观必要之注意义务。应该要从实质面审查医师在从事医疗行为,是否具有与此医疗行为有关的最基本的基础知识与专业训练,亦即是否对与此专业医疗行为所必备的理论知识与相关风险有所认知,以及是否具备最基本的医疗技术与实际的医疗经验为断。此外,最重要的是,在遇到特殊状况,是否有能力与技术作必要且适当的应变,以避免损害结果之发生。④ 由于过失犯的责任本质,除了结果不法之外,还在于非难一个轻忽、草率、大意的行为态度。如果医生在实施医疗行为时,因个人因素而无法履行客观必要的注意义务,例如,欠缺必要的知识、技术与条件,或因疲倦、生病、药物作用等因素,而无法履行客观必要的注意义务时,医师所采取的行为,应该是放弃行为之进行,或是寻求其他专业上的协助,如寻求其他专业医师接手医疗行为,或是转诊至其他医院,而不是大胆冒进。如果医师在此情况下,具有避免危险结果之"他行为可能"(Anders-handeln-Können),却仍然冒险承担超越其能力范围与条件的行为,以致发生损害结果,对于这种超越承担能力的行为,不仅是客观上违反注意义务,主观上也应该受到归责。⑤

回到本文所要评释的判决,本判决中医师的行为被认定为未尽说明义务,然而如此为何可以说是有过失？台湾地区"最高法院"认为,医师虽然在手术前持印有说明的同意书给病人签署,但是医师对足以影响病人接受手术与否之重要事项,包括不接受治疗之后果,其他治疗方案及其他可能之替代方案及其利弊,与不常发生,但可能发生严重后果之风险,与治疗之成功率(死亡率)等事项,并未详尽说明,且病人并未明了之前,就进行之医疗行为,认为医师的行为属过失行为。基本上,说明事项的践行,应属医生应遵守的医疗准则之一,如果未确实践行此一程序,在法律上可以评价为未尽注意义务。此外,医师应该可以预见,对于医疗的风险涉及有发生死亡之可能,病人极有可能选择不接受该医疗行为。换言之,对于死亡结果之产生,医师本有以通过告知病人风险的方式,回避损害结果之发生,但医师却没有尽到回避结果发生之义务。因此,医师的行为可论以未尽注意义务而有过失。

---

① Vgl. Ulsenheimer, a. a. O. (Fn. 15), S. 13.
② Vgl. Ulsenheimer, a. a. O. (Fn. 15), S. 14.
③ 参见黄荣坚:《基础刑法学》(上),2003年版,第304页;林山田:《论医师的医疗过失问题》,载《医事法学》1985年第1卷第1期,第65页。
④ Vgl. Ulsenheimer, a. a. O. (Fn. 15), S. 22.
⑤ Vgl. Ulsenheimer, a. a. O. (Fn. 15), S. 25. 此即所谓超越承担过失(Übernahmefahrlässigkeit)与超越承担罪责(Übernahmeverschulden)之概念。相关论述可参见林山田:《刑法通论》(增订七版)(下),2001年版,第167页以下、第180页。

医疗过失的论证基础,固然建立在医师对结果之发生具有预见可能性,与违反注意义务两个要件之上。然而必须说明的是,就预见可能性而言,如果某些风险在医疗实证研究中极少出现,例如,为病人施打维生素,有可能造成病人过敏而死亡。对于此种死亡风险,乃普通医师所不能预见者,对于无法预见之风险,当然无从说明,因此原则上亦不能以医师就此风险未尽说明义务而论以有过失。就注意义务之违反而言,虽然说明义务之践行,可以认为是医师应遵守之医疗准则之一,但并非意味着,医师只要未详尽说明就属于有过失。因为说明义务的内容,亦有牵涉到与死亡或重结果发生毫无关系的事项,或是即使未说明,也不足以影响病人接受医疗意愿的事项。例如,打针时,针头有可能断裂,打针处有可能红肿。基本上这些事项与病人的自我决定权无关,因此即使未予说明,在刑法上也不能论以有过失。

三、医师亲自到场诊察义务之违反

（一）应作类型区别

本判决中,除了涉及医师说明义务的违反问题之外,还有另一个较少有人讨论的问题,就是医师亲自诊察义务之违反与过失责任的论定。

关于医师亲自诊察的义务,规定在"医师法"第11条第1项:医师非亲自诊察,不得施行治疗、开给方剂或交付诊断书。但于山地、离岛、偏僻地区或有特殊、急迫情形,为应对医疗需要,得由市、县(市)主管机关指定之医师,以通讯方式询问病情,为之诊察,开给方剂,并嘱由卫生医疗机构护理人员、助产人员执行治疗。前项但书所定之通讯诊察、治疗,其医疗项目、医师之指定及通讯方式等,由"中央主管机关"定之。违反"医师法"第11条亲自诊察义务者,根据"医师法"第29条之规定,可以处医师新台币2万元以上10万元以下的行政罚款。

本案在高等法院审理时,法院参阅了台大医院出具的鉴定意见。其中如此表明,本案自诉人质疑列名之被告医师未在病人有任何不适时实时赶到,并亲自诊疗及给予处置,因此认为医师等有所疏失,甚至违法。实者,医院中每位医生均要照顾多位病患,此外且有门诊、开刀、特殊检查以及与医疗有关之临床及学术会议。因此病人之医疗工作乃为团队工作,可以互相支持,并密切配合,以期能在有限之人力及时间内给予每位病患最好的照顾。当然危急情况必得优先且立即处理,不得有所拖延。衡之本病例,病人在心导管术后,实已获密切监视,且已做适切之紧急治疗,望自诉人能了解此点;再丙、丁丁住院医师,在病人有所不适时,依病人症状给予药物(舌下硝酸甘油片及点滴硝酸甘油),并获致病状之缓解,且当时病人之血压多次测量分别为99/67、118/73、92/54、92/54,病情尚称稳定;其间尚给予输血及点滴输液,凡此处置,应属适当,故难以认为医师等有医疗上之疏失。台大医院的鉴定意见,不仅表明了医界人士的立场,也指出了要求医师严格遵守亲自到场诊察义务,有其现实面临的实践困难性。

本案高等法院判决基本上遵从医疗鉴定意见,认为住院医师根据护士通知所为的电话指示而给予药物,在处置上已使病人病状获得缓解且病情稳定,处置属适当并无疏失。因此,即使住院医师未亲自前往看察,亦不能认为有过失。

但台湾地区"最高法院"反驳此一见解,认为住院医师在接获护士通知,病人病情有所变化,情况危急,未亲自诊察,即指示或是给予药物治疗,似有违反"医师法"第11条医师亲自诊察义务,且执行职务上似有过失。台湾地区"最高法院"以高等法院未究明医师有无违反"医师法"第11条医师亲自诊察义务,作为驳回高等法院无罪判决的论点之一,其见解可谓用心良苦。可以看出台湾地区"最高法院"企图以这样的要求导正医疗领域中医师未能践行亲自到场诊治之弊病。尤其是在喧腾一时的邱小妹"人球案"事件中,亦发生类似医师未亲自到场诊治,即作出转诊要求的事件之后,医师亲自诊治义务更从过去备受忽视的义务,一跃成为医师最重要的注意义务之一。

从医师亲自诊察义务的目的来看,诚如同台湾地区"最高法院"判决所述,在于强制医师亲自到场诊察,以避免医师对病人病情误判而造成错误治疗或延宕正确治疗时机。此外,对于高危险性之病人,其病情瞬息万变,遇病情有所变化,医师自有亲自到场诊察之注意义务及作为义务,依正确之诊察,给予妥适之处分治疗,以保障医、病双方权益。然而,亲自诊治义务的践行,是否必须机械式地每次投药、治疗前都必须亲自到场诊治?如果采此作为认定的标准,是否过于严苛?

医师是否违反亲自诊察义务,在认定上至少必须区分两种状况分别处理:一种是医师从未接触过的病人,或是过去虽然接触过,但从时间间隔来看,无法根据过去的问诊经验而掌握现在的病情之情形。此一情形下,医师未亲自问诊就给药或治疗,不仅违反医疗伦理,如有误诊或错误判断导致病人有死亡或伤害结果发生,当然应负过失责任。然而,与此应区别的另一种情形,则是医师在持续进行治疗的病人,且从时间与空间的紧密关系来看,以及周边医疗人员与医疗仪器的监控密度来看,医师即使未亲自到场,仍能根据过去与病人的接触经验,以及其他医疗人员或设备的监控之下,充分掌握病情,并给予投药、治疗的情形。此一情形,即使医师未亲自到场问诊就给予药物或治疗,但如果病人的病况是在严密被掌握的情形下,无误诊之虞者,则应属可容许之情形。此外,过于严苛的标准,医师是否真能遵守,也会有疑问。如同台大医院的医疗鉴定报告所言,在目前大型医疗机构中,医生不仅要同时照顾多名病人,此外还有教学、门诊、开刀、特殊检查等工作。为了维持医学知识与医疗技术水平,尚必须参与医疗有关的临床及学术会议。在有限的时间内,要求医师必须每次亲自诊治,实属强人所难,亦忽略了现代医疗具有的团队分工、互相支持性质。

(二)应判断有无急迫性

台湾地区"最高法院"判决在本案中,忽略的另一个问题是,医师应尽亲自诊察的义务,并非不容许例外,例如,"医师法"第11条规定,"对于山地、离岛、偏僻地区"或是"有急迫情形",应允许医师以通讯方式询问病情,为之诊察,开给方剂,并嘱由卫生医疗机构护理人员、助产人员执行治疗。前者情形,是基于事实上的困难,而允许医师采取便宜或权宜处置;后者情形则是因为遇到紧急情况的例外。之所以允许医师在紧急情形下可以不亲自到场诊察而给予治疗,乃是因为医师不可能24小时随时待命,或立即到达现场。在病人遇有紧急状况时,医师可能会陷入两难困境:究竟应该先指示其他医护人员给予必要之处置?还是只能等到自己到达现场后,始进行诊疗与医治?如果采取前者方式,可能会有违反"医师法"第11条第1项规定之可能;如果采取后者方式,病人可能在医师前来途中而发生危急结果。因此,尽管医师有亲自诊察义务,但在危急时,应允许医师进行变通或权宜处置,以通讯方式询问病情,进行诊察与开给药方。而且这样的行为,应该可以根据"刑法"上的"紧急避难"法理而正当化。当然,这样的例外,条件必须有所限制,亦即必须真的具有"急迫性",且"如果未紧急为医疗或处置,将导致病人病况严重或死亡"的迟延危险时,始可允许。因此,即使医师未能亲自到场诊治即开药方,属于未尽注意义务而有过失,但这样的情形是发生在紧急情况,且为了保全病人生命、身体健康所为,仍然可以根据"紧急避难"原则阻却医师过失行为之违法性。

(三)应进行因果关系审查

此外,要以医师未亲自到场诊治而论以医师过失责任,还应该进行因果关系的审查。亦即,在法律上必须究明一件事情,到底病人死亡的结果,与医师未到场亲自诊察之间,有无因果关系。本案当中,医疗鉴定的结论认为,医师虽然没有亲自诊治,但医师指示护士给病人舌下硝酸甘油的结果,事实上的确使病人症状得到纾解。用法律术语来讲,就是未亲自诊治就算是违反了医师的注意义务,但是这样的违反注意义务行为,显然并没有导致病人陷入更不利益的状况。病人最终死亡的原因,也非导因于亲自诊察义务的违反。可以说医师未亲自诊察与死亡结果之间不具有因果关系。因此,严格而言,本案中未到场亲自诊察的医师,应不能论以业务过失致死,至多只能根据"医师法"规定给予行政惩处。

结论性观点

本案有关医疗纠纷的案件,争执重点乃在于医师说明义务的实践与违反效果。台湾地区"最高法院"的判决意见虽然处处以疑问、反问的方式提出质疑,但是对于医师说明义务的方式、内容,以及未尽说明义务的刑法上效果,几乎已经提出相当明确的看法。此一判决内容,对于"告知后同意"在法律规范上的解释,已产生相当大的影响。就医师亲自到场诊察义务的践行,台湾地区"最高法院"的意见,似较倾向于严格强制医师每次都必须亲自到场诊察,以避免医师对病人误判病情,造成误诊。然而台湾地区"最高法院"未能从目前医疗结构现状,以及避免误诊之目的解释限缩"医师法"第11条第1项的适用范围,恐会形成现实上的实践困难。如此严格解释,在行政管制面上,或可要求,但是用来作为"刑法"解释的标准,并不妥当,应有修正之必要。

论急救与建议转诊义务*

——台湾地区高等法院2007年医上诉字第3号刑事判决评释

王志嘉**

基本案情

2005年1月10日凌晨,4岁女童邱小妹因吵闹,遭酗酒父亲殴打头部,致邱小妹因头部钝挫伤致急性硬脑膜下腔出血而昏迷,送至医院急诊室发现,检伤分类为第一级应优先处理的病人。

邱小妹入院时意识昏迷,两侧瞳孔不等大,昏迷指数为七分,急诊医师怀疑有颅内出血的情形,在安排电脑断层扫描确诊为"急性硬脑膜下出血"(acute SDH)后,"会诊"神经外科值班医师甲①,甲并没有亲自到急诊室诊察邱小妹,也未审视电脑断层扫描的结果,且表示神经外科加护病房已无空床,为便于术后的监看及照护,建议转院治疗,经联络台北市"灾难应变指挥中心"(以下简称"EOC")协助转床事宜,但当日台北地区无多余的神经外科加护病床可收治邱小妹,在医师甲未同意挪床或加床的情形下,最后邱小妹被送往台中某医院后死亡,案经台北地方法院检察署检察官自动检举侦查,以"业务过失致死罪"等提起公诉。

裁判要旨②

1. 业务登载不实文书罪成立,判刑两个月。
2. 业务过失致死罪无罪,其要旨如下:
(1) 医师甲未立即对病人进行手术与病人的死亡有因果关系。
(2) 医师甲,无违反"刑法"上的作为义务,包括:无违反医师的亲自诊察义务、医师无挪床义务、医师无加床义务,以及转诊他院,并未违反医师的紧急救治义务等。
(3) 医疗体系的诸多疏失,不应由医师个人承担。

疑难问题

1. 医师是否有违反"刑法"上的"作为义务",如违反"亲自诊察义务"或违反"紧急救治义务"等,而造成邱小妹死亡的结果?
2. 若医师违反作为义务,是否与邱小妹的死亡有"因果关系"?

---

* 原载于《月旦法学杂志》2010年第187期。
** "三军总医院"家庭暨社区医学部主治医师、"国防医学院"医学系讲师。
① 本案虽涉及两位医师,但争点并无不同,基于简化,仅讨论医师甲的部分。
② 被告甲部分,经台湾地区高等法院判决后,未上诉而确定。

学理研究

一、"刑法"上的作为义务

"刑法"第15条规定:"对于犯罪结果之发生,法律上有防止之义务,能防止而不防止者,与因积极行为发生结果者同。因自己行为致有发生犯罪结果之危险者,负防止其发生之义务。"

关于作为义务,司法实务早期的判例认为,"刑法"第15条第1项所定,对于一定结果能防止而不防止之责任,以对于一定结果之发生,法律上有防止之义务者为限。① 换言之,若非法律上的义务,即不负防止的责任。其后的判例改采,消极的犯罪,必以行为人在法律上具有积极的作为义务为前提,此种作为义务,虽不限于明文规定,要必就法律之精神观察,有此义务时,始能令负犯罪责任。② 换言之,"刑法"上的作为义务,并不以法律所规定者为限。

学说上多数见解认为,要成立不作为犯必须要有"保证(障)人的地位",其保证人地位源自于下列情形:法令、契约、无因管理、先行行为(危险前行为)以及一般规范(如危险共同体、诚信原则等习惯或条理)等③,亦即可分为"依法律规定"及"依一般生活经验"而生等两种情况。④

少数见解认为,作为义务必须是"法律上"的义务,道德上或宗教上的义务,并不包括在内。⑤ 通说所承认的作为义务,基于契约或事务管理所生的义务,是否包含"法律上"的义务,业已启人疑窦;习惯或条理所生的义务,实难令人接受。至于实务见解的"法律的精神"用语,在概念上极不明确,如无一定界限,是必导致极度扩张作为义务的范围,如此一来,会使法律上的义务与道德上的义务混淆不清。⑥

虽然实务与通说向来认为,作为义务并不以法律所规定者为限,但笔者赞同少数说的见解,认为应以法律规定者为限。特别是医疗行为是被高度管制的行为,医疗相关法规多如牛毛,经常修法且与时俱进,殊难想象法律所未规定的义务,强加法律所未规定的义务予医师或医疗体系,实难具有期待可能性。

因此,欲探讨医师甲是否违反作为义务时,主要由两个面向出发:一是医师甲是否有违反"医师法"第11条的"医师亲自诊察义务"⑦;二是医师甲是否有违反"医师法"第21条或"医疗法"第60条的"紧急救治义务"。⑧ 故无论是检察官的起诉或是法院判决书所提及的挪床义务与加床义务,不应视为独立的作为义务来讨论,应该纳入是否属于医师甲紧急救治义务的一部分。

此外,在讨论医师是否违反紧急救治义务时,势必要将"医疗法"第59条"适当人力值班义

---

① 1939年上字第3974号判例。
② 1942年上字第2324号判例。
③ 参见陈子平:《刑法总论》,元照出版有限公司2008年版,第157—158页;林东茂:《刑法综览》(修订五版),一品文化出版社2007年版,第1—161页、第1—173页;张丽卿:《刑法总则理论与应用》,五南图书出版公司,2007年版,第411—415页。
④ 高点法学研究室:《学习式六法》,高点文化事业有限公司2008年版,第6—9页。
⑤ 参见甘添贵、谢庭晃:《快捷方式刑法总论》,2006年版,第75页。
⑥ 同上书,第76页。
⑦ "医师法"第11条规定:"医师非亲自诊察,不得施行治疗、开给方剂或交付诊断书。"
⑧ "医师法"第21条规定:"医师对于危急之病人,应即其专业能力予以救治或采取必要措施,不得无故拖延。";"医疗法"第60条规定:"医院、诊所遇有危急病人,应先予适当之急救,并即依其人员及设备能力予以救治或采取必要措施,不得无故拖延。"

务"①、第 73 条的"建议转诊义务"②,以及第 75 条的"病人拒绝治疗的权利"③等纳入综合判断,因为这些都是法律上所赋予医师或医疗机构的义务。

二、医师甲是否违反亲自诊察义务

（一）医师亲自诊察义务的意义

"医师法"第 11 条规定:医师非亲自诊察,不得施行治疗、开给方剂或交付诊断书。但于山地、离岛、偏僻地区或有特殊、急迫情形,为应医疗需要,得由市、县(市)主管机关指定之医师,以通讯方式询问病情,为之诊察,开给方剂,并嘱由卫生医疗机构护理人员、助产人员执行治疗。

关于医师亲自诊察义务,不论在医疗实务或是在司法实务上仍具有高度争议。亲自诊察义务的"亲自"应该如何解释已具有争议,若再加"诊察行为"如何定义,也会影响到亲自诊察的解释,更加深亲自诊察义务在法律与医疗实务的争议。就目前司法实务对于亲自诊察的定义,有台湾地区"最高法院"所采的"每次诊察说"以及高等法院所采的"掌握病人说"。

"每次诊察说"的精神在于,病人的病情瞬息万变,遇病情有所变化,医师自有亲自到场诊察的注意义务及作为义务,依正确的诊察,给予妥适的处置治疗,以免对病人病情误判而造成错误治疗或延宕正确治疗时机,故医师必须每次诊察始足当之。④

"掌握病人说"的精神认为亲自诊察义务,主要在于规范医师对从未诊察过的患者,于病情不明情况下而予以处方之行为,若医师先前已对病人详细检查,且病情明显,医师本次的处置皆为有所本,即应不属"医师法"第 11 条处罚的范畴,故医师不一定需要每次诊察病人,但是要曾经诊察过病人。⑤

笔者认为,医师亲自诊察原则,并非形式上一成不变地要求医师每次需亲自诊察始足当之,除不符合医学惯例与事实上的不可能外,最大的理由是,若要求医师每次必须亲自诊察始符合亲自诊察义务,实已丧失医疗专业分工的必要,也忽略了其他的医事专业,丧失了各类医事人员的专业角色功能与独立性。这不仅违反了赋予各类医事专业人员专业证照的本意,也明显违反了医疗分工的精神,更重要的是,也抵触了各类医事法规对于医师得"指示"各类医事人员进行"医疗辅助行为"的相关规定。⑥

因此,医师的亲自诊察原则,应从"掌握病人"的观点解释,医师是否每次亲自参与并非重点,应着重在医师的专业参与及主导的角色,只要医师曾经诊察过该病人,并且在能掌握及了解病人的病情情形下,通过医师的统筹、协调与分工,指示或指导各类医事专业人员,通过医疗团队的专业分工与合作共同完成医疗行为与对病人的照护,即该当医师亲自诊察的原则。至于掌握不足的情形,则属于是否有过失或监督过失的问题,与医师是否违反亲自诊察义务无直接的关联性。

---

① "医疗法"第 59 条规定:"医院于诊疗时间外,应依其规模及业务需要,指派适当人数之医师值班,以照顾住院及急诊病人。"
② "医疗法"第 73 条规定:"医院、诊所因限于人员、设备及专长能力,无法确定病人之病因或提供完整治疗时,应建议病人转诊。"
③ "医疗法"第 75 条第 2 项规定:"医院对尚未治愈而要求出院之病人,得要求病人或其法定代理人、配偶、亲属或关系人,签具自动出院书。"
④ 台湾地区"最高法院"2005 年台上字第 2676 号刑事判决、2006 年台上字第 3476 号刑事判决。
⑤ 台湾地区高等法院台南分院 2001 年上更(一)字第 596 号、2005 年重上更(二)字第 278 号刑事判决。
⑥ "医师法"第 28 条但书第 2 款,"护理人员法"第 24 条第 1 项第 4 款,"物理治疗师法"第 12 条第 2 项、第 17 条第 2 项,"职能治疗师法"第 12 条第 2 项、第 17 条第 2 项等规定。

(二)"会诊"与亲自诊察义务的关系

医疗上,不论是急诊或住院的病人,都会有一名"主要的负责医师"(通常是主治医师),但是基于病人病情的不确定性或紧急性、医师自身专业性的限制,以及医院或卫生主管机关的行政管制规定等因素,往往需要照会其他专业,以帮助主要的负责医师作出正确的决定与处置等,这就是"会诊"。故一个病人是否需要会诊及其需要会诊的科别,通常由主要的负责医师决定。[①]

会诊的医师,在医疗上是居于第二线,通常在主要负责医师寻求协助时,才会进行会诊医疗,在其尚未看到病人前,主要负责的医师已经亲自诊察过了,故其是否与"医师法"第11条亲自诊察义务有关,涉及"医疗惯例""医学伦理"以及"会诊目的"等因素,需要综合判断。

1. 法院见解

医师甲是否违反亲自诊察义务,法院采取了"中性见解",考虑医疗实务可能出现不同的变项,故采"阶段性论述",最后作出结论,其内涵有三:

(1)尊重及肯认医院的内规,认为电话会诊方式并未违反医院急诊会诊的规定,但是也不能据此断定会诊不用亲自诊察病人。

(2)不论是主治医师或会诊的医师,对于求诊的病人均有救治义务,至于医院内部的分工,自不得作为医师不予救助的借口。故医师甲所做未亲自会诊,并不影响医院对邱小妹救治的辩解尚难可采,但也不能遽认为医师违反亲自诊察的作为义务。

(3)因此,会诊医师是否有义务亲自诊察,必须综合判断"会诊目的",以决定是否对病人造成影响。经法院审理后发现,该次会诊的目的,并非寻求脑神经外科协助判断病情,而系确认脑神经外科能否提供后续手术治疗的可能性,在此情形下,医师甲未亲自诊察并不违反医师亲自诊察的义务。

笔者认为,本案审理的法官,至为用心,对医疗的常规、医院内规以及医疗惯例等,均有所了解与尊重,能够将医学界高度争议的案件抽丝剥茧,探讨会诊与亲自诊察的关系,足见对医疗法律了解的深入。

2. 本文见解

(1)医学伦理的思考

由于医疗科技的日新月异,医师徒具医德,无法解决所有新兴的伦理争议,这是需要思考辩论的过程。故现今医学伦理的内涵,包括"医德层次",以及"思辨层次"。前者着重在医师个人的道德素养,例如视病犹亲等道德;后者着重在对争议问题的思考、辩论与解决,如通过生命伦理四原则的思辨,处理医病关系。故二者相辅相成,在医疗实务上都有其必要性。

从"医德层次"分析,着重在医师个人的自身修为,"视病犹亲"是医德的根本要素。故会诊医师不论基于何种原因未亲自诊察病人时,会被认为有违反医德与医疗惯例。[②]

事实上,本案在"卫生署医事惩戒复审委员会"的决议,态度也表达得非常清楚,委员会的共识认为:"被惩戒人(即医师甲)虽为住院总医师,且仍属在最后一年的训练及学习中(尚未取得外科专科医师及神经外科专科医师资格),唯在医疗制度上,仍可以响应急诊室的照会,但看完病人后,必须向该科值班的主治医师报告详情,再由值班的主治医师作最后的裁决(开刀或转诊),此为一般医疗常规中住院医师训练通则。"

---

① 2006年6月8日逵字第0950009195号修颁"三军总医院住院暨急诊会诊作业规定"。
② 本案发生时,在某场合曾与台大医院家医部邱泰源主任,以及现任健康局局长时任台北市卫生局局长的邱淑媞,讨论过会诊是否需亲自诊察一事,均认为必须亲自诊察,此见解也代表多数医界专家的意见。

只是委员会认为,医师甲未亲自会诊,固有未符一般医疗常规,但系依照医院急诊作业要点的规定:"如照会的会诊科别收到通知,可与急诊医师讨论病情及后续处理,则可不必亲自诊察",因而认为此项责任,实不应由甲负担。

从"思辨层次"分析,目前医学界通用的医学伦理准则,系由 1979 年美国 Tom L. Beauchamp 及 James F. Childress 两位教授所提出的"生物医学伦理的原则"。其主要的核心内涵包括:尊重自主原则、不伤害原则、行善原则以及正义原则等四原则[1],台湾地区学者将其称为"生命伦理四原则"。[2]

在此四原则中,不伤害原则与行善原则往往互相冲突,此为医学伦理上的"双重效应"(double effect)[3],必须借由"最佳利益原则"来处理,亦即以"两害相权取其轻、两利相权取其重"的原则作判断,此原则在医疗实务上通常被称为"医疗的适应症"(medical indication),在法律上通常被称为"必要性"。[4]

因此,会诊医师甲,是否需要亲自诊察邱小妹,端视是否有违反病人的最佳利益或是必要性。在本案中,急诊医师已全面地诊察过邱小妹,加上电断层扫描的结果确定为急性硬脑膜下出血,需要立刻开刀,故急诊医师会诊的目的不在于确认疾病(急诊专业已有能力确定),而在寻求后续治疗的可能性。此时医师甲所需要的是后续的协助,故就医师甲未亲自诊察病人一事,尚难谓违反病人的最佳利益。

(2)法学观点的思考

从法律的观点分析,"会诊是否等于诊察",是需要经过法律的解释与评价的,若会诊等于诊察,不论采取"每次诊察说"或是"掌握病人说"的观点,在本案都必须亲自诊察病人,因为医师甲从未诊察过该病人;若会诊不是诊察,医师是否需要亲自诊察病人,就会有争议。

在医疗上会诊的情形非常多样,故无法断然认定会诊医师未亲自诊察即违反医师的亲自诊察义务。因为仍必须考虑"会诊目的"才有办法判断。故从医疗实务的角度观察,"会诊"主要可分为两类:

第一类:着重在"医师与医师"的专业沟通、交流或对话,主要是请教该科医师的专业意见,与其说是"诊察行为",不如说是比较像医师与医师间的"专业咨询",这部分与诊察行为无关,不一定需要亲自看到病人。

家医科医师审视病人的胸部 X 光报告,发现有气胸(pneumothorax),通过电话咨询(会诊)放射科医师对胸部 X 光的判读,家医科医师会诊的目的在于再次确认自己的判断是否有误,以利后续的转科处置,如此会诊系着重在医疗专业的交流,放射科医师不用亲自诊察病人;或是基于对抗生素的管制,或是医院内部的行政规定,非感染专科医师,特别是在细菌培养报告出来后,若需要使用第二线或第三线的抗生素,就必须进行会诊感染科医师,寻求感染科医师的背书,此系基

---

[1] Tom L. Beauchamp, James F. Childress, Principles of biomedical ethics, Sixth Edition, Oxford University Press, 2008.
[2] 参见蔡甫昌:《生命伦理四原则方法》,载戴正德、李明滨编:《医学伦理导论》(增订版),"教育部"2006 年版,第 41 页。
[3] 引自 Stanford encyclopedia of philosophy 之 Doctrine of Double Effect 网页,网站内容资料为 First published Wed Jul 28, 2004; substantive revision Mon Jun 29, 2009(http://plato.stanford.edu/entries/double-effect/#End),2010 年 5 月 7 日访问。
[4] 参见王志嘉:《论医疗上"病人自我决定权"及其刑法相关问题》,载《东吴法研论集》2009 年第 5 卷,第 67 页;王皇玉:《整形美容、病人同意与医疗过失中的信赖原则》,载《月旦法学杂志》2005 年第 127 期,第 54 页。

于预防抗生素的滥用或医院评鉴的需要,感染科医师也无须亲自诊察病人。

第二类:着重在"医师与病人"的诊察需求,即由于医疗的不确定性,病人的病情有时不易作出判断,或该疾病甚难诊断,此时会诊的目的是寻求另一专业的协助,以帮助病人作出诊断。换句话说,此时病人的诊断尚未确定,会诊的目的不仅在于专业的交流,更重要的是在于诊察病人,若医师从未看过该病人,即写下会诊意见,当然违反医师亲自诊察的义务。

精神科医师收治精神分裂症并糖尿病须洗肾的病人,由于精神科医师的专业不在于糖尿病控制及洗肾,也不熟悉此类治疗,基于维护病人的最佳利益,此时会诊肾脏内科(或内分泌科)医师时,由于病人的病情尚属不确定情况,故会诊医师必须亲自诊察病人,或是不明原因发烧的病人、高烧不退的病人,或是使用第一线抗生素无效但培养报告尚未完成的病人,若会诊感染科医师,由于病人的病情不确定,会诊医师必须亲自诊察始能对病人病情作出正确的分析,会诊医师对病人有亲自诊察的义务。

因此,笔者赞同实务见解的观点,认为会诊医师是否需亲自到场会诊,应以会诊目的以及医疗惯例为断,非必须亲自到场诊察始谓"会诊",因为会诊与诊察在意义上并不相同。

三、医师的紧急救治义务

医师的紧急救治义务,通常系指对于病人个人的生命与身体情况作出必要与紧急处置,其内容是否可延伸到医师或医疗机构具有"挪床的义务"或是"加床的义务",不仅是医学伦理上重要的议题,也具有法学的实益,故以下将分别讨论。

(一)挪床义务

1. 法院见解

就挪床部分,法院认为检察官忽略医师甲对于已在加护病房的病人同样具有诊疗义务,且所欲保护及拟牺牲均系等价的生命法益,显然无视于另一个在加护病房病人的权益,如果挪床导致被挪床的病人发生死亡的结果,医师是不是也要负业务过失致死的责任,因而认为医师挪床的义务不存在?

2. 笔者见解

(1)医疗观点

A. 医疗惯例

挪床义务,向来是医学伦理上的重要议题,但是却甚难有共识。主要是世界各国或地区在医疗实务运作惯例上,向来采取"主治医师责任制度"(attending physician、visiting staff),以主治医师为核心的医疗团队负责照顾病人,即使是部科主任,甚至院长,通常仅是行政上的管理者,对于各主治医师治疗病人的专业不会加以干涉,也无权限干涉个案,除非明显违反医学伦理或医疗常规,至多仅是提供专业的建议。

换句话说,若病人对某主治医师的治疗不满意,通常是以换主治医师、换科甚至转院由其他主治医师处理,相对的各主治医师间对彼此的病人也不了解,若真的需要挪床,如何挪床,根本无客观标准,也无从比较;若真的需要挪床,也只是以当晚值班主治医师负责的床位进行挪床,无法进行整体考虑,但这又涉及正义原则问题,在现实上无从进行,是以挪床的可行性,向来只是学理上的讨论。

B. 医学伦理

从医学伦理的角度分析,向来医师仅对"个别的"病人作考虑,原则上考虑"病人的意愿"以及是否有"医疗的适应症"(医疗的必要性、病人的最佳利益),例外时始考虑"正义原则"的适用。

挪床义务,在医学伦理上所涉及的主要就是"正义原则"的问题。对医师来说,当然希望提供给每位病人最好的照顾,但是医疗资源有限,当无法提供每位病人最好的医疗照护时,势必要作出抉择,但是如何抉择呢？可以通过挪床的方式作出适当的资源分配吗？

正义原则,在医疗上的适用,可能会出现以下几种可能性：一是"平等",亦即不论病情复杂程度,给予每位病人相同的时间,问题是一位肿瘤病人与一位感冒病人,对不同复杂程度的疾病给予相同时间是否合理？二是"先来先助",依照挂号的顺序,决定看诊的次序,这在门诊以及社会上均已成为惯例,但是能用在急诊医疗吗？三是"必要性",事实上,就门诊病人而言,给予时间的多寡,应以是否有必要性为判断标准,一律给予相同的时间与正义原则的精神未尽相符。急诊病人的情形也一样,应以紧急程度决定谁来优先看诊,就安排检查的病人,在资源有限的情况下,也是以是否有必要性应为判断,在医疗常规上最简单的判断就是,是否符合"医疗的适应症"。①

医学界多数认同以"医疗的必要性"作为正义原则的核心内涵,但此抽象的判断标准,在适用上仍有其复杂性、医疗上的不确定性,以及选择标准的多元性,目前也仅有抽象原则,很少有具体个案的判断标准。再加上公民向来重视小我,不重视大我,对正义原则也无法在社会上取得共识,挪床义务在台湾地区尚不可行。

C. 现实因素

一般病房间的立即挪床,进行上相对容易,但是加护病房的立即挪床,在现实上往往是不可行的。主要是加护病房的挪床,不仅涉及家属的配合意愿,更涉及家属的照料,在加护病房的病人通常由医护人员全权照料,家属只能探视,不能待在加护病房陪伴,在一般病房的病人,在照护的空当,往往需要家属的陪伴,甚至参与部分照护。

将可能比较不需要使用加护病房的病人,临时转到普通病房,除了需与家属沟通所需费时外(事实上,也无多余的人力说明),家属也需要临时前来医院陪伴自己的亲人,刚转出加护病房的病人,不若一般病房病人的稳定,也需要加派其他医护人员照护,再加上挪床绝非单独的医嘱执行与变更,也需要其他医疗人员的行政协助,所涉及的变数过多,并在现实上不可行,甚至可能违反建议转诊的法定义务。

甚者若挪床义务是确定的,只要所有到医学中心(台大、荣总、"三总"等)就诊需要加护病房的病人,均可要求挪床,除了使建议转诊制度形同具文外,也影响医疗体系的正常运作。

(2) 法律观点

从医学伦理的角度分析,挪床义务是否存在,涉及正义原则的体现,并非绝对不可行,但需要社会的共识；从刑法的观点分析,挪床义务是否是医师紧急救治义务的一环,法无明文,所需考虑的是否有法定的阻却违法事由"紧急避难"或超法规阻却违法事由"义务冲突"的适用。

由于义务冲突,系属"刑法"超法规阻却违法事由,而且笔者认为,是否有挪床义务尚有争论,或是即便有挪床义务,也是医师紧急救治义务的一环,不是独立的义务,是否有义务冲突的适用,仍有争议。再加上义务冲突的判断,取决于受危害法益的位阶、行为人与受危害者的关系、危险的远近及损害结果的迫近性等综合判断②,在本案的适用上与"紧急避难"相近,故本文仅就"挪床义务与紧急避难"的关系讨论。

"刑法"第 24 条第 1 项规定："因避免自己或他人生命、身体、自由、财产之紧急危难而出于不得已之行为,不罚。"容许紧急避难的法理基础在于法益及利益的权衡原则(保护优越利益的原

---

① 参见严久元：《当代医事伦理学》,橘井文化 1999 年版,第 46—48 页。
② 参见林钰雄：《新刑法总则》,元照出版有限公司 2006 年版,第 523—524 页。

则),以及目的手段相当性(行为相当性)原则①,依据刑法伦理学的论述,包括:出于救助的意思的主观要件,以及存在紧急避难的情状、实施紧急避难行为的客观要件。②

医师甲为邱小妹挪床一事,在刑法上应如何评价? 不可否认的是,医师甲有救助邱小妹意思的主观要件,在客观上也显示邱小妹急性硬脑膜下出血存有对生命法益遭受危难的情状③,若未立即采取避难措施,有可能丧失救助生命的机会,而无法阻止损害发生,或有可能造成损害扩大的情形。④ 故是否"刑法"的紧急避难,关键的判断在于在加护病房无空床的情形下,医师甲能否基于救治邱小妹,而将其他病人从加护病房挪出的紧急避难行为?

实施紧急避难的行为,必须符合客观上的不得已(补充性、必要性)以及避难行为必须不过当(均衡性、利益权衡性)等要件。⑤

客观上的"不得已",系指该避难行为在客观上必须是为了达到避险目的的必要手段,而必要手段则指"只有一途,别无选择"而言,亦即是相对最小损害的避难手段。⑥ 挪床,并非"医师法"上所赋予的医师义务,至多仅为紧急救治义务内容,而且会涉及有需要使用加护病房的病人,挪床过程也所费多时,甚至需要征调其他人力;然而,建议转诊义务,是"医疗法"明文赋予的法定义务,且有专责单位(如 EOC)负责统筹相关转诊事宜,在医学界运行多年,故医师甲为邱小妹挪床一事,并未达到不得已、补充性、必要性的程度。

再者,避难行为是法所容认的行为,并非以正当对不正当行为的积极行使权利行为,因此尚会受到"利益权衡"的限制,必须同时通过"优越利益原则"以及"行为相当性原则"的双重限制。⑦

住在加护病房的病人,即便是隔日就可转出的病人,都代表生命迹象尚不稳定,即便生命迹象稳定,但三更半夜受到挪床的通知,病人及家属所承受的不预期与惊恐,以及后续一般病房的照护,都会让病人原本稳定的病情增添恶化的可能性,所牺牲的仍是住在加护病房病人的生命身体法益,所保全的是邱小妹的生命身体法益,二者在判断何者为优越利益有其困难性,也难分轩轾,故无法得到医师保护邱小妹的利益优位于即将被挪床的加护病房的病人。

(二) 加床义务

1. 法院见解

法院认为,若医院在客观条件下,根本无从施行此等手术并提供术后照顾,"加床"于客观上根本不可能实现即无期待可能性,自无强命医师就此不可能的事负作为义务。因而认为加床可行,显然缺乏具体可资遵循的判断标准。

2. 笔者见解

(1) 医疗观点

就医疗实务的惯例,挪床部分医师所扮演的角色相对重要,加床部分医师的角色至多扮演发

---

① 参见黄荣坚:《基础刑法学》(上)(第三版),元照出版有限公司 2006 年版,第 273 页;林钰雄:《新刑法总则》,元照出版有限公司 2006 年版,第 247—248 页。
② 参见林山田:《刑法通论》(增订十版)(上),2008 年版,第 337 页。
③ 参见林钰雄:《新刑法总则》,元照出版有限公司,2006 年版,第 248 页。
④ 参见林山田:《刑法通论》(增订十版)(上),2008 年版,第 337—339 页。
⑤ 参见林山田:《刑法通论》(增订十版)(上),2008 年版,第 340—343 页;陈子平:《刑法总论》,元照出版有限公司 2008 年版,第 263—264 页;林钰雄:《新刑法总则》,元照出版有限公司 2006 年版,第 251—253 页。
⑥ 参见林钰雄:《新刑法总则》,元照出版有限公司 2006 年版,第 250—251 页。
⑦ 同上书,第 251—252 页。

动者的角色。医院若要加床治疗病人,并非医师一句话即可确定,医师无此权限,从无中生有,是非常困难的事。除了医院是否有加床的作业流程外,尚需要整个团队的协调合作,缺一不可。例如,护理部是否能在短时间征调 on call 的人力,在 on call 人力到达前,现有的人力是否足以帮忙,是否会影响其他床位病人的照护等,呼吸器以及相关的仪器是否足够,加床的病房是否足以因应病人的需要,信息系统、氧气供应是否足以正常运作等,更需要信息部门、总务部门、卫材部门、健保申报部门等共同协力才得以完成,故勉强赋予医师加床义务,在医疗实务上并不可行。

此外,从医学伦理的观点,加床义务,在医疗上最需要考虑的就是是否符合病人的最佳利益,其次才是正义原则问题。医师在作决策时,需要考虑院内的人力与设备、人力调度及行政协调的情况,以及当时的环境是否适合加床,也需考虑加床与寻求院外的资源,何者较为有利于病人,这就涉及医院的规模、适当人力值班以及转诊体系的运作等情形,这部分有实务的运作、医疗常规以及相关的法律规定可供参考,故将于法律观点部分一并分析。

(2) 法律观点

"医疗法"第 73 条规定:"医院、诊所因限于人员、设备及专长能力,无法确定病人之病因或提供完整治疗时,应建议病人转诊。但危急病人应依第六十条第一项规定,先予适当之急救,始可转诊。"

从法律的观点分析,医师的紧急救治义务,是否包括加床义务? 任何病人前往医疗机构就诊,医疗机构有义务先予以适当的急救,稳定生命迹象后,再依照各医院的人员、设备及专业能力决定是否转诊。若设备不足,法律规定所赋予的医师义务系"建议转诊",而非采非法定的"加床义务",此乃立法者已对病人生命保护所作的选择。

因此,若设备不足,对病人治疗最佳的方式,不是加床,而是建议转诊。事实上,台湾地区医疗的资源是足够的,但在分配上有所不均,转诊制度的设计①,恰足以补足各医疗机构短暂资源不足的现象,而且加床不仅有其现实上的困难,与建议转诊相较,在时间的等待上通常不会比较快,甚至更慢,若再加上设备不足等因素,对病人反而是不利的。若医师采取的是非法定方式的加床方式,而非法定的建议转诊义务,若因此延误病人的救治,反而应该负法律责任。

至于,在本案,法院虽提及"EOC 的运作(控床)失灵",以及"有特权、有管道,即可能有病床"的医界恶习仍存在等因素,但也不应该借此否定转诊制度,反客为主,而将制度上的疏漏交由医师个人承担,赋予医师非法定的加床义务。

最后,加床义务与"医疗法"第 59 条规定的"适当人力值班义务"相抵触。② 医疗机构依其规模的不同,留有适当人力的值班,在医师部分,住院医师是第一线,除了每天上班外,通常每 3 天轮值一次,换句话说,每月通常会有 10 次工作长达 32 小时的时间,才得以适当的休息;而住院总医师是第二线,视各医院人力不同而有不同的值班,甚有听闻需 on call 30 天的值班;护理人员,虽采用三班轮值制度,但多数医院的普遍现象是护理人员积假不少,若将加床义务作为紧急救治义务的一环,如此将反客为主,更打乱医疗体系的适当人力值班义务,反常态为变态,适当人力值班形同具文,而且也会违反人力设备不足,就应建议转诊的规定,故加床义务,实无作为的可能性③,故其并非法律上的义务,也非医师紧急救治义务的一环,更不能维持病人的最佳利益,也违

---

① 台湾地区现有紧急医疗救护法,以及各医疗法规相关的规定已足以协调资源分配不均的现象。
② "医师法"第 59 条规定:"医院于诊疗时间外,应依其规模及业务需要,指派适当人数之医师值班,以照顾住院及急诊病人"。
③ 参见甘添贵、谢庭晃:《快捷方式刑法总论》,2006 年版,第 77 页;林东茂:《刑法综览》(修订五版),一品文化出版社 2007 年版,第 1-173 页、第 1-174 页。

反了医学伦理。

(三) 紧急救治义务与建议转诊义务的关系

1. 法院见解

死亡率高及术后变成植物人的几率高的情况,医师必须充分与家属沟通了解才进行,亦要尊重家属的意愿及决定,挽回病人生命却变成植物人,未必是对病人及家属最有利的决定。若无家属可以沟通,大部分医师应以挽回生命为首要考虑,作出实时进行开颅手术的决定,但没有能力或设备不足的地方,就应该即刻转诊。

2. 笔者见解

医师的"紧急救治义务",规定于"医师法"第21条以及"医疗法"第60条,是医师的法定义务之一;"医师法"定的"建议转诊的义务",系规定于"医疗法"第73条以及"紧急医疗救护法"第36条;"病人拒绝医疗的权利",系规定于"医疗法"第75条。

整体来说,医疗机构于危急的病人,不论是否有转诊的必要,都必须先予以"适当的急救"①,依其人员以及设备能力采取必要的措施,从另一个角度来看,甚至具有"阻止转诊的义务",直至适当急救完成为止。② 邱小妹进入医院后,急诊室立刻检伤分类,医师立刻做好完整的一般身体检查及神经学检查,并安排电脑断层扫描,给予必要的医疗措施,并确定病人是急性硬脑膜下出血后,立即会诊神经外科医师甲,这部分应是符合对于危急病人依其人员以及设备能力采取必要措施的"适当急救"的,接下来是处理"后续开刀以及术后照料"的问题。

神经外科医师甲会诊后,所要作出的决定是评估该院的人力、设备及专长能力等要素,以决定后续是否能够提供完整的医疗行为,如"后续开刀以及术后照料"。若是人力、设备及专长能力等要素均符合,应该留在医院治疗,断无转院的理由;反之,若是人力、设备及专长能力等要素有所欠缺的情况,经评估无法提供完整的医疗行为,就有建议转诊的必要性。

邱小妹在确诊后昏迷指数(GCS)降至最低的三分,而且有急性硬脑膜下出血并脑干损伤,属于死亡率高以及术后变成植物人的几率亦高的情况,当时该院并无加护病房,设备上已有不足,在"挪床不可行,加床不可能"的情况下,势必无法提供病人完整的医疗,再加上事件发生时,"证据显示该院确无完整的小儿呼吸器可供使用,诸多设备也付之阙如,平时即无能力收受小儿重症的病人"③,无论是设备或是专长能力均有所不足,即便挪床或加床可行,但是对病人最好的方式仍是依据"医疗法"第73条的规定以及"紧急医疗救护法"第36条的规定,在与家属沟通后建议转诊。

由于当时并无家属可以沟通,在医学伦理上要以病人"最佳利益"作考虑,在"刑法"上可由"推测的承诺"或是"紧急避难"的法理,基于挽救病人的生命,作出实时进行开颅手术的决定。

---

① 参见"医疗法"第60条规定、"医疗法"第73条但书以及"紧急医疗救护法"第36条规定。
② 参见郑逸哲:《"医疗法"下的"医疗刑法"——"医疗刑法"导论》,载《军法专刊》2009年第55卷第5期,第186—187页。
③ 依"行政院卫生署医事审议委员会"鉴定书的鉴定意见:对于施行小儿脑神经外科手术,神经外科医师均可施行之。但儿童并非仅是成年人的缩小,医护人员除了需要特别的细心与耐心之外,亦需要对小儿的特质(如病情变化快、容易失温、不易表达问题及难以配合或合作、静脉注射困难、抽血困难、各种导管置放不易等)具有经验,医院最好具有各项儿童用的设备,包括气管内管、开颅手术器械、监视器、保温毯、呼吸器,等等,在危急的情况下,部分成年人用的设备或器械亦可用于小儿,但得粗大且不合适,难以进行较精细的手术,亦有部分成年人的器械因为尺寸不合,完全无法用于小儿。可知,所谓"加床"并非增设一张通念之普通病床,其为提供作小儿神经外科手术之用,自须能装设备有各项用于小儿包括气管内管、开颅手术器械、监视器、保温毯、呼吸器等设备之病床。

但是若是设备不足无法提供完整的医疗时(特别是开颅手术后的照护甚至比开刀更重要,手术后仍有5天的危险期),就应即刻转诊再开刀;若在无法提供足够水平的完整治疗的情况下却留滞病人,断然决定进行手术,未必符合医学伦理为病人争取最大利益的精神,在法律上反而可能涉及业务过失。因此,医师甲决定转诊他院,并无违反医师的紧急救治义务。

四、不作为犯的因果关系

(一)违反作为义务因果关系的判断

1. 法院见解

(1)法院判决

如果死亡结果可以预期,便可以排除本案被告等行为与邱小妹死亡结果的因果关系,将无异代表延长生命的过程是否变得毫无意义,亦即若本案认定无因果关系,形同宣示,以后医师面对各种重症及绝症,选择不予医治或甚至给予错误医治,将不必负担任何责任,且医师最好选择不予医治,因为可轻易且有效规避积极治疗所需承担的风险。

大部分医师并没有因为是重症或绝症就拒绝治疗,因为那将剥夺病人最后一丝丝延长生命的权利,故医师对病人脑伤严重作为无因果关系的推论,尚非可采。因此,法院认为,尽早手术有增加邱小妹存活的机会,虽然影响不大,终究还是有影响,依照前述"几乎可以完全确定"的最大可能性"拟制因果关系",本案不立即进行手术的不作为与邱小妹的死亡有因果关系。

(2)判决争议

整体来说,邱小妹案的判决是值得肯定的,也足见承审法官对医疗体系了解的深入与用心,唯一美中不足的是在医师的不作为与邱小妹的死亡是否有"(相当)因果关系"的认定上。

首先,法院在因果关系的论断流于医学"伦理式"的论述,而非"法律式"的论述。例如,"若本案认定无因果关系,形同宣示,以后医师面对各种重症及绝症,选择不予医治或甚至给予错误医治,将不必负担任何责任,且医师最好选择不予医治,因为可轻易且有效规避积极治疗所需承担的风险"。此点与法院在论断医师亲自诊察义务中,能抽丝剥茧明确区分医学伦理与法律关系的异同有天壤之别。

其次,在本案中,法院虽引用学者管高岳"不作为因果关系的命题",以及"大法官"许玉秀不作为因果关系所采"拟制因果关系"的见解,详细说明因果关系应如何适用不作为犯,但判决书中并未见到其与先前的论述结合,未依此见解作出涵摄,流于伦理式而非完整的法律逻辑推论。换句话说,判决中不是未论断因果关系,或者从学者的论述得不到本案具有因果关系的结论。

最后,在于法院将"一丝丝延长生命的权利""增加邱小妹存活的机会"作为成立因果关系的主要论断依据,这是判决书的最大争议。"存活机会的减少",是近年来民法实务上兴起承认作为病人的请求权之一①,但在民法的适用上即有争议,何况适用于刑法,或是可以适用于刑法吗?

假设"存活机会的减少"可以适用于刑法,至少呈现两个重大争议:一是它侵犯的是病人的"生命权"吗?事实上,存活机会的减少,是否侵犯病人的身体健康权都有争议,更遑论侵犯病人的生命权,将其直接视为生命权,论述上是否妥当?是否有违反罪刑法定主义原则?二是存活机会的减少,破坏了刑法上对因果关系的严谨评价,只要医审会或论文(文献)显示,会造成病人存活机会的减少,因果关系已然确定,不需再作法律的评价。如此"刑法"上所称的因果关系将回到

---

① 参见台湾地区高等法院2003年台上字第596号民事判决、台湾地区"最高法院"2007年台上字第2032号民事判决。

自然的因果关系,而非法律评价的因果关系,少了法学的论述,少了价值的判断,将导致因果关系的论断,最后将由医审会决定或学术论文决定。

2. 笔者见解

(1) 因果关系的判断

台湾地区判例向来认为,"刑法"上的过失,其过失行为与结果间,在客观上有相当因果关系始得成立。所谓"相当因果关系",系指依经验法则,综合行为当时所存在之一切事实,为客观之事后审查,认为在一般情形下,有此环境、有此行为之同一条件,均可发生同一之结果者,则该条件即为发生结果之相当条件,行为与结果即有相当之因果关系。反之,若在一般情形下,有此同一条件存在,而依客观之审查,认为不皆会发生此结果者,则该条件与结果不相当,不过为偶然之事实而已,其行为与结果间即无相当因果关系。①

换句话说,相当因果关系,就是必须达到在一般情形下,"若P则Q"的关系,"P行为乃是Q结果的充分条件,P就是造成Q的原因"。但是在不作为犯的因果关系,要如何命题与适用呢?

法院引用管高岳学者的见解,强调"刑法"上不作为的因果关系应在"若法律要求的一定作为,则不发生该结果"的命题下加以判断②,这部分笔者深表赞同。的确,不作为犯的因果关系,与积极行为在因果关系的论断上是有所不同的。

从医疗的角度观察,一位急重症的病人送至医院来,特别是急性硬脑膜下出血,其死亡率甚高,故医师介入的角色即在于是否能将病人由死亡变成不死亡的情形。故因果关系的命题上应采取"若任何医师积极救治邱小妹,则邱小妹就不会死亡"。③

但是这个命题本身有一个致命的缺点,何以知道病人一定会死亡?何以知道病人在医师介入后,就会不死亡?这当中隐着不确定或几率的概念,又加深了法院评价因果关系的困难度,因为这些都只是一个假设,因为没有发生过的事情,谁也不知道。

故法院引用许玉秀"大法官"的见解,认为只能在无限大的可能性当中,寻找可以确定的可能性,这个不作为的因果关系被称作"假设的因果关系",依一般经验法则推论必须达到"几近确定"的程度。④

这个"几乎可以完全确定"的最大可能规则,是德国联邦最高法院发展出来判断不作为的"相当因果关系"的具体标准。因为不作为的因果关系是依赖经验法则上的最大可能性所拟制出来的,所以也称作"拟制的因果关系"或"准因果关系"。

就本案邱小妹于身体检查及头部电脑断层扫描后发现,昏迷指数已降至最低的三分,头部遭受外力撞击时已经造成严重的头部外伤,包括:直接脑损伤(手术发现脑挫伤)及右额颞顶部急性硬脑膜下血肿(厚度约1.5cm,并有严重脑水肿及中线偏移约2cm),血肿压迫引起的脑损伤(脑水肿),导致钩回脑疝,压迫脑干,引起同侧(右侧)瞳孔散大,显示脑干损伤。鉴定意见认为,尽早手术可以缓解血肿引起的脑部二度伤害,但不能改善脑部直接受到的伤害(外力直接引起的脑损伤,非血肿压迫引起的二度脑损伤),对可能已经损伤的脑干益处不大,未必能挽救此病童,未能尽早手术对其病情可能有些影响,对此病童死亡结果的影响不大。

---

① 参见1987年台上字第192号判例。
② 参见管高岳:《不作为犯的刑事责任》,载《蔡墩铭先生六秩晋五寿诞祝寿论文集》,1997年版,第323页。
③ 感谢台北大学郑逸哲教授对本命题的修正建议。原命题为"若医师甲积极救治邱小妹,则邱小妹就不会死亡"。
④ 参见许玉秀:《主观与客观之间》,1997年版,第311—312页。

以邱小妹的病况,昏迷指数属于最低的三分,手术中发现有直接损伤以及硬脑膜下出血并脑干损伤,系属于"复杂型的硬脑膜下出血"(Complicated SDH),其死亡率至少高达60%至80%,虽然立刻手术减压是最佳的选择①,医师若未积极治疗,虽然可能减少邱小妹的存活机会,但是仍须通过法律评价其因果关系。由于邱小妹当时的情况死亡率甚高,虽然积极急救的确可能有存活的机会,但从法学的评价上实无法判断是否在一般情形下,"若任何医师积极救治邱小妹,则邱小妹就不会死亡"的结果。故法院在因果关系的论断显然是存疑的,根本无从得到"几近确定"不会死亡的见解。

故笔者赞同学者王皇玉的见解,由于不作为因果关系的论断上既属假设,其成立标准应趋严格,必须达到假设医师予以救治的话,病人"确定"或"几近确定"不会死亡的程度。如果只是"有可能"存活下来,不能直接推定病人生命必能挽回,在此仍应受到"罪疑惟轻"原则的限制。②

至于这样的认定,是否会对病人不公平,甚至引起医师的道德风险,而且像法院所说的"以后医师面对各种重症及绝症,选择不予医治或甚至给予错误医治,将不必负担任何责任,且医师最好选择不予医治,因为可轻易且有效规避积极治疗所需承担的风险"。

笔者认为绝大多数情形是不会的。就法律的观点,即便刑法的因果关系无法诉究,但是尚有医疗行政法以及医师惩戒制度可以究责,甚至民法等,其责任不会比刑事责任轻;再从医疗实务的观点,大多数医师不会因法院如此认定而这样做,除了有师长、同侪、医学伦理以及自我期许的压力,以现今的医疗环境,大多数医师均害怕医疗纠纷,唯恐避之而不及,更不会轻言以身试法。事实上,从本案的医师甲在抗辩中也提到,"我也离开我最爱的神经外科,也承受媒体对一位医师几近死亡的宣判,我学会了承受和不抱怨",更可兹证明医疗纠纷是医病双输,对病人是伤害,对医师也是伤害,谁也不愿意发生。

(2)管理过失的处理

邱小妹案的发生,是各界所不希望发生的,医师将病人从台北转到台中,整个过程确实可议,但诚如法院所说的,尚难认为有何作为义务的违反,仅系医德问题。其实,就整个急救与转诊的过程,不论是急诊医师、神经外科医师甲或协助转床的护理同仁或其他医疗人员,内心所承受的压力绝对不小,这就好像军队在前线打仗,但后勤支持不足,巧妇难为无米之炊。

整个过程中,尚有该医院对于医疗器材、相关设备的欠缺,事后调查不少医院仍有空床,但回报给EOC不确实,或许这就是法院所提及的"有特权、有管道,即可能有病床"的医界恶习仍存在,以及EOC的运作(控床)失灵等因素共同造成的。这当中的延误治疗,体现整个医疗体系或多或少出了问题,实不应将医疗体系所出现的问题,由医师个人承担,医师部分应有罪疑惟轻原则适用。

---

① Over 85% of patients with aggregate Glasgow Coma Scores of 3 or 4 die within 24 hour. By HARRISON'S PRINCIPLES OF Internal Medicine, 16th edition, page 2450;表单的底部 Complicated SDH is associated with a mortality rate of about 50%, Available from http://emedicine.medscape.com/article/828005-overview (last visited May 9, 2010); Acute subdural hematomas that are due to trauma are the most lethal of all head injuries and have a high mortality rate if they are not rapidly treated with surgical decompression. The mortality rate associated with acute subdural hematoma is around 60 to 80%, Available from http://en.wikipedia.org/wiki/Subdural_hematoma (last visited May 9, 2010).

② 参见王皇玉:《邱小妹人球案》,载《台湾法学杂志》2009年第123期,第186页。

结论性观点

虽然对检察官起诉的理由未尽认同,但是其于起诉书中提及不少值得医学界深思的争点,并通过判决厘清该争点系属医学伦理的争点,或是医师的作为义务的争点,对于未来医疗实务的运作将会更顺畅,这部分予以肯定。

就法院的判决部分,足见法院对医疗体系的了解,对于医师会诊是否具有亲自诊察义务、是否具有挪床及加床的义务,以及急救与建议转诊义务之间的关系,都能抽丝剥茧一一厘清,有助于凝聚医界、法界以及民众的共识,特别是以"会诊目的"作为会诊是否有亲自诊察义务的共识,以及将医疗体系所出现的问题,不应由医师个人承担,隐约将医疗体系"管理过失"的观点,作为医师罪疑惟轻的判断,这两部分最令人激赏。只是比较美中不足的是,在不作为犯的因果关系的推论上,流于主观式的、医学伦理式的推论,而非法学式的论述,但是就整体判决而言,仍瑕不掩瑜。

会诊必须视"会诊目的"来决定医师是否有亲自诊察的义务,在判决及本文有详细讨论。但是会诊仅是"医师亲自诊察义务"中的一个小争点,如何正确诠释"医师亲自诊察义务"仍有很大的争议,这部分会与刑法的业务过失致死伤罪、诈欺罪乃至业务文书登载不实罪都有关联,未来仍待医界与法界的沟通以寻求共识。①

由于文化因素、医疗实务与医疗惯例、医学伦理,以及"医疗法"第59条"适当人力值班义务""医疗法"第60条"医师紧急救治义务",以及"医疗法"第73条"建议转诊义务"等因素,挪床义务与加床义务,在现行医疗体系下不存在,欠缺作为的可能性,该义务仍是医学伦理的议题。

紧急救治的义务,仍应以医师的医疗专业为主,若人力或设备不足所需考虑的是"建议转诊义务",这部分法院也注意到了,也揭示了抽象性原则,笔者也表达了初步的看法,但仍是力有未逮。因为这当中的界限其实非常模糊,容易引起医疗纠纷,仍待医界与法界的互动与沟通,以及在社会取得共识,才能减少争议。

在不作为犯的因果关系的论断上,只能通过"假设的因果关系",推论医师甲的积极作为,是否导致病人"几近确定"不会死亡的相当性。在推论上的确非常困难,若只是"有可能"存活下来,应本着罪疑惟轻的原则,而不成立因果关系。

最后,本案判决能够指出医疗体系(EOC及各医院等)的管理过失,并纳入判决。的确医学界尚有努力的空间,这部分相信对医学界的进步,对医师以及医疗机构责任的厘清,将更有帮助。

---

① 详细的讨论,可参见王志嘉:《论医师亲自诊察义务》,载《军法专刊》2010年第56卷第1期,第194—215页。

自杀责任*

——评台湾地区"最高法院"2005年台上字第720号刑事判决

关尚勇**

基本案情

精神病患甲,因妄想及精神不稳而住入某综合医院医治,在住院期间,多次出现自杀意念及行为,自杀之倾向彰然甚明。1998年6月9日下午2时许,医院于13楼大厅举行电影欣赏,由护理师乙与心理治疗师丙负责安排,并通知14楼及15楼之护理站,由楼层之值班护士通知并获医师许可参加之精神病患至13楼大厅。甲于当日下午2时15分在14楼之护理站附近徘徊时,14楼值班护士A鼓励其参加电影欣赏,甲表示同意,亦经其主治医师许可,经另一值班护士B于14楼之楼梯口点名后,甲即自行沿楼梯下楼参加活动。但甲下楼时,先至楼间夹层之团体治疗室拿铁椅,不料甲进入该室后,即反锁在内,随后自窗户坠落至该院3楼平台,当场不治死亡。甲父遂诉请地方法院检察署侦查起诉乙与丙。

裁判要旨

本件经检察官提起公诉后,一审以台湾地区新竹地方法院2000年诉字第402号判决,被告乙与丙均无罪。理由如下:甲之所以自该院13楼之团体治疗室内打开窗户而坠楼身亡,实肇因于该院安全设备不足,而乙与丙均非该院负责此项安全设备设置与维护之人,对此自无置喙余地;且依乙、丙所担任之工作观之,亦不负有使该院具有足够之防范逃院与防阻自杀应有之设备与措施之能力。职是之故,乙、丙对特定危险——即病患自该院安全设备不足之处逃院或自杀之危险——客观上对此并不负有注意义务。另外,鼓励甲及决定让其参加活动之人,俱非乙、丙二人,且非乙、丙二人所能控制。另被告二人亦无任何违背对病人定时巡视之责。

检察官不服提起上诉,台湾地区高等法院2001年上诉字第1719号判决将原判决撤销,认为乙与丙因业务上之过失致人于死①,各处拘役50日,得易科罚金。改弦易辙之理由是,除医院对防范精神病患逃院与自杀应有设备设置未完善外,亦应有人为疏失。案发前并无护士将病患交接予被告二人,但因乙自称有清点人数之动作,故显见被告二人当时已明确得知甲为参与活动的病患之一,所以乙、丙所辩称因护士未将甲交接给其二人,故不知甲参与团体活动,显然为避重就轻之词,不足采信。又,乙、丙二人辩称病患报到进入团体之后,才算是其二人负责之范围,乃其二人个人之主观认定。病患至团体治疗室拿椅子,为乙、丙二人所负责之团体活动训练一部分,因此乙、丙对参加活动之病患有防止发生危险之作为义务,不得以医院就此职责规范不明而卸责。乙、丙二人应本于专业知识,不得以医院设备未完善及其他医护人员鼓励或允许甲参与团体

---

* 原载于《月旦法学杂志》2010年第186期。
** 台北荣民总医院神经医学中心。
① "刑法"第276条规定,因过失致人于死者,处两年以下有期徒刑、拘役或2000以下罚金。从事业务之人,因业务上之过失犯前项之罪者,处5年以下有期徒刑或拘役,得并科3000元以下罚金。

活动之措施有不周之处，即得免除对参与活动病患之照护注意及防止发生危险之作为义务。团体治疗室（大门可自内反锁，玻璃窗可向外推开，且未设安全网，尚放置铁椅、碗盘、延长线等可作为自杀之危险物品）对精神病患而言，属危险处所；无人监视甲之时间虽仅约5分钟，未超过规定探视之15分钟，但甲进入团体治疗室拿铁椅为乙、丙二人所明知，乙、丙二人未注意该团体治疗室具有客观之危险性，而任由甲单独进入，自有过失可言，不得以未超过规定15分钟巡视病患之规定而采为被告有利之认定。依乙、丙二人当时所处位置观之（自活动大厅无法监看到团体活动室内之情形），乙、丙二人显未尽随时注意参与活动病患之病情，并就甲反锁及坠楼之突发状况，未及时采取必要之安全措施，以防止该危险发生。又乙、丙二人倘加以注意并履行全程监护之作为义务，跟随监看，即可防止甲反锁在内，或于甲打开该室窗户之际，即可制止其跳楼，并非无防止之可能，所以乙、丙二人未尽其注意义务。

针对台湾地区高等法院的判决，被告乙与丙不服而提起上诉，台湾地区"最高法院"作出2005年台上字第720号判决如下：原判决撤销后发回高等法院；另乙与丙之上诉因未叙明理由，且逾期已久，于该院判决前仍未补提，故上诉程序不合法，依法并予驳回。台湾地区"最高法院"认为，医院之安全防护设备未臻完善，若也同时为甲坠楼死亡重要原因之一，则该院负责管理该设备者，也并有业务过失的责任，攸关责任之分担暨量刑之审酌，影响判决结果，故须加以根究调查明白。原判决对于上述疑点并未详加调查厘清，即遽行判决，有调查未尽及理由不备的违误，因此将原判决撤销，发回高等法院。

疑难问题

医疗事故一旦发生纷争时，主要探求的，自然是诊疗过程中相关医护人员有无故意过失以及有无因果关系。

"刑法"第15条规定，对于一定结果之发生，法律上有防止之义务，能防止而不防止者，与因积极行为发生结果者同，可知本条"不纯正不作为犯"系以存在"作为义务"或"保证人地位"为前提。本案中，被害人甲本身即常有自杀倾向而入院治疗，目的即希望能防止其自杀。医院与被害人甲间基于契约关系，医院便负有防止其自杀之作为义务，具有"保证人地位"。医院也因此在防止甲之自杀上，只要有医护人员伴随监护，在客观事实上具有"作为可能性"。倘甲因院中相关医护人员之过失而自杀成功，有明确之因果关系时，则相关医院与医护人员自为苛责之对象。

"刑法"第12条规定，行为非出于故意或过失者，不罚。过失行为之处罚，以有特别规定者为限。过失的判断标准及立法定义，依多数学说与实务，最主要的就是"有预见可能性"与"违反注意义务"。"医疗法"第82条也规定，医疗业务之施行，应善尽医疗上必要之注意；医疗机构及其医事人员因执行业务致生损害于病人，以故意或过失为限，负损害赔偿责任。"刑法"第14条规定，行为人虽非故意，但按其情节应注意，并能注意，而不注意者，为过失（无认识之过失）；行为人对构成犯罪之事实，虽预见其能发生而确信其不发生者，以过失论（有认识之过失）。倘过失罪成立，本案中相关医护人员让甲独自下楼拿铁椅参加活动时，若根本没想到甲会采取自杀行为，则为无认识之过失；若已想到甲可能会采取自杀行为，但猜测因只下一层楼，应不致在这么短的时间内采取自杀行为，而让甲独自下楼，则为有认识之过失。

因此，院中相关医护人员有无过失及过失与甲的死亡间有无因果关系，成为全案之症结。在先确认有无过失及因果关系后，接着才追究谁是"应负责的相关医护人员"，也就是应负被害人参加电影活动监护之责。是主办活动的乙、丙二人？是值班护士B？是疏于注意安排监护人员者（乙、丙与值班护士B等三人的主管）？还是病人的主治医师？最后，还要追究在防范逃院及自杀之设备与措施上,医院及设备维护者是否也因不周而有过失?

学理研究

近年来,随着人际关系的疏离,医病关系日益恶化。民众不再对医师信任,发生纠纷时,惯以包围医院、抬棺抗议、撒冥纸或提告,要挟医院给予交代。医师则紧绷神经,处处察言观色,谨慎对答,分秒都提防病家因不满而被告。加诸媒体常未审先判,动辄冠以耸动标题(例如近来吵得沸沸扬扬有关看报告收两次挂号费的话题,媒体则以"剥两次皮"形容之①),更因少数不肖医界成员讹诈健保,医师及医院不但被妖魔化,更成为社会批判的贪婪象征。恶性循环下,医师为了保护自己,常以许多非必要之检查及治疗,避免身陷医疗纠纷的囹圄。此种"防御性医疗",既增加医疗成本又浪费社会资源,实非全民之福。因此,法院面对医疗纠纷,判决尤须审慎,若有失误,恐对已是动辄得咎的医疗界更是落井下石。

本文即是探讨台湾地区"最高法院"2005年台上字第720号刑事判决,这是一起发生于1998年之医院内自杀案件。起因是一位有高自杀倾向之精神病患,于住院中赴电影欣赏活动时,从医院13楼跳下自杀身亡,最后被判刑确定的是连此病患面都还没见到的人,理由仅因彼等在现场安排电影欣赏活动。笔者亦曾就此案与诸多医护人员讨论,都认为判决并无理由。

查病患在医院内自杀(in-patient suicide)并不少见。实证资料指出,住院病人的自杀率为万分之零点五到万分之一点五;精神科住院病人的自杀率为千分之一到千分之四;安宁病房癌症住院病患的自杀率约为0.12%。住院病人的自杀约占所有自杀身亡个案的1%~5%,住院病人的自杀率则约为一般民众的4到8倍。② 因此,近年来医院均极重视院内自杀之防范工作。但病患在医院内自杀,常造成家属不满而提告,尤其是以防范自杀为目的而住入精神科医院者。然而,一旦发生院内自杀事件,一方面责任自须厘清,更应落实毋枉毋纵之要求;另一方面如何在给予家属交代与不冤枉无辜之医疗人员间裁判得宜,遂成关键。

本文欲从具有法律背景之资深临床医疗人员观点,就法院认定之案件事实重新梳理,进而对审判结果为分析讨论,拟着重于医界工作者和法律工作者思维与理解的扞格之处进行观察论述。本文期望能使更多有识之士察觉横亘医疗与法律间的固有鸿沟,投身"医疗法"领域之钻研与耕耘,并祈医、法两界专家不吝指正。

研究报告指出③,医院内自杀率为一般人的2.2至3.3倍,最常见的自杀原因为有身体疾病时,如癌症、呼吸系统疾病、脊椎受伤、疼痛、慢性病、忧郁、躁动或失眠等。其次则为入院时未作完整的自杀危险性评估或进入病房时未作完整的安全检查手续,以致病人夹带具潜在伤害性的物品,如电线或皮带等。大夜班、假日人手不足时、住院后1—2周及出院前后,是院内自杀的高危险期间。病人常以病房现有设备作为院内自杀的工具,例如以浴室门为上吊支撑点、拿水果刀割腕或饮用病房内的清洁剂等。此外,高楼或阳台未做安全防护、不足的职前训练、人力的短缺、草率或不够频繁的定时巡房、照顾者间缺乏沟通及缺少必要的讯息(如未明确交班及无妥善治疗计划)或病人未能被安置于适当的治疗单位或位置等,亦是常见的院内自杀原因。在院内自杀情

---

① 参见《回诊看报告 挂号剥2层皮》,载《联合报》2009年9月28日,A1版要闻:"病患投诉同一疗程再收挂号费不合理 检验若没问题何不电话或书面通知?"一文。

② 参见郑懿之、曾美智:《病人安全事件提醒——身体疾病住院病人自杀防范》,载http://www.tpr.org.tw/images/pic/files,2009年10月26日访问。

③ 同上注。

形中,精神科住院病人的自杀率最高①,精神病患本身即常因有自杀倾向而入院治疗,目的即希望能治好其精神病,防止其自杀。

本案为一典型医疗纠纷,主要追究的是,在诊疗过程中,相关医护人员有无过失、医院有无过失及过失和因果关系之有无存在,宜将问题依下列顺序逐层分析:

一、甲之死亡与医护人员监护不周是否存在因果关系?

试以过失犯"构成要件该当性"三要件来检验本案②:要件一,行为与结果必须有其因果关系存在:若采客观归责理论,在过失犯的情形,如果对所出现的结果,即使是行为人遵照义务而为其行为,亦不能免除同样结果之出现,则此种过失行为的条件,无客观归责性。在本案中,若有医护人员在旁监护甲而不使其单独行动,非不能防止其完成自杀行为,故因果关系是存在的。要件二,行为需不法:亦即违背客观必要注意义务,应注意而不注意。行为人假如违背此一社会所共认的行为准则,而不保持依客观情状所应有之注意,此即构成行为之客观违反性,制造法律所"不容许之风险",具有行为不法。本案中之医护人员均为从事业务之人,有责任保护住院病人的安全,明知甲为高自杀倾向之病人,更应尽力监护,却因疏忽而未能尽善良管理人之注意义务,导致甲之死亡,侵犯了保护客体的个人法益,故也符合行为不法之要件。要件三,结果需不法:即结果之发生在客观上系可预见且可避免的、行为与结果间必须具备关联性、结果必须属于规范保护目的范围及结果必须具有可避免性。自杀死亡当然属于规范保护目的范围内,本案中,甲有明显自杀倾向,客观上系可预见,倘医护人员能在旁监护不让甲单独行动,或可避免自杀死亡之结果,故结果不法之要件亦存在。综上观之,本案中之相关医护人员该当过失犯之构成三要件,过失之成立应无疑义。

若是采"对于任何结果的发生,任何不可忽略的条件,无此条件,结果即不发生"的"条件说",再次检验本案之因果关系③:本案中,对有高度自杀倾向之精神患者甲,若非医护人员未予以监视而令其单独活动,则甲不见得会自杀成功。故以"条件说",来检验本案,医护人员监护不周与甲之死亡间的因果关系也是存在的。

二、起诉对象为乙、丙,是否正确?

本案中,甲因无医护人员的监护而完成自杀行为,因果关系确立后,审判之焦点则移到谁应负该监护之责。

甲于当日经值班护士B于14楼之楼梯口点名后,即自行下楼参加活动,途中发生自杀意外。此时,应探究者,是值班护士B应监护甲下楼,直至将甲交接给乙、丙二人?还是乙、丙二人应监护甲下楼,直至活动结束后交还14楼之护理人员?二审及三审原应就此关键点,详究护士B及乙、丙间谁应负监护之责,反遽以至团体治疗室拿铁椅亦属该日电影欣赏活动之一部分,而认为负责该活动之乙、丙二人有过失,此点亟待商榷。简言之,护士B与乙、丙间是否有"交接病患甲",是厘清谁应被告的关键。

二审判决理由中明确指出:"……足见案发当时并无护士将病患交接予被告二人……"但却又以乙之证词:"……当时在活动大厅准备清点人数,做电影欣赏,丙说好像有病人跳下去,当时已清点人数,死者未到……"认定交接已完成,故判乙、丙应负监护之责。前后说辞不一,凸显二

---

① 参见郑懿之、曾美智:《病人安全事件提醒——身体疾病住院病人自杀防范》,载http://www.tpr.org.tw/images/pic/files,2009年10月26日访问。
② 参见林山田:《刑法通论》(增订六版)(下册),1998年版,第476页。
③ 参见林东茂:《刑事综览》,2009年版,第1—81页。

审判决理由之矛盾。

在医院中,"交接病患"是极重要之常态例行公事。例如,大小夜班交接、白班小夜班交接、假日交接、急诊与病房及病房与检查室交接等。但在交接之程序上,是以书面交接(交付病人资料)、口头交接(口述病人的状况)、实质交接(直接将病人交付)或合并两种以上,则为各科室对内之行政规定,因医院而异。依医学惯例,乙、丙理应在已接收甲后才开始对甲负责,故应详究护士B与乙、丙间的交接程序是否已完成?倘未交接,则甲之死亡应由护士B负责;若已交接,则由乙、丙负责。若医院未规定交接程序,则由医院负责。但若医院已妥善规定交接程序,则应归责者为交接不实之一方。

因此,本案中乙、丙虽已取得参加活动的病人名单,但并不表示交接已完成,须视该院之规定。甚者,乙、丙在打开名单清点人数之前,极可能完全不知甲要参加活动。确定的是,乙、丙自始至终未被告知甲具有高度自杀之可能性;倘乙、丙得知,试问,其二人有可能不对甲采取严密之监护行动?就此,医审会第二次鉴定结果也并未认定乙、丙就有疏失。惜二审及三审亦均未就"交接"之各疑点详究,而遽将连甲之面均尚未见到的乙、丙二人科以重刑。

三、医院及负责管理维护者是否也有未尽防范自杀设备周全之注意义务之过失?

"医疗法"第56条规定,医疗机构应依其提供服务之性质,具备适当之医疗场所及安全设施。

曾有一发生于1974年间之类似案例:甲医师将一罹患精神分裂症及癫痫症之病人收住某综合医院,住院期间该病人因癫痫发作导致头部撞地颅内出血而死亡。台湾地区高等法院1976年上更(一)字第203号判决认为,甲医师(该综合医院院长兼医师)未将病房四周墙壁、地面、床铺与床架装置柔软设备,判甲医师有业务过失致死之刑责。① 此案例所处罚的,为医院及负责管理维护者,而非护士。

另一发生于1980年之案例:一罹患精神疾病之病人被收住某脑神经医院,某日上午病人趁医院无人看顾时,拉断医院3楼铁窗之铁条焊接处跳下,导致头部挫伤而死亡。病人家属认为医院疏于管理,而自诉医院经营者及主治医师(兼院长)。虽然地方法院判无罪,台湾地区高等法院1982年上更(一)字第163号及台湾地区"最高法院"1982年台上字第7421号判决,亦均驳回病人家属之上诉,但医事法律学会之医疗及法律专家意见,一致认为本案例应秉"医疗常规"及"医疗责任"与"医疗质量",除追究医护人员有无尽注意义务外,亦须追究医院及负责管理维护者之责任。②

由上述案例得知,若因医院之防范逃院及自杀设备与措施上之不周而使病人自杀成功时,医院及负责管理维护者亦应因未尽注意义务而受罚。于本案中,不但医审会第一次鉴定结果认为该院在防范逃院及自杀之设备与措施上应有不周之处,第二次鉴定结果也认为防护设备是否完善,应属医院负责。二审对此未加着墨,但三审则认为,亦应追究医院及负责管理维护者有无玩忽职守与应负之连带责任,尚不失公允。

四、医院未安排监护人员,是否也有违反注意义务而须负过失责任?

台湾地区"刑法"规定行为之处罚,以行为时之法律有明文规定者为限。③ 但医学是一种经

---

① 参见台湾地区医事法律学会编;吴正吉、刘绪伦、吴文正等整理:《医疗纠纷案例解析》,1998年版,第106—111页。
② 同上书,第96—103页。
③ "刑法"第1条规定,行为之处罚,以行为时之法律有明文规定者为限。拘束人身自由之保安处分,亦同。

验科学,是经由许多经验累积而获致的学问,并经过长时间的演进和科技的进步而不断改变。举凡种族、性别、年龄、各种伴随身体的疾病、所服用之药物和食物,等等,均会影响治疗的方式与结果。也因此,医学是一种不确定的科学,除传染病防治、公共卫生、保险给付、行政管理和少数疾病外,在治疗上无法以法律规定。目前举世均以实证医学为基础,力求具有共识的治疗指导原则(医疗常规),并由各医学会颁布施行,仅为参考建议而不具有强制性。但实务上,治疗时有无偏离或违反常规,常成为医疗过失认定之依据。

精神病的诊治,包括对具有高自杀倾向病人的处置,亦有一定之常规。例如,当病人有强烈自杀意念时,护理人员应从其身边除去带子、毛巾及其他能用来自杀的危险物品。① 日本曾有精神病患在保护室收留中,利用挂在窗户铁格子上的毛巾上吊自杀,判决认为医师及护士发现保护室挂有毛巾时应立即去除,但竟未发现,故有过失。② 临床上,经常将有自杀倾向之病人安置在靠近护理站旁的病床,俾便就近监视。甚至,精神照护机构,于保障病人安全之必要范围内,经本人同意或于严重病人经其保护人同意后,得设置监看设备("精神卫生法"第24条)。③ "精神卫生法"第37条也规定,精神照护机构为保护病人安全,经告知病人后,得限制其活动之区域范围;为医疗之目的或为防范紧急暴力意外、自杀或自伤之事件,得拘束病人身体或限制其行动自由于特定之保护设施内。④ 上述措施均是为了随时监控病人防止自杀,牺牲部分之自由法益与隐私法益来保护生命法益。

本案中,甲自杀身亡的结果,验证其确实为具有高自杀倾向之病人无误。甲之主治医师证称,对于精神病患参与其他具有危险性之活动或进入有危险性之处所时,自应由医护人员全程陪同监护以防突发意外。医审会第二次鉴定结果也认为,对有逃院可能性的病患应随时掌握,对有自杀危险性病患应有预防之措施,并定时巡视病患以了解其情绪状态及有无自杀意念。上述二者的证词,均指明医院应随时巡视甲,并在医护人员全程陪同监护下参加活动。

就有自杀倾向之病人,医学界建议每15分钟密切观察并记录病人的行为。⑤ 本案中,被害人系于下午2时15分许始由14楼之旋转楼梯下楼,于下午2时20分许即为人发现坠落至3楼平台处,其间无人监视之时间仅约5分钟,尚未超过上述建议之15分钟探视时间。因此,单就规定之15分钟探视时间之注意义务,院中医护人员未违反此规定。

再者,对于具有高度自杀或逃院倾向病人,如本案中之被害人甲,是否可准许参加一般活动?就准许被害人参加活动上有否疏失?医审会第一次鉴定结果认为,并未发现医疗人员于诊断与药物治疗上有疏失之处。甲之主治医师证称,甲虽然前两天有自杀倾向,但是后来的情形还不错,因此让他参加活动,希望移转他的注意力,有助病情,这也是精神科积极的治疗方式。希望病

---

① 参见黄丁全:《护理事故的理论与实例》,永然文化出版社1999年版,第191页。
② 同上注。
③ "精神卫生法"第24条规定:未经病人同意者,不得对病人录音、录像或摄影,并不得报道其姓名或住(居)所;于严重病人,应经其保护人同意。精神照护机构,于保障病人安全之必要范围内,设置监看设备,不受前项规定之限制,但应告知病人;于严重病人,应告知其保护人。
④ "精神卫生法"第37条规定:精神照护机构为保护病人安全,经告知病人后,得限制其活动之区域范围。精神医疗机构为医疗之目的或为防范紧急暴力意外、自杀或自伤之事件,得拘束病人身体或限制其行动自由于特定之保护设施内,并应定时评估,不得逾必要之时间。精神医疗机构以外之精神照护机构,为防范紧急暴力意外、自杀或自伤之事件,得拘束病人身体,并立即护送其就医。前两项拘束身体或限制行动自由,不得以戒具或其他不正当方式为之。
⑤ 参见高雄医学大学附设中和纪念医院:《精神科安全作业》,载 http://www.kmuh.org.tw/www/Administration/ patient_safe/download/,2009年10月26日访问。

患能够早点回家适应生活,病患可以自己做的,就不帮他们代劳,希望他们能够自己去做,这是各医院治疗的常规。但医审会第二次鉴定结果却持相反态度,认为甲在死亡前一日有自杀之企图,且经主治医师处置应防范病患再自杀,但死亡当日却有护理人员鼓励他到13楼参加团体活动,此措施应有不周之处。且当病患具有高度自杀或逃院可能性时,不宜在没有医护人员的监护下行动。显见医审会就准许甲参加活动一事并不赞同,更何况是未安排医护人员监护。

常规上,护理人员带同有自杀倾向的患者离开封闭的病房前往其他治疗场所时,应注意看护,防免跳楼自杀意外。① 日本即发生过下列案例:一自杀未遂之男性病患入住某医院精神科,因仍有自杀意念,医院取走可供自杀之床单等物,但某日病人在床上点火烧伤皮肤。主治医师认为其需皮肤科治疗,遂让病人坐在轮椅上送到皮肤科,并由医师、护士跟在身边,更令看护人在背后按住病人。岂料回程时,病人突然跳脱轮椅,跑进门开着的病房,医师、护士制止无效,由窗户跳下而身亡。判决认为医师及护士已尽防止自杀之注意,并无过失。②

因此,于本案中,准许甲参加活动之动机虽属正确,但就病情未稳即准参加一般活动及未安排医护人员全程监护上,应有疏失。故二审及三审认为,不得以未超过规定之院内自杀预防观察时间15分钟推责,亦非无据。但准许甲参加活动的是其主治医师,而非被告乙、丙。又该院精神科主任证称无法说该由何人负责14楼到13楼这段路程,也无法派人照顾。足见该院就此未有规定,连精神科主任都不知道要由何人负责监护,似无理由径将所有责任推给其二人。依据财团法人医院评鉴暨医疗质量策进会之新制精神科医院评鉴基准中,即有要求攸关病人安全之作业程序应于院内各相关文件中作明确规定。③ 惜二审及三审并未将此于判决时列入考虑,亦未依"有疑利于被告"之罪疑惟轻原则处理被告乙、丙二人,且未就安排医护人员全程监护上,追究医院之过失。

五、医院是否有人力不足之缺失?

理想中之护理人员与病患之比例为1:7,目前台湾地区护理人员与病患之比例约1:8到1:10,一些缺乏制度的私人小医院,甚至常有1名护士要照顾15到20名病患的离谱状况。依据台湾地区"卫生署"于2006年4月10日修正之"医疗机构设置标准"④,在精神科医院对护理人员之编制要求如下:精神慢性一般病床每15床应有1人以上,精神急性一般病床每3.5床应有1人以上,精神科日间照护单位则每20名服务量应有1人以上。在精神科教学医院则要求更严:精神慢性一般病床每12床应有1人以上,精神急性一般病床每2.8床应有1人以上,精神科日间照护单位则每16名服务量应有1人以上。

本案中,被告乙、丙答辩时说,该日参与团体活动之病患共有46名,包含精神分裂症患者、情感性精神症患者、人格违常患者及智能障碍患者。暂不论乙、丙有无过失,仅由乙、丙两人需照顾46名病患而言,平均1人要照顾23人,远超过台湾地区目前之护理人员与病患之比例。更何况都是可能具有自伤、伤害他人或自杀等行为之精神病患,已严重超过其二人可负担之范围。纵使时间短暂,亦可能发生意外。该院精神科主任也证称,没有办法每一段路程都派人照顾,显示人

---

① 参见黄丁全:《护理事故的理论与实例》,永然文化出版社1999年版,第191页。
② 同上书,第191—192页。
③ 参见宋维村:《新制精神科医院评鉴基准说明》,载http://www.tjcha.org.tw/Public/Download/2008491717417747.pdf,2009年10月26日访问。
④ 参见"行政院卫生署"网站,2009年10月26日访问。

手确有不足。若医院人手确有不足,则应减少住院病人数,以维持照顾之质量。反之,若人力不足还收治超额病人,因而照顾不周发生事端时,则医院难辞其咎,主管医院之上级卫生单位亦不无督导疏失之责。惜二审及三审亦未就此列入考虑。

结论性观点

本案为单纯之医疗纠纷,被害人为具有高自杀倾向的精神病患,住入以自杀防止为专业之精神科医院,却仍未防止成功。该院既已收治被害人,却未安排医护人员监护其活动,也未规定应由何人负责,对防范自杀设备亦有不周,违反对被害人之照顾义务,其过失与被害人之死亡有因果关系。全案最大之争议,将负责电影欣赏活动的乙、丙二人列为被告,是否正确,应视医院对监护责任交接之规定而定。而医院之护理人员编制人力是否足够、工作量是否超过负荷及医院应负之责任,亦均应列入审判时之考虑范围。一审判决认为,医院防范自杀之设备不周才是甲自杀成功之原因,三审判决也认为应追究医院及负责管理安全防护设备人员对设备不周之业务过失责任,倘二审及三审亦能对本文所述及之其他争点考虑,则此案或有更具说服力之最终判决。

除了刑事责任主体的重新确定之外,亦应留意精神病患者在医疗过程中自杀率本即甚高之问题。病人若要自杀,可说是防不胜防;曾有自杀企图者,在往后一年之自杀身亡成功率是1%,为一般人群的100倍。① 台湾地区为了防范自杀,除医疗机构外,许多民间组织和宗教团体也在积极地协助倡导,甚至还成立专门学会。② 脑内神经传导物质之不平衡和基因所造成之复杂精神病理及人格特质③④,加上社会经济及文化教育等多重因素之影响,均可能造成病人之自杀及不易预测的特征。但精神病患之致病机转错综复杂,至今未明;精神病患之逻辑思维与一般人迥异,因此精神病患之自杀与一般民众之常因忧郁症而自杀,二者无法等同视之。防范自杀原本已是棘手的事情,如何防止具有高自杀倾向精神之病患自杀更是困难。盖医院之设备不可能面面俱到,几乎任何物品均可作为杀人或自杀的工具。在医院中,点滴架、床栏、门环、领带、皮带、毛巾或丝袜皆可作为上吊之工具,也曾有以咬破温度计自杀者。领带、皮带、丝袜或毛巾等为日常生活用品,亦可能为邻床或隔壁病房之病人或家属所有,无法全面移除。同时,对有高自杀倾向的病人,必须有专人看护才能做到24小时分秒全程监视,医疗人员因尚需照顾其他病患,只能以医疗常规尽监护病人之责。然百密终有一疏,这一疏常是被判定违反注意义务之过失理由,随之而来的是恼人的长期诉讼。反观许多自杀事件是发生在家中,家人与病人朝夕相处,比医护人员更了解病人,甚且家人可能反是导致病人自杀的原因之一,但从未见到家人需负过失责任者。在医院内自杀,动辄要医护人员负责,似有值得思考之处。

据"卫生署"统计,2008年台湾地区自杀死亡的高达4128人,占十大死因的第九位,人数亦较2007年多198人。⑤ 可以预见,似本案之院内自杀案件滋生之医疗纠纷,必随人权高涨而倍

---

① 参见李明滨等:《自杀防治策略推动现况与展望》,载《护理杂志》2006年第53卷第5期,第5—13页。

② 参见台湾地区自杀防治学会(http://www.tsos.org.tw/xms/),2009年10月26日访问。

③ Omrani et al. Role of IL-10 -1082, IFN-gamma +874, and TNF-alpha -308 genes polymorphisms in suicidal behavior. Arch Suicide Res. 2009;13(4):330-9.

④ 参见苏宗伟、李明滨:《自杀的流行病学》,载《台湾医学杂志》2006年第10卷第3期,第337—328页。

⑤ 参见"行政院卫生署"网站,2009年10月26日访问。

增。此案判决一出,在士气日益低迷的医疗界,无异雪上加霜。医院将找借口拒收这种烫手山芋,有高自杀倾向的病人将成为"医疗人球"。为防院内自杀,台湾地区已有医院索性将全院窗户锁死,宁可空气不流通,也不让病人有丝毫跳楼的机会,避免防范自杀设备不周之疏失责任。近年来年轻医师多选择低风险科执业,即为逃避医疗纠纷心态下之结果。种种迹象,显示医界已被层出不穷的医疗纠纷所震慑。医疗工作环境的恶化,将浇熄许多年轻医护的热忱,长期下去恐非社会之福。于此呼吁,于自杀防治上,家属亦需协助分担监护工作,并以宽容之心体谅医护人员。唯有在互信互谅的基础上,医病才能双赢,大家必能齐心为防范所爱的家人自杀而努力。

整形美容、病人同意与医疗过失中之信赖原则[*]

——评台北地院 2002 年诉字第 730 号判决

王皇玉[**]

基本案情

A 系台北市某整形外科诊所医师,领有外科专科医师证书,平日以从事整形美容外科手术及相关医疗行为为业;B 则系前述整形外科诊所之特约麻醉科医师,领有麻醉科专科医师证书。2000 年 5 月 30 日,C 曾至上述整形外科诊所进行腹部抽脂手术,同年 6 月 13 日 11 时许,C 复至该诊所欲再进行背部、臀部、腹部抽脂及切除多余皮肤手术。A 与 B 为 C 施行抽脂手术、全身麻醉前,未对 C 实施适应症系统评估,亦即并未对 C 的全身性疾病(如糖尿病、心脏呼吸器官疾病)、凝血功能等详加检查,即对 C 施行前揭抽脂、切除多余皮肤手术及全身麻醉。手术自同日 13 时 40 分许,由 A 对 C 施以局部麻醉并进行背部及臀部抽脂手术。手术进行中,A 未经 C 本人或家属签署全身麻醉同意书,即由 B 于同日 17 时许为 C 施作全身麻醉,由 A 接续实施切除腹部多余皮肤手术,手术于同日 21 时 30 分许结束。待 C 恢复意识后,旋于同日 22 时许被送至上述诊所之恢复室。A 术后对 C 生命迹象如血含氧量、排尿量等之监测有所不足,未监测 C 手术后恢复状况及预防并发症之产生,将 C 交由护理师 D 独自护理,且未交代 D 应注意上述事项,即径行离去。致 C 因术中及术后输液不足,并发血管脂肪栓塞,于翌日上午 8 时许,C 之女 E 至前述诊所探视 C 时,发现 C 全身冰冷、口吐白沫,始召 D 入内并送财团法人中心诊所医院急救后,C 于同日上午 9 时 15 分不治死亡。本案经台北地院检察署检察官相验后,自动检举侦查起诉。

裁判要旨

审理本案之法院认定被告 A 与 B 有"刑法"第 276 条第 2 项业务过失致死罪之适用,其理由略载如下:

(1)被告 A、B 均坦认被害人 C 于遭全身麻醉前未签具麻醉同意书之事实,然皆辩称系因被害人说会痛,方改用全身麻醉,且当时情况危急,故未签署同意书等语。地方法院判决就此部分则认为,由被告 A、B 于警讯中之供述,以及被告诊所之护士 D 结称:当天在进入开刀房之前之准备工作时,即已向被害人提本件会做全身麻醉,当时被害人同意要做全身麻醉,之后进入开刀房,于手术中进行全身麻醉前,被告 A、C 有再问过被害人,被害人仍然同意等语。另参诸卷附之前述诊所进行之约定手术应收金额之记载,其上亦载有被告自付麻醉费等字句,认定本件被害人手术过程中本即有全身麻醉之疗程。但 A、B 执行手术而无签署麻醉同意书,应有疏忽之责。

(2)地方法院判决根据"行政院卫生署医事审议委员会"第 89193 号鉴定书记载:"依据病历记载,病人有糖尿病及心悸,并怀疑有心脏病,但在术前并无血糖测试之资料,血型、血色素、心电

---

[*] 原载于《月旦法学杂志》2005 年第 127 期。
[**] 台湾大学法律学院助理教授。

图及一般生化检查等报告,亦无病患身高及体重之记录。因此执行手术之医师及麻醉医师并未做好术前之适应症系统评估,显有疏失之处。"认为被告 A、B 确已知悉被害人可能患有糖尿病等疾病,然被告 A、B 于明知此情形之情况下,于执行本件之抽脂手术及全身麻醉却未实施适应症系统评估,未对被害人是否有全身性疾病详加检查,以致无从检视被害人是否因有上述疾病及先前业已曾为抽脂手术之故,致被害人体质或身体健康状况已不适合再为大规模之抽脂手术、切除皮肤手术及全身麻醉,其等显有过失甚明。

(3)就术后被告对于被害人 C 所为之生命迹象之监测处理,以及术中与术后输液不足一事,判决中以护士 D 之护理记录记载,D 是在被害人表示口渴时才给予开水,且并无测量排尿量之记载,认定被告 A 并无严加评估被害人之水分是否供应充足及循环是否通畅无阻,实甚明确。此外,鉴定报告亦认为:"由病理解剖发现之肺栓塞及实际出血状况,无法合理解释 C 死亡前数小时之血压、脉搏、呼吸均呈稳定状态一事,应为术后生命迹象之监测有所不足。"此外,本件经法医解剖结果发现,死者尸斑不明显且眼结膜苍白,解剖时亦未发现大量血液,显示死者体内血液不足,推测为生前有贫血及体液补充不足所致。因而认为被告 A 于术中及术后,被告 B 于术中即为为被害人足够体液补充之注意义务,但依当时情形并无不能注意之情事,却均疏未注意,致被害人输液不足而死亡,被告 A、B 就此显有过失。

疑难问题

医学知识自 19 世纪起,即进入专门分科的时代。时至今日,医学知识的研究与医疗方法,几乎已无法避免地朝向分类更细致、更专业的方向前进。医学知识依人体器官与疾病种类进行分科与分类,不仅使得不同分科的医学专业知识,累积了大量且惊人的知识成果,也改变了现代人问病求诊的习惯。一方面,人们生病时,已习惯于求助且信赖拥有较为深入专门知识与技术的专科医师。另一方面,医学知识的分殊化与专业化,也使得医疗行为逐渐朝向由各个不同专业领域之医护人员共同进行医疗行为的局面。既然现代医疗行为,从病人进入医院所接受诊断、诊察或会诊,到进行医治与投药等治疗措施,必须通过医院所提供的医疗团队进行专业上的分工合作,才有可能完成。如果遇有医疗过失导致病人死亡或受伤之情形,对一个采取分工合作运行模式的医疗团队,在法律上应该如何进行责任的厘清与认定,遂成为一个非常重要的议题。就此过失责任之厘清,刑法学说上发展出所谓的"信赖原则"。此原则尤其适用于厘清麻醉医师与外科医师之间的过失责任。本案判决中虽未提及此一刑法学说上所发展之原则,但此一判决却是说明此一原则之适例。此外,本案所涉及的争议问题,还有 A、B 在实行抽脂手术之前,并未取得被害人的全身麻醉同意书,就此同意书之欠缺,原审认定为"有疏忽"。就此"疏未取得病人麻醉同意书"之情事,在刑事责任的认定上,有何法律效果?除了医疗过失之认定外,本案例还涉及另一有趣且饶富意义的问题,就是整形美容手术与一般医疗行为在本质上的异同,以及整形美容手术与一般医疗行为在适法性与正当性的判断上,是否亦有所不同的问题。因此,在以下判决评释中,首先,先厘清整形美容手术与一般医疗行为的差异性,并针对此一差异性,说明整形美容手术在适法性的判断上所具有的特殊性。其次,再针对同意书欠缺以及医疗过失之判断进行说明。

学理研究

一、整形美容手术与医疗行为

对于医师而言,希腊哲学家希波克拉提斯的誓言(Hippocratic Oath),至今仍是医学伦理的最高指导原则。希波克拉提斯誓言中要求宣誓者,必须尽其能力与判断,为病人的利益而为适当的措施,避免病人遭受损害与不公正。① 希波克拉提斯誓言所强调的,无非是"不可伤人乃医师之天职"这样的理念,也就是说,医师的医疗行为,基本上必须是为了维护病人健康、排除疾病或缓和病人的伤痛而存在。整形美容手术在此意义脉络下,即凸显出其不同于传统一般医疗行为的一面。

根据1976年"卫生署"医字第197880号函对医疗行为概念所为之解释,医疗行为乃指"以治疗、矫正或预防人体疾病、伤害、残废或保健为直接目的,所为的诊察、诊断及治疗,或基于诊察、诊断之结果,以治疗为目的,所为的处方或用药等行为之全部或一部"。"卫生署"此号解释,基本上是从行为的直接目的是否朝向以治疗、矫正或预防人体疾病、伤害、残废或保健为出发点,来界定医疗行为与非医疗行为。整形外科医学的发展,其本质上原本亦在对病人之疾病进行治疗、矫正与复健。其范围包含治疗、矫正先天形态的异常,例如鼻耳异常、口唇腭裂,或是改善、修补后天因疾病或受伤所造成的容貌形态之改变,例如颜面伤残者的美容整形手术、烧烫伤者之换肤手术、切除乳房的乳癌病人之乳房重建手术,等等。就此部分的整形美容手术,行为的目的旨在为疾病或伤痛进行治疗、矫正或复健,本质上仍属"医疗法"或卫生主管机关所界定的医疗行为所涵盖,殆无疑问。然而近年来发展甚为迅速,亦为爱美人士趋之若鹜的"美容医学"产业,例如抽脂减肥、丰胸、隆鼻、割双眼皮、除斑、除疤、美白、拉皮、除皱、削骨塑雕脸形,等等,其目的并非在于对抗疾病、改善病痛或是提升病人的身体健康状态。毋宁说,"美容医学"产业的出现,其实是为了满足个人主观上对于"美"的憧憬与追求。②

伴随"美容医学"产业之下的行为,基本上有如下几点特色:

(1) 不管在客观上或医师主观上,均非以治疗、矫正或预防人体疾病、伤害、残废或保健为目的,因此欠缺医疗上之必要性。一般而言,这类美容医疗行为,也不属于健康保险或是社会保险所给付或补助的项目。③

(2) 行为之对象是健康之人,亦即无疾病、伤痛或残缺之人。

(3) 行为不具有急迫性。台湾地区判决上常将这类无急迫性需求,且无复健、矫正意义的整形美容手术行为,称为"选择性手术"。④

其实,除了以上所谓"美容医学"范畴下之行为,在现今医学知识发达的时代,不具有医疗上正当性或非出于医疗目的,但却必须运用医学技术与医学知识于健康无疾病人身上之行为,不胜枚举。例如堕胎手术、结扎手术、变性手术、人工生殖、人体试验,或是对健康之人摘取器官以移植于受赠病人身上之行为,等等。在德国,传统学说对于医疗行为之定义,亦如同台湾地区一般,以行为是否出于医疗之目的,作为判断医疗行为与非医疗行为之标准。所谓医疗行为,被认为是对人体所进行之以预防、诊断、医治疾病、疼痛、身体受伤、残缺或精神障碍所为之侵害(Eingriff)或处置(Behandlung)。⑤ 在此定义之下,前面所提及之非出于医疗目的的行为,常被认为是欠缺"医疗适应性"(medizinische Indikation),亦即欠缺医疗必要性之行为。然而,近年来,德国学说上对医疗行为的定义,已有逐渐改变传统见解之趋势。以欠缺医疗必要性的整形美容行为为例,这

---

① I will apply dietetic measures for the benefit of the sick according to my ability and judgment; I will keep them from harm and injustice. ——Hippocratic oath.

② 以上关于"整形外科医学"与"美容医学"之区分,参见朱柏松:《整形、美容医学之区别及其广告应有之法规范》,载《月旦法学教室》2005年第31期,第96页以下。

③ 例如台湾地区"全民健康保险法"第39条规定,美容外科手术属法定不给付项目。

④ 参见台北地院1997年台自字第1002号判决。

⑤ Vgl. Laufs/Uhlenbruck, Handbuch des Arztrechts, 3. Aufl., 2002, S. 419.

样的行为即使不以医疗目的为出发点,但无论如何也是属于医师所为的措施行为(ärztliche Maßname; ärztliche Tätigkeit)。① 此外,前述这些行为之发动,尽管不是出于医疗目的,但无论如何必须运用医学专业知识以及医疗技术,且有侵害他人生命、身体健康之虞。因此,原则上必须要有受过医师养成训练且取得医师资格之人,始可为这类医疗行为。②

台湾地区医疗法律实务上,均以前述"卫生署"之解释作为"医疗行为"之定义。"卫生署"的解释意见,固然认为医疗行为必须以治疗、矫正或预防人体疾病、伤害、残废或保健为直接目的。此解释从形式上来看,好像将无医疗目的之整形美容行为,排除在医疗行为的定义范畴之外。然而并不能因此而认为,整形美容手术行为不受"医疗法"与"医师法"之规范。台湾地区学说上有与德国学说相同见解者,认为具有侵入性的美容医疗行为,基于"医疗法"立法目的旨在保障医疗质量、病人权益,以增进公民健康。因此,即使是无医疗目的之美容医疗行为,仍然应该纳为整形外科的医疗行为。换言之,执行整形美容之人,自亦应具备医师执照,并应使其受包括"医疗法"等医疗规范之拘束。③ 此外,台湾地区司法实务上亦认为,整形美容手术之执行,应属"医师法"第28条所谓的"医疗业务"范围。因此,无合法医师资格而为他人施打人工硅胶隆乳之行为④,或是无医师资格之人在整形美容诊所从事隆乳、抽脂、阴道整形手术等行为⑤,均构成"医师法"第28条第1项之密医行为。从实务判决意见来看,显然亦认为,整形美容手术,即使不是出于治疗、矫正或预防人体疾病、伤害、残废或保健为目的,仍然属于必须要有具备医师资格才能执行之医疗业务之范畴。

二、得被害人承诺作为整形美容行为之正当化事由

从刑法解释学的观点来看,一般医疗行为,尤其是外科手术等侵入性行为,被认为是一种对病人身体完整性之侵害,因此符合"刑法"第277条第1项伤害罪或"刑法"第278条重伤罪之犯罪构成要件。⑥ 对医疗行为而言,最重要的阻却违法事由则为紧急避难与得被害人承诺。在一般情形下,医生在进行任何医疗行为时,都必须先得到病人的同意。病人的同意在法律上的意义可以说有两个层面:就消极面来看,病人的同意是一种对于自己身体法益保护的放弃。相对于医生而言,病人事先同意进行医疗行为,即意味着医疗行为中涉及伤害行为的部分,可以因此而阻却行为的违法性。⑦ 就积极面来看,病人的同意,不仅是一种避免沦为医疗客体的做法,更是展现病人拥有医疗自主权与积极参与并决定医疗过程的象征。当然,病人的同意,原则上必须是在病人有清醒的意识与完整而成熟的意思能力之下所为,始有阻却违法的

---

① Vgl. Laufs/Uhlenbruck, a. a. O., S. 358 f., 419 f.
② Vgl. Laufs/Uhlenbruck, a. a. O., S. 100.
③ 参见朱柏松:《整形、美容医学之区别及其广告应有之法规范》,载《月旦法学教室》2005年第31期,第98页。
④ 参见士林地院2001年易字第4号判决。
⑤ 参见台湾地区台北地院2000年诉字第451号判决、台湾地区高等法院2000年上诉字第3753号判决。
⑥ 参见陈志龙:《法益与刑事立法》,1990年版,第193页以下;Wessels/Hettinger, Strafrecht Besonderer Teil/1, 28. Aufl., 2003, Rn. 323;不同意见请参见林山田:《刑法各罪论》(修订三版)(上),2002年版,第124页。
⑦ 病人的同意,在刑法解释学上又称"被害人之承诺",亦即,医生的医疗行为(伤害行为)可以事先得到被害人的承诺而阻却行为的违法性。

效果。① 若病人欠缺承诺能力,例如婴儿、幼童、昏迷的植物人,等等,得由法定代理人代为承诺。② 如果没有代理人,又无法得到病人事实上之承诺,亦得以"推测的承诺"作为阻却违法事由。③ 如果是处于紧急状态且病人意识昏迷又无代理人在场之情形,医生为了拯救病人的生命、身体避免陷入紧急危难,即使未得到病人的同意,也是可以施以紧急医疗的,因为此时,医师可以根据"刑法"第 24 条紧急避难的规定,作为阻却违法事由。

与其他承诺放弃法益之情形相较,医疗领域中的同意还有其特殊性,亦即病人的同意(放弃法益保护)必须建立在医生的说明之上,才是一个有效的同意。换句话说,医生必须事先对病人说明诊断的结果、病情、治疗的内容、并发症、预后情形等状况,让病人在获得与自身医疗有关的足够信息下作出决定,如此,病人的同意才是一个有效的同意。这样的说明义务,可以说是医疗领域中医生所必须遵守的医疗伦理之一,也是医疗领域中"告知后同意"原则的重点所在。

整形美容手术,如前所述,属于一种不带有医疗目的,但却必须运用医学知识与医学技术的"医疗行为"。有些非侵入式的美容医学行为,对人体而言,侵害固属较为轻微。但有些行为,如隆乳手术或抽脂手术,则必须通过开刀以及配合局部或全身麻醉进行,对于人体而言,则属侵害性较大的行为。这样的行为,从形式上来看,乃是对人的身体完整性、生理机能或健康形成伤害的行为。因此,从刑法解释学的观点来看,应属符合"刑法"伤害罪构成要件之行为。

对于这样的伤害行为,要阻却其行为的违法性,原则上只能通过"得被害人之承诺"这项阻却违法事由。因为整形美容手术通常不具有急迫性,因此手术的进行与否,必须完全系于病人的决定,属于一种"选择性的医疗行为",完全无法根据"紧急避难"来阻却违法。此外,虽然整形美容手术欠缺医疗上的必要性与一般认可的医疗目的,但本身仍是高度运用医学知识与医疗技术的行为,同样伴随着医疗行为所具有的所有风险,例如行为时可能产生的危险、手术后可能产生的并发症或死亡风险等。因此,整形美容也必须如同其他一般医疗行为一样,由医师事先将手术的内容与所有可能发生的并发症与风险,以及愈后情形,告知病人并向病人解释说明,使病人在信息充足的情况下决定是否接受整形美容手术。亦即,整形医师必须如同一般医师一样,遵守"告知后同意"原则,才能进行整形美容手术。德国学说与实务见解均认为,医师所负的说明义务,基本上会与医疗行为的急迫性产生消长关系。越是急迫的状况,医师的说明义务的负担越轻,换言之,医师因紧急医疗而来不及向病人详细说明时,并不违法。相反,越是不急迫的情形,例如进行

---

① 被害人之承诺在学说上被认为是一种超法规的阻却违法事由。对于阻却违法之承诺所应具备的成立要件之一,就是被害人必须具有承诺能力。对于承诺能力之有无,学说上多认为并不一定要达到一定年龄,或是以具有民法上之行为能力为限,是从实际状况判断被害人是否具有成熟的智识,对于所放弃的法益保护是否有能力了解,以及能否判断法益侵害的本质、效果与影响。参见林山田:《刑法通论》(增订七版)(上),2001 年版,第 285 页。以德国曾经发生之实际案例为例,病人甲认为自己长年来的头痛是因为镶补蛀牙的填充物所造成,遂要求医生将所有的牙齿都拔掉。即使医生一再说明头痛与蛀牙填充物无关,病人仍然坚持让牙医将全部的牙齿拔掉。牙医遂依病人之意愿,将病人牙齿全部拔掉。病人事后提出伤害告诉,法院判决医生以伤害罪,理由是,病人的同意显然是在精神状态有问题、欠缺正常判断的无知与不理性之情形下所为,因此其同意为无效之同意,vgl. NJW 1978, S. 1206.

② Schönke/Schröder, StGB, 26. Aufl., 2001, § 223, Rn. 38.

③ "推测承诺"在学说上亦被认为是一种超法律的阻却违法事由,且常被用来作为阻却医疗行为违法性之事由。此概念乃认为,行为人虽然无法得到被害人事实上的承诺,但仍然可以通过一些被害人曾经透露的讯息与行为举止(例如遗嘱、问诊时所表达的意愿或考虑的事情)或客观状况(例如自行前往医院或被送到急诊室,应有接受救治的意愿),推测被害人的主观意愿,或是为被害人进行利益衡量。推测的承诺基本上就是一种事前的概然率的判断,假设被害人在此情形下,必会为相同的决定。如果事后检验发现与被害人的真意相违背,亦不影响推测承诺之效力。

整形美容手术,则医师的说明义务越严格,尤其对手术导致死亡或重伤风险的可能性,必须详细告知。①

　　本案中,被害人因抽脂手术而死亡。整件医疗纠纷的焦点之一,在于被害人在手术前是否签订麻醉同意书。"医疗法"第 63 条第 1 项固然规定,进行手术之前,应由病人签具手术同意书及麻醉同意书。然而没有形式、书面上的同意,不代表医师的行为就一定不能阻却违法。因为刑法上在判断被害人有无承诺放弃法益的意思时,注重的是实质意义上的同意,不以同意是否以书面形式呈现为标准。因此,尽管形式上没有全身麻醉同意书,也不能径而认为麻醉是在违反病人的同意之下所为。本案中,被害人显然对于抽脂手术之进行必须配合进行麻醉一事,事先有所认识与同意②,否则不会容忍接受一开始的局部麻醉行为。因此进行抽脂手术的医师 A 与进行麻醉的医师 B,虽然并未事先取得病人的"麻醉同意书",此项疏失固然违反了"医疗法"之规定,但并不足以认定被害人未事先同意麻醉。而且这项疏失与后来的死亡结果,基本上是没有因果关系的,因此也不能据以作为论证过失致死罪的依据。

　　判决中未能深入探讨的问题反而是,医师在进行手术与麻醉之前,是否对病人进行充分说明。对病人而言,是否同意一项医疗行为的决定性因素,往往在于发生死亡与不可逆伤害结果的风险大小。就此事项,如果医师未对病人说明,理论上会造成病人同意效力的重大瑕疵。因为病人的同意,毋宁说是建立在一种信息不对称的状态,或是根本缺乏信息的情形下所为。在此情况下,所谓的"同意",可以说是一方受到另一方优势认知下而被支配的同意,或是一种徒具形骸的空洞无意义的同意。台湾地区实务上近来亦有案例针对医师是否尽充分说明一事进行争执。③但是这样的案例毕竟仍属少数。其原因,一方面,是在台湾地区医疗场域中,医师多认为对病人说明,病人听了也不懂,或是没有时间对病人多作说明;另一方面,则是病人权利意识尚未提升到要求医生进行说明,或担心医病关系紧张而不敢要求医生说明。再者,台湾地区特有的文化现象,是病人家属的强势介入,要求医生不得对病人本人透露病情与医疗讯息。④ 因此在司法实务上,医师有没有尽充分的说明义务一事,也成为不被争执或不受重视的问题。以本案为例,抽脂手术最危险的并发症,就是肺脂肪栓塞导致死亡。本案之被害人在抽脂之前,是否有被告知或充分说明抽脂手术容易并发脂肪栓塞而导致死亡一事,在探究被害人的承诺是否是有效的承诺时,其实具有法律上的重要意义。此外,全身麻醉行为,也是属于死亡风险极高的行为。病人在进行全身麻醉之前,医师就此也应该加以说明。因为医师如果对病人说明手术有死亡之风险,病人即有拒绝医疗之可能。但是本案中的医师到底事前有无说明,随着被害人的死亡,也无从探究。由于刑事判决必须遵守"罪疑惟轻"原则,因此就此事实认定部分如果仍有疑义,也只能作有利于被告的认定。

---

① Vgl. Laufs/Uhlenbruck, a. a. O. (Fn. 5), S. 361; NJW 1991, S. 2349.

② 从判决中可以得知,被害人于死亡前半个月刚做过抽脂手术,且法官另究明整形诊所对被害人的应收金额中记载有"麻醉费用"一项,因此法官认定被告应有同意麻醉一节,应无违误。

③ 参见台北地院 2003 年易字第 2462 号判决,本判决所涉争议,乃被害人为未婚女性,前往妇产科进行诊疗。被害人以医师未对被害人解释内诊之实施方式,以致内诊时导致"处女膜撕裂伤"之伤害而进行诉讼。本案罕见地针对医师于进行内诊前是否进行说明,且被害人有无同意一事进行调查。此外,2005 年台上字第 2676 号判决中,台湾地区"最高法院"更针对医师对病人应说明的内容与说明方式表示明确的立场,并将医师未尽说明义务认定为未尽注意义务。此判决可以说是病人自我决定权的概念,从学说诉求进入司法论述领域的重要指标性判决。

④ 参见杨秀仪:《病人,家属,社会:论基因年代病患自主权可能之发展》,载《台大法学论丛》2002 年第 31 卷 5 期,第 3 页以下。

三、医疗过失之认定

（一）过失犯之基本概念

"刑法"中绝大多数的处罚条文都是以故意犯为主，例如故意杀人、故意伤害、故意为强盗、窃盗行为，只有少部分条文是处罚过失行为。"刑法"第12条第2项规定："过失行为之处罚，以有特别规定者为限。"通常会被立法者规定为过失犯处罚的犯罪，其所要保护的法益常常是具有较高的位阶价值与重要性，例如人的生命（过失致死罪）与身体健康（过失伤害罪），或是对他人生命、身体、财产具有共同危险性之行为，例如失火罪。因为过失犯责任的本质之一，就在于结果非价（Er-folgsun-wert）上，也就是惹起一个值得非难的具有社会损害性的结果。除了结果非价之外，处罚过失犯的意义，还在于非难一个违反客观必要注意义务的行为态度上。① 所谓违反客观必要的注意义务，在审查上，又分为两个层次：

（1）结果的发生是否客观上可预见的。

（2）行为人是否违反社会交往时必要之注意义务，以至于应预见而未预见，或是应该避免而没有避免结果的发生。

处罚过失犯之规范上意义，本在于要求行为人必须尽到某些社会交往中所必须遵守的注意义务。也就是经由过失犯提出一个规范上的命令，要求行为人在具体情况下，善尽注意义务，以避免危险结果之发生。换言之，注意义务的履行，本身必须隐含行为人对不履行注意义务时，应该会预见某些危险结果之发生可能性（亦即对危险结果具有预见可能性）。因此在审查过失犯成立时，除了审查行为人是否违反社会交往时应尽的必要注意义务之外（包含注意义务内容与是否履行问题），还必须考虑危险结果之发生是否是客观上可预见，此乃客观因果律认识与否的问题。② 换言

---

① Wessels/Beukle, Strafrecht Allgemeiner Teil, 34. Aufl., 2004, S. 249 f.; Kühl, Strafrecht Allgemeiner Teil, 2. Aufl., 1998, S. 554 f.

② 德国学说对过失犯构成要件之论述屡有争议。虽然大多数学说均以"违反注意义务"作为论断过失的标准，但学说上亦有以"结果的预见可能性""法益侵害的可预见性"或是"结果的可预见性与可避免性"作为要件者。较为多数说之见解，是综合两者，以注意义务之违反，与结果的客观预见可能性两者作为判断之标准，且认为两者具有不可分割之关系。只是单纯的违反社会交往上的注意义务，如果该注意义务之内容与法益损害的可预见性与可避免性无关，亦不可能论以过失责任。Vgl. Wes-sels/Beulke, a. a. O. (Fn. 20), S. 249 ff.; Kühl, a. a. O. (Fn. 20), S. 554 ff.; Roxin, Strafrecht Allgemeiner Teil, 3. Aufl., 1997, S. 924 f. 台湾地区学说在论述过失犯要件时，亦多将过失要件拆解为两个要件，亦即以"注意义务违反"与"结果客观预见可能性"作为审查过失之要件。参见林山田：《刑法通论》（增订七版）（上），2001年版，第171页以下；黄常仁：《刑法总论》，2000年版，第114页以下；苏俊雄：《刑法总论》（Ⅱ），1997年版，第478页以下。实务见解亦采此一标准，例如2002年台上字第4857号判决见解认为："'刑法'上之过失犯，以行为人对于结果之发生，应注意并能注意而不注意为成立要件，被告应否论以过失犯，当视其有无违反注意义务及对危险行为之发生有无预见之可能而疏于注意致发生危险之结果为断。"但台湾地区学说上亦有少数见解，例如黄荣坚对过失犯之诠释，有别于通说与实务之见解，强调应以违反"主观的预见可能性"作为过失犯认定之标准，不应以"违反客观注意义务"为标准。黄荣坚认为，预见可能性的推论基础，应该建立在自然律的知识上，所谓"注意规则"之产生，乃是某些行为模式和一定侵害结果之间具有较稳定的因果律存在（例如开车不保持距离，经常肇事）。换言之，因果律的稳定度越高，人对事情的预见可能性也就越高。这样的见解毋宁是从更上位的观点，去探询注意规则之由来，以及注意规则与预见可能性的内在关联性。因而认为，实务与通说过于浮滥的客观注意义务认定，应该以具有因果律认识为推论基础的预见可能性作为限缩解释的依据。至于采取"主观"的预见可能性为标准，则是考虑刑法上之归责，应该以行为人对事实的发生有预见可能性时，才能要求行为人负过失责任。参见黄荣坚：《基础刑法学》（上），元照出版有限公司2003年版，第298页以下。基本上这样的见解与过失犯的"个别化理论"见解相一致。关于过失犯"个别化理论"之发展、理论建构以及各种支持与批判见解，可参见许玉秀：《探索过失犯的构造——行为人能力的定位》，载《刑事法杂志》1997年第41卷第2期，第124页以下。

之,只要是一个谨慎小心之人,在相同条件下,根据最基本的一般生活经验,就可能预见到会有某些危险结果发生之可能,则行为人基本上也应该有此预见能力。行为人的过失责任,则是因为有此预见可能性,但却因违反注意义务,以至于只要尽注意义务就能避免可预见之危险结果发生,因未尽注意义务而使其发生,所以应该负过失责任。如果结果之发生,对一般人而言,在客观上是不可预见且不可避免者,则无法论以过失责任。从而,过失犯的注意义务违反之成立,必定内涵了行为人对危险结果应该具有客观可预见性。甚至可以说,过失犯的处罚,并非仅仅在于归责行为人违反注意义务,而是要归责行为人违反注意义务时,应该预见到随之而来的危险结果之发生,却没有采取其他行为,以避免结果发生。

(二) 医学准则之违反

在过失犯审查上,要认定行为人是否违反注意义务,首先必须先确定到底注意义务的内容为何,才有后续的是否违反之问题。所谓注意义务的内容,基本上乃是一种根据人类生活经验累积而得的因果律或自然律的推论认识所形成的规则。这样的注意规则,原则上又以法益受到危害的预见可能性作为基础。① 换言之,注意义务的形成,往往是根据科学知识、逻辑推理或生活经验之累积,而确定出某些行为通常会导致某些危险结果,且行为与危险结果之发生具有稳定的因果关系,以至于从一般人的观点来看,某些行为与法益受危害之间是可以预见的,从而会去调整自己的行为,或是放弃不为,或是提高安全措施进行,以避免某些可以预见的危险结果发生。② 注意义务的内容可以是一般经验法则(Erfahrungssätze),例如在道路中间挖坑,应竖立注意标志或将坑洞以铁板覆盖,以避免行人、机车发生意外,又例如,不应将婴幼儿单独放在密闭上锁的汽车内,以避免婴幼儿高温中暑或窒息死亡。此外,注意义务的内容也有可能是一些专业规范,亦即在专业领域中,通过专业知识与经验实践的累积而形成的一些足以避免危险结果出现的注意规则。例如道路交通安全规则、建筑成规,或是个别专业领域中所存在的标准作业准则。在医疗领域中,医师所应遵守之注意义务内容,则是从医学知识与医学实践之经验累积而成的医疗准则(lege artis, lex artis)。

所谓医疗准则,简单来说,就是医学上一般承认或认可得以进行的医疗技术。③ 这些医疗技术或方法或是根据基础医疗理论发展出来,或是通过人体试验之规定而允许,不一而足。但无论如何,医疗准则存在的目的,不仅是为了作为医师治疗疾病与伤痛的医术指导,更是为了保护病人避免受到不正确或不正当的医疗行为之损害。因此,医师违反医疗准则而进行医疗行为,即意味着医师超越了容许范围之风险而进行医疗行为。换言之,医师在违背医疗准则时,应该对于非容许范围之额外风险,具有预见可能性。④ 此等对于额外风险的预见可能性,乃论证医疗过失成立之最重要关键。

虽然医疗行为本质上具有不确定性,以及会受到经验条件的限制,以至于所谓的医疗准则,有时亦无法定出一个绝对清楚明确的轮廓。但是不可否认的是,在医学领域中,甚至各个专业医疗领域,确实存在相对明确的医学知识与技术规范,此也是医师乃至专科医师在养成训练与资格取得过程中,所必备的最基本要求。例如药物的投予,不能超过危险剂量;进行医疗行为时应该

---

① 参见黄荣坚:《基础刑法学》(上),元照出版有限公司2003年版,第299页以下。不过黄荣坚将此称为从稳定因果律认定推论出来的生活规则或注意规则。
② Wessels/Beulke, a. a. O. (Fn. 20), Rn. 668;林山田:《刑法通论》(增订七版)(上),2001年版,第167页以下。
③ Schönke/Schröder, a. a. O. (Fn. 14), §223, Rn. 35.
④ 参见黄荣坚:《基础刑法学》(上),元照出版有限公司2003年版,第299页。

消毒器械并遵守感染控制原则;手术完成后必须进行术后生命迹象监测与必要之照护等。如果对疾病或伤痛的治疗,在医学上存在有数种不同的治疗方式,且数种治疗方式都是医学上一般所承认或认可的,或是还未出现统一或标准的治疗程序,原则上应该容许医师有选择医疗方法的自由。也就是说,医师可以视具体情况而作出适当的裁量。① 只要医生所采取之方式属于医学上所认可的方式,即使事后的治疗效果不佳,亦不能因此而认为医师有医疗过失。

本案中,医师在抽脂手术前,并未对病人进行手术与麻醉适应评估,也未对病人进行最基本的抽血检验、血糖测试、凝血功能、血型、血红素及一般生化检查,即进行手术。医师的行为固然违反抽脂手术在医学上应行注意之准则。然而,这些注意义务之违反,均与后来死亡结果没有因果关系。与病人死亡结果有因果关系之事项,乃在于术后未继续对病人生命迹象进行监测,以至于未对病人及时提供充足的体液。基本上,医师的术后照护旨在维护病人生命、身体的安全。如果医师无法亲自为之,则应指示并监督其他护理人员为之。医师对于这些术后照顾事项未尽注意义务,或未为适当的指示,以至于导致病人死亡,即应负过失致死之责。

(三) 信赖原则之适用

过失犯基本上并没有"共同正犯"成立之可能。在一件过失事故当中,即使有数个犯罪人,要论定各个行为人是否应负过失犯责任,应分别就每个人是否违反其注意义务及结果预见可能性,个别判断。在医疗领域中,由于分科化细致,因此一个医疗行为由各个不同领域之专科医师,配合协助之医护人员,共同分工合作之情形,甚为常见。在医疗分工之情形,又可分为专科医师之间不受对方指挥、地位平等的"水平分工"情形,以及有上下指挥监督关系的"垂直分工"情形。以本案为例,整形外科医师 A 与麻醉医师 B 之间,即属水平分工关系。整形外科医师 A 与在手术恢复室中进行照顾的护士 D 之间,即属垂直分工关系。② 由于医疗分工已属医疗场域中之常态,在论断其中参与分工之人员的过失责任时,必须考虑到参与者对其他参与者之"信赖"问题。

在刑法学说上,对道路交通事故之过失责任认定时,学说与实务上发展出所谓"信赖原则"概念。简单地说,道路交通参与者自己是遵守交通规则、善尽注意义务、谨慎小心地参与交通道路驾驶,亦可信赖其他道路交通参与者也是遵守交通规则地使用道路。例如,在高速公路上行驶的小客车,可以信赖行人不会跑到高速公路上,或是随意穿越高速公路。因此即使在高速公路上开车,因不及减速慢行或刹车而撞伤行人,亦不得论以驾驶者过失责任。③ 除了交通事故之外,在医疗分工情形,学说上亦普遍认为应有信赖原则之适用。其主要论点在于,医疗参与人员每一个人都受过专业医疗训练,且根据专科医师制度尽其医疗上所应行之事项,彼此之间地位平等,并无指挥或指示他人如何为医疗行为之权利。因此,在需要多数医疗人员分工合作之场合,每一个共同参与医疗工作之人,只需遵守自己专业领域之注意义务,将自己专业领域之任务完成,无须顾及他人是否同时也遵守其注意义务。换言之,每一个专业参与者,可以主张信赖其他参与者都具有必要之专业知识,且是遵守其个人专科领域所应遵行之医疗准则与注意义务,完成其专业领域之任务。从而,一旦有致死或致伤害之情形出现,只要医疗参与者本身是遵守自己应注

---

① 此即所谓医师在治疗方法上的裁量自由原则(Grundsatz der Methodenfreiheit), vgl. Schönke/Schröder, a. a. O. (Fn. 14), Rn. 35; Ulsenheimer, Arztstrafrecht in der Praxis, 2. Aufl., 1998, S. 17. 相同意见参见黄荣坚:《基础刑法学》(上),元照出版有限公司2003年版,第309页。

② 关于医疗领域中之"水平分工"与"垂直分工"概念,参见 Ulsenheimer, a. a. O. (Fn. 26), S. 121 ff。

③ 详细论述请参见黄荣坚:《交通事故与容许信赖》,载《月旦法学杂志》1999年第50期,第178页以下。

意之事项,即可主张信赖他人也是遵守注意义务地进行医疗行为为由,而排除过失责任之成立。①

信赖原则具有作为限缩过失犯成立之效果。其目的无非是进行较为合理的"风险分配"与"责任分配"。至于各专业领域间的医疗分工是如何进行的,以及所根据之分工准则或标准为何,基本上有以下几种可能。如果一项手术是在医疗院所组织中进行,通常医疗院所在其组织架构中,必会划分与分配各参与医疗行为之专科医师,彼此之间的医疗任务与应行注意事项的范围。类似如此由医疗组织所进行的任务分配,对各专科医师而言,不仅是一种医疗规范的拘束,更会形成一个信赖基础,亦即信赖其他共同参与者必定也会遵守医疗组织所制定的医疗规范。然而医疗行为常会涉及种种不同因素而呈现复杂或多样化之情形,有时既定的医疗任务划分方式,并不足以应对各种突发状况,在此情形下,应该允许各专科医师在具体个案中,对于医疗行为之进行与医疗任务的分配,进行具体协商与约定。这样的医疗任务分配的具体协商与约定,可以说是一种补充性规范。在具体个案中,具有具体划分不同专科医师之间的医疗任务与注意义务之作用。② 以上说明,是在大型医疗院所中所可能出现的专业分工分配状况。但是除了大型医疗院所之外,有些医疗行为是在中小型诊所中进行的。由于中小型诊所的规模不大,有时亦未具体区分不同专科医师的医疗任务与照护范围。在此情况之下,如果没有事先进行具体的协商与约定,则不同专科医师各自应尽之医疗照护义务,必须从各专科医师制度或专科医师协会所制定的医疗规范中探询。亦即从专科医师就其从事此一专科医疗任务时,应遵守的医疗准则、医疗常规或照护范围决定。以德国实务判决为例,认为只要没有具体约定或是医疗组织未曾订出明确的医疗照护规范,则麻醉科医师的术后医疗照护任务,应从麻醉后的生命迹象之监测直到病人生命功能恢复为止。③ 然而,麻醉科医师的照护任务必须与麻醉事项有直接关系。如果涉及术后并发症或是术后大出血,由于此部分之照护乃外科医师于手术后最重要的照护工作,且外科医师有较麻醉医师更为优势的专业知识与照护可能性,因此,应归属外科医师应行照护之范围。④

以上所述,乃医疗"水平分工"之情形。如涉及医疗的"垂直分工"事项,例如医师与护理人员之间的关系,由于医疗垂直分工是一种具有上下位阶关系与指令拘束关系的"阶层性结构"(hierarchische Struktur),在上位者之医师本身具有医学知识的优越性,在下位之接受医疗照护指示之护理人员,自可信赖医师所为之医疗指示,是本乎其应遵守之医疗准则与注意义务而来。因此在下位之护理人员只要遵行医师所为之指示进行照护,并遵守护理人员应遵守之注意义务,即使病人因此而死亡或受伤,亦不得科以其过失责任。⑤

---

① Roxin, a. a. O. (Fn. 21), S. 928; Ulsenheimer, a. a. O. (Fn. 26), S. 122. 另可参见蔡墩铭:《医疗与信赖原则》,载《刑事法杂志》1995年第39卷第4期,第65页以下;曾淑瑜:《信赖原则在医疗过失中之适用》,载《月旦法学杂志》1997年第28期,第87页以下;许世贤:《信赖原则于医疗过失之适用》,中兴大学法研所1997年硕士论文。

② Ulsenheimer, a. a. O. (Fn. 26), S. 126; Brose, Aufgabenteilung im Gesundheitswe-sen. Horizontale und vertikale Arbeitsteilung auf klinischer und präklinischer Ebene, in: Roxin/Schroth (hrsg.), Medizinstrafrecht, 2000, S. 54 f.

③ Ulsenheimer, a. a. O. (Fn. 26), S. 126; Brose, a. a. O. (Fn. 30), S. 56.

④ Ulsenheimer, a. a. O. (Fn. 26), S. 126.

⑤ Ulsenheimer, a. a. O. (Fn. 26), S. 122.

结论性观点

整形美容手术乃一种运用医学知识与医学技术的"选择性医疗行为"。由于整形美容手术的进行,常常不具有医学上之必要性,因此做与不做,必须完全系于消费者个人的决定。换言之,这样的医疗行为,原则上只有在病人同意进行的情形下,才能够阻却行为的违法性。至于病人的同意,不以具有书面形式的同意为要件。因为"刑法"上关于被害人承诺与否的认定,是一种实质意义上的判断,不以是否具有书面形式为要。但必须注意的是,医师对于病人进行手术之前,仍然必须事先对病人说明医疗行为的内容、伴随的风险与预后情况,亦即医师仍然必须遵守告知后同意原则。病人在获知医疗信息下所为的同意,才是有效的同意。本案当中,病人在手术进行前,医师 A 与 B 并未根据"医疗法"之规定,让病人签署麻醉同意书。这项过失虽然涉及违反"医疗法",但与后续的死亡结果基本上没有因果关系,因此也非刑事责任所要非难的重点。

本案中,法院判决论以执行抽脂手术的医师 A 与麻醉医师 B 二人均该当业务过失致死责任。由于刑事犯罪判断,属个别责任,本应就涉及犯罪之数人所为之行为,个别判断。本案就 A 部分,由于抽脂手术的医疗与照护范围与应行注意义务之范围,除了术前的适应评估与医疗行为进行中应遵守之医术规则外,还包括术后医疗照护,例如生命迹象的监测与并发症之避免。A 显然对病人术后生命迹象之监测与输液之补充未尽应有的注意义务。A 该当业务过失致死责任,应无疑问。至于麻醉医师 B 可否主张"信赖"医师 A 在术后应尽照护责任一事,则较有争议。争议之焦点在于,A、B 在手术之前,是否曾经具体协商或约定过医疗任务与照护任务之间的分配问题。如果有所约定,则其中一方自可以此约定作为信赖基础,主张根据"信赖原则"而排除过失责任。如果没有约定,则麻醉医师之医疗任务范围,应遵从麻醉科医学会所确定之麻醉医疗规范与医疗常规决定。就此部分,并不排除麻醉医师与外科医师之医疗照护责任有重叠之可能。当然,在实际个案中,就此照护权责之划分与厘清,无论如何必须进一步通过麻醉专科医师的专业意见作为判决裁量之依据,始为适当之判决。

(三) 犯罪客观方面

构成要件该当性之法律适用[*]

——评析台湾地区高等法院2005年重上更(五)字第127号判决和台湾地区"最高法院"2006年台上字第695号判决

郑逸哲[**]

基本案情

任教职的甲,因经济拮据,于夜间,持搬离时未归还房东乙的大门钥匙,潜入已由其前同事丙和丁分房租下之原租屋欲行窃财物,惟因内心挣扎,未着手窃盗即离开。但甲几经思虑,两小时后,于同夜又持该钥匙侵入屋内,欲窃取财物,于着手搜寻财物时,适丙返回开门,甲为免遭发现,立即藏于厨房木门后,于丙进入自己房间后,又进入未上锁之丁房间继续躲藏。20分钟后,丙离开房间欲至客厅,经过丁房间门口时,不知何故,于该房门前暂停观看一下,甲认为已遭发觉,立即冲出丁房门,以手捂住丙嘴部,丙奋力抵抗,甲随手取得丁所有放在房间地上之哑铃,接连猛力砸丙头部两下,丙头部受重创流血倒地,完全丧失反抗能力,向甲苦苦哀求:"只要你不杀我,怎么样都可以"等语,同时告知钱财摆放位置。甲即强押丙进入丙房间,以胶带将丙反绑双手,捆缚双脚,并封住嘴部,令被害人无法反抗呼救,再于房中强行搜刮财物,放入自己之背包内。甲得手后,因认与丙认识,倘留下活口,将有遭受指认之虞,日后无法立足于社会,于思索近30分钟后,至厨房拿取内和丁共有之水果刀,朝丙颈部要害猛刺一刀,但丙未死亡,甲见丙气息尚存,复取房东乙所有之铁锅,朝已奄奄一息之丙头部猛敲两下,致铁锅变形扭曲两处,再取丙所有重约5台斤之电磁炉,置于丙头部位置,以脚踩踏,致丙引发神经性休克而死亡。甲知悉丙死亡后,为制造丙自杀之假象,至厨房搬瓦斯罐进入房间,先紧闭门窗,再将瓦斯罐之出气口打开,离开该房间时又将房门反锁,以随手取得之蓝色牛仔裤沾湿,塞于门缝后,携带前述强盗所得之财物离开现场。

疑难问题

本案中,甲实施了多个危害行为,其中至少包括以下几个:
(1)于夜间潜入已由丙和丁分租之屋欲行窃财物,但未着手窃盗即离开。
(2)同夜又侵入屋内,搜刮财物,放入自己之背包内。
(3)以手捂住丙嘴部,取哑铃接连猛力砸丙头部,使丙完全丧失反抗能力,并以胶带将丙反绑双手,捆缚双脚,并封住嘴部,令被害人无法反抗呼救,再于房中强行搜刮财物,放入自己之背

---

[*] 原载于《月旦法学杂志》2007年第140期,收录于本书时,原文之部分用语、文字经出版社编辑调整。
[**] 台北大学司法学系教授。

包内。

（4）持水果刀，朝丙颈部要害猛刺一刀，复取铁锅，朝已奄奄一息之丙头部猛敲两下，再取电磁炉，置于丙头部位置，以脚踩踏，致丙引发神经性休克而死亡。

（5）至厨房搬瓦斯罐进入房间，先紧闭门窗，再将瓦斯罐之出气口打开，以随手取得之蓝色牛仔裤沾湿，塞于门缝后离去。

如何判断这些危害行为满足哪些构成要件该当性，成为本案处理中的难点。

学理研究

一、理论先探[①]——构成要件该当性的法律适用

在"罪刑法定主义"之下，适用法律的法院并无创设构成要件的权力，也就因此，"法律漏洞"不准填补，对于有些事实会发生"无构成要件可适用"的情形；在此同时，另有些事实，既满足"这个"构成要件，又满足"那个"构成要件，但不能两个构成要件都适用，否则将发生"一事二罚"。在"两相夹击"下，"构成要件该当性的法律适用"对法院而言成为严峻的考验课题，但多年来，似乎乱无章法，于全依凭"直觉"与"法感"。之所以如此，刑法理论也要负起"连带责任"，因为，刑法理论并未对"构成要件该当性"提出明确的定义，使司法在"构成要件该当性判断"的大海中迷航：

（一）"构成要件满足性"和"法条竞合"

当我们说行为人就某一件事具有"××构成要件满足性"时，是指从"这"件事中，可以"切割"出来特定的"部分区块事实"使"××构成要件"被满足。如果我们说"同一"行为人就"这"件事"同时"具有数个"构成要件满足性"时，并非指就"这"件事，"同时"以该数个构成要件进行"切割"，都能切割出来不同的"区块事实"，使该数个构成要件个别"同时"被满足——即使这是有可能的；而是指该数个构成要件中的任何一个若"单独"进行"切割"的话，"都"可以从这"同一"件事中"切割"出使该构成要件被满足的"区块事实"。

举例来说，就"A在晚上闯入B家，翻箱倒柜偷东西""同一""这"件事，如果分别以"无故侵入住宅"、"窃盗"或"夜间侵入窃盗"构成要件进行"切割"，都可以从"同一""这"件事中"切割"出使其个别获得满足的不同"部分区块事实"。

也就是说，"构成要件满足性"是"特定构成要件"和"一件事"间的个别"关系"概念。而"同时具有数个构成要件满足性"，是"同一件事"和数个"特定构成要件"的"个别关系"的"集合"或"竞合"概念，无关于该数个构成要件间究竟具有何种关系。

"构成要件"和"构成要件"间的"关系"，不可能像"构成要件满足性"或"同时具有数个构成要件满足性"，是种由于"一件事"而"涉及事实的"概念，其必然是种"纯粹抽象的"概念，因为"构成要件"是"纯粹抽象的"规定。

"法条竞合"，顾名思义，是种"纯粹抽象的"概念，因为它要说的是"抽象的"法条和"抽象的"法条间的"关系"。其实，"法条竞合"并非适当的用语，它并不是处理任何"抽象的"法条和"抽象的"法条间的"关系"，而仅限于"抽象的"构成要件和"抽象的"构成要件间是否具有形式

[①] 本部分内容，乃摘要改写自郑逸哲：《构成要件具体适用下的构成要件理论检视与"完整一件事论"》《"构成要件满足性——构成要件该当性——犯罪"三层次判断论》和《"罪名论独立性"下的构成要件适用方法》，载《构成要件理论与构成要件适用》，瑞兴图书出版公司2004年版，第450—482页。若欲对"构成要件该当性的法律适用"此一问题，有完整且深入的了解，请读者自行阅读前书——不仅止于上述部分。

上的"全—偏关系"。换言之,何谓"法条竞合"? 即:"构成要件"和"构成要件"间具有形式上"全—偏关系":

举例来说,我们在"强盗强制性交构成要件"中,"一定"可以找到"强盗构成要件"和"强制性交构成要件"以其"部分"的形式存其间。反之,在"强盗构成要件"或"强制性交构成要件"中,"一定"找不到完整的"强盗强制性交构成要件",但"一定"可以找到完整的"强盗构成要件"或"强制性交构成要件"。

由是可知,即使"强盗构成要件"或"强制性交构成要件"对自己来说,已是"完整的"构成要件,但对于"强盗强制性交构成要件"来说,仍属"不完整的""构成要件部分"。这种以"本身完整的构成要件"作为其他构成要件的"不完整的""构成要件部分"的关系,就是"法条竞合"——或者,更精确讲,应该叫"构成要件竞合"。因为,在逻辑上,"以全足以概偏,以偏不能概全",故"强盗强制性交构成要件"个别之于"强盗构成要件"或"强制性交构成要件",均属形式上必然的"全—偏关系";反之,"强盗构成要件"或"强制性交构成要件"个别之于"强盗强制性交构成要件"均属形式上必然的"偏—全"关系。但"强盗构成要件"和"强制性交构成要件"之间,则既不全也不偏,就是非法条竞合关系。

(二)"充分评价""禁止一事二罚"和"构成要件该当性"

当犯罪以"构成要件该当性"为准时,则"构成要件该当性"就会影响如何处罚犯罪的问题。例如,如果未具有"阻却违法事由"或"阻却责任事由",而具有"重伤害构成要件该当性"者,依"刑法"第278条第1项之规定,犯重伤害罪,并"处五年以上十二年以下有期徒刑"。

这个具有"重伤害(既遂)构成要件该当性"的行为人,其所实现的"事实",不能想象不同时亦使"重伤害未遂""伤害(既遂)"和"伤害未遂"构成要件被满足。也就是说,该行为人共具有四个"构成要件满足性",但只有一个"重伤害(既遂)构成要件该当性"。为什么会这样?

撇开"伤害未遂构成要件"属"不可罚构成要件"不说,行为人就"这"件事,无论依"重伤害""重伤害未遂"或"伤害"构成要件满足性都能有罚,但为什么我们就只选择"重伤害构成要件满足性"作为其"构成要件该当性"?——这是第一个问题。

第二个问题:是不是我们根本就不需要什么"构成要件满足性"的概念,直接让每个"构成要件满足性"都是"构成要件该当性"就好了?

关于第一个问题,"有处罚"是一回事,是不是"有充分的处罚"则又是另外一回事。"法治国"刑法不只主张"有罪才有罚"——这是关于"罪刑法定主义"的问题,而且主张"罚当其罪"——这是另外一个和"罪刑法定主义"具有同样"宪法"位阶的"罪责原则"的根本内涵。也就是说,我们不只要评价一个行为是否"是犯罪",而且要确定"是犯什么罪"。"是犯什么罪",必须尽量彰显对行为人所作所为的事实予以"充分评价"。

虽然我们以"重伤害未遂"或"伤害"构成要件满足性中任何一个"构成要件满足性"作为行为人就"这"件事的"构成要件该当性",都能得到"是犯罪"的评价,但显然都不是"充分的"评价。只有以"重伤害构成要件"这个能够涵摄"最大"范围事实的"构成要件满足性",才足以使我们对行为人的"这"件事,予以"充分评价"。

质言之,基于对事实"充分评价"的理由,我们就行为人的"这"件事,以"重伤害构成要件满足性"作为其"构成要件该当性",即其"构成要件该当性"为"重伤害构成要件该当性"。

至于第二个问题,我们刚提到,具有"构成要件该当性"就会衔接到法律效果,就"这"件事,如果真让行为人具有四个"构成要件该当性",那问题可大了!因为除了"伤害未遂构成要件"属"不可罚构成要件"外,共会产生三个刑罚,如此一来,就"重伤害构成要件满足性"范围内的事实会发生三次处罚;就"重伤害未遂构成要件满足性"范围内的事实会发生两次处罚。总共违反"一事不得二罚原则"三次。

所以,就此可知"构成要件满足性"的概念是有必要的。

(三)"特别关系""补充关系"和"构成要件该当性"

若无"构成要件满足性"作为中介,"法条竞合"和"构成要件该当性"间根本不发生联系。若无具体事实作为"构成要件满足性判断"的判断对象,"构成要件"和"构成要件"间的"关系"就只是"纯粹的逻辑形式必然关系"有无的问题。

只当"同一"行为人就"同一"件事,具有数个"构成要件满足性",而该数个"构成要件满足性"不能同时"皆"作为"构成要件该当性",否则将发生违背"禁止一事二罚"原则时,我们才有必要依该数个"构成要件满足性"的构成要件间的"法条竞合"关系,以"充分评价"为目的,决定哪一个"构成要件满足性"作为其"构成要件该当性"。若"同一"行为人就"同一"件事,具有数个"构成要件满足性",而该数个"构成要件满足性"即使"皆"作为"构成要件该当性",也不发生违背"禁止一事二罚"原则的情事时,该数个构成要件间必然不存在任何"法条竞合"关系。

简言之,就不能同时成立"构成要件该当性"的"构成要件满足性"的那几个"构成要件"间的"法条竞合"关系,才发生哪一个"优先"适用的问题。

因此,"法条竞合"和"就构成要件该当性法律适用的'法条竞合'考虑范围"是相差很多的概念。严格来说,纯讨论"抽象的"构成要件间的"关系"问题时,只有其间是否存在"全—偏关系",根本无所谓"特别""补充"的概念。只有到"具体适用"时,才会有所谓"特别""补充"的概念。其实,"特别"和"补充"这两个用语,实在"很不中文",毋宁"优先"和"补位"比较贴切。

严格来说,"特别关系"和"补充关系"都不是"法条竞合"的关系,也就是并非形式"全—偏关系"问题;而是就具体事实如何适用构成要件规定决定其"构成要件该当性"的问题。如果欠缺适用构成要件规定的具体事实对象,就根本无所谓"特别关系"或"补充关系"问题。

(四)"择一关系"和"构成要件该当性"

"择一关系"往往被误谓为"法条竞合"的一种类型,其实不然,它是法律适用者,不得对事实进行"蝶螈式切割",而在刑事诉讼法上必须将"充分评价原则"修正为"尽量充分评价原则"的问题。

若构成要件和构成要件的抽象形式关系间具有"交集",但却不具有"全—偏关系"的话,则在具体适用时,将有可能发生找不到单一构成要件以符合"充分评价原则"的方式,去"切割"出"区块事实",但这是我们遵循"罪刑法定主义",为拥护"刑法作为市民自由的大宪章",所必然要付出的代价。所以只能将"充分评价原则"修正为"尽量充分评价原则"。

以"A夜间侵入强盗又故意杀人"为例,就"既遂构成要件",A共具有"无故侵入住宅""强盗""杀人""夜间侵入强盗"和"强盗故意杀人"五个"构成要件满足性",但"夜间侵入强盗"和"强盗故意杀人"两个构成要件满足性不能均作为"构成要件该当性",否则就"强盗事实"部分发生"一事二罚",因而只能"择一"作为其"构成要件该当性",但并非"任择其一",而是"从重择一",否则并不能符合"尽量充分评价原则"。即A从重以其所具有的"强盗故意杀人构成要件满足性"作为"构成要件该当性"。

由此可以看出,比前面更精确地说——"'禁止一事二罚'暨'尽量充分评价'原则"即"'构成要件该当性'决定原则"。

要特别注意,在上例中,不得在"强盗故意杀人构成要件该当性"外又单独成立一个"无故侵入住宅构成要件该当性",这是常见的错误。常有人误以为在"强盗故意杀人(既遂)构成要件该当性"外,单独成立一个"无故侵入住宅构成要件该当性",不仅不会发生"一事二罚",而且可以"充分评价"。但这违反了"就'构成要件该当性',应'优先'适用之构成要件不得割裂适用原则"。

总之,"'禁止一事二罚'暨'尽量充分评价'原则"作为"'构成要件该当性'决定原则",是以同一"区块事实"同时作为多数"构成要件满足性"的"部分事实"为前提,因而"就'构成要件该当性'应'优先'适用之构成要件不得割裂适用原则",成为其不可分割的"衍生原则"。

（五）吸收关系属"前构成要件的"概念

长期以来,我们一直将"吸收关系"错置为"法条竞合理论"一部分,其实,其乃"前构成要件的""当然不可再分割最小事实单位"的问题。

我们以"A 乱刀杀 B,亦使 B 所有之昂贵大衣成为尸衣"为例,虽然 A 将 B 身穿的昂贵大衣变成"尸衣",因为大衣不便宜,没有办法在判断"刑法上有意义的行为"时,以损害过小为由,就排除在"这"件事的范围之外,如果我们就这样直接对"这"件事进行"构成要件满足性判断",将会得到 A 具有"杀人构成要件该当性"和"毁损构成要件该当性"结论——因为这两个构成要件间并不具有"全—偏关系"！通说是以该"杀人构成要件该当性"之于"毁损构成要件该当性"具有"吸收关系",而论一罪。

事实上,一个罪原则上应以一个可罚构成要件的"构成要件该当性"为准,否则,犯罪的判断以犯罪的法律效果为准,岂不是因果颠倒,都还没确定犯罪是什么,就要先决定犯罪的法律效果是什么,不啻未审先判,并不足取。

"构成要件该当性"的决定不能也不该先去试探法律效果,不然会把判断的对象和判断的结果混淆。事实上,这里涉及"自然而朴素"的"感觉"判断。也就是在"一件事"内部是不是存在着"当然""不可再分割"的事实部分。如果是"当然""不可再分割",就不能再分割,就只能将之作为一个判断对象的"事实单位"。

当我们依一般人"自然而朴素"的"感觉"判断,"觉得""A 乱刀杀 B,亦使 B 所有之昂贵大衣成为尸衣"是"当然""不可再分割的最小事实单位"时,就"很自然地"只以"A 乱刀杀 B"作为构成要件该当性的判断对象,而"当然"置"B 所有之昂贵大衣成为尸衣"于不顾。

在此意义下,"对依'吸收关系'决定'完整一件事'内'不可再分割的事实单位'的判断对象进行满足依'【全—偏关系】暨【从重择一关系】'满足构成要件最大范围切割"才是"构成要件该当性"的适切定义。

因此,"吸收关系"问题并不能属于以"全—偏关系"概念为前提"法条竞合"理论所要探讨的问题,而是"前构成要件的""当然不可再分割最小事实单位"的问题。事实上,即使是一般教科书本身,除非在其"蓄意"要谈论"吸收关系"时,不然怎会在举"杀人"实例时,"多此一举"去描述"变成尸衣"的部分。实务上的判决,就杀人案件,除非是为了要描述死者"惨状"或其他目的,几乎看不到就"变成尸衣"个别加以着墨。在在显示,大家是有"共识"将"杀人毁衣"当成绝对"不可再分割"的"最小事实单位"。

总之,"吸收关系"是属于"前构成要件的"和"感觉"的概念,是"事实"和"事实"之间的"当然"关系概念,应"吸收关系理论""挪回前置"作为"构成要件理论"的"先遣理论"。

（六）"构成要件该当性"的定义和"构成要件该当性"的判断程序

综合上述,传统上我们认为,属于"构成要件竞合",即"法条竞合"的次类型的"吸收关系""特别关系""补充关系"和"择一关系",其实都是构成要件"具体适用"的问题,而非构成要件和构成要件间形式必然关系的问题。

依之及前述,我们可以给"构成要件该当性"下个翔实而完整的定义:

就依"自然而朴素"的"感觉"而判断出来的"一个待刑法处理的'具完成性'的'刑法上有意义的行为'"——即"完整一件事";再度依"自然而朴素"的"感觉"进行"吸收关系判断"而确定该"完整一件事"内就"构成要件满足性判断"所具有的适用构成要件"不可再分割的事实单位"后,就该"完整一件事"进行"满足构成要件切割"。若仅产生一个"构成要件满足性",则该"构成要件满足性"即该"完整一件事"的"构成要件该当性"。若产生数个"构成要件满足性",但即使该数个"构成要件满足性"均作为"构成要件该当性",亦不生"一事二罚"的问题时,则行为人就该"完整一件事"同时具有数个以该数个"构成要件满足性"作为"构成要件该当性"的"构成要件该当性"。若产生数个"构成要件满足性",但该数个"构成要件满足性"均作为"构成要件该当性"时,将发生"一事二罚"的问题时,就不发生"一事二罚"范围内的一个或数个"构成要件满足性",该一个或数个"构成要件满足性"仍个别作为"构成要件该当性";就另外具有"重复处罚关系"的数个"构成要件满足性",依其所满足的数个构成要件间的逻辑形式上必然的"全—偏关系",以"【全】构成要件"的"构成要件满足性"作为"构成要件该当性";若尚不足产生"构成要件该当性"时,继依"从重择一关系",以"【重】构成要件"的"构成要件满足性"作为"构成要件该当性";行为人就该"完整一件事"同时具有前述不发生"一事二罚"范围部分的一个或数个"构成要件该当性",以及前述依"全—偏关系"和——必要时继依"从重择一关系"产生的"构成要件该当性"。简言之,"构成要件该当性"就是依"【禁止一事二罚】暨【尽量充分评价】原则"筛选后所保留的"构成要件满足性"。

依之,我们可以进一步整理出"构成要件该当性"的判断程序:

(1) 依"自然而朴素"的"感觉"判断——即运用"吸收关系""感觉"概念,确定"完整一件事"内"不可再分割"部分,而确定法律适用对象的"最小事实单位"。

(2) 再来确定有哪些构成要件被这个或这些法律适用对象所满足,即具有哪些"构成要件满足性"。

(3) 如果只具有一个"构成要件满足性",则该"构成要件满足性"就当然作为"构成要件该当性"。

(4) 若产生数个"构成要件满足性",但即使该数个"构成要件满足性"均作为"构成要件该当性",亦不生"一事二罚"的问题时,则行为人就该"完整一件事"同时具有数个以该数个"构成要件满足性"作为"构成要件该当性"的"构成要件该当性"。

(5) 产生数个"构成要件满足性",但该数个"构成要件满足性"均作为"构成要件该当性"时,将发生"一事二罚"的问题时,就不发生"一事二罚"范围内的一个或数个"构成要件满足性",该一个或数个"构成要件满足性"仍个别作为"构成要件该当性"。

(6) 就另外具有"重复处罚关系"的数个"构成要件满足性",依其所满足的数个构成要件间的逻辑形式上必然的"全—偏关系",以"'全'构成要件"的"构成要件满足性"作为"构成要件该当性"。

(7) 尚不足产生"构成要件该当性"时,继依"从重择一关系",以"'重'构成要件"的"构成要件满足性"作为"构成要件该当性"。

(8) 行为人就该"完整一件事"同时具有前述不发生"一事二罚"范围部分的一个或数个"构成要件该当性",以及前述依"全—偏关系"和——必要时继依"从重择一关系"产生的"构成要件该当性"。

总归一句话,"构成要件该当性"就是依"'禁止一事二罚'暨'尽量充分评价'原则"筛选后所保留的"构成要件满足性"。①

二、本案事实之构成要件该当性法律适用(题解参考)

(一) 甲所具有的构成要件满足性

1. 就"甲持未归还之大门钥匙,于夜间潜入已由丙和丁分租之屋欲行窃财物,但未着手窃盗即离开"部分观之:

本案中,意图为自己不法之所有,甲基于夜间侵入窃盗故意,持未归还之大门钥匙,于夜间潜入已由丙、丁分租之屋欲行窃财物,虽未着手窃盗即离开,但已着手于夜间侵入窃盗,构成要件之实行,而不遂,依"刑法"第 321 条第 1 项、第 25 条第 1 项、第 2 项前段和第 321 条第 2 项的规定,甲具有可罚的夜间侵入窃盗构成要件满足性。

2. 就"甲同夜又持该钥匙侵入屋内,搜刮财物,放入自己之背包内"观之:

本案中,意图为自己不法之所有,基于夜间侵入窃盗故意,于夜间持未归还之钥匙侵入他人丙和丁之住宅,搜刮丙财物而窃取他人丙之动产,依"刑法"第 321 条第 1 项的规定,甲具有夜间侵入窃盗构成要件满足性。

3. 就"甲以手捂住丙嘴部,取哑铃接连猛力砸丙头部,使丙完全丧失反抗能力,并以胶带将丙反绑双手,捆缚双脚,并封住嘴部,令被害人无法反抗呼救,再于房中强行搜刮财物,放入自己之背包内"部分观之:

本案中,意图为自己不法之所有,甲基于强盗故意,以手捂住丙嘴部,取哑铃接连猛力砸丙头

---

① 判断"构成要件该当性"时,往往要考虑到被侵害的法益,但被侵害的法益很难作为判断的关键。如前所述,法益可以作为"刑法上有意义的行为"的"开始"的认识指标,但连"作为法院构成要件满足性判断对象的一个刑法上有意义的行为"是什么,都无法赖以解决了,又怎能作为判断"构成要件该当性"的关键。充其量,法益只能用来作为就是依"形式"构成要件所决定的"可罚的""构成要件该当性"后,检测——而且只能检测处罚是否"逾量"问题。如果"量不足",在"罪刑法定主义"之下,是属于"法律漏洞"或"立法瑕疵"问题,但有利于被告,自不得以任何理论或理由加以"填补"。这些理论或理由只能作为"未来"修法的强而有力之依据,而不得作为"现在"的处罚依据。另外,我们所能要犯罪人付出的最大代价——姑且不论死刑是否符合人权理念,也就只有其生命。参见黄荣坚:《禁止双重评价与法条竞合》,载黄荣坚:《刑法问题与利益思考》,1996 年版,第 356—357 页,主张,"如果侵害多数法益的情形下,要禁止重复评价为犯罪之宣告,那么反而会衍生出一个公平原则上的疑虑:如果在侵害多数法益的情形下要禁止重复为犯罪之宣告,那么就变成和处理行为人单纯侵害一个法益的情形没有两样了……我们认为,侵害一法益和侵害数法益,如果法律上不作区别处理,就公平原则要求'对相同条件作相同处理,对不同条件作区别处理'而言,已经抵触了'宪法'上所揭示的公平原则"。这一段话绝对正确,但也说明了刑法最大的极限只能在"犯罪的宣告"问题上维持"公平",在刑罚上,如其所述:"刑法的使用,原则上应该是与所侵害的法益范围大小成正比的:由于人在基本上是以利害关系(成本关系)决定其行为的取舍,因此在原则上,较重的刑罚对于较大利益的保护有其有效性及必要性。此外,对于愈大的法益,在价值衡量上,容许接受侵害的空间也就愈小,因此以较重的刑罚来保护较大的利益,也符合衡平性。基于此,在行为人以一行为侵害数法益的情况,不管是同种类法益或不同种类法益,如果绝对只能论以一罪,只能以侵害一法益处罚,应该是不对的。也因此,在行为人以一行为侵害数法益的情况,不应有双重评价之禁止。当然我们也知道,可能会有一些特别的情况,例如行为人杀人而同时把被害人的衣服弄破,是一行为侵害数法益而在犯罪预防上却没有多重处罚的必要,但我们对这些特别的情况可以在刑罚上另行处理,而不必也不应该一开始在犯罪宣告上即全面封锁其多重处罚的可能性。如果一个职业杀手以一颗手榴弹,在开会时炸死公司董事会全部 5 名董事,难道我们在法理上对此也非要以一行为为理由而比照行为人只杀死一个人的情形处罚不可?"这也只能做到"犯罪宣告"上的坚持,但不能顺势就变成"难道我们在法理上对此也非要以一行为为理由而比照行为人只杀死一个人的情形处罚不可?""一行为"并非"比照行为人只杀死一个人的情形"的理由,其理由是"事实上无法更重"(例如,死刑执行就只能一次),或是"刑事政策",这与"犯罪宣告"和"宪法"上"公平原则"间的关系并无必然联系。

部,使丙完全丧失反抗能力,并以胶带将丙反绑双手,捆缚双脚,并封住嘴部,令丙无法反抗呼救,致使丙不能抗拒,甲于房中搜刮财物,放入自己之背包内,依"刑法"第328条第1项的规定,甲具有强盗构成要件满足性。

4. 就"甲取哑铃,接连猛力砸丙头部两下,丙头部受重创流血倒地,完全丧失反抗能力,向甲苦苦哀求:'只要你不杀我,怎么样都可以'等语,同时告知钱财摆放位置。甲即强押丙进入丙房间,以胶带将丙反绑双手,捆缚双脚,并封住嘴部,令被害人无法反抗呼救"部分观之:

本案中,甲基于杀人故意,取哑铃,接连猛力砸丙头部两下而已着手于杀人构成要件之实行,但丙仍未因而死亡而不遂,依"刑法"第271条第1项、第25条第1项、第25条第2项前段和第271条第2项的规定,甲具有可罚的杀人未遂构成要件满足性。

5. 就"甲持水果刀,朝丙颈部要害猛刺一刀,复取铁锅,朝已奄奄一息之丙头部猛敲两下,再取电磁炉,置于丙头部位置,以脚踩踏,致丙引发神经性休克而死亡"部分观之:

本案中,甲基于杀人故意,持水果刀,朝丙颈部要害猛刺一刀,复取铁锅,朝已奄奄一息之丙头部猛敲两下,再取电磁炉,置于丙头部位置,以脚踩踏而有杀人行为,致被害人丙引发神经性休克而死亡,依"刑法"第271条第1项的规定,甲具有杀人构成要件满足性。

6. 就"甲以手捂住丙嘴部,持哑铃,接连猛力砸丙头部两下,丙头部受重创流血倒地,完全丧失反抗能力,并以胶带将丙反绑双手,捆缚双脚,并封住嘴部,令被害人无法反抗呼救,再于房中强行搜刮财物,放入自己之背包内。甲得手后,取水果刀,朝丙颈部要害猛刺一刀,复取铁锅,朝丙头部猛敲两下,再取电磁炉,置于丙头部位置,以脚踩踏,致丙引发神经性休克而死亡"观之:

本案中,同一行为人甲,于同时同地,既有"以手捂住丙嘴部,持哑铃,接连猛力砸丙头部两下,丙头部受重创流血倒地,完全丧失反抗能力,并以胶带将丙反绑双手,捆缚双脚,并封住嘴部,令被害人无法反抗呼救,再于房中强行搜刮财物,放入自己之背包内"而强盗,又以"取水果刀,朝丙颈部要害猛刺一刀,复取铁锅,朝丙头部猛敲两下,再取电磁炉,置于丙头部位置,以脚踩踏,致丙引发神经性休克而死亡"而杀人,依"刑法"第332条第1项之规定,甲具有强盗故意杀人构成要件满足性。

7. 就"甲至厨房搬瓦斯罐进入房间,先紧闭门窗,再将瓦斯罐之出气口打开,以随手取得之蓝色牛仔裤沾湿,塞于门缝后离去"观之:

(1) 甲并无放火烧毁现供人使用住宅之故意,亦无损坏尸体之故意,客观上亦无此行为,故"刑法"第173条第1项放火烧毁现供人使用之住宅构成要件和同法第247条第1项损坏尸体构成要件,均未被实现。

(2) 甲虽然将瓦斯罐之出气口打开,而漏逸煤气,但其先紧闭门窗,又以牛仔裤沾湿,塞于门缝,而未致生公共危险,故"刑法"第177条第1项漏逸煤气致生公共危险构成要件亦未被实现。

(3) 故甲开瓦斯的行为并未具有任何构成要件满足性。

8. 关于丁所有之哑铃、丙和丁所共有之水果刀、乙所有之铁锅和丙所有之电磁炉被"毁损"的"吸收关系"判断:

(1) 依学理,如果将事实分割观察,行为人就部分事实实现一构成要件,但此一部分事实和其他部分事实合并观察时,依一般人"自然而朴素"的"感觉",就其他部分事实审查是否实现构成要件已足,不必无谓再另行论究此一部分事实是否实现构成要件,则其他部分事实对此一部分事实构成吸收关系,二者成为审查是否实现构成要件不可分割的事实最小单位,仅就其他部分事实审查之。

(2) 本案中,丁所有之哑铃、丙和丁所共有之水果刀、乙所有之铁锅和丙所有之电磁炉,不是被甲持以作为杀人凶器而有物理之破坏,就是因为成为杀人凶器而不能再依日常使用方式而使用,如果将事实分割观察,行为人就这四部分事实不能不说已实现"刑法"第 354 条的毁损构成要件,但最前者和甲之杀人未遂事实、后三者和甲之杀人既遂事实合并观察时,依一般人"自然而朴素"的"感觉",就杀人未遂和杀人既遂两个其他部分事实审查是否实现构成要件已足,不必无谓再另行论究此四部分事实是否实现构成要件。

(3) 故甲杀人未遂部分事实对丁之哑铃被"毁损"的部分事实构成吸收关系,二者成为审查是否实现构成要件不可分割的事实最小单位,仅就甲之杀人未遂事实审查是否实现构成要件;同理,丙和丁所共有之水果刀、乙所有之铁锅和丙所有之电磁炉被"毁损"的部分事实,均欠缺审查其是否实现构成要件的可能。

(二)甲所具有的构成要件该当性

1. 甲就其所具有的夜间侵入窃盗、强盗、杀人和强盗故意杀人四个构成要件满足性,仅具有一个强盗杀人构成要件该当性:

(1) 甲虽实现强盗构成要件、杀人构成要件和强盗故意杀人构成要件,但仅适用强盗杀人构成要件:

① 依学理,若确定行为人以一事实实现一个构成要件,即能确定同一行为人以同一事实也使另一构成要件被实现时,则前者对后者构成法条竞合的特别关系,后者对前者构成补充关系。适用前者时,即不再适用后者;后者的适用,以前者不能适用为前提。

② 若确定行为人以一事实实现强盗故意杀人构成要件,即能确定同一行为人以同一事实也使强盗构成要件和杀人构成要件双双被实现,是以强盗杀人构成要件对强盗构成要件和杀人构成要件均构成法条竞合的特别关系,反之,后二者对之均构成补充关系。

③ 故同一行为人甲虽以"以手捂住丙嘴部,持哑铃,接连猛力砸丙头部两下,丙头部受重创流血倒地,完全丧失反抗能力,并以胶带将丙反绑双手,捆缚双脚,并封住嘴部,令被害人无法反抗呼救,再于房中强行搜刮财物,放入自己之背包内。继而取水果刀,朝丙颈部要害猛刺一刀,复取铁锅,朝丙头部猛敲两下,再取电磁炉,置于丙头部位置,以脚踩踏,致丙引发神经性休克而死亡"同一事实,实现强盗构成要件、杀人构成要件和强盗故意杀人构成要件三个构成要件,但仅需适用强盗故意杀人构成要件。

(2) 甲虽实现夜间侵入窃盗构成要件和强盗构成要件,但夜间侵入窃盗构成要件并无适用的可能:

① 依学理,同行为人以同一事实实现两个具有部分交集的构成要件,但就此一具体事实,若同时适用两个构成要件,将发生一事二罚,基于一行为实现两个构成要件的类似性,类推"刑法"第 55 条的规定,从重择一适用构成要件。

② 本案中,同一行为人甲,以"夜间持未归还的钥匙侵入屋内,欲窃取财物,于着手搜寻财物时,适丙返回,甲虽先躲藏,但 20 分钟后,认已遭发觉,即捂住丙嘴部,取哑铃接连猛力砸丙头部两下,致丙完全丧失反抗能力,又以胶带将丙反绑双手,捆缚双脚,并封住嘴部,令被害人无法反抗呼救,再于房中强行搜刮财物,放入自己之背包内"同一事实实现于"窃盗"要素部分具有部分交集的夜间侵入窃盗构成要件和强盗构成要件,但就此一具体事实,若同时适用夜间侵入窃盗和强盗两个构成要件,将就"窃盗"事实部分发生一事二罚。

③ 故依从重择一适用原则,对甲并无适用夜间侵入窃盗构成要件的余地。

综合上述,甲虽具有夜间侵入窃盗、强盗、杀人和强盗故意杀人四个构成要件满足性,但仅适用强盗杀人构成要件,而仅具有一个强盗杀人构成要件该当性,而仅犯强盗故意杀人罪。

2. 甲所实现的夜间侵入窃盗未遂构成要件和杀人未遂构成要件，均自行具有构成要件该当性：

(1) 甲"几经思虑后"方于"两小时后"再度着手夜间侵入窃盗构成要件之实行，以及"思索近30分钟后"再度着手杀人构成要件之实行，足见其第一次夜间侵入窃盗构成要件之实行，以及第一次杀人构成要件之实行均因"己意中止"而不遂；第二次夜间侵入窃盗构成要件之实行，以及第二次杀人构成要件之实行均属"另行起意"。

(2) "中止未遂"乃确定行为人具有可罚的未遂构成要件该当行为后，方考虑的"裁量性减轻刑罚事由"，并不影响行为人的未遂犯罪判断。

(3) 综合上述，甲所具有的夜间侵入窃盗未遂和杀人未遂构成要件满足性均自行具有构成要件该当性，而另犯夜间侵入窃盗未遂和杀人未遂二罪。

结论性观点

甲犯夜间侵入窃盗未遂、杀人未遂和强盗故意杀人罪，各自成立罪名，依"刑法"第50条的规定，并罚之。

就本案"构成要件该当性法律适用"部分，台湾地区高等法院判决谓："上诉人身为教师，当知以质地坚硬厚重之哑铃重击头部，足以使人死亡……会造成被害人死亡，却仍持重达十五台斤之哑铃向被害人头部要害猛砸两下，可见其当时已有杀人之直接故意。且上诉人自承被害人遭哑铃猛砸头部而重创流血倒地后，曾向上诉人苦苦哀求：'只要你不杀我，怎么样都可以'，上诉人仍将被害人手脚捆绑，并封住嘴巴，强盗财物得手，思索约三十分钟后，续以水果刀、铁锅、电磁炉等物杀害被害人，显见上诉人于思索后，并未中止先前之杀人犯意，而系接续先前之杀人犯意，继续完成杀人行为，并非强盗财物后，始另行起意杀人。上诉人于原审供其打开瓦斯时，认为被害人已经死亡，开瓦斯之目系欲制造被害人自杀的假象等语，鉴定人孙家栋亦证称被害人在开瓦斯前已经死亡，足见上诉人开启瓦斯之行为，与被害人死亡并无相当因果关系，亦无放火等犯意或行为。……复以'刑法'第三二一条第一项第一款之夜间侵入住宅窃盗罪，系以夜间侵入住宅为加重条件，侵入住宅已结合于加重窃盗之罪质中，不再论以侵入住宅罪。上诉人当日二度原基于窃盗意思于夜间侵入被害人租住房屋行窃，于搜寻财物之际，适被害人返回，即改变为强盗杀人之犯意，先以哑铃重击被害人头部，至被害人不能抗拒而强盗财物得逞，再接续将被害人杀害，自不再论以夜间侵入住宅窃盗未遂罪。……(故)适用'刑法'第三三二条第一项、第三七条第一项，对上诉人论以强盗而故意杀人罪。"

本判决最值得商榷之处就在于：自始似乎就"预定"仅适用强盗故意杀人构成要件"一个"，而非依"事实"进行构成要件该当性判断：

(1) 虽谓"思索约三十分钟后，续以水果刀、铁锅、电磁炉等物杀害被害人，显见上诉人于思索后，并未中止先前之杀人犯意，而系接续先前之杀人犯意，继续完成杀人行为，并非强盗财物后，始另行起意杀人"，果真如此，"上诉人……将被害人手脚捆绑，并封住嘴巴"所为何来？果真未出现"中止意思"？抑或只是其未言明，不认为上诉人"诚挚悔悟"而不算？但构成要件该当性判断，概以行为时为准，不宜以后来上诉人又另生杀人故意，即以"事后"而推定"事中"事实——尤其不宜用来推定心理事实。

(2) 含糊笼统谓"上诉人当日二度原基于窃盗意思于夜间侵入被害人租住房屋行窃……(后)改变为强盗杀人之犯意"，而莫名其妙把第一个夜间侵入窃盗未遂构成要件该当行为"做掉"了！

其实，只要稍微参照一下上述"题解参考"，就不难发现，严格说来，本判决根本没有"构成要件该当性法律适用"，而只有"迁就'预定'的'构成要件该当性'的'事实认定'"。也就是说，"事实"和"理由"根本混淆在一起，"事实认定"不是为了继之而应为的"构成要件适用"，而是为了替其所"预定"的"构成要件该当性""背书"。

虽然将犯夜间侵入窃盗未遂、杀人未遂和强盗故意杀人三罪的上诉人认定为只具有一个"强盗故意杀人构成要件该当性"，而只犯强盗故意杀人一罪，属有利于上诉人，但这根本是"不适用"或"不正确适用"构成要件的判决。无罪而强以罪相绳，固为法所不许，但有罪而屈法不论，亦有失其职。

质言之，本判决最大的问题乃是其明示或"默示"上诉人"不犯罪"的部分，欠缺说服性的论证：该法院除了就上诉人"打开瓦斯"的事实部分，以"与被害人死亡并无相当因果关系，亦无放火等犯意或行为"，轻描淡写理由外，对于上诉人所另犯的夜间侵入窃盗未遂罪和杀人未遂罪部分——就前者根本未予论证，就后者以事实上难谓存在的所谓"接续先前之杀人犯意"而"默示"认定均"不犯罪"。

此外，其谓"适用'刑法'第 332 条第 1 项、第 37 条第 1 项，对上诉人论以强盗而故意杀人罪"，更是匪夷所思。第 37 条第 1 项是"宣告死刑或无期徒刑者，宣告褫夺公权终身"的规定，"对上诉人论以强盗而故意杀人罪"为什么要适用本项规定？莫非该法院认为：反正上诉人已判处死刑，将其所有所犯之数罪都"挤入"强盗故意杀人一罪中，即可？该法院究竟是定罪而后科刑，抑或是因死刑而认为欠缺翔实"构成要件该当性法律适用"的必要性呢？还是真的不清楚什么是"构成要件该当性的法律适用"以及如何行之？

对于台湾地区高等法院判决的"构成要件该当性法律适用"部分，台湾地区"最高法院"仅谓："强盗杀人罪，并不以出于预定之计划为必要，只需行为人利用实施强盗之时机，而故意杀人，两者有所关联者即属之。上诉人于被害人之租住处强盗财物，且利用实施强盗之时机，故意将被害人杀死，原判决认系强盗杀人罪之结合犯，适用法则并无违误。"对于上诉人所另犯的夜间侵入窃盗未遂罪和杀人未遂罪部分被"置之不论"，似表认同，就于第二次"非法侵入事实"因"法条竞合"和"禁止一事二罚"而不得不放弃评价，毫无所觉。即使其对强盗故意杀人构成要件的结构，提出正确的看法，亦无解于其与台湾地区高等法院一样，对"构成要件该当性法律适用"的概念毫无所悉，对其如何行之极其陌生，否则何以以"适用法则并无违误"为舍"构成要件该当性法律适用"而"迁就'预定'的'构成要件该当性'的'事实认定'"的台湾地区高等法院判决进行"全面的背书"？

台湾地区刑事司法，恐怕有必要在"构成要件该当性法律适用"问题上，再下点工夫了！

难以确定"客观可避免性",就不应展开"不纯正不作为构成要件该当性"审查[*]

——评析台湾地区"最高法院"2011年台上字第32号判决

郑逸哲[**]

基本案情

1996年9月25日,被害人甲腹部疼痛,自省立丰原医院转至中国医药学院附设医院诊治,经电脑断层检查,证实为腹膜腔脓疡,旋由放射科医师A进行经皮引流术(PCD),将腹膜腔内之脓疡引流出体外,甲之白细胞指数即由同年9月25日之31550/cumm,降至同年9月27日之19970/cumm,故外科医师B于同年9月30日会诊时,表示暂不考虑手术。同年10月1日经被告乙会诊后,甲引流液出现大便臭味及引流效果不佳等情形,但并未改采外科手术。同年10月7日发现甲右下腹部仍有疼痛,且病患家属要求开刀,乙仍继续进行经皮引流术,并未进行手术探查。直至同年月11日上午8时35分许,发现甲之白细胞指数再度攀升,乙始进行剖腹探查手术,但其升结肠已坏死及穿孔,并有后腹腔脓疡,虽经手术切除右半结肠并作回肠造瘘,甲之身体术后未见改善。于同年月24日,因后腹腔脓疡并败血症及多重器官衰竭,不治死亡。检方认为,乙未及时为甲进行手术探查,涉犯"刑法"第276条第2项之业务过失致人于死罪嫌,提起公诉。

证人医师C于侦查中供称:"甲在急诊室做检验显示白细胞高、有败血症的现象,且钾离子低、白蛋白低,显示其营养状况不好,此情况开刀危险性高,而化脓情况使用开刀或引流,见仁见智,因病人状况不好,所以选择对甲伤害较小的方法。甲治愈机会很小,可能有后遗症或其生命状况会发生变化。提早开刀是否对甲好?很难评估。所谓败血症就是病人细菌感染后,细菌跑到血液,随着全身血液循环,所以状况非常危急,开刀危险性相当高,所以我们实行插管引流合并抗生素治疗。甲有败血症情形,又有广泛性化脓,治愈的机会相当低。因为败血症会影响全身器官,如果开刀,甲承担麻醉的风险相当高,或许甲一麻醉就醒不过来,或许其他器官没有办法承受,所以我们才采用插管引流治疗。甲转到外科时,乙先采取更换引流管观察病情,再决定是否需要开刀,是符合医学原理及病患当时情况的,如果引流不好,大约观察1—2天,之后再做电脑断层,如果引流好的话,就持续观察下去。"

证人医师D于第一审证称:"如发现有败血症现象,有需要开刀的原因,就需要开刀,有时在病人的生命现象不稳定之情形,例如血压、呼吸、意识、体温不稳定,会先给予患者抗生素及其他必要的治疗,然后再决定是否需要开刀。"

证人医师E于第一审供述:"腹膜腔脓疡临床的治疗方式,目前优先考虑经皮引流,引流效果不好,才会考虑手术治疗。至于考虑手术时间点如何判断,要看临床状况,如病人持续有败血症的状况,即有发烧、白细胞增加,就要考虑开刀。开刀须考虑之因素,以病人的肝脏、心脏、肺脏、肾脏之功能是否正常,判断病人开刀是否有危险性,一般先考虑用介入性方式治疗(即插

---

[*] 原载于《月旦法学杂志》2011年第197期,收录于本书时,原文之部分用语、文字经出版社编辑调整。
[**] 台北大学法律学系教授。

管引流),对病人比较安全,如果无效,才会冒险开刀,开刀有很大风险。手术是另一种引流方式,以经验得知,需要手术治疗之病人都不会有好下场,效果都不佳,因为其本身身体就有问题。"其于第一审证称:"依甲当时身体状况,应该做第二次引流要比开刀来得安全、有效。因为手术有麻醉的风险,甚至要切除附近的器官,但是引流只要局部麻醉就可以,不需要切除附近的器官,对甲而言比较好,所以才优先考虑引流。以当时情况,没有立即开刀之必要。甲于 10 月 7 至 9 日间,其白细胞指数从原先住院时之 3 万多下降至正常范围内之 5000 多,又没有高烧,综合其他病历数据及临床现象,应该持续引流,不需要开刀,只要密切注意观察就可以。"

另一证人医师 F 于第一审亦证称:"依 10 月 7 日会诊评估结果,甲当时并无马上接受外科手术治疗之必要。原则上仍延续内科引流管的治疗,一旦情况改变,有可能采取手术治疗。手术治疗基本上破坏力最大,可能要切除部分器官,甚至需要人工肛门,且需要第二次手术,其实对于甲是有相当伤害的,手术是最后一道防线,在 10 月 9 到 10 之间,是有发烧,但被害人身体情况,并未有显著恶化,到 11 日早上,甲再次发烧,同时白细胞的检验从原本的 5000 多升至 10 500,虽然此时之白细胞尚未至该院的升高指数标准,但是以同一病人比较,已有明显升高,同时血压出现不稳定情况,乃紧急联络家属,进行手术挽救其生命,因此于同日早晨 8 时 35 分进行外科手术。甲从丰原医院转至医药学院附设医院,再从内科转至外科病房,皆未进食,完全由静脉营养所供给,基本上是不够的,所以甲营养状况极差,这是加重甲手术后情况仍未见转好的重要因素。"

"医事审议委员会"(以下简称"医审会")先后鉴定认为,"手术时机似有延误之处"或"10 月 7 日至 10 月 9 日之间应为手术较佳时机,若能提早手术,病患或许有存活之机会。至于 PCD 引流后,什么情况下一定需要改为手术引流,则很难定出确切之准则,端视病患之情况与医师之判断而定"。或"10 月 7 日至 10 月 9 日间进行剖腹探查,应较妥适"。长庚医院鉴定意见亦同,认为:"10 月 7 日至 9 日之间是手术的适当时机,选择持续观察病患病情变化,可能不是最适当之方法……无法据以预见 10 月 11 日开刀是否无法挽救生命。愈早采取手术,病患治愈之机会愈大。但即使病患于 10 月 7 日至 9 日手术,甚至在 10 月 7 日以前手术,也不必然可以避免死亡之结果。其存活之几率,因变量太多,无法评估。"

疑难问题

在患者病情不甚明了,是立即手术还是继续观察病情变化难以取舍的情况下,未能选择手术,而是选择继续观察病情。病情继续恶化后,虽经手术,但终因腹腔脓疡并发败血症及多重器官衰竭,不治死亡。在这种情况下,是否应当追究主治医师的刑事责任?

学理研究

一、理论先探

(一)"医疗行为"属"拦截"已先行启动的另一"因果进程"的行为

笔者曾多次强调:就时间来说,"医疗行为"并不属于第一次的观念,而是一种"衍生"的概念。如果欠缺一个"因果进程"已先行启动,根本就欠缺"医疗"的对象。

这个已先行启动的"因果进程",不是"死亡的因果进程",就是"(重)伤害的因果进程"。因为所谓"病患",必然属陷于"生命法益灭失危险"或者"身体法益恶化危险"。

这种"因果进程"的启动,或因"纯粹事实",例如细菌病毒的感染,或因他人的"行为"——乃至于"病患"本人的行为,例如遭砍伤或自残,而非"医疗行为"所启动。

但无论如何,必然有此类的"因果进程"已先行启动,才有可能有"医疗行为"的出现,否则,要"医"什么呢?

一般说来,"医疗行为"必然具有"构成要件该当性",所以难以想象其不启动另一"因果进程"。因为所有"医疗",几乎都得对病患加以"身体现状改变",不然怎么"医"呢?不"改变"怎么"医好"呢?而且,如此的对病患加以"身体现状改变",都是依"计划"而"故意"行之;很难想象"过失"进行"医疗行为"吧!

所以,"医疗行为"必然具有"构成要件该当性",而且所具有的是"故意构成要件该当性";而最常见的是"伤害构成要件该当性",以及依病患"承诺"之有无——"重伤害构成要件该当性"和"受其嘱托或得其承诺伤害使之成重伤构成要件该当性"。

综合上述,"医疗行为"乃启动一个实现"构成要件因果关系要素"的"因果进程",以"拦截"已因"纯粹事实"或他人的"行为"而已先行启动的另一"因果进程"。

即使"医疗行为"的"构成要件该当性"判断,并不必考虑已进行的另一"因果进程",但此另一"因果进程",并不能想象其不存在。因此,类似于"因果关系中断","医疗行为"乃"中断"另一"因果进程"的"行为";其所不同者,在于其"防止""更糟结果"的发生,却又于"构成要件"范围内实现"构成要件结果要素"。

一般"构成要件该当行为"只涉及一个"因果进程",因而只有一个结果,且属"构成要件结果"。对照来看,具有"构成要件该当性"的"医疗行为"涉及两个"因果进程":一个是已先行启动的"因果进程";另一个则是"医疗行为"所启动的"因果进程"。因而有两个"结果":一属前者所形成者;另一则为"医疗行为"所形成者。

虽然,以"医疗行为"所具有的"构成要件该当性"判断,并不考虑另一"因果进程",因为并非其所启动者,但于其是否具有违法性的判断,就不得不考虑到另一"因果进程";更精确讲,要考虑到两个"因果进程"间的"关系"。

(二)"不纯正不作为"属"未拦截"已先行启动的另一"因果进程"的行为

就"作为构成要件",其"因果关系"是否被实现,属"事实判断";但就"不纯正不作为构成要件",其"因果关系"是否被实现,却属"假设判断"。因此,不可能将就"作为构成要件"的"因果关系"判断思维模式,径自移植于"不纯正不作为构成要件"的"因果关系"判断问题。

由于"作为构成要件"的"因果关系"判断公式为:"若行为人不为'这个'事实作为,就不会启动因果进程,结果就不会发生,故'这个'事实作为和结果之间具有因果关系"。所以,在其"因果关系"判断过程中,自始至终就仅针对一个由行为人所启动的"因果进程"。

然而"不纯正不作为构成要件"的"因果关系"判断公式则为:"若行为人为'这个'作为,就可以'拦截'已经先行启动的另一个因果进程,而使结果不会发生,故未认为'这个'作为的'不作为'和结果之间具有因果关系"。由是观之,"不纯正不作为"并非"启动""因果进程"的行为,而是"未拦截"已先行启动的另一个"因果进程"的行为。

所以,若不存在另一个已先行启动的"因果进程",根本就不存在"拦截"的对象,也就不存在适用"不纯正不作为构成要件"的可能。因而,"不纯正不作为构成要件"的"因果关系"涉及两个"因果进程":一个已先行启动的事实"因果进程",以及一个"未拦截"前述事实"因果进程"的拟制"因果进程"。

所以,类似于"医疗行为"的"因果关系"判断,"不纯正不作为构成要件"的"因果关系"亦涉及两个"因果进程"。于前者,乃于判断其所具有的"构成要件该当行为"是否具有违法性时,方考虑两个"因果进程"间的"关系";于后者,就其"因果关系"判断时,即均应考虑。此外,"医疗行为"所涉及的两个"因果进程",均属"事实因果进程";但"不纯正不作为构成要件"的"因果关系"所涉及者,一属"事实因果进程";另一则属"拟制因果进程"。

(三)欠缺"客观可避免性",就不应展开"不纯正不作为构成要件该当性"审查

"不纯正不作为构成要件"不同于"作为构成要件",其几乎全由"规范性构成要件要素"所构成,尤其以"拦截"已先行启动的另一个"因果进程"的"保证人义务"作为展开的基础。

在此情况下,宜应优先判断该已先行启动的另一个"因果进程",在客观上是否具有"可拦截性"——即该"因果进程"所造成的结果是否具有"客观可避免性"。如果该结果欠缺"客观可避免性",即使行为人未履行其"保证人义务",亦难以谓其具有"不纯正不作为构成要件该当性";否则,刑法即不再是"规范责任刑法",而成为"事变责任刑法"。

刑法不采"事变责任刑法"的立场,所以就"过失作为构成要件",其"因果关系"之有无,属"事实判断"。而由于其皆属"实害构成要件",若欠缺"因果关系",即无继续判断行为人是否具有过失的必要。但即使具有"因果关系",行为人亦有过失,行为人亦未必具有"过失构成要件该当性",一旦不成文的"消极客观构成要件""客观不可避免性"亦告实现,行为人犹仍不具有"过失构成要件该当性"。

因此,"不纯正不作为构成要件"亦应与之相呼应,以"客观不可避免性"作为不成文的"消极客观构成要件",在体系上方能维护一贯的"规范责任刑法"立场。

但关于"客观不可避免性"的判断,于"过失构成要件该当性"的判断,是置于确定成文的"过失构成要件"被实现后行之,但就"不纯正不作为构成要件该当性"判断,却恰恰相反,应该优先于其前才对。

此乃因为:就前者,行为人的行为启动了一个"事实因果进程";但就后者,行为人乃就另一个已先行启动的"因果进程"未加"拦截"。如前所述,就前者,其"因果关系"是否被实现,属"事实判断",而后者,却属"假设判断"。

若由已先行启动的"因果进程"所形成的结果欠缺"客观可避免性",法律犹仍命令行为人应履行"保证人义务",则不啻刑法改采"事变责任"的立场,自不足采。所以,欠缺"客观可避免性",就不应展开"不纯正不作为构成要件该当性"判断。

从这个角度来看,对"不纯正不作为构成要件"来说,"客观不可避免性"并不仅止于不成文"消极构成要件",毋宁亦作为"不纯正不作为构成要件该当性"的不成文"审查前提消极要件"。

纯粹从刑法的理论架构来说,就"不纯正不作为构成要件"的不成文"审查前提消极要件""客观不可避免性",其是否被实现,在判断上并不困难。但一旦就具体事实加以判断时,就会变得非常棘手!

毕竟,"客观不可避免性"的判断,就事实面来看,属"假设判断",其判断标准为:"假设行为人履行其法律义务,结果仍将发生。"从实质来看,其从来不是一种"事实认定",而是对行为人的"有利推定"。

因此,一旦于刑事诉讼法适用时,基于对被告不利事实必须"从严认定",而对有利于被告的事实必须"从宽推定"的立场,一旦"客观可避免性"难以确定时,恐怕就必须"推定""不纯正不作为构成要件该当性"的不成文"审查前提消极要件""客观不可避免性"已实现,而不必也不得展开"不纯正不作为构成要件该当性"审查。

如此,方能维护刑法"宁可错放一百,也不可错罚一个"的保障精神,使其不致沦为"宁可错

罚一百,也不可错放一个"的"工具刑法"。

二、案例解题参考

(一) 10月11日施行剖腹探查手术部分

1. 乙所具有的构成要件该当性

(1) 依"刑法"第282条的规定,得被害人之承诺而使之成重伤者,具有得其承诺而使之成重伤构成要件该当性。

(2) 本案中,于该年10月11日,乙应是在取得被害人甲的承诺情况下,为甲进行剖腹探查手术,而以手术切除右半结肠并做回肠造瘘,致甲受重伤。

(3) 故乙具有得其承诺而使之成重伤构成要件该当性。

2. 乙的得其承诺而使之成重伤构成要件该当行为所具有的阻却违法事由

(1) 乙的手术行为,应属符合医疗法规相关规定而进行,故属"依法律之行为",乙的得其承诺而使之成重伤构成要件该当行为具有该阻却违法事由。

(2) 乙的手术行为,乃因甲的生命法益因其疾病而启动"死亡因果进程"而陷于紧急危险,在不得已的情况下,尝试以得其承诺而使之成重伤构成要件该当行为,牺牲甲位阶较低之重大身体法益来"拦截"该"死亡因果进程",而保全甲位阶较高的生命法益,符合"法益权益",成立"阻却违法的为第三人紧急避难"。至于甲仍告不治死亡,因为避难成功并不属于"阻却违法的为第三人紧急避难"的成立要件,故乙的得其承诺而使之成重伤构成要件该当行为,具有该阻却违法事由。

(3) 综合上述,乙的得其承诺而使之成重伤构成要件该当行为,具有构成"阻却违法事由竞合"的"依法律之行为"和"阻却违法的为第三人紧急避难"双重阻却违法事由,不具有违法性而不犯罪。

(二) 未于10月7日至9日施行手术的部分

1. "不纯正不作为"属"未拦截"已先行启动的另一"因果进程"行为

(1) 不同于"作为构成要件"的"因果关系"判断,"不纯正不作为构成要件"的"因果关系"判断公式则为:"若行为人为'这个'作为,就可以'拦截'已经启动的因果进程,而使结果不会发生,故未为'这个'作为的'不作为'和结果之间具有因果关系"。由是观之,"不纯正不作为"并非"启动""因果进程"的行为,而是"未拦截"已先行启动的另一"因果进程"的行为。

(2) 一如"医疗行为",若不存在另一已先行启动的"因果进程",根本就不存在"拦截"的对象,也就不存在适用"不纯正不作为构成要件"的可能。因而,"不纯正不作为构成要件"的"因果关系"涉及两个"因果进程":一个已先行启动的事实"因果进程",以及另一个"未拦截"前述事实"因果进程"的拟制"因果进程"。

(3) 类似于"医疗行为"的"因果关系"判断,"不纯正不作为构成要件"的"因果关系"亦涉及两个"因果进程"。但前者,乃为判断其所具有的"构成要件该当行为"是否具有违法性时,方考虑两个"因果进程"间的"关系";但后者,就其"因果关系"判断时,即均应考虑。此外,"医疗行为"所涉及的两个"因果进程",均属"事实因果进程";但"不纯正不作为构成要件"的"因果关系"所涉及者,一属"事实因果进程";另一则属"拟制因果进程"。

2. 欠缺"客观可避免性",就不应展开"不纯正不作为构成要件该当性"判断

(1) "不纯正不作为构成要件"不同于"作为构成要件",其几乎全由"规范性构成要件要素"所构成,尤其以"拦截"已先行启动的"因果进程"的"保证人义务"作为展开的基础。在此情况下,宜应优先判断该已先行启动的"因果进程",在客观上是否具有"可拦截性",即该"因果进程"

所造成的结果是否具有"客观可避免性"。如果，该结果欠缺"客观可避免性"，即使行为人履行其"保证人义务"，亦难以谓其具有"不纯正不作为构成要件该当性"；否则，刑法即不再是"规范责任刑法"，而成为"事变责任刑法"。

(2) 刑法不采"事变责任刑法"的立场，就"过失作为构成要件"，其"因果关系"之有无，属"事实判断"。而由于其皆属"实害构成要件"，若欠缺"因果关系"，即无继续判断行为人是否具有过失的必要；但即使具有"因果关系"，行为人亦有过失，行为人亦未必具有"过失构成要件该当性"，一旦不成文的"消极客观构成要件""客观不可避免性"亦告实现，行为人犹仍不具有"过失构成要件该当性"。因此，"不纯正不作为构成要件"亦应与之相呼应，以"客观不可避免性"作为不成文的"消极客观构成要件"，在体系上方能维护一贯的"规范责任刑法"立场。

(3) 但关于"客观不可避免性"的判断，不同于"过失构成要件该当性"的判断，就"不纯正不作为构成要件该当性"判断，应该最优先行之才对。此乃因为：就前者，行为人的行为启动了一个"事实因果进程"；但就后者，行为人乃就一个已先行启动的"因果进程"未加"拦截"。如前所述，就前者，其"因果关系"是否被实现，属"事实判断"，而后者，却属"假设判断"。

(4) 若由已先行启动的"因果进程"所形成的结果欠缺"客观可避免性"，法律犹仍命令行为人应履行"保证人义务"，则不啻刑法改采"事变责任"的立场，自不足采，所以欠缺"客观可避免性"，就不应展开"不纯正不作为构成要件该当性"判断。由这个角度来看，对"不纯正不作为构成要件"来说，"客观不可避免性"并令仅止于不成文"消极构成要件"，毋宁亦作为"不纯正不作为构成要件该当性"的不成文"审查前提消极要件"。

3. 就本案，不应展开"不纯正不作为业务过失致人于死构成要件该当性"的判断

(1) 于刑事诉讼法适用时，基于对被告不利事实必须"从严认定"，而对有利于被告的事实必须"从宽推定"的立场，一旦"客观可避免性"难以确定时，恐怕就必须"推定""不纯正不作为构成要件该当性"的不成文"审查前提消极要件""客观不可避免性"已实现，而不必也不得展开"不纯正不作为构成要件该当性"审查。

(2) 就本案，证人医师 C 于侦查中供称："甲治愈机会很小……提早开刀是否对甲好？很难评估……甲有败血症情形，又有广泛性化脓，治愈的机会相当低。因为败血症会影响全身器官，如果开刀，甲承担麻醉的风险相当高，或许甲一麻醉就醒不过来……"证人医师 D 于第一审证称："在病人的生命现象不稳定之情形，例如血压、呼吸、意识、体温不稳定，会先给予患者抗生素及其他必要之治疗，然后再决定是否需要开刀。"证人医师 E 于第一审供述："一般先考虑用介入性方式治疗（即插管引流），对病人比较安全，如果无效，才会冒险开刀，开刀是有很大风险的。手术是另一种引流方式，以经验得知需要手术治疗之病人都不会有好下场，效果都不佳，因为其本身身体就有问题……引流只要局部麻醉就可以，不需要切除附近的器官，对甲而言比较好，所以才优先考虑引流。以当时情况，没有立即开刀之必要……"证人医师 F 于第一审亦证称："（剖腹探查）手术，其实对于甲是有相当伤害的，手术是最后一道防线……甲从丰原医院转至医药学院附设医院，再从内科转至外科病房，皆未进食，完全由静脉营养所供给，基本上是不够的，所以甲营养状况极差是加重甲手术后情况仍未见转好的重要因素。"依据这些证词，即使难以认定甲死亡的"客观不可避免性"，但也却一致高度保留甲死亡的"客观可避免性"。

(3) 虽然医审会鉴定意见为："10月7日至10月9日之间应为手术较佳时机，若能提早手术，病患或许有存活之机会……"长庚医院鉴定意见亦同，认为："10月7日至9日之间是手术的适当时机，选择持续观察病患病情变化，可能不是最适当之方法。"但却分别又谓："至于 PCD 引流后，什么情况下一定需要改为手术引流，则很难定出确切之准则，端视病患之情况与医师之判

断而定……"和"愈早采取手术,病患治愈之机会愈大。但即使病患于10月7日至9日手术,甚至在10月7日以前手术,也不必然可以避免死亡之结果。其存活之几率,因变量太多,无法评估。"由是观之,即使从"事后观察"的角度,也仅能"推定"存活几率或许提高,但仍高度保留甲死亡的"客观可避免性"。

(4) 综合上述,由于就此具体案件,根本难以确定"客观可避免性",就不应展开"不纯正不作为业务过失致人于死构成要件该当性"审查,乙自不犯不纯正不作为业务过失致人于死罪。甚至更要强调:既然不应展开"不纯正不作为业务过失致人于死构成要件该当性"审查,自然也不可能于所谓"不纯正不作为"和甲的死亡"结果"间是否具有"拟制因果关系"进行判断,因为这种"拟制因果关系"属构成要件要素。

三、判决评析

固然台湾地区"最高法院"驳回了检察官的上诉,确定乙无罪的结论是正确的,但其论证和适用法律法则的流程,却具有重大瑕疵。

(一) 并未指明所欲审查的"构成要件该当性",为"不纯正不作为业务过失致人于死构成要件该当性"

本判决乃至于无论侦审的整个实务,似乎对于"作为构成要件"和"不纯正不作为构成要件"的适用均不加以区分。

以"过失致人于死构成要件"和"不纯正不作为过失致人于死构成要件"为例,前者乃直接规定在"刑法"第276条第1项;而后者,"刑法"并未直接规定,乃由"刑法"适用者,自行依第15条第1项或第2项所规定的"法定修正公式",修正前述的"过失致人于死构成要件"而得知。

因此,若要适用"不纯正不作为业务过失致人于死构成要件",一开始也要清楚交代是依"刑法"第15条第1项和第276条第2项所导出的"保全型保证人义务类型不纯正不作为业务过失致人于死构成要件",还是依同法第15条第2项和第276条第2项所导出的"监控型保证人义务类型不纯正不作为业务过失致人于死构成要件"。

但本判决似乎全然未意识到,其所欲审查的"构成要件该当性",应为"不纯正不作为业务过失致人于死构成要件该当性",而非检察官和历审均错误适用的"业务过失致人于死构成要件该当性"。

(二) 对于"不纯正不作为构成要件该当性"的不成文"审查前提消极要件""客观不可避免性"毫无认识

当然,就本案来说的确没有再详加区分,究竟应是适用"保全型保证人义务类型不纯正不作为业务过失致人于死构成要件",还是"监控型保证人义务类型不纯正不作为业务过失致人于死构成要件"的必要。但在论证上,必须对"不纯正不作为构成要件该当性"的不成文"审查前提消极要件""客观不可避免性"有所认识,才能如此。

如前所述,若由已先行启动的"因果进程"所形成的结果欠缺"客观可避免性",法律犹仍命令行为人应履行"保证人义务",则不啻刑法改采"事变责任"的立场,自不足采。所以,欠缺"客观可避免性"就不应展开"不纯正不作为构成要件该当性"判断。

若对此有所认识,一旦难以确定"客观可避免性",就不应展开"不纯正不作为构成要件该当性"审查,自然也就不必再区分究竟应适用"保全型保证人义务类型",还是"监控型保证人义务类型"的"不纯正不作为构成要件"。

但本判决之所以未加区分,显然并非基于这样的认识。

(三) 将"客观不可避免性"判断和"因果关系"判断混为一谈

本判决谓:有无延误手术时机,医审会鉴定结果虽认为"手术时机似有延误",或"10月7日至10月9日之间应为手术较佳时机",或"10月7日至10月9日间进行剖腹探查,应较妥适",长庚医院鉴定结果亦同此看法。然医审会于2006年7月10日书函所附……鉴定书同时认为"采取经皮引流后,什么情况下一定需要改为手术引流,则很难定出确切之准则,端视病患之情况与医师之判断而定"……手术较佳时机纵稍有延后或耽搁,并不等同于被告有疏失,被告有无过失,仍应依客观事实认定之。证人C医师证称:提早开刀是否对被害人好?很难评估……证人D医师于第一审证称:如发现有败血症现象,有需要开刀的原因,就需要开刀,有时候在病人的生命现象不稳定之情形,例如血压、呼吸、意识、体温不稳定,会先给予患者抗生素及其他必要之治疗,然后再决定是否需要开刀……证人E医师于第一审供述:腹膜腔脓疡临床的治疗方式,目前优先考虑经皮引流,引流效果不好,才会考虑手术。至于考虑手术时间点如何判断,要看临床状况。开刀需考虑之因素,以病人的肝脏、心脏、肺脏、肾脏之功能是否正常,判断病人开刀是否有危险性,一般先考虑用介入性方式治疗,对病人比较安全,如果无效,才会冒险开刀,开刀有很大风险。其于原审亦称:依被害人当时身体状况,应该做第二次引流要比开刀来的安全、有效。因为手术有麻醉的风险,甚至要切除附近的器官,但是引流只要局部麻醉就可以,不需要切除附近的器官,对被害人而言比较好,所以才优先考虑引流。以当时情况,没有立即开刀之必要。……证人F医师于第一审证称:依10月7日会诊评估结果,被害人当时并无马上接受外科手术治疗之必要。手术治疗基本上破坏力最大,可能要切除部分器官,甚至需要人工肛门,且需要第二次手术,其实对于被害人是有相当伤害,手术是最后一道防线,在10月9日到10日之间,是有发烧,但被害人身体情况,并未有显著恶化……上述证人均为被害人之临床医师,对被害人之症状最为了解,所为证词自堪采信。被告知悉被害人转院至医药学院时生命状况已不稳定,有败血症征兆,为谋求其生命之最大利益下,所为之考虑与决定实行之医疗措施,并与家属沟通及取得手术同意书等过程,纵有些微拖延,征之上述说明,尚难绳被告以过失之罪责。被害人嗣于同年月24日,因后腹膜腔脓疡并败血症及多重器官衰竭,不治死亡。证人C医师证称:被害人治愈机会很小,可能有后遗症或其生命状况会发生变化。又E医师供称:腹膜腔脓疡手术是另一种引流方式,以经验得知需要手术治疗之病人都不会有好下场,效果都不佳,因为其本身身体就有问题。上述两证人对于被害人手术愈后均不乐观。长庚医院鉴定亦认为:"无法据以预见10月11日开刀是否无法挽救生命。越早采取手术,病患治愈之机会越大。但即使病患于10月7日至9日手术,甚至在10月7日以前手术,也不必然可以避免死亡之结果。其存活之几率,因变量太多,无法评估。"……故被告对被害人之手术时点,与被害人嗣于同年月24日,因后腹膜腔脓疡并败血症及多重器官衰竭,不治死亡,亦无任何证据足以证明其间有何相当因果关联。

　　本判决长篇累牍引用了多位医师的证言和医审会、长庚医院的鉴定意见,最终竟然是以"无任何证据足以证明其间有何相当因果关联"作为结论,令人惊奇!

　　如前所述,"不纯正不作为构成要件"的"因果关系"判断公式为:"若行为人为'这个'作为,就可以'拦截'已经启动的因果进程,而使结果不会发生,故未认为'这个'作为的'不作为'和结果之间具有(拟制)因果关系。"在未适用这个判断标准的情况下,为何会出现否定"(拟制)因果关系"的结论,令人费解。

　　也一如前述,多位医师的证言和医审会、长庚医院的鉴定意见,严格来说,都不是针对"(拟制)因果关系"的有无加以表示,毋宁均高度保留甲死亡的"客观可避免性"。亦即这些证据应该是用来论证,难以确定"客观可避免性",因而应"推定"甲死亡应不具有"客观可避免性",因而不应也不必展开"不纯正不作为业务过失致人于死构成要件该当性"审查,即已确定乙不犯罪。

该法院显然将"客观不可避免性"判断和"因果关系"判断混为一谈。

结论性观点

长期以来,台湾地区法学界和法实务,对"不纯正不作为构成要件"的认识和适用,似乎并未下足工夫,不仅对其结构一知半解,也因此对于其适用流程,全然欠缺章法。"直觉"和"感性"往往取代"论证"和"理性",成为涉及"不纯正不作为构成要件"的判决基础。这样对于法的"安定性"和"(客观)可验证性"是有所戕害的。易使有罪无罪成为"射幸"! 不可不慎!

复以"不纯正不作为构成要件"几乎全由"规范性构成要件要素"所构成,其本身在相当程度上即已背离"法治国"刑法所应具有的"明确性原则"。因此,无论学理的补充或实务的运作,应就已先行启动的"因果进程",在客观上是否具有"可拦截性"——即该"因果进程"所造成的结果是否具有"客观可避免性"加以重视,以避免"不纯正不作为构成要件"成为"事变责任刑法"取代"规范责任刑法"的帮凶!

所以,对"不纯正不作为构成要件"来说,"客观不可避免性",并不仅止于作为不成文"消极构成要件",毋宁亦应作为"不纯正不作为构成要件该当性"的不成文"审查前提消极要件"。

因此,尤其实务,基于对被告不利事实必须"从严认定",而对有利于被告的事实必须"从宽推定"的立场,一旦"客观可避免性"难以确定时,恐怕就必须"推定""不纯正不作为构成要件该当性"的不成文"审查前提消极要件""客观不可避免性"已实现,而不必也不得展开"不纯正不作为构成要件该当性"审查,径自论谕知无罪判决,庶免被告讼累。

（四）正当化事由

窃盗被害人之财务追回权与正当防卫[①]

——评台湾地区"最高法院"2002 年台上字第 4003 号判决

王皇玉[*]

基本案情

被告 A 与同事 B 于 1997 年 9 月 18 日凌晨 3 时许，同在共同居住之台北县新庄市某处工厂宿舍内。B 发现有人侵入宿舍行窃后逃逸，乃紧急唤醒被告 A。A 惊醒后即携带同居住于工厂宿舍内同事 C 所有之棒球铝棒一支，与 B 共骑机车外出寻找窃嫌。于凌晨 3 时 20 分许，在离宿舍几条巷子外发现 D 骑乘一部未悬挂车牌之机车形迹可疑，A 与 B 即共同上前阻挡 D 之去路，并要求查看 D 所骑机车座垫下之置物箱。D 拒绝开启机车座垫，B 利用 A 与 D 谈话之际强行打开该机车置物箱，发现内有 A 与工厂其他同事所有之电话机、呼叫器、长寿烟、手表等物，其二人怀疑 D 即是先前侵入工厂宿舍之窃贼。A 便持球棒继续阻止 D 离开，另同时示意 B 尽速去报警前来处理。讵 B 离开现场前去报警之际，因 A 仍坚持不让 D 离去，双方因而发生争执。D 仍执意强行离去，A 见状持棒上前阻挡，D 与 A 经过一番拉扯争执，A 以所携带之棒球铝棒殴击 D 之左脚与左耳上方之头部。D 不支倒地并翻落路旁水沟。D 在水沟中奋力起身后，因恐再被 A 持棒殴打，遂不敢上岸而站立于水深及腰之臭水中。直至事后到达之警员 E 劝导 D 甚久，D 始自水沟中缓缓上岸。警员 E 与 A 将 D 带往附近超级商店盥洗。D 于清洗之际感到头痛，警员 E 发现 D 左耳流血，以救护车将 D 送往新庄市新泰综合医院，再转送至林口长庚医院急救。延至同日晚 21 时 30 分许，D 因左侧头部受钝器伤，导致左侧颞部颅骨骨裂，合并硬膜下腔出血和蜘蛛网膜下腔出血不治死亡。本案经台湾地区板桥地方法院检察署以伤害致死与强制罪提起公诉。

裁判要旨

一、台湾地区高等法院之判决要旨

（一）台湾地区高等法院认为，就被告强行阻止被害人自由离去并强行打开其机车座垫查看一事，乃构成"刑法"第 304 条第 1 项之强制罪

[①] 本文于 2003 年 12 月 3 日发表于台湾大学刑事法裁判研讨会。研讨会中感谢黄荣坚与林钰雄两位教授惠赐宝贵意见，谨此致谢。本文于研讨会后，亦针对讨论意见略作修正，以资响应。本文后载于《月旦法学杂志》2004 年第 107 期。

[*] 台湾大学法律学院助理教授。

以棒球铝棒殴击被害人头部,致被害人头部外伤颅骨骨裂合并硬膜下腔和蜘蛛网膜下腔出血,经急救不治死亡部分,系犯"刑法"第277条第2项前段伤害致人于死罪。被告所犯强制罪与伤害致死罪之间,有方法与结果之牵连关系,从较重之伤害致人于死处断。此外,被告A于行为时为14岁以上未满18岁之人,根据"刑法"第18条第2项减轻其刑,判处A有期徒刑4年。

(二)在高等法院判决中,否定A有"刑法"第23条正当防卫之适用

其理由略谓:依"刑法"第23条之规定,正当防卫系对于现在不法之侵害,而出于防卫自己或他人权利之行为。本件被害人已离盗窃场所,系被告A与B外出寻找几分钟后,始于马路上发现被害人形迹可疑,主观上判断他是窃贼。因被害人已离去盗窃场所,衡诸情形,被害人并非现行犯或准现行犯,被告对之并无搜查逮捕之权利,仅得报警处理,乃竟与B强行阻止被害人自由离去并强行打开其机车座垫查看,妨害其行使自由离去之权利,对被害人之权利已构成不法侵害,故被告系加害之一方,即无主张正当防卫之可言。

二、台湾地区"最高法院"之判决要旨

台湾地区"最高法院"就被告主张正当防卫一事,认为高等法院之判决有所违误,乃撤销原判决,发回高等法院更审。其理由略谓:

占有物被侵夺者,如系动产占有人,得就地或追踪向加害人取回之,为"民法"第960条第2项所明定。加害人于原占有人行使取回权之际,加以抗拒,甚至动武斗殴,即系对于他人权利为不法侵害,原占有人为防卫自己权利起见,以自力排除其侵害行为,不得谓非正当防卫(1940年上字第2397号判例意旨参照)。据A供称,A与B发现有窃贼侵入居住之宿舍窃取A所有呼叫器、手表等物,出宿舍于附近发现窃贼D形迹可疑而加以询问,并查看其机车置物箱发现A所有之呼叫器等赃物,即叫B去报警,该窃嫌(即D)看B离开,即想逃离现场,并动手打A,A即以铝棒还击等语。倘A所供属实,能否遽认其与B之阻挡窃盗嫌疑犯D离去,并强行打开D机车置物箱查看之行为,非属占有物取回权之正当行使,以及上诉人以铝棒还击窃盗嫌疑犯D之行为,非属防卫自己权利之防卫行为。纵认为A之防卫行为过当,而不能免予刑罚,依"刑法"第23条但书之规定,亦得减轻或免除其刑。

疑难问题

本案所争执之问题,主要在于被告A为了追回失窃赃物而阻止窃贼离去,并进而殴击窃贼之行为,是否有"刑法"第23条正当防卫之适用。其中所涉及之问题,尤在于侵害情状"现在性"之认定。对于一个已达既遂程度之窃盗行为,所有权人在窃贼尚未将赃物置于一个安全地点之前,亦即对于所窃之物尚未建立稳固的持有状态之前,可否主张仍有"现在不法之侵害"存在,而行使正当防卫?抑或只要窃贼于窃取赃物之后离开盗所,侵害即属过去(如同台湾地区高等法院判决意见)?就此问题之探讨,一方面固然在于对于侵害"现在性"之认定,在窃盗行为之情形,可否例外地允许扩张至侵害行为已属既遂之程度?另一方面则需考虑,"刑法"第329条另有关于"准强盗罪"之规定,"窃盗或抢夺,因防护赃物、脱免逮捕或湮灭罪证,而当场施以强暴、胁迫者,以强盗论"。其立法意旨,有承认被害人对于窃盗、抢夺等不法侵害,有当场行使紧急防卫之必要追回权。① 而"民法"第960条第2项亦规定了动产占有人对占有物被侵夺时,占有人有就地或追踪向加害人取回之自力救济权。窃盗罪之被害人如根据"刑法"第329条之规定行使追回赃物权,

---

① 参见苏俊雄:《刑法总论》(Ⅱ),1997年版,第191页。

或根据"民法"第960条第2项行使占有人的自力救济权,可否认为是一种正当防卫权之行使？抑或其他得以阻却违法之正当事由？

此外,如果承认本案中被告之行为符合"刑法"第23条正当防卫之要件,对于轻微财物的受损,如呼救器、电话机、长寿烟与手表等物,其防卫之手段是否应有所限制？再者,本案中,D受A之殴打而死,即使承认A之行为有正当防卫之适用,但对于D之死亡结果,可否认为是防卫过当？

学理研究

一、侵害"现在性"之认定

行使正当防卫权的前提要件,必须客观上存在一个侵害情状。而此侵害必须是现在不法之侵害。正当防卫权的行使,之所以要求侵害必须具有"现在性",其基本的想法在于,如果侵害还未开始,则无所谓个人利益受损之情形存在,因而行使自我防卫权之前提要件亦不存在,在此情况下,所谓的"防卫",可能只是一种对未来侵害的"预防措施"而已[1];如果侵害已经发生且结束,意味着个人利益的损害,已达一个无法通过防卫手段再加以挽救之地步。利益受损之情形既已形成,防卫也就无意义。如果在此情况下再加以防卫,无异形成一种报复行为。[2]

至于侵害"现在性"的解释,通说的看法是指,侵害或攻击直接迫在眼前、业已开始或仍正在进行中而言。[3] 然而这样的解释,由于无法提供一个可以检验的明确标准,因而在学说上常常引起争议。有尝试将侵害"现在性"的认定,以类推适用"未遂行为"的认定作为判断标准。[4] 然而,反对者之见解则认为,如果以"未遂"的开始作为认定侵害是否开始之标准,由于未遂已经是一种几乎趋近既遂之程度,对防卫者而言,会形成允许防卫之时点过于迟延,以至于防卫变成毫无意义。且防卫者必须等到攻击行为已经着手时,才允许实施正当防卫,由于侵害越接近完成阶段,防卫者就越难达到防卫目的,且从经验面来看,防卫时点越迟,防卫者往往因为担心无法达到防卫之目的而下手越重。[5] 因此,将侵害"现在性"的认定与"未遂"时点的判断相连结,往往会错过有效防卫的时点。因而学说上另有从防卫是否有效的观点出发,主张如果再迟就无法防卫,或是防卫起来会更困难的侵害,就可以算是现在不法之侵害。此即所谓的"有效理论"(Effizienzlösung)。有效理论中允许防卫者可以将最后有效的防卫时点,视为侵害开始的时点。而所谓的防卫者最后有效的防卫时点乃指,如果超过此一时点,防卫者就无法达到防卫的目的,或是超过此一时点,防卫起来更困难或不可能再加以防卫之时点。[6] "有效理论"以防卫是否有效,作为认定侵害"现在性"时点的标准,这样的见解从个人自我防卫权是否能有效行使之观点出发,固然有其值得赞同之处,然而"有效理论"对于侵害"现在性"时点的认定,有时不免过于前置,以至于一个尚在计划中,或是只是处于预备阶段之攻击行为,仍可视为具有"现在性",且得以对之行使正当防卫。如此无异于过度扩张正当防卫权之界线。毕竟,对于一个有计划的侵害行为之事

---

[1] Wessels/Beulke, Strafrecht, Allgemeiner Teil, 32. Aufl., 2002, S.105.
[2] 参见黄荣坚:《基础刑法学》(上),元照出版有限公司,2003年版,第174页。
[3] 参见林山田:《刑法通论》(修订七版)(上),2001年版,第239页;苏俊雄:《刑法总论》(Ⅱ),1997年版,第190页。BGH 27, S. 339.
[4] Jakobs, Strafrecht, Allgemeiner Teil, 2. Aufl., 1993, 12/23.
[5] Roxin, Strafrecht, Allgemeiner Teil, 3. Aufl., 1997, §15, Rn. 22.
[6] 参见黄荣坚:《论正当防卫》,载黄荣坚:《刑罚的极限》,元照出版有限公司2000年版,第97页。

前预防,乃至有计划地再度恢复因犯罪所侵害的利益状态,无论如何仍属权力机关的任务①,权力机关对于有计划的侵害行为加以介入防范,尤须受到某些正当程序之拘束。然而私人从预防的目的出发以维护自己的利益,并无如同公权力一般受到层层限制。因此,个人的自我防卫权如允许过于扩张,反而往往形成权利滥用之情形。

对于侵害现在性的认定,较为恰当的看法,毋宁是采取一种较为折中之看法。亦即,由于以"未遂"时点作为判断基准过于狭隘。因而除了未遂外,所谓现在的侵害,应可适度地扩张至包含"预备的最后阶段"(End-sta-dium der Vorbereitung),亦即接近未遂的准备阶段。② 除此之外,另可参考"有效理论"中的有效防卫观点,并以前述介于"准备的最后阶段"至"未遂"之时点,作为"有效理论"的一种限缩标准。如同德国联邦最高法院在1973年的一则判决中所主张的,所谓攻击已经开始或直接迫在眼前,乃指所面临之威胁行为有可能直接转换成法益侵害而言。亦即,即使尚未有任何利益受损,但是如果通过一个迟延而来的防卫行为,威胁可能就会直接转变成法益侵害之时点。③ 因而如果有人将手伸至胸前口袋来回移动,为了要掏出口袋中的手枪,被攻击者当然可以在他人摸索口袋中手枪之时,进行防卫行为。在此案例中,所采取的见解,毋宁是一种综合"有效理论"与"威胁直接转换为法益侵害"之见解。在此案例中,侵害者的行为,严格而言,甚至还未达杀人未遂之程度,只能算是接近未遂程度的预备阶段。但对防卫者而言,在侵害者伸手触摸口袋之际,如不加以防卫,则所面临之威胁,有可能直接转换成法益侵害,且过迟的防卫,将直接面临法益侵害的结果。④

事实上,与本案例评析较为关切的问题,不在于侵害何时开始之认定,而是在于侵害行为如果已经既遂,但行为尚为完全终了之前,可否主张正当防卫问题。正当防卫权的存在,主要在于赋予利益被侵害之人,在利益受侵害之际,可以采取一些防卫措施,使自己利益获得保全或免予被侵害。在大部分的侵害情形,如果侵害已达既遂程度,往往意味着利益的受损状态已形成,且意味着防卫手段已不足以挽救利益受损之状态。例如死亡或受伤之结果已出现,就无防卫之可言。再者,从公权力机关独占刑罚暴力(staat-liche Gewaltmonopol)的观点来看,如果利益侵害的结果已经发生,只有公权力机关才有权介入,并针对破坏法秩序之行为加以制裁。私人是不被允许以自力救济的方式惩罚犯罪行为人的。因此,正当防卫的基本思想,是不允许防卫者对一个已经"过去"的侵害行为加以防卫的。

在继续犯的情况,犯罪行为往往在形式上已达既遂程度,然而犯罪行为实际上并未完全结束。换言之,必须等到行为人放弃犯罪行为之实施,使违法状态结束,犯罪才告终了。⑤ 例如私行拘禁罪或侵入住宅罪之情形,在侵入他人住宅或限制他人行动自由时,形式上已可认定犯罪已达既遂程度。然而只要行为人未放弃犯罪行为之实施,对于被害者而言,这种违法状态之继续,就是一种现在不法之侵害,因而被害者在违法状态持续进行中所进行的防卫行为,仍可根据"刑

---

① Jakobs(Fn. 5),12/22.
② Roxin(Fn. 6),§15,Rn. 24. 中文相关说明,可参见柯耀程:《正当防卫界限之认定》,载《月旦法学杂志》2004年第60期,第95页,Jakobs(Fn. 5),12/22.
③ BGH NJW 1973 S. 255;auch Schönke/Schröder/Lenckner/Perron, StGB,§32,Rn. 14, 26. Aufl., 2001;Otto, Grundkurs, Strafrecht, 5. Aufl.,1996, S. 104;Roxin(Fn. 6),§15,Rn. 25.
④ Roxin(Fn. 6),§15,Rn. 25.
⑤ 参见林山田:《刑法通论》(增订七版)(上),2001年版,第174页;柯耀程:《正当防卫界限之认定》,载《月旦法学杂志》2004年第60期,第89页。

法"第23条阻却行为之违法性。① 换言之,如果侵害行为是以一种继续犯的形态出现,基本上,并不以犯罪行为的既遂与否,作为认定侵害是否"过去"的标准。甚至也不适当将侵害"现在性"的结束,与"既遂"判断相连结。毕竟对被害人而言,只要违法状态继续存在,利益就继续处于受损害之状态。在此情况下,侵害之人何时会放弃犯罪行为之实施,无人知晓,甚至侵害之人有可能改采更严重的法益侵害手段。因此,法律没有理由阻止个人在此情况下采取自救措施。

在状态犯之情形,通常行为一旦造成法定之违法状态,犯罪即属既遂,犯罪行为也属终了。② 如果侵害行为属状态犯形态,犯罪既遂,同时也意味着一个法律所要非难的利益受损状态已然形成。理论上,已无防卫利益不受侵害之可能。然而在财产犯罪中,尤其是窃盗、抢夺等对个别财产侵害之犯罪,窃贼或抢匪在取得物品正要离开或已经离开窃盗或抢夺现场之际,随即被所有权人发现并予追捕。由于窃盗罪与抢夺罪属状态犯之形态,盗贼于行窃或行抢得手之际,对于所窃或所抢之物,理论上已有破坏且排除原所有权人对物的事实上之支配关系,建立起自己对物新的持有支配关系③,因此,窃盗或抢夺行为已属既遂。然而与其他状态犯不同的是,在窃盗罪之情形,倘若窃贼尚在被追捕中,表示其对所窃之物的支配持有关系,尚未达到一个稳固与确定之状态。在此情形下,意味着,追捕者仍有以追捕与取回等措施,防卫所受侵害利益之可能。④ 因此,对于此一部分之侵害,由于利益受损还有挽救的余地,防卫行为还有其目的上的意义。⑤ 再者,窃贼得手财物之后,立即追赶并取回自己所有之财物,本质上与事后的报复行为,仍有差别。因为,此时追捕侵害人之时点与侵害发生之时点仍有紧密连结关系,且追捕者主观上是以取回自己所有物作为行为的出发点。因此,没有必要否认受侵害人在此情形下的自我防卫权。台湾地区学者之意见,亦大部分倾向认为,倘若窃盗之人于窃盗既遂之后,尚未抵达安全地点之前,亦即尚未建立稳定的持有状态时,应视为侵害还在进行中,被害人仍然可以对此实行正当防卫。⑥ 德国通说与实务亦持相同见解,认为对正要带着赃物离去的窃贼行使正当防卫,仍是有可能的。因为法益损害之状态尚未完全结束,侵害行为实质上还未终了,必须等到窃贼对物的持有支配已达稳固确保之状态,侵害才算结束。⑦

---

① Roxin(Fn. 6), § 15, Rn. 28.
② 参见林山田:《刑法通论》(增订七版)(上),2001年版,第173页。
③ 将"窃取"行为解释为对物之事实上的支配管领力之破坏与建立,参见林山田:《刑法各罪论》(第三版)(上),2002年版,第279页以下;陈志龙:《人性尊严与刑法体系入门》,1992年版,第339页以下。关于"抢夺"行为之解释,学者有将"抢夺"理解为,窃盗与抢夺同系针对物之持有支配关系之破坏,但窃盗所破坏之支配关系是较为松弛的持有,而抢夺则是针对他人"紧密持有之动产"所为之夺取。亦即,行为人抢取之物与被害人在空间上具有紧密结合之关系,参见张丽卿:《窃盗与抢夺之界限》,载《刑事法杂志》1997年第41卷第4期,第63页。
④ Jeschek/Weigend, Lehrbuch des Strafrechts, Allgemeiner Teil, 5. Aufl., 1996, S. 342.
⑤ 参见黄荣坚:《论正当防卫》,载黄荣坚:《刑罚的极限》,元照出版公司2000年版,第96页。
⑥ 参见林山田:《刑法通论》(增订七版)(上),2001年版,第240页;黄荣坚:《论正当防卫》,载黄荣坚:《刑罚的极限》,元照出版公司2000年版,第96页;张天一:《正当防卫之成立要件与防卫过当之处置方式》(上),载《刑事法杂志》第46卷第1期,第12页。不同意见则认为,小偷得手财物正带赃物逃脱之际,主人当场追赶之行为是一种防卫行为之延续,这种延续状态之法益防卫性,已较模糊,不宜过多解释,参见苏俊雄:《刑法总论》(II),1997年版,第191页。
⑦ Samson, in: Rudolphi/Horn/Samson, SK-StGB 1, § 32, Rn. 11; Roxin (Fn. 6), § 15, Rn. 15; Tröndle/Fischer, Strafgesezbuch, 50. Aufl., 2001, § 32, Rn. 10; Jeschek/Weigend (Fn. 6), S. 342; Otto, Gegenwärtiger Angriff (§ 32 StGB) und gegenwärtige Gefahr (§ § 34, 35, 249, 255 StGB), Jura 1999, S. 552.

二、正当防卫与"刑法"第 329 条"准强盗罪""民法"第 960 条第 2 项"占有人自力救济权"之关系

"刑法"中有关阻却违法事由之认定，涉及的乃是一种违法性的整体评价。换言之，"刑法"上具有阻却违法效力的事由，并不仅以刑法领域中之规范为限。一个行为是否为适法或违法之判断，应从整体的法律规范，亦即除了"刑法"之外，还应考虑公法、"民法"等法规中，是否有容许规范的存在，作一整体评价。此即学说上所称的，违法性之判断应属一种"整体法秩序之评价"(Bewertung der Ge-sam-trechtsordnung)。① 详言之，各种不同的法规范，尽管性质、属性各异，规范内容也不尽相同。但是如果一个行为在公法领域中或民法领域中被认为是适法且允许的，在刑法领域中就不能作出相反的评价。因为"刑法"上对违法性之判断，必须考虑整体法秩序的一致性与无矛盾性(Einheit und Wider-spruchsfreiheit der Rechtsordnung)，不可能独立于整体法秩序之外，而自成一格。因而，如果公法或民法法规所允许之行为，在"刑法"上自不得评价为违法行为，而必须承认为具有正当性之行为，否则将形成一种价值矛盾的混乱现象。②

就本案例而言，如前所述，窃贼在行窃得手之后，正要离开盗所时，被财物所有人发现并进而追捕以取回财物，对财物所有人而言，财物受侵害之状态，仍在继续进行中，所有权人的追捕取回财物行为，解释上应属"刑法"第 23 条正当防卫之行为。事实上，除了"刑法"第 23 条之外，"民法"第 960 条第 2 项尚规定：占有物被侵夺者，如系动产，占有人得就地或追踪向加害人取回之。而"刑法"第 329 条准强盗罪规定："窃盗或抢夺，因防护赃物、脱免逮捕或湮灭罪证，而当场施以强暴、胁迫者，以强盗论。"从整体法规范加以观察，"民法"第 960 条第 2 项赋予动产被侵夺之人有就地或追踪取回财物之权。而"刑法"第 329 条准强盗罪之规定，从反面解释来看，亦承认财物所有权人具有追回财物之权利。窃贼在财物所有权人追回财物之际，反而不得加以抗拒，如有抗拒或甚至对财物所有权人施强暴、胁迫者，应成立准强盗罪。因而，在判断本案例中，A 之行为是否可以阻却违法，自不得忽略其他法律规范就其行为之评价。既然民法规范中允许动产受侵夺之人具有就地或追踪取回动产之权；而"刑法"第 329 条之规定，从逻辑一贯的解释来看，本身即隐含承认窃盗罪之被害人有追回权，甚至要求侵害者对被害者之追捕应该加以容忍。③ 因而从法秩序的一致性与无矛盾性之观点出发，解释上应可更加肯认本案例中 A 之阻止盗贼离去之行为，具有正当性。

至于"民法"第 960 条第 2 项动产占有人之追回权，性质上应定位为一种独立的阻却违法事由，还是仍然视为一种正当防卫？如果定位成一种独立的阻却违法事由，则如有防卫行为过当时，应如何解释、适用，似将成为问题。首先，盖"民法"第 960 条第 2 项仅规定，动产占有人之就地或追踪取回权，对于动产占有人所可以行使之手段，并未加以规定。因而如有动产受侵夺之人

---

① 参见苏俊雄：《刑法总论》(Ⅱ)，1997 年版，第 179 页。
② 参见林山田：《刑法通论》(增订七版)(上)，2001 年版，第 232 页；Wessels/Beulke (Fn. 2), 32. Aufl., 2002, §8, Rn. 274; Roxin (Fn. 6), §14, Rn. 31. 氏认为，公法或民法领域被认为是适法且受允许之行为，如果在刑法领域中被评价为具有违法性，从法秩序一致性的观点来看，这种评价不仅是一种令人无法忍受的价值矛盾，也与刑法作为社会政策的最后手段性原则相违背。
③ 是否可以从"刑法"第 329 条"准强盗罪"之规定，推论出窃盗被害人所为之追捕行为即属正当防卫，苏俊雄教授对此采质疑之见解。氏谓，侵害行为之法益侵害结果已经发生，但不法之侵害状态因为直接之后续反应动作，而有一部分或全部复延之情形，例如小偷得手财物正带赃物逃脱之际，主人当场追赶之行为，亦有认为是属防卫行为之延续……"刑法"第 329 条……其立法意旨中，不无承认窃盗、抢夺等不法侵害之当场紧急防卫之必要的追回权……法律用语中，所谓"现在之侵害"与此防护赃物之"当场"具有相当之密切性，不过前者是正当防卫的要件概念，而后者则为准强盗罪之拟制概念，性质不一。"刑法"即以拟制之准强盗罪规定，要求侵害者对于被害者之追捕应予容忍，就此观点而言，法理上后续追回权的行使，应有别于正当防卫之延续，较为妥当。参见苏俊雄：《刑法总论》(Ⅱ)，1997 年版，第 191 页。

于就地或追踪取回动产之际,所行使之手段过当或过度侵害动产侵夺人时,仅依从民法之规定,将无从判断责任。其次,所谓占有人之"追踪"取回权,得允许追踪之时点,应与"刑法"第 23 条正当防卫中所谓"现在不法侵害"的"现在性"解释相一致。亦即得以行使追踪取回权之时点,不应允许过度扩张致侵夺行为已经终了,即利益侵害的状态已完全结束。如此才可避免整体法规范在适用上发生价值矛盾。再者,"民法"第 960 条第 2 项对于动产占有人所赋予的自力救济权,与刑法以私权救济为出发点而赋予受侵害者对自己利益的防卫权,两者的基本想法,在本质上是相同的,也就是允许利益受侵害之人可以当下实时排除侵害,以保全利益。因此,笔者以为,应将"民法"第 960 条第 2 项直接视为一种正当防卫之规定,且在解释上应可直接适用"刑法"第 23 条之规定。因此,"民法"第 960 条第 2 项在适用时,不管是在适用条件上的解释,或是占有人是否有防卫过当之判断,以及后续的归责问题,应直接适用"刑法"第 23 条之规定,较为妥当。

三、对于轻微财物受损之防卫

"刑法"上关于正当防卫之规定,在解释与适用上较为棘手的问题之一,在于防卫者所要保全的利益与所侵害的利益之间,是否应该具有比例性(Verhältnismäßigkeit)? 从法律历史以及比较法的观点探讨此一问题,可以看出,正当防卫权之行使,究竟是否要求具有"比例性",以及是否允许对轻微财物加以防卫的争议,始终难有定论。在 1532 年的《卡洛琳娜刑法典》(CCC)中明确规定,防卫者只有在他人以武器对其生命、身体加以攻击时,以及无回避可能性的情形下,才可以使用致死的手段加以防卫。① 《卡洛琳娜刑法典》之后的《帝国普通刑法典》(ge-meines Strafrecht)则进一步将允许防卫的法益(notwehrfähiges Rechtsgut)扩张至财产上的利益,甚至允许所有权人可以对侵害财物的窃贼加以射杀,但如果财物的价值太过轻微,仍不受允许。② 1794 年的《普鲁士一般邦法》中,正当防卫的规定并非编排在总则中,而是编排在侵害个人的犯罪(名誉、身体、生命、自由与财产)之前。因此,对于财物的所有权与占有受到侵害时,原则上也可行使正当防卫。但是正当防卫权的行使,必须受到"比例性"的限制。③《普鲁士法典》中对正当防卫权的行使,之所以增加"比例性"的要求,基本上可以归结于 18 世纪时专制国家思想或绝对王权思想(abso-lutistisches Staatsdenken),以及国家独占刑法暴力的影响。在绝对王权时代,个人以私力自我救济之权限,受到国家全盘掌握刑罚权之影响而受到排挤,因而正当防卫权之规定也随之受到限制。④ 然而,1813 年由刑法学者费尔巴哈(Feuerbach)起草的《巴伐利亚刑法典》(Bayrisches StGB von 1813),毋宁受到自由主义的影响,因而法典中就正当防卫之规定,只明确要求应具备"必要性",而不要求所保护之利益与所侵害之利益之间必须具有比例性。因而,为了要防卫轻微财物,即使杀死窃贼,杀人行为仍是正当的。⑤ 1851 年的《普鲁士刑法典》(Preußisches StGB von 1851)也同样受到自由主义之影响。法典中对于正当防卫者所可以防卫的利益不设限制,此外也没有所侵害利益与所要维护的利益之间必须具有"比例性"之规定。⑥《普鲁士刑法典》第 41 条有关正当防卫之规定,几乎被其后于 1871 年所颁布的《德意志帝国刑法典》(Strafgesetzbuch für das

---

① Roxin (Fn. 6),§15 II, Rn. 4.
② Krey, Zur Einschränkung des Notwehrrechts bei der Verteidigung von Sachgütern, JZ 1979, S. 706.
③ 例如《普鲁士一般邦法》第 519 条规定:正当防卫的行使,不得超过要避免侵害所必要之程度。第 52 条规定:为了要避免损害所采取的手段,必须与防卫所要避免的损害具有比例性。以上参见 Krey, a. a. O., S. 706.
④ Krey, a. a. O., S. 706.
⑤ Krey, a. a. O., S. 707.
⑥ Krey, a. a. O., S. 707.

Deutsche Reich von 1871)第 53 条完全引用。而且也正是德国目前现行《德国刑法典》第 32 条正当防卫规定的前身。①

对于轻微财物的正当防卫之限制,基本上并没有在法条文义中显现出来。《德国刑法典》第 32 条正当防卫之规定,只明确要求所行使的防卫手段与所保护的利益之间必须具有"必要性"。然而,目前德国学说大部分之见解均认为,正当防卫在针对轻微财物的防卫时,其防卫手段必须有所节制。这样的想法,基本上是建立在第二次世界大战后,刑法学说与判决所发展出来的"社会伦理限制"(soziale-thische Einschränkungen des Not-wehrrechts)的理论之上。② 并且以防卫行为是否符合"社会伦理性"的观点,解释防卫行为是否为一个"符合要求"(Geboten-heit)的行为。换言之,防卫之人所为之防卫手段尽管具有必要性③,但是从社会伦理的观点审查,却是应该要禁止的,则此行为通常会被冠以"权利滥用"(rechts-mißbräuch-lich)的称呼。事实上,德国学者对社会伦理性之解释,就是诉诸一种价值衡量,而这种价值衡量乃是从权利滥用禁止原则所导出的。④

防卫行为被认为应该受到"社会伦理性"限制者,大致可以归纳为如下几种形态:

(1) 如果攻击者是无责任能力或限制责任能力人,防卫者应该首先采取回避,或先召唤警察之方式为之。即使动用武力,也应该采取损害较轻微的防卫手段。⑤

---

① 1851 年《普鲁士刑法典》第 41 条规定:一个重罪(Verbrechen)或轻罪(Vergehen)不存在,如果此行为是因紧急防卫所要求之行为。紧急防卫是为了避免自己或他人的现在不法之侵害所必要的防卫行为。1871 年《德意志帝国刑法典》第 53 条规定:一个可罚的行为不存在,如果此行为是因紧急防卫所要求之行为。紧急防卫是为了避免自己或他人的现在不法之侵害所必要的防卫行为。现行《德国刑法典》第 32 条第 1 项规定:实施因紧急防卫所要求的行为,其行为不算违法行为。第 2 项规定:紧急防卫是为了避免对自己或他人的现在不法之侵害所必要的防卫行为。

② 不过德国学者亦有人主张,所谓防卫行为必须受到"社会伦理性"的限制,此种见解乃违反了《德国基本法》第 103 条第 2 项罪刑法定原则,因为此见解将扩大对于防卫者的处罚。但多数见解则认为,所谓"社会伦理性"之概念,其实可以从第 32 条第 1 项"实施因紧急防卫所要求的行为"一语中导出,因为"社会伦理的限制"即是用以解释所谓"符合要求的行为"(Gebotenheit der Notwehr)的标准所在。参见 Roxin, AT, §15 VIII, Rn. 54. 不过德国学者亦有将"符合要求的行为"与行为是否具有"必要性"一并探讨,且认为两者意义相同。就此可参见 Schönke/Schröder/Lenckner,/Perron (Fn. 10), §32, Rn. 44, 46. 台湾地区文献论及正当防卫的"社会伦理性限制",可参见林山田:《刑法通论》(增订七版)(上),2001 年版,第 247 页以下;张天一:《正当防卫之成立要件与防卫过当之处置方式》(上),载《刑事法杂志》2002 年第 46 卷第 1 期,第 72 页以下。

③ 所谓必要性,乃指防卫行为必须适合于排除侵害或阻止侵害继续,且如果有数种防卫可能,而各种防卫可能对侵害之排除都同样有效时,应尽可能选择造成损害最小的防卫方式,或是最温和的方式为之。参见黄荣坚:《基础刑法学》(上),元照出版有限公司,2003 年版,第 179 页;黄荣坚:《论正当防卫》,载黄荣坚:《刑罚的极限》,元照出版有限公司 2000 年版,第 103 页以下。

④ Wessels/Beulke, Strafrecht (Fn. 2), §8, Rn. 342; Schönke/Schröder/Lenckner/Perron (Fn. 10) §32, Rn. 46.

⑤ Roxin (Fn. 6), §15, Rn. 57ff. 对于无责任能力人之行为,尤其是针对小孩、精神病人、醉酒者、过失者的侵害,可否行使正当防卫,学说上有很大的争议。有所谓的"不法说",亦即不管侵害人有责无责,只要侵害行为是一个符合构成要件该当性且具有违法性之不法行为即已足够;另有所谓的"有责说",亦即要求正当防卫所要对抗的侵害行为,除了是不法侵害外,还必须是一个有责的侵害,因此不得主张对小孩、精神障碍者、醉酒者、过失者行使正当防卫,只能主张紧急避难。就此说明可参见黄荣坚:《论正当防卫》,载黄荣坚:《刑罚的极限》,元照出版有限公司 2000 年版,第 100 页以下。此处所称对于无责任能力人之防卫手段,应首先采取回避之手段,基本上是建立在"不法说"之上,亦即不考虑侵害之人是否有责任能力,均可对其防卫。此说亦为目前德国学界多数说以及实务界所采之见解。最著名之案例就是一个精神病人持自制火焰弹闯进一所小学挟持孩童,并威胁要杀死孩童,结果遭警察射杀案,本案被认为具有正当防卫之适用,vgl. Wessels/Beulke(Fn. 2), §8, Rn. 327.

（2）如果侵害情状是由防卫者意图挑拨或挑衅而引起（挑拨防卫）的，则意味着防卫者其实是想通过正当防卫的掩护而进行损害他人利益之行为，此时则属于典型的权利滥用。因此，防卫者不得主张正当防卫。① 如果侵害情状是防卫者过失挑拨而起，则防卫者虽可主张正当防卫，但所采取的手段必须是尽可能地回避，如无回避可能性，则必须采取防御性的防卫手段，不得采取攻击式的防卫（Trutzwehr）。② 而且防卫者本身有义务忍受轻微的损害。因为侵害情状是由防卫者所惹起，因此防卫者必须共同负责。③

（3）如果侵害行为是一些不重要且无伤大雅的攻击，或所侵害之利益非常微小，则防卫手段必须受到限制，尤其不允许以立即杀死攻击者之方式作为防卫手段。换言之，在此情况下，必要考虑有无法益"极度失衡"（krasses Mißverhältnis）之情形。④ 基本上正当防卫的要件中，并不要求所维护之利益与所侵害之利益之间必须具有"比例性"，因而在解释上不需要像紧急避难一样要求所谓的"利益衡平"。但是对于过度轻微之侵害，例如偷摘水果、误闯他人私有道路之行为，或是偷取他人啤酒瓶，从"社会伦理"的观点，由于受害法益过度轻微，使得防卫者自我保护的利益，以及对法秩序维护的利益明显较小，因此防卫者对利益的防卫应首先采取较轻微之防卫手段，例如召唤警察或防御性防卫，而不应立即采取足以致侵害者于死或重伤之攻击性防卫手段。⑤ 因此，对偷摘水果的小孩，不得以猎枪立即射杀⑥；对在山林中迷路而误闯他人私有道路的漫游者，道路主人不得立刻以猎枪射杀误闯私人产业者⑦；对于偷窃轻微财物如啤酒瓶之窃贼，也不得立刻予以射杀。⑧

（4）如果攻击者与被害者之间存在有亲密共同体之关系，或保证人关系，例如夫妻、父母与子女，则防卫者不得立即以致他方于死的方式防卫，而必须优先采取回避或损害较轻微之方式防卫。⑨ 不过此观点在家庭暴力事件日益增多的情况下，已遭到莫大的批判。⑩ 例如德国曾有判例有过相反的见解认为，长期受到丈夫暴力相向的妻子，在受暴情况下拿刀或枪杀死丈夫，仍属于正当防卫。⑪

台湾地区学者对于正当防卫要件之解释，亦不乏参考德国学说之见解。大体而言，对于正当防卫之成立要件，通说认为，只要是私人利益，不管何种利益受损，甚至包括轻微的财产上之利益

---

① Wessels/Beulke（Fn. 2），§8，Rn，347.

② Ibid.

③ Roxin（Fn. 6），§15 VIII，Rn. 66.

④ Roxin(Fn. 6)，§15 VII，Rn. 73；Jescheck/Weigend，(Fn. 16)，S. 347f.；Tröndle/Fischer，(Fn. 19)，§32，Rn. 20. Jeschck 与 Tröndle 将此称为遭受攻击的法益与对攻击者的侵害之间明显存在"令人无法忍受的失衡"（unerträgliches Mißverhältnis）。

⑤ Roxin（Fn. 6），§15，Rn. 73ff.；Wessels/Beulke（Fn. 2），§8，Rn. 343ff.；Jescheck/Weigend（Fn. 16），S. 347f.

⑥ Wessels/Beulke（Fn. 2），Rn. 343ff.

⑦ Jescheck/Weigend（Fn. 16），S. 346.

⑧ Tröndle/Fischer（Fn. 19），§32，Rn. 20.

⑨ Roxin（Fn. 6），§15，Rn. 84.；Schönke/Schröder/Lenckner/Perron（Fn. 10），§32，Rn. 53. 德国实务判决亦曾表示，一个天天受丈夫殴打的妻子，在受殴之际，举起尖利之物刺向丈夫头部，致丈夫死亡，不符合正当防卫要件中的"符合要求之行为"。因为丈夫在侵害时，并未使用武器，因此妻子不能立即选择使用致死的手段防卫。BGH，NJW 1969，S. 802. 此外，就此限制亦可参见林山田：《刑法通论》（增订七版）（上），2001 年版，第 249 页。

⑩ Roxin（Fn. 6），§15，Rn. 86f.

⑪ BGH，JZ 1984，S. 529f.

受损,被害人均可行使正当防卫。① 此外,防卫者所要保护的利益与所侵害的利益之间,并不需要具备"比例性"或"衡平性"。因此,即使是轻微利益受损,例如独行女生为了保护价值500元的皮包而用喷雾器致抢匪双眼失明,还是正当防卫。② 然而,尽管利益衡量不是正当防卫成立的要件之一,但如果防卫行为所要保护的法益和所造成的损害之间,在利益衡量上具有"极度失衡"之情形,尽管防卫者仍然可以进行防卫,但是防卫手段上必须有所限制,也就是必须考虑比例原则。例如如果先召唤警察,或采取防御性措施,可以有效地排除侵害时,就不得一开始就采取攻击性的手段防卫。反之,如果对轻微财物之防卫,立即使用致人于死的攻击性方式加以防卫,则属防卫权之滥用,基本上是不被允许的。③

正当防卫的基本思想固然在于个人对利益的自我防卫,而所谓"正"不需对"不正"回避低头,也正是整体法秩序所要维护的基本价值。然而对轻微财物的防卫,如果允许防卫者直接使用致人于死的方式进行,又不免令人有种财产利益之维护可以大过生命利益的价值错乱之感。此点考虑也是何以学说上一再强调,正当防卫不需要考虑所维护利益与所侵害利益之间的比例性或衡平性,但在轻微财物遭受侵害时,又必须例外地将"比例性"与"衡平性"拉进来当做衡量标准的原因所在。诚如德国学者罗克辛(Roxin)所言,对于微小利益,尤其是财产上之利益受到侵害而在行使紧急防卫时,无论如何要以维护侵害者的生命法益之方向进行防卫,因为生命法益之保护,乃是最基本的宪法价值秩序之一。为了维护轻微利益而侵害他人生命,显然有价值失衡之虞。④

本案例评析中,被告A所要防卫的利益,如手机、呼叫器、长寿烟等,属轻微的财产上利益。对于财产上之利益受到侵害,基本上仍是行使正当防卫。在防卫手段上,被告A先是拿着球棒阻止窃贼D离去,后又告诉B赶快召唤警察至现场处理,这样的防卫措施,基本上并未逾越所谓的防御性防卫的要求。因此,A的行为基本上符合正当防卫之要件,应无疑问。至于D因A的防卫行为,而发生死亡之结果,在此则必须继而探讨的是,A的防卫行为有无防卫过当之情形。就此问题,将以以下部分继续探讨。

四、防卫过当之认定

关于防卫过当,"刑法"第23条但书规定,防卫行为过当者,得减轻或免除其刑。至于防卫过当之认定,学说上之见解认为,防卫过当乃指防卫行为逾越必要之程度而言。⑤ 至于何谓必要之程度,有学者表示,应就侵害行为或攻击行为之方式、轻重、缓急与危险性等因素,并参酌侵害或攻击当时防卫者可资运用之防卫措施等客观情状,而作判断。⑥ 实务上对于防卫过当的认定,也是以防卫行为是否超越必要之程度,作为衡量防卫过当之标准。例如1994年台上字第2104号判例谓:"'刑法'上之防卫行为,只以基于排除现在不法之侵害为已足,防卫过当,指防卫行为超越必要之程度而言,防卫行为是否超越必要之程度,须就实施之情节而为判断,即应就不法侵害

---

① 参见黄荣坚:《基础刑法学》(上),元照出版有限公司2003年版,第170页;林山田:《刑法通论》(增订七版)(上),2001年版,第238页;苏俊雄:《刑法总论》(II),1997年版,第188页。
② 参见黄荣坚:《基础刑法学》(上),元照出版有限公司2003年版,第181页以下;黄荣坚:《论正当防卫》,载黄荣坚:《刑罚的极限》,元照出版有限公司2000年版,第104页。
③ 参见黄荣坚:《论正当防卫》,载黄荣坚:《刑罚的极限》,元照出版有限公司2000年版,第105页;林山田:《刑法通论》(增订七版)(上),2001年版,第248页以下。
④ Roxin (Fn. 6), §15, Rn. 74ff.
⑤ 参见黄荣坚:《论正当防卫》,载黄荣坚:《刑罚的极限》,元照出版有限公司2000年版,第116页。
⑥ 参见林山田:《刑法通论》(增订七版)(上),2001年版,第244页。

者之攻击方法与其缓急情势,由客观上审查防卫权利者之反击行为,是否出于必要定之。"实务界对于防卫是否过当,以防卫有无超越必要之程度作为判断标准。这样的见解堪称正确。对于何谓超越必要之程度的审查,则以实施防卫行为时之情节,例如攻击方法之缓急情势,判断防卫者之行为是否出于必要。这样的见解,与前述学说见解基本出发点是相同的。审查侵害行为的轻重、缓急、危险性与防卫者当时可资运用的防卫手段,固然是判断防卫行为是否具有必要性的重要参考。然而"必要性"这个概念,并非仅是一种对侵害时既有的客观情节之判断,而是一种具有规范意义的概念。亦即,防卫行为必须适合排除或阻止侵害之继续,如果有数种防卫手段存在时,而各种防卫手段对于排除侵害者同样有效时,应尽量选择造成损害较小的防卫方式,或是较为温和的防卫方式。① 例如,以枪械进行防卫时,鸣枪示警已足以吓阻侵害者继续侵害,或以枪射击侵害者之腿部或手部,已足以排除侵害时,就不能立即以射击致命的部位,射杀侵害者。② 因此,"必要性"在规范上的意义,就在于提供一个选择标准。这个选择标准乃要求防卫者在进行防卫时,必须选择足以排除或阻止侵害(亦即有效的方式),且是对侵害者法益损害较少的方式为之。③ 但是所谓的必要性,并不要求防卫者在对数种手段,不确定何种可以有效排除侵害时,必须冒险选择不知是否可以有效排除侵害之较轻微手段。例如,被害人遭受殴击,不能要求被害人只能徒手与加害人进行搏击。④

尽管正当防卫之行为要求必须具备必要性,但是必须考虑的是,当一个人受到一个突如其来的攻击时,要求被害者能在瞬间立刻恰如其分地为符合必要性之行为,显然是强人所难。⑤ 因此,被害者如果在情况危急之下而做出逾越防卫必要性之行为,依"刑法"第 23 条但书之规定,可以减轻或免除其刑。

基本上,"刑法"第 23 条但书有关防卫过当之规定,可以说是一种对防卫者宽容与宽恕的事由。⑥ 之所以可以对行为人免除其刑或减轻其刑,其理由除了前述不可期待行为人在危急之下还能百分之百地做出符合法律规范所要求的行为之外,尚考虑到行为人行为的目的是在于防卫,也就是为了排除紧急而来的侵害所为,若无此种受紧急侵害之状况发生,行为人也不至于作出违法行为。因此,行为人在此状况下的行为,其不法内涵,显然较一般犯罪情形为低。除了不法内涵较低之外,行为人的责任内涵(罪责)也较低。盖行为人会做出逾越必要性之行为,还必须考虑到行为人在受侵害时是处于一种不寻常的、非常态的心里紧张、激动状态,而这种特殊的心理状态,

---

① 参见黄荣坚:《论正当防卫》,载《刑罚的极限》,元照出版有限公司 2000 年版,第 103 页;黄荣坚:《基础刑法学》(上),元照出版有限公司 2003 年版,第 179 页;黄常仁:《刑法总论——逻辑分析与体系论证》,2001 年版,第 50 页;Wessels/Beulke (Fn. 2), § 8, Rn. 33.
② 参见黄常仁:《刑法总论——逻辑分析与体系论证》,2001 年版,第 50 页;林山田:《刑法通论》(修订七版)(上),2001 年版,第 246 页。
③ Roxin (Fn. 6), § 15, Rn. 42; Wessels/Beulke (Fn. 2), § 8, Rn. 335.
④ Roxin (Fn. 6), AT, § 15, Rn. 43.
⑤ 在此则是从"期待不可能"的法理来论述,Kühl, Strfarecht, Allgemeiner Teil, 2. Aufl., 1998, § 2, Rn. 10.
⑥ 德国学说将《德国刑法典》第 33 条防卫过当之规定,视为一种宽恕事由(Entschuldigungsgrund)。换言之,此种防卫过当行为,基本上仍然是一种为法秩序所不容许的违法行为,行为人的罪责仍然存在,只是基于行为人于行为时的动机是在于阻止突如其来的侵害,并考虑行为人在面临侵害时所形成的特别内心状态,因而给予免刑之宽待。Kühl, Strafrecht, a.a.O., § 12, 9; Roxin (Fn. 6), § 22, Rn. 69.台湾地区学者则将"刑法"第 23 条但书有关防卫过当之规定,认为是一种阻却罪责事由或减免罪责事由,参见林山田:《刑法通论》(增订七版)(上),2001 年版,第 309 页以下;黄荣坚:《论正当防卫》,载《刑罚的极限》,元照出版有限公司 2000 年版,第 117 页。

例如慌乱、害怕或惊吓，会使人的决断能力与对行为的控制能力降低，因此无法苛求行为人在利益受侵害的危急情形下，其应变能力和正常状态下一样。① 再者，学说上亦有从刑罚目的以及预防的必要性之观点审视防卫过当之宽免刑罚问题。② 由于防卫者之所以做出逾越必要性之行为，客观上是因为有一个对其所为的现在不法之侵害发生，主观上防卫者是出于防卫之意思为防卫行为，然而因危急状况所引起的某些诸如慌张、恐惧或惊吓害怕等较为虚弱的内在的精神动摇状态（asthenische Affekte），导致其意志决定能力以及对自己行为的控制能力降低，才做出逾越必要性之行为。在此情况下，对于防卫者之处罚，不管从一般预防观点，或是特别预防观点，都属不必要。③

至于对轻微财物之侵害，如前所述，基本上仍然可以进行正当防卫。但是防卫手段必须受到"社会伦理性"的节制。如果对于轻微利益之侵害，例如对于偷摘水果之人立即以猎枪射杀，或是对他人举手作势殴打而立即予以射杀，基本上都是一种绝对极端的防卫情形。学说上对于这种涉及防卫行为极度失衡与不符合比例原则之情形，认为并不值得宽恕。因为这样极度的防卫手段并非法秩序所鼓励与追求的，因此从预防必要性的观点来看，应认为不适用防卫过当之宽免待遇。④

结论性观点

本案例中所涉及的问题，从事实认定来看，窃贼 D 于行窃得手后，离开盗窃场所，被告 A 与同事 B 随即发现而出外寻找窃贼，而在盗所附近看见窃贼正要骑车离去，遂上前阻止并要求查看 D 的机车座垫下有无赃物。基本上，A 与 B 强行开启并查看 D 的机车座垫，以及阻止 D 骑车离开之行为，符合"刑法"第 304 条第 1 项强制罪之构成要件。但是，必须进而审查的是，A 与 B 之行为是否是一种对于现在不法侵害所为之正当防卫行为。就此可从下面几点加以说明：

（1）根据学界通说之见解，窃盗罪之被害人于窃贼得手之后，追捕窃贼取回失窃之物，虽然窃盗行为形式上已属既遂，但窃贼对赃物的持有支配尚未达稳固状态，且对被害人而言，利益受侵害之情形尚可通过追捕、取回的动作而有所保全。因而对 A、B 而言，应属存在一个现在不法之侵害。因此，A、B 可以在此之际，行使正当防卫。

台湾地区"最高法院"之裁判意旨中，虽未明确就侵害"现在性"认定之问题加以探讨，但仍提出一个由刑法正当防卫权所延伸出来的论点。亦即通过"民法"第 960 条第 2 项占有人之自力救济权之肯认，肯定本案例有正当防卫之适用。这样的见解原则上值得认同。因为"刑法"中有关阻却违法事由之认定，涉及的乃是一种违法性的整体评价。一个行为是否为适法或违法之判断，应从整体的法律规范，亦即除了在刑法领域，还应考虑其他法领域，诸如公法与民法中，是否有其他容许规范的存在，作一整体评价。违法性之判断，如果忽略其他法领域所存在的容许规范，将导致整体法秩序的矛盾与不安定。

至于"民法"第 960 条第 2 项动产占有人追回权之性质，笔者认为仍属正当防卫。因此在适用与解释上，应与"刑法"第 23 条正当防卫之解释相一致。同时如有防卫过当之情形，也可直接适用"刑法"第 23 条但书之规定。

---

① Wessels/Beulke (Fn. 2), §10, Rn. 446; Kühl (Fn. 55), §12, Rn. 1ff.
② Roxin, Kriminalpolitik und Strafrechtssystem, 1970, S. 33f.; der., Strafrecht (Fn. 6), §22, Rn. 69ff.
③ Roxin (Fn. 6), §22, Rn. 69. Roxin 从预防必要性观点出发认为，如果防卫者不是出于如前所述的慌乱、恐惧或惊吓害怕，而是基于愤怒、气愤或纯粹的好斗等较强势或具攻击性的心理状态（sthenische Affekte）所为的逾越必要性之行为，从预防的观点来看，仍是应该处罚的。因为这种攻击性的心理状态常会导致较为严重的法益侵害结果，从法益保护的观点以及预防的角度来看，应该是刑罚所要防止与禁止的。
④ Roxin (Fn. 6), §22, Rn. 80.

（2）本案例中较有问题的是，A、B 在追回失窃物时，在不确定机车座垫箱中是否有失窃物之前，可否先行打开座垫进行"查看"的动作，再进行"取回"行为？虽然窃盗行为既遂，至窃贼对所窃之物建立稳固持有关系之前，仍然容许被害人对所受财产上之侵害，进行保全行为。然而被害人的追踪取回行为，必须与犯罪行为，在时间上具有紧密性，而且必须根据当时的客观情形，足以认为所追捕之人即是犯罪人。如果事隔数小时、数日甚至数月之久，当然不允许被害人再行取回所有物。本案例中，A、B 虽然不是亲眼看着 D 行窃并携带赃物逃跑，而是在 D 行窃既遂之后，才追出盗所找寻窃贼。然而 A、B 从盗所出来找到窃贼，仅仅只花了两分钟时间①，且行窃时间是在凌晨 3 时许，盗所附近并无其他人活动。因此 A、B 主观上显然有相当程度的确信，认为 D 就是窃贼。从而笔者认为，A、B 在行使取回权之前，先行打开机车座垫，此动作仍属防卫行为的一部分。②

（3）本案例中，被告 A 除了阻止 D 离去之外，其后又持球棒殴击 D，致 D 发生死亡之结果。后续的殴打行为，是否仍可认定为正当防卫？基本上，从正当防卫的理论来看，如果肯认 A 之行为是在行使正当防卫，相对的，D 对 A 的防卫措施就有容忍之义务，亦即不得再行使反抗。此外，"刑法"第 329 条准强盗罪之规定，也明白宣示窃贼在所有权人追赶取回所有物时，有忍受之义务，不得施以强暴、胁迫，否则论以强盗罪。从而，本案例事实中，A 持球棒阻止 D 离去，D 对于 A 的阻止，应有容忍之义务。然而 D 仍欲离开，双方发生争执并进而扭打。在此扭打之际，虽然 A 的球棒击中 D 的左耳头部与左腿，以致 D 头部受伤而亡。但是 D 的行为，此时应该被评价为"刑法"第 329 条准强盗之行为。因此 A 之殴打行为，则应认为是对准强盗行为所进行的正当防卫。

（4）本案当中，A 的原始出发点是对轻微财物上之侵害进行防卫。关于轻微财物之侵害，防卫行为是否应该有所节制？基本上，在正当防卫的要件中，只要是个人的利益受侵害，均得行使正当防卫。只是如果所要保护之利益过于微小，则防卫手段必须受到社会伦理性的限制，亦即不得立即使用致人于死的手段防卫。本案例中，由于 A 并非在防卫的一开始，就使用攻击式的防卫手段，而是先阻止 D 离去，并尝试报警，最后才与 D 发生扭打。再者，A 的防卫行为，仅是出于限制自由与伤害之意思，而非以杀死 D 的意思进行防卫。因此 A 的防卫行为应属符合社会伦理性之要求。再者，后来的殴击，严格而言，已非针对轻微财物之侵害，而是涉及 A 对自己生命、身体利益之维护。因此也无须再受到社会伦理性之限制。

（5）至于 A 之防卫手段是否过当，必须考虑 A 所为之行为是否超越必要性之程度。由于 A 先是要求打开机车座垫，然后是阻止 D 离去，并请同伴前去报警处理，显然这些较温和的防卫方式，都不足以有效阻止 D 交还所窃之物。后来的扭打、殴击，是因为 A 以为 D 要持工具殴打伊，其为了防卫自己免予挨打，才持球棒殴打被害人。由于 A 先采取较为温和，且侵害较小之手段进行防卫，因此防卫手段并未逾越必要性之程度。至于 D 最后发生致死结果，乃 A 在符合必要性范围内所发生之重结果。笔者认为，既然 A 防卫手段并未超越必要性之程度，因此基本上并无防卫过当之情形。

---

① 根据本案于台湾地区高等法院 1999 年少上诉字第 226 号判决所载，法院讯问 A、B："从宿舍出来找小偷到 449 巷巷口发现 D 之时间多久？"答："约两分钟。"此外 B 又供称："当时我和 A 在巷口发现 D 站在机车旁正在整理他偷来之赃物"，"我和 A 找了几分钟就发现他在那里形迹可疑，主观上判断他是窃贼"。

② "打开机车座垫"之行为，乃是一个中性行为。法院判决描述此一行为事实时，使用"查看"一语，不无使人误导之嫌，让人以为 A、B 并不确定 D 就是窃贼。事实上，"打开机车座垫"亦属取回赃物行为的前行为。而且本案中，A、B 显然有相当确认，知悉赃物就在机车座垫下面。否则，A、B 为何不搜查 D 之身上、口袋等处，而直接要求 D 打开机车座垫？

二、犯罪形态

"中止犯"属应减的"可罚未遂犯" *

——评析台湾地区高等法院 2007 年上诉字第 2925 号暨"最高法院"2008 年台上字第 364 号刑事判决

郑逸哲**

基本案情

甲因不满乙向其借款不成后,对外扬言将对其不利,遂萌生杀害乙之犯意,持枪至乙常去之茶馆,见乙坐在茶馆内餐桌前,即举枪朝乙射击,乙见状闪避,但阻挡不及,仍遭甲持前述手枪扣发扳机三次,其中仅一颗子弹顺利击发,并由乙背部左侧射入,向右下贯穿肺部、肝脏及胸椎,致乙受到右下肺穿刺伤、右横隔穿刺伤、肝脏大量出血及第十胸椎穿透伤等之伤害,其余各发子弹则因故未能射出。甲于乙中弹倒地后,为确认乙是否中弹,尚持前述手枪,以枪柄敲击乙头部后,始逃离茶馆。嗣乙之堂弟丙进入茶馆,见乙倒卧在地,报警将乙送医急救后,乙下半身仍因第十胸椎穿透伤致瘫痪,无法行走,惟幸免于死亡。上诉时,辩护人为甲辩称:甲于击发一颗子弹并命中被害人之背部左侧后,即未再射击第二发子弹,改以枪柄敲被害人头部,足证被害人未死亡而能存活至今,纯系因被告当时因己意中止并防止结果发生所致,应符合中止犯减刑之规定。

裁判要旨

枪支威力强大,可轻易取人性命,以被告之年龄及智识程度应知之甚详,被告击发之子弹更朝被害人胸腔背面易致命之部位射入,依此等犯案动机、下手经过情形分析,被告行凶当时确有杀人故意,至为灼然。

"刑法"第 27 条所规定之中止犯减刑之适用,系行为人在自由情况下,出于自我之意愿而中止其行为之实行,或行为人之实行行为已完成,但出于己意积极防止结果之发生,且使实行行为果真未发生结果,始足当之。

疑难问题

行为人向被害人扣发扳机三次,仅一颗子弹击发,致行为人重伤,其余两发因故未能射出。行为人为确认被害人是否中弹,又上前以枪柄敲击被害人头部后,才逃离现场。在这种情况下,

---

* 原载于《月旦法学杂志》2009 年第 167 期,收录于本书时,原文之部分用语、文字经出版社编辑调整。
** 台北大学法律学系教授。

应认定为犯罪中止还是犯罪未遂？

学理研究

一、理论先探

（一）"中止犯"的概念和成立要件

何谓"中止犯"？一般刑法教科书都引用"刑法"第 27 条第 1 项前段中的"已着手于犯罪行为之实行，因己意中止或防止其结果之发生者"，作为"中止犯"的定义。但这样的定义是有偏颇的，因为其后继之以"（中止犯之处罚）减轻或免除其刑"，所以不同于"未遂犯"未必可罚，"中止犯"必然是"可罚的"，若不可罚，谈什么"减轻或免除其刑"呢？既然是"可罚的"，则"中止犯"必然为"犯罪行为人"，因而这样的定义，显然并未表彰出行为亦应具备"可罚性"的要点。

所以，较适切的"中止犯"的定义，应进一步"修改"为："已着手于犯罪行为之实行，因己意中止或防止其结果之发生之犯罪者。"

不过，即使是这样的定义，也不是"成立要件"意义下的"中止犯"定义，而是"类型"意义下的"中止犯"定义。因为我们如果更通俗点讲，"已着手于犯罪行为之实行，因己意中止或防止其结果之发生之犯罪者，为中止犯"是说："'已着手于犯罪行为之实行，因己意中止之犯罪者''或''已着手于犯罪行为之实行，因己意防止其结果之发生之犯罪者'，'都'是'中止犯'。"也就是说，"中止犯"的范围包括"己意中止类型"和"己意防止其结果之发生类型"，但其"统一"的"成立要件"又是什么？

其实，"中止犯"的特点不在于"已着手"，也不在于"结果不发生"，因为此二者亦见于"结果不发生的常见类型"的"未遂犯"；而在于"着手实行既遂构成要件之后，自行打消原有的'既遂故意'，而代之以'不遂故意'，并基于此另行产生的'故意'，有效中断因其着手而启动的因果进程，使既遂结果不发生"。所以"中止犯"的最大特征在于另行产生"不遂故意"和"有效中断因果进程"。

在此理解下，"成立要件"意义下的"中止犯"定义，应为："已着手于犯罪行为之实行，而已启动因果进程，但于其后，自行打消原有的'既遂故意'，而代之以'不遂故意'，并基于此另行产生的'故意'，有效中断因其着手而启动的因果进程，使既遂结果不发生之犯未遂之罪*者。"依之，"中止犯"的"成立要件"为：

（1）已着手于既遂构成要件之实行，而已启动因果进程。

（2）在着手于既遂构成要件之实行后，自行打消原有的"既遂故意"，而代之以"不遂故意"。

（3）基于该"不遂故意"，而在客观上有所中断因果进程的"行为"。

（4）该中断因果进程的"行为"，有效中断因果进程，使既遂结果不发生。

（5）行为人仍犯未遂之罪。

（二）"未了"和"既了"是"中止犯"的分类标准，并非成立要件要素

既然"中止犯"能具有"统一"的"成立要件"意义下的定义，为什么刑法要采"类型"意义下的"中止犯"定义呢？我们不得而知，但我们可以确定的是，这样一来，使属"中止犯"分类标准的"既了"和"未了"，往往被误解为"中止犯"成立要件要素。现行"刑法"的规定，似将"中止犯"的"成立要件"和"中止犯"的"类型标准"有所混淆。

---

* 何以"中止犯"为"犯未遂之罪"，容本文稍后说明。

"刑法"第27条第1项前段中所规定的"因己意中止或防止其结果之发生"部分,其实省略了一大串文字,其"原文"为:"于未了未遂阶段,因己意中止,所启动的因果进程,当然被中断而不发生既遂结果,或于既了未遂阶段,采另一作为而有效中断因果进程,使既遂结果不发生。"由是,我们可以理解到:

(1) 在于未了未遂阶段,只要行为人中止,既遂结果"必然"不发生。
(2) 在既了未遂阶段,行为人即使采另一中断因果进程的作为,既遂结果也"未必"不发生。

为什么会这样呢?首先,我们要先搞清楚,"未了"和"既了"的"了"到底是什么意思。"了",顾名思义,是"完成"的意思,但究竟是什么"完成"了?在此,它是指行为人"完成",但"完成"什么呢?就是"因果进程不再仰赖行为人而能自行运行下去"。所以,"了"是指"因果进程不再仰赖行为人而能自行运行下去的完成"。

在"未了未遂阶段",就"因果进程不再仰赖行为人而能自行运行下去",行为人尚未"完成",因此,只要行为人"单纯放弃",已启动的因果进程就"必然"中断,既遂结果也就"当然"没有发生的可能;但于"既了未遂阶段","因果进程不再仰赖行为人而能自行运行下去"已由行为人"完成",因而行为人必须有"另一拦截作为"拦截仍在"自行运行"的因果进程,方有可能使既遂结果不发生,如果拦截不成功,则既遂结果还是不免发生,所以行为人即使采中断因果进程的"另一拦截作为",既遂结果也"未必"不发生。

当于"未了未遂阶段"或"既了未遂阶段"均能发生"因果进程被中断",则影响"中止犯"成立的,并不是"未了"或"既了",而是"因果进程是否被中断";而且,当"不作为"和"作为"可以"统一"在"行为"概念之下,"单纯放弃"和"拦截作为"也可以"统一"在"中断因果进程的行为"概念之下。因而"未了"和"既了"并不属于"中止犯"的"成立要件",而只是"分类标准";"中断因果进程的行为"和"因果进程被中断"才属于"中止犯"的"成立要件"。区分为"己意中止"和"己意防止结果之发生"的实益,恐怕只是为了方便说明,于具体个案,行为人有所"中断因果进程的行为"时,于"未了未遂阶段"或"既了未遂阶段",其"中断因果进程"的"有效性"如何发生。

更何况,"未了"和"既了"纯粹属"行为阶段"的概念,在"既遂犯"乃至于"过失犯"二者都有必要出现,并不是"中止犯"的特有概念,规定在法条之中,多此一举。

(三) "中止犯"必然是"可罚的未遂犯"

就"中止犯"我们谈了许多,但还是没有解答"中止犯"所应适用的构成要件是什么?而且其所应适用的构成要件还必须是"可罚的构成要件",如前所述,"中止犯"必然是"可罚的"。

既然第27条第1项前段规定对"中止犯""减轻或免除其刑",因而要有犯罪,必然要具有"构成要件该当性";要具有"构成要件该当性",必然先要有"构成要件"的规定。但第27条第1项前段中有没有关于"中止犯"所应适用构成要件的规定呢?答案是:有!但我们在前面不是已经分析其所有内容了吗?没错!我们是分析了其所有内容,但我们并没有分析其内容所至其能完全分析的程度!

回忆一下:"未遂构成要件"所适用的范围是所有"已着手于既遂构成要件之实行而不遂者",不只包括"既遂结果不发生的常见未遂类型",也包括"既遂结果发生的罕见未遂类型",即"发生(重大)因果历程错误的未遂类型"。在此情况下,属于"刑法"第27条第1项前段中的"已着手于犯罪行为之实行,(……而欠缺既遂)结果之发生",是不是就是"已着手于既遂构成要件之实行,而结果不发生"。这充分说明"中止犯"必然只发生于"既遂结果不发生的常见未遂类型",并不会发生在"既遂结果发生的罕见未遂类型"之中。尽管如此,"中止犯"还是在"未遂构成要件"的适用范围之内。也就是说,行为人若不实现"未遂构成要件"而具有"未遂构成要件该当性",根本没有可能是"中止犯"。

不只如此,如前所述,"中止犯"必然是"可罚的",因而即使在"结果不发生"的情况下实现"未遂构成要件";若所实现的是"不可罚的未遂构成要件",也不可能是"中止犯";"中止犯"必然要实现"可罚的未遂构成要件"而具有"可罚的未遂构成要件该当行为"。所以"中止犯"的"可罚性",还是诉诸第25条第2项前段的"未遂犯之处罚,以有特别规定者为限"的规定。

所以,"中止犯"所应适用的构成要件还是"未遂构成要件",其"未遂构成要件该当行为"的"可罚性",还是"未遂构成要件该当行为的可罚性",所犯之罪还是"未遂之罪"。所以"中止犯"必然是"可罚的未遂犯"。

职是之故,从"构成要件""构成要件该当性"或"可罚性"的角度来看,"中止犯"都是"未遂犯"的次类型,全然欠缺独立的意义。也就是说,在犯罪论上,"中止犯"并非必要的概念。"中止犯"也不可能和"未遂犯"属相同层次的概念。

(四)"普通未遂犯"乃"裁量性减轻刑罚事由",而"中止犯"为"强制性减轻刑罚事由"

既然"中止犯"所应适用的构成要件还是"未遂构成要件",其"未遂构成要件该当行为"的"可罚性",还是"未遂构成要件该当行为的可罚性",所犯之罪还是"未遂之罪"。可以看出,在犯罪论的层次,所谓"普通未遂犯"和"中止犯"应该还是"统一"在"未遂犯"概念之下。如果非要区别,也只是说,就"重大因果历程错误发生下的既遂结果发生的罕见未遂类型"中,不可能发生"中止犯"而已,但这根本不影响"未遂构成要件该当性"和"未遂构成要件该当行为可罚性"的判断。

事实上,现行"刑法"是将"可罚的未遂犯"之处罚,不当加以割裂了,将对"普通未遂犯""得按既遂犯之刑减轻之"规定于第25条第2项后段,而另将对"中止犯""减轻或免除其刑"规定于第27条第1项前段。

可见,具有同样的"未遂构成要件该当性"和同样的"未遂构成要件该当行为的可罚性",以及均犯"未遂之罪"的"普通未遂犯"和"中止犯",之所以出现区别的必要,乃在于若该"可罚的未遂犯"属"普通未遂犯",所具有的是"裁量性减轻刑罚事由";若为"中止犯",则具有"强制性减轻刑罚事由"。

当"普通未遂犯"乃"裁量性减轻刑罚事由",而"中止犯"为"强制性减轻刑罚事由",就可以很清楚地看出,"普通未遂犯"和"中止犯"都一样,并非犯罪论的概念——至少并非必要概念,而是将之"统一"的"未遂犯"概念,这才是犯罪论所必要的概念。

就是因为为了确定"可罚的未遂犯"究竟具有"裁量性减轻刑罚事由",还是具有"强制性减轻刑罚事由",所以才有区分"普通未遂犯"和"中止犯"的必要。所以我们说,"普通未遂犯"和"中止犯"在刑罚论上具有区别必要性——而且,只有在"既遂结果不发生"的前提下,才具有这样的区别必要性,因为"既遂结果发生的罕见未遂类型",只有可能是"普通未遂犯",不可能是"中止犯",该"可罚的未遂犯",仅具有"裁量性减轻刑罚事由",不可能具有"强制性减轻刑罚事由"。

因此,我们不能再说,第25条是关于所谓"普通未遂犯"的规定,而第27条第1项乃所谓"中止未遂犯"的规定,这样的说法是错误的。正确的看法是:"普通未遂犯"作为"裁量性减轻刑罚事由"规定于第25条第2项后段,"中止犯"作为"强制性减轻刑罚事由",规定于第27条第1项前段;而二者均适用"可罚的未遂犯"规定于第25条第1项和第2项前段的发现"未遂构成要件"的"修正公式"规定和"未遂构成要件该当行为的可罚性应于"刑法"分则上明文加以规定"的规定。

所以,我们不可以再误以为"未遂犯"是"普通未遂犯"的"简称",二者不是同一层次的概念,"未遂犯"为"普通未遂犯"和"中止犯"共同的上位和前提概念,是犯罪论层面的概念;而"普通未遂犯"和"中止犯"才是同一层面的概念,均属刑罚论层面才必要的概念。

(五)"准中止犯"亦属"强制性减轻刑罚事由"

2005年修法时,"刑法"在第27条第1项后段新增"准中止犯"的规定。依之,"准中止犯",是指"已着手于犯罪行为之实行……而结果之不发生,非防止行为所致,而行为人已尽力为防止行为者"。

由是观之,"准中止犯"和"中止犯"一样,仅可能发生于"既遂结果不发生的常见未遂类型",并不会发生在"既遂结果发生的罕见未遂类型"之中,也和"中止犯"一样,还是在"未遂构成要件"的适用范围之内。也就是说,行为人若不实现"未遂构成要件"而具有"未遂构成要件该当性",根本没有可能是"准中止犯"。

不只如此,更和"中止犯"一样,"准中止犯"必然是"可罚的",因而,即使在"不发生结果"的情况下实现"未遂构成要件",若所实现的是"不可罚的未遂构成要件",也不可能是"准中止犯","准中止犯"必然实现"可罚的未遂构成要件"而具有"可罚的未遂构成要件该当行为"。所以,"准中止犯"的"可罚性",还是诉诸第25条第2项前段的"未遂犯之处罚,以有特别规定者为限"的规定。

所以,和"中止犯"一样,"准中止犯"所应适用的构成要件还是"未遂构成要件",其构成要件该当行为的可罚性,还是"未遂构成要件该当行为的可罚性",所犯之罪还是"未遂之罪"。所以和"中止犯"一样,"准中止犯"必然是"可罚的未遂犯"。

职是之故,从"构成要件""构成要件该当性"和"可罚性"的角度来看,和"中止犯"一样,"准中止犯"都是"未遂犯"的次类型,全然欠缺独立的意义。也就是说,在犯罪论上,"准中止犯"亦并非必要的概念。

即使和"中止犯"如此类似,但"准中止犯"还是与之有极大的差异:

首先,"准中止犯"根本不可能发生于"未了未遂阶段",因为于"未了未遂阶段",行为人只要"单纯放弃"行为之继续,既遂结果就"必然"不发生,没有也不可能有所谓"拦截作为"。也因此,和"中止犯"不同,"既了"不再是分类标准,而是属于"准中止犯"的"成立要件"。

其次,"准中止犯"虽和"中止犯"一样,行为人有所"拦截作为",但后者有效中断行为人已驱动之因果进程,但前者,并未有效中断行为人已驱动之因果进程。简单讲,就是其"拦截作为"不具"有效性"。

综合上述,"准中止犯"较精确的定义应为:"已着手于犯罪行为之实行,而已启动因果进程,并于既了未遂阶段,自行打消原有的'既遂故意',而代之以'不遂故意',虽基于此另行产生的'故意',尽力中断因其着手而启动的因果进程,但既遂结果之不发生却与其防止行为无关之犯未遂之罪者。"

但如何判断行为人"尽力"?当然不可能采主观说,因为既然其于"既了未遂阶段"另行产生"不遂故意",则在客观上必然应具有"足以中断因果进程之作为",一如具有"杀人(既遂)故意"而已着手"杀人构成要件"之实行者,其客观行为当为"足以致人于死之行为",否则难以谓之具有"杀人行为"。因而,"尽力"的判断标准是在客观上必须出现"足以中断因果进程之作为"。依之,"准中止犯"最为精确的定义,恐怕应为:"已着手于犯罪行为之实行,而已启动因果进程,并于既了未遂阶段,自行打消原有的'既遂故意',而代之以'不遂故意',虽基于此另行产生的'故意'，而有足以中断因其着手而启动的因果进程之作为，但既遂结果之不发生却与该作为无关之犯未遂之罪者。"

在此定义下，"准中止犯"的"成立要件"可分析为：
（1）已着手于既遂构成要件之实行，而已启动因果进程。
（2）于着手后的既了未遂阶段，自行打消原有的"既遂故意"，而代之以"不遂故意"。
（3）基于该"不遂故意"而在客观上有足以中断因果进程的作为。
（4）该中断因果进程的作为，并未有效中断因果进程，与既遂结果之不发生并无因果关系。
（5）行为人仍犯未遂之罪。

犯"未遂之罪"的"可罚的未遂犯"，若符合上述要件，则为"准中止犯"，依第 27 条第 1 项后段的规定"亦同"于"中止犯"，亦具有"强制性减轻刑罚事由"，而"减轻或免除其刑"。

（六）"法兰克公式""新法兰克公式"和"新新法兰克公式"

过去，我们从德国"进口"了所谓"法兰克公式"（die Frank'sche Formel），作为判断"可罚的未遂犯"是具有"裁量性减轻刑罚事由"的"普通未遂犯"，还是具有"强制性减轻刑罚事由"的"中止犯"之标准。

所谓"法兰克公式"，其内容为："是不能也，非不为也，为普通未遂犯；是不为也，非不能也，为中止犯。"而其"全文"为："'于着手于既遂构成要件之实行后'，不能继续实行，既遂结果因而不发生，而非'己意'不继续为之，既遂结果才不发生者，为普通未遂犯；'于着手于既遂构成要件之实行后'，'己意'不继续实行，而使既遂结果不发生，非不能继续实行，既遂结果才不发生者，为中止犯。"

由此可见，适用"法兰克公式"的前提，乃在于已着手于既遂构成要件的行为人"未继续实行"，而只有在"未了未遂阶段"，因为"因果进程尚仰赖行为人才能继续运行下去"，才有讨论是否"继续实行"的必要。因而谓"法兰克公式"作为判断"可罚的未遂犯"是具有"裁量性减轻刑罚事由"的"普通未遂犯"，还是具有"强制性减轻刑罚事由"的"中止犯"之标准，这样是有点夸张的，其实它只能用来判断"未了未遂阶段"的"可罚的未遂犯"是具有"裁量性减轻刑罚事由"的"普通未遂犯"，还是具有"强制性减轻刑罚事由"的"中止犯"。

如果要将"法兰克公式"适用范围扩张到所有"可罚的未遂犯"，就必须将之"修正"为："'于着手于既遂构成要件之实行后'，既遂结果非因'己意'之行为而不发生者，为普通未遂犯；'于着手于既遂构成要件之实行后'，既遂结果因'己意'之行为而不发生者，为中止犯。"我们姑且将之称为"新法兰克公式"。

但在 2005 年修法时，将"准中止犯"亦增列为"可罚的未遂犯"的"强制性减轻刑罚事由"后，即使我们将采"新法兰克公式"，势必仍不敷使用，而有进一步"修正"的必要。

大多数人不太容易意识到，"法兰克公式"也好，"新法兰克公式"也罢，是被用来对行为人"于着手于既遂构成要件之实行后"的事，进行判断的，而且是以"既遂结果不发生"作为引用的前提。最重要的，它只有能力区别"普通未遂犯"和"中止犯"，并不是"未遂犯"和"中止犯"；引用"法兰克公式"或"新法兰克公式"，都是为了要确定属"既遂结果不发生的常见未遂类型"的"可罚的未遂犯"，究竟是具有"裁量性减轻刑罚事由"，还是具有"强制性减轻刑罚事由"。所以，"法兰克公式"是"刑罚论"层次的"公式"，并非"犯罪论"层次的"公式"。

"法兰克公式"和"新法兰克公式"对区别"普通未遂犯"和"中止犯"，有其历史性不可磨灭的贡献，但在"刑法"新增"准中止犯"规定后，属"既遂结果不发生的常见未遂类型"的"可罚的未遂犯"范围内的"普通未遂犯"和"中止犯"间的界限,已不再是"可罚未遂犯"具有"强制性减轻刑罚事由"或"裁量性减轻刑罚事由"的界限,而已转向扩及"既遂结果发生的罕见未遂类型"的所有"普通未遂犯"和"广义中止犯"间的界限。也因此,我们必须对"新法兰克公式"再进一步加以"修正",方能因应新局面。

我们提出的"新新法兰克公式"为:"己意有所为,为广义中止犯;余皆普通未遂犯。"而其"全文"为:"'在既遂结果不发生的前提下,于着手于既遂构成要件之实行后',己意而有所足以中断因果进程之行为者,为广义中止犯;其余的皆属普通未遂犯。"因为,这个"新新法兰克公式"完全符合如前所述。

关于"可罚的未遂犯"之处罚,乃依以下定之:

(1) 结果不发生且因己意而有足以中断因果进程行为的"可罚未遂犯",减轻或免除其刑。

(2) 其他"可罚的未遂犯",得按既遂犯之刑减轻之。

(七)"诚挚悔悟"并非"广义中止犯"的成立要件要素

在"罪刑法定主义"下,凡"不利"被告者,均必须于"刑法"上有所规定,不得恣意而为。我们适用的是台湾地区"刑法",如果觉得某些国家或地区的刑法的内容更合理,那就想办法修法,将该内容变成台湾地区"刑法"的一部分;但在此之前,台湾地区"刑法"没有规定的,就是没有规定。

或谓,"中止犯"和"准中止犯"必须"诚挚悔悟"方得成立。这个说法,在德国或许成立,但在台湾地区就"无的放矢"了!我们一个一个字念"刑法"第27条第1项的规定,就是有规定"己意",并没有规定要"诚挚悔悟",更没有规定什么"诚挚悔悟而己意"。不知这个"诚挚悔悟"何时变成成立要件要素了?就算在学理上说得通,但学理可以爬到"罪刑法定主义"头上去吗?我们大一开始念"刑法"总则时,不就被教导要对"罪刑法定主义"予以"绝对"尊重吗?有什么大到不能再大的理由,要我们在这里背叛"罪刑法定主义"呢?

"己意"指"自行决定","诚挚悔悟"是种动机,现行"刑法"关于"中止犯"和"准中止犯",明明只规定要求行为人"自行决定"而有足以中断因果进程的行为,根本没有要求这样的"自行决定"必须出于"诚挚悔悟"的动机。

"强制性减轻刑罚事由"属"有利"被告事项,添加任何成立要件要素,均属对被告"不利",没有成文法律的依据,就是违背"罪刑法定主义",就是不可以!若想要将"诚挚悔悟"添加进"中止犯"和"准中止犯"的成立要件之中,唯一"合法"的途径是:经"立法院"三读通过而修改"刑法"第27条第1项规定。

(八)"可罚的未遂犯"属"普通未遂犯"或"广义中止犯"的判断流程

如果行为人不犯或非犯"未遂之罪",根本就没有探究其究竟是"普通未遂犯"或"广义中止犯"的必要。如前所述,判断属"普通未遂犯"或"广义中止犯"的目的,乃在于确定"可罚的未遂犯"所具有的是"裁量性减轻刑罚事由",还是"强制性减轻刑罚事由"。

是以,进行行为人属"普通未遂犯"或"广义中止犯"的判断,以确定"可罚未遂犯"的存在为前提,因而,其乃属"未遂构成要件该当性判断"和"未遂构成要件该当行为可罚性判断"之后的判断。

复以,"普通未遂犯"既可能发生于"既遂结果不发生的常见未遂类型",也可能发生于"既遂结果发生的罕见未遂类型",但"广义中止犯",仅可能发生于"既遂结果不发生的常见未遂类型"。也因此,既遂结果发生或不发生乃成为最优先的判断,也就是只有属"既遂结果不发生的常见未遂类型"的"可罚未遂犯",才有探究其属"普通未遂犯"或"广义中止犯"的问题,若为属"既遂结果发生的罕见未遂类型"的"可罚未遂犯",就必然是"普通未遂犯",没有必要,也没有可能进一步考虑其是否符合"已着手于既遂构成要件之实行后,因己意而有足以中断因果进程行为"的"广义中止犯"要件。

在此理解下,就"可罚未遂犯"属"普通未遂犯"或"广义中止犯"的判断流程,我们可以区分为"前提判断阶段"和"区分判断阶段"两个阶段:

1. "前提判断阶段"的判断流程

（1）是否存在"可罚的未遂"？若无,根本不是"可罚的未遂犯"如何处罚的问题;若有,继续以下的判断;

（2）既遂结果是否已发生？若有,则该"可罚的未遂犯"为"普通未遂犯",仅具有"裁量性减轻刑罚事由",已告确定;若无,才继续进入以下的属"普通未遂犯"或"广义中止犯"的"区分判断阶段"判断。

2. "区分判断阶段"的判断流程

（1）行为人已着手后,是否打消犯意？若无,则确定该"可罚的未遂犯"为"普通未遂犯",仅具有"裁量性减轻刑罚事由"。若有,继续以下判断;

（2）行为人是否因己意而打消犯意？若否,则确定该"可罚的未遂犯"为"普通未遂犯",仅具有"裁量性减轻刑罚事由";若是,则必须再继续以下判断;

（3）行为人是否有所足以中断因果进程的行为？若否,则确定该"可罚的未遂犯"为"普通未遂犯",仅具有"裁量性减轻刑罚事由";若是,则该"可罚的未遂犯"为"广义中止犯",具有"强制性减轻刑罚事由"。

简单讲,如果一路通过"结果不发生——打消犯意——因己意——具有足以中断因果进程的行为"者,才是"广义中止犯",这样的"可罚的未遂犯"才具有"强制性减轻刑罚事由";而只要一关没过,这样的"可罚的未遂犯"就是"普通未遂犯",仅具有"裁量性减轻刑罚事由"。

（九）"普通未遂犯"就是非"广义中止犯"的"可罚未遂犯"——并提出修法建议

综合上述,我们可以知道,"未遂犯"乃纯粹"构成要件"和"构成要件该当性"层次的概念,依第25条第1项的规定,凡"基于既遂故意,而着手于既遂构成要件之实行,而不遂者",均为"未遂犯"。

因而,行为人是不是"未遂犯",只考虑"既遂故意""着手实行"和"既遂构成要件并未完全实现";至于"不遂的原因"并不在考虑之列。因此,区分行为人为"普通未遂犯""中止犯"或"准中止犯"的问题,根本不可能也不应该在此阶段讨论,因为三者都是探究"不遂的原因"时,才会发生的概念。

何况,"普通未遂犯""中止犯"和"准中止犯"三者,并未穷尽所有的"未遂犯",因为第25条第2项前段明文规定:"未遂犯之处罚,以有特别规定者为限",因而行为人不具有"可罚性"的"未遂构成要件该当性",也还是"未遂犯",只是"不可罚的未遂犯"。所以由"普通未遂犯""中止犯"和"准中止犯"组成的"可罚的未遂犯"集合和"不可罚的未遂犯"集合的"联集",才是"未遂犯"集合。亦即"未遂构成要件"的适用范围及"不可罚的未遂犯""普通未遂犯""中止犯"和"准中止犯"四者。

但无论如何,在犯罪论的层次上,我们只关心,也只能关心"是否为未遂犯",以及"未遂犯是否可罚"这两个层次的问题,也就是只能讨论到"可罚的未遂犯"和"不可罚的未遂犯"的区别,仅止于此。

我们可以将上述整理为表1。

表1

	未遂犯	
	不可罚的未遂犯	可罚的未遂犯（包括普通未遂犯、中止犯和准中止犯）
具有既遂故意吗？	具有既遂故意	
已着手吗？	已着手	
不遂吗？	不遂	
构成要件该当性	未遂构成要件该当性	
构成要件该当行为的可罚性	"刑法"分则未明定其未遂构成要件该当行为的可罚性而欠缺可罚性	"刑法"分则明定其未遂构成要件该当行为的可罚性

当"未遂犯"于"刑法"分则上欠缺其"未遂构成要件该当行为的可罚性"规定时，即属"不可罚的未遂犯"，我们就没有必要也不可能继续讨论，如何处罚的问题——除非，就同一事实，实现另外的"可罚构成要件"——也就是不再进入刑罚论的讨论层次。换言之，"不可罚的未遂犯"，纯属犯罪论层次的概念。反之，"可罚的未遂犯"，既然其具有"可罚性"，我们就有必要进一步讨论其如何处罚的问题。在本次修法之前，刑法的立场是：在"既遂结果不发生"的前提下，以"可罚的未遂犯"所以"不遂的原因"作为决定"裁量性减轻"或"强制性减轻"的依据。但在本次修法后，由于明文将"准中止犯"与原有的"中止犯"并列，亦作为"强制性减轻刑罚事由"，"可罚的未遂犯"所以"不遂的原因"已不复作为决定"裁量性减轻"或"强制性减轻"的判定标准，而是在"既遂结果不发生"这一前提不变的情况下，以行为人是否"因己意而有足以中断因果进程的行为"作为判定标准。质言之，"强制性减轻要件"，由原来的"因己意而有足以中断因果进程的行为"和"有效中断性"，减为只要具有"因己意而有足以中断因果进程的行为"已足。

由于这样，虽然在立法形式上，现行"刑法"将"中止犯"和"准中止犯"二者，区别规定于第27条第1项的前段和后段，但"可罚的未遂犯"是否具有"强制性减轻刑罚事由"，其实是"统一"在具有"因己意而有足以中断因果进程的行为"的标准之下。所以，我们可以将"可罚的未遂犯"究竟属"普通未遂犯""中止犯"或"准中止犯"，整理为表2。

表2

		可罚的未遂犯			
		普通未遂犯		广义中止犯	
				准中止犯	中止犯
	既遂结果已发生了吗？	已发生	既遂结果不发生		
不生结果的原因	行为人另生"不遂故意"吗？	不讨论	没有	有	有	有
	另有足以中断因果进程的行为吗？	不讨论	不讨论	没有	有	有
	有效中断因果进程吗？	不讨论	无从讨论	不讨论	没有	有
刑罚	具有"裁量性减轻刑罚事由"或"强制性减轻刑罚事由"？	具有"裁量性减轻刑罚事由"而得减			具有"强制性减轻刑罚事由"而应减	

由表 2 我们可以看出,所谓"普通未遂犯"就是既非"中止犯"亦非"准中止犯"的"可罚未遂犯"。然而既然现行"刑法",在"既遂结果不发生"的前提下,将具有"因己意而有足以中断因果进程的行为"的"中止犯"和"准中止犯"二者,均作为"强制性减轻刑罚事由",在此"统一"的标准下,区分"中止犯"和"准中止犯"已无任何实益,事实上我们只需要"在既遂结果不发生"的前提下,"因己意而具有足以中断因果进程的行为者"为"广义中止犯"这样的"统一"概念。

所以,什么是"普通未遂犯"? 就是非"广义中止犯"的"可罚未遂犯"。

在此理解下,现行"刑法"的立法形式,就显得繁复而琐碎,似可将第 27 条第 1 项删除,将其内容与现行"刑法"第 25 第 2 项"合并"加以改写,并挪置于第 3 项,而将第 25 条修正为:

已着手于犯罪行为之实行,而不遂者,为未遂犯。

未遂犯之处罚,以有特别规定者为限。

可罚之未遂犯,依下例规定处罚之:

一、于着手实行犯罪行为后,因己意而有足以中断因果进程之行为者,减轻或免除其刑,但结果仍发生者,不适用之。

二、不适用前项之可罚未遂犯,得按既遂犯之刑减轻之。

如此,我们将"未遂犯""可罚的未遂犯"和"可罚未遂犯的处罚",井然依序而为规定,非但在适用上更为简便,亦使"未遂犯""普通未遂犯"和"广义中止犯"的关系更为明确——在此同时,我们也可以把"局限性"的"普通未遂犯""中止犯"和"准中止犯"的区别,顺势转往"穷尽性"的"普通未遂犯"和"广义中止犯"的区别,毕其功于一役!

二、判决评析

(一)台湾地区高等法院判决

就此案的台湾地区高等法院判决,相对于就其他案件的判决,大致说来,论证堪称严谨,其对行为人是否犯未遂之罪,应优先于"中止犯"之判断,亦即层次上,将犯罪问题和处罚问题已明显加以区别。

其先谓"枪支威力强大,可轻易取人性命,以被告之年龄及智识程度应知之甚详,被告击发之子弹更朝被害人胸腔背面易致命之部位射入,依此等犯案动机、下手经过情形分析,被告行凶当时确有杀人故意,至为灼然",于此,其虽未明言甲乃基于杀人故意,而着手于杀人构成要件之实行,但其认为甲已犯杀人未遂罪之立场,不言而喻。

随后,其谓"辩护人为被告辩称:被告于击发一颗子弹并命中被害人之背部左侧后,即未再射击第二发子弹,改以枪柄敲被害人头部,足证被害人未死亡而能存活至今,纯系因被告当时因己意中止并防止结果发生所致,应符合中止犯减刑之规定云云。按已着手于犯罪行为之实行,而因己意中止或防止其结果之发生者,减轻或免除其刑,'刑法'第 27 条固定有明文。是中止犯减刑之适用,系行为人在自由情况下,出于自我之意愿而中止其行为之实行,或行为人之实行行为已完成,但出于己意积极防止结果之发生,且使实行行为果真未发生结果,始足当之。查本件被告开枪击中被害人背部左侧后,已致被害人胸腔及腹腔大量出血……如未经实时救治,势必无法挽回性命,即被告虽射击被害人一枪,但已使被害人达于致命之程度,然被告于被害人中枪后,并未为任何救护行为,反以枪柄击打被害人头、脸部,并咒骂'干'字才离开,嗣被害人系因证人陈○○报警送医救治,始能幸免于死,显见被告并未有何出于己意积极阻止死亡结果发生之行为,是辩护人所辩被告于开一枪击中被害人后,即自行停止再射击被害人乙情纵令为真,亦与'刑法'第 27 条所谓之中止犯不符,自难依该法条减轻或免除其刑……"

就此,高等法院以"被告虽射击被害人一枪,但已使被害人达于致命之程度"来说明甲之杀人因果进程已进入"既了未遂阶段",但"被告并未有何出于己意积极阻止死亡结果发生之行为",足见其完全掌握"了"是指"因果进程不再仰赖行为人而能自行运行下去的完成";以及于"既了未遂阶段","因果进程不再仰赖行为人而能自行运行下去"已由行为人"完成",因而行为人必须有"另一拦截作为"拦截仍在"自行运行"的因果进程,方有可能使既遂结果不发生。

不仅如此,从其既谓"辩护人所辩被告于开一枪击中被害人后,即自行停止再射击被害人乙情纵令为真,亦与'刑法'第27条所谓之中止犯不符,自无难依该法条减轻或免除其刑……"随之又谓"被告所为,系犯'刑法'第271条第2项、第1项之杀人未遂罪。……被告已着手于杀人犯行之实行,惟幸未致被害人生亡之结果,其犯罪尚属未遂,应依'刑法'第25条第2项之规定,按既遂之刑度减轻其刑……"来看,即使其未明白表示,就犯罪之判断,"普通未遂犯"和"中止犯"应统一适用第25条第1项,但由于其既谓"与'刑法'第27条所谓之中止犯不符,自无难依该法条减轻或免除其刑……"又谓"应依'刑法'第25条第2项之规定,按既遂之刑度减轻其刑……"来看,其亦已全然掌握:"普通未遂犯"乃"裁量性减轻刑罚事由",而"中止犯"为"强制性减轻刑罚事由"。

综合上述,高等法院亦以极"含蓄"的表达方式,认为"未遂犯"是"普通未遂犯"的"简称",二者不是同样层次的概念,"未遂犯"为"普通未遂犯"和"中止犯"共同的上位和前提概念,是犯罪论层面的概念;而"普通未遂犯"和"中止犯"才是同样层面的概念,均属刑罚论层面才必要的概念。

(二)台湾地区"最高法院"判决部分

或许囿于"刑事诉讼法"第393条的"第三审法院之调查,以上诉理由所指摘之事项为限"规定,台湾地区"最高法院"反而未能就"中止犯"为应减的"可罚未遂犯"加以更明确的说明,其论证几乎逐字照抄高等法院的判决。

台湾地区"最高法院"先谓:"上诉人在近距离内除对被害人开一枪击发外,更连两次追扣扳机,以枪支威力强大,可轻易取人性命,上诉人应知之甚详,其击发之子弹更朝被害人胸腔背面易致命之部位射入,显见上诉人行凶当时确有杀人故意,至为灼然……"继其后则谓"'刑法'第27条所规定之中止犯减刑之适用,系行为人在自由情况下,出于自我之意愿而中止其行为之实行,或行为人之实行行为已完成,但出于己意积极防止结果之发生,且使实行行为果真未发生结果,始足当之。本件上诉人开枪击中被害人背部左侧后,已造成被害人胸腔及腹腔大量出血,如未经实时救治,势必无法挽回性命,上诉人在射击被害人一枪后,已使被害人达于致命之程度,然其并未为任何救护行为,反以枪柄击打被害人头、脸部,并咒骂'干'字才离开,被害人系因证人陈○○报警送医救治,始能幸免于死,显见上诉人并未有何出于己意积极阻止死亡结果发生之行为,上诉意旨称其于开一枪击中被害人后,即自行停止再射击被害人乙情纵令属实,亦与'刑法'第27条所谓之中止犯不符,自难依该法条减轻或免除其刑……"

在台湾地区"最高法院"全盘接受高等法院的见解之下,我们可以说,实务已"实质"一致认为:"未遂犯"为"普通未遂犯"和"中止犯"共同的上位和前提概念,是犯罪论层面的概念;而"普通未遂犯"和"中止犯"才是同样层面的概念,均属刑罚论层面才必要的概念——"普通未遂犯"乃"裁量性减轻刑罚事由",而"中止犯"为"强制性减轻刑罚事由"。但可惜的是,这样的立场,始终是以极"含蓄"的方式加以表达的。

整体说来,实务相较于学界,反而未陷于以下错误认知:第25条是关于所谓"普通未遂犯"的规定,而第27条第1项乃所谓"中止未遂犯"的规定;即其将"未遂犯"和"中止犯"误认为于犯罪论上属同层次的概念,而正确掌握"普通未遂犯"和"中止犯"于刑罚论上属同样层面的概念。

就"中止犯"为应减的"可罚未遂犯"的理解深度,实务是领先学界的,学界似有加把劲儿的必要！但实务和学界均尚未将"普通未遂犯""中止犯"和"准中止犯"于刑罚论上,全面探讨其于科刑上的关系,则不免令人感到遗憾！

结论性观点

一、甲所具有的构成要件该当性

（1）依"刑法"第 271 条第 1 项和第 25 条第 1 项的规定,基于杀人故意,已着手于杀人构成要件之实行而不遂者,具有杀人未遂构成要件该当性。

（2）本案,基于杀人故意,甲对乙持手枪扣发扳机三次,虽其中仅一颗子弹顺利击发并由乙背部左侧射入,向右下贯穿肺部、肝脏及胸椎,致乙受有右下肺穿刺伤、右横隔穿刺伤、肝脏大量出血及第十胸椎穿透伤等之伤害,其余各发子弹则因故未能射出,但仍已着手于杀人构成要件之实行,嗣乙堂弟丙进入茶馆,见乙倒卧在地,报警将乙送医急救后,惟幸免于死亡而不遂。

（3）故甲具有杀人未遂构成要件该当性。

二、甲所具有的杀人未遂构成要件该当行为具有可罚性

（1）"刑法"第 25 条第 2 项前段规定,未遂构成要件该当行为的可罚性,应于"刑法"分则明定之。

（2）杀人未遂构成要件该当行为的可罚性,明定于"刑法"第 271 条第 2 项。

（3）故甲因其杀人未遂构成要件该当行为,而犯杀人未遂罪。

三、甲所犯之杀人未遂罪之处罚

（1）依"刑法"第 25 条 2 项后段和第 27 条第 1 项的规定,可罚之未遂犯,依下列处罚之:

① 丁着手实行犯罪行为后,因己意而有足以中断因果进程之行为者,减轻或免除其刑,但结果仍发生者,不适用之。

② 不适用前项之可罚未遂犯,得按既遂犯之刑减轻之。

（2）本案,犯杀人未遂罪的甲,于着手杀人构成要件后,不仅欠缺足以中断因果进程之行为,且于乙中弹倒地后,为确认乙是否中弹,尚持前述手枪,以枪柄敲击乙头部后,始逃离茶馆。

（3）故甲所犯之杀人未遂罪,仅得按既遂犯之刑减轻之,不得减轻或免除其刑。

分 则 篇

一、危害公共安全罪

酒测0.91毫克竟也无罪*

——评台湾地区高等法院2010年交上易字第246号刑事判决

张丽卿**

基本案情

2010年2月10日,甲在台北县永和市饮酒后,准备骑乘重型机车返回台北县中和市住所。在返家途中,甲于永和市某路口为警察拦检盘查,并测得其呼气酒精浓度高达每公升0.91毫克。

甲对上述事实,在侦讯时皆坦承不讳,惟坚决否认驾车时有"已达不能安全驾驶动力交通工具"的程度。甲称:"虽然自己有酒后驾车的情形,但当时意识清醒,能与警员同时驾车前往派出所进行酒精浓度测试,嗣后亦通过生理协调平衡检测,并无不能安全驾驶状况。"

对于本案,板桥地方法院2010年交简字第1137号简易判决指出,被告明知服用酒类,对意识能力具有不良影响,于服用酒类后其呼气酒精浓度高达每公升0.91毫克,已处于不能安全驾驶动力交通工具之状态,故认定被告行为须承担"刑法"第185条之3之酒醉驾驶罪。

不过,甲不服判决上诉,经板桥地方法院合议庭于2010年交简上字第100号判决审理后,改判无罪。判决认为,既然"不能安全驾驶动力交通工具而驾驶者"系属"刑法"第185条之3的构成要件,动力交通工具驾驶者当时的主观意识及客观情状就须从个案具体认定,并非仅以被告酒精测试值为定罪的唯一依据。本案被告既然没有其他异常情况,亦能通过相关的生理测试,所以无法证明被告甲有"不能安全驾驶动力交通工具而驾驶"的行为。

该判决经检察官不服再上诉到台湾地区高等法院。台湾地区高等法院竟也于2010年交上易字第246号判决维持相同的看法,同样作成被告甲无罪的认定。①

裁判要旨

本判决认为无罪的论述,逻辑如下:

(一)被告意识尚清醒,通过生理检测

判决理由指出,被告虽坦承喝酒及有酒后驾车情形,但当时意识清醒,能与警员同时驾车前

---

* 原载于《月旦法学杂志》2012年第201期。
** 高雄大学财经法律学系教授兼院长、东海大学法律学系合聘教授。
① 参见《法院各自解读"扯"酒驾超标3倍 竟改判无罪"》,载苹果日报新闻网(http://tw.nextmedia.com/applenews/article/art_id/32907157/IssueID/20101023),2010年12月1日访问。

往派出所进行酒精浓度测试,嗣后亦通过生理协调平衡检测,并无不能安全驾驶状况。

(二) 酒测值仅能证明,确有酒后驾车

检察官虽提出道路交通事故当事人酒精测定记录表、举发违反道路交通管理事件通知单及被告供述,仅能证明被告有酒后驾车之事实;且检察官所提出之"'刑法'第185条之3查获后测试、观察职务报告"仅载明被告于查获、测试或询问过程中有"多话"情事、"有酒味",尚未证明被告处于"不能安全驾驶动力交通工具"状态。此外,制作检测记录表之警员亦作证,在查获被告酒驾前,除了骑车比较慢、话较多以外,情绪上仍算平稳、肢体协调、平衡并无异常,尚能配合警察接受酒测询问,显示其当时之认知、平衡、情绪控制、肢体协调能力均无异状。

(三) 欠缺其他证据,显示被告有罪

虽然被告甲的酒测值高达每公升0.91毫克,但是本判决认为,全案并无其他证据显示被告有不能安全驾驶的状态。详言之,本判决审酌警方检测记录中,有五项常见不能安全驾驶的检测项目,被告经检测均属合格。再者,本判决另外采纳证人警察当时观察被告的一段客观情况描述:"伊是请被告骑他自己机车与伊一起回派出所……从得和路到派出所途中,被告骑在伊等两辆警用机车中间,被告骑车状况并没有明显异状等语",从中得出警员查获甲时,并无明显不能安全驾驶情状的结论。

疑难问题

本案最主要的争点是,对于酒后"不能安全驾驶"的解释与证明。对此,本判决认为,被告甲虽然饮酒,且酒测呼气酒精浓度虽已达每公升0.91毫克,但在客观上并未出现所谓不能安全驾驶的情状,自不能以医学或统计上的结果,机械式地以此认定被告已达不能安全驾驶的程度。

换言之,本判决维持二审合议庭的见解,推翻一审简易庭判决被告有罪的主要理由,认为"刑法"第185条之3酒醉驾车罪"不能安全驾驶"的状态,无论立法设计属抽象或具体危险犯的模式,均不得将酒测值作为唯一的证明标准。本判决的观点是否符合立法旨趣,是本文探究的重点。精确地说,本案争点在于,"刑法"第185条之3的定位是否属于抽象危险犯①,酒测值可否作为唯一的有罪判决证据。

学理研究

一、酒醉驾车罪是抽象危险犯的立法

交通事故的发生,通常是因驾驶人有服用毒品、麻醉药品、酒类或其他相类的物品时,因而有不能安全驾驶动力交通工具的情形却依旧驾驶。其中,酗酒驾车是交通事故发生的主因。"刑法"对于酗酒驾车行为的处罚依据,规定在"刑法""公共危险罪"章第185条之3。

从构成要件分析,"刑法"第185条之3的构成要件行为是"服用药物或酒类驾驶动力交通工具",行为情状是"不能安全驾驶的状态",保护的法益则为大众的交通安全。不能安全驾驶的状态,是本罪重要的不法核心内涵。笔者一向认为,本罪是属于抽象危险犯的立法,以下先说明抽象危险犯的刑事政策功能,并厘清本罪的性质定位。

---

① 有些实务见解认为是抽象危险犯,参见台湾地区高等法院2011年交上易字第59号判决、2010年交上易字第360号判决、2009年交上易字第348号判决;有些实务见解认为是具体危险犯,参见2008年交上易字第240号判决、2008年交上易字第158号判决。

(一) 抽象危险犯的刑事政策功能

抽象危险犯是指,行为符合构成要件中所预定的抽象危险,即成立犯罪。① 抽象危险具有高度危险性,是具体危险的先前阶段,所以无待法官就具体案件认定就成立犯罪,是立法上推测的危险,因为特定的行为一出现,法益被侵害的危险就会随之发生。

就立法目的言,抽象危险构成要件是对法益进行前置性的保护,例如"食品卫生管理法""银行法""药物药商管理法"、交通刑法等。② 这些法律是在保护各种生活利益,在这些生活利益还没有遭到现实侵害,或危险状态还没有出现之前,用"刑法"的规定介入,已达到更为周延的保护目的。③ 换言之,运用抽象危险构成要件的主要理由是,基于特殊情况,为求有效维护法益的目的,将刑罚权的发动时点前置于发生具体实害前的危险状态,亦即,带有典型危险的行为就是不法构成要件的要素之一。

刑事政策的功能上,抽象危险犯不仅能够强化一般预防,更可强化刑法的实用性。在一般预防上,借由抽象危险犯告诫人民,只要一旦作出某特定行为,就立刻成立犯罪,如此将可使人民对于某些法律不乐见的行为却步。特别在交通刑法上,因为任何人都可能是交通犯罪的潜在犯罪人,所以抽象危险构成要件是对抗交通犯罪的重要手段。④

另外,刑事司法要求刑法的实用性,意指刑事实体法上的结构安排,应该与刑事程序法的作用互为呼应;解释学上所作的回答,应该可以有益于诉讼上的贯彻。若解释学上的回答,不能在诉讼上被实践,就是刑事政策上的无用之物。⑤ 特定的危险行为如果对法律所保护的利益形成典型风险,立法者以刑法前置的方式予以响应,并不过当。尤其是一些令人难以忽视的个人危险行为,例如持有枪械、贩卖毒品、重大交通犯罪行为等。⑥ 更重要的是,抽象危险犯的刑事立法,可以避免实害犯举证上的困难,减轻追诉机关的负担,是非常有实用性的构成要件。

(二) 酒醉驾车罪是抽象危险犯

没有冲突的道路交通功能,让安全流畅的道路交通得以实现,是交通刑法的制定目的。基于前述抽象危险犯的刑事政策功能,可以知道交通犯罪以抽象危险犯为手段的原因。交通刑法所干涉的违法行为,是一个没有具体攻击对象的行为,要保护的是超个人的集体利益。⑦

道路交通的参与者数量众多,即使是一个奉公守法的人,也有可能发生交通事故,例如过失伤

---

① 参见甘添贵、谢庭晃:《快捷方式刑法总论》,瑞兴图书出版公司2006年版,第66页;林山田:《刑法通论》(增订十版)(上册),2008年版,第254页;林东茂:《危险犯与经济刑法》,五南图书出版公司1996年版,第27页;张丽卿:《刑法总则理论与运用》,五南图书出版公司2010年版,第109页以下;林钰雄:《新刑法总则》,元照出版有限公司2009年版,第99页以下。

② Hassmer, Kennzeichen und Krisen des modernen Strafrechts, ZRP 1992, S. 381; ders., Symbolisches Strafrecht und Rechtsguterschutz, NStZ 1989, S. 558.

③ 例如 Hassmer, ZRP 1992, S. 378, 383; ders., in: AK, Aternativekommentar zum StGB BI, 1-21, 1990, vor § 1, Rdnr. 274 ff., ders., in: Scholler/Philipps (Hrsg.), Jenseits des Funktionalismus, 1989, S. 90 ff.; Schröder, Die Gefrdungsdelikte, ZStW Beiheft 1982, S. 8.

④ Schöch, Kriminologische und sanktionsrechtliche Aspekte der Alkoholdelinquenz im Verkehr, NStZ 1991, S. 15.

⑤ Zipf, Kriminalpolitik, 2. Aufl., 1980, S. 54 f.

⑥ Bohnert, Die Abstraktheit der abstrakten Gefährdungsdelikte, BGH NJW 1982, 2329 in: JuS 1984, S. 186.

⑦ Hassemer, in: AK, Alternativkommentar zum StGB B I, § 1-21, 1990, vor § 1, Rdnr. 400.; Arzt/Weber/Heinrich/Hilgendorf, Strafrecht Besonderer Teil, LH 4, 2. 2009 Aufl Rdnr. 18; ders., ZStW 1987 Beiheft, S. 27.

害。因此,我们的法律社会对于良好交通秩序的期盼,极其殷切。换言之,借由良好交通秩序的创造与维护,就能将交通危险的可能性降至最低,对于还没有造成实际侵害的交通违规行为,运用抽象危险构成要件,在立法上规定为犯罪,就是为了保护超越个人的生活利益。由德国的经验可以发现,自从德国刑法中对于酗酒与吸毒驾车的行为,使用抽象危险的构成要件之后(参见《德国刑法》第316、315 CI 条),这类违规行为的发生明显下降①,由此可见,这种立法设计是正确的。

如果酗酒驾车的刑事规范,是针对引发具体危险的行为而作处罚,那么交通刑法的目的将难以实现。因为在交通犯罪上,实务会面临举证的重大困难,个案判断危险有无发生,以及危险结果的发生是否与交通违规行为有因果关系是非常难的。但是,通过将"刑法"第185条之3构成要件定性为抽象危险犯的解释②,实务在对抗危险驾驶行为的情形时,就可以方便运用,不但没有正当性的疑虑,更可活化刑法功能。

单纯依靠"刑法"过失致死与过失伤害等传统生命、身体法益保障的规定,必定无法有效维护日益精密繁杂的交通秩序。正因如此,由于本罪条文中并无"危险状态"的具体描述,只要行为人有不能安全驾驶的情形而驾驶动力交通工具,不必产生额外的具体危险或实害,构成要件便足该当。故"刑法"第185条之3是"抽象危险构成要件"的立法,若能妥当执行,应可大大减少道路交通上的灾难。

因为在当前的交通事故中,酒驾依然是大宗,约占整体交通事故的20%③,但有改善的态势,特别是在A1类交通事故(人员当场或24小时内死亡之交通事故)中,酒驾件数明显减少,依"内政部警政署"的统计资料④,2006年至2008年A1类交通事故酒驾分别是:705、543、474件,呈现下降的趋势;但机车酒驾的情形较汽车严重,以2008年为例,A1类交通事故机车酒驾有283件,自用小客车则是153件,其他车型38件,这个现象已获有关单位的注意。⑤ 整体而言,"刑法"第

---

① Schöch, NStZ 1991, S. 15. 附带一提的是,德国联邦宪法法院亦曾对政治刑法的正当性作过解释,即使政治刑法所针对的不是具体危险的行为也不违宪。在联邦宪法法院的这个意见庇荫下,立法者运用抽象危险构成要件就有了坚实的依据。参见 Schröder, ZStW 81 (1969), S. 16 f.; Ostendorf, Grundzüge des konkreten Gefährdungsdeliktes, JuS 1982, S. 427.

② 事实上,台湾地区在行政法上早就采取抽象危险犯的立法方式,在1968年时就制定了"道路交通管理处罚条例"第35条及"道路交通安全规则"第114条两个条文。依据这两条的规定,驾驶人饮酒后呼气所含酒精成分超过每公升0.25毫克以上者(相当于血液中酒精含量千分之0.5以上),即属酒醉驾驶的交通违规行为。比较重大的突破是,1997年1月23日公布施行的"道路交通管理处罚条例"第35条第1项第2款规定,对于"吸食毒品、迷幻药、麻醉药品及其相类似之管制药品而驾者",亦视为违反"道路交通管理处罚条例"第35条的违规情形。换言之,立法者将吸毒驾车的违规行为正式纳入该条的涵摄范畴,这是比德国更快、更进步的立法。因为,《德国道路交通法》第24条a规定,只针对血液中酒精含量0.05%以上的驾驶人,对于吸毒驾车的驾驶人,苦无对策与之相应,有关此点也是最受批评的地方。参见 Harbort, NZV 1996, S. 221; Nehm, DAR 1993, S. 380; Sager/Maatz, NZV 1993, S. 331;尤其是Schöch针对这个处罚上的漏洞有详细的立法建议,参见 Schöch, Rauschmitteläquivalenz von Alkohol und Medikamentenim Strassenverkehr? 1992, S. 214. 但应注意的是,在台湾地区依旧有部分实务与学者认为"刑法"第185条之3是具体危险犯。

③ 参见"内政部警政署"统计资料,2010年12月1日访问。

④ "内政部警政署":《2008年道路交通事故概述及交通执法绩效分析》("内政部"警政署统计室、黄逸勤科员撰),2009年12月15日,第10页。

⑤ 此外,以台北市交通事件裁决所为例,2010年10月台北市酒驾汽车336件、机车604件(不分交通事故种类),机车酒驾的数量几乎是汽车的1倍。台北市交通事件裁决所的在线统计资料是目前台湾地区交通事件裁决单位最为完善者(最后浏览日:2010年12月1日)。另外,"交通部"的《2009年道安年报》也提及机车酒驾的严重性,参见"交通部":《2009年道安年报》2010年3月,第27页。

185 条之 3 的立法,对于台湾地区的交通改善仍有正面的功效。①

总之,抽象危险的前置处罚,能适时防止危险行为进一步形成具体实害;且在诉讼证明上,该构成要件的设计,相当程度内亦有排除举证困难的优点。不过,必须留意的是,若单是为了举证便利性而创设使用,并不够正当,因为运用抽象危险构成要件,必须是避免整体社会利益可能遭到违规者的严重反复伤害。② 在此实证基础下,立法者不必等到违规行为惹起具体危险状态,就用刑法手段介入。换言之,由于个别的违规行为虽还不足以让整体的交通功能瘫痪,但不能放任交通功能发生现实的破坏或接近于瘫痪。③

(三) 本判决理由违背抽象危险犯的法理

基于上述,"刑法"第 185 条之 3 不能安全驾驶的构成要件要素,是在交通往来活动中,立法者所拟制的典型抽象危险,行为人一旦饮酒后陷入此等状态,不待具体风险或实害的产生即成立本罪。不过,观察本判决对被告甲酒醉驾车行为是否陷入不能安全驾驶状态的判断,主要的认定理由为:……再者上述检测记录中有五项常见不能安全驾驶之检测项目,被告经检测均属合格,而检测认定能安全驾驶,上述客观项目自较证人主观判断为精确,况证人即查获警员证称,被告查获时有多话情形,而多话与能否为安全驾驶,并无必要关联,自难执此认定被告为不能安全驾驶。换言之,被告虽有骑车较缓慢、多话情形,情绪仍算平稳,骑车较缓慢与多话,无法认为达到不能安全驾驶之状态。

由此可以理解,本判决肯定被告甲通过五项检测项目,否定"多话"与是否能安全驾驶的关联性,据此判处被告无罪的论理。不难发现其思维脉络,是将原本立法者所拟制的典型抽象危险,通过个案判断的方式,观察具体危险是否确实客观存在。

换言之,本判决所持立场,有背离抽象危险犯的法理与适用方向的疑虑。判决理由不断强调个案证据的重要性,表示并无迹证显现被告甲的驾驶行为已达不安全的状态等说法,事实上等同跳脱立法者所设定的犯罪构成要件事实框架,向外探寻非待证事实的依据,并以此成为被告无罪的理由。亦即,将"酒醉驾车有无实现具体风险的证明",成为本判决所主张与关注的唯一焦点,这是违背本罪法理的解释。

二、酒醉驾车罪的刑事证明

对于酗酒驾车者的不能安全驾驶行为,应该思考的方向是:刑事侦查实务上,必须建立明确的标准,使之有效诉追犯罪,彰显积极的一般预防功能,吓阻潜在的犯罪者;若行为人遭受刑事诉追程序,进入法院,审判者也应采取明确的证明方式或标准,以判断被告是否成立本罪。响应交通安全刑事政策与立法意旨,判断酒驾者之行为是否成罪,宜依循下列处理模式:

(一) 酒测值为移送法办的依据

"不能安全驾驶"是指行为人的生理与心理处于不能安全驾驶的状态,这个情状的设定,目的是为划定一个危及公共交通安全的高度风险程度范围。就酒醉驾车行为来说,如何界定酒醉致不能安全驾驶的程度,在于仰赖"酒测值",借此判断行为人是否已达不能安全驾驶的状态,也是

---

① 关于"刑法"第 185 条之 3 对台湾地区交通安全的影响,经笔者的"国科会"计划"交通犯罪与交通违规行为之规范分析及其实证研究(96-2414-H-390-007-MY3)"研究发现有其正面意义。例如,酗酒驾车于 1999 年入罪后,人们是否会改变其酒后开车的习惯,2001 年 47.37% 的人持正面态度(酒后不开车),2010 年则有 91.54% 的人持正面态度。详细的实证研究内容,请参见笔者的"国科会"计划结案报告。

② Kleine-Cosack, Kausalitätsprobleme im Umweltstrafrecht, 1988, S. 179;张丽卿:《交通刑法》,学林出版有限公司 2002 年版,第 67 页以下。

③ Weber, in: Arzt/Weber/Heinrich/Hilgendorf, a. a. O., Rdnr. 21.

检警侦查的重要依据。

酒测值所显示的,是立法者为"刑法"第185条之3不能安全驾驶罪所拟制的抽象危险,基于立法意旨的特殊考虑,酒测值是主导本罪是否成立的绝对关键。由于饮酒多寡与驾车后的实害风险间,必定呈现正比数的层升关系,行为人喝得愈多,对交通安全的侵害就会愈严重。因此,司法实务面对所谓"不能安全驾驶状态"的刑事证明活动,就须考虑交通刑事政策的现实需求,利用酒测值的高低,建构本罪不同行为层次的举证标准。其背后的整体思维,就在于对公共交通法益进行积极有效的维护。

实务多是采取呼气或血液的检验机制取得酒测值,尤其是借由呼气检验行为人的生理状况,更是检警在取缔酒驾时,最常使用的方法①;检测的数值忠实反应行为人有无酒醉的客观事实,借此得知行为人究竟是否处于不能安全驾驶的状态。如此一来,使司法实务能有效率地取得更多有力佐证,让法官清楚判断行为人是否有不能安全驾驶的情状存在。不过,必须注意的是,酒精浓度值并非不法构成要件本身所描述的客观情状,仅为一种刑事诉讼程序面的证明方式;行为人主观上要认识的对象,应是"是否认识自己不能安全驾驶",而非认识自己酒测的测试数值。简言之,呼气酒精的浓度只是证据数据的一种,并非行为人主观须认识的对象。②

(二)酒测值是判断是否成罪的主要标准

目前台湾地区关于酒醉驾车的处罚,视情节轻重分为行政与刑事处罚两种。在行政处罚层面,对于"不能安全驾驶行为"处以行政裁罚的规定,主要为"道路交通管理处罚条例"第35条及"道路交通安全规则"第114条。亦即,饮用酒类或其他类似物后其呼气所含酒精浓度超过每公升0.25毫克或血液中酒精浓度超过0.05%以上,即达到行政法上不能安全驾驶的程度,依规定不得驾驶;若驾驶者在行车时,有饮酒而酒精浓度超过规定标准却依旧行车于道上,则以行政罚相绳。

交通管理规范的目的,是希望通过立法,以酒精浓度为标准,诠释不能安全驾驶的低度风险状态,并仅采取较轻微的行政裁罚进行交通利益的维护。相对的,就刑法谦抑性的角度观之,考虑酒驾行为所造成的社会风险与危害,必定将随着驾驶者本身饮酒量的增加,愈趋严重。因此,刑法介入与预防的是,较为严重的不能安全驾驶行为。

刑法上,如何借由酒测数值为主要标准,建构"能否安全驾驶"的证明模式,是一个重要的问题。笔者认为,若能参考德国司法实务的做法③,亦即,关于"无驾驶能力",德国司法实务是通过"血液内酒精含量的值"以作解释。因为在立法上很难明确指出,血液中的酒精含量到了何种程度属于完全丧失驾驶能力或只是驾驶能力减失。这需要司法上的评价。德国刑法实务关于认定"无驾驶能力"的标准,可以分为两种情况:一是血液中酒精含量0.11%以上为"绝对无驾驶能力"(这是单纯的抽象危险犯);二是血液中酒精含量在0.03%~0.11%之间,并加上特定具体的危险情况时,可认定为"相对无驾驶能力"(这是将抽象危险行为的可罚性与特定的具体危险要素相连结的"抽象—具体危险犯"),这两种情形的无驾驶能力都可依照第316条处以徒刑或罚金。另外,依照《德国道路交通法》第24条a的规定,动力机械的驾驶人血液中的酒精含量达0.08%或更高而驾驶车辆者,为秩序违反,得科处罚款至3000马克。从上面血液中酒精含量的数字显示,驾驶人只要饮酒至0.03%以上,就有可能遭受处罚。换言之,能否安全驾驶如能参照

---

① 参见林山田:《刑法各罪论》(下),2006年版,第313页;林东茂:《刑法综览》,一品文化出版社2009年版,第2-258页;张丽卿:《交通刑法》,学林出版有限公司2002年版,第149页。
② 采同意见,参见林东茂:《刑法综览》,一品文化出版社2009年版,第2-262页。
③ 参见 Hentschel/Born, Trunkenheit im Strabenverkehr, 7. Aufl., 1996, Rdnr. 346, S. 126.

上述德国实务的做法,再配合本罪立法目的进行建构,如此一来,对于交通安全的保障应有实质面向的帮助。详言之,关于认定"不能安全驾驶情状"的具体标准,我们必须依循饮酒量与风险实现几率间的层升关系,将本罪分为两个不同的罪行态样,证明方式的宽松严谨亦会有所差异。

测得酒精浓度是否已达每公升 0.55 毫克以上,是一项重要的判断基准。因为科学实证发现,酒精浓度已达每公升 0.55 毫克以上者,发生车祸的几率是一般正常驾驶人的 10 倍。是以,目前刑事司法实务制定的基准,就是认为酒驾者的"呼气酒精浓度高达每公升 0.55 毫克",其行为的严重性与危险程度,已非行政手段得以管制者,必须移送司法侦办①,这也是参考世界各国或地区对酒驾的认定标准。

换言之,当驾驶者的酒测检验值超过每公升 0.55 毫克时,表示饮酒过量的程度几乎可推定普遍的驾驶者,皆无法掌控动力交通工具的安全行驶,已达"绝对无驾驶能力"。此时,衡量酒驾者饮酒过量的恶性与对交通安全的严重侵害,法政策思考上,就应采取单纯抽象危险犯的立法模式,将 0.55 毫克以上的酒测值作为抽象危险程度的拟定标准,以及判定"不能安全驾驶情状"的唯一证据。

再者,当驾驶者酒测检验值介于每公升 0.25 至 0.55 毫克之间时,由于饮酒量尚未普遍性地超乎驾驶者生理适应程度,因而我们仍须针对个案,考虑驾驶者本身是否确实存在不能安全驾驶的具体危险,否则,一旦认定驾驶者的酒精浓度超过 0.25 毫克就需负担刑事责任,讲求实质公平正义的精神就会在过度追求一般预防的刑事政策下,遭受彻底牺牲。

因此,在每公升 0.25 至 0.55 毫克之间的酒测值,驾驶者必须同时呈现特定的客观具体危险情状,使得认定为"相对无驾驶能力"。由于法院仍须针对个案正义进行探求,依具体个案调查重要事证,按自由心证认定事实。换言之,除了酒测标准外,执行取缔酒后驾车的相关单位,在取缔当时增加诸如单脚直立、直线步行、接物或画同心圆等辅助测验②,并作成书面报告附卷等证据,皆会成为增强法院裁判时,对不能安全驾驶情状的必要认定依据。③ 此时本罪的形态就是将抽象危险行为的可罚性与特定具体危险要素相连结的"抽象—具体危险犯"。也就是说,在这样的情况之下,执行警察有其他客观事实认定不能安全驾驶时,就须依据"刑法"第 185 条之 3 规定移送法办④;相对的,驾驶者若能通过辅助测验,客观上显现并无醉态情状,此时仅须依据"道路交通管理条例"的规定,论以行政裁罚。

总而言之,酒测值超过每公升 0.55 毫克,是绝对法办的标准;若低于每公升 0.25 毫克,未超出人体对酒精本身的适应性,应属社会可容许风险的范围,故非行政管制或刑事处罚等所关心者。值得注意的是,若驾驶者的酒测值介于每公升 0.25 与 0.55 毫克之间时,是否必须移送刑事调查,就留给执法者一定的补充判断空间。这样的设计是为了确保刑事政策在积极追求社会安全与预防犯罪的目的上,不至于牺牲过多的个案正义,适时彰显刑罚最后手段性的基本精神。

(三)禁止反证推翻"绝对不能安全驾驶情状"

值得注意的是,在绝对不能安全驾驶的情况,本罪的犯罪形态,属于单纯抽象危险犯,就刑事证据的运用,是通过酒测值每公升超过 0.55 毫克,就得作为认定被告有罪的唯一证据。

---

① 参见"法务部"1999 年 5 月 18 日,法(88)检字第 1669 号函。
② 本判决中有提到被告甲于酒驾查获初期所作的"'刑法'第 185 条之 3 查获后测试、观察职务报告""台北县警察局永和分局汽机车驾驶人酒后生理协调平衡检测记录表"等,即属目前实务除测试酒精浓度值外,个案认定是否必须移送法办的重要辅助判断依据。
③ 参见陈焕生、刘秉钧:《刑法分则实用》,2006 年版,第 166 页。
④ 参见张丽卿:《交通刑法》,学林出版有限公司 2002 年版,第 95 页以下。

虽然有人认为(如本案判决)0.55毫克所累计出的统计资料,只是一般人普遍生理状况的"平均数值",若采用该类数据作为判定不能安全驾驶概然率高低的依据,恐怕将无法正确反映具体个案中,被告生理状况的个别性。若在个案认定中,法院一旦采纳酒测结果,被告是否得以提出反证推翻利用科学方法统计出来的证据事实?若有特异体质的驾驶者,对酒精适应能力极高,纵使至0.55毫克以上的程度,亦不会视力模糊、反应迟钝而影响到驾车安全,此时法院应该能接受该等有利说词,判决被告无罪。

不过,笔者认为,行为人的酒测值若超过每公升0.55毫克,即应视为不能安全驾驶,不得举反证推翻。① 因为对于酒醉驾车犯行严重的台湾地区社会而言,通过明确并无迂回空间的证明方式,必能吓阻潜在的酒驾犯罪者心存侥幸的犯罪心理,有效发挥积极一般预防的刑罚机能;就诉讼效益而言,呼气酒精浓度的绝对标准,亦能简便法官办案,具有证据经济效果。

当驾驶人血液中或呼气中的酒精含量,达绝对无驾驶能力的数值时,就认为是不得被反证推翻的"不能安全驾驶"状态,虽不能顾及体质特殊者,但这是若干法律规范不能避免的事。② 例如无正当理由携带刀械,在立法上被认定有危险性,对不特定人的生命身体有危险,立法上认定,这些刀械终将流入仇斗的场所,携带刀械的人不论有无前科、从事什么行业、学历多高,都不能否定犯罪的成立。无照驾驶同样被认定有危险性,即使无驾照者可以证明自己的开车技术高于有驾照者,他还是无照驾驶,被视为有危险。

抽象危险犯立法设计的真正意义,就是考虑犯罪行为一旦造成结果,对法益的侵害将会十分严重,因此,让实质正义的追求做出退让,例外不去理会少数具体个案可能存有的特殊性。就酒醉驾驶行为来说,如果认为个案正义可能会被扭曲,检察官能运用职权不起诉、缓起诉的作为来解决;此外,即使进入法院,法官也能选择从轻量刑(或罚金、易科罚金、缓刑)来处理。

本判决一再论述:……再者上述检测记录中有五项常见不能安全驾驶之检测项目,被告经检测均属合格,而检测认定能安全驾驶,上述客观项目自较证人主观判断为精确,况证人即查获警员证称被告查获时有多话情形,而多话与能否为安全驾驶,并无必要关联,自难执此认定被告为不能安全驾驶。因为被告甲通过五项检测项目,否定"多话"与是否能安全驾驶的关联性,据此判处被告无罪的论理,此种思维脉络与法理操作,使原本立法者所拟制的典型危险可能荡然无存。

相较于本判决,本案的一审判决(板桥地方法院2010年交简1137号判决)则明白指出,被告甲呼气酒精浓度高达每公升0.91毫克,大大超出标准值每公升0.55毫克,应是处于不能安全驾驶动力交通工具之状态,这样的认定值得称许。地方法院简易庭掌握"刑法"第185条之3属于抽象危险犯的本质,正确作成适法妥当的裁判。

结论性观点

交通活动瞬息万变,欠缺弹性的政策思考,或过于僵化的法理操作,都可能造成法律发挥保障人民生命、健康与财产的障碍。酒醉驾车是台湾地区社会积习已久的缺点,自1999年正式将酒醉驾车致不能安全驾驶入罪后,虽然已经产生正面的成效,但还有很大的进步空间。

2011年11月,"刑法"第185条之3修正,将原先刑度"一年以下有期徒刑、拘役或科或并科十五万元以下罚金"提高至"二年以下有期徒刑、拘役或科或并科二十万元以下罚金";并于本条增设加重结果犯的规定:"因而致人于死者,处一年以上七年以下有期徒刑;致重伤者,处六月以

---

① 亦可参见黄仲夫:《简明刑法分则》,元照出版有限公司2010年版,第169页。
② 相同见解,请参见林东茂:《刑法综览》,一品文化出版社2009年版,第2-262页。

上五年以下有期徒刑。"希望借此强化打击酒醉驾车的功能。①

但是,酒醉驾车之所以无法获得缓解,关键可能并非在于刑罚的轻重,而是司法实务处理酒醉驾车的立场。就检察官而言,对酒驾者多处以不起诉或缓起诉②,虽然检方立意良善,让酒驾者有改过自新的机会,但可能因而造成人民侥幸的心态;再者,司法对酒醉驾车是否成罪的判断上,多有不同,造成法院对酒驾是否成立犯罪的认定南辕北辙,不仅使得法秩序混淆不清,更让人民产生投机心理。本文所举的案例,酒测值高达每公升 0.91 毫克却判无罪,就是显例。

实务如何认定酒醉驾车达到"不能安全驾驶状态",是当前法院处理交通刑案的分歧之处。对此,本文采抽象危险犯的立场,认为利用一定程度的酒测数值(呼气中的酒精浓度达到每公升 0.55 毫克以上),作为证明"不能安全驾驶状态"的唯一证据,以限缩法院个案判断的空间,舍弃证明被告无罪的机会,应属合理。通过酒测数值标准的建立,区分"刑法"第 185 条之 3 不能安全驾驶罪的抽象与具体危险的犯罪形态,目的就是为了将高度风险的酒驾行为,利用提前保障法益的抽象危险立法手段,予以防阻。

实务的判决不能将本属"抽象危险犯"行为的不能安全驾驶状态,硬是变更为"具体危险犯"或"实害犯"的证据认定模式。换言之,只要呼气中的酒精浓度达到每公升 0.55 毫克以上,就能证明被告陷入"刑法"第 185 条之 3 的"不能安全驾驶"状态,应该被判有罪,不是无罪,否则酒醉驾车的规定将成具文,交通上的灾难就不能适度防堵。③ 可惜的是,目前实务对于不能安全驾驶的认定,法院仍有各自解读不一的情况发生。

总之,"刑法"第 185 条之 3 的立法模式,以酒测值标准超过一定程度时,因情节的严重性采取抽象危险犯的判断,目的就是为形塑抽象危险的行为态样,法院在处理酒醉驾车案件时,应顾及立法意旨与实际政策考虑。倘若部分实务坚持采取个案证据判定具体危险有无的证明方式,或许能在少数的个案中,展现出实质正义的审判精神,但却可能牺牲绝大部分守法用路者的更多利益,更造成潜在酒驾者的侥幸心理,恐怕无法有效预防酒醉驾车犯罪数量蔓延,此绝非公众交通参与者之福。

---

① 这次"刑法"的修正,主要是因为 2011 年 10 月 1 日凌晨,某酒醉驾车者将执勤中的新北市女消防员赖文莉撞成重伤截肢,但酒驾肇事者获交保,引发各界质疑酒驾刑责太轻。"立法院"多名立委提案修法,提高酒驾刑责。"刑法"第 185 条之 3 的修法理由主要是,鉴于今日酒后驾车肇事案例遽增,但法条裁罚过轻,如此恐无法达到警示与阻吓作用,爰提案提高罚则,并增加致死及致重伤的加重结果犯规定,以符合社会期待。

② 对于公共危险罪,检察官多以不起诉或缓起诉终结,以 2009 年为例,在所有的公共危险罪中,57.31% 的案件缓起诉,4.75% 的案件不起诉。虽然此非对酒驾的精确统计数字,但从中可推知检方多以不起诉或缓起诉终结酒醉驾车案件的情形。数据可以参见"法务部保护司":《2009 年犯罪状况及其分析》,"法务部"2010 年版,第 150 页。

③ Kleine-Cosack, Kausalitätsprobleme im Umweltstrafrecht, 1988, S. 179;张丽卿:《交通刑法》,学林出版有限公司 2002 年版,第 99 页。

二、破坏市场秩序罪

论商业判断法则于背信罪之适用妥当性[*]

——评台湾地区高等法院高雄分院2007年金上重诉字第1号判决

蔡昌宪　温祖德[**]

基本案情

被告丁于1995年任高雄区中小企业银行股份有限公司(下称"高雄企银")常务董事兼任潮州分行经理、被告己时任该行董事、被告丙时任该行审查部经理、被告戊时任该行副理;公诉意旨略以:"以上之人均为'公司法'第八条第一项所称之董事,与同法条第二条之经理人",系属高雄企银之负责人。被告甲、乙分别时任该行之征信课课长及调查员,系为高雄企银处理事务之人。

孟郡建设开发股份有限公司(下称"孟郡公司")为购买高雄县湖内乡某处土地,作为兴建住宅区之大型开发计划,于1995年11月间以该公司名义向高雄企银申贷放款1.5亿元,并提供12笔坐落于台南县新市乡之土地作为担保品(此12笔土地并非位于科学园区第一期开发区)。又被告己于同年间担任孟郡公司负责人,该申贷行为系属利害关系人贷款。再者,孟郡公司未检附相关证明文件来证明其担保品乃位于科学园区第一期开发区,即向高雄企银申贷。

被告甲、乙于现场访价后未于征信报告书上记载任何佐证信息或访价来源,即于"估价核算表"中,载明系争12笔担保土地之放款值为130 414 683元,已超过公告现值估价之放款值。再者,申贷企业代表人即被告己于1995年4月1日至10月11日止,共计有17次补退记录,总额达125 175 000元;惟被告乙于该"估价核算表"仅简略载明"负责人有补退记录",而被告甲、戊、丁亦依循该"估价核算表"内容,逐层签报。嗣呈至高雄企银审查部时,审查部经理即被告丙于同年11月20日带领审查科襄理与科长两人,前往担保品现场进行勘估后,被告丙于该"估价核算表"中以放款值为81 481 671元,签请提呈董事会核示。该行总经理于同年11月21日审核该"超过授权限额审议申请书"时,明确批示"拟并审查意见提请董事会审议"(即并将放款值1.3亿元与80 000 000元两案送核)。同年11月22日高雄企银常务董事会会议中,决议通过前述"拟并审查意见提请董事会审议"之意见。高雄企银于1995年11月24日召开董事会,决议通过贷放金额1.1亿元予孟郡公司。讵料孟郡公司于1998年9月份起未续缴利息,至同年12月31日转列催收,该公司共积欠本息113 233 272元。后高雄企银将已列为逾期放款之不良债权办理整批公开标售,为龙星升公司于2003年6月24日以7 342 327元标得。

---

[*] 原载于《月旦法学杂志》2011年第195期。
[**] 蔡昌宪,台湾"清华大学"科技法律研究所副教授;温祖德,台湾地区台北地方法院检察署检察官、铭传大学法律学院兼任助理教授。

高院认为，被告 6 人犯罪无法证明，地院原审无罪之谕知，认事用法并无违误，故维持原审判决、驳回上诉。由于高雄地方法院一审判决与高等法院高雄分院法院之终审判决几近雷同，以下判决理由的整理即以高院判决为主。

裁判要旨

如行为人就所受任之事物并无权作成任何决定，则非背信罪所指之事务，仅因处理事务之人怠于注意，致其事务生不良之影响，则为处理事务之过失问题，即非故意违背其任务之行为，自不负任何罪责。

所谓"商业判断法则"（The Business Judgment Rule），系英美法上为缓和董事之忠实义务与注意义务而发展出来之理论，以避免董事动辄因商业交易失利而应对公司负赔偿责任。

就借款人提供担保品之价值多寡、授信金额是否应为担保品之一定成数，以及决定是否授信贷款等问题，均属专业判断事项，相同借款人、相同担保品，对不同金融机构而言，或因对景气之判断不同，或因对借款人之信用优劣认定有异，或因市场竞争强弱，当因金融市场上各种财务性或非财务性因素，而产生不同估价、授信标准及结论。金融业相关授信人员在商场上随时须作商事判断，其判断之优劣，反映出市场竞争之一面，有竞争必有成败风险，法院只问是否在规则内竞争，其所为商业判断是否符合公司内部控制制度之规定，法院不应也不宜以市场结果之后见之明，论断经理人或相关授信人员原先所为商业判断是否错误，甚而认为失败之商业判断系故意或过失侵害公司，即论经营者或经理人以背信罪责。在此情形下，即有上述"商业判断法则"之适用。倘无积极证据证明授信人员于授信过程故意违背其任务及公司内部控制之规定，且有为自己或第三人不法利益之意图，尚不得仅以该授信案件为呆账无法收回，即谓金融人员有何违背信托义务之行为，亦不能以背信罪责论处。

在一般金融行库申贷实务中，担保品坐落之位置，及与金融行库距离之远近，并非金融行库考虑之要项，担保品之实际价值、是否设定相关权利及是否容易处分拍卖，始为金融行库评估之重点。本件估价、核贷既于 1995 年 11 月间，自应以当时高雄企银授权融资之相关作业规定，作为被告乙等人是否已遵守规定之判断基础。被告乙、甲、戊、丁、丙上述所为，纵或有"借故推诿或转请上级核示""未忠实执行职务并尽善良管理人注意义务"之情形，而有违"公司法"第 23 条第 1 项及高雄企银"授权融资办法"第 2 条规定之意旨，然既无积极证据证明被告乙、甲、戊、丁、丙于本件孟郡公司贷款案授信过程中有意图为自己或第三人不法利益，而故意为违背其任务之行为，即不得仅以该授信案件为呆账无法收回，遽将被告乙、甲、戊、丁、丙以背信罪责论处。

疑难问题

本案主要争议为被告 6 人依权限范围内之行为及贷款决策程序是否属合理之商业判断？若否，该行为始可能属故意违背其任务之行为，涉犯"刑法"第 342 条第 1 项之背信罪。

在判断关于本案从事授信贷放款业务之相关人员于授信过程中，是否有故意违背职务之行为方面，有以下问题需要澄清：

（1）本件利害关系人申贷，依法令及公司内规，何人有最后决定权？

法院认为：本件孟郡公司申贷案，因孟郡公司负责人己为高雄企银董事，为利害关系人申贷，且申贷金额逾高雄企银净值1%及超过1亿元,属董事会裁决权限之超限案件,是被告乙、甲、戊、丁、丙对于本件孟郡公司贷款案件并无最终决定权……故法院表示本件申贷案的最后核定权在董事会。

(2) 系争担保品坐落位置是否违反一般申贷案之常情?

法院认为:在一般金融行库申贷实务中,担保品坐落之位置,与金融行库距离之远近,并非金融行库考虑之要项,担保品之实际价值、是否设定相关权利及是否容易处分拍卖,始为金融行库评估之重点。且依"高雄企银担保品处理要点",其对贷款人所提供之担保品,并无区域、距离之限制。基此,法院认为系争担保品坐落位置与高雄企银潮州分行之距离甚远,并无违一般申贷常情。

(3) 被告乙等人所为之系争担保土地之估价行为,是否违反"高雄企银担保品处理要点"之规定?

针对系争担保土地估价办法而言,法院认为,显见对本件担保品土地进行估价时,若无法取得同地段交易实例,并非一定要以"公告现值扣除应记土地增值税为放款值",而亦得由鉴估人员于实地调查、勘查后认列可能成交价格。由此可知,本案判决不以"公告现值扣除应记土地增值税"为唯一放款计价标准。基此,被告乙等人进行估价行为,并无违"高雄企银担保品处理要点"之规定。

(4) 被告甲、乙于审理系争申贷案时,明知孟郡公司并未检附相关能证明其担保品位于科学园区第一期开发区之文件,且对系争担保土地鉴价之价额,未载明及检附任何佐证资料或访价来源,是否违背高雄企银之授信规范及作业规定?是否故意违背职务?

法院认为,纵未载明任何佐证资料来源,被告等若依其专业知识加以鉴估,尚无违"高雄企银担保品处理要点"及其授信规范及作业规定。判决理由如此说明:本件贷款案件既系于1995年11月间,而依当时高雄企银作业惯例及当时之估价核算表上既均未强制要求需检附访价相关数据及载明查证记录,是被告乙、甲等人于前往担保土地现场实地勘查、访价后,认列可能成交之价格,虽未载明及检附任何佐证资料或访价来源,衡诸上揭说明,尚不违背高雄企银之授信规范及作业规定。又关于担保品是否位于科学园区一事,法院表示:……显见董事会于决议时,出席董事就系争担保品是否位于科学园区第一期开发区,且未附有效证明文件等情,均已知之甚详,然渠等讨论后,该次董事会仍决议贷放1.1亿元,自难认为被告乙、甲有何故意违背职务之行为。

(5) 被告等是否故意高估系争担保土地之价额?

法院认为被告等所为之系争担保土地价额,系属考虑客观情况之专业判断,并非故意高估价额之行为。判决理由如此说明:于1995年间,台南县新市乡当地民众均预期因南部科学园区之开发,周围土地将飙涨之情形下,被告乙、甲于实地勘查、访价后,依其专业判断加以估价,而未以公告现值核估,与当时客观情形尚属不悖,尚难认为有何故意高估违背职务之行为,自不得以该授信案件嗣后成为呆账无法收回,即谓被告乙、甲等人有何违背信托义务之行为。

(6) 被告甲、乙、戊、丁于系争贷款案之征信报告表所为的记载,是否有刻意隐瞒孟郡公司负面因素之行为?

法院认为被告等制作、核章之征信报告表已"客观地将借款人孟郡公司各种负面因素表明于征信报告,而请各授信层级加以特别注意,并无刻意隐瞒或引导高层为授信之举"。"……是就本件贷款案有最后裁决权限之董事会,与会之出席董事及列席人员,就孟郡公司上述各种负面因素亦已知悉,而无隐瞒而误判之情事。再者,本件系争借款人为孟郡公司,非其负责人即被告己之个人借款,是孟郡公司负责人个人之退补记录,因公司有独立之财务及法人格,自不直接影响高雄企银之审核。"基此,系争贷款案之征信报告表所为的记载,尚无不当,难认为被告等有何故意违背职务之行为。

(7) 被告丙为总行之审查人员,在鉴价人员未提出具体鉴估资料及访价来源下,是否违背前述担保品之估价办法,签注或同意不实鉴估内容,签请提呈董事会核示,而有故意违背职务行为?

关此,法院以为:被告丙系以总行审查部经理身份,认同审查部襄理蔡清祥所为之估价……而蔡清祥系依高雄企银"担保品处理要点"第4条第(10)项规定,于实地勘查、调查后,依其专业知识加以鉴估,并无违背职务之行为,况检察官既认蔡清祥未有违背职务,而未对蔡清祥加以起诉,则被告丙采蔡清祥意见,并作为审查部意见,再层送总经理等高层单位审核,自亦无违背职务可言,是上述公诉意旨认为被告丙有故意违背职务行为,与高雄企银"担保品处理要点"规定有间,自非可采。

(8) 高雄企银召开董事会审理系争贷款案时,被告丙是否蓄意违反修正前"银行法"第33条规定?且被告己、丁是否违背职守,使该系争贷款决议通过?

法院认为被告丙于董事会时,已依修正前"银行法"第33条就利害关系人申贷"本于职责说明相关程序事项,并无意图为自己或第三人不法之利益,故意不说明相关程序事项,而为违背其任务之行为甚为明灼"。另一方面,被告己因利害关系未参与表决、被告丁离席未参与表决,法院认为二者因未参与表决,故难认为有故意违背职务之行为。判决理由如此说明:是本件孟郡公司贷款案之核贷,实为参与董事会之董事未尊重审查部专业意见,及经董事等人在董事会强力运作下而表决通过核贷1.1亿元,被告丁及被告己既均未参与表决,自尚难认为渠等有故意违背职务之行为。

(9) 高雄企银就系争申贷案损失105 890 945元,是否即可推论系被告丁等放款过程不当所造成?

高雄企银嗣后虽申请法院拍卖系争抵押物,然经台南地方法院拍卖本案担保品未拍出,而发给债权凭证,后高雄企银将已列为逾期放款之不良债权办理整批公开标售。纵该拍定价额致高雄企银蒙受损失,法院认为,此非属被告丁等放款过程不当所造成。判决理由谓:高雄企银所出售者为对孟郡公司之债权,从而其出售之价格,自与系争12笔土地之真正价值不同,且高雄企银之出发点系为配合政府降低逾期放款政策,加强处理不良债权,是其出售价格当然较原债权低,此为众所周知之事实,亦为本院职务上所知,自难以该出售之"债权"额,径予推论被告丁等人办理本件放款过程不当。

学理研究

一、商业判断法则的政策分析

依"公司法"第23条第1项规定,公司负责人对公司所负之受托义务类型,若采二分法,可分为忠实义务及注意义务。① 具体言之,忠实义务系指利益冲突的问题。概括言之,应指公司负责人于处理公司事务时,必须出自为公司之最佳利益之目的而为,不得图谋自己或第三人之利益;亦即执行公司业务时,应作公正且诚实之判断,以防止负责人追求公司外之利益。② 至于"善良管理人之注意义务"基本上要求的是,公司负责人在作决策时,应以社会一般诚实、勤勉而有相当经验之人所应具备的注意,审慎评估。通说及台湾地区"最高法院"1953 年台上字第 865 号判例均采客观说,以判断公司负责人注意义务有无违反。③ 又善良管理人注意义务于台湾地区法下就过失"程度"而言,系指抽象轻过失,而非具体轻过失或重大过失。④ 就法律移植的来源国美国而言,注意义务本亦为客观标准,而且在程度上仅要求过失(simple negligence);但由于美国实务采纳商业判断法则而渐倾向于认为,董事就公司实际上业务的处理多交由其下的经理人负责,故商业决定在过失程度上仅要求未达"重大过失"(gross negligence or recklessness)即可。⑤ 应附言者,在商业判断法则的适用下,法院在处理原告主张经营决定乃违反注意义务时,仅会审查该决定的程序面(process),而非实质面(substance)。⑥

简言之,美国法上的商业判断法则意指,纵使所作成之商业决定最后对公司造成灾难性的后果,只要商业决定之作成系基于合理信息且非属不理性,作成这些决定的经营阶层人员毋庸负责。这是因为董事无法担保事事成功,他们也不必事事正确,但他们做事时须注意并努力为之。董事会犯错,而且有时无论经营阶层人员系如何地小心行事,未预期的事件可能会使看来本是个好想法的决定终变成一败涂地。从而,美国法律不要求完美,其仅要求公司负责人在决策前作适当的功课,且所作成的决策并非不理性。如美国《模范商业公司法》第 8.31 条的官方注释(the Official Comment to MBCA § 8.31)所强调,一般而言,董事不会为了作成一个不明智的决定而须负起个人责任。因此,在违反注意义务的案件中,若无涉及利益冲突(conflict of interest)等关于违反忠实义务的主张,原告欲被告负起责任,须先突破商业判断法则举证上推定的障碍。⑦

---

① 董事受托义务的内涵,美国法上本有二分说与三分说的争议。二分说将受托义务区分为注意义务(duty of care)与忠实义务(duty of loyalty)。1993 年德拉瓦州最高法院(Delaware Supreme Court)在 Cede & Co. v. Technicolor, 634 A.2d 345 (Del. 1993)一案主张三分说(the "triad" of fiduciary duties),认为除前两者外,诚信义务(duty of good faith)亦属董事责任的核心。该法院在 2006 年的 Stone v. Ritter, 911 A.2d 369 (Del. 2006)一案将诚信义务降级为属忠实义务的一环。并且,该法院于 2009 年的 Lyondell Chemical Co. v. Ryan, 970 A.2d 235 (Del. 2009)一案重申诚信义务不再是三足鼎立的董事责任之一。Robert B. Thompson, *The Short But Interesting Life of Good Faith as an Independent Liability Rule* 1-2 (Georgetown Public Law Research Paper No. 10—64, 2010), available at http://ssrn.com/abstract=1702288,2011 年 4 月 11 日访问。易言之,目前德拉瓦州最高法院采二分说,受托义务下仅有注意义务与忠实义务两大类型;而且忠实义务的适用并不仅限于一般所了解的利益冲突情况,本亦包括有违诚信的行为。参见邵庆平:《商业判断原则的角色与适用——联电案的延伸思考》,发表于台湾科技法学会、交通大学科技法律研究所、交通大学企业法律中心主办 2010 年第十四届科技法律研讨会(2010 年 11 月 26 日),第 11 页。See also Leo E. Strine, Jr. et al., *Loyalty's Core Demand: The Defining Role of Good Faith in Corporation Law*, 98 GEORGETOWN L. J. 629 (2010)(该文追踪 good-faith 作为 duty of loyalty 之一部分的长期角色,并指明 loyalty、faithfulness 以及 good faith 等义务的共同起源)。

② 参见刘连煜:《现代公司法》(第六版),元照出版有限公司 2010 年版,第 101 页。

③ 同上书,第 102 页。

④ 参见王文宇:《公司法论》,元照出版有限公司 2005 年版,第 120 页。

⑤ 参见曾宛如:《董事忠实义务之内涵及适用疑义——评析新修正公司法第二十三条第一项》,载《台湾本土法学杂志》2002 年第 38 期,第 59 页。See also Robert W. Hamilton & Richard D. Freer, The Law of Corporations in A Nutshell 164 (6th ed. 2011)。

⑥ Hamilton & Freer, *supra* note 10, at 165. 著名的 *Shlensky v. Wrigley*, 237 N.E.2d 776 (Ill. App. 1968)一案即清楚地说明此点。关于该案的中文简介,请参见邵庆平:《论股份有限公司(法制)中所有与经营的合一与分离》,载《月旦法学教室》2005 年第 34 期,第 95—96 页。

⑦ *Id.* at 163-64.

为何美国法院纵使在如 Shlensky v. Wrigley 等案之商业决定实不符常理的情形下，仍不对这些商业决定作事后猜测（second-guess）？在 Shlensky v. Wrigley 一案中，原告甚至不被允许提出证据以实其说。何以美国法院会在政策方向上采取商业判断法则？这是因为，鉴于已有其他市场上及法律上用以降低代理成本的机制可监督经营阶层①，而且受托义务与违反时之责任带有一定的成本（尤其可能造成经营上的风险趋避），对于商业交易过度密集之司法监督所生的成本，很可能超过其所带来的效益。若经营阶层很容易为了"不合理"（unreasonable）的交易遭责，其将倾向于在作决策时过度小心，盖其无法有效分散任职于特定公司之庞大的责任风险（firm-specific liability risk）。该公司的股东将不乐见这种过度小心的态度，盖大部分股东在投资组合理论上已有效分散特定企业风险，故宁可经营阶层能不理会该种风险。并且，法院亦无足够的商业技能或信息来做所谓的"超级董事"（super-directors）。② 此外，诚如曾宛如教授所言："由于美国公司法制系以董事会优位主义（director primacy）为政策，故赋予董事会极大之权限。……唯有对董事所为之商业决定为一定之尊重，方可使体制运作顺畅；美国法院遂有商业判断法则之发明。"③换言之，借由限制司法对董事会决定的审查，商业判断法则保护了将经营决策权限集中于董事会的法制设计。④

从本质上看，商业判断法则本身即是一种在政府管制及自由市场间、公共利益与私法自治间的权衡。⑤ 美国公司法学者 Stephen Bainbridge 指出，商业判断法则的核心特征实际上就是司法节制主义（judicial abstention doctrine），亦即法院承认商业界有一块司法不介入的自治领域。⑥ 就如本案将商业判断法则引入刑事案件审查之意义与精神而言，这种司法自我抑制的理念，不仅与台湾地区法上"刑法谦抑思想"或"刑罚最后手段性"殊途同归⑦，更与管制谦抑性的

---

① 参见邵庆平：《商业判断原则的角色与适用——联电案的延伸思考》，发表于台湾科技法学会、交通大学企业法律中心主办 2010 年第十四届科技法律研讨会（2010 年 11 月 26 日），第 9 页（"详言之，运作良好的资本市场、人力市场以及董事薪酬与市场的连结，即会给予董事极大的压力，力求增进公司的营运绩效。因此，在一般情形下，从制度建构的成本效益看来，法律责任的赋予与法院介入的必要性显然较低"）。亦请参见蔡昌宪：《公司法上强行规定与任意规定间之权衡——以累积投票制、闭锁公司制及新股认购权为例》，台湾大学法律学系 2004 年硕士论文，第 48—59 页（介绍如公司控制权市场等控制公司经营阶层之代理成本的各法律上暨市场上公司治理机制）。See also RIBSTEIN & LETSOU, supra note 1, at 360-61.

② RIBSTEIN & LETSOU, supra note 1, at 387-88. See also Gagliardi v. TriFoods International, Inc., 683 A. 2d 1049, 1052-53（Del. Ch. 1996）（该案判决理由中，详述了商业判断法则的政策基础）。

③ 曾宛如：《董事忠实义务于台湾实务上之实践——相关判决之观察》，载《月旦民商法杂志》2010 年第 29 期，第 149—150 页。

④ Michael P. Dooley & Norman Veasey, The Role of the Board in Derivative Litigation: Delaware Law and the Current ALI Proposals Compared, 44 BUS. LAW. 503, 522（1989）.

⑤ See Lael Daniel Weinberger, The Business Judgment Rule and Sphere Sovereignty, 27 THOMAS M. COOLEY L. REV. 279, 281（2010）.

⑥ Stephen M. Bainbridge, The Business Judgment Rule as Abstention Doctrine, 57 VAND. L. REV. 83, 119（2004）.

⑦ 参见林钰雄：《新刑法总则》，元照出版有限公司 2009 年版，第 10 页；靳宗立：《证券交易法之刑事规制与解释方法——以特别背信罪为例》，载《台湾法学杂志》2010 年第 166 期，第 7、27 页；廖大颖、林志洁：《"商业判断原则"与董事刑事责任之阻却》，载《月旦法学杂志》2010 年第 183 期，第 238 页（"又基于刑法之谦抑性，当其他较轻微的制裁手段还不足以抑制某社会损害行为时，方得以发动刑罚。……对此，刑法是否介入，除应考虑此社会是否已造成损害之外，亦需考虑刑法介入是否有必要"）；王文宇：《从公司不法行为之追诉论民、刑、商法之分际》，载《月旦法学杂志》2003 年第 103 期，第 52 页（"若将一特定行为纳入犯罪，必然是其情节严重，且不施以刑罚不足吓阻或惩罚之效，若有其他手段可达到同样之效果，即无使用刑罚的必要，盖基于刑法之最后手段性，应是不得已的最后选择"）。

主张不谋而合。① 申言之,至少在经济分析的理论层面上,在权衡政府管制与自由市场孰为优先之际,对于市场的管制,即便明显有可识别之市场失灵的存在(如前述 *Shlensky v. Wrigley* 案中董事、经理人殊不合理的商业决定),政府是否介入管制,宜先考虑管制手段本身所生之成本与效益。若司法审查带来的成本(如造成经营阶层决策上的风险趋避)高于其效益,此际或无管制干预必要。纵确有管制干预的必要,在管制工具的选择上,仍应正视管制谦抑性,亦即,应选择管制所生成本较低之手段(诸如以民事求偿取代刑事追诉)。② 同样,如果从刑法角度来看,若要动用刑罚制裁措施,必待其他较轻微之制裁已经无法发生威吓效果,方动用刑罚以制裁该行为;反之,如果其他民事制裁或政府管制行为足以达到目的,则无轻启刑罚大门之必要。

例如在本案中,高等法院判决理由最后指出:被告乙、甲、戊、丁、丙上述所为,纵或有"借故推诿或转请上级核示""未忠实执行职务并尽善良管理人注意义务"之情形,而有违"公司法"第23条第1项及高雄企银"授权融资办法"第2条规定之意旨,然既无积极证据证明被告乙、甲、戊、丁、丙于本件孟郡公司贷款案授信过程中有意图为自己或第三人不法之利益,而故意为违背其任务之行为,即不得仅以该授信案件为呆账无法收回,遽将被告乙、甲、戊、丁、丙以背信罪责论处。此即在政策面指出,在同样可达到管制目的之情况下(追究行为人在贷款案授信过程中的疏失),民事责任的追究手段较刑事责任追诉之管制成本为低,对市场运作的侵入性较小,故在管控代理成本之法律工具的选择上应优先适用前者。③

尽管商业判断法则主要系于民事案件始有适用④,但本案刑事判决或已肯认商业判断法则的基本道理,欲引入该法则的精神及政策考虑。⑤ 笔者原则赞同判决结果,但不支持判决理由。笔者肯定本案法院欲适用商业判断法则使被告无罪的意图与努力,但如下述不同意本案判决将商业判断法则直接适用于背信罪的过程而可能造成误解。

二、商业判断法则在民事案件上之适用

(一)原则上适用于注意义务之违反,而不及于忠实义务违反的情形

商业判断法则要件之详细分析非本文的讨论重点,故以下仅就学说与实务对该法则要件的

---

① 参见蔡昌宪:《美国金融消费者保护规范之展望——以消费者金融保护局之创设为中心》,载《月旦财经法杂志》2010年第23期,第216页;蔡昌宪:《台湾股权性质群众募资之管制发展:从创柜板到民间募资平台》,载《台大法学论丛》2016年第45卷第1期,第250、253—254、273、276、288、306页。

② See John C. Coffee, Jr., Does "Unlawful" Mean "Criminal"?: Reflections on the Disappearing Tort/Crime Distinction in America Law, in FOUNDATIONS OF CORPORATE LAW 173, 178 (Roberta Romano ed., 1993).

③ 类似的见解,参见王文宇:《从公司不法行为之追诉论民、刑、商法之分际》,载《月旦法学杂志》2003年第103期,第60页("大体而言,现行法公司不法行为之制裁或吓阻之手段,可分为三个部分:刑事、行政及民事制裁,而此三者的规范目的及内涵并不完全相同。……即便追诉上以刑事为主轴,理论上亦不应使攸关受害人权益之民事诉讼受到实体法或程序法上的牵连,两者间应分别处理,不能因程序上之便宜措施影响实质上之责任判断。且立法者应详加思量,刑事手段之必要性及可替代性,于诸多情形中,以民事责任取代刑事处罚或较适宜妥当,立法者不可不慎")。

④ 参见廖大颖、林志洁:《"商业判断原则"与董事刑事责任之阻却》,载《月旦法学杂志》2010年第183期,第237页(……商业判断原则仅应用于民事程序……若董事之行为构成犯罪,纵使是为了公司利益,董事仍不受商业判断原则之保护,仍得追诉其刑事责任。……法院虽然正确诠释了美国法下的商业判断原则适用的范围及限制,但是却忽略了商业判断原则仅适用于民事案件,刑事案件另有举证责任分配规则之事实,于适用此原则上,亦有未恰之处)。

⑤ 如邵庆平教授所言:"商业实务上对于法律安定性、法律风险控制的高度需求,吾人应会认同,无论从立法上或司法解释上,引进商业判断原则仍有其必要性。"参见邵庆平:《商业判断原则的角色与适用——联电案的延伸思考》,载台湾科技法学会、交通大学科技法律研究所、交通大学企业法律中心主办,2010年第十四届科技法律研讨会论文(2010年11月26日),第9页。

适用认定作简要说明。关于商业判断法则之适用要件,依台湾地区民事判决实务目前所采美国法院之见解,可归类为:"1. 限于经营决定(business decision);2. 不具个人利害关系且独立判断(disinter-ested and independence);3. 尽注意义务(due care);4. 善意(good faith);5. 未滥用裁量权(no abuse of discretion)。"① 就该法则之适用过程,刘连煜教授以为,纵使"经营决定是个错误,而且其结果也确实让公司因此遭受了亏损,董事会亦不会因此而负赔偿责任,除非原告股东可以证明被告董事(会)之系争行为:1. 非属经营决策;2. 或于做成行为之当时,系处于'信息不足'之状况;3. 或系基于'恶意'所做成;4. 或参与作成决定之董事系具有重大利益冲突之关系;5. 或有滥用裁量权之情事"。亦即,该法则推定此五项要件均具备,除非原告能反证证明上述推定之不正确,否则系争交易之合法性将被维持,法院并将尊重公司经营者之决定,不另作事后审查。②

就本案而言,高等法院判决先定义何谓商业判断法则:"按所谓'商业判断法则'(The Business Judgment Rule),系英美法上为缓和董事之忠实义务与注意义务而发展出来之理论,以避免董事动辄因商业交易失利而应对公司负赔偿责任……"事实上,若行为人作成系争经营决定时具有与公司利害冲突之关系,则已不合于商业判断法则中"不具个人利害关系"(disinterestedness)此一积极要件,故该经营决定是否构成公司负责人忠实义务违反之判断,原则上无商业判断法则的适用。③ 既然商业判断法则原则上适用于注意义务违反的情形,本案判决在作一般性说明时,谓"'商业判断法则'……为缓和董事之忠实义务与注意义务而发展出来之理论",稍欠精确。④

---

① 参见台北地方法院 2004 年重诉字第 144 号民事判决、台北地方法院 2007 年诉字第 2105 号民事判决、台南地方法院 2007 年金字第 1 号民事判决。

② 参见刘连煜:《现代公司法》(第六版),元照出版有限公司 2010 年版,第 106 页。

③ 参见黄铭杰:《金融机构负责人忠实注意义务加重之理论与实务》,载《月旦法学杂志》2007 年第 142 期,第 171 页("经营判断法则仅适用于注意义务,于忠实义务之情形,原则上并无适用余地");廖大颖、林志洁:《"商业判断原则"与董事刑事责任之阻却》,载《月旦法学杂志》2010 年第 183 期,第 233 页["……适用商业判断原则的前提之一,乃限于不具利益冲突的商业决策,始得以推定。因此,论控制与从属关系的公司间交易,如前所指摘,其不唯是一典型的关系人交易,且其本质上,即属一种利益冲突(interest conflict)、自我交易(self-dealing)的形态……这种违反忠实义务,法理上早已被排除于适用'商业判断原则'之外……"];邵庆平:《董事法制的移植与冲突——兼论"外部董事免责"作为法制移植的策略》,载《台北大学法学论丛》2005 年第 57 期,第 184 页["商业判断原则在忠实义务之履行审查上并无适用余地……"];邵庆平:《商业判断原则的角色与适用——联电案的延伸思考》,载台湾科技法学会、交通大学科技法律研究所、交通大学企业法律中心主办 2010 年第十四届科技法律研讨会论文(2010 年 11 月 26 日),第 9 页("若是董事不善尽职责,可能为自己带来重大的不法利益时,单凭市场机制的压力可能不足,此时即有法院介入的高度必要性。就此而言,在违反忠实义务的情况多属后者,必要时要有法院介入,并赋予相当的法律责任,因此商业判断原则在忠实义务违反的情形下,自无适用余地")。See HAMILTON & FREER, *supra* note 10, at 169 ["Section 8.31(a)(2) of the MBCA embodies the BJR. In cases not involving conflict of interest, it places on the plaintiff the burden to demonstrate…"], 175 ("Because of the conflict of interest, the BJR does not apply in duty of loyalty cases…")。

④ 另有学者分析背信罪之主观意图,而认为该罪与注意义务违反的情形无涉。参见邵庆平:《商业判断原则的角色与适用——联电案的延伸思考》,载台湾科技法学会、交通大学科技法律研究所、交通大学企业法律中心主办 2010 年第十四届科技法律研讨会论文(2010 年 11 月 26 日),第 11 页("……我们可以把该当背信罪之行为分成两种类型:第一类型系'意图自己获利'并'致生损害于本人'的情形,第二类型系'意图损害本人之利益'并'致生损害于本人'的情形,从信赖义务的三分法的观点,前者属于忠实义务违反的情形,后者属于诚信义务违反的情形;若从信赖义务二分法的观点,两种类型均系违反忠实义务。无论如何,可以确定的是,若仅系注意义务的违反,并不该当背信罪的构成要件")。

(二) 适用主体

本案判决指出:"所谓'商业判断法则'(The Business Judgment Rule),系英美法上为缓和董事之忠实义务与注意义务而发展出来之理论,以避免董事动辄因商业交易失利而应对公司负赔偿责任,经多年理论与实务之发展,在实务运作上适用范围已逐渐扩及经理人及从业人员。"此见解大体上可资赞同,但从业人员是否有商业判断法则的适用,或有疑问。首先,美国《模范商业公司法》(MBCA)第 8.42(a)条对于经理人(officers)所要求的行为标准(受托义务)系与同法第 8.31(a)条对董事所要求者几乎相同。德拉瓦州最高法院在 Gantler v. Stephens 案[1]中,亦已肯认经理人与董事负有相同的受托义务。[2] 其次,美国许多州法院及联邦法院在判决中指出,商业判断法则同等适用于公司经理人及董事。[3] 从而,就从业人员而言,本案判决谓"在实务运作上适用范围已逐渐扩及经理人及从业人员",或嫌速断。

(三) 商业判断法则主要是民事举证责任之规范

商业判断法则之适用目的,基本上非明定董事、经理人为经营行为时的实质注意标准。盖商业判断法则非行为或注意义务的标准(standard of conduct or care),而主要是司法审查的标准(standard of review)。[4] 其存在之目的在于防免法院事后诸葛而居于外行人观点,来判断内行人所作之经营决定。因为法院通常对业界高度专业事务并不了解;且于董事遭原告股东起诉请求损害赔偿时,自公司损害发生后造成股东之损失的事后观点来看,法院信息当较董事等经营阶层作成决定时更为完整,法院之审查难免落入事后诸葛之可能。商业判断法则恰可提供法院于民事案件审理时,用以判断经营决策是否合于"免受法院审查"其商业决策行为之司法审查基准。[5] 从而,在民事案件上,该法则主要是举证责任之规定,非用来直接认定经营阶层是否已尽善良管理人之注意义务。如刘连煜教授针砭台北地院民事判决 2004 年重诉字第 144 号,不认同该判决谓"若公司负责人为经营行为当时若具备此五项经营判断法则,则可推定其具善良管理人之注意义务,而毋庸对公司及股东负损害赔偿责任……"故认为,该判决误解了美国判决关于商业判断

---

[1] 965 A.2d 695 (Del. 2009).

[2] HAMILTON & FREER, *supra* note 10, at 148.

[3] See generally Dennis J. Block, Nancy E. Barton & Stephen A. Radin, The Business Judgment Rule: Fiduciary Duties of Corporate Directors 97-100 (5th ed. 1998). 亦请参见刘连煜:《董事责任与经营判断法则的适用》,载《月旦民商法杂志》2007 年第 17 期,第 194 页("就一般美国法院而言,经营判断法则被认为兼为保护董事与职员之理论,无须区分其适用于董事与职员之情形。但在类似 *Platt v. Richardson* 之少数案例,该法院解释宾州法律,论断经营判断法则仅适用于董事,职员并无适用之余地");王志诚:《不合营业常规交易之判定标准与类型》,载《政大法学评论》2001 年第 66 期,第 183 页["另应注意者,乃美国司法实务在公司经理人(corporate officers)责任案件司法审查上,除少数特殊个案外,多数法院咸认为,公司经理人与董事之责任认定,应为相同处理,而主张亦有经营判断法则之适用"]。

[4] 参见曾宛如:《董事忠实义务之内涵及适用疑义——评析新修正"公司法"第二十三条第一项》,载《台湾本土法学杂志》2002 年第 38 期,第 59 页;廖大颖:《公司负责人之注意义务与商业判断原则的适用》,载《月旦裁判时报》2010 年第 1 期,第 116 页("……惟相关所谓商业判断原则之于诉讼程序上,其非董事之行为标准,系司法机关是否应予审查董事行为之基准,并借此避免事后诸葛,重予评断公司负责人之当初所为经营决定")。See also William T. Allen, Jack B. Jacobs & Leo E. Strine, Jr., *Realigning the Standard of Review of Director Due Care with Delaware Public Policy: A Critique of Van Gorkom and Its Progeny as a Standard of Review Problem*, 96 NW. U. L. REV. 449, 450-53 (2002).

[5] 参见刘连煜:《董事责任与经营判断法则的适用》,载《月旦民商法杂志》2007 年第 17 期,第 195 页;廖大颖:《公司负责人之注意义务与商业判断原则的适用》,载《月旦裁判时报》2010 年第 1 期,第 115—116 页。

法则之法律效果。刘教授表示:"经营判断法则推定五项要件均具备,若此项推定未被推翻,董事及其决策即受保护,免受法院之事后评断。非谓只要符合经营判断法则之要件,公司负责人即当然毋庸负责。经营判断法则在实务运作上,首先,应将初次举证责任分配予原告,由原告举证证明被告董事会在'作成决定之当时',系'信息不足的'或系基于'恶意'而作成决定;其次,若原告无法举证证明,则无须由被告董事自己证明当时系信息充足或系基于善意而作成决定,因此,排除法院介入对该商业决定之实质审查,从而使被告董事得以免负损害赔偿责任,即使公司确实因该决定而受有损害,亦复如此。"①

换言之,就商业判断法则于民事诉讼之适用而言,原告提起诉讼时,须先举证证明被告之行为违反注意义务且不符合商业判断法则之推定要件。当商业判断法则之推定因上述主张证实被推翻后,举证责任移转到被告董事一方,法院方始实质审查董事会所为之决定,董事须就该交易系"整体公平"(entire fairness)负举证责任。若被告能够证明该决定所涉及交易对公司而言系属整体公平者,则公司并未受到损害,被告自无损害赔偿责任。亦即,原告若一开始无法举证推翻商业判断法则之推定性保护,则司法审查即止于此,原告败诉;惟若推定被推翻,被告又无法举反证证明合于整体公平,则被告须负赔偿责任。② 是以,商业判断原则乃一种程序法上之举证责任推定,且当此假设推定被原告举证推翻时,法院所再审究的是系争交易的公平性原则,此时始由被告董事举证。这与上述台北地院判决之于"构成要件"的认知,极不相同。③ 简言之,商业判断法则主要是程序上的举证规范,而无涉实体性注意义务之判断标准。然而本案判决谓:"金融业相关授信人员在商场上随时须作商事判断,其判断之优劣,反映出市场竞争之一面,有竞争必有成败风险,法院只问是否在规则内竞争,其所为商业判断是否符合公司内部控制制度之规定,法院不应也不宜以市场结果之后见之明,论断经理人或相关授信人员原先所为商业判断是否错误,甚而认为失败之商业判断系故意或过失侵害公司,即论经营者或经理人以背信罪责。在此情形下,即有上述'商业判断法则'之适用。倘无积极证据证明授信人员于授信过程故意违背其任务及公司内部控制之规定,且有为自己或第三人不法利益之意图,尚不得仅以该授信案为呆账无法收回,即谓金融人员有何违背信托义务之行为,亦不能以背信罪责论处。"本案刑事判决,似与前述台北地院民事判决同采"构成要件"的认知。商业判断法则系以民事责任为适用之前提,本案判决直接将之套用于刑事案件,并据此认定合乎该法则之适用,即无故意或过失而不构成背信罪,容有误用之虞。总之,依本案法院之论理,商业判断法则即成为实体上责任认定标准,其误解或如刘教授对前述台北地院判决所批评者一般。

此外,即令本案属民事案件而或有商业判断法则之适用④,被告己既为高雄企银董事,又于同年间担任向该银行申贷之孟郡公司的负责人,该申贷行为系属利害关系人贷款。再者,孟郡公司未检附相关证明文件来证明其担保品乃位于科学园区第一期开发区,即向高雄企银申贷。就被告己而言,此申贷案是否有商业判断法则之适用?如前所述,此交易涉及利益冲突而属忠实义

---

① 刘连煜:《董事责任与经营判断法则的适用》,载《月旦民商法杂志》2007 年第 17 期,第 195—196 页。
② 参见李维心:《从实务观点谈商业判断法则之引进》,载《中原财经法学》2009 年第 22 期,第 171 页;林国彬:《董事忠诚义务与司法审查标准之研究》,载《政大法学评论》2007 年第 100 期,第 189 页。
③ 参见廖大颖、陈启垂:《台湾地区法适用"商业判断原则"的争议》,载《台湾法学杂志》2010 年第 153 期,第 214 页。
④ 台湾地区民事实务并非全然赞同美国法上之商业判断原则可直接适用于台湾地区现行法之规定。关于台湾地区现行实务适用态度的整理,参见廖大颖、陈启垂:《台湾地区法适用"商业判断原则"的争议》,载《台湾法学杂志》2010 年第 153 期,第 213—214 页。

务之违反,即欠缺商业判断法则中"不具个人利害关系"的积极要件(disinterestedness),故一开始即不受商业判断法则在举证责任推定上的保护。依美国法,若对特定商业决策,有利害关系之董事已依公司法或其他法令规定之程序加以回避,并由公司之有权机关依法定程序作成决策,则此一决策的作成原则上即无忠实义务违反的疑虑。此一安全港(safe harbor)规范模式,也可见于美国《德拉瓦州公司法》。该法第144条即规定,董事与公司间之交易行为,或公司与公司间之交易行为而其部分董事有利益冲突情事时,若被告董事能举证证明相关利益冲突情事已向董事会充分揭露,而且该交易行为事先经无利益冲突情形之全体董事过半数同意,此程序会使得此一本有违反忠实义务之嫌的交易行为,其效力不受影响。又德拉瓦州法院对于本条规定之安全港程序给予"举证责任转换"之效果,而非直接认定该交易绝对合法或符合整体公平之审查标准。① 也就是说,该交易系在信息充分揭露前提下,由形式上不具有利害关系之董事事先核准者,则法律上将会认为该利害关系之瑕疵暂时已被除去,亦即该交易无利害冲突情事,此际商业判断法则始有适用;接下来,举证责任即转换到原告,其须在被告受到商业判断法则保护下举证证明该交易乃不具有公平性(unfairness)。② 或者若原告可以举证证明参与核准交易之董事系具有利害关系或系由失去独立性而被控制的董事所组成,则将发生第二次之举证责任转换效果,再回到被告证明该交易确实系整体公平(entire fairness),始能通过司法审查。③

本案被告已因利害关系未参与表决,法院即认为因其未参与表决,故难认为有故意违背职务之行为。如果本案属民事案件,且法院亦欲适用前述安全港规范设计的话,依前述美国法的说明,法院见解可理解为:此利害关系人申贷案中有利害关系之董事已既已依法回避④,又董事之利益冲突情事已向董事会充分揭露⑤,而该交易行为经无利益冲突情形之全体董事依法定程序事先核准,故该有违反忠实义务之嫌的交易乃符合绝对合法或符合整体公平之审查标准,公司负责人即当然毋庸负责。惟前述安全港程序仅给予"举证责任转换"之效果,而非直接认定责任之有无。关此,本案法院对于民事案件上商业判断法则之适用,其见解或有误会。

---

① 参见邵庆平:《董事法制的移植与冲突——兼论"外部董事免责"作为法制移植的策略》,载《台北大学法学论丛》2005年第57期,第184页;邵庆平:《商业判断原则的角色与适用——联电案的延伸思考》,载台湾科技法学会、交通大学科技法律研究所、交通大学企业法律中心主办2010年第十四届科技法律研讨会论文(2010年11月26日),第17页。

② 参见黄铭杰:《金融机构负责人忠实注意义务加重之理论与实务》,载《月旦法学杂志》2007年第142期,第171页("如果相关利害冲突交易等经过独立董事的事前同意,则就此交易情事仍有适用经营判断法则的可能性");刘连煜:《董事责任与经营判断法则的适用》,载《月旦民商法杂志》2007年第17期,第192页("在过半数之董事具个人利害关系或缺乏独立自主情形,如系争行为或交易已由不具利害关系之董事或不具利害关系董事所组之委员会决议通过,则经营判断法则仍可适用")。HAMILTON & FREER, supra note 10, at 178 ("The showing of approval by [disinterested directors or shareholders] demonstrates that there is no conflict of interest, which, in turn, means that the BJR applies."), 180 ("[I]n Delaware, then, it is a good idea to get approval for a self-dealing transaction…In Delaware, it puts the burden of showing unfairness on the plaintiff, and clothes the defendant with the protection of the BJR.").

③ 参见林国彬:《董事忠诚义务与司法审查标准之研究》,载《政大法学评论》2007年第100期,第203、204、208页。

④ 法院表示:是本件孟郡公司贷款案之核贷,实为参与董事会之董事未尊重审查部专业意见,及经董事蔡○○等人在董事会强力运作下而表决通过核贷1.1亿元,被告丁及被告己既均未参与表决,自尚难认渠等有故意违背职务之行为。

⑤ 法院表示:"……显见董事会于决议时,出席董事就系争担保品是否位于科学园区第一期开发区,且未附有效证明文件等情,均已知之甚详……"

三、刑事案件上以"商业判断法则"阻却不法构成要件该当之妥当性

如上所论,商业判断法则,实系民事案件中举证责任之规范;该法则对原告加重举证责任,故减轻身为董事、经理人等公司经营决策者之诉讼上举证责任。关于本法则可否适用于刑事案件之审理,此处首先有两个问题需要澄清:第一,本法则是否适用于以故意为犯罪主观不法构成要件之背信罪?第二,本法则是否用以阻却背信罪之客观不法构成要件之该当性?以下将以相关刑法理论及搭配相关公司法忠实义务及注意义务之见解,综合分析探讨商业判断法则之适用妥当性。

(一)商业判断法则与背信罪的主观不法要件

如前所述,"尽注意义务"(due care)亦为商业判断法则的适用要件之一。此要件意指,经营决策须是在获得合理充足之一定数量的信息下作成。换言之,此要件所要求的是一个合理的决策过程。① 美国德拉瓦州最高法院曾表示,"注意义务(due care)就决策而言,仅指在过程中须尽注意义务"。② 关此,论者有谓:"注意义务以及须获得充足信息始得作判断的要求,系指董事在决策时所遵循的过程,而非其决定的实际内容。从而,法院在判定董事是否有尽注意义务时,不适合参考导致公司损失之董事会决定的内容……"③此外,判定董事决策是否获得充足信息,系根据"所有"董事会可以合理获得之重大信息。④ 德拉瓦州法院曾表示,一个决策非在获得充足信息下所作成的判断标准,乃"重大过失"(gross negligence)。⑤ 惟在台湾地区,董事须负善良管理人注意义务,注意义务程度采抽象轻过失标准,故责任显较美国法院对董事之注意义务标准为重。兹合先叙明。

另外,就背信罪仅处罚故意犯而言,"最高法院"1933 年上字第 3537 号判例指出:"如仅因处理事务怠于注意,致其事务生不良之影响,则为处理事务之过失问题,既非故意为违背任务之行为,自不负若何罪责。"亦即,其认为处理事务若怠于注意仅属过失⑥,因而阻却背信罪系以故意为主观不法构成要件。详言之,自"刑法"之主观不法构成要件而论,背信罪之主观不法构成要件应兼具为自己不法之利益或损害本人之利益的"意图"(亦即获利意图或损害意图),以及"直接故意"或"间接故意"二者方属之。背信罪系以行为人故意为其主观不法构成要件应无疑义,是无处罚过失犯为主观不法要件之过失背信行为。从而,若公司负责人或经营阶层因违反"刑法"上过失,即注意义务以及预见可能性,而造成不法结果之实现,自无须负担刑事责任。本案判决

---

① BLOCK, BARTON & RADIN, *supra* note 31, at 74—80.
② Brehm v. Eisner, 746 A. 2d 244, 264 (Del. 2000).
③ BLOCK, BARTON & RADIN, *supra* note 31, at 74—75.
④ Smith v. Van Gorkom, 488 A. 2d 858, 872 (Del. 1985).
⑤ Citron v. Fairchild Camera & Instrument Corp., 569 A. 2d 53, 66 (Del. 1989); *Smith*, 488 A. 2d at 872—73. 亦请参见曾宛如:《董事忠实义务于台湾实务上之实践——相关判决之观察》,载《月旦民商法杂志》2010 年第 29 期,第 150 页["……未于充分信息下作出决定时(具有重大过失)……"]。
⑥ 过失之概念以通说及实务之见解来看,过失必须是行为人对于侵害事实的发生有预见可能性,且行为人的行为违背注意义务。此处注意义务之内涵究竟为何?黄荣坚教授以为,依据台湾地区实务判决得出下列两种结论:(1) 应为一定之防果行为;(2) 应考虑危险之存在,亦即"应"该去考虑所存在之危险,亦"能"够去考虑所存在之危险,却"未"去考虑所存在之危险,即为过失。黄教授并认为,台湾地区实务上述两种注意义务与德国通说及实务之"外在注意义务"及"内在注意义务"相当。至于德国学说及实务所列过失要件之预见可能性,台湾地区实务则未清楚交代,直到台湾地区"最高法院"于 2002 年第 4857 号判决出现"应否论以过失当以其有无违反注意义务及对于危险行为之发生有无预见之可能,而疏于注意致发生危险之结果为判断标准"。参见黄荣坚:《基础刑法学》(上),元照出版有限公司 2006 年版,第 391—393 页。

虽已援引上述台湾地区"最高法院"判例（而可以认定被告并无故意违背任务行为），惟又引用自行认定的商业判断法则而谓："……法院只问是否在规则内竞争，其所为商业判断是否符合公司内部控制制度之规定，法院不应也不宜以市场结果之后见之明，论断经理人或相关授信人员原先所为商业判断是否错误，甚而认为失败之商业判断系故意或过失侵害公司，即论经营者或经理人以背信罪责。在此情形下，即有上述'商业判断法则'之适用。倘无积极证据证明授信人员于授信过程故意违背其任务及公司内部控制之规定，且有为自己或第三人不法利益之意图，尚不得仅以该授信案件为呆账无法收回，即谓金融人员有何违背信托义务之行为，亦不能以背信罪责论处。"法院似有意援引以商业判断法则阻断故意之主观不法要件之认定。事实上，纵无前述"商业判断法则"的论理，本案法院亦可径行引用上述台湾地区"最高法院"判例认定被告不该当背信罪的主观不法要件；亦即，授信人员于授信过程因合于内部控制之规定，从而无故意违背任务之行为（姑不论法院此种论述是否妥当）。本案判决中援引"商业判断法则"似仅有宣示意义，而无用以认定要件该当性之实质意义。

再者，法院亦曾意识到公司董事或经理人之注意义务的违反，与其是否负担刑事责任，实有不同。台北地方法院2008年重诉字第42号刑事判决谓："商业判断原则"可归纳出要件如下：独立无利害关系；合理注意；善意；无裁量权之滥用。其中"合理注意"之违反，倘达到"重大过失"（gross negligence）程度，表示董事或经理人对公司整体股东不关心或行动上欠缺合理，有悖其担任董事或经理人应谨慎面对风险之任务，即应予归责。然而，此"重大过失"责任与"证券交易法"第171条第1项第2款应以"故意"为其主观构成要件、同条项第3款应以"意图"及"故意"为其主观构成要件，显有不同……纵被告己在征信上过于草率，有违背其注意义务之重大过失，但实难遽认为被告己有何使旭展公司受损害之故意，或违背职务之故意及损害旭展公司之意图。被告己草率征信……纵属违背注意义务之重大过失，旭展公司股东或可经由民事程序请求被告己负损害赔偿责任；惟在刑事责任方面，"证券交易法"与美国法不同，不合营业常规之不利益交易罪应以"故意"为构成要件，而背信罪亦应以不法利益之"意图"及违背职务之"故意"为构成要件，均不处罚过失犯。由是可见，美国法认定注意义务之违反在受到适用商业判断法则的影响下，其注意程度乃"重大过失"；在台湾地区民事责任认定过程中纵无该法则之适用，注意程度则为责任较重的抽象轻过失。职是，纵使在商业判断原则的适用下，就董事违反受托义务之民事责任的成立而言，过失即为已足，故不以故意为限。从而，商业判断法则即使适用到刑事责任之认定中，亦无法原封不动地搬移至"刑法"背信罪，而改变"刑法"背信罪成立的前提——行为人有不法意图及故意。

退万步言，纵美国法上的商业判断法则于此有所适用，如前所述，判定董事决策是否获得充足信息，系根据"所有"董事会可以合理获得之重大信息。本案判决谓："……法院只问是否在规则内竞争，其所为商业判断是否符合公司内部控制制度之规定，法院不应也不宜以市场结果之后见之明，论断经理人或相关授信人员原先所为商业判断是否错误，甚而认失败之商业判断系故意或过失侵害公司，即论经营者或经理人以背信罪责。在此情形下，即有上述'商业判断法则'之适用。倘无积极证据证明授信人员于授信过程故意违背其任务及公司内部控制之规定，且有为自己或第三人不法利益之意图，尚不得仅以该授信案件为呆账无法收回，即谓金融人员有何违背信托义务之行为，亦不能以背信罪责论处。"惟单纯依据规则内行事及行为符合公司内控规定，其行为非等同于无故意、过失。盖内规或公司章程非不可由公司董事会所把持或通过影响股东会之决议来修正而图利董事会之决策行为，故仍应视为该经营决策行为时，决策者是否有依据"所有"可合理取得之相关资料方下决策，并以经营决策者决策当时之客观情况作为主观要件之判定；非以单纯依据规则内行事及行为符合公司内控规定，径为推论"行为即无故意、过失"。①

(二) 商业判断法则与背信罪的客观不法要件

"刑法"背信罪以"为他人处理事务……而为违背其任务之行为，致生损害于本人之财产或其他利益者"为客观不法构成要件。何谓"为他人处理事务，而为违背其任务之行为"？应从背信罪之本质决定之。关此，学说上大体可分为有滥用权限说、背信[违背信赖(托)义务]说、背信之权限滥用说。目前通说应以背信之权限滥用说为主，本说修正滥用权限说，除权限滥用之要素外，还须有违背信赖关系为要件，以至于侵害财产利益。也就是"以违背事务处理之信赖关系的权限滥用行为为重点"，故除法律上有权限之人滥用权限之外，亦包括事实上之权限在内。②

就此，台湾地区"最高法院"1997年台上字第3629号判决即指出："'刑法'第三百四十二条第一项之背信罪，系指为他人处理事务之受任人，意图为自己或第三人不法之利益，或损害本人之利益，而违背其任务行为而言。所谓'违背其任务'，除指受任人违背委任关系之义务外，尚包括受托事务处分权限之滥用在内，如此始符合本条规范受任人应诚实信用处理事务之本旨。从而受任人为本人与第三人订立有偿契约时，自应尽其应尽之注意义务，以维护本人之利益，如无其他特别情事，竟给予该第三人显不相当之高额报酬时，即难谓无违背其任务之行为，以图第三人不法之利益及损害本人之利益。"台湾地区"最高法院"在此即认为"违背其任务"，包含受任人违背委任关系之义务及受托事务处分权限之滥用两种情形，应无疑问。无论如何，"为他人处理事务"究何所指，其定义似仍不明确，以下的实务见解乃试图限缩其构成范围。

本案判决所引之台湾地区"最高法院"1991年台上字第113号及1996年台上字第660号判决，即解释何谓构成背信罪客观不法要件上之"为他人处理事务"："又'刑法'上背信罪所指为他人处理事务，在性质上应限于具有相当责任性之事务，而且行为人在处理上有权作成决定，或是行为人在处理上需要作成决定之事务。若他人对行为人并无相当之授权，两者之间并不存在所谓信托关系，行为人所从事者只是转达工作，无需也无权作成任何决定，则非背信罪所指之事务。"并进一步说明非属背信罪之"为他人处理事务"的类型，亦即"如行为人就所受任之事务并无权作成任何决定，则非背信罪所指之事务……"关于本案从事授信贷放款业务之相关人员于授

---

① 黄铭杰教授从善良管理人注意义务之角度，分析民事判决仅要求金融机构负责人于授信时遵守内规即可的不当。参见黄铭杰：《金融机构负责人忠实注意义务加重之理论与实务》，载《月旦法学杂志》2007年第142期，第172—173页（依此专业之善良管理人的注意义务角度观之，台湾地区法院时而以相关负责人所为授信行为系依照其所属金融机构内规办理，并依此遽然认定渠等已善尽善良管理人注意义务之判断方式，实难谓为妥适。作为专业人士之金融机构负责人并不能墨守成规，认为只要依据内规办理即可谓已善尽注意义务，而必须就各该具体情形因时因地制定，时而作出较诸内规更为严格的要求，方可谓已尽其专业的"善良管理人"之注意义务。正如同，作为专业人士的会计师，不能以形式上已经依循一般公认审计准则签证，即谓其已尽善良管理人之注意义务一样）。

② 林东茂教授主张，"为他人处理事务"，"必须是财产事务，而且是有裁量权限的处理本人与第三人间的外部事务（本人是指委托人）"。另又举出实例："公司负责人贱售公司资产给关系企业或高价向自己的关系企业购物，是为他人处理事务，但违背忠诚义务，所以成立背信罪。"参见林东茂：《刑法综览》，一品文化出版社2009年版，第2-191至2-192页。另参见曾淑瑜：《刑法分则实例演习》，三民书局2004年版，第371—372页；廖大颖、林志洁："'商业判断原则'与董事刑事责任之阻却"，载《月旦法学杂志》2010年第183期，第240页。关于背信罪之本质，《德国刑法》第266条规定，"对于因法律、官署委任或法律行为得处分他人财产或使他人负有义务之权限加以滥用，或对于因法律、官署委任、法律行为或托付关系应照顾他人财产利益之义务予以违反"，亦可得知有权限滥用型及违反信赖义务型。参见 Robert Esser：《刑法对经济活动自由之规制——以背信罪(〈德国刑法〉第266条)为例》，王效文译，载《成大法学》2010年第20期，第146页。

信过程中,是否有违背职务之行为,法院基本上认为,系争申贷案中有最后裁决权限者乃董事会,且授信相关人员未违反公司规定,难谓被告等有何违背职务之行为。换言之,法院认为涉案之被告相关授信人员所作之经营或决策行为,与背信罪之客观不法要件不符而与该罪无涉。由背信罪的本质以及上述本案法院的论理可看出,即使不援引商业判断法则(姑不论本案法院所援引者亦与民事法院及通说就该法则所采认之要件不符),单纯通过背信罪"为他人处理事务"此一客观要件,即足以认定:由于系争申贷案中有最后裁决权限者乃董事会,且就授信流程有公司规定的明文而相关人员亦未违反该等规范,故银行授信人员及经营阶层就所受任之事物并无权作成任何决定,从而不构成违背任务之犯罪行为。因此,笔者以为商业判断法则就背信罪客观不法要件之认定,似欠适用上的实质意义。承审法院显然是先认为事后无法收回债权而产生呆账之结果,不宜处以刑事责任苛责授信人员或经营阶层,所以寻求适用于民事案件的商业判断法则作为授信人员或经营阶层免责之基础,然此不免有张冠李戴之嫌?笔者认为,法院在未辨明本案事实所示之行为类型究属公司法上忠实义务或注意义务之违反的情形下,径行适用商业判断法则,显见法院已将二者混为一谈,更遑论当经营阶层者之行为属于忠实义务之违反,即无适用商业判断法则之余地。

四、采用商业判断法则与否,均未加重或改变检察官的举证责任

(一) 刑事诉讼举证责任与民事诉讼者不同

民事举证责任依据"民事诉讼法"第 277 条的规定,当事人主张有利于己之事实者,就其事实负有举证责任。倘商业判断法则得适用于民事诉讼,于对公司董事或经营阶层所提起之损害赔偿诉讼中,原告股东所负之举证责任,除证明被告董事有违反善良管理人之注意义务造成公司损害之外,尚须证明被告董事之行为不符合商业判断法则,以推翻其经营行为合于商业判断法则要件的保护性推定。一旦公司股东举证推翻上述推定,则举证责任转换至被告,此时董事必须就该交易系整体公平负举证责任。因而有学者认为,此系加重原告之举证责任。[1] 此为立于民事诉讼举证责任之角度所为之论述,但可否将之直接套用于刑事诉讼程序,实有疑问。[2]

2002 年修正通过之"刑事诉讼法"第 161 条规定:"检察官就被告之犯罪事实应负举证责任,并指出证明之方法。"此为检察官举证责任之现行法规范,依据修正理由所示:鉴于刑事诉讼法制之设计系根据无罪推定原则,以检察官立于当事人之地位,对于被告进行追诉,则检察官对于被告之犯罪事实,自应负提出证据及说服之实质举证责任。而台湾地区"最高法院"于 2003 年台上字第 128 号判例即表示:"就'刑事诉讼法'第 161 条已于 2002 年 2 月 8 日修正公布,其第 1 项规定:检察官就被告犯罪事实,应负举证责任,并指出证明之方法。因此,检察官对起诉之犯罪事实,应负提出证据及说服之实质举证责任。倘其所提出之证据,不足为被告有罪之积极证明,或

---

[1] 参见邵庆平:《商业判断原则的角色与适用——联电案的延伸思考》,载台湾科技法学会、交通大学科技法律研究所、交通大学企业法律中心主办 2010 年第十四届科技法律研讨会论文(2010 年 11 月 26 日),第 8—9 页。

[2] 参见邵庆平:《商业判断原则的角色与适用——联电案的延伸思考》,载台湾科技法学会、交通大学科技法律研究所、交通大学企业法律中心主办 2010 年第十四届科技法律研讨会论文(2010 年 11 月 26 日),第 12 页[基于此一认识,吾人可以肯定背信罪之被告援引商业判断原则,与"刑法"第 342 条之构成要件认定并不冲突,盖若有忠实义务或诚信义务之违反,即可以推翻商业判断原则的推定,不能受到该原则的保护。换言之,从构成要件的认定而言,吾人并没有绝对禁止或否定被告在攻防论辩中,援引此一原则的理由。当被告援引此一原则时,其在诉讼活动上的实质意义在于:主动向法官或检察官表明"在进行商业决定时,被告乃立于一信息充足之基础,且出于善意,与该行为将带给公司(与股东)最大利益之真实确信"]。

其指出证明之方法,无从说服法院以形成被告有罪之心证,基于无罪推定原则,自应为被告无罪判决之谕知。本件原审审判时,修正之'刑事诉讼法'关于举证责任之规定,已经公布施行,检察官仍未提出适合于证明犯罪事实之积极证据,并说明其证据方法与待证事实之间的关系;原审对于卷内诉讼资料,复已逐一剖析,参互审酌,仍无从获得有罪之心证,因而维持第一审谕知无罪之判决,于法洵无违误。"①

从上述修正理由及实务见解观之,台湾地区刑事诉讼之举证责任,由检察官负担,其内涵包括下列两项要素:提出证据责任;说服责任。在"刑事诉讼法"本文虽未明文就上述举证责任要素具体说明其意义,然台湾地区"最高法院"上述判例解释"举证责任"之意义及内涵,即足以补充立法之不足。实务见解基本上认为,倘检察官提出之证据不足为被告有罪之积极证明,或其指出证明之方法,无从说服法院以形成被告有罪之心证,基于无罪推定原则,应为无罪判决。吴巡龙教授称:"主张有某项积极事实之一方,应先负提出证据责任……检察官有先提出证据证明被告犯罪事实的责任……检察官对构成要件的所有要素均负有提出证据的责任……如检察官已提出足够支持其主张之表面证据程度,被告为求胜诉,另提出积极事实,用以反驳检察官之主张,亦负提出证据责任,若被告提出积极抗辩②,被告即负有提出证据责任与说服责任。"③被告对构成要件不该当之抗辩事实拥有特别知识,系属对被告有利之主张,其主张该事实亦属于积极抗辩④,对于此一积极抗辩之提出者,亦负有提出证据责任。

(二) 检察官于背信罪之举证

承上,检察官应逐一证明被告背信犯罪行为之主客观不法构成要件,无论是"意图"为"自己之利益"或为"第三人不法之利益"而"受任处理事务"时,为"损害本人利益"。因此,检察官负有证明董事或经营阶层违反信托或信赖关系,或者是有滥用权限构成背信犯罪之证据提出及说服法院的实质举证责任。依据刑法实体构成要件之规定,检察官之举证亦仅止于此,而其举证之程度,应致使法院相信"无合理怀疑"程度方足当之。至于商业判断法则存在与否,为刑事实体法所无之规范,亦难课以检察官法律所无须证明事实之加重举证责任。

反倒是如果民事案件上采取商业判断法则,因商业判断法则之适用要求原告起诉举证时应提出证据证明被告董事或经营阶层之决策不合于商业判断法则要件,以及被告有违反抽象轻过失之注意义务,此等说服审判者之责任,即为原告提出民事诉讼时应负之举证责任。若仿照民事诉讼上商业判断法则之适用过程,将检察官模拟于提出损害赔偿诉讼之原告股东,亦要求检察官

---

① 台湾地区"最高法院"2002 年第 4 次刑事庭会议决议:"刑事诉讼法"第 161 条、第 163 条修正后相关问题之决议一:为贯彻无罪推定原则,检察官对于被告之犯罪事实,应负实质举证责任。"刑事诉讼法"修正后第 161 条(下称本法第 161 条)第 1 项规定"检察官就被告犯罪事实,应负举证责任,并指出证明之方法"明定检察官举证责任之内涵,除应尽"提出证据"之形式举证责任(参见本法修正前增订第 163 条之立法理由谓"如认检察官有举证责任,但其举证,仍以使法院得有合理的可疑之程度为已足,如检察官提出之证据,已足使法院有合理的可疑,其形式的举证责任已尽……")外,尚应"指出其证明之方法",用以说服法院,使法官"确信"被告犯罪构成事实存在。此"指出其证明之方法",应包括指出调查之途径,与待证事实之关联及证据之证明力等事项。同条第 2、3、4 项,乃新增法院对起诉之审查机制及裁定驳回起诉之效力,以有效督促检察官善尽实质举证责任,借免滥行起诉。
② 积极抗辩所指为阻却违法或阻却、减免责任事由。参见吴巡龙:《刑事举证责任与幽灵抗辩》,载《月旦法学杂志》2006 年第 133 期,第 26—27 页。
③ 吴巡龙:《刑事举证责任与幽灵抗辩》,载《月旦法学杂志》2006 年第 133 期,第 26—27 页。
④ 但美国有些州法院认为,此种抗辩非属积极抗辩,而仅是对检察官举证之反驳。参见吴巡龙:《刑事举证责任与幽灵抗辩》,载《月旦法学杂志》2006 年第 133 期,第 28 页。

举证证明被告董事或经营阶层之经营决策行为不合于商业判断法则之要件,待检察官推翻董事等经营阶层之决策行为合于商业判断法则要件之推定时,再由被告证明其决策合乎公平性之举证活动,为"刑事诉讼法"所无之规定,且与现行"刑事诉讼法"之上述举证责任之法理不符。

首先,如前所论,商业判断法则非属认定被告董事或经营阶层之人有无违反注意义务之过失判断标准,更非属于背信罪之构成要件,检察官本无须于背信罪起诉时,证明商业判断法则要件存在与否,故不应该以该法则影响或改变检察官之实质举证责任。甚且,民事案件中商业判断法则之适用,系决定法院"应否"审查董事或经营阶层之决策行为有无违反公司法上注意义务之规范;即使符合该法则要件,充其量亦仅止于"阻断"法院实质审查董事等经营阶层之决策行为,非足以遽认定董事或经营阶层决策行为时毫无过失。基于此一前提,商业判断法则自难适用于以故意为犯罪主观不法构成要件之背信罪,亦非作为故意犯之举证规范而推定不构成背信罪之故意。

其次,刑事诉讼中主张积极抗辩事实者负有举证责任。商业判断法则于形式上应属有利于被告之事实,为被告积极抗辩之事实,故就其存在与否之实质举证责任,应由举出该事实而能受有利判断之被告负举证责任,而非以之影响或改变检察官之实质举证责任。自台湾地区"最高法院"2006 年台上字第 339 号判决亦可得出相类似结论,该判决认为:"证据虽已调查而其内容尚未明了者,即与未经调查无异,如遽行判决,仍属应于审判期日调查之证据而未予调查。刑事被告固无为不利于己陈述之义务,亦不负举证责任,但有提出证据及指出有利之证明方法以实施防御之权利。此所以'刑事诉讼法'第九十六条规定'讯问被告,应予以辩明犯罪嫌疑之机会;如有辩明,应命就其始末连续陈述;其陈述有利之事实者,应命其指出证明之方法。'第一百六十一条之一规定'被告得就被诉事实指出有利之证明方法。'在被动方面,事实审法院于被告陈明有利于己之事实,固应从其指出证明方法,俾能从事调查,被告不为指出,应命其指出证明方法,使被告有辩明犯罪嫌疑之机会。在主动方面,贯彻当事人对等原则,赋予被告得就其被诉事实,主动向法院指出有利证明方法之权利,以维护被告之诉讼权益"。职此,若台湾地区欲于刑事案件上采纳商业判断法则,于举证上亦不得由检察官为之,而应由被告担负指出证明方法使其辩明犯罪嫌疑,方属妥适。但纵使被告不欲提出任何积极抗辩事实,亦不能改变检察官所应尽之举证责任,应属无疑。

结论性观点

尽管商业判断法则主要于民事案件始有适用,本案刑事判决或已肯认商业判断法则的基本道理,故欲引入该法则的精神及政策考虑。本文仅如前述不同意本案判决将商业判断法则直接适用于背信罪的过程。详言之,一方面,可适用于民事体系的商业判断法则,未必可"直接"合于刑事案件在实体法与程序法上的认定。另一方面,本判决或许政策方向上肯定前述司法节制主义,以及民事案件溢流至刑案系因民事责任请求体系之不备等问题[1],故而引用商业判断法则欲

---

[1] 参见王文宇:《从公司不法行为之追诉论民、刑、商法之分际》,载《月旦法学杂志》2003 年第 103 期,第 60 页("金融法规如证交法、银行法等,皆有一中心思想——保护投资人,故相当重视事后之责任追诉。但如前述,就现有诉讼案例而言,实以刑事追诉为大宗。追根究底,应归咎于法制上之缺漏,使得投资人欲对公司或董监求偿均须以证交法为据,因公司法疏未规定相关请求依据,而证交法又以刑事责任为主轴,致民事责任追诉反被忽略");刘连煜:《掏空公司资产之法律责任》,载《月旦法学教室》2007 年第 56 期,第 92 页["公司法制下之民事赔偿制度不必与违反义务者之刑事责任亦步亦趋挂钩在一起,而可分别判定,采取不同之认定标准;如此始能发挥民事责任应有之填补损害甚至阻吓违法功能。华隆案未见民事责任之追究(其请求权基础,例如依'民法'第一八四条侵权行为损害赔偿之规范),诚属遗憾,其原因或系如上所述证据的问题所限,或系公司法制民事责任追偿制度之缺失使然(如现行'公司法'第二一四、二一五条代表诉讼之缺漏)。唯无论如何,健全公司法制下之民事赔偿责任,尚须公司法学界、'司法院'及各界共同之努力,始能完善。此点应不言可喻"]。

使被告罪不成立(盖其或认应以民事手段解决)。但从本文以上分析可看出,本案判决在引用商业判断法则的过程中左支右绌;不仅突显径将商业判断法则适用于刑事案件认定的不当,也凸显背信罪或有构成要件不明确,尤对商业实务在法律安定性、法律风险控制上之高度需求造成欠缺预测可能性等问题。从而,关于未来进一步的研究,或许立法论上在一定情形将背信罪的构成要件严格化,或仿照"刑法"第 311 条增列背信罪的阻却不法要件,难谓非一思考方向。

只有一家别无分号[*]

——评台北地方法院 2004 年自字第 15 号判决

张丽卿[**]

基本案情

甲、乙两家公司皆有贩卖牛轧糖。甲公司称 A 牛轧糖产品系其自行制造销售,并未委托其他厂商制造,但乙公司坚称,其所销售之 B 牛轧糖产品与甲公司 A 产品系同一厂商制作,且在推销牛轧糖产品时对顾客说:"我们的 B 牛轧糖与甲公司的 A 牛轧糖是同一加工厂生产的。"

甲公司认为,其公司生产的 A 牛轧糖之市场占有率约七成左右,已经成为牛轧糖的代名词,乙公司分明是利用甲公司 A 产品的名声;又乙公司坚持称产品系同一厂商制作,并用黑函指称甲公司财务有危机,濒临倒闭之类似传闻,在这样的情形下,甲公司为澄清事实及维护自身公司商誉,将 2003 年 12 月 6 日某日报新闻报道采访内容制成广告牌如:"挖墙脚""冒名宣传""借名销售""乙公司的 B 产品假借甲公司的 A 产品之商誉",以显目广告悬挂在甲公司位于台北市○○区○○路○○号牌楼,并召开记者会。2003 年 12 月 12 日之 XX 时报、YY 晚报、ZZ 日报各报皆陆续报道"乙公司 B 产品假借甲公司 A 产品商誉"的相关情事。

基于上述事实,乙公司向台北地院提起自诉,宣称未曾在推销牛轧糖产品时对顾客说:"我们公司的牛轧糖与甲公司的牛轧糖是同一加工厂做的。"故被告所指摘之事皆不实在,其行为显然已使社会大众误以为自诉人进行不实销售,对于自诉人在社会上所保有之人格及声誉地位造成毁坏贬低,甲公司等涉有"刑法"第 310 条第 2 项之加重诽谤罪嫌及"公平交易法"第 22、37 条之为竞争目的营业诽谤罪嫌。

裁判要旨

案经台北地院审理,认为本案足以认定甲公司等确有相当理由足信其等向媒体记者传述、指摘之情节为真,且与甲公司商业利益及消费者之公共利益有关,故不得因乙公司片面指其商誉受有损害,骤指被告二人基于竞争之目的,恶意侵害其社会上所保持之人格及信誉。且乙公司就其所指被告二人上述犯行所凭之证据,于诉讼上之证明,皆未达于通常一般之人均不至于有所怀疑而得确信为真实之程度,经法院审查亦无其他积极证据足认甲公司确有乙公司所指上述恶意诽谤之情事,判决甲公司等人无罪。

疑难问题

本判决所攸关之法律问题主要有:"公平交易法"营业毁谤罪的构成要件如何?本案甲公司的行为是否出于竞争目的?真正恶意原则适用于营业诽谤罪是否妥当?"刑法"第 311 条之阻却不罚事由的性质为何?"公平交易法"营业诽谤罪与"刑法"诽谤罪的竞合问题,分析如下:

---

[*] 原载于《月旦法学杂志》2007 年第 142 期。
[**] 东海大学法律学系教授。

学理研究

一、"公平交易法"营业毁谤罪的构成要件

为了掌握本判决所适用之营业诽谤罪,有必要先探讨本罪之构成要件。"公平交易法"第 22 条规定:"事业不得为竞争之目的,而陈述或散布足以损害他人营业信誉之不实情事。"其构成要件是:有竞争目的、为损害事业名誉之行为、诽谤客体涵盖事业以外之营业主管等,并造成损害营业信誉之具体危险。简略分析如下[1]:

(一) 有竞争之目的

所谓竞争,依照"公平交易法"第 4 条规定加以判断:"本法所称之竞争,为二以上之事业在市场上以较有利之价格、数量、质量、服务或其他条件,争取交易机会之行为。"且参照德国的实务见解,认为,"对营业信誉受损害者所造成的不利益,应与行为人自己或第三人所追求的竞争利益间,需具备交换关系(Wechselbeziehung)"为前提[2],即可得知,竞争目的之存在,是适用本条之前提要件。

(二) 为损害事业名誉之行为

"公平交易法"第 22 条所规范者,乃不实"事实"的陈述或散布,而不及于评论或意见等"价值判断"。事实和价值判断的差别在于,前者有真伪可言。至于与事实真假无关的意见,较难判断,不易举证,不属本条的规范对象。[3] 陈述或散布不实消息,为实务上常见之损害事业名誉信用的行为方式。

较有问题的应是"公布判决"与"警告侵权或威胁之诉讼"是否亦是损害事业名誉之行为。实务上肯定此两类行为也是损害事业名誉的行为。关于"公布判决",应该如实公开判决之内容,不可以随意添加该判决所攸关之价值判断,因为未确定之判决可能因上诉而有不同的认定,因此公开的方式或范围应有限制。至于确定判决,则应容许公开,并无疑义。

关于"警告侵权或威胁诉讼",依照公平会的意见,在未取得法院判决或有公信力的机构鉴定报告前,不得随意发警告函;若专利权人任意发函予顾客,谓竞争对手的产品,涉嫌侵害专利[4]或警告顾客终止与该竞争对手交易,不论是否属实,皆属不正当竞争行为之一种,若以此方式达到妨害竞争对手的营业信誉,亦有"公平交易法"第 22 条之适用。[5] 不过是否构成营业诽谤,仍须就主观意图判定。如行为人明知竞争对手未侵害权益或未能确知竞争对手已侵害权益,却宣称已经侵害其专利权及著作权而仿冒其产品,并要求该等经销商提供产品型录数据等,应有损害竞

---

[1] 更详细的说明,参见张丽卿:《禁止营业毁谤之研究》,载《公平交易季刊》2006 年第 14 卷第 2 期,第 1 页以下。

[2] Baumbach/Hefermehl, Wettbewerbsrecht, 22. Aufl., 2001, § 14, Rn. 2.

[3] 不过,《德国不正当竞争防止法》第 4 条第 7 款把"贬抑竞争对手之行为"也视为"不公平行为"的一种,无关事实真伪的意见或价值判断,也认为是该法规范的对象。此款修正,乃是德国法院实务见解的成文化。Vgl., Emmerich, Unlauterer Wettbewerb, 6. Aufl., 2002, § 9. III, § 9. V.

[4] 例如,银谷公司之产品业经鉴定与普司通公司第 50944 号专利之申请专利范围不相同。然万沣公司仍径行陈述银谷公司之产品为仿冒品,不仅降低其产品质量之社会评价,亦致其交易相对人或可能之交易相对人中止或断绝交易及可能之交易关系,公平会(1999)公处字第 023 号处分书的意见,认为其陈述或散布系争不实文件之行为系为竞争之目的,且足以损害他人营业信誉,违反"公平交易法"第 22 条之规定。

[5] 例如,佑洋行股份有限公司为竞争目的,于所散布之警告信函中指涉他事业为"某不肖商人"等不实情事,足以损害他事业营业信誉,经公平会 268 次委员会议决议,认为已违反"公平交易法"第 22 条规定。

争对手营业信誉之故意,应适用"公平交易法"第 22 条。①

(三)诽谤客体涵盖商品、服务以及营业主管

商品的声誉和企业体的名誉休戚与共,诽谤商品而足以降低社会对该事业之评价,该当适用"公平交易法"第 22 条。营业所有人及负责人等之形象,往往和企业之声誉相结合,尤其是大企业的主管及所有人,往往因为遭受恶意评论而影响社会对企业形象的观感。故为竞争之目的,而陈述散布有关他企业之所有人或主管人之不实情事②,亦为"公平交易法"第 22 条所过问。

(四)造成损害营业信誉之危险

陈述或散布内容,须足以降低社会大众或交易相对人,对被指摘之营业产生不信任感,造成营业上之损害;亦即,虚伪不实之消息须足以损害竞争者的营业信誉。③ 解释上,是否有造成营业上之损害,不以发生实害为必要,若行为虽未造成现实的损害,但已经惹起危险状态即足。

至于是否造成损害营业信誉之结果,应斟酌一切情事加以判断,不能只依当事人之主观认知。④ 亦即,应衡酌交易相对人及潜在交易相对人对广告内容之客观评价。⑤ 例如,广告内容对于产品、营业、营业所有人或主管人员等之不当贬损,导致被贬损人之交易相对人及潜在交易相对人,产生严重不信任感,致有拒绝交易或减少交易之可能。⑥

二、是否出于竞争目的所为

营业诽谤罪成立之前提,系诽谤行为出于竞争的目的所为。甲公司将某日报新闻报道采访之内容制成广告牌,以显目广告悬挂在大楼牌楼;并且又召开记者会,使得 XX 时报、YY 晚报、ZZ 日报陆续报道"乙公司 B 产品假借甲公司 A 产品商誉"的相关事情。乙公司认为甲公司系出于竞争目的所为之陈述或散布不实情事,因而提出自诉。

本案判决认为,甲公司的行为并非以竞争为目的,本文持相同看法。因为甲公司之所以为上述行为,主要是为反驳"乙公司向顾客表示乙公司的 B 牛轧糖与甲公司的 A 牛轧糖乃由同一工厂所生产"。由此可知,甲公司的行为乃为保护自身的合法权益不受侵害的自辩、自卫行为与竞争目的并无关系。

---

① 例如,劲泰股份有限公司向其下游经销商宣称大汉企业社侵害其专利权及著作权而仿冒其产品,并要求该等经销商提供大汉企业社所寄发之产品型录数据,经公平会第 171 次委员会议决议,认为其未能确知大汉企业社侵害其权益,竟事先陈述或散布大汉企业社仿冒其产品情事,并要求提供相关数据,是其应有损害大汉企业社营业信誉之故意。故劲泰公司之行为违反"公平交易法"第 22 条之规定。

② 例如,睿杰企业有限公司于 1996 年发函予台塑公司,散布新加坡商新商兴利工程股份有限公司的不实情事:台中烟囱主持人 A 君……被 Hopewwll 公司革职,A 君被革职后于 1990 年成立 CSM 公司。经公平会调查:A 君从未受雇于 Hopewwll 公司,亦未被其革职,且 CSM 公司成立于 1988 年并非 1990 年。经公平会第 321 次委员会议决议,睿杰公司未经查证,以无实际证据之事项,意图散布于众,具体向主业台塑公司指摘前述足以毁损新商兴利公司营业信誉之事项,以遂行其竞争得标之目的,显已违反"公平交易法"第 22 条的规定。

③ 参见刘孔中:《公平交易法》,元照出版有限公司 2003 年版,第 252 页。

④ 例如,信义房屋中介股份有限公司检举永庆房屋中介股份有限公司于各大媒体刊播"永庆房屋领先信义房屋 1 分钟,1 分钟帮你配好对"等系列广告,肆意宣传,然信义房屋仅表示系争广告播出后,营业收入大幅减少,却未提供具体书面数据佐证该广告对其营业信誉有所贬损,经公平会第 627 次委员会议决议,认为尚难认为有违反"公平交易法"第 22 条的规定。

⑤ 参见何之迈:《公平交易法实论》(修订版),2002 年版,第 318 页。

⑥ 公平会编撰"比较广告违反'公平交易法'一览表",关于第 22 条部分之判断基准。

由于"公平交易法"第22条的适用前提是,以"基于竞争之目的"而为妨害公平竞争之行为。① 且参照德国的实务见解,认为对于营业信誉受损害者所造成的不利益,应与行为人自己或第三人所追求的竞争利益间,具备交换关系(Wechselbezie-hung)②,即可得知,竞争目的之存在,是适用本条之前提要件。至于竞争关系存否的认定,应以行为人意图增进其竞争利益的事业为准,并不以行为人本身或其所属事业为限。③ 在立法例上,日本法以"竞争关系"为要件,德国旧法以"竞争目的"为要件,修法后则似采"竞争关系"。中国台湾"公平交易法"与德国旧法相同,以"竞争目的"为要件。

实务见解如公平会认为:判断事业之行为是否为"竞争之目的",其前提亦宜以事业间具有"竞争关系"为要件。而所谓"竞争关系","公平交易法"第4条规定:两个以上之事业在市场上以较有利之价格、数量、质量、服务或其他条件,争取交易机会之行为。换言之,公平会的判断,是以概括的、范围较广之"竞争目的"为衡量标准。不过,在"竞争目的"此一要件的认定上,"公平交易法"实务仍从客观上存在于行为人与营业信誉受损害者之间的竞争关系出发,再依客观情事推论主观意图。④ 例如,为履行澄清说明义务⑤、因主管机关之询问而答复或陈述⑥,实务上皆不认为是出于竞争目的所为之陈述。

本案判决理由指出:"被告二人确有相当理由足信其等向媒体记者传述、指摘之情节为真,且与……公司商业利益及消费者之公共利益有关,即不得因自诉人公司片面指其商誉受有损害,骤指被告二人基于竞争为目的,恶意侵害其社会上所保持之人格及信誉。"简言之,虽然系争双方均处于同一水平竞争关系,亦具有散布情事,但其系为澄清非同一工厂所生产之事实,行为方式或有可议,然其应非出于竞争目的所为。

三、"刑法"第311条不罚事由之性质

本案判决理由中有谓:"立法者为免争论,于一般诽谤罪之情形,以'刑法'第311条明定阻却构成要件事由,只要行为人之行为系以善意发表言论而客观上符合该条所规定之要件者,纵足以造成毁损他人名誉之结果,亦不该当于诽谤罪之构成要件,探求此规定之意涵,亦可知立法者意

---

① 参见刘孔中:《公平交易法》,元照出版有限公司2003年版,第253页。
② Baumbach/Hefermehl, Wettbewerbsrecht, 22. Aufl., 2001, § 14, Rn. 2.
③ 参见"行政院"公平交易委员会:《认识公平交易法》(第十版),2004年版,第371页。
④ 参见石世豪:《公平交易法之注释研究系列——第22条》,第334页以下;何之迈:《公平交易法实论》(修订版),2002年版,第318页。
⑤ 例如,美式公司向媒体发布"环美公司以商业恶性竞争散布种种不实谣言,致影响美式商誉"等言论,而被环美公司检举。公平会第115次委员会议决议,认为美式公司为证管会核准股票上市之公司,依"台湾证券交易所股份有限公司对有关上市公司重大讯息之查证暨公开处理程序"第2、7条之规定,对有关大众传播媒体报道有足以影响上市公司之有价证券行情者,确有向投资大众公开说明及澄清之义务,故美式公司召开记者会之目的,旨在澄清说明环美公司之指控,并非为竞争之目的,陈述或散布足以损害环美公司营业信誉之不实情事,自与第22条规定之要件不符。
⑥ 例如,在公平会调查处理过程中,公平会邀集有关机关及业者召开"软式透水管制造方法及市场状况"座谈会。在座谈会中,经公平会就有关事项请与会代表发言,山坡公司之独家经销商水龙王企业有限公司代表说明,广水公司仿冒并学习山坡公司软式透水管制造方法。广水公司因而检举水龙王公司公开表示其仿冒并学习山坡公司软式透水管制造方法,诋毁其产品为不良品,致其营业信誉受损。公平会认为,水龙王公司代表于座谈会中之陈述,纯属对公平会所询事项,就其观察之事实,予以答复,既属咨询之性质,已难认其主观上有为竞争之目的而为陈述。故公平会于1993年公诉决字第026号诉愿决定书中作出不处分决定。

欲寻求名誉保护及言论自由间之折中。"对此,本案判决认为,"刑法"第311条是阻却构成要件事由,笔者持不同见解。

根据"刑法"第311条规定:首先因自卫、自辩或保护合法之利益:行为人为防卫自己,或为自己辩白或为保护合法利益,而发表之言论。例如,因受他人诬告,在公开场合辩白或陈述。其次公务员因职务而报告:公务员执行职务,就其相关事项所为之报告。例如,公务员至"立法院"备询就其职务有关之事项,针对"立委"所为之回答。再次,对于可受公评之事:对于可受公评之事,而为适当之评论。至于何种事件为可受公评之事,应依事件之性质以及社会公众之关系而定。最后,对于"中央"及地方之会议或法院或公众之集会之记事,而为适当载述:对于"中央"及地方之会议或法院或公众之集会,均事关社会大众之权益,其事应公之于众,若对之为适当描述,虽可能诋毁他人名誉,但应可依其情形成为不罚之事由。

关于"刑法"第311条"不罚事由"的性质[①],学理上有不同看法。有认为是阻却违法事由者[②],有认为是阻却构成要件者[③],此外,还有认为是宣示性规范者。[④] 说明如下:

(一) 阻却违法事由说

其理由乃是善意行为人的诽谤行为可能侵害他人名誉且构成诽谤罪的该当,但是因善意行为人的行为在性质上属于正当的行为,并无任何与法秩序对立冲突,欠缺实质的违法性,所以"刑法"第311条所列的4款应是阻却违法事由的规定。

(二) 阻却构成要件事由说

言论自由为"宪法"保障的重要基本权利,亦为民主宪政不可或缺的基本自由,故言论自由不可轻易受制于"刑法"的制裁规定,所以诽谤行为人如果善意且又符合"刑法"第311条所举4款的事由,是立法者于诽谤罪之后所设的特别阻却构成要件事由。

(三) 宣示性规范说

"刑法"本身并不会对善意行为加以规范,所以诽谤罪所规范的对象必然是非受言论自由所保护者。观察"刑法"第311条所规范者,皆是法规范所容许的事项或是言论自由保障的范围,所以本条非阻却构成要件事由,亦非阻却违法性要件,仅是宣示性的规范。

笔者认为,从本条规定的意旨,应认为是"法定阻却违法事由"较为适宜。[⑤] 因为如认为是宣示性的规范,便是将"宪法"上正当的表现自由行为排除在犯罪论之外,似乎就是承认表现自由与名誉法益保护间的调和,"刑法"是不可以过问的,若是如此,如何解释"刑法"第311条与同法第309、310条间有何关联?[⑥] 另外,在三阶论的架构下,构成要件的判断乃在于是否对法益构成侵害,如有对法益造成侵害,再进而通过违法性的判断来观察行为人的行为是否有与法秩序相对立冲突。换言之,纵然是符合"刑法"第311条的言论行为,行为人的行为仍对特定人造成名誉上的侵害,在构成要件的判断上有该当性,惟其行为对法秩序无敌对意思,且在言论自由保障的范围

---

① 对此问题,参见谢庭晃:《妨害名誉罪之研究》,辅仁大学法律学系2005年博士论文,第228页以下有详细的论述。
② 参见甘添贵:《体系刑法各论》(第一卷),瑞兴图书出版公司2001年版,第431页以下;高金桂:《论刑法对个人名誉保护之必要与界限》,载《刑事法学之理想与探索》,学林文化出版社2002年版,第208页。苏俊雄"大法官"于释字第509号解释协同意见书亦采此意见。
③ 参见林山田:《刑法各罪论》(上),2002年版,第236页以下。
④ 参见柯耀程:《检视刑法诽谤罪之正当性》,载《月旦法学杂志》2004年第111期,第176页以下。
⑤ 参见张丽卿:《刑法总则理论与运用》,2005年版,第242页。
⑥ 参见谢庭晃:《妨害名誉罪之研究》,辅仁大学法律学系2005年博士论文,第232页。

内,所以应认为是法定阻却违法事由。同样,第311条所规定之阻却不罚事由,于判断行为人是否有"公平交易法"第22、37条为事业竞争之目的,而陈述或散布足以损害他人营业信誉之不实情事时,刑法实务运用上,亦应认为是法定阻却违法事由,较为妥当。

就本案而言,被告所为具有符合"能证明所为是真实"及"因自卫、自辩保护合法利益"两种阻却违法之事由。简言之,被告的行为已经造成对手名誉上的侵害,在"公平交易法"第22条构成要件判断上有该当性,然因符合"刑法"第311条之规定,其行为对法秩序无敌对意思,且在言论自由保障的范围内,所以有法定的阻却违法事由,可以不罚。

四、真正恶意原则于营业诽谤罪之适用

言论自由为"宪法"所保障的基本人权,任何单位或个人均不可加以侵害,但是并非表示言论自由将无任何的规范限制,如果言论侵害他人的名誉,"刑法"将会加以处罚,此乃对于言论自由合理的约束与规范。但是对于名誉的保护并非毫无限制,否则可能发生假借保障名誉而为钳制言论自由的情事,如此对于社会一般多数人的基本权利产生更大的侵害,亦阻碍整体人类社会的进步、公共利益的维持与民主政治的发展。

释字第509号判决表示:言论自由为人民之基本权利,"宪法"第11条定有明文,应给予最大限度之维护,俾其实现自我、沟通意见追求真理及监督各种政治或社会活动之功能得以发挥。惟为兼顾对个人名誉、隐私及公共利益之保护,法律尚非不得对言论自由依其传播方式为合理之限制。"刑法"第310条第1项及第2项诽谤罪即系保护个人法益而设,为防止妨碍他人之自由权利所必要,符合"宪法"第23条规定之意旨。至"刑法"同条第3项前段以对诽谤之事,能证明其真实者不罚,系针对言论内容与事实相符之保障,并借以限定刑罚权之范围,非谓指摘或传述诽谤事项之行为,必须自行证明其言论内容确属真实,始能免予刑责。惟行为虽不能证明言论为真实,但依其提出证据资料,认为行为人有相当理由确信其为真实者,即不能以诽谤罪之刑责相绳……通过释字第509号判决,我们更可清楚此意涵。

该号释字肯定"真正恶意原则",亦即,倘无证据足证行为人系出于恶意所为,即应推定其系以善意为之,此即所谓"真正恶意原则"(actual malice)。传统上,真正恶意原则适用于"刑法"诽谤罪是否成立的判定上,所谓诽谤者,乃指图散布于众,指摘或传述足以毁损他人名誉之事,或以散布文字或图画之方式犯之。

实务上,认为真正恶意原则于"公平交易法"所规范的营业诽谤罪上亦有其适用,关于本案的审理,法院便依循真正恶意原则。本案判决理由中谓:"本件被告是否确有诽谤之事实,端视其是否有诽谤之故意及所描述是否属实而定。倘无证据证明被告有诽谤自诉人之故意,或有相当证据足证被告所述属实或有相当理由确信所述属实,而难谓其有真正恶意,除有具体反证外自应推定系出于善意为之。"

对此该判决见解,笔者深表赞同。笔者认为,真正恶意原则于"公平交易法"上的营业诽谤罪是否构成的判定上亦有其适用。因为,真正恶意原则本为判断"刑法"诽谤罪是否该当的一个要件,此在正当的言论行为与不当的诽谤行为之间,划出一个很好的平衡点,如此,既可保障人民言论自由的效果,又可以达到保障人民的名誉不受侵害;虽然"公平交易法"的营业诽谤罪的构成要件与保护之法益与"刑法"上诽谤罪的构成要件与保护之法益不尽相同,但是商业诽谤行为亦属于侵害名誉行为之一种,在保障人民言论自由的基本价值前提下,亦应以真正恶意原则来判断"公平交易法"上的营业诽谤罪是否构成的标准。

五、"公平交易法"营业诽谤罪与"刑法"诽谤罪的关系

2004年德国修正《不正当竞争防止法》时,删除了营业诽谤罪(Geschäftliche Verleumdung)的

规定①，其当时的修法理由谓：德国刑法已有诽谤罪，无须叠床架屋，重复在《不正当竞争防止法》中规定。不过，实际上，两者真的相同吗？笔者认为，营业诽谤罪与普通诽谤罪，两者对现代社会的法秩序有不同的重要贡献。亦即，"公平交易法"之营业诽谤罪与"刑法"之诽谤罪所为的规范并不相同，其行为主体、行为人主观目的、诽谤内容与法益保护皆不相同。

就行为主体论，"公平交易法"第2条关于事业之定义为：公司、独资或合伙之工商行号、同业工会、其他提供商品或服务或从事交易之人或团体。而"刑法"诽谤罪之行为主体并无任何限制，任何自然人仅须其具有意思能力及行为能力者，均得成立诽谤罪。② 至于法人则不能成为诽谤罪之主体。故"公平交易法"第22条之行为主体与"刑法"诽谤罪之行为主体，明显有所不同。

就行为人主观目的论，由"公平交易法"第22条规定可知悉，行为人主观上系以竞争之目的而陈述、传布损害他人名誉之不实情事。反之，"刑法"第310条规定，诽谤罪成立系意图散布于众而指摘或传述足以毁损他人之名誉，主观上除具有诽谤故意外，尚必须具有散布于众之意图。足见"公平交易法"与"刑法"对两罪所要求的主观目的并不相同。

就诽谤的内容论，"公平交易法"第22条禁止损害他人营业信誉罪，系以竞争之目的，而陈述或散布足以损害他人营业信誉之不实情事，内容上有陈述或散布者，有足以损害他人营业信誉之不实情事的限制。"刑法"第310条诽谤罪的行为，乃指指摘或传述足以诋毁他人名誉之事。指摘或传述之事，可能是虚伪的，或纵为真实但与公共利益无关；亦不问其为过去、现在或将来事实，只需足以毁损他人名誉即可成罪。就是否为不实情事，二者在规范上并不相同。③

就保护的法益论，"公平交易法"为保护竞争秩序，不允许以诽谤手段侵害竞争对手；"刑法"为保护个人的社会声望，也不许诽谤攻击他人。二者主要的差异在于，"公平交易法"的保护对象包括抽象的竞争秩序与竞争者的商誉，但"刑法"诽谤罪属于侵害个人法益之罪，所保护者是具体个人的名誉，而不是抽象的竞争秩序。亦即，"公平交易法"营业诽谤罪所保障的法益比"刑法"的诽谤罪稍广，故发生竞合时，"公平交易法"有较优先适用的机会。

本案判决在"公平交易法"营业诽谤罪与"刑法"诽谤罪的竞合问题上，认为应当成立法条竞合。该判决谓：……"刑法"上所谓法规竞合，系指一个犯罪行为，因法规之错综关系，致同时有数符合该犯罪构成要件之法条可以适用，爰依法理择一适用者而言。"公平交易法"第22条规定事业不得为竞争之目的，而陈述或散布足以损害他人营业信誉之不实情事，违反者，应依同法第37条第1项之规定处罚行为人。该罪虽同时符合"刑法"第310条第1项或第2项诽谤罪之犯罪构成要件，因系法规之错综关系，致一个犯罪行为，同时有数符合该犯罪构成要件之法条可以适用，自应依法规竞合法理，择一适用"公平交易法"之规定论处……对该判决在"公平交易法"营业诽谤罪与"刑法"诽谤罪的竞合问题，笔者持不同意见。

虽然法条竞合与想象竞合行为，都只有一个，但是这两个竞合现象，并不相同。法条竞合，系对同一构成犯罪事实之行为，同时有数个该当之构成要件，其所侵害之法益为一个，本质上为一罪④，如适用其中最恰当之构成要件，即足以充分评价，其他的构成要件不须再评价而被排除，故处理法条竞合，乃在寻求最恰当的评价方法。换言之，法条竞合，系指一个犯罪行为，因法规之错

---

① 参见石世豪：《公平交易法之注释研究系列——公平交易法第22条》，第326页；德文文献亦可参见Kling/Thomas, a. a. O. Rn. 第426以下。

② 参见甘添贵：《体系刑法各论》（一卷），瑞兴图书出版公司2001年版，第423页以下。

③ 不过，刑事审判实务认为，"公平交易法"营业诽谤罪与"刑法"诽谤罪、妨害信用罪相同，均以内容不实为处罚要件。台湾地区高等法院2001年上易字第3784号判决。

④ 参见张丽卿：《刑法总则理论与运用》，2005年版，第422页以下。

综关系,在法律上被多次陈述出来①,同时有数个符合该犯罪构成要件之法条可以适用,依择一适用之法理,选择主要适用之法律,而排除次要的法律②,因其所侵害之法益为一个,本质上为一罪。③ 法条竞合因此被称为"不纯正的竞合",或"表象的竞合"。④ 由于法条竞合在用语上,容易引起误解,因此,德国文献上渐渐有用"法律单一"取代"法条竞合"的情形。⑤

想象竞合,实际上指所犯的罪是两个或两个以上,亦即,所破坏的法益是两个以上⑥,只是在裁判上,被当做一个罪处理。想象竞合,由于一个行为实现数个犯罪构成要件,侵害数个法益,致有数个犯罪结果发生。

"公平交易法"的营业诽谤罪与"刑法"的诽谤罪在保护的法益上完全不同,营业诽谤罪在于保护抽象的交易秩序与营业者的名誉,"刑法"诽谤罪则保护个人的名誉法益,故若被告系事业为竞争之目的,以一个散布不实情事的行为,同时侵害一个兼有社会法益、个人商业信誉法益,以及个人名誉法益的情形,因同时违反"公平交易法"第22条及"刑法"第310条第2项之加重诽谤罪者,系一行为触犯两个罪名,应属想象竞合,应从较重之"公平交易法"第22条论处。惟本判决认为,因本两条之构成要件属法规之错综关系,致一个犯罪行为同时有数个符合该犯罪构成要件之法条可以适用,应依法规竞合法理,择一适用"公平交易法"之规定论处。这个混淆主要系未分辨该两条所保护的法益所致。

结论性观点

言论与意见表达的自由,是人民的基本权利。任何权利的行使都有一定的限度,言论自由亦不例外。言论自由如果侵害他人的名誉,法律必须有相应的处罚规定,不允许任意发表言论侵害他人营业信誉。

"公平交易法"的营业毁谤罪是典型的附属刑法,附属刑法非核心刑法,亦常被忽略,然本判决的学理论述及推理过程却属难得一见。本文提出若干与本判决相关的论点作为讨论,也当做是实务与学术的对话。

判决中有些与笔者见解相同,如被告等人不符合竞争目的之诽谤及引用恶意原则之主张。也有与笔者看法不同,如笔者认为,"刑法"第311条之不罚事由,应为法定阻却违法事由,非属阻却构成要件事由;而"公平交易法"营业诽谤罪与"刑法"诽谤罪应成立想象竞合,非法条竞合。

总而言之,"公平交易法"为了保护竞争秩序,不允许以诽谤手段侵害竞争对手;"刑法"为了保护个人的社会声望,也不许诽谤攻击他人。一个诽谤行为可能侵害竞争对手的商誉,也同时侵害竞争对手的名誉,此种想象竞合现象,只论以一罪,依照"公平交易法"第22条处罚。

---

① Jakobs, Strafrecht AT, 2. Aufl., 1991, S. 861.
② Wessels/Beulke, Strafrecht AT, 33. Aufl., 2003, § 17 V 1.
③ 参见张丽卿:《刑法总则理论与运用》,2005年版,第422页以下。
④ Haft, Strafrecht AT, 7. Aufl., 1998, S. 265; Jescheck/Weigend, Strafrecht AT, 5. Aufl., 1996, S. 665.
⑤ Haft, a. a. O. (Fn. 31), S. 265; Jescheck/Weigend, a. a. O. (Fn. 31), S. 665; Wessels/Beulke, a. a. O. (Fn. 29), § 17 V 1.
⑥ 不过,台湾地区刑法学者当中,也有人认为,法益的破坏,是决定罪数的标准,例如甘添贵:《罪数理论之研究》,载《军法专刊》1992年第38卷第10期,第13页。

三、侵犯公民权利犯罪

"刑法"上死亡之认定*

——评台湾地区"最高法院"2006年台上字第1692号判决

王皇玉**

基本案情

被告甲于1998年3月21日凌晨3时许,驾驶自用小客车,在限速为70公里之路段,以时速90公里超速行驶,在嘉义县嘉朴公路22公里600米处,因超越前车时撞及由被害人乙所骑乘之机车,致乙受有头部外伤伤重倒地,甲于下车查看后,对于无自救力之人乙,依法本应保护之,却不为其生存所必要之保护,而仍离去,乙因送医不治伤重死亡(过失致人于死部分业经判处徒刑确定),因认被告涉犯"刑法"第294条第1项之遗弃罪嫌而起诉。[①]

裁判要旨

本案就过失致死罪部分,业经判决确定。但检察官就被告甲涉嫌犯遗弃罪部分,另行起诉。被告涉嫌遗弃罪部分,于高等法院台南分院更一审判决以及更二审判决中,均判决被告无罪。[②] 两次无罪判决最主要的理由为:"按'刑法'第二百九十四条遗弃罪所保护之客体,须为无自救力之人,倘已无生命迹象,自非为无自救力之人,则无遗弃罪可言。"而本案之被害人,法院则是根据以下几点认定被害人于车祸当时即已死亡,因此已非无自救力之"人":

(1) 被害人送至嘉义荣民医院之病历摘要报告称:"病患到院时,已呈无呼吸、无脉搏,即医学上所谓无生命征象及'即到院前死亡'之诊断。"

(2) 相验被害人之法医丙于审判中证称:"(死亡)详细时间,我不知道。我认为此人在发生车祸时,已死亡,我是按受伤情形而推测的。因被害人头部严重凹陷粉碎性骨折,所以我判断此人应在车祸当场即死亡。所以记载死亡时间,即记载车祸发生时间。"

(3) 车祸当时之救护人员丁证称:"(当时此人是否已死亡?)我到时,该人嘴还有动,但生命指数约三而已,对痛已无感觉,依我专业认为,应已无生命迹象。"

---

* 原载于《月旦法学杂志》2010年第185期。
** 台湾大学法律学系副教授。
  [①] 案例事实乃根据本案于台湾地区高等法院台南分院2005年重上更(二)字第574号判决中之公诉意旨而改编。
  [②] 参见台湾地区高等法院台南分院2002年上更(一)字第522号判决、台湾地区高等法院台南分院2005年重上更(二)字第574号判决。

"高检署"检察官上诉台湾地区"最高法院"之理由:

检察官对于原审认定被害人死亡之时点有所疑义,因而提起第三审上诉。检察官上诉意旨中,认为被害人于车祸时并非立即死亡,其理由如下:

(1)嘉义荣民医院虽认定被害人于1998年3月21日凌晨3时40分时,送至该院已无生命征象云云,然查本件车祸发生时为同日凌晨3时许,二者相距多达一二十分钟,则被害人应于何时死亡不明,显然嘉义荣民医院之病历摘要报告,并无法为被害人于车祸时已死亡之推论,而原审却以此病历摘要报告,作为被害人于车祸时已死亡之认定,显有违背论理法则及经验法则之违误。

(2)相验之法医师丙证称,记载死亡时间,是参考警察之笔录记载的,详细时间并不知道等语。本件被害人是否确实于车祸发生时已死亡,攸关被告有无遗弃罪嫌之成立,乃原审竟以此推论死亡之不确定时间,即认定被害人于发生车祸时死亡,尚嫌速断。

(3)原审采信救护人员丁之证词,认定被害人于车祸受撞击当时,业已死亡无生命迹象,应可凭信云云,然查丁所称之生命指数(The Life Regard Index),显然并非法学或医学界上采用认定死亡之依据。死亡之认定,法学界通说仍采心脏停止跳动说,则救护人员到现场时既然发现被害人嘴还有动,显然心脏并未停止跳动,依前揭所述自然尚未死亡。

台湾地区"最高法院"驳回上诉之理由:

本案虽经检察官上诉台湾地区"最高法院",惟台湾地区"最高法院"2006年台上字第1692号判决中,认为原审判决所认定被害人于车祸时即已死亡的理由与依据,并无违反论理法则、经验法则或有审判期日应调查之证据未予调查之违背法令之处。

台湾地区"最高法院"判决驳回上诉的理由中,除了认为高等法院所采之嘉义荣民医院之病历摘要报告,亦即病患到院时,已无生命征象,无心跳、无血压、无呼吸、瞳孔无光反射,理学检查发现有严重头部外伤之意见,并无违误。此外,另参酌法医师丙到庭所为之如下证词:"我认为此人在发生车祸时,已死亡,我是按受伤情形而推测的。因被害人头部严重凹陷粉碎性骨折,所以我判断此人应在车祸当场即死亡。所以记载死亡时间,即记载车祸发生时间。"以及"'战死期'时间有时很短,因被害人是头部凹陷骨折,所以他很快就死亡了。嘴会动,是濒临'战死期'之现象,所以会动,所以我认定被害人在车祸当时即死亡"等语,因而认为被告驾车肇事时之车速及撞击力强大等情,足以认为被害人于车祸受撞击当时,业已死亡无生命迹象,应可凭信。

此外,台湾地区"最高法院"另针对检察官上诉理由书中所提之死亡认定,法学界通说仍采心脏停止跳动说之看法,予以驳斥。台湾地区"最高法院"判决进而补充说明:关于自然人死亡之认定,通说系采脑波停止说,此观乎人体器官移植条例相关规定及"行政院卫生署"2004年8月9日卫署医字第0930211265号令发布施行之"脑死判定准则"即可知,上诉意旨认为死亡之认定系采心脏停止说,不无误会。

疑难问题

死亡的定义,死亡的判定方式,乃至于死亡时点的认定,不仅在医学上有其重要性,在刑事司法实务上,更是造成被告刑事责任有无的关键。以本案为例,被告甲驾车过失撞倒机车骑士乙,如果被害人乙于车祸时当场死亡,则甲之行为仅成立过失致人于死罪。至于肇事逃逸部分,由于本案被告犯罪时,"刑法"尚未制定第185条之4肇事致人死伤逃逸罪,因此无法以肇事逃逸罪追究刑责。此外,被告所遗弃者并非无自救力之"人",而是已经死亡的"尸体",因此亦不成立"刑法"第294条之遗弃罪。反之,倘若被害人乙被认定在车祸时并未死亡,而是身受重伤,此时被告的刑事责任则可能转变为过失致重伤害罪与遗弃致死罪。因此,本案中的被害人在车祸事故时,是否已经死亡,将会影响后续被告刑事责任的认定。

然而究竟何谓"刑法"上的"死亡"?本案当中,检察官认为,救护人员丁到达现场时,"发现被害人嘴还有动,显然心脏并未停止跳动",所以被害人尚未死亡。但是法医师丙则认为,"被害人头部严重凹陷粉碎性骨折,所以判断此人应在车祸当场即死亡"。死亡之认定,究竟是检察官上诉理由书中所称的"心脏停止跳动说"?还是台湾地区"最高法院"判决中所称的"脑波停止说"?

学理研究

一、死亡认定之学说

"死亡"既是一种医学上的判断,也是一种法律上的评价。过去法律人执著于探究死亡的"时点",认为要到达心跳与呼吸"静止状态"的那一刹,才算是死亡。事实上,从医学的观点来看,死亡是一种"过程",有时人体状态越过了某一个界线,生命迹象就会像是驶在一条不可逆的方向上,全身组织、细胞均渐渐地止歇,最后终将停息而死亡。只是,这个可以称为死亡起点的"界线"或是"不可逆点"(the point of no return)要定在哪里?"心脏停止""全脑死"还是"脑干死"?

关于死亡认定的方式,在医学上有如下两个重要的演进过程:

(一)心肺功能丧失说

从18世纪到20世纪中叶之前,死亡概念指的是心肺功能丧失,也就是心跳呼吸停止。此一死亡定义又可称为传统或古典的死亡概念,也就是以"心脏停止跳动"或"心脏死"作为判断依据。之所以以"心脏停止跳动"为依据,乃是因为心脏停止跳动之后,将导致血液循环与呼吸停止,中枢神经系统功能停止,进而导致细胞、器官缺氧而逐渐坏死,最后致使生命全面消失。

前面所谓的心肺功能丧失说,在德国文献中称此为古典的死亡定义(klassische Todesdefinition),或是"临床死"(der klinische Tod)。据此,死亡乃指循环、呼吸不可逆的停止与中枢神经系统功能停止,以及随之而来的器官之细胞、组织的死亡而言。[1]

然而前面这种心脏停止跳动说或心肺功能丧失说,以现代医学的观点而言,已非适当。其最大的问题就在于心脏停止跳动,不能被认为是"不可逆"的保证。因为随着人工心肺机(人工呼吸器)的发明[2]与心肺复苏术(Cardiopulmonary Resuscitation, CPR)的发展更为进步,呼吸与心跳之停止有时变成是可逆或可挽回的。例如溺水之人,心跳或呼吸虽然停止,但施以心脏按压与将肺部进水挤压出去,仍可恢复心跳。此外有些病人因疾病或麻醉药物原因,心跳与呼吸一时停止,但接上人工心肺机,仍可维持心跳与呼吸。甚至心脏移植手术的病人,在心脏摘之后,植入另一枚心脏前,仍能继续存活。因此,心脏与呼吸停止已不适合成为判定死亡的唯一标准。

在台湾地区"刑法"或"医疗法"的文献上,除了心肺功能丧失说之外,另有人提出综合判断

---

[1] Imbach, Der Gesamthirntod als Kriterium des Todes und die Kritik daran, in: Roxin/Schroth, Meizinstrafrecht, 2000, S. 203; Shönke/Schröder, StGB, 26. Aufl., vor § 211, Rn. 16.

[2] 人工呼吸器是1952年瑞典医师Ibsen所发明,用以治疗呼吸衰竭的小儿麻痹症而出现。1960年以人工呼吸器为重心的重症加护病房(ICU)开始出现,从此人工呼吸器装置日益改进,并愈加广泛运用,使病人可以借由人工呼吸器较长时间地维持呼吸与循环功能。关于人工呼吸器的发明与运用,参考邓政雄:《论脑死在刑法上的效应》,东吴大学2010年法学硕士论文,第19页以下。

说,亦称为三征候说。亦即,以心脏鼓动、自发性的呼吸不可逆的停止,以及瞳孔放大(瞳孔对光反应消失)等三征候作为判定死亡之标准。三征候说除了要确定心脏功能(心跳)与肺功能(呼吸)是不可逆地停止之外,还必须测试瞳孔对光的反应。所谓瞳孔放大,且失去对光的反射能力,指的是脑功能的作用丧失。前面三个征候的出现,可以充分说明不仅是心脏功能,还包含循环、呼吸、神经三系统复合而成的器官死亡的综合状态。① 台湾地区学者采三征候说者如甘添贵教授②以及黄丁全先生。③

三征候说或综合判断说主要是受到日本学说影响下的说法。如果要加以归类,三征候说仍应算是古典或传统死亡概念的一环,只是三征候的论述方式,是以死亡的检验程序重新诠释心肺死概念。事实上,即使德国文献上关于死亡的认定,虽然仅见心肺说与脑死说的争议,但所谓心肺死的死亡定义,就如同三征候说一样,也要求必须是"循环、呼吸不可逆的停止与中枢神经系统功能停止"。此即与三征候说的心脏鼓动、自发性的呼吸不可逆地停止与瞳孔放大,在医学上的概念是一样的。

(二) 脑死说

1. 基本概念

脑死说指的是,只要脑功能不可逆地丧失,即可视为死亡。此说认为,人之生命中枢在于脑而非心脏。脑功能不可逆地丧失,人即会死亡。因为从医学的观点来看,心脏功能的停止与大脑机能的丧失是有关联的,有时二者是同时停止功能,有时脑死与心脏死在时间上会存在几小时到几天的差别。但无论如何,脑死后,即使运用最先进的医疗技术,也无法长时间地维持心跳与呼吸。④

脑死亡概念首先产生于法国。1959 年法国学者莫拉雷特(P. Mollaret)和古朗恩(M. Goulon)研究发现,绝大多数人生命结束时,会先停止心跳和呼吸,但约 5% 的人因脑外伤、脑肿瘤、脑血管疾病等原因呈现脑死亡,全脑呈现器质性损伤,无自主呼吸,脑干反应消失,脑波长时间成平直线。莫拉雷特与古朗恩在第 23 届神经医学会上报告存在这种病理状态的 23 个病例,并提出"昏迷过度"的概念。凡是被诊断为"昏迷过度"的病人,苏醒过来的可能性几乎是零。从此,医学界则以"脑死亡"这个名词称呼此种昏迷过度的病理状态。⑤

2. 全脑死与脑干死之区分

近几十年来,脑死说已成为世界各国或地区医学界所广泛承认的死亡概念。但究竟脑死要以"全脑死"还是"脑干死"作为标准,仍然存在争议。

所谓全脑死,乃指大脑(运动感觉的控制中枢与记忆、思考、智力、认知、语言等精神机能的中枢)、小脑(运动调节中枢)与脑干(大脑与脊髓间的神经网络,司营自主呼吸、心跳及其他器官的神经中枢)各部分的机能都已停止,始能称为脑死。目前世界各国或地区中,认为脑死指的是全脑死之国家,包括欧洲各国、美国、加拿大。例如美国 1981 年由美国医学会、美国律师协会等正式通过的《统一死亡判定法案》(Uniform Determination of Death Act)中规定,一个人处于下列两种情形之一时,就可宣告死亡:循环与呼吸功能呈现不可逆的停止;包括脑干在内的全脑功能,呈现

---

① 参见黄丁全:《医疗、法律与生命伦理》,法律出版社 2004 年版,第 30 页。
② 参见甘添贵:《刑法各论》(上),三民书局 2009 年版,第 20 页。
③ 参见黄丁全:《医疗、法律与生命伦理》,法律出版社 2004 年版,第 31、60 页。
④ 同上书,第 34 页。
⑤ 同上书,第 36 页。

不可逆的停止。① 至于德国1997年制定通过的《器官移植法》(Transplantationsgesetz, TPG)第3条第2项则明文规定脑死指的是全脑死,脑死被定义为"大脑、小脑、脑干的整体功能终极地,不可逆地停止作用"(der endgültige, nicht behebbare Ausfall der Gesamtfunktion des Großhirns, des Kleinhirns und des Hirnstamms)。②

主张脑干死者认为,脑死指的是脑干功能的永久丧失。何以脑干功能的丧失可以被认为是死亡呢?脑干的解剖位置上接间脑,下连脊髓,是各种感觉纤维投射至大脑皮质的必经之路,具有调节心血管活动与自主呼吸的重要生理功能。脑干一旦被破坏,自主呼吸与脑干反射将会全部丧失,而且感觉与意识也会随之丧失。脑干死亡预测了一个不可避免的心跳停止。脑干死亡之后,虽然仍可借助现代医疗手段,短时间内维持心跳等部分生理活动,但并不能表明生命仍然继续存在。主张脑干死说者,认为脑干功能丧失足以达到生命的"不可逆点"。英国1976年所定的脑死判定基准,美国1971年明尼苏达标准(Minnesota citeria),与中国台湾的"脑死判定准则"均属以脑干功能丧失作为脑死的标准。③

一样是脑部受损而陷入昏迷的植物人状态,原则上与脑死概念完全不同。脑死与植物人的差别,就在于脑干机能之有无。所谓的"植物人",乃大脑细胞受损,大脑功能丧失,但脑干功能正常。因此植物人仍然有自主呼吸与正常的血压与心跳,也有清醒与睡眠的周期,只是无法言语与行动。因此植物人与脑死并不相同。④

全脑死与脑干死概念不同,所以在判断方式上也会有所不同。脑干死只需判断脑干功能丧失,即可认定为脑死。在判断方式上主要有三大重点,亦即深昏迷、自主呼吸丧失与脑干功能丧失之测试。以2005年"卫生署"颁订的"脑死判定准则"为例⑤,首先,必须是因脑伤或脑结构受损之深昏迷(必须排除药物中毒、低体温、休克,因新陈代谢所引起的昏迷或罹病原因不明的昏迷)。其次,进行脑干功能丧失之测定(头-眼反射消失;瞳孔对光反射消失;眼角膜反射消失;前庭-动眼反射消失;对身体任何部位之疼痛刺激,在颅神经分布区范围内,不能引起运动反应;以导管抽痰不能引起作呕、咳嗽反射)。最后,进行自主呼吸丧失之测试(由人工呼吸器供应100%氧气10分钟,再给予95%氧气加5%的二氧化碳5分钟,使动脉血中二氧化碳分压达到40毫米汞柱以上;取除人工呼吸器并由气管内管供应100%氧气每分钟供应6公升;观察10分钟,血液中二氧化碳分压须达60毫米汞柱以上,并检视是否能自行呼吸;确定病人不能自行呼吸后,即应再把人工呼吸器接回个体身上)。⑥

---

① 参见邓政雄:《论脑死在刑法上的效应》,东吴大学2010年法学硕士论文,第71页。
② Imbach, Der Gesamthirntod als Kriterium des Todes und die Kritik daran, in: Roxin/Schroth, Meizinstrafrecht, 2000, S. 213.
③ 参见邓政雄:《论脑死在刑法上的效应》,东吴大学2010年法学硕士论文,第39、102页以下。
④ 关于植物人与脑死的差异,参见邓政雄:《论脑死在刑法上的效应》,东吴大学2010年法学硕士论文,第123页以下。此外,台湾地区刑事判决中也常有将脑死与植物人概念混淆之相验尸体证明书,例如台湾地区高等法院台南分院2005年交上易字第212号判决:又经台南地方法院检察署检察官督同法医师相验结果,被害人黄义雄"死因:脑死(植物人)并多重器官功能衰竭""致死创伤:头部外伤并脑内出血",并制有相验尸体证明书、验断书及勘验笔录在卷足凭。准此,足认被害人黄义雄确系因本件交通事故,受有"头部外伤并脑内出血"等伤害,经送医急救后,仍因"头部外伤并脑内出血"之致死创伤,导致"脑死(植物人)并多重器官功能衰竭",而延至2003年11月4日上午6时35分不治死亡。前面刑事判决中将植物人当成脑死或是将脑视为植物人,都是严重的概念混淆,未来应尽量避免。
⑤ "脑死判定准则"乃2004年8月9日由"行政院卫生署"卫署医字第0930211265号令制定发布,全文共12条。此准则乃根据依"人体器官移植条例"第4条第2项规定而制定。
⑥ 以上参见"脑死判定准则"第4、6、7条。

通常脑干死之判断方式,以临床判断即可,亦即医师直接在病床旁边进行各项测试,即可判断是否为脑干死。① 但是全脑死除了要确定脑干功能丧失之外,还必须确定全脑功能已达不可逆的丧失状态。以德国 1982 年联邦医师公会(Bundesärztekammer, BÄK)发表的全脑死判断方式为例②,脑死判定程序有三个步骤:第一,陷入深昏迷的原因必须确定,例如脑部外伤、脑瘤造成,且任何具可逆性的脑功能障碍必须排除,例如休克、低体温、脑部发炎、新陈代谢所引起的昏迷。第二,进行脑功能的临床测试,其判断基准为:深昏迷(无意识);脑干反射功能丧失(瞳孔、角膜、动眼、作呕、咳嗽与面部疼痛反应丧失);脑干控制生命机能丧失(自主呼吸丧失、心脏循环功能丧失)。第三,以辅助的仪器或检查方式确认全脑功能不可逆的丧失,其方式为:在脑功能临床测试后进行脑电波检查,且脑电波必须持续 30 分钟呈现平直状态,但如果是两岁以下幼童,则至少必须 24 小时脑电波测试呈现平直状态;进行脑血管造影术,判断脑部血液循环是否已呈现完全终止状态。脑血管造影术的优点是可以立即判断脑部血液循环状况与脑部损坏范围,只要脑部血液循环已呈完全终止状态,即可表示脑部功能丧失。但脑血管造影术有极大的副作用,例如显影剂过敏引发休克,因此,如果通过前面的脑电波测试,已足以判定全脑功能丧失,即无须进行脑血管造影术。③

二、死亡应采心肺死说还是脑死说?

(一) 台湾地区学界与实务界之看法

死亡的时点与死亡的认定,在法律上属重要概念。死亡时点的确定不仅对民事法上的继承与保险问题有重大实益,在"刑法"上更涉及人与尸体的区分与后续罪责判断。例如,杀人罪的既遂标准可否前置到脑死阶段? 过失致他人达脑死状态,应论以过失致死或致重伤? 医师对病人的医疗义务是否仅到病人脑死为止? 还是必须救到心跳停止为止? 以上诸多问题,都会因为死亡认定标准之不同而导出不同的结论。

以台湾地区学说来看,大部分的刑法学者还是以心肺功能停止说④或是综合判断说(三征候)⑤作为认定死亡的标准。然而由于"人体器官移植条例"第 4 条规定:医师自尸体摘取器官施行移植手术,必须在器官捐赠者经其诊治医师判定病人死亡后为之。前项死亡以脑死判定者,应依卫生主管机关规定之程序为之。因此,学者普遍认为,脑死仅在以捐赠器官为目的的情形下才

---

① 参见邓政雄:《论脑死在刑法上的效应》,东吴大学 2010 年法学硕士论文,第 40 页。
② 根据德国《器官移植法》第 16 条第 1 项之规定,关于该法第 3 条脑死判定之方式与程序,应由联邦医师公会(BÄK)制定脑死判定的指导方针。目前德国《器官移植法》上所适用的脑死判定程序,即是此一 1982 年由联邦医师公会(BÄK)所公布的判定程序。
③ 以上德国脑死判定程序参见 Imbach, Der Gesamthirntod als Kriterium des Todes und die Kritik daran, in: Roxin/Schroth, Meizinstrafrecht, 2000, S. 195 ff..
④ 参见褚剑鸿:《刑法分则释论》(第四版)(下),2006 年版,第 894 页;林东茂:《刑法综览》(第六版),2009 年版,第 2—11 页。林东茂教授如此表示:即使采取脑死说,也可能误杀有复苏机会的人。几年前,电视主播刘海若在伦敦发生火车事故,英国医师宣布脑死,却被北京的医师救活。林东茂教授进而表示,由于《人体器官移植条例》接受脑死说,因此只有在器官移植的目的下,才采取脑死说,如果不是为了器官移植,在"刑法"上还是采传统的心肺功能丧失说。
⑤ 参见黄丁全:《医疗、法律与生命伦理》,法律出版社 2004 年版,第 60 页;甘添贵:《刑法各论》(上),三民书局 2009 年版,第 21 页。甘添贵教授认为,死亡之认定应以三征候综合判断说为妥。虽然三征候说面临空前之挑战,但因医学界对于脑之组织,了解仍为有限。贸然以脑死作为死亡判定基准,实存在有高度之风险。因此,在目前状况下,对于一般死亡之判定,仍宜以综合判断说作为判定之基准,在有器官移植之需要时,始可以脑死说取代之。

有适用。

但台湾地区学说上也有主张死亡概念之认定,应采脑波停止说者①或是脑死说②之看法。但相较之下,似属刑法学界上的少数说。

关于实务见解,过去向来没有明确针对死亡定义的看法。本文所评释之台湾地区"最高法院"2006年台上字第1692号判决是近年来台湾地区"最高法院"明确认为死亡认定是采"脑波停止说"(即脑死说)的判决。但是此则判决理由中所谓,关于自然人死亡之认定,通说系采脑波停止说,通过"人体器官移植条例"相关规定及"行政院卫生署"2004年8月9日卫署医字第0930211265号令发布施行之"脑死判定准则"即可知,上诉意旨认为死亡之认定系采心脏停止说,不无误会等语,似有再予以厘清与说明的必要。

首先,目前学说上对于死亡定义的看法,采心肺死说者,相较之下,人数较多。因为脑波停止说或脑死说固然有其医学上有力的根据与理由,但是否为台湾地区学界对于死亡认定的"通说",其实仍有商榷余地。其次,"卫生署"虽然根据"人体器官移植条例"第4条颁布了"脑死判定准则",但即使有"人体器官移植条例"第4条之规定,法学界普遍的看法还是认为,"刑法"上的死亡仍应以心肺死为原则,脑死只是死亡认定的"例外",且也仅能为了器官移植之目的,才能将"脑死"视为"死亡"。此外,也因为"人体器官移植条例"有特别规定,因此医师在脑死但仍有心跳、呼吸之人的身上摘除器官,并不成立杀人罪。

在台湾地区,由于有"人体器官移植条例"之规定,因此对医师而言,根据脑死判定准则去测试病人的脑干反射反应或是摘除呼吸器进行自主呼吸测试,变成只有在捐赠器官时,才有脑死测试的实益。换言之,只要不是捐赠器官之人,医师通常不会根据"脑死判定准则"进行严格的脑死判定程序。此外,对非器官捐赠者所进行的脑死判断,常是一种临床性的、非遵守严格程序的检验或判断。且即使经医师宣告为脑死的病人,医师通常不可能立即撤除所有医疗维生或救助措施。

(二) 德国学说界之通说——采脑死说

虽然台湾地区刑法学界普遍以心肺死作为死亡认定的标准,而将脑死视为例外;然而近几十年来的医学知识发展,已经证实了脑部不仅是精神与智力的中心,更是人体生命与所有器官的控制中心,甚至可以明确地说,脑功能不可逆地丧失运作,即意味着心跳与呼吸随后即将来临。因此,在刑法上,将死亡的定义向前推移到脑死的看法,因为有医学专业知识的背书,变得愈来愈具有说服力。以下即介绍德国学界对脑死说的各种不同意见,以供台湾地区学界与实务界参考。

在20世纪90年代之前,刑法学者对于脑死作为死亡时点的看法,还是保守而踌躇不前者。例如德国医疗法学者Deutsch于1982年曾为文主张,死亡的定义应该采区分说。所谓区分说,指的是法律上可以实行两套不同的死亡定义,脑死说属例外情形,仅适用于是否决定要使用人工复苏仪器之情形与器官捐赠情形。至于其他法律领域,如保险、继承或官方数据,则仍应继续使用

---

① 参见蔡墩铭:《刑法各论》(第六版),2009年版,第29页;陈焕生、刘秉钧:《刑法分则实用》,2009年版,第327页。

② 参见林山田:《刑法各罪论》(第五版)(上),2005年版,第55页以下。林山田教授赞成脑死说主要根据以下几点理由:(1) 脑部为人类生命中枢且为各个脏器的整合中心与中央控制中心,脑部功能丧失,其他脏器仅有一定时限的生命能力;(2) 人并非脏器的集合体而是具有灵与肉的本体单元,有精神与灵性活动之人才算是具有法律人格;(3) 以今日医疗水平来看,脑不能移植,脑功能不能以人工机器代替,故脑死后,不能阻止全面死亡现象的发生;(4) 刑法的生命保护应仅止于就医疗科技水平而言尚有回生可能性的个体,医学专业断定已无法回生之脑死,并无刑法保护意义。

传统的心肺死作为死亡的认定标准。①

然而德国联邦医师公会(BÄK)于1982年历经两年结合法律界与医学界密集不断的讨论而颁布了"脑死标准"之后,随即引发了德国法学界对死亡认定的革命。德国联邦医师公会提出医学上的研究结果,认为脑不仅是人体精神——智力的重要因素,更应被定义为器官整体在生物学上不可取代的控制中枢。② 在此医学知识的确认之下,Dencker 于1992年为文主张,死亡的认定,并非以脑死为标准,而应以"生存机会终极地被切断"作为标准。但 Dencker 在文章中却主张,杀人罪构成要件结果之出现,包含了因不可逆的严重脑部损伤所导致的不可逆之昏迷而造成导致脑部活动立即停止之情形。③ 换言之,其在论述中已悄悄地将脑死概念视为"生存机会终极被切断"的一种态样。

到目前为止,德国刑法学界的多数说与通说则是认为,德国《器官移植法》第3条第2项关于全脑死的概念,不仅是摘除人体器官时有所适用,即使是刑法上也应采取全脑死作为死亡定义。例如 Tröndele/Fischer 的刑法注释书中即明确表示,脑死说不仅是医疗实务上的死亡概念,也是刑法通说的死亡概念。不可逆的脑功能丧失具有决定性的影响,因为脑死已达生命的不可逆点(point of no return)。此外,Tröndele/Fischer 的刑法注释书中还进一步表示,死亡概念为法律概念,且具有重要的规范意义,对于死亡的定义与内容,立法者应该以明文确定下来,以让人们有所适从。④ Eser 在 Schönke/Schröder 之刑法注释书中为如下表示:对于脑功能不可逆地丧失的脑死之人,医师已没有医疗的义务,因为已不存在一个有意义的医疗目的。⑤ 此外,Eser 更进一步表示,脑死出现,意味着刑法的生命保护要件已不存在,因此在脑死时点之后,不仅消极地摘除人工呼吸装置是被允许的,即使积极地结束仍时而出现的循环可能性,也是被允许的,例如在脑死之人身上摘取器官。⑥ Wessels/Hettinger 的刑法分则教科书中如此表示:在脑部功能完全丧失之后,"生命"(Leben)与"人的存在"(Menschsein)二者即不再一致,因为随着脑死,人的生命中心也随之毁灭,其个体的存在也因而解消;人的循环与呼吸停止之后有时可能借由现代人工设备而再度恢复作用,但脑部功能完全丧失之后,则一定是不可恢复的;全脑死及其功能完全的停止,人之生命也将会不可逆的结束。因此,死亡的出现,不应以心脏死为标准,而应该以脑部功能终极地丧失功能为标准。⑦

(三)德国学界批评脑死说的论点

德国刑法学界虽然普遍认为死亡的概念应采脑死说,然而脑死说的看法并非没有批判的声音。从前面论述可知,德国联邦医师公会在1982年即提出脑死标准。然而德国的《器官移植法》却迟至1997年才立法完成。此外,法学界对于脑死说的批判,突然在1995年间如雨后春笋般地出现。德国的器官移植法立法迟滞,以及对脑死说的严厉批判,可以说受到1992年德国发生的埃尔朗根胎儿案(Erlanger-Baby-Fall)之影响与冲击。

---

① Deutsch, Die rechtliche Seite der Transplantation, ZRP 1982, S. 175.
② Imbach, Der Gesamthirntod als Kriterium des Todes und die Kritik daran, in: Roxin/Schroth, Meizinstrafrecht, 2000, S. 209.
③ Denker, Zum Erfolg der Tötungsdelikte-Besprechung des BGH-Urteils vom 10.02.1992, NStZ 1992, S. 311.
④ Tröndele/Fischer, STGB, 54. Aufl., 2007, Vor § 211, Rn. 8.
⑤ Sch/Sch/Eser, StGB, 26. Aufl., 2006, Vor § 211 ff., Rn. 19.
⑥ Sch/Sch/Eser, aaO., Rn. 22.
⑦ Wessels/Hettinger, Strafrecht, BT1, 32. Aufl., 2008, § 1. Rn. 21

埃尔朗根胎儿案发生于1992年10月5日纽伦堡北边的埃尔朗根市(Erlangen)。一位怀孕15周的孕妇因重伤呈现无意识状态,被送到埃尔朗根大学医院(Universitätsklinik Erlangen)急救。经过急救之后,这位孕妇仍然于3日后,也就是10月8日被医师宣告脑死(全脑功能丧失)。埃尔朗根大学医院的医师团队发现孕妇腹内胎儿并未受到损伤,因而打算挽救胎儿生命。根据医师的估算,只要将孕妇的身体机能继续维持4个月,也就是胎儿达32周大时,即可以剖宫产的方式取出胎儿。在此期间,医师除了对此脑死孕妇给予维生装置之外,还尽可能地给予营养、运动、擦拭,甚至对她说话,目的是要为胎儿营造一个像正常状况一般的怀孕状态。然而5周之后,也就是1992年11月15日,脑死孕妇腹中的胎儿还是死亡了。①

此一案件在刑法上有着众多讨论。讨论的焦点之一,在于医师对于脑死孕妇的所作所为,有无触犯任何刑法?由于刑法学界通说认为,脑死即属刑法上的死亡,因此对于脑死之人身体所施加的任何医疗措施,并不成立刑法上的伤害罪。此外,脑死孕妇腹中胎儿死亡,医师因而终止对孕妇的所有维生装置,此时,医师行为也不成立任何犯罪。因为脑死之人是法律上已死亡之人,故非杀人罪章所要保护的客体。此处对医师可能论处的罪,应是《德国刑法》第168条干扰死者安宁或侮辱死者罪。然而由于医师对脑死之人身体机能予以维持,虽非用来提供他人移植用的器官,但也非出于侮辱或干扰死者安宁的意思,而是用以维持胎儿的生命,且对胎儿的生命保护利益,更优越于死亡之人的身体,因此医师的行为也不应成立《德国刑法》第168条侮辱死者罪。②

脑死说的蓬勃发展与人体器官移植技术发展有密不可分的关系,因此脑死说虽然在20世纪60年代被提出来,但一开始给人们的印象是,脑死是将还没真正"死透"之人,提前宣告为死亡,以便摘取"较新鲜"的器官。因此要将脑死取代传统的心肺死,作为法律上的死亡概念,除了法律上有反对声音之外,在伦理上与一般民众心理感受上,也都不断地有所质疑。在埃尔朗根胎儿案发生之后,人们惊讶于脑死之人竟然可以维持呼吸心跳达5周之久,甚至还能继续怀着胎儿,因而开始质疑脑死是否真的就是死亡。Grewel因而于埃尔朗根胎儿案发生不久后为文批判脑死说与器官移植手术,认为脑死的论述使得死亡定义的焦点一直围着谁、何时、可以对濒死之人作什么行为打转,忽略了脑死之人从外观来看,仍然有心跳、有体温、会流汗,因此根本不应被视为尸体,而是视为一个身体或健康严重受损而正走向人生终点的人。但在此脑死状态下,医师可以甚至应该放手让脑死之人走完生命的最后一程,而不须为任何医疗措施。如果为了器官移植的目的,将脑死之人视为尸体,则无疑是一种从功利计算的观点认为人的价值有高低之分,而脑死之人应该为他人生命而牺牲。③

此外,另有从基本法保护生命权的观点出发,认为脑死是借由概念操纵的方式来缩减对生命的保护。Rixin认为《德国基本法》在1949年制定时,对于生命权的保护理念,就是要避免重蹈纳粹时代"无生命价值之人"的覆辙;以脑死作为生命的不可归点,且在此时点之后,即使病人生理上"活着",医师也无继续医疗的义务,此与基本法上保护生命权的理念不合,因为基本法对于生命的保护,应包含"仅是生物学上存活的器官整体"。④

---

① 本案事实参见 Grauber, Die strafrechtliche Problematik des "Erlanger-Baby-Falls", in: Roxin/Schroth, Meizinstrafrecht, 2000, S. 209.
② 详细的论述可参考 Grauber, aaO., S. 167 ff.
③ 以上批评参见 Grewel, Zwischen Lebensrettung und Euthanasie-das tödliche Delimma der Transplatationsmedizin, ZRP 1995, S. 217 ff.
④ Rixin, Todesbegriff, Lebensgrundrecht und Transplantationsgesetz, ZRP 1995, S. 463 ff.

三、濒死过程在法律上应如何评价？

临床医学对于死亡的观察发现，大多数的死亡（除了暴死或骤死之外）是一种逐步形成的过程，而不是瞬间就出现的现象。一般而言，当心跳停止之后，血液循环随即停止，接着呼吸停止，大脑丧失功能，身体一个器官接着一个器官慢慢丧失功能，最后达到有机体的全面死亡，尔后生命功能全面消失。但也有可能是头部外伤或病变，因而引发心跳停止。① 此外，死亡到来之前会历经一段濒死期。临床医师对濒死过程是这样描述的：在濒死阶段，会有一段极短的时间称作剧痛期或挣扎期（agonal phase），这过程当中，有些人仅是呼吸停止，有些人是喘几口大气，有些人是喉咙肌肉突然剧烈收缩发出叫声，有些人是肩膀或胸部颤抖几下，或是全身短暂的抽搐。紧接在挣扎期之后，便进入安息。②

从临床医学的观察可知，死亡是一种渐进的过程。从法律的观点来看，在认定死亡与否之情形，不管是心脏死或是脑死，也必须从"死亡是一种过程"的观点出发，才不会与医学知识截然脱钩。③ 因此在杀人罪或过失致死罪的认定上，行为人的行为造成被害人瞬间骤死，固然可以认为死亡结果发生，但行为人的行为造成被害人已达生命的不归点，也就是进入濒死状态而无继续存活可能时，即使被害人的心跳还没有完全停止，或是身体器官功能或细胞尚未完全死亡，仍应认为死亡结果已经出现。

在本文所评释的判决中，救护人员丙证称到达时看见被害人乙的嘴巴还在动，检察官即以此为由，认定被害人心跳尚未停止，应属尚未死亡之人。检察官在上诉理由中所诉求的，严格而言，并非死亡概念的采择争议，而是忽略或漠视了死亡是一种过程，硬将已进入濒死过程之人认定为尚属有存活可能之人。其实不管是心跳停止说或脑死说，只要进入无法再予以挽回生命的时点，就应该认定是刑法上的死亡结果已经出现。因此本案中，被告所遗弃者，并非无自救力之"人"，故不成立遗弃罪。

附带一提的是，本案中，检察官之所以另以遗弃罪起诉，其背后的原因与动机，多出于"刑法"第276条过失致人于死罪的刑责仅两年以下有期徒刑，实在过轻，因而想以较重的遗弃罪论处被告。过失致死罪的刑责过轻，实属刑法学界老生常谈的问题，根本之道应是修法提高刑责至5年以下有期徒刑，以避免检察官除了过失致死罪之外，还必须想破脑袋以任何其他条文来起诉被告，以给死者家属交代。

结论性观点

如果脑死后，心脏功能不久也必然会停止跳动，则死亡的认定，到底应不应该往前挪移到脑功能不可逆地丧失功能时，即可认定为死亡？死亡时点的提前之所以会成为重大争议问题，原本由来于器官移植技术的发展与器官需求的问题。然而目前的脑死论述，已逐渐与器官移植问题脱钩，而是要求重新检视"生命"的意义。尤其是当医学知识已经证实，脑死之人已属进入不可能挽回其生命的不归点，则对脑死之人的继续"施救"，即成为没有医疗目的而只具有安慰价值的意义。

德国刑法学界普遍实行脑死说，当然，这样的看法并非没有争议。最大的争议就是脑死之人仍有心跳与呼吸，在广泛的人民心中，实在很难将此评价为"尸体"。然而必须注意的问题是，以

---

① 参见黄丁全：《医疗、法律与生命伦理》，法律出版社2004年版，第31页。
② 参见许尔文·努兰：《死亡的脸》，杨慕华译，时报文化出版社1995年版，第136页。
③ Tröndele/Fischer, STGB, 54. Aufl., 2007, Vor § 211, Rn. 5.

脑死作为死亡之认定,在刑法上仍有其规范实益,尤其是器官移植问题,以及医师医疗义务何时解除问题。关于器官摘除,在台湾地区已有人体器官移植法的明文规定,因此脑死问题在此领域已较少争议①,倒是对于脑死之人的继续治疗与否,目前医疗实务界与法学界,仍属混沌不明的状态,实有迫切加以厘清的必要。

笔者主张,脑死除了在器官移植领域有其适用之外,也应扩张到刑法上作为死亡定义的一种。换言之,刑法上的死亡应包含两种情形:一是心跳、呼吸功能呈现不可逆的停止与中枢神经功能停止。二是包括脑干在内的全脑功能,呈现不可逆的停止。理由如下:不管是心脏死说或脑死说,只要生命进入毫无挽救机会的不可逆点,就应该认定为刑法上的死亡。这样的看法并非对生命保护的缩减,反而是扩大。因为在杀人罪或过失致死罪之情形,只要被害人已达脑死状态时,即应认为死亡结果已出现,从而行为人之行为应认定为已达杀人既遂程度或已符合过失致死罪之要件,不以被害人心跳完全停止,才认定为死亡。

至于在医疗领域中,从脑死时点之后,医师即可解除医疗义务。但必须注意的是,此处之脑死,必须是遵守脑死判定准则而来的认定。必须说明的是,德国所实行的是全脑死概念,且在脑死测定的步骤与过程,较台湾地区的"脑死判定准则"所采之脑干死判定,严谨太多。因此笔者认为,应将台湾地区的脑干死概念与脑死判定程序更加严谨化到全脑死概念。否则由医师独断或草率判定为脑死之后即可解除医疗义务,万一脑死发生误判②,或是病人家属与医师达成某些默契而草率认定脑死,不仅会剥夺病人接受治疗的机会,更可能因而扼杀有可能苏醒之人的生命。

此外,脑死尽管可以被当做已达生命的不归点,但判定脑死之后,到心脏死之间,往往还会有几小时到几天的时间,如果在脑死认定之后,心跳还没完全停止之前,就予以殓葬、掩埋或火化,或是对脑死的"尸体"予以任意切割、毁损或侵害,此时,应成立"刑法"第 247 条的损坏或侮辱尸体罪。

---

① 但是台湾地区对于死刑犯的脑死判定与器官摘除问题,仍然有极大的法律上与伦理上的疑虑。关于死刑犯脑死判定与器官捐赠问题,可参见林忠义:《死刑犯器官捐赠之研究》,载《月旦法学杂志》2008 年第 155 期,第 107 页以下;邓正雄:《论脑死在刑法上的效应》,东吴大学 2010 年法学硕士论文,第 116 页以下。

② 脑死误判的危险,在脑死相关论述中经常被提起。将非脑死之人判定为脑死,其可能的错误有三:其一,技术性失误,例如在过暗的光线下测试瞳孔反应、咳嗽反射不够积极测试;其二,判断性失误,没有遵守普遍接受的脑死标准进行测试,例如忽略因不明药物或毒品抑制神经功能;其三,规范性失误,指医师未具备专业标准的知识或欠缺临床判断脑死的专业知识,例如以自己的观点判断脑死,而将大脑皮质功能丧失当成脑死并进行器官移植手术。脑死误判的详细论述,可参见邓政雄:《论脑死在刑法上的效应》,东吴大学 2010 年法学硕士论文,第 127 页。

评台湾地区高等法院 2007 年上易字第 2020 号"强制罪"刑事判决[*]

——兼论病人生命身体法益的处分与医师紧急救治义务

王志嘉[**]

基本案情

90 岁女病人甲,于 2005 年 11 月 30 日上午因肢体无力、腰部疼痛经救护车送至 A 医院急诊室,经护士检伤分类为第一级(最紧急),当时甲的呼吸急促(Shortness of breath, SOB)、痰多、呼吸次数每分钟 28 次、心跳次数每分钟 120 次、血压为 174/93 毫米汞柱(以下简写为"mmHg"),到院时意识清醒,以及当时血氧饱和浓度为 72%。

到院后经医师乙诊察,于理学检查发现,甲意识清醒,但严重呼吸困难,每分钟呼吸次数 40 次,两侧肺部听诊有啰音及痰音,嘴唇、肢端有发绀(cyanosis)现象,腹部鼓胀有严重的胀气,以及肢体有水肿,于是对甲施以纯氧面罩治疗,经使用 20 分钟后,因甲之血氧饱和浓度一直在 70%~90%间,且意识呈现嗜睡状态,虽到院时抽血之"气体、二氧化碳测定检验报告"[另称动脉血氧分析(arterial blood gas, ABG)]检验结果,甲之血氧饱和浓度为 99.7%,PCO_2(二氧化碳分压)之数据为 33.6 mmHg,以及 PO_2(氧分压)数据为 132.6 mmHg,医师乙决定对甲实施"侵入性经鼻插入性气管内管治疗"(以下简称"鼻插管")。

当管子进入甲的前鼻甲后,甲因受刺激清醒,大喊"你们要干嘛"!并以手碰鼻子,护士丙、丁遂在旁压制甲之手,并将其双手捆绑,乙则继续完成鼻插管动作,且为防止甲拔除鼻插管,将甲双手双脚以布条绑缚在病床上固定,在 A 医院住院两日后,由于健康情形未见改善,甲之子遂将甲转至 B 医院治疗,于 2006 年 4 月 12 日,甲因心脏衰竭、肺部大量积水,在 B 医院死亡。

案经甲之子认为医师未向其说明鼻插管的必要性,也未取得甲的同意,遂向检察官提起杀人告诉。检察官则认为,医师乙未进行对甲之说明,亦未得其同意,即违反其意愿,故对甲施以侵入性之鼻插管治疗,乃系以强暴之方式妨害甲行使意思自主决定权,因而认定乙涉有"刑法"第 304 条第 1 项之强制罪而提起公诉。

本案部分经基隆地方法院检察署检察官以 2006 年侦字第 2478 号医师乙涉嫌妨害自由罪提起公诉,经基隆地方法院作出 2006 年易字第 223 号判决医师乙无罪,其后台湾地区高等法院以 2007 年上易字第 2020 号上诉驳回,判决确定。

裁判要旨

医师乙于实施鼻插管行为时,客观上有不顾病人甲之伸手动作,且在护理人员压制及捆绑甲的双手下,继续完成鼻插管之行为,然甲系急诊病人,而乙系急诊的医师,其所为的鼻插管行为,

---

[*] 原载于《月旦法学杂志》2009 年第 174 期。
[**] "国防医学院"医学系讲师,"三军总医院"家医学科主治医师。

系基于救助甲的意思及目的而为之治疗行为,护理人员对甲双手所为压制及捆绑行为,亦系基于治疗目的所为之保护性约束动作,主观上已难认为乙有妨害甲意思自主决定权之意欲及妨害其行使权利之犯意。至于鼻插管过程甲因前鼻甲受刺激后,虽清醒喊"你们要干嘛"!并以手碰触鼻子,纯属在该环境下之本能反射行为,此部分自难认为乙主观上有妨害人行使权利之犯意,而构成"刑法"第304条第1项之强制罪。

此外,医师乙对病人甲实施鼻插管行为前,有告知甲要替她插管,而甲当时系处于意识嗜睡之状态,系处于意识嗜睡之无意思决定权状态,乙基于甲到院系为治疗身体之目的,对其实施其认为适当必要之治疗行为,除主观上并无妨害甲自由之犯意外,客观上因甲当时并无行使权利之意思存在,自无妨害其行使权利之可言。

再者,乙进行鼻插管时,病人甲已有发疳现象,发疳是非常严重的,是窒息之前兆且无法自行有效排痰,是插管的适应症,故乙基于甲当时的临床状况,而实施的鼻插管行为,应属身为医师保护病人生命法益所为之业务上正当行为,且因甲已出现窒息前兆,故在此紧急状况下,纵甲未依"医疗法"第64条第1项之规定,向病人甲或其家属说明并取得同意后始为上述治疗行为,亦无碍其业务上正当行为之成立,故纵认乙符合强制罪之构成要件,亦属阻却违法之业务上正当行为,而无从论以"刑法"上之强制罪。故公诉人未通盘考虑病患之整体临床表现,仅单纯以事后所得的"气体、二氧化碳测定检验报告"数值,诸如血氧饱和浓度为99.7%、PCO_2之数据为33.6 mmHg,以及PO_2数据为132.6 mmHg等临床数据,即认为甲当时之病况并非处于紧急情况,自不足采。

疑难问题

本案是继先前"心导管案件"——台湾地区"最高法院"2005年台上字第2676号,以及台湾地区"最高法院"2006年台上字第3476号之"业务过失致死"刑事判决后,再次引起法学界与医学界注意的案件。

首先,不同的是,心导管案件系先受到法学界的重视,通过法律的评论与演讲,而引起医学界的注意,至今影响深远,余波荡漾;而相对于本案(鼻插管案),则系于事件发生后在医学界引起不小的震撼,进而引起法学界的注意,因为过去虽有听闻医师急救而引起医疗纠纷,甚至涉讼的案件,但却从未听闻有医师积极急救被以"强制罪"起诉的案件,甚至最后发生医师被病人家属砍伤的不幸事件。[1]

心导管案件系因病人家属觉得医师未善尽说明义务,而以"刑法"第284条的业务过失致死罪,向法院提起刑事自诉的案件,究竟"未尽说明义务"与"业务过失致死罪"有何关联性?而鼻插管案件,涉及医师因对病人进行鼻插管的医疗行为,而被家属提起告诉,经检察官以"刑法"第304条强制罪起诉,究竟"鼻插管"与"强制罪"有何关联性?

因此不论是心导管案件的业务过失致人于死罪,或是本案鼻插管的"强制罪",首先必须厘清的是"医疗行为与刑法的关系",这部分的讨论仍不多,惟时至病人自我决定权兴起的今日,则有

---

[1] 于本案件侦查及基隆地方法院审理期间,甲之子认为医师乙应讯时为推卸责任而捏造事实,怨气渐生,且烦忧上述案件可能判决无罪,焦虑非常,于2007年2月农历新年将近,甲之子见他人欢喜预备过年,自己与母亲却已生死相隔无法团聚,遂萌生恨意,欲报复乙,基于杀人故意,于2007年2月16日于乙看诊时将其刺伤,甲之子行凶后在场重复说"生命诚可贵,自由价更高,若为母亲故,两者皆可抛"及"母亲我终于为你报仇,杀人偿命"等语,医师乙因大量出血,经A医院紧急进行手术后,始幸免于死。本案经审理,甲之子部分,基隆地方法院于2007年8月20日作出2007年诉字第337号判决,甲之子杀人未遂,处有期徒刑6年。

讨论的必要与实益。

其次,不论是心导管案件或是强制罪案,都有其共同点,就是涉及"病人的同意是否有效"的问题。心导管案件法院认为说明义务应以"实质上的说明"为必要,若仅令病人或家属在同意书上签名,尚难认定医师已尽说明义务;而本案则是涉及病人甲昏迷时,甲的家属是否有权代理,以及家属口头表示尊重医师对病人最好的处置,是否为刑法上有效的同意等争议。

再者,本案的病人甲,系被送至急诊室的病人,从医学的角度判断,当时是否有符合医疗上的"紧急情况",若符合医疗上的紧急情况,是否有"刑法"第 24 条"紧急避难"的适用。由于此部分检察官的见解与法官的见解并不相同,究竟应如何判断较为妥适? 又紧急情况的判断与医师的裁量权限为何?

最后,本案事实上衍生出一个在医学伦理与法律上的高度难题,在医疗实务上也屡见不鲜(甚至可以说每天都在发生),但是未引起注意,也少有文章讨论的争点,就是涉及"病人生命身体法益的处分",以及"医师紧急救治义务"互相冲突应如何解决的争议。

换句话说,假设案例的病人甲,系于自己意识清醒下,或昏迷时由家属代理决定不予插管急救,但当时病人已处于紧急情况,若不予插管急救,恐造成生命的危险,甚至死亡,此时医师应该尊重病人的自我决定权不予急救,或是应站在保护病人生命法益的立场,违反病人的意思,或可得推知的意思而予以插管急救,此争点长期困扰医学界,亦将于本文一并讨论,俾寻求医界与法界的共识,由于此部分与本案强制罪较无关联,将于专节讨论。

学理研究

一、相关学说及案例评析

（一）医疗行为与刑法的关系

1. 学说见解

（1）法律角度

从刑法的角度评价,学者一般认为医疗行为具有"双面性"。就目的、实质观察,是一种对病人生命身体健康具有正面利益的行为;就形式观察,医疗行为有可能是借由侵入病人的身体、侵害生理机能或是造成身体不适的方式来达到促进病人身体健康、维持生命的目的。[1]

由于医疗行为的双面性,到底应该如何评价医疗行为,学说上有"医疗行为伤害说"与"医疗行为非伤害说"的对立见解。

① 各国或地区现况

在德国,对于医疗行为,学说上多数以"医疗行为伤害说"为解释方向,少数以"医疗行为非伤害说"为解释方向,但因为 1894 年"莱因判决"的出现[2],过去 100 多年来,医疗行为在德国刑法实务上被解释为符合伤害罪构成要件的行为。[3] 故医疗行为无法再以"业务权论"阻却其违法

---

[1] 参见王皇玉:《论医疗行为与业务上之正当行为》,载《台大法学论丛》2007 年第 36 卷第 2 期,第 4 页。
[2] 1894 年德意志帝国莱因法院判决系 7 岁女孩因罹患结合性骨髓癌,必须截肢始能保住生命,女孩之父明确表示反对,但医师仍为其动手术。尽管手术成功,医师仍被以伤害罪起诉,法院也认为成立伤害罪,此即德国医疗行为伤害说的始祖判决。
[3] 参见王皇玉:《论医疗行为与业务上之正当行为》,载《台大法学论丛》2007 年第 36 卷第 2 期,第 8 页。

性①，只能通过以下三种事由才能阻却其违法性，亦即：第一，被害人的承诺（同意）（即病人的承诺）；第二，具有推测的承诺；第三，紧急避难。②

德国的少数说（部分学界）主张"医疗行为非伤害说"，认为违反或未得到病人同意的医疗行为，本质上所侵犯的利益应该是病人的"意思决定自由"，因此应该属于侵害自由法益的犯罪类型。但是这样的行为以刑法上固有的强制罪或是剥夺行动自由罪认定，都不适当，只能未来在立法上另定适当条文加以规范③，只是学界通过修法的努力，始终未成功。

在日本，医疗行为即使系医师根据医学判断与技术所为，其本身带有对病人身体或生理机能之侵袭性，而属于对患者身体之侵害或危险行为，故实务及多数学说认为医疗行为具有伤害罪之构成要件该当性，惟若具备医学上的适应性、医术的正当性，以及病人的承诺（同意）等要件阻却其违法性④，唯有少数学说采医疗行为非伤害说之见解。⑤

在奥地利，则是将未得病人同意的医疗行为放在妨害自由的罪章中，并明定其处罚规定。《奥地利刑法》第110条规定："未经他人同意的医疗行为，即使根据医疗准则而为，处六个月以下自由刑或三百六十日以下之日额罚金（第一项）。行为人虽未得到受治疗者的同意，然而医疗行为认定如有迟延极可能危害受治疗者的生命或健康时，行为人只有在假定的危险显不存在时，始可根据第一项加以处罚（第二项）。本条之处罚采告诉乃论（第三项）。"⑥

因此从刑法的观点，无论是德国或日本的实务与通说，对于医疗行为的见解，系采取"医疗行为伤害说"；至于奥地利的实务与通说，以及德国与日本的少数说，不采取医疗行为伤害说，而是采取"医疗行为妨害意思决定自由说"的见解。

② 台湾地区现况

对于医疗行为，依刑法多数学说，传统以来一直倚赖"刑法"第22条"业务上之正当行为"作为医疗行为阻却违法之事由⑦；此外，学说上尚有"被害人承诺"，可以作为医疗行为阻却违法的根据。⑧ 在刑法解释的观点，如果认为医疗行为应以"业务上之正当行为"或"被害人承诺"作为阻却违法事由的话，意谓医疗行为被认定是符合伤害罪构成要件之行为，法律对于医疗行为的评价，也会建立在"医疗行为伤害说"的脉络上。

少数学说认为："以医治为目的，而依医学专业知识可以认定系医学上所必要，且与通常之医术规则相符之开刀或其他医疗行为，根本不能该当伤害罪之犯罪构成要件，即使是医疗结果并没有达到医治的目的，也不构成伤害罪。"⑨显然采"医疗行为非伤害说"。

---

① "业务权理论"系指，医师乃是受到许可而执行医疗业务之人，医疗行为的正当化事由是从医学知识上足以达成医疗目的，且法律没有明文禁止使用者，就受到允许，至于病人同意与否并不重要。参见王皇玉：《论医疗行为与业务上之正当行为》，载《台大法学论丛》2007年第36卷第2期，第6页。
② 参见王皇玉：《论医疗行为与业务上之正当行为》，载《台大法学论丛》2007年第36卷第2期，第8页。
③ 同上注，第9页。
④ 参见陈子平：《医疗上"充分说明与同意"（Informed Consent）之法理》，载《东吴法律学报》2000年第12卷第1期，第26页。
⑤ 同上注。
⑥ 参见王皇玉：《强制治疗与紧急避难》，载《月旦法学杂志》，2007年第151期，第259页。
⑦ 参见王皇玉：《论医疗行为与业务上之正当行为》，载《台大法学论丛》2007年第36卷第2期，第16—17页。
⑧ 整理自陈子平：《刑法总论》（上），元照出版有限公司2005年版，第268页；林山田：《刑法通论》（增订十版）（上），2008年版，第367—369页；林钰雄：《新刑法总则》，元照出版有限公司2006年版，第267页。
⑨ 参见林山田：《刑法各罪论》（修订五版）（上），2006年版，第156—157页。

(2) 医学角度

从医学伦理的发展史,传统西方医学伦理观最重要,也是最基本的中心思想为《希波克拉底宣言》(The Hippocratic Oath)①,其中"不可伤人乃为医师之天职",为其最主要的中心思想。

近代的医学伦理,系 1984 年世界医学会日内瓦大会通过采用的《医师宣言》(Hippocrates Oath),与希波克拉底所创立的宣言并不尽相同,它系以"病人健康应为我的首要顾念"为主的中心思想。

现代西方的医学伦理,源自 1979 年由美国 Tom L. Beauchamp 及 James F. Childress 所提出,并且被 Raanan Gillon 热心地在英国及欧洲介绍推广所采用的"生命医学伦理四原则",其内涵包括尊重自主原则、不伤害原则、行善原则及正义原则②,已将病人的自主权,列入医学伦理中,成为其重要精神。

无论从传统、近代到现代,从医学伦理的内涵观察,医学界向来不认为医疗行为会对病人造成伤害。即便是现代医学界通用的"生命医学伦理四原则"中所谓的"不伤害原则",其内涵系指:"医师维持本身有良好的临床知识及技术、谨慎地执行以达到适当的照顾标准(standard of due care),并避免让病人承担任何不当的、受伤害的风险。"③其所强调的是医师本身需具备的专业素养,避免因自己的能力不足而对病人造成伤害,充其量只是刑法过失的概念。

因此从医学的发展历程以及医学伦理的学说观察,不论《希波克拉底宣言》——"不可伤人乃为医师之天职"、《日内瓦医师宣言》——"病人健康应为我的首要顾念",乃至生命医学伦理四原则的"不伤害原则",一向认为医疗行为是积极有益的,向来不认为医疗行为对病人会造成伤害。

2. 笔者见解及判决评析

(1) 笔者见解

从德国及日本的实务及通说,以及中国台湾的通说(或实务)等见解观察,对于医疗行为系采取"医疗行为伤害说"的见解,亦即医疗行为是符合伤害罪构成要件该当的"行为",其主要的论据在于医疗行为的双面性、本质上带有侵袭性及危险性的色彩,以及站在保护病人的立场等。

关于此部分,笔者不尽赞同,因其论述过度简化医疗行为,未区分不具侵袭性及危险性的医疗行为,以及未区分身体组织及功能完整性已遭受破坏后的修补式医疗行为等④,不仅使医事人员过度暴露于医疗责任的风险,对病人也不尽然获益,故将医疗行为一律视为伤害行为并不可采,且无可避免地对医病关系会产生紧张与不信任感,防御性医疗的产生,是医病双输的局面。

反过来说,若采取"医疗行为非伤害说",也是忽略了某些医疗行为所带有的侵袭性及危险性的特性,重要的是对病人的保护不周全,也与当今医学伦理与法律所强调的尊重病人自主原则或自我决定权的精神不吻合,有违时代的趋势与人民的法感情,这方面似乎更不可采。

医疗行为,是否会成为"刑法"上伤害罪构成要件该当中所评价的"行为",的确会产生公说公有理,婆说婆有理的现象。关于此部分,笔者认为,虽然多数的医疗行为系属于刑法伤害罪构

---

① 希波克拉底(Hippocrates,B.C. 460—377)出生希腊科斯岛(Cos)。参见王挺熙:《医学寻根之旅》,学富文化事业有限公司 2009 年版,第 2、32 页。
② 参见蔡甫昌:《生命伦理四原则方法》(第四章),载戴正德、李明滨:《医学伦理导论》(增订版),"教育部"2006 年版,第 43 页。
③ 同上注。
④ 例如一个因车祸严重粉碎性骨折,暂无生命危险的病人,无论是身体组织或功能的完整性均已受到破坏,医师所做的事,本质属于破坏后的建设,若将其一律评价为伤害行为并不合理。

成要件该当中评价的行为,但是一律将医疗行为纳入"医疗行为伤害说"或"医疗行为非伤害说"的范畴均不可采。例如,理学(身体)检查,系通过视诊、触诊、叩诊以及听诊等方式完成,亦即中医所说的望、闻、问、切等技巧,该医疗行为是伤害的行为吗?显然不是。另外,不具侵袭性的检查,例如腹部超声波(Abdominal sonography),甚至未施打显影剂的电脑断层扫描(non-contrast CT)等,也应该不是伤害罪构成要件该当所评价的行为。

然而身体检查或是不具侵袭性的检查,虽然不适用医疗行为伤害说,但是是否表示医师可以恣意所为?当然不是,因此,即便某些行为适用医疗行为非伤害说,但是若该行为未取得病人同意,在学说上被认为是有可能成立妨害病人的意思决定自由的相关罪刑,在台湾地区或许会与强制罪相关。①

因此,医疗行为与"刑法"的关系,可以区分为"医疗行为伤害说"与"医疗行为非伤害说,但妨害病人意思决定自由说"(以下简称"医疗行为妨害意思决定自由说")二者。若某医疗行为系符合伤害罪构成要件该当的行为,通常也极有可能是妨害病人意思决定自由的行为,此部分应依想象竞合犯处理,而以伤害罪论处;反之,若某医疗行为不符合伤害罪构成要件该当的行为,通常可能构成妨害病人意思决定自由的行为,而以妨害自由罪章的罪论处,在台湾地区可能以强制罪论处;至于不构成伤害也不构成妨害意思决定自由的医疗行为,殊难想象。

常规手术或部分侵入性检查等医疗行为,因本身带有副作用或并发症的风险,且发生几率不低,明显升高了病人的风险,虽有医疗上的目的,但基于保障病人,采取"医疗行为伤害说"是合理的,这部分的医疗行为自然也构成妨害病人意思决定的行为,依想象竞合处理,以伤害罪论处;然而身体检查或是不具有侵袭性的超声波检查等,此等医疗行为侵袭性的风险极低,甚至趋近于零,医疗行为非伤害说显然较可采,但该行为在未得病人同意时,可能构成妨害病人意思决定自由的罪;至于部分侵入性检查或治疗,或是血液检查等,则显得复杂,仍应通过个案判断,视其整体医疗行为所带来副作用或并发症的风险与利益衡量判断,若该医疗行为对病人的危害不大,但利益甚大,未得病人同意时可以妨害意思决定自由,反之若该医疗行为对病人的风险较大,所获致的利益较小,则不妨采医疗行为伤害说。

(2)判决评析

气管插管(Endotracheal Intubation)之目的,为将一塑料之气管内管从伤病人的口腔或鼻腔中直接插入气管中,并接上苏醒球(Bag valve mask,BVM)或呼吸器将氧气直接送到伤病人的气管中,借以提供高浓度的氧气。当病人出现或濒临呼吸功能衰竭、呼吸停止以及无法自行保护呼吸道畅通(例如意识不清的病人),此时气管插管是维持伤病人呼吸道与给予足够氧气的最佳方式。②

鼻插管,系属于"医疗法"第64条的侵入性检查或治疗③,虽带有侵袭病人身体的危险性,但发生副作用及并发症的发生率远比手术低,通常在病人呼吸衰竭,基于挽救病人生命而使用,对病人的获益极大,甚至远远超过手术所能带来的获益,就该医疗行为的整体观察,虽有评价为伤

---

① 参见王皇玉:《论医疗行为与业务上之正当行为》,载《台大法学论丛》2007年第36第2期,第9、11页;王皇玉:《强制治疗与紧急避难》,载《月旦法学杂志》2007年第151期,第257—259页。
② 引用自"内政部消防署"网站(http://enews.nfa.gov.tw/issue/940120/images/machine.htm),2009年5月29日访问。
③ "医疗法"第64条规定:"医疗机构实施'中央主管机关'规定之侵入性检查或治疗,应向病人或其法定代理人、配偶、亲属或关系人说明,并经其同意,签具同意书后,始得为之。但情况紧急者,不在此限。"

害罪构成要件该当行为的可能性,但却可能对医师造成过度的负担。因此,笔者赞同检察官以"强制罪"将该医师起诉的见解,因为鼻插管的侵袭性虽不若手术,但对病人身心造成的痛苦却不亚于手术,故未得病人同意的鼻插管行为,将其评价为"妨害病人的意思决定自由"的行为的确较为妥当。

因此,检察官未考虑以"业务过失致死罪"(甚至杀人罪)将医师起诉,而以"强制罪"起诉,应是不得已以及权衡的结果,虽与医界的感情不和,而且有反对意见,但是检察官从"妨害的意思决定自由说"的角度着手,仍应予肯定,也对司法实务正在成形的医疗行为伤害说,提供法学新思维与视野,但是否构成"强制罪"则有讨论空间。①

基隆地方法院及台湾地区高等法院的判决均认为,医师乙于实施鼻插管的行为时,在客观上虽有不顾甲之伸手动作,且在护理人员压制及捆绑甲的双手下,继续完成鼻插管之行为,但甲系急诊病人,而乙系急诊的医师,其所为的鼻插管行为,系基于救助的意思及目的而为之治疗行为,护理人员对甲双手所为压制及捆绑行为,亦系基于治疗目的所为之保护性约束动作,并非强使他人行无义务之事或妨碍其行使权利的概括强制故意②,主观上难认为乙有妨害甲意思自主决定权之意欲及妨害其行使权利之犯意。

笔者在情感上赞同基隆地方法院及台湾地区高等法院对本案"强制罪"所采取主观犯意的见解,但是如就强制罪的主观构成要件的解释而言,在本案应系指医师乙对于甲所进行的鼻插管行为,有足以发生强制病人甲行无义务之事或妨害甲行使权利的"认识",并且进而实施"决意"的主观心态③,若采此解释,则难谓医师乙无主观之故意。故笔者认为,比较好的处理方式,就是必须通过学说见解,考虑强制罪的实质违法性判断。

换言之,即便认为医师乙的鼻插管行为符合强制罪的主观及客观要件,但该行为仅具有形式的违法性,尚需通过实质违法性的检验,也就是说,必须考虑"目的与手段的关系"。④ 由于医师系基于救治病人的目的,且所欲达成的救治病人生命目的的整体事实与所使用强制的手段相比较与衡量,该鼻插管的行为并非社会伦理的价值判断可责难,也并非法律上可非难者,故笔者认为,从"手段与目的的关系"相较,鼻插管行为不构成"刑法"第304条强制罪。

(二) 医疗行为的正当化事由

本案的第二个争点在于即便构成强制罪,但医师系在取得病人或家属同意所为的医疗行为,究竟应如何判断同意的有效性,或是在急诊领域应如何判断病人或家属的同意;第三个争点在于,即便未取得病人或其家属同意,但病人属于紧急情况,已达"刑法"紧急避难的要件。

由于"病人同意"或"紧急避难"等,是本案的鼻插管行为正当化的事由⑤,由于此部分甚为复杂,以下将仅针对判决的争点进行讨论。

---

① 参见葛谨:《医师你应该生气》,载《台北市医师公会会刊》2007年第51卷第5期,第65—66页;葛谨:《急诊室不是害人的场所》,载《台湾医界》2009年第52卷第4期,第30—33页。
② 参见林山田:《刑法各罪论》(修订五版)(上),2006年版,第199—203页。
③ 同上书,第203页。
④ 参见林山田:《刑法各罪论》(修订五版)(上),2006年版,第204—205页。其他类似见解参见林东茂:《刑法综览》(修订五版),2007年版,第2-57页;卢映洁:《强制罪之违法性判断》,载《月旦法学教室》2003年第10期,第16页。
⑤ 参见林山田:《刑法各罪论》(修订五版)(上),2006年版,第156页;王皇玉:《论医疗行为与业务上之正当行为》,载《台大法学论丛》2007年第36卷第2期,第8页。

1. 病人的同意(被害人承诺)

(1) 同意的要式性(书面是否必要)

医疗实务上最关心的课题即是"是否要签署同意书",因为"医疗法"第64条规定:"医疗机构实施'中央主管机关'规定之侵入性检查或治疗,应向病人或其法定代理人、配偶、亲属或关系人说明,并经其同意,签具同意书后,始得为之。但情况紧急者,不在此限。"以至于目前临床工作上,往往过度强调同意书的重要性,甚至反客为主。

其实医疗相关法规虽有规定病人同意权行使的方式须以书面为之,但此等规定,应属于行政法的范围,虽有科以罚锾处罚,亦仅是行政处分的性质。其立法的用意,主要在于预防未来如有医疗纠纷时,得以作为证据方法,以免口说无凭,而徒增事端。因此鼻插管的侵袭性治疗,"医疗法"虽要求须以书面为之,但在刑法的解释,主要基于保障病人自主决定权的行使,故只要有实质的说明,无论其为口头或是书面均无不可。①

事实上,司法实务也强调,说明义务,以实质上说明为必要,若仅令病人或其家属在印有说明事项之同意书上,贸然签名,尚难认已尽说明之义务。② 换句话说,不论是手术或侵入性检查的同意书,在法律上只是证据的一部分,若有签署同意书自然是很强的证据,但若囿于环境与情势,而无法签具同意书,也不代表未取得病人的同意。因为同意是否有效,应以是否有实质上的说明为主,只要未来能举证证明,的确有进行实质的说明,且病人已然了解,不论是以书面或口头方式,明示或默示的方式,只要具有使病人知悉的可能性者,均无不可。

笔者认为,病人的同意不以书面为必要,但由于手术以或侵入性的检查或治疗,对病人的侵袭性与危险性较大,如能于术前取得病人的书面同意,对医病双方的保护将更为周全,万一发生医疗纠纷时也有比较强的证据,故手术以及侵入性检查或治疗的检查,应以书面为必要,口头明示同意或默示同意为例外。

(2) 急诊室同意的方式

紧急医疗(急诊医疗),一般会进行检伤分类的工作,以了解病人医疗需求的必要性与急迫性。检伤分类,通常会借由急诊检伤站的资深护理人员依据病人的主诉、疾病史、疾病的严重度及迫切性等,配合"检伤分类概要分级表"快速筛检疾病的轻重缓急,决定看诊的优先级,目的是希望将有限的紧急医疗资源,发挥到最大效应,使病人能在最短的时间内得到最佳的医疗服务。③

依照病情的严重度,"检伤分类概要分级表"分为四级,本案病人系属于最严重的第一级,具有"生命征象不稳定,有立即生命危险",应立即处理的特性。④ 换言之,病人当时即便未达紧急情况,但就现实以及医疗实务上,往往并无充分的时间详细和病人说明,也无足够的时间让病人或其家属思考,加以病人或其家属往往也处于精神状态的紧绷之中,要让病人或家属同意经医师说明了解及同意已有所困难,更遑论签署同意书,故急诊室的同意,不仅书面要式性及说明的内容应予放宽,更赋予医师及其医疗团队比较大的裁量权限,以授权医师基于最佳利益对病人作出最好的处置,故急诊室的说明应以口头为主,书面为辅,此系急诊与常规医疗最大的不同之处。

此外,在急诊室,若病人有进行鼻插管的必要,一般病况已达紧急程度,详细的说明实属不可

---

① 参见甘添贵:《医疗纠纷与法律适用——论专断医疗行为的刑事责任》,载《月旦法学杂志》2008年第157期,第37—38页;王皇玉:《强制治疗与紧急避难》,载《月旦法学杂志》2007年第151期,第261—262页。
② 台湾地区"最高法院"2006年台上字第3476号刑事判决。
③ 引自高雄医学大学网站(http://www.kmu.edu.tw/~kmcj/data/9209/7.htm),2009年5月29日访问。
④ 同上注。

能,也可能对病人造成更进一步的伤害,造成不可挽回的情况。例如,若人体脑部缺氧长达4~6分钟,极可能造成脑部不可逆的伤害,而有成为植物人状态的危险(Persistent Vegetative State, PVS)。故在此情形,若医师与病人或家属解释鼻插管的必要性,取得默示或口头的明示的同意即应属于有效的同意,反而要求书面的明示同意,实属强人所难,据了解,在急诊医疗,真正有签署鼻插管同意书的情况也不多。

本案的争点之一,就是在鼻插管进行前,医师曾口头征询家属的意见,家属也回复"尊重医师的意见",在解释上应属于授权医师基于对病人最佳利益所为的处置,也是有效的明示口头同意。只是不只是家属,一般人也很难接受的是,鼻插管过程中,病人所受的痛苦与折磨,常常会让家属于心不忍,造成与原先的预期有落差,而引起医疗纠纷,这部分是很重要但很棘手的问题,或许应通过平日的卫生教育着手,让一般民众有机会了解鼻插管的过程与利弊得失。

2. 紧急情况与紧急避难

(1)"刑法"紧急避难的要件与适用

在一般医疗情形,医师应取得病人同意,始得进行医疗行为,而使其医疗行为具有正当化的基础。但在许多急诊案例,无法取得病人或家属同意时,医师进行医疗行为的正当性基础,即非来自病人之同意,而系来自紧急避难行为。①

"刑法"第 24 条第 1 项规定:"因避免自己或他人生命、身体、自由、财产之紧急危难而出于不得已之行为,不罚。"紧急避难的法理基础在于法益权衡原则及目的手段相当性原则②,依据刑法论理学的论述,包括出于救助的意思的主观要件,以及存在紧急避难的情状、实施紧急避难行为的客观要件。③

出于救助的意思,系指紧急避难的行为必须出于救助的意思而为之者,始能构成紧急避难,包括救助自己紧急危难或救助他人(病人)紧急危难的意思。

紧急避难情状,系指自己或他人的生命、身体等法益处于紧急危难中,非立即避险,则现存的危险,将成为实害而言,故必须符合具体状况有发生灾难的可能性,以及该危难必须紧急,其判断标准乃在于危险是否有可能发展为实际的损害,重要的是不可望文生义认为,必须法益已面临到千钧一发的生死关头,避难者才能施行避难措施。

因此解释学上,紧急避难有可能是指若未立即采取避难措施,有可能丧失救助法益的机会,而无法阻止损害发生,或可能造成损害的扩大的情形;另外,也可能系一种持续的危险状态,包括持续一段时间的危险状况,该状况可能转为实害,或是经过一段长时间,才会发生实害的结果。④

实施紧急避难行为,必须符合客观上的不得已以及避难行为必须不过当等要件。而客观上的"不得已",系指该避难行为在客观上必须是为了达到避险目的之必要手段,而必要手段则指"只有一途,别无选择"而言。⑤

急诊室的医疗行为,本质上即带有"救助病人生命身体法益的主观意思",就具体情况而言的确有"发生灾难的可能性",惟是否足以构成"刑法"的紧急避难,尚需具有"紧急性"及"必要性"等要件,这也是本文要厘清的问题,故以下将针对本案例是否具有紧急性及必要性判断。

---

① 参见陈聪富:《医疗行为与犯罪行为》(下),载《月旦法学教室》2008 年第 70 期,第 78 页。
② 参见黄荣坚:《基础刑法学》(第三版)(上),元照出版有限公司 2006 年版,第 273 页;林钰雄:《新刑法总则》,元照出版公司 2006 年版,第 247—248 页。
③ 林山田:《刑法通论》(增订十版)(上),2008 年版,第 337 页。
④ 同上书,第 337—339 页。
⑤ 同上书,第 340—343 页。

（2）医疗紧急状况的判断

① 整体判断的必要性

在临床工作上①，任何一位训练有素的医师必须视病人的病况，进行必要的病史询问（History taking，包括主诉、病程、过去病史、过去用药、旅游史、过敏史及家族史等）、身体检查[旧称理学检查（Physical examination，PE），包括视诊、触诊、叩诊、听诊等，亦即类似中医的望、闻、问、切等临床技巧]、血液生化检查（CBC + DC、BCS 等）、仪器检查（各类超声波、计算机断层扫描、核磁共振扫描等）或侵入性检查（胃镜、大肠直肠镜、心导管）等，方有可能得到完整的信息并掌握病况，得到较可能的诊断，对病人的病情作出合理的判断。

故判断病人的病情或判断病人是否为紧急情况，不可能以单一数值为据，否则将失之偏颇，根本不必要有医师，只要通过电脑的游戏软件判断即可。例如上腹痛（epigastric pain），有可能仅是单纯的急性胃部发炎（acute gastritis），或较严重的胃糜烂（gastric erosion）、胃溃疡（gastric ulcer）以及急性胰脏炎（acute pancreatitis），也有可能是胃穿孔（perforated peptic ulcer，PPU）、急性阑尾炎（acute appendicitis）的前兆，甚至有可能是急性心肌梗死（acute myocardial infarction，AMI）、食道撕裂（esophageal tears）或是致死率甚高的主动脉剥离（dissecting aneurysm）等。

要如何正确诊断并判断其危险性取决于上述的"病史询问、理学检查、血液生化检查、仪器检查或侵入性检查"等。例如一位生活信息及月经周期正常的年轻女性，除上腹痛外并无其他的病症，即便部分心肌梗死血液检查呈现异常，很可能只是单纯的胃炎，通常不会被当成急症处理，至多仅在急诊密切观察即可；然而若一位中年肥胖、长期吸烟的男性，原本即罹患糖尿病、高血压及高血脂等，在寒冷冬天饱餐后，突然间的上腹痛、出现冒冷汗及左侧腋下辐射性疼痛的情形，即便大部分心肌梗死血液检查正常或尚未验出，这时病人可能罹患急性心肌梗死，由于在发生后 4 小时很容易猝死②，即使病人生命迹象尚称稳定，这时病人的病况仍是非常危险的，须立即处置。故病人病况是否已达紧急情况，应该采取综合判断，不能以单一数值决定，否则会失之偏颇。

因此，关于病人是否为紧急状况，笔者赞同法院的意见，就是应该通盘考虑病人整体的临床表现，不能仅单纯以事后所得的"气体、二氧化碳测定检验报告"等临床数据，即认为病人甲当时之病况并非处于紧急情况。

② 病人的临床征象

本案的病人系因"呼吸喘"（急促）来到急诊室就诊，在医疗实务上若来到急诊室的病人主诉或罹患有"胸痛、呼吸喘、意识状态改变、血压降低、休克、肺水肿、心脏衰竭及急性心肌梗死"③等任何症状之一，此类病人是比较危险的，通常需要给予立即而必要的处置，惟其是否已达医疗的紧急情况仍需具体判断，兹分析如下：

A. 意识状态与生命迹象

病人的意识状态及生命迹象，是检伤分类中判断病人是否处于紧急状态需要立即处置的重要指标，在临床工作上有其重要性。

病人的意识状态，于到院时护理站的检伤分类以及医师初步诊视时，就意识状态而言，病人虽然是清醒的，经过纯氧面罩治疗 20 分钟后，照理说情况应该更好，但病人意识却反而呈现嗜睡状态，不仅代表着病情变化，更象征病人处于更危险的情况，需要更积极的处置。

---

① 笔者针对紧急情况的判断将受限于针对判决书中所呈现的临床情况，病人真实情况受限于民刑法以及医疗相关法规对病人隐私权的维护，无法也不便取得，特此说明。
② 参见胡胜川、高伟峰、颜鸿章等：《ACLS 精华》（第三版），金名图书公司 2007 年版，第 22 页。
③ 同上注。

就生命迹象而言,病人到院时的检伤分类,呈现呼吸次数每分钟 28 次(成年人正常呼吸次数每分钟约为 8 ~ 16 次①)、心跳次数每分钟 120 次,以及血压为 174/93 mmHg 等,其后在医师乙诊察时,呈现更严重呼吸困难,每分钟呼吸次数高达 40 次,不论是呼吸次数、心跳次数或血压均超过正常标准,本已需密切的观察,再加上初步符合全身性发炎性反应症候群(Systemic inflammatory response syndrome, SIRS)②,若加上病人有感染的证据,很可能是败血症(sepsis)的前兆,此时情况将更紧急。

事实上,病人到院后除了生命迹象的不稳定外,在很短的时间且给予初步处置后,仍然呈现呼吸次数的增加及意识状态的改变,而且判决书也提到病人为近百岁妇女,骨质疏松相当严重,咳嗽可能造成肋骨骨折,以致胸痛难忍,如此痰不易排出,极容易造成阻塞,接着便容易发生肺炎,进而菌血症,甚至败血症,再加上病人已初步符合全身性发炎性反应症候群,事实上很可能已有败血症的前兆,就此点观察,已符合医疗上的紧急状况,已达鼻插管或口插管的必要性,但为求慎重仍应先处理动脉血氧分析以及氧合血红素(Oxyhemoglobin)的临床意义,俾利对病人的情况有更精确的掌握。

B. 动脉血氧分析的临床意义

检察官认为,病人到院时抽血之"气体、二氧化碳测定检验报告"(检验结果:甲之血氧饱和浓度为 99.7%,PCO_2 之数据为 33.6 mmHg,以及 PO_2 数据为 132.6 mmHg),由于血氧饱和浓度高达 99.7%,据此认定该病人不属于紧急情况,这的确是有待商榷的,其理由如下:

a. 即使仅以动脉血氧分析的结果判断,当时血氧饱和浓度虽高达 99.7%,但是 PCO_2 之数据仍为 33.6 mmHg(正常为 40 mmHg),代表病人当时的确呼吸急促,甚至已接近全身性发炎性反应症候群之 $P_aCO_2 < 32$ mmHg 的判断标准,故难谓病人不紧急。

b. 再者,如前所述医疗上任何病人的状况需要整体判断,无法借由单一数值判断,特别是高龄且急诊的病人,其不确定因素更多。

c. 更重要的是,病人的病情瞬息万变,特别是急诊的病人,到院时的抽血结果,通常仅作为参考的依据。病人甲到院后呼吸困难更严重,呼吸次数的快速增加,达到每分钟 40 次,意识状态的改变及脉冲血氧定量计(pulse oximeter),所呈现的血氧饱和浓度一直在 70% ~ 90% 间,更显现病人的病情已然变化,到院时的检验结果,事实上已无参考价值。

C. 氧合血红素的分析

呼吸,是把氧气带入动脉血中,并将代谢产物二氧化碳在肺泡排出的过程,氧与二氧化碳在血中输送的方式,主要赖与血中血红素结合的方式进行。

血红素与氧结合的百分率,称为"氧饱和度,通常以 $SatO_2\%$ 表示之",氧饱和度最高为 100%。事实上,在安静时动脉血氧分压约为 100 mmHg,氧饱和度约为 97.5%,这是因为输送入体内动脉血中的氧,约有 98% 结合成氧合血红素输送走,只有不到 2% 的氧直接溶解在血液中

---

① 参见 Barbara Bates:《身体检票指引》(第四版),胡东和、陈干原等译,艺轩出版社 1993 年版,第 293 页。

② Criteria for SIRS were agreed upon in 1992. SIRS can be diagnosed when two or more of the following are present:(1) 心跳 HR > 90 bpm;(2) 体温 BT < 36 or > 38℃;(3) 呼吸次数 RR > 20 breaths per minute or, on ABG-$P_aCO_2 < 32$ mmHg;(4) 白细胞数目 WBC < 4 000 cells/mm³ or > 12 000 cells/mm³。参见 www.tygh.doh.gov.tw/chestmedicine/MICU-TYGH/ICU/败血症定义_郑舒幸医师.pdf,以及 en.wikipedia.org/wiki/Systemic_inflammatory_response_syndrome,2009 年 5 月 29 日访问。

所致。①

此外，在人体，即使最激烈运动时，溶解的氧量虽然增加至20%，还是以结合的方式为主，但在静脉血中，氧分压约为40 mmHg，氧饱和度约为75%。②

医师乙对病人甲施以纯氧面罩治疗，经使用20分钟后，脉冲血氧定量计(pulse oximeter)所呈现的血氧饱和浓度一直在70%～90%，且意识状态的改变，这在临床上的意义其实是非常重大的。因为在肺泡中，若氧分压由100 mmHg降至70 mmHg，只造成氧饱和度小幅度的下降，通常仅由97.5%降至93%左右，然而此病人的血氧饱和浓度却只在70%～90%，这代表所给予的纯氧病人完全无法吸收，且病人的动脉血与静脉血相似，肺部的功能丧失，已达呼吸衰竭的程度，也是非常紧急的，再加上意识的改变，表示脑可能缺氧，在医疗上若脑部缺氧长达4～6分钟，细胞就会永久性坏死③，因此经鼻或口的气管插管治疗是必要的，否则即使病人获救，也非常可能处于植物人状态。

(3) 紧急情况与紧急避难(本案分析)

本案鼻插管的医疗行为，是否构成"刑法"的紧急避难，如前所述最大的关键在于紧急性与必要性，在医疗上判断病人是否具有紧急性与必要性，必须通过病人的基本数据、主诉、理学检查、血液生化分析、各类一般性即侵入性检查、病情的变化，以及医师的经验与裁量作出整体的综合判断始当之。

病人甲是近百岁的病人，有严重的骨质疏松及不易咳痰的情形，在医疗上，只要是65岁以上的老人，其疾病的征候就有可能异于成年人，而具有不易诊断或忽略的特性，也有必要给予更密切的注意，这也是为何老年医学科兴起的原因。再加上病人到院时生命迹象(TPR + BP，即心跳、脉搏、呼吸及血压)不稳定，也符合全身性发炎性反应症候群的诊断，就临床经验上的判断，非常可能有败血症的情形，本身已具有危险性，至少是一种持续的危险状态，若不积极处理可能会由危险转为实害，而有无法阻止损害发生，或有可能造成损害的扩大的情形，客观上已具有紧急性。

病人到院后，病情的变化远比想象的迅速，即使在给予纯氧面罩的治疗下，其呼吸困难不仅未改善，呼吸次数更由到院时的每分钟28次，进展至每分钟40次，再加上脉冲血氧定量计(pulse oximeter)所监测的血氧饱和浓度一直在70%～90%，以及病人的意识状态改变，这在医疗上是非常紧急的，其所象征的意义是呼吸衰竭，肺部无法进行正常的气体交换，若不立即给予气管插管，不仅病人脑部(意识)将无法恢复正常，甚至全身的机能或器官也将造成不可逆的伤害(此时的动脉血氧跟正常人的静脉血氧一样)，整体判断已达紧急避难所要求的"紧急性"以及只有一途，别无选择的"必要性"，是以即便医师未取得病人或其家属的同意，也属于"刑法"的紧急避难，得以阻却违法，而不构成"刑法"第304条的"强制罪"。

二、本案衍生医学伦理与法律的难题——病人生命身体法益的处分

本案衍生目前医学界常见而不易处理的医学伦理与法律困境，就是涉及"病人生命身体法益的处分"与"医师紧急救治义务"冲突的问题。换言之，若病人甲系在意识清醒且具有决定能力的情形下④，在急诊医师有效说明鼻插管的必要性，并在其充分了解且自由意志下向医师表明不

---

① 转引自林正常：《运动生理学》(增订二版)，师大书苑2005年版，第六章"运动与呼吸"。
② 同上注。
③ 参见胡胜川、高伟峰、颜鸿章等：《ACLS精华》(第三版)，金名图书公司2007年版，第23页。
④ 在医疗上所称的决定能力，在"刑法"上称为承诺能力或同意能力。

愿意进行鼻插管的急救,然而不进行鼻插管急救的同意,事实上会造成病人的死亡(至少是重伤害的结果,如植物人等),医师是应该尊重病人生命身体法益处分的意愿,或是仍有义务予以积极的急救?

事实上,这部分涉及对生命的保护范围问题,以及该保护是否有例外,病人的自我决定权是否构成该例外,或是何时能构成该例外的情况。若病人属于该例外情况,医师应如何处理,放任病人"喘到死为止"?若不属于该例外情况又应如何处理,是否"救到死为止"?而其中衍生的刑事责任为何,这部分实有结合法界、医界、社会、民众共同讨论厘清的必要,否则在医病之间往往造成不可承受之重,甚至衍生不必要的医疗纠纷,故以下将针对各争点予以分析讨论。

(一)对生命的保护

"宪法"第15条规定:"人民之生存权、工作权及财产权,应予保障。"生存权是受到"宪法"明文以及释字第476号解释所保障的基本权利。

因此,学说上多数认为,只要生而为人,其生命无分生命力的强弱、生理或心理的健康状态、老幼青壮或男女、个人有无生趣等,均无所谓无生存价值之生命,即使是天生重度残障、心智迟滞、罹患重病或绝症而命在旦夕、身受重伤或年老体衰而濒临死亡边缘等,仍旧全部是属于杀人罪的"刑法"条款所应保护之人,此即是"刑法"对于生命法益的保护所实行的"生命绝对保护原则"。[1]

不过随着时代的演进以及人民自主意识的提升,在安乐死(euthanasia)与自然死(natural death)的议题出现后,"生命绝对保护的原则"是否仍是绝对的无条件?[2]

台湾地区1987年制定的"人体器官移植条例",虽是首部死亡协助的法律,其内容系基于器官移植的前提下,得在病人或家属同意的情况下,例外采取"脑死说"作为死亡的时点[3],仅涉及死亡时点认定的问题,尚无法看出法律对死亡协助的态度。

2000年通过的"安宁缓和医疗条例",明确表达法律对死亡协助的态度,就是只要是"末期病人",可经由病人本人同意,或是在病人昏迷时由最近亲属同意等方式拒绝进一步的急救,修法后并赋予末期病人本人同意得终止或撤除心肺复苏术之法律依据,故目前对于死亡议题,朝向肯认末期病人拥有(选择)死亡的权利(the right to die)。[4]

(二)末期病人的定义与争议

1. 末期病人的定义

依据"安宁缓和医疗条例"第3条第2款的规定,末期病人系指罹患严重伤病,经医师诊断认为不可治愈,且有医学上之证据,近期内病程进行至死亡已不可避免者。

在法律的解释上,末期病人可分为前提要件、主观要件及客观要件等三部分,兹说明如下:

(1)前提要件:罹患严重伤病

在台湾地区,安宁缓和医疗的发展虽由恶性肿瘤病人开始,惟条例中并未仅局限于恶性肿瘤的病人,故只要"罹患重伤病的病人"就有适用本条例的可能性,此乃为医疗科技之日新月异,以及病人生命自我决定权(生命法益的处分)预留空间。

---

① 参见林山田:《刑法各罪论》(修订五版)(上),2006年版,第47页。
② 参见陈子平:《安乐死与刑事责任》,载《现代刑事法与刑事责任——蔡墩铭教授六秩晋五寿诞祝寿论文集》,1997年版。
③ 死亡的时点,目前实务及通说,仍以"心脏停止说"(综合判断说)为主,"脑死说"是"人体器官移植条例"的例外规定,但近年渐受刑法学者的重视。
④ 参见杨秀仪:《救到死为止?》,载《台大法学论丛》2004年第33卷第3期,第2页。

关于"罹患严重伤病"的范围，至少可包括"中央健保局"依据"全民健康保险法"第 36 条规定于 1995 年公告的重大伤病之范围，但并不以此为限。历经多次修正目前共有 31 种重大伤病，除了恶性肿瘤外，还包括后天免疫不全症候群（艾滋病）、运动神经元疾病其残障等级在中等以上或须使用呼吸器者（包括 amyotrophic lateral sclerosis，即渐冻人）、慢性肾衰竭（尿毒症）、必须接受定期透析治疗者、因呼吸衰竭需长期使用呼吸器者，以及肝硬化症，并有下列情形之一者：腹水无法控制、食道或胃静脉曲张出血、肝昏迷或肝代偿不全等，均属于"罹患严重伤病"可能的解释范围。

（2）主观要件：医师诊断不可治愈

原则上尊重医师的专业判断，但仍须符合经由两位医师诊断，其中一位医师必须具有诊断末期疾病的相关专科医师，但并不以在同一时间、同一地点诊断为限。

（3）客观要件：医学上的证据，近期内病程进行至死亡已不可避免

客观要件应分为两部分：就前者来说，所谓医学上的证据，系指发表于著名期刊或著作，或是具有实证医学的证据等；就后者来说，必须符合近期内病程进行至死亡已不可避免的情形，此部分包含"质"（病程进行至死亡已不可避免）与"量"（近期）两个层次，台湾地区显然采取"质量并重说"。

就"量"的讨论，"近期"之定义，目前各国或地区医学界的立场一致，一般系指预估病人存活期为 3 至 6 个月内（通常不超过 6 个月），此部分也受到法学界的尊重，争议不大。

就"质"的讨论，必须对于"病程进行至死亡已不可避免"作出解释。换言之，在解释上必须符合"无效医疗"（medical futility）之概念。

然而，关于"无效医疗"的概念，虽早在远古时代，希波格拉底和柏拉图（Plato）等人就曾提及，但是直到 1990 年，"无效医疗"一词才由 Schneiderman 等人正式提出，其定义为："任何对于病人无法提供治疗、康复或缓解效力的医疗行为。"[1]故对于无效医疗应如何解释，其实是非常困难的，不同领域的专科医师，或是不同成长背景的专科医师，看法也有所分歧，往往也是争议的来源。

2. 无效医疗的争议

关于无效医疗，根据 Bernard Lo 将之区分为"严格定义的无效医疗"与"宽松定义的无效医疗"两种。前者可以由医师专业单方面决定，通常系指某种医疗处置在客观上缺乏医学根据、无法发挥预期效果，或是无法逆转病情即可判定，包括缺乏病理生理学上治疗依据、最大治疗下病人仍然心跳停止，以及该病人身上已经失败的治疗；后者则涉及个人的价值，甚至资源分配的问题，无法由医师单方面决定，而要和病人（或代理人）达成共识，通常必须将病人及其亲属的主观认知纳入考虑，牵涉到他们对生活质量的观感，以及对治疗效果的诠释，包括有价值的治疗目标无法被达成、治疗成功的几率较低、病人存活的生活质量是无法被接受的，以及所预期得到的利益不值得将耗损的资源。[2]

究竟条例有关"末期病人"的概念，应采取"严格定义的无效医疗"或"宽松定义的无效医疗"，不仅影响末期病人的范围，也涉及生命价值、生死态度、生活质量与尊重自主等因素之交错，也涉及是否产生陡坡效应的问题，实为医学伦理与法律争议与困境所在，惟依情形仍应以"严格定义的无效医疗"比较能避免争议。

---

[1] 参见陈祖裕：《无效医疗》，载《应用伦理研究通讯》2003 年第 25 期，第 56、60 页。
[2] 参见王维庆、朱怡康、蔡甫昌：《无效医疗》，载《当代医学》2005 年第 32 卷第 7 期，第 27—28 页。

（三）末期病人生命法益的处分

1. 特别法的合法类型

依据"安宁缓和医疗条例"第1、3、7条，以及"人体器官移植条例"第1、4、6条的规定，明文赋予病人拒绝有医疗的权利的类型，包括"末期病人于本人清醒时签署意愿书，或最近亲属于病人昏迷时签署同意书，不施行心肺复苏术""末期病人本人同意，终止或撤除原先施予之心肺复苏术"以及"脑死病人，基于器官移植需要，由本人或家属同意，终止或撤除原先施予之心肺复苏术"等三类情况①，至于法律未明文规定的其他类型，无可避免地将会适用"刑法"本文的规定。

2. 争议类型

（1）家属可否签具同意书要求拔管（终止或撤除心肺复苏术）的争议

2000年通过的"安宁缓和医疗条例"，于第7条第1及第2项规定，"不施行心肺复苏术的法律要件"，第3至5项规定，在病人昏迷或无法表达清楚意愿的前提下，得由"最近亲属出具同意书"取代病人本人意愿书等相关规定，故并未赋予末期病人"终止或撤除心肺复苏术"之法源依据，当然也造成临床工作的困扰。

2002年修法后，虽于条例第7条第6项增订："末期病人符合第一项、第二项规定不施行心肺复苏术之情形时，原施予之心肺复苏术，得予终止或撤除。"

然而此部分又衍生新的伦理与法律的争议，因为条例明文规定，欲终止或撤除心肺复苏术仅能在符合第7条第1及第2项规定的情形下为之，并未明文规定是否得由最近亲属出具同意书要求"终止或撤除心肺复苏术"的情形，此与"不施行心肺复苏术"有明文规定，得由最近亲属出具同意书的情形自有所不同。

究竟末期病人昏迷或无法表达清楚意愿时，得否由最近亲属出具同意书要求"终止或撤除心肺复苏术"？

从伦理的角度分析，伦理专家目前对于"不施行心肺复苏术"与"终止或撤除心肺复苏术"二者的问题有基本之共识②，包括：首先，有决定能力的末期病人应有权拒绝维生治疗，选择自然死亡，此选择不应视为自杀；其次，医师应末期病人的要求，撤除已给予的维生治疗不应被视为协助自杀或杀人行为，此行为应与积极的安乐死作区分；最后，"不施行心肺复苏术"与"终止或撤除心肺复苏术"，由伦理的角度观察，并无不同。

从法律的角度分析，若采"文义性"解释，因法未明文规定，系立法者有意区隔，在解释上是不可以通过最近亲属的同意书来拔管；惟若采"目的性"解释，不论是不施行心肺复苏术，或是终止或撤除心肺复苏术的行为，在法律评价上都属于"不作为"，即学说上所谓"消极的安乐死"。既然由最近亲属出具同意书"不施行心肺复苏术"是合法的，从目的性观察，由最近亲属出具同意书来"终止或撤除心肺复苏术"自属合法。

虽然"安宁缓和医疗条例"并未赋予最近亲属出具同意书来"终止或撤除心肺复苏术"的规定，但是通过医学伦理或法目的性解释，符合医学伦理与法律而应该受到允许，笔者也认同此观点。但是由于司法实务通常以文义性解释为主，在法律未明文规定的情况下就容易有争议，故在医疗实务上的做法，在卫生主管机关未修法前应保守以对。换言之，"终止或撤除心肺复苏术"最好在取得病人本人同意下为之。

---

① 整理自"安宁缓和医疗条例"及"人体器官移植条例"，参见法规数据库（http://law.moj.gov.tw），2009年5月29日访问。

② 参见姜安波：《重症医疗伦理综论》，载《内科学志》1993年第4卷第4期，第263—278页。

(2)家属可否要求进行"脑死判定"而拔管

"人体器官移植条例"开宗明义揭示,基于器官移植的需要,医师得在器官捐赠者经其诊治医师判定"脑死"(脑干死亡)后,自病人摘取尸体之器官施行移植手术(活体器官移植部分,非本文范围,故不讨论)。

换言之,只有基于器官移植的需要,才有"人体器官移植条例"的适用,例外以"脑死"作为死亡的时点;若非基于器官移植的需要,此时并无"人体器官移植条例"的适用,仍应依照通说以"心脏停止说(综合判断说)"作为死亡的时点。即使病人确实脑死,但还不是法律上真正的死亡,病人是否能拔管应适用"安宁缓和医疗条例"的相关规定,故病人无法以脑死判定要求拔管。

(四)伦理与法律的困境——非末期病人生命身体法益的处分

由于"生命绝对保护原则"目前仍是台湾地区通说,多数刑法学者认为,生命法益虽然属于个人法益,但也带有社会等法益的色彩,不完全得由自己任意处分。

事实上,"刑法"第275条规定:"教唆或帮助他人使之自杀,或受其嘱托或得其承诺而杀之者,处一年以上七年以下有期徒刑。"以及"刑法"第282条规定:"教唆或帮助他人使之自伤,或受其嘱托或得其承诺而伤害之,成重伤者,处三年以下有期徒刑。"在解释上会认为,重伤害的身体法益,或是会造成死亡的生命法益,即使得到被害人(病人)的同意处分,其同意仍然无效,仍会受到"刑法"的制裁,故被害人所为的承诺或同意,并无法阻却行为人的违法性,除非另有其他"刑法"上的阻却违法事由,例如"依法令行为"或"业务上正当行为"等,才得以阻却违法的可能性。

"安宁缓和医疗条例"是生命绝对保护原则的例外。其主要适用的对象,系末期病人在濒临死亡时,经本人自愿或家属代理决定放弃积极的急救,通过不作为的方式而结束生命,目前多为世界各国或地区所肯认,学说上有称之为"消极的安乐死""自然死"或"尊严死"等用语,基本上争议性较小。

在医疗实务上比较困扰的是,常常发生高龄且久为多重慢性疾病所苦,未能符合末期病人定义,需要长期卧床的慢性病人,如基于病人本人自愿放弃急救,"医师法"第21条以及"医疗法"第60条"紧急救治的义务"是否即告解除?

如前所述,这涉及生命价值、生死态度、生活质量与尊重自主等层面,需要综合考虑,这是医学伦理与法律至今难解的议题。若是着重在生命价值与生命的保护,当然是不应不允许;然而若是着重在病人自主权及生活质量的考虑,则可依病人的意愿而不予急救。此争议在病人自主权高涨的今日,争议将愈来愈大,试看下面的真实案例①:

83岁的老先生,因心肺问题长期卧病在床,由家属安排住在台北县某养护机构,因呼吸困难被送往某医院急救,急诊医师发现,老先生因全身缺氧,脸部皮肤呈现乌黑状况,命在旦夕。因状况紧急替其插管急救,经过40分钟急救,好不容易将其从鬼门关拉回来,待病情稳定后通知家属到场。

老先生的儿、孙到院后,发现父亲"居然获救",不但不感激反而大骂医师"白目",并质疑医师为何未经家属同意即实施急救,并指责院方"不负责任",明明都已签订"放弃急救同意书",医师却不看病历径自急救,如此做法造成家属困扰,要求院方派具有代表性的人员出面协商,并扬言召开记者会公布院方疏失,交由社会大众公评。

据了解,该老先生月前也曾因呼吸困难被送往该医院急救,院方紧急插管将其救活后,家属

---

① 参见林金池:《救活病危老翁 家属骂医白目》,载《中时电子报》2008年11月27日。

当时就有些不高兴,对院方颇有微词,事后再三交代养护机构及该医院,若有类似状况愿放弃急救并签署同意书,未料事后结果却仍未如家属所愿。

若病人不是末期病人,不能直接适用"安宁缓和医疗条例"的规定,必须回到"刑法"第 275 及 282 条有关重伤害的身体法益或生命法益不允许个人处分的规定,加以"生命绝对保护原则"尚为台湾地区通说,以及多数法律学者仍然担心的陡坡效应的发生等因素。因此,笔者认为,非末期病人即便本人同意放弃急救,并不能据此表示医师的"法定的紧急救治义务"即告解除,从这个观点观察,医师应该以救治为佳,只是救与不救,都有不妥之处。

是以若医师积极急救该病人,虽违反病人的意思决定自由,或甚至伤害到病人身体的完整性(身体法益),但与生命法益相比较,因生命法益仍具有优先性,医师可以"刑法"第 24 条的紧急避难,或是超法规的阻却违法事由义务冲突而阻却违法。

然而若病人系一高龄长者,长期罹患多重慢性疾病,也不符合"安宁缓和医疗条例"所称末期病人的定义,在自由意志且无精神疾病(如忧郁症)的情况下,基于自身自我决定权、追求生活质量、不想浪费医疗资源,也了解不急救可能导致死亡的后果等情形,在经医师与病人本人及其家属充分沟通后,此时若要求医师仍须予以积极救治该病人,实属强人所难,在此情形下似乎无"他行为的可能性",若医师遵照病人的意愿不予急救,即便医师不能以义务冲突阻却其违法性,惟在此特殊个案下,若据此衍生医疗纠纷,应可通过司法审查,以"刑法""欠缺期待的可能性"阻却罪责。

结论性观点

本文系通过基隆地方法院与台湾地区高等法院的"强制罪"判决,探讨医疗实务上"病人生命身体法益的处分与医师紧急救治义务"可能引起争议的议题。本文的目的不在于批判检察官或法官的起诉或判决,而是借由该判决来处理医疗实务上常见的争议,进而通过医学与法学的交流以谋求彼此最大的共识。

针对医疗刑法与"刑法"的关系,虽然德国与日本实务及通说,系以"医疗行为伤害说"为解释的方向,台湾地区也有逐渐朝此走向的趋势,但是在文化以及社会发展的成熟度等不尽相同的情形下,是否能将"医疗行为伤害说"一律直接适用仍有很大的讨论空间。本案的强制罪,率先提出"医疗行为妨害意思决定自由"的新颖思考方向,避免实务一面倒向医疗行为伤害说的见解[1],这方面是值得肯定的。只是从强制罪客观要件的实质违法性的讨论,笔者认为本案不会构成强制罪。

针对同意的方式,台湾地区"最高法院"心导管的判决中提及"实质说明的同意",以及本案强制罪的"口头明示同意或默示同意",揭示了实质说明后的同意才是有效同意的重点,书面的同意书仅是很重要的证据之一,不应反客为主,这也是本文拟借由同意方式的讨论,沟通法界与医界的歧义,改变医学界过度强调同意书重要性的现象;另外,在急诊医疗领域的同意,实有必要放宽要式性的规定,并赋予医师更大的裁量权限,以方便医师基于最佳利益作出对病人最好的处置,事实上,学说也认为愈是急迫的状况,医师说明义务的负担愈轻,甚至来不及说明,亦不违法。[2]

---

[1] 台湾地区"最高法院"2005 年台上字第 2676 号刑事判决及台湾地区"最高法院"2006 年台上字第 3476 号刑事判决等,系采取医疗行为伤害说的代表性判决。

[2] 参见王皇玉:《强制治疗与紧急避难》,载《月旦法学杂志》2007 年第 151 期,第 264 页。

至于医疗的紧急情况与"刑法"的紧急避难,是医疗实务与法学实务比较棘手的问题,病人的病情在医疗上是否属于紧急情况,事实上涉及非常高度的专业与裁量,不在现场的医师即便通过事后的书面审查还原当时的情形都有所困难,更何况历经许久才提起的诉讼。是以,关于医疗上是否为紧急情况的事实认定,虽然检察官与法院,依法律独立审判以及认事用法,但是应该尽量尊重专业审查的意见,也应许医师较大的裁量空间,特别是急诊室的医师,如此才能达到医病双赢的境界。

最后,本案的强制罪,事实上间接引起医学界长期的灰色地带,就是"非末期病人生命身体法益的处分"以及"医师紧急救治义务"冲突与竞合的问题。笔者认为,基于对生命权的尊重、生命绝对保护的通说、生命身体法益高于自由法益、避免陡坡效应,以及病人的自主权尚在发展中等情况,当非末期病人处于紧急情况,医师仍有法定的紧急救治义务,至于因违逆病人意愿而可能涉及妨害病人意思决定自由的部分,可通过义务冲突或紧急避难以阻却违法,只是随着病人自主权的不断高涨、生活质量的重视、对于自然死的期待,以及人性的多元化等特殊情形下,不排除以通过司法审查的方式,通过无期待的可能性以阻却罪责。①

---

① 关于此部分,目前仍为医学伦理与法律的争议,更详细的介绍可参见笔者的博士论文——《病人自主的刑法效应》(东吴大学法研所博士论文,第351—355页)。且目前笔者采尊重病人意愿不予救治之立论。

"刑法"第315条之一既未遂之认定*

——台湾地区高等法院高雄分院2010年上易字第743号判决

王皇玉**

基本案情

甲女怀疑女婿丙外遇,遂与女儿乙一起委托某征信公司,要求征信业者去女婿丙的医院职务宿舍装设针孔摄影机,以征信丙外遇情事。征信社负责人A指示外务调查员B、C前去丙男的宿舍安装针孔摄影机。B指示不知情的锁匠以破坏手法拆换门锁,之后由C把风,B侵入屋内,选定丙男宿舍主卧室内浴室门前上方空调出风口处,安装无线针孔录像监视器一台,装妥后复即离去,惟尚未窥得丙男在其屋内非公开活动之画面,即被丙男发觉报警,循线查获上情。①

裁判要旨

(一)第一审判决结果②

本案第一审判决中,认定被告A、B、C三人共同破坏丙男职务宿舍之门锁,并侵入该处装设无线录像监视器窥视丙男之非公开活动,所为均系犯"刑法"第354条之毁损他人物品罪、同法第306条第1项之侵入住宅罪及同法第315条之1第1款之窥视非公开活动罪。A、B、C三人就以上犯行,具有犯意联络及行为分担,均应论以共同正犯。另其等委由不知情之锁匠破坏原有门锁之行为,则为间接正犯。又其等先行破坏门锁后,隔一或两日始入侵丙男宿舍及装设无线针孔录像监视器,所为各该毁损、侵入住宅及窥视非公开活动之犯行,犯意各别,行为互殊,应予分论并罚。

(二)第二审判决结果③

本案经被告上诉高等法院,高等法院认为,被告三人所犯之故意毁损罪与无故侵入住宅罪部分,原审法院认事用法并无不合,量刑亦甚妥适,因此上诉均为无理由,应予驳回。

然而违反"刑法"第315条之1之窥视非公开活动罪部分,则认为行为人虽装妥窥视或窃听设备,但未窃录得逞,属不罚之未遂行为,应为无罪之判决。其理由如下:

"按'刑法'第三百十五条之一之立法理由为'目前社会使用照相、录音、录像、望远镜及各种电子、光学设备者,已甚普遍。惟之为工具,用以窥视、窃听、窃录他人隐私活动、言论或谈话者,已危害社会善良风气及个人隐私,实有处罚之必要,爰增列本条,明文处罚之。至未通过

---

* 原载于《月旦法学杂志》2011年第188期。
** 台湾大学法律学系副教授。
① 本案被告众多,且衍生出另案,也就是征信社员工及其女友以拍摄到私密画面为由,打电话给丙男之恐吓取财案件。为使本案争点与评析内容聚焦,故前面所述犯罪事实已将被告人数与案情予以简化,以方便说明。
② 详细参见高雄地方法院2009年易字第620号判决。
③ 详细参见台湾地区高等法院高雄分院2000年上易字第743号判决。

工具之窥视或窃听,则依社会秩序维护法之规定,以秩序罚处之'。该法条规定'有下列行为之一者,处三年以下有期徒刑、拘役或三万元以下罚金:一、无故利用工具或设备窥视、窃听他人非公开之活动、言论、谈话或身体隐私部位者。二、无故以录音、照相、录像或电磁记录窃录他人非公开之活动、言论、谈话或身体隐私部位者'。揆诸该法条之意旨,第一款之规定应系规范单纯窥视或窃听之行为,至于将所窥视或窃听之内容予以记录保存,则属该法条第二条之范畴,苟利用设备窥视或窃听未得逞,应属'刑法'第二十五条第一项规定之未遂犯。然依'刑法'第二十五条第二项规定,未遂犯之处罚以有明文规定者为限,惟'刑法'第三百十五条之一窥视非公开活动罪,既无处罚未遂犯之规定,则被告三人上述行为应属不罚,应为无罪判决之谕知。"

疑难问题

"刑法"第315条之1窥视、窃听、窃录罪之条文中,并无处罚未遂之规定。与窥视他人非公开活动罪类似的处罚条文,则为"通讯保障及监察法"(以下简称"通保法")第24条第1项违法监察通讯罪。此一条文中也没有处罚未遂犯之规定。

由于"刑法"第315条之1并没有未遂犯之规定,从而,如果犯罪人已着手于窥视或窃录行为,例如本案中虽装设好针孔摄影机,但还未开始窃录或是未窃录到画面;或犯罪人刚以铁锹、起子等工具撬开电信公司所有之交接箱,以安装盗录电话通话内容,即因交接箱遭非法开启警报器异常,为电信公司承包商员工发觉而报警查获(台湾地区高等法院2001年上诉字第1418号判决)等,则行为人之行为是否成立"刑法"第315条之1?此一问题所涉及的争议点是,"刑法"第315条之1窥视他人非公开活动罪是举动犯(行为犯)性质,还是结果犯性质?如为前者,则一旦着手于装设偷窥或窃录之工具设备行为时,即可根据本条处罚;但如为后者,则仅着手于装设窥视窃录工具或装设完成,但尚未窥视到或开始录音或录像,或是并未录到任何非公开的隐私内容,均属不罚之未遂。

前述问题不管在学说上或是实务上,均有纷杂不一的看法。以下评析意见将会从实务意见、学说看法与德国立法例等三方面进行说明。但在评释本罪性质之前,必须先针对类似案件之犯罪,究竟应该适用"刑法"第315条之1或是"通保法"第24条之争议,先进行说明。

学理研究

一、适用法条之争议

"通保法"第24条第1项违法监察通讯罪的行为主体,究竟仅限公务员,还是包括一般人?探究此一问题的最大实益在于,私人间窃录他人非公开言论谈话活动之行为,究竟应适用"刑法"第315条之1处罚,或是根据"通保法"第24条第1项处罚?

目前台湾地区"最高法院"的意见认为,"通保法"第24条的行为主体为一般人。换言之,私人间常见的在电话线路上装设窃听设备行为或是以针孔摄影机窃录他人谈话言论行为,均应根据"通保法"第24条第1项处罚。台湾地区"最高法院"2008年台上字第4546号判决如此表示:"依'通讯保障及监察法'第二十四条第一项规定:'违法监察他人通讯者,处五年以下有期徒刑',参酌同条第二项规范之对象为执行或协助执行通讯监察之公务员或从业人员,第三项则为营利犯罪,而同法第三十条又规定仅第二十四条第一项之罪须告诉乃论,可见该法第二十四条第一项之处罚对象系针对一般人民。"

前面台湾地区"最高法院"的论点主要有二:第一、从"通保法"第24条第1项到第3项的条文脉络来看,第1项规范的是一般人,第2项规范的则是公务员;第二,"通保法"第24条第1项为告诉乃论之罪,此一告诉乃论的设计,凸显了"通保法"第24条第1项为一般犯的特质,因为如以公务员为主体,即具有渎职罪性质,对于渎职罪一般的立法方式是采公诉罪而非告诉乃论罪模式。除了前面两个论点外,实务见解中另有支持之论点,主张"通保法"第24条的立法理由中,明文强调"通保法"第24条第1项之处罚对象,系指一般人民。① 因此将"通保法"第24条第1项理解为一般犯,并无不当。

前面台湾地区"最高法院"的看法,看似言之有理,但学说上却一直有不同的声音。例如李茂生教授在"通保法"刚制定的时候,即为文指出,该法所称违法监察他人通讯罪的行为主体,仅限定于三种情形:有执行监察职权的公务员;有协助监察义务的公务员;有协助监察义务的非公务员(例如民营电信业者)。此外李教授亦表示,"于立法的当时,'通讯保障及监察法'根本就没有考虑到要去规制与监察业务无关的一般民间人士"。因此,除非该一般人民有协助监察的义务,否则并非违法监察通讯罪的行为主体。② 近期为文批评台湾地区"最高法院"意见的文献则有吴耀宗教授。吴教授从违法监察通讯罪的"违法"要件出发,认为其受诫命对象应为具备遵守"通讯保障及监察法"义务之人,而此人从通保法的立法目的观之,应为公务员,而不包括一般人民。③

此外,笔者过去也曾为文对台湾地区"最高法院"的见解提出质疑④,在此兹不赘述。仅将一些重要论点,再度提出并进行补充:

(1)通保法之立法目的与规范体系,旨在限制公权力机关或公权力恣意侵害人民通讯隐私,故所谓违法监察通讯罪的规范对象,应是公务员,而非一般人民。如果违法监察他人通讯罪不是以公务员作为处罚对象,则当初法定刑何以比"刑法"第315条之1严厉如此之多?甚至"通保法"第24条第3项意图营利而违法监察他人通讯之行为(例如,征信业者员工收取费用安装窃录设备而窃录),其法定刑更高达1年以上7年以下有期徒刑?

(2)由于违法监察通讯罪之犯罪行为几乎与"刑法"第315条之1非法窥视、窃听、窃录罪重叠,则倘认为违法监察通讯罪之行为主体包括一般人民,则几乎使"刑法"第315条妨害书信秘密罪与第315条之1窃录他人非公开言论谈话罪遭到架空。因为"通保法"第3条所称之"通讯",包含有线无线电信、邮件书信与言论谈话三者。从而,"刑法"第315条之1还能继续适用的部分,仅限于不符合"通保法"第3条"通讯"范围的"个人活动"。从而,会导致一样是装设针孔摄影机行为,但却会因为窃录到的内容不同而异其处罚:如果窃录到的内容只有个人独处的画面,或是有影无声的活动画面(例如配偶与外遇第三者为性交行为),就适用"刑法"第315条之1(因为属"非公开之活动");但如果被害人恰巧有朋友来访并有所交谈,因而窃录到被害人与朋友谈话的内容,此时就适用"通保法"第24条第1项(因为属"通讯")。

(3)解释法律时,立法者的原意固应参酌,但立法者的立法意旨并不当然拘束法律的解释与适用,更何况如果能明确地知道立法者的原意出于草率、不察与疏漏,则法律解释又何须拘泥于此?过去刑法解释上遵守立法意旨者有之,但不受立法意旨拘束的解释方法,也并非没有。以堕

---

① 参见台湾地区高等法院台南分院2005年上诉更(一)字第592号判决。
② 参见李茂生:《刑法秘密罪章新修条文评释》,载《月旦法学杂志》1999年第51期,第109页。
③ 吴耀宗:《私人为了取证而窃录他人电话通讯之合法可能性》,载《月旦裁判时报》2010年第3期,第114—121页。
④ 王皇玉:《论"通讯保障及监察法"第二四条与"刑法"第三一五条之一的适用疑义》,载《月旦法学杂志》2008年第160期,第249页以下。

胎罪为例,堕胎罪之立法理由主张,只要胎儿未至自然分娩时期,令其早产者,即构成堕胎罪。①如果严格遵守堕胎罪立法意旨,则民间习以为常选择良辰吉时,对于未至自然分娩时期的胎儿提前为剖宫生产行为,不是全部都应科以堕胎罪之刑责吗?

事实上不管在此台湾地区"最高法院"判决出现之前②或之后,对于私人窃听窃录他人言论活动之行为,检察官起诉条文或是法院判决所适用的法条,一直是有意无意地不去引用"通保法"第24条第1项的规定,而是适用"刑法"第315条之1窃录他人非公开言论活动罪。如果台湾地区"最高法院"的见解没有问题,要去遵守这样的判决见解,何难之有?何以还是有许多地方法院的判决,甘愿冒判决被撤销的风险,拒绝适用"通保法"第24条第1项呢?积极顶撞或挑战台湾地区"最高法院"判决者有之,例如桃园地方法院2009年诉字第1335号判决,该判决就以极大的篇幅说明私人间窃录他人非公开言论谈话行为,不应适用"通保法"第24条第1项之理由。然而遗憾的是,该判决经检察官上诉高等法院后,仍然被撤销改判。

此外,本文所评释的判决,则是另一种消极不理会台湾地区"最高法院"意见的类型,也就是检察官起诉条文或法院判决适用的条文完全不提及"通保法"之规定,而仅以"刑法"第315条之1起诉与判决。因为如果要贯彻台湾地区"最高法院"之见解,以本判决犯罪事实来看,征信业者收受对价进而加装针孔摄影机之行为,已符合"意图营利"要件,因此起诉与判决应适用之条文,应该是"通保法"第24条第3项意图营利而犯违法通讯监察罪,此为法定刑1年以上7年以下之重罪。然而本判决仍然是以"刑法"第315条之1论处。

综上所述,笔者呼吁台湾地区"最高法院"应尽速变更见解,以避免法律适用上不一致的情形一再出现,影响法律的安定性。当然,最佳的杜绝适用争议之方法,应是以立法方式,将"通保法"第24条第1项的行为主体明白表示出来,亦即修正为"执行或协助执行通讯监察之公务员或从业人员违法监察他人通讯者,处五年以下有期徒刑",且删除第2项规定。此外,由于此一条文之性质属公务员渎职罪之一种,因此"通保法"第30条有关告诉乃论之规定,亦应一并删除,始属妥当。

二、"刑法"第315条之1的性质系结果犯或举动犯

(一)实务见解整理

"刑法"第315条之1窥视、窃听、窃录罪,并无处罚未遂犯之规定。与此类似的"通保法"第24条第1项违法监察通讯罪,亦无处罚未遂犯之规定。如果犯罪人已着手窃听或窃录他人非公开之言论谈话活动,则行为人之行为是否成立"刑法"第315条之1?或是应该论以未遂犯而不罚?

此一问题在实务上有纷杂不一的看法。纷杂意见的来源在于对"刑法"第315条之1的性质究竟是结果犯或是举动犯的争执。实务上可区分为以下两种见解:

1. 采结果犯立场,未窃录到言论谈话即属不罚未遂

采此一见解之判决,例如台湾地区高等法院2001年上诉字第1418号判决(撬开电信公司所

---

① "《暂行新刑律》第三三二条补笺谓堕胎之说不一,有主张胎儿杀死说者,仅令早产,而胎儿犹生,非堕胎。有主张人为早产说者,不问胎儿之生死,凡未至自然分娩时期,以人为令其早产者,即为堕胎。揆之法理,堕胎之必罚,所以维持风俗,保全公益,前说失之隘,宜以后说为是。"此为1935年制定现行"刑法"堕胎罪的立法理由,参见黄源盛编纂:《晚清民国刑事立法史料集注与研究I》(下),2007年版,第1383页。

② 例如台湾地区高等法院2004年上诉字第1455号判决、高等法院花莲分院2000年上易字第91号判决。

有之交接箱时,即触动警报器而遭警查获)表示:"当须行为人着手至已达开始听取被监察人通话内容之程度,始属本罪(本案适用之条文为'通保法'第二四条第一项)之既遂犯。"又例如台湾地区高等法院2010年上易字第285号判决谓:"被告上开行为(以手机探入被害人裙下想要拍摄被害人裙下隐私,但因不慎碰触到被害人大腿而被发觉)既未发生摄得告诉人身体隐私部位之结果,应属'刑法'第二十五条第一项规定之未遂犯。然依'刑法'第二十五条第二项规定,未遂犯之处罚以有明文规定者为限,基此,'刑法'第三百十五条之一关于窥视、窃录他人身体隐私部位之罪,既无处罚未遂犯之特别规定,则被告上开所为,自不得径论以该条罪嫌之未遂犯。"又例如本案所评析之判决谓:"揆诸该法条(指'刑法'第三一五条之一)之意旨,第一款之规定应系规范单纯窥视或窃听之行为,至于将所窥视或窃听之内容予以记录保存,则属该法条第二条之范畴,苟利用设备窥视或窃听未得逞,应'刑法'第二十五条第一项规定之未遂犯。然依'刑法'第二十五条第二项规定,未遂犯之处罚以有明文规定者为限,惟'刑法'第三百十五条之一窥视非公开活动罪,既无处罚未遂犯之规定,则被告三人上述行为应属不罚,应为无罪判决之谕知。"

2. 采举动犯立场,只需有装设窃录设备行为即成立犯罪

采此一见解之判决,例如台北地方法院2000年简字第69号判决谓:"按'通讯保障及监察法'制定之目的,乃在于禁止任意违法监察他人具有私密性之通讯内容,故该法第二十四条之规定,应解释为举动犯之规定,只需有违法监察之行举,犯罪即为成立,并不因行为人果已监察得悉他人之通讯内容为要,本件被告既已将窃听、窃录告诉人通讯内容之器材装置完成,客观上即属已着手于违法监察他人之通讯,尚不以被告为警逮捕之时,是否已有告诉人之通讯遭监听而异。"

(二) 学说见解与德国立法例

"刑法"第315条之1究属结果犯或是举动犯之争议,学说就此问题说明者不多,着墨较多者为李茂生教授。其曾为文说明"刑法"第315条之1的既未遂认定时,提及以下两个重点:第一,利用工具或设备窥视、窃听或窃录罪在"立法院"一读审查会通过的条文内容订有未遂犯规定,但于"立法院"朝野协商时,认为窥视、窃听或窃录行为系举动犯,并无未遂可能性,故删除未遂犯规定,但各国或地区法制均否认有未遂之可能;第二,尽管"立法院"将非法窥视、窃听、窃录罪定位为举动犯,但本罪之成立,"只有到达进行窥视、窃听或窃录的阶段时,刑法才会发动"。"意图窥视、窃听或窃录,而于犯罪现场等设置工具或设备的行为,意图窥视、窃听或窃录而持有这类工具、设备行为等,都是一种不罚的行为。"①

从前面李教授之见解来看,"刑法"第315条之1在"立法院"朝野协商时尽管被认定为"举动犯",但李教授仍然认为其犯罪构成要件必须要达到"窥视、窃听、窃录"之程度,始成立犯罪。倘仅系意图窥视、窃听、窃录,而于犯罪现场设置工具设备或持有工具设备的行为,并不构成本罪。

从比较法来看,台湾地区"刑法"第315条之1的立法,与《德国刑法》第201条及第201a条类似。《德国刑法》第201条与第201a条二者的差别在于保护客体不同:第201条的保护客体为"言论谈话",第201a条则为"个人处于生活核心领域的影像"。前者保护的客体是个人就其言论谈话射程范围的支配掌控权②,所谓言论谈话,其性质偏重具有人际交往意义的讯息沟通;后者保护的是个人于核心生活领域的信息自决权,尤其是个人于住宅中或须特别保护之空间(如厕所

---

① 参见李茂生:《刑法秘密罪章新修条文评释》,载《月旦法学杂志》1999年第51期,第106页。
② Sch/Sch/Lenckner, StGB, 27. Aufl., 2006, § 201, Rn. 2.

或更衣室)的影像权。①

《德国刑法》第201条第1项第1款之规定简单摘录如下:"无故使用录音工具或设备记录他人非公开之谈话言论,处三年以下自由刑";第2项第1款规定为"无故使用监听工具或设备,在他人不知情状下,窃听他人非公开言论,亦罚之";第3项规定为,公务员或具有特别义务的公职务之人犯前两项规定者,处5年以下自由刑;第4项则规定,本罪未遂犯罚。

《德国刑法》第201a条第1项规定:"无故拍摄、转录身处于住宅或其他足以遮蔽视线的空间内之他人的影像,处一年以下自由刑。"本条没有处罚未遂之规定。

德国刑法学者均认为《德国刑法》第201条刺探言论谈话罪为结果犯。既遂情形必须是窃录到或窃听到言论谈话,始属之。由于《德国刑法》第201条有处罚未遂犯,因此只是将窃听、窃录设备架设好开机或是使之处于运转状态,或是窃录时言论谈话人没有开口说话,或是窃听、窃录设备失灵没有录到等情形,均成立未遂犯。② 但如果只是开始架设工具设备,则仅属本罪不罚之预备状态。③

三、何谓举动犯?

举动犯,在刑法学说上也有称为行为犯,是一个与结果犯相对的概念。举动犯指的是,行为人只要单纯地实现不法构成要件所描述的行为,无待任何结果之发生,即足以成立犯罪,例如重婚罪("刑法"第237条)、伪证罪("刑法"第168条)。举动犯之成立,不以损害结果之出现为必要,例如伪证罪,只要为虚伪陈述,犯罪即成立,至于虚伪陈述是否成功地误导或造成法官、检察官的错误判断,并非所问。

与举动犯相对的另一个概念为结果犯,亦即犯罪行为的既遂,除了有犯罪行为之外,还必须存在不法构成要件所预定之结果(具社会损害性之结果)出现,始成立既遂犯。若无损害结果之出现,只可能成立未遂。由于犯罪之既遂,以损害结果的出现为必要,而行为与结果之间必须具有因果关联性,亦理所当然地成为犯罪成立之要件。④

举动犯具有刑罚前置化的特质。举动犯的立法方式与抽象危险犯类似,也就是预设或约定某种行为普遍具有危险性,或是人类经验中难以控制之风险,为了有效保护法益,特别确立标准行为模式,也就是以法律本身的容许风险判断强制取代行为人的容许风险判断。是以行为犯的客观不法认定不以实际侵害结果为要件,只要有此行为就该被禁止,则不再去追究是否具有具体危险性。⑤

"刑法"中的行为犯,以侵害超个人法益犯罪类型最多,且为了避免因侵害结果不易认定而断绝条文之适用可能,超个人法益之犯罪也应该定位为行为犯类型,例如伪证罪等。⑥ 至于侵害个人法益犯罪类型,概念上都是结果犯。但必须说明的是,结果犯又可区分为狭义结果犯与广义结果犯。所谓狭义结果犯,已如前面所述,犯罪既遂的成立除了要有行为之外,还必须要有不法构成要件所预定之结果出现,例如杀人罪或伤害罪必须有死亡或受伤之结果出现;所谓广义结果犯指的是,某些犯罪行为描述的本身已经隐含利益侵害结果的实现,或是行为本身就是结果的发

---

① Tröndle/Fischer, StGB,54. Aufl., 2007. § 201a, Rn. 3
② Schönke/Schröder, StGB, 27. Aufl., 2006, § 201, Rn. 36.
③ Ibid.; Graf, in: Münchener Kommentar, Strafgesetzbuch §§ 185-262, Bd. 3, 2003, § 201, Rn. 57.
④ Wessels/Beulke, Strafrecht, AT. § 1, Rn. 23. 另可参见林山田:《刑法通论》(增订十版)(上),2008年版,第250页。
⑤ 参见黄荣坚:《基础刑罚学》(下),2006年版,第619页。
⑥ 同上书,第613页。

生,例如公然侮辱罪,一旦完成行为,即代表名誉受到实害。此等如公然侮辱或毁谤罪的犯罪形态,乃有此行为,即可推定产生损害,也无须再审查结果是否发生或是探究行为与结果间的因果关系。① 台湾地区学者也有将此等广义结果犯归类到举动犯范畴。因为在犯罪构成要件的检验上,这类广义结果犯的审查实与行为犯无异。②

四、"刑法"第 315 条之 1 并非举动犯

尽管立法者将"刑法"第 315 条之 1 窃录他人非公开言论谈话罪定位为举动犯,而学说亦未见对"刑法"第 315 条之 1 犯罪性质的明确定位。然而一个犯罪是否为举动犯,必须探求其犯罪要件的本质,而不是立法者说了算。从刑法理论来看,刑法是最严厉的制裁手段,其存在目的应以法益保护作为依归。犯罪构成要件该当性必须表征法益侵害状态,因此所有个人法益,都应该尽可能地以结果犯或实害犯的方式立法,始具有处罚的正当性。至于"刑法"上的举动犯,以黄荣坚教授的说法,是为了解决超个人法益存在有"追究未遂责任的障碍"之情形,为了弥补漏洞,立法上无法以实害的既遂为要件,只能技术上设计这种前置化的处罚来解决问题。③ 换言之,并非所有犯罪形态都能以举动犯的方式设计,举动犯之存在,系因为部分具法益侵害危险性之行为,法益侵害之结果在技术上认定困难,为避免产生处罚漏洞,因此不得不采取刑罚前置化措施。因此,从刑法以利益保护为核心的设计出发,应认为举动犯之范围应限缩于存在技术障碍的情形,始有其正当性。④

除了前面情形之外,学说上有将侵害个人法益之犯罪如公然侮辱罪视为举动犯之情形。但是之所以视为举动犯,乃在于此等不法构成要件对于行为之描述,已经隐含了结果的发生。也就是行为本身即意味着损害,因此行为完成即代表损害出现。

"刑法"第 315 条之 1 窃录他人非公开言论谈话罪所保护的法益是个人隐私秘密,并没有如同超个人法益有所谓追究未遂责任会发生障碍的问题。此外,仅仅只是架设完成窃听、窃录的工具设备或是处于设备运转状态,并不意味着非公开的言论谈话活动已受到侵害。尚必须等到窃听到或窃录到言论谈话或活动,始可认为个人非公开的言论谈话或活动等隐私秘密受到侵害。因此,也无法率而认为架设好窃听设备,即推定隐私受到损害之情形。从而,"刑法"第 315 条之 1 实无理由被归类为举动犯的范畴。

此外,立法者对刑法理论的理解常常发生错误,甚至有胡乱套用概念的问题。刑法解释实无须受限于"立法委员""朝野协商"中错误的刑法见解。

基于以上理由,本评析意见认为,不管"刑法"第 315 条之 1 或是"通保法"第 24 条第 1 项违法监察通讯罪,应属结果犯性质。也就是必须窥视、窃听、窃录行为或是监察行为已达看到、听到或录到他人谈话内容之后,始成立本罪。至于只是架设好窃听设备而还没开始录,或已着手于窃录却没有录到声音或影像等行为,除非立法者另定处罚未遂犯之规定,否则根据现行法,只能认为是不罚的未遂。

---

① 关于广义结果犯与狭义结果犯之说明,参见黄荣坚:《基础刑法学》(下),2006 年版,第 616 页以下。Jescheck/Weigend, Strafrecht, AT, 5. Aufl., 1996, S. 260.

② 参见黄荣坚:《基础刑罚学》(下),2006 年版,第 629 页。黄教授于文中认为,公然侮辱罪可列为举动犯性质,笔者赞同之。但黄荣坚教授认为"刑法"第 315 条之 1 窃听他人非公开言论罪亦属举动犯,对此笔者并不赞同。因为着手于窃听、窃录行为,并不能立即推定隐私权已遭受损害,故不应列为广义结果犯或是认为是举动犯。

③ 参见黄荣坚:《论行为犯》,载《刑罚的极限》,元照出版有限公司 1998 年版,第 230、233 页。

④ 黄荣坚:《基础刑法学》(修订二版)(下),2004 年版,第 114—119 页。

结论性观点

"刑法"第315条之1与"通保法"第24条之立法目的,均在禁止任意侵害他人具有隐私性质之言论谈话或通讯内容。他人非公开的言论谈话或通讯秘密属个人隐私权之范畴,为侵害个人法益之犯罪,原则上此一侵害个人法益之犯罪形态,应属结果犯。从而,本罪必须以隐私秘密已发生侵害结果,也就是必须已窃听或窃录到他人非公开之言论谈话之程度时,始有既遂犯成立之可能。若仅着手于监察行为,例如,行为人仅是破坏电信公司的电话交接箱;刚装妥窃听、窃录他人电话之窃听器材后,随即为被害人发觉;欲窃拍他人裙下风光而手机拿反没有拍到,前述行为均应认为仅达着手窃录行为之未遂状态,应属不罚行为。

本文所评析之高等法院认为,利用设备窥视或窃听未得逞,应属"刑法"第25条第1项规定之未遂犯,然依"刑法"第25条第2项规定,未遂犯之处罚以有明文规定者为限。惟"刑法"第315条之1窥视非公开言论谈话罪,既无处罚未遂犯之规定,故判决被告三人等行为无罪,此一见解堪称妥适,笔者赞同之。

未成年人的医疗决策与生育自主权[*]

——台湾地区"最高法院"2006年台非字第115号、台湾地区高等法院2002年上诉字第2987号刑事判决评释

王志嘉[**]

基本案情

甲男与邱女为14岁以上未满18岁的未成年人,二人于1999年1月间结识后发生多次性关系。于2000年七八月间,甲知悉邱女怀有身孕,为避免事后的麻烦,竟教唆本无堕胎意思的邱女进行堕胎手术。

邱女因害怕父母知悉与甲所发生的事,在求助无门下,于同年8月17日上午由友人陪同前往"丙妇产科诊所"求诊,经丙诊察后,告知邱女堕胎手术的安全性,并交付优生保健说明书一份予邱女,并嘱咐胎儿已大,要拿掉的话要快等语。

邱女闻讯走出该诊所后,随即打电话告知甲,甲旋将邱女怀孕并要堕胎的事告知其母乙,乙知悉后,于8月17日下午带邱女及甲至其所信赖的"丁妇产科诊所",丁医师看诊后,认为邱女已怀孕14周,堕胎有危险,最好生下来。

甲坚决反对将胎儿生下来,邱女无奈,遂于同日晚上由甲、乙陪同再度前往"丙妇产科诊所",由邱女于该诊所的手术及麻醉同意书签上乙的姓名及身份资料,并填写与病人的关系为"阿姨"。

乙明知邱女为未满18岁的少女,且非邱女的法定代理人,竟基于帮助邱女听从堕胎的犯意,同意由邱女于同意书人姓名栏代为填载乙的姓名以及于病人关系栏填载阿姨后,再于该手术及麻醉同意书上立同意书人姓名栏按捺指印,并于手术后代为支付堕胎费用1万元,而对怀孕的邱女听从堕胎的犯行资以利便。

丙明知怀孕的邱女为未婚的未成年人,若邱女欲依"优生保健法"第9条第2项规定施行人工流产手术,应得其法定代理人的同意后始得为之,讵丙竟意图营利,未详予审查与邱女同来乙与邱女的关系,且明知陪同邱女前往该诊所,且于该手术及麻醉同意书上立同意书人姓名栏内盖指印的乙仅记载为"阿姨",并非邱女的法定代理人,竟在未经邱女的法定代理人同意下,于2000年8月17日晚上,受怀孕邱女的嘱托,对邱女进行堕胎手术,而邱女亦听从丙为其堕胎,导致胎儿死亡,事后丙收取堕胎费用1万元牟利。案经被害人邱女的母亲诉请台湾地区板桥地方法院检察署检察官侦查起诉。

被告乙、丙二人所辩,均无足采,本件事证明确,被告二人的犯行,均堪以认定,经台湾地区高等法院判刑确定,其后由"检察总长"提起非常上诉,仍经台湾地区"最高法院"驳回。

裁判要旨

丙明知邱女为未满18岁之人,于未经其法定代理人的同意,竟仍得其自愿,而予以施行人工

---

[*] 原载于《月旦法学杂志》2009年第174期。
[**] "国防医学系"讲师,"三军总医院"家庭医学部主治医师。

流产手术,并收取1万元之费用,其有意图营利,得怀孕妇女之嘱托,而使之堕胎的犯行,甚为明确,成立"刑法"第290条第1项之意图营利堕胎罪。

乙对于邱女之听从堕胎行为,资以上述之利便,而使邱女的堕胎行为完成,其有帮助妇女听从堕胎的犯行,亦堪认定,成立"刑法"第30条第1项前段、第288条第2项之帮助怀胎妇女听从他人堕胎罪。

疑难问题

本案所涉及的争点有三:

(1)在医疗上,未成年人进行医疗行为日趋普遍,未成年人的同意应该如何看待,是否具有独立的医疗决策,以及法定代理人的代理权限为何?

(2)医师在堕胎议题上应具备的专业角色为何?

(3)堕胎议题呈现的性别争议,诸如生育自主权与胎儿生存权应如何抉择?

其中未成年人是否具有独立的承诺能力(同意能力、决定能力)①,是本案的关键,也长期困扰着医界、法界与民众,故本文首先讨论"未成年人同意的相关问题"。

学理研究

一、未成年人同意的相关问题

(一)名词释疑

在医疗实务及其惯例,对于病人生命身体法益的处分或是身体的自我决定权,均以"同意"为用语,例如,病人是否"同意"、告知后"同意"、手术"同意书"以及麻醉"同意书"等。唯在"刑法"上系以"被害人承诺",作为对生命身体法益处分的超法规阻却违法事由②,故以"承诺"为其用语。

关于同意与承诺是否相同,在刑法学说上仍有争议③,基于简化问题,且非评论的重点,本文不讨论。基本上,医疗行为的合法性,在于需要得到病人有效的"承诺或同意",因此,笔者认为,同意与承诺定位上并无区别,仅在于解释空间的差异④,基于用语的统一性,笔者以"同意"为其主要用语,部分内容基于尊重刑法惯例,将以"承诺(同意)"或"承诺"为其用语。

(二)未成年人同意的判断基准

近年来,未成年人在法定代理人不知情下要求堕胎手术或美容医疗,逐渐增加,本例在台面上的医疗纠纷只是冰山一角。事实上,司法实务上关于堕胎罪的判决,极为少数。在极少数的堕

---

① 关于同意能力,"刑法"上习惯称为"承诺能力",医学伦理上习惯称"决定能力",相关争议将于下文讨论,其意义大致相同,本文以下将以"同意能力"为主要用语。

② 参见林山田:《刑法通论》(增订十版)(上册),2008年版,第313—314页。

③ 此部分涉及刑法学说上承诺与同意是否相同的问题,多数学者未予区分,而予以区分的学者,如张丽卿教授、郑逸哲教授、林钰雄教授等。参见张丽卿:《刑法总则理论与运用》,五南图书出版公司2007年版,第207—210页;林钰雄:《新刑法总则》,元照出版有限公司2006年版,第267—268页;郑逸哲、庄裕棠:《"医疗法"下的"医疗刑法"——"医疗刑法"导论》,载《军法专刊》2009年第55卷第54期,第188—189页。

④ 本说认为,同意与承诺的区别,并不是在所谓犯罪构成要件该当性与违法性的层次意义上的区别,而是在解释上的空间差别问题,仍然有价值判断上的前提问题必须作考虑。参见黄荣坚:《基础刑法学》(上),元照出版有限公司2006年版,第348—350页。

胎判决中,提告的理由又以未成年人的堕胎未得法定代理人同意为大多数。① 故笔者拟就刑法、民法以及医疗的观点,探讨未成年人在医疗上是否应该拥有独立的医疗决策权或同意权。

1. 刑法的观点

(1) 学说见解

强调被害人须有"承诺能力",始可能成立阻却违法的承诺。② 即能了解承诺内容与意义的人,因此孩童或无通常意思能力的精神患者的承诺,原则上皆属于无效的承诺。③ 其判断有无承诺能力的关键点乃在于依被害人智力的成熟状况,有无识别能力或决定能力为准,亦即在于被害人有无了解及判断对其法益受侵害的本质、效果及影响等,至于被害人是否须达一定的年龄,或是民法上的行为能力的有无非必要条件。④

在刑法上,对于被害人的承诺,系强调是否具备"承诺能力",且除了法定代理人外,系采取"代理无效"的见解。⑤ 换言之,从刑法学说的解释上,若未成年人具有承诺能力,原则上是有效的同意,可以独立对自己生命和身体法益的处分有决定权;反之,若未成年人欠缺承诺能力,即须得到法定代理人的同意。⑥

(2) 司法实务

关于未婚的未成年女性怀孕是否需得到"法定代理人的同意",曾于台北地方法院检察署讨论,引发下列两种见解⑦:

① 法定代理人注意规定说

按"优生保健法"之特别法,依该法第1条规定:"为实施优生保健,提高人口素质保护母子健康及增进家庭幸福,特别制定本法。"并于同法第9条第1项列举6款得施行人工流产之事由,是只要有该6款情事之一,即不负"刑法"堕胎罪,至同条第2项规定应得法定代理人同意云云,应仅系对监护权之注意规定,其法益的保护,显较优生保健为低,衡诸本法制定宗旨,仍应认为医师毋庸负堕胎刑责。

② 法定代理人同意必要说

依"优生保健法"第9条第2项规定:"未婚的未成年或禁治产人,依前项规定施行人工流产,应得法定代理人的同意。"如未得法定代理人的同意,该法并无另作处罚规定,纵合乎第1项6款情事,仍应取得法定代理人的同意,否则仍应负堕胎刑责。

台北地检署当时内部的研究结果,系实行"法定代理人注意规定说"。但在随后的法律座谈会中,最后则改采"法定代理人必要说",故司法实务上倾向"法定代理人必要说"的见解。

---

① 参见王皇玉:《堕胎罪同意问题之研究——兼评"生育保健法"草案关于人工流产相关规定》,载《月旦法学杂志》2008年第162期,第52页。
② 参见林山田:《刑法通论》(增订十版)(上册),2008年版,第370页。
③ 参见陈子平:《刑法总论》(第二版),元照出版有限公司2008年版,第282页。
④ 参见林山田:《刑法通论》(增订十版)(上册),2008年版,第370—371页;张丽卿:《刑法总则理论与运用》,五南图书出版公司2007年版,第206页。
⑤ 参见陈子平:《刑法总论》(第二版),元照出版有限公司2008年版,第283页。
⑥ 参见林山田:《刑法通论》(增订十版)(上册),2008年版,第371页。
⑦ 参见《"法务部"(1991)检(二)字第1121号》,载《法务部公报》第161期,第123页。转引自王皇玉:《堕胎罪同意问题之研究——兼评"生育保健法"草案关于人工流产相关规定》,载《月旦法学杂志》2008年第162期,第52页。

2. 民法的观点

（1）医疗行为的属性为"身份行为"或"身体权"

从民法的观点，医疗行为如果没有取得病人的同意，这个医疗行为本身就是侵害病人"身体权"的侵权行为，而"身体权"乃是法定保护人格权的一种①，维护的是"身体完整性"的法益，"身体权"受到侵害，除了财产上的损害外，还可以主张非财产上的损害，故未取得病人"同意"的医疗行为，就会侵犯到病人"身体权"，会构成"民法"第184条的侵权行为责任。②

绝大多数的医疗行为，都侵犯到病人的"身体权"，此时病人的同意乃是阻却医疗行为违法的必要条件，在医疗上比较有问题的是病人的同意可否由家属代行同意或代理同意呢？

从民法的学说与实务角度，任何法律行为原则上得为代理，包括债权行为与物权行为，但身份行为，因须尊重本人的意思，不许代理。③ 而医疗行为，涉及的是"病人身体法益"的处分，系属于身份行为，理论上不得由他人代理或代行。

因此，病人的同意乃是对"侵犯身体权"的阻却违法要件，而"身体权"乃是"一身专属权"，不能由他人代行，故当病人得以表示意见时，不得以家属的同意代替病人的同意。④

因此，若病人有同意能力时，医疗行为应该得到病人本人的同意，而不应以家属的同意代替，家属对医疗行为的意见只具有补强性质，而没有独立性。⑤

（2）医疗行为与民法"行为能力"的关系

"民法"规定，满20岁为成年人，在子女未成年时，父母是未成年子女的法定代理人，有保护及教养之权利义务，并须基于子女的最佳利益为之，同时父母的行为，不得与未成年子女的利益相反，此即民法赋予法定代理人的权限。⑥

"民法"所强调的精神，系未满20岁的未成年人，父母基于"保护及教养"的权利与义务，既是"权利"，也是"义务"，是可以帮未成年子女在医疗上作决定的，但是必须以子女的"最佳利益"为之，此部分应是医疗行为不得代理或代理的例外。

原则上，只要未成年子女已具有同意能力，或是不需要受到保护及教养时，就可以独立作出医疗决定，故何时可以独立作出医疗决定，或是作出何种类型的医疗决定，在民法上并未明文规定，故是否仍以20岁为主要判断依据，学说上有如下的见解：

① 行为能力基准说

此说认为，是否认识，应以认识时有无识别能力为准。限制行为能力人，依其年龄及身份，日常生活所必须之活动，得为认诺，例如，中小学学童参加青少年棒球队比赛；逾此限度者，则仍须法定代理人允许，例如，参加少棒赛断骨而须手术者。⑦⑧

依此说，侵权行为得被害人允诺以有意识能力为已足，但对于重要之身体、健康法益，则须具备行为能力。⑨

---

① 参见"民法"第195条。
② 参见杨秀仪：《论病人自主权》，载《台大法学论丛》2007年第36卷第2期，第25页。
③ 参见王泽鉴：《民法概要》（增订新版），三民书局、台大法学院2007年版，第127页；1940年上字第1606号判例。
④ 参见杨秀仪：《论病人自主权》，载《台大法学论丛》2007年第36卷第2期，第25页。
⑤ 同上书，第25—26页。
⑥ "民法"第12、1084、1086、1089条。
⑦ 参见邱聪智：《新订民法债编通则》（上），载《辅仁大学法学丛书》，2001年版，第169页。
⑧ 参见吴志正：《医疗责任体系篇——解读医病关系》（Ⅱ），元照出版有限公司2006年版，第129页。
⑨ 同上注。

② 识别能力基准说

基于法律行为能力制度主要在于维护交易安全,而允诺系被害人对自己权益的处分,故不能完全适用民法关于行为能力的规定,原则上应不以有行为能力为要件,而应以个别的识别能力为判定标准,此说为通说。[①]

3. 医学的观点

(1) 医学伦理的观点

从医学伦理的观点,未成年子女(婴幼儿、学童、青少年),如何参与医疗决策是医学伦理高度的难题,普遍认为援用照护成年病人的伦理原则是不够的,虽然传统上多是由家长和医师为孩童作出医疗决定,但未成年子女的自主性渐受重视,成为医学伦理更复杂的难题。[②]

由于孩子与家庭处于一种互相依赖关系,最好采取以"家庭为中心"的决定模式,即"小孩、家长与医师三方的参与关系",要同时考虑亲子的复杂关系、小孩的依赖性与脆弱,以及他们日渐发展的决定能力。[③]

就青少年而言,认为许多青少年都拥有和大人相当的决定能力,关于个别病人的决定,必须考虑几个因素:了解及传达相关信息的能力;是否具备某种程度的思考与抉择;具有评估可能的好处、坏处或风险,及考虑后果和多种选择的能力;持有一套相当稳定的价值观。[④]

因此,从医学伦理的观点,未成年人在医疗上的决策原则上采取以"家庭为中心"的决定模式,惟是否享有独立的决定能力,是采取中性、开放的态度,只要未成年人具有独立思考的决定能力及稳定的价值观,医师也能确保此决定对未成年人是最好的(最佳利益),就有允许未成年人独立决定的可能性,此部分通常仅能借由个案判断。

(2) 医疗实务的观点

相对于医学伦理的中性见解,在医疗惯例上,多数医师基于担心可能衍生的医疗争议或纠纷,对未成年人的医疗决策相对保守,通常以"法律及医疗相关法规"的规定为主。

依据"医疗法"的规定,不论是手术、侵入性检查或治疗,以及人体试验等,需要告知后同意,并签具相关的同意书,若是病人或受试者为未成年人,此同意书的签具,得由其法定代理人、配偶、亲属或关系人签具。[⑤]

医疗实务上的做法,虽然多数医师及医学生觉得此规定不妥当[⑥],但通常只要病人未满20(或18)岁,通常会要求父母陪同前来并签具同意书,才愿意进行类此手术。

4. 小结——未成年人同意有效性的判断

近年来,公民自我意识的提升,未成年人基于种种情况,不愿意告诉父母而进行医疗行为的情况日益增加,小则造成医师、未成年人与法定代理人的冲突,大则衍生医疗纠纷,造成医界、法界与民众的冲突。

---

① 参见吴志正:《医疗责任体系篇——解读医病关系》(Ⅱ),元照出版有限公司2006年版,第130页。
② 参见 Peter A. Singer 编著:《临床生命伦理学》,蔡甫昌编译,医策会出版社2004年版,第81页。
③ 同上书,第81—82页。
④ 同上书,第85页。
⑤ "医疗法"第63、64、79条规定。
⑥ 目前医学伦理法律化的情形日趋普遍,笔者参与医学伦理教学多年,发现医学生或住院医师多数系以法律的规定(文义解释)为主。关于未成年人的决定,医学生多数认为(至少八成),若病人是未成年人,一定要求法定代理人同意才愿意手术,已逐渐丧失医疗独立性与专业思考,此固然与医疗纠纷的日益增加有关,惟长此以往,对医界、民众与法界并非有益,值得深思。

基于病人对自己身体的自我决定权,对身体法益的处分也是一身专属权,原则上具有同意能力(承诺能力或决定能力,以下简称"同意能力")的人,应该是要自己作决定的,家属的意见仅具有参考与补充性质。

然而,基于保护未成年人使其得以正常发展,避免因思虑不周而作出错误决定,在成年之前就有设立法定代理人的制度就有存在的必要,此应是不得已的结果,只是当未成年人已成长至具有完全的同意能力,而且价值观趋于稳定时,未成年人与法定代理人的角色关系为何,显得非常重要。

从刑法的角度,司法实务上通常以"文义解释"为主,换句话说,本案以及台北地方法院检察署的法律座谈会均采"法定代理人必要说";而刑法学说上,向来则认为承诺是否有效应以"承诺能力"为主,年龄并非重点。

从民法的角度,目前多数学说也认为,医疗行为系属于身份行为,未成年人的医疗决定并无法完全准用财产行为上有关行为能力的规定,且多数主张应以"识别能力"作为同意能力的标准。

从医疗的角度,虽然医疗惯例上多数认为未成年人的医疗行为需要法定代理人的同意,但是主要系避免医疗纠纷,并非多数医师内心所认同,不可否认,此属于防御性医疗的一部分。惟站在医学伦理的角度观察,最希望看到医师、未成年人以及法定代理人的共同医疗决策,但是亦不否认当未成年人具有同意能力时,是具有单独决策的可能性。

综上所述,笔者认为,未成年人若具有同意能力,且在具有一定要件下,应该允许未成年人具有独立的医疗决策,若是社会尚无法取得共识,最起码应该放宽满20岁才具有独立医疗决策的规定。

(三)笔者见解

未成年人是否具有独立的医疗决策,需要同时考虑"未成年人的同意能力"和"法定代理人"两个层面,何者为优先,应该考虑下列几个因素:

1. 黄金准则——未成年人的"最佳利益"

法定代理人,主要是法律基于管理、监督权所赋予的同意权[1],如果法定代理人违反管理、监督的本旨,即与其法定代理人的本质不符,应该是无效的同意。从民法规定来看,父母为未成年的子女的法定代理人,且具有保护及教养的权利义务来看[2],法定代理人的代理权应限于保护与教养子女事项,若法定代理人不是基于保护或教养子女,根本上已丧失法定代理人存在的基本意义与精神,其同意应属无效,事实上修正后的"民法"第1089条其最重要的精神在于父母对未成年子女的医疗决定应以子女"最佳利益"为考虑,更可提供佐证。[3]

---

[1] 参见林山田:《刑法通论》(增订十版)(上册),2008年版,第371页;甘添贵:《刑法之重要理念》,瑞兴图书出版公司1996年版,第77—82页;陈子平:《刑法总论》(第二版),元照出版有限公司2008年版,第283页;张丽卿:《刑法总则理论与运用》,五南图书出版公司2007年版,第205—206页;蔡墩铭:《刑法精义》,翰芦出版公司2007年版,第197—198页;林钰雄:《新刑法总则》,元照出版有限公司2006年版,第269页。

[2] "民法"第1084条第1项规定:"父母为其未成年子女之法定代理人。"第2项规定:"父母对于未成年之子女,有保护及教养之权利义务。"

[3] "民法"第1089条第2项规定:"父母对于未成年子女重大事项权利之行使意思不一致时,得请求法院依子女之最佳利益酌定之。"

从医学伦理的观点,法定代理人应作出符合未成年子女最佳利益的医疗决定①,而且《联合国儿童权利公约》也明确揭示"父母对于未成年子女有保护及照顾的福祉,并应以子女最佳利益为优先考虑"。② 维护未成年子女的"最佳利益",不仅符合伦理与法律,更为普世的核心价值。

换句话说,若父母对未成年人的医疗决定已违反未成年人的最佳利益,则其同意无效,医师自应无依法定代理人的意见为该医疗行为,此时依据民法的规定可依他方、未成年子女、主管机关、社会福利机构或其他利害关系人之请求或依职权,为子女之利益,宣告停止其权利之全部或一部分。

2. 未成年人独立医疗决定的考虑

(1) 年龄因素的考虑

关于未成年人是否具有独立的医疗决策能力,无论采"民法"20 岁行为能力,或是"刑法"18 岁责任能力的观点,最起码也要到达 18 岁,未成年人始具有独立的医疗决策能力,这与青少年日趋早熟、病人自主权的发展,以及病人的最佳利益等是否相符,或是年龄部分是否有放宽的必要,则分析如下:

① 英国的 Gillick 胜任能力

Gillick 胜任能力(Gillick competence)的确定,源自英国 1985 年 Gillick v. West Norfolk & Wisbech AHA/DHSS 案,该案主要是探讨与决定 16 岁以下的青少年,是否能够独立作出自己的医疗决策,而无须得到父母同意。③

在英国,医疗法授权成立的医疗管委会(General Medical Council, GMC)以及医师公会,皆要求医师应该严格遵守与维护病人的"隐私权"。英国的法律规定,18 岁以上为成年人,16 岁以上未满 18 岁者,对部分医疗有"告知同意"能力,故对此部分医疗享有"隐私权",无须告知其父母,例如捐血、健康检查等。

因此,英国的 GMC,对医师于如何处理未成年人"隐私权"与"告知同意"的争议时,发布《0—18 岁的医疗准则》,该准则认为 12 岁前的小学卫生教育已经包括"两性生理",所以 13 岁以上未满 16 岁之青少年对此部分的教育与医疗有"胜任能力"。因此,13 岁以上未满 16 岁的青少年接受"避孕教育与医疗(包括堕胎)"时,如果医师无法说服他同意告知其父母,则在青少年最佳利益的考虑下,无须告知其父母,也无须父母同意。④

该案的 Victoria Gillick 太太,育有 10 名子女(5 男、5 女),其中 3 个女儿为 13 岁以上不满 16 的青少年,认为英国经医疗法授权而设立的 GMC 所发布的《0—18 岁的医疗准则》中有关无须告知其父母的规定,违法侵害法律赋予父母的"告知同意权",且有鼓励青少年性行为之犯罪行为,

---

① 参见 Peter A. Singer 编著:《临床生命伦理学》,蔡甫昌编译,医策会出版社 2004 年版,第 83 页。Tony Hope、Julian Savulescu、Judith Hendrick, Medical Ethics and Law, the Core Curriculum, Churchill Livingstone, 2003, Page 133.

② 《联合国儿童权利公约》第 3 条第 1 项规定:"所有关系儿童之事务,无论是否由公私社会福利机构、法院、行政当局或立法机构所主掌,均应以儿童之最佳利益为优先考虑。"第 2 项规定:"签约国应确保儿童在其父母、法定监护人或其他依法对其应负责之个人所为之权利与义务下所得有的保护与照顾之福祉,并以适当之立法和行政方法达成此目的。"

③ 参见 Gillick v. West Norfolk & Wisbech AHA/DHSS 案,引自 www. hrcr. org/safrica/... rights/ Gillick_WestNorfolk. htm,2010 年 1 月 16 日访问;http://www. gmc-uk. org/guidance/ethical_ guidance/children_guidance/index. asp,2010 年 1 月 16 日访问。

④ 参见 http://www. gmc-uk. org/guidance/ethical_guidance/children_guidance/index. asp,2010 年 1 月 16 日访问。

因此对卫生主管机关提起诉讼。

英国上议院(The House of Lords)多数法官对本案的意见认为,父母的"告知同意权",用意在维护子女的最佳利益,因此本案重点应该是"同意权",而非"双亲权利或权力"。

13岁以上未满16岁的青少年对"避孕教育与医疗",已有"胜任能力",其"意思表示或受意思表示,或辨识其意思表示效果的能力"应受尊重。因此,本案的"双亲权利"或"双亲权力"皆不存在,英国的GMC所发布的《0—18岁的医疗准则》并未违法。

② 德国

以德国法制为例,《德国刑法》第218a条关于合法堕胎的规定中,均以妇女本人的同意为必要。至于同意能力的认定,并不以民法上是否成年为必要。即使怀孕者是未成年人,只要其对生育小孩,作为母亲一事,具有认识与理解可能者,就具有独立的堕胎决定权。实务上与学说上普遍认为,未满14岁之人,基本上必须得到法定代理人之同意。14岁以上未满16岁者,则视未成年人个别情况而定。所谓个别情况,乃指该未成年人对生养小孩与作为母亲一事,是否有足够的成熟度与理解认识能力为断。至于满16岁的人,除非本人有心智特别不成熟的情形,否则均认为其个人对堕胎或生养小孩与否,已有足够的成熟度与判断能力,因此,其本人即具有独立的堕胎同意权,无须法定代理人的同意。①

(2) 同意能力的考虑

从刑法、民法或是医学伦理的通说,向来认为病人对医疗行为的同意是否有效,重点在于能否了解该医疗行为的意义与内容,若病人可以了解此等医疗行为的意义或内容,年龄根本不是重点。事实上,从法定代理人的制度意旨观察,主要是基于保护与教养,且必须基于子女的最佳利益为之,否则即丧失法定代理人的最根本精神,其代为决定也是无效的。

因此,若未成年人具有同意能力,即使未得到法定代理人的同意,其该同意已符合子女的最佳利益,其同意应为有效。但是,若该未成年人具有同意能力,但是却不符合该子女的最佳利益,此时同意是无效的;反之,若未成年人不具有同意能力,法定代理人所为的决定违反子女的最佳利益,其同意也当然无效。事实上比较困难的是,如何诠释与决定未成年子女的"最佳利益"才是重点,有些很容易决定②,有些则很难判断,这部分仍有待医学与法学界的共同努力。

(3) 小结

由于医疗行为涉及身体法益的处分,具有一身专属性,故原则上不允许他人代为决定。例如,子宫肌瘤是否切除,每个妇女的看法并不相同;一位末期临终病人,是否需要插管急救,每个人的看法也不同,价值观不同,决定自然不同,故有同意能力的人,是应该自己作出医疗决策的。

然而,要求无同意能力的未成年人,自己作出医疗决定是不可能的。因此,在法律上,就有承认法定代理人的必要性,此乃不得已的结果,在此情形下,法定代理的权限应仅限于基于"维护未成年子女最佳利益下所为的保护及教养"。换言之,随着未成年人的增长,思虑渐趋成熟,社会经验增长,价值观逐渐定形时,若未成年人已具有同意能力时,此时法定代理人的角色功能即不复存在,更不应该反客为主,此时未成年人即具有独立的医疗决策能力,故应以"同意能力"为判断基准。

---

① Tröndle/Fischer, StGB, 54. Aufl., 2007, §218a, Rn. 16f., 转引自王皇玉:《堕胎罪同意问题之研究——兼评"生育保健法"草案关于人工流产相关规定》,载《月旦法学杂志》2008年第162期,第55页。

② 例如有明文法律的规定,或是基于社会通念与惯例。如"优生保健法"第9条第1项所列举的6款事由,均可被认定符合子女的最佳利益。

惟考虑到实际情况,采用"同意能力"作为判断基准,对医疗惯例、法律实务以及社会大众的冲击甚大,且未必接受,再加上"同意能力"在医疗实务上也很难判断。笔者认为,在过渡时期,可以考虑如英国或德国的见解,在医疗上,16岁以下仍需要取得法定代理人的同意,至于16岁以上,除非明显不具有同意能力,否则即具有独立为医疗决策的能力。

(四)判决评析

1. "优生保健法"中"法定代理人"的定位

判决系认为,邱女是未成年人,故需要取得法定代理人的同意始为有效的同意,因而认定医师丙无法以"优生保健法"第9条的规定阻却违法,因而触犯了"刑法"第290条的意图营利堕胎罪,此部分的认定是有待商榷的。

从现行"刑法"堕胎罪章的规定,不仅处罚怀孕妇女的自行堕胎与听从堕胎的行为,而且经妇女同意而由他人所为的加工堕胎的行为①,故原则上以处罚堕胎为原则,除非有"优生保健法"的相关规定,始构成不处罚堕胎罪的例外。

依照"优生保健法"的立法意旨,基于"优生保健,提高人口素质,保护母子健康及增进家庭幸福"的目的②,在胎儿于母体外不能自然保持其生命的期间内③(医疗实务上通常以怀孕24周以内④),以及在孕妇自愿性的同意下,是可以构成"刑法"堕胎罪的例外。

是以,只要怀孕妇女经诊断或证明有下列情事之一,即得施行堕胎手术:本人或其配偶患有碍优生之遗传性、传染性疾病或精神疾病者;本人或其配偶之四亲等以内之血亲患有碍优生之遗传性疾病者;有医学上理由,足以认定怀孕或分娩有招致生命危险或危害身体或精神健康者;有医学上理由,足以认定胎儿有畸形发育之虞者;因被强制性交、诱奸或与依法不得结婚者相奸而受孕者;因怀孕或生产,将影响其心理健康或家庭生活者。至于如何阻却违法,笔者认为可依是否有"法定代理人的同意"分为:

(1)依法令行为阻却违法

若邱女在自愿下同意堕胎,且符合"优生保健法"第9条第1项的6款事由之一,并经得法定代理人同意,完成符合优生保健法的相关规定,自可依"刑法"的法定阻却违法事由——"刑法"第21条的规定"依法令之行为,不罚"而阻却违法。

(2)依被害人承诺或业务上正当行为阻却违法

若邱女未取得法定代理人的同意,虽然无法依"刑法"第21条的法定阻却违法事由而阻却违法,然而是否一定违法,尚需考虑其他的阻却违法事由。换言之,若邱女基于自愿,且具备"优生保健法"第9条第1项的6款事由之一,经判断具有承诺能力,仍可依"被害人的承诺"的超法规阻却违法事由,或是依"刑法"第22条"业务上正当行为,不罚"的法定阻却违法事由而阻却违法。

故"优生保健法"中,有关法定代理人的规定,系行政管制规定,医师违反此相关规定,应仅是构成行政上的疏失,与是否构成"刑法"堕胎罪,不具备必然关系。

2. 本案判决待厘清之处

本案的判决过度强调法定代理人的重要性,即便有所依据,但是却忽略了堕胎罪是否得以阻

---

① 参见王皇玉:《堕胎罪同意问题之研究——兼评"生育保健法"草案关于人工流产相关规定》,载《月旦法学杂志》2008年第162期,第41页。
② 参见"优生保健法"第1条。
③ 参见"优生保健法"第4条第1项。
④ 参见"优生保健法施行细则"第15条。

却违法的重要"核心内涵",包括:是否基于优生保健的必要、是否具有承诺能力以及是否在自愿下同意等三要件,不仅限缩了未成年人的医疗同意权,也忽略了孕妇是否有生育自主权等性别上的争议议题。

(1) 优生保健的必要性

本案在审理过程中,医师丙一再以邱女罹患全身红斑性狼疮(SLE)作为抗辩事由,换言之,若邱女具有该疾病,则需考虑是否可依"优生保健法"第9条第1项第4款的规定"有医学上理由,足以认定怀孕或分娩有招致生命危险或危害身体或精神健康者"以具有优生保健的目的,以阻却对堕胎罪的违法,此部分经法院审理发现该疾病无法证实,笔者同意法院的见解。

惟法院忽略了在邱女的堕胎中是否有因"怀孕或生产,将影响其心理健康"的优生保健事由,此事由广为医疗实务所采用作为成年孕妇堕胎的优生保健事由,虽然抽象且证明困难,但在未成年人却显得相对重要,因为除了系构成优生保健的事由外,最重要的是可以确定医师所为是否系基于未成年人的子女"最佳利益"为之。

(2) 病人的同意(承诺)能力

本案最应该厘清的是邱女是否具有了解堕胎的意义及内容,了解堕胎的好处、坏处或风险,以及具备相当稳定的价值观。① 由于本案的审理过于强调法定代理人的必要性,以至于相对忽略了邱女的同意能力,也忽略了堕胎对女性私密性的角色与意义。事实上,本案仅看到丙医师跟邱女说明了堕胎的部分内容,邱女也在形式上同意,至于是否具有同意能力则未见讨论。

(3) 自愿下同意

无论从病人自主权的观点,或是"优生保健法"的规定,欲有堕胎罪阻却违法的事由,前提必须是出于怀孕妇女的"自愿"。

依照通说,病人的同意须于意识清醒下、未受欺骗、强暴、胁迫所作成,有排除不法的效力②,故执行医疗行为要尽量让病人尽可能自作出决定,避免因病人本身或其病情的内在因素,或受到外力约束、心理胁迫与不正当操控的外在因素等③,导致病人的同意无效。

本案待厘清的事实为邱女是否在压力下同意,包括:父母的压力——"因害怕父母知悉与甲所发生的事,求助无门";医师的压力——"医师嘱咐胎儿太大,要拿掉的话要快等语";以及男友的压力——"甲坚决反对将胎儿生下来,邱女无奈"等。

二、医师在堕胎议题的专业角色

在医疗实务上,堕胎常引起的争议包括:孕妇的生育自主权与胎儿生命权的保护如何抉择、法定代理人的必要性、配偶同意权的必要性、强制咨询以及强制思考期的必要性,以及医师可否因为自己的价值观或宗教信仰左右怀孕妇女的选择等④,除了涉及"医师的专业伦理"外,尚有"性别议题"的考虑,使得堕胎在医疗上也是高度敏感而具争议的议题。

从案例分析,首先,设若邱女符合"优生保健法"合法堕胎的要件,但是"丙、丁两位医师对怀孕14周,堕胎是否有危险性的看法未尽相同",这是基于医疗上风险发生不确定性所导致医师看

---

① 参见 Peter A. Singer 编著:《临床生命伦理学》,蔡甫昌编译,医策会出版社2004年版,第85页。
② 参见林东茂:《刑法综览》(修订五版),一品文化出版社2007年版,第1-129页。
③ 参见 Peter A. Singer 编著:《临床生命伦理学》,蔡甫昌编译,医策会出版社2004年版,第35、37页。
④ 参见黄淑英:《人工流产》,载《性别与健康教学指引》,医策会出版社2007年版,第71—75页;Alderman & Kennedy:《隐私的权利》(第二版),吴懿婷译,商周出版社2006年版,第73—93页。

法的不同。站在以病人自我决定权为主的角度观察,此即是堕胎手术,病人同意是否有效的核心,故医师应该将堕胎手术的利弊得失,特别是做与不做的差别应该予以完整信息的揭露,使邱女有判断选择的机会。①

其次,堕胎手术,除了是一般的手术外,对孕妇的意义绝非一般的手术可比,故在学说上有认为除了一般的"告知后同意"外,关于堕胎需有额外的限制,包括:一是医师至少要在堕胎前24小时,告知孕妇堕胎的性质与可能的后遗症;二是医师必须描述胎儿的生长状况和其可能存活的几率;三是孕妇必须在初次咨询后24小时,才能进行堕胎手术;四是堕胎手术后医师必须制作报告书,文中写明相关的医师、堕胎妇女的年龄、婚姻状况、之前怀孕及堕胎状况、堕胎方式、并发症、堕胎胎儿的体重等。②

本案的邱女,"早上"到丙医师诊所咨询,"下午"到丁医师诊所咨询,"晚上"再到丙医师诊所进行堕胎,病人所接受的信息未充分消化也未有时间考虑,而且期间也受到担心父母的责怪、男友的压力,以及自己的惶恐不安与犹豫不决等压力,故基于医师的专业伦理以及堕胎的高度争议性,医师应该具有一定的性别敏感度,即便邱女的同意是有效的,此手术也应该暂缓,这是医师在医学专业上比较值得非议之处。

三、堕胎的性别平等相关争议

(一) 台湾地区肯认孕妇具有生育自主权

无论在古今生育自主权都是具有高度而敏感的争议,最主要的争议就在于"孕妇的生育自主权与胎儿的生存权"应如何权衡,而这当中又牵涉到"性别差异与性别平等"的争议,以及"胎儿的定位与属性",往往成为无解的难题。在美国,堕胎的议题让美国分崩离析,让美国政治扭曲变形,让宪法解释无所适从。③

在台湾地区,堕胎的议题似乎未曾成为社会的重大争议,仅多止于学术的研究与小规模的"社会运动"。然而,怀孕的妇女有"生育自主权"吗?若有生育自主权,其"范围"又如何呢?

综观台湾地区"刑法"本文有关"堕胎罪"的规定,系规定于"刑法"分则第二十四章第288—292条,不仅处罚由他人为怀胎妇女所进行的加工堕胎行为,还处罚怀胎妇女的自行堕胎行为与听从堕胎行为。因此从"刑法"规范面向来看,台湾地区"刑法"的基本态度,仍然认为怀孕妇女对于腹中胎儿的生命,并没有处分与支配的权利与自由④,故"刑法"堕胎罪,主要保护的法益即是"胎儿的生命"。⑤

1984年"优生保健法"通过后,开宗明义认为,在基于"优生保健、提高人口素质、保护母子健康及增进家庭幸福"等目的下⑥,系可以依照第9条第1项各款规定进行堕胎。因此,自"优生保健法"实施后,若是基于"优生保健"以及"保护母子健康的目的"目的下,的确为堕胎的行为开启

---

① 参见陈子平:《医疗上"充分说明与同意"之法理》,载《东吴法律学报》2000年第12卷第1期,第69—70页;杨秀仪:《论病人自主权》,载《台大法学论丛》2007年第36卷第2期,第236—237页;台湾地区"最高法院"2005年台上字第2676号判决、2006年台上字第3476号判决。
② Alderman & Kennedy:《隐私的权利》(第二版),吴懿婷译,商周出版社2006年版,第87页。
③ Ronald Dworkin(朗诺·德沃金):《生命的自主权》,郭贞伶、陈雅汝译,商周出版社2002年版,第8—9页。
④ 参见王皇玉:《堕胎罪同意问题之研究——兼评"生育保健法"草案关于人工流产相关规定》,载《月旦法学杂志》2008年第162期,第41—42页。
⑤ 同上书,第44页。台湾地区高雄地方法院2003年自字第38号刑事判决。
⑥ "优生保健法"第1条。

了一扇窗,同时也赋予医师应有翔实告知怀孕妇女的义务,给予"妇女选择堕胎的自由"。①

换句话说,将堕胎作为例外规定的"优生保健法",等于肯认了"堕胎是妇女的权利",从性别平等的观点的确迈出了一大步。

此外,司法实务上认为,若妇女已妊娠,于具备"优生保健法"第11条第2项规定"怀孕妇女施行产前检查,医师如发现有胎儿不正常者,应将实情告知本人或其配偶;认为有施行人工流产之必要时,应劝其施行人工流产"之"医师发现有胎儿不正常"要件时,法律即课医师以"应将实情告知怀孕妇女本人或其配偶,认为有施行人工流产之必要时,应劝其施行人工流产"之义务。于此情形,就另一方面而言,应是给予妇女选择的权利(自由),即妇女对其体内未成独立生命,又患有法规所赋予妇女得中止妊娠之先天性疾病之不健康胎儿,有选择除去之权利,倘因医院及相关人员之疏忽,未发现已符合此一情况之事实,并及时告知怀胎妇女,使其依"优生保健法"第9条第1项,自愿施行人工流产,致妇女继续妊娠,最后生下不正常婴儿,自属"侵害妇女对本身得决定施行人工流产之权利"。②

因此,"优生保健法"的实施,不仅让孕妇的"生育自主权"成为台湾地区法律明文赋予的一项权利,更受到实务的肯认,同时也肯认可以基于"保护母(子)健康"的情形而进行堕胎③,不仅使"孕妇的生育自主权与胎儿的生存权"的争议开始受到重视,也使孕妇长期受到的性别不平等的情形得到初步解决。

(二) 生育自主权与胎儿生存权的衡平基准

1. 美国

美国司法实务上关于堕胎罪最重要的判决就是发生于1973年的 *Roe v. Wade*(洛依诉韦德)案。④ 最高法院将堕胎列入宪法隐私权的保护范围,但同时也指出这些权利是基本的(fundamental rights),却不是绝对的,在该判决中更重要的是布莱克蒙(Harry Blackmun)大法官所创见的"三阶段理论"(the trimester framework),虽然争议不断,但至今仍影响深远。

关于判决中所提出的"三阶段理论",系指妇女的妊娠期,大致可分为三个阶段(trimester),其具体内容包括:

(1) 第一期(怀孕的前3个月,第1至12周),堕胎危险性小于正常分娩,胎儿也不具有体外存活性(viability),医师与孕妇磋商后,孕妇可以自行决定是否堕胎不受法令限制;

(2) 第二期(第13至24周),胎儿具有母体外存活性之前,堕胎对孕妇的危险性增加,可以基于保护孕妇健康为目的限制堕胎,但限制手段只能以保护孕妇健康为必要;

(3) 第三期(第25周以后),胎儿具有母体外存活性,政府保护胎儿生命的利益达到了不可抗拒的程度,政府可以禁止堕胎,除非孕妇有医学上的原因才例外被允许。

Roe v. Wade 案,最大的特点在于同时解决无理由的堕胎与堕胎时间的限制等棘手问题,判决作出后,当然也受到不少的批评与修正。其中 William Rehnquist(1992年首席大法官)以及 Byron

---

① 参见"优生保健法"第11条第2项规定:"怀孕妇女施行产前检查,医师如发现有胎儿不正常者,应将实情告知本人或其配偶,认为有施行人工流产之必要时,应劝其施行人工流产。"
② 台湾地区"最高法院"2003年台上字第1057号民事判决、台湾地区高雄地方法院2003年自字第38号刑事判决。
③ 除了"优生保健法"第1、9条的规定,另外"优生保健法施行细则"第15条也规定:"人工流产应于妊娠二十四周内施行。但属于医疗行为者,不在此限。"揭示孕妇在怀孕期间,可以基于维护自身健康进行堕胎行为。
④ *Roe v. Wade*, 410 U.S. 113 (1973).

White 大法官与 Harry Blackmun 大法官始终站在对立面,O'Connor 大法官则提出折中的"不当负担"(undue burden)理论。① 只要法律限制孕妇堕胎,若未对孕妇造成不当负担就是有效的,反之,将因违宪而无效,它在美国也曾取得主导地位②,但由于标准含糊,未受到普遍采用。由于堕胎议题在美国看法依旧分歧,"三阶段理论"未来是否被推翻仍为未定之数。③

2. 中国台湾

在台湾地区,由于"刑法"在第二十四章有堕胎罪的处罚规定,在刑事政策上,堕胎行为仍是一种犯罪行为。不过,1984 年制定的"优生保健法",使得绝大多数的堕胎行为,只要基于妇女自愿、胎儿于母体外无法独立存活的情况,加上符合"优生保健法"第 9 条各款之一的规定④,即有构成"刑法"上的阻却违法事由。

"优生保健法"的规定,引起正反各界不同的评价,有认为此规定对社会大众营造出一个印象,以为堕胎罪是处于"除罪化"之状态⑤,这自然会引起反对堕胎人士要求修法的声音。

也有人认为,将"怀孕或生产将影响其心理健康或家庭生活者"⑥列为堕胎的合法要件之一,自立法后一直受到宗教界认为不够尊重胎儿的生命权⑦,而有主张废除该款或将强制咨询及强制思考纳入的修法主张。

妇女团体也对"配偶同意权"⑧的条款提出批评,认为未尊重女性的自主权,因此修法声音始终未曾间断。

事实上,笔者认为,生育自主权在台湾地区仍是不完整的权利,因为"优生保健法"第 11 条的规定,再通过司法实务的解释,虽然肯认了孕妇的生育自主权,但是此权利亦受到至少也要有"第 9 条第 1 项 6 款事由之一"的限制。换句话说,无理由的堕胎,在台湾地区是不被允许的,这是与美国最大的差异所在。就台湾地区法而言,显然孕妇、胎儿的生命身体法益,似乎仍超过孕妇的生育自主权。

(三) 本案的争议

堕胎,不论在医学、法律、社会与宗教上,向来存在高度的争议,要取得衡平本具有其困难性,而处理未成年人堕胎,更是难上加难,在"刑法"上是具有高度的争议,更应该非常小心,避免衍生更多的争议。

判决中,对于未成年人的堕胎行为,仅简单以未经法定代理人的同意,即认为该同意无效,无"刑法"上阻却违法的事由,因而认定乙、丙违法,从法理上固有其道理,但是却疏忽解决堕胎在"刑法"上争议应如何处理的契机。

事实上,台湾地区堕胎罪在"刑法"的争议,已从忽略孕妇的生育自主权,到肯认孕妇的生育自主权,这已是一大突破。

在肯认孕妇的生育自主权后,生育自主权与胎儿生命权如何衡平更是挑战,台湾地区法上的

---

① *Planned Parenthood of Southern Pennsylvania v Casey*, 505 U.S. 833 (1992).
② Stenberg, Attorney General of Nebraska, et al. v. Carhart, 530 U.S. 914 (2000).
③ Ronald Dworkin(朗诺·德沃金):《生命的自主权》,郭贞伶、陈雅汝译,商周出版社 2002 年版,第 8—13 页;Alderman & Kennedy:《隐私的权利》(第二版),吴懿婷译,商周出版社 2006 年版,第 74—93 页。
④ "优生保健法"第 4 条、第 9 条第 1 项规定。
⑤ 参见王皇玉:《堕胎罪同意问题之研究》,医学伦理与医疗法律的交错与互动学术研讨会"病患自我决定权的新纪元",2008 年 3 月 8 日。
⑥ "优生保健法"第 9 条第 1 项第 6 款规定。
⑦ 天主教的伦理纲要:"自第一个细胞(the individual first cell)就是人。"
⑧ "优生保健法"第 9 条第 2 项规定:"有配偶者,依前项第六款规定施行人工流产,应得配偶之同意。"

生育自主权的规定是"限制性的权利",并未如其他法制有允许不负理由的堕胎。

换句话说,如何针对"优生保健法"第9条第1项第6款的抽象规定之"因怀孕或生产,将影响其心理健康或家庭生活者"①,在文义解释最大可能的范围内作出解释,就变得非常重要了,这样才能兼顾生育自主权、孕妇的生命身体健康权,以及胎儿的生命权衡平。

最后,处理"未成年人"的堕胎行为时,除了是否以具有承诺能力作为未成年人是否享有独立医疗决定的观点外,事实上更应考虑堕胎行为对未成年人的特殊性及性别观点,法定代理人将自身的价值观加诸在未成年子女上,是否符合最佳利益已有争议,加上最后的承担者是未成年子女,若是法定代理人的决定是生下小孩,而与未成年人的意见是相反的,除了否定未成年人的生育自主权,以及未尊重未成年人的隐私权外,更重要的是法律使得未成年人成了某种奴隶,这样对解决问题是否有帮助,仍存在争议。因此,从刑法的角度观察,处理未成年人的堕胎行为时,应该同时考虑这些因素,才有助于解决堕胎罪与优生保健的争议。

结论性观点

由于"优生保健法"的规定,台湾地区肯认孕妇具有限制性的生育自主权,同时堕胎罪保护的法益,也由胎儿的生存权,扩充到孕妇的生命身体健康权,以至于如何衡平孕妇的生育自主权、孕妇的身体健康权,以及胎儿的生存权,就成为司法实务与学说上的重要课题。

在未成年人堕胎议题上,尚需考虑法定代理人的立法意旨,以及各国或地区通说保护未成年人的最佳利益。换言之,在未成年子女尚无承诺能力时,法定代理人基于保护教养的目的,是可以在基于未成年子女的最佳利益下代为决定医疗行为的,但一旦未成年人心智发展成熟,具有承诺能力时,法定代理人应尽量尊重未成年人的决定,法定代理人强加自己的价值观在未成年子女身上并不公平,特别是当未成年人的价值观逐渐稳定时。

未成年人的堕胎,除了同意(承诺)能力的观点外,尚有堕胎议题的特殊性需要考虑——"性别观点",不仅涉及生育自主权,更涉及是否要生育与担任母亲、抚养小孩的问题,若法律使得未成年人成了某种奴隶,这样对解决问题是否真的有帮助,并非笔者赞同堕胎,而是基于每个人要对自己的行为负责,要对自己的价值观负责。

最后,在堕胎的行为中,医师不应该以自己的价值观左右病人的决定,不论自己的价值观为何,都应该站在中性的角色,提供孕妇或未成年孕妇,做与不做的利弊得失,以及作出专业的评估,使孕妇在无外在压力下作出自己的决定。此外,医师也应该培养专业素养与性别意识,对于堕胎议题更要具有高度的敏感性与问题意识,避免产生错误或误触法网。

---

① 关于此部分的解释,可参见台湾地区高雄地方法院2003年自字第38号刑事判决,该判决提到判断标准可兹参考——"孕妇在享有遗传利益之际,同时亦为胎儿发育过程中天生之载体,必须承担怀孕或分娩所造成之心理及生理上之重大风险,其可能因避孕失败、考虑失业经济问题、身心健康、环境、婚姻和睦、子女教养、个人生涯等诸多原因,形成身心之重大影响"。

解剖诽谤罪之构成要件*

——评析台湾地区高等法院1998年上易字第6229号判决

郑逸哲**

基本案情

A 杂志社刊登以化名甲署名的"'大标客'躲在 K 党高层"和"白道绑围标,黑道未撑腰"两篇文章,文中指出,B 建设公司之已故前任负责人乙"挟其雄厚党政关系,使 B 公司在九年内主导市场,台湾地区的营建工程可说是与 B 公司关系密切的 X_1 建设、X_2 建设、X_3 营造等'外省企业'所垄断",也开启了"绑标、围标模式""B 公司因绑标不成,不惜揭开内幕",以及报道"B 公司涉入中正机场第二期航厦工程弊端",等等。后由于 A 杂志社不愿透露甲之真实身份,故 B 公司及乙之女丙向台北地方法院自诉杂志社 A 之资深编辑丁与其台湾地区"特派员"戊、己 3 人分别涉嫌犯有"刑法"第 311 条第 2 项之加重毁谤罪以及"刑法"第 312 条第 2 项之毁谤死者罪,指称戊和己二人即为记者甲。

本案一审,台北地方法院为全部被告无罪之判决,自诉人上诉至台湾地区高等法院。二审中,台湾地区高等法院分别为上述被告均无罪之认定而维持第一审之原判决,驳回自诉人之上诉。

裁判要旨

一、A 杂志社之台湾地区"特派员"戊、己之部分

由于共同被告丁、戊和己 3 人,均否认该系争两文章为戊、己二人所撰写。而自诉人仅以该杂志之版权页所登载之职称,即认定该系争文章为戊、己所撰,法院并不采信。不能证明该两文为戊、己二人所为。因此原审谕知此二被告均无罪,应予维持。

二、就 A 杂志社资深编辑丁之部分

(1) 文章中指称"乙党政关系良好,使 B 公司成为垄断企业,并开启了绑标、围标之模式"部分,此一部分之陈述,核于一般人之观念,并无使人名誉受损之目的;且称"垄断"者系指称 B 公司"有一定之规模","难认定有损害名誉之可能"。而其中所谓"开启了绑标围标之模式"云云,"经前后文对照,亦只指协力厂商间之相互合作而言,于一般工程界极为普遍,尚难认定有损自诉人之名誉"。

(2) 文章中指称"B 公司因绑标不成,不惜揭开内幕,以及 B 公司涉入中正机场第二期航厦工程弊端"之部分,由于此"事经报章大幅报道,且经其他法院判决中,亦于事实栏中加以记述,故其尚难认定为无中生有,A 杂志社报道上述内情,应经相当之查证"。故 A 杂志社之报道"并非恶意杜撰,纵使不正确,亦无证据足以证明被告有杜撰毁谤自诉人之故意"。

---

* 原载于《月旦法学杂志》2002 年第 83 期,收录于本书时,原文部分之用语、文字经出版社编辑调整。
** 文化大学法律学系副教授。

疑难问题

诽谤行为之处罚范围，一向"摇摆"在个人名誉保护和言论自由保护的"角力"结果之间。也就因此，台湾地区关于诽谤罪的规定，内容多所"暧昧模糊"；质言之，规范性之不明确概念充斥其间。不仅如此，其架构描述，分立参差于"刑法"第310条和第311条中之项款，忽前忽后，难尽于一眼。如何从个人名誉保护和言论自由保护两个角度掌握其架构，乃问题的最关键和疑难所在。

学理研究

一、诽谤罪的构成要件研究

笔者认为，"刑法"第310条是由保护个人法益立场切入的诽谤罪构成要件规定。该条第1项其实是一个倒装句，原文应为"意图散布于众，指摘或传述事，而足以毁损他人之名誉者，处……"由是，不难初步掌握诽谤罪中的三个基本要素："散布于众的意图"（行为意图）、"指摘或传述事的行为"（行为）和"毁损他人名誉之虞"（行为结果）。由此也可以看出，诽谤罪并不只是故意犯，同时亦为意图犯；再者，毁谤罪并非实害犯，而是具体危险犯——以他人名誉陷于毁损危险作为构成要件结果。

必须提醒注意的是，诽谤罪和诽谤行为千万不可混为一谈，诽谤行为是指"指摘或传述事的"行为，行为人固然带有价值立场为之，但这还只是属于这个行为本身的结构问题，而不是这个行为是否合法的问题。换言之，要严格区分行为人带有价值立场的行为和对行为人带有价值行为的价值判断。一如警察合法逮捕现行犯的行为，还是一种"剥夺他人行动自由的"行为，但是一种"合法的"剥夺他人行动自由的行为。① 同理，即使说一个人的行为满足第310条，也只不过确认他有所"诽谤（行为）"，并不表示已判断其为"违法的"诽谤；换句话说，要完全掌握诽谤罪的构成要件，就得先要弄清存在着"合法的"诽谤行为——甚至有可能，大多数的诽谤行为都是"合法的"。②

至于同条第3项的立场较为复杂，其就第1项中之"事"的范围限定于"无关公益"之事（不论其是否涉及私德）或"不能证明为真实"之事（第3项反对解释）。但无论"无关公益"或"不能证明为真实"，并非立法直接转采保护言论自由的立场，毋宁在宣示，当该事具有"公益有关性"加上"真实能证明性"时，被害人之名誉法益欠缺保护必要性。③ 由是，"公益无关性"和"真实不能证明性"乃诽谤构成要件两种独立充分的客观处罚要件④——"公益有关性"加上"真实能证明

---

① 依"刑法"第21条和"刑事诉讼法"第88条，因"依法令之行为"，剥夺他人行动自由行为具有正当化事由，而不具违法性。

② 一般很少注意到，法律中文和日常中文并不当然有同样的意涵，许多在日常中文中，使用文字者带有"评价的"用法，在法律中文中，却只是"中性的"。例如，"伤害"在日常中文中，绝不会被用来指称"手术行为"；但在法律中文中，"手术行为"就是一种"伤害行为"。再例如，在法律中文中，"男女性器的交媾"曰"奸淫"；但在日常中文，很难想象会有人说"怀孕是奸淫的结果"这样的话。笔者推测，长久以来，诽谤罪的构成要件——甚至其他许多犯罪的构成要件，未能被良好掌握，很大的原因，可能就在于没有意识到，其实法律人所使用的中文，严格来说，相对于"日常中文"，是一套与之虽使用同样象形文字和发音，但却是不同的语言。

③ 参见本条立法理由："……凡与公共利益有关之真实事项，亦不得宣布，其于保护个人名誉，不免失当……"。

④ 附带一提，在"纯粹的"构成要件之外，立法者常采另加以要件的方式，限定前述构成要件的适用范围。相对于客观处罚条件，其实"意图"就是一种主观处罚条件，其亦限制了前述构成要件的适用范围，例如，并非所有纯粹的窃盗构成要件该当窃盗行为都可罚，"使用窃盗"就为"刑法"所不处罚。其实窃盗罪的构成要件也可改写为："窃取他人之动产者，处……前项行为纯粹基于不法使用之意图者，不罚。"

性"乃以诽谤罪之消极构成要件形式出现。

通说将之视为阻却违法事由,即行为人意图散布于众,而指摘或传述足以毁损他人名誉之事,即该当诽谤罪之构成要件,但若为真实且与公益有关者即欠缺实质上违法性,故为阻却违法事由。① 但严格来说,立法者在此,专注于公共利益的考虑,而非侧重行为的正当性。例如,帅男甲屡屡以极变态的方式强奸著名 A 片女演员乙女,并拍下过程,但甲到处宣称是乙主动找他上床,乙知其他也有不少相同遭遇但又不敢曝光的被害者,为了"警告"社会大众甲是个"大色狼",就设法取得该影带,制成光盘,到处分送。此时,非但"有关公益",而且内容"真实",乙并不构成诽谤罪,但还是构成"刑法"第 235 条的散布猥亵物品罪。一个构成要件该当行为,一旦具有正当化事由,非但不成立"这个"构成要件之罪,而且也不能成立其他"任何"构成要件之罪;否则,一行为又合法,又不合法,是矛盾的。

另外应注意,此一消极构成要件之不满足的判断标准,应以行为时为准,而非以审判时为准。② 换言之,在具体的审判中,所应判断的是行为当时的"事实可证真性",而非事实的"真实性"。

将第 310 条第 1 项和第 3 项合并而"还原"其构成要件原貌,则成为"意图散布于众,指摘或传述无关公益或不能证明为真实之事,而足以毁损他人之名誉者,处……"由此可以看出,因"事"的性质,可将诽谤罪的构成要件,区分为"公益无关"类型和"真实不能证明"类型——诽谤罪的构成要件从第 310 条开始即非单一的构成要件规定。

但对个人名誉保护过甚,的确不利言论自由,张口有罪,不平禁鸣,亦非得宜,故第 311 条再从保护言论自由立场切入而为规定,以求与第 310 条相"制衡"。

第 311 条首揭"善意发表言论",此处之"发表言论"用字实在不当,其实就是指前条中"指摘或传述事"的行为。但何谓"善意"? 笔者认为,根本就是"赘字"。若将此二字删除,并将"发表言论"改回"指摘或传述行为","还原"本条原貌,则成为"为前条指摘或传述行为,而有左列情形之一,不罚……"试问本条内容究竟有何变动? 其适用范围也未见变更! 通说囿于"善意"两赘字,认为其"当为主观合法性要素,指行为人发表言论并非出于不法目的或其他具有负面评价性心态而言"。③ 至少"指摘"就不能不出于"负面评价性心态"! 再以本条第 3 款为例——对于可受公评之事,而为适当之(批)评(言)论,能不出于"负面评价性心态"吗? 之所以发生如此误解,就是前面所提到的,未将行为人的负面评价心态和对行为人的行为为负面评价弄清楚,混为一谈了!

或许这个问题应归咎于当年立法者"词不达意":其立法考虑的核心是"善意发表言论,不问事情之真伪,概不处罚"④;换言之,目的在缓和前条真实能证明性的严厉性——可以想象,这

---

① 参见甘添贵《体系刑法各论》(第一卷),1999 年自版,第 343 页;林山田:《刑法各罪论》(上册),1999 年自版,第 237 页;曾淑瑜:《刑法分则问题研析》,(第一册),翰芦出版社 2000 年版,第 143 页;褚剑鸿:《刑法分则释论》(下册),台北商务印书馆 1998 年版,第 1050 页。

② 或谓应以审判时为准,此见解不甚恰当。刑罚权有无,当以实体法为依据,若以审判权为时,不仅违背"刑法"第 1 条之"行为时"精神,且混淆了刑罚权和审判权,亦使实体法和程序法之分际发生动摇;致使市民举止不取决于行为时之已定,而射幸于将来之未定。

③ 参见黄宗乐监修:《六法全书(立法理由·相关法令·判解释义·考题文献)——刑法》,1998 年版,第 1212 页。

④ 参见本条立法要旨。

对经常必须在尚未有把握其真实性,即必须报道事情的新闻从业人员,极具重要性。但条文似未完整显示此一核心考虑,若将立法理由并入,又非得要保有"善意"二字,则条文之精确表达应为:

善意为前条之指摘或传述行为,不问事情之真伪,不罚。

前项称善意之指摘或传述行为,谓左列行为:

(1) 为自卫或自辩或保护合法利益之言论行为。

(2) 公务员因职务报告之行为。

(3) 对于可受公评之事,为适当评论之行为。

(4) 对于"中央"及地方之会议或法院或公众之记事,为适当记载之行为。①

由此可知,本条之立法原意中立法定义部分的 P 即 Q(善意之指摘或传述行为系上述行为)形式,竟误以 P 非 Q(善意之指摘或传述行为不属于上述情形之一)形式出现,并全然不见"不问事情之真伪"核心意旨。"还原"后,方可明了第 310 条乃针对"事实能证明性"作为"取消命题"。

通说认为,第 310 条乃诽谤罪之阻却违法事由②,但究诸立法旨谓:"盖保护名誉,应有相当之限制,否则钳制言论,足为社会之害……规定本条,庶于保护名誉及言论自由两者折中,以求适当"以观,则第 310 条和第 311 条自为"敌体";若前者为构成要件规定,后者当为阻却构成要件事由规定——简言之,诽谤罪之构成要件由"个人名誉保护"和"言论自由保护"相"制衡"而成。即使坚持第 311 条规定其本质为阻却违法事由,亦难谓其非"阻却构成要件事由化之阻却违法事

---

① 依传统见解,善意系指"非出于恶意而发表言论"[参见林山田:《刑法各罪论》(上册),1999 年自版,第 238 页];换言之,即"非以损害他人名誉为唯一之目的"[参见林子仪:《合理评论原则与退报运动》,载《法律人会诊退报案》,1994 年,第 33 页。转引自林山田:《刑法各罪论》(上册),1999 年作者自版,第 238 页;甘添贵:《体系刑法各论》(第一卷),1999 年作者自版,第 349 页]。故学说上多将善意解释为无诽谤之意思、动机或目的[参见甘添贵:《体系刑法各论》(第一卷),1999 年自版,第 348 页;陈焕生:《刑法分则实用》(修订十版),三民书局 1987 年,第 397 页;林山田:《刑法各罪论》(上册),1999 年作者自版,第 238 页;曾淑瑜:《刑法分则问题研析》(第一册),翰芦出版社 2000 年版,第 143 页;褚剑鸿:《刑法分则释论》(下册),台北商务印书馆 1998 年版,第 1053 页]。其有进一步认定所谓善意,即"无诽谤之故意"[参见甘添贵:《体系刑法各论》(第一卷),1999 年作者自版,第 348 页;陈焕生:《刑法分则实用》(修订十版),三民书局 1987 年,第 397 页;林山田:《刑法各罪论》(上册),1999 年作者自版,第 238 页]。然而,此种立法形式,在刑法上实属罕见,因为一般而论,所谓犯罪之动机,并不作为犯罪成立与否之考虑要素,而仅作为犯罪量刑之依据之一("刑法"第 57 条参见)。因此,将行为人之动机,解释为构成要件要素或阻却违法事由,非但与刑法基本的犯罪论与刑罚论两分体系出现隔阂,而且适用之结果,的确于实务判决上造成困难而无必要。因为此一概念已经成为"物化"之谬误,法官适用时,甚至以"被告无恶意"笼统含糊,即为有罪或无罪之判决(参见 1998 年上易字第 1193 号判决谓:"且本件报道属于刑法善意之范畴,而与'刑法'诽谤罪之构成要件,显然有别。"即就善意之部分未加说明即予以认定,类似之判决尚有 2000 上易 237 号、1999 上易 1799 号、1999 上易 1097 号等如是可稽),在科刑之时,此种物化之谬其侵害尚小;然在论罪之时,此种物化之谬,即严重违反"法治国"之精神。因此就"善意"之定义,必须跳脱"动机"面之观察,必须为成罪所需之心素及体素要件,方能符合刑法理论,以及使实务界在适用上能更加审慎。至于有学者主张此一善意为有无诽谤之故意,仍未就将何为善意加以说明,且所谓之构成要件故意,在诽谤罪,则必有无认识其指摘或传述足以毁损他人名誉之事为断,至于行为人是否有其他动机目的,则在所不问,盖非故意所成立与否之要件。故而将动机与故意互为混淆,难谓非与刑法架构并无抵触。

② 参见甘添贵:《体系刑法各论》(第一卷),1999 年作者自版,第 349 页;曾淑瑜:《刑法分则问题研析》(第 1 册),翰芦出版社 2000 年版,第 143 页;褚剑鸿:《刑法分则释论》(下册),台北商务印书馆 1998 年版,第 1050 页。

由"——即至少在形式上,必须将之"提前"到构成要件阶段处理。①

综合上述,可将诽谤罪构成要件该当判断,作成以下的流程图:

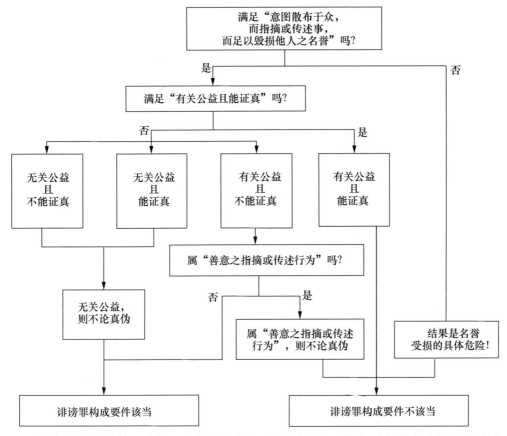

从图中可以很清楚地看出,立法者立法时的三个关键考虑:"满足'意图散布于众,而指摘或传述事,而足以毁损他人之名誉'吗?"这个问题代表"保护个人名誉的极端保护立场"。"满足

---

① 就"刑法"第311条之规定,学者仍多以补充妨碍名誉与信用罪章的角度出发,认为系在无法证明为真实且与公益有关时,若有"刑法"第311条各款之情事且出于善意而发表言论者,为满足不罚要件(通说多以阻却违法事由合致视之),且不单单适用于"刑法"第310条,亦包含整个妨碍名誉与信用罪章均有其适用[参见甘添贵:《体系刑法各论》(第一卷),1999年作者自版,第348页]。但由"宪法"保障之密度而言,则"刑法"第311条之情事,由于事涉公共利益与社会秩序,显系要比单纯之评述为更严格之保护,因此上述见解将之视为"补充规定",则难免有可议之处。因为,先以适用范围较大的构成要件介入人民之言论自由之后,再将之与"宪法"言论自由保障相权衡,阻却其违法性。此一操作结果,首先,即违反"宪法"上之比例原则,强索过高之对价;其次,为将"宪法"与"刑法"的位阶等量齐观,违反了"宪法"的最高性,未免混淆了"宪法"与"刑法"之法位阶。因此,就现行"刑法"诽谤罪作合宪、合理之解释,非得将"刑法"第311条与"刑法"第310条一并加以认识不可。亦即,在有"刑法"第311条各款之情况下,纵其所言为不真实,然由于"宪法"对于言论自由之规范密度较高,亦不能限制其意见表达之自由,否则即属违反"宪法"第23条之比例原则。故应将现行"刑法"第311条与第310条第1项合并考虑而解读;亦即"刑法"诽谤罪之构成要件,系由"刑法"第310条第1项、第3项与"刑法"第310条所共同构成。

"有关公益且能证真"吗?"这个问题代表基于"个人名誉法益欠缺保护必要性"将前述"极端"考虑"修正"为"个人名誉缓和保护立场";但无论如何,二者均属个人名誉保护层次的问题。至于"属'善意之指摘或传述行为'吗?"这个问题则代表立法者的"保护言论自由"考虑。但从上图可以看出,其先决条件是"有关公益且不能证真",否则即不必无谓去考虑"保护言论自由"的问题。质言之,能满足第310条第1项和第3项的3种类型:"无关公益且不能证真"类型、"无关公益且能证真"类型和"有关公益且不能证真"类型中,只有最后一种类型才有机会进入第311条的考虑;至于前两者,在任何情况下,都排除在"言论自由"的保障范围之外指摘或传述之事,无关公益,则不论真伪,一概可罚。

更进一步来观察,即使"有关公益",也并非绝对受到"言论自由"的保护,而只有在第311条列举的四种情况下,才受绝对的保护;换言之,"有关公益"只是"言论自由绝对保护"的必要条件,而非充分条件。只是当"有关公益的且善意的"诽谤行为才受言论自由的绝对保障——即使言论内容不真!

在此应强调,此项标准对任何人都适用;在法律之前,新闻从业人员所得到的言论自由保障,并不比别人多,也不比别人少;其所受到的限制,也和其他人完全相同。因工作的性质,新闻工作者的确较其他人有更多的机会必须诉诸第311条以发表言论;但这和言论自由的保护和限制范围及对象,不能相混淆,新闻工作者并不比其他人享有更大的"特权"。无论将"新闻自由"作如何理解,其也只是"言论自由"的一种表现形式。第311条所要捍卫的是人民的言论自由,而非只是"新闻自由"。

至此,大致可以掌握诽谤罪构成要件的整体结构,并可以整理出关于诽谤罪构成要件适用的三项关键:

(1)诽谤罪构成要件为具体危险犯构成要件,并非实害犯构成要件。
(2)指摘或传述之事,无关公益,则不论真伪,一概可罚。
(3)属善意之指摘或传述行为,该事不论真伪,一概不罚。

至于其他相关问题,囿于篇幅,无法先行一一详述,将于随后评析判决的适当处说明。

二、判决评析

就本案,该法院似未能完全掌握诽谤罪的构成要件,论证在逻辑上发生诸多谬误,构成要件审查顺序亦层次不清,杂乱无章。除此之外,本文必须指出此一判决的另一项惊人"特点":除了陈述自诉意旨引述自诉人所提出之"刑法"法条外,竟仅于判决最后以"应依'刑事诉讼法'第三六八条,判决如主文"引用法条;整个判决从头至尾,竟能不必引述其判决所依据之实体法律规定,未免过于草率:

(一)关于指摘或传述的构成要件行为部分

就被告丁、戊、己和"'大标客'躲在K党高层"和"白道绑围标,黑道未撑腰"两文间的构成要件行为关系,法院采信上述两章并非被告戊、己二人所撰,亦即法院否定二人为指摘或传述行为的行为人,而仅将上述关系锁定在被告丁,尚属正确。但随即洋洋洒洒引述"卷附之新闻剪报",法院认定"确实有因黑道围标,白道绑标而引起社会极大关注""确实有围标之事",故A杂志社所报道者"为众所周知之事"。但在台湾地区,非自然人并非适格的行为主体,A杂志社并非刑事被告,于此应确定的是另一被告丁和上述两文间的指摘或传述行为关系。但未见判决明确论证丁在本案中的构成要件该当行为为何?是指摘,是传述,抑或是兼而有之?但无论是指摘或传述,其内容都是主观的评价或陈述,尚不及于客观事实性的问题;若不能证明丁有指摘或传述行为,即根本就否定了诽谤罪构成要件该当的可能性,自无讨论其内容在客观上是否真实的必要。从本判决大篇幅讨论事实的真实性来看,本文只能"臆测"法院已认定丁有诽谤构成要件该当行为,但理由何在,未知矣! 随后,判决中所指的行为主体,时称"被告丁",时称"A 杂志社",时而并列——甚至绝大部分情况下,均以"A 杂志社"作为行为主体——令人不禁怀疑,该法院是否弄清楚被告究竟是谁?

(二) 关于毁损他人名誉之虞构成要件结果部分

如前所述,诽谤罪构成要件为具体危险犯构成要件,而非实害犯构成要件。第 310 条第 1 项中所谓"足以毁损他人名誉",盖指名誉法益可能受到侵害之状态,至于是否受有侵害,则在所不问。因此是否已发生具体之危险,必须由法院就诽谤行为和名誉受毁损间的具体可能关系认定。在本案中,法院认为由具体事实观察,"难认有损自诉人之名誉""尚难认对乙之名誉有损",故认为不成立诽谤罪此种论证,自属错误,法院若非误将诽谤罪构成要件当成实害犯构成要件,就是将实害和危险混为一谈。

事实上,所谓"毁损名誉",当指减损贬低他人在社会上之一般声望评价而言。① 因此,若此一行为人所指摘、传述之事实,仅行为人或被指摘、传述之人认为会减损其声望评价,而以社会一般人之角度观察,并无此种"可能"时,则诽谤罪构成要件即已不该当。法院首先应就社会一般人之观念认定行为人所指摘或传述之内容,若为社会一般人所知悉,则依其通念,是否认为会减损对被害人之评价,亦即,是否会使被害人受到轻视或嘲笑。② 换言之,在此所要讨论的是诽谤内容和社会评价间的关系,而不是该内容真实性的问题。但该法院似乎完全欠缺事实和评价的区别,甚至以重新定义来"推翻"文字的日常内涵。质言之,以其自我确信取代社会通念作为判断标准;进而可以论证出使一般人感觉出"官商勾结"含义之指摘或传述无有可能使人名誉受到贬抑。

"乙⋯⋯挟其雄厚党政关系,使 B 公司在九年内主导市场,台湾地区营建工程可说是与 B 公司关系密切的 X_1 建设、X_2 建设、X_3 营造等'外省企业'所垄断,也开启了绑标、围标模式"⋯⋯报道中,有关"外省企业""党政关系雄厚""旧势力""K 党非主流"等,遍观全篇文字,本院均系分析台湾地区营建业有关政治立场之用词用语⋯⋯至文章中所谓"垄断"云云,只系指称 B 公司在承揽工程上有其一定之实力,若因之称 B 公司可承揽台湾地区所有之工程,亦不免违反常识⋯⋯至上文中有所谓"也开启了绑标、围标的模式",对照后文"诸如台北捷运系统等大小工程,就在 B 公司及其他协力厂商间轮来轮去",所谓绑标、围标显系指在 B 公司及其有协力厂商间相互合作,以分别得标取得工程言,此种现象在台湾地区工程界极为普遍,法律实务上常见,但 A 杂志社并未指涉 B 公司有使用暴力等不法方式,故此等文字,尚难对乙名誉有损。

观此段判决文字,实在匪夷所思,即使不否认每个人对文字的理解和感受大有不同,但如此诠译文字——同时忽略"'大标客'躲在 K 党高层"和"白道绑围标,黑道未撑腰"两个标题的负面评价主轴指涉——屈法伸恩至此,夫复何论?

其实,应注意的是,如前所述,第 310 条第 1 项是从"极端"保护个人名誉的立场出发,其非但以具体危险取代实害作为构成要件结果;此外,亦可将本项和其他"刑法"分则上具有意图作为要素的构成要件相比较中发现,其散布于众的意图在此并不考虑其不法性③,且只要存在此种意图已足,至于是否在事实上散布于众,在所不问。由是亦可得到本项目在强烈保护个人名誉之辅证。也就因此,即使以最严格的标准认定名誉有受损之虞的文字适用范围,也殊难想象能导出这

---

① 参见褚剑鸿:《刑法分则释论》(下册),台北商务印书馆 1998 年版,第 1047 页。
② 参见林山田:《刑法各罪论》(上册),1999 年作者自版,第 236 页。
③ 例如,窃盗罪、抢夺罪、强盗罪均以"意图⋯⋯不法⋯⋯"的形式出现。

样"吞舟是漏"的惊人结论。

再来看看该判决中的另一段文字:台湾地区各项工程,质量不佳,连遭人民诟病、质疑……该工程……工程款如此之高……黑道介入之深……使市场竞争机能完全丧失,不仅对正派厂商之经营不利,亦使人民认社会秩序荡然无存,此种社会损失,岂可以有价之金钱计算,然此时有公正的媒体深入报道,发挥导正社会价值之功用……弊案中,各项传闻不断,其中亦有指向自诉人 B 公司,A 杂志社只是一媒体……

最惊人的是,在判决中,这段文字竟然是紧接着上一段文字一路下来的,让人看了真不知这是法院的判决,还是被告律师写给其当事人看的答辩状。

若果真该法院所持见解是正确的,则被告丁在第 310 条第 1 项即已不该当,但该判决还是花了篇幅论证诽谤内容有关公益但不能证真的问题,真叫人雾里看花,愈发不能捉摸该法院的立场,也令人怀疑该法院对诽谤罪构成要件是否有最基本的"常识"?

(三)关于诽谤故意部分

本判决似根本上就混淆了动机与认识、行为故意与行为目的。如前所述,诽谤之故意,其所要认识的范围,仅限于行为人所指摘或传述之事是否足以使他人名誉陷入受贬抑的危险,亦即其目的何在,并非这里所要讨论的问题。若即使行为人出于所谓"善意",亦不妨此故意的成立。

其实,合并第 310 条和第 311 条来观察,就整个诽谤罪的构成要件来看,诽谤罪其实是双重意图犯罪:行为人为了某种"非善意"目的,以"散布于众"为方法;至于其所指摘或传述之事,乃为散布的内容。详言之,若要谈这个"非善意"的目的,应是相对于"散布于众"而言,而非相对于诽谤故意;诽谤行为的目的——至少直接目的——不是那个"非善意"目的,而是"散布于众"这个目的。诽谤故意、散布于众目的是"事实的","非善意"才是"价值的"。当记者有负面评价的新闻报道时,撰写该新闻稿行为本身属诽谤故意的认识范围,其撰写此稿是基于"发稿"的——即"散布于众"的动机,至此都属第 310 条第 1 项的问题;至于"散布于众"的动机,法律原则上并不关心,只当诽谤的内容事关公益且在行为时不能证真的情况下,才引起它的"兴趣",才会发生"刑法"第 311 条介入的问题。总之,就诽谤罪构成要件而言,"非善意"目的并非当然有讨论的必要,而是以"有关公益且不能证真"作为其讨论的解除条件,当有这种情况发生时,诽谤行为的"远程"目的才会浮上讨论桌。

该法院认为:"既无证据可证明被告等有恶意杜撰文章毁谤自诉人之故意……从而原审谕知被告等均无罪,核无不合,自诉人上诉指摘原判决不当为无理由,应驳回其上诉。"如此将第 311 条所规定的"恶意""偷渡"进入应为第 310 条第 1 项所规范的"毁谤故意"中,含混笼统,究竟其判断上,被告就 310 条第 1 项即已不该当,抑或第 310 条第 1 项和第 3 项均告满足,直至因第 311 条未被满足,方谓为不该当?完全令人无法理解其思考顺序,抑或其思考本来就毫无章法可言?

(四)关于有关公益但不能证真部分

本判决就此一部分的论证,更是"支离破碎","公共利益""能证明其为真实"法律用语始终未出现,全然以主观立场取代法律标准;除了全文能令人"臆测"其认为诽谤之事与公共利益有关外,对于能否证真的问题乃以错误模拟的方式处理:先曰:"彼等所得取之数据,既在检察官终结侦查之前,自无可能取得较侦查机关更完备之数据";又曰:"在案件发展过程中所为之报道,无法顾虑全案终结之结果,故 A 杂志社之报道……虽可能不正确,但该 A 杂志社并无司法调查权,无从要求彼等翔实调查";复曰:"弊案中,各项传闻不断……A 杂志社……无法深入调查该项传闻系'实体的真实',只能凭借新闻媒体工作者之社会责任,努力了解真相,并向读者报道"。

容许检察官闻风查案,乃基于贯彻刑罚权之制度上设计之必要,而新闻记者或亦闻风报道,但并非基于同样的理由;同时为了防止犯罪嫌疑人之名誉受到侵害,亦以"侦查不公开"为配套,此与新闻致力于信息公开完全相反。就法论法,新闻媒体工作者并非检察官,所谓"闻风报道"的"新闻自由"——但再强调一次,这种自由人人有之,并非只是新闻媒体工作者的专利——之保障,"刑法"乃配套于"刑法"第311条,并非第310条第3项的问题。在此该法院舍不能证真的问题于不顾,而全力于何以不能证真的理由,显然将因果混为一谈,其未能清楚具体指明因诽谤之事"有关公益但不能证真",方有继续审查第311条之必要,其来有自。

即使认为该判决已提供足够推出诽谤之事"有关公益但不能证真"的证据资料,但结论和前提不能混为一谈,严格来说,本判决只有"证据资料"和"结论",全然欠缺推论过程,"感性"多于"理性"!

(五)关于属善意指摘或传述行为部分

如前所述,若"有关公益且能证真",无论为何人所言,均为法所容许——当然也包括新闻媒体工作者,换言之,新闻报道的指述内容若符"有关公益且能证真"的要求,则已因个人名誉"欠缺保护必要性"之"反射"而不禁止。一如前所述,若是"无关公益,一律禁止",对新闻媒体记者,也不例外;质言之,常见的影剧"八卦新闻",大多数根本为法所禁,报道者所以未吃上官司,乃因被害人罕见依"刑法"第314条提出告诉,而非新闻媒体工作者享有较一般人有更大的"言论自由"。新闻媒体工作者对此,应有正确的认识。

不只新闻媒体工作者,而是任何人的言论,只要是"有关公益,但不能证真",就有继续审查其是否属法定善意指摘或传述行为中的一种,以确定其行为是否具有诽谤罪构成要件该当性。

限于篇幅,本文无从详论第311条,只能就完全不引述本法条的这个判决,"臆测"该判决所诉诸的"对于可受公评之事,而为适当之评论"部分略加讨论。

"可受公评"是个极端不明确的法律概念,更不讳言地说,是种"感性的"概念。其内涵不取决于理性,而取决于公众感觉,换言之,其会随社会的变迁而"流动",笔者承认自己也根本无法提出真正的标准!例如,未婚生子,在20年前的台湾地区或许是受公评的,但如今未必。在此情况下,笔者认为,此项在本质上乃属"授权司法个案认定条款"。当前提如此不稳定,随继的"适当"也无法加以界定,还是只能"就具体个案认定之"?

结论性观点

既然本文无力提出明确的标准,自无立场指摘该判决就其判断标准"语焉不详",但无论如何,论证内容不能违反常识,不得违反常情,亦不得违反常理。本判决先说:在消息充斥之环境下,A杂志社报道上述内情,尚难认系无中生有,应经相当之查证;又曰:"自诉人一再指摘A杂志社未平衡报道一节,查上述文章之内容所指之公司甚多,均无平衡报道可言,参以前述A杂志社并无恶意,是A杂志社对自诉人有无平衡报道于本件并无任何影响……"

从"消息充斥"竟可以推出"应经相当之查证";从"公司甚多,均无平衡报道"可以推出"有无平衡报道于本件并无影响",不啻昭告天下,该法院的逻辑是:"只要有消息流传,当然一定经过查证"——世上还有谣言吗?"对大家都不公平,所以对你不公平,不会影响公平"——天下还有道理吗?

感叹至此,仍须附带一提,往往被害人的同意,会造成构成要件判断顺序以及审查进程上的重大影响。例如,为取得伪装投敌间谍的派往国或地区之信任,一国或地区政府"明知"出于杜撰,策动不知情的新闻媒体"围剿"之。则新闻媒体记者的行为已因"相当查证"而不具诽谤罪的构成要件该当性——第310条第3项。至于该国或地区政府内的"策动者",若事先得到该间谍的同意,即因"阻却构成要件同意",而使第310条第1项未能满足——被害人对于个人名誉享有"处分权";若该间谍事先不知情,则此"有关公益但不能证真"的行为,仍不属第311条所明列的四种善意行为,因为"制造"可公评之事可不是"评论"可受公评之事—,该行为仍应诉诸一般的阻却违法事由(例如,紧急避难)。

囿于篇幅,仅能就诽谤罪构成要件及部分问题,梗概勾勒。挂一漏万,势所当然,显然第310条第2项诽谤罪加重构成要件均未论及,谨就教于读者,以期来日补充再论。

四、侵犯财产犯罪

强盗预备罪与放弃续行犯罪的刑法评价[*]

——评南投地方法院 2009 年诉字第 88 号刑事判决

许恒达[**]

基本案情[①]

甲、乙、丙 3 人缺钱花用,合谋强盗出租车司机财物,犯罪计划为:"共同搭乘出租车后,由丙佯称要前往山区讨债,指挥出租车司机行至偏僻山区,待抵达无人烟处所后,由甲抓住司机,乙则殴打司机至无力反抗,再强取司机身上与车上财物,接着 3 人驾驶出租车离去,并将司机弃置于山区。"为了确保司机不会反抗,甲事先购买一枝电击棒,并交由乙使用。

达成协议后,某日 3 人在路边随机招拦丁驾驶的出租车,上车后,丙以要到山上讨债为由,要求丁开车前往竹山偏僻地区,未料开至山区后,山上突然起雾,乙指示丁开往另一处山区的土地公庙。抵达后,丁在车上等 3 人,甲、乙、丙则下车商量是否要强盗丁,因讨论 1 小时后无结论,丁催促 3 人上车,嗣后 3 人并再指示丁开往竹山镇另一处产业道路边。抵达后丙下车佯装讨债,甲、乙原想开始强盗,未料购买的电击棒漏电无法使用,且因天色渐亮,来往车辆增加,甲、乙害怕被他人发现,均未下手强盗,1 分钟后丙回车上,佯称债务人不在家,丁遂载甲、乙、丙 3 人回到市区。

裁判要旨

被告甲、乙、丙共同谋议强盗出租车司机,并预先购买小型电击棒以供强盗时使用,再招拦被害人丁所驾之出租车前往竹山镇偏僻山区,最后虽未着手实行强盗犯行,惟其行为已达预备阶段无讹。是核被告甲、乙、丙犯罪事实……均系犯"刑法"第 328 条第 5 项之预备强盗罪。

疑难问题

本案的事实相当简单,甲、乙、丙 3 人拟好强盗出租车司机丁的计划,也按照计划让丁开车前往预定的犯罪处所,但因山中起雾而电击棒漏电等事由,而使得 3 人临时决定放弃续行犯罪。基此,承审法院以非常简单的文字,肯定甲、乙、丙 3 人构成强盗预备罪的刑事责任。

---

[*] 原载于《月旦法学杂志》2012 年第 201 期。
[**] 政治大学法律学院助理教授。
[①] 本案事实分为前、后两部分。后部分事实,是由本案 3 名被告再次对出租车司机强盗,并达到既遂情状,这部分较无争议,故不在本文讨论之列。下文摘要内容仅限于前部分事实。

虽然事实与法律争点看似简单，但其中却涉及若干有高度争议性的问题，以下可分为三部分说明。

首先，承审法院肯定甲、乙、丙3人成立强盗预备罪的用语是："甲、乙、丙共同谋议强盗出租车司机，并预先购买小型电击棒以供强盗时使用，再招拦被害人丁所驾之出租车前往竹山镇偏僻山区。"法院的意思似乎是，甲、乙、丙3人基于共同谋议，而实施相互补充的分担行为，这些行动共同成立强盗罪的预备犯，因此法院不再细究甲、乙、丙个别行为内容，直接以"共同谋议"后的整体行为进行刑责评价。然而刑事责任的基础是个人与行为责任，任何人只为自己的行为与其后果负责，唯一例外是构成共同正犯的场合，行为人不仅为自己的行为负责，还必须为其他共同正犯在合意范围内的行动负责。① 扩张责任范围的共同正犯法理，原则上可适用于既遂犯与未遂犯，但能否适用至预备犯即不无疑问，本案判决简要文字背后隐喻的观点，值得我们深入分析。

其次，暂且放下预备犯能否适用共同责任的法理争议，在本案判决中，法院似乎认为，只要"购买电击棒供强盗时使用"，接着"招拦出租车驶往偏僻山区"，就可以该当强盗预备罪的构成要件。然而甲、乙、丙3人始终未曾着手强盗行为，他们3人只不过购买了电击棒，又招拦出租车开到偏僻山区，依据现行法律，这些客观行为都未逾越法律禁止界限，为什么仅因行为人主观上有不好的强盗念头，就可以把这些全部合法的客观行为判读为"强盗预备行为"？用另一个方式阐述这个问题，即什么是强盗预备行为，它有什么样的要件？可惜在本案判决中，法院并未交代。

最后，由于山上起雾与电击棒漏电这两个意外的发生，使得甲、乙、丙3人决定不实施计划好的强盗犯行，亦即放弃续行犯罪。一般看来，刑法通常重视着手后的放弃行为，并有相应的中止犯减刑优惠；但若行为人只构成预备犯，尚未达到未遂犯阶段，却已有放弃续行犯罪的意思，也自行中止续行犯罪，是否以及如何评价该放弃行为，学说上仍有许多争议。就此点而言，原审判决似乎未予详述。

以上说明了本案涉及的法律争点，下文将以这三个问题作为讨论主轴，设法反省实务见解与传统学理看法，继而提出笔者看法。

学理研究

一、预备犯与共同责任

共同正犯适用为他人行为一并负责的共同责任法理，本判决的第一个问题则是，这个法理是否适用于预备犯构成要件？台湾地区学说向来认为，扩张处罚范围的共同正犯，只能适用于至少有一个行为人进入着手阶段而构成未遂的犯罪类型，亦即，在共同正犯合意犯罪实施范围内，必须至少有一位参与者达到既遂或未遂阶段②，其他共同参与者才能依附在该参与者的犯行上，连

---

① 此即学说上所称"一部行为全部责任"，参见甘添贵、谢庭晃：《快捷方式刑法总论》（修订二版），2006年版，第270页；陈子平：《刑法总论》（修订版），2008年版，第471页。Vgl. auch Kühl, AT, 5. Aufl., 2005, § 20 Rn. 100.

② 既遂的适例如甲、乙谋议杀丙，由甲负责刺杀丙，乙则在甲杀人时抓住被害人，类似案例的问题通常是："乙的行为是否达到功能支配程度，而属于共同正犯或帮助犯？"未遂的适例则为，甲开始接近丙企图刺杀，乙则在一旁观看，并计划待甲着手后即上前抓住丙，未料甲刚开始刺杀，就被丙所制服，乙因而尚未开始实施其分担行为，甲构成杀人未遂，至于乙的刑责，则涉及两个问题：(1)可否因甲、乙是共同正犯，而以甲达到着手实行认定乙也构成未遂？(2)乙是否因谋议而与甲成立共谋共同正犯，从而负连带负责？虽然上述两种案例（既遂/未遂）关涉不同层次的问题，但其共同的特点在于，至少有一个行为人甲已达到。

带共同为损害负责①；倘若个案中无任何行为人达到未遂或既遂阶段，所有行为人最多只达到预备犯阶段，原则上不应扩张适用共同责任法理，而应回归至纯粹的个人责任论罪原则。②

　　台湾地区实务也采用相同看法，不过实务见解的问题意识，则涉及2005年"刑法"修正后共同正犯定义的变动。③ 在2005年以前，"刑法"第28条规定共同正犯是"二人以上共同'实施'犯罪之行为"；2005年修法后，共同正犯的定义转变为"二人以上共同'实行'犯罪之行为者"。台湾地区"最高法院"针对定义变动的可罚范围指出："刑法"第28条原规定："二人以上共同'实施'犯罪之行为者，皆为正犯。"修正为："二人以上共同实行犯罪之行为者，皆为共同正犯。"乃因原"实施"之概念，包含阴谋、预备、着手及实行等阶段，故修正为仅共同实行犯罪行为者，始成立共同正犯。新法共同正犯之范围显然缩小，而排除"阴谋共同正犯""预备共同正犯"之适用。④ 台湾地区"最高法院"明确认为，阴谋犯与预备犯的构成要件，不适用共同正犯法理而扩张责任范围，毋宁应回归至个人行为责任，每个行为人只为自己的行动与后果负责。

　　上述通说与实务见解，应值赞同。共同正犯的特点在于行为人担负共同责任，必须为其他人行为及其效果负连带负责。连带负责的共同正犯是"刑法"特别许可的制度，不应任意扩张，而依据"刑法"第28条的规定，共同正犯必须共同"实行"犯罪，再比对第26条有关未遂犯的定义，"着手于犯罪之'实行'"，实行在这个意义下，指的是达到未遂阶段以后的罪名。换言之，要成立共同正犯，至少得共同"实行"犯罪；如果不是共同实行而成立未遂犯罪名，基本上就排除了共同责任的适用，这是罪刑法定主义所推论的基本解释结果。

　　再回头审视本案判决的论理基础，由于强盗预备罪尚未有明确的实行行为，不论通说与实务见解，都否认此时可以适用共同正犯的扩张责任法理，论罪时必须从个人行为立论，审视个别行为人的参与内容是否符合强盗预备罪，不能以3人"整体行为"作为刑责成立基础。依本案事实来看，甲、乙、丙3人都有不同的参与行为，甲参与行为包括"事前购买电击棒、坐上丁驾驶的出租车至山区、在车内准备袭击丁但最后放弃"，乙的参与行为则是"坐上丁驾驶的出租车至山区、持电击棒在车内准备袭击丁但最后放弃"，而丙的参与行为则为"佯称要到山上讨债、下车佯装讨债"。法院应一一审查不同内容的参与行为是否"个别、独立"地符合强盗预备罪的要件。举例来说，3个行为人中只有甲购买电击棒，"准备犯罪工具"的预备行为，只能认列为甲构成预备犯的理由，但与乙、丙无关。本案法院未详细分析不同行为人的参与行动内容，以及该行动与强盗预备罪的合致关系，这部分似乎有理由不备之嫌。

---

①　不过另一种共同正犯形态，此即无人独立达到既遂情状，但多数人共同为之而实现最终损害，例如3个行为人谋议杀人，共同在被害人的食物中掺入1/3致死剂量的毒药，共同达到足致被害人死亡的效果，如果依共同正犯学理，因为是3个共同正犯协同行为造成损害，仍可成立杀人罪的共同正犯，学说上称为真正共同正犯。参见甘添贵、谢庭晃：《快捷方式刑法总论》（修订二版），2006年版，第269页。

②　台湾地区学说通说亦采否定见解，"对于'实行行为'之概念，如采从严解释，仅限于该当基本犯罪构成要件行为，始为'实行犯罪行为'，则阴谋与预备行为，均非基本犯罪构成要件所规定之行为，自不包含在内"。参见甘添贵：《刑法各论》（上）（修订二版），2010年版，第23页。

③　相关问题，参见陈子平：《刑法总论》（修订版），2008年版，第510—516页。

④　参见台湾地区"最高法院"2009年台上字第3483号判决。更清楚的实务见解，可参见2009年台上字第1316号判决：按2005年2月2日修正公布、2006年7月1日施行之"刑法"第28条，将共同正犯之范围，修正限缩于共同实行犯罪者，始成立共同正犯，排除阴谋犯、预备犯之共同正犯。

二、预备犯的成立要件

（一）形式预备犯的解释方向

即便强盗预备罪只能从个人行为评价，不适用共同正犯法理，但更根本性的问题则是，刑法应该如何拿捏预备犯的成立界限？

依据现行刑法通说，预备犯可分为形式预备犯与实质预备犯。[1] 形式预备犯指的是个别条文除处罚未遂犯之外，又前置可罚性到预备阶段。形式预备犯附属于既遂犯、未遂犯之后，并非独立构成要件，也欠缺预备行为的具体描述文字，其成罪重心是架构完整的法益保护网，原则上只用以保护具有高度需保护性的法益类型。现行"刑法"中只有放火罪、劫机罪、杀人罪、强盗罪与海盗罪等侵害效果极严重的条文，才加形式预备犯。

除了形式预备犯之外，倘若刑法以独立构成要件的立法方法，处罚某一个实质上属于后阶段犯罪预备阶段的行为，此类构成要件即属实质预备犯。[2] 例如"刑法"第187条制造、贩运危险物品罪，实际上是第186条之1使用危险物品而致生公共危险的预备阶段。综合这两条规定，立法者处罚了三个不同阶段的损害进程："使用危险物而致生公共危险"（既遂）、"着手使用危险物但未有公共危险"（未遂）以及"制造、贩运危险物"（预备）。即便表面上制造、贩运危险物有其独立的处罚构成要件，但事实上该行为根本只是使用危险物的前行准备阶段而已。相类似的实质预备犯构成要件，还包括"刑法"第199、204条的制造、交付供伪造行为的器械、原料罪，以及第263条的持有烟毒或其吸食工具罪等。[3]

比较形式与实质两种预备犯的构成要件，可以发现：实质预备犯的条文中，已经明确限定构成要件行为内容，例如行为人必须要"持有烟毒""制造危险物"或"制造伪造用器械"等，这是具实质犯行内容的构成要件；相反于此，形式预备犯在结构上，采用前后时间序列的规范方法（既遂/未遂/预备），我们无法从条文内容中，了解到什么是形式预备犯的构成要件行为，什么是预备杀人行为或预备强盗行为，根本无法从"刑法"条文中知悉。倘若行为人预计12点时实施杀人或强盗行为，10点先填饱肚子以准备两个小时后的犯罪行为，是否可认为是杀人预备或强盗预备行为？要回答上述问题，毋宁必须借重学理与实务个案解释。[4]

正因许多犯罪前的行动（吃饭、喝水、上洗手间）都属于"预备行为"，要如何限制预备犯的成立，特别是预备杀人与预备强盗行为，势必面临困扰。台湾地区学说见解对于此一问题，部分见解质疑其前置处罚至预备阶段的正当性[5]，部分见解则指出预备行为是着手前的准备行为[6]；但

---

[1] 另有称为"非独立（形式）预备犯"与"独立（实质）预备犯"。参见甘添贵、谢庭晃：《快捷方式刑法总论》（修订二版），2006年版，第228—229页；陈子平：《刑法总论》（修订版），2008年版，第368—369页。

[2] 参见林山田：《刑法通论》（增订十版）（上册），2008年版，第452页。

[3] 同上注。

[4] 德国实证法规定中，不论杀人或强盗，都只从未遂犯开始处罚，较多处罚形式预备犯的规定，大多出现在国家法益的犯罪中，特别是侵害国家存在的罪名（例如第83条预备内乱罪）。由于这些犯罪大多在本质上属于未遂犯，而且不可能达到既遂的罪名（例如内乱），因此扩张刑罚至预备犯，某种程度上还说得通。Dazu vgl. NK-StGB-Paeffgen, § 83 Rn. 2. 附带一提，本文并非完全认同预备杀人罪或预备强盗罪的处罚正当性，但笔者更在乎的是，如何在现行"刑法"架构下，合理地解释这些条文的刑责，本文写作正是立基在后面的目的。

[5] 参见林钰雄：《新刑法总论》，2006年版，第342—343页。

[6] 例如"预备杀人，乃实施杀人行为以前之准备行为"［参见甘添贵：《刑法各论》（上）（修订二版），2010年版，第22页］、"预备行为系指着手杀人行为前，为便时而将来犯罪实现之准备行为"［参见卢映洁：《刑法分则各论》（第二版），2009年版，第443页］、"若属着手实行前之准备阶段者，则只成立本罪的预备犯"［参见林山田：《刑法各罪论》（增订五版）（上册），2006年版，第70页］。

对于准备行为应该具备什么样的具体内容,甚或预备犯的构成要件要素,学说上较少着墨。

有别于学说向来质疑预备犯处罚正当性,台湾地区实务很早即意识到预备犯成罪条件极为宽泛,必须加以限制的问题,也并提出若干管控的操作准则。早期见解如 1940 年上字第 21 号判例指出:"上诉人因怀恨被害人,遂于傍晚携刀侵入被害人店内,潜藏其卧床下,拟乘机杀害之,当被发觉拿获,是其行为尚未达于实施之程度,仅应构成预备杀人罪。"行为人已实施的客观行为是"持刀潜伏被害人床下",该行为在客观上其实与杀人行为不必然有关系,行为人也可以取巧地辩解,他只是想给被害人一个惊喜,持刀只是等一下要切水果给被害人吃,因此判例才会进一步强调"(主观上)拟乘机杀害"。换言之,预备行为人除了要实施客观预备行为、主观上有预备行为的故意外,还必须有明确而直接的主观"后行为意图"。这个后行为意图并非对预备行为的故意,而是通过预备行为能更顺利实施后阶段杀人行为的犯意,亦即,行为人预期自己将于后阶段实施该当于杀人既遂或未遂罪的犯行①,否则即使本于故意实施预备行为,仍不足以构成杀人预备罪。②

另一则极具启发性的近期见解,则是台湾地区"最高法院"2010 年台上字第 8199 号判决,该案共同被告甲、乙两人原意窃取被害人丙之财物,但恐临时有突发状况,甲、乙另外购买两把水果刀,一旦遇被害人反抗,即改窃盗为强盗。未料两人侵入被害人家中,尚未开始窃取财物,被害人与其亲人就发现甲、乙二人,甲、乙一时情急,分别杀害被害人与其亲人,造成一死一伤的结果。本案上诉至第二审时,二审法院认为,甲、乙购买水果刀时,并无任何杀人意思,因此不会构成预备杀人罪。检察官不服原审认定而上诉,台湾地区"最高法院"指出:"原判决认定上诉人二人意图以窃盗方式取财,至于购买及携带水果刀等物,乃备供行窃被发现时,改以强盗方法取财之用,然正商议如何下手行窃,还未着手强盗行为之时,即因被发现而杀人。易言之,原判决并未认定上诉人因意图杀人而购买水果刀,即无购刀时另犯预备杀人罪,预备杀人罪为杀人罪所吸收,预备强盗罪与杀人罪为想象竞合犯问题。"依台湾地区"最高法院"的看法,由于事实审判定甲、乙在买刀时只有"易窃盗为强盗"的意思,并无杀人的后行为故意,纵然嗣后甲、乙杀害被害人,仍然不得判定买刀的行为是预备杀人罪。

审视上述数则判决,台湾地区"最高法院"强调所有的预备行为,都必须具备后行为意图,如果欠缺,即使前行为(例如无杀人意思的买刀行为)对未来某个犯罪的着手实行后行为(嗣后又杀人)有相当帮助,仍然不会构成预备犯。质言之,台湾地区实务采用了一种类似意图犯的观点解释预备犯,其特色在于主观要件不仅有客观要件对应事实的故意,还必须附加进一步的后行为意图,亦即,客观要件是着手前的预备行为,主观要件则包括:预备行为本身的认识与意欲;后行

---

① 稍微变换一下判例事实内容,若行为人持刀潜伏在被害人床下,真的只是为了给被害人惊喜,不是为了杀人,而行为人这时就被缉获。虽然客观行为与判例事实几近相同,但此时我们通常不会认为行为人构成杀人预备罪,其理由正是:该准备行为并无"将要杀人的后行为故意"。

② 其他相类的实务见解,另有台湾地区"最高法院"1992 年台上字第 4125 号判决:"陈○新虽备妥汽油两桶,蓄意烧死陈○吉,但于掳得陈○吉后,将之置于车后行李箱内,系属掳人勒赎行为,尚难认为已着手实施杀人行为,又未着手将汽油泼洒于被害人身上或为点燃之行为,应仅属杀人之预备行为阶段,只成立预备杀人罪,其所犯预备杀人与掳人勒赎罪间,互有方法结果之牵连关系,应从一重之掳人勒赎罪处断。原判决竟以上诉人陈○新于掳走陈○吉时,即已着手于杀人行为,成立杀人未遂罪,并与所犯掳人勒赎罪,为一行为触犯数罪名之想象竞合犯,从其一重处断,所持法律见解,均非允洽。"依判决见解,被告"准备汽油两桶,'蓄意烧死'被害人",虽然客观上还没有着手行为,但只要在预备行为时,主观上预期要实施后行为,即可成立杀人预备犯。

为的实现意思。①

实务看法确实可以排除许多可能成立预备犯的情况,例如行为人非法购买枪械,只要该购买枪械的行为不是为了实施特定犯罪,原则上就只成立非法持有枪械罪,不会另外构成杀人预备罪或强盗预备罪。某程度而言,实务见解所理解的预备犯,已经成为主观构成要件要素(后行为意图+预备行为故意)多于客观要件(实施预备行为)的目的犯,台湾地区学说也有支持类似见解的声音②,这种解释方法也构成形式预备犯的主流见解。

(二) 意图犯解释方法的困境

问题在于,即便以特殊的主观意图要素限制预备犯的刑责,但实际上仍然难以适用,我们可以分别从两个不同层面讨论:

首先,讨论预备犯的行为内容。依据实务看法,预备行为指的是"出于未来特定犯意,而于现在实施某项行动",倘若行为人主观上有明确的杀人意图,就可以直接把某个前阶段行为定性为杀人的预备行为。这样的解释方法虽然不是没有道理,但是实际上根本未定义预备行为的真正内容,任何出于后行为犯意而实施的前行为,全都可以认为属预备行为。举例来说,为12点要杀人而10点吃便当填饱肚子的行为,也是杀人罪的预备行为,该当"刑法"第271条第3项。这样的做法虽然有一定程度的限缩功能,但却未从客观角度定性可罚的预备行为属性,为了杀人而吃饭、上洗手间、喝饮料、准备犯罪工具的行为,全部都可能成立杀人预备罪,这种解释方向势必过度扩张预备犯的适用范围。

更深入地说,为了在未来能顺利实施真正的构成要件行为,行为人往往需要进行多阶段的准备活动,这些准备活动不必然违法,反而常属于合法的社会日常行为。例如前文提到的吃饭、上洗手间,刑法不可能只因为一个人想杀人而吃饭,就认为行为构成预备杀人罪,甚至,倘若我们认为客观上合法的吃饭举措,也可以构成预备杀人罪,这个在吃饭的行为人,就是预备杀人罪的现行犯,依据"刑事诉讼法"第88条的规定,任何人都可以逮捕行为人并送交刑事司法机关,这毋宁是一个不可能被社会接受的解释结果。因此,若要明确地划定预备杀人或预备强盗等形式预备犯的可罚界限,势必要直接面对"什么是形式预备犯的客观行为"这个问题,而不是如同实务见解,仅单从主观角度予以定性。

其次,我们可以再观察预备行为的实施时点。刑法保护法益,处罚侵害法益的人类行动,当行为人实施犯行,犯行外在效果也损害法益,这种情况可构成既遂犯;相对于此,如果行为人已经开始着手实行犯罪,但法益未因此受损,虽然不成立既遂,但仍可构成未遂犯。③ 未遂犯与既遂犯成罪要件的最大差别,在于是否致生法益损害;不过,既遂犯与未遂犯成立刑责的实行行为,不论其实施方式或是成立时点,并没有非常大的差异④,行为人至少要实施足以侵害法益,而至少

---

① 德国学说关于预备犯的主观要件,也要求必须具备后行为意图,vgl. Nokolaos Gazeas/ Thomas Grosse-Wilde, Die neuen Tatbestände im Staatsschutzstrafrecht-Versuch einer ersten Auslegung der §§ 89 a, 89 b und 91 StGB, NStZ 2009, S. 595 f.

② "非独立的预备犯,例如第271条第3项杀人罪之预备犯……此预备罪属于基本构成要件之修正形式,该预备行为既无限定,亦无定型(无类型)……此预备罪系一种以基本犯罪之实行为目的(意图)之目的犯。"参见陈子平:《刑法总论》(修订版),2008年版,第368页。

③ 有关着手实行的判断,参见林山田:《刑法通论》(增订十版)(上册),2008年版,第469—472页;林钰雄:《新刑法总论》,2006年版,第350—351页;Roxin, AT/2, 2003, § 29 Rn. 99 ff。

④ 原则上未遂犯与既遂犯行为时点几近同一,但争议性的案例则是结果提前发生的问题。就此可参见蔡圣伟:《论结果提前发生之因果历程偏离》,载《刑与思——林山田教授纪念论文集》,2008年版,第297—318页。

可以成立未遂刑责的犯行①;相对于既遂犯与未遂犯几近重合的行为时点,预备犯的行为时点则较为前置,甚至与着手实行之间有相当间隔。例如实务上常出现的购买枪支杀人而成立预备罪案例,行为人购买枪支而成立预备犯的时间,可能发生在着手之前数日,与预期着手的时间有好几天的间隔。

从上文分析可以看得出来,未遂/既遂犯的行为时点几近一致,都是从"着手实行"后开始成立刑责;但是预备犯行不是"着手实行"的时点,甚至可以与"着手实行"有相当时日间距。如果再搭配台湾地区实务采用的主观说合并观察,想着一星期后要杀人而向神明祈求不会被捕之人,可成立杀人预备罪。由于预备行为距离法益受损害的紧张范围过度遥远,行为人还没有强烈威胁法益,就会陷入预备犯处罚之境,这种结论并不符合刑法保护法益的基本理论。

通过犯行内容与犯行时点两个不同角度的分析,预备犯行与法益损害间往往有相当距离,而准备的客观行动内涵,也常常属于符合社会与法律规范的行为。如果仅因为行为人具备特定的后行为意图,从而认为该合法的客观行为与后行为有关,不免面临过度恣意的认定困扰。

(三) 定性预备犯的客观行为

行为人实施预备行为的时候,基本上尚未达到未遂犯着手实行程度,如果要认为前阶段的行动与"尚未实行"的后阶段行动有关联性,这种关联性无法从客观事实关系掌握,只能仰赖行为人的主观预期关系。实务见解引入了后行为的主观意图要素,设法限制预备犯的成立范围,这种做法是解释的正确出发点。

即便实务见解选对了出发点,但接续的理论架构则有不够完备之憾。要顺利地实现犯罪,必须有许多条件配合,为了让这些条件能够在犯行实施时起作用,行为人必须事前做足准备工作。在这些准备工作中,并不是每一个行为都与法益侵害有关,倘若无法从其社会意义观察到威胁法益的效果,那么这个准备行为当然不值得动用刑事制裁如何从中取舍而将预备犯限制在真正能够威胁法益的行动类型,毋宁才是真正关键问题所在。无论如何,我们仍然要实质地回答这个问题:在有后行为意图的前提下,如何划定可罚/不可罚的预备犯客观行为?

回答这个问题并非易事,若要提出有意义的解释进路,势必要观察各种不同的预备行为类型。首先可以从预备行为的刑法属性切入,以预备行为在法律体系中的评价为基点,将预备行为分为两种类型:第一类预备行为指的是,该预备行为本身即可独立构成非预备犯的刑事责任,例如行为人购买枪支用来杀人,姑且不论是否会成立预备犯,该"违法购买枪支"的行为本身符合"枪炮弹药刀械管制条例"第 7 或 8 条的规定,这一类预备行为本身是法律禁止的行动类型。第二类预备行为则未构成其他要件的犯罪,亦即,准备行为只能成立预备犯,不成立其他刑事责任,例如行为人为了放火而购买 10 公升汽油,购买汽油与购买枪支不同,单纯购买汽油并非法律禁止的行为,若要处罚该购买行为,除非能够明确判断购买行为与预期实施的放火罪间,具有明确的准备关联性,否则根本不受刑事制裁。

另外,我们可以再从行为时点切入,预备犯的行为时点与未遂/既遂犯并不相同,如果以预备犯主观计划中的"着手实行"为基准点,比对"(已经实施的)预备行为"与"(预期实施的)着手实行"之间的时、空间隔,大致上可以分为两种类型:第一类的预备行为距离计划着手实行时点,还有一段时、空间距,我们可以称为"远距型"的预备行为,例如行为人在杀人前数日或数月,通过管

---

① 例如,甲与乙同时举枪分别射击 A、B,甲命中 A 致其死亡,而乙的子弹则未命中 B。甲构成杀人既遂,而乙构成杀人未遂,虽然罪名不同,但甲、乙两人的犯行的内容与时点,则没有本质上的差异。

道取得犯罪工具，预计过一阵子再着手实行犯罪①；第二类的预备行为则与计划中着手实行时点相当接近，实务上常出现的案例都是，行为人静待未来某个条件的发生，只要条件成就，行为人势将即刻遂行犯罪，我们可以称为"紧邻型"的预备行为。例如，行为人计划在赌场中杀死被害人，遂持刀于赌场中埋伏，静待被害人到场，未料遇赌场被警察临检而放弃。②

若以远距型/紧邻型为经，以有/无其他独立处罚要件为纬，我们可以通过时空间距与独立禁止规定的有无，区别预备犯的客观行为为四个类型，预备犯能否以及如何适用，就可以根据各类型与法益间的关系作不同处理：

	远距型	紧邻型
准备行为另有独立处罚要件	A	C
准备行为无独立处罚要件	B	D

先处理远距型下的 A、B 两型。远距型最大的特色，正是准备行为与计划中后行为有相当大的时、空间距。由于着手实行犯行而损害法益的流程才是刑法禁止重点，当预备行为与后行为间的时、空间距极度遥远时，该预备行为对法益的威胁效果自然减低；若还要处罚远距型的预备行为，除非该预备行为的"行动内涵"已经展露高度的反社会效果，该行为本身足以引发社会大众的惊恐，否则恐有过度前置可罚性的疑虑。因此，远距型的预备犯，必须严格要求其成罪的客观犯行，除非从客观第三人观察，可以直接感受到该行为强烈的危险与反社会规范内涵，否则不应纳入可罚范围。这种本于行为而揭露的背反社会共同价值作用，反应在预备犯以外的其他刑罚规定上，我们可以把有无其他刑罚禁止规定当做辅助性判断指标。倘若另有其他可罚规定，处罚纯粹实施该客观准备行为之人③，这就表示法秩序不许可该客观行为，如果行为人又有后行为意图，只是使得其可罚性更加明确而已，以预备犯处罚这种案例中的行为人，尚称合理；但若法秩序并无其他相关的可罚规定，这表示该行为尚未达到应受强烈禁止的程度，纵然行为人出于后行为意图而实施该行为，也仅是一个有恶意的行为人，为了以后犯罪作了一些合法准备工作，考虑遥远的时、空间距，该行为本身又在社会可接受的界限内，自不应轻率纳入可罚范围。换言之，在远距型案例中，只有 A 类型的预备行为能成立可罚的形式预备犯罪名，而 B 类型的预备行为不足以成立预备犯。

相对于远距型准备行为可以通过其他刑法规范作为界定可罚范围的辅助指标，紧邻型的案例就比较不容易处理。在紧邻型的案例中，预备行为与即将展开的着手实行行为非常接近，几乎只要必要的条件一成就，行为人就会立刻着手犯罪，可罚性的成立范围，自然会比远距型稍微宽松。以 C 类型而论，因为同时构成其他可罚规定，而该行为又与预期中的着手时点相当接近，有

---

① 参见台湾地区"最高法院"2011 年台上字第 1958 号判决，行为人于 2006 年间购买汽油并放置于住处，企图等待时机焚毁被害人住处，并烧死屋内之人。被告于 4 年后即 2010 年间，才用汽油放火，着手于预期犯行。原审法院认为，行为人购买汽油的行为构成预备放火与预备杀人罪，但台湾地区"最高法院"指出：上诉人上述预备放火、预备杀人犯行，其间已相距达约 4 年之久，二者之法律上关系如何？原判决对此未加说明，亦有判决理由不备之违误。

② 参见台湾地区"最高法院"2010 年台上字第 1898 号判决。

③ 这里的意思是，预备犯必须有后行为意图，而其他刑罚规范不必然要求后行为意图，如果连无后行为意图的系争预备行为，都会成立刑责，以预备犯处罚具备后行为意图的行为人，基本上也较无疑虑。

一定程度的威胁法益效果,只要能够明确认定行为人的后行为意图,应可成立预备犯。①

真正不容易处理的,其实是紧邻型案例中的 D 类型。由于预备行为与后行为间无过大空隙,行为人处于一个随时可以开启侵害流程的状态。例如,行为人手持水果刀,埋伏在被害人将于 5 分钟后经过的转角,企图杀死被害人,虽然没有任何法律禁止社会成员"不得带水果刀在路口埋伏",但若考虑行为人主观计划,状似合法的埋伏行为确实让未来的着手实行更加便利,某种程度至少可以"与着手行为的邻接状况"肯认其处罚正当性。然而如果再把该合法客观行为,代换为为了在 5 分钟后杀人而先上洗手间,该准备行为似乎又难以认为属于值得动用刑事制裁的预备行为。摆荡在合法/违法的界限之间,究应如何拿捏入罪的灰色地带,绝非一个简单的问题。

依笔者之见,理论上应该尽量从宽解释 D 类型的预备行为人,不轻易启动可罚机制才对。不过在某些情况下,观察准备行动的社会意义后,足以判定该准备活动与接续着手实行行为间具有非常强烈的关联性,客观准备活动几乎属于预期犯行的前阶段行动,二者相互桥接、密合,同时也可以观察到准备行为对法益的威胁效果,即可成立具有制裁正当性的预备犯。即便前缘的准备行为属于合法举措,但仍可以基于与后行为间强烈、明确的密接关系,而判定具有相当程度的威胁法益作用,而这里的威胁程度,基本上只比未遂行为人"稍低"。质言之,D 类型的预备行为,必须符合两个前提才能纳入预备犯的处罚范围:预备行为与着手实行行为间,具备明确、强烈的损害手段串联关系;基于损害手段的串联关系,而可判定保护法益受到一定程度的威胁(但仍低于未遂行为的威胁程度)。② 以下说明这两个要件的判断方式。

首先,说明损害手段的串联关系,成立预备犯的行为人,通常还没有达到着手实行犯罪,因此后阶段犯行其实只存在于主观预期,判断是否有串联关系时,必须先确定行为人的主观计划内容,尤其必须定性行为人的计划中,真正属于未遂着手阶段的行动方式。接着则审视行为人已经实施的行为,是否属于能够实施犯行的诸多前置条件之中"不可或缺的重要条件",例如行为人预期实施 A 犯行,这时必须拆解 A 犯行的各项组成要素,包括时间、空间、器具、机会等,可罚的预备行为,须能提供或促成 A 犯行,并支持其组成要素之一,否则应排除可罚性。基此,任何填饱肚子准备强盗、上洗手间的行为,虽然都能够为后阶段犯行(例如,持刀杀人)提供一定程度的支持效果,但并非计划持刀杀人(其组成要素为手持刀子至特定杀人地点)"重要而不可或缺"的先决条件。

其次,预备行为是提供帮助于着手实行阶段,而预备犯的可罚性其实是附丽于未遂犯之上,是未遂刑责的"再前置"处罚。因此,预备行为提供给未遂行为的帮助内容,不可以只是支持一般的社会生活条件,毋宁必须"提供有害法益的危险因子帮助"。至于个案中要如何判断危险因子,笔者认为可以从以下几个角度切入:预备行为是否属于日常生活惯行?预备行为出现地点,是否已进入预期攻击场所与空间?预备行为是否创造或提高侵害机会?通过这三个类型指标综合判断后,某种程度上至少可以开展出一个比较有意义的危险判别标准。

行文至此,我们可以用几个简单的例子,来说明笔者的基本构想:

案例 1:甲计划一星期后杀乙,通过某个渠道买到枪支一把。

案例 2:甲计划在一星期后,于乙的面包中放入安眠药,借以迷昏乙后洗劫乙,而购买安眠药与购买面粉。

---

① 必须说明的是,在笔者模式之下,A、C 两型的预备行为必然与其他罪名成立想象竞合。
② 某种程度而言,此处判断的重点是能否从预备行为中观察到未来实施犯行的目的,《德国刑法》第 83 条预备内乱罪的解释,在某种程度上也采用类似做法,vgl. NK-StGB-Paeffgen,§ 83 Rn. 5 ff.

案例3：性侵害的被害人甲计划在警察局中杀害被告乙，趁着警察问笔录时，窃取警察的手枪，正要冲到地下拘留室时，就被警察抓住了。

案例4：甲计划于10分钟后，持刀杀害办公室邻座的乙，为免紧张，先离开办公室至便利商店买水解渴。

案例5：甲计划以水果刀杀害隔壁邻居乙，从自家携带刀子前往乙家准备实施犯行，才打开自家的门就被查获。

案例6：甲计划以水果刀杀害乙，携带刀子至乙家，和乙谈判发生口角，甲正要动手前，正好有警察来查户口，甲遂未实施犯行。

上述各个案例的行为人，都还没有达到着手实行阶段，问题反而是，是否行为人构成杀人或强盗罪的形式预备犯？由于每个行为人都有预备行为的故意与后行为意图，成罪与否的重点毋宁是客观行为是否属于可罚的预备行为。对此一问题，笔者见解如下：

案例1的预期犯行与预备行为有一星期间距，属于远距型预备犯，而甲又另犯非法持有枪支刑责（A类型），因此该行为可以构成预备杀人罪；案例2也属于远距型，但因为乙合法购买安眠药与面粉，这是完全合法的行为（B类型），因此甲不成立预备杀人罪；案例3窃用警枪与计划中的杀人行为间距极短，属于紧邻型，而预备行为本身会构成其他犯罪（C类型），因此可以构成预备杀人罪。

至于案例4、5、6，行为人实施的预备行为与接续犯行，时、空间距都不长，也都只需特定条件成就，就可以展开计划行动，而其特点都是预备行为表面上属于完全合法的社会常态活动（D类型），其能否成立形式预备犯，就需要检证预备行为与计划犯行间的关系，笔者主张应判断：首先，预备行为是否属于计划犯行的不可或缺条件；其次，再检证预备行为是否支持了重要危害效果。案例4中，计划犯行是持刀杀人，喝水行为并非"持刀杀人"举措的不可或缺成分，不成立预备犯；案例5的甲前往预定的犯罪现场，若未"前往该处所"，当然不可能于"该处所杀人"，因此预备行为对后阶段犯行，实属不可或缺，问题在于，即便行为人持水果刀打开自家大门，仍然属日常生活惯行，何况，行为人还没有抵达预定的犯罪现场，因此笔者认为，该行为仍未达预备犯程度；至于案例6则不一样，虽然"带水果刀至他人家中"并未触法，但这已经不是正常客人的行为，而且行为人也进入了被害人家中，距离杀害被害人只有一步之隔，该行为也有致令被害人死亡的一定风险，行为人可以成立预备杀人罪。

（四）本案事实的预备犯评价

已如前述，甲、乙、丙3人的刑责，应依个人责任判断，不能成立共同责任。接下来就以本文发展出来的预备犯认定标准，检视3人刑责。

甲的行为是：买电击棒，提供给乙使用，再坐上丁驾驶的出租车前往山区，本可攻击丁但最后放弃。从判决事实看来，应可认定甲的整个准备行为都出于强盗的后行为意图，而购买电击棒时，因为与后阶段强盗行为间隔过远，而且也是合法行为，尚不成立预备犯；但当甲坐上出租车，一同前往偏僻山区时，虽然看似招拦出租车前往他处的合法行为，不过，甲预期于山区强盗丁，而一行人也抵达偏僻山区，只是一直未开始犯行而已，故甲预备行为与计划的强盗犯行时、空间距甚小，属于紧邻的D类型，这时必须具体认定该预备行为与后阶段犯行间的紧密关系。依笔者之见，由于甲与丁一同于深夜到达山区，以进行强盗行为，该前往山区、坐在车内准备攻击的举措，是后阶段"在山区殴打丁后强盗"的重要组成部分，也非日常惯行，丁也在甲预定的犯罪地点，再考虑甲、丁一同前往山区，使得丁救援机会显著减少，可以认为丁的法益逐步陷入危险之境，纵然甲的行为都是合法行为，仍可成立强盗罪的预备犯。

乙的行为与甲几近相同，都是与丁一同前往山区，并持用电击棒坐在车内伺机准备攻击丁，由于乙也有相同的后行为强盗意图，因此亦可成立预备强盗罪。

然而丙实施的行为与甲、乙并不相同，丙虽然主观上与甲、乙一样，都具备强盗意图，但是丙仅招呼丁的出租车，并使丁与其他人一同前往山区，到了山区后，丙并无实施攻击行为的计划，而丙也没留在甲、乙预期攻击丁的犯罪现场，而是下车离开佯装讨债。笔者认为，丙所实施的准备行为尚不足以认为成立预备犯。①

三、预备犯放弃犯行的法律效果

论述及此，至少可以确定甲、乙两人可能构成预备强盗罪，这部分和原审判决并无太大差异。不过，本案事实中，原审法院似乎对于甲、乙达到预备犯之后，因为"电击棒漏电"及"天色渐亮且往来车增多"，眼见犯罪难以顺利实现而放弃的事实，判决并未多加申述。笔者的问题则是：是否法院应该评价甲、乙放弃的事实，并予以一定法律效果？

刑法保护法益，重视行为人干扰法益的效果，当行为人后来决定不再侵害法益，而自愿性放弃犯行且保全法益时，依"刑法"第27条的规定，行为人可以成立中止犯，并可享受一定的刑罚减免优惠。不过，适用中止犯有其前提，行为人必须已经着手实行犯罪，达到未遂犯阶段；倘若行为人或共同正犯中任何一人，均未着手实行，从条文看来，似乎不能适用中止未遂的减刑规定。

实务基本上也主张这个看法，"最高法院"甚至有两则判例阐述此一见解，不论是1933年上字第980号判例所称："中止犯之成立，以已着手于犯罪之实行因己意中止者为要件，所谓着手，必须从客观方面可以认其实行行为已经开始者而言，若实行行为未曾开始，而其所为尚系着手以前之准备行为，只能谓之预备，除"刑法"上有处罚预备罪之规定，得依预备罪论科外，实无中止犯之可言。"或是1943年上字第2180号判例："杀人之帮助犯，欲为有效之中止行为，非使以前之帮助全然失效或为防止犯罪完成之积极行为不可，如属预备犯，则其行为之阶段，尚在着手以前，纵因己意中止进行，仍与'刑法'第二十七条所定已着手之条件不合，自应仍以杀人预备罪论科。"都指明向来严守法条规范的思考方向。

虽然刑法只规定着手后自愿放弃的中止犯减刑事由，未明文规范着手前自愿中止能否减刑；但若从举重明轻的法理来思考，"已着手实行"相对于"未着手实行"，前者对法益的干扰程度较大，如果前者可以因放弃犯行而减免刑责，后者没有理由不能适用。因此，有别于实务见解，台湾地区学说的多数看法反而认为，当行为人于着手前放弃犯行，都许可类推适用中止犯减刑规定，让行为人享受刑事责任的宽贷。②

针对上述争议，笔者认为，实务见解似乎过度拘泥于实证法的规定，刑法虽然有罪刑法定主义的要求，若无明文规定，仍不得类推适用成文法而自行创造法律效果；但倘若类推适用有利于行为人，则基于刑法最后手段性（ultima ratio）的法理，仍应该许可类推适用有利于行为人的法律效果。③ 基此，学说见解在这部分的看法，显然是较为合理的意见。

---

① 原审判决似乎认为，丙可以和甲、乙一同成立共同正犯，这一点笔者采反对见解。由于3人均未达未遂犯阶段，不得适用连带责任的共同正犯规定，要评价丙的刑责，只能基于丙的个人行为进行判断。
② 参见林东茂：《刑法综览》（第五版），2007年版，第1-227、1-228页；陈子平：《刑法总论》（修订版），2008年版，第428页。
③ 虽然刑法不许可刑事责任的类推适用，但针对有利于行为人事项，还是可以类推适用。参见林山田：《刑法通论》（增订十版）（上册），2008年版，第84—85页。

不过随之而来的问题则是,如果认许预备行为人自愿放弃续行犯罪时,可以类推适用中止犯的减免刑责,其成立要件是否必须与中止未遂完全一致,尤其是行为人放弃犯行时的内在意思,是否必须完全沿用中止未遂的自愿性判准? 这一点笔者将于下文讨论。

(一) 己意中止的问题

依据通说看法,着手后若要享受刑责减免利益,必须"自愿地"(freiwillig)实施中止行为,从而保全法益,学说并区别未遂行为人已经达到未了未遂(unbeendeter Versuch)或既了未遂(beendeter Versuch),而对中止行为的内容(只要单纯中止,抑或必须另为防果行为)有不同要求。①

当我们把中止犯的规定援用到预备犯的场合时,因为预备犯根本还没有着手,只需要单纯放弃犯行,就可以有效地保全法益,亦即,只要行为人停止续行即足。然而中止犯放弃行为必须出于自愿性,是否预备犯减免刑责也要遵守此一标准,就有思考必要。

一般学理上,自愿性有数种不同的定义,有认为自愿性指的是心理上不受强制的状态,有认为自愿性指的是规范上自由决定的意志倾向。② 台湾地区实务见解向来认为必须是"己意中止",如因外在情况而使得行为人不得不中止犯行,则不得成立中止犯。③

暂时搁下自愿性的争议,回到中止犯要求自愿中止的实质理由,这是因为中止犯已经实施犯罪行为,也越过未遂的可罚界限,本来就有适足正当可罚性。在这个意义下,中止犯的减免刑责事由其实是法律特别恩赦,只需适用于刑法认为值得宽贷的个别行为人,必须是外在效果上回避了法益损害,同时内在意志上也愿意恪遵法律规范的行为人。因此,中止未遂必须严格地要求行为人,务须自愿性中止犯行,才能享受减免效果。④

然而形式预备犯规定本身就是一种非常前置性质的处罚,行为人还没有着手实行犯罪,威胁法益的效果并不显著,也还没有真正实施有办法引起损害流程的关键行动,当行为人在前阶段时愿意放弃续行犯罪,考虑到法益尚未因预备犯行受到重大干扰,行为人也还没有步入刑法关切的处罚禁区,此时应该尽量给予放弃犯行者不处罚或减轻处罚的机会。只要行为人出于自我决定而放弃犯罪续行,并以客观行动表现出其放弃的意思(例如,交还丢弃犯罪工具、离开犯罪现场、通知被害人等),不论行为人有无伦理自省,是否出于纯粹个人自由意志与自主动机,甚至是行为人发现续行犯罪会有大麻烦(错过时机、执法人员路经犯罪现场),或者准备活动时就发现犯罪目的无从达成(预期强盗对象其实家境贫困),因而决定就此打住,由于行为人还没有着手,基于刑法最后手段性法理,应考虑可扩张其适用范围。亦即,关于预备犯的中止事由,不必严格地要求行为人出于良善意志或遵法动机的自愿要素,只要行为人嗣后有明确的放

---

① 参见林山田:《刑法通论》(增订十版)(上册),2008年版,第488—490页;林钰雄:《新刑法总论》,2006年版,第366—367页。

② Vgl. z. B. Roxin, AT/2, § 30 Rn. 355.

③ 可惜的是,台湾地区法院却很少对什么是中止犯"己意中止"的意思作出明确的阐述,多数判决仅交代"刑法"第27条第1项条文,然后将事实复述后,直接判定是否为"己意中止"。论述较为详细的判决,亦仅有台湾地区"最高法院"1998年台上字第216号判决:已着手于犯罪行为之实行,而因己意中止或防止其结果之发生者,为中止犯,所谓因己意中止,必其中止犯罪行为之实施,系出于行为人之自由意思,亦即任意性始可。若其中止系由于与行为人之意思完全无关之情事,如自然事实、被害人或第三人之行为、行为人本身意思以外之事故如痉挛、反射等,固无论,即因外界之障碍影响行为人之意思,如见下毒行为败露,而将药水倒于地上等,亦非中止犯。学说上的讨论,参见林山田:《刑法通论》(增订十版)(上册),2008年版,第482—488页。Auch vgl. Kühl, AT, § 16 Rn. 52 ff.

④ Kühl, AT, § 16 Rn. 53.

弃、中止行为，即便受到外界环境的改变而不得不作成此一决定，也可以类推适用"刑法"第 27 条的规定减免刑责。

更精确地说，形式预备犯的行为中真正与保护法益桥接要素，其实是主观后行为意图，预备行为再怎么多样，理论上还是得实施后阶段犯行，才能损害法益。不过，后行为意图只是一个还没有实现的主观期待，如果行为人实施了预备行为，嗣后又放弃续行犯罪，该"放弃行为"势将使得尚未实现的后行为意图，变成不重要的主观不服从心态，也切断预备行为与预期后行为间的关联性。① 着手前的预备犯中止行为，使得法益的受损可能性大大被压抑下来，刑法当然应赋予相应的减免刑责效果，而因为其减刑实质理由是法益影响机能的减轻，因此只要预备行为人自主放弃续行，实施中止行为而消灭原已出现的后行为意图，即能发生此一作用，在此不需要求行为人有明确的遵法意志或诚心的悔悟。这一点也与中止未遂的减刑理由有明确差异，中止未遂行为人已经逾越了刑法禁止犯行的红线，刑法可以合理正当地处罚行为人；嗣后放弃犯行只能得到刑法的特别恩赦，能获得恩赦者必须有服从法秩序行为要求的意愿。相对于此，如果行为人还没踩到红线，只于红线前的预备犯灰色区块徘徊，对于触碰灰色区块的行为人，刑法的制裁需求本来就非常低，当行为人自行决定放弃逾越红线，该放弃行为使得原来极弱的制裁必要性消灭，只要行为人以客观行动表现出中止犯罪续行的想法，即应予以刑责宽贷。至于放弃是否出于真挚，是否不受外在情状干扰，行为人是否有悔意等，有鉴于预备时中止与着手后中止是出于不同法理基础，笔者认为不必再加审酌。

（二）本案法效

再回到本案事实，构成预备强盗罪的甲、乙二人，嗣后因为外界环境与机会的改变，决定放弃强盗行为，原审法院并未特别处理放弃犯行的效果。就此笔者认为，由于甲、乙均于着手前放弃续行犯罪，并让出租车司机丁开回市区，这个行为明确表示甲、乙二人已经截断原已出现的后行为意图，应考虑类推适用"刑法"第 27 条第 1 项减免刑责。至于甲、乙放弃续行虽出于"环境改变可能难以成功"，但笔者认为，预备阶段的行为人，只要以明确的外在行动表现出放弃犯行的意思，就已减低原已出现的影响法益效果，在此不必要求中止犯所谓的己意中止，纵然甲、乙不具己意性，但已有放弃行为，故仍可类推适用减免刑责规定。②

结论性观点

以下总结本文对原审判决以及形式预备犯各项问题的研究成果：

1. 预备犯不适用共同责任规定，应以个人行为决定是否成罪。
2. 形式预备犯的成立要件如下：

（1）客观要件：实施可罚预备行为，亦即，以预备行为与计划后行为的时空间距，区别为远距型与紧邻型的预备行为，前者仅限于有其他构成要件处罚时，才能成立预备犯；后者除了有其他

---

① 此说的基本想法，参考中止未遂的旧说——违法性减少或排除说（亦称为法律说，Rechtstheorie），该说认为嗣后的中止行为，可以表现出行为人撤回的犯罪意志。Vgl. Roxin, AT/1，§ 30 Rn. 11. 本说在德国学界几无支持者，但在日本仍有适用于中止未遂的声音。参见〔日〕川端博：《集中讲义刑法总论》，余振华译，2008 年版，第 287—288 页。笔者并不赞同本说适用于中止犯，但认为在预备犯的场合，可以从该说观点得到一些启示。

② 此外，台湾地区另有见解认为，若行为人在预备阶段中止，应直接排除预备犯的成立，参见林山田：《刑法通论》（增订十版）（上册），2008 年版，第 497—498 页；黄荣坚：《基础刑法学》（下），2006 年版，第 606 页。此说殊值参考，惟本文因篇幅限制，无法再处理此一争议。

构成要件处罚的类型外,还包括纯粹中性合法行为,但必须具体判断该预备行为是否属于后行为重要而不可或缺的元素,以及是否提供了后行为损害危险因子。

(2)主观要件:包括"可罚预备行为的故意"与"将于后阶段实施构成要件该当行为的意图(即后行为意图)"。

3. 形式预备犯于着手前中止犯行时,只要以客观行动表现出放弃犯行意思,即可类推适用"刑法"第27条第1项减免刑责。

4. 案例事实的法律效果:甲、乙成立预备强盗罪,但可类推适用中止未遂减免刑责;丙无罪。

强盗罪与诈欺罪的难题[*]

——评台湾地区"最高法院"2000 年台上字第 852 号判决

张丽卿[**]

基本案情

甲和乙是夫妻,因民间互助会与借贷关系,于 1994 年积欠上诉人丙及丁 1 000 多万元,积欠上诉人戊 1 000 多万元。乙因无力清偿遂与甲离婚,并逃匿不知去向。丙、丁、戊心有不甘,唆使不详姓名之成年男子二人以押人之手段,强逼甲清偿欠款。1996 年 7 月间,丙、丁、戊及两名不详姓名之男子强行将甲带至出租车上,携至台北市新生南路靠信义路附近之工地地下室。两名不详姓名之男子持砖块、木棍殴打甲,致其身体多处受伤;丙在工地门口把风,丁亦到场了解情况,并取走甲皮包内所有之 63 000 元、客票 13 260 元,及逼问甲彰化银行金融卡密码,领走甲所有存款 7 万元抵债,事后并强迫甲签下和解书,直至翌日上午 6 时许,丙才将甲送往医院急救。

裁判要旨

本案经检察官起诉,第一审判决丙等人无罪。第二审撤销第一审谕知无罪之判决,改判上诉人丙等共同私行拘禁罪刑。

台湾地区"最高法院"同意高等法院撤销改判上诉人丙等为共同私行拘禁罪。惟对于本案原判决认定上诉人丙、丁、戊唆使不详姓名之成年男子二人,以押人之手段,强逼甲清偿欠款,并逼问甲彰化银行金融卡密码,领走甲所有存款 7 万元抵债等情事,是否构成诈欺罪部分,原判决未予论究,认为于法有违。

台湾地区"最高法院"的理由是:以他人之提款卡持向自动付款机冒领款项,因该付款机系该机构办理付款业务人员之替代,对其所施用之诈术,视同对自然人所为,应成立"刑法"上之诈欺罪(参照台湾地区"最高法院"1992 年第 11 次刑事庭会议决议),故将原判决发回更审。

疑难问题

本案台湾地区"最高法院"撤销原审法院判决的争点是,高等法院对丙、丁、戊逼问甲彰化银行金融卡密码,领走甲所有存款 7 万元抵债情形,是否构成诈欺罪部分,未予审究,而将原判决撤销发回更审。不过,仔细分析本案的犯罪事实后,可以发现本案判决有两个疑点:一是以押人及伤人之手段,强逼债务人清偿欠款,是否仅成立私行拘禁罪,而不成立强盗罪?这关系到强盗罪构成要件中的不法所有意图。二是逼问债务人金融卡密码,持向自动付款机冒领所有存款抵债,是否构成诈欺罪?这攸关诈欺罪构成要件中的错误,亦即,机器能否陷于错误。

---

[*] 原载于《月旦法学杂志》2000 年第 65 期。
[**] 东海大学法律学系教授。

学理研究

以下分别探讨强盗罪与诈欺罪的构成要件,及其与本案犯罪事实的关联性,冀能对于强盗罪与诈欺罪构成要件中解释上的难题有所厘清。

一、强盗罪的不法所有意图

强盗罪("刑法"第328条),为侵害他人财产法益之犯罪,属于财产犯之一种。因其使用足以抑制他人抵抗程度之强暴、胁迫或他法夺取他人之财物,故亦具有侵害他人意思自由与行动自由之性质。因此,本罪所保护的法益,除财产法益外,兼含有意思自由与行动自由的法益。为了精确掌握强盗罪的构成要件,尤其是强盗罪的不法所有意图,有必要从其客观构成要件要素与主观构成要件加以分析。

(一) 客观构成要件要素

"强盗"系以强暴、胁迫、药剂、催眠术或他法,致使不能抗拒,而强取他人之物或使其交付;行为人以前述手段,自己或使第三人得财产上不法之利益,也成立强盗罪。"强盗行为",乃指行为人破坏持有人与物之监督支配关系,所行使之手段,系当场直接侵害持有人之自由意思,并足以抑制持有人之自由意思使之无法抗拒的行为。亦即,限制被害人对其财物处分的意思决定自由,进而强取财物目的之行为。兹分述如下:

1. 强制行为

单纯强盗罪,须以强暴、胁迫、药剂、催眠术或他法之手段为之,始能成罪。"强制"可分为直接强制与间接强制。① 直接强制是行为人直接以身体的暴力,或使用机械的暴力方式,直接加诸被害人,使其无法抗拒;间接强制是以暴力或非暴力的方法,非直接加诸被害人,而是以转嫁的方式对物或第三人加以强制的情形。②

就强盗罪之体系解释,所谓"强暴胁迫",应解释为最狭义之有形力行使的直接强制;至"药剂、催眠术或他法"③,则应解释为广义有形力之行使④,其范围应包括间接强制的情形。⑤

另外,行为人所施之强制手段,须足以压抑被害人之抗拒,使其丧失意思自由(1941年上字第3023号判决)。至是否足以压抑被害人之抗拒,使其丧失意思自由,原则上应依客观之标准加以判断;惟有时行为人或被害人之意思及其他主观之情事,亦应予以综合考虑。易言之,判断是否足以达到使人不能抗拒之程度,原则上应就具体情况,斟酌行为人以及被害人人数、年龄、性别、性格与体格等,犯行时间、场所、凶器之有无、种类以及使用方法等,综合判断其是否足以抑制被害人之抵抗能力。⑥

---

① 参见 Schönke/Schröder/Eser, §240, Rdnr. 4; Schroth, Strafrecht BT, 1998, S. 71.
② 参见 Wessels/Hillenkamp, Strafrecht Besonderer Teil/2, 22. Aufl, 1999, S. 126, Rdnr. 321.
③ 他法,乃指除强暴、胁迫、药剂或催眠术以外,其他足以抑制被害人抵抗程度之方法。例如,携带假枪、冒充真枪(1937年沪上字第9号判例);用手放入衣袋,装作手枪(1938年沪上字第15号判例)等。
④ 所谓狭义之有形力,应仅限于拳打脚踢或推撞拖拉等基于力学之作用者,始属之。广义之有形力,则指除力学之作用外,病菌、毒物、腐败物、麻醉药等化学或生理之作用;光、热、电气、毒气、声音等能量之作用以及利用动物、植物、昆虫等他力之作用,均包含在内。参见甘添贵:《体系刑法各论》(二),2000年版,第138页。
⑤ 不过,要成立强盗罪,基本上,应限制在强盗行为的客体在行为人本身,如行为攻击的对象与目的实现的对象不一致,应成立恐吓取财而非强盗较妥。相同意见参见柯耀程:《强盗与恐吓取财之区分》,载《月旦法学杂志》2000年第58期,第179页。
⑥ 参见林山田:《刑法各罪论》(上),1999年版,第335页。

因此,如果只是被害人不加抗拒还不能解释为不能抗拒。①

2. 强制手段

本罪之行为态样有三:强取、强使交付及强得。所谓强取,乃以强制手段取得他人之物之行为,以动产为限。所谓强使交付,乃以强制手段使被害人或第三人交付之行为,不论动产或不动产,均得为之。所谓强得,乃以强制手段获得他人财产上之利益,自己获得或使第三人获得,均得成立。

3. 强制手段与强取、强使交付或强得行为间的手段目的关系

由于强盗罪的成立具有两个行为要素的结构类型,强盗罪的行为要素系由强制与强取所构成,强制系强盗罪的手段,强取财物系强盗罪的目的,其手段与目的实现间必须具有密切关系。② 换言之,行为人实施足以压抑被害人抵抗能力之强制手段,需与其强取、强使交付或强得行为间具有因果关系,始能成立强盗罪。所以,行为人以强盗之意思,实施强制手段,压抑被害人之抵抗能力后,将财物夺取者,是强盗罪之典型案例,其强制手段与财物夺取行为间之结合极为紧密,因果关系之认定才无疑义。

4. 与本案犯罪事实的关联性

在本判决中,丙等人将甲强行带至出租车上,并掳至工地殴打,致其身体多处受伤;之后,强取甲皮包内之 63 000 元、支票 13 260 元,及逼问甲彰化银行金融卡密码,领走所有存款抵债情形。依笔者见解,丙等人符合强盗罪中的客观构成要件要素。主要的理由是:丙等人将甲掳至地下室殴打,其所使用的手段是直接以身体的暴力加诸被害人甲的"直接强制行为",其强制行为足以压抑被害人甲之自由,使其丧失意思自由以达到无法抗拒的情形,并在此种状况下,将甲皮包内所有的钱财取走,其强制手段与财物强取行为间之结合极为紧密,押人及殴打系强盗手段,强取甲所有钱财系强盗目的,其手段与目的实现间具有密切关系,因果关系之认定没有疑义。

(二)主观构成要件要素

强盗罪行为人主观上必须具备"强盗故意"(包括未必故意),及为自己或第三人之"不法所有意图"。"强盗故意",是指行为人对全部的客观犯罪事实的故意。行为人对其行为有足以使他人不能抗拒的认识后并决意为之,此种强取他人财物的心态,即被认为有强盗故意。③ 强盗罪行为人的意图,是指为自己或第三人违法地占有他人之物。④

强盗罪的不法所有意图,是本判决的难题。由于不法所有意图的认定,是所有财产犯罪是否成立的关键,因此,有必要在这里加以澄清。

---

① 不过,实务一向持宽松看法,例如,1941 上字第 3023 号判例谓:本罪之强制手段,只需足以压抑被害人之抗拒,使其丧失意思自由或使其身体上、精神上处于不能抗拒之状态为已足,纵令被害人实际上并无抗拒行为,或实际上并未压抑被害人之反抗能力,仍于强盗罪之成立,不生影响。有关于此,《德国刑法》第 249 条第 1 项规定为,"对人实施强暴及对于生命或身体之现时危险所加之胁迫",才能该当强盗罪之强制行为。所以,如仅对物施暴,或对生命身体以外之法益加以限时之胁迫,并不成立强盗罪。此种对强暴、胁迫行为对象之限制,将可限缩强盗罪的成立。参见,Wessels/Hillenkamp, Strafrecht Besonderer Teil/2, 22. Aufl, 1999, S. 125, Rdnr. 316.

② 参见 Schönke/Schröder/Eser, §249, Rdnr. 7; Lackner/Kühl, §249, Rdnr. 4; Wes-sels/Hillenkamp, Strafrecht Besonderer Teil/2, 22. Aufl., 1999, Rdnr. 322, 327.

③ 如果行为人认为,他有民法上的权利保障他的请求权,而取走或强取别人的财物时,所牵涉的只是,这个确信或误认是否属于与客体相关的构成要件错误或是属于与概念相关的禁止错误,此时应依错误的法理解决。参见 Haft, Starfrecht Besonderer Teil, 7. Aufl., 1998, §242, S.148.

④ Wessels/Hillenkamp, Strafrecht Besonderer Teil/2, 22. Auf, 1999, S. 128, Rdnr. 327.

通常"不法所有之意图",是指行为人有意改变他人财产行使的状态。关于不法所有意图的概念,德国学说上有"实体说""物的经济价值说"和"统一形式说(混合说)"三个学说的争执①,目前的通说是"混合说"。② 因为,按照物的实体说,无法掌握行为人将他人之物取走后,把附着于物的经济价值抽出又将物返还的情形。例如,甲取走乙的存折,领取其中全部或部分金额后,将之返还。另外,按照物的经济价值说,对于某些不具有经济价值之物的窃取,也无法成立不法所有。例如,甲男取走暗恋多时的乙女小时候所穿的衣服,由于该衣服已不存有经济价值,因而也无法加以掌握。然而,依照混合说,若行为人将物本身占为己有,或对附着于该物上的经济价值据为己有,均成立不法所有。

对于"意图不法所有"之内涵,判例甚少着墨,仅有1927年上字第139号判例,曾阐述:"窃盗罪之成立,须意图为自己或第三人不法所有,为暂行律第三百六十七条所明定。则该项犯罪之主观要件,即令不须被告有于法律上使自己或第三人取得所有权之故意,至少亦须有于经济上使自己或第三人与所有人享同等利益,或为同等支配之故意。"依此判例要旨,行为人无论于法律上有无排除权利人而取得其所有权之意思,如有经济上与所有人享同等利益或为同等支配之意思,即为意图不法所有。如与德国上述三个学说比较观察,本判例的见解,与前述混合说之看法相近。③

倘依前述之判例要旨解释"意图不法所有"之内涵,则学界及实务有关意图不法所有内容的困扰,将得以迎刃而解。惟实务上尔后之判例,并未援引此项判例要旨,继续予以阐述,不但使该项判例要旨成为绝响④,且对于不法所有之意图都只数语带过,认为欠缺不法所有之意图不成立窃盗、抢夺或强盗。此观之以下两个判例,即可得到印证。例如,1932年上字第18号判例要旨谓:"刑法"上之强盗罪,以有为自己或第三人不法所有之意图为构成要件之一,若夺取财物系基于他种目的,而非出于不法所有之意思者,纵其行为违法,要不成立强盗罪。又如,1964年台上字第475号判例要旨:被告等因上诉人购布尚未给付布款,闻其行将倒闭,情急强搬货物,意在抵债,并非意图为自己不法之所有,其行为仅应成立妨害人行使权利罪,尚难以抢夺或强盗罪相绳。另外,1938年上字第1404号判例、1940年上字第2330号判例、1989年台上字第0594号判决、1991年台上字第2366号判决、1993年台上字第1959号判决、1993年台上字第3071号判决、1994年台上字第2689号判决等,亦持相同看法。

其实,不法所有意图的概念,应该着重于对于该物有一种类似所有权人支配地位的冒用,亦即,行为人以所有人自居的心理状态,处于类似所有人的地位,排除物的真正所有权人对该物的行使权利,取代真正所有权人的地位。因此,不法所有包括两个要素:其一,"排除持有"(Enteignung),主要是指持续性地破坏他人对物的支配关系,将物长期占为己有的未必故意。其二,"建立持有"(Aneignung),是将他人之物据为己有而使用,行为人以暂时性或持续性的意思,使自己或第三人居于类似所有人对该物的支配地位。⑤ 因为,无论动产或不动产的所有权,原则上均无法依不法行为,如窃盗、窃占、抢夺、强盗或侵占等行为而取得。因此,所谓不法所有,并非指非法

---

① Wessels/Hillenkamp, a. a. O. , S. 43, Rdnr. 128ff.

② Lackner/Kühl, StGB, 23. Aufl. , 1999, §242, Rdnr. 22; Wessels/Hillenkamp, a. a. O. , S.45, Rdnr. 133.

③ 例如,在"使用窃盗"之情形,行为人虽无取得所有权之意思,但有于经济上一时与所有人享同等利益或为同等支配之意思,即得认其成立窃盗罪,所以,在使用窃盗未犯罪化前亦能处罚。参见甘添贵:《体系刑法各论》(二),2000年版,第49页。

④ 参见甘添贵:《体系刑法各论》(二),2000年版,第49页。

⑤ Wessels/Hillenkamp, a. a. O. , S.50, Rdnr. 150.

取得所有权之意,而系指非法行使所有权之内容。亦即,非法对于他人之动产或不动产①而为使用、收益或处分。所谓"意图不法之所有",乃行为人明知自己在法律上并不具有合法权利,或不具有完全之合法权利,而有使自己或第三人在经济上与所有人享同等利益或为同等支配之意思,亦即,有为自己或第三人违法占有他人之物的意思。②

基于上述,丙等人的不法所有意图,应该足可认定。因为,丙等人对"甲皮包内的 6 万多元、客票以及存款",在法律上并不具有合法权益,却企图与甲享同等利益,丙等人对该等钱财有使自己或第三人在经济上与所有人享同等利益或为同等支配之意思,亦即,丙等人有为自己或第三人违法占有甲所有钱财的意思。

丙等人虽然对甲有债权,但此一债权并不能排除不法所有的意图。债权是一种广泛的请求权,债务人如果拒绝清偿,债权人尚要经过民事诉讼上的确认,才可能强制执行。债权人没有理由略过这种民事上的程序,径行采取自己认为方便的手段去满足债权。行为人对于他人的所有物为擅断的清偿,是无法获得保护的,特别是在金钱债权部分。对所有权人之给付仅能循序渐进地让其履行义务,如果行为人对出卖人强迫其为预先给付,其擅断的占有是违法的。③ 尤其,如其行为与法秩序抵触,其移入自己实力支配管领之意图,违背公共秩序或善良风俗,以及逾越通常一般人得以容忍之程度者,其所力求达成的占有即是违法。④

如果丙等人误以为可以使用强暴等手段自力救济,那也是误认法律的规范内容,最多只可依禁止错误的规定而减免刑罚("刑法"第 16 条),但无论如何,不能认为犯罪不成立。⑤

依实务向来的看法,只要享有债权(包括赌债这种自然债务)⑥,债权人即使以掳人勒赎、强盗的手段强行满足债权,都只可能成立强制罪或妨害行动自由罪这类较轻微的罪。实务向来认为,若夺取财物系基于他种目的,而非出于不法所有之意思者,纵其行为违法,也不成立强盗罪。但是,这种意见不仅没有说理,更是牵强,也有助长"地下司法"的嫌疑。

依实务的意见,行为人只要拥有债权,不法所有的意图就会被排除,这恐怕不是合理的看法。假设甲对乙有债权,乙迟延清偿;甲受邀至乙家做客,趁乙不注意,自行从乙的皮包抽取与债权相等数额的金钱,甲根本就无罪可言(连强制罪都不成立,因为甲对乙没有施强暴、胁迫)。这不是鼓励"地下司法"吗? 任由这种做法蔓延,我们的社会将难有宁日。

二、机器不能陷于错误

能否将自动付款设备认为系银行办理付款业务人员之替代,并认为对机器施用诈术,视同对自然人所为,攸关机器能否陷于错误的问题。由于本案判决发生在 1997 年 10 月"刑法"修正公布之前,理应适用公布之前的旧法,基于罪刑法定原则,对于丙等人的行为是否构成诈欺罪,有利害关系而有探究的必要。先简略说明诈欺罪的基本架构,再论述机器不能视同自然人的理由。

---

① 参见张丽卿:《无权使用或窃占》,载蔡墩铭、甘添贵主编:《刑法争议问题研究》,五南图书出版公司 1995 年版,第 511 页以下。
② Wessels/Hillenkamp, a. a. O. , S. 125 , Rn. 327.
③ 参见 Schönke/Schröder/Eser, §249, Rdnr. 9f.
④ 参见 Haft, Starfrecht Besonderer Teil, 7. Auf, 1998, §242, S. 147.
⑤ 类似的见解,如 Haft, a. a. O. , §242, S. 148.
⑥ 例如,1993 年台上字第 3071 号判决要旨谓:被告为其妻索讨赌债虽属自然债务,不得于诉讼上之请求,但尚非无债权债务之存在,被害人为刘进来之妻,被告主观上即非有为自己不法所有之意图,即与恐吓取财罪无关,应以恐吓危害安全罪论处。

(一) 诈欺罪的基本架构

诈欺罪的成立,必须是行为人施用诈术,使人发生错误;此一发生错误的人因处分财产,导致处分者本人或第三人蒙受财产上的不利益,而施用诈术的人或第三人获得不法的财产利益。①

诈术就是欺骗,是以作为或不作为的方式,传递与事实不符的信息。事实是指过去或现在的事实,并且有真伪的内涵。未来之事,或价值判断,无法检验真伪,所以不是事实。② 所谓的事实,除了外在的客观事实(如履行支付的能力)之外,也包括内心的事实(如履行支付的意思)。③

财产的处分,可能是缔约行为,也可能是履约行为,或物的交付。换言之,任何作为处分,包括法律上的作为(可能是缔约行为,也可能是履约行为)或事实上的行为(亦即物之交付)都是财产处分之行为。处分财产的结果是,诈术的使用者或第三人,得到不法的财产利益;处分财产的人或第三人,受到财产上的损害。

错误是指被害人主观的认知和客观的事实不一致。发生错误的人,必须同时也是处分财产的人。错误的发生与财产的处分,必须有因果关系;否则,诈欺罪不成立。由于行为人对于事实为欺骗之行为,使被害人在意识上有违实际的情形,因此决定有无错误的重点在于:某种事实因为行为人的欺骗行为,导致被害人对该事实的意识产生错误,所以,欺骗与对方的错误间必须有因果关系,并且陷于错误者,必须有对事实的意识产生错误的能力,才有可能成为诈欺对象。换言之,自然人才有这种能力,至于自动付款机无法成为陷于错误的对象;在无法找到有陷于错误的自然人时,也就没有诈欺的问题。

(二) 自动付款机不是诈术行为的相对人

呈上述,台湾地区"最高法院"援引1992年度第11次刑事庭会议决议认为,以他人之提款卡向自动付款机冒领款项,因该付款机系该机构办理付款业务人员之替代,对其所施用之诈术,视同对自然人所为,应成立"刑法"上之诈欺罪,是有疑义的。实务的见解向来认为,机器是人的手足的延伸,对任何机器设备所施用的诈术,视同对自然人所为。④

必须重申的是,诈术是对相对人认知的影响。换言之,只有人,才会产生错误的认知,至于任何机器设备,并没有认知能力。银行将自动付款机设置于特定地方后,自动付款机只会根据特定的指令作出吐钞或拒绝的反应。指令正确,就有预设的动作出现;指令不正确,就不会有反应。就自动付款机而言,是完全依据程序语言的指令,就一定的程序加以处理。因此,对于丙等人是否有权提走所有存款,自动付款机根本无从判断,所以,根本无所谓受欺罔致生错误的情事发生。

综言之,在1997年"刑法"修正前,无权利人使用自动付款设备提款,应该是法律上的漏洞,不能加以处罚。所以,丙等人强逼被害人交出提款卡,再进行提款,应该不成立诈欺罪。这个行为,只能算是强盗罪的一部分。

---

① 关于诈欺罪的基本结构,详细的说明可参见张丽卿:《机器与诈欺》,载蔡墩铭、甘添贵主编:《刑法争议问题研究》,五南图书出版公司1995年版,第521页以下。
② 参见 Wessels/Hillenkamp, a. a. O. , S. 200f. , Rn. 494.
③ Krey, Strafrecht, BT /2, 1999, Rdnr. 339.
④ 例如,"法务部检察司"1989检(二)字第0441号函及"法务部检察司"1989检(二)字第1137号函均认为,自动提款机属于付款人意思结构之延伸或代表,如以不正当手法输入讯号或干扰使该机器发生错误之判断而付款,应成立诈欺罪。

结论性观点

财产犯罪在现实社会发生的很多,是刑法实务上经常处理的犯罪类型。许多财产犯罪的成立,必须行为人主观上具备"不法所有的意图"。实务向来认为,只要行为人对被害人拥有债权(包括赌债),就不至于具备"不法所有的意图",也因而不成立掳人勒赎、强盗、窃盗等罪,只能成立妨害自由罪,尤其是强制罪。这意见显然对行为人过度宽纵,而且不合理。

强制罪的成立,除了行为人使用强暴、胁迫的手段之外,必须有"妨害他人行使权利或使人行无义务之事"的结果。依实务意见推演,行为人对于被害人有债权,因此欠缺不法所有的意图;被害人既然对行为人有债务,行为人也就不至于使被害人行无义务之事,也不会妨害被害人行使权利,因此根本无法成立强制罪。所以,实务认为行为人会成立强制罪的见解,也应该一并推翻。① 再依此推演,行为人只要不是限制或剥夺被害人的行动自由,自行用其他手段满足债权,就不会成立任何犯罪了。这有鼓励"地下司法"的嫌疑。

是否具备不法所有的意图,不能以行为人是否拥有债权为判断基准,应该是以行为人排除他人持有的特定的财产,试图扮演所有权人的角色,为判断基础。债权是一种抽象的请求权,拥有这个请求权,不代表可以任意对他人的财产居于所有权人的地位。实务向来的意见,应该加以改变。

附带要讨论的是,对于机器能否诈欺的问题。机器依照人所下达的指令而做反应,指令不正确,机器就拒绝反应。操作机器的人是否有权利,机器无从分辨;因为无从分辨,也就没有认知的能力;由于没有认知能力,所以没有被骗与否的问题。对于机器无法欺骗,几乎已经是一种共识,因此才会有1997年计算机"刑法"条款的增列(主要是第339条之1至之3)。增列计算机"刑法"条款之后,对于机器的无权操纵或不正当的操控,因而获得不法利益,成立对应的新罪。例如,取得他人的提款卡,猜测密码而提款,可能成立第339条之2的罪。② 在增列计算机"刑法"条款之前,这类行为不能处罚。机器不是自然人中枢神经的延伸,机器只是自然人的神经末梢,只能接受自然人的指令。

最后要说明的是,在本判决事实里,丙等人强逼提款卡密码,并进而提款的行为,实际上只是强盗行为的一部分。丙等人在一次强盗行为里,强取被害人皮夹里的钱,强取客票1张,强取提款卡里的钱。这是单纯的一个罪,根本无须讨论是否另外成立诈欺罪的问题。

---

① 1964年台上字第475号判例要旨谓:被告等因上诉人购布尚未给付布款,闻其行将倒闭,情急强搬货物,意在抵债,并非意图为自己不法之所有,其行为仅应成立妨害人行使权利罪,尚难以抢夺或强盗罪相绳。另外,1989年台上字第5094号判决,亦持相同看法。

② 不过,黄荣坚认为,本条增修的目的在于填补类似诈欺的计算机行为,计算机诈欺虽然可以舍弃没有自然人作为被欺骗的对象。但是,其他诈欺罪的基本构成要件仍须具备,才能属于所谓的类似诈欺,否则,第339条第2项的规定,应该属于窃盗罪的特别减轻规定而已。参见黄荣坚:《"刑法"增修后的计算机犯罪问题》,载:《罪与刑——林山田教授祝寿论文集》,1998年版,第322页。

"刑法"第329条准强盗规定之剖析及其适用*

——评析台湾地区"最高法院"2002年台上字第5995号判决、台中高分院2002年上诉字第1156号判决和台中地院2002年诉字第114号判决

郑逸哲**

基本案情

被告甲持拔钉器先行破坏铁皮围墙,将该拔钉器放回其所骑乘的脚踏车后,翻越铁皮围墙,跳入被害人乙住宅前的空地,着手窃取堆放在空地上的铜条,在尚未搬离得手前,即为乙经由邻居通知后持木棍出外追捕,甲见事情败露,即仓皇跳到围墙上,乙持木棍跳起来欲殴打及逮捕甲时,不小心跌倒,致木棍掉落地面,甲为脱免逮捕,遂在围墙外持该木棍追赶及殴击乙数下,致乙胸壁挫伤,后经乙之子丙出面,始和乙一起将甲制服报警处理。乙并未其遭甲殴击部分提出告诉。

裁判要旨

按携带凶器窃盗,只需行窃时携带具有危险性之凶器为已足,并不以携带之初有行凶之意图为必要;次按"刑法"第329条所谓当场,固不以实施窃盗抢夺者尚未离去现场为限,即已离盗所而尚在他人跟踪追蹑中者,仍不失为当场。

按"刑法"第330条所谓犯强盗罪,不仅指自始犯强盗罪者而言,即依第329条以强盗论者,亦包括之,如此项准强盗罪有第321条第1项各款情形之一,自应依第330条论处;复按"刑法"准强盗罪,系以窃盗或抢夺为前提,在脱免逮捕之情形,其窃盗或抢夺既遂者,即以强盗既遂论,如窃盗或抢夺为未遂,即以强盗未遂论;台湾地区"最高法院"1973年台上字第2489号判例、1939年上字第1984号判例、1953年台上字第523号判例、1979年台上字第2772号判例可资参照。

携带凶器窃盗构成要件该当行为于"行窃时携带具有危险性之凶器"为已足。

疑难问题

如何理解"刑法"第329条所规定的"以强盗论"的构成要件。

学理研究

一、理论先探——"刑法"第329条准强盗规定的剖析

"刑法"第329条所规定的构成要件,一般被称为"准强盗构成要件",但或许因其规定在328条第1项强盗构成要件之后,又被冠以"准强盗"之名,而被忽略了其作为一个独立构成要件,必然所具有的特有结构——尤其必然不同于强盗构成要件,否则就不必别立准强盗构成

---

* 原载于《月旦法学杂志》2004年第107期,收录于本书时,原文之部分用语、文字经出版社编辑调整。
** 台北大学司法学系副教授。

要件。

所以，要认识准强盗构成要件，必须径自剖析该构成要件规定，不必也不该预设其与强盗构成要件在结构上有相关性或类似性。事实上，随后我们将说明其构成要件所以被称为"准强盗"，根本和强盗构成要件的结构形式无关，而是别有原因。

限于篇幅字数的限制，本段仅先就第329条规定加以大致剖析，其他相关或衍生问题，则"打散"到随后的相关部分论述之：

（一）准强盗构成要件属身份犯构成要件

准强盗构成要件的适用前提，必须是行为人具有"满足窃盗（既遂）构成要件行为人"的身份，欠缺此身份，本构成要件并无适用的可能。换言之，在审查顺序上，行为人之行为事实，必须能使窃盗（既遂）构成要件"被满足"，方有讨论准强盗构成要件该当性的余地。① 因而，从整个准强盗构成要件来看，"满足窃盗（既遂）构成要件行为人"即属行为人的身份要素。

反之，一旦行为人的行为具有准强盗构成要件该当性，该行为必然使窃盗（既遂）构成要件被满足，因而准强盗构成要件之于窃盗（既遂）构成要件构成法条竞合的特别关系，而窃盗（既遂）构成要件之于准强盗构成要件构成法条竞合的补充关系，即两构成要件间构成法条竞合的特别—补充关系。②

至于"抢夺（既遂）构成要件"，并不和准强盗构成要件构成法条竞合的特别—补充关系，因为，即使确定一事实满足准强盗构成要件，即能确定同一事实也使窃盗（既遂）构成要件被满足，却不能确定该同一事实是否使抢夺（既遂）构成要件被满足。是以，"满足抢夺（既遂）构成要件行为人"的身份，并非准强盗构成要件的身份要素，而是准强盗构成要件该当性的一种类型而已，即抢夺（既遂）构成要件和准强盗构成要件间欠缺逻辑抽象形式的普遍必然关系，只就"个案"的准强盗构成要件该当性发生时，同一事实"可能"亦使抢夺（既遂）构成要件被满足。

严格说来，即使删除"刑法"第329条中的"或抢夺"三字，准强盗构成要件之适用范围并不会发生任何改变，因为抢夺（既遂）构成要件之于窃盗（既遂）构成要件构成法条竞合的特别关系，即后者对前者构成补充关系。所以，一个能令抢夺（既遂）构成要件被满足的行为事实，同一行为事实必然亦令窃盗（既遂）构成要件被满足。③ 既然删除该三字并不会使准强盗构成要件的适用范围发生变动，则"或抢夺"根本就是赘字。

综合上述，我们可以"暂时"将准强盗构成要件改写为："窃盗（既遂）行为人，因防护赃物、脱免逮捕或湮灭罪证，而当场施以强暴、胁迫。"

（二）准强盗构成要件为双故意、双意图、双行为构成要件

既然以满足窃盗（既遂）构成要件作为身份要素，则准强盗构成要件该当行为人主观上自当具有"为自己或第三人不法所有之意图"和"窃盗故意"，客观上则有"窃取行为"。

---

① 关于"构成要件被满足"和"构成要件该当性"的概念区别，参见郑逸哲：《构成要件该当性》，载《月旦法学教室》2003年第6期，第44页以下；郑逸哲：《法学三段论法下的刑法与刑法基本句型》（第二版），2003年版，第532页以下。

② 特别—补充关系谓：若确定一事实满足一个构成要件，即能确定此同一事实也能使另一个构成要件获得满足时，则前者对后者构成法条竞合特别关系，后者对前者构成补充关系。适用前者时，即不再独立适用后者；后者的适用，以前者不能适用为前提。进一步说明，参见郑逸哲：《构成要件该当性》，载《月旦法学教室》2003年第6期，第379页以下。

③ 窃盗构成要件乃"窃→取"结构形式，而抢夺构成要件之结构形式乃"窃→强→取"（注意，其主观故意内容不含"制"之知与欲）。故就二者构成要件结构形式相比对，后者之"全"，必概前者之"偏"。亦即，于抢夺构成要件之中，必然以其部分形式存在窃盗构成要件。

再者,准强盗构成要件该当行为人须施以强暴或胁迫,故主观上当有"施强暴故意"或"施胁迫故意",客观上则有"施强暴行为"或"施胁迫行为",而其所以施强暴或胁迫,其目的在于防护赃物、脱免逮捕或湮灭罪证。换言之,准强盗构成要件该当行为人在主观上也必须具有"防护赃物意图""脱免逮捕意图"或"湮灭罪证意图"。①

因此,准强盗构成要件包含"为自己或第三人不法所有构成要件意图",以及"防护赃物构成要件意图""脱免逮捕构成要件意图"或"湮灭罪证构成要件意图"两个构成要件意图;"窃盗构成要件故意",以及"施强暴构成要件故意"或"施胁迫构成要件故意"两个构成要件故意,以及"窃取构成要件行为"和"施强暴构成要件行为"或"施胁迫构成要件行为"两个构成要件行为。故谓,准强盗构成要件为双故意、双意图、双行为构成要件。

但在此同时,应注意准强盗构成要件却是单结果构成要件。其构成要件窃盗部分,依第320条第1项窃盗构成要件作为其"法认识源"②来看,自当包括"取得他人动产"构成要件结果。然而,就构成要件施强暴或施胁迫部分,并无构成要件结果的规定。因为行为人即使具有"防护赃物意图""脱免逮捕意图"或"湮灭罪证意图",但准强盗构成要件并未若施强暴或施胁迫构成要件部分,有主客观部分相互对应的规定,故该意图只要在行为人主观上存在已足,至于是否实现防护赃物、脱免逮捕或湮灭罪证的目的,并不是准强盗构成要件所关心。而施强暴或施胁迫只要行为人有所举动,即已构成。换言之,以施强暴或胁迫着手实行防护赃物、脱免逮捕或湮灭罪证者,准强盗构成要件被满足,并不待防护赃物、脱免逮捕或湮灭罪证结果出现。可见,准强盗构成要件和"刑法"第100条第1项的构成要件,均属"着手犯"构成要件,但仍有不同:

(1)前者仍有"取得他人动产"构成要件"中间"结果;后者则无构成要件"中间"结果的规定。

(2)在事实概念下,前者的"意图既遂犯"仍是准强盗构成要件该当行为人,仍是依第329条"意图未遂犯"的规定追诉处罚;后者的"意图既遂犯"并无处罚的可能,唯有"意图未遂犯"方有依规定追诉处罚的可能。

至此,我们可以更进一步将准强盗构成要件更精确改写为:"意图为自己或第三人不法之有,而窃取他人动产之行为人,当场以施强暴或胁迫而着手实行防护赃物、脱免逮捕或湮灭罪证。"

(三)"当场"属准强盗构成要件的客观处罚条件

先举个例子:甲意图为自己不法之所有,而窃取乙的自行车;次日,甲骑该车上路,被乙撞见,乙向前抓人,甲意图防护赃物,而起脚踹乙,但未踢中,反被乙制服送警。甲的行为是否具有准强

---

① 顾名思义,"意图"就是"图……的意思",就是"希望达成……目的的意思",其实就是"动机"。一般说来,动机并不为构成要件立法所重视,而是作为量刑的重要审酌事由(参见"刑法"第57条)。但就若干,尤其涉及财产法益的构成要件,例外明文将"行为动机"作为特别主观构成要件要素的"意图",而限缩该构成要件的适用范围。故相对于客观处罚条件,我们可将构成要件意图称为"主观处罚条件"。进一步可参见郑逸哲:《深入浅出刑事法》(一),2002年版,第159页以下;郑逸哲:《构成要件该当性》,载《月旦法学教室》2003年第6期,第49页以下。

② 所谓"法认识源",乃指认识特定法源时,某些内容在形式上并不包括在该法源中,但不借助该内容,便无以正确认识该法源。在刑法上,就认识特定的构成要件规定,虽因罪刑法定主义的拘束,构成要件均以实定法为法源,但即使如此,就特定构成要件的认识,亦往往必须仰赖对其他成文规定加以先行认识,否则无从正确认识该特定构成要件。例如,准强盗构成要件中仅规定有"窃盗"二字,但准强盗构成要件之适用,并不及于"使用窃盗"之情形。所以如此,乃在于我们先理解其"窃盗"含义于第320条第1项之构成要件规定。其实,至少就刑法构成要件规定而言,所谓"体系解释",并不是"解释"的问题,因为不是"解开而释放"的问题,毋宁是"限缩解释"的问题——将单一特定构成要件规定置于全体构成要件的"牵制"下,限缩其含义的问题。

盗构成要件该当性?

甲意图为自己不法之所有而窃取乙的自行车,其行为满足准强盗构成要件的"窃盗"部分,甚为清楚;甲起脚踹乙施强暴而着手实行防护赃物自行车,虽未踢中,反被乙制服送警而"不遂",但亦无碍于"以施强暴或胁迫而着手实行防护赃物"之准强盗构成要件部分被满足。但甲的行为还是不具有准强盗构成要件该当性,关键在于甲并未"当场"施强暴,而是窃盗既遂后"许久"的次日才施强暴。

在形式上,"当场"属准强盗构成要件的要素,但究其实质,则为客观处罚条件。因为,"当"者乃指时间之同时性,"场"者指空间的同地性。无论是时间或空间,均属认识的形式,不可能作为认识的对象。因而"当场",不可能成为准强盗故意的主观内容,也不能作为准强盗故意认识的客观对象,因此也就不可能发生行为人对"当场"认识的问题。

从事理上来说,若于着手窃盗时,自始即计划以施强暴或施胁迫而实现防护赃物、脱免逮捕或湮灭罪证,则当属强盗或强盗未遂的问题,并无准强盗构成要件适用的余地。换言之,必当窃盗着手实行后,"意外"另行起意施强暴或胁迫,才有准强盗构成要件适用的机会。对准强盗构成要件该当行为人来说,若无中途的"故意之外"因素发生,其行为不可能满足准强盗构成要件。这会使准强盗构成要件表现出不同于其他故意犯构成要件的唯一性——唯强盗构成要件该当性的出现必须取决于意外。

所以,"当场"是认识事实的认识形式,"当场"指原不认识的"意外事实"发生时,"当场"加以认识而另行起意"施强暴或胁迫而着手实行防护赃物、脱免逮捕或湮灭罪证"。简言之,"当场"是行为人"意内"的先发生窃盗事实,"意外"事实发生而又另行"意内"施强暴或施胁迫事实是否合一为一个准强盗事实的认识形式。

是否"当场"并不为行为人或任何人所左右,其具有自在的客观性,构成要件立法者所能者,仅能以之作为纯客观要素,在此情况下,"当场"加入准强盗构成要件,成为其他具有"主客观可对应性"构成要件部分的客观处罚条件。

我们可以更精确地呈现准强盗构成要件为:"意图为自己或第三人不法之有,而窃取他人动产之行为人,因意外而当场另行起意以施强暴或胁迫而着手实行防护赃物、脱免逮捕或湮灭罪证。"

(四)准强盗构成要件该当行为人名不符实成立强盗罪名

准强盗构成要件当然不同于强盗构成要件,否则就不必在第328条强盗构成要件之外,另立第329条准强盗构成要件规定。事实上,强盗构成要件和准强盗构成要件在结构形式上,并无太大类似性;就算将两者"割裂"的个别要素加以对比,也"有所出入":

(1)强盗构成要件呈"窃→强(或胁)→制→取"的结构形式,但准强盗构成要件的结构则为"窃→取→强(或胁)"。

(2)可见,"制"并不属于准强盗构成要件要素,但于强盗构成要件中以"致使不能抗拒"出现。[①]

[①] 往往有人将"制"的客观事实有无问题和构成要件适用问题相混淆。举例来说,甲从背后冲向前要夺取乙的肩背皮包,但乙夹得甚紧,甲并未得手,乙被甲拖倒重摔在地,痛得无法反抗,甲顺势拉扯乙摔倒压住的皮包仍露在外的背带,抢了皮包,快跑离去。客观上的确因乙"痛得无法反抗"的事实,而令人想到强盗构成要件的"致使不能抗拒",但此"制"构成要件要素,非但其客观面被满足,其主观面亦然,才能产生强盗构成要件该当性。但甲自始欠缺制服被害人的意思,并非基于强盗故意,而是抢夺故意,即使甲的行为在客观上使强盗构成要件的客观部分被满足,但仍仅具有抢夺构成要件该当性。总之,构成要件该当性不是"有"就是"没有",没有"部分该当"的观念。详细内容请参见郑逸哲:《构成要件该当性》,载《月旦法学教室》2003年第6期,第754页以下。

既然准强盗构成要件和强盗构成要件如此不同,何以准强盗构成要件要"叫"准强盗构成要件?其实,第329条构成要件之"名",并非依其构成要件而定,而是依其构成要件该当行为为准用强盗构成要件该当行为的法律效果而"名"之。换言之,所谓"准强盗构成要件"乃"准用强盗构成要件该当行为法律效果之构成要件该当行为的构成要件"的"缩写"。

很少有人注意,刑法有时不是按它"是"什么来"叫"它的。基于若干特殊的考虑,刑法会给不同罪实(构成要件该当行为)以同样的罪名,而适用同样的法律效果。如前所述,第329条所规定的构成要件,当然是和强盗构成要件所不同的构成要件,如果有人实现了这个构成要件,其构成要件该当性,不是强盗构成要件该当性,而是准强盗构成要件该当性,而有准强盗的罪实;但第329条也把这样的罪实运用法律权威"以强盗论","名不符实"地将之改"名"为强盗,让不是强盗的准强盗罪实,而有强盗之罪名。

从第328条第1项看回来,则变成"异实同名":犯强盗罪,"名实相符"地成立强盗的罪名;犯不是强盗罪的准强盗罪,也是成立强盗这样的罪名,但"名实不符"。从这里我们可以看出一件非常重要的事:刑非随罪实转,而是随罪名转。①

依前所述,我们可以将第329条的规定,完整"还原"为:"意图为自己或第三人不法之有,而窃取他人动产,因意外而当场另行起意以施强暴或胁迫而着手实行防护赃物、脱免逮捕或湮灭罪证者,犯准强盗罪,但以犯强盗罪论,而成立强盗罪名,因其冠以强盗罪名,虽非犯强盗罪,仍准用犯强盗罪者之法律效果,处三年以上十年以下有期徒刑。"

(五)不可能发生所谓"准强盗未遂"

如前所述,整个准强盗构成要件以"意外"的发生作为将"窃盗"和"施强暴或胁迫"两部分整合为一个构成要件的联系要素。换言之,就整个准强盗构成要件来说,行为人不可能"自始"有所谓"准强盗故意",如果存在所谓"准强盗故意",不啻表示"意外"可以作为认识的对象,因不认识才感到"意外"的事可以认识,这根本是悖理的!如果承认"意外"可以作为认识的对象,则无认识的过失,亦遭到否定。质言之,若任何事均能事先认识,何来无认识的过失?

第25条第1项作为未遂构成要件的"发现公式",是仅适用于不含"意外"要素的纯粹故意犯既遂构成要件;否则,不啻意谓过失也能计划,结果加重犯亦有未遂的可能。

总之,不可能发生所谓"准强盗未遂",既然没有这种东西,不必亦不可能讨论其可罚性。

二、本案事实之法律适用(题解参考)

(一)关于甲持拔钉器破坏围墙,窃乙宅前铜条未得手的部分

1. 自甲破坏围墙之事实部分观察

(1)依"刑法"第320条第1项、第321条第1项第2款、第25条第1项、第2项和第321条第2项的规定,意图为自己或第三人不法之所有,基于毁越门扇、墙垣或其他安全设备而窃盗故意,已着手于毁越门扇、墙垣或其他安全设备而窃盗既遂构成要件之实行,而未实现该既遂构成要件的窃盗结果,或该结果虽实现,但重大偏离行为人预先想象之因果历程者,为毁越门扇、墙垣或其他安全设备而窃盗未遂构成要件该当行为人。该未遂构成要件该当行为之可罚性,亦为法律所明定,故犯毁越门扇、墙垣或其他安全设备而窃盗未遂罪。

(2)在本案中,意图为自己不法之所有,甲基于毁越墙垣而窃盗故意,持拔钉器先行破坏铁皮围墙已着手于毁越墙垣而窃盗既遂构成要件之实行,虽已跳入被害人乙住宅前的空地,动手窃

---

① 关于罪实和罪名的详细说明,参见郑逸哲:《构成要件该当性》,载《月旦法学教室》2003年第6期,第297页以下。

取堆放在空地上的铜条,在尚未搬离得手前,即为乙经由邻居通知后持木棍出外追捕而未实现该既遂构成要件的窃盗结果,甲为毁越墙垣而窃盗未遂构成要件该当行为人。该未遂构成要件该当行为之可罚性,亦为"刑法"第321条第2项明定。

(3) 故甲犯毁越墙垣而窃盗未遂罪。

2. 自甲持拔钉器之事实部分观察之

(1) 依"刑法"第320条第1项、第321条第1项第3款、第25条第1项、第2项和第321条第2项的规定,意图为自己或第三人不法之所有,基于携带凶器而窃盗故意,已着手于携带凶器而窃盗既遂构成要件之实行,而未实现该既遂构成要件的窃盗结果,或该结果虽实现,但重大偏离行为人预先想象之因果历程者,为携带凶器而窃盗未遂构成要件该当行为人。该未遂构成要件该当行为之可罚性,亦为法律所明定,故犯携带凶器而窃盗未遂罪。

(2) 本案中,甲虽然意图为自己不法之所有,而基于窃盗故意,动手窃取乙堆放在空地上铜条已着手于窃盗既遂构成要件之实行,在尚未搬离得手前,即为乙经由邻居通知后持木棍出外追捕而未实现该既遂构成要件的窃盗结果,而满足窃盗未遂构成要件,但并不满足携带凶器而窃盗未遂构成要件。因为其先将拔钉器放回其所骑乘脚踏车,方着手于窃盗既遂构成要件之实行,手中既无拔钉器,则以携带凶器造增危险作为加重事由之构成要件,适用基础并不存在。

(3) 故甲的行为并无适用携带凶器未遂构成要件之可能,至于满足窃盗未遂构成要件,依法条竞合适用原理,同一事实既已适用于窃盗未遂构成要件构成特别关系之毁越墙垣而窃盗未遂构成要件,则不再适用窃盗未遂构成要件。

3. 小结

甲仅适用毁越墙垣而窃盗未遂构成要件,犯毁越墙垣而窃盗未遂罪。

(二) 关于甲持木棍殴击乙部分

1. 关于其构成要件该当性的问题

(1) 依"刑法"第277条第1项的规定,基于伤害故意,伤害人之身体或健康者,其行为具有伤害构成要件该当性。

(2) 本案中,甲基于伤害故意,持该木棍殴击乙致其胸壁挫伤,伤害乙之身体。

(3) 故甲的行为具有伤害构成要件该当性。

2. 关于甲之伤害构成要件该当行为的违法性问题

(1) 依"刑法"第23条的规定,对于他人迫在眉睫、已经开始或仍在持续而具现在性之不法攻击,以构成要件该当行为当场进行反击,如该反击足以立即结束或减弱攻击而具有必要性,且属未滥用防卫权而具有适当性的防卫行为时,则其构成要件该当行为因成立正当防卫而不具有违法性。

(2) 本案中,虽然对乙持木棍跳起来欲殴打及逮捕已经开始而具现在性之攻击,甲以伤害构成要件该当行为当场进行反击,该反击将乙击伤而减弱攻击而具有必要性,但甲之攻击乃为"刑事诉讼法"第88条所赋予的现行犯逮捕权之行使,非属不法之攻击,而且对"刑事诉讼法"第90条所规定"被告抗拒……逮捕者,得用强制力……逮捕之"加以反对解释,甲有义务接受逮捕,并无防卫权可言,遑论防卫权行使的适当性,则其构成要件该当行为因不成立正当防卫而具有违法性。

(3) 故甲的伤害构成要件该当行为不成立正当防卫,而具有违法性。

3. 小结

甲犯伤害罪,但被害人乙未提出告诉,无从追诉处罚。

(三）本案并无适用准强盗构成要件的可能

（1）依"刑法"第329条的规定，意图为自己或第三人不法之所有，而窃取他人动产，因意外而当场另行起意以施强暴或胁迫而着手实行防护赃物、脱免逮捕或湮灭罪证者，犯准强盗罪，但以犯强盗罪论，而成立强盗罪名，因其冠以强盗罪名，虽非犯强盗罪，仍准用犯强盗罪者之法律效果。

（2）本案，甲虽然意图为自己不法之所有，而着手窃取乙之动产铜条，且因其行窃事机败露致被害人乙发现而持木棍跳起来欲殴打及逮捕的意外，而当场另行起意持乙跌倒掉落的木棍殴击乙以以施强暴着手实行脱免逮捕，但甲就铜条并未搬离得手而未实现窃取结果。

（3）故甲的行为不具准强盗构成要件该当性。固然实务上，将本案之情形"以强盗未遂论"并不可采，因为在罪刑法定主义的拘束下，第329条明文规定准强盗构成要件为"窃盗⋯⋯"而非"着手于窃盗⋯⋯"再者，准强盗构成要件包括"意外"要素，无从依"刑法"第25条第1项修正为未遂构成要件，第329条也无所谓"前项之未遂犯罚之"，呼应第25条第2项所揭示的未遂构成要件该当行为之可罚性应明文规定原则的规定。既欠缺准强盗构成要件该当性，复无准强盗未遂构成要件存在之可能，何以"以强盗未遂论"？

（四）结论

甲犯毁越墙垣而窃盗未遂罪和伤害罪两罪，但被害人乙未就伤害罪提出告诉，无从追诉处罚。因而仅能就其毁越墙垣而窃盗未遂罪加以科刑处罚。

三、对有关判决的评析

大致上说来，刑事实务对于事实的法律适用，并未非清楚区分为"构成要件规定适用""构成要件该当行为罪名规定适用"和"法律效果规定适用"而按部就班进行，因而导致：首先，行为构成要件该当性确定应以法条竞合原理处理的问题，竟以"法条联集"的形式处理。继而"违法"以法律上根本不存在的构成要件作为行为构成要件该当性判断的标准。其次，因为"违法"产生构成要件该当性，自然无从依法适用构成要件该当行为罪名规定。最后，也因而往往就"含糊交代""违法"适用法律效果规定。

从地方法院到台湾地区"最高法院"都是如此似乎浑然不自知，以本案为例：

（一）台中地方法院2002年诉字第114号判决

该判决所认定的事实如前"本案事实摘要描述"所示，但其自始就未将"构成要件要素被满足""构成要件被满足"和"构成要件该当性"的问题区别清楚；所以如此，可能是该判决对"事实描述"和对"事实的构成要件适用"无意识地加以混淆，自己受到"事实描述"用语的暗示，而误导构成要件的适用。

该判决初谓：足认被告确于前揭（携带凶器毁越墙垣）窃盗未遂时，为脱免逮捕，当场施以强暴殆无疑义，这是该法院对所认定事实的描述，并不是对事实的构成要件适用。接着，该判决谓："按携带凶器窃盗，只需行窃时携带具有危险性之凶器为已足，并不以携带之初有行凶之意图为必要；次按'刑法'第三百二十九条所谓当场，固不以实施窃盗抢夺者尚未离去现场为限，即已离盗所而尚在他人跟踪追蹑中者，仍不失为当场"，此是该法院对其所拟适用的"大前提"第321条第1项第3款中的"携带凶器"构成要件要素和第329条中的"当场"构成要件要素加以解释，至此尚无问题。

继则对其所拟适用的大前提整体关系谓：按"刑法"第330条所谓犯强盗罪，不仅指自始犯强盗罪者而言，即依329条以强盗论者，亦包括之，如此项准强盗罪有第321条第1项各款情形之一，自应依第330条论处；复按"刑法"准强盗罪，系以窃盗或抢夺为前提，在脱免逮捕之情形，其窃盗或抢夺既遂者,即以强盗既遂论,如窃盗或抢夺为未遂,即以强盗未遂论;台湾地区"最高法院"1973 年台上字第 2489 号判例、1939 年上字第 1984 号判例、1953 年台上字第 523 号判例、1979 年台上字第 2772 号判例可资参照。其所言,令人费解者:

(1) 其所谓"按'刑法'第三百三十条所谓犯强盗罪,不仅指自始犯强盗罪者而言,即依第三百二十九条以强盗论者,亦包括之",究属法律解释?抑或法官造法?第 330 条的规定,一般被称为加重强盗罪规定。在罪刑法定主义拘束的情况下,其属第 328 条强盗构成要件的加重构成要件,并不可能扩张为准强盗构成要件的加重构成要件。第 330 条明确规定"犯强盗罪……"而非"犯强盗罪或犯以强盗论之罪……"如前所述,强盗构成要件和准强盗构成要件是不同的构成要件,如果"以强盗论者,亦包括之",不是类推适用的结果,就是法官自行造法,罪刑法定主义的构成要件法律保留精神不仅禁止对构成要件进行类推,也禁止法官创设构成要件;更何况,强盗构成要件和准强盗构成要件在结构形式上,并无太大类似性,如此理解第 330 条的构成要件,是"违宪"的。

(2) 既然如此,准强盗构成要件根本不可能和第 330 条加重强盗构成要件发生法条竞合关系,何来"准强盗罪有第三百二十一条第一项各款情形之一,自应依第三百三十条论处"?根本不是"自应",而是"当然不得"。

(3) 同样,第 329 条的准强盗构成要件明文规定为:"窃盗……"而非"着手窃盗构成要件之实行",该构成要件根本不可能适用窃盗未遂的情形;再者,准强盗构成要件包括"意外"要素,无从依"刑法"第 25 条第 1 项修正为未遂构成要件,既无可能出现准强盗未遂构成要件该当行为,也根本不可能发生"定名"问题。但该判决其实是不顾构成要件法律保留原则,若非自行违法类推适用,当属径自诉诸判例权威,在此掩护下,将第 329 条法律明定的准强盗构成要件"篡改"为:"着手于窃盗构成要件之实行……因防护赃物、脱免逮捕或湮灭罪证,而当场施以强暴、胁迫者,依强盗各条之规定处罚之",否则,"如窃盗或抢夺为未遂,即以强盗未遂论"从何而来?但这样的论证,不仅违反罪刑法定主义也违反逻辑,因为"以强盗论",必先确定有"非强盗"存在,法律特定的"非强盗"类型事实才能"以强盗论",非属该特定"非强盗"类型事实的"非强盗"类型事实,我们只能确定其不得"以强盗论",怎么也推不出"以强盗未遂论"的结论;如果是从"以强盗论"逆推回去,就是把前提和推论,适用前提和适用,结论和论证完全混淆。

在这样对大前提错误理解或"违法创设"构成要件大前提下,导致随后适用或根本未适用法定构成要件的一连串错误:

(1) 首先——但此部分并不是对构成要件(要素)的理解错误,只是适用错误——该法院先谓:"在被告之脚踏车上发现一支拔钉器""经警在现场之脚踏车上扣得……所有供行窃用之拔钉器一支",又谓"伊拿棍子跳起来打被告,结果伊跌倒,棍子就掉在围墙外被告附近,后来被告拿起那根棍子追打伊,结果木棍打到伊身上,造成伊胸壁挫伤",足见被告着手实施窃盗时,手中并无凶器。诚如该法院谓:携带凶器窃盗构成要件该当行为为"行窃时携带具有危险性之凶器为已足",但本案被告行窃"时"并未持有该拔钉器,所以"刑法"所规定的携带凶器窃盗未遂构成要件根本不可能被满足。但该法院却误以为携带凶器窃盗未遂构成要件被满足。

(2) 该法院对准强盗构成要件要素"当场"的理解虽属正确,但却忽略了自己也有所认识的:"'刑法'准强盗罪,系以窃盗或抢夺为前提。"如前所述,准强盗构成要件的适用前提,必须是行为人具有"满足窃盗(既遂)构成要件行为人"的身份,欠缺此身份,并无本构成要件适用的可能。换言之,在审查顺序上,行为人之行为事实,必须能使窃盗(既遂)构成要件"被满足",方有讨论准强盗构成要件该当性的余地。准强盗构成要件的"当场"要素,其审查本应在确定被告为"满足窃盗(既遂)构成要件行为人"之后,该法院既确定被告为非"满足窃盗(既遂)构成要件行为人"的"满足窃盗未遂构成要件行为人",本来可以依其正确的"'刑法'准强盗罪,系以窃盗或抢夺为前提"认识,就停止准强盗构成要件该当判断审查——即已可确定被告行为不可能犯准强盗罪,另觅可能该当的构成要件进行判断,但该法院舍此不为,误再引用刑法上根本不存在,而由实务非法创设的"着手于窃盗构成要件之实行……因防护赃物、脱免逮捕或湮灭罪证,而当场施以强暴、胁迫"构成要件,而无法律依据成立构成要件该当性。

(3)最令人困惑的是,该判决谓:"核被告所为,系犯'刑法'第三百二十九条、第三百三十条第一、二项携带凶器毁越墙垣窃盗未遂,因脱免逮捕,而当场施以强暴罪。"犯罪以构成要件该当性出现为前提,构成要件该当性以构成要件法律有所规定为前提,但"刑法"有"携带凶器毁越墙垣窃盗未遂,因脱免逮捕,而当场施以强暴"这样的构成要件吗?其实,该法院好像把事实和构成要件该当性完全混淆了,而且,好像完全没有法条竞合的概念——姑且假设其对携带凶器窃盗未遂的认定是正确的,先看下表:

被满足的构成要件	同一整体事实
自第321条和第25条第1项所推出的构成要件	携带凶器 毁越墙垣 窃盗未遂 ,因脱免逮捕,而当场施以强暴伤害
自第321条和第25条第1项所推出的构成要件	携带凶器 毁越墙垣窃盗未遂 ,因脱免逮捕,而当场施以强暴伤害
第277条第1项	携带凶器毁越墙垣窃盗未遂,因脱免逮捕,而当场 施以强暴伤害

表中右列加框部分,表示被告所为事实能满足其左侧所示的构成要件的部分。也就是说,被告所为此一整体事实,能令三个构成要件"被满足"。但我们不能使之成立三个构成要件该当性,因为,伤害构成要件该当性成立固无问题,但若同时成立携带凶器窃盗未遂构成要件该当性和毁越墙垣窃盗未遂构成要件该当性,则就"窃盗未遂"事实部分会发生一事二罚的违法结果,故只能依法条竞合择一关系原理,仅成立携带凶器窃盗未遂构成要件该当性,或仅成立毁越墙垣窃盗未遂构成要件该当性。但该法院却引用实务自行创设的"着手于窃盗构成要件之实行……因防护赃物、脱免逮捕或湮灭罪证,而当场施以强暴、胁迫"构成要件——此已一错——和携带凶器窃盗未遂构成要件、毁越墙垣窃盗未遂构成要件又弄出一个"联集构成要件",即"携带凶器毁越墙垣窃盗未遂,因脱免逮捕,而当场施以强暴"错上加错。

就这样,一错再错,该判决非但是个法律适用错误的判决,严格来说,根本是个未适用法律的判决。

(二)台中高等分院2002年上诉字第1156号判决和台湾地区"最高法院"2002年台上字第5995号判决

在对台中地院的一审判决加以批判的同时,其实也是对台中高等分院二审判决批判的完成。因为笔者怀疑,二审法院根本未详酌事实、审视法律规定、检验法律适用,只是把地院一审判决,完全"复制"再"贴上",再改两个字就交差了事,读者若上网调阅两份判决加以对照,自当明白。该判决就连地院一审判决错字也照"拷贝"不误,例如:一审判决中谓"应论以强盗未遂犯,并按正犯之刑减轻之"中的"正犯"当是"既遂犯"之误,二审判决亦不见改正。

其实，笔者并非只针对该两则判决的法律见解有所质疑而已，而是对整个司法实务，乃至于学界，何以长期以来对准强盗规定的正确认识，似未曾加以重视和省思。罪刑法定主义是刑法的入门课，换言之，是一个刑法法律人最基本的修养。是在怎样的教学体系里，是在怎样的训练过程中，是在怎样的工作环境下，我们根本只把它当神主牌位供着，而忘了它是刑法理论和实务运作的绝对准绳？

台湾地区"最高法院"的判决更令人讶异，竟谓："（二审法院）论以准强盗未遂罪……并无上诉意旨所指判决不适用法则之情形"：

（1）首先，无论是一审法院或二审法院，从未使用过"准强盗未遂罪"用语，一审法院和二审法院是弄出个法律上不存在的"携带凶器毁越墙垣窃盗未遂，因脱免逮捕，而当场施以强暴""联集构成要件"，而将被告"以强盗未遂论"。一审法院和二审法院至少还没有承认有所谓"准强盗未遂罪"这种东西。虽然二者都错，但错得不一样，换言之，台湾地区"最高法院"其实根本不是针对二审法院适用该"联集构成要件"的适法性作出结论，而是另行自创出准强盗未遂构成要件的概念，否则准强盗未遂罪从何而来？

（2）先前我们一再说明，因为准强盗构成要件中含有"意外"要素，所以不可能依第25条第1项的规定修正为准强盗未遂构成要件；即使不论准强盗未遂构成要件的荒谬性，第329条第2项根本没有"前项之未遂犯罚"的规定，即使真有所谓准强盗未遂构成要件该当行为，也不可能依第329条具有可罚性。真不知其所谓"准强盗未遂罪"的事理基础和法律依据何在？

结论性观点

综合上述，"探求当事人之真意"，实务所期待的第329条条文内容恐怕是："着手于窃盗构成要件或抢夺构成要件之实行，因防护赃物、脱免逮捕或湮灭罪证，而当场施以强暴、胁迫者，依强盗各条之规定处罚之。"但现行条文内容偏偏就不是这样，除非修改第329条的内容，否则站在捍卫罪刑法定主义的立场，我们只能说对现行第329条规定的实务见解，是既违法，更"违宪"的！

纵使是以实务见解的论理方式来讨论，第329条所规定的"以强盗论"，仅止于"法律效果"的准用，不能及于"构成要件"或"可罚性"规定的准用。前者，因为第329条已经具有明文的构成要件规定而不得再准用其他构成要件规定，后者则因为强盗罪中未遂犯或预备犯可罚性的规定，与准强盗罪规范的内容不能相容而不在准用之列。实务见解毫不怀疑地否定"预备强盗"可罚性的准用，却肯定未遂犯可罚性的准用，虽不曾见其论理上的说明，但显然可以推论其原因为：准强盗行为不可能有预备行为。然而，准强盗行为可不可能有未遂行为呢？却未曾加以深究。

溢领借款的诈欺*

——评台北地方法院2003年自字第17号判决

李圣杰**

基本案情

被告A于2002年8月向泛亚商业银行(以下简称"泛亚商银")办理小额循环信用贷款,并自泛亚商银取得"魔利卡"一张,使用"魔利卡"可以在泛亚商银及其他参加跨行共享之金融机构的自动化服务机器领取现款或办理转账。A申请"魔利卡"时,所申请之借款额度为15万元,惟取得"魔利卡"时,银行职员告知A其被核准借款之额度为5万元,但日后会视情况调整借款额度。2002年10月,A至澳门旅游,虽知其所有之"魔利卡"仅有借款额度5万元,且在此之前已经借贷完毕,却仍为了筹集赌资,而在澳门利用自动付款设备先后提领145次,共取得现金2 563 728元。2002年11月14日,泛亚商银得知A的超领行为后,向台北地方法院提起自诉。

裁判要旨

台北地方法院认为,被告A从跨行自动付款机器溢领核准金额的行为,是犯了"刑法"第339条之2第1项之自动付款设备诈欺罪。且其多次行为,时间紧接,方法相同,触犯构成要件同一之罪名,显系基于概括之犯意为之,为连续犯,应依"刑法"第56条之规定论以一罪,并加重其刑。

在判决理由中,台北地方法院否定了被告A所辩称以为"魔利卡"在澳门并无借款额度之说词。判决中认为被告A在申办及取得"魔利卡"时,已经由泛亚商银的职员告知,其核准借款额度为5万元,此点为被告所不争执。被告A竟为了筹资赌博,尽管明知其使用"魔利卡"的借款额度仅有5万元,且已经借贷完毕,却利用金融机构跨行自动化联机系统发生故障,无法限制借款人借款额度之机会,连续在澳门,使用该已超过借款最高额度"魔利卡"之不正当方法,先后145次,共提领现金2 563 782元,使得泛亚商银转账该等金额予各该金融机构,而受有上述金额之损害。参以被告每月仅约有31 000元之收入,且名下无不动产或汽车,取款时并未考虑将来如何偿还借款等情,其对于无资力偿还之款项,具有不法所有之意图,自堪认定。在量刑的斟酌中,判决书并指出被告A至判决时未偿还积欠银行款项,且诈欺取财之目的系为筹集赌资,动机不值得原谅。

疑难问题

台北地方法院的判决以"刑法"第339条之2第1项的规定,将A从自动付款设备溢领超额借款的行为,处理为自动付款设备诈欺罪。所谓"自动付款设备诈欺罪"所要规范的行为,依照台湾地区学界一般看法,是指行为人以自动付款机器作为行为对象,并进行类似诈欺的电脑行

---

* 原载于《月旦法学杂志》2005年第120期。
** 政治大学法律学系助理教授。

为①,而自动付款设备诈欺罪所主要保护的法益,在于个人整体财产的不被侵害。从这样的罪质内涵作为处理问题的出发点时,则本案例事实中所主要牵涉到的判断争点为,究竟 A 所为超过借款额度的提领动作,是不是一种刑法上类似诈欺行为,如果答案是肯定的,接下来的工作就必须继续思考,对于"刑法"第 339 条之 2 第 1 项的规定而言,是不是足够规范并且制裁这类行为的实行;换句话说,在现行所谓"自动付款设备诈欺罪"之不法构成要件要素的文义表现上,我们有没有办法在解释时可以得到与被告 A 的行为相对应之完全涵摄的论证推演,并且因此能够以"刑法"第 339 条之 2 第 1 项的适用,处罚 A 的超领借款的行为。这一部分的问题思考会涉及立法的背景理解以及系统与目的解释的利用。

至于如果不能将 A 的溢领动作看待为类似诈欺行为的实行时,我们也要接下去考虑,在整个案例事实的呈现上,被告 A 的行为可能侵害了什么样的人类生活利益,或者违背了什么样的社会秩序规范。而这一种利益的保护或者个别规范的违反,有没有适当的刑法规定可以加以适用。当然,如果在过滤"刑法"规定对于行为处罚的问题思考上,答案最后是以否定的结果(不成立)被表达时,也不需要因为如此而出现惊慌讶异的态度,因为这或许也正是社会经由立法者所显现出来之坚守刑法谦抑性的正确社会价值。

在阐释被告 A 使用"魔利卡"溢领超出借款额限的行为,可否被认为是诈欺或类似诈欺行为之实行以前,本文拟先介绍"刑法"第 339 条之 2 的立法目的及其构成要件要素的内涵解释,希望能在该条所可能规范的典型行为之基本要素的结构中,找到一个可以适用在具体案例事实之类型行为的本质,并据以判断实务对于 A 之行为评价的适当性。

学理研究

一、立法背景

由于科技的进步与机械工业的发达,在人类文明社会我们不难发现,人力服务已经渐渐成为一种奢侈与高享受的代名词,尤其在较高民众平均所得的一些国家或地区中,只要强调人力服务或手工制造,似乎就是高价位的等同。为了降低服务与产品的成本,提高企业更强的竞争力,自动机械的利用事实上确实已经成为人类社会没有办法抵挡的发展方向。在这一波大量自动机械取代人力使用的潮流中,电脑更因为其快速、有效处理资料的特性,而广泛地被运用在各种不同的领域,俨然成为现代社会人类不可或缺的生活工具。然而在电脑带来庞大生活利益的同时,却也因为电脑处理数据的机械性与隐秘性,使得利用电脑或以电脑作为攻击客体成为另一种不同于传统犯罪方式之利益侵害的选择。对于这些利用电脑的特殊性质而侵害人类生活利益的现象发生,以往的立法设计往往因为既有文字意涵理解的无法超越,使得在某些犯罪形态的防治思考上,出现了应用固有"刑法"规定仍然对于法益破坏之行为不能完全规范的法律漏洞。为了填补这些所谓的漏洞存在,台湾地区在 1997 年与 2003 年分别针对利用电脑所造成之类似诈欺或类似伪造文书的行为,与以电脑或网络作为攻击对象的行为,增修相关"刑法"规定。②

---

① 参见林山田:《刑法各罪论》(上册),2002 年版,第 427 页;甘添贵:《体系刑法各论》(第二卷),2000 年版,第 326 页;黄荣坚:《刑罚的极限》,1999 年版,第 318 页。

② 1997 年增订电脑犯罪的部分条文修正案,同时也反映出台湾地区配合其他经贸伙伴国家或地区的要求,而对于所谓智慧财产利益的保护。参见林山田:《刑法七十年来的修正与展望》,载《刑法七十年之回顾与展望纪念论文集》(一),2000 年版,第 63 页;黄荣坚:《刑罚的极限》,1999 年版,第 303 页。关于 1997 年所增订的两个诈欺罪条款(第 339 条之 1、之 2),有部分学者怀疑其增修的必要性,参见林东茂:《一个知识论上的刑法学思考》,2001 年版,第 268 页。

在增修立法的初期,"刑法"第339条之1、之2所处罚的行为,并没有被分别规范①;也就是说,在修正草案设计的当时"收费设备"与"自动付款设备"的不正利用,是被认为属于具备同等刑事不法内涵的行为。直至修正草案进入最后的协商阶段,才对照由自动取款设备取得他人现金与普通窃盗行为之侵害的相似性,应该具有较高的刑事不法内涵,以及比较从收费设备获得财产利益之犯罪情节的轻微②,而区隔了第339条之1(针对收费设备,例如自动贩卖机)与之2(针对自动付款设备,例如提款机)两种不同的犯罪类型,并分别给予不同刑度的处罚。在这里,之所以对"刑法"第339条之2的立法背景作些微的叙述,其实是要表达基本上除了行为攻击的对象不同,而可能使"刑法"第339条之1、之2存在有不同程度的不法内涵之外,如果单就行为人侵害行为的实行方式作为区隔评价,在立法者的思考中,"刑法"第339条之1、之2事实上根本不存在本质上的差异。

更确切来讲,为了面对普遍自动机械使用时代的来临以及有效率地享受自动设备使用的效能,我们所呈现出来的社会价值已经接受了这样的思考:行为人利用自动设备"机械性的精确反应"来"骗取"财产利益的行为,必须以刑法规范来管制。增修所谓"电脑诈欺"之"刑法"规定的主要目的,也正是因为在固有的诈欺犯罪类型中,我们发现没有办法经由论证的涵摄,应用构成要件之僵化的文义规定,并且有效规范这些在一般社会认知上被感受为"骗得"利益的行为。因为固有诈欺罪必须存在行为人施用诈术使人陷于错误而为财产处分,并致他人财产遭受损害的情节,这样的情状在大前提("刑法"规定)与小前提(案例事实)的涵摄论证中,却因为机械的反应是依循程序而"正确"的运作,以至于没有办法被理解为存在。"刑法"第339条之2规定在诈欺罪章之中,虽然在体系的定位上受到质疑③,但不可否认的是,在自动机器大量使用的同时,我们的社会确实已经产生了适用传统犯罪类型会有困难之情形,然而依照人民感情认为应该加以处罚之不正当获得利益的行为。④ 这也是刑法规范"电脑诈欺"(Com-puterbetrug)罪所显现的系统思考与罪名的社会意义。⑤

二、构成要件内涵阐释

"刑法"第339条之2自动付款设备罪在规范不正当利用自动付款设备而获取不法利益的行为,尽管该条规定所涉及的行为在部分时候具备窃盗行为的性格⑥,但是不论从立法的历史解释或个别犯罪类型规定之系统解释的角度加以观察,就彰显单纯之人民情感的感受而言,似乎无法忽视立法路线偏向诈欺罪质之"骗"的强调。至于本条规定与"刑法"第339条诈欺罪的关系,虽

---

① 参见蔡蕙芳:《自动化设备滥用行为之刑法规范》,载《中原财经法学》2003年第11期,第53页。
② 参见林山田:《刑法七十年来的修正与展望》,载《刑法七十年之回顾与展望纪念论文集》(一),2000年版,第63页。关于付款设备诈欺与窃盗的不法内涵评价,参见甘添贵:《刑法之重要理念》,1996年版,第383页。
③ 有学者建议将"刑法"第339条之1第1项移至窃盗罪章。参见林东茂:《一个知识论上的刑法学思考》,2001年版,第144页。而第339条之1第1项与第339条之2第1项事实上只是存在行为攻击对象,也就是客体的差别。
④ 尽管早期利用伪币或伪卡从自动贩卖机或提款机取得货品或现金的行为,以传统窃盗罪的解释似乎亦能加以规范,但是当行为转变为使用他人之提款卡,就会产生法律适用之争议性,参见蔡蕙芳:《电脑诈欺行为之刑法规范》,载《东海大学法学研究》2003年第18期,第25页。
⑤ Vgl. Haft, Strafrecht besonderer Teil, 7. Aufl., 1998, S. 197; Cramer, in: Schönke-Schröder, StGB, 26. Aufl., 2001, § 263a Rdnr. 1.
⑥ 参见黄荣坚:《刑罚的极限》,1999年版,第319页。

然在学界仍有争议①,但是从增修条文填补漏洞的立法目的考虑时,可以发现,所谓电脑诈欺罪与普通诈欺罪在一般情形下,应该属于一种排斥关系的应用②,因为如果行为可以以传统诈欺罪的规定来加以规范,事实上并没有增修"刑法"规定的必要。这一种呼应人民感情凸显诈欺罪质的立法思考,同样出现在德国的刑法规定。③

然而,在具体构成要件之规定的表现上,德国关于计算机诈欺罪则是以例示的立法方式,通过经验的个别规定,表现出不正当利用电脑得利的行为形态。而且在构成要件行为的形式规定上,不论是编制不正确的程序、使用不正确或不完整的资料(Daten)、未被授权的使用数据或其他未被授权而影响数据处理过程等行为实行④,其实一直没有离开"资料"这一个核心概念。也就是说,涉及电脑诈欺的行为在客观形态上一定会有数据处理的特性,即使比较广义的不正确数据(包括不完整的数据)使用来理解所谓电脑诈欺的行为形态所牵涉的"数据"概念⑤,至少在解释相关行为是否可能为电脑诈欺罪所规范的范畴思考中,有了一个不法利益取得以外而属于有关电脑犯罪的核心规范本质。

相较于台湾地区"刑法"仅以概括之"不正方法"作为构成要件行为的规定,德国刑法计算机诈欺罪对于传统诈欺罪之漏洞补充的思考,应该可以作为我们在理解"刑法"第339条之2有疑义时的主要比较法解释。更因为德国计算机诈欺罪的立法背景以及体系构成与台湾地区相仿,《德国刑法》第263条a的内涵解释与应用具备了重要的参考价值。

付款设备诈欺罪的客观构成要件以自动付款设备为行为客体,所谓自动付款设备最典型的是指金融机构设置的自动提款机,针对兑钞机同样具有提供现金的特性,也有学者将自动兑钞机包括为本条规定的客体。⑥至于构成要件行为则是指以不正当方法,由自动付款设备取得他人款项或财产利益。基本上台湾地区刑法学者对于"不正方法"的解释,大多接受所谓不正当方法的阐释,必须受到本罪诈欺罪质的限缩⑦;也就是说,行为人的不正当表现必须存在有相类似于诈欺的不义。然而在概念对应具体案例的使用时,却发生了学说间"不正当方法"不一致的放射应用。例如,拾得记载有提款密码的提款卡,再持卡至提款机提取现金之情形,在行为是否为

---

① 有学者认为,自动付款设备诈欺罪与普通诈欺罪之保护法益为同一,即均在于个人财产安全的保护,两者间具有补充关系,而普通诈欺罪为基本规定。参见甘添贵:《体系刑法各论》(第二卷),2000年版,第328页;同样认为电脑诈欺罪不是对立于诈欺罪而独立存在的犯罪类型,在德国也见到有学者主张,参见Maurach/Schroeder/Maiwald, Strafrecht Besonderer Teil, 8. Aufl., 1995, § 41, Rdnr. 236。但亦有学者以为"刑法"第339条与第339条之2并无必然之法规竞合关系存在,反而通常是择一之排斥关系的出现。参见黄常仁:《困顿新法》,载《台湾本土法学杂志》2001年第7期,第10页。

② Vgl. Günther, in: SK-StGB, 5. Aufl., 1996, § 263a Rdnr. 5.

③ Vgl. Tiedemann, StGB LK, 11. Aufl., 1998, § 263a Rdnr. 4; Günther in: SK-StGB, 5. Aufl., 1996, § 263a Rdnr. 4.

④ 有关《德国刑法》第263条a中文翻译,可参见蔡蕙芳:《电脑诈欺行为之刑法规范》,载《东海大学法学研究》2003年第18期,第29页。

⑤ Vgl. Maurach/Schroeder/Maiwald, a. a. O. (Fn. 9), Rdnr. 229.

⑥ 参见林山田:《刑法各罪论》(上册),2002年版,第427页;黄荣坚:《刑罚的极限》,1999年版,第317页;黄常仁:《困顿新法》,载《台湾本土法学杂志》2001年第7期,第9页。

⑦ 参见林山田:《刑法各罪论》(上册),2002年版,第427页;甘添贵:《体系刑法各论》(第二卷),2000年版,第326页;黄荣坚:《刑罚的极限》,1999年版,第318页;蔡蕙芳:《电脑诈欺行为之刑法规范》,载《东海大学法学研究》2003年第18期,第67页。

"不正方法"的涵摄解释上,学者间出现了完全不同的判断。① 对于这个问题,实务的态度则认为,行为人输入密码的领款行为,即是特种诈欺行为,因此属于本罪之不正当方法的进行。② 之所以学者同样站在行为必须具备类似诈欺性质的立场,却发生在具体案例中对"不正当方法"有不同的认定,主要是因为即使强调了类似诈欺性质的必须存在,但是什么是类似诈欺性质,如果我们不能找出更明确的判断标准,还是使得问题的解决如同"不正当方法"的规定一般,又回到了概括的思考。

三、不正方法的意义

其实不正当方法必须存在有类似诈欺性格的强调,不只反映出立法者与人民情感对规范行为还没有加入法律分析之前的初始评价③,这一种直接的法感也在犯罪类型的行为侵害性,显现出有别于窃盗罪的特殊意义:在某种犯罪参与程度上,因为被害人的配合才完成财产利益的侵害,至于被害人之所以参与,是因为行为人施予类似诈欺的行为。如果在立法的体系思考中注意到这一个没有被立法者所特别强调的意义,应该可以说明,为什么针对传统财产犯罪没有办法处理从自动机器获得利益的行为,所设计出来以填补法律漏洞的犯罪类型,在社会价值呈现时,是偏向诈欺犯罪类型的体系使用的。从这个角度重新思考所谓相类似于诈欺的不正当方法,则在体系与目的解释结合的方法使用上,我们只要排除与电脑诈欺罪性质不合的诈欺要素,再加上参考德国计算机诈欺罪之"至少涉及数据处理"的特殊要素,应该可以有效针对其被期待的"诈欺等值性"④与电脑操纵特质,而明确所谓"不正当方法"的目的性限缩应用。

所谓与电脑诈欺罪质不符合的诈欺要素,可以先将普通诈欺的要素罗列,再依电脑诈欺的特殊性质一一检验而找到其不可能存在电脑诈欺的行为要素,只要在普通诈欺具备要素中将不能存在电脑诈欺的行为要素加以排除,则剩下的要素存在就应该被认定为类似诈欺的行为要素。依照这样的方式思考,我们所得到应用不正当方法之类似诈欺行为要素为:行为人积极诈术(不真实行为)或隐匿真实等诈骗等值行为实施;自动机器、电脑因为行为人诈术等值行为的实施而进行数据处理;数据处理结果使得他人的财产受到侵害。以这样的不正当方法的定义检视上述拾获他人有记载密码的提款卡的案例事实时,则行为人因为不具备要素中积极诈术(不真实行为)或违背告知真实之义务等诈骗等值行为的实施,不被认定为不正当方法的使用。对于这样的推论结果,或许有人会怀疑,如果这一种行为的进行还不能以"刑法"第339条之2来加以规范,该条规定的存在又有什么样的社会意义?

这是一个牵涉到刑事立法政策的问题,在思考"刑法"第339条之2有没有能力来对付上述

---

① 持肯定见解者,参见甘添贵:《体系刑法各论》(第二卷),2000年版,第326页;黄常仁:《困顿新法》,载《台湾本土法学杂志》2001年第7期,第9页。持反对见解者,参见林山田:《刑法各罪论》(上册),2002年版,第427页;黄荣坚:《刑罚的极限》,1999年版,第319页。
② 台湾地区高等法院暨所属法院1998年法律座谈会刑事类提案第18号,见《1998年法律座谈会汇编》,第212—213页。至于特殊诈欺行为为什么被认为特殊,座谈会记录并没有说明。
③ 在固有财产犯罪的犯罪类型中,基本上可以以被害人是否参与行为分担区隔为两大部分:(1)侵占与窃盗(行为人单方面可以改变财物的支配与所有);(2)诈欺(被害人部分参与为财产利益的损害的前提)。立法者将本罪定在诈欺罪的后面,即相当程度对行为属于类似诈骗的肯定,如果把自动机械的动作,看待为被害人的参与,或许可以理解这一个本来具有窃盗行为性质的条文,为什么不论在中国台湾或德国皆被架构在诈欺罪章之中。
④ 诈欺等值性(täuschungsäquivalent)的强调,参见蔡蕙芳:《电脑诈欺行为之刑法规范》,载《东海大学法学研究》2003年第18期,第67页。

持遗卡的行为时,或者我们也必须思考究竟在立法者立法初期的主观意识中,以其所表现出来的构成要件而言,有没有要处罚上述的行为或者有没有想到上述行为的处罚。相对于《德国刑法》第263条a明确在构成要件行为中对于没有被授权使用数据之行为的规范,台湾地区"刑法""不正当方法"的规定,或许可以解读为立法时立法者并没有具体想到要处理哪些类型的不正确行为。因此以概括的规定方式作为构成要件行为的规范,如果这样的假设是被肯定认为存在,那么在上述体系与目的解释的方法应用中,正好凸显出台湾地区"刑法"的立法缺漏,也就是说,尽管"刑法"第339条之2的增修是为了填补固有财产犯罪的法律漏洞,但是由于条文规定得不尽完备,并没有能够充分涵盖行为涉及自动机器数据处理的规范。此时如果仅以行为的不正义应该是刑法秩序所不允许的思考,而从特定法规范的精神作类型的援引,一味放宽概括要素的文义理解,则已经是类推的方法应用,而在"刑法"中对行为人不利益的类推却是被禁止的。一个可以真正解决问题的思考,应该是在充分认识现行规范的疏漏之后,评估修法弥补法律漏洞的可能。

四、判决评析

关于本案判决,从判决书中的判决理由,我们看到的是台北地方法院把大部分重心放在被告A的主观不法存在的彰显。在判决书中,地方法院揭示了几项认定事实:

(1) A知道其所持有之"魔利卡"是有限额之现金借贷卡。
(2) A知道其借贷额度已经用完。
(3) A名下没有具有重大价值之可供担保物,衡诸被告每月的收入,被告应该无法偿还借贷款项。
(4) A溢领借款时,并未考虑将来如何偿还借款。
(5) A为了筹集赌资,连续溢领限额借款,动机不可原谅。

关于上述认定事实认定的推演,判决认为被告对于多次提领超出借贷限额的金钱,具有不法所有的意图,而在判决书之判决理由第二部分中,则在连续犯的要件阐述后,直接指出被告A之溢领的行为是诈欺取财的行为,并将筹集赌资审酌为被告诈欺取财的目的。然而在被告A之行为客观不法认定的部分,判决却没有能够进一步说明被告A所为溢领借款的行为,是如何被认定为不法行为的。综观判决书中的所有陈述,只有在事实的说明中,出现有"连续于附表所示之时间,使用该已超过借款最高额度'魔利卡'之不正方法"的表达。这一种利用案情事实的描述,加入构成要件之概括规范的指摘,其实对不正方法的涵摄检验已经是一种判决未附理由的恣意判决。

究竟持现金借贷卡由自动提款机提领超过借款额限的行为,可否被看待为"刑法"第339条之2构成要件规定中之不正当方法。对于这个问题,台湾地区学说没有很明确的意见被主张①,然而在德国刑法实务和学说却依循《德国刑法》第263条a之规定,出现有一些讨论。由于《德国刑法》第263条a对于构成要件行为的规定,包括有未获授权使用数据(durch unbefugte Verwendung von Daten)的例示规定,因此在德国实务的处理上,Stuttgart高等法院曾经将持有自己之卡片,却溢领银行授权范围之限额的行为,认定为违反契约之约束,而构成计算机诈欺罪之"未获授

---

① 虽然台湾地区有学者主张,"凡是违背发卡人发卡以及自动柜员机设置目的范围的提款方式,就是这里所说的不正方法",但是是否因此将之理解为"不正方法"的判断是以机器设置者的主观意思为断,似乎并不明确。参见黄荣坚:《刑罚的极限》,1999年版,第318页。

权使用数据"的行为。① 相对于 Stuttgart 高等法院以银行的主观态度作为是否未获授权使用数据的认定,Klön 高等法院在合法持有他人提款卡并被告知密码,却超领委托人之委托额度的行为,则认为由于卡片的取得是来自于合法的卡片所有人的移转,就外部关系而言,是有效获得授权的行为。因此,就提领行为而言,行为人并没有施行与诈术等值之行为,而不构成《德国刑法》第 263 条 a 之计算机诈欺罪。②

至于在学说上,就彰显"诈欺相似性"的角度思考,有学者主张所谓"未被授权使用数据",至少行为人需要进行一个单纯数据使用或溢领以外而与欺瞒等值的行为,否则很难据以判断一个违反银行与行为人间之契约的违约行为是否所谓诈骗行为的实施。③

由于"刑法"第 339 条之 2 构成要件只有"不正方法"的概括规定,所以上述德国对于是否"未被授权"的讨论,不当然可以被全盘接受。然而如果坚持不正方法之行为必须有类似诈欺性质的具备时,上述德国学说有关行为人至少在溢领行为或使用数据时需要进行一个与欺瞒等值行为的思考,其实相当程度切合了本文在"不正方法"判断时所归纳出来的检验要素④;如果我们将普通诈欺的诈欺要素罗列,再依电脑诈欺的特殊性质找出其不可能存在于电脑诈欺的行为要素,只要在普通诈欺具备要素中将不能存在于电脑诈欺的行为要素加以排除,则剩下的要素存在就应该被认定为属于类似诈欺的行为要素。虽然所谓诈术的施行,学说一般认为兼及积极行骗行为与消极之利用他人错误之行为⑤,然而在消极之利用他人错误之行为——也就是所谓以不作为当成欺骗手段的判断上,行为人必须要有作为义务为前提,更明确地说,行为人必须违背真实通知的义务,方能成立不作为的施诈认定。"电脑诈欺"罪是否也有不作为诈欺的可能,当然也是以行为人有否违背真实告知义务为断。在本件案例事实中,被告 A 既没有积极的施行诈术的行为存在,也没有违背通知真实义务(或者应该说被告没有告知真实的义务),显然被告的行为欠缺了所谓类似诈欺的行为本质要素。就本案判决而言,地方法院的判决在被告 A 的行为客观不法判断上,并没有作出足以论证"不法行为"的推演思考。

结论性观点

为了人力成本的节省,现代社会大量使用了自动机械设备,试图借由自动化的趋势,创造人类共同生活更大的利益。不可讳言,由于社会生活形态结构性的改变,过去架构在人与人直接互动接触的许多规范基础,也随着抽离人类角色扮演之自动化社会的产生,而出现了许多过去所没有预想到的法益侵害可能。这些法益侵害可能的发生,有时候是因为新的共同生活的特定利益出现,然而在多数时候,则是侵害方式的创造;也就是说,经由新的社会互动的方法,操作一个还没有被想象到之攻击法益的手段。为了防堵人类利用机械之预定程序的运作特性,规避义务的负担或造成他人财物的损失,立法者也增订了一些刑法规范,尝试着以这些法规来对付并制裁利

---

① NJW 1988,981;蔡蕙芳:《电脑诈欺行为之刑法规范》,载《东海大学法学研究》2003 年第 18 期,第 36 页。
② OLG Klön NStZ 1991,587;蔡蕙芳:《电脑诈欺行为之刑法规范》,载《东海大学法学研究》2003 年第 18 期,第 38 页。
③ Vgl. Cramer, in: Schönke-Schröder, StGB, § 263a Rdnr. 19; Günther, in: SK-StGB, § 263a Rdnr. 5.
④ 参见本文前述"不正方法的意义"。
⑤ 参见林山田:《刑法各罪论》(上册),2002 年版,第 410 页;林东茂:《一个知识论上的刑法学思考》,2001 年版,第 266 页。

用自动设备犯罪的行为。对于立法者增修有关利用电脑特性犯罪之"刑法"规范的操作，我们当然可以解读为：社会价值对于行为人利用自动设备"机械性的精确反应""骗取"财产利益的行为，已经发出必须以刑法规范管制的声音。

然而从社会价值所呈现出来的风向球式的行为可罚性，到确实将行为犯罪类型化的具象过程，却不能只是因为基于纯粹的法律感情甚或实现正义的信赖，而贸然忽略许多已经被肯定的刑法价值。刑法的规范功能不是用来创造社会秩序，也不是用来教育或建立人民社会价值的方法。这是因为刑法是以刑罚作为规范行为的法律效果，而刑罚不但具有强制性的特质，还是所有法律规范中最为严厉的手段。在斟酌刑罚的恶害性格与刑罚对行为人所施予的痛苦性之后，必须刻意被强调的思考是：不论在刑事规定的立法方式或者刑法解释的运作，都不能不去考虑刑法的谦抑性与明确性原则。当然，这些使用刑法的注意事项，也必须落实在填补规范漏洞而增修"刑法"规定的设计与其应用上。

"刑法"第339条之2以不正当方法作为构成要件行为的描述，事实上在立法当时就对行为的刑事不法存在，使用了一个不够明确的概括概念。如果在适用法律时，仍然只是就现有的概括规定，通过模糊或者包括式的说明，来对应一个或许在期待上甚至法感情被预见的不正义，并无助真正刑法正义的实现。因为我们所作出来欠缺明确式的判断阐释，使得检验犯罪的行为制造了一个更大而显然存在负面价值的利益破坏（一个刑法明确性以及行为人利益保护原则共识的破坏）。本案判决以案情事实描述的方式，直接加入构成要件之概括规范的引用，事实上很明显欠缺对于"刑法"第339条之2所规定之"不正当方法"具有说服性的推理论证，在这里，将其主张为未附理由的恣意判决，当然不因此就表示被检验之被告的行为，不具有社会伦理非难的可能。

然而刑法规范究竟不是实现所有正义的保护神，相较于德国在类似犯罪类型中以例式的"未被授权使用数据"等行为作为构成要件行为，却仍然在溢领授权范围金额行为是否成立"电脑诈欺罪"的判断讨论中，都还有学说主张必须存在有行为人单纯数据使用或溢领以外而与欺瞒等值的行为。台湾地区"刑法"规定之"不正当方法"的阐释，不能仅以所谓不正义作铺天盖地的理解，学者在这里以类似诈欺方法之应用的思考作为限缩解释的出发点，应该被落实成为判断评价的分析标准。如果最后的检验呈现确实发现没有办法通过解释的方法，来规范一个当初立法者没有设想到的行为，而且这一个行为却可以被认定有普遍性的社会伦理非难性时，就应该表达在刑事政策上，并且进行规范条文的修改或增订。

本件判决被告A的溢领行为是否在法律的秩序中，没有其他法律领域可以加以规范（例如，被告A就溢领借款限额部分与银行的法律关系为何；银行催款是否有利息的计算；如有计算利息，其利率为多少），判决书除了揭示被告尚未偿还金额之事实作为裁量事由外，并没有太多的相关记载。其实一个信用破产的社会成员，在健全法律秩序与经济秩序的社会中，所受到的生活拘束，是相当沉重的，如果我们只是一味地想以刑法捍卫银行的经济利益，不妨也换个角度思考，既然在我们社会中银行大量利用现金借贷卡而获取强大利益，那么由提款机溢领借款额度之风险的防范，是不是也应该由银行承担更大的义务。

论"通讯保障及监察法"第 24 条与"刑法"第 315 条之 1 的适用疑义*

——兼评台湾地区"最高法院"2005 年台上字第 5802 号判决、高等法院台南分院 2002 年上诉字第 1153 号判决与 2005 年上更(一)字第 592 号判决

王皇玉**

基本案情

A 女与 B 男为夫妻关系。A 女因怀疑 B 男与他人有暧昧关系,为过滤 B 男之交往对象,于二人同住之处,对 B 男所申请之市内电话以录音机窃录 B 男与他人的通话内容。嗣于 2001 年二三月间,A 女将窃录所得之通话内容播放给 B 男及他人听闻,B 男始知悉上情。B 男愤而提告,检察官以 A 女明知他人具有隐私、私密之通讯内容,非依法令不得违法监察、截听、窃录,竟自 2000 年 9 月 12 日起至 9 月下旬某日止,基于违法监听 B 男与他人通讯联络之犯意,无故在二人同住之处以录音机窃录 B 男所申请之市内电话非公开谈话之通话内容,认 A 女涉犯"通讯保障及监察法"第 24 条第 1 项罪嫌而起诉。

裁判要旨

一、台湾地区高等法院台南分院 2002 年上诉字第 1153 号判决

高等法院台南分院之判决结果,认为 A 女行为不构成"通讯保障及监察法"第 24 条第 1 项之罪,谕知 A 女无罪判决。其论述之理由约略如下:

(1) 被告 A 女之行为系依法律规定而为者,应为不罚。夫妻间于婚姻关系存续中,配偶之一方对于另一方有"贞操义务"或"忠诚义务"之存在。配偶之一方既有此"义务"之存在,则相对于此义务,可知法律当然于其规范之本旨内赋予他方对此义务之是否遵守及践履有一"知"的权利。故从民、刑法法律所规范之目的及本旨观之,配偶之一方行使探知对另一方其有无遵守或践履"贞操""忠诚"义务之权利,即应属"刑法"第 21 条第 1 项依法令之行为。是本案被告 A 女为探知其当时之配偶 B 男有无违反前揭义务并构成通奸罪,而于家中电话装设录音设备时,实即属依法律规范之目的及意旨行使其权利之行为,自应属依法律之不罚行为。

(2) 被告 A 女之行为依比例原则,应为不罚。从"适合性"或"适当性"观之,配偶之一方在家中对他方所为之录音行为,对于达成知道其配偶有无违反婚姻期间之"贞操义务"或"忠诚义务"之目的,实尚难谓已逾越"适合性"或"适当性"。从"比例性"观之,在可预期配偶之他方坚决否认或不会主动告知其已违反夫妻间婚姻之"贞操义务"或"忠诚义务"下,配偶之一方采取仅在家中装设录音设备,而未及于外面处所录音,则该在家中之录音行为,实难谓已超越实现其目的之必要程度,应可认其亦合乎"必要性"之原则。再从"必须性"或"衡量性"原则观之,被告所使

---

* 原载于《月旦法学杂志》2008 年第 160 期。
** 台湾大学法律学院助理教授。

用之手段系录音行为,且系装设在共同生活之家中起居生活空间及共同使用之电话,是该行为实可认属一种损害最小之手段,且被告所用之录音手段,与其欲达成知道其当时之配偶有无外遇或通奸之目的间,所欲保护之法益与所侵害之法益间,合乎"必须性"或"衡量性"之原则。故从比例原则观之,被告 A 女为落实法律对婚姻制度之保障,而对于 B 男本身应遵守及践履之"贞操"或"忠诚"义务,行使被告"知"的权利时,被告上述之录音行为,自符合法益之权衡及比例原则,难以违反"通讯保障及监察法"罪相绳。

二、台湾地区"最高法院"2005 年台上字第 5802 号判决

前面高等法院判决,嗣经台湾地区"最高法院"2005 年台上字第 5802 号判决认定适用法律有所违误,因而撤销原判决发回更审。台湾地区"最高法院"之判决理由如下:

按"通讯保障及监察法"之立法目的在保障人民之秘密自由,任何人监察他人之通讯,若无该法第 29 条所定不罚之情形,复据被害人合法提出告诉,自应依该法第 24 条第 1 项违法监察他人通讯罪论处。次按"通讯保障及监察法"第 29 条规定:"监察他人之通讯,而有下列情形之一者,不罚:(一)依法律规定而为者。(二)电信事业或邮政机关(构)人员基于提供公共电信或邮政服务之目的,而依有关法令执行者。(三)监察者为通讯之一方或已得通讯之一方事先同意,而非出于不法目的者。"原判决认被告之录音行为"属依法律规范之目的及意旨行使其权利之行为""符合法益之权衡及比例原则"等节,核与上述不罚之情形并不相符,乃原判决竟认被告之行为不罚,有适用法则不当之违背法令。

三、台湾地区高等法院台南分院 2005 年上更(一)字第 592 号判决

本案经台湾地区"最高法院"发回台南高分院更审之后,台南高分院以被告违反"通讯保障及监察法"第 24 条第 1 项之规定,复无同法第 29 条例外不罚之情形,驳回被告之上诉,但对原地方法院所判之有期徒刑 3 个月,另判被告缓刑两年。

高等法院更一审判决认为,"通讯保障及监察法"第 24 条第 1 项之处罚对象,系指一般人民,此亦系原立法意旨;另外,判决理由中最为特殊之处,是认为被告所犯之窃录行为,难谓无正当理由而非"无故",因此尚不构成"刑法"第 315 条之 1 之罪责,然本案被告之违法窃录行为并无"通讯保障及监察法"第 29 条例外不罚之情形,且经被害人即其夫 B 男合法提出告诉,自应依"通讯保障及监察法"第 24 条第 1 项处罚。

疑难问题

台湾地区"最高法院"判决撤销发回更审的重点,在于指出高等法院判决过程中,自行进行利益衡量与比例原则的判断,乃"通讯保障及监察法"第 29 条所未规定之事由,因而于法无据。姑且不论"通讯保障及监察法"第 29 条第 1 项第 3 款之除外不罚规定不够恰当与周延,造成"刑法"第 315 条之 1 "无故"概念在解释上的困扰。[①] 令人更为不解且必须解决的问题是,前述两则判决中,完全忽略了"通讯保障及监察法"第 24 条 1 项与"刑法"第 315 条之 1 的关系。何以本案例

---

① 通讯之一方将自己与他方的通话内容录音下来,比起将其他人的非公开言论、谈话窃录下来,其侵害谈话者言论内容的隐私信赖,的确较为轻微。但通讯之一方私自录音、录像行为,对不知情的通讯参与者而言,仍然是一种突袭性的侵害。并且,通讯者如果知悉他人要以录音或录像设备录下言论内容,可能会拒绝为此一通讯之进行,或是更为小心、谨慎地说话。因此,"通讯保障及监察法"第 29 条第 1 项第 3 款规定,通讯之一方对通讯内容私自录音、录像行为,只要非出于不法目的就不罚,实在是一种不当的阻却违法事由,且严重低估人民对于隐私保护的期待。

中,私人间的窃录他人电话通讯行为,应适用"通讯保障及监察法"第24条第1项的规定,却不适用"刑法"第315条之1?

嗣后更一审的判决,虽努力厘清"刑法"第315条之1与"通讯保障及监察法"第24条之适用关系,但作出的结论却是本案不构成"刑法"第315条之1的窃录罪,但却构成"通讯保障及监察法"第24条第1项违法监听罪。试问,如果私人所进行的监听或窃录行为不构成"刑法"第315条之1,则何"违法"之有?

前述适用法律错乱、毫无章法且逻辑不通的症结点,其实完全来自"通讯保障及监察法"第24条1项规定之"行为主体"为何的问题。从"通讯保障及监察法"整部法律的制定过程、立法目的、条文体系脉络,甚至"通讯监察"之条文用语来看,均是用以限制权力机关或公权力恣意侵害人民通讯自由而来。然而第24条第1项的处罚规定,因为未将行为主体明确标示为公务员,以及错误的立法原意,导致了现行法律的错综复杂与难以适用。

为厘清上述"刑法"第315条之1与"通讯保障及监察法"第24条之适用争议,以下部分即聚焦于"通讯保障及监察法"之立法源由、规范目的、体系脉络与条文文义进行分析,以期在现行错误与不当的立法条文文义限制下,导引出合理的解释方法以及修法建议,并借此厘清"通讯保障及监察法"第24条第1项与"刑法"第315条之1的关系。

学理研究

一、违法监听之效果——"通讯保障及监察法"第24条规定

(一) 立法源由

人民隐私权的侵害,来源有二:一是来自私人之间的侵害;另一则是来自公权力机关。而后者对于人民隐私权的威胁与恐怖效果,更甚于前者不知凡几。好莱坞电影《全民公敌》中,道尽了权力机关滥用电子监控设施侵入人民私领域,对人民的隐私进行全面监控的恐怖。为了避免公权力机关恣意地入侵人民私密领域,破坏人民隐私权,各国或地区无不制定法律规范,避免公权力机关不当干预或侵害人民的隐私权利。

"通讯保障及监察法"之草拟,肇始于1990年。当时三委员会联席会建议,"行政院"应研拟建立一套完整的通讯监察(监听、监视)制度,以保障人民秘密通讯自由,以及社会及其他法益之均衡维护。"法务部"于是在1991年5月成立起草委员会,制定了"通讯监察法草案"陈报"行政院"审查。此一"通讯监察法草案"于1992年提交"立法院"进行审议。① 其间历经7年的审议,终于在1999年6月22日由"立法院"将法案名称更名为"通讯保障及监察法"之后三读通过,并于同年7月14日公布生效施行。

"通讯保障及监察法"在立法之初,即欲建立一套统一且完整的通讯保障及监察法制。因此,除了在法律规范中确立了对人民通讯秘密自由的保障决心之外,对于公权力机关得以在何种情形下,依循何种程序,以何种方式侵害与干预人民的通讯秘密,均作了详尽规范。除此之外,对于公权力机关未依法定程序侵害人民通讯秘密之行为,亦规定了严厉的制裁效果。

"法务部"于1992年提交"立法院"审议的"通讯监察法草案"中,将违法通讯监察行为之制裁效果,分别以两条条文加以规范,亦即第22条与第23条。第22条第1项规定:"违法监察他人秘密通讯者,处二年以下有期徒刑、拘役或新台币二万元以下罚金。"第2项规定:"明知为违法

---

① 相关立法过程参考《"立法院"公报》1993年第84卷第46期,第178页以下。

监察通讯所得之数据,而无故泄漏或交付之者,亦同。""法务部"当时提案的构想是,任何人皆有可能以监听或窃录行为侵害他人的通讯秘密或隐私权,因此第22条的规范对象设定为一般人。这样的立法构想,也明确表示在当时的提案理由中:"任何人未依本法或其他法律规定,而擅自监察他人秘密之通讯者,或明知该数据系违法监察通讯所得而无故泄漏或交付者,应负刑责,以贯彻本法保障人民权益之意旨。"①

草案第23条第1项之规定则为:"有执行或协助执行通讯监察职权之公务员,假借职务上之权力、机会或方法犯前条之罪者,处三年以下有期徒刑。"此一规定的立法构想是,如果行为人是执行或协助通讯监察职务之公务员,利用职务上之权力、机会或方法而违法监察他人通讯者,则属公务员渎职行为,情节较重,因此另订第23条加重处罚规定,以针对公务员利用职务上之权力、机会或方法而违法监察他人通讯之行为进行规范。②

"通讯监察法草案"在1992年提交"立法院"审议。期间虽历经了7年的立法过程与多次的协商与审议,但是关于前面两条违法监察他人通讯行为的处罚规定,最后并未进行大幅度修正,只是编排与条文文号有所变更,且刑罚效果加重。"立法院"于1999年6月22日三读通过之"通讯保障及监察法",亦即现行法律中,将违法通讯监察之处罚条文编排在第24条,并将"法务部"原始提案之第22条与第23条合而为一。第24条第1项之文义为:"违法监察他人通讯者,处五年以下有期徒刑。"第2项规定为:"执行或协助执行通讯监察之公务员或从业人员,假借职务或业务上之权力、机会或方法,犯前项之罪者,处六月以上五年以下有期徒刑。"第3项规定:"意图营利而犯前二项之罪者,处一年以上七年以下有期徒刑。"

从立法时空背景来看,1992年"法务部"研拟草案时,当时"刑法"对于人民秘密通讯自由与隐私权的保障,仅有"刑法"第315条妨害书信秘密罪之规定。"刑法"第315条之1也尚未存在。因此,不管是私人还是公权力机关窃听、窃录他人言论谈话或是有线、无线通讯内容之行为,确实没有相对应的处罚规定足资防范。

"通讯保障及监察法"在1992年6月22日三读通过,但在"通讯保障及监察法"三读通过之不久前,也就是1999年3月30日,"立法院"也针对"刑法"分则进行修法,其中针对人民隐私秘密的保护,制定了"刑法"第315条之1的窥视、窃听、窃录罪。

当时催生"刑法"第315条之1立法成功的重大社会事件,也是引发全民高度不安与恐惧的事件,其实与公权力机关监听人民通讯无关,而是起因于个人身体隐私或私密活动遭到偷窥与偷拍等事件无法可管的窘境。例如,在公共厕所、宾馆、百货公司更衣室、大众运输工具中的身体隐私部位或私密活动,遭到他人窥视与偷拍,甚至制作成光盘散布、贩卖,当时均无适当的条文足以保护这些侵害隐私权甚至借此牟利的行为。不过,因此而制定的"刑法"第315条之1,其规范范围则是远远超过针孔偷拍行为。本条条文除了制裁窥视、偷拍他人隐私活动之行为外,对于他人"未公开之言论或谈话"加以窃听或窃录之行为,亦纳入"刑法"第315条之1的规范范围。如果我们检视较后制定的"通讯保障及监察法"所要处罚的行为,会发现制定在先的"刑法"第315条之1,其规范的射程范围几乎可以完全涵盖所有私人违法监听、窃录之行为。因此,担忧私人进行窃听、窃录行为而无法可罚的漏洞,可谓已不存在。

从"通讯保障及监察法"的立法过程来看,整个立法焦点都环绕在如何防止公权力机关无实

---

① 参见《"立法院"公报》1993年第84卷第36期,第218页。
② 同上书,第218、219页。提案理由则为"有执行或协助执行通讯监察职权之'公务员'利用职务之权力、机会或方法犯前条之罪者,其情节较重,爰参考'刑法'第134条加重之规定,明订其刑责"。

质理由与无基础地侵害人民隐私。至于制裁规范,也理应限缩于公权力机关的违法滥权上,始有其合理性。但遗憾的是,从立法数据来看,立法者在立法时,从未认真与严肃地探讨"刑法"第315条之1与"通讯保障及监察法"之间的规范整合,当然也完全忽略了"通讯保障及监察法"第24条与"刑法"第315条之1的重叠竞合问题。

但草率的立法过程所遗留下来的法律规定,却造成了后续法律解释与适用上的困扰与不安。也就是说,如果贸然根据原始提案理由,将"通讯保障及监察法"第24条第1项的行为主体解释为是"一般人",第2项是"公务员",无疑会使"刑法"第315条之1的规定完全被架空。事实上,自从"通讯保障及监察法"制定以来,私人之间的窃听、录录行为,究竟应适用"刑法"第315条之规定,还是"通讯保障及监察法"第24条规定,在实务上,引起了极大争议,至今法律见解之歧见依然存在。

(二)分歧的实务看法

"通讯保障及监察法"第24条第1项之处罚规定,如果根据原始提案理由,其行为主体为"一般人"。然而,这样的看法却会造成"通讯保障及监察法"第24条第1项与"刑法"第315条之1之间出现规范过度重叠的现象。在"通讯保障及监察法"立法通过不久后,嘉义地方法院检察署法律座谈会中即出现以下法律争议:

告诉人A申告其夫B与C女通奸,A提出之唯一证据为录音带两卷,A并自承录音带系趁B不知时,将声控式录音机置放于B所驾自用小客车内窃录所得,其内容除男女一般谈话外,并有足认为进行性行为之声音,又经鉴定录音带内之男女声音,确系B及C之声音。问A是否成立"通讯保障及监察法"之罪?

当时座谈会的讨论结果是采否定说,亦即认为一般私人间进行的监听、窃录行为,并不适用"通讯保障及监察法"第24条第1项规定。理由则为:"通讯保障及监察法"第24条第1项所规范者,应系指依法有权行使监察权之公务员,故不依法而监察他人通讯之处罚规定;第2项规范者是有执行或协助执行通讯监察之公务员或从业人员假借职务或业务上之权力、机会或方法所为行为之处罚;第3项所规范的对象,系指意图营利,而违法监察他人通讯者。故A之窃录行为,亦不构成"通讯保障及监察法"之罪。

然而此一见解最后却遭"法务部"的研究意见推翻。"法务部"研究意见认为,"通讯保障及监察法"第24条第1项规定:"违法监察他人通讯者,处五年以下有期徒刑。"参酌同条第2项规范之对象为执行或协助执行通讯监察之公务员或从业人员,第3项则为营利犯罪,而同法第30条又规定仅第24条第1项之罪须告诉乃论,可见第24条第1项之处罚对象系指一般人民,此亦系原立法意旨。另同法第29条则规定有不罚之例外情形,是以题示情形,A之违法窃录行为,若据被害人合法提出告诉,复无第29条所列不罚之情形,自应依同法第24条第1项处罚。①

其后,台湾地区高等法院暨所属法院2001年法律座谈会又再次提出类似争议问题加以讨论。② 争议的法律问题如下:

A男为掌握B女之行踪,遂于2000年1月间至B女住处外电信箱,以录音带接线方式,窃听B女家中电话内容,A究竟触犯何罪?

---

① 以上参见"法务部"法字第000805号函(发文日期为2000年6月16日),载《"法务部"公报》2000年第241期,第38—40页。

② 以下座谈会争议问题及讨论意见,参见《台湾地区高等法院暨所属法院2001年法律座谈会汇编》,2002年版,第339—341页。

此一争议问题出现以下两种分歧见解：

甲说：A 系犯"通讯保障及监察法"第 24 条第 1 项之违法监察通讯罪。A 之行为虽同时符合"刑法"第 315 条之 1 第 2 款妨害秘密罪之构成要件，该两罪系属法条竞合，依特别法优于普通法之原则，应从"通讯保障及监察法"第 24 条第 1 项之违法监察通讯罪处断（参见高等法院 2000 年上诉字第 3474 号判决）。

乙说：A 系犯"刑法"第 315 条之 1 第 2 款妨害秘密罪。盖"通讯保障及监察法"之立法目的系在规范公务员实施通讯监察之程序及范围，以保障人民秘密自由，此从"通讯保障及监察法"第 2 条所规定"通讯监察，除为确保安全，维持社会秩序所必要者外，不得为之""前项监察，不得逾越所欲达成目的之必要限度，且应以侵害最少之适当方法为之"可知。故"通讯保障及监察法"所使用之"通讯监察"或"监察"一词，系指有关公务员所执行之通讯监察职务而言，与一般民众窃听、窃录等妨害秘密行为毫不相涉。"通讯保障及监察法"第 24 条第 2 项之处罚对象为直接执行或协助执行通讯监察之公务员或从业人员（例如担任实施截收、监听、开拆、检查职务之警察或电信、邮政人员），同条第 1 项之处罚对象则为前述第 2 项直接执行通讯监察职务以外之公务员（例如，故意下令实施违法通讯监察之法官、检察官或其他公务机关人员）（同见解参见高等法院花莲分院 2000 年上易字第 91 号判决）。

此一争议问题的初步讨论结论，是建议采甲说。然而后续的座谈会研讨结果，则是增列了丙说，认为 A 之行为同时符合"电信法"第 56 条之 1 第 1 项及"刑法"第 315 条之 1 第 2 款妨害秘密罪之犯罪构成要件。该两罪系属法规竞合，依特别法优于普通法之原则，应以"电信法"第 56 条之 1 第 1 项处断。①

仔细探究丙说的看法，可以发现座谈会中的讨论方向，已经将私人间的窃听、窃录行为，改以"刑法"第 315 条之 1 论处。换言之，有将"通讯保障及监察法"第 24 条第 1 项的行为主体，限缩为公务员，而不包含一般私人的趋势。

二、"通讯保障及监察法"第 24 条第 1 项之行为主体为"任何人"？

私人间的监听、窃录行为，究竟应该以"刑法"第 315 条之 1 论处，还是构成"通讯保障及监察法"第 24 条第 1 项？此一提问，涉及的主要问题是，"通讯保障及监察法"第 24 条第 1 项之行为人有无资格条件的限制？笔者认为，条文中虽未明文限定行为主体为公务员，但解释上不应扩大行为主体的范围。其理由如下：

（一）从规范体系脉络来看

从体系脉络来看，"通讯保障及监察法"之制定，本是为了防制与避免公权力对人民通讯秘密自由与隐私之侵害。因此，观察整部"通讯保障及监察法"，会发现不管是立法目的、立法原则、体系架构与相关规定，均是围绕在如何防止公权力对人民通讯秘密自由与隐私的恣意侵害。其中制定有严格的实质要件与程序要件用以规范公权力之发动。例如，公权力机关监察人民通讯，必须在"重罪原则"的门槛下，亦即必须是通讯之人涉嫌违犯最轻本刑为 3 年以上有期徒刑之重罪，

---

① "电信法"第 56 条之 1 第 1 项规定，违反第 6 条第 1 项规定侵犯他人通信秘密者，处 5 年以下有期徒刑，得并科新台币 150 万元以下罚金。"电信法"第 6 条规定，电信事业及专用电信处理之通信，他人不得盗接、盗录或以其他非法之方法侵犯其秘密。本案例事实所涉及的犯罪态样，是在电信箱挂线窃录，所以另构成"电信法"之规定。

具备了监察必要性,且事先向法院申请"通讯监察书",始可进行。①

此外,公权力机关进行通讯监察的方法手段,必须符合"比例原则"。其中,就"手段必要性"而言,第5条第1项规定,通讯监察手段的实施,除了必须是为了侦防重大犯罪之外,还必须是其危害公共安全或社会秩序情节重大,且不能或难以其他方法收集或调查证据之情形,始得为之。换言之,如果犯罪情节对安全、社会秩序之危害并非重大,或犯罪证据之收集及掌握能以通讯监察以外的其他方法为之者,则公权力不能贸然以侵害人民隐私与秘密通讯的监听、窃录方式侦查犯罪。另外,就手段必须符合"比例性"(亦即"过当禁止原则"或"最小侵害原则")而言,侵害人民秘密通讯的手段,其强度不得逾越所欲达成目的的必要限度,且必须选择侵害人民权利较小之手段。因而"通讯保障及监察法"规定,通讯监察期间,原则上每次不得逾30日("通讯保障及监察法"第12条第1项);监察通讯以截收、监听、录音、录像、摄影、开拆、检查、影印或其他类似之必要方法为之,但不得于私人住宅装置窃听器、录像设备或其他监察器材,以避免过度侵害人民的隐私权利("通讯保障及监察法"第13条)。

以上这些侵害通讯秘密自由的实质要件与程序要件,很明显地均是用以限制公权力的恣意滥权,与一般私人之间的窃听、窃录行为无关。

(二) 从立法原意来看

当初"行政院法务部"在草拟"通讯监察法草案"中违法通讯监察的法律效果时,立法理由中虽表示行为主体是"任何人",但这样的立法文义与理由,是在"刑法"还没有制定第315条之1的时空背景下之产物。1999年6月制定通过的"通讯保障及监察法"第24条第1项,虽然依旧延续草案用语,但把梳立法文献资料发现,当时立法者根本未讨论本法与同年3月甫制定的"刑法"第315条之1的适用关系,只是草率地沿用了不当且未经重新整理的旧提案草案理由。如果立法者有意在"刑法"第315条之1之外另定特别刑法规定,则理应严肃地探讨特别刑法的必要性。此外,"通讯保障及监察法"第24条第1项的规定,如果与"刑法"妨害秘密罪章所要保护的法益相同,行为主体相同,且行为态样也相同,那么我们的法规范有必要在如此密集的时间内,连续制定出叠床架屋的两个相同规定吗?答案应该是否定的。

(三) 从文义用语与解释来看

就从文义用语而言,"通讯监察"此一用语,明显是指公权力机关之于人民而言,一般私人之间的侵害隐私行为,通常以"窥视""窃听""窃录"等文义表示。

再者,"通讯保障及监察法"第24条第1项的条文中,虽未明确标示行为主体为"公务员",但这样的立法方式不必然就一定要认为行为主体为"一般人"。以"刑法"第307条违法搜索罪为例,条文中也未明示行为主体为何,解释上,本条应属一般犯。然而实务见解仍然以司法解释的方式来限缩行为主体范围。1943年非字第265号判例即认为:"'刑法'第三○七条所定不依法令搜索他人身体、住宅、建筑物、舟、车、航空机之罪,系以有搜索权之人违法搜索为成立要件。若无搜索职权之普通人民,侵入他人住宅擅行搜索,只应成立'刑法'第三○六条第一项之罪,要

---

① 1999年制定之"通讯保障及监察法"第5条第2项规定,通讯监察书的核发,侦查中由检察官依司法警察机关申请或依职权核发,审判中由法官核发。但由过去实务经验来看,检察官在侦查中所核发之通讯监察书,多未经严格且实质之审查,有流于浮滥之嫌,严重侵害人民通讯秘密自由。因此,2007年6月15日,"立法院"三读通过修正"通讯保障及监察法"第5条第2项规定。根据新修正之规定,通讯监察书之核发,仅限法官可以核发。检察官在侦查中认为有进行通讯监察之必要,必须以书面记载第11条之事项,并叙明理由、检附相关(2007年7月11日公布)文件,申请该管法院核发。换言之,检察官本身不再有核发通讯监察书之权限。

不能执同法第三〇七条以相绳。"换言之,实务见解认为,本罪之行为主体以"有搜索权之人"为限。倘无搜索权限之普通人侵入他人住宅擅行搜索,只应成立无故侵入住宅罪。而根据"刑事诉讼法"第128条之2,有搜索权限之人,仅限法官、检察官、检察事务官、司法警察官、司法警察等人。既然实务上已有前例可循,则"通讯保障及监察法"第24条第1项未尝不能作相类似的解释。①

(四)与现行"刑法"第315条与第315条之1的关系来看

将"通讯保障及监察法"第24条第1项规定的行为主体解释为"任何人",将使现行"刑法"第315条之1的适用遭到架空,连带地也会使"刑法"第315条妨害书信秘密罪成为具文。详言之,"通讯保障及监察法"第1条宣示所要保障的法益乃"通讯秘密自由"。本法规中关于"通讯"的概念,根据第3条之规定,指涉:利用电信设备发送、储存、传输或接收符号、文字、影像、声音或其他信息之有线及无线电信;邮件及书信;言论及谈话。至于"监察通讯之方法",根据该法第13条之规定,乃指"截收、监听、录音、录像、摄影、开拆、检查、影印或其他类似方法"。根据前两条条文所形构出来的违法通讯监察行为,大致可以分为三种类型:第一、截收、监听或录制他人通过有线或无线电信传输之信息;第二、截收、开拆或检查他人之邮件或书信;第三、监听、录音、录像或摄影他人之言论或谈话。就第一种与第三种行为态样,完全可以通过"刑法"第315条之1加以处罚。第二种行为类型则与"刑法"第315条无故开拆、隐匿他人封缄信函文书罪相当。"刑法"第315条之1与"通讯保障及监察法"第24条第1项相较,只有他人未公开的活动或身体隐私部分遭到窥视、照相、录像行为,无法为"通讯保障及监察法"第24条第1项所涵盖。因此,如果将"通讯保障及监察法"第24条第1项的行为主体解释为"任何人",由于本条与"刑法"第315条之1及第315条所要保护的法益相同,会形成法律规范上的保护冲突。因此,在法律适用上,只能根据法条竞合中的"特别优于普通"法则,适用法定刑较重的"通讯保障及监察法"第24条第1项规定。如此一来,不仅"刑法"第315条妨害书信秘密罪成为具文,而"刑法"第315条之1的规范适用范围,最后也只能局限在针对窥视、窃拍或窃录他人未公开的活动或身体隐私部分。

三、应以公务员为规范主轴

本文前面的论述,是尝试从立法源由、规范体系脉络、文义解释等观点,说明"通讯保障及监察法"第24条第1项规定的行为主体不应为"任何人"。以下论述,则是尝试在既有的文义框架下,将"通讯保障及监察法"第24条第1项解释为"渎职罪"的一种,因而行为主体应限于"公务员"。

(一)渎职罪之处罚基础与类型

"刑法"对于法益的保护,乃是从个人生命、身体、自由、名誉、财产等个人核心利益出发。除了个人法益之外,行政、司法制度与组织的稳定运作,以及社会公共秩序的维持,均是支撑个人法益得以实现与确保的重要基础。在刑法上,行政与司法制度得以正确与顺畅地运行,以及合乎法律规范与法治程序地运行,属于一种超越单一个人法益保护的抽象性制度利益,因此,属于超个

---

① "刑法"第307条违法搜索罪之行为主体,学说向有不同意见,认为应为"任何人",盖本罪并非列在渎职罪章之下,如以有搜索权者为限,说法失之过狭。参见韩忠谟著、吴景芳增补:《刑法各论》,2000年版,第378页;林山田:《刑法各罪论》(增订五版)(上册),2006年版,第216页。笔者则认为,违法搜索之处罚对象,固然不应限于公务员,即使一般人也可能以搜索的方式侵害他人的隐私与住居安宁。但如要以一般人为行为主体,则建议将现行条文中的"不依法令"修改为"无故",而搜索的客体另增加"随身携带对象与置放对象之处所"。因为一般人依据法令搜索,固然可以阻却违法,但即便未依据法令搜索,只要有其他正当事由存在,并非不能阻却违法。因此以"无故"用语取代"不依法令",可以留有实质违法性的判断空间。

人法益的一种。然而,对公权力的制度性利益之保护,其本质上不仅仅只是维护公权力机关或司法机关的正常运作,也不是只为了维护公部门的威信。其最终的目的,还在于保障一般人民得以通过这些制度组织的顺畅运作,真正使其个人的核心利益获得实现。

"刑法"上对于公权力的侵害可以区分为两大犯罪态样:第一种态样是来自于公权力组织的外部侵害。最典型的就是一般人民对执行公务的公务员所进行的犯罪行为。台湾地区"刑法"妨害公务罪章中的犯罪形态,例如,妨害公务执行罪、侮辱公务员罪等,均是这样概念下的犯罪态样。由于公权力、制度的运作,以及公任务的达成,必有赖公务员的参与执行。因此公务员在行使职务时,受到来自一般人的强暴、胁迫或侮辱等妨害行为,形式上被害人是公务员,但真正受侵害的法益,乃是公权力的行使与贯彻受到外部的妨害。此外,公务员于符合法律规范秩序的情形下执行公务,其受到攻击、侵害、妨害或辱骂,如果一概不加以制止与处罚,其结果不仅是公务机关与法律秩序的威信受到损害,最终将会造成一般人民对公务机关与公权力执行的不尊重与不信赖。

对公权力侵害的第二种犯罪态样,则是来自公权力组织内部的侵害。其犯罪者乃是公权力机构组织的内部成员,也就是公务员。对于从事公务之人员,必科以其忠诚义务,以及遵守法制程序与公务员服务规章之义务。公务员违反义务者,固然构成行政惩处之事由。然而,"刑法"上仍将较为严重的义务违反行为,予以类型化,并科以刑罚制裁。因此,"刑法"上有关渎职罪章下的犯罪类型,基本上均是以公务员违反职务义务为处罚前提。

"刑法"上的渎职罪,亦即公务员犯罪(Amtsdelikte),乃指公务员违反职务义务的犯罪形态。这种犯罪形态,是一种来自于公权力内部,由其组成分子对公权力运作机制的侵害。渎职罪的不法内涵以及所侵害的法益,通说认为不仅是公权力机关与公务员之间忠诚关系的破坏,也是一般人民对于公职务纯粹性(Lauterkeit des öffentlichen Dienstes)的信赖感到破坏。[①] 详言之,行政与司法等组织,必须保证纯然是根据客观而公正的法律秩序而运行,公务员参与公职务之运行,因而必须遵守既定的法律规范与程序,不容公务员掺杂个人利益或是以违反法律规范、法律秩序的方式执行职务。如果公务员执行职务,是以违反或背离既有法律规范的方式进行,不仅是一种"国家意志的篡夺"(die Verfälschung des Staatswilens),也会造成一般大众对行政、司法机制的不信赖。[②] 以贿赂罪为例,贿赂罪的处罚基础,在于公务员职务行为的"不可收买性"(Unverkäuflichkeit),也就是要保证公务行为纯粹是根据客观的法律秩序与要件而来,不允许他人以金钱或利益加以影响公权力的执行与不执行。如此始可确保一般大众信赖行政与司法行为的决定与执行是公正、客观且遵守法律秩序的要件。此外,对于公职人员与公务行为不可收买性的确保,同时亦在保证公权力的贯彻与执行,且不会因公务员个人的行为而受到干扰或破坏。

在刑法上,以公务员为行为主体之犯罪类型,又可概分为纯正渎职罪与不纯正渎职罪。纯正渎职罪(echte Amtsdelikte)仅限以公务员为行为主体,属纯正身份犯的一种。例如公务员收贿罪、公务员图利罪、公务员废弛职务酿成灾害罪等。纯正渎职罪的犯罪类型中,之所以限定以公务员为行为主体,乃是"公务员"这样的身份地位,为此等犯罪的违法性基础所在。不具公务员身份或地位者,不可能单独成立此一犯罪。因此公务员身份乃是构成纯正渎职罪不可或缺的犯罪基本要素。在纯正渎职罪的犯罪形态中,如果行为人不具公务员身份,则只可能根据"刑法"第31条第1项的规定,与具公务员身份者成立共同正犯,或是成立教唆犯或帮助犯。

---

① Vgl. Sch/Sch/Heine, StGB, 27. Aufl. 2006, Vorbem § § 331 ff., Rn. 1
② Maurasch, BTII, 9. Aufl. 2005, § 79, Rn. 9.

不纯正渎职罪（unechte Amtsdelikte），乃指犯罪之成立原非公务上特有的违法行为，即使是一般人亦有可能成立此一犯罪，例如，纵放犯人便利脱逃罪、侵占罪等。然而具有公务员身份地位者犯罪，"刑法"则另订加重处罚条文。不纯正渎职罪中，公务员加重处罚之理由，一方面，固然在于公务员违反来自于公职务所要求的较高守法义务，以及公务员与体公权力间的忠诚关系；另一方面，则是因为侵害公权力行使所必须遵守的法律秩序，使行政机关或司法机关必须符合法定程序运作的机制受到破坏，因此公务员必须加重处罚。① 在不纯正渎职罪中，公务员身份并非构成犯罪的基本要素，而是加重处罚的要素。例如，普通人违犯纵放犯人罪，根据"刑法"第 162 条第 1 项的规定，处 3 年以下有期徒刑。但是公务员纵放职务上依法逮捕拘禁之人，根据第 163 条第 1 项的规定，则处 1 年以上 7 年以下有期徒刑。

在现行"刑法"中，关于不纯正渎职罪的规范方式，除了如前述第 163 条第 1 项明订公务员违犯者加重处罚之外，在渎职罪章的第 134 条中，另有概括规定：公务员假借职务上之权力、机会或方法，以故意犯本章以外各罪者，加重其刑至 1/2，但因公务员之身份，已特别规定其刑者，不在此限。根据此一规定，不具公务员身份者所可能违犯之犯罪，如果行为人是公务员，且是假借职务上之权力、机会或方法而犯之，除已因公务员身份特设加重处罚规定外，即须根据本条规定加重其刑至 1/2。必须注意者，本条乃不纯正渎职罪之概括处罚规定，具公务员身份地位者之所以得以加重处罚，其理由在于公务员之犯罪行为具有义务违反性。也就是说，公务员在犯罪时，必须是违反公职务上所应遵守之职务上义务，且犯罪行为与公务员利用职务上之权力、机会或方法有关联性。如公务员犯罪行为，与利用职务上之权力、机会或方法无关，也未违反职务上应遵守之相关义务，则不得根据此条规定加重处罚。

（二）"通讯保障及监察法"第 24 条之合理解释——以公务员为行为主体

"刑法"第 315 条之 1 偷窥、窃听、窃录罪，毫无疑问是针对一般人而制定。"通讯保障及监察法"第 24 条第 1 项规定即便在既有的文义用语与架构下来解释，仍然可以认为是仅限于"公务员"为行为主体。详言如下：

首先，就文义来看，本条之规定"违法监察他人通讯"，所谓"违法"一语，用在一般性犯罪，实毫无意义。因为任何犯罪行为，都是因为具有特定的不法内涵，才会被列在刑法上当做不法行为来看待。因此，在一般犯的犯罪构成要件制定上，实无画蛇添足地特别将"违法"一语表示出来的必要。例如"刑法"条文不会将杀人罪规定成"违法杀人者，处……"也不会将窃盗罪规定成"违法窃取他人动产者，处……"

其次，"违法"此一用语，在"公务员渎职罪"之犯罪构成要件中，却具有标示出"义务违反性"的特殊意义。我们可以观察"刑法"中关于渎职罪的规定，例如"刑法"第 127 条违法执行刑罚罪中也使用了"违法"此一用语。此外，有些渎职罪虽未使用"违法"一语，但却使用其他类似文义，以表示"义务违反性"之概念。例如"刑法"第 125 条滥权追诉罪中的"滥用职权"一语，"刑法"第 131 条图利罪中的"违背法令"一语，或是"刑法"第 307 条违法搜索罪中的"不依法令"一语。这些文义，均是用以表示渎职罪的共通特性——"违背职务义务"之意。此一义务之违反性，在纯正渎职罪中，乃公务员行为的违法性所在，也是入罪化之原因；在不纯正渎职罪中，则是加重处罚的原因。因此"通讯保障及监察法"第 24 条第 1 项条文中既然出现"违法监察他人通讯"的文义，解释上，本条项应属针对公务员所制定的渎职罪之一种，而非针对一般人所制定的一般犯。

再次，从刑度来看，本条项所要规范的犯罪行为，几乎与"刑法"第 315 条之 1 的窥视、窃听、

---

① Sch/Sch/Heine, a. a. O. (Fn. 10), Rn. 7.

窃录罪重叠,只是刑度上较"刑法"第315条之1为重。因此,本条项规定若非针对公务员渎职行为而设,实无在刑法之外,对相同行为另定加重处罚规定之必要。且如前面章节所述,把本条项的行为主体设定为一般人,只会徒然造成"刑法"第315条之1的规定遭到架空,实属不当。反而以"公务员"为行为主体,且以其违法渎职为由,始有加重处罚的实质基础存在。

至于"通讯保障及监察法"第24条第2项另规定:执行或协助执行通讯监察之公务员或从业人员,假借职务或业务上之权力、机会或方法,犯前项之罪者,处6个月以上5年以下有期徒刑。本条项之规定,解释上可以视为前项公务员渎职违法监听行为的特殊处罚形态。

公务员违法监察通讯之态样,从目的来看,可以区分为"出于合法目的"与"非出于合法目的"两大类型。所谓"出于合法目的",乃指其监察通讯行为是符合"通讯保障及监察法"第5条规定,为了调查与收集犯罪证据,或是第7条为了避免本地区安全遭到危害而为。然而即使公务员出于合法目的而进行通讯监察行为,如果其手段、程序或方法不合法,仍应属违法通讯监察。例如无急迫状况又未依合法程序申请核发监察票、监察行为逾越监察票上所载之监察期间、违反不得于私人住宅装置窃听器材规定等情形。这些违法监察通讯行为,即使是出于合法目的,由于未遵循一定的法治程序,行为仍属违法而不具正当性,故应根据"通讯保障及监察法"第24条第1项规定处罚。

公务员违法通讯监察行为,亦有"非出于合法目的"而为。在此又应区辨以下两种情形:第一种情形,如果公务员是出于私人目的,且非利用公务设备、资源,亦非在执行公务期间内进行窃听、窃录他人言论、谈话或活动行为,由于不涉及违反公务员应遵守之忠诚义务或是其他法定义务,故不能视为公务员渎职行为,只能如同一般人窃听、窃录他人通讯行为一样,根据"刑法"第315条之1的规定加以处罚。第二种"非出于合法目的"之监察行为,如果公务员是利用公务上之权力、机会或设备方法,且是在执行职务的期间内,进行具私人目的性的监察通讯行为,则此行为不仅违背职务,且是利用公权力与公共资源遂行个人不法目的,应属较为严重之渎职行为,自有加重处罚之理由。因此,此等行为应根据"通讯保障及监察法"第24条第2项之规定加以处罚。

结论性观点

在台湾地区,"隐私权"虽非"宪法"明文保护之权利。但是在"宪法"实务上,释字第603号解释与第585号解释均认为,个人私密领域免予他人侵扰之权利,亦即隐私权利,乃维护个人人性尊严与人格完整发展所不可或缺之基本权利,应属"宪法"第22条所保障之权利。对于个人隐私权之保障,"刑法"上向来有第315条妨害书信秘密罪,以及第315条之1窥视、窃听、窃录罪等规定,以作为侵害他人隐私权之处罚依据。然而1999年7月14日公布施行的"通讯保障及监察法"第24条,亦针对违法监察他人通讯行为,制定了处罚规定。此一条文之出现,随即形成私人间监听、窃录行为,究竟应适用"刑法"第315条之1,还是"通讯保障及监察法"第24条第1项的适用疑义。

这样的适用疑义与歧见如果不能加以统一,实令人感到寝食难安。因为私人间窃录他人言论、谈话、通讯之行为,如果欠缺一致性且合理性的解释标准,任由实务见解随意摆荡于"刑法"第315条之1与"通讯保障及监察法"第24条第1项之间,无疑会形成法律适用上的不安定与不平等。盖两者不管是规范目的、法定刑的轻重,以及可否上诉第三审的审级救济利益,差异甚大。

笔者的见解认为,"通讯保障及监察法"第24条第1项在条文文义上,虽未明文表示行为主体是公务员,但从规范体系脉络、文义结构与较重之刑罚效果来看,均应认为本条条文的适用对象与规范对象,乃是执行通讯监察之公务员,而非一般人。本文所评释的三则判决内容,或是默示或是明示地认为"通讯保障及监察法"第24条第1项的行为主体为任何人,其最主要的理由乃是诉诸"立法原意"。解释法律时,立法者的原意固应参酌,但立法者的立法意旨并不当然拘束法律的解释与适用,更何况我们能够明确地知道立法者的原意出于草率、不察与疏漏,则法律解释又何须拘泥于此呢?

最后,必须无奈地指出,本文的论述与见解,只能在既有的不当文义范围内,尽可能地做拨乱反正的合理解释。当然,最佳的杜绝适用争议之方法,应是以立法方式,将"通讯保障及监察法"第24条第1项的行为主体明确表示出来,亦即修正为"执行或协助执行通讯监察之公务员或从业人员违法监察他人通讯者,处五年以下有期徒刑",且删除第2项规定。此外,由于此一条文之性质属公务员渎职罪之一种,因此第30条有关告诉乃论之规定,亦应一并删除,始属妥当。

三角诈欺之实务与理论*

——台湾地区"最高法院"2006年台上字第740号及台湾地区高等法院2010年上易字第2187号判决评析

徐育安**

基本案情

案例1(台湾地区"最高法院"2006年台上字第740号判决):

A至殡仪馆帮忙他人治丧,与C一同坐在收礼台,其后A因欲前往瞻仰遗容而暂时离座,将背包留在C座位的椅背上,临走前交代C与站在收礼台边的D帮忙看管背包,被告B乘A离去而现场人多混乱之际,走向C、D二人,佯称背包为其所有,致二人任B取走背包,待A回到座位后,C、D向其询问背包谁属,在确认B非所有人后随即追出,在附近追及B后将其送交警卫。

本案经台湾地区高等法院审理,判决[2004上更(一)557]被告徒手窃取A之物品,所为系犯"刑法"第320条第1项之窃盗罪。但该判决为台湾地区"最高法院"所撤销(2006台上740判决),其认为原判决之疑义在于,B是否施用诈术而诈得该背包?又受托保管之C、D是否有受委托该财物之处分权?何以受托仍任B当面取得?或被害人A帮忙他人治丧场面混乱,为瞻仰往生者之遗容,仅系一时支配力弛缓,而为B乘机窃取?而且,B此部分犯行,究该当诈欺取财罪?或窃盗罪?原判决未深入审酌,遽论以窃盗罪,非无可议之处。其后,该案复经台湾地区高等法院重新审理,判决[九五上更(二)一四三]被告显系乘丧礼混乱之际向保管该背包之C、D二人施用诈术而诈得该背包。认定被告即系施用诈术而诈得该背包,并非乘人不知而窃取财物,所为并不合乎"刑法"窃盗罪责,起诉书认该部分系犯"刑法"第320条第1项之窃盗罪,容有未当。故变更起诉法条,判定被告诈取A所有背包之行为,系犯"刑法"第339条第1项之诈欺取财罪。

案例2(台湾地区高等法院刑事判决2010年上易字第2187号):

甲因为积欠乙之票款却未清偿,经法院简易庭于2009年9月17日判决应给付224万元及其利息。但甲却于同年8月11日以买卖之名义,将其所有之房产移转所有权登记予前妻丙(两人系于2008年11月27日即已登记离婚)。乙知悉此情形后,怀疑甲、丙二人系假离婚真脱产,故意为不实之移转登记,乃前往该屋所在之小区大楼,调查甲、丙是否确实离婚分居,乙向小区管理员丁佯称其系甲之妹,因甲不在故委托其来拿取信件,使丁因而陷于错误,乃将邮差寄送属于丙与甲及其子女等所有之5封平信交乙收执,上述信件皆为一般之广告单。乙借此方式在确定甲与丙共同居住于该小区后,随手将5封未拆封之平信丢弃至纸类回收桶内。

本案第一审经台湾地区板桥地方法院审理,判决(2010年简字第969号)被告乙所为者系"刑法"第339条第1项之诈欺取财罪。乙对该判决提起上诉,其理由除对于有无谎称之事实

---

* 原载于《月旦法学杂志》2011年第194期。
** 东吴大学法律学系副教授。

予以争执外,并主张上述 5 封平信仅一般广告单,并无财产价值。第二审于审理后,将原判决予以撤销(台湾地区板桥地院 2010 简上 645 判决),其撤销理由为:被告乙为查明甲、丙实际住所地点,始为上述行为,而依据乙取得信件后随即丢弃,尚难认其主观上有欲骗取上述信件据为己有之不法所有之意图,且无证据证明其取得之信件具有相当之财产价值。

上述判决经上诉后,高等法院推翻原判决之结论,认为乙应成立诈欺取财(台湾地区高等法院 2010 上易 2187 判决),其理由为:(1)根据被告乙于警询中之自承,以及管理员丁之证词,被告确有向管理员谎称其为甲之妹,而以此诈术使丁陷于错误,而将前述五封平信交予被告等情,应堪认定。(2)就客观价值以观,前述五封平信纵如被告所称系广告信件,或价值微薄,惟仍不能谓将该信件丢弃将毫无减损该收件人应得之财产总数,而认前述信件无相当价值,否则寄信人当无花费相当邮资投递、寄送。且纵使并非定期送达或应送达而未送达之信件,依信件内容提供之信息与机会(如折价券之附赠、折价期间之通知),对收件人而言亦属一种期待利益,故亦具有相当财产价值。(3)被告若有将前述平信返还所有权人之举措,始足认定被告在主观上并无不法所有意图。且按弃置信件行为应属民法上抛弃所有权之事实上处分行为,该权能本属所有权人所享有,其擅自行使信件所有权人所得行使之处分权能,足以表彰被告在主观上系立于所有权人之地位所为之事实上行为,堪认被告系具有不法所有之意图。

裁判要旨

案例 1:

台湾地区高等法院判决[2004 上更(一)557]要旨:被告徒手窃取 A 之物品,所为系犯"刑法"第 320 条第 1 项之窃盗罪。

台湾地区"最高法院"(2006 年台上字第 740 号判决)要旨:B 是否施用诈术而诈得该背包?又受托保管之 C、D 是否有受委托该财物之处分权?何以受托仍任 B 当面取得?或被害人 A 帮忙他人治丧场面混乱,为瞻仰往生者之遗容,仅系一时支配力弛缓,而为 B 乘机窃取?而且,B 此部分犯行,究该当诈欺取财罪?或窃盗罪?原判决未深入审酌,遽论以窃盗罪,非无可议之处。其后,该案复经台湾地区高等法院重新审理,判决[2006 年上更字(二)第 143 号]被告显系乘丧礼混乱之际向保管该背包之 C、D 二人施用诈术而诈得该背包。认定被告即系施用诈术而诈得该背包,并非乘人不知而窃取财物,所为并不合乎"刑法"窃盗罪责,起诉书认定部分系犯"刑法"第 320 条第 1 项之窃盗罪,容有未当。

案例 2:

台湾地区板桥地方法院 2010 简上 645 判决要旨:依据乙取得信件后随即丢弃,尚难认其主观上有欲骗取上述信件据为己有之不法所有之意图,且无证据证明其取得之信件具有相当之财产价值。

高等法院(高等法院 2010 年上易字等 2187 号判决)判决要旨:(1)被告确有向管理员谎称其为甲之妹,而以此诈术使丁陷于错误,而将前述五封平信交予被告等情。(2)就客观价值以观,前述五封平信纵如被告所称系广告信件,或价值微薄,惟仍不能谓将该信件丢弃将毫无减损该收件人应得之财产总数,而认前述信件无相当价值,否则寄信人当无花费相当邮资投递、寄送。且纵使并非定期送达或应送达而未送达之信件,依信件内容提供之信息与机会(如折价券之附赠、折价期间之通知),对收件人而言亦属一种期待利益,故亦具有相当财产价值。(3)被告若有将前述平信返还所有权人之举措,始足认定被告在主观上并无不法所有意图。且按弃置信件行为应属民法上抛弃所有权之事实上处分行为,该权能本属所有权人所享有,其擅自行使信件所有权人所得行使之处分权能,足以表彰被告在主观上系立于所有权人之地位所为之事实上行为,堪认被告具有不法所有之意图。

疑难问题

首先,上述台湾地区"最高法院"2006 年台上字第 740 号判决及台湾地区高等法院 2010 年上易字第 2187 号判决,亦即背包案与邮件案,所涉及之共同问题为:皆有一协助所有人看管物品之第三人,该第三人处分行为客体而导致原所有人持有之丧失。就此,既然看管物品之第三人被行为人所欺骗,该错误即可能使第三人遭行为人利用,因而成为其犯罪之工具。那么,行为人似乎尚可以成立窃盗之间接正犯,依此,在认定成立诈欺罪之同时,须说明排除成立窃盗之理由这一点在上述所有判决中皆未被提及,在思考上似有遗漏。

其次,上述两判决之案例彼此不同的是,在背包案情形中,该第三人仅系一临时帮忙留意之人;而在邮件案之情形,该第三人之地位则身负处理所有人物品之职责。对于此一差别,观察这两个案例的最终确定判决,在分析上与最后的结论上如出一辙。换言之,对于这两种第三人所居之不同地位,实务上似乎并不予区别,而一律直接论以成立诈欺罪。然而是否果真此一差异并无意义,仍有进一步研求之必要。

至于邮件案中,台湾地区高等法院 2010 年上易字第 2187 号判决书中所提及的其他争点,亦即本案之行为客体(广告促销信件)是否具有财产价值,以及行为人是否具有不法所有意图,并不列入本文之主题范围,碍于篇幅不拟予以讨论,以免模糊焦点。

学理研究

一、诈欺与窃盗

在刑法上,诈欺系因行为人施用诈术,使他人陷于错误而处分财产,该处分行为之存在系一必要之条件,这一点在台湾地区"刑法"已有"交付"之规定;而在德国则属一未明文之构成要件要素,此一受骗之人所为之处分行为,须具备处分之意思。① 窃盗则与诈欺不同,系行为人在欠缺持有人同意之情形下,破坏其与行为客体之间的持有关系。② 因此在德国学说上普遍指出,诈欺系一被害人陷于错误后所为之自损(Selbstschädigung)之行为,而与窃盗系一他损行为有所不同。从另一方面言之,诈欺中的被害人"处分"与窃盗中的行为人"拿取",二者在概念上是互不兼容的,因此其通说认为诈欺与窃盗彼此系处于一互斥之关系。③

诈欺系一自损之行为,此一对于诈欺罪性质之描述,具有两个层面上的意义:

第一,诈欺系以使人发生错误的方式影响他人之决定,亦即借由提供不实之信息,令进行决策的判断基础介入该不正确之考虑因素,从而误导他人。诈欺之行为人扭曲了被害人决策时所

---

① 不过在部分案例中,是否须具备处分意思则有争议。相关争议请参见,陈子平:《论诈欺罪之财产处分行为》,载《刑事法之基础与界限——洪福增教授纪念专辑》,2003 年版;林东茂:《刑法综览》(第六版),一品文化出版社 2009 年版,第 2-171 页以下。

② 参见甘添贵:《刑法各论》(修订二版)(上册),2011 年版,第 311 页。

③ Lackner, LK 10. Aufl., 1988, § 263 Rn. 102 ff. 116; Tiedemann, LK 11. Aufl., 2000, § 263 Rn. 5; Wessels/Hillenkamp, Strafrecht BT/2, 35. Aufl., 2007, Rn. 619.

须参考之各项诱因,因此 Welzel 即曾在其教科书中说明①,我们可将诈欺称之为一种诱因性犯罪(Motivationsdelikt)。其后,Tiedemann 则更进一步指出②,较为适切的说法毋宁是,被害人欲作成一经济上的决定,而行为人操纵了与该决定相关之事实根据,不过即便如此,这个决定还是由被害者本人所自主地作成的。基于上述,诈欺与窃盗之区分,普遍可以看到的三个标准是:诈欺系被害人自己处分财物,因而直接地造成自己之财产损失,并且此一处分行为必须是出于己意(Freiwilligkeit)且具有处分意思。③

第二,被诈骗之人固然在大多数情况下,即系受损害之人,换言之,因错误而处分之人本身即系该财产之所有人,但这并非一律如此。如台湾地区"刑法"即已规定,诈欺构成要件中之处分包含交付"第三人之物"之情形;而在德国亦普遍认为,受骗者与作成处分行为之人固然必须同一,但是处分之人与受损害者则无须是同一人。④

二、三角诈欺之意义

三角诈欺(Dreiecksbetrug)此一名称,系因部分的诈欺犯罪于实际进行时,涉及了三方当事人,包含行为人、受欺骗而处分财产之人以及受损害人三者,所以出现此一因当事人数量而确定之名词。依此,三角诈欺就其概念意涵言之,是在描述某一种诈欺犯罪行为之存在形式,但是我们无法从这一个描述性概念获知,为何此种行为必定成立诈欺而非其他犯罪。以一个常见的例子来说,行为人甲于一旅馆大厅内,告知服务人员乙,放置在沙发旁的行李箱为其所有,请其帮忙协助搬运至出租车上,实则该行李箱之所有人为旅客丙,此时,甲的欺骗行为能否构成诈欺,即有疑义。⑤ 因此,在涉及三方当事人且有施行诈术之情形,在法律效果上应如何认定,仍有待一标准来决定。

必须同时说明的是,行为人施用诈术而涉及三方当事人之情形,德国多数意见仍维持其诈欺与窃盗二者系处于一互斥关系之态度,因为行为人施用诈术于第三人,使其陷于错误而处分他人财物,此时行为人系利用受骗之第三人获取财物,致被害人受有财产上之损失,该第三人之"处分"与窃盗中的行为人"拿取",二者在性质上是相互冲突的。⑥ 就此 Kindhäuser 另外指出,若行为人对此一犯罪之流程具有直接的支配关系,应成立窃盗;但是若行为人对此仅有一间接的支配时,则应成立诈欺,此两种不同的支配关系概念上无法兼容,因此仅可成立其中一罪。⑦

在现代复杂多样的社会中,借由他人来为本人处理各项事务,至为常见,除此之外,也有法律上授权由第三人为本人代理者。例如,公司之代表人、未成年人之法定代理人以及遗产管理人

---

① Welzel, Das Deutsche Strafrecht, 11. Aufl., 1969, S. 368.
② Tiedemann, LK 11. Aufl., 2000, § 263 Rn. 5.
③ Wessels/Hillenkamp, Strafrecht BT/2, 35. Aufl., 2007, Rn. 622 ff; Krey/Hellmann, Strafrecht BT 2, 15. Aufl., 2008, S. 224 ff;甘添贵:《刑法各论》(上册),2011 年版,第 294 页以下;林东茂:《刑法综览》(第六版)一品文化出版社 2009 年版,第 2-170 页以下。
④ Tiedemann, LK 11. Aufl., 2000, § 263 Rn. 2; Wessels/Hillenkamp, Strafrecht BT/2, 35. Aufl., 2007, Rn. 637. 台湾地区学者亦同此意见如甘添贵:《体系刑法各论》(第二卷),瑞兴图书出版公司 2004 年版,第 283 页;吴耀宗:《诈欺罪诈术行使之解析》,载《月旦法学杂志》2008 年第 163 期,第 52 页。
⑤ 参见林东茂:《诈欺罪的财产处分》,载《月旦法学教室》,2003 年第 8 期,第 92 页;林东茂:《刑法综览》(第六版),一品文化出版社 2009 年版,第 2-173 页,此处对于本案有进一步的讨论。
⑥ Lackner, LK 10. Aufl., 1988, § 263 Rn. 116;相同结论:Tiedemann, LK 11. Aufl., 2000, § 263 Rn. 116; Kindhäuser, in: NK 3. Aufl., 2010, § 263 Rn. 210.
⑦ Kindhäuser, in: NK 3. Aufl., 2010, § 263 Rn. 210.

等。在这些情形中,具有代理权限或被授权之第三人,往往可能受到诈术而陷于错误,并因而作成财产上的处分行为。此种犯罪样态,根据通说之意见,因为该第三人之处分行为效力及于本人,若因此造成本人受到财产上之损害,则该施用诈术之行为成立诈欺罪。① 固然上述的案例并无争议,但是对于第三人施用诈术之情形繁多,是否应只限于该第三人具有处分权限时,始得成立诈欺罪,台湾地区学者如甘添贵主张,若被欺罔之第三人对于涉及之财物具有事实上之支配力时,即得成立诈欺②;而在德国学说与实务上,意见并不一致,其论辩颇有值得参考之处,进一步讨论如下。

三、施用诈术于三面关系之犯罪判断

（一）德国实务（停车场案）

涉及三方当事人且有施行诈术之情形,是否即属诈欺仍有疑问,因为必须要和窃盗的间接正犯予以划分,所以涉及的是二者之间的区分标准为何？ 对此,台湾地区学者多引用德国之实务与学说意见,而当今德国的讨论多是聚焦在停车场案(BGHSt 18, 221)应如何处理的议题上。因此,有必要在此对于本案事实及其判决理由作一介绍:乙在某停车场停放一部私人轿车,此停车场要求车主须在该处留存一把钥匙,而若车主需要该把钥匙时,亦得于告知管理员后领取使用。甲为乙之友人,曾经于事先电话告知并在乙的儿子的陪同下,取用留存之钥匙后将车开走,其后,甲约6至8次单独到停车场向管理员领取钥匙,开车至附近地区随即开回停放。某日,甲再度到此停车场,并打算将车开走后即不返还,管理人员一如既往交付钥匙,而乙对此则并不知情亦未曾予以授权。

本案经法兰克福高等法院之第二审审理,判决认为应系一实现窃盗构成要件之行为,因为本案中之乙与停车场所有者皆为该轿车之持有人,而甲违反乙之意愿将车开走,破坏了乙对于该车的共同持有。换言之,该判决认为,即便本案中出现欺罔之行为,也不会影响窃盗罪之成立,其理由在于,如果该行为要成立诈欺的话,必须是这一个欺骗的动作导致了自主地处分财产的意愿。但是在本案中的乙则是对于车被开走毫不知悉,所以乙对此事并未予以同意,当无自愿处分财产之情形可言,故应成立他损之窃盗而非自损的诈欺。③

上述判决将管理员受骗的部分,在犯罪判断上予以忽略,认为此处并无法律上的重要性。对此,德国联邦最高法院看法不同,其认为,既然在诈欺罪的结构上,受骗而处分财产之人与受损害者可以不具有同一性,本即有可能因此出现受损害者不知而未予同意之情形,所以不能以此即论断违反受损害者之意愿,应成立窃盗罪。德国联邦最高法院主张,施用诈术而涉及三方当事人的情形,欲区分诈欺与窃盗,其标准应取决于是否违反实际支配财物者之意愿,因为这一个实际支配财物的共同持有人,可以不经由其他共同持有人(如本案之乙)的同意,单独地处分该财物。上述实际支配财物之地位,系来自于该人在空间位置上,与本案所涉及之财物最为靠近,所以在现实上可以直接支配该物。综此,德国联邦最高法院认为,本案中管理员的部分,亦即其受骗而将钥匙交出并任由甲将车驾走,在法律上实属重要,因为区分窃盗与诈欺之关键即在于,甲以何种方式取得该车之占有,以及对获得此占有来说,管理员是以何种方式予以协助,是故乃将上述法

---

① Wessels/Hillenkamp, Strafrecht BT/2, 35. Aufl., 2007, Rn. 638; Tiedemann, LK 11. Aufl., 2000, § 263 Rn. 113; Hefendehl, MK, 2006, § 263 Rn. 283;蔡圣伟:《窃盗罪之客观构成要件》(下),载《月旦法学教室》2009 年第 75 期,第 55 页。

② 参见甘添贵:《体系刑法各论》(第二卷),瑞兴图书出版公司 2004 年版,第 283 页。

③ 此处法兰克福高等法院之意见及理由,系参考联邦最高法院判决为 BGHSt 18, 222 中之说明。

兰克福高等法院之第二审判决予以废弃。

(二) 贴近理论

上述停车场案判决,有部分德国学者认为可以称之为贴近理论(Nähetheorie)。① 在该判决理由中,似乎着重于被欺骗之第三人(管理员)与受处分财产(汽车)在空间上的距离邻近,以此作为区分诈欺与窃盗的关键。因为当第三人与所涉及之财物邻近时,此一事实上的关系即表示,该第三人对于此财产在现实上可以直接予以支配。② 肯定本说之学者在德国系少数意见,支持者Kindhäuser 特别提出本说的优点在于,若行为人对因犯罪(如窃盗)而取得财物之人施用诈术时,就可以因为小偷对于赃物有贴近关系而成立诈欺。当然,这一个意见的前提在于,Kindhäuser 认为,小偷被骗而将赃物处分,受损害之人还是原所有人,因为原所有人不会因窃盗而就此丧失财产上的权利;反之,Kindhäuser 指出,若采(下述将提到之)立场理论与权限理论,则无法成立诈欺,因为小偷并不会为本人基于善意看管其财物,而且也并未被本人授权处分财产。③

贴近理论的一个显而易见之疑义在于,本说是以事实上的空间距离作为判断基准。依此,行李案当中的饭店服务生,在所有人暂时离开时,亦系距离该行李较近之人,是否我们就应该认为本案成立诈欺呢? 这样的说法明显是有问题的,其理由在于,我们一开始想要问的是,当出现三方当事人时应如何区分诈欺与窃盗,如果答案是:只要处分财产之第三人距离该财产较近即成立诈欺的话,所有涉及三方当事人的情况都将成立诈欺,而毫无成立窃盗之余地。④ 因为之所以该第三人可以直接处分财产,其现实上的原因,就是由于他距离该财产较近之故,所以用距离远近作为判断基准,将造成思考上的循环。

值得注意的是,Kindhäuser 指出,所谓的贴近关系,也就是第三人对于财物之持有,必须是在行为人施用诈术之前即已存在。⑤ 依此见解,我们可以回顾在行李案中,饭店服务人员因受行为人之误导,而前去将他人放置于饭店大厅内之行李提上出租车,在行为人进行欺骗时,该服务人员对于被害人之行李尚无持有。换言之,并不存在一贴近关系,是故本案应非诈欺。这样看来,Kindhäuser 此一改良之意见可以避免本说前述之疑义,其说明与其他学者对本说之阐述相比,较为妥适。

(三) 立场理论⑥

针对停车场案判决,不同于贴近理论之看法,另有部分德国学者认为应将该法院判决归类为

---

① 如 Küper, Strafrecht BT, 6. Aufl., 2005, S. 393; Kindhäuser, in: NK 3. Aufl., 2010, § 263 Rn. 212; Kindhäuser/Nikolaus, Jus 2006, S. 293, 294; Krey/Hellmann, Strafrecht BT 2, 15. Aufl., 2008, S. 236; Wessels/Hillenkamp, Strafrecht BT/2, 30. Aufl., 2007, S. 320. Mitsch 亦指出,停车场案判决系以事实上的贴近关系为标准,见所著 Strafrecht BT Ⅱ. Teilband 1, 2. Aufl., 2003, S. 464.

② 不过,Kindhäuser 则指出,贴近理论系着眼于,处分财产之第三人与行为人相比,在空间上与受处分的财产较为靠近,见 Kindhäuser, in: NK 3. Aufl., 2010, § 263 Rn. 212; Kindhäuser/Nikolaus, Jus 2006, S. 293, 294. 这一看法似乎与德国联邦最高法院判决之意旨有所出入,因为在判决中所要指出的相对距离关系,应是要被欺骗之第三人与受损害者相比,前者在空间上与受处分财产的距离较为接近,所以有可能在后者不知情的状况下,因错误而直接将该财产予以处分。

③ Kindhäuser, Strafrecht BT/2, 4. Aufl., 2006, 27/70.

④ 此一批评已见 Wessels/Hillenkamp, Strafrecht BT/2, 30. Aufl., 2007, Rn. 640.

⑤ Kindhäuser, Strafrecht BT/2, 4. Aufl., 2006, 27/63; Kindhäuser/Nikolaus, Jus 2006, S. 293, 294.

⑥ 台湾地区对于本说之介绍文献,参见林东茂:《诈欺罪的财产处分》,载《月旦法学教室》2003 年第 8 期,第 93 页。支持本说之德国学者如 Tiedemann, LK 11. Aufl., 2000, § 263 Rn. 116; Wessels/Hillenkamp, Strafrecht BT/2, 30. Aufl., 2007, Rn. 641; Rengier, FS-Roxin, 2001, S. 811, 825.

立场理论(Lagertheorie)。① 所谓立场理论,其思考的出发点不是第三人与受处分之物的距离远近,而是他与原所有人之间的关系属性。此一理论主张,若要成立诈欺,则处分财产之第三人对于所涉及的财物,除了具有事实上的支配力之外,更须具备规范上的贴近关系,亦即若其居于一个为所有人保管、守护财物(Gewahrsamshüter)之地位。或者用一个图像式的说法,这个第三人就像是站在原所有人的仓库(Lager)里,为其看管财物,则该第三人因被欺骗而处分财产,应成立诈欺而非窃盗。

立场理论特殊之处在于,提出一个栩栩如生的图像式说明;然而本说最常受到批判的,却正是这一个为其支持者所引以为自豪之处。立场理论以受骗之第三人是否系被害人财产之把关者、守门人,作为区分诈欺与窃盗之判断标准,此一描述固然可以使人心领神会地揣想其意涵;但是若要认真探究此一形象之轮廓时,却会发现此一描绘失于笼统模糊,欠缺明确的检验标准。②

（四）权限理论（授权理论）

上述之贴近理论与立场理论,可以说基本上是支持停车场案判决的;但是与此相对的是,另有学者持较为批判的看法,主张划分诈欺与窃盗既然是一法律上的判断,其区分标准就不能仅取决于单纯的事实,而应当是以一个具有规范性之标准为据。从这个角度出发,此一派的学者认为,存在三方关系之情形,是否成立诈欺的关键在于,处分者之行为能否在效力上及于财产之所有人,从而令其受有损害,如此才能符合诈欺系一使被害人发生自损行为之特质。换言之,本说是以财产归属上的效力作为基准,因此主张应以第三人是否具有处分之权限为区分标准,故本说被称为权限理论(Befugnistheorie)或授权理论(Eemächtigungstheorie)。③

权限理论可以说是上述学说中,在成立诈欺罪来说最为严格者。而前面已经提到过,在现代社会中的交易形态,本即多有授权他人而代为之者,在民法上效力及于本人,授权理论主张仅有此种情况可以成立诈欺。依此,此一学说之主张无异指出,是否成立诈欺罪系取决于民法上之法律效果而定,这样的连结关系被许多刑法学者质疑,刑法上的思考不应被民事法律所局限。而且从诈欺罪当中的要件来看,例如财产概念,现今多数意见是从经济上的角度来看,而非以是否系民法上的权利定之,这即显示出刑法在概念思考上的独立性,无须受到民法之桎梏。④

（五）想象竞合说

另有学者认为,诈欺与窃盗可以并存,从而主张三角诈欺之案例可以成立想象竞合。如Welzel曾指出,不论受骗而交付财物者系一居于从属地位的共同持有人,抑或是持有之辅助人,此一交付不但是诈欺中的处分行为,同时对于居于上位之共同持有人来说,这也是一个使其持有遭受破坏的行为。因此,诈欺与窃盗两罪皆得成立,所以在结论上系一行为触犯二罪名之想象竞合犯。⑤

此外,Cramer与Perron认为,联邦最高法院于停车场案中的意见是值得同意的,亦即行为人使停车场之管理人误认为其有权开走轿车,因而为一交付之举,此系一诈欺之犯罪行为;然而与

---

① 如 Tiedemann, LK 11. Aufl., 2000, § 263 Rn. 116; Lackner/Kühl, StGB, 26. Aufl., 2007, § 263 Rn. 30; Hefendehl, MK, 2006, § 263 Rn. 295;关于本说之中文译名讨论,参见何静宜:《诈欺与窃盗之区别》,载《刑事法杂志》1999年第43卷第3期,第91页以下。

② Vgl. Mitsch, Strafrecht BT II. Teilband 1, 2. Aufl., 2003, S. 465.

③ 主张本说之学者如Schünemann, GA 1969, 46, 48 ff; Amelung, GA 1977, 1, 14 f; Krey/Hellmann, Strafrecht BT 2, 15. Aufl., 2008, S. 237; Mitsch, Strafrecht BT II. Teilband 1, 2. Aufl., 2003, S. 465.

④ Wessels/Hillenkamp, Strafrecht BT/2, 30. Aufl., 2007, Rn. 639.

⑤ Welzel, Das Deutsche Strafrecht, 11. Aufl., 1969, S. 372.

此同时,窃盗罪之成立并不因此被排除,因为该管理员仅负责看守而不能处分轿车所有人之持有,而行为人系利用此管理员为犯罪工具而破坏该轿车所有人之持有。Cramer 与 Perron 并指出,只有在受欺骗之第三人系单独持有之情形,始能排除窃盗罪之成立可能性。换言之,如停车场案这种共同持有之类型,诈欺与窃盗皆可成立。①

想象竞合说之看法,当然是同意一行为可以同时成立诈欺与窃盗,如此一来,似乎如何区分的争议已不复存在;然而此见解与前述德国通说主张两罪互斥之基本立场,可以说是完全相互冲突的,因此想象竞合说在德国仅属少数意见。② 而林东茂则指出,若主张本说,将面临的是处理竞合的难题。③

结论性观点

一、背包案

台湾地区"最高法院"在 2006 年台上字第 740 号判决中,对于原判决成立窃盗罪之结论予以质疑。这一个指摘不但涉及事实厘清的层面,亦即行为人究系趁机窃取抑或施用诈术;而更重要的是,台湾地区"最高法院"也隐约地表示了一个法律见解,若是实际情形乃行为人施用诈术时,似应论以成立诈欺罪为当。不过,值得注意的是,与此同时,台湾地区"最高法院"也提醒,应查明本案中受托保管之 C、D 是否有受委托财物之处分权。如此说来,台湾地区"最高法院"的意见似乎接近德国学说中的权限理论,因为除了施用诈术之外,有无授予处分之权限也必须予以确定。然而这是否为实务上之定见,仍有待观察。

一个观察的指标是,背包案经台湾地区"最高法院"撤销发回后,高等法院将事实重新予以厘清,认定行为人确有施用诈术之情形,因此判决本案应成立诈欺取财罪。至于受托保管背包之 C、D 是否有受委托财物之处分权,则只字未提,显然并未成为审查之对象或判断之标准。依此,高等法院是以本案行为系向人行骗而非趁乱窃取,作为成立诈欺之唯一理由,此区分诈欺与窃盗之标准可说与前述所有德国学说无一相同,当然也与权限理论不符。

若我们果真以行为人有无施用诈术为标准,即便是行李案也应当成立诈欺;然而这样的判准显然是有疑义的,因为就算是在只有两面关系的情形,也不能仅以施用诈术即论以诈欺罪。例如,行为人至银楼假装欲购买金饰,待老板取出供其观览时,却将预先准备好之镀金首饰,以假乱真暗中掉包后离去,此例中,行为人虽有偷天换日欺瞒之举,但被害人并无处分之意思与行为,因此并不能论以诈欺罪。是故就综合背包案之相关判决言之,实务究系如何看待诈欺与窃盗之区分问题,尚成疑问。

二、邮件案

在邮件案中,问题也一样被高等法院简化为:既然行为人确曾向小区管理员谎称其为被害人甲之妹,当系施用诈术而使该管理员陷于错误,因而将属于甲家之五封信件交予行为人,是故该行为应成立者为诈欺取财罪。上述之说明,同样是以行为人乃是对他人进行欺骗,作为成立诈欺之唯一理由,从本案与背包案看来,此一见解似乎已经成为实务固定之判断准则。其疑义在于,这不但与台湾地区"最高法院"所倾向之权限理论不符,而且如上述所提及的,即便是在两面关系

---

① Cramer/Perron, in: Schönke/Schröder Strafgesetzbuch 28. Aufl., 2010, § 263 Rn. 67.
② 同属想象竞合说者如 Haas, GA 1990, 201, 204 ff.
③ 参见林东茂:《一个知识论上的刑法学思考》(第二版),2002 年版,第 260 页。

中,亦不宜采取此种片断之判断标准。

三、本文分析

从本文所探讨的这两个案例最终确定判决言之,在判断标准与所得结论上来说,几乎完全相同,实则两案彼此间有所差异,其中不同之处已于前述指出;在背包案的情形中,该受欺骗之 C 与 D 二人仅系临时帮忙留意财物者,背包之所有人 A 与其并不相识,仅因共同协助丧礼而同时在场。因此,固然 C 与 D 于行为时因为受托看管之故,对于该背包具有一持有关系,但是除此之外,被害人并未曾对该二人有任何授权处分之行为及意思,仅仅请求帮忙看管背包至其返回原位。因此,本案若以权限理论言之,当无法成立诈欺罪而应成立窃盗。

在邮件案之情形,受骗者为小区管理员,依判决事实所述,可以推知其负责协助处理小区中之各项庶务相关工作,因此该管理员本即在职务上须协助住户代为收取保管邮件,并静待住户或其授权之人前来领取。依此,此一管理员对于案中的 5 封信,不但具有一事实上之持有关系,而且需为住户把关不让信件为他人取得。除此之外,管理员受雇处理信件,其与住户之间就信件之管理收送具有一概括授权之关系。是故以这两点言之,本案不但按照贴近理论及立场理论,应成立诈欺罪,若以权限理论言之,当亦可成立诈欺罪。

综上所述,实务判决上似乎对于前述个案间之差别并未特别予以注意,以致在分析上与最后的结论如出一辙,忽略了两案之不同处;然而更为重要的是,实务上单纯以行为人有无施用诈术作为区分标准,此一做法实有重新思考之必要。

侵占构成要件乃纯正不作为身份犯构成要件[*]

——评台湾地区高等法院 2003 年上易字第 2705 号判决

郑逸哲[**]

基本案情

被告谢某向 A 汽车租赁公司租用小客车一部,双方约定租期为 1 日,但谢某未依约定期限返还该车,3 日后,谢某撞坏该车,将车弃置路旁,十余日后,由 A 公司自行于上述路边停放地点,将车寻获。

裁判要旨

台湾地区高等法院以下列理由,判决被告谢某无罪:

(1) 其谓:"'刑法'上侵占罪之成立,须持有人变易其原来持有的意思而为不法所有的意思,始能成立,如仅将持有物延不交还或有其他原因致一时未能交还,既缺乏主观要件,即难遽以该罪相绳。"又谓:"'刑法'上侵占罪之成立,以擅自处分自己持有他人之物,或变易持之意思为所有之意思而径为所有人之行为,为其构成要件;如仅将持有物延不交还,自不能遽论以该罪。"①

(2) 该法院认为:被告谢某和 A 公司于约 7 年半后"签订和解书载明:赔偿金 10 万元,包括车损及租金在内……足认……该车辆已于出租后十余日……寻回一节,信而有征,故被告所辩称车辆撞坏停放路边,并未对于系争车辆有不法处分之侵占行为等情,应可采信。从而,被告于承租车辆撞毁后,未实时通知出租人,任意将之停放路边,其主观意思应系规避承租人使用租赁标的物应负之民事责任,要难认具不法所有意图……或有迟延返还或及损害赔偿责任,然既欠缺侵占罪主观不法意图及客观上不法处分之要件,自不得以该罪相绳"。

疑难问题

大概没有一个构成要件像"刑法"第 335 条第 1 项的侵占构成要件一样,长期以来普遍被视为最重要的构成要件之一,但一般——无论台湾地区内外,不分实务学界——似乎对侵占构成要件的认识,都是"模模糊糊",对其见解,均属"似是而非"。所有的问题,恐怕都出在未能认识到——在此,事先提出随后对该构成要件分析研究的根本发现——侵占构成要件属不作为犯构成要件,而非作为犯构成要件。

---

[*] 原载于《月旦法学杂志》2004 年第 112 期,收录于本书时,原文之部分用语、文字经出版社编辑调整。
[**] 台北大学司法学系副教授。
① 学界的法律见解,与之并无太大出入,参见甘添贵:《体系刑法各论》(第二卷),2000 年版,第 239 页以下;吕有文:《刑法各论》,1993 年版,第 403 页以下;林山田:《刑法各罪论》(上册),1992 年版,第 379 页以下;周冶平:《刑法各论》,1972 年版,第 850 页以下;陈焕生:《刑法分则实用》(第四版),2001 年版,第 489 页以下;梁恒昌:《刑法各论》(第十三版),1993 年版,第 406 页以下;褚剑鸿:《刑法分则释论》(下册),1995 年版,第 1196 页以下;蔡墩铭:《刑法精义》,2002 年版,第 617 页以下;韩忠谟:《刑法各论》(第六版),1980 年版,第 456 页以下。

学理研究

一、理论先探

(一) 侵占行为人必须具有"原已持有他人之物"的身份

与"刑法"第 320 条第 1 项的窃盗构成要件、第 325 条第 1 项的抢夺构成要件和第 328 条第 1 项的强盗构成要件一样,第 335 条第 1 项的侵占构成要件亦是以"对他人之物的持有"作为构成要件结果。然而,所不同者在于,其他三个构成要件的实现,行为人必须以其行为先行破坏对他人对物的"原持有",进而建立自己对该物的"新持有"。也就是说,在其行为前后,他人之物的"持有人"是"变的":由"行为人以外之人""变成""行为人";但侵占构成要件的实现,并无所谓行为人破坏对他人对物的"原持有"进而建立自己对物的"新持有"问题。反倒是在行为前后,"持有人"是"不变的":就"他人之物",行为前的"持有人"是行为人;行为后的"持有人"还是行为人——就行为客体"他人之物"而言,行为人是"继续"持有。

因而,适用侵占构成要件的前提是:行为人于着手实行侵占构成要件时,必须"原已持有他人之物",否则根本无适用侵占构成要件的可能。亦即,行为人若不具"原已持有他人之物"的身份,根本无讨论其是否实现侵占构成要件的余地。侵占构成要件也因此不同于窃盗构成要件、抢夺构成要件和强盗构成要件,并非一般犯构成要件,而是身份犯构成要件。

(二) 条文中"侵占"二字只完整说明了侵占构成要件结果

其实,称"侵占",不如称"占侵",因为行为人不就他人之物先"占(即:持有)",即不可能"侵",也就是说,"占"而后能"侵"。若要维持称"侵占",则——如前所述——着手实行侵占构成要件前后,他人之物的"持有人"并未变更,都是行为人。因而第 335 条第 1 项中所谓"占",并不单纯指"持有",当是指对他人之物的"继续持有"。

然而,"占"固然属侵占构成要件的构成要件要素——构成要件结果要素,但并非侵占构成要件的构成要件行为的一部分;在"无行为,无刑法"的"行为刑法"原则下,"占"属侵占构成要件的构成要件结果,自不可能是侵占构成要件的构成要件行为要素。所以,要认识侵占构成要件的构成要件行为,毋宁必须寻觅于"侵"。

但是,难道"侵"就是侵占构成要件的构成要件行为规定吗?似也未必。如果说"侵"就是指侵占构成要件的构成要件行为,那"占"又是什么?

通说认为,行为人从持有的意思变为不法所有的意思,侵占构成要件即被满足,似将侵占构成要件的构成要件行为理解为"持有的意思变为不法所有的意思"。这种看法,似乎显得粗糙。在刑法必须是一部"行为刑法"的前提下,即使"行为人从持有的意思变为不法所有的意思",最终仍属于侵占构成要件的构成要件要素,但显然绝不可能成为侵占构成要件的构成要件行为要素。

因为,所谓"行为刑法"所指的"行为",是指在客观上具有足以侵害法益能力的举止,这是一种"前构成要件的"概念,是立法者创设任何构成要件所不得违反的原则。而"意思"是纯主观的东西,如果可以将之当成行为,则"犯意"亦可成为处罚的纯粹依据——也就是说,刑法变成可以处罚单纯犯意——所以我们说它不可能是侵占构成要件的构成要件行为。

如此一来,"侵"到底是什么?其实"侵"根本也不是指侵占构成要件的构成要件行为,它只是用以说明侵占行为人之"占(即:持有)"由"不侵的"变成"侵的"。质言之,它同于第 306 条第 1 项无故侵入住宅构成要件中的"侵",指的是"违背被害人的意思"。①

---

① 因而,当被害人同意时,即成为阻却构成要件同意,而欠缺构成要件该当性,"例如:同意他人进入自己家里,侵入住宅的构成要件(该当性)即被排除"。参见林东茂:《刑法综览》(第二版),2003 年版,第 109 页。

在此理解下，"侵"和"占"合起来是指"违背被害人的意思而继续持有"而已。也就是说，就持有来看，"侵占"是个由"不违背被害人的意思而持有"变成"违背被害人的意思而持有"的过程。"侵占"二字充其量也只完整说明侵占构成要件该当性所必须具有的"结果无价值"，也就是说，即使"侵"同时可以用来说明侵占构成要件的构成要件结果"继续持有"的"无价值"属性，也说明了侵占构成要件的构成要件行为的"无价值"属性，但还是根本未触及侵占构成要件的构成要件行为是什么。不过，由此也可看出，"占"属侵占构成要件的"静态要素"，"侵"则属"动态要素"。也由是可知，侵占构成要件的构成要件行为是某种使"不侵之占"变成"侵而占"的东西。

（三）侵占构成要件行为属隐性的（成文间接）规定

当"侵"只是关于侵占构成要件的构成要件行为和构成要件结果的"无价值"法律属性规定，而我们也知道其构成要件结果是"继续持有"时，侵占构成要件的构成要件行为到底规定在哪里？如果我们再详看第335条第1项的法条文字，我们会发现已"无字可依"，乍看之下，真是令人目瞪口呆，好像侵占构成要件的构成要件行为规定，竟然是"不成文"的，也就是未以"文字"显现于法条之内。但这样下结论，当属莽撞！

长期以来，作者一直强烈主张："只有刑法下的一条（构成要件规定），没有单独存在的一条（构成要件规定）。"也就是说，要对一个构成要件加以完整且正确的认识，不可能仅分析一条特定的构成要件规定，即可竟功；而必须同时掌握该规定与其他"刑法"规定间的关系，方有可能对该构成要件规定的内容有精确的全面认识。举例来说，如果我们只分析第271条第1项的规定，而不讨论其与第12条第1项和第2项的关系，怎样也不可能由前者认识到杀人构成要件故意的。我们是借由第12条第1项"行为非出故意或过失者，不罚"和第2项"过失行为之处罚，以有特别规定者，为限"，先"自行"推论出，"（'刑法'分则上）所有未'特别规定'（其主观构成要件要素）之构成要件，均属故意犯构成要件"，所以第271条第1项的构成要件规定，在"杀人者"之前是"省略"掉"基于杀人故意"的。

基于这样的理解，我们可以谈谈两个概念："不成文的规定"和"隐性的（成文间接）规定"。前者是指完全欠缺任何直接或间接的"法条文字依据"，也就是在"整部"法典内，完全找不到任何的"法条文字依据"；而后者，固然亦欠缺直接的"法条文字依据"——尤其是单独观察特定一条规定时——但并不欠缺认识其内容的"法条文字依据"——规定在所要确定其内容的规定以外规定之中——也就是说，其所欠缺的是直接"一目了然"的"实定法源"，但并不欠缺"实定法认识源"，只是有待适用法律者，"自行"就该规定和其他成文规定的关系加以认识，依循逻辑法则加以"推理"，而发现该规定"隐而不显的既存内容"。

侵占构成要件的构成要件行为规定就是属非"显性的"——躲藏在"字里行间"——等待被发现的"隐性的（成文间接）规定"：

如果我们将侵占构成要件和同属财产犯构成要件的窃盗构成要件、抢夺构成要件和强盗构成要件加以对照，四者的构成要件意图都是"为自己或第三人不法所有的意图"，四者的构成要件结果都是"违背被害人的意思而持有他人之物"。当后三者的构成要件行为内容都包括"取而新占"时，因为——如前所述——侵占行为人因为本来就已持有，所以应该是"……而续占"。现在我们就可以锁定这个"……"是什么了！

（四）侵占构成要件行为为纯正的"违背返还作为义务的不作为"

如果要"续占"，侵占行为人根本不必"做什么"，充其量他所能或所要做的是妨害其继续持有的排除作为，而非针对持有要"做什么"，因为他已经持有。所以侵占构成要件的构成要件行为的内容，不会是行为人"做什么"，反倒是行为人"不做什么"。所以侵占构成要件的构成要件行为当属"不作为",而非作为,侵占构成要件乃不作为犯构成要件!

现在即使我们还不确定侵占构成要件的构成要件行为是什么,但我们已确定它属于不作为,既然是不作为,则行为人必然要违反某种"作为义务"。行文至此,我们似乎离发现侵占构成要件的构成要件行为是什么不远了!只要我们找到这个"作为义务"。要回答这个问题,我们又得再回顾侵占行为人最初是如何建立对他人之物的持有:

侵占行为人对他人之物持有的最初建立一定是"不违背被害人的意思"而直接"继受"他人持有,也就是说,侵占行为人对他人之物持有的最初建立,一定是以"持有者"变更的方式完成的。我们的这种认识,并不单独来自于第335条第1项的规定本身,关于"不违背被害人的意思"的部分,来自与之"相互作为'实定法认识源'"的第320条第1项、第325条第1项和第328条第1项的构成要件规定。因为如果"违背被害人的意思"而直接"继受"他人持有,则在行为人"持有之初",即已涉及窃盗、抢夺或强盗构成要件,侵占构成要件并无适用的余地。关于直接"继受"他人持有的部分,来自同样与之"相互作为'实定法认识源'"的第337条规定。因为第337条所规定的行为客体为"遗失物、漂流物或其他离本人所持有之物"。以"遗失物"为例,要被称为"遗失物"必须"违背被害人的意思"而丧失被持有之物;而这种丧失被持有之物,应属"违背被害人的意思"而进入"无人持有"状态之物,如果"违背被害人的意思"马上进入"他人持有"状态,则就涉及窃盗、抢夺或强盗构成要件的适用,非但第337条侵占遗失物构成要件无适用范围的余地——亦如前述——当已经适用窃盗、抢夺或强盗构成要件,则第335条第1项构成要件规定根本无适用的余地——而在不适用窃盗、抢夺或强盗构成要件的前提下,行为客体"他人之物"是否属"违背被害人的意思"而成为脱离该原持有人之物,成为判断行为人适用侵占遗失物构成要件或普通侵占构成要件的关键。

不知各位是否已注意到:在前段文字中出现了两次"相互作为'实定法认识源'"。其实严格来讲,如果我们不将第320条第1项、第325条第1项、第328条第1项、第335条第1项和第337条等构成要件规定,乃至其他所有"刑法"法条规定,一并加以认识,根本无从正确认识前述各个个别的构成要件。换言之,个别构成要件的正确认识问题,就是对整部"刑法"透彻认识问题,这就是笔者在前面强调"只有刑法下的一条(构成要件规定),没有单独存在的一条(构成要件规定)"的具体内涵。

综合上述,我们到现在可以确定的是:侵占构成要件的内容涉及行为人对他人之物持有的最初建立一定是在"不违背被害人的意思"而直接"继受"他人持有,而嗣后"变成""违背被害人的意思"而"继续持有"。但这个被害人意思的转变并不足以改变行为人已持有的事实,也尚不足以说明侵占构成要件的构成要件行为。举例来说,甲同意将车无偿借给乙3天,但次日就后悔了,乙此时是在"违背被害人的意思"而"继续持有";然而此时刑法并无介入的可能,因为,乙非在欠缺法律上理由的情况下,而违背甲的意思而"继续持有"该车。必须等到3日届至,负有返还义务的乙必须返还时,若不返还,方有侵占构成要件适用的可能。可见,侵占构成要件的构成要件行为,并非"违背被害人的意思"而"继续持有",而是应履行时而不履行返还该他人物义务的不作为。质言之,侵占构成要件的构成要件行为为"违背返还(行为客体于被害人)作为义务的不作为"。

换言之,侵占行为人不仅必须具有"不违背被害人的意思,而直接继受他人持有而建立最初持有"的身份,尚必须同时具有"负返还作为义务"的身份——侵占构成要件是"双重身份犯"构成要件!

应注意:侵占行为人以作为的方式作为其违反返还义务的方法时,并不会改变侵占构成要件属不作为犯构成要件,因为其作为义务,是之于被害人而言,而非取决于行为人的行为态样。例如,甲以积极作为将应返还于乙的自行车加以藏匿,但就被害人乙而言,甲仍属违反返还义务的不作为,因为"刑法"上所讲的"不作为",不是指单纯的"不动",而是指"不为所当为"——甲不是因其藏匿自行车的作为可罚,而是其违反返还义务的不作为而可罚。①

"九弯十八拐",我们总算找到了侵占构成要件的构成要件行为是"违背返还作为义务的不作为",虽然我们不是直接诉诸第 335 条第 1 项的"法条文字",但还是以"刑法"法条文字作为认识的依据而依循逻辑法则间接推理得之——也就是仍然是建立在"实定法认识源"之上的,因而仍是"成文的"——虽然是"隐性的"。而且因为其构成要件行为仍认识于"'刑法'分则上规定基本构成要件"的"实定法认识源",所以还是"纯正的"不作为犯构成要件。②

(五)"侵占未遂"并非不能想象

另外,有人认为侵占未遂难以想象,故日本刑法和瑞士刑法均无处罚未遂的规定③,而指第 335 条第 2 项的侵占未遂构成要件该当行为的可罚性规定属赘文,这个看法并不正确。应知:侵占构成要件的构成要件结果"继续持有"是指"稳定的继续持有"④,如果该"继续持有"处于不稳定的状态——即随时有被否定的可能,就不能说侵占构成要件的构成要件结果被实现。不可否认,"通常"行为客体"他人之物"原已在行为人的"稳定"掌握之下,只要其单纯"不返还",这种"稳定状态"就可以维持;然而"不通常"时,则未必如此。举个例子来说,甲向乙借用手机一周,7 日后,已届甲应以作为履行其返还义务的履行期,乙当面向手上正持有该手机的甲请求返还,但甲拒不返还,并将该手机抛向其弟丙,尝试建立"稳定的""继续持有",但乙跳起跃于半空中"拦截"取回,甲未能建立"稳定的继续持有"。

事实上,以具体经验事实的侵占实行"通常"会既遂,来论证抽象的侵占未遂构成要件存在无意义,未免以偏概全,构成要件的适用乃以其所得适用的范围为其范围,并非以其经常适用的范围为其范围。这种观念一定要弄清楚,不可悖理地将"法律规定"和"法律规定适用频率"混为一谈,否则,已颁布但尚未发生可具体适用事实的法律规定,不就都荒谬地变成"无意义的"法律规定。

(六)侵占构成要件意图为"应返还而不返还时"的"易持有为不法所有的意思"

当然,在罪刑法定主义之下,不是所有具有侵占故意而不履行其返还义务而建立稳定继续持有他人之物的行为人,均得适用第 335 条第 1 项侵占构成要件。因为,该侵占构成要件具有故意之外特殊的主观构成要件要素"为自己或第三人不法所有的意图"。

由是观之,一般以之作为判断侵占构成要件该当性核心概念的"易持有为所有的意思",严格来说,和行为人是否"侵占"的判断根本无关,毋宁只是区别适用"刑法"第 335 条第 1 项的"不法

---

① 但严格说来,违背返还义务的不作为只是侵占构成要件的构成要件行为,却未必是"侵的";因为行为人违背返还作为义务而不作为时,有可能因为被害人的同意而是"不侵的"。例如,甲应返还自行车予乙,但未依时返还,与此同时乙认为甲还不还都无所谓——但甲对此"阻却构成要件同意"的同意并不认识,即使甲认为是"侵的",但其实还是"不侵的"违背返还义务的不作为。

② 过去,我们认为在罪刑法定主义之下,所有构成要件均属法律明文规定的说法,恐怕必须有所补充:所谓法定构成要件,是指由成文法规直接加以规定的构成要件,或由成文的"法认识源"可循逻辑法则推理得出构成要件。进一步详细说明,请自行参见《可罚的构成要件和不可罚的构成要件——以未遂构成要件为例》,载郑逸哲:《法学三段论法下的刑法与刑法基本句型》(第二版),2003 年版,第 555—561 页。

③ 参见林山田:《刑法各罪论》(上册),1992 年版,第 385 页;梁恒昌:《刑法各论》(第十三版),1993 年版,第 407 页。

④ 一如取得他人之物的窃盗行为人,于追蹑中而未建立"稳定"新持有者,仍属未遂。

取得侵占",和不适用第335条第1项的"不法使用侵占"的标准。详言之,"该还"的行为人基于"该还而不还"的故意,客观上有"该还而不还"的不作为,非但具有"侵占故意",而且具有"侵占行为",却未必适用"刑法"第335条第1项的规定,如果其欠缺"为自己或第三人不法所有的意图",虽然还是"侵占",但属不适用第335条第1项侵占构成要件规定的"不法使用侵占"。①

况且,不先确定已达"应返还而不返还时",讨论所谓"易持有为不法所有的意思"是毫无意义的。举例来说,甲向乙无偿借车3日,但甲一坐上乙车的驾驶座,即产生"易持有为不法所有的意思",此时,即使谓甲有犯意,亦只能是单纯的犯意,因为在"使用借贷"的法律理由下,甲还是"合法地"持有乙车。除非该犯意"持续"至3日后——即"应返还而不返还时"——否则,并无着手实行侵占构成要件的可能,遑论什么"不法取得侵占"。从这个角度来看,第335条第1项侵占构成要件乃"刑法"上罕见的"时间身份犯"构成要件,行为人并非当然可自行决定着手时间点,"履行期"未至误认已至,甚至成为"主体不能"事由。

由此可见,"应返还而不返还时"的"易持有为不法所有的意思"为第335条第1项构成要件所指的"为自己或第三人不法所有的意图",根本不是指侵占构成要件的构成要件行为——也不是指"侵占故意"——"侵占故意"是"违背被害人的意思不履行其返还他人之物于被害人之义务的不作为,而继续稳定持有该物的故意"。但实务和学界长期以来一直误将这种特别主观构成要件要素当成构成要件行为而不自知——错将限缩侵占构成要件适用范围要素当成其结构基础要素而不自觉。

至于其他相关问题,囿于篇幅限制,将"打散"到随后"判决评析"中的适当处讨论之,敬请见谅。

二、判决评析

笔者之所以选择该判决作为评析对象,并不是因为该判决写得特别好,或是特别差,而只是因为它典型维持数十年来实务对第335条第1项侵占构成要件的"不求甚解"②:

该法院首先认为:"'刑法'上侵占罪之成立,须持有人变易其原来持有的意思而为不法所有的意思,始能成立,如仅将持有物延不交还或有其他原因致一时未能交还,既缺乏主观要件,即难遽以该罪相绳。"后又指出:"被告于承租车辆撞毁后,未实时通知出租人,任意将之停放路边,其主观意思应系规避承租人使用租赁标的物应负之民事责任,要难认具不法所有意图。"先就此前后两段文字大致来看,该法院似乎认为"持有人变易其原来持有的意思而为不法所有的意思"就是"不法所有的意图",这个看法也大致正确。如前所述,"易持有为不法所有的意思"就是侵占构成要件的特殊主观构成要件"为自己或第三人不法所有的意图"。但严格检验,该法院对侵占构成要件主观要素的认识有点"含糊"。

第335条第1项的侵占构成要件属意图犯构成要件,亦即其主观构成要件,除所有故意犯构成要件均具有的一般主观构成要件(要素)"构成要件故意"外,尚具有特殊主观构成要件(要素)"构成要件意图"。该法院虽然于后以被告不具"不法所有意图"而否定其行为的侵占构成要件该当性,但其先前又泛称"持有人变易其原来持有的意思而为不法所有的意思"为"主观要件"。

---

① 不法取得意图因而成为侵占构成要件的"主观处罚条件"。参见郑逸哲:《法学三段论法下的刑法与刑法基本句型》(第二版),2003年版,第50页。

② 本判决至少明示诉诸三个判决:"最高法院"1941年台上字第816号(该法院所指的这个判例,必然是误植,1941年时,哪来的"台上字"!)、台湾地区"最高法院"1979年台上字第314号和台湾地区"最高法院"1981年台上字第1633号。

究竟该法院认为"(为自己或第三人)不法所有的意图"就是侵占构成要件主观要件的"全部",或只是"局部",未见其清楚交代。

该法院谓:"如仅将持有物延不交还或有其他原因致一时未能交还……(则)缺乏主观要件。"谓"延不交还"或"一时未能返还",只有在"应返还而未返还"的情况下,才有意义。因而,行为人对"应返还而未返还"的事实是有认识和意欲的——还是具有"侵占故意"——只是欠缺"为自己或第三人不法所有的意图"。也就是说,主观构成要件并非全然未被满足——侵占的"构成要件故意"部分还是被满足,所不满足的是侵占的"构成要件意图"。该院可能就是未能清晰有此区别,因而出现随后"时空错乱"的诡异论证:

"被告撞毁承租车辆"的时间点,是在租期到期"后3日",亦即"3日前"被告就已"应返还而未返还",当难以想象被告在"3日前"对于"应返还而未返还"的事实不认识或不意欲,被告在"3日前"就具有"侵占故意",而且在客观上亦具有"违背返还义务的不作为"的"侵占行为",否则何以"继续稳定持有"该车,而于"3日后"撞毁。前面我们指出,第335条第1项构成要件所指的"为自己或第三人不法所有的意图"是指"应返还而不返还时"的"易持有为不法所有的意思"。所以判断被告是否具有"为自己或第三人不法所有的意图"的时间点,是"3日前"的"应返还而不返还时",而不该是该法院据以论证的"3日后"的"被告于承租车辆撞毁后,未实时通知出租人,任意将之停放路边,其主观意思应系规避承租人使用租赁标的物应负之民事责任,要难认具不法所有意图"。应知,意图是故意行为的动机,严格说来,是先于故意而出现,怎么可能以故意后的时间点作为意图是否存在的判断时间点?

再者,就算果如该法院所言,被告的"主观意思应系规避承租人使用租赁标的物应负之民事责任",这和其是否具有"不法所有意图"有何相干?即使具有"不法所有意图",还是可以另行"意图""规避承租人使用租赁标的物应负之民事责任",不是吗?该法院根本就是把"3日后""任意将车停放路边"的动机和"3日前""该还车而不还车"的动机混为一谈了。

如果把这个案例当成实例题来考——如下文"本案事实法律适用(题解参考)"所示——根本是"题目所提供的事实信息不充分,无法作答",因为我们完全未被告知足以判断"3日前"被告是否具有"不法所有意图"的事实信息。换言之,该法院根本未依事实判决。

该法院不仅未彻底弄清楚侵占构成要件的主观要素,对于其客观要件的认识,也是"支离破碎"的。其谓:"'刑法'上侵占罪之成立,以擅自处分自己持有他人之物,或变易持有之意思为所有之意思而径为所有人之行为,为其构成要件;如仅将持有物延不交还,自不能遽论以该罪。"从这段文字来看,该法院应是认为侵占构成要件的"(客观)构成要件"为"擅自处分自己持有他人之物"或"变易持有之意思为所有之意思而径为所有人之行为",否则不会随后出现"既欠缺侵占罪……客观上不法处分之要件,自不得以该罪相绳"用语。不客气说,该法院完全不知侵占构成要件的构成要件行为为何物。

若要"擅自处分自己持有(应返还而未返还)的他人之物"是不是行为人要"不履行其返还义务"而且已达"稳定继续持有"的状态,否则行为人如何"擅自处分"?当已达"稳定继续持有"的状态,侵占已属既遂,其后的"擅自处分行为"如果满足构成要件,也应属"不罚的后行为",怎会变成就是先前的侵占构成要件该当行为?

该法院还为侵占客观构成要件另设个"选项":"变易持有之意思为所有之意思而径为所有人之行为"。姑且不论,其是否将主客观构成要件混为一谈,什么叫"径为所有人之行为"?别的不说,窃盗行为人难道没有"径为所有人之行为"吗?莫非在客观上,"侵占行为"和"窃盗行为"是相同的?

其实，"径为所有人的行为"和"擅自处分行为"一样，根本不是侵占构成要件的构成要件行为，而是"侵占既遂"之后才有可能的事。侵占行为人就是为了要"径为所有人的行为"，所以非"先"实现侵占构成要件不可。也就是说，如果行为人不先达到"稳定继续持有"的状态，何以"径为所有人的行为"？当"擅自处分行为"显然也是一种"径为所有人的行为"时，该法院显然并不认识"侵占既遂"属"擅自处分行为"或"径为所有人行为"的必要条件，而非前者与后二者各互为充分必要条件。

我们在大一学"刑法总则"课程时，就学过"意图在客观上是否实现不会影响既未遂"，因为意图只是片面的主观构成要件要素，并无相对应的客观构成要件要素规定。该法院将构成要件规定"内"的"变易持有之意思为所有之意思（即不法所有的意图）"规定和构成要件规定"外"的"径为所有人之行为"竟可合而为一，变成侵占罪的所谓"构成要件"，而根本舍弃法定的"侵占构成要件故意"和"侵占构成要件行为"于不顾，该法院究属在"创造法律"，还是在"说明法律"？

该法院误解法律规定在先，随后对自己"违法发明"的规定有着更奇怪的"适用"：被告谢某和A公司于约7年半后"签订和解书载明：赔偿金10万元，包括车损及租金在内"，这应属民事损害赔偿问题，即使如其所谓"足认……该车辆已于出租后十余日……寻回一节，信而有征"，那也只不过是确认损害赔偿范围的问题，严格说来，根本不关刑事法院的事。但该法院"天外飞来一笔"："故被告所辩称车辆撞坏停放路边，并未对于系争车辆有不法处分之侵占行为等情，应可采信。"试问：就算被告谢某犯侵占罪，而事后被害人将被侵占之物依同样的状况"寻回"，不也是同样的损害赔偿范围吗？当是否犯侵占罪并不影响损害赔偿的范围时，如何可以由"签订损害赔偿的和解书"，推谢某无所谓"不法处分之侵占行为"？更荒谬的是，竟然还是以"事后"约7年半后的和解书，作为证据。

之所以如此，恐怕肇因于实务——其实学界亦复如是——长期将抽象的侵占构成要件规定的认识问题和满足侵占构成要件"不法取得意图"主观事实证明困难的问题给混淆了！如前所述，侵占构成要件的构成要件行为为不履行返还作为义务的不作为，其实只要履行期届至，通常并不难认定行为人具有该不作为及该不作为的故意。以本案例来说，被告谢某租车1日，届期未还，在客观上即未履行其返还义务而有不作为的"侵占行为"；在主观上，似也难以想象谢某不知有该返还义务，而难谓其欠缺"侵占故意"。可见，侵占构成要件是否该当，所难判断的并非关于"侵占行为"或"侵占故意"，而是在于确定纯主观的"为自己或第三人不法所有的意图"是否存在。

当我们就侵占构成要件进行纯抽象认识时，不具"为自己或第三人不法所有意图"的"使用侵占"，排除在第335条第1项侵占构成要件之外，并不难理解——一如"使用窃盗"排除在第320条第1项窃盗构成要件适用之外，一样清楚。但就具体案件如何证明行为人具有"不法取得意图"——尤其和具有同样意图要素规定的窃盗构成要件相较——似乎就困难许多。关键似乎在于：窃盗行为人于其"自取"作为时，经验上，罕见欠缺不法取得意图；反之，侵占行为人于其"不还"不作为时，经验上，欠缺不法取得意图并不罕见。

理论上，这种经验上的统计结果，并不能作为就新发生的个案事实认定的推论基础，但在审判上，似无可避免成为比较容易使法院说服或难以说服自己"确信"被告具有"不法取得意图"的关键。毕竟，被告行为时的主观，难以若客观事实般相对上较易于观察而以物理事证之取得加以证明，端赖从客观面事实去"推测"。因而相当有趣的是：当大家只注意到"刑事诉讼法"第154条第2项规定："犯罪事实应依（充分）证据认定之"的同时，却忽略了由此规定循逻辑法则可以推出："犯罪事实得依（不充分）证据否定之"——又是1条"隐性的"成文规定。

换言之,法院在审理侵占案件时,将事实观察范围扩大至"侵占"后,尤其观察其"事后"是否有所谓"擅自处分行为"或"径为所有人的行为",毋宁属刑事诉讼法上的"疑则有利推定"法则的实践。但其所要认定或否定的事实对象还是"应还而不还时"的"不法所有的意图",而非——如前所述,悖理的——"事后的""擅自处分行为"或"径为所有人的行为"。

若将该法院所谓"被告所辩称车辆撞坏停放路边,并未对于系争车辆有不法处分之侵占行为等情,应可采信……欠缺侵占罪……客观上不法处分之要件,自不得以该罪相绳"改成:"被告于侵占后,将(应返还之)撞坏车辆停放路边,而别无不法处分行为,其辩称侵占时,并无不法取得的意图,似可采信,故推定其侵占时欠缺不法所有的意图,而不以该罪相绳。"如此一来,刑法构成要件规定和刑事诉讼法"疑则有利推定"法则,各有职司,不相侵夺。可见,实务对侵占构成要件的错误认识,应来自于其为解决刑事诉讼法的实务难题,而不自觉"篡改"刑法构成要件规定。

即使舍此不论,该法院以"事后"约7年半后的和解书作为被告"事后"别无不法处分行为的"证据",还是匪夷所思——况且,难道其有不法处分行为,在民事上就不能和解吗?

该法院最后"笼统"引用"刑事诉讼法"第301条规定判决被告无罪,但并未说明该判决究竟属因"不能证明被告犯罪"而"推定无罪"的"无罪判决",还是确定"其行为不罚"而"肯定无罪"的"无罪判决"。但以其指摘原审法院"仅凭证人于侦查中指称被告车未还的事实,又未传唤证人×查证被告客观上对于系争出租车辆有何不法处分行为,径认被告涉犯侵占罪,将单纯债务不履行状态与侵占罪之要件混为一谈,其有认定事实不凭证据之违法自明,被告上诉意旨指摘原判决不当,为有理由,自应由本院予以撤销改判,并依法为被告无罪之谕知,以免冤抑"来看,既然谓"以免冤抑",则该法院当是认为属"肯定无罪"的"无罪判决"。但其以"事后"约7年半后的和解书作为被告"事后"别无不法处分行为的主要"证据",真能"肯定无罪"吗?抑或充其量只能很牵强地"推定无罪"?该法院又比原审法院高明到哪里去!持平而论,"以免冤狱"四字对原审法院太沉重!

结论性观点

我们可以将第335条第1项所规定的构成要件"还原"其"全貌"为:"不违背被害人意思而对他人之物建立最初持有且负返还该物予被害人义务者,意图为自己或第三人不法之所有,基于违背被害人的意思不履行其返还该物予被害人之义务的不作为而形成继续稳定持有该物状态的故意,违背被害人的意思以不履行其返还该物予被害人之义务的不作为,而稳定继续持有该物"。

一、本案事实法律适用(题解参考)

(1)依"刑法"第335条第1项的规定,不违背被害人意思而对他人之物建立最初持有且负返还该物予被害人义务者,意图为自己或第三人不法之所有,基于违背被害人的意思不履行其返还该物予被害人之义务的不作为而继续稳定持有该物的故意,违背被害人的意思以不履行其返还该物予被害人之义务的不作为,而稳定继续持有该物者,犯侵占罪。

(2)本案,被告谢某因属向A公司租用小客车而不违背被害人A公司的意思而对他人A公司之物小客车建立最初持有,且于一日租期到期而负有返还该物予被害人A公司之义务,但谢某未依约定期限返还该车,虽然基于违背被害人的意思不履行其返还该物予被害人A公司之义务的不作为而继续稳定持有该物的故意,但是谢某是否具有为自己或第三人不法所有的意图,因欠缺事实信息,无从判断。简言之,虽然可以确定谢某主观上具有"侵占故意",客观上亦具有"侵占行为"且实现"侵占结果",但是不能确定其于"应还而不还"的"侵占时"是否具有"为自己或第三人不法所有的意图"。至于"3日后,谢某撞坏该车,将车停置路旁,十余日后,由A公司自行于上述路边停放地点,将车寻获",非属"事中"事实,而属"事后"事实,根本与本案的判断无关。①

(3) 故无从判断被告谢某是否犯侵占罪。

二、结论

该法院批评原审法院"将单纯债务不履行状态与侵占罪之要件混为一谈,其有认定事实不凭证据之违法自明"之句,恐同时亦适用于其自省。

---

① 请注意本段中两次的"虽然……但是"之使用。

五、妨害社会秩序犯罪

复印件（影印）在伪造文书罪之相关问题[*]

——评台湾地区"最高法院"2001年台上字第3261号判决及相关实务见解

吴耀宗[**]

基本案情

上诉人甲与乙共同经营A公司，明知其向不详姓名之人购买之平行输入之B牌型号EB-G500行动电话机及所附中文操作说明书（复印件），其中中文操作说明书系未经告诉人C公司授权之非法重制之物（按该行动电话机之中文操作说明书，系告诉人经由D公司授权，翻译其英文操作说明书著作而成之改作创作，为C公司所享有独立著作权之语文著作），且该说明书底页冒用告诉人C公司名义为该等重制之说明书之制作名义人，竟自1997年初起至同年8月11日止，基于概括犯意联络，连续贩卖平行输入之B牌型号EB-G500行动电话机时，将该非法重制之中文操作说明书（复印件）一并附送予亦知情之经营E公司之上诉人丙及其他不特定客户而散布；上诉人丙亦明知自A公司购入之前述行动电话机及其包装内所附中文操作说明书（复印件），并基于概括犯意，自1997年3月起至8月15日止，以上揭方式于贩卖行动电话时内附说明书（复印件）予不特定客户牟利而散布。

裁判要旨

该中文操作说明书系告诉人C公司所享有独立著作权之语文著作物，其底页印有告诉人公司名称、营业所、电话号码等字样，足以表示该说明书为告诉人公司所制作，自属私文书。而复印件与原本在一般情况下有相同之效果，与原本作成名义人直接表示意思之文书无异，上诉人等于贩卖行动电话机时，将冒用告诉人公司名称为制作名义人之中文操作说明书（复印件）附送予客户，当然有以之充作真正文书而加以行使之意思，自属行使伪造私文书行为，且足以生损害告诉人之著作财产权，原判决论以行使伪造私文书罪，于法并无不合。

疑难问题

在本案判决中，就刑事实体法方面而言，上诉人等之主要争执系在于，"上诉人贩卖行动电话机附送予客户之中文操作说明书底页，固印有告诉人公司名称、营业地址及电话号码等文字，但此等字样仅如文字表面所显示之意义，即未加载其他如发行人、出版人、印刷人等文字，与一般书籍版权页之记载不同，难认其系表示告诉人所制作之意思表示，应不具私文书性质，且其内容完

---

[*] 原载于《月旦法学杂志》2005年第126期。
[**] "中央警察大学"法律学系副教授。

全影印自告诉人之翻译著作,并无虚伪不实,不生伪造私文书之问题"。"上诉人贩卖之 B 牌行动电话机为平行输入之真品,无须以不实文件以假乱真,所附之中文操作说明书只是使买受人获得简易之中文操作方法,系何人制作根本不重要,且该说明书一望即知系影印本,与正本显有区别,与一般之印刷刊物不同,上诉人不必然知悉底页内容,附送予客户时,不必本于该底页内容有所主张,买受人亦不致误信,无行使伪造私文书可言。"①

析言之,本案判决所涉及的问题点计有:

(1) 行动电话机之中文操作说明书是否属于伪造文书罪所指之(私)文书?

(2) 文书之复印件是否仍属于文书?

(3) 文书之未经授权的影印是否属于伪造?

(4) 将未经授权之中文操作说明书之复印件附送予客户,是否构成行使伪造文书罪?

应注意的是,前述诸问题彼此并非独立不相关联,相反,其系环环相扣的,每一个前存问题皆是每一个后存问题之先决要件。申言之,如果行动电话机之中文操作手册根本不属于伪造文书罪所指之文书,那么不管是伪造、变造或者未经授权之影印复制,皆无所谓伪造文书罪之适用问题,当然更无所谓行使伪造文书罪之问题;反之,假若该等中文操作手册系属于伪造文书罪所指之文书,则始有进一步讨论其复印件是否亦属于文书之必要;如果复印件亦属于文书,接下来才有需要探讨未经授权或同意之影印是否构成伪造文书之问题;等等。其余情形自可类推。

本文以下乃针对上述相关问题分别予以探讨,最后再就本案判决加以评析。

学理研究

一、伪造文书罪之文书概念

(一) 五性质说

伪造文书罪当中所指的文书概念为何?台湾地区"刑法"对此有无定义,容或有争论②,不过传统上学说与实务所理解的文书意义,大致上是指以文字或符号附着于有体物之上,表示一定意思或观念,且属法律上或社会生活上有重大关系之事项者③,并且特别强调文书需具备下列五个性质(特征)(本文称之为"五性质说")④,兹概述于后⑤:

---

① 此外,被告另有程序法方面之争执,虽然显无理由,不过并不在本文讨论之范围,特此说明。

② 台湾地区刑法界大多不认为台湾地区"刑法"对于文书概念有所定义,认为"刑法"第 220 条乃是准文书之规定或文书之补充规定。惟黄荣坚教授却认为,"刑法"第 220 条本身即为文书概念之定义,参见黄荣坚:《刑法的极限》,元照出版公司 2000 年版,第 182 页。至于 1997 年 10 月以及 2005 年 2 月有关"刑法"第 220 条之两次修正,对于本文之讨论基本上不生影响。

③ 参见周冶平:《刑法各论》,1986 年版,第 376 页;韩忠谟(吴景芳增补):《刑法各论》,2000 年版,第 232 页;陈焕生:《刑法分则实用》,1993 年版,第 189 页;陈朴生:《实用刑法》,1993 年版,第 580 页;甘添贵:《伪造文书罪之本质与文书概念》,载《刑法之重要理念》,瑞兴图书出版公司 1996 年版,第 274 页;卢佳香:《伪造文书印文罪之比较与检讨》,文化大学出版部 1983 年版,第 5 页;1992 年台上字第 3128 号判决。

④ 参见周冶平:《刑法各论》,1986 年版,第 376 页以下;甘添贵:《伪造文书罪之本质与文书概念》,载《刑法之重要理念》,瑞兴图书出版公司 1996 年版,第 274 页以下;卢佳香:《伪造文书印文罪之比较与检讨》,文化大学出版部 1983 年版,第 6 页以下;林东茂:《刑法综览》,学林文化事业有限公司 2002 年版,第 353 页。不过其中林东茂教授主张,文书之意思表示之内容须涉及权利义务。

⑤ 关于文书所应具有的特性或特征,台湾地区部分学者之说法略有差异,如蔡墩铭教授特别强调,文书有意思性、持久性、物体性与名义性,参见蔡墩铭:《刑法精义》,2002 年作者自版,第 543 页;陈朴生教授则主张,文书应具有:(1) 有体物;(2) 以文字或可替代文字之发音符号;(3) 有相当之存续性;(4) 记载其所表示之意思或观念;(5) 证明法律上或社会生活重要事项;(6) 表示意思或观念之人等诸特征。参见蔡墩铭:《刑法精义》,2002 年作者自版,第 580 页。

1. 文字性

文书须以文字或可替代文字之符号而为记载。文字仅须得表达意思即可;至于符号如具有一定法则,足以表达意思者,仍可视为具有文字性。

2. 有体性

文书须将特定意思表示记载于有体物之上,而其所依存的物质成分(如记载于纸张、竹木、布帛或金属等)或表示方法(如以笔墨、雕刻、染织、镕铸等为之),则非所问。

3. 意思性

文书之内容须表达某种意思表示。文书内容之意思表示,纵使经省略一部分,倘在客观上仍得理解其意义者,即所谓省略文书,仍属文书。至于文书之内容,多数认为,须限于与法律上权利义务或社会生活重大事项有关之表示或事实。但文书不以制作之初即具有证明一定意思或事实之目的为必要,即制作后而因偶然之事由用为证明之方法者,亦不失为文书。

4. 持续性

文书须以有相当存续性之方法记载于有体物之上,但存续的时间须达如何程度,并无绝对标准,不过至少须达到公众据以信赖之程度。

5. 名义性

文书须有一定之制作名义人,亦即文书须能显示出何人为制作者,由何人为文书上所载之意思表示负保证责任。文书之制作名义人不以署名为必要,但必须能够特定。至于名义人并不以自然人为限,法人或非法人团体等在社会关系上具有独立自主地位者,均属之。

(二)三功能说

另外,台湾地区有学者却主张,文书须具有持久的功能、证明的功能、保证的功能,始可称为文书(本文称之为"三功能说")[1],此等主张显然是受到德国刑法界之影响,是以,这里有关所谓"三功能说"之介绍,便直接以德国文献为主。

其实德国刑法对于文书概念也没有定义,不过学说与实务还是存有颇为一致的说法,即所谓文书,乃是一种实体化的思想表示(verkörperte Gedankener-klärung),其足以在法律交往当中用来作为证据(zum Beweis im Rechtsverkehr geeignet und bestimmt ist),而且可以看出其制作人[出具人,Aussteller][2],大略分析如下:

1. 实体化的意思表示(思想表示与持续功能)

所谓意思表示或思想表示,系指一种人的行为,其使用参与者之间固定习惯的符码[符号系统(Code)],而足以引起他人对于某一事实情况之特定想象。[3]

---

[1] 参见陈志龙:《人性尊严与刑法体系入门》,1992年版,第448页以下;柯耀程:《论伪造中公、私文书之区别》,载蔡墩铭、甘添贵主编:《刑法争议问题研究》,1999年版,第454页。实务上也有采此说法者,如2002年台上字第7191号判决。此外,李茂生教授则认为,文书制度之社会机能有四:意思传达的机能、意思表示固定化的机能、证明的机能与保证的机能。参见李茂生:《再论伪造文书罪中有关有形伪造以及保护法益的问题》,载翁岳生等:《刑事思潮之奔腾——韩忠谟教授纪念论文集》,韩忠谟法学基金会2000年版,第316页。

[2] BGHSt 3, 382; 4, 284; 13, 239; Wessels/Hettinger, BT/1, 27. Aufl., 2003, Rn 790 f.; Schönke/Schröder-Cramer, StGB, 26. Aufl., 2001., § 267 Rn. 2; LK-Gribbohm, 2000, § 267 Rn. 4, 10 ff.; Lackner/Kühl, StGB, 24. Aufl. 2001., § 267 Rn. 2; Tröndle/Fischer, StGB, 52. Aufl., 2004, § 267 Rn. 2; Küper, BT, 5. Aufl., 2001, S. 294; Reniger, BT/Ⅱ, 4. Aufl., 2002, S. 211.

[3] Lackner/Kühl, StGB, § 267 Rn. 3; SK-Hoyer, 1998, § 267 Rn. 11, 16; Samson, JuS 1970, S. 369, 370; Puppe, Jura 1980, S. 18.

单纯的视觉客体（勘验客体 Augen-scheinsobjekt，如指纹、脚印）①或自动机械记录（technische Aufzeichnung，如行车记录器的记录图表）②，其虽然经常也涉及符码的使用，但由于欠缺人的思想表示，故不属于文书。③

文书除了需是人的思想表示以外，此等思想表示还必须实体化（Verkör-pe-rung），亦即它必须以稳定持续的方式与具体标的物相结合，从而显现出其持续功能（Perpetuierungsfunktion）。④相对的，口头的表示便欠缺此等实体化的特性。

惟通说认为，此等实体化的表现并不以文字（Schriftlichkeit）或书面（Schrift-stück）为必要，不管是借由文字、符号或标记来传达思想表示，只要其能与实体标的物达到必要稳定程度的结合，具有特定的表示作用即可。⑤ 所以，依照通说见解，缩写、速记符号、密码皆可作为思想表示之实体化方式。

2. 制作人之可识别性（保证功能）

实体化的思想表示必须标识出其制作人（具名人）或者使人可以看出，亦即此一思想表示须指出特定人，作为该等表示之创作人（Urheber），其立于此文书表示之背后支撑担保此一思想表示。⑥ 换言之，文书如要成立，必须从其上所载的思想表示内容看得出来，谁在为此思想表示内容保证负责。

关于制作人之认定，通说认为，并不是身体上（köperlich）制造该思想表示之人[即所谓身体理论或实体性理论（Köper-lichkeitstheorie）]，而是该思想表示精神上所源自（geistig herrührt）之人[即所谓精神性理论（Geistigkeitstheorie）或实质创作人学说（materielle Urheberlehre）]⑦⑧。易言之，谁实际上动手作成该思想表示之实体，并非文书制作人之判断关键所在，决定标准应在于，该思想表示系出自谁的精神意思。

至于有关文书制作人之可识别性（Erkennbarkeit）的要求，一般认为，并不以亲笔签名或画押为必要，毋宁，依照法律、习惯或参与者的约定，从文书内容之整体关联，能够对制作人予以个别

---

① 所谓视觉客体或勘验客体是指根据该物之性质与状态可以直接察知或推论出特定的事实情况，例如有瑕疵的买卖标的物、犯罪被害人的伤痕、指纹、脚印、血迹等。参见 Wessels/Hettinger, BT/1, Rn. 793; Samson, JA 1979, S. 527.

② 所谓自动机械记录，本来亦属于勘验客体之一种，只是《德国刑法》第 268 条对其伪造、变造行为设有处罚规定，至于其他勘验客体之伪造、变造，则无处罚规定。

③ Lackner/Kühl, StGB, § 267 Rn. 4; Wessels/Hettinger, BT/1, Rn. 793. 而依照 Samson 之说法，文书（的思想表示）与勘验客体（或自动机械记录）之真正差别在于，勘验客体之制造与形成系由其所标示的事实在一定因果律的促动下而决定的，相对的，在文书的思想表示当中，表意人对其所要表示的事实却是自由的。

④ Schönke/Schröder-Cramer, StGB, § 267 Rn. 3; Wessels/Hettinger, BT/1, Rn. 792; Lackner/Kühl, StGB, § 267 Rn. 6.

⑤ Schönke/Schröder-Cramer, StGB, § 267 Rn. 7; Lackner/Kühl, StGB, § 267 Rn. 6.

⑥ 参见 Wessels/Hettinger, BT/1, Rn. 801; Schönke/Schröder-Cramer, StGB, § 267 Rn. 16.

⑦ RGSt 75, 46, 47; BGSt 13, 382, 385; BayObLG NJW 1981 773; Otto, BT, 6. Aufl., 2002, § 70 Rn. 10; Lackner/Kühl, StGB, § 267 Rn. 14; LK-Gribbohm, § 267 Rn. 28; SK-Hoyer, § 267 Rn. 41; Wessels/Hettinger, BT/1, Rn. 801; Samson, JA1979, S. 660.

⑧ 关于身体性理论，早期主要由 Frank 与 Boldt 等人所主张，但此一理论在现今德国刑法界几乎无人采用。因为采用身体性理论会导致不合理的结论，即在大量印制之情形，如入场券，依据身体性理论，其制作人乃是印刷者，而不是发行的公司；而在许多大量印制之思想表示之情形，因看不出印刷者是谁，从而也就不属于文书。参见 SK-Hoyer, § 267 Rn. 41; Puppe, Jura 1979, S. 637; Samson, JA 1979, S. 660.

化（Individualisierung）即足矣（除非法律对于特定文书之制作另有特别规定，例如遗嘱）。①

3. 对于法律交往之证据适格与证据指定（证明功能）

最后，通说还主张，文书必须具有证明的功能，亦即实体化的思想表示必须适合在法律交往中作为证据［此乃所谓证据适格（Beweiseignung）］，而且在法律交往中被指定作为证据［此系所谓证据指定（Beweisbestimmung）］。②

所谓证据适格，依照通说，文书必须适合在法律交往中作为证据，亦即文书必须能够经由其内容而证明某项法律重要事项（eine rechterhebliche Tatsache）；至于它是本身单独即足以证明或者与其他证据数据相结合共同证明，在所不问。③ 换言之，所谓文书之证据适格，并不需要达到单独提供完全证明之程度，只要有某种证明关联性即可。

而所谓法律重要性系指，对于公法或私法上的权利、义务或法律关系之形成、维持、改变、移转或消灭具有重要性而言。④ 此等证据适格之认定，依照通说见解，则是完全依照客观标准加以判断，与文书制作人或其他对此有证据利益之人之主观意思无关。⑤

通说认为，文书概念要成立，除了须具备证据适格外，尚须具备证据指定，亦即实体化的思想表示必须被指定用来对于法律交往提供证明。而且依照通说，此等指定是一种主观的要素（主观的目的设定），详言之，证据指定有可能一开始于制作人制作时即已具备［所谓目的文书（Absichtsurkunden）］，也有可能在制作人制作完成之后，由第三人指定作为证据之用［所谓偶然文书（Zufallsurkunden）］。⑥

（三）笔者见解

观前所述，我们可以发现，关于文书概念之所谓"五性质说"与所谓"三功能说"，虽然其用语表述有所不同，但就其实质内涵而言，并无多少差异。质言之，"三功能说"之所谓文书之思想表示与持续功能大致上即相当于"五性质说"之所谓有体性、意思性、持续性，而所谓文书之保证功能与所谓名义性乃完全相同，至于所谓文书之证明功能则与所谓意思性有若干接近；所差别的只是，"三功能说"似乎较"五性质说"更强调文书之证明功能。

惟笔者认为，文书之所以具有所谓证据适格，可以在法律交往、经济交易中作为一种证据方法（证明手段），关键在于它的持续功能（有体性、持续性）与保证功能（名义性），亦即它可以证明何人曾经作过何种表示（某人所作过的表示具有再现可能性），至于其对某个特定事实（待证事实）之证明作用（证据价值）如何，则须视具体情况而定，不一而足。例如，甲给乙寄发了一份要求限期清偿债务的存证信函，此仅得证明甲曾向乙主张其债权，至于是否真有该债权债务关系之存在，仍然未可知；又如，某县市车辆行车事故鉴定委员会对某交通事故所出具的鉴定报告书，此

---

① Schönke/Schröder-Cramer, StGB, § 267 Rn. 17; LK-Gribbohm, § 267 Rn. 44; Wessels/Hettinger, BT/1, Rn. 802.

② RGSt 17, 103, 105; 26, 413, 416; 69, 271, 272; BGSt 4, 60, 61; 24, 140, 141; Schönke/Schröder-Cramer, StGB, § 267 Rn. 8; LK-Gribbohm, § 267 Rn. 63; Wessels/Hettinger, BT/1, Rn. 795; Tröndel/Fischer, StGB, § 267 Rn. 8; Lackner/Kühl, StGB, § 267 Rn. 11. 不过应注意的是，这里所谓的证据适格与刑事诉讼法上所称之证据能力或证据资格并不相同。

③ RGSt 7, 47, 51; 37, 4, 6; LK-Gribbohm, § 267 Rn. 77; Wessels/Hettinger, BT/1, Rn. 796; Schönke/Schröder-Cramer, StGB, § 267 Rn. 11.

④ LK-Gribbohm, § 267 Rn. 80; Schönke/Schröder-Cramer, StGB, § 267 Rn. 12.

⑤ Schönke/Schröder-Cramer, StGB, § 267 Rn. 9; Wessels/Hettinger, BT/1, Rn. 795.

⑥ Lackner/Kühl, StGB, § 267 Rn. 13; Wessels/Hettinger, BT/1, Rn. 797; LK-Gribbohm, § 267 Rn. 67, 70.

乃证明显示该鉴定委员会对该交通事故所持有之意见看法如何，而且如果该鉴定报告书之作成系依照一套标准鉴定作业程序或者可以经由一定程序予以重复检验，则该鉴定报告书之证明价值就相对较高一些，但也不是当然具有100%的证明价值。① 至于所谓文书之证据指定，对于文书概念之确定并无实益，因为依照德国通说之说法，既然承认所谓偶然文书，所以文书之成立最后与文书制作人之主观目的无关，换言之，有无证据指定并非关键所在。②

准此，笔者主张，伪造文书罪所称之文书概念，系指以文字、符号等实体化的方式，而将某人在法律交往中所为之具有法律重要性之意思表示予以持续固定在某个有体物之上，而且可以辨识出表示该意思之人。是故，伪造文书罪之文书概念应该包括如下的基本要素：意思性（表意功能）；持续性（持续功能）；名义性（保证功能）。③

二、复印件之文书性问题

由于复印机器设备的普遍以及影印技术的发达，在现今日常生活中，我们经常会利用复印机影印各种文件数据，而且在不少经济交易、社会交往过程之中，并不会要求当事人提供文书之原本，而是只要有文书之复印件即可。例如报名参加考试、应征工作、申办信用卡、申购股票等，往往只要提供相关证件之复印件即足矣。然而，文书之复印件仍否为伪造文书罪所指之文书？

（一）中国台湾意见状况

有关复印件是否具有伪造文书罪之文书性此一问题，台湾地区刑法界之看法颇有纷争，学说上有持肯定见解者，亦有持否定见解者。持肯定见解者认为："目前使用之影、复印机，依机械方法就原本而为影、复印者，不仅制作者之意识难予介入，且其笔迹、形状等均与原本无异，具有与原本同一之意识内容，故其信用性与社会机能，已与原本一般无二，为适应社会生活之需要，自有承认其文书性之必要。"④持否定见解者，有谓："影印本，依其制作程序而定，其为原本之复制品，本不具有文书质量，但若经官署或法院公证处公证其与原本无异，并盖有公证戳记于其上者，自又可视为文书。"⑤或谓："文书之影印本不具备文书性之理由在于，其不符合文书三大机能，尤其对于证明确定性并不能由复印件直接得到。此外，此等影印本无法如同原件所具有之证明程度的功能，亦不具有如同原本得为事后审查之功能。再者，影印本也无法显示其制作人，以致无法达成对于内容正确性之保证机能，因而否认具有刑法之文书性质。"⑥

至于实务上早期是倾向否定见解，谓："文书之影印本，其性质与文书原件之抄本或缮本相同，仅可供参考，此与海商法及票据法所特别规定关于载货证券及汇票复本之性质迥异。故影印本纵属伪造或经变造，致与原本内容不符，亦难以伪造变造文书罪相绳。"⑦惟后来则是倾向肯定见解，认为："复印件与原本可有相同之效果，如将原本予以影印后，将复印件之部分内容窜改，重

---

① 关于鉴定报告书之证据价值的高低，在诉讼法上系由法官自由心证，当然所谓"自由心证"，也不是真的很自由，法官必须受到论理法则与经验法则等原则之拘束。
② 德国学说上也有反对或质疑将"证明功能"视为文书概念之要素者，如 Kienapfel, JZ 1974, S. 394; Samson, JA 1979, S. 531; Otto, JuS 1987, S. 762; NK-Puppe, § 267 Rn. 17 f.
③ 有关伪造文书罪之文书概念，需要更多的篇幅加以深论，本文在此仅扼要说明。
④ 甘添贵：《伪造文书罪之本质与文书概念》，载《刑法之重要理念》，瑞兴图书出版公司1996年版，第277页；相同见解，参见卢佳香：《伪造文书印文罪之比较与检讨》，文化大学出版部1983年版，第9页。
⑤ 林山田：《伪造或变造文书罪之研究》，载蔡墩铭主编：《刑法分则论文选辑》（上），1984年版，第241页。
⑥ 陈志龙：《人性尊严与刑法体系入门》，1992年版，第460页。
⑦ "司法院"（1983）厅刑1字第376号函、1983年台上字第2859号判决。

加影印,其与无制作权人将其原本窜改,作另一表示其意思者无异,应成立变造文书罪。"①此等见解现已成为实务上具有支配性之说法②,本文所评释之台湾地区"最高法院"此一判决也是采取相同立场。

(二) 德国意见状况

德国刑法界对于复印件之文书质量问题,亦如台湾地区一般,存有争论,不过与台湾地区相反的是,德国通说认为,复印件原则上并非文书,不属于伪造文书罪所要保护的范围。③ 因为通说将复印件视为与抄本[誊本(Abschrift)]相类似之情形,其欠缺保证功能与证明功能,所以不属于刑法上的文书概念。④

依照通说之见解,从复印件当中只能看出原本之内容,但却无法看出,该复印件系源自何人,谁是该复印件之制作人(出具人),因为复印件可以随时随地由任何人为任意数量之制作,影印者与文书之制作人经常不是同一人,而且原本之制作人并没有表明承认该复印件内容即为其思想表示。⑤ 单纯的复印件,由于容易被伪造,在法律交往中不足以提供证明,不具有原本[原件(Urschrift)]之证据价值(证明力)。⑥

此外,通说对于复印件是否为"人的思想表示"也表示存疑,其认为,复印件只不过是原本之一种"机械性的再制"(die technische Wiedergabe),它是某个思想表示之图像(Abbildung),复印件本身并不具有思想表示之内容。⑦ 例如毕业证书之复印件,其本身并非在显示:"某个学校之校长表示证实,某某人于某年某月某日毕业于本校",而只是在显示:"有这样一份内容之毕业证书之存在。"

最后,通说也从刑事政策上的理由反对将复印件视为文书或者反对以复印件方式伪造之可刑罚性,认为复印件在日常生活的逐渐普遍性与重要性尚不足以正当化刑罚科处之要求⑧,此等刑罚保护之要求只会促使人们在法律交往中的懒散(Bequem-lichkeit)与轻率(Leichtgläubigkeit)⑨,没有人有必要满足于未经认证的复印件,可以要求出示原本或者出示经过认证的复印件。⑩

不过通说认为,有一种例外情况,复印件可以视为文书,也就是根据复印件的外观,假使看起

---

① 1984 年台上字第 3885 号判例、"司法院"(1984)厅刑 1 字第 603 号函。
② 其他如 1986 年台上字第 5498 号、2000 年台上字第 5365 号、2004 年台上字第 216 号等判决。
③ BGHSt 5, 291, 293; 24, 140, 141; BGH StV 1994, 18; BayObLG, NJW 1990, 3221; BayObLG, NJW 1994, 88; Krey, BT/1, Rn. 717; Lackner/Kühl, StGB, § 267, Rn. 16; Schönke/Schröder-Cramer, StGB, § 267 Rn. 42; Tröndle/Fischer, StGB, § 267 Rn. 12b; Hohmann/Sander, BT/2, § 17 Rn. 29; LK-Gribbohm, § 267 Rn. 111; Joecks, StGB Stu-K, § 267 Rn. 42; Kienapfel, NJW 1971, S. 1782; Zaczyk, NJW 1989, S. 2515; Geppert, Jura 1990, S. 273; Beckemper, JuS 2000, S. 124.
④ Rengier, BT/2, § 32 Rn. 25; Wessels/Hettinger, BT/1, Rn. 811; Geppert, Jura 1990, S. 273.
⑤ BGHSt 5, 291, 293; 24, 140, 141; BGH StV 1994, 18; BayObLG, NJW 1990, 3221; Krey, BT/1, Rn. 717; LK-Gribbohm, § 267 Rn. 111; Joecks, StGB Stu-K, § 267 Rn. 42; Kienapfel, NJW 1971, S. 1782; Zaczyk, NJW 1989, S. 2515; Geppert, Jura 1990, S. 273; Beckemper, JuS 2000, S. 124.
⑥ Rengier, BT/2, § 32 Rn. 25; Beckemper, JuS 2000, S. 125.
⑦ BGHSt 5, 291, 293; 24, 140, 141; BGH StV 1994, 18; Krey, BT/1, Rn. 717; Joecks, StGB Stu-K, § 267 Rn. 42; Samson, JA 1979, S. 528 f.; Kienapfel, NJW 1971, S. 1782; Zaczyk, NJW 1989, S. 2515; Lampe, StV 1989, S. 207.
⑧ Keller, JR 1993, S. 300.
⑨ Kienapfel, NJW 1971, S. 1784.
⑩ Krey, BT/1, Rn. 717; Keller, JR 1993, S. 300.

来如同原本一般,则在法律交往当中便可看出制作人(出具人)(即使是虚假的),换言之,在通常注意观看的情况下,当一份"复印件"看不出来是复印件时,便有发生混淆的可能,因此应视为文书。①

相反,德国学说上对此亦存有不同意见②,其主张,在日常生活当中,有许多情形,复印件经常可以代替原本来使用,而且被认为具有完整价值的证据数据,因此,复印件应该跟原本一样受到相同程度的保护。毫无疑问,在有大量份数需求之情况下,文书可以借由印刷或其他复制方式而制作多份,而且每一份皆具有文书质量。因此,在法律交往中所为之影印,被认为也是为了有数个相同价值的证据数据可供使用之一种文书复制之方式。③ 由于文书在法律交往中大大取代了原本,以前许多要求须以原本出示之情形,现在都可以用复印件替代,所以复印件在法律交往之重要性不亚于原本。

反对意见认为,令人无法理解的是,在原本上以文字所固定下来的思想表示,为何在复印件上却反而失去其表示价值。④

通说主张,在复印件之情形看不出其制作人为何人,反对意见认为,此等讲法是错误的,其提到,有关文书制作人之判断,系根据精神性理论,而不是身体性理论。因为判断关键并非在于文书制造者(Hersteller)之可识别性(谁是动手影印之人),而是谁是该文书之精神上的制作者(出具人)。而复印件上之精神制作人完全是可以看得出来的,即复印件上所显示出的原稿(Vorlage)之制作人。⑤

关于复印件的证据价值,反对意见认为,在日常生活中,有不少复印件受到如原本般相同看待,例如在谋求工作时,经常只要附上各类证件之复印件即可,而不需要原本。因此,如果要求非原本不行的话,这是与现实生活脱节的。⑥

(三) 笔者见解

如前所述,文书之复印件在现今日常生活中确实经常可以替代文书之原本加以使用,因此,在某些事项范围之内,复印件可以说与原本具有相同作用,惟本文必须指明,在某些情况,复印件还是不能完全代替原本。例如到银行或邮局开设账户或者办理汽机车之买卖过户,必须使用身份证之原本;又如办理大学入学报到,必须缴验高中毕业证书原本;再如在诉讼法上,文书之提出系以文书之原本为原则(参见"民事诉讼法"第352条)等。是以,如果认为复印件与原本具有完全相同的效果,在推论认定上恐怕太过于率断。大体上我们只能这么说,在一般日常生活的事项里,属于较不重要者,大都可以用文书之复印件来代替原本;相反,如果涉及越重要的事项,则越需要以文书之原本或者经过认证之文书复印件来办理。

不过文书之复印件在现实生活上是否可以代替原本来加以使用,此与其是否属于伪造文书罪之文书概念,并没有必然的关系,重点应该在于,文书之复印件是否仍符合文书之概念? 亦即,

---

① BayObLG, NJW 1989, 2554; BayObLG, NJW 1990, 3221; Cramer, § 267 Rn. 42; Krey, BT/1, Rn. 716; Rengier, BT/2, § 32 Rn. 27; Zaczyk, NJW 1989, 2517;反对意见,Geppert, Jura 1990, S. 274; Lampe, StV 1989, S. 207.
② Welzel, § 59 II 5b; Schröder, JR 1965, 232; Freund, JuS 1991, S. 726; Mitsch, NStZ 1994, S. 88 f.; Engert/ Franzmann/Herschlein, JA 1997, 34 f.
③ Schröder, JR 1965, S. 232; Mitsch, NStZ 1994, S. 89.
④ Mürbe, JA 1990, S. 64; Mitsch, NStZ 1994, S. 89.
⑤ Freund, JuS 1991, S. 726; Mitsch, NStZ 1994, S. 89; Engert/Franzmann/Herschlein, JA 1997, S.
⑥ Freund, JuS 1993, S. 1019; Mitsch, NStZ 1994, S. 89.

我们应该检验复印件是否具备文书概念之各个要素？

首先，针对文书概念成立之持续功能（文字性、有体性、持续性）此等要素为讨论。按复印件之制作（复印机之影印）基本上乃是经过曝光、显影、定像与完成四个步骤，由于复印机系通过曝光、显影的方式，会使得文书原本上的文字符号以"碳粉图像"附着显示在纸张上，然后再经过加压、加热，使得纸上碳粉内的树脂熔化渗入纸张内，而达到固定的作用。是以，将一份文书加以影印所得出的复印件，就文书概念成立之持续功能此一要素而言，并没有问题。

其次，就文书概念成立之名义性（保证功能）此一要素为分析。德国通说以及台湾地区部分学说认为，复印件不具有保证的功能，因为从复印件当中看不出其制作人为何人，但就此点而论，笔者赞同德国学说上之不同意见。亦即如果复印件可以视为一种思想表示，那么该思想表示之制作人（出具人）本来就不是指实际动手影印的人，而是该思想表示精神上所源自之人（即所谓精神性理论）。例如股票之制作人（股票也是文书之一种），是指发行该股票之人，而不是印制该股票之印刷厂。所以，如果复印件可以视为一种思想表示，那么从复印件当中就可以看出该思想表示精神上所源自之人，也就是原本之制作人。

最后，有关复印件之证明功能问题。如果这里所称的证明功能，仅限于证据适格的话，亦即有助于某个事实情况之认定，那么只要文书之原本具有证据适格，文书之复印件当然也具有证据适格，有差别的可能只是在于证据价值而已。① 然而复印件之证明价值与原本之证据价值是否一定有所差别？对此，本文前面已经提过，在现实生活之法律交往中，复印件与原本之证明作用是否相同，其实是不一定的，完全需视个别情况场合而定。不过依据笔者之看法，所谓证明功能并不是文书概念成立之独立要素，其系建构在文书之有体性、持续性（持续功能）与名义性（保证功能）之上，因此，不管是原本或者是复印件，皆无特别讨论之必要。

惟依照笔者见解，真正造成复印件难以归类为文书之障碍系在于，复印件究竟是否仍为一种思想表示（意思表示）。通常复印件所传递给我们的信息是，"现实上（曾经）有如复印件所显示的这样一份内容的原本之存在"，它只是间接地传达某人曾经作过一定内容之表示，然而复印件本身并没有自己的思想表示之内容，除非该复印件依其外观看不出来是复印件时，其本身仿佛就是某人直接所为之思想表示。在此情况下，可以将此一看起来好像是原本之"复印件"视为文书，因为它不再只是传达现实上有"如复印件所显示的这样一份内容的原本"之存在，而是已经具有思想表示之外观。这种情况在现今影印技术发达的科技时代系很有可能的，特别是在彩色复印机问世之后，这种可能性更高。

综前所述，笔者在结论上赞同德国通说之见解，亦即在通常影印的情况下，文书之复印件并不具备文书概念成立之思想表示（意思性）此一要素，所以复印件原则上不属于文书，不过当一份复印件不再只是复印件，而是看起来好像是原本时（具有思想表示之外观），在此情况下，这样的一份"复印件"可以视为文书，可成为伪造文书罪之客体。

三、影印与伪造文书

如本文一开始所提到的，在思考逻辑与判断顺序上，唯有当行为客体是文书时，始可能有伪造文书罪之适用问题。而依照笔者见解，复印件虽然原则上并不属于文书，但是如果在一般的观察之下，复印件看不出来是复印件时，便可视为文书。因此，仍有可能成为伪造文书罪之客体，换

---

① "民事诉讼法"第353条规定：法院得命提出文书之原本（第1项）；不从前项之命提出原本或不能提出者，法院依其自由心证断定该文书缮本或复印件之证据力（第2项）。

言之，影印的行为并没有完全排除成立伪造文书罪之可能。

在讨论影印行为与伪造文书罪之各种可能情形之前，应先对于伪造文书罪之伪造概念有所掌握。按所谓(有形)伪造，姑且不论应否考虑到文书内容真实性之问题①，系指无制作权人冒用他人名义制作一份文书，即文书之名义人与制作人必须不一致，也就是说，如果文书之名义人与制作人同一时(或谓具有人格同一性)，则不成立伪造；唯有在文书之名义人与制作人不同一(不具人格同一性)之情形下[即所谓文书制作人同一性之欺骗(Identität-stäuschung)]，始成立伪造。② 其中所谓文书之名义人，系指从文书上所显示出表示该文书意思内容之人[又称为表象制作人(scheinbare Aussteller)]，而所谓文书之制作人，并且依照通说所采之精神性理论，系指该文书实质上是出自何人之意思[又称为实际制作人(wirklicher Aussteller)]，而不是何人亲自动手制作该文书。

影印行为与伪造文书罪可能发生关联之情形，在现实生活当中，我们可以想象得到的，大致有如下几种：

(1) 先就他人制作之文书(原本)变更内容，然后再予以影印。

(2) 先将他人制作之文书(原本)影印而得出复印件，然后再就此复印件变更内容，而后又加以影印。

(3) 以拼凑、剪贴的方式作成一份以他人为名义之"原稿"，然后再将此"原稿"予以影印。

(4) 将他人制作之文书(原本)，在未经其授权或同意之下，擅自予以影印。

在前述第一种至第三种之情形，如果影印所得之成品，在一般观察下看不出是复印件而可视为文书时，由于该文书上的名义人实际上并未表示出该等内容之意思，亦即，文书之名义人与制作人并不一致，所以此等影印行为构成伪造文书。相反，如果影印所得之成品，一望即知复印件，依照本文见解，因其非属于文书，也不会有让人以为其为真正文书之可能，从而此等影印行为即无伪造文书之问题。

应注意的是，在第一种情形，行为人先前将他人之文书原本予以变造之行为，其本身已构成变造文书；而在第二种情形，行为人先前就他人制作之文书加以影印之行为，如果行为人系得到文书制作人之同意，纵使该影印之成品与原本难以区分，由于其系得到文书制作人之同意，所以并没有文书制作人同一性之欺骗之问题，从而不构成伪造；反之，如果未得文书制作人之同意，则其问题争议与第四种情形相同，详见后述；至于在第三种情形，行为人以拼凑、剪贴的方式作成一

---

① 台湾地区学说与实务大多认为，要该当伪造文书之伪造，除了文书之名义人须出于假冒虚捏之外，该文书之内容尚须属不实[参见周冶平：《刑法各论》，1986 年版，第 386 页；韩忠谟(吴景芳增补)：《刑法各论》，2000 年版，第 235 页；陈朴生：《实用刑法》，1993 年版，第 586 页；甘添贵：《伪造文书罪之本质与文书概念》，载《刑法之重要理念》，瑞兴图书出版公司 1996 年版，第 272 页；褚剑鸿：《刑法分则释论》(上)，2000 年版，第 565 页；1980 年台上字第 3191 号、1994 年台上字第 4059 号等判决]；但学说上也有不同意见认为，伪造之成立与否，并不需要考虑到文书内容真实性问题[参见林山田：《刑法各罪论》(下)，2004 年版，第 439 页；黄荣坚：《论伪造文书之行使行为》，载《台湾本土法学杂志》2004 年第 54 期，第 72 页；陈志龙：《人性尊严与刑法体系入门》，1992 年版，第 462 页；李茂生：《再论伪造文书罪中有关有形伪造以及保护法益的问题》，载《刑事思潮之奔腾》(韩忠谟教授纪念论文集)，2000 年版，第 309 页]。

② 参见甘添贵：《名衔、资格的冒用》，载《月旦法学教室》2005 年第 29 期，第 27 页；林山田：《伪造或变造文书罪之研究》，参见蔡墩铭主编：《刑法分则论文选辑》(上)，1984 年版，第 439 页；陈志龙：《人性尊严与刑法体系入门》，1992 年版，第 462 页；李茂生：《再论伪造文书罪中有关有形伪造以及保护法益的问题》，载《刑事思潮之奔腾》(韩忠谟教授纪念论文集)，2000 年版，第 309 页以下；Schönke/Schröder-Cramer, StGB, § 267 Rn. 48；Wessels/Hettinger, BT/1, Rn. 821.

份以他人为名义之"原稿",此等行为仍不构成伪造文书,因为以拼凑、剪贴的方式所作成的"原稿",充其量只能视为一种草稿,依其外观,该"原稿"之思想表示内容尚未确定,仍不属于文书。

比较可能出现争议的是第四种情形,即便影印所得之成品在通常观察下看不出是复印件而可视为文书,或许有人于此会主张,由于该文书的名义人实际上亦曾经作出此等内容之意思表示,文书之名义人与制作人并没有不一致,所以并不构成伪造文书;或者另可能有人主张,行为人虽然无权以他人名义制作一份文书,但因为其内容系真实的,故不构成伪造文书。

然而笔者却认为,该文书上的名义人虽然曾经作出此等思想表示,惟就该文书(看起来像原本的复印件)而言,其上的思想表示实际上仍非该名义人所为(即某某人曾经作出某份内容之文书,不代表其他人皆可以其名义作出相同内容之文书),文书之名义人与制作人还是不一致,是故,仍应成立伪造文书。

同样,如果主张,由于文书之内容系真实的,即便行为人是无权制作,亦不构成伪造,笔者以为,此等见解亦不可采。盖依照笔者见解,伪造文书罪之保护法益主要是文书在法律交往中的担保功能(保证功能)(即文书作成之真正性),只有在特殊情形下才会保护文书内容之真实性(例如"刑法"第213—215条),文书作成之真正性乃是确认(检查)文书内容之真实性之前提①,因此,就(无形)伪造之成立而言,文书内容之真实与否并非关键所在。② 例如,甲利用彩色复印机影印某家公司所发行之股票,如果影印所得之成品(复印件)看起来近似该真正的股票,虽然其上载的内容与真实相符,但仍应构成伪造。

至于将他人制作之文书擅自加以影印,如果一看便知其为复印件,纵使该文书系享有著作权之文书,而可能涉及侵害他人著作权之问题,但无论如何,并不成立伪造文书,因为该影印之成品并不是文书,从而也不会与真正文书发生混淆。例如,穷学生甲将乙教授所著之昂贵的法律教科书予以整本影印。③

四、伪造文书之行使

(一)台湾地区意见状况

所谓伪造文书之行使,根据通说,系指依照文书之通常使用方法,以之充作真正文书加以使用。至于行为人是否须就文书之内容(如权利义务关系或一定事实)有所主张?以及如何主张?台湾地区说法并不一致,有持肯定见解(或称积极说)者,如"伪造文书之可罚性在其妨害公共信用,关于其行使,亦必行为人就虚伪之文书,主张其效力,而后公共信用方有受害之可言。如行为人只就伪造文书为形式上之提出,而未据其内容有所主张者,尚不得谓为行使"④,或谓"行为人只要提出虚伪文书或不实文书,对于文书的内容有所主张,而将该文书置于可能发生文书功能的

---

① Geppert, Jura 1990, S. 271.
② 笔者对于"伪造文书罪之保护法益"之探讨有专文处理。将刊载于《月旦法学杂志》。
③ 然而实务上有认为:"翻印他人著作出版之书籍,如系翻印其著作物之内容,故系单纯侵害他人著作权,若竟连同著作出版书籍之底页,依出版法所载著作人、发行人、印刷者等等,一并加以翻印出售图利者,则除触犯'著作权法'第30条第1项侵害他人著作权之罪外,又以构成'刑法'第216条行使第210条伪造私文书之罪名,应依同法第55条,从一重之行使伪造私文书罪处断(1960年台非字第24号)。"这里不清楚的是,其所谓"翻印"到底是另外制版印刷或者单纯的影印?所"翻印"之成品是否看起来如"原著"一般?依照本文之论点,唯有其系另外制版印刷或者影印之成品犹如"原著"一般,始成立伪造私文书罪与行使伪造私文书罪。
④ 韩忠谟著、吴景芳增补:《刑法各论》,2000年版,第244页。

状态下,即可成罪"①;相反,也有持否定见解者(或称消极说),其认为"就行使之本质观之,行使并不限于积极提示为证据方法或为其他证明,即消极置于一定场所而供人观览,亦属行使。因此,行使仅须将伪造文书之内容置于对方可得认识之状态,即为充作真正文书使用。故以主张其文书为真正已足,不以就文书之内容更有所主张为必要"。②

至于实务之说法,大多亦持肯定见解,其谓"依文书之用法,以之充作真正文书而加以使用之意,故必须行为人就所伪造文书之内容向他方有所主张,始足当之;若行为人虽已将该文书提出,而尚未达于他方可得了解之状态者,则仍不得谓为行使之既遂"③,甚至更具体主张"刑法之所以处罚行使伪造文书,在于保护公共信用,必须对于该文书内容之权利、义务或事实有所主张,而有诱发之危险,始足当之"④;不过近来有些判决之说法略有修正,例如"刑法上之行使伪造私书罪,固重在保护文书公共信用之法益,必须提出伪造之私书书,并对其内容有所主张,足以生损害于公众或他人,方得成立。但所谓'对其内容有所主张',并不以明示伪造之私文书内容为限,即将该文书置于可能发生文书功能之状态下,亦即只要行为人主观上认识到在其法律交往关系中,提出该伪造私文书之行为,他方足以认为其系对该文书权利义务等内容有所主张,并有意其发生,或其发生不违背其本意者,即难谓无侵害公共信用之危险,足以生损害于公众或他人,仍无碍于本罪之成立"。⑤

另外,最近有学者对于"就文书之内容有所主张"之所谓"文书之内容"及"主张"予以重新理解,认为所谓"文书之内容"也可以是另一种意思,即文书存在之真正(某某人确实书立此一文书),而所谓"主张",应该从利益侵害失控的角度来加以理解,亦即在行为人的认知上,行使伪造文书开始可能使人陷于错误而产生错误的事务处理并且因而遭致损害⑥;最后认为,以所谓"就文书之内容向他方有所主张"或"达于他方可得了解之状态"作为文书行使之定义并没有错,只不过具体适用上,应该从行为人主观上判断,其行为是否已经达到可能使伪造文书被认知的状态,而不是从客观上判断,是否已经进入相对人之视野为准。⑦

(二) 德国意见状况

关于伪造文书之行使,德国刑法界并没有特别讨论,行为人是否必须对文书之内容进一步有所主张,而且学说与实务大致上也没有争议地认为,所谓行使,系指在感官察知上让人可以接近(Zugänlichmachen zur sinnlichen Wahrnehmung)⑧,亦即,文书本身(而非仅是单纯的抄本或复印件)有使人认知之可能性(Möglichkeit zur Kenntnisnahme),但不以实际上让人有所理解(Einsichtnahme)为必要。⑨ 因此,伪造文书之行使,必须该文书达到相对人可支配的领域,可以毫无困难地认知到该文书。所以,例如将伪造的车牌悬挂在汽车上行驶上路,则已构成伪造文书之行

---

① 林山田:《伪造或变造文书罪之研究》,载蔡墩铭主编:《刑法分则论文选辑》(上),1984 年版,第 468 页。
② 甘添贵:《刑法各论》(上),1997 年版,第 350 页。
③ 1983 年台上字第 4709 号判例。
④ 1994 年第 4 次刑事庭会议、1981 年台上字第 5751 号判决。
⑤ 2003 年台上字第 1594 号判决。
⑥ 参见黄荣坚:《论伪造文书之行使行为》,载《台湾本土法学杂志》2004 年第 54 期,第 72、76 页。
⑦ 同上书,第 77、80 页。
⑧ BGHSt 1, 120; 2, 52; 36, 65; Krey, BT/1, Rn. 690; LK-Gribbohm, § 267 Rn. 220.
⑨ Wessels/Hettinger, BT/1, Rn. 851; Joecks, StGB Stu-K, § 267 Rn. 83; Schönke/Schröder-Cramer, StGB, § 267 Rn. 73.

使①;但是像单纯的携带伪造的汽车驾驶执照驾驶汽车,在还没有被要求出示检查之前,尚不能算是行使,因为单纯的携带并未让人有认知之可能性。②

至于行为人系以何种方式让人可以接近,在所不问。例如提交、出示、转让、寄存、朗读、寄送等皆有可能,只要其行为之足以造成他人对于文书之真正性产生误认,便构成伪造文书之行使。所以,最后仍须根据个案作具体判断。③

(三) 笔者见解

行为人行使伪造文书,是否须就文书之具体内容有所主张? 笔者认为,应以否定见解(消极说)较为可采。因为从法律交往之角度来看,只要行为人将伪造文书置于他人可接近、可认知的状态,使得参与法律交往之人(可能是特定之人,也可能是不特定之人)对文书作成之真正性有产生错误判断的可能性,便已足矣,无须对其文书内容作更进一步积极的或明示的主张,而现实上是否真有人对于该文书之真正性产生误认,则在所不问。

例如以伪造的医师执照开诊行医,只要行为人将该伪造的医师执照悬挂在墙壁上,或置放于一般人可得察知之状态下即可,至于病人在看病就医时,医师是否对其医师资格作具体之主张,抑或病人是否注意观看该医师执照(其实通常也不会)等,对其伪造文书之行使皆不生影响。

当然,假若将所谓"文书之内容"重新理解为"文书存在之真正",或者将所谓"对其内容有所主张"修正为"并不以明示伪造之私文书内容为限,即将该文书置于可能发生文书功能之状态下,亦即只要行为人主观上认识到在其法律交往关系中,提出该伪造私文书之行为,他方足以认为其系对该文书权利义务等内容有所主张,并有意使其发生,或其发生不违背其本意者",此等修正或重新诠释的说法事实上与前述否定见解之主张已经相去不远,盖有关文书之行使皆与"文书内容之积极、明示的主张"无涉。

而有关伪造文书之行使之具体认定,究竟应针对行为人主观上加以判断抑或行为客观上加以判断? 依照笔者见解,应该兼就主观与客观两者加以判断,而非偏执于一方,盖就犯罪不法之成立而言,本来即应同时具备主观不法与客观不法。换言之,伪造文书之行使,在主观方面,行为人必须认识到其行为已使该伪造的文书进入法律交往、让人可能发生误认的状态;在客观方面,其行为也必须使该文书实际上达到法律交往、让人可能发生误认的状态。如果行为人仅是主观上具有此等认识,但客观上尚未达到此等状态,并不具备犯罪既遂之客观不法(最多仅能论以未遂,惟台湾地区"刑法"并无处罚行使伪造文书之未遂④);相反,行为人之行为在客观上虽已使该伪造文书达到法律交往、让人可能发生误认的状态,但是假使其主观上未具备与此相对应之意思,仍不成立行使伪造文书罪之故意不法(纵使行为人有过失,台湾地区"刑法"也没有处罚过失的行使伪造文书之行为)。

结论性观点

(1) 就本案判决所涉之行动电话机之中文操作说明书而论,由于其系以文字所为之实体化的思想(意思)表示,而且从该中文操作说明书之中也可以看出表意人(底页印有告诉人公司名称、营业所、电话号码等),同时其内容非仅是单纯的行动电话机之操作说明而已,尚属于享有著作权之改良创作物,具备文书概念之意思性(表意功能)、持续性(持续功能)、名义性(保证功能)

---

① BGHSt18,70.
② Wessels/Hettinger,BT/1,Rn. 852;LK-Gribbohm,§ 267 Rn. 220.
③ LK-Gribbohm,§ 267 Rn. 220.
④ 相对的,《德国刑法》对于伪造文书之行使,系有处罚未遂(该法第267条2项)。

等要素①,故本案判决认为其属于伪造文书罪所指之私文书,笔者认为,应予赞同。

（2）至于此等行动电话机之中文操作使用说明书被擅自影印而得之成品是否仍为伪造文书罪之客体？从本案之事实部分可以得知,显然此一影印成品一望即知为复印件,依照笔者见解,因其本身欠缺思想表示之内容,无法与原本作成名义人直接表示意思之文书作等同看待,不具有表意功能,从而无法成为伪造文书罪之客体,纵使其系未经制作人授权或同意所为之影印而涉及侵害著作权之问题,但仍不属于伪造文书罪所指之文书,此等擅自影印的行为也不会构成伪造。② 本案判决主张"复印件与原本在一般情况下有相同之效果,与原本作成名义人直接表示意思之文书无异",不管是在论证上或结论上皆难以赞同。

（3）最后,本案判决认为,于贩卖行动电话机时,将此等未经授权、擅自影印之中文操作说明书之复印件附送予客户,其已构成伪造文书之行使。笔者认为,如果单纯就"文书之行使"之认定判断而言,这样的论点是正确的,因为行为人将文书附送予他人时,该文书便已经达到法律交往、让人可以接近、认知之状态,无待行为人对于文书之内容更有所主张。只不过由于此等擅自影印之中文操作说明书之复印件,依照笔者之见解,其既非属于文书,更不是伪造的文书,在本案中,行为人将此等擅自影印之复印件附送予客户之行为,客观上,相对人并没有误信其为真正文书之可能,主观上,行为人也没有以之充作真正文书而让人误信之意思③,是故,其行为并不成立行使伪造文书罪。

---

① 参见本文前述内容。
② 参见本文前述内容。
③ 参见本文前述内容。

论伪造文书罪之"足以生损害于公众或他人"*

——评台湾地区"最高法院"2005年台上字第1582号判决及相关实务见解

吴耀宗**

基本案情

上诉人甲于1998年11月19日持拾得之乙的身份证、印章,在丙所经营之通讯行,向丙购买行动电话两支,搭配门号一支,合计新台币42 000元,并书据委托书委请不知情之丙以乙的名义,在远传电信行动服务申请书上同意栏内伪签乙之署押一枚,以此方式伪造上述申请书一份并向远传电信公司行使以申请行动电话门号,并佯称乙为其女友,倘办妥后可再介绍乙之友人来向丙买手机,及台南著名之小西脚青草茶为伊家所开设等语,以此为诈术使丙陷于错误,而同意在无任何担保之情形下即交付上述手机两支予甲,并代为申请门号,嗣经丙多次向甲催讨,均未获回应,始知受骗。

裁判要旨

"刑法"第210条所称"足以生损害"之犯罪构成要件,系以有损害之虞为已足,不以实际发生损害为必要。又上述法条所定之伪造文书罪,系指学理上所称之有形伪造,亦即无制作权人冒用他人名义而制作文书,故判断文书是否伪造,应就文书之整体而为观察,不能予以割裂评价。如系虚捏或假冒他人之名义,虚构制作他人名义出具之文书,其内容亦已虚构,整体而言,足以使人误信其真实性,而有生损害信用之虞,自该当于上揭犯罪之构成要件,本院上述判例即本斯旨特就伪造之意予以说明,非谓除制作人名义之外,如其余内容不虚,即不构成伪造文书罪。

疑难问题

在本案判决中,就刑事实体法而言,有关诈欺罪之成立,上诉人并不争执,有争执的是关于伪造文书罪之成立,其上诉意旨略谓:上诉人固利用丙在远传公司行动电话申请书上伪签乙之署名,但对丙并不生损害,且因从未积欠远传公司电信费用,自亦对该公司不生损害,原判决理由竟谓上诉人之行为,"足以生损害于经营通讯行之告诉人丙及远传公司",显有理由矛盾之违法;"上述申请书仅有署名部分系伪签,其余内容则非虚构,依'最高法院'1931年上字第105号判例:'刑法伪造文书罪之主旨,所以保护文书之实质的真正,故不仅作成之名义人需出于虚捏或假冒,即文书之内容,亦必出于虚构,始负伪造之责"意旨,上诉人并不构成伪造文书罪,原判决竟仍为有罪认定,显有不适用法则之违误。①

---

* 原载于《月旦法学杂志》2007年第143期。
** "中央警察大学"法律学系副教授。
① 本案判决,上诉意旨另有涉及应调查之证据未予调查之指摘,此一程序法上的问题,不在本文评释之范围,特予说明。

析言之,本案判决涉及的问题点乃是:

(1) 所谓"足以生损害于公众或他人"之意义如何?所谓"损害"系指何种利益受到损害?其与伪造文书罪保护法益之关联性如何?

(2) 文书之真正与否以及文书内容之真实与否,其与"足以生损害于公众或他人"之认定有无关联?

学理研究

一、关于"足以生损害于公众或他人"之定位与解释适用

(一) 关于此等要素之定位

在"刑法"伪造文书罪(广义)当中,不管是伪造变造私文书罪、伪造变造公文书罪、伪造变造特种文书罪,或者公务员登载不实罪、使公务员登载不实罪、业务登载不实罪等犯罪,其构成要件中皆有一共同要素,即"足以生损害于公众或他人"。

此等"足以生损害于公众或他人"之要素,在构成要件的解析上,毫无疑义的是,乃属于客观的要素。惟其究系属于客观的构成要件要素之何种要素("结果"要素或者"行为客体"要素)?对此问题,文献上的见解系有所歧异。学说上大多数意见将"足以生损害于公众或他人"理解为"(行为)结果要素"。例如,"本罪为结果犯,故须伪造或变造私文书之结果足以生损害于公众或他人,始与构成要件该当"。① 或"伪造或变造私文书的结果,必须足以生损害于公众或他人者,始能构成本罪;否则,假如行为结果并不足以生损害于公众或他人者,自不构成本罪"。② 或"所有伪造变造文书罪均为具体危险犯,必须足以生损害于公众或他人,才可能成罪"③(按,具体危险犯系以危险状态作为构成要件结果,在分类性质上亦属结果犯④)等。

相反,另有认为,"足以生损害于公众或他人"应该是就文书之内容性质而言,亦即,"立法者有意把文书之保护目的限定在文书对一定的法律上权利义务关系的证明功能,所以加上以足以生损害于公众或他人为构成犯罪的要件。"⑤或者"在伪造文书罪中,虽有'足以生损害于公众或他人'为犯罪成立之要件,但不宜就形式上规定将其定位为具体危险犯,而应将其定位为文书内容之限缩性的规定(目的限缩解释)"。⑥

此外,文献上也有人从立法论上去质疑或反对此一要素,而主张应将伪造文书罪从所谓"具体危险犯"的立法设计改成所谓"抽象危险犯"。⑦ 当然,也有人对此问题采取开放的态度,而不

---

① 韩忠谟著、吴景芳增补:《刑法各论》,2000 年版,第 239 页。其他说法相近者,参见褚剑鸿:《刑法分则释论》(上),台北商务印书馆 2002 年版,第 570 页;甘添贵:《刑法各论》(上),五南图书出版公司 1997 年版,第 335 页。

② 林山田:《刑法各罪论》(上册),2004 年版,第 442 页。其他说法相近者,参见梁恒昌:《刑法各论》,1982 年版,第 195 页;陈焕生、刘秉钧:《刑法分则实用》,三民书局,2006 年版,第 226 页;蔡墩铭:《刑法各论》,1992 年版,第 475 页。

③ 林东茂:《刑法综览》,2005 年版,第 2—256 页。

④ 关于结果犯与具体危险犯之概念检讨,参见黄荣坚:《基础刑法学》(第三版)(下),元照出版公司 2006 年版,第 614,620 页以下。

⑤ 高金桂:《有义务遗弃罪与肇事逃逸罪之犯罪竞合问题》,载《月旦法学杂志》2005 年第 121 期,第 246 页注 6。

⑥ 张天一:《伪造文书之本质与定位——对"足以生损害于公众或他人"要件之检讨》,载《玄奘法律学报》2006 年第 6 期,第 231 页以下;陈友锋:《危险的伪造犯》,载《台湾本土法学杂志》2007 年第 90 期,第 52 页。

⑦ 同上注。

去追问伪造变造文书罪之足以生损害于公众或他人究属"结果"要素或"行为客体"要素。①

而实务上仅谓:"'刑法'上之伪造文书罪,须以足生损害于公众或他人为成立要件"。②或谓:"'刑法'上之伪造文书罪,只需无制作权人制作他人名义之文书,而足以生损害于公众或他人即可成立,至于文书之内容,是全部虚伪或一部虚伪,并非所问。"③或谓:"公务员登载不实罪,系以足以生损害于公众或他人,为其构成要件之一,此观'刑法'第二一三条之规定甚明。苟其登载不实,尚不足以生损害于公众或他人,自无成立该罪之余地。"④或谓:"'刑法'第二一〇及二一一条之伪造私文书罪与伪造公文书罪,咸以足以生损害于公众或他人为成立要件,故同法第二一六条之行使伪造私文书或行使伪造公文书罪,必其所行使之私文书或公文书,具备伪造并足生损害于公众或他人之构成要件,始得以成立。"⑤由此观之,有关"足以生损害于公众或他人"此一要素,实务上根本不讨论其在构成要件要素上的属性问题。

(二)关于此等要素之解释适用

所谓"足以生损害于公众或他人"意指为何?学说上(采结果要素者)与实务上均认为,并不以实际已发生损害为必要,仅须于公众或他人有发生损害之虞,即为已足。换言之,只要行为人所伪造或变造之文书有发生损害的可能(危险)即可,至于公众或他人是否因该文书之伪造变造而实受损害,则非所问。⑥

问题是,行为人所伪造变造之文书对于公众或他人是否有发生损害之可能性,究竟应如何认定?文献上有谓:"须就文书信用所可能发生之损害,具体的认定之,不得仅以文书名义人之制作权或裁可权为认定之准据"⑦;或谓"是否足以生损害于公众或他人,应就案件的具体情状而为判断"⑧。惟究竟应如何具体地认定或判断,实在不得而知。

相对的,学说上与实务上有不少人则是将"是否足以生损害于公众或他人"与"文书内容之真实与否"相结合,亦即认为,台湾地区"刑法"关于伪造文书罪之成立,即是以足生损害于公众或他人为要件,即在保护文书之实质的真实(真正),若仅具备伪造的形式,而实质上不足以生损害之虞者,尚难成立伪造文书之罪。⑨例如"'刑法'处罚伪造文书罪之主旨,所以保护文书之实

---

① 参见周治平:《刑法各论》,三民书局,1986年版,第402页;陈朴生:《实用刑法》,1993年版,第585页。
② 台湾地区"最高法院"1961年台上字第1268号判例、1996年台上字第1012号判决、2001年台上字第7588号判决、2004年台上字第381号判决。
③ 台湾地区"最高法院"2000年台上字第2385号判决。
④ 台湾地区"最高法院"1998年台上字第3778号判决。
⑤ 台湾地区"最高法院"1996年台上字第4204号判决。
⑥ 参见周治平:《刑法各论》,三民书局1986年版,第402页;韩忠谟著、吴景芳增补:《刑法各论》,2000年版,第239页;陈朴生:《实用刑法》,1993年版,第585页;蔡墩铭:《刑法各论》,1992年版,第475页;林山田:《刑法各罪论》(上册),2004年版,第443页;甘添贵:《刑法各论》(上),五南图书出版公司1997年版,第335页;褚剑鸿:《刑法分则释论》(上),台北商务印书馆2002年版,第571页;陈焕生、刘秉钧:《刑法分则实用》,三民书局2006年版,第226页;"最高法院"1933年上字第874号判例、台湾地区"最高法院"1954年台上字第387号判决、1960年台非字第18号判例、2000年台上字第279号判决、2002年台上字第6659号判决、2003年台上字第4236号判决。
⑦ 韩忠谟著,吴景芳增补:《刑法各论》,2000年版,第239页。按,所谓"裁可"即"认可"之意也。
⑧ 林山田:《刑法各罪论》(上册),2004年版,第444页。
⑨ 参见周治平:《刑法各论》,三民书局1986年版,第403页;陈朴生:《实用刑法》,1993年版,第584页;褚剑鸿:《刑法分则释论》(上),台北商务印书馆,2002年版,第570页;台湾地区"最高法院"1960年台非字第18号判例、2000年台上字第278号判决。

质的真正,故不仅作成之名义人须出于虚捏或假冒,即文书之内容,亦必出于伪构,始负伪造之责"。① "'刑法'上之伪造文书罪,须以足生损害于公众或他人为成立要件,故行为人向某甲追索债款,所提出之债券,虽系伪造,但某甲对于行为人却负有此项债务,即不足生损害于他人,自与上开犯罪之要件不合。"② "上诉人即自诉人价卖产业于被告,立有买契属实,该被告请人另写一张,持以投税,此项另写之契纸,其内容既与原契相同,则对于上诉人与公众不致发生何种损害,即与伪造私文书罪构成要件不合。"③ "'刑法'上之伪造文书罪,须以足生损害于公众或他人为成立要件,而所谓足生损害,系指他人有可受法律保护之利益,因此遭受损害或有受损害之虞而言,若他人对于行为人原负有制作某种文书之义务而不履行,由行为人代为制作,既无损于他人之合法利益,自与伪造文书罪之构成要件不合。"④ "'刑法'第二一〇条伪造文书罪成立之主旨,在于保护私文书真实之效用,故伪造私文书者,不仅作成文书之名义人需出于虚构或假冒,即文书之内容,亦必出于虚构,则上诉人纵有冒名寄出检举书及陈情书情事,因其所检举之内容并无不实,即检举书之内容非出于虚构,能否谓其足生损害于他人,而令负行使伪造私文书之罪责,不无研求余地。"⑤ 从这些判决、判例可以得知,即便行为人并无制作权或变更权而冒用他人名义制作或改作一份文书,只要该文书内容与事实或实体法上之权利义务关系相符合者,即认为,不足生损害于公众或他人。

相反,有些判决、判例却是倾向于,只要有伪造变造文书之行为,便可认为足生损害于公众或他人。例如,本文所评释之此一判决所称"如系虚捏或假冒他人之名义,虚构制作他人名义出具之文书,其内容亦已虚构,整体而言,足以使人误信其真实性,而有生损害信用之虞……非谓除制作人名义之外,如其余内容不虚,即不构成伪造文书罪"。或如"社会上一般人仍有误认其为真正文书之危险,有害社会信用之交易,自应成立伪造文书罪"。⑥ "伪造变造私文书之所谓足生损害,系指他人事实上有因此受损害之虞而言,至于此项文书在法律上是否有效,在所不问。"⑦ "所称足以生损害于公众或他人,只以有损害即为已足,不以实生损害为必要,且此项损害,亦不以具经济价值为限;若为公文书,如因而有使公文书之信凭性发生动摇、混淆之虞者,亦包括在内"⑧ 等,如此的见解似乎认为,只要行为人一有伪造、变造文书之行为,不管该文书是否与经济财产价值有关,在法律上是否有效,凡有被误认为真正文书之危险、动摇文书之信凭性者,即可认定对于公众或他人有损害之虞。

二、笔者见解

笔者在此并不打算从立法论上去探究应否继续维持"足以生损害于公众或他人"作为伪造文书罪之构成要件要素⑨,而是在现行法之架构下尝试予以此等要素一个合理的定位与解释。依

---

① "最高法院"1931 年上字第 1050 号判例。
② "最高法院"1941 年上字第 465 号判例。
③ "最高法院"1940 年上字第 1165 号判例。
④ 台湾地区"最高法院"1961 年台上字第 1268 号判例、1996 年台上字第 182 号判决。
⑤ 台湾地区"最高法院"1994 年台上字第 4893 号判决。
⑥ 台湾地区"最高法院"1992 年台上字第 2786 号判决。
⑦ 台湾地区最高法院 1937 年上字第 2731 号判例、台湾地区"最高法院"1994 年台上字第 1039 号判决。
⑧ 台湾地区"最高法院"1981 年台上字第 4141 号判决。
⑨ 立法论上的检讨,参见张天一:《伪造文书之本质与定位——对"足以生损害于公众或他人"要件之检讨》,载《玄奘法律学报》2006 年第 6 期,第 222 页以下;陈友锋:《危险的伪造犯》,载《台湾本土法学杂志》2007 年第 90 期,第 50 页以下。

照笔者看法,所谓"足以生损害于公众或他人"并非伪造文书罪构成要件之结果要素,亦与文书内容之真实与否无关,而是用以限定文书概念范畴之要素(即与行为客体有关),理由析论如下:

(一)"足以生损害于公众或他人"作为结果要素之虚无化

如果我们将伪造文书罪之"足以生损害于公众或他人"理解为"结果要素",即"有发生损害的可能",那么此等可能的利益损害所指为何?

按,一份伪造的文书在进入法律交往之后①,到底会对现实生活的何种利益产生何种损害,事实上无法一概而论。其中,最常发生的或者我们最容易想象得到的,便是造成经济财产利益之损害(可能是特定个人,也可能是整体的社会大众),例如,伪造遗嘱而获取不法的遗产分配、伪造账册以便侵吞公司资金、伪造收据申请经费核销、伪造处方签诈领健保补助费等;也有可能破坏社会秩序或影响到某一社会制度,例如,以伪造的身份证件与护照申请签证、以伪造变造的文书提出于法庭作为证据、以伪造的统一发票申报所得税、以伪造的毕业证书报名参加考试或应征工作、以伪造的出生证明办理户口登记等;甚或可能危及自由、身体或生命等利益之损害,例如,警察以伪造的拘票拘捕犯罪嫌疑人、以伪造的食品检验合格标章贴在根本不合格的食品之包装盒上予以贩卖、以伪造的机车排气检验合格标章贴在尚未接受排气检验的机车车牌上、不具医师资格之人持伪造的医师执照行医等。

而且,即便是伪造相同的文书,也可能因为行使于不同场合而造成不同损害,例如,伪造身份证,可能拿来申请信用卡,也可能用以办理结婚登记,也可能作为旅馆住宿登记之用,也可能出示于警察盘查临检之用等。

由此可见,伪造文书有可能造成何种损害,答案是不一定的,完全须视文书之内容如何以及该伪造文书行使于何种场合而定。是以,学说与实务均认为,这里所谓损害,并不以民事上或经济财产上的价值损害为限②,这样的说法应予赞同。

当然,一份伪造的文书进入法律交往当中,如果现实上已经对于"刑法"上伪造文书罪以外之其他犯罪所保护的法益造成实害或威胁,那么纵使没有伪造文书罪之相关规定,本来即可直接论以该罪,例如,诈欺罪、侵占罪、诬告罪、伪证罪等;然而有些情况却不见得可以依照伪造文书罪以外之其他犯罪加以论罪科刑,例如,以伪造的毕业证书报名参加考试或应征工作、以伪造的身份证件与护照申请签证、以伪造的身份证件出示于警察盘查临检之用、以伪造的机车排气检验合格标章贴在尚未经检验的机车车牌上等,此时便需要伪造文书罪相关规定之设立,否则,基于罪刑法定原则,将是无法可罚。

如前所述,由于伪造的文书在法律交往中所可能造成的利益侵害是多样的而且危害程度也不一③,其最后会造成何种具体的利益侵害并不能确定。因此,有关伪造文书罪之保护法益无法根据何种具体利益受到损害加以建构,而必须另谋他途发展,亦即应该以文书本身存在的利益作

---

① 严格来讲,一份伪造的文书在还没有被行使之前,是不可能发生任何损害的,不过有鉴于文书在法律交往之重要性,"刑法"在文书之伪造阶段便提早介入加以规范处罚了,此乃涉及所谓刑罚前置化(Vorverlagerung)之问题。有关伪造文书之刑罚前置化之正当性的探讨,参见吴耀宗:《伪造文书罪保护法益之研究》,载《月旦法学杂志》2006年第128期,第140页。

② 参见林山田:《刑法各罪论》(上册),2004年版,第445页;甘添贵:《刑法各论》(上),五南图书出版公司1997年版,第335页;陈朴生:《实用刑法》,1993年版,第585页;褚剑鸿:《刑法分则释论》(上),台北商务印书馆,2002年版,第571页;"最高法院"1939年上字第67号判例、台湾地区"最高法院"1962年台上字第1111号判例、1995年台上字第5879号判决。

③ Arzt/Weber, BT, 2000, § 30 Rn. 6.

为思考，而在立法技术上便是直接单独论处伪造文书之相关行为。对此，文献上大多以较为抽象的价值用语来指称伪造文书罪之保护法益，如"公共信用（信赖）""法律交往的安全性与可靠性""文书制度"等。笔者则认为，尽管伪造的文书在进入法律交往之后会产生什么样的损害，难以一概而论，惟至少可以确定的是，不管系何种文书，只要它是伪造的（包括内容真实或不真实），一旦其进入法律交往当中，将会使得参与法律交往之当事人（可能特定，也可能不特定）无法根据该文书而找到实际上应该担保负责之人。简言之，伪造文书罪之保护法益乃是文书于法律交往中之担保（保证）功能。①

到此为止，可以得到的结论是，是否足以生损害于公众或他人，这要看我们如何界定利益损害的意义范围。如果利益损害系指某种特定、客观具体的利益损害，由于伪造文书所造成的损害根本难以确定，更遑论所谓损害可能性之认定，因为没有到最后，我们往往也不晓得会发生何种利益损害；但是相反，如果系针对伪造文书罪之保护法益而言，则不管是主张"公共信用（信赖）""法律交往的安全性与可靠性""文书制度"或"文书之担保功能"之何种见解，由于此等法益概念系一种抽象的价值观念，要说有影响，至少在感觉上会觉得有影响，但如要说具体的损害如何，客观上却又无从确定（大家都不再相信任何文书？法律交往从此不安全，不可靠？文书制度因而遭受破坏、瓦解？文书不再有担保功能？）。② 总而言之，将伪造文书罪之"足以生损害于公众或他人"理解为所谓有发生损害可能之结果要素，这样的讲法，如果不是此等要素不具有可操作性，便是属于可有可无的要素，存在于虚无缥缈之间。

（二）内容真实但却不真正的文书不可能发生损害？

行为人如果冒用他人名义而制作一份"内容不实"之文书，则学说与实务几乎都不会再进一步追问，是否足以生损害于公众或他人，而是直接认为，当然足生损害于公众或他人，成立伪造文书罪（例如，甲冒用乙的名义在丙所开立的支票上背书）；但相对的，依照前述学说与实务之支配性见解，行为人虽然冒用他人名义制作一份文书，但如其内容非出于虚构，则不足生损害于公众或他人，亦即，只要文书之内容系真实的，纵使该文书系不真正的，仍不可能发生损害。然而果真如此吗？笔者认为，仍有进一步思考之必要，以下乃依公文书与私文书之区别分作说明。

所谓公文书，系指公务员职务上制作之文书（"刑法"第10条第3项），亦即由代表公权力机关、执行公权力或享有威信性之公务员对外所作成的职务上文书。③ 由于公文书相较于私文书而言，通常具有较高的公信力（至于私文书是否当然具有公信力，那可就不一定了）。因此，有关公文书之伪造，台湾地区"刑法"不仅处罚有形伪造（"刑法"第211条伪造公文书罪），而且亦处罚无形伪造（"刑法"第213条"公务员登载不实罪"、第214条"使公务员登载不实罪"）。

以公文书之有形伪造为例，如甲遗失身份证，自行伪造一张内容完全相同的身份证；又如医师乙的医师执照破损不堪，因而请伪造集团依样伪造一张医师执照；再如重型机车骑士丙的机车车牌被偷，其自行打造一张颜色、材质、数字、字母完全相同的"车牌"悬挂在该机车上。在此等实

---

① 详细的论证参见吴耀宗：《伪造文书罪保护法益之研究》，载《月旦法学杂志》2006年第128期，第132页以下。

② 黄荣坚教授亦认为，以抽象的社会生活价值作为法益保护，例如渎职罪章犯罪涉及依法行政原则、妨害公务罪章涉及有效公务机制、或伪证或诬告罪等涉及司法权的正当行使，对于此等利益侵害，由于其抽象，我们很难就客观事实去验证其是否受到损害。关于结果犯与具体危险犯之概念检讨，参见黄荣坚：《基础刑法学》（第三版）（下），元照出版公司2006年版，第626页。

③ 参见吴耀宗：《使公务员登载不实罪》，载《月旦法学杂志》2003年第97期，第259页。

例中,自行伪造或打造的身份证、医师执照、机车车牌,其内容均与事实相符合。

按,身份证、医师执照、机车车牌皆系由执行公权力之公务员所制发之文书,皆属于公文书,此等公文书乃在表彰一种身份的证明或资格凭证,此种证明或凭证,在一个较为现代文明的社会中,必须由通常具有较高的担保作用之公权力机关所制发,盖有关身份数据的证明管理、医师资格的许可管理、重型机车的许可管理,影响大众利益或社会秩序甚深之故也。因此,即便自行制作之身份证、医师执照、机车车牌之内容均与事实相符合,我们也不会允许私人自行制作,此一方面乃是由于私人并无此类证明或凭证之制作权限,另一方面则是因为私人擅自以公权机关名义制作此类证明或凭证,将会影响到公权机关对于此类证明或凭证之管理机制。准此以论,有关公文书之有形伪造,只要行为人非属有制作该特定公文书权限之公务员,纵使其制作之内容与事实相符,仍可认为"足以生损害于公众或他人"。当然,如果从伪造文书罪之"担保功能"之保护法益来看,因为此类公文书实际上并非由有权制作之公务员所制发,其担保功能必受影响。

再以私文书之有形伪造为讨论,兹以常见的实例作说明。如甲向乙借款,当时并未立下借据,事后乙想起来,似觉不妥,乃仿甲之笔迹自行立下借据,以防甲日后否认。在此例中,甲确实向乙借款,但并未立下借据,乙径自模仿甲的笔迹制作一份借据,此一借据即所谓内容真实但不真正的文书。乙所伪造的此一借据,学说与实务之所以认为并不足生损害于公众或他人,乃是因为该借据之内容与实体法上的权利义务关系相符合(乙事实上对甲拥有一项债权)。

但是乙之此等伪造借据之行为是否绝对不可能损害到任何利益?如前所述,此端视我们如何去界定诠释利益。假使从本文所主张的文书之"担保功能"的法益保护立场来看,乙冒用甲之名义立下借据,虽与事实相符,但是该借据既非甲所书立,自然会影响到该文书之担保功能。相反,纵使非采取如是的法益保护观点,而就其具体的可能利益损害为考虑,在此例中,如果甲、乙日后发生债务清偿上的纠纷而进入诉讼程序时,由于甲当时并未立下借据,因此,甲原本在程序法上享有较为优势的"证据利益",即乙负有举证证明甲向其借款之负担(举证之所在,败诉之所在)。而今乙伪造甲所立之借据而将其提出于法院,如果法院没有察觉出这是一份伪造的借据,则甲原本所享有的较为优势的证据利益便受到影响①,这也正是为何在诉讼程序的证据法则当中,有关文书证据,必须先调查文书作成之真正性(即所谓形式的证据力),而后始调查文书内容之真实性以及其与待证事实之关联性(即所谓实质的证据力)。②

另外,例如丙不小心遗失了丁签发给他用以清偿债务的银行支票,其并未依法为止付通知("票据法"第18条第1项)、公示催告("票据法"第19条第1项、"民事诉讼法"第539条以下),并于公示催告期限届满后,申请除权判决("民事诉讼法"第545条),反而却是再请人伪造内容一模一样的支票一张。

在此例中,支票乃是发票人签发一定之金额,委托金融业者于见票时,无条件支付予受款人或执票人之票据("票据法"第4条),支票既是有价证券,也是特殊类型的文书。丙请人所伪造的支票内容虽然与原来的支票内容完全一样,而且丙对丁本来就存有票据原因之债权债务关系,但是对丁而言,由于丙之请人伪造支票之行为,使得现实世界上存有两张丁所签发的支票(1张是真的,1张是假的),如果这两张支票都被提示支付的话,且其中1张未被发现为假的话,丁便有双重支付票款之义务,结果即有可能造成丁的财产损害。

---

① 相同意见,参见张天一:《伪造文书之本质与定位——对"足以生损害于公众或他人"要件之检讨》,载《玄奘法律学报》2006年第6期,第229页。

② 参见陈彩霞:《民事证据法则之研究》,"司法行政部"1972年版,第128页。

一言以蔽之,内容真实但不真正的文书,绝对非如一般所认为的,完全无发生损害的可能性。

(三) 自立法理由以观

此外,从"刑法"第 210 条之立法理由加以观察,对于本文之论点,也可以获得若干印证。其立法理由谓:查第二次修正案理由谓各国或地区刑法,对于伪造变造文书罪,略分两派:以证明权利义务之文书为限者,德国是也。以足生损害于公众或他人之文书为限者,法国是也。原案从德国派,惟证明权利义务之标准,未易确定,德国关于此条,数十年来,施行上多生困难,试举一例以明之。如伪造药单强解为权利义务之文书,其实则无权利义务之可言,若用法国损害制,则可勉强解之失,是以德国学者多非议之。其刑法准备草案,删去足以证明权利义务句,而以欺骗他人重要权利义务为标准,所谓欺骗他人之权利义务,其结果殆与法国损害制无大区别,故本案拟从法国派。

姑且不论立法理由所提到的德国立法例或法国立法例是否正确①,惟从立法理由当中可以看出,台湾地区对于伪造文书相关犯罪之处罚,在构成要件上之所以订有"足以生损害于公众或他人"此一要素,是考虑到,在立法上要将文书之内容限定在证明权利义务事项系有所困难,故乃仿法国立法例"以足生损害于公众或他人之文书为限",而绝非如大多数学说与实务所理解的,其与文书内容之真实与否有所关联。

(四) 与其他伪造罪相比较

在社会法律交往中,其他同样作为"担保载体"(Gewährschaftsträger)之交易交往工具,如货币、有价证券、信用卡、金融卡等②,刑法对于此类客体之伪造行为,在构成要件上却没有所谓"足以生损害于公众或他人"此等要素之规定。例如第 195 条第 1 项规定:"意图供行使之用,而伪造、变造通用之货币、纸币、银行券者,处……"第 201 条第 1 项规定:"意图供行使之用,而伪造、变造公债票、公司股票或其他有价证券者,处……"第 201 条之 1 第 1 项规定:"意图供行使之用,而伪造、变造信用卡、金融卡、储值卡或其他相类作为签账、提款、转账或支付工作之电磁记录物者,处……"由此可见,有关货币、有价证券、信用卡等物,依照刑法之规定,只要行为人在客观上一有伪造行为,即符合此等犯罪之客观要件,而毋庸再去追问是否足生损害于公众或他人,或者其内容是否真实;也许我们可以这么说,一份伪造的货币、有价证券或信用卡,当然被认为有损害公众或他人之可能(影响其担保功能)。

准此,在伪造文书罪的地方,在客观要件方面,除需有伪造行为与伪造的客体以外,另外再要求所谓"足以生损害于公众或他人"作为"结果要素",或者还需判断其内容真实与否,此与"刑法"其他伪造罪相比较,显然系如此突兀而不合理。

(五) 与毁损文书罪相比较

如果我们再将观察的视角移转到台湾地区"刑法"同样以文书为客体之第 352 条毁损文书罪之规定,则更可以确认,将"足以生损害于公众或他人"与文书内容之真实性加以连结之不当。因为该罪规定:"毁弃、损坏他人文书或致令不堪用,足以生损害于公众或他人者,处……"假使将"足以生损害于公众或他人"此一要素理解为兼采实质真实主义之表现,我们实在无法想象,"毁

---

① 关于德国立法例,不管是 1871 年《德意志帝国刑法》或者现行《德国刑法》,均未将文书局限在权利义务之证明文书,参见吴耀宗:《伪造文书罪保护法益之研究》,载《月旦法学杂志》2006 年第 128 期,第 129 页;至于法国立法例,参见李茂生:《再论伪造文书罪中有关有形伪造以及保护法益的问题》,载《刑事思潮之奔腾——韩忠谟教授纪念论文集》,韩忠谟教授法学基金会 2000 年版,第 308 页。

② 事实上,货币、有价证券、信用卡等可以说是文书之下位概念或者特殊类型之文书,因此,伪造货币等乃是伪造文书之特殊情形。Vgl. Hefendel, Kollektive Rechtsgüter im Strafrecht, 2002, S. 244.

损"他人文书之行为如何与文书内容之真实性发生关联(究竟毁损内容真实抑或不真实之文书,才会成立毁损文书罪)。所以,不管是伪造文书罪或者是毁损文书罪所规定的"足以生损害于公众或他人",其皆系对于文书之种类范围之"间接限制",而与文书内容之真实与否无关。

三、关于"足以生损害于公众或他人"之理解

基前所述,所谓"足以生损害于公众或他人"此等要素如果要有其作用意义的话,比较可采的合理解释,应该是指文书之内容性质而言①,亦即,文书应该不仅是以文字或符号附着于有体物之上,而为一定意思或观念之表示而已,而是必须再予以限缩。例如,甲于失恋后在日记本上所载的心情抒发,或如乙于年节届至时,预备到大卖场采买所写的采购清单等,皆非伪造文书罪所称之文书。

事实上,台湾地区文献上于界定文书概念时,关于文书之内容也不是毫无限制的,有谓:"文书内容须有法律意义或与现实生活有利害关系之一定意思表示或事实"②;或谓:"倘其内容非关于法律上或社会生活上之重要事项,纵有伪造等行为,亦不足以生损害于公众或他人"③;"'刑法'所保护的文书乃是以与权利或义务有关或法律交往所形成的法律关系具有重要性的事实为思想内容者为限"④;或谓:"文书为表现足以证明法律上之权利义务或事实,或足以产生法律上权利义务关系或事实之意思表示"⑤;或谓:"意思表示须涉及权利义务,足以作为法律关系的证据"⑥等。

相对的,德国法上则是通过所谓"证据适格"(Beweiseignung)⑦来限缩其文书(Urkunde)概念之内容范畴。⑧ 所谓证据适格,依照通说,文书必须适合在法律交往(Rechtsverkehr)中作为证据,亦即,文书必须经由其内容而证明某项法律上的重要事项(eine rechtserhebliche Tatsache)。⑨ 不过通说也指出,此等证据适格应作广义的理解,只要其能够对于某种法律重要事项提供某种程度的证明或确认即可,至于它是本身单独即足以证明,或者与其他事实情况或证据方法相结合而共同证明,在所不问。⑩ 然而何谓法律重要性,一般却多未进一步说明,少数论及者则谓,包括对公

---

① 学者韩忠谟教授亦认为:"实际上,凡所伪造者,如足以生损害于公众或他人,亦必系涉及权利义务关系或具体生活事实之文书,故虽条文指注重伪造之结果,实无异对伪造客体之范围有所限制也。"韩忠谟:《刑法各论》,2000年版,第234页。
② 周冶平:《刑法各论》,三民书局1986年版,第376页。
③ 甘添贵:《刑法之重要理念》,瑞兴图书出版公司1996年版,第276页。
④ 林山田:《刑法各罪论》(上册),2004年版,第426页。
⑤ 褚剑鸿:《刑法分则释论》(上),台北商务印书馆2002年版,第564页。
⑥ 林东茂:《刑法综览》,2005年版,第2—254页。
⑦ 所谓Beweiseignung,台湾地区有学者将此用语翻译为"证明资格性"。参见陈志龙:《人性尊严与刑法体系入门》,1992年版,第450页,然而这样的翻译用语容易与"刑事诉讼法"上所称之证据能力或证据资格发生混淆,且实质上两者并不相同,故本文不采之。
⑧ 德国刑法对于伪造文书罪之文书概念并无定义,惟依照德国通说,文书系指一种实体化的思想表示(verkörperte Gedankenerklärung),其足以在法律交往当中用来作为证据(die zum Beweis im Rechtsverkehr geeignet und bestimmt ist),并且可以让人看出其制作人(出具人)(Aussteller)。Vgl. Wessels/Hettinger, BT/1, 27. Aufl., 2003, Rn. 790; Schönke/Schröder-Cramer, StGB, 26. Aufl., 2001, § 267 Rn. 2; Joecks, StGB St-K, 5. Aufl., 2004, 267 Rn. 13; Reniger, BT/2, 5. Aufl., 2003, § 32 Rn. 1.
⑨ Reniger, BT/2, § 32 Rn. 4; LK-Gribbohm, StGB, 2000, § 267 Rn. 77.
⑩ Wessels/Hettinger, BT/1, Rn. 796; Schönke/Schröder-Cramer, StGB, § 267 Rn. 11; Joecks, StGB St-K, § 267 Rn. 22.

法或私法上的权利义务或者法律关系之形成、改变、移转或消灭具有重要性而言。①

依照笔者之看法,将文书之内容限定在证明法律上一定的权利义务关系,其范围可能太过狭隘。例如公司之会计账簿与财务报表、学校的毕业或学位证书、法院委托作成的鉴定报告书、医师的诊断证明书等,这些"书类"之内容并没有在表彰什么权利义务关系(与买卖契约书、土地所有权状、债权凭证、保险单、驾驶执照等在表彰一定权利义务关系的文书显不同)。但是大概不会有人认为,公司之会计账簿与财务报表、学校的毕业证书、法院委托作成的鉴定报告书、医师的诊断证明书不属于伪造文书罪所称之文书吧?!这也正可以说明,台湾地区文献上有关文书之内容,为何有人主张,除了法律上之权利义务事项外,尚包括所谓"与现实生活有利害关系之事项"或"社会生活上之重要事项",已如前述。

惟所谓"与现实生活有利害关系之事项"或"社会生活上之重要事项"此等讲法恐怕太过抽象、不确定,而且更可能因人而异。什么样的事项内容之表示或记载对于现实生活有利害关系或属于社会生活的重要事项,每个人的认定都不太一样,而且也很难说有所谓一般社会通念,有的人可能认为写给老婆的情书于现实生活有利害关系,也可能有人认为失恋的心情日记很重要,有的人也许会认为采购清单很重要(如老板交代职员年节送礼给大客户的采购清单)等,不一而足。因此,所谓"与现实生活有利害关系之事项"或"社会生活上之重要事项"在适用时,过于浮动,以至于欠缺可依循的操作标准。

由于笔者认为,伪造文书罪系在保护文书于法律交往中的担保功能,因此,伪造文书罪所称之文书当然也就与所谓法律交往密不可分,亦即,文书之内容应该与法律关系之形成、变动、维持、消灭等有所关联或者具有一定法律意义(属于法律规范事项)者。在此概念下的文书意涵,其虽然大部分与法律上权利义务关系相关,但却不以此为限。例如买卖契约书("民法"第345条)、土地所有权状("土地法"第62条)、债权凭证("强制执行法"第27条)、保险单("保险法"第43条)、驾驶执照("道路交通安全规则"第50条)等,与一定的权利义务关系有关,亦涉及一定法律关系之形成、变动,属于本文所理解之文书。而诸如公司之会计账簿与财务报表("商业会计法"第20—26条、第28—32条)、学校的毕业或学位证书("大学法"第27条、"学位授予法"第2条、"专科学校法"第7条、"高级中学法"第4条等)、法院委托作成的鉴定报告书("民事诉讼法"第335条、"刑事诉讼法"第206条)、医师的诊断证明书("医师法"第17条、"医疗法"第76条)等,此等"书类"之内容皆属于法律所规范的事项,具有一定法律意义,其虽非在证明法律上的权利义务关系,但仍应认为属于伪造文书罪所称之文书。至于像名片、匾额、挽联、日记、一般信件、喜帖、讣文、邀请函等,既非在证明法律上的权利义务关系,亦非属于法律所规范的事项,不具一定的法律意义,与法律交往无关,并非属于这里所指之文书。

而在伪造文书罪第210条之立法理由所提到的"药单"问题,这里不清楚的是,所谓"药单"究系指"(中药)药方"或"药品清单"抑或现代医药法所规范之"处方笺",然而不管是前述之何者,诚如立法理由所言,"药单"并无权利义务可言,将其解为权利义务之文书,实在过于勉强。②但是如果所谓"药单"是指现代医药法之"处方笺",则其便具有其法律意义,因为"医师法"第13条规定:"医师处方时,应于处方笺载明下列事项,并签名或盖章:(一)医师姓名;(二)病人姓名、年龄、药名、剂量、数量、用法及处方年、月、日。""药师法"第16条规定:"药师受理处方,应注

---

① Schönke/Schröder-Cramer, StGB, § 267 Rn. 12; LK-Gribbohm, StGB, § 267 Rn. 80.

② 不同意见,参见张天一:《伪造文书之本质与定位——对"足以生损害于公众或他人"要件之检讨》,载《玄奘法律学报》2006年第6期,第229页。

意处方上年、月、日、病人姓名、性别、年龄、药名、剂量、用法、医师署名或盖章等项；如有可疑之点，应询明原处方医师确认后方得调剂。"由此可见，处方笺乃是法律所规定医师经过医疗诊断后，决定如何给病人用药之一种凭据，药师则依此凭据而调剂、给药，属于法律规范事项，其系属伪造文书罪所称之文书；至于如果是一般的"药方"（或像台湾地区诸多庙宇的"药笺"）或"药品清单"，依笔者之见，既非证明权利义务关系，亦不具有法律意义，非属这里之文书概念。

结论性观点

综前所述，关于本案判决，评析如次：

（1）在本案中，甲系冒用乙之名义填写行动电话服务申请书。此行动电话服务申请书乃是为了申请行动电话门号使用，表示愿接受其上所载条款之约定而为之记载，是一种书面记载的意思表示。倘若此契约行为成立，该行动电话电信公司便有依约提供行动电话通讯设施供门号持有人使用之义务，门号持有人则有依约按月交纳费用之义务。是以，此行动电话服务申请书可用来证明门号申请人与电信公司间之权利义务关系（属于继续性供给服务契约①），足以表明门号申请人与该电信公司间形成一项法律关系，系以文字在纸上所实体化的一种意思表示，该意思表示涉及权利义务关系，具有法律意义，是为伪造文书罪所称之文书，殆无疑义。

（2）甲冒用乙之名义填写行动电话服务申请书，是否"足以生损害于公众或他人"？台湾地区"最高法院"在本案判决中，有关"足以生损害于公众或他人"之理解，仍维持实务上向来之意见，即"以有损害之虞为已足，不以实际发生损害为必要"，不过其却又非常有创意地表示："判断文书是否伪造，应就文书之整体而为观察，不能予以割裂评价。如系虚捏或假冒他人之名义，虚构制作他人名义出具之文书，其内容亦已虚构，整体而言，足以使人误信其真实性，而有生损害信用之虞。"换言之，在本案判决中，台湾地区"最高法院"似乎认为，是否构成伪造文书，不应区分成"文书作成之真正"与"文书内容之真实"而分别作判断，而是应该做整体观察，只要是虚捏或假冒他人之名义，虚构制作他人名义出具之文书，便可谓其内容已出于虚构，而足以生损害于公众或他人。如此一来，正如本文前所论述，将所谓"足以生损害于公众或他人"理解为结果要素，乃使其成为一个可有可无的要素，因为行为人只要冒用他人名义而制作文书，即由于"足以使人误信其真实性，而有生损害信用之虞"，成立伪造文书罪。

然而依照本案判决之论点，行为人如以自己名义而制作一份内容不实的文书（所谓无形伪造）（例如 A、B 两人订立一份虚假的买卖契约书），由于其也会影响到文书之真实性，而有损害信用之虞，故亦可成立伪造文书罪。惟这样的结论却与台湾地区"刑法"有关伪造文书罪之处罚规定的立法设计不符，因为有关无形伪造之处罚，台湾地区"刑法"仅限于公文书与业务文书，而非及于一切文书。

（3）事实上在本案中，甲不仅冒用乙之名义填写行动电话服务申请书，而且持以行使，同时又加上其他欺骗手段，让丙信以为真，而造成丙的财产损害（交付两支手机）。因此，甲之行为并非只是"足生损害"，而是"已经发生损害"（所以，甲成立诈欺罪）。不过就伪造文书罪之保护法益而言，一份伪造的文书最后实际上引起何种损害，并无法一概而论，也不是它所要关心的。依照笔者看法，关键应系在于，参与法律交往的当事人依据该文书所载的具名人是否可以找到实际上应担保负责的人，如果可能找不到，便会影响伪造文书罪之保护法益（文书之担保功能）。而在这样的认知前提下，本案中，甲冒用乙之名义填写行动电话服务申请书，不管是申请行动电话服

---

① 台中地院 2003 年简上字第 233 号判决。

务之相对人(即该电信公司),或者申请行动电话服务以外之第三人(如贩卖手机业者丙),从该行动电话服务申请书上所载的具名人(即乙)之数据有可能找不到实际申请门号使用之人(即甲),尽管甲后来还是被找到了,但已动摇、影响到该行动电话服务申请书之担保功能,至于甲之行为最后到底是对乙、丙或电信公司造成何种损害,笔者认为,皆与伪造文书罪之成立无关。因此,上诉意见争执:"上诉人固利用丙在远传公司行动电话申请书上伪签乙之署名,但对丙并不生损害,且因从未积欠远传公司电信费用,自亦对该公司不生损害"等云云,显然没有理由。

（4）至于上诉意旨援引"最高法院"1931年上字第105号判例:"'刑法'伪造文书罪之主旨,所以保护文书之实质的真正,故不仅作成之名义人需出于虚捏或假冒,即文书之内容,亦必出于虚构,始负伪造之责。"而主张该行动电话申请书上所载数据,仅署名部分伪签,其余内容则非虚构,应不构成伪造文书罪(但仍可能构成伪造署押罪)。尽管上诉人之主张有问题,因为该行动电话申请书所载乙之基本数据虽系正确,但乙根本没有为此行动电话之意思表示,因此,该行动电话申请书所传达出的信息内容亦属虚构的。不过依照笔者之见解,文书之内容是否虚构根本不影响伪造文书罪之成立,只要文书系属不真正的(影响到文书之担保功能),即为已足,准此,上述判例实不足采。而本案判决认为上诉人之行为已构成伪造文书罪此一结论,虽与笔者看法相同,但是其认为上述判例之意旨,"非谓除制作人名义之外,如其余内容不虚,即不构成伪造文书罪"。如此的理解,依笔者之见,显然系扭曲上述判例之原意以及实务之多数意见,根本的做法应该是,彻底地扬弃上述判例及推翻实务之多数意见。

使公务员登载不实罪[*]

——评台湾地区"最高法院"2002年台上字第2431号裁判及相关实务见解

吴耀宗[**]

基本案情

上诉人甲系设于台北市某停车场事业有限公司之董事长,上诉人乙系该公司之总经理,二人为从事停车场之经营,邀集A等12人为不出资之名义上股东,约定设立资本额为新台币5000万元,由甲出资2000万元,乙出资3000万元。讵上诉人等基于共同概括犯意之联络,仅收足资本额66%(即3300万元),即由乙于1994年10月4日向他人借款凑足5000万元后,存入该公司筹备处设于某银行之账户内,提出该账户存折复印件,表示已收足股款。利用不知情会计师制作公司设立登记资本额查核报告书,连同该公司章程,上载甲出资600万元,A、B、C各出资500万元,D、E、F各出资400万元,G、H、I各出资300万元,J、K、L、乙各出资200万元,并同设立登记申请书、资产负债表、股东身份证复印件等资料,于同月7日持向台北市政府建设局申请公司设立登记。致使承办公务员将该不实事项登载于所执掌之公司设立登记事项卡,而于同月11日核准设立登记,并发给公司执照。惟于该公司核准设立前之同月6日,即将上述账户内之存款5000万元悉数提出转还他人。因该公司资金不足,拟再增资3000万元,并变更组织为股份有限公司,上诉人等于1995年3月间,邀集M投资入股2000万元,余500万元则由甲再予追认。上诉人等乃与M约明股东之增资股仅收足M等投资2500万元之66%,另由乙于同年6月21日向他人借款凑足3000万元后,存入该公司设于另一银行之账户内。再以相同方法提供不实数据,于同年7月5日持向台北市政府建设局申请公司变更组织、增资等登记,致使承办公务员将该不实事项登载于所执掌之公司设立变更登记事项卡。

裁判要旨

"刑法"第214条使公务员登载不实事项于公文书罪,须一经他人之声明或申报,公务员即有登载之义务,并依其所为之声明或申报予以登载而属不实事项者,始足构成。若其所为之声明或申报,公务员尚需为实质之审查,以判断其真实与否,始得为一定之记载,即非本罪所称之使公务员登载不实。又2001年11月12日修正前之"公司法"第388条规定:"主管机关对于公司登记之申请,认为有违反法令或不合法定程序者,应令其改正,非俟改正合法后,不予登记。"(该条修正后之规定为:"主管机关对于公司登记之申请,认为有违反本法或不合法定程序者,应令其改正,非俟改正合法后,不予登记。")本件台北市政府建设局承办公务员对于上诉人等所筹组某停车场事业有限公司申请设立及变更登记时,依上述"公司法"之规定,是否仅为形式审查而非实质审查,不无疑义。其能否论上诉人等牵连犯"刑法"第214条之罪,至有关系。[①]

---

[*] 原载于《月旦法学杂志》2003年第97期。
[**] "中央警察大学"法律学系副教授。
[①] 判决另有涉及应调查的事项与证据未予调查等程序法上的问题,非本文所要评释,先予叙明。

疑难问题

本件判决之上诉人等所涉及的行为事实虽然有申请公司设立登记以及变更登记两部分,但其问题点却相同,上诉人等前后以不实数据(章程上所载股东缴纳股款之情形与实际不符,且资本额并未收足)向主管机关申请登记,而主管机关之承办公务员根据上诉人等所提供之不实资料登载于公司设立登记与变更登记事项卡,并发给公司执照,此是否成立"刑法"第214条使公务员登载不实罪(以下简称本罪)?又(旧)"公司法"第388条规定:"主管机关对于公司登记之申请,认为有违反法令或不合法定程序者,应令其改正,非俟改正合法后,不予登记。"此规定在本案中是否有所影响?

有关本罪之成立,本判决基本上系延续实务向来具支配性的见解,认为须考虑到承办公务员是否有审查义务之存在,亦即,如果行为人所为之声明或申报,该承办公务员尚须为实质审查以判断其真伪,始为一定登载者,则非本罪所称之使公务员登载不实。① 而且本件判决认为,"公司法"第388条规定与本罪之成立至有关系,也就是说,如该规定所揭示的是公务员之实质审查义务时,则本罪不成立;反之,如果所揭示的仅是一种形式审查义务,即成立本罪。

有疑问的是,当公务员依法负有实质审查义务时,为何会影响到本罪之成立?还有,所谓形式的审查与实质的审查究竟如何区分?本判决及历来的判例、判决对此皆无任何说明,实有待厘清。本文以下主要乃针对前述问题为探讨,不过同时也会论及整个使公务员登载不实罪之相关问题。

学理研究

一、概说

"刑法"之所以设立伪造文书等相关犯罪②,乃有鉴于现代社会生活之中,人与人之间的沟通往来,尤其是在法律交往与经济活动过程,"文书"③(粗略地讲,特定形式的意思表达或证明数据)扮演着重要角色,例如买卖交易经常会订立书面契约、谋求工作经常需要毕业证书与身份证、看病需要健保卡、开车需有驾照等,凡此种种正显示出,我们的法律制度与社会习惯已使得一般社会大众对于"文书"产生相当程度的信赖,而此等信赖实系源自于特定"文书"对特定事项具有一定的担保与证明作用。

以毕业证书为例,如果某人拥有某大学某科系的毕业证书,原则上一般人就相信或推测其已具备该科系大学毕业生应有的教育程度,通常不会对他进行各种相关学科之检测。相反,现今假若没有毕业证书这套制度,当任何人宣称其为某学校毕业时,我们都要一一对其进行查证或检测,那将是多么无效率且不经济,显不符合现代文明社会之需求。也正是因为文书在社会生活之

---

① 此等见解可以1984年台上字第1710号判例为代表。
② 本文这里所称的"伪造文书等相关犯罪"系指"刑法"第210条至第216条等犯罪而言。
③ 何谓"文书"?或者刑法上的"文书"需具备哪些概念特征?台湾地区传统上的说法,大致认为文书具备下列几个特性:(1)文字性;(2)有体性;(3)意思性;(4)持续性;(5)名义性。参见周治平:《刑法各论》,1968年版,第376页以下;甘添贵:《伪造文书罪之本质与文书之概念》,载甘添贵:《刑法之重要理念》,1996年版,第274页以下;林东茂:《刑法综览》,2002年版,第353页。另外,有些学者则采取与德国通说相同之见解,认为具备下列功能者,始可称为文书:(1)持续的功能(Perpetuierungsfunktion);(2)证明的功能(Beweisfunktion);(3)保证的功能(Garantiefunktion)。参见陈志龙:《人性尊严与刑法体系入门》,1992年版,第448页以下;柯耀程:《论伪造罪中公、私文书的区别》,载蔡墩铭、甘添贵主编:《刑法争议问题研究》,1999年版,第454页;Haft, StrafBT, 7. Aufl.

中可以提供一定的信赖基础,它可以充作征信手段(或证据方法),学说上才会认为伪造文书罪所保护的法益在于法律交往[或证据往来(Beweis-verkehr)]的安全性与可靠性①,或者是公共信用(即社会大众对文书之信赖)。②

"刑法"对于伪造文书所处罚之行为态样,台湾地区传统上大致分为有形伪造与无形伪造。所谓有形伪造,即采所谓形式主义者认为,文书之真正系指文书作成名义之真正,如无制作权限之人,冒用他人之名义而作成文书者,其内容真实与否,均不影响伪造文书之成立;而所谓无形伪造,即采所谓实质主义者认为,文书之真正乃指文书内容之真实,如其内容虚伪不实,其有无作成权限及名义为何,均非所问。③ 简单而言,刑法处罚有形伪造之行为,系植基于文书之制作名义人与实际制作人是否同一[如依德国之说法,此系在保护文书之纯正性(Echtheit④)],处罚无形伪造之行为,是侧重于文书之内容真伪与否[如依德国之说法,此系在保护文书之内容真实性(inhaltliche Wahr-heit⑤)]。至于本文所要探讨之使公务员登载不实罪(以及"刑法"第213条公务员登载不实罪、第215条业务上登载不实罪),学说与实务均一致认为,系在处罚所谓无形伪造之行为。⑥⑦

二、使公务员登载不实罪构成要件之解析

(一)规范目的

如前所述,本罪系着重于文书内容真实性(正确性)之保护,是一种无形伪造的态样。并且,学说上将本罪称为"间接的无形伪造"⑧[或如德国法称为"间接的虚伪登载"(mittel-

---

① 参见韩忠谟著、吴景芳增补:《刑法各论》,2000年版,第232页;林山田:《刑法各罪论》(下册),1999年版,第375页;陈志龙:《人性尊严与刑法体系入门》,1992年版,第445页;Lackner/Kühl, StGB, 21. Aufl. 1998, §267 Rn.1; Cramer, in: Schönke/Schröder, §267 Rn.1; Wessels/Hettinger(o. Fußn.4), Rn.789.

② 参见蔡墩铭:《刑法精义》,2002年版,第542页;甘添贵:《伪造文书罪之本质与文书之概念》,载甘添贵:《刑法之重要理念》,1996年版,第270页;褚剑鸿:《刑法分则释论》(上),2002年版,第563页;李茂生:《再论伪造文书罪中有关有形伪造以及保护法益的问题》,载《刑事思潮之奔腾——韩忠谟教授纪念论文集》,2000年版,第316页。

③ 参见甘添贵:《伪造文书罪之本质与文书之概念》,载《刑法之重要理念》,1996年版,第271页。

④ 参见Hohmann/Sander, StrafBT/2, 2000, §17 Rn.1, 33f.; Haft(o. Fußn.4), S.235; Wessels/Hettinger(o. Fußn.4), Rn.789.

⑤ 参见Hohmann/Sander(o. Fußn.8), §17 Rn.1,33f; Haft(o. Fußn.4), S.235; Wessels/Hettinger(o. Fußn.4), Rn.789.

⑥ 参见蔡墩铭:《刑法精义》,2002年版,第544页以下;林山田:《刑法各罪论》(下册),1999年版,第411页以下;甘添贵:《刑法各论》(上),1997年版,第342页以下;褚剑鸿:《刑法分则释论》(上),2002年版,第564、603页;陈志龙:《人性尊严与刑法体系入门》,1992年版,第474页;1995年台上字第1996号裁判、1998年台非字第351号裁判。

⑦ 台湾地区"刑法"第210条至第212条是否仅单纯处罚无形伪造之行为,而无须考虑文书内容真实与否的问题?对此,学说与实务之看法其实是有争论的,有认为,纵使虚伪(不纯正的)文书所载内容与制作名义人之表意相一致,仍可成立伪造文书罪[参见林山田:《刑法各罪论》(下册),1999年版,第392页;陈志龙:《人性尊严与刑法体系入门》,1992年版,第462页];反之,亦有认为纵使文书制作者之名义不实,但其内容为真实者,仍不得谓之伪造[参见韩忠谟著、吴景芳增补:《刑法各论》,2000年版,第235页;甘添贵:《伪造文书罪之本质与文书之概念》,载甘添贵:《刑法之重要理念》,1996年版,第272页;褚剑鸿:《刑法分则释论》(上),2002年版,第565页;1931年上字第1050号判例;1941年上字第456号判例;1980年台上字第3191号判决]。

⑧ 参见韩忠谟著、吴景芳增补:《刑法各论》,2000年版,第242页;林山田:《刑法各罪论》(下册),1999年版,第415页;甘添贵:《刑法各论》(上),1997年版,第345页。

bare Falschbeurkundung①)]。在此首应了解的是,刑法为何特别针对所谓公文书而设立本罪?②究其缘由,主要系因为在一个体制较为文明健全的社会中,一般社会大众对于公文书会有较高的信赖,亦即,公文书相较于私文书而言,往往具有较高的公信力,且有些公文书在诉讼法上更具有较高的证明力(或证据价值 Beweiskraft)③,因此,"刑法"不仅对于伪造公文书行为之处罚(第 211 条)重于伪造私文书行为之处罚(第 210 条),同时更针对公文书内容真实性(正确性)之保护而分别设立公务员登载不实罪(第 213 条)与本罪。

此外,本罪设立之主要目的也是在填补法律漏洞。盖依照通说,"刑法"第 213 条公务员登载不实罪在性质上属于纯正身份犯[或纯正渎职罪(echtes Amtsdelikt)],不具该特定公务员身份者,不可能单独违犯该罪④,而且通说又认为,如果不具公务员身份之人系利用不知情的"公务员"而使其于职务上所制作的公文书为不实事项之登载时,也无法论以公务员登载不实罪之间接正犯⑤;这样一来便产生刑法处罚的漏洞,为填补此一法律漏洞,刑法乃创设了本罪之规定。⑥

(二) 公务员职务上所掌之公文书

本罪规定,行为人使公务员为不实登载之客体须为该公务员职务上所掌之公文书。何谓"公务员职务上所掌之公文书"? 对此,我们当然不能望文生义地认为,只要是公务员职务上所"掌理"或"掌管"的公文书皆属于本罪之客体,否则,某公权力机关所有归档的公文书,对于该机关档案室的档案管理员而言,岂非皆属之? 因此,学说与实务通常乃是引用"刑法"第 10 条第 3 项关于公文书之定义为依据,而认为本罪(与"刑法"第 213 条公务员登载不实罪)之客体乃指"公务员在其职务权限内所制作之文书"⑦,换言之,纵使行为人是公务员,如果所制作之文书不在其职务权限范围内,该文书仍不会成为本罪之规范客体。⑧

然而,是否只要系公务员职务上制作之文书即一概属于本罪之客体? 例如实务上曾发生争

---

① 《德国刑法》第 271 条间接虚伪登载罪(Mittelbare Falschbeurkundung)之规定相当于台湾地区"刑法"第 214 条使公务员登载不实之规定,不过相较于台湾地区法而言,《德国刑法》第 271 条(共有 4 项)规定得相当繁琐冗长,兹将该条第 1 项翻译如次以供参考:
"对于权利或法律关系有重要性之表示(Erklärungen)、审理(Verhandlungen)或事实(Tatsachen),如使其被当做已作成的或已发生的,而登载或储存于官方的文书(Urkunden)、簿册(Büchern)、电子数据库(Dateien)或登记簿(Registern),而其根本未作成或未发生,或者以其他方式或由不具应有身份之人或其他人所作成或发生者,处三年以下自由刑或并科罚金。"
② 有关本罪公文书概念之讨论,详见本文以下内容。
③ 参见"刑事诉讼法"第 47 条,"民事诉讼法"第 219 条、355 条;并参见 Samson, in: SK, §271 Rn. 10; Tröndle/Frisch, StGB, 50. Aufl. 2001, §271 Rn. 1, 8。
④ 参见蔡墩铭:《刑法精义》,2002 年版,第 114 页;林山田:《刑法通论》(上册),2000 年版,第 176 页。
⑤ 参见林山田:《刑法通论》(下册),1998 年版,第 377 页;甘添贵:《刑法各论》(上),1997 年版,第 345 页;陈志龙:《"刑法"第二一三条、第二一四条中的"公文书"所指的意义及其范围》,载《刑事法杂志》第 32 卷第 1 期,第 28 页; Cramer, in: Schönke/Schröder, §271 Rn. 2。
⑥ 德国通说亦认为,《德国刑法》第 271 条(间接虚伪登载罪)之创设乃在填补该国刑法第 348 条[公务上虚伪登载罪(Falschbeurkundung im Amt)](相当于"刑法"第 213 条)因公务员身份特性所存在的法律漏洞。参见 Gribbohm, in: LK(Stand: 1. 10. 2000), 2001, §271 Rn. 1; Cramer, in: Schönke/Schröder, §271 Rn. 1; Hohmann/Sander(o. Fußn. 8), §20 Rn. 3。
⑦ 参见林山田:《刑法各罪论》(下册),1999 年版,第 413 页;褚剑鸿:《刑法分则释论》(上),2002 年版,第 598 页;1996 年台上字第 718 号裁判、1996 年台上字第 1727 号裁判。
⑧ 1968 年台上字第 2376 号裁判、1999 年台上字第 669 号裁判。

议的"出差登记报告表"①、"员工薪俸印领清册"②、"签呈"③(或"函稿")、警察机关受理民众报案所填具之"发生刑案记录表"④,其他又如签到簿、会议记录、工作考核表,等等。如果我们认为,凡公务员在其职务权限内所制作之文书,皆为"公务员职务上所掌之公文书",则上述种种文书,例如公务员自己填写自己的出差登记报告表、承办某机关薪俸发给职务之公务员所造具"员工薪俸印领清册"、公务员就其职务事项所拟的签呈、担任会议记录之公务员所制作之"会议记录",等等,应该皆属之才是。唯如此所认定的范围仍否太过广泛,有无再限缩之必要与可能?

相对的,德国通说则认为,并非公务员职务上所制作之任何文书,必然皆属于德国刑法间接虚伪登载罪(以及公务上虚伪登载罪)所指的公文书(Öffentliche Urkunden,或译为官方文书),如果只是作为内部事务经营之管理、监督、检查等之用(例如账册、工作记录单、公文签收簿等),此等文书只能说是"纯粹的公务上文书"(schlicht amtliche Urkunden),并不属于间接虚伪登载罪之适用范围。换言之,间接虚伪登载罪所指之公文书须用以确定对外法律交往(für den Rechtsverkehr nach außen),能对于任何第三人提供证明(Beweis gegenüber bebliebigen Dritten zu erbrigen)。⑤

就此点而言,台湾地区有学者也采取与德国通说相近的看法⑥;相反,也有学者明白表示不赞成,理由是,德国刑法伪造文书罪章之规定与台湾地区显有不同,且台湾地区"刑法"对于公文书尚有立法定义,故在现行法之下,德国通说见解尚不能采。⑦

关于本罪客体所指涉的范围,笔者认为,由于本罪规定与德国间接虚伪登载罪规定有所差异,又因台湾地区"刑法"本身对于公文书已有定义,是以,德国通说对于公文书所持之概念确实无法完全援引至本罪之解释适用。⑧ 惟尽管如此,笔者却仍认为,在台湾地区现行法规定之下,本罪所称"公务员职务上所掌之公文书"尚有可能参酌德国通说之说法而进一步限缩,理由是,虽然本罪规定与德国间接虚伪登载罪规定有所不同,但其规范目的几无二致,皆系保护公文书之内容真实性(正确性)与公信力。质言之,基于本罪之规范目的,本罪所指称之客体在解释上是可以(甚至应该)就"公务员职务上制作之文书"再予以限缩。也就是说,"刑法"第 10 条第 3 项有关公文书之定义仅是"刑法"分则各罪解释公文书概念之最大外围,在此最大外围之内,我们仍应根据"刑法"分则各罪之规范目的与保护法益,进而探求各罪中所涉及的公文书概念之较为适切

---

① 云林地检署 1982 年法律问题座谈,载《高点精编六法全书(刑法分则)》,1998 年版,第 573 页。
② 台湾地区高等法院花莲分院 1984 年法律问题座谈,载《高点精编六法全书(刑法分则)》,1998 年版,第 574 页。
③ 彰化地检署 1990 年法律问题座谈,载《高点精编六法全书(刑法分则)》,1998 年版,第 575 页。
④ 高雄地检署 1995 年法律问题座谈,载《高点精编六法全书(刑法分则)》,1998 年版,第 576 页。
⑤ 参见 Wessels/Hettinger(o. Fußn. 4), Rn. 907f.; Cramer, in: Schönke/Schröder, §271 Rn. 8, 9; Tröndle/Frisch, StGB, §271 Rn.6f.
⑥ 参见陈志龙:《"刑法"第二一三条、第二一四条中的"公文书"所指的意义及其范围》,载《刑事法杂志》第 32 卷第 1 期,第 30 页以下;柯耀程:《论伪造罪中公、私文书的区别》,载蔡墩铭、甘添贵主编:《刑法争议问题研究》,1999 年版,第 456 页。
⑦ 参见林山田:《刑法各罪论》(下册),1999 年版,第 382 页。不过林教授却也认为,德国通说见解可作为修法之参考。
⑧ 依照德国通说见解,间接虚伪登载罪所称之公文书,系指由政府机关或被赋予公信力之人员(eine mit öffentlichem Glauben versehene Person)在其事务权限范围之内以法定程序(预定格式)(in der vorgeschriebenen Form)所制作之文书,而且是以确定对外法律交往并能对任何人提供有利或不利之证明(mit Beweiskraft für und gegen jedermann)。参见 Lackner/Kühl, StGB, §271 Rn. 2; Tröndle/Frisch, StGB, §271 Rn. 4f; Cramer, in: Schönke/Schröder, §271 Rn. 4f.

的意涵,而非同一公文书的定义概念就必然一体适用于各罪;采取这样的解释,不仅不与"刑法"第10条第3项公文书之定义相抵触,而且是一种合目的性的限缩解释。

从本罪之规范目的与保护法益来看,"刑法"特别针对公文书内容真实性之保护而设立本罪,主要着眼于,公文书相对于私文书而言通常具有较高的公信力;申言之,一般社会大众之所以会比较信赖公权力机关的公文书,乃是因为在一个体制较为健全的社会,存有各种法律规定、登记规则与文书制度(如"民法""户籍法""土地法""公证法""非讼事件法""法人及夫妻财产制登记规则",等等),此等规定与制度使得公权力机关本身成为许多攸关社会大众权益的法律关系之最终确定者,同时此等规定与制度系通过公务员予以执行实现①,例如有关身份之取得、变更与消灭原则上系以户政人员所登载的户籍登记簿为准(参考"户籍法"第10条);不动产相关权利之取得、变更与消灭原则上系以地政人员所登载的土地登记簿或建物登记簿为准(参考"民法"第758条、"土地法"第37条、"土地登记规则"第2条、第7条等)。换言之,此等法律规定、登记规则与文书制度建构出所谓公权力机关的威信性(die Autorität des Staates),能够对外部法律关系产生确定,因而使得一般社会大众较为信赖公权力机关的公文书(即具有较高的公信力)②;同时为确保社会大众对于公文书之此等特殊信赖,公权力机关有义务进一步去担保公文书内容之真实性(正确性)。因此,"刑法"不仅要求公务员对其职务上所制作的文书负有真实义务,而且也要求参与公文书制作之第三人(提供数据给公务员之人)负有真实义务。③

相反,公务员所制作的文书,纵使在其职务权限范围内,如果与其所代表执行的权力机关威信性无关,亦即与权力机关外部之社会大众的权益事项之确定无关,则无所谓较高的公信力可言,当然也就没有特别保护其内容真实性之必要。是以,公务员职务上制作的文书,必须该文书系该公务员基于公权力机关所赋予的威信性所制作的且能对机关外部发生证明效力者,始可成为本罪之规范客体。④

不过由于公务员职务上所涉及的文书种类繁多,何种文书可归属于本罪之规范客体,不能一概而论,须视相关的法律规定、登记规则以及该文书本身之设立目的而定⑤,有时也不易判断;唯可确定的是,将本罪所称"公务员职务上所掌之公文书",从"公务员职务上所制作之文书"进而限缩在公务员基于公权力机关赋予的威信性在其职务范围内所制作的且能对机关外部发生效力之文书,而不包括所谓纯粹的公务上文书,这样的说法符合本罪之规范目的,是一个正确的解释方向。

(三)使公务员登载不实

有关本罪构成要件之实现,客观上,除了须确定该文书是否属于本罪所指涉的公文书范畴外,依据条文之规定,尚有两项要素需进行判断:一是行为人使公务员在该等公文书上为不实事项之登载;二是足以生损害于公众或他人。

其中有关行为人之行为是否造成公务员在该等公文书上为不实登载,此究应如何判断?如

---

① 参见 Mankowski/Tarnowski, Zum Umfang der besonderen Beweiskraft öffentlicher Urkunden, JuS 1992, S.827.

② 依照 Mankowski/Tarnowski 之说法,"公信力"(der öffentliche Glaube)概念本身即包含外部效力(Außenwirkung)此一要素,a. a. O.

③ 参见 Puppe, in: NK 1995, §271 Rn.3, 9;Puppe 甚至认为,采取"真实义务"(Wahrheitspflicht)之说法会比"公信力"之用语要来得适当。

④ 台湾地区实务上偶尔也曾出现与本文主张相类似之结论,例如1997年台上字第1002号裁判:台湾地区银行虽属公营银行,惟其办理银行客户开立支票存款账户业务,并非执行公务,纯属私法上之行为,上诉人纵使银行职员登载不实,亦难以"刑法"第214条之罪相绳。

⑤ 参见 Mankowski/Tarnowski, JuS 1992, S.830; Puppe, in: NK, §271 Rn.10.

该公务员依法有审查或调查义务者,是否会影响到此一要素之判断? 再者,行为人之行为方式是否毫无限制? 抑或仅限于以欺罔(诈骗)的方式为之? 兹分别论述如下:

1. 使登载不实与公务员审查义务

当行为人提供不实的数据给公务员登载于其职务上所掌之公文书,而该公务员如果依法负有审查或调查义务时,此是否影响到本罪构成要件之实现? 对此,台湾地区实务大多认为"使公务员登载不实事项于公文书罪,须经他人之声明或申请,公务员即有登载之义务,并依其所为之声明或申请予以登载而属不实事项者,始足构成。若其所为声明或申请,公务员尚须为实质之审查,以判断其真伪,始为一定之登载者,即非本罪所称之使公务员登载不实"。①

而学说上论及此一问题者却甚少。少数论及者,有系采取与实务完全相同之见解②;有谓"其申报或声明之内容,公务员于登载时有否审查,虽不影响本罪之成立;如采用与否,公务员具有完全之自由裁量权者,则不得成立本罪"。③ 另有认为,实务说法系误会了问题的关键点,以至于造成判断标准的移位,其谓"所谓公务员仍应为实质审查,指的是关于所登载之事项存有价值判断的空间。也正因为有价值判断的空间,所以登载的事项,其意义已不在表彰一个单纯的客观事实,已非属于登载不实的问题"。④ 又谓"关于公务员所登载之事项,须先厘清,此一登载所要表彰的事实到底是什么事实。须是就其登载所要表彰之事实发生错误之情形,才是所谓使公务员登载不实"。⑤

关于前述问题,如本文一开始所提的,实务见解最令人困惑的是,为何承办公务员须为实质审查时,行为人所为之不实声明或申报即不该当本罪? 而所谓实质的审查与形式的审查究应如何区分? 此皆未见说明。事实上,我们在判断行为人之行为是否造成公务员在其职掌的公文书上登载不实之前,需了解到该等公文书上所登载的事项,何者具有"刑法"所要保护的内容真实性与公信力? 有关此,应分成几个层次思考:

(1) 公文书上所登载的事项必须限于客观的事实,因为如果不是客观的事实,而只是单纯的思想推论(gedankliche Schlußfolgerung)或价值判断,便无所谓真实与否之问题(或者无所谓如实登载之问题)。⑥ 当然,有时候一份公文书上所登载的事项,并非完全属于客观的事实,亦非完全为单纯的思想推论,在此当中,仅有客观的事实部分才会涉及本罪之内容真实与否的判断问题。例如,里长办公室所制发的清寒证明,申请人家境是否清寒,此并非单纯客观事实,但是该清寒证明上如记载申请人家有失业的父亲、残障的母亲、智障的弟弟或家庭每月收入不到1万元等情事,此即有真实与否之问题。

(2) 即便公文书上所登载的事项存有客观事实部分,但并非全部被登载的事实皆具有公文书所要担保的证明作用或公信力,而是必须视个别的公文书之相关法律与设立目的以定。⑦ 唯

---

① 参见1984年台上字第1710号判例、1988年台上字第1678号裁判、1993年台非字第402号裁判、1995年台非字第37号裁判、1996年台上字第2778号裁判、2000年台非字第46号裁判、2000年台上字第5193号裁判、2001年台上字第1864号裁判、2001年台上字第7094号裁判、2002年台上字第2431号裁判等。
② 参见褚剑鸿:《刑法分则释论》(上),2002年版,第605页。
③ 甘添贵:《刑法各论》(上),1997年版,第346页。
④ 黄荣坚:《图利罪共犯与身份》,载《台湾本土法学杂志》1999年第3期,第187页。
⑤ 同上注。
⑥ 参见Puppe, in: NK, §271 Rn. 13, §384 Rn. 5; Cramer, in: Schönke/Schröder, §384 Rn. 8;黄荣坚:《图利罪共犯与身份》,载《台湾本土法学杂志》1999年第3期,第187页。
⑦ 参见Tröndle/Frisch, StGB, §271 Rn. 9f.; Wessels/Hettinger(o. Fußn. 4), Rn. 910; Mankowski/Tarnowski, JuS 1992, S. 830.

有当行为人提供或声明之事实数据涉及该公文书所担保证明的部分时,始有使公务员登载真实与否的问题,否则,纵使其所提供或声明之事实数据是虚伪的,且亦被登载于公文书上,但因其与该公文书所担保证明的事项无关,仍不该当本罪。①

以汽车驾驶执照与行车执照为例②,汽车驾驶执照系驾驶汽车之许可凭证,用以证明驾驶人经公路监理单位考验及格("道路交通安全规则"第50条),因此,汽车驾驶执照所担保的证明作用,除了驾照种类、持照条件、有效日期等事项之外,也应及于驾驶执照之持有使用人之身份同一性(驾驶执照上所登载之人与实际持有使用该驾照之人必须同一)③,亦即包括驾驶人之姓名、性别、出生日期、血型等数据,但应不及于地址、补照次数等;相对的,汽车行车执照乃是汽车行车之许可凭证,用以证明该汽车经公路监理单位检验合格("道路交通安全规则"第8条)④,由于汽车行车执照所担保的证明作用是在于汽车本身是否符合交通安全标准,得否作为道路交通行驶之用,而非在于汽车所有人是否得到驾驶许可,所以汽车行车执照上所登载的事项,有内容真实性与公信力之保护必要者应仅限于与该汽车本身之相关数据,如牌照号码、汽车厂牌、型式、出厂年月、引擎号码、车身号码、检验合格日期等("道路交通安全规则"第39条)⑤,而不包括车主姓名、地址等。是以,行为人如以虚伪的姓名等个人身份资料申请汽车驾驶执照或汽车行车执照时,关于汽车驾驶执照,系有可能成立本罪,至于汽车行车执照,则无本罪之使公务员登载不实之问题。又如审判笔录,不管是刑事案件之审判笔录或民事案件之审判笔录,其所担保证明的乃是该案件之审理是否依照诉讼法上规定的程序或程序进行("刑事诉讼法"第47条、"民事诉讼法"第219条)。因此,系争案件之被告、当事人、证人、利害关系人等在法庭上所陈述的事实或所提供的证据是否真实,皆与审判笔录之证明事项无关,从而根本无所谓使公务员登载不实之问题。⑥⑦

再以法院公证书为例,法院公证人所制作的公证书系因当事人或其他关系人之请求,就法律行为及其他关于私权之事实,依照法定的程序与格式,根据其所听取之陈述与所见之状况,及其他实际体验之方法与结果,而制作之书面记录("公证法"第2条第1项、第5条、第80条),其记载内容应包括公证书字号、公证之本旨、请求人之姓名、出生地、出生年月日、职业、身份证或其他身份证明及其字、号或住居所等事项("公证法"第81条),其用以证明当事人表示有该项法律行为之作成或该项事实之存在。⑧ 准此,公证书所担保证明的效力应及于两部分,一是当事人之身

---

① 德国学者Puppe认为,公文书上所登载的事项有些可能属于明显多余,参见 Puppe, in: NK, §271 Rn. 28.

② 姑且不论驾驶执照与行车执照是否为"刑法"第212条所列之特种文书以及"刑法"第212条规定是否恰当,此两者在本质上纯系本罪所称之公文书,毫无疑义。

③ 德国实务见解亦相同,参见 BGHSt25, S. 95.

④ 虽然"道路交通安全规则"第8条也规定,汽车行车执照之发给,汽车所有人须先清缴其所有违反"公路法"与"道路交通管理处罚条例"规定之罚款及未缴纳之汽车燃料使用费,但是此系利用汽车行车执照之发给作为强制汽车所有人缴交罚款与税金之一种手段,与汽车行车执照本身之设立目的无关。

⑤ 德国实务上有些见解与本文主张稍有不同,认为汽车行车执照上有关汽车的来历资料并未具有公信力,参见 BGHSt20, S. 186.

⑥ 至于是否成立诬告罪或伪证罪,那是另外一个问题。

⑦ 审判(法庭)笔录之证明效力是否及于当事人之身份同一性问题,亦即如果当事人系以虚伪的姓名身份在法庭上受审应讯是否有可能成立本罪,此在德国刑法界素有争论,有采取肯定的见解,亦有持否定的见解,另有主张应区分案件之性质(惟区分标准也未见一致),参见 Cramer, in: Schönke/Schröder, §271 Rn. 20, 23; Tröndle/Frisch, StGB, §271 Rn. 11.

⑧ 参见郑云鹏:《公证法新论》,2001年版,第117页。

份同一性①,如请求人之姓名、出生年月日、身份证字号,但仍不及于职业、住所,盖此与当事人之身份同一性无必然关联;另一是当事人于法院公证处对于特定法律行为之作成或特定事实之存在所为之陈述表示,至于其所表示之内容是否确实真实,应不在证明效力范围。②

至于承办公务员如依法负有审查或调查义务时,就本罪之成立而言,是否会生影响?如前所述,实务显然认为,承办公务员如负有实质审查义务者,即无本罪所称之使公务员登载不实。然而依照笔者见解,法律之所以会针对特定公文书之登载制作要求承办公务员需为一定之审查,其目的乃在强化该公文书内容真实性(正确性)之担保作用,而不是在减缓或免除本罪之行为人的真实义务。质言之,对于同一法益之保护,法律本来就有可能从不同角度分别针对不同行为人加以要求,例如本罪与公务员登载不实罪之规定是如此,而刑法以外之其他法律规定也是如此;既然法律可能同时针对不同行为人设定各种义务以防止公文书之内容真实性遭受侵害,就刑法归责基本思想以观,实无理由因为一个人有真实义务或实质审查义务之存,在即当然免除另一个人之真实义务。③

此外,按公务员对其职务上所承办的登载事项之审查方式,大略可分为书面审查、言词审查以及实际就特定标的物为审查;其中所谓书面审查系指单纯就书类文件为审查,而所谓言词审查乃指以口头询问的方式进行审查,所谓实际就特定标的物为审查,则指亲自就审查标的物为实际勘查或检查。

上述各种审查方式,法律所要求的不尽相同,有的仅规定采用其中之一种即为已足,例如办理出生或死亡登记("户籍法"第13条),但有的则规定同时兼采其中两种甚或全部采用,例如申请公证("公证法"第3、71、73、80条)、申请建筑物之使用执照("建筑法"第70、71条)。而法律之所以对于不同事项有不同审查方式之规定,主要应是考虑到审查事项之种类、性质、多寡、重要性以及行政资源、行政效率等因素而为不同设计。这些不同的审查方式,本来很难说采取何种方式的审查属于形式审查或实质审查,惟实务上所谓的实质审查似乎是指实际就特定标的物为审查而言,然而这样的论点,我们很容易便可发现其矛盾之处,因为依照实务见解,当公务员对行为人提供登载的事实数据须为书面审查(或言词审查)时,而行为人所提供的事实数据为不实者,其行为足以该当本罪所称之使公务员登载不实④;相对的,当公务员对行为人提供登载的事实数据须进一步就该特定标的物为实际审查时,如行为人所提供的事实数据同样也为不实者,行为人之行为竟反而不该当本罪,岂不怪哉?⑤

综前所述,笔者认为,公务员之审查义务,不管其依法应采取何种审查方式,对于本罪之成立原则上不生影响,只不过在判断行为人所提供登载的资料是否该当本罪所称之使公务员登载不实时,需特别注意到,该资料所指涉的是否属于客观的事实,而且是否属于该公文书所要担保证明的事实部分。

---

① 德国实务见解亦相同,参见 RG 1966, S. 356.
② 相同见解,参见 Wessels/Hettinger(o. Fuß n. 4), Rn. 915; Bay NJW 1955, S. 1567. 不过台湾地区学说对于公证书之证据效力,有所谓形式证据力与实质证据力之争论,参见郑云鹏,:《公证法新论》,2001年版,第199页。
③ 相同观念,参见黄荣坚:《图利罪共犯与身份》,载《台湾本土法学杂志》1999年第3期,第187页。
④ 参见1996年台上字第3936号裁判。
⑤ 德国学者 Puppe 甚至主张,唯有公务员亲自察知(selbst wahrnehmen)或以其他方法检查之事项,始有成立该国刑法间接虚伪登载罪之可能,参见 Puppe, in: NK, §271 Rn. 23, 24.

2. 使登载不实之方式

从本罪构成要件之文字上来看,有关行为人之"使"公务员登载不实之方式并无特别限制,此似乎表示,只要能够造成公务员登载不实之任何行为,皆足当之。不过由于现实社会生活当中所出现的使公务员登载不实之情形,大多数是行为人以欺罔(诈骗)方式、利用公务员不知情而为之。因而实务甚至认为,"刑法"第 214 条明知为不实之事项,而使公务员登载于职务上所掌公文书罪,必行为人已以欺骗之方法使不知情之公务员将不实之事项登载于职务上所掌之公文书,始可成立①,学说上同此见解者亦大有人在。②

然而笔者认为,就本罪之规范目的以观,本罪之行为方式实不应以欺罔手段为限。按依照通说,"刑法"之所以在公务员登载不实罪之外另又创设本罪,系为填补法律漏洞。因为公务员登载不实罪系属纯正身份犯,不具该特定公务员身份之行为人如系利用该公务员为工具而为不实登载时,无法论以公务员登载不实罪之间接正犯,而胥赖本罪之制定与规范。③ 惟此处行为人之利用方式本来就不限于欺罔手段,如果行为人系采取足以压制该公务员自由意志之强制手段,例如行为人以枪支抵住公务员的脑袋,逼迫其登载制作内容不实的公文书,则亦该当本罪。至于如果不具该特定公务员身份之人与特定公务员通谋而使其登载不实,或者教唆、帮助之,则不具该特定公务员身份之人乃依照"刑法"第 31 条第 1 项论处,而非适用本罪,这一点是无争议的。④

准此以论,本罪所称之"使"公务员登载不实之行为方式,欺罔并非唯一手段,尚可包括其他使该公务员呈现纯粹工具性格之手段(通常乃是足以压制意志自由之强制手段)⑤,但并不包括通谋、教唆或帮助。

(四)足以生损害于公众或他人?

此外,依照本罪规定,尚有另一客观要素,即所谓足以生损害于公众或他人。何谓"足以生损害于公众或他人"?是否系指实际上已对公众或他人发生损害?对此,通说均认为,所谓足以生损害于公众或他人,以有损害之虞为足,不以实际发生损害为必要。⑥ 简单而言,仅须对于公众或他人有发生损害的可能,即符合本罪所谓足以生损害于公众或他人。

惟在此应进一步思考的是,行为人使公务员为其职务上所掌理的公文书为不实登载时,何种情况可被认为有发生损害的可能?何种情况则否?事实上,学说与实务从未就此有更清楚的说明,最多仅以"依个案具体认定"之空洞说法一语带过。

关于上述的反思,笔者认为,既然本罪所保护的乃是社会大众对于公文书的特殊信赖⑦,此等信赖利益本来即相当抽象,对于此等抽象的利益,我们现实上很难再去区分,何种情况会有损

---

① 1982 年台上字第 4984 号裁判。
② 参见周冶平:《刑法各论》,1968 年版,第 410 页;韩忠谟著、吴景芳增补:《刑法各论》,2000 年版,第 242 页;褚剑鸿:《刑法分则释论》(上),2002 年版,第 604 页。
③ 参见本文"(一)规范目的"部分内容。
④ 参见韩忠谟著、吴景芳增补:《刑法各论》,2000 年版,第 242 页;林山田:《刑法各罪论》(下册),1999 年版,第 416 页;甘添贵:《刑法各论》(上),1997 年版,第 346 页;褚剑鸿:《刑法分则释论》(上),2002 年版,第 604 页;1939 年上字第 2941 号判例。
⑤ 参见 Cramer, in: Schönke/Schröder, § 271 Rn. 25; Puppe, in: NK, § 271 Rn. 2, 21; Tröndle/Frisch, StGB, § 271 Rn. 15.
⑥ 参见韩忠谟著、吴景芳增补:《刑法各论》,2000 年版,第 239、242 页;林山田:《刑法各罪论》(下册),1999 年版,第 416 页;褚剑鸿:《刑法分则释论》(上),2002 年版,第 599、605 页;1958 年台上字第 193 号判例。
⑦ 参见本文"(一)规范目的"部分内容,并参见 1996 年台上字第 1727 号裁判、1997 年台非字第 265 号裁判。

害发生之可能,何种情况却无可能。质言之,如果有人以不实数据而令公务员登载于其执掌之特定公文书时,事实上便已对于该公文书之公信力构成威胁,亦即已有可能动摇公文书所提供的此一特殊信赖机制,而绝不是要等到有何具体情状发生(出现大量的虚伪公文书)时,始可认定其对公文书之公信力有可能发生损害。例如身份证,其乃在证明表彰公民人格身份之同一性(参考"户籍法"第 7 条、"户籍法施行细则"第 20 条),亦即身份证上所载之姓名、出生年月日、相片等数据与持有使用该身份证之人必须同一,今设有甲冒用现实上存在的乙之姓名、出生年月日等数据请领身份证,此固然可以说成,甲之行为对乙有发生损害之可能,但纵使甲是以杜撰的乙之姓名、出生年月日等资料请领身份证,尽管现实上根本无所谓乙有受损害之可能,然而这两种情形对所制发的身份证之证明功能构成威胁的程度是完全一样的。

职此,依照笔者之看法,本罪条文上所称之"足以生损害于公众或他人",其实是一个多余的要素,对于本罪之不法构成毫无作用可言。尤其如依照本文前所主张的,本罪所指之公文书并非泛指一切公务员职务上所制作的文书,而是限于公务员基于公权力机关赋予的威信性而在其职务上所制作的,且能对机关外部发生证明效力的文书,也就是享有公信力之文书。只要行为人使公务员登载不实的事项涉及该公文书所担保证明的部分,便已妨害到公文书之公信力,其已具备本罪之客观不法,根本无须再去探求有无所谓足以生损害于公众或他人(或者根本无从探究起)。①

(五)使登载不实之直接故意?

本罪构成要件之实现,在主观上仅限于故意而不包括过失("刑法"第 12 条第 2 项)。不过此处之故意究竟是只要有间接故意(未必故意)即已足,而不以直接故意为限?或者唯有直接故意始足当之?实务对此认为,"刑法"第 214 条之使公务员登载不实事项于公文书罪,系以明知为不实之事项,而使公务员登载于职务上所掌之公文书,为成立要件。所谓"明知",系指"刑法"第 13 条第 1 项之直接故意即确定故意而言。至同条第 2 项之间接故意即不确定故意,则不包括在内②,至于学说上并无出现不同意见。③

按"刑法"上所谓直接故意系指行为人对于构成犯罪之事实,明知并有意使其发生(第 13 条第 1 项);而所谓间接故意则指行为人对于构成犯罪之事实,预见其发生而其发生并不违背其本意(第 13 条第 2 项)。并且依照通说,这两种不同故意形态之区别系在于,直接故意是行为人对于构成要件事实之发生,确实有认识,并决意以其行为促使其发生;而间接故意是行为人虽然认识其行为有使构成要件事实发生之可能,但竟不顾此危险性之存在,仍旧实施而任由发展,终致其发生。④ 简言之,两者之主要区别应该是在意欲(希望)部分而不是在认知(认识)部分。因为不管是主观上"确实有认识"或者"认识到有可能",客观上仍只是一种可能而已。例如,甲拿一把刀子向乙的胸部刺下去,不管甲系确实知道其行为会杀死人或者仅知道有可能杀死人,没有到

---

① 从台湾地区外立法例来看,《德国刑法》间接虚伪登载罪亦无此一相类似的要素之规定,参见本文、《德国刑法》第 271 条。

② 参见 1997 年台非字第 362 号裁判、1992 年台上字第 1901 号裁判;此外,实务对于"刑法"第 213 条"公务员"登载不实罪也采同样见解,参见 1957 年台上字第 377 号判例、1980 年台上字第 2694 号裁判、1988 年台上字第 1816 号裁判、1995 年台上字第 1962 号裁判、1997 年台上字第 3382 号裁判、1998 年 1483 号裁判。

③ 参见林山田:《刑法各罪论》(下册),1999 年版,第 417 页;甘添贵:《刑法各论》(上),1997 年版,第 343、346 页;褚剑鸿:《刑法分则释论》(上),2002 年版,第 598、604 页。

④ 参见韩忠谟:《刑法原理》,1992 年版,第 220 页;林山田:《刑法通论》(上册),2000 年版,第 218 页以下。

最后,谁也不知道乙是否一定会死。在此例中有所差别的是,如果行为人主观的欲念是一心求其死,是为直接故意;如果行为人主观的欲念是死了也无所谓,是为间接故意。①

至于本罪之主观不法要件应否如通说所称的,仅限于直接故意?通说之所以会认为唯有直接故意始该当本罪,显系受到法条上"明知为不实事项……"文字描述所误导,其认为本罪所称之"明知",即等同于"刑法"第13条第1项之直接故意,然而如此推论恐怕流于速断!

笔者认为,本罪所称之明知,应该仅限行为人对自己所提供交付登载的数据之真实与否有确实的认识,如果行为人所提供交付登载之数据虽属不实的,但行为人却误信其为真实,或者搞不清楚其真假,则当然不该当本罪所谓"明知为不实之事项",不过此与行为人究系出于直接故意或间接故意无关。

理论上而言,本罪之直接故意情形是行为人明知自己所交付提供给公务员的数据是不实的,并且也知道该公务员会根据该不实资料登载在其职务上所掌的公文书,而他本来正是希望该公务员会因此而登载制作出内容虚假的公文书;而本罪之间接故意情形则是行为人明知自己所交付提供给公务员的数据是不实的,并且也知道该公务员有可能会根据该不实资料而登载制作出内容虚假的公文书,但他根本不在乎。不管是直接故意或间接故意,皆已显示出行为人妨害公文书公信力之主观不法的心态,我们实在想不出有何理由须将间接故意排除在本罪适用范围之外。因此,笔者认为,本罪之主观不法要件应包括直接故意与间接故意两种形态,而非如通说所认为的,仅以直接故意为限。

结论性观点

本案中,行为人甲、乙基于共同的意思联络,前后以不实数据(章程上所载股东缴纳股款之情形与实际不符,且资本额并未收足)向主管机关申请设立登记与变更登记,而主管机关之承办公务员,根据其所提供的资料分别登载于公司设立登记事项卡(并核发公司执照)与变更登记事项卡等情事,是否该当本罪?依照本文上述论点,评析如次:

(1)有关公司之设立与变更,依法须向主管机关为申请登记("公司法"第6、12、387条以下),其意乃在使公司之组织及其权利义务得以确定,并公示于社会,借以保障公司本身及社会大众之利益与维护交易安全。②而主管机关之承办公务员根据申请人所提出的文件资料,经审查后登载于其职务上所掌的公司设立登记事项卡与变更登记事项卡,此类文书并非主管机关内部作为管理、监督之纯粹公务上文书,而是涉及机关外部社会大众权益之公文书③,此观之"公司法"第393第2项规定自明:"公司左列登记事项,主管机关应予公开,任何人得向主管机关申请查阅或抄录:一、公司名称。二、所营事业。三、公司所在地。四、执行业务或代表公司之股东。五、董事、监察人及其持股。六、经理人姓名。七、资本总额或实收资本额。八、公司章程。"故本案所涉之公司设立登记事项卡与变更登记事项卡,乃属本罪之规范客体。

(2)由于"公司法"所规定之公司设立申请登记事项与变更登记事项皆属客观事实,而非一

---

① 至于故意概念的最低标准(最大界限)应采所谓认识主义或希望主义或者其他理论,此非本文所要讨论,相关文献探讨可参见黄荣坚:《刑法解题——关于故意及过失》,载黄荣坚:《刑法问题与利益思考》,1995年版,第16页以下;许玉秀:《区分故意与过失——论认识说》,载黄荣坚:《主观与客观之间》,1997年版,第162页以下。

② 参见柯芳枝:《公司法论》(下),2002年版,第719页。

③ 参见本文"(二)公务员职务所掌之公文书"部分内容。

种价值判断或单纯思想推论。① 因此,只要申请人所提供登载的数据与实际情形不符,且其属于公司设立登记事项卡或变更登记事项卡所要担保证明的事项部分,便有本罪所称之使登载不实的问题。② 在本案中,行为人所提交申请的章程之中,所载的股东缴款情形与事实不符,且资本额实际上也未收足,由于此等事项与(股份)有限公司之设立或变更准否、公司债权人之权益至有关系,其正是涉及公司设立登记事项卡或变更登记事项卡所提供的担保与信赖部分③,况且本案中,行为人之行为已使得承办公务员登载于该等公文书之中。因此,其已对于公司设立登记事项卡或变更登记事项卡之内容真实性与公信力构成威胁,故其行为足以该当本罪之客观不法。又行为人主观上也明知其所提供的数据与实际确不相符,不管其系出于直接故意或间接故意,皆已该当本罪之主观不法。④ 准此,本案行为人等系共同正犯,其行为先后分别成立两个使公务员登载不实罪。

(3) 至于本件判决在本案中特别强调,应先辨明(旧)"公司法"第388条⑤之规定究为形式审查或实质审查,实因其延续实务之主流意见,认为承办公务员对于申请人所为之声明或申报如负有实质审查义务时,则非属本罪之使公务员登载不实。尽管在公司申请登记之实务做法上,据所知,大多仅是书面审查而已(参见"公司行号申请登记资本额查核办法"第2、3、4、9条,"公司之登记及认许办法"第2、16条),惟依照笔者之见解,不管承办公务员依照"公司法"相关规定,应采取书面审查或言词审查,或者实际一一查核,甚或三者兼采之,也不问此等审查究竟是所谓形式审查或实质审查,皆不影响本罪之成立,因为公务员之审查义务并不能免除行为人之真实义务。⑥ 是以,到底应将(旧)"公司法"第388条理解为形式审查或实质审查,已非本罪成立之判断重点所在。最后笔者要说明的是,公务员之审查义务(不管是哪一种审查方式)对于本罪的影响在于,当行为人以不实事项提供交付给公务员而使其登载于公文书时,如经公务员审查发现而未予登载或要求其更正再予登载,那么就本罪之客观不法而言仅是未遂,只不过因本罪并无处罚未遂,故在此情形,行为人之行为还是无罪。

---

① 由于公司法系采取所谓准则主义,在所谓准则主义下,公司之设立须向主管机关申请登记,主管机关在准公司设立登记之前,固得审查公司设立是否遵守法律所设之准则,唯公司之设立,若合于准则,主管机关只有准其登记之一途。参见柯芳枝:《公司法论》(上),2002年版,第16页。换言之,主管机关并无价值判断之空间。

② 参见本文"1. 使登载不实与公务员审查义务"部分内容。

③ 关于有限公司与股份有限公司,其股东之缴纳股款及资本在公司设立之意义与重要性,参见柯芳枝:《公司法论》,2002年版,第143页以下、第638页以下。

④ 参见本文"(五)使登载不实之直接故意?"部分内容。

⑤ "公司法"第388条虽然于2001年在文字上略有修正,但其实质内容完全没有任何变动。

⑥ 参见本文"1. 使登载不实与公务员审查义务"部分内容。

泄露使用电脑知悉秘密罪的保护射程[*]

——评台中高分院2009年上诉字第1319号刑事判决

许恒达[**]

基本案情

被告甲原为乙公司的厂长,因故被解职后,心生不满,因为在原任职期间,甲知悉乙公司雇员丙的电子邮件账号与密码,离职后,甲在自己住家,以个人电脑联机上网,并使用丙所有的账号、密码登入丙的电子邮件信箱,再以丙名义,将信箱内3封有关乙公司未来与其他公司合作案的电子邮件,转寄给敌对的丁公司职员(3封信内,均有乙公司主管的特别叮嘱,该合作案涉及公司机密,绝不可以让丁公司的任何人知悉其事),而使得丁公司知悉该公司内部秘密。本案经乙公司提出告诉后,检察官乃提起公诉。

裁判要旨

"刑法"第318条之1的秘密内容,并不以工商秘密为限("刑法"第317、318条),"举凡法益持有人不欲让他人知悉之内容或事项,且就一般人观点,亦认属秘密之个人事项者,均属本罪之秘密。换言之,工业上或商业上之发明或经营计划具有不公开之性质者及其他属个人私生活而不欲人知之事项均包含及之",由于信件内容中乙公司主管已多次强调,绝不可以让丁公司知悉,甲的行为却使丁知悉乙公司与其他公司间的合作案,法院认为甲成立本罪。

"刑法"第210条之伪造文书罪,系指学理上所称之有形伪造,亦即无制作权人冒用他人名义而制作文书,故判断文书是否伪造,应就文书之整体而为观察,不能予以割裂评价。如系虚捏或假冒他人名义,虚构制作他人名义出具之文书,其内容亦已属于虚构,整体而言,足以使人误信其真实性,而有生损害信用之虞,自该当于上揭犯罪之构成要件。而电子邮件也符合"刑法"第220条关于电磁记录属于准文书的规定,当甲以乙的名义发出电子邮件时,足使人产生人别同一性的误信,亦可认定对乙与丁公司有信赖上的损害,故成立伪造("刑法"第210条)与行使("刑法"第216条)私文书罪。

"刑法"第216条的行使行为先吸收第210条的伪造刑责,只论行使伪造私文书即可;而第216条的罪质与第358、359条与第318条之1各异,最后依"刑法"第55条想象竞合从一重处断。

疑难问题

整体而言,法院采用三个不同侵害行为角度(侵入电脑、泄露秘密、伪造文书),论述甲成立罪名,最后再认定属于接续一行为,适用想象竞合,从一重处断,得在最高本刑5年以下有期徒刑范围内论罪科刑。判决基本的论述理路,其实没有明显瑕疵。

不过,对于法院肯认被告甲构成"刑法"第318条之1的见解,笔者则有若干不同意见,以下

---

[*] 原载于《月旦法学杂志》2011年第190期。
[**] 台北大学法律学系助理教授。

分点说明之。

学理研究

法院将甲的刑责分为三个部分：

第一部分涉及甲用丙的账号、密码而登入丙邮件信箱的行为，法院认为甲构成"刑法"第 358 条无权侵入电脑罪，以及"刑法"第 359 条无权取得他人电磁记录罪。

第二部分与泄露乙公司秘密有关，因为甲是通过网络信箱方式知悉信件内容，再以信件方式让无关系的第三人丁公司知悉信件内容，法院认为，上述行为涉及"刑法"第 318 条之 1 的无故泄露利用电脑或相关设备取得他人秘密罪。法院针对该条刑责指出："刑法"第 318 条之 1 的秘密内容，并不以工商秘密为限（"刑法"第 317、318 条），"举凡法益持有人不欲让他人知悉之内容或事项，且就一般人观点，亦认属秘密之个人事项者，均属本罪之秘密。换言之，工业上或商业上之发明或经营计划具有不公开之性质者及其他属个人私生活而不欲人知之事项均包含及之"。由于信件内容中乙公司主管已多次强调，绝不可以让丁公司知悉，甲的行为却使得丁知悉乙公司与其他公司间的合作案，法院认为甲亦成立本罪。

第三部分则关系伪造文书刑责。法院首先引用台湾地区"最高法院"判决指出："刑法"第二百十条之伪造文书罪，系指学理上所称之有形伪造，亦即无制作权人冒用他人名义而制作文书，故判断文书是否伪造，应就文书之整体而为观察，不能予以割裂评价。如系虚捏或假冒他人之名义，虚构制作他人名义出具之文书，其内容亦已属于虚构，整体而言，足以使人误信其真实性，而有生损害信用之虞，自该当于上揭犯罪之构成要件。而电子邮件也符合"刑法"第 220 条关于电磁记录属于准文书的规定，当甲以乙的名义发出电子邮件时，足使人产生人别同一性的误信，亦可认定对乙与丁公司有信赖上的损害，故成立伪造（"刑法"第 210 条）与行使（"刑法"第 216 条）私文书罪。

最后是竞合部分，法院认为，甲在本案中的犯行属于接续实施的一行为，罪名认定上，"刑法"第 216 条的行使行为先吸收第 210 条的伪造刑责，只论行使伪造私文书即可；而第 216 条的罪质与第 358、359 与第 318 条之 1 各异，最后依"刑法"第 55 条想象竞合从一重处断。

一、"刑法"与巨变的电脑世界

"刑法"第 318 条之 1 规定："无故泄露因利用电脑或其他相关设备知悉或持有他人之秘密者，处二年以下有期徒刑、拘役或五千元以下罚金。"该规定是在 1997 年"刑法"大幅增加隐私与电脑犯罪时一并新增的条文，立法当时主要目的，是考虑电脑与网络技术普及化后，社会成员往往利用电脑或网络技术知悉他人数据，倘若任意将交付通过电脑或网络取得的数据予第三人，或是使第三人知悉，往往造成严重危害，故予以入罪化，借以管控电脑数据的隐私性与安全性。[①]

从立法当时氛围看来，增订第 318 条之 1，似乎是为了对应保护电脑安全，尤其考虑到资讯使用需求量的急剧增加。然而以 1997 年立法当时的法益保护机制来看，台湾地区尚未进化到将电

---

① 本罪立法理由，几乎完全未交代为何这种涉及电脑使用的秘密，值得用刑法来处罚：按现行法妨害秘密罪之处罚限于医师、药师、律师、会计师等从事自由业之人，依法令或契约有守因业务知悉或持有工商秘密义务之人及"公务员"、曾任"公务员"而其有守秘密义务之人，似不足以规范其他无正当理由泄露因利用电脑或其他相关设备知悉或持有他人秘密之行为，故增列本条规定。

脑安全的社会信赖当做独立法益的阶段①,对于"电脑资讯"的使用利益(包括持有资讯的排他性、阅览资讯许可权的封闭人际关系、制作资讯的人别属性等),都仅参考既有法益类型予以规范。1997年的"刑法"修正,基本上是沿承这个主轴进行。例如,增订电磁记录视为动产的第323条(现已废除)、增订对机械与电脑设备诈欺的第339条之1至之3,增订保护资讯只能流通于封闭人际网络的第318条之1,以及将电磁记录视为准文书的第220条,这些条文的共通点,都在不新增法益种类的前提下,扩张既有法益保护范围,借以包纳电脑犯罪的各式独特问题。②

"刑法"第318条之1正是前述观点下的产物,通过该条的立法,立法者承认电磁记录具有隐私利益,并只限于特定人才有权"接近使用"(access),使用电脑而取得资讯的人,不可以将资讯使用接近权限扩大至无关的他人,否则就会成立刑事责任。③

不过,在国际压力之下,对于电脑使用安全性的保护需求逐年提升,1997年虽然已经采用全新立法方式,扩张既有法益范畴以保护资讯安全,但仍有缓不济急之憾。6年之后,台湾地区在2003年又立法增订"妨害电脑使用罪"章,该罪章仿造美国先进的立法方式,将电脑安全性独立为新的法益,抽离原来散布在各篇章中的资讯安全条文,采用新罪章的统一规制方法,借以强化电脑安全。④ 立法的具体做法,是删除"刑法"第323条电磁记录视为动产的规定,将电磁记录与财产法益切割,并在新的罪章中,把电磁记录的"排他使用""完整持有"与"正常功能运作",直接独立为新条文的保护客体,并基此而设计新的构成要件。例如"入侵电脑"("刑法"第358条,保护电磁记录的排他性使用权限)、取得/删除/变更电磁记录("刑法"第359条,保护电磁记录的完整持有)与干扰电脑功能(第360条,保护电磁记录的正常功能运作)。⑤

妨害电脑使用的法益独立出来的同时,立法者显然注意到新罪章与财产犯罪间的重叠关系,立法时即一并删除与财产法益相关联的电脑犯罪条文。⑥ 然而,这样的立法转向并未表现在涉及电脑使用的隐私犯罪中,"刑法"第318条之1也未因2003年的修法而有任何更动。

某种程度上必须承认,以电磁记录保存的人类意思,确有相应的隐私利益存在,其具体表现在,只有特定人可以接近资讯储存硬件,并利用电脑方法读取资讯内容,而这种电磁记录的接近使用权能,确有刑法保护的需要。然而当我们以立法方式处罚侵害电磁记录隐私的加害者时,条文规制上,仍须符合刑法保护法益的基础架构,倘若无法遵守体系的规制方向,可能会造成处罚上的疑虑。接下来的问题正是,刑法应该从什么角度保护电磁记录的隐私利益?更具体地说,"刑法"第318条之1保护的电脑资讯隐私,究竟有何特质?⑦

---

① 参见黄荣坚:《刑法增修后的电脑犯罪问题》,载《刑罚的极限》,1999年版,第303页以下;李茂生:《资本、资讯与电脑犯罪》,载《权力、主体与刑事法》,1998年版,第208页。
② 有关电脑犯罪的发展历程,参见柯耀程:《"电磁记录"规范变动之检讨》,载《月旦法学教室》2008年第72期,第117—119页;李茂生:《资本、信息与电脑犯罪》,载《权力、主体与刑事法》,1998年版,第190—206页。
③ 参见李茂生:《资本、资讯与电脑犯罪》,载《权力、主体与刑事法》,1998年版,第224—225页。
④ 参见李茂生:《刑法新修妨害电脑使用罪章刍议》,载《台湾本土法学杂志》2004年第54期,第239—247页。
⑤ 参见柯耀程:《刑法新增"电脑网络犯罪规范"立法评论》,载《月旦法学教室》2003年第11期,第117—122页。
⑥ 参见柯耀程:《"电磁记录"规范变动之检讨》,载《月旦法学教室》2008年第72期,第119—120页;柯耀程:《刑法新增"电脑网络犯罪规范"立法评论》,载《月旦法学教室》2003年第11期,第119—120页。
⑦ 相关的质疑,参见李茂生:《资本、资讯与电脑犯罪》,载《权力、主体与刑事法》,1998年版,第224—225页。

二、隐私法益的保护架构

要回答上述问题,必须先说明至刑法的隐私利益保护架构,相关的条文基本上都在妨害秘密罪章内,本文要处理的第318条之1也是该罪章的条文之一。虽然针对该罪章的保护内涵,学理上一直有"隐私法益"(privacy)与"秘密法益"(Geheimnis)的争议①,但就解释结果而言,大致无严重歧异,关键毋宁是个别条文保护隐私或秘密领域界的解释问题。

值得注意的是,其实是上述罪章的保护架构,某种程度而言,我们可以把整个罪章分成三个不同的保护客体:"实时性的私密活动""具物理阻隔效果的私密留存讯息",以及"封锁在特定人际关系内的私密资讯"。

第一类主要涉及"刑法"第315条之1与之2,条文明订的保护对象是"非公开之活动、言论、谈话或身体隐私部位",这些私密活动必须在侵害的时点实时进行(例如,窃听他人正在进行的谈话),而不是通过电磁或机械设备保存在记录媒体中②(例如,未得同意而聆听他人的录音机留言)。行为人侵害方式,可以分为前、后两阶段,前阶段指在实时活动进行中予以侵害,其手法又分为"(无记录)窥视、窃听"("刑法"315条之1第1项)与"(留记录)窃录"("刑法"第315条之1第2项),倘若行为人实施窃录型,则可能会进一步构成后阶段的"散布行为"("刑法"第315之2第3项规定的"散布、播送、贩卖"),由于这是涉及实时私密活动的侵害,而私密活动本身不必然有任何"人际讯息交换"(communiation),因此散布行为有两个特点:第一,散布行为属于后阶段的行为,必须窃录行为成立犯罪,否则不能处罚后阶段的散布行为③;第二,散布对象必须是私密活动的原始内容,如果只是转述抽象谈话内容,不会成立散布行为的刑责。④

第二类是"具物理阻隔效果的私密留存讯息",相关的法条是"刑法"第315条妨害书信秘密罪,该条涉及留存于记录媒体(信纸)上的人类意思(信件内容),而其隐私利益的成形,必须来自外部产生物理隔绝效果的封缄效果(封缄后,不论信件内容为何,直接认定有隐私利益),刑法只处罚破坏封缄行为,但不处嗣后的散布行为,不论信函内容有多高的私密利益。

第三类则是"封锁在人际关系内的私密资讯",涉及法条是"刑法"第316条至第318条,条文共同特点在于,行为人先基于某些理由,与被害人成立特定的私密人际关系网络,因而得知他人私密事项(例如基于业务关系的第316条、出于法令或契约关系的第317条、基于公务关系的第318条等),犯罪手法上,只处罚后阶段的泄露行为,泄露行为的对象不限于原来的档案,只要转述资讯内容即可(例如,医师将某病人感染HIV的讯息揭露,揭露的手法不必一定提出病历原本,只要转述感染事件即可)。⑤

---

① 美国法的隐私观点,see Daniel J. Solove ET AL., Information Privacy Law 265-271 (2. ED. 2006);至于德国法观点,vgl. Lenckner, in: Schönke/Schröder, 27 Aufl., Vor § 201 Rn. 2.
② 参见王皇玉:《拘禁、违法搜索与窃拍》,载《台湾法学杂志》2009年第131期,第136—138页。
③ 此点可以从"刑法"第315条之2第3项用语"前二项或前条第二款窃录之内容"看得出来,因此,倘若甲、乙在相互同意下拍摄私密性行为影片,而乙嗣后将该影片散布于网络上,乙至多构成散布猥亵物品罪,但不会成立妨害隐私的刑责。
④ 此点亦可从条文用由"窃录之内容"看得出来,有别于"刑法"第316条至第318条散布"秘密"字眼儿,可以涵括非属原始资讯的转述行为,第315条之2系列应该严格限定在"原始档"的散布。因此,若行为人违法窃录政治人物的私下谈话,则散布行为的处罚,必须是将"影像文件"公开,如果只是"转述谈话内容",则仍不会成立散布行为刑责。
⑤ 此部分可由条文用语"秘密"看得出来,秘密概念的重点,应该是资讯的人际封锁性,而不是源文件的问题。

我们可以用简单的图表方式,说明"刑法"的隐私保护架构(见表1)。

表1

	前阶段侵犯行为(取得)	后阶段侵犯行为(公开)
§315-1、§315-2 实时性私密活动	1. 窥视、窃录 2. 窃录	1. 犯行:散布、播送、贩卖 2. 前阶段窃录"源文件"
§315 留存性私密讯息	破坏物理隔绝的封缄机制	不罚
§316、§317、§318 人际关系的内部私密资讯	合法取得,不罚	1. 犯行:泄露行为 2. 客体:秘密的"抽象内容"

三、"刑法"第318条之1与资讯隐私

如果可以接受上述"刑法"的隐私保护观点,我们接下来再考虑"刑法"第318条之1。单从形式上观察,第318条之1显然采用第三类的规制结构,行为人先基于某个特定缘由有权接近电脑资讯,再接着以其行为,无故扩增知悉资讯者的范围。

问题在于,相类规定的"刑法"第316条至第318条,行为人与被害人事先会存在封闭的人际网络,例如律师与当事人、医师与病患("刑法"第316条),或是具法令或契约关系而得知秘密("刑法"第317条),又或因执行公务而知悉秘密("刑法"第318条),泄露行为就是使资讯突破封闭人际关系,使无关的他人知悉该资讯。然而,"刑法"第318条之1所规范的既有人际网络,主要是"因利用电脑或其他相关设备",这种使用电脑而产生的关联性,并非如前述情况,属于一种封闭型的人际关系,能够归类于人际关系内部的成员,有人数限制,同时,也可以通过人际间的紧密互动而限制成员范围;相对来说,"使用电脑或其设备"毋宁是一种开放性的人际关系,暂且不论取得资讯的渠道是合法或不法,任何使用电脑或相类设备的人,都有可能取得他人资讯,从日常生活中,可以想象几种不同类型案例:

例1:甲窃取乙的电脑后,发现其中储存有自拍裸照,甲随而予以散布。

例2:甲熟悉电脑,好友乙的笔记本电脑损坏后,拜托甲维修而交给甲,甲在乙的笔记本电脑中发现储存的乙自拍裸照,乃张贴在网络讨论区。

例3:甲无权侵入乙的电子邮件信箱后,将其中数封邮件转寄给友人丙。

例4:甲与乙通过网络视讯,相互展露与性有关的裸体动作给对方观看,未料甲把乙裸体视讯全部录下来,嗣后张贴在网络讨论区。

例5:甲受乙公司聘用打扫卫生,某日员工丙以公司账号登入公司资讯系统后,临时因内急,未注销即前往洗手间,甲见机不可失,立即用乙的电脑下载员工的个人数据至自己的随身碟中,当日即将资料贩卖给丁。

以上5个案例,行为人全部都是"使用电脑"取得他人私密资讯后,再把资讯泄露或散布给他人,从条文字义观察,均能成立"刑法"第318条之1刑责,但是,上述五例的行为人与被害人之间,有些情况其实不存在任何人际关系,行为人能够接近使用被害人资讯,仅属偶发情况,如果还要强行附加保护隐私利益的条文,会使得所有借由电脑获得的讯息,都会附加相对应的保护,解释至此,无异于将守密义务强加于每一个使用电脑者,只要是来自于电脑、网络设备,并具有若干隐私效果的资讯,都不可以与他人分享,否则都有可能构成"刑法"第318条之1的刑事责任,这

样的解释结果,显然不是立法者原先期待的政策效果。①

搭配前文提到的隐私保护架构,我们可以更清楚地看到其中问题。"刑法"第318条之1理应被归类为第三类的保护系统,但因条文未对"行为人知悉秘密"的管道,有任何封闭人际关系的限制,这使得第318条之1的保护对象会发散到所有的三个类型,只要行为人通过电脑使用而取得资讯,不论该资讯属于何类,都有可能构成"刑法"第318条之1。例如前文的例4,本来属于实时性隐私活动类型,因为乙是在双方同意情况下表现给甲观看,纵然嗣后甲有散布行为,也不会成立涉及隐私的刑责,但只因甲利用网络设备观看乙的裸体,就会使得散布行为侵害隐私利益;而例3中,破坏信件封缄的行为,不会处罚后阶段的散布行为,这一点同样适用于网络的电子邮件,依台湾地区现行法规定,通过网络无权侵入信箱而阅读信件,只会成立"刑法"第358条的侵入电脑罪,"刑法"没有后阶段泄露或散布行为的处罚,但第318条之1的存在,却使散布或泄露"纸本信件"内容没有刑责,但只要信函存在于电脑或网络端,就会成立侵害资讯隐私的刑责;至于例5则是涉及第三类,甲虽然是乙公司职员,但只负责扫地,法律上很难认为这种打扫的雇佣关系能导出守密义务,而甲利用职务接近电脑的机会取得资讯,其嗣后的公开行为当然也会成立"刑法"第318条之1规定之罪。从上述案例来看,"刑法"第318条之1已经包含三类不同的隐私形态,只要取得资讯是通过电脑或网络,所有后阶段的公开行为都有可能会成立犯罪,这样的解释结果,恐已过度扩大资讯隐私的保护范畴。

更严重的问题出现在例1与例2。例1中的甲根本只是窃盗行为,窃盗后僭居笔记本电脑所有人地位,而处分或使用笔记本电脑内部档案,这个行为理论上都是窃盗后剥夺所有地位的结果,不会独立处罚,如果"刑法"第318条之1处罚例1的甲,势必混乱刑法的既有体系;而例2中,甲只是基于友谊而修理电脑,除非有特别约定,否则难以认定甲对乙的档案有任何保密义务,但"刑法"第318条之1的规定,显然赋予甲在维修"电脑"时必须妥善处理内部资讯的照料与保密义务,如果稍微修正一下案例,倘若甲委托乙帮他至洗衣店拿洗好的衣服,而衣服内袋有甲忘了拿出来的公司营业机密草稿一张,乙若不取得原稿,而以摄影方式取得机密内容,则此时又因为不涉及"电脑"而不受处罚,但后例其实与前例几无差别存在。

综合上述讨论,第318条之1课予电脑使用者过高的保密义务,又无法限制任何的身份关系,这个条文实际上来自于对电脑与网络世界的恐惧,应该质疑的只是,是否这种恐惧应该通过刑罚的强制手段予以控制?

四、重新解读"刑法"第318条之1

对于上述提问,显然多数论者都会持否定看法,紧接的提问即是,刑法学应该如何处理第318条之1之规定?已有见解认为,应该删除本条规定②,基本上这是一个直观的解决方法,但笔者更关切的是,倘若可预期的未来无法修法废除本罪,我们应该怎么适用该条文?

在笔者看来,可能的解释出发点,必须考虑行为人知悉电脑秘密,是出于合法或不法的前行为。"刑法"第318条之1规范的是,行为人已先行知悉储存于电脑内的资讯内容,而于后阶段使无关第三人知悉的泄露行为,我们可本于前阶段行为的法律效果,区别为"合法取得电脑资讯/嗣后违法泄露"以及"违法取得电脑资讯/嗣后违法泄露"等两类。解释重点即是,"刑法"第318条

---

① 甚至可以想象,甲对乙讲述丙的八卦,并要求乙不得外泄,未料乙告知丁,这种传述八卦或秘密的行为,本来就不受刑法处罚;但若甲是在 MSN 上以实时联机方式告诉乙,而乙又立即在 MSN 上把甲传来的文字转贴给丁了,若不谨慎解释"刑法"第318条之1,则刑罚会扩张到通过电脑设备传述八卦的上述行为。

② 参见王铭勇:《网络犯罪相关问题之研究》,载《司法研究年报》2002年第22辑,第146页。

之1处罚的对象,究竟是合法或违法取得电脑资讯之后的泄露行为?

（一）违法前行为的解释角度

先谈"违法取得"类型。采取这种观点,行为人必须先违法侵入他人电脑,接近使用电脑内部储存的资讯后,再将该资讯外泄,依台湾地区现有规定来看,行为人必须先构成"刑法"第358条的入侵电脑罪,或第359条取得他人电磁记录罪。在这个解释脉络下,"刑法"第318条之1将成为"无权接近使用(unauthorized access)电脑资讯后,继而将该资讯公开或泄露的行为",至于保护对象,会放大到所有"无权接近使用的电脑资讯",这种隐私利益,原则上会成为独立类型,并不属于前述三类隐私利益之一。不过,在构成形态上,比较接近第二类出于封缄机制的隐私利益,只不过在此是通过登入、密码或联机控制机制而形成资讯隐私,而行为人违法知悉或取得后①,又再外泄给他人。

基此,第318条之1势必成为"刑法"第358条与第359条的后阶段处罚,体系结构上,也不再需要有任何身份关系,行为人负有守密义务的理由,不是因为事先的人际关系而合法知悉,其理由毋宁在于:只要违法接近使用他人电脑资讯后,就负有不得任意外泄该资讯内容的法律义务,一旦违法就会另外成立泄露刑责。

某种程度而言,这种解释方式确实可以限缩刑责范围,除非前行为成立犯罪,否则不得处罚后阶段泄露行为。然而,从条文位置的体例来看,该条之前的第316、317与318条等规定中,都有行为人资格的限制,若非基于特别的业务关系(医师、律师、药师等)或公务关系,就是依据法令或契约而可以合法知悉他人秘密,其犯罪行为也都以"先合法知悉,再泄露"加以描述。第318条之1不仅在体系上被安排在第318条之后,条文内部结构上,也以极类似的语句"先取得秘密内容,再予泄露"加以描述。比对前面三条规定,似乎应该以"合法"接近使用的解释比较适宜,但倘若采用前述解释角度,必然违反条文原始立法基点。

此外,上述见解认为,违法侵入电脑后,可以直接导引出不得外泄其内容的守密义务。然而,综观各国或地区立法,对于侵入电脑或无权取得他人电磁记录的犯罪行为,几乎只处罚前阶段的犯行,不会在同一个罪章中另外附加外泄行为的处罚。因为侵入电脑罪的处罚重点,在于行为人突破既有的登入控管机制,无权接近使用他人电脑档案,被入侵的电脑中所储存的电脑资讯,不必然有高度的隐私或经济利益,纵然行为人嗣后外泄其内容,也不必然扩大或产生新的隐私损害,也不具有值得处罚的必要。② 例如,甲破解乙电子邮件登入密码,联机以 webmail 方式登入乙在 yahoo 的信箱,未料里面全部都是商业垃圾信件,即便甲的侵入行为妨害电脑使用安全,构成侵入电脑罪,但外泄这些垃圾信件,也不会扩大或新增乙的损害范围,处罚外泄行为并无任何意义。

以德国刑法为例,对于无权侵入电脑行为,是以"无权窥视档案"(unbefugtes Ausspähen von Daten)的《德国刑法》第202a条,该条仅规定:无权使自己或第三人接近使用(den Zugang verschaffen)具安全保护机制的电磁记录(die electronisch, magnetisch gespeicherten Daten),处3年以下有期徒刑;而紧接着规定的第202b条,也只处罚以科技方法无权取得(unbefugtes Abfangen von Daten)他人传送中电磁记录的行为(两年以下有期徒刑)。但德国刑法并未处罚非法侵入或取得电脑资讯后,另行泄露给第三人的行为。③

同样的规范结构可以在美国法中发现,美国联邦法第1030条第1项关于无权侵入电脑的处

---

① 参见李茂生:《刑法新修妨害电脑使用罪章刍议》(中),载《台湾本土法学杂志》2004年第55期,第243—253页。

② Vgl. Arzt/Weber/Heinrich/Hilgendorf, BT, 2. Aufl., 2009, 8/49 ff.

③ Vgl. Arzt/Weber/Heinrich/Hilgendorf, BT, 8/43 ff.

罚条文中,只限于"无权或越权的接近使用电脑行为"(access a computer without authorization or exceeding authorized access);同条第 2 项则处罚侵入后取得储存讯息的行为;第 3 项以下,则是关于侵害客体(例如政府机关电脑)或进一步影响他人财产法益的加重规定,但无论如何,在此并无任何处罚泄露行为的制裁规定。①

不过,倘若被侵入对象,本身具有高度隐私或商业利益时,外泄行为势必造成更严重的破坏,刑法若不处罚外泄行为,恐怕保护不足。针对这种情况,台湾地区立法方式,是在侵入电脑罪以外,另外以"外泄行为扩大隐私损害"的条文规范,而不是扩充既有的侵入电脑罪的处罚范围。例如"通讯保障及监察法"处罚保护他人的储存通讯(例如 e-mail)②,该法第 24 条明订"监察"刑责(无权取得行为),而第 25 条至第 28 条则规定"泄露或交付"他人通讯内容的刑责(外泄行为)③,监察部分其实与"刑法"第 358 条部分有相重叠关系,但因该法不是保护电脑机制的安全信赖,而是隐私法益,因此条文附带处罚泄露行为,这是考虑到知悉者扩大后,必然增加隐私损害程度,所以必须禁止扩大损害的泄露行为。

换言之,被入侵的电脑资讯,不必然具有隐私或秘密的保护需求,立法例上通常不会科予守密义务,除非侵入电脑罪所接触或无权取得的电脑资讯,本身有高度的隐私或秘密利益存在,若第三人另外知悉时,势必加重损害范围,这时才会另行立法,不过该保护条文不会直接附加在侵入电脑罪之后,而是在保护其他法益的条文内,扩张处罚泄露行为(例如"通讯保障及监察法"第25—28 条)。

综上,若从"违法取得电脑资讯后的散布行为"解释第 318 条之 1,势必面对体例不符与过度扩张可罚范围的批评,并不适合解释现行条文。

(二)合法前行为的解释角度

倘若"违法前行为"的见解有其缺失,接续应考虑的想法,是从"合法取得后的泄露行为"定性"刑法"第 318 条之 1。采取这种定性观点,必须先维持第 318 条之 1 的原始结构,将该条归类为第三类隐私的保护条文,成罪结构上,也必须先基于特定人际关系而可以接近使用电脑资讯,但行为人竟将该资讯内容泄露他人。此时解释重点是,设法引出行为人与被害人间先行存在的人际关系,行为人必须是"基于特定理由而使用电脑或相关设备,从而合法知悉他人秘密"之人。

不过难题也在于,第 318 条之 1 描述身份关系的条文用语,只有"因利用电脑或其他相关设备知悉或持有",这种描述方式无法特定行为人范围,只能另外寻找其他守密义务来源。依笔者之见,或许可以考虑第 318 条之 1 与前面几个同类条文的关系。

"刑法"第 316 条与第 318 条已经规定两种守密义务来源:"业务关系"与"公务关系",而第 317 条又把"法令或契约"列为守密义务来源,不过,该条又限定泄露的资讯内容,只限于"工商秘密"。换言之,出于"法令或契约"而应保密的"非工商秘密",尚未在"刑法"第 316、317、318 条等规定保护之列。在这个脉络下,我们可以结合观察第 318 条之 1 的"使用电脑或相关设备",推导出第 318 条之 1 的身份关系。此即行为人与电脑资讯的储存者间,基于法令或契约,有权使用电脑阅览储存于内的秘密内容(包括"工商秘密"与"非工商秘密")。④ 行为人基于此一关系而负

---

① See Ralph D. Clifford, Cybercrime, 20-30 (2nd. ed. 2006).
② 参见同法第 3 条第 1 项第 1 款有关"通讯"的规定:"利用电信设备发送、储存、传输或接收符号、文字、影像、声音或其他资讯之有线及无线电信。"
③ 相关讨论,参见许恒达:《通讯隐私与刑法规制——论通讯保障及监察法的刑事责任》,载《东吴法律学报》2010 年第 21 卷第 3 期,第 142—145 页。
④ 考虑"刑法"第 318 条之 1 的条文用语,该条保护的秘密种类,应该不限于"工商秘密",此亦为本案判决采用见解。

有守密义务,倘若行为人让第三人知悉该资讯内容,即会成立刑责,形成第 318 条之 1 的身份要素,必须先符合三个一定要同时成立的前提:行为人必须与被害人间具有法令或契约关系;基于该关系而可以使用电脑或相关设备,读取储存的资讯内容;资讯内容具有秘密利益。

如果可以符合这三个条件,就满足第 318 条之 1 的成罪前提。可以想象的情况,例如公司或机关内部成员,基于个人权限使用公司内部网络,因而知悉放置在内网上的机关人事数据或行政事项,行为人知悉后再外泄给他人,行为人使用电脑而取得资讯,具有合法权源,并依其聘约有义务保密,不让无关者知悉,若径予外泄,就会构成第 318 条之 1 的刑责。

依笔者之见,采用这种观点解释第 318 条之 1,会得到比较合理的结论,就此可分为几点说明:

首先,随着电脑技术的发展,现代社会可以更加快速地处理各式各样资讯,我们不必再通过纸本保存或传递资讯,毋宁能直接用电磁记录达成更好的效果。在电磁记录的保存或传递过程中,免不了有特定人可以接触资讯,考虑到电磁记录移转收取上的方便性与大量性,若这些有权接近资讯者外泄资料,势必造成重大损害。因此,若特定之人本于法令或契约关系,可以使用电脑读取资讯,而又外泄资讯内容,刑罚即有必要介入保护。①

其次,如前文所强调,第 318 条之 1 的体例与条文用语,是位于第 316 条以下保护秘密法益的规定,采用上述见解,只要从第 316 条至第 318 条等规定中留白部分,演绎出第 318 条之 1 的身份内容即可,不必另从其他罪章寻求第 318 条之 1 的前阶段法律效果,这种解释方式完全吻合既有规定,也无须曲解条文以说明处罚正当性。

即便如此,上述解释取径仍然会面临刑度上的批评,因为第 317 条与第 318 条都是保护"工商秘密",第 317 条的最高刑度只有 1 年有期徒刑,而第 318 条则是公务身份又泄露"工商秘密"的两年刑度加重规定。换言之,依第 317 条规定,"依法令或契约而知悉的工商秘密"有 1 年徒刑的保护行情。然依笔者见解,第 318 条之 1 包括"依法令或契约,而使用电脑知悉的'工商秘密'与'非工商秘密'",而刑度却又加重到最高两年的有期徒刑,从保护对象同时兼及二者,却又以相同刑度规制的特点来看,是否为工商秘密已经不是处罚重心,第 318 条之 1 的保护重心,毋宁在于"依法令或契约得使用电脑,从而应保守其电脑资讯内容"的守密义务,这样的推论结果不免会引发疑虑:难道只因涉及使用电脑,就要加重刑度?②

上述批评确有所本,不过正如前文所述,现代社会因为使用电脑加快资讯处理速度后,人们开始信赖电脑带来的方便性,以及大量处理资讯的能力,日常生活使用电脑处理资讯的广度与范围,也会愈益增加,甚至到了脱离电脑资讯,就无法回归正常生活的状态。③ 若对电脑系统的信赖,已经成为日常生活不可或缺的部分时,就不能再否认相应的刑法保护需求,任何有权接触电脑资讯之人,都必须执守电脑资讯的秘密,将资讯内容封锁在特定人际关系内。基此,"刑法"第 318 条之 1 之所以提高刑度到两年的实质理由,在于电脑具有极高的资讯处理效能,因法律或契约而使用电脑取得资讯,该资讯内容范围可能非常广泛,一旦泄露时,可能造成远较纸本资讯更

---

① 参见李圣杰:《使用电脑的利益》,载《月旦法学杂志》2007 年第 145 期,第 75—79 页。
② 可以比较两个案例:(1) 甲将重要的个人数据扫描为电子文件,并以 E-mail 附件形式寄给秘书乙(甲未限制乙的开启档案权限),要求乙转寄给丙,而乙竟将该 E-mail 转寄给丁;(2) 甲直接以公文封(未封缄)装好其个人数据,要求乙秘密转交丙,而乙直接转交丁。如采第一种解释,则只有(1)中的乙会成立刑责;但事实上,两个案例破坏的法益并无重大差异,采用这种见解似乎过度强化保护"使用电脑关系",而不是秘密本身的保障。
③ 举例来说,过去开车找地址,都是使用纸本地图,但现代 GPS 系统已经取代纸本地图功能,而 GPS 系统可处理数据的复杂程度与广泛程度,也超越纸本地图的局限。

高幅度的隐私与秘密损害,立法者考虑因使用电脑而可能影响的广幅资讯利益,因而将其刑度提高到两年,从这个面向切入,或可合理说明其刑度缘由。

采用上述观点来检视前文提过的5个案例,某种程度上会得到比较合理的结论,以下分述其法律效果:

例1:甲窃取他人电脑,针对电脑内部资料,窃取的前行为无法导出法令或契约的守密义务,因此甲纵然泄露数据,仍不会成立第318条之1刑责。

例2:甲依修缮电脑契约,可接近使用储存于电脑内部的档案,而基于该契约,甲应该负有不得外泄其内容的守密义务①,故甲泄露其档案内容予第三人时,构成第318条之1。

例3:甲无权侵入他人邮件账户,构成第358条,该违法前行为无法导出法令或契约关系的守密义务,故嗣后将邮件寄给第三人行为,不成立第318条之1刑责。

例4:甲经乙同意而可接触乙私密活动的视讯,属于得同意的合法行为②;但是甲把该视讯录下来,是否构成"刑法"第315条之1第2款就有相当的争执空间,在此必须视乙是否有明确或默示同意甲以电脑录下视讯③,如果结论上认为这是无故窃录,则甲嗣后的散布行为会成立第315条之2第3项刑责。即便如此,前行为属于违法窃录行为,不因此负担法令或契约衍生的守密义务,也不会成立第318条之1刑责。

例5:甲是清洁人员,依其与公司间的契约,本无任何使用电脑的合法权限,甲利用机会而使用电脑,基本上属于无权使用接近他人电脑,当然也不负契约或法令的守密义务,故甲不会成立第318条之1刑责。

通过上述解释,我们可以清楚地界定第318条之1的成罪要件与可罚性理由,在笔者看来,是一个比较合理的见解。

结论性观点

综上,笔者主张"刑法"第318条之1在解释上,必须设法限缩,其具体要件如下:

(1)行为人资格:基于法令或契约,得合法使用电脑以阅览储存内部资讯之人。

(2)行为客体:不限于工商秘密,只要任何具有秘密利益,而可以通过电脑读取的资讯内容,即属于本罪客体。

(3)构成要件行为:行为人将储存的数据内容,让无关的第三人知情,由于本罪犯行是"泄露",而不是如"刑法"第315条之2所谓"窃录之内容",理论上不必要求源文件的外泄,只要第三人知悉内容即可。④

最后采用上文见解分析台中高分院的判决。本案被告甲事前得知的他人账号密码,登入原公司其他员工的电子信箱,可以认为是无权侵入他人电脑的行为,构成"刑法"第358条刑责,属于违法前行为,台中高等法院分院认为仍可成立第318条之1刑责。但是笔者则有不同看法,此因违法前行为无法导引出甲负"依契约或法令使用电脑接近资讯的守密义务",纵或甲于后行为外泄该违法取得的资讯内容,也不会成立第318条之1。

---

① 此时判断重点,应该先取决于双方契约上有无明文规范;若无明文规定(甚或是未签订书面契约),则只能从双方交易关系来决定契约有无使用电脑资讯后的守密义务。

② 该行为涉及"刑法"第315条之1第1项,但基于被害人同意而不成立刑责。

③ 在此考虑重点有下列诸项:(1)乙是否可得预期甲会录下视讯;(2)乙是否要求甲只能观看但不可记录等。

④ 不过必须视该信息的特性,如果信息内容涉及营业或个人医疗秘密,可以只外泄抽象内容,但若涉及私密行为的录像文件,则外泄还要公开原始内容。

资讯安全的社会信赖与"刑法"第 359 条的保护法益*

——评士林地方法院 2010 年诉字第 122 号判决

许恒达**

基本案情

甲、乙原为男女朋友，乙因故要求分手，甲心生不满，遂以自己的手机，打电话给电信公司客服，告诉客服人员，他忘记另一支手机的语音留言密码（该手机门号实为乙申办所有），故要求客服人员变更乙手机的语音信箱密码。客服人员先与甲核对门号持有人的个人资料，由于甲、乙两人曾经交往过，甲知悉许多乙的个人资料，甲提供给客服人员的资料均正确无误，客服人员乃将乙所有门号的语音信箱密码变更为甲新设的密码。接着甲以自己手机拨号，输入乙门号的密码，进入乙门号的语音信箱，并将乙语音信箱内的留言全部删除。

隔天，甲另以 Skype 网络电话，接连 3 日传送 7 封内载有"要断乙手脚"或相似内容的简讯至乙手机，乙收到简讯后极其恐惧。

乙嗣后向检察官针对上述事实提出告诉，检察官以甲前、后两部分犯罪事实（篡改密码并删除留言/传送恐吓简讯），分别构成"刑法"第 359 条无权变更他人电磁记录罪以及第 305 条恐吓危安罪，向士林地方法院提起公诉。

裁判要旨

针对第一部分事实，法院再切割为篡改语音留言密码与删除留言两部分。篡改语音密码部分，法院认为甲利用不知情的客服人员，未得乙同意而变更其语音信箱密码，属于"刑法"第 359 条无权变更计算机中他人电磁记录的间接正犯，故可成罪；但是，第 359 条条文要求必须"致生损害于公众或他人"，此一事实是否已发生损害，法院并未在理由中详细交代，仅于判决的事实字段简单指明：（甲）使不知情之电信客服人员在与甲核对乙之个资无误后，将密码变更为"○○○○"并转知甲，足以生损害于乙及电信对相关电磁记录之正确性。接着指出：被告使不知情之电信客服人员代为变更证人乙上揭行动电话之语音信箱密码，此部分系间接正犯。被告以一个非法变更语音信箱密码之行为，同时侵害乙及电信之法益，系同种想象竞合犯，应从一重处断。

至于删除留言部分，甲输入新密码进入乙门号语音信箱后，删除乙信箱内所有留言，法院本于证据法的理由排除甲刑责：由于乙对语音信箱内有什么留言已经不复记忆，电信公司记录也只能指出，甲确曾尝试进入乙门号的语音信箱，但不能证明信箱有无留言存档，或已遭甲删除。因此法院以下列理由："被告此部分删除语音留言之犯行，尚属不能证明，惟公诉人认被告此部分犯行，与前揭已经论罪科刑之犯罪事实间，有包括一罪之实质上一罪关系，爰不另为无罪之谕知"，而认定此部事实不另外成罪。

---

* 原载于《月旦法学杂志》2011 年第 198 期。
** 政治大学法律学院助理教授。

最后涉及"刑法"第305条的犯罪事实,法院认为甲在3日内传送7则恐吓简讯给乙,其内容又属断乙手脚之类的威吓言词,乙也供称自己非常害怕,达到使乙心生畏惧的效果,法院因而认为:"被告基于同一原因事实,在短短3日内多次传送简讯恐吓证人乙,系基于单一之恐吓犯意,于密接之时间,接续为之,且系侵害同一被害人之法益,系接续犯,仅论以一罪。"

甲分别犯"刑法"第359条与第305条,属于两个行为,法院认为应数罪并罚。

疑难问题

本案的犯罪事实并不复杂,从最后结论来看,法院见解也没有太大问题;不过若更仔细地审视这个貌似简单的案例,可以发现台湾地区法院判决中的一些有趣想法。特别是针对某些新兴犯罪的解释推论,法院对于刑责条文的掌握,其实还有些可以进步的空间。

首先谈比较无争议的传统型恐吓危险罪,甲在3天内,分别寄发了7则恐吓简讯,虽然使用"简讯"的新兴技术恐吓他人人身安全,但这种手法只是运用不同方式传达恶害,并未影响"刑法"第305条的成立,只要每一则简讯都使得被害人乙极度恐惧,就可以个别该当"刑法"第305条。值得注意的是,仅有接续犯问题,本案法院认为7则简讯,同样出于恐吓乙人身安全的单一目的,可以认定为接续犯,合并观察为一行为,故仅成立一罪①,考虑到整个恐吓历程中,犯行实施内容与侵害对象均属同一,法院见解可称允当。

不过,判决最后一部分事实的法律效果,则有比较大的缺陷。行为人甲变更密码后,又以新密码侵入被害人乙的语音信箱,并删除乙的留言,由于法院无法完全确定,在乙的语音信箱中,是否有任何留言被甲删除,基于罪疑惟轻原则,法院判定删除部分不成立"刑法"第359条刑责,此一见解虽然深值赞同;但行为人"以无权变更的密码,通过电信联机机制而侵入乙语音信箱",是否会另外成立"刑法"第358条无权侵入罪的刑责,这一点似乎在原判决中只字未提,应有论理上的瑕疵。

此外,对于前阶段篡改乙密码,再以之进入语音信箱而删除留言的法律论理,则与"刑法"第359条无权变更电磁记录有关,法院很快地肯认行为人构成第359条刑责,虽然最终结论并无错误;但是在笔者看来,法院过快的推论产生若干论理的不完整之处,可以分成几点说明值得斟酌的地方:

第一,"刑法"第359条构成要件中,条文用语是"致生损害于公众或他人",而不是"足生损害",若行为人要成立犯罪,必须先能认定损害已经发生,同时损害与行为间存在因果关联。但本案判决中只提到"'足以生损害'于乙及电信对相关电磁记录之正确性",这样的判决行文与责任审定方式,显然不符罪刑法定主义。

第二,之所以会出现上述问题,其实与"刑法"第359条的法益定性及损害内容有极大关系。法院在判决中依循的思考路径,是从乙与电信公司信赖电磁记录的正确性着眼②,在这个论述脉络下,第359条保护的法益内涵近似于伪造文书罪的内容真实性,固然无权变更影响了有权使用电磁记录者的真实内容期待;但是"刑法"第359条构成要件中,并不是只有"无权变更电磁记录"一种行为而已,还包括"无权取得"与"无权删除电磁记录"两种犯行,后两类行为显然无关电

---

① 参考林山田:《刑法通论》(增订十版)(下册),2008年版,第302—303页;林钰雄:《新刑法总论》,2006年版,第559—564页;Roxin, AT/2, 2003, 33/31 ff.

② 有关伪造文书的法益,学说向来有真正性与真实性两种不同思考方向,就此参考甘添贵:《刑法各论》(下),2010年版,第191—193页;卢映洁:《刑法分则新论》,2008年版,第299—306页;Maurach/Schroeder/Maiwald, Strafrecht BT/2, 9. Aufl., 2005, § 65 Rn. 6; NK-StGB-Puppe § 267 Rn. 1 ff.

磁记录的内容真实性,原判决也没有详细说明第 359 条的法益内容。那么,"刑法"第 359 条的保护法益究竟是什么? 保护利益如何串连到构成要件规定中的损害内容? 我们又要如何判定第 359 条的"致生损害"? 这些与法益相关的提问,当有必要进一步讨论。

第三,承接第二点,法院接续演绎认为,门号持有人乙与电信公司都对密码(电磁记录)有真实性信赖,因此二者都是法益持有人,所以行为人篡改密码的行为,同时侵犯乙与电信公司的法益,成立两个"刑法"第 359 条之罪,由于是一行为构成两罪,可依"刑法"第 55 条想象竞合处断。虽然我们必须承认,本案最终的法律效果还是成立一罪,可是一旦案例事实涉及成立同种想象竞合,科刑上纵然只会采计一罪,但是另一个被竞合掉的罪名,仍然会在刑度效果上有"澄清作用"(Klarstellungsfunktion)①,原判决认为同时有两个法益、两个被害人的观点是否合宜②,仍要深入检证才行。

上文提到原判决中,可能发生解释困扰的数项疑点,为了解决判决中的疑义,并对"刑法"第 359 条有更清楚的了解,下文将通过几个层次讨论,设法厘清上述争议:

（1）"刑法"第 359 条的保护法益为何?
（2）应如何认定"刑法"第 359 条"致生损害于公众或他人"的构成要件?
（3）本案中,甲无权变更语音信箱密码的行为,究竟构成几罪?

学理研究

一、"刑法"第 359 条的保护法益

"立法院"于 2003 年增订妨害计算机使用罪章,该罪章总结了台湾地区自 1997 年以来计算机犯罪的增订方向,一方面删除若干可能重叠的条文,另一方面则将计算机或网络工作的资讯与内容安全,独立为一个罪章。

事实上,台湾地区立法的做法并非世界独创,这一点必须简单地反思计算机犯罪的历史发展。计算机犯罪源自于保护财产的想法,20 世纪 70 至 80 年代的早期计算机犯罪论述中,法律管制的重点在于"利用计算机技术侵犯固有法益"③,最常见的尤其是利用计算机侵犯他人账户中的财产记录,或是利用计算机系统漏洞侵夺财产价值。计算机系统在当时技术氛围下,还没有成为独立的刑法保护对象,毋宁只是一种特有的财产法益侵害方式而已。然而随着计算机技术效能的提升,网络多媒体、网络社群的出现,计算机犯罪的概念同时发生质变,原本的"技术型"观点逐渐不足完整保护自外于真实社会的虚拟环境,网络人格(讨论区的 ID 账号)、网络货币(网络游戏的储值点数)或是网络空间(某个特定讨论区机能的正常运作)虽然不具有真实社会的传统法益特质,但因在虚拟世界中可形成特有的人际关系,这里就有刑罚介入的实质需求。一连串以资讯安全(information security)为保护主轴的立法趋势,大约在 20 世纪 80 年代末期逐渐扩散到世界各地,这个趋势的重要观点,就是侵入计算机行为的入罪化,亦即,计算机犯罪不必再与传统的

---

① Roxin, AT/2, 33/109. 学说又译为厘清作用,参见黄荣坚:《基础刑法学》(第三版)(下),2006 年版,第 979 页。

② 如果再讨论到刑事诉讼部分,由于"刑法"第 359 条是告诉乃论之罪,依法院想象竞合的看法,由于被害人电信部分并未提出告诉,理论上应该只能谕知成立对乙部分的犯罪;但对电信部分的罪名,则因欠缺诉讼条件而无法作成有罪判决。

③ Vgl. Lenckner, Computerkriminalität und Vermögensdelikte, 1981, S. 13 ff. ; Sieber, Computerkriminalität und Strafrecht, 2. Aufl. , 1980, S. 23 ff.

法益类型连结,而是产生独立的保护需求。①

相对于美国快速的立法走向,台湾地区一直到2003年才订出类似条文。很可惜的是,虽然立法者订定了一个新罪章,又在罪章中安插了若干与通资安全有关的条文,但并没有彻底解决问题。②

正如论者所言,最大的原因毋宁是本罪章在整个刑法体系中的定位不清,特别是该罪章保护的法益到底是个人法益还是社会法益,立法理由中对这个问题仅仅模糊地以数言交代:"本章所定之罪,其保护之法益兼及于个人法益及社会法益",我们至少可以演绎出两种可能见解③:

(1)个人法益说。由于本章位置在个人法益之后,解释上,应该从财产法益,或至少从隐私法益的个人法益方向确定本罪章的保护内涵。

(2)社会法益说。虽然罪章是考虑重点,但仍应从本罪章各罪实质的保护内涵予以掌握,由于罪章中处罚侵入计算机、取得/变更/删除电磁记录、妨害计算机机能与制作计算机病毒各罪,其共同点是影响资讯的社会信赖,故属社会法益。④

上述争议的关键问题,其实是修法时最重要的条文"刑法"第358条,该条构成要件创设"入侵计算机"的犯罪行为,将刑罚界限前置到尚未发生现实财产损害的入侵行为。从个人法益观点来思考,由于被侵入计算机的储存数据不必然具有财产利益,至多只能认为,侵入行为妨害计算机合法使用权限者的资讯隐私利益。

不过,倘若采用同样观点来思考"刑法"第359条,就会出现解释障碍。因为第359条修法前"刑法"第323条(无权取得或删除具财产利益的电磁记录)等财产犯罪规定,又加入涉及伪造文书或诈欺前阶行为的变更电磁,犯罪构成要件明确规定,行为人必须完成"取得""删除"或"变更"电磁记录等行为,这些行为本身与隐私利益的破坏(侵犯数据内容的私密性),已经没有直接关系,若强要认定为侵犯个人法益,只能从电磁记录本身的财产性格或是文书特性理解。亦即,"取得或删除"电磁记录就会直接串连到财产法益的侵犯类型,而"变更"电磁记录会连结至伪造文书的类型。

但是上述个人法益取向的想法,其实面临一个根本性的理论瑕疵。"刑法"分则会有各种不同的罪章,每个罪章内的条文均有不同的保护方向,之所以可以被归类为同一个罪章,是因为这些条文存有共同的保护属性。以杀人罪章为例,即便普通杀人、杀害直系血亲尊亲属、加工杀人或过失致死罪有着不同的成立要件,但其共同点均在妨害他人的生命法益,这一个共同保护属性,使得它们可被纳为一个罪章;而近年大幅增加条文内容的"刑法"第二十八章妨害秘密罪的各条文间,都是涉及生活行动、言谈或资讯分享权限的私密特质,纵然开拆信件、窃听、外泄医疗秘密都有个别的保护方向,但大体上仍可规定在同一个罪章中。

---

① See Ralph D. Clifford, Cybercrime, 3-12 (2. ed. 2006).
② 相关讨论,参见李茂生:《刑法新修妨害计算机使用罪章刍议》(上),载《台湾本土法学杂志》2004年第54期,第235—242页;柯耀程:《刑法新增"计算机网络犯罪规范"立法评论》,载《月旦法学教室》2003年第11期,第117—129页;李圣杰:《使用计算机的利益》,载《月旦法学杂志》2007年第145期,第70—79页。
③ 法部分论述,参见李茂生:《刑法新修妨害计算机使用罪章刍议》(上),载《台湾本土法学杂志》2004年第54期,第239—247页。
④ 台湾地区近期实务见解中,已经出现类似看法:"计算机已成为今日日常生活之重要工具,民众对计算机之依赖性与日俱增,若计算机中之重要资讯遭到取得、删除或变更,将导致计算机使用人之重大损害(此参照该条之立法理由),足认本条犯罪之成立虽以对公众或他人产生具体之损害为必要,然本项法益既系在于维持电子化财产秩序,故并不以实际上对公众或他人造成经济上之损害为限。"参见台湾地区高等法院台南分院2010年上更(一)字第10号判决。

在个人法益的观点之下,"刑法"第358条的保护方向是"资讯隐私",而"刑法"第359条则依不同犯行,而分别保护"财产"与"文书的真正性",这些利益其实不具规范于同一罪章的共同属性,甚至依台湾地区学理通说,文书的真正性属于社会法益,如何将该社会法益"硬拗"成个人法益,而认为"刑法"第359条全部保护个人法益,又会面临不属于个人法益的困扰。质言之,若要把保护法益扩张解释到这种程度,根本找不到三种犯行间的共同性,强硬处理的结果,只是一个构成要件同时保护三类不同法益,这种解释结果,已经超出刑法的体系解释范围。

此外,"刑法"第359条的法益是5年以下有期徒刑;取得类型与财产法益的夺取罪(窃盗、侵占)相关,其基本"价码"是5年以下有期徒刑;变更类型关联伪造文书罪,依"刑法"第210条规定的基本"行情"也是5年以下有期徒刑。立法者在第359条宣示:即便财物/文书以"电磁记录"方式出现,仍然不得任意取得或变更内容的要求,而处罚上限仍维持"非电磁记录"5年徒刑,这部分可以说得通;但是,删除类型最接近财产法益的毁损罪,无论是一般财物的两年("刑法"第354条),或是文书型财物的3年以下有期徒刑,都无法与前面两种犯罪的刑度相互一致。在立法者原始架构下,毁损方式侵犯财物,本来就有比较低的可罚性,若以此一观点回头检视"刑法"第359条时,我们根本无法说明,为什么以电磁记录方式出现的财物,无权取得或变更要依"刑法"原始换算表科以5年徒刑,但无权删除电磁记录,却要从两年或3年提高刑度到5年有期徒刑。

再者,虽然"刑法"第359条看似一定要妨害电磁记录的财产或文书机能,但是在第359条的条文内容中,并未要求这种财产或文书属性。而从现实上来看,被他人无权取得或删除的电磁记录,不必然属于"刑法"承认的财产利益①,无故被他人变更的电磁记录,也不一定属于"刑法"定义的文书②,无端要求条文所未规定的财产或文书利益,或许已超出条文原来期待的管制对象。

倘若转从社会法益的观察角度,认为妨害计算机使用罪的保护法益,不是从具体个人的利益侵损判断,而是取向于社会成员对计算机机制的共同信赖感,当行为人妨害了计算机的身份认证机制、计算机的资讯保护效果或数据处理机能时,就属于本罪章的法益损害。③ 采用这种观点,只要黑客侵入受到密码或认证机制保护的计算机系统,纵然只是单纯读取内部资讯,而未改变计算机状态,某种程度上也影响对计算机安全机制的社会信赖,具有处罚必要性。简言之,对"刑法"第358条侵入计算机罪而言,社会法益的解释角度,提供了远比个人法益更适切的理论途径。

不过,采用超个人法益的解释角度虽然能够合理说明"刑法"第358条,但能否同样顺利地解释同罪章的其他条文,特别是条文规定与财产、文书等法益接轨的"刑法"第359条,即不无斟酌余地。依笔者之见,虽然"刑法"第359条的规范内涵非常近似个人法益,但在遵循法益体例的前提下,采用社会法益的观察方法,能够得到比个人法益思考途径更理想的结果。以下分三点说明:

(1)首先是罪章的形式问题。既然"刑法"第358条与第359条并列在同一罪章,就应该保护同样的法益;但我们不能因为罪章置放条号在毁损罪之后,就直觉认为该罪章必然是财产(或隐私)等个人法益的延伸,而与社会法益无关。相似的情况,即如"刑法"原本将妨害性自主罪章

---

① 例如行为人趁被害人不小心,知悉其电子邮件账号与密码,以之登入被害人信箱后(构成"刑法"第358条),再把被害人信件下载到自己的计算机硬盘中(构成"刑法"第359条)。这些信件记录人类意思,但不一定存在财产利益。

② 例如无权侵入他人电子信箱的行为人,变更被害人信箱的登入密码,被改变的"密码"不必然属于有证明机能的文书。

③ 参见李茂生:《刑法新修妨害计算机使用罪章刍议》(上),载《台湾本土法学杂志》2004年第54期,第239—247页。

(保护性自主权利,属于个人法益)与妨害风化罪章(保护性道德,属超个人法益)规定在同一罪章,当时还没有承认独立于社会法益的个人性自主利益,全部都是保护性风俗的社会法益;但当"刑法"承认性自主的个人保护需求时,立法者立即独立出第十六章之一的新罪章,用以标示性自主与性风俗的不同保护机制。通说认为,第十六章之一属于个人法益①,但该罪章却被夹在社会法益的条文之间,根本没和个人法益的条文串联。从这个例子可以看到,条号位置只是立法者基于方便而用,不能作为判断保护法益内容的绝对依据,妨害计算机罪章仍然可以从社会法益加以解释。

(2)前文提过,"刑法"第359条同时规范三种不同犯行:取得、删除、变更电磁记录。从个人法益来看,根本找不到其共同之处,统整第359条保护法益的关键,应该是三类犯行对资讯安全体系的影响。

简单地说,生活在现代社会,社会成员的日常生活中,都会通过计算机或网络联机方式,进行各种不同的交易或活动。而整个计算机或网络体系中,我们只参与其中一部分而已,不太可能掌握所有的活动内容。因此,我们可以期待这个计算机或网络体系能够提供功能稳定、不受干扰、内容正确的运作与处理机制,否则就会影响到具体个人的生活安定。

以交易、货币与电子交易的关系为例,在最早期的人类社会中,尚未出现银行组织,人与人的关系通过以物易物,并无任何外于"具体个人"的人际关系;随着交易结构的复杂性与多样性逐步增加,人类开始使用货币,货币能够兑换商品与服务,货币的存在,代表人对支撑货币背后的经济体系有其信赖,人类无法再以互易方式处理更高阶层的复杂交易结构,因此必须换算为特定行情。这时除了交易进行的具体个人外,还有一个通过人际关系建立起来的"货币制度",货币的效用,虽然会串连到具体个人的交易行为,但必然是一个独立于个人之外的人际关系与制度②;当整个社会再进一步复杂化,传统的货币交易(一手交钞票,一手交商品或服务)已经不再能符合需求时,我们需要更高阶的交易方式,这时以计算机、网络为中心而串联的电子化付款机制,又会逐渐茁生而成为一个类似早期货币形态的新制度。网络交易的买家与卖家常不会亲自见面,但他们可以进行交易,这是因为有一个值得信赖的转账机制,买家把户头的钱转给卖家,而卖家的户头多了一些数字,这整个流程中,从来没有出现任何具体的货币移转现象,卖家只是因为账户的数字变大了,就可以担保他已经得到货款,而可以顺利出货。这种形态的交易可以实现,都是因为买家与卖家对于"银行电子化转账系统"有着信赖,任何一方都可以相信转账出现的电子金额,可以归属到自己(具体个人)财务项目的增、减。换言之,从尚有实体纸钞的现实货币中,又出现了另一种必须加以保护的新人际关系与制度,这就是电子交易本身的可信赖性,如同货币与具体个人的关系,电子交易的可信赖性也会独立于具体个人之外,而成为一个生活不可或缺的独立系统。

从上面的例子可以看到,即便具体个人是社会构成的必要元素,但社会甚或是高度复杂的社会,还需要比具体个人更多的"制度性"组成因子,这些制度的存在,使得我们能够因应分化与复杂社会中的多元景貌。我们不用种田,却有米、麦可以食用,正是因为我们信赖货币制度提供的交易机能,我们不用如古人把钞票藏在枕下或灶边,是因为我们信赖银行的存款与提款功能;我们进行买卖时不用亲自到店家购买,只要在网络上转账,是因为我们信赖转账结果的正确性。在刑法上来看,这些制度性事实,正是社会等超个人法益保护的实质对象。

---

① 参见卢映洁:《刑法分则新论》,2008年版,第339页。
② Vgl. Hefendehl, Kollektive Rechtsgüter im Strafrecht, 2002, S. 131.

基此，生活在资讯社会中，每一个社会成员都有权利信赖计算机或网络的私密性、可靠性与正确性。因此，当社会成员利用计算机或网络，而产生一个值得信赖的电磁记录状态后，法律有必要担保这个状态不会任意被他人侵犯；当电磁记录储存于特定计算机硬盘内时（不论有无网络联机），未获得有权者的许可，任何人都不可以改变电磁记录的既有状态。这些涉及既有状态的利益内容，包括"电磁记录的排他性接近使用（access）权限""电磁记录的排他性重制、用益与处分权限"以及"电磁记录内容的正确性"，这些利益都必须从制度性的观点审视。虽然上述利益都与具体个人有关，但考虑到：第一，复杂的现代社会中，计算机系统从来不是单一个体独立享有的私人利益，正常情况下，都是由特定的网络社群共同享有①，每一个社群成员享有程度只是或多或少而已。② 第二，为了应付现代社会的复杂多元，社会成员对计算机与网络系统已经有高度的信赖，并以之交易或从事社会活动，其具有独立意义的需保护性；我们应该将这种社会对计算机与网络安全机制的信赖效果，直接理解为社会法益，而不再是个人法益。

至于具体的保护内容，如前所述，当行为人侵犯他人电磁记录的排他性接近使用权时，该侵害行为即"刑法"第358条的管制对象。侵犯电磁记录的排他性重制与用益权，涉及"无权取得"电磁记录的刑责，至于排他性处分（事实意义）权，则与"无权删除"有关，内容正确性的保护，则委诸"无权变更"电磁记录内容的规定。必要要特别说明的是，后三者（取得、删除、变更）正是"刑法"第359条的规范内容，这三种侵犯方式，都已经影响到"个别"电磁记录的本身，亦即，当行为人取得、删除或变更内容时，个别电磁记录已经受到影响。相对于行为人无权接近使用，后三者威胁的信赖效果程度比较严重，也因此，立法者选择把后三者纳入第359条的规定中，并赋予5年刑度。相对来说，影响比较轻微的侵入行为，则独立于第358条规范，处罚时也只论3年刑度即可。

（3）最后则是比较法面向。台湾地区将"刑法"第358条与第359条放在一个独立罪章中，这种立法例虽然不算非常特别，但若比较美国法与德国法的规定，就会发现中国台湾法的独特性。

以美国联邦的刑事制裁规范为例，美国《计算机诈欺与滥用法》（Computer Fraud and Abuse Act，CFAA）之18 U.S.C. § 1030中，根据被侵入的计算机与破坏的数据类型，区别出极为复杂的处罚态样；但整体而言，美国法管制的中心在于无权侵入受保护计算机的行为（access a protected computer without authorization），该规定同时包括侵入计算机、损害档案、无权变更数据与无权取得资讯等计算机损害的行为。尤其是侵入计算机后，若行为人另行取得（obtain）政府、金融机构或私人资讯，则条文上可以加重处罚行为人。此外，美国法也处罚上述犯罪行为的未遂犯。③

相对于美国法，德国法则采用另一种规范方式。《德国刑法》第202a条处罚无权侵入计算机的行为（Ausspähen von Daten），对应刑度是3年以下有期徒刑，接续的第202b条则处罚无权取得他人电磁记录的行为，但取得行为的刑度较低，只有两年以下有期徒刑。按照德国学界通说，这两个条文保护的法益都是对资讯处分与取得的秘密利益④，属于个人秘密法益罪章的一部分。

---

① 以webmail为例，电子邮件储存处所，并非账号所有人的自有硬盘，而是网络服务业者（ISP）所有的服务器内，业者虽然有电子邮件储存载体的所有权，但不具有任意阅览信件的权利；相反，账号所有人虽然没有载体所有权，但他有接近使用、处分或管理电子邮件的权利。

② 唯一例外可以说是不具网络联机功能的单机计算机，该计算机所有人同时享有电磁记录排他利益与内容同一的全部权利。

③ Clifford, supra note 6, at 19-29.

④ Fischer, StGB, 57. Aufl., 2010, § § 202a Rn. 2, 202b Rn. 2.

至于电磁记录的删除与变更,则委由《德国刑法》第303a条规范,该条的体系定位则是在毁损罪之后,最高刑度也完全等同于毁损罪的两年以下有期徒刑。值得注意的是,德国学说上也面临体系定位的困扰,因为该条置于毁损罪之后,理论上也是财产犯罪的构成要件中,而此类罪名必须侵害他人的所有利益;但第303a条并无任何有关财产利益他人性(Fremdheit)的明文,似乎与整个体系不相吻合。为了解决争议,德国通说认为,第303a条的侵害客体必须有归属他人的权利,亦即该他人对于电磁记录相当于所有人处分权能的地位,才能符合条文体系的安排。①

比对中国台湾、美国、德国的立法,美国法显露出完全以独立的计算机利益(protected computer)作为规范基础的倾向,并从中建构保护资讯安全的各项规定,包括侵入、取得、删除或变更计算机内部数据等,这些规定均以损害计算机利益为规制与保护重心;德国法则谨慎地将刑罚效果封锁在个人法益层面,并没有一个独立于个人法益的处罚规范,也因此德国法选择以散落式方法,个别在不同罪章中填入相关的刑事制裁规范。

至于台湾地区立法,则可以观察到立法者试图趋向美国法的管制倾向,但由于整个刑事制裁基础理念,仍停留在保守的德国法的既存框架上,虽然独立出妨害计算机使用罪章,但在立法理由与个别规范的用语中,却又混入个人法益实质损害的考虑因子,这一点尤其表现在妨害计算机罪立法理由中的用语:"本章所定之罪,其保护之法益兼及于个人法益及社会安全法益。"

不过,当我们实际从事解释时,不可能兼容两种法益而掌握"刑法"第358条及第359条的保护内涵,基本上只能选择其一。综合前文的讨论,比较理想的做法,应该是依循美国法的管制技术,把资讯安全的社会信赖独立为妨害计算机使用罪的法益,其实质内涵即是:"相关社群成员,对电磁记录储存状态与内容的信赖。"

二、损害的意义与判断方式

确认"刑法"第359条的法益内容后,处理接续问题就比较简单了。笔者主张第359条保护电磁记录的社会信赖,条文用语"致生损害于公众或他人",当然也必须从上述的社会信赖予以解释。

从保护个人法益角度来看,或许会认为行为以外的损害要件并不必要,因为只要行为人完成取得、删除或变更行为,个人法益实害随而出现②,条文内多附加一个"致生损害于公众或他人"的结果要素,其实一点功能也没有。

不过,倘若我们从社会法益角度来看,该损害要素的存在,无疑是重要而必需的成罪条件,尤其在现今信息发达的时代里,计算机或网络已成为社会生活不可或缺的一部分,社会成员很有可能在不经意的情况下,无故侵犯他人资讯,如果不再以妨害社会成员的资讯安全信赖予以限缩,很有可能动辄成立"刑法"第359条刑责。

举例来说,甲、乙为大学同学,住在同一宿舍中,甲有笔记本电脑一台,某日甲开机放在桌上,乙出于好玩而点击甲的收信软件,看到一封甲女友丙寄给甲的肉麻情书,立即将该信件转寄给自己。在这个案例中,由于甲的计算机并无任何封锁乙使用的防制机能,理论上乙不会成立"刑法"第358条侵入计算机刑责;但是乙将信件转寄给自己的行为,属于无权取得该信件的电磁记录,如果欠缺接续的损害要件,则乙可以成立"刑法"第359条的5年以下有期徒刑。然而倘若考虑甲、乙属于同学的人际关系,再观察甲根本未对乙设置任何防范功能,乙无权取得的信件又只是

---

① Fischer, StGB, § 303a Rn. 4.
② 这是因为定式犯罪类型中,当行为人实施完成构成要件行为,损害的连带结果也会出现,条文用语中不必另外再规范结果要素。例如窃盗既遂罪要件,只要行为人完成窃取行为(破坏他人原持有而建立自己新持有),就足以认定窃盗既遂,损害结果通常尾随着犯行完成而出现。

男女朋友间的肉麻情书,基本上不会认定有任何影响社会信赖的效果。质言之,在资讯时代中,我们利用电磁记录作为人际沟通的工具,如果单单因"无权取得他人电磁记录",不考虑取得后的社会影响效果,就成立最高 5 年刑责,不免有过度仰赖刑罚保护资讯安全的弊病。

上述案例只是以直接正犯方式,无权侵夺他人电磁记录,就已经出现刑罚过度介入的问题,更麻烦的情况还有间接正犯。例如,甲与乙本来约在第二天见面,乙随即将约会时间输入自己的 PDA 中,丙知道后,为了恶整乙,故意告知乙:"甲托我跟你改期",乙随即在丙的面前修改 PDA 中的约会日期。在这个案例中,丙采用间接正犯的方式,让不知情的被害人乙自行"修改电磁记录内容",由于"刑法"第 359 条并非亲手犯①,间接正犯法理在本条仍可适用,若不另外讨论"变更行为"以外的损害要素,行为人已经可以成立第 359 条刑责。如果我们真能接受这种间接正犯论理,"刑法"第 359 条势必成为制裁"说谎致他人变更计算机行事历"的刑罚规定。

质言之,若构成要件中欠缺独立于行为的损害要件,"刑法"第 359 条的适用几乎可以在生活中的每个层面,并用以处罚影响他人计算机资讯正确性的行为,这样的解释结果,无疑过度放大了刑法的管制能量。鉴于犯行本身的不确定性与模糊特质,笔者认为,独立的损害要素实为必要且不可或缺,接续的问题则是,如何认定损害要素?

笔者主张"刑法"第 359 条保护资讯安全信赖的社会法益,该损害要素当然必须从社会法益的思考方向掌握。简单地说,条文中所称的"损害",必须与个人实际发生的利益缺损脱钩,并取向于社会法益的影响面向。判定重心应该是取得、删除、变更电磁记录行为是否使得社群成员减少对资安系统的信赖程度,个人损害在这个意义下,只是判定社会法益有无损害的凭据(Indiz)而已,并非损害本身。基此,在上述两个案例中,行为人虽然取得他人电子邮件,或利用被害人而变更他人电磁记录内容,但整个行为产生的外在效果,并未真正影响资讯安全的社会信赖,两例中的行为人均不成立"刑法"第 359 条犯罪。②

至于本文所要检讨的原判决事实,笔者认为,就此有三个重点值得说明:

(1) 实务上多数适用"刑法"第 359 条取得与删除类型的案例,都是先无权侵入计算机,实现"刑法"第 358 条之后,再取得、删除或变更该被侵入计算机内部的电磁记录。例如,离职员工因故知悉其他同事的账号与密码,在离职后以他人账号登入公司信箱,将该同事信箱内的重要信件转寄给自己(取得)③,或予以删除④;又例如银行职员为了让申贷友人能取得银行核贷,利用其同事的账号登入内部系统后(无权侵入),修正该友人的贷款上限,使得有核贷权责的银行同事核准高额贷款,而事后变成呆账的案例。⑤ 不过必须强调,虽然多数案例中,行为人同时构成"刑法"第 358 条与第 359 条,但第 359 条并不以"无权侵入他人计算机"为成罪前提,行为人同样可以在有接近使用权限的情况下(亦即不成立"刑法"第 358 条),直接构成第 359 条。实务上的案例,如行为人是公司员工,利用自己账号与公司内部计算机系统的漏洞,修改自己的请假内容,而使得公司多付薪水。⑥ 这个案例中,由于公司内部系统设计有漏洞,所以员工仍然可以使用一般权限的账号变更请假的电磁记录内容,故属于合法接近使用数据,但违法变更内容。

---

① 若构成要件属于亲手犯类型时,排除间接正犯法理。参见林钰雄:《新刑法总论》,2006 年版,第 395 页;Roxin, AT/2, 25/288.
② 至于什么样的条件下,可以认定"减损社会信赖",请见下文论述。
③ 例如台湾地区高等法院台南分院 2010 年上更(一)字第 10 号判决。
④ 例如台湾地区"最高法院"2008 年台上字第 3817 号判决。
⑤ 例如台湾地区高等法院 2009 年度上诉字第 1013 号判决。
⑥ 台湾地区高等法院台南分院 2009 年上诉字第 2 号判决。

原判决的事实也是一样,行为人利用不知情的客服人员变更密码,一是因为行为人自己未亲自侵入电信公司计算机系统;二是因为行为人以其利用行为,让有权限的客服人员登入系统,因此不会成立"刑法"第358条的侵入计算机罪;但行为人利用行为的后果,却在无权限的情况下,变更被害人语音信箱密码,因此可以成立第359条的无权变更行为。

(2) 不过,是否成立"刑法"第359条刑责,还必须考虑该行为是否符合条文中"致生损害于公众或他人"的要件。如前所述,笔者认为,本罪保护社会法益,本案中必须以社会成员的信赖减损,作为损害的认定标准,由于信赖是一种对特定制度将有可预期功能的社会成员共同意识(例如拿到找回的钞票,可以期待能持之买其他商品),要达到信赖减损的效果,该行为必须在现实上使社会成员不再认同制度提供的安全效能或便利机制,并对制度产生不信任的共同意见,既有制度的功能从而萎缩的效果(例如他人要以钞票购买我所生产的食物,但我无法预期钞票能产生适当的市场价值,故不愿接受)。①

在超个人法益的构成要件中,因为损害往往欠缺明确的认定基础事实,立法技术上,通常不会直接将某种"损害结果"当做既遂犯要件;相反,立法者会选用几种替代性的做法来解决成罪难题,例如立法者可以把"结果要素"转写为"致生危险"②,或是将既遂犯明定为"足生损害"③,或是将危险通过主观思考定义④,甚或完全不把特定结果要素写入法条之中,但一般不会写明"致生损害"。因为在这种写法下,该超个人法益既遂犯要成立,必须同时满足"损害存在"以及"行为与损害间有因果关系",要认定两项要素成立,对超个人法益条文是一个极难的要求。例如"刑法"第210条的伪造文书罪保护文书的公共信赖,若把该条修正为"致生损害于公众或他人",要成立该罪既遂犯,必须"公共信赖'已'减损",亦即,社会成员"已经"不再信赖文书的公信机能;但这种通过多数人意思而共同产生的不信任氛围,通常不会只因单一伪造文书事件而出现。简单地说,有人在高雄伪造文书,住台北的人不一定知道,更遑论台北居民不信任文书的公信机能了!换言之,若将"刑法"第210条结果要素修正成"致生损害",必然使得该条不可能成立既遂犯。

很有意思的是,立法者在"刑法"第359条的构成要件中,竟要求"致生损害"⑤,如依笔者见解,必须要"已经出现信赖减损"的客观事实,亦即必须要社会大众已经不再信赖计算机与网络制度,才可以称得上有"损害"出现。不过,与私文书的例子相同,单一的无权取得电磁记录事件,通常不会真正引发全部社会成员的信赖减损,倘若第359条要求到这种程度,实际上已经架空了该条的保护机能。为了使第359条能有其适足功能,笔者认为应该调整条文所称的"损害"意义,这里的损害不是一种"信赖全面崩损"的社会状态,而是"信赖足以崩损"的危险效果。⑥ 之所以可以这样解释,是因为信赖是一个具有浮动特质的外在条件,考虑到社会法益涉及多数且广大的社会利益,刑法的管制机能不可能至迟到"一切信赖都丧失"的时点,才介入处罚;在正常情况下,刑

---

① Vgl. Hefendehl, a. a. O., S. 130 ff.
② 例如"刑法"第174条第2项放火罪的"致生公共危险"、"刑法"第185条壅塞道路罪的"致生往来之危险"。
③ 例如"刑法"第210条伪造私文书罪的"足以生损害于公众或他人"。
④ 例如"刑法"第195条伪造货币罪的"意图供行使之用"。
⑤ 批评参见李茂生:《刑法新修妨害计算机使用罪章刍议》(上),载《台湾本土法学杂志》2004年第54期,第243—247页。
⑥ 所谓的损害(Schaden)并非仅指实害(Verletzung)而已,某种程度上还包括法益足以受到干扰或妨害的危险状态(Gefahr)。因此从语言使用上,可以把"损害"解释为"危险状态",而不是"实害状态"。

法通常会在"信赖足以减损"的情境中,发动制裁力量介入干预。因此,所谓的"致生损害于公众或他人",并不是指"社会成员已完全不相信计算机或网络具有资讯安全机能",而是"该行为的外在效果,足以引起资讯安全的不信赖效果"。换言之,重点在"外在效果"是否能引起资讯安全的信赖危机。①

（3）若将上述标准运用到原案例,笔者认为可以考虑若干事实,以认定本案是否满足"致生损害于公众或他人":客体的资讯安全重要性:本案行为客体是用来保障用户接触语音资讯的密码,密码机制在现代资讯安全体系中,扮演非常重要的机能;行为的外在效果:被害人已经因为行为人篡改密码,而无法接听语音信箱听取留言;是否足以影响资讯安全的社会信赖:从使用该电信公司语音信箱的用户角度来看,与他人交往过,往往知悉他人的个人数据,如果这样就可以任意变更密码,无异使个人对具有亲密关系之人不得主张任何隐私利益,任何一般社会成员都不会许可有这样的结果。基于上述几个事态,笔者认为本案已经可以认定发生对通资安全的信赖破坏,成立"致生损害"要件。

综合上述三点,我们回来检视原判决的看法,原判决对本案是否有损害,只用寥寥数语带过："足以生损害于乙及电信对相关电磁记录之正确性",这样的看法虽然强调电磁记录本身,但却忽略"刑法"第359条保护法益的社会信赖面向。质言之,乙与电信公司的损害,仅是结果要素的判断依据而已,不是结果要素本身,法院应该进一步针对该密码被篡改的外在情形,是否足以引发对资讯安全的信赖减损,应进行实质判断,否则其理由不无违法之虞。

三、罪数与竞合问题

接续前文对法益与损害的探讨,既然"刑法"第359条并非侵害特定个人,而是妨害通资安全的社会法益犯罪,行为人无权变更特定个人的密码,妨害整个社会的资讯安全信赖,行为人应该只成立一罪,而不是成立数罪。原判决虽然强调认为行为人对乙和电信公司分别成立第359条的犯罪,但这是一个误解第359条保护法益的观点。

结论性观点

以上简单评释了原判决,虽然原判决结论正确,但论理过程仍有若干缺陷。法律的研究与运用,重点不仅是得到正确的评价结论,还必须追求论证的妥适与精密。希望笔者所提出的见解,能够引起进一步的讨论,如此,台湾地区的裁判质量才能愈来愈好。

---

① 当然,这里的外在效果,常常通过"具体个人损害"的方式表现出来。

迟来的解释*

——台湾地区桃园地方法院1999年易字第2002号刑事判决评释

葛 谨**

基本案情

甲为某国大学医学系毕业生,1993年4月28日通过"教育部"举办之相关学历甄试,取得相当于台湾地区大学医学系毕业资格,自1996年7月1日起至1998年2月止,于教学医院任住院医师,虽任职期间未通过医师考试,但于1999年10月11日取得医师资格。

1997年1月9日凌晨5时许,甲为急诊室值班医师,求诊病患为心脏科A医师门诊病患,当天该病患因相同症状至急诊,甲先以电话报告A医师,A医师建议住院治疗,嗣后,病患仍不治死亡。

裁判要旨

病患之女遂对甲提起业务过失致死之自诉,得知甲之住院医师无照行医,1999年被检察官提起公诉(1999年侦字第2478号),法院以甲未取得合法医师资格,擅自执行医疗业务,2000年1月处有期徒刑1年零6个月,缓刑4年。A医师亦因违反"医师法"第11条第1项前段:医师应亲自诊疗原则之法定义务,涉犯共同正犯嫌暨行政罚责,被一审法院告发,由检察官另案起诉A医师,法院以"无从推断A医师必知以电话咨询其之急诊室夜间值班医师系一无医师资格之人"为由,谕知A医师无罪定谳(台湾地区桃园地方法院1999年易字第2002号刑事判决、台湾地区桃园地方法院2000年易字第992号刑事判决、台湾地区高等法院2000年上易字第4024号刑事判决)。

疑难问题

本案甲虽无照行医,但实质上系处于住院医师训练的情况,甲所为的医疗行为系受A医师指导下所为,甲通过电话向A医师联系,并依据指示将病人收住院,在此情况下所导致的病患死亡后果,应如何定性和归责?医师未履行亲自诊疗之法定义务,是否成立业务过失?

学理研究

一、台湾地区医师制度

(一)台湾地区医学教育

台湾地区在日本占领初期,总督更换频繁,至1896年11月山口秀高①抵达中国,致力设立医

---

* 原载于《月旦法学杂志》2010年第176期。
** 台北荣民总医院内科部临床毒物与职业医学科、东吴大学法律系兼任助理教授。
① 山口秀高(Yamaguchi Hidetaka 1866—1916),1889年东京帝大医科毕业,任冲绳病院第6任院长,1893年6月去职,至大阪任日本生命保险公司医务长,1896年11月来中国,个性执拗,1901年被迫辞官,自费留德,获医学博士后,回东京开设眼科诊所。参见杜聪明:《中西医疗史略》,高雄医学院1959年版,第496页。

学校,1897 年以"台北病院附属医学讲习所"挂上"土人医师养成所"①招牌,供膳宿与零用金专门招收台湾人习医;1899 年 5 月 1 日"台湾总督府医学校"成立,招收各地长官、校长、医院长推荐之 70 名台湾学生开始上课②;1918 年升格为"台湾总督府医学校医学专门部"③,专门招收中等学校毕业之日本人;1919 年改为"台湾总督府医学专门学校"④;1922 年改为"台北医学专门学校"⑤;1928 年"台北帝国大学"⑥成立;1936 年 4 月改为"台北帝国大学医学部"⑦,但"台北医学专门学校"改为"附属医学专门部"⑧,入学资格为 5 年制中学毕业⑨,1945 年改为"台湾大学医学院"至今(2009 年)。

---

① "土人"指台湾当地人士,虽带有轻蔑之意,但山口秀高为引起日本人重视医学校之设立,仍用此名。

② 然而因为采取"入学从宽、毕业从严"教育方针,5 年后,第一届仅 3 人,第二届仅 1 人,第三届仅 10 人毕业。随后台湾人因见医师之出路好,"公学校高等科"毕业报考者渐多,约为 500—600 人选 50 人。惟"台湾总督府医学校"修业 5 年毕业属于"职业教育学制",台湾人医师仅能于台湾地区执业,无法至日本执业。嗣后"台湾总督府医学专门学校"又以日本人为主,台湾学生较少,仅占 20% ~25% 左右(至1941 年后因战争因素,日本人来台湾地区习医者减少),故同时期亦有许多中国台湾人(以下简称台湾人)前往日本习医。例如,魏火曜、魏炳炎兄弟就读东京帝大医学部;许世贤先至东京女子医学专门学校,后又与夫婿张进通医师至九州岛帝大医学部。

③ 医学专门部 1918 年第一届之学生全为日本人,1919 年改为"台湾总督府医学专门学校"(简称医专),属于"专科学制",第一届学生全编入医专 2 年级,成为"医专第一届"。

④ 第一次世界大战(1914 年 8 月至 1918 年 11 月)结束,台湾总督于 1919 年 1 月 4 日发布第一次教育令,建立台湾各级教育机关系统,但日本人的教育还是直接依据日本的法令办理,即中国台湾人的教育制度仍比日本人的同级学校程度低。在田健治郎的同化政策下,第二次台湾教育令(1922 年 2 月),初等教育到高等教育,均依据修正的教育令规定来办理,使日本人和中国台湾人得以在同一系统的教育制度学习,并实施共学制度。原则上,中等学校以上为共学,而初等教育规定日本人入小学校,中国台湾人入公学校。

⑤ "台北医学专门学校"成立当时(1919 年)另外成立"医专九年预科学制",招收"公学校"(台湾人)毕业生,接受 5 年预科(相当于 5 年制中学)后,直升 4 年医专本科,3 年后因中学生渐多而停招。参见颜裕庭:《台湾医学教育的轨迹与走向》,艺轩 1998 年版,第 70—86 页。

⑥ "帝国大学"系日本在第二次世界大战前所设立之综合大学。1928 年共有 7 所帝国大学,按时间先后分别为东京(1877 年)、京都(1897 年)、东北(仙台 1907 年)、九州岛(福冈 1911 年)、北海道(札幌 1918 年)、京城(现为韩国首尔 1924 年)、台北(1928 年),以后另外有大阪(1931 年)及名古屋(1939 年)。

⑦ 日本人认为,大学医学部毕业之医学博士或医学士为"上流医","帝国大学"医学部改制后吸引许多日本人就读,改制后中国台湾人士约仅占 1/5。

⑧ 此时仍分别招生,为"双轨制",但医学专门学校毕业者,授予"得业士"学位,大学毕业者,授予"医学士"学位。当时(1929 年至 1935 年)"医科大学"与"帝国大学"除校长称呼不同外(医科大学校长称学长,帝国大学校长称总长),组织与编制相同,学生制服与制帽,乃至帽徽铜扣皆一致,唯日本之"医学专门学校"与"医科大学"之师资、设备与学生入学素质似有差别。参见叶曙:《病理卅三年》,传记文学社 1982 年版,第 451—455 页。台湾本岛"似乎"无差别,且能较早毕业行医,加上台湾人士约仅有 1/5 的名额(1943 年入学之 120 人中,台湾学生共 24 人),仍吸引不少台湾优秀学生投考。参见杨莲生:《诊疗秘话六十年》,元气斋 2008 年版,第 42—46 页。

⑨ 5 年制中学为"高等学校",1925 年以前,日本只有 8 所"高等学校",即一高东京、二高仙台、三高京都、四高金泽、五高熊本、六高冈山、七高鹿儿岛、八高名古屋。1926 年以后,(韩国)京城、台北、山形、广岛"高等学校"分别成立。日本高等教育采"精英教育","高等学校"为进入帝国大学之唯一途径,偶尔有"高等学校"毕业生不足之科系方招收专科学校学生。参见陈逸松:《陈逸松回忆录》,前卫 1994 年版,第 79—80 页。1920 年至 1945 年当时,台湾地区有 8 所"中等学校",但只有 1 所"台北高等学校",校址现为台北和平东路师范大学。参见陈炯霖撰述、康明哲整理:《台湾小儿科发展的舵手——陈炯霖》,望春风文化 2002 年版,第 22 页;杨金妮:《台湾地质学先行者——王源》,玉山社 2006 年版,第 34—55 页;林礽干:《孕育台湾上一代精英的摇篮——台湾师大前身台北高等学校》,载《师大校友》2005 年第 328 期,第 6—10 页。台北高等学校成立于 1922 年。

(二)台湾地区医制变革

1895年公布"台湾总督府暂行条例",1896年日本陆军省制定"台湾总督府条例",对台湾地区实施军事管理。台湾地区总督府民政局为最高行政机关,"保健卫生"工作由民政局内政部警察课掌管,而"医事卫生"由陆军军医部掌管。台湾地区总督府官房下设卫生事务所,主管卫生事务。1896年5月28日公布"台湾医术规则",对山地及偏远地区订定"限地开业医规则",1896年6月公布"公医规则",1896年10月15日订定"台湾传染病预防规则"(防治鼠疫流行),1896年12月制定"公医监督归成标准",1898年7月订定"台湾公医候补生规则",规定凡欲担任公医的医师,必先为"公医候补生",研习台湾语言、医事卫生、风土病、显微镜学、临床实验等课程,加强整顿与充实台湾地区公医能力。① 虽然一开始打算从日本招募150位公医,但因医事人员缺乏,实际任用者大约80人左右,公医并非正式官员,但由总督任命,给予津贴,配置于各州厅,于厅长指挥监督下,处理区域内之公共政策与医事有关事务,为地方卫生行政之辅助人员。②

(三)台湾地区公医的变迁

公医制度的过程可分成三期:

1. 第一期为"创设期"(1896年至1907年)

此期以"检疫委员"负责与警察行政的关联业务,对于台湾地区断续流行的黑死病,各公医拟订传染病对策,特别以黑死病的对策为核心,施以3至6个月之语文(台湾语文)训练,分发任用,1896年6月当时的支薪标准,一等地月薪50日元,二等地月薪70日元,三等地月薪100日元。③ 但亦有能力低落的公医问题,1898年总督府公布"公医候补生规则",淘汰不适任公医。第一期公医对于传染病防治,居功至伟,由于每月支给10日元药费的关系,对台湾地区民众各公医有施予治疗的义务。

2. 第二期为"发展期"(1907年至1922年)

因为成功防止黑死病,公医的任务不再局限于传染病对策,公医可从事其他更广泛的任务,于是公医治疗的患者数量开始增加,此期开始淘汰不适任公医,进入制度的安定期。因为日本人公医较中国台湾人公医的支薪要高④,总督府采用"总督府医学校"毕业生担任公医,节省经费又可以增加公医数。第二期开始废止施予治疗的药费。

3. 第三期为"转换期"(1922年至1945年)

1922年公医的任免权由台湾地区总督府转移至地方厅,造成台湾人公医人数增加⑤,台湾患者亦随之增加,公医治疗的患者数提高。因为公医并非官吏,可以开业,公医的收入为每月官方

---

① 日后医师渐多,台湾地区公医候补生规则遂于1911年废止。参见《台湾医疗四百年》,经典杂志出版社2006年版,第124页。
② 参见"行政院卫生署"编:《台湾地区公共卫生发展史(一)》,"卫生署"1995年版,第49—50页。
③ 参见〔日〕小田俊郎:《台湾医学五十年》,洪有锡译,前卫1995年版,第49页。
④ 而依陈万裕《回忆录》,1943年当时陈万裕任"舍医"之月薪为20日元,一般临时工人月薪约15—20日元。参见吴宽墩:《永远的二号馆——重现台湾医界的人文精神》,原水文化2008年版,第63页。另外韩石泉医师于1919年毕业后实习医员月俸17日元。参见庄永明:《韩石泉医师的生命故事》,远流2005年版,第93页。据叶曙回忆:"不过那个时代(1934年日本),一名警察的薪水每月不过五六十元。"参见叶曙:《闲话台大四十年》(传记文学),1989年版,第81页。
⑤ 1935年底台湾地区公医人数为391人,每人每天平均诊疗患者43人次,每年诊治患者总数达400万人次。参见〔日〕小田俊郎:《台湾医学五十年》,洪有锡译,前卫1995年版,第50页。但是依据"行政院卫生署编":《台湾地区公共卫生发展史》(一),"卫生署"1995年版,第55页,1935年之公医人数为248人。

的支给与从患者收取的药费、诊察费、治疗费,即公医也具有开业医师的医疗性质。① 1940 年之统计,山地行政 34 人全为日本人,全台湾地区公医人数为 291 人,其中中国台湾人 167 人,日本人 124 人,而当时全台湾地区约 300 万人,医师有 2 401 人,其中总督府立医院 333 人,公立医院 122 人,机关 180 人,开业 1 537 人,公医 291 人。②

(四) 日本占领时期警察医

1901 年开始设置"警察医",从 1901 年至 1907 年各厅置一名"警察医",共 20 人,均为兼任。1908 年开始设置四名专任"警察医",但兼任者续为兼任。1909 年警察医纳为正式编制,当时全台湾地区有 12 厅,故有 12 名专任"警察医",1920 年废厅置州,全台湾地区有 13 至 14 名专任"警察医"。③ 由于警察医初始以法医事务与传染病防治为主,日后传染病防治渐由公医取代,法医事务则回归"台北帝大法医"学科,1944 年荐任级警察医改为"卫生技师",委任级改称"卫生技手",废除警察医。

(五) 日本占领时期的"限地开业医"政策变迁④

1895 年公布"台湾总督府暂行条例",1896 年制定"台湾总督府条例",对台湾地区实施军事管理⑤,台湾地区保健卫生由民政部内政部警察课掌管,医事卫生由陆军军医部掌管。台湾地区总督府官房下设卫生事务所,主管台湾地区卫生事务。1896 年 5 月 28 日公布"台湾医术规则",开始管理台湾地区医业,规定欲在台湾地区执行医疗业者,未来要有"医术开业准状"或"医师准许证"。其附则规定,台湾地区情形特殊,在山间僻远地区,倘无该规则所规定之资格者,亦得审查其技术,限以地域、期间,而暂准其执行医务,此即山地及偏远地区所谓之"限地开业医规则"。⑥ "限地开业医"系补充偏远地区医师不足之特殊情况,故"放任"教会医院训练学徒,但禁止学徒在都市开业,只准在没有正式医师执业之乡村开业,且每 3 年须重新申报,并随时可由正式医师取代。1922 年台北医学专门学校附设 3 年制特科,于特科毕业并经当地官公立病院等实习者,得免考试,准许限地执业,同年废止"限地开业医规则"。1941 年又制定"台湾医师考试规则",将限地医师改称"乙种医师",1942 年举办第一次"甲种医师"考试,又准许"乙种医师"参加。以 1945 年 10 月台湾医师执业人数,统计如下:中国台湾人:2 168 人(内含乙种医师 147 人)、外省人:2 人;日本人:1 249 人(内含乙种医师 142 人);韩国人:3 人;英国人:4 人;合计:3 426 人。

---

① 参见〔日〕铃木哲造:《台湾总督府的卫生政策与台湾公医》,载《台湾教育史研究会通讯》2005 年第 40 期,第 15—19 页(载 http://www.ith.sinica.edu.tw/pdf/eduhis40.pdf,2008 年 4 月 25 日访问)。
② 参见"行政院卫生署"编:《台湾地区公共卫生发展史(一)》,"卫生署"1995 年版,第 55 页。
③ 当时台北州 3 人、新竹州 1 人、台中州 2 人、台南州 3 人、高雄州 2 人、花莲港厅 1 人、澎湖厅 1 人、台东厅 1 人(1921 年方补实)。
④ 参见谢博生:《现代医学在台湾——台湾医学会百年见证》(第二版),台湾大学医学院 2004 年版,第 116 页。
⑤ 1896 年 6 月 3 日公布第 63 号法律,即所谓"六三法",台湾地区总督有权制定并施行全台湾地区与法律有相同效力之律令,当时日本已有议会制度,"六三法"实有违宪制度,故引起台湾地区士绅林献堂、蔡培火等人于 1918 年日本神田发起"废除总督专制之六三法",日后之"台湾议会请愿"运动。
⑥ 日本于 1641 年德川幕府开始实行"锁国政策"至 1867 年,禁止基督教传教,所以 1895 年至 1945 年台湾地区亦禁止医疗传教,但准许教会医院之学徒,可以"限地医"之资格至偏远乡村或山区行医与传教。同时,限地开业医系以承认教会医院虽无"附设医学校",但有事实教育医师之能力与性质,一方面为可解决偏远地区医疗匮乏之折中办法;另一方面也是落实"公医代替传教师"避免教会扩张之制度。限地医师之限制有四:(1) 该地方无现行开业之有资格医师;(2) 离该地 3 里以内,无有资格医师开业;(3) 3 年以内无有资格医师开业之可期待者;(4) 1 期以 3 年为限。

(六) 日本占领期医师与医生之差别

由于清朝对医师资格并无限制,当时台湾地区以汉医为主。以"日本医制变革"经验为蓝本,1896年5月28日公布之"台湾医术规则",初期对执业医师资格暂无规定,只对"医术"考试项目订定规则,但汲取教训,对"汉医"采取"一次解决"。1897年总督府调查,台湾地区有"汉方医"1 070人①,洋医24人,1901年7月23日公布"台湾医生许可规则",此"医生"系指"汉医",对汉方医生采取自然淘汰制,只办一次考试,申请者有2 126人,合格汉方医师有1 903人②,但汉方医生皆被编派在各厅公医指导下,辅助卫生工作。1915年8月订定"医生取缔规则",加强汉方医之管理。1916年1月13日依据"六三法"公布"台湾医生令"与"台湾齿科医生令",1918年8月1日开始实施"医师令",确立医师证照制度,此后唯有"医师"证照者方可执业③,原仅适用于台湾地区的"台湾医业规则"同时宣告废止。1922年废止"限地开业医制度"。至此确立台湾地区唯有"医学校"、医学专门学校、医科大学之毕业者方为"医师","医生"系用于教会医院训练(医师)学徒之"限地医"或自学之"汉医","限地医"限在没有正式医师执业之乡村开业,且每3年须重新申报。"汉医"虽可执业,但在公共卫生政策方面则为公医之辅助人(助理)。

二、医界生态之时代蜕变

(一) 甄训医师

1945年,大陆之医疗法令、卫生行政、医学教育与医疗制度,与当时台湾地区之既有医疗制度难以衔接、配合,引起严重之冲击,台湾地区医学界发生剧烈震荡,陷于混乱状态。④ 1945年当时台湾地区已有3 000名⑤接受日本医学教育之合格医师,而大陆之医师法与行政命令又过度放宽医师资格之规定,当时《医师法》第3条第3款规定:"曾执行中医业务五年以上卓著声望者,得应医师检核资格。"因此,许多人就在报上刊登"铭谢某某名医"广告,作为"卓著声望"之证明,向南京政府申请登记为中医师,当时以此方式取得中医师资格者,约有2 000人。又为补救当时大陆各省医疗人员不足,内政部又于1947年5月27日以行政命令公布施行"医师人员甄训办法",规定:"凡在……执行业务有年未具法定资格之医事人员,应以本法参加甄训,以取得医师资格,前项甄训之办理,以一次为限。"因此,在台湾地区稍具医疗经验者,缴交两位医师保证书与资历证明⑥,取得"甄训医师"资格者约900余人。

---

① 其中博通医书,讲究方脉,有良医之称者29人;以儒医之称者91人;有祖传秘方而为世传之医者97人;稍有文字素养、从医家习得若干方剂而时称为医者829人,另外由台湾地区外教会医院习得西医术而行医者有24人。参见"行政院卫生署"编:《台湾地区公共卫生发展史》(一),"卫生署"1995年版,第58页。

② 当时及格者1 097人,未考试即给予许可者650人,不及格但同情及格者156人,共1 903人,由各厅颁给"医生资格许可证"。

③ 参见刘士永:《"日治时期"台湾医药关系管窥》,李建民编:《从医疗看中国史》,联经出版事业股份有限公司2008年版(载http://www.econ.ntu.edu.tw/sem-paper/96_1/hist_961213.pdf,2009年11月13日访问)。

④ 参见吴基福:《台湾医师公会三十三年史》,医师公会联合会1980年版,第10—12页。

⑤ 依杜聪明:《中西医疗史略》,高雄医学院1959年版,第496页所述,总督府医学校自1899年创校至1945年共毕业2 797人。

⑥ 参见林敬义:《天容海色本澄清》,林高德出版社2004年版,第96—98页。

（二）乙种限地医师弊案①

1945 年时，"限地开业医师"②依行政院 1946 年 5 月 1 日之"台湾乙种医师登记办法"共有 150 人，于 1947 年"宪法"施行前已依"医师人员甄训办法"，全部取得"甄训医师"，"台湾乙种医师登记办法"亦已于 1947 年废止。惟 1951 年 4 月台湾地区卫生处科长盗卖"乙种医师暂准开业执照"100 份，虽科长因"渎职罪"入狱，但"乙种医师暂准开业执照"却仍不没收③，当时台湾地区卫生处④为台湾地区最高卫生主管机关，许子秋先生为处长，命令卫生局重新发给开业执照，医师公会以拒绝入会方式杯葛，遂成悬案。"退除役医事人员执业资格特种考试条例修正案"1972 年 8 月 25 日以 107 票(210 名"立法委员")通过，施行期间为 3 年，共办理 6 次考试，依医师公会登记，至 1975 年止以"特考及格"取得医师资格者共 1898 人。⑤

（三）"1976 年特种考试退除役军人转任卫生技术人员考试规则"

1975 年 9 月 11 日施行"新医师法"，所有应医师考试者，必须是"医学系"或"医科"毕业者。但 1976 年 2 月 17 日"考试院""秘密"通过"1976 年特种考试退除役军人转任卫生技术人员考试规则"⑥，考试录取"公共卫生医师"744 人⑦，合法取得"公共卫生医师"公务人员任用资格，理论上"命令与法律抵触者，无效"。但事后这些"公共卫生医师"仍分配至卫生单位任用。

三、新"医师法"时期

（一）"医生"一词走入历史

1975 年 9 月 11 日开始施行新"医师法"，此后必须是"医学系"或"医科"毕业生，方可应医师考试。台湾地区"医师制度"从无须执照，至容许师徒制之"汉医""限地医生"与学院制"医师"，再经历战后混乱之"蜕变期"，进入新的里程。"医生"一词原本系专指"汉医""限地医""齿科"，由于新"医师法"也将"中医师""牙医师"统称为医师列入管理，所以依法律用语而言，"医生"一词理论上应该也从此走入历史。

（二）医师资格

积极资格为考试及格，依"医师法"第 1 条："人民经医师考试及格并依本法领有医师证书者，得充医师。"消极资格为第 5 条规定："有下列各款情事之一者，不得充医师；其已充医师者，撤销或废止其医师证书：一、曾犯肃清烟毒条例或麻醉药品管理条例之罪，经判刑确定。二、曾犯毒

---

① "最高行政法院"1959 年判字第 62 号判例："以证明书所载推算，其开始学习医学，计仅十三岁，而开始任助理医师，计仅十八岁，揆之一般经验，仍难置信，从而原告于 1948 年以前向考选委员会申请登记时呈缴之上项'学习医学'及'任助理医师'各证件，亦均不能不认为系出伪造。"

② 限地开业医师系针对偏远地区缺乏医师之权宜做法，只需在合格医院学习 5 年，充当助理业务者，可取得限地开业医师资格，在偏远地区行医。惟 1945 后，取得"甄训医师"资格行医，可以不受限制。

③ 参见吴基福：《台湾医师公会三十三年史》，医师公会联合会 1980 年版，第 206—215 页。

④ 而"卫生署"系于 1971 年成立，首任署长为颜春辉博士。

⑤ 1978 年当时除台大与两家公立医学院外，高雄医学院(1954 年设立) 养成医师 549 人，中国医药学院(1958 年设立) 养成医师 617 人，台北医学院(1960 年设立) 养成医师 276 人，中山医专(1962 年设立) 养成医师 454 人，4 家医学院共养成医师 1 896 人。参见吴基福：《台湾医师公会三十三年史》，医师公会联合会 1980 年版，第 278—318 页。

⑥ 依据"中央法规标准法"第 11 条：命令与法律抵触者，无效。

⑦ 除"公共卫生医师"744 人外，尚录取"公共卫生医事检验师"9 人、"公共卫生牙医师"7 人、"公共卫生护理师"61 人、"公共卫生药剂师"50 人、"公共卫生医事检验生"26 人、"公共卫生药剂生"131 人、"公共卫生护士"67 人、"公共卫生保健员"440 人，共 1 535 人。参见吴基福：《台湾医师公会三十三年史》，医师公会联合会 1980 年版，第 423—432 页。

品危害防制条例之罪,经判刑确定。三、依法受废止医师证书处分。"

(三) 医师种类

医师分医师、中医师、牙医师三种,"医师法"第 2 条规定:……具有下列资格之一者,得应医师考试:(1) 公立或立案之私立大学、独立学院或符合"教育部"采认规定之独立学院医学系、科毕业,并经实习期满成绩及格,领有毕业证书者。(2) 1995 学年度以前入学之私立独立学院 7 年制中医学系毕业,经修习医学必要课程及实习期满成绩及格,得有证明文件,且经中医师考试及格,领有中医师证者。(3) 中医学系选医学系双主修毕业,并经实习期满成绩及格,领有毕业证书,且经中医师考试及格,领有中医师证者。前项第 3 款中医学系选医学系双主修,除 2002 学年以前入学者外,其人数连同医学系人数,不得超过"教育部"核定该校医学生得招收人数。

(四) 限制一处登记执业

医师应向执业所在地市、县(市)主管机关申请执业登记,领有执业执照,始得执业("医师法"第 8 条);另外"医师法施行细则"第 4 条规定,医师执业,其登记执业之医疗机构以一处为限。

(五) 强制继续教育

1988 年 6 月 29 日,"卫生署"为因应社会大众之需求与提升台湾地区医疗技术,发布"专科医师分科及甄审办法",规定医师于教学医院完成分科专科医师训练者,得参加各该专科医师之甄审("专科医师分科及甄审办法"第 2 条),甄审合格方可使用专科医师之名称。[1] 在医师资格之上,增加"住院医师"制度与强制继续教育[2],从此医师为维持"专科医师"资格,每 6 年必须进修至少 300 学分方能"换证"。医界"强制继续教育"制度,甚至扩大至所有与健康保险有关之"医疗专业",例如医事放射师[3]、医事检验师[4]、心理师[5]、呼吸治疗师[6]、营养师[7]、助

---

[1] "医师法"第 7 条之 2 规定:"非领有医师证书者,不得使用医师名称。非领有专科医师证书者,不得使用专科医师名称。"

[2] 1986 年 12 月 26 日修正公布"医师法"第 8 条规定,医师执业,应接受继续教育,并每 6 年提出完成继续教育证明文件,办理执业执照更新,并于 1987 年 12 月 21 日施行;1988 年 6 月 29 日公布"专科医师分科及甄审办法"第 12 条规定,专科医师证书有效期限之展延条件,应斟酌各科特性订定,并包括参加学术活动或继续教育之最低标准,原则上每 6 年应有 300 分以上,医师证书方可展延。

[3] "医事放射师法"(2000 年)第 7 条规定:医事放射师执业,应向所在地市或县(市)卫生主管机关申请执业登记,领有执业执照,始得执业。医事放射师执业,应接受继续教育,并每四年提出完成继续教育证明文件,办理执业执照更新。

[4] "医事检验师法"(2000 年)第 7 条第 2 项规定:"医事检验师执业,应接受继续教育,并每四年提出完成继续教育证明文件,办理执业执照更新。"

[5] "心理师法"(2001 年)第 8 条规定:"心理师执业,应接受继续教育,并每六年提出完成继续教育证明文件,办理执业执照更新。"

[6] "呼吸治疗师执业登记及继续教育办法"(2003 年)第 8 条规定:"呼吸治疗师执业,应每六年接受下列继续教育之课程积分达一五〇点以上:一、专业课程。二、专业伦理。三、呼吸治疗相关法规。前项第二款及第三款继续教育课程之积分数,合计至少应达十五点以上。前二项继续教育课程积分……得委托相关专业团体办理审查认定;其符合规定者,并由该团体发给六年效期之完成继续教育证明文件。"

[7] "营养师法"(1984 年公布,1992 年修正)第 7 条规定:营养师应向执业所在地市或县(市)主管机关申请执业登记,领有执业执照,始得执业。营养师执业,应接受继续教育,并每六年提出完成继续教育证明文件,办理执业执照更新。

产人员①、护理人员②等。另外,"药师法"虽未订定继续教育之条件,但为配合"全民健康保险法"之实施,所有与全民健康保险有关之药局药师,亦须有继续教育之学分,方具备续约之资格。③

(六) 加入当地医师公会

医师执业,应加入所在地医师公会。医师公会不得拒绝具有会员资格者入会("医师法"第9条)。

四、专科医师制度

(一) 专业医师分科

1988年6月29日,"卫生署"发布"专科医师分科及甄审办法",认定之专科医师,初期只有18种专科(西)医师,随后因医学进步与社会需要,陆陆续续又增加放射线(肿瘤)科、病理科(临床病理科)、整形外科、急诊医学科、职业医学科等,而牙医师也进一步细分两科(口腔颚面外科、口腔病理科)。2009年除中医师外,共有下列25种专科医师④:家庭医学科、内科、外科、小儿科、妇产科、骨科、神经外科、泌尿科、耳鼻喉科、眼科、皮肤科、神经科、精神科、复健科、麻醉科、放射线(诊断)科、病理科(解剖病理科)、核子医学科、放射线(肿瘤)科、病理科(临床病理科)、整形外科、急诊医学科、口腔颚面外科、口腔病理科、职业医学科等。⑤

(二) 住院医师训练

依据1988年6月29日之"专科医师分科及甄审办法"第5条:专科医师训练,应于卫生主管机关认定具有专科医师训练能力之医院为之。专科医师训练能力之医院即"教学医院"⑥,各专科医师训练年限不同,少者3年,多者6年;依据训练年资而有"第一年住院医师""第二年住院医师""第三年住院医师"之分,所以住院医师系医师依"专科医师分科及甄审办法"所定之分科,于教学医院完成专科医师训练之过程,完成者得参加各该专科医师之甄审。

五、无照行医之例外

(一) 实习医师制度

依1980年1月30日"行政院卫生署"卫署医字第266267号令发布施行之"实习医师制度实

---

① "助产人员法"(1943年公布,2003年修正)第9条规定:助产人员执业,应向所在地市、县(市)主管机关申请执业登记,领有执业执照,始得执业。助产人员执业,应接受继续教育,并每六年提出完成继续教育证明文件,办理执业执照更新。

② "护理人员执业登记及继续教育办法"第8条规定:"护理人员执业,应每六年接受下列继续教育之课程积分达一五〇点以上:一、专业课程。二、专业质量。三、专业伦理。四、专业相关法规。前项第三款、第四款继续教育课程之积分数,合计至少应达十五点,超过十五点以十五点计,且其中应包括感染管制及性别议题之课程。前二项继续教育课程积分,得由……护理团体办理审查认定。"

③ "全民健康保险医事服务机构特约及管理办法"第21条规定:"特约医院及诊所如聘有药事人员提供药事服务者,其调剂部门之设置标准准用本保险特约药局之规定;其药事人员至少应有一人符合本保险特约药局主持药师或药剂生之资格及条件,始得为本保险提供药事服务。特约医院及诊所之药事人员,应于特约期间完成符合……规定之继续教育,始得为本保险提供药事服务。特约医院实施住院单一剂量药事服务作业者,除应符合前二项规定外,并应符合医院评鉴标准。"

④ 此处专科医师专指"卫生署"公告认定之主专科医师(specialty)而已,其他次专科医学会(sub-specialty)(如胸腔、胃肠、心脏、肾脏等)自行认定与执行次专科者,不在此限。

⑤ "专科医师分科及甄审办法"(1988年)。

⑥ "医疗法"第7条规定:"本法所称教学医院,系指其教学、研究、训练设施,经依本法评鉴可供医师或其他医事人员之训练及医学院、校学生临床见习、实习之医疗机构。"

施要点","实习医师"分为毕业前与毕业后两种,主要系"为求医师人力资源之有效运用"。毕业前之"实习医师",自然可以依"医师法"第 28 条但书规定实习,较无疑义。① 毕业后之"实习医师",则依 1980 年"实习医师制度实施要点",必须是"曾在公立或已立案之私立专科以上学校修习医学、中医学、牙医学之科系已毕业学生而依志愿继续从事实习者"。实习地点则为:(1) 经"教育部""卫生署"会同认可之教学医院。(2) "行政院退除役官兵辅导委员会"所属各医院。(3) 各省立医疗院及其分院、各县(市)立医疗院。(4) 各市立医疗院。1997 年 7 月 21 日公布施行"宪法增修条文"第 9 条,"冻结"台湾地区依"宪法"原享有之自治事项及自主组织权②,各省立医疗院所改为"署立"。2001 年 3 月配合"冻省",实习地点又修正为③:(1) 经医院评鉴合格之医院。(2) "行政院退除役官兵辅导委员会"所属各医院。(3) "行政院卫生署"所属各医院及其分院。(4) 各市立医院、各县(市)立医院。2004 年 9 月 9 日"卫生署"医字第 0930216396 号公告,适用资格除台湾地区、医学院校扩大至符合"教育部"采认规定之台湾地区外大学、独立学院医学系、中医学系、牙医学系毕业,并经实习期满成绩及格,领有毕业证书,继续从事实习者,实习地点修正为:(1) 经医院评鉴合格之医院。(2) 经中医医院暨医院附设中医部门访查合格之医院。(3) 设有牙医部门之医院或经主管机关指定之牙医诊所。④ 且明定"实习医师之实习期间,以取得毕业证书之日起六年为限"。⑤

(二) 住院医师训练

"第一年住院医师"每年 6 月毕业,7 月考试,10 月发榜,必有空窗期,"行政院卫生署"2001 年 2 月 5 日"卫生署"医字第 0890032877 号函:"第一年住院医师得在指导医师、资深住院医师指导下执行医疗业务,遂行临床训练。"因此,"第一年住院医师"也属于无照行医之例外。

六、台湾地区相关实务见解

(一) 实习住院医师

乙为某县立医院实习住院医师,于 2000 年 5 月起至同年 8 月间止,在上述处所担任急诊医室值班医师,为急诊病人诊断、处方并为病历记载,擅自执行医疗业务,嗣于 2000 年 8 月 17 日,为"卫生局"人员在该医院查访时发现,因认乙涉犯"医师法"第 28 条第 1 项之罪,经检察官提起公诉。然而"实习医师"于依前述"医师法"第 28 条第 1 项但书第 1 款执行医疗相关业务时,所谓之"指导",得由医师自行斟酌指导方式,并不需要全程陪同,亦不以现场指导为要件,惟实习医师于实习执行医疗过程,对所为之诊察、诊断、处方,应经指导医师确认后,始得执行。"行政院卫生署"1996 年 12 月 12 日"卫生署"字第 85065887 函示内容所载:"诊断、处方、手术、病历记载、施行麻醉等医疗行为,应由医师亲自执行,其余医疗行为得在医师指示下,由辅助人员为之,但该行为所产生之责任应由指示医师负责。拆除缝线系属手术连续过程之一环,应由医师亲自执行"等情,应系针对医事辅助人员所作之规范,如护理师、护士、X 光线技师、诊疗放射师等人员,公诉人遽引该函文而认实习住院医师亦受此函文之限制容有未洽。此外复查无其他积极证据足认被告

---

① "医师法"第 28 条规定:"但合于下列情形之一者,不罚:……于医师指导下实习之医学院、校学生或毕业生……"
② 1998 年 10 月 22 日释字第 467 号。
③ 2001 年 3 月 26 日卫署医字第 0900018468 号。
④ 2004 年 9 月 9 日卫署医字第 0930216396 号公告:所称指定之牙医诊所,于主管机关未办理指定前,各牙医诊所均视为指定之牙医诊所。
⑤ 2004 年 9 月 9 日卫署医字第 0930216396 号公告:本要点于 2004 年 9 月 9 日修正公告前,已于医疗机构担任实习医师者,前项实习年限以自本要点 2004 年 9 月 9 日修正公告日起算。

有何违反"医师法"之犯行,不能证明其犯罪,撑诸前揭说明,应为无罪之谕知。①

(二)实习牙医师洗牙

案例1:丙系牙医诊所负责人,丁系大学牙医系毕业后,等候牙医师考试发榜(于1996年9月发榜,榜示合格),等候期间丙以每月2万元雇用丁,于1996年8月29日下午3时30分左右,为病患从事"根管治疗"及"洗牙"之医疗行为时,经检察官前往现场履勘发现,以丙、丁共同犯"医师法"第28条第1项前段之罪提起公诉。丙系负责人,亦适用"医师法"第28条第1项前段、"刑法"第11条前段、第28条、第74条第1款之规定。丁判刑确定,丙"共同未取得合法医师资格,擅自执行医疗业务,处有期徒刑一年三月,缓刑三年之判决"。丙辩称:"丁仅在医师之指导下为病患治疗,并负责帮忙清洗工作,并非受其雇用独立执行医疗行为,系给予丁之车马费,病患当天至其诊所治疗时,因其尚未到诊所,故先由丁为其做清洗工作,因病患之根管已经在其他医院打开,并非丁所为,其并未违法雇用无医师执照之人从事医疗业务"等语,经台湾地区"最高法院"检察署"检察总长"提出"非常上诉",台湾地区"最高法院"以"受雇期间虽尚未取得医师资格,然其系实习医师至为显然。而实习医师在合法医师指导下所自行执行医疗业务尚不能遽指为非法"撤销原判决,由台湾地区高等法院依判决前之程序更为审判,结果谕知丙无罪。②

案例2:戊亦为牙医系毕业生,已通过基础医学考试,毕业后曾受聘为医学院助教,亦在附设医院任"住院医师"3年,但未通过牙医师考试,遂转应征为"诊所实习医师"。1995年12月间起,由己与庚共同雇用戊担任牙医师,并由戊在未有医师指导下擅自单独为病患多人从事洗牙、补牙等医疗行为,再由己与庚将部分医疗记录登载于其业务上所作成之门诊记录表上,足生损害于上述病患及该诊所门诊记录表之正确性等情,业据己与庚分别于健康保险局访查及原审审理时坦承,认定己与庚违反"医师法"与伪造文书,判决确定。经台湾地区"最高法院"检察署"检察总长"提出"非常上诉",台湾地区"最高法院"以:"戊系在该诊所实习云云,系饰卸之词,难以采信。复按非常上诉审,应以原确定判决所确认之事实为判决基础,倘若非常上诉理由系对卷宗内同一证据资料之证明力持与原判决相异之评价,而凭己见漫指原判决认定事实不当,进而指摘原判决就该证据未详加调查,有依法应于审判期日调查而未予调查之违误,即系对于事实审法院证据取舍裁量权行使之当否所为之任意指摘,自与非常上诉系以统一法令适用之本旨有违。"③

(三)军人诊疗

台湾地区高等法院:审酌被告系"国防医学院"医学系毕业,学有专业知识,毕业后又担任一般医官、航空医官、内科医官、耳鼻喉医官,前后达10年之久,但未领有医师证书取得合法医师资格,于2002年2月27日上午9时至10时30分许,在某县接续为7位病患,从事诊断、开处方及病历记载之医疗行为,擅自执行医疗业务。处有期徒刑1年,缓刑5年。④ 相对而言,若是医学系毕业,受任为"医官",学有专业知识,虽然未领有("卫生署")医师证书,为"无照医官",似仍可以在军队中对军人进行诊疗;但若以民众为诊疗对象,无合法医师资格者,方以"密医"论罪。实际而言,军队医疗似乎另有考虑,属于"无照行医"之事实例外。

---

① 台湾地区高等法院2002年上易字第390号刑事判决。
② 台湾地区板桥地方法院1996年易字第7639号刑事判决、台湾地区高等法院1997年上易字第4499号刑事判决、台湾地区"最高法院"2001年台非字第156号刑事判决、台湾地区高等法院2001年上更(一)字第536号刑事判决。
③ 台湾地区高等法院台中分院1998年上易字第1382号刑事判决、台湾地区高等法院台中分院刑事裁定1999年声再字第234号、台湾地区"最高法院"1999年台非字第147号刑事判决。
④ 台湾地区高等法院2006年上更(一)字第439号刑事判决。

七、英国医疗专业组织、纪律与管理

（一）英国"医疗管委会"（General Medical Council，GMC）①

系依《1858年医疗法》（Medical Act 1858）成立，早期由"皇家学院"（Royal College）、大学（University）、枢密院（Privy Council）②之代表共24人组成。"医疗管委会"之目的在借由适当之执业标准，保护、提升并维持公众之卫生与安全。依医疗法之授权，要达到四项功能：（1）合格医师登录与更新；（2）推行"优良医疗规范"（good medical practice）；（3）提升高水平之医学教育（high standards of medical education）；（4）公正执行医师适任（fitness to practise）事务。"医疗管委会"有行政权力，通过"适任程序""纪律程序""健康程序"可令医师去职或限制行医条件。

（二）适任程序（Fitness to practice procedures）

"适任程序"为"卫生行政程序"，依据"优良医疗规范"（GMP）审查，只公布案例事实与审查结果，过程与医师姓名并不公开，相关之规定与审查结果可随时于网站查询。

（三）纪律程序（Conduct Procedures）

医疗管委会对"适任程序"审查后，医师若有"重大不正当行为"（serious professional misconduct, SPM）③，另外将会受到"专业行为委员会"（Professional Conduct Committee, PCC）之"公开审理""专业行为委员会"之律师（solicitor）会准备书面证据、专家证人、申诉者之证言等，医师应公开答辩，"专业行为委员会"听证后，可取消登录（erase registration）、停业（suspension）、限制执业条件或警告（warning）。若对病人恐有立即危害，则会召开"期中纪律委员会"（Interim Orders Committee），讨论立即"停职"或"有条件执业"。医师经过"听证会"后，"不适任者"将公布不适任之理由、医师姓名与服务地点于网站上，供公众公开查询。

（四）健康程序（Health procedures）

医师健康是否能胜任职务，任何有关医师健康之议题，皆先经过医疗管委会之"健康筛选员"（health screener）审核，此职通常由精神医师负责把关，若健康问题严重，将可令其去职，轻微者，可限制条件继续行医。

---

① 医疗管委会（GMC）初期负责教育训练与医师登录，当初之目的为提供英国人合格之医师。《1983年医疗法》（Medical Act 1983）赋予更多之行政权力，以处理"医疗申诉"（complaint）、"医师能力"（competence）与"医师适任"（fitness-to-practice）等与"医疗质量"有关之议题。卫生行政权开始借由"医疗申诉"评断"医师能力"与"医师适任"，以"再教育""命医师道歉""停业"或"终身停业"等"行政惩戒"手段，提升"医疗服务质量"。由于受到2000年发生之"医师连续杀人案"，依2002年之医疗法修正命令（Amendment Order 2002），医疗管委会（GMC）于2003年重整并将委员总数由103人改成35人，且将"非医疗委员"之比率提高为40%，即医界选举19位"医疗委员"（medical member），枢密院提名14位"非医疗委员"（lay member），另有2位委员分别由"医学院委员会"（Head of Medical Schools）与"皇家学术学院"（the Academy of Medical Royal Colleges）推荐，共35人。枢密院提名之"非医疗委员"为"病人代表"，"医疗管委会"（GMC）专注于保障病人之权益。为使申诉制度能较单纯与迅速处理争议，申诉与有关纪律之惩戒事项分开处理。载 http://www.gmc-uk.org/，2009年11月13日访问。

② 枢密院为英国政府最古老之行政单位，发布"枢密院令"（Order-of-Councils）与经过"御前会议"之"枢密院御令"（Order-in-Councils）两种命令，管理全国各项大小事务，除公布法外，亦任免官吏。

③ 医疗管委会定义之"重大不正当行为"（SPM）系医师：（1）触犯刑事罪（交通意外与轻罪除外，除非医师有"故意"或"重大过失"，"医疗纠纷"之诉讼，并非"刑事案件"）；（2）连续或重复的诊断、治疗错误；（3）严重侵犯病人隐私权；（4）对病人性侵害；（5）于财务申报或诊治病患、研究工作之诈欺行为；（6）滥用药物（drug or alcohol abuser）。

(五) 行政调查优先

英国特别重视"病人隐私权",为求医疗环境之安定与医病间之关系稳固,行政调查优先,除非触犯医疗管委会定义之六项"重大不正当行为",医师不会受到刑事之诉追。此与"刑法"第22条"业务上之正当行为,不罚"与"法律明确性原则"相符。

(六) 行政与惩戒分流

英国早期公医制度未积极介入"医疗纠纷",但英国因系"公医制度",故各地法院以"基金会""管理处"为被告之"医疗纠纷案例"有增无减,"医疗过失责任补偿金"随之水涨船高,"公医制度"之预算亦难负荷,医疗质量之提升遂为重要之议题。英国卫生部借由"适任程序""纪律程序""健康程序"之行政介入手段,令医师去职或限制行医条件,提升医疗质量。"行政调查"偏重病家之需求,应迅速调查真相;"惩戒"偏重医师之"行为矫正",为达到毋枉毋纵,英国的分开处理值得借鉴。

(七) 医法互相尊重

英国医疗管委会以处理"医疗申诉"(complaint)、"医师能力"(competence)与"医师适任"(fitness-to-practice)等与"医疗质量"有关之议题;医疗管委会即以卫生行政权借由"医疗申诉"评断"医师能力"与"医师适任",以"再教育""命医师道歉""停业"或"终身停业"等"行政惩戒"手段,提升"医疗服务质量"。① 英国虽然于1997年1月成立"刑案审查委员会"(Criminal Cases Review Commission, CCRC)之独立组织②,负责审查各项可能不公正之刑事案件,但是刑事案件若涉及医师之医疗行为时,医疗管委会有义务与责任提供专家意见。依据两会于2006年12月之备忘录(Memorandum of Understanding between the Criminal Cases Review Commission and the General Medical Council),两会间之不同意见,应在事务官层面秉持善意解决之(Any disagreements will normally be resolved amicably at working level. The focal contact points will seek to settle the issue and ensure a mutually satisfactory resolution, failing which the Chief Executive of the GMC and the Casework Director of the CCRC may be involved as necessary)。台湾地区司法检察权独大,医法专业之间缺乏"事务层级之沟通管道",一切以"刑事优先"并非现代化社会之福。③

八、本案分析

(一) 台湾地区外大学医学系毕业生资格

本案之甲为某国大学医学系毕业生,依据"医师法"第4条之1规定:依第2条至第4条规定,以台湾地区外学历参加考试者,其为美国、日本、欧洲、加拿大、南非、澳洲、新西兰、新加坡等国家以外之学历,应先经"教育部"学历甄试通过④,始得参加考试。"医师法施行细则"第13条

---

① 参见葛谨:《英国医疗纠纷处理制度》,载《台湾医界》2008年第51期,第68—73页。
② 英国刑案审查委员会,载http://www.ccrc.gov.uk/index.htm,2009年11月13日访问。
③ 参见葛谨:《医疗行为行政责任应优先于刑事责任》,载《台湾医界》2008年第51期,第166—167页。
④ 例外免除规定为"医师法施行细则"第12条:本法2002年1月18日修正生效前,已自本法第4条之1所定之国家以外之医学系、牙医学系毕业或已入学学生于本法修正生效后毕业……于本法修正生效前或后,通过美国医学系毕业生教育委员会(Educational Commission for Foreign Medical Graduates)办之美国医师执照考试(United States Medical Licensing Examination)(USMLE)及台湾地区外医学系毕业生医学科学考试(Foreign Medical Graduate Examination in the Medical Sciences)(FMGEMS)之第一阶段基础医学及第二阶段临床医学考试,或通过美国牙医师学会(The American Dental Association)之牙医师考试联合委员会(Joint Commission on National Dental Examination)办之第一阶段及第二阶段考试者,得免经本法第4条之1规定之"教育部"学历甄试。

规定:本法第 4 条之 1 所称欧洲,指欧洲联盟会员国。持台湾地区外学历参加考试者,其在本法第 4 条之 1 所定国家之学历,应以实际在该国家修毕全程学业始予认定。1993 年 4 月甲已通过"教育部"学历甄试,故取得相当于台湾地区大学医学系毕业资格。依据"医师法"第 2 条规定:符合"教育部"采认规定之独立学院医学系、科毕业,并经实习期满成绩及格,领有毕业证书者,得应医师考试。然其虽于 1999 年 10 月取得医师资格,但于任职期间(1996 年 7 月 1 日起至 1998 年 2 月止)未通过医师考试,系"无照行医"。

(二) 无照行医例外

无照行医例外情形有"实习医师制度"与"住院医师训练"二者,甲虽符合毕业后之"实习医师"资格与实习地点,但不符合 1980 年"实习医师制度实施要点",所谓"曾在公立或已立案之私立专科以上学校修习医学、中医学、牙医学之科系已毕业学生而依志愿继续从事实习者"①,亦有违当时"医师法"第 28 条第 1 项但书第 1 款(原来旧法分两项)之规定:在卫生主管机关认可之医院,于医师指导下实习之台湾地区医学院、校学生或毕业生。② 因此被检察官提起公诉,固非无据。但是详细而言,甲于 1993 年 4 月 28 日通过"教育部"学历甄试③,故取得相当于台湾地区大学医学系毕业资格,似应可被视为"台湾地区医学系毕业同等学力"。因此,若以"实习"而言,似未违反"在卫生主管机关认可之医院,于医师指导下实习之台湾地区医学院、校学生或毕业生"。

(三) 住院医师制度

此亦为无照行医例外情形之一,1988 年 6 月 29 日施行"专科医师分科及甄审办法"后,"卫生署"2001 年 2 月 5 日卫署医字第 0890032877 号函:"第一年住院医师得在指导医师、资深住院医师指导下执行医疗业务,遂行临床训练。"一方面解决毕业后等候医师考试发榜之等候期间无照执业问题;另一方面也明白宣示毕业后未取得医师资格之"实习医师"仅能以"第一年住院医师"任用。由于"专科医师分科及甄审办法"住院医师训练年资而有"第一年住院医师""第二年住院医师""第三年住院医师"之分,医师考试及格与服务训练年资,将影响其专科医师资格之取得。2004 年 9 月再明定"实习医师之实习期间,以取得毕业证书之日起六年为限"。甲于 1993 年 4 月 28 日通过"教育部"学历甄试,1996 年 7 月 1 日起至 1998 年 2 月止于教学医院任"住院医师"职,既然已取得"医学系毕业同等学力",若其任职"第一年住院医师训练",似无疑问,纵使因为当时之卫生管理政策未包括台湾地区外大学毕业生之"实习";但实质上,"专科医师住院医师训练办法"既已实施,就甲接受"住院医师训练"而言,似乎并未违法。④

结论性观点

(一) 指导之内涵

关于"医师法"第 28 条所称之于医师"指导"下实习之医学院、校学生或毕业生,指导之内涵

---

① 本项规定至 2004 年 9 月适用资格才扩大至符合"教育部"采认规定之台湾地区外大学。

② 2002 年"医师法"修正后第 28 条第 1 项但书之规定:在主管机关认可之医疗机构,于医师指导下实习之医学院、校学生或毕业生。

③ 由于医师执业牵涉到"工作权",台湾地区采取"平等互惠原则","教育部"针对台湾地区外各大学医学系、牙医学系毕业[除美国、日本、欧洲(限欧洲联盟会员国)、加拿大、南非、澳洲、新西兰、新加坡等地区或符合"医师法施行细则"第 12 条规定者外],其毕业学校须为当地权责机关或专业评鉴团体所认可者,另外举办"学历甄试"。

④ 仅违反当时之规定"实习医师制度"而已,相同之见解,参见台湾地区"最高法院"2001 年台非字第 156 号刑事判决。

为何? 由"卫生署"之函释可知,"卫生署"对医师"指导"之解释可分为两种:一为上级(资深)医师对下级(资浅)医师,尚未领有医师证书前,不得独立执行医疗业务①;二为医师对辅助人员:"应由医师亲自执行之医疗行为,由非医师执行者,称为擅自,其他得由医院诊所辅助人员,在医师指导下执行之医疗行为,不视为擅自执行医疗业务,但该行为应视为指导医师之行为。""医院诊所辅助人员未经医师指示,径自执行任何医疗行为,或于医师在场时,执行应由医师亲自执行之医疗行为,均属擅自执行医疗业务。"②所谓"应由医师亲自执行之医疗行为"则为"医疗工作之诊断、处方、手术、病历记载、施行麻醉等医疗行为,应由医师亲自执行,其余医疗工作得在医师亲自指导下,由辅助人员为之,但该行为所产生之责任应由指导医师负责"。③ 因此,本案甲虽无照行医,但实质上系处于住院医师训练的情况,甲所为之医疗行为系受 A 医师指导下所为之行为,甲通过电话向 A 医师联系,并依据指示将病人收住院,应属于受医师指导之情况,所产生之责任亦应由指导医师负责。另外,若下级(资浅)医师已经领有医师证书,理论上似乎尚可成立"代理关系"。④ 此与以往法院由法律角度认定的"指导"见解,指导(或主治)医师必须事事亲自在场⑤,似与医界惯习与"卫生署"之函释所认定之"指导"有所不同。

(二) 以英国为师

英国特别重视"隐私权",为求医疗环境之安定与医病间之关系稳固,行政调查优先,除非触犯医疗管委会定义之六项"重大不正当行为",医师不会受到刑事之诉追。⑥ 为落实台湾地区"刑法"第 22 条"业务上之正当行为,不罚"与"法律明确性原则"之精神,有关机关应学习英国之"优良医疗规范"(good medical practice),早日建立以卫生行政调查优先,画出"医疗业务上正当行为不罚之界线"与"行为规范",避免"以刑逼医",发生闹出人命之憾事。⑦

(三) 医疗纠纷六分法

英、美等国追究医事人员责任,至少要先区分"适任""行政""伦理""安全""健康""法律"等责任,不会只使用"二分法"(dichotomy)。若是"不适任"⑧、"不健康""不合伦理""不符医院安

---

① "卫生署"2001 年 2 月 5 日卫署医字第 0890032877 号函:"第一年住院医师得在指导医师、资深住院医师指导下执行医疗业务,遂行临床训练。"1995 年 12 月 19 日卫署医字第 84074923 号函:依"医师法"第 1 条规定:人民经医师考试及格并依本法领有医师证书者,得充医师。故台湾地区医学院牙医学系毕业生,尚未领有牙医师证书,具有牙医师资格前,依同法第 28 条规定,仍不得独立执行医疗业务,应在牙医师指导下为之。

② 1976 年 4 月 6 日卫署医字第 107880 号。

③ 1976 年 6 月 14 日卫署医字第 116053 号。

④ 参见葛谨:《医院内照会与伪造文书》,载《法令月刊》2009 年第 60 期,第 86—101 页。

⑤ 台湾地区"最高法院"2005 年第 2676 号刑事判决。

⑥ 触犯六项"重大不正当行为",方可论罪,此即为制度保障,若要起诉医师,尚需"专业行为委员会"(PCC)之"公开听证",医师应公开答辩后,方能"移送法办",此为制度保障。台湾地区医师不但缺乏行政管制,也无制度保障。参见葛谨:《行政管制、制度保障——医法论坛后记》,载《台北市医师公会会刊》2009 年第 53 期,第 20—23 页。

⑦ 侦查中案件,检警应尊重当事人之"隐私权"与谨守"侦查不公开"原则。2008 年 8 月 13 日,新竹检警单位侦办"诈领健保费案",搜索医疗机构,并传唤相关医事人员 18 人到案,14 日媒体便大篇幅详细报道,15 日林医师下班后失联,18 日发现自杀身亡。遗书上有"对自己所作行为非常后悔,对台湾健保体制及医院行政制度更是难过","医院行政制度谋杀了我,祝福同仁能度过这次危机及教训"。参见洪政武:《由林医师自杀事件谈医疗机构伦理》,载《台湾医界》2008 年第 51 期,第 413—415 页。另外医师不堪讼事自杀身亡案例,参见台湾地区高等法院 1996 年上诉字第 5409 号刑事判决。

⑧ 英国依据"优良医疗规范"审查医师是否适任(competent)。

全""不符行政"之案件,事涉"医疗质量与病人安全",卫生行政机关应该及时介入调查。"不适任者"(incompetent)命受相当之训练,考核合格方能继续行医;"不健康者"限制继续行医(例如罹患传染病),或是无法继续行医(例如失智);"不符医院安全"之案件(例如输血错误)①,系医院责任,卫生行政机关更应及早介入调查,而非直接交由法院惩办医疗人员②;另外,若是适用"双效原则"(double effect)之"伦理责任"之事件,医师要有伤害之"故意",才承担法律责任。③笔者认为应该只有"法律议题"才能交由刑事法院评价,这也是为何英、美等国以"医疗法为行政法",刑事法院评价医事人员与医疗行为要以"重大过失"或"连续或重复的诊断、治疗错误"为基础之法理与原因。民事法院评价医疗纠纷,亦须成立"过失责任"(negligence),民事法院要依下列四点逐一审理:(1)被告对原告有无"照顾责任"(duty of care);(2)被告有无"违反照顾义务"(breach of standard of care);(3)损害与过失有无因果关系(cau-sality);(4)损害之事实(damage)。④ 而民事纠纷是否应赔偿,尚要注意"时效"(limitation of time)。⑤ 故英国医疗纠纷先经行政介入与调解,满足多数病家所关心之"事件真相"与应该获得的"道歉"。⑥

(四)与有过失的概念

一般通念之"良好医病关系",往往是建立在病人毫无隐瞒及配合治疗的情形下。但是若病人对病情有所隐瞒,或是有意考医师的程度,治疗上并不见得完全配合的情形下,加上台湾地区常见的"祖传秘方"及"地下电台广告药"等情形,并非罕见,在医疗纠纷责任归属及分配时,是否也应列入"与有过失"来考虑?

(五)慎重行使权利

本文所述两件"实习牙医师洗牙"事件,查其远因,系1995年"全民健康保险法"实施以后,健康保险局经常以"全民健康保险法"第72条之规定⑦,径行认定医师犯法涉有刑责,而移送司法机关办理。"实习牙医师洗牙"事件恐有"曲解法律"之嫌,已如前述,亦似有违"权利之行使,不得……以损害他人为主要目的"。⑧ "全民健康保险法"第72条之规定有修正之必要外,主管机关不应等闲视之,应该及早建立"防止行政滥权"之管理机制。例如"行政院金融监督管理委员会"与"法务部"成立定期"工作联系会报",作为二部会对金融不法案件移送、调查、侦办等相关事宜之定期性联系沟通管道,强化检查、调查及搜索等作业与程序之严谨性,并密切联系,严守

---

① 参见葛谨:《病人安全》,载《医事法学》2009年第16期,第66—71页。
② 参见葛谨:《精神病患自杀之照顾责任》,载《台湾医界》2009年第52期,第130—133页。
③ 双效原则请参见:Quill TE, Dresser T, Brock DW. The rule of double effect-a critic of its role in end of life decision making, New Engl J Med 1997;337; 1768-1771. Kockler N. The principle of double effect and proportionate reason. Virtual Mentor. 2007; 9; 369-374. 葛谨:《双效原则》,载《台湾医界》2008年第51期,第487—490页。
④ Tan SY. Medical Malpractice. New Jersey. World Scientific p. 21-27 (2006). Sanbar SS, Firestone MH, Buckner F, et al; Legal Medicine. (6th edition) American College of Legal Medicine. Philadelphia, Mosby (2004).虽然有些法界人士认为:"唯美国法以侵权行为法处理告知义务的原因,一方面系因过失侵权行为责任之成立,仅有三要件;注意义务、义务之违反与损害,适用范围最广、非常容易操作。"恐有误会。参见邱琦:《医生没有告诉我的话——论告知义务与不完全给付》,载《月旦法学杂志》2009年第164期,第38页。
⑤ 参见葛谨:《英国医疗纠纷判例之启示》,载《台湾医界》2008年第51期,第348—353页。
⑥ 参见葛谨:《英国医疗纠纷处理制度》,载《台湾医界》2008年第51期,第68—73页。
⑦ "以不正当行为或以虚伪之证明、报告、陈述而领取保险给付或申报医疗费用者,按领取之保险给付或医疗费用处以二倍罚锾;其涉及刑责者,移送司法机关办理。保险医事服务机构因此领取之医疗费用,得在其申报应领费用内扣除。"
⑧ 参见"民法"第148条。

侦查不公开原则,尽量避免对金融市场造成不当之冲击,降低申请羁押、搜索等侦查行动对金融市场的冲击。①

(六)起诉后审查制度

台湾地区昔无"起诉审查制度",2002年修正"刑事诉讼法"第161条后始有之,此为增加外部监控,避免检察官滥行起诉之机制,应受肯定。② 英国医疗管委会对"被起诉之医师"亦义务提供专家意见,"卫生署"与医师公会若能于"起诉审查"时,模仿"金管会"或英国"医疗管委会",建立医法专业之间固定之"事务层级之沟通管道",本案恐怕难以发生,也方为现代化社会之应有制度。

(七)请求特别救济

非常上诉制度是对于刑事确定判决,以审判违背法令为理由,由台湾地区"最高法院"检察署"检察总长"向台湾地区"最高法院"提起,请求救济的特别诉讼程序。所以非常上诉应以刑事确定判决或实体上与科刑判决有同等效力之裁定为对象,而以判决或诉讼程序违背法令为条件。非常上诉虽具有救济被告、保护公益之作用,但主要目的在于纠正裁判错误、统一法律之适用。故应以原判决所确认之事实为基础,仅就原判决所认定之犯罪事实,审核其适用法令有无违误,并不审究事实问题。③ 本案事实并未改变,法律亦无重大变更,只有行政解释变更,且依据法律,应以2004年9月9日卫署医字第0930216396号公告最接近法律原意,易言之,似乎有"曲解法令"之虞。甲因"刑事优先"而为有罪判决,若觉委屈,依"刑事诉讼法"第441条④与第442条⑤可向台湾地区"最高法院"检察署请求特别救济,恢复名誉。乙幸因法院明察而谕知无罪,丙经"申请再审""非常上诉"获得纠正,但丁、戊、己、庚4人名誉若受有损害,"卫生署"与医师公会既然为医界大家长,除要建立"医法沟通平台"外,似应协助当事人平反冤屈。

---

① 参见"金管会"与"法务部"成立金融不法案件工作联系会报新闻稿(载 http://www.fscey.gov.tw/news_detail2.aspx? icuitem = 4881012,2008年10月2日访问)与中时电子报(载 http://news.chinatimes.com/2007Cti/2007Cti-News/2007Cti-News-Print/0,4634,110502x112008100200230,00.html,2008年10月2日访问)约定:"检察署"以驻"金管会"检察官为协调联系之窗口,与"金管会"各单位及证交所、柜台买卖中心等保持密切合作,"金管会"亦将加强与驻会检察官之协调联系,并全力配合,俾利掌握侦查时效及提升办案质量。"金管会"将与司法人员进行个案研讨,并参采检调之分级证照训练,加强检查人员之知能,及检查、移送之严谨性。未来二部会联系会报每两个月召开一次,必要时得召开临时会议。

② 参见王兆鹏:《刑事诉讼讲义》,元照出版公司2008年版,第538—551页。

③ 如以原确定判决认定事实错误而请求救济者,则应依"刑事诉讼法"再审之规定,向管辖法院申请再审,不属非常上诉之范围。参见"最高法院"检察署"非常上诉简介",载 http://www.tps.moj.gov.tw/ct.asp?xItem = 6275&CtNode = 133&mp = 002,2009年3月5日访问。

④ "刑事诉讼法"第441条规定:判决确定后,发现该案件之审判系违背法令者,台湾地区"最高法院"检察署"检察总长"得向台湾地区"最高法院"提起非常上诉。

⑤ "刑事诉讼法"第442条规定:检察官发现有前条情形者,应具意见书将该案卷宗及证物送交台湾地区"最高法院"检察署"检察总长",申请提起非常上诉。

程 序 法 篇

私人不法取得证据应否证据排除*

——兼评台湾地区"最高法院"2003 年台上字第 2677 号判决

吴巡龙**

笔者于 1992—1993 年间在台中地检署南投检察官办公室担任检察官期间,辖区内曾发生一件掳人勒赎案件,被害人是一位年纪不到 3 岁的小男孩,在自家门口玩耍时被歹徒抓走,歹徒打电话向小孩父母要求赎金 50 万元,并恐吓小孩父母不得报警,小孩父母几经考虑,还是决定报案,警察乃前往取款地点埋伏,果有 3 位男士于约定时间前来取款,均被警察当场逮捕,但该小孩则遍寻无着。

警察将 3 名歹徒带回分局讯问,歹徒坚持除非把他们放走,否则不会说出藏匿小孩地点。小孩的父母十分焦急,因为小孩被抓走时,身上衣服很单薄,但案件发生后有一强烈寒流南下,因小孩还不到 3 岁,其父母认为若不赶快救出小孩,小孩可能会冷死或饿死。

警察将被告 3 人移送地检署,内勤检察官虽是一位极为认真、干练的检察官,但不论其如何对歹徒晓以大义甚至语带威胁利诱,歹徒仍不为所动,坚持除非把他们放走,否则不会说出藏匿小孩地点。内勤检察官担心若把歹徒放走,歹徒可能会将小孩撕票,甚至再犯其他案件,故不敢答应歹徒要求。小孩父母知执法人员无法问出小孩下落,乃请求将歹徒交给他们问讯。该检察官十分苦恼,问笔者意见,笔者回答:"救人要紧,如果实在没有其他方法问出小孩下落,不得已只好刑求。"该检察官闻言一惊,对笔者说:"这(指刑求)违反'刑事诉讼法'讯问被告的规定,绝对不可以!"

数日后,笔者询问同仁是否有找到该小孩,经以:"歹徒于被捕 3 日后终于说出将小孩弃置于名间乡松柏岭山谷里,经警前往找寻,发现小孩已经死亡。因为小孩尸体上有蚊子叮咬的痕迹,而蚊子不会叮咬死尸,法医因此判断该小孩是在警察找到前才刚死亡。"笔者知道结果后,心情极为激动,心想:如果我是该未满 3 岁的小孩,暗夜独自在山谷里,又饥又冷,不晓得会有多么害怕? 如果我是该小孩的父母,会多么的心疼小孩所受的种种苦楚? 会多么的后悔向警察报案? 如果我是小孩的父母,会对我们这些执法人员多么失望? 歹徒捉到了,却问不出小孩下落,又不肯将人交给他们逼问,结果让一幼儿活活饿死。

基本案情(台湾地区"最高法院"2003 年台上字第 2677 号判决)

本案系因案外人甲涉嫌赃物罪被羁押禁见,被告乙任职警察,受检察官指挥而负责查缉赃车,与被告丙共同意图为自己不法之所有,向甲之妻谎称可以打点检察官及其他相关人员,使甲脱罪,但需交付 250 万元,并为取信甲妻,表示可将扣案之汽车电脑掉包。甲妻心有不甘,乃向调查局屏东县调查站检举,并暗中窃录其与被告乙之谈话,后来甲妻依约交付 3 部汽车电脑给乙,并于翌日将 30 万元交给丙,丙于取款后返回与乙会合,为调查人员当场逮捕。

---

* 原载于《月旦法学杂志》2004 年第 108 期。
** 澎湖地检署主任检察官。

裁判要旨

本案台湾地区"最高法院"判决认为："私人之录音、录像之行为所取得之证据，应受'刑法'第315条之一与'通讯保障及监察法'之规范，私人违反此规范所取得之证据，固应予排除。唯依'通讯保障及监察法'第二十九条第三款之规定'监察者为通讯之一方或已得通讯之一方事先同意，而非出于不法目的者，不罚。'通讯之一方非出于不法目的之录音，所取得之证据，即无证据排除原则之适用。"本件甲妻窃录其与被告等谈话之录音带"系由通讯之一方所录制，依原判决所载其目的为保护自己（似为保留被告二人犯罪行为之证据），亦非不法，按之前揭说明……似无证据排除原则之适用。原判决将该证据予以排除，未就该证据之证明力予以调查，自属违背证据法则，而无可维持。"亦即，此判决认为：（1）私人违法录音、录像所取得之证据应予排除；（2）但通讯之一方非出于不法目的之录音所取得之证据，无证据排除原则之适用。①

疑难问题

刑事案件主要由司法警察机关负责证据的收集，但私人基于切身利害关系，也常有收证行为，彼等除了系受公权力机关委托，若私人本于自己之意思收集证据，而有不法行为。这种私人不法取得证据是否应该排除，私人不法取得证据主要有哪几种非和平方式，其分别对证据容许性（有无证据能力及应否排除）产生何种影响？

学理研究

如果该案重新发生一次，我们应该如何处理？警察、检察官或小孩父母如果对被告刑求逼问出该小孩下落，得否主张正当防卫。若能主张正当防卫，则刑求行为既被认为正当，因刑求取得被告之陈述是否有证据能力？该陈述之衍生之证据（小孩或其尸体）是否应该被排除？如果被害人只是以诈欺或利诱之方法取得被告陈述，其结果有无不同？

刑事案件主要由司法警察机关负责证据的收集，但私人基于切身利害关系，也常有收证行为，若私人本于自己之意思收集证据，而有不法行为，对其证据能力究竟应产生何种影响，此等案例虽屡见不鲜，但台湾地区法律并无明文规定，其法律效果不仅学说分歧，实务上亦尚乏统一的妥善处理方式。是以笔者乃介绍台湾地区外相关学说及实务见解，以供人们参考，并借以评析台湾地区"最高法院"2003年台上字第2677号判决。

本文首先简要说明台湾地区"最高法院"2003年台上字第2677号判决之事实及要旨，其次介绍及讨论私人不法取得证据是否应该排除的各种理论、学说，再将私人不法取得证据分为窃录、窃听方法，诈欺、利诱方式及强暴、胁迫等非和平方法三类，分别分析其对证据容许性（有无证据能力及应否排除）产生之影响，并评论台湾地区"最高法院"此一判决。又本文所谓私人系指非司法、警察机关之人员，或虽属司法、警察机关，但其违法取证行为与其职权及身份无涉者而言。而不法取证行为指所有不依法律规定取得证据的行为，不以违反刑事法规者为限，违反刑事

---

① 与此判决同一见解者，尚有2002年台上字第3523号判决，其要旨以："又刑事诉讼之目的，固在发现真实，借以维护社会安全，其手段则应合法纯洁、公平公正，以保障人权，倘证据之取得非依法定程序，而法院若容许该项证据作为认定犯罪事实之依据有害于公平正义时，自应排除其证据能力。上诉人既无法证明该录音带系依法定程序取得，有违反'宪法'第十二条保障人民秘密通讯自由之虞，尚难认定该录音带内容有证据能力。"2002年台上字第3713号判决："而告诉人就其与上诉人之父、兄、姐及被害人、邹文荣之对话，暗中录音，此与自盗录他人间非公开之谈话录音涉有'刑法'第三百十五条之一之妨害秘密罪，尚属有间，上开录音既非违法取得，复与事实相符，自有证据能力。"

实体法者仅系不法取证行为中较严重之类型,合先叙明。

一、私人不法取得证据应否排除的台湾地区以外学说

台湾地区以外学说及实务做法有下列不同见解,简要介绍及评论如下:

(一) 不应排除说

在美国,证据排除法则是法院所创设的原则,并非宪法所规定的权利。美国学者及实务界普遍认为警察违法搜索、扣押时,不仅有政府公权力的介入,人民难以抵抗;而且当有重大案件发生时,警察若未能迅速将被告绳之以法,社会将产生极大的不安,各界施予警察之破案压力很大,使警察常有违法收集证据的动机;兼以警察违法搜索、扣押时,虽法律上可能负有民事、刑事或行政责任,但违法取得证据的警察通常破案绩效比较好,其长官及司法机关也都很了解及同情警察破案的需要,常不愿意认真追究其违法收集证据之民事、刑事或行政责任,故该等规范都无法抑制警察违法搜索及扣押。因此,美国联邦最高法院才设立证据排除法则①,并适用于各州②,使得警察违法搜索、扣押、逮捕所取得的证据原则上应该被排除,其目的是为除去警察非法收证的动机。

但刑事诉讼依赖证据来发现真实,证据排除常会阻碍真实发现,甚至使真相永远不可能被发现,非有绝对需要不可轻易将证据排除,是以纵使警察违法取得证据亦有许多证据不排除的例外。③ 私人通常非如警察以收证为职业,偶因被害或其他原因而有违法收证行为,并无反复为之的动机,故法律比较没有吓阻私人不法收证行为之必要。私人违法搜索、扣押或逮捕时,公权力并未介入,被侵害的一方对之有抵抗能力;且违法收证人应负民事、刑事责任,司法机关没有对其偏袒的理由,故私人不法取得证据并无适用证据排除法则的必要。

不应排除说理论合理清楚,易于使用,美国实务界即采此一见解。例如在 *Burdeau v. McDowell* 案④,美国联邦最高法院明确表示:联邦宪法增修条文第 4 条禁止不合理的搜索、扣押的规定,旨在限制政府的行为,并不及于私人的搜索及扣押。美国刑事诉讼法学者也与实务界采取一致看法,例如,Wayne R. Lafave 即认为,房东违法搜索房客的财物、航空公司搜索无人领取的皮箱,或私人公司在员工不知情的情况下窃听员工的电话,都不构成证据应该排除的理由。⑤ Joshua Dressler 及 George C. Thomas 亦认为,窃盗犯甲侵入乙之住宅,窃取乙之财物及毒品,若警察将甲逮捕并发现乙之毒品,检察官据以对乙提起公诉,乙并不能主张该证据为违法取得而应该排除。又例如丈夫甲雇请私家侦探调查太太乙与情夫通奸的证据,私家侦探偷翻乙的日记,结果发现乙涉及一宗谋杀罪,将该日记交给警察,乙也不能主张证据排除。但若警察委托私人进行非法

---

① 在 *Weeks v. United States* [232 U. S. 383 (1914)]案,警察没有申请搜索票而违法搜索被告住所取得信件等证据,联邦最高法院表示:如果这些文件可以扣押并用为证明被告有罪之证据,联邦宪法增修条文第 4 条的保护将形同虚设。

② 美国证据排除法则建立时,原只对联邦执法人员适用,而不可用以对抗州政府,但因各州逐渐立法或通过判决来仿效联邦法院排除非法取得之证据,在 1961 年,美国联邦最高法院在 *Mapp v. Ohio* [367 U. S. 643 (1961)]案表示:目前既已有过半数之州采用证据排除法则,而且加州最高法院也发现以其他方式防止执法人员违法取证均不能达到目的,为了维持司法之正洁(judicial integrity),依据联邦宪法增修条文第 14 条程序正当原则(Due Process Clause)的规定,联邦宪法增修条文第 4 条之保护亦可用来对州政府主张,故非法搜索、扣押、逮捕取得之证据在州法院亦应被排除。

③ 参见吴巡龙:《新刑事诉讼制度与证据法则》,2003 年版,第 144—152 页。

④ *Burdeau v. McDowell*, 256 U. S. 465 (1921).

⑤ Wayne R. Lafave, Search and Seizure, §1.8(a) (3rd ed. 1996).

搜索或扣押,应与执法机关之行为同视,而有证据排除法则的适用。①

(二) 法秩序一元说

学者中有主张"法秩序一元说"者,认为私人若以违法方法取得证据,既然该行为受到刑事实体法的非难,其行为在刑事诉讼法上也应该受到负面评价而排除该证据之使用,否则法院若允许使用该证据,无异由司法机关再次侵害因违法取证而受损的法益。②

有部分与此派学说持基本相同见解的学者提出"禁止由自己之违法行为受益"的理论,他们认为,私人违法取证行为本身是一种为刑事实体法所禁止的恶行,私人不能以违法方法取得证据,否则该证据应该被排除。但若行为人并非因证据使用者之授意,而系本于自主之意思违法取得证据,则该证据不排除。例如,窃盗犯甲侵入乙之住宅,窃取乙之毒品后为警察逮捕,检察官提出该毒品作为乙吸毒或贩毒之证据,因为甲并未受有任何益处,故不应排除。

然而刑事实体法与刑事诉讼法或证据法各有不同的目的及考虑,制定刑事实体法时,立法机关所考虑者是那些法益应如何加以保护以及对法益侵害者应如何改造或处罚,至于政府机关或私人违法取得之证据有无证据能力,并非刑事实体法制定时立法机关所考虑之事项,而有赖于制定刑事程序法或证据法时斟酌。例如,甲怀疑乙杀死其子,从乙的住所偷窃乙涉嫌杀人之手枪一把,交给警察作为证据,因立法机关于制定"刑法"窃盗罪时所考虑的保护法益并不包括"禁止提出该手枪作为证据",因此检察官提出该把手枪证明乙杀人,并未侵害窃盗罪之保护法益,除非刑事诉讼法或证据法别有规定,应该可以容许。因法秩序一元说不但昧于立法的实际考虑因素,且违背刑事诉讼追求司法正义的基本目的,故一直未被法律实务界所重视。

(三) 法益权衡理论(裁量理论)

对于执法机关违法取得证据应否排除的讨论有法益权衡理论,在私人不法取得证据时也同样可以被考虑。所谓权衡理论,是指任何违法取证之个案,均需由法院衡量权力机关发现真实之利益与个人因违法取证行为所受侵害之法益保护利益,以决定该证据是否应该排除。亦即当权力机关发现真实之利益大于个人因违法取证行为所受侵害之法益保护利益,则违法取得之证据不排除;若发现真实之利益小于个人因违法取证行为所受侵害之法益保护利益,则违法取得之证据应该排除。台湾地区近年来多以此理论来解决证据排除之问题,并先后于2001年1月于"刑事诉讼法"(以下简称"刑诉法")第416条第2项、2002年1月于第131条第4项及2003年1月于增订第158条之4时采用此原则。

证据排除若采权衡理论,需有明确之裁量标准,才能免除不确定之缺点,但因犯罪情形及违法收证情节千差万别,极难有明确之裁量标准,"刑诉法"第158条之4修法理由即表示:"法官于个案权衡时,允宜斟酌(一)违背法定程序之情节。(二)违背法定程序时之主观意图。(三)侵害犯罪嫌疑人或被告权益之种类及轻重。(四)犯罪所生之危险或实害。(五)禁止使用证据对于预防将来违法取得证据之效果。(六)侦审人员如依法定程序有无发现该证据之必然性及(七)证据取得之违法对被告诉讼上防御不利益之程度等各种情形权衡之。"此立法虽使承审法官有宽广之裁量空间,但该法条既未明列应斟酌之事项,修法理由就上述每一审酌事项对证据排除影响力之多寡,及如何评价所列举之审酌事项亦未作说明,故裁量理论运用结果对法官行使裁量权实际并未能发挥指导功能。上述修法说明,表面上虽列举七项裁量标准,使法官有所依循,

---

① Joshua Dressler & George C. Thomas, Criminal Procedure: Principles, Policies and Perspectives, 66 (1999).

② 参见杨云骅:《赔了夫人又折兵?——私人违法取得证据在刑事诉讼的证据能力处理》,载《台湾本土法学杂志》2002年第41期,第4页。

实际上等于宣告由法官自由评价,无论排除与否,均为合法。法官因成长背景及生活经验不同,可能有些法官强调真实发现的重要性,有些强调被告及犯罪嫌疑人权利之保护,相同的犯罪及相同的程序违法,不同法官可能有不同之决定,而产生极大之不确定性,不仅当事人无法预测证据能否被允许,也难以检视法官的裁量是否妥当,故此说颇受学界批评。

（四）其他可能的理论

在讨论执法机关违法取得证据应否排除时尚有法规范保护目的理论及三阶理论,也可以在私人不法取得证据时加以考虑。法规范保护目的理论主张违法取得之证据应否排除,应自违法行为所触犯法规之保护目的考虑,当依该法规之目的认为证据应予排除者,乃不得使用该证据,否则取证行为虽然违法,仍可使用该证据。但此说对于探讨法律规范目的众说纷纭,无法提出一套可行标准。

另外在德国,联邦宪法法院曾提出三阶理论来处理执法机关违法取得证据应否排除的问题①,即将隐私权分为三个领域:其一为核心隐私领域,若某证据被评价属于此一领域,则应绝对禁止其被调查使用;其二为单纯私人领域,侵害此一范围之违法取得证据,以权衡法则来决定该证据应否排除;其三为社交范围,原则上无禁止之必要。但此说并不能提出可行性标准界定所谓核心隐私领域、单纯私人领域、社交范围之定义及范围,此说除非能提出具体可行性标准,否则将流于理论,无法作为实务界办案之准绳。

二、私人不法取得的证据应否排除

比较上述诸说,不应排除说理论合理清楚,易于使用,最属可采,但私人不法取得证据的形态很多,是否有某种私人不法取证行为应类推适用证据排除法则,非可一概而论。欲回答此问题,笔者认为,应该将私人不法取证行为分为以窃录、窃听等和平方法,以诈欺、利诱方式,及以强暴、胁迫非和平方法取得证据三种情况作个别分析。

（一）以窃录、窃听等和平方法为之（评析台湾地区"最高法院"2003年台上字第2677号判决）

"刑法"第315条之1规定:"有左列行为之一者,处三年以下有期徒刑、拘役或三万元以下罚金:（一）无故利用工具或设备窥视、窃听他人非公开之活动、言论或谈话者。（二）无故以录音、照相、录像或电磁记录窃录他人非公开之活动、言论或谈话者。"此条所保护之"活动、言论或谈话",以"非公开"者为限。"通讯保障及监察法"第3条第2项亦规定:"前项所称之通讯,以有事实足认受监察人对其通讯内容有隐私或秘密之合理期待者为限。"此条项显系模仿自美国法,而何谓合理的隐私期待,台湾地区法既无明文,解释上似可参考美国法之规定。

美国法系认为美国联邦宪法增修条文第4条（关于搜索、扣押要件的规定）保护的是"人",并非"地方"②,是否受该条保护应以有无"合理的隐私期待"（legitimate expectation of privacy）为判断标准。合理的隐私期待需符合被搜索人主观上有隐私期待（actual expectation of privacy）及该期待为社会所认为合理（society is prepared to recognize as "reasonable"）两要件③,亦即对于没有合理隐私期待的场所或通讯实施搜索或窃听,并不违反美国联邦宪法增修条文第4条,警察的搜索或监听行为不必事先申请令状,也没有心证门槛的要求。

美国联邦最高法院一再强调被搜索人（被监听人）自愿地将讯息通知第三人,就算被搜索人

---

① 参见林钰雄:《刑事诉讼法》(第三版)(上册),2003年版,第515—516页。
② *Katz v. United States*, 389 U.S. 347 (1967) (For the Fourth Amendment protects people, not places.).
③ *Katz v. United States*, 389 U.S. 347 (1967) (Harlan, J. concurring).

(被监听人)对该讯息有该第三人不得对其他人揭露的主观期待,但客观上这种期待并非社会所承认为合理,欠缺上述第二个要件,故对该讯息并没有合理的隐私期待,而不受美国联邦宪法增修条文第 4 条的保护。例如在 *Lopez v. United States* 案①,便衣警察隐藏其身份,携带器材窃录其与被告之谈话,美国联邦最高法院认为便衣警察作证时本来就可以揭露该谈话内容,录音之目的系为帮助警察记录谈话内容及加强其内容可信度,并无违法。同理,在 *United States v. White* 案②,被告 White 涉嫌贩卖毒品,网民 Jackson 故意与被告交谈,交谈场所包括 4 次在网民 Jackson 家里,1 次在被告住所,1 次在餐厅,两次在网民 Jackson 车内,网民与被告谈话时,身上藏着接收器,将其与被告间的谈话传给附近监听的警察,联邦最高法院亦认为,被告与人交谈时要自负对方是否会将秘密泄露给权力机关的风险,被告对此没有合理的隐私期待,警察也不需要事先取得令状,此种采证方式并不违法。

王兆鹏教授在其大作《私人违法录音、录像、监察之证据能力》一文中认为:"在私人非法取证的情形下,除非立法者表态证据排除,否则为司法机关的法官,在无法源依据的情形下,不得将私人非法取得的证据排除……目前对录音、录像行为的主要法律规范有'刑法'第三百十五条之一与'通讯保障及监察法',针对此二法规范之规定及立法意旨解释,笔者认为,在私人违反此二规范所取得的证据,立法者似已表态应予排除,不得为证据。"③台湾地区"最高法院"2003 年台上字第 2677 号判决认为,私人违法录音、录像所取得之证据应予排除,与王教授见解相同,有可能直接或间接受王教授大作影响所致。

王教授并于该文中举例,甲女常遭其夫乙殴打,为收证目的,在屋内装设录像机,某日将其夫乙对其殴打的过程全部录下④,就其夫谈话部分,因"通讯保障及监察法"第 29 条第 3 款规定:"监察他人之通讯,而有下列情形之一者,不罚:……(三) 监察者为通讯之一方或已得通讯之一方事先同意,而非出于不法目的者。"因此行为人为通讯之一方或得通讯之一方事先同意而监听或窃录,其行为并不违反"通讯保障及监察法",其录音部分得为证据;但就甲女窃录其夫"非公开活动"(即殴打太太)部分,因"刑法"无类似"通讯保障及监察法"第 29 条第 3 款的规定,即令窃录之行为人系"非公开活动"之一方,并无不予处罚的规定,因此,甲女的行为构成"刑法"第 315 条之 1 之罪,且该录像内容应该排除。⑤

法律主要由有民意基础的立法机关制定,况台湾地区法属成文法,法官们并无民意基础,法官解释法律应注意谨守分际,不该侵犯立法权。法官就"宪法"及法律所未规定事项,"政策形成功能"应该尽可能节制,以维持权力分立的原则,王兆鹏教授在其大作《私人违法录音、录像、监察之证据能力》一文中引进美国通说并主张在私人非法取证的情形下,除非立法者表态证据排除,否则为司法机关的法官,在无法源依据的情形下,不得将私人非法取得的证据排除,所见甚为正确,值得喝彩。

然而,王教授主张私人违法录音、录像所取得之证据应予排除,不仅与上述主张自相矛盾,而

---

① *Lopez v. United States*, 373 U.S. 427 (1963).
② *United States v. White*, 401 U.S. 745 (1971).
③ 王兆鹏:《私人违法录音、录像、监察之证据能力》,载王兆鹏:《搜索扣押与刑事被告的宪法权利》,元照出版公司 2003 年版,第 135—136 页。
④ 窃录犯罪嫌疑人与他人之谈话内容,在台湾地区其证据方法应不属于自白,而应以勘验为证据调查方式。
⑤ 参见王兆鹏:《私人违法录音、录像、监察之证据能力》,载王兆鹏:《搜索扣押与刑事被告的宪法权利》,元照出版公司 2003 年版,第 123 页。

且极为不当。首先,"刑诉法"第158条之4规定:"除法律另有规定外,实施刑事诉讼程序之'公务员'因违背法定程序取得之证据,其有无证据能力之认定,应审酌人权保障及公共利益之均衡维护。"显然认为私人违法取证不适用证据排除的规定,故私人因此所取得之证据不应排除。立法机关于"刑法"第315条之1与"通讯保障及监察法"等条文中仅表示隐私权及秘密通讯自由之法益应该受到保护,违反该等规定者应科以一定刑罚,对于违反该等法条所取得之证据有无证据能力一事并未考虑,亦无表态。虽然"刑法"第315条之2第3项规定:"明知为前二项或前条第二款窃录之内容而制造、散布、播送或贩卖者,依第一项之规定处断。"但法院依法调查证据为依法令之行为,应阻却违法,并无第315条之2第3项之适用,该条文并无禁止法院依法调查窃录内容之意。王教授认为该等条文"立法者似已表态应予排除",只是王教授个人的意见,并无根据。

况且,"刑法"第315条之1以"无故"为构成要件之一,而"刑法"之"无故"指无正当理由而言①,又"刑法"之"正当理由"不以法律上理由为限,本于道义上或习惯上为社会所认可之原因,亦属有正当理由。② 犯罪被害人为收集证据,而窃录被告非公开之活动,应有正当理由,并非"无故"。况依罪刑法定主义的精神,"刑法"之解释遇有疑义时,除非有利于被告,否则不宜过度扩张条文文义,以免不教而杀之虐,故此种情形应非属"无故"无疑。依王教授所举之例,甲女因常遭其夫乙殴打,为收证目的在屋内装设录像机,其行为有正当理由,应非"无故",并不构成"刑法"第315条之1之罪。乃依王教授之见,甲女的行为不仅构成该罪,且该录像内容应该证据排除,如此解释法条,岂符法律追求公平正义之旨?

于此应附带一提者,"刑法"第315条之1第1项以"无故"利用工具或设备窥视、窃听他人非公开之活动、言论或谈话为要件,若未使用任何工具或设备的窥视、窃听行为,除别有规定外③,亦应为法所不罚。

(二)以诈欺、利诱方式为之

"刑诉法"第156条第1项所谓"诈欺""利诱"意义何在?应否直接或类推适用于私人取得被告陈述的情形?例如在南投县小孩被绑架案,小孩父母若向歹徒谎称:如果说出藏匿小孩地点,愿意给付100万元。歹徒果说出该藏匿处所,该陈述得否作为证据。笔者认为在法理思考之前,应该先就违法取证行为之哲学面加以探讨,而现代哲学家Sissela Bok所提出来之逻辑及见解,因与司法制度追求公平正义之理念及刑事侦查之程序正当原则吻合,颇获美国法学者重视④,正可用以作为探讨此问题之理论基础。

Bok认为,对他人行恶并非必然是一种恶行,以诈欺为例,Bok分析,不诚实或说谎对被骗者、说谎者及社会均有不良影响,对受骗者而言,谎言影响了他们对于该事情之判断能力,并可能因而不再轻易相信他人。⑤ 对说谎者而言,因为说谎会使该人获利,故其可能会越来越喜欢说谎,

---

① 1993年上字第891号判例要旨:"'刑法'第三百二十条第一项所谓无故侵入他人住宅,指无正当理由擅入他人住宅而言。如出于有权搜查之职务上行为,自不能谓为无故侵入。"
② 1934年上字第5512号判例要旨:"上诉人与告诉人原系同族,非无往还,微论本意原系拜年,纵因要求撤销刑诉,冀免公累,而至告诉人家商恳,亦难谓为无故侵入他人住宅。"
③ 例如"刑法"第315条第1项规定:"无故开拆或隐匿他人之封缄信函、文书或图画者,处拘役或三千元以下罚金。"第2项规定:"无故以开拆以外之方法,窥视其内容者,亦同。"
④ See e.g., Christopher Slobogin, *Deceit, Pretext, And Trickery: Investigative Lies by the Police*, 76 OR. L. REV. 775 (1997).
⑤ Sissela Bok, Lying: Moral Choice in Public and Private life 21-22 (1978).

不诚实乃逐渐成为该人之特质,他人对说谎者之信任将因而降低。① 对社会而言,说谎或使诈会因他人之模仿或以相同或类似方法报复而蔓延,人与人间之信任度将减低,社会将因此而受害。② 因此说谎行为原则上不应被容许,但有时说谎可能有正当性,有无正当性应以能否公开解释为判断。Bok 认为,谎言若无法公开解释即无正当性(Lies that cannot be justified publicly are not justifiable)。③

Bok 提出三段论法来评估施用诈术是否有正当性:第一,应先考虑是否能以诚实方法达到目的;若能以诚实方法达到相同目的,则说谎或使诈即无正当性。④ 第二,如果没有以诚实方法达到目的之可能性或可行性,应该衡量说谎或使诈之道德上原因。⑤ 第三,于衡量说谎或使诈之道德上原因时,应注意说谎或使诈对他人及社会之影响。⑥ 总结言之,在所有说谎或使诈之中,Bok 认为紧急原因(crisis)最有正当性,例如当生命受到紧急危难,而说谎可以解除该危险,此种类型之说谎不会导致说谎者有爱说谎之倾向,也不因此而鼓励他人说谎,故有正当性。⑦ 另外,对公开宣布之敌人(publicly de-clared enemies)说谎亦有正当性,因在此情形,个人偏见及错误可能性减到很低的程度,而且不能期待敌人诚实以对,只好以说谎方式使原本不正当之事情变得公正,故此情形下之说谎亦有正当性。⑧

因此,禁止警察以诈欺方法取得自白并非没有例外,只是其例外应符合下列要件⑨:第一,需无法以诚实方法取得自白或证据,此要件事理至明,无待深论。第二,施行对象为公开宣布之敌人。因警察所侦查之对象可能很广泛,而公开宣布之敌人范围不宜过广,否则容易导致警察以钓鱼式随意使用不诚实方法侦讯,产生滥权,故解释上并非每一位被侦查对象都是公开宣布之敌人,而应该是对于有相当理由怀疑其犯罪之人才是公开宣布之敌人⑩,对此问题很有研究之美国佛罗里达大学 Slobogin 教授,亦同此见解。⑪ 第三,案件(被害法益)非极轻微。因使用不诚实方法取得被告陈述,对讯问人、受讯人及社会均会带来负面影响,而对于轻微案件,说谎或使诈以取得自白之正面执法效益并不大,权衡利害,应无说谎以取得自白之必要;故必须对于非轻微之案件,权衡以不诚实方法取得自白之利弊得失后,认为非以不诚实方法无法突破案情,非破案无法彰显社会正义,只有在此情形下,才应允许以不诚实方式取得证据。第四,说谎或使诈需无诱发虚伪陈述之危险。以不诚实方法取得之自白,通常并未使用强制力侵害被告之人身自由,且被告若未犯罪,纵警察以不诚实方法侦讯,被告也不会承认犯罪,一般并无诱发虚伪自白之危险,故可

---

① Sissela Bok, Lying: Moral Choice in Public and Private life 27 (1978).
② Sissela Bok, Lying: Moral Choice in Public and Private life 28 (1978).
③ Sissela Bok, Lying: Moral Choice in Public and Private life 97 (1978).
④ Sissela Bok, Lying: Moral Choice in Public and Private life 109 (1978).
⑤ Ibid.
⑥ Sissela Bok, Lying: Moral Choice in Public and Private life 104 (1978).
⑦ Sissela Bok, Lying: Moral Choice in Public and Private life 108-109 (1978).
⑧ 请参见吴巡龙:《以不诚实方法取得自白之证据能力》(原载《月旦法学杂志》第 89 期),载《新刑事诉讼制度与证据法则》,第六章,2003 年版,第 179—180 页。
⑨ 同上书,第 180—183 页。
⑩ 关于相当理由,请参见王兆鹏:《论无须预警强制处分权之实质原因》,载《搜索扣押与刑事被告的宪法权利》,元照出版公司 2003 年版,第 1—42 页;吴巡龙:《"相当理由"与"合理怀疑"之区别》(原刊载于《刑事法杂志》第 46 卷第 4 期),载《新刑事诉讼制度与证据法则》,2003 年版,第 103—123 页。
⑪ 参见吴巡龙:《以不诚实方法取得自白之证据能力》(原载《月旦法学杂志》第 89 期),载《新刑事诉讼制度与证据法则》,2003 年版,第 171—172 页。

采为证据。① 但若警察所使用之不诚实方法有诱发虚伪陈述之危险,被告之自白已欠缺真实性保障,应认为其自白无任意性,故无证据能力。例如,夫妻二人共同持有毒品被查获,若侦查人员向受讯问人诈称:如果你承认施用毒品,我们将不移送你妻子之持有毒品罪嫌,此等方法已促使被告有虚伪陈述的动机,应无证据能力。第五,方法上需不违反良心。因若允许警察以"违反社会良心"(shock the con-science of the community)之方法来取得证据,法院并据以使用,无异由司法机关默许警察破坏法律之核心价值。因此,无论违法取得证据之真实性如何,如果其所使用之方法违反社会良心所容许之范围,因此所取得之证据应无容许性②,且被害法益越小、防止危害之情况越不紧急,解释可容许之方法应越严格,以符合比例原则。

美国法院对诈欺的使用也多采容许态度,美国联邦最高法院在 Oregon v. Mathiason 案③表示:警察向受讯问人谎称在犯罪现场有采获其指纹,受讯问人因而认为本案已无法狡赖而自白,其自白仍有任意性,警察取供方式并不违法。在 Frazier v. Cupp 案④,警察侦讯时向受讯问人谎称其他共犯已经坦承犯行,被告因而自白,美国联邦最高法院表示该自白仍具任意性,得采为证据。在 Lewis v. United States 案⑤,警察伪造相片,再向嫌疑人谎称该相片显示死者之鞋子上有嫌疑人之拇指纹,并谎称案发当晚,有一目击证人看见嫌疑人从尸体发现处走出来。法院认为该嫌疑人因此所为之自白,仍有证据能力,并将之定罪。

"刑诉法"第 156 条第 1 项规定:"被告之自白,非出于强暴、胁迫、利诱、诈欺、疲劳讯问、违法羁押或其他不正之方法,且与事实相符者,得为证据。"此条项可否适用于私人违法取得自白之情形? 德国大部分学者及实务见解认为《德国刑事诉讼法》第 136a 条(相当于"刑诉法"第 156 条第 1 项)仅规范国家机关,除非私人受国家委托收集证据,否则不适用于私人。⑥ 林钰雄教授亦认为:……本条不正讯问之禁止本来所欲规范者,乃权力机关之取证行为,因此,其立法标准算是相当"严苛"。若将其扩张到私人取证行为,其禁止之程度、范围,势必难以实行相同的标准。例如,如果被害人只是以说谎或利诱之手法,狡猾地取得被告自白,难道法院也应该禁止使用该证据吗?⑦

私人并无取得证据之任务,其因被害、受雇或其他种种原因而以诈欺、利诱方法取得证据,并无公权力之介入,法律上对该证据能力之限制,没有比警察以相同方式取得证据更严格的理由。且私人以说谎或利诱方法取得之陈述,并未使用强制力侵害被告之人身自由,被告若未犯罪,纵私人以不诚实方法询问,被告也不会承认,一般并无诱发虚伪陈述之危险,故可采为证据。因此私人以诈欺、利诱方式取得之证据,除非其方法已经违背社会良心或有诱发虚伪陈述之危险,否则应承认其证据能力。

(三) 以强暴、胁迫等非和平之方法为之

私人以强暴、胁迫等非和平之方法取得证据应否有容许性?"刑诉法"第 156 条第 1 项规定:"被告之自白,非出于强暴、胁迫、利诱、诈欺、疲劳讯问、违法羁押或其他不正之方法,且与事实相

---

① Fred E. Inbau et al., Criminal Interrogation and Confessions xvii (3rd ed. 1986).
② See Ashcraft v. Tennessee, 322 U. S. 143, 154-55 (1944).
③ Oregon v. Mathiason, 429 U. S. 492 (1977).
④ Frazier v. Cupp, 394 U. S. 731, 738 (1969).
⑤ Lewis v. United States, 74 F. 2d 173 (9th Cir. 1934).
⑥ 参见杨云骅:《赔了夫人又折兵?——私人违法取得证据在刑事诉讼的证据能力处理》,载《台湾本土法学杂志》2002 年第 41 期,第 3—4 页。
⑦ 参见林钰雄:《刑事诉讼法》(第三版)(上册),2003 年版,第 515 页。

符者,得为证据。"其违法取得被告陈述的行为主体并未明文限于执法机关,与同法第158条之4证据排除法则规定限于"实施刑事诉讼程序之'公务员'"不同。"最高法院"于1939年上字第2530号判例表示:"……被告之自白虽与事实相符,仍须非出于强暴、胁迫、利诱、诈欺或其他之不正当方法,始得为证据,此项限制,原以被告之自白必须本于自由意思之发动为具备证据能力之一种要件,故有讯问权人对于被告纵未施用强暴、胁迫等之不正当方法,而被告因第三人向其施用此项不正当方法,致不能为自由陈述时,即其自白,仍不得采为证据。"

盖被告之陈述,若出于强暴、胁迫,被告可能为终止实施以暴力或威胁,而产生虚伪陈述之动机,若采其自白为证据,将有导致误判之虞,故文明国家(或地区)对以该等方式所取得之自白均不赋予证据能力。况私人若以强暴、胁迫等非和平之方法取得证据,对受强暴、胁迫者而言,此等行为对其人身自由有极严重之侵害,并可能因而产生复仇行为。对行为人而言,因为强暴、胁迫会使该人获利,故其可能会越来越喜欢使用强暴、胁迫,暴力乃逐渐成为该人之特质。对社会而言,强暴、胁迫会因他人之模仿以以相同或类似方法报复而蔓延,社会将因此而受害。故不论执法机关或私人,均不应以强暴、胁迫等非和平之方法取得证据,若警察或私人以此等方法取得证据,已经破坏法律之核心价值,司法机关为除去以强暴、胁迫等非和平方法取得证据之动机,以此等方式取得之证据不论其证明力如何,应无证据能力。若私人对"证人"以强暴、胁迫方式取得其陈述,虽然台湾地区法律没有明文规定该陈述有无证据能力,但基于相同法理,应类推适用"刑诉法"第156条第1项规定而认为无证据能力。

美国联邦最高法院对此曾解释:正当程序之目的并非在于排除推定不实之证据,而是在于不论证据是否真实,要防止证据使用时根本之不公平。[1] 因此,无论以强暴、胁迫违法取得证据之真实性如何,该方法本身不仅被评价为违法,且其方式已经违反社会良心,所取得之证据应无容许性,与以窃录、窃听、诈欺、利诱等和平方法为之之情形不同。

依照"最高法院"1939年上字第2530号判例要旨,私人以强暴、胁迫等非和平之方法取得证据,应依"刑诉法"第156条第1项认为无证据能力,此见解非常正确。但私人违法取得被告陈述的衍生证据应否排除?台湾地区法律对此并无规定,唯实务界已逐渐接受毒树之果法则。毒树之果法则系美国联邦最高法院在 Silverthorne Lumber Company v. United States 案所建立[2],该院并在 Walder v. United States 案界定该原则之范围:即不仅以违法方法取得之证据应该排除,其因违法方法取得情报,再依该情报所收集之证据,亦应该排除。[3] 但该法则仅对执法人员违法取得证据的情况适用,且因排除有价值的证据会影响刑事诉讼真实发现的目的,故设有若干例外[4],至于私人以违法方式取得证据,因前述理由既无证据排除原则的适用,自然也无毒树之果法则适用之余地。台湾地区继受该法则,就此部分台湾地区又无特殊不同的社会背景或司法文化,故解释

---

[1] Lisenba v. California, 314 U.S. 219, 236 (1941) ("The aim of the requirement of due process is not to exclude presumptively false evidence, but to prevent fundamental unfairness in the use of evidence, whether true or false.").

[2] Silverthorne Lumber Company v. United States, 251 U.S. 385 (1919) ("The essence of a provision forbidding the acquisition of evidence in a certain way is that not merely evidence so acquired shall not be used before the Court but that it shall not be used at all.").

[3] Walder v. United States, 347 U.S. 62 (1954) ("The Government cannot violate the Fourth Amendment … and use the fruits of such unlawful conduct to secure a conviction. Nor can the Government make indirect use of such evidence for its case, or support a conviction on evidence obtained through leads from the unlawfully obtained evidence.").

[4] 参见吴巡龙:《新刑事诉讼制度与证据法则》,2003年版,第149—151页。

上似应持相同见解。

以南投县小孩被绑架案为例，被害法益为一无辜小孩的生命，小孩生命的危险状况是绑匪所造成，且绑匪一句话就能解除小孩生命的危急状况，小孩父母穷尽方法无法寻获小孩，绑匪又不肯说出小孩下落，此时若小孩家属胁迫或殴打绑匪，使其说出小孩下落，应认为系社会良心所容许之行为，在刑法的行为评价中，此种行为应认为是正当防卫，并非法律所禁止之违法行为。该被告之陈述因"刑诉法"第156条第1项规定而应认为无证据能力，但被告陈述之衍生证据（小孩或其尸体）应不需要被排除。

结论性观点

刑事实体法为保护人民的信赖利益，免不教而杀之虐，有罪刑法定主义的原则，禁止作不利于被告的过度扩张解释及类推适用。但刑事程序法不同于刑事实体法，刑事程序法以发现真实、保障人权、追求正义为目的，"刑事诉讼法"条文的解释与刑事实体法不同，当发现法律漏洞时，在不违反宪法法律保留原则的前提下，必须权衡发现真实、保障人权、追求正义之需要而作最符合立法目的的解释或类推适用，而非以最符合被告利益的解释为依归。

司法警察机关基于司法资源的有限性、刑诉法对司法警察侦查活动的限制及警察本身因种种原因对个案调查的热衷程度不一，未必尽力于刑事证据之调查与收集，若不允许被害人自力救济，其将可能无法诉请法院主持正义。警察违法取证时，因为有公权力的介入，人民难以抵抗，且不论行政惩处、民事责任或刑事责任，都无法有效遏制警察以非法方法取得证据，因此有证据排除法则之设立。但私人以窃录、窃听等和平方法取得之证据，并无公权力之介入，且民事实体法及刑事实体法对此等行为已经评价，台湾地区法律对于以此等方式取得证据并无影响证据能力或排除之规定，上法院不应以证据排除来处罚行为人，避免过度阻碍刑事诉讼发现真实的目标。王教授及台湾地区"最高法院"2003年台上字第2677号判决认为私人违法录音、录像所取得之证据原则应予排除，似有不当。

私人以诈欺或利诱方法取得被告之陈述，并未使用强制力侵害被告之人身自由，被告若未犯罪，纵私人以不诚实方法询问，被告也不会承认，一般并无诱发虚伪陈述之危险，因此私人以诈欺、利诱方式取得之证据，除非其方法已经违背社会良心或有诱发虚伪陈述之危险，否则应承认其证据能力。但私人若以强暴、胁迫等非和平方法取得被告或证人之陈述，已严重违背基本人权及法律的核心价值，依照（或类推适用）"刑诉法"第156条第1项规定，应认为该证据无证据能力。因私人以违法方式取得证据，并无证据排除原则的适用，自然也无毒树之果法则适用之余地，故私人以强暴、胁迫等非和平方法取得被告或证人陈述之衍生证据应有容许性。

法律应务实地调和犯罪侦查之需要与被告人权之保障，而不能无限制地放任警察或私人以违法方法取得证据，也不能对被告人权怀着象牙塔般的理想。刑事诉讼依赖证据发现真实，证据排除会阻碍真实发现，甚至使发现真相成为不可能，故非不得已不应排除之。台湾地区刑诉法晚近引进证据排除法则，一时间法律人多有以为时尚者，但对其不适用的情形未必能完全掌握，希望本文的提出对此问题的思辨能有所贡献。

不自证己罪于非刑事程序之前置效力[*]

——评2007年台上字第7239号判决及相关裁判

林钰雄[**]

不自证己罪原则(nemo tenetur se ipsum accusare)[①],或称为不自我入罪特权(privilege against self-incrimination;Selbstbelastungsfreiheit),可以说是普遍被承认的国际标准[②]及现代法治国家(或地区)刑事程序共同的基础原则,并且形诸国际人权条约及各国或地区宪法或法律,国际人权法院及各国或地区法院的相关裁判,不计其数。

台湾地区"刑事诉讼法"(下称本法)也继受此项原则[③],台湾地区"最高法院"新近裁判亦有不少突破性的发展。[④] 其中,连续两则裁判(见下文)系针对前置于刑事程序的民事程序之不自证己罪原则的违反及其法律效果而发,而系争问题正是国际人权法近十余年来关此原则的争议焦点所在。以下先以实例形式说明问题之所在。

基本案情(贿选伪证案)[⑤]

乙为公职人员当选人,经检察官以其于选举期间通过甲等数名桩脚贿赂投票权人为由,而向

---

[*] 原载于《月旦法学杂志》2008年第161期,收录于本书时,原文之部分用语、文字经出版社编辑调整。

[**] 台湾大学法律学院教授。

[①] 参见王士帆:《不自证己罪原则》,台北春风煦日论坛2007年版,第9页以下;王兆鹏:《不自证己罪保护之客体》,载《台湾本土法学杂志》2007年第95期,第67页以下;林钰雄:《论不自证己罪原则》,载《刑事程序与国际人权》,元照出版公司2007年版,第275页以下。

Vgl. Bosch, Aspekte des nemo-tenetur-Prinzips aus verfassungsrechtlicher und strafprozessualer Sicht, 1998; Esser, Auf dem Weg zu einem europäischen Strafverfahrensrecht, 2002, S. 520 ff.; Rogall, Der Beschuldigte als Beweismittel gegen sich selbst, 1977; Verrel, Die Selbstbelastungsfreiheit im Strafverfahren, 2001. See Ashworth & Redmayne, The Criminal Process, 129-137 (3d. ed. 2005); Mowbray, Cases And Materials on The European Convention on Human Rights, 293-302 (2004); Thaman, Compabative Criminal Procedure, 165-173 (2002); Trechsel, Human Rights in Criminal Proceedings, 340-359 (2005).

[②] ECHR, *John Murray v. U. K.*, Reports 1996-I, § 45.
其他欧洲人权法院相关裁判,例如ECHR, *Funke v. France*, 1993, Series A no. 256-A; *Saunders v. U. K.*, Reports 1996-VI; *Serves v. France*, Reports 1997-VI; *Condron v. U. K.*, RJD 2000-V; *Averill v. U. K.*, RJD 2000-VI; *Heaney and McGeinness* v. Ireland, RJD 2000-XII; *Quinn v. Ireland*, Judgment of 21 Dec. 2000; *J. B. v. Switzerland*, RJD 2001-III; *Allan v. U. K.*, RJD 2002-IX.

[③] 例如本法第95条第2款(被告缄默权及告知义务)、第181条及第186条第2项(证人免予自证己罪之拒绝证言权及告知义务)、第156条第4项(缄默评价之禁止)。

[④] 例证请参见林钰雄:《不自证己罪原则之射程距离》,载《台湾本土法学杂志》2007年第93期,第221页以下。

[⑤] 本案基础事实取材(部分改编)自2007年台上字第7239号判决;相关问题之标杆裁判,乃2005年台上字第51号判决。"系争公职人员选举罢免法"(下称"选罢法")第99条第1项规定:"对于有投票权之人,行求期约或交付贿赂或其他不正利益,而约其不行使投票权或为一定之行使者,处三年以上十年以下有期徒刑,得并科新台币一百万元以上一千万元以下罚金。"第120条第1项第3款规定:"当选人有下列情事之一者,选举委员会、检察官或同一选举区之候选人得以当选人为被告,自公告当选人名单之日起三十日内,向该管辖法院提起当选无效之诉;……三、有……第九十九条第一项……之行为。"

管辖之民事法院提起当选无效之诉("选罢法"第 120 条第 1 项),检察官并同时侦办上述选举贿赂罪之刑事案件。于民事法院当选无效案件之准备程序,甲经法官以证人身份传唤出庭作证,并经法官谕知具结之义务及伪证之处罚具结后作证,惟法官并未告知甲若其证言足致自己受刑事诉追者得拒绝证言("民事诉讼法"第 307 条第 1、2 项),甲承认当乙桩脚为其"拉票"等情事,但否认有"买票"行为。随后,检察官分别起诉甲犯"刑法"伪证("刑法"第 168 条)及"公职人员选举罢免法"之贿赂有投票权人罪名("选罢法"第 99 条第 1 项),起诉书中皆援引甲上述证言为据,甲于刑事程序自始至终保持缄默。

疑难问题

(1)案例所示,法院于先前之非刑事程序(民事程序),以证人身份"取得"甲的供述证据,随后将其"运用"到以甲本人为被告的刑事程序,此际,不自证己罪原则可否用以审查先前非刑事之取证程序的合法性?若可,将产生何等法律效果?

(2)不自证己罪原则的射程距离能否及于"前置于刑事程序之非刑事程序"?

本文所选案例中存在的问题不但涉及刑事法与非刑事法(行政法与民事法)的交接领域,并且,于刑事法部分又同时涉及诉讼法(不自证己罪原则)与实体法(伪证罪成立要件)的交错适用。本文的贿选伪证案可以说是难得一见的典范实例。

学理研究

本文拟先归纳台湾地区实务之见解(2007 年台上字第 7239 号判决);再分别从不自证己罪原则之射程距离及法律效果(区分为诉讼法与实体法两部分),一一解析裁判之观点;再者,本文从本案出发,自立法论立场,简述前置效力问题在台湾地区法的整体规范情形及其改进方向,代为结语。

一、不自证己罪原则之基本课题

不自证己罪原则的相关问题,可以略分为两个层次:一是此项原则的内涵为何,也就是保护范围或射程距离问题,处理到底哪些行为(包含行政、立法与司法)会抵触不自证己罪原则,也就是界定其保护范围的基准到底是什么?二是此项原则在刑事程序上产生的法律效果为何?

(一)射程之距离:基本内涵与外延争论

尽管各国或地区法对不自证己罪原则的内涵,有广狭不同的理解,而台湾地区相关规范密度亦极其有限,但若只谈"最起码"的射程距离,可以确定的基本内涵是:不自证己罪原则保障受刑事追诉者的自由陈述的权利,反面而言,公权力机关不得"强制"任何"刑事"被告作出自我入罪的"供述"。这里包含三个核心要素:适用于"刑事"追诉程序;被告就"供(陈)述"与否有选择的自由;禁止公权力机关"强制"取得。

核心领域并不等于保护范围的"全部"。亦即,纵使承认不自证己罪原则的核心内涵如上所述,也还没有回答到底此项原则的射程距离是否"以此为限"的问题。从前述三个核心要素来看,可能外延的具体问题包括(参照图 1—4):

(1)"非刑事程序"有无不自证己罪原则之适用?此乃系争裁判涉及的前置效力问题,详下述说明。

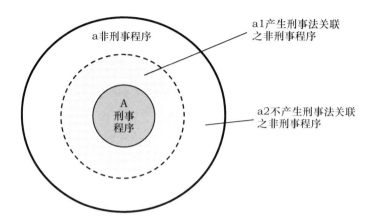

图 1　核心刑事程序要素（A）与外延非刑事程序（a1/a2）

图 2　核心供述证据（B）与外延非供述证据（b）

图 3　核心违法强制要素（C）与外延依法强制证据（c）

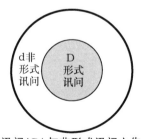

图 4　形式讯问（D）与非形式讯问之告知义务（d）

(2)除陈述自由、保持缄默之外,追诉机关是否也不得违反被告意思而强制要求其配合提出"非供述证据"?①

(3)何种情形构成侵犯不自证己罪原则的"强制"(compulsion;Zwang)?除了"直接强制"以外,"间接强制"是否也在禁止之列?尤其是"于法有据的间接强制",也就是间接强制的依据来自于立法规定本身的情形,是否也违反不自证己罪原则?②

(4)除了"形式讯问"以外,公权力机关于"非形式讯问"程序而取得刑事被告的供述,有无违反不自证己罪之问题?③

应予注意,在具体个案中,以上几组问题可能各自独立存在,也可能并存竞合而成为数种排列组合关系(参照图3)。例如,第 A 组结合第 B 组情形的问题是,公权力机关可否于非刑事程序课予被告积极配合提出非供述证据(如自证被告违法的证物)之协力义务(Mit-wirkungspflicht)?继续结合第 C 组情形,进而衍生的疑点,对于不主动配合者,可否施以间接强制的制裁效果?处理以上竞合问题的方式,简言之,就是抽丝剥茧,先将案例还原成各组的个别问题,一一解决之后,才能解答案例的组合问题。

(二)法律之效果

界定不自证己罪原则的射程距离之后,紧接是探讨违反的法律效果。此项判断依照不同分类基准,而有不同的法律效果。

首先,诉讼法上最为常见者,乃依照证据法层次区分其法律效果,分为证据能力层次的证据使用禁止(如本法第158条之2第2项、第158条之4),以及证明力层次的缄默评价限制(如本法第156条第4项的自由心证原则之特别限制)。由于各国或地区法往往附加告知义务规定以贯彻不自证己罪之保护(如本法第95、181、186条),因此,违反告知义务成为主要(但非唯一)的证据使用禁止类型。由于以上情形皆属证据法则之违反,因此,亦会产生得作为上诉(第三审)事由之效果。

其次,结合前述射程距离的探讨可知,基于不自证己罪原则而来的证据使用禁止,并不仅止于违反告知义务取得的供述证据而已;纵使公权力机关并未违反告知义务,甚至于取证行为形式上合乎制定法规定时,也有可能从不自证己罪原则之"宪法"保障位阶而导出自主性之证

---

① 这点,既是"不自证己罪原则"是否等同于"缄默权"的问题,同时牵涉本项原则的禁止内涵是(狭义理解的)"供述基准"(仅禁止权力机关强制取得供述证据),还是(广义理解的)"主动基准"(禁止课予被告积极配合追诉之义务)之问题。就此,欧洲法采纳主动基准(林钰雄:《论不自证己罪原则》,载《刑事程序与国际人权》,元照出版有限公司 2007 年版,第 300 页以下),台湾地区实务亦同(林钰雄:《不自证己罪原则之射程距离》,载《台湾本土法学杂志》2007 年第 93 期,第 222 页以下);但美国法偏向供述基准(王兆鹏:《不自证己罪保护之客体》,载《台湾本土法学杂志》2007 年第 95 期,第 69 页以下)。

② 台湾地区法之例,如"枪炮弹药刀械管制条例"第 18 条第 4 项,据此,枪炮案件被告虽仍得保持缄默权,但立法规定却课予其加重刑罚之效果。裁判及评释请参见林钰雄:《不自证己罪原则之射程距离》,载《台湾本土法学杂志》2007 年第 93 期,第 231 页以下。
英国法之例,如刑事被告虽得保持缄默,但缄默却得作为对被告不利评价之基础,评释请参见林钰雄:《论不自证己罪原则》,载《刑事程序与国际人权》,元照出版有限公司 2007 年版,第 295、314 页。See Ashworth & Redmayne, supra note 1, at 129-137; O'Reilly, *England Limits the Right to Silence and Moves Towards an Iinquisitorial System of Justice*, 85 (2) The Journal of Criminal Law and Criminology, 402-452 (Fall 1994).

③ 参见王士帆:《隐密探话的发展——从德国法院到欧洲人权法院》,载颜厥安、林钰雄主编:《人权之跨国性司法实践——欧洲人权裁判研究》(一),元照出版有限公司 2007 年版,第 175 页以下;林钰雄:《欧式米兰达——欧洲人权法院 Allan 裁判及其划时代意义之评析》,载《台湾本土法学杂志》2005 年第 72 期,第 119 页以下。

据使用禁止(selbständige Beweisverwer-tungsverbote)①,而落入禁止使用范围者也可能包含非供述证据。②

最后,违反不自证己罪原则者,除了产生诉讼法的法律效果以外,对于实体刑法要件的判断,是否也产生影响? 一般而言,实体犯罪成立要件,不会受到后来取证行为合法性的影响,但若犯罪行为之时即是取证行为之时,两者即可能产生联动关系,典型事例如违法犯罪挑唆③及系争案例的伪证罪情形。

(三) 本案之定性

从以上说明分析系争"贿选伪证案"可知,就射程距离言,本案无论贿罪或伪证罪部分,涉及者乃核心领域的供述证据,无关非供述证据问题;其次,本案属于法有明文规定告知义务的情形,属于较为单纯的"违法"(民事法院未依法践行告知义务)、"强制"(因不为陈述者将受罚锾制裁)之取证类型;此外,本案无涉隐密探话的非形式讯问问题。据此,以上三者皆属相对简单的核心领域问题(参照图2之B区、图3之C区及图4之D区),因此,就射程距离部分,焦点在于"非刑事程序"之外延争论(参照图1之a区),故于下文亦主要检讨此一问题。

就法律效果言,由于本案属于违反告知义务的类型,无关缄默评价之证明力限制或(合法取证行为之)自主性证据使用禁止问题,因此,效果问题集中在违反告知义务的依附性证据使用禁止,及其对伪证罪实体要件之影响。

二、射程距离:不自证己罪原则于非刑事程序之前置效力

(一) 系争非刑事程序是否产生"刑事法关联"?

1. "刑事法关联"之判断标准

如前言所述,不自证己罪乃刑事程序之基本原则,就此而言,并无疑义(参照图1之A区)。至于非刑事程序(参照图1之a区)有无不自证己罪原则之适用④,由于问题群组庞大,不可一概而论,必须先厘清案例类型与问题层次,始能进一步检讨个案的定性及适用问题。具体个案发生此一争议的基本原因,通常是系争非刑事法课予相对人某种据实陈述或主动配合义务,以及违反

---

① Zum Begriff Vgl. Jäger, Beweisverwertung und Beweisverwertungsverbote im Strafprozess, 2003,␣S.␣4␣ff.
② 这是台湾地区法界较为陌生的部分,但却是欧洲区域不自证己罪的争论焦点,详见林钰雄:《论不自证己罪原则》,载《刑事程序与国际人权》,元照出版有限公司2007年版,第300页以下;王士帆:《不自证己罪原则》,春风煦日论坛2007年版,第298页以下。
③ 违法犯罪挑唆可能构成个人排除罪责事由,使行为人自始不成立犯罪,参见林钰雄:《刑事程序与国际人权》,元照出版有限公司2007年版,第103、137页以下(原载《台大法学论丛》2006年第35卷第1期,第1页以下);Roxin (Imme), Die Rechtsfolgen schwerwiegender Rechts-staatsverstöße in der Strafrechtspflege, 3. Aufl., 2000, S. 220 ff.
④ Vgl. Aselmann, Die Selbstbelastungsfreiheit im Steuerrecht im Lichte der aktuellen Rechtsprechung des Bundesgerichtshofs, NStZ 2003, 71 ff.; Bärlein/Pananis/Rehmsmeier, Spannungsverhältnis zwischen der Aussagefreiheit im Strafverfahren und den Mitwirkungspflichten im Verwaltungsverfahren, NJW 2002, 1825 ff.; Dingeldey, Der Schutz der strafprozessualen Aussagefreiheit durch Verwertungsverbote bei außerstrafrechtlichen Aussage-und Mitwirkungspflichten, NStZ 1984, 529 ff.; Verrel, Nemo tenetur-Rekonstruktion eines Verfahrensgrundsatzes, NStZ 1997, 361 ff., 415 ff.; Wolff, Selbstbelastung und Verfahrenstrennung-Das Verbot des Zwangs zur aktiven Mitwirkung am eigenen Strafverfahren und seine Ausstrahlungswirkung auf die gesetzlichen Mitwirkungspflichten des Verwaltungsrechts, 1997, S. 145 ff.

的制裁效果①,甚而可能(但未必)承接随后的刑事追诉程序②,因此产生非刑事程序是否违反不自证己罪的问题。

关此,首应判断非刑事程序是否可能产生"刑事法关联",这是主要的分类基准,同时也是下述不自证己罪原则产生"前置效力"的前提问题。至于何谓"刑事法关联"？关此,系争制定法(Gesetze)本身是基本(但非绝对或唯一,详见下文)的判断标准：

(1) 就违反义务的制裁本身判断,一旦该非刑事的制定法所预设的制裁形式,即是刑事处罚(如罚金、拘役、徒刑),无论该制定法本身的法规分类为何,皆已可从违反制裁本身的性质而判定其产生了刑事法的关联性。③

(2) 即便不是(1)类情形,但因遵守系争制定法义务可能招致其他制定法刑事罪名的追诉处罚之虞者,亦具刑事法的关联性。④ 此类尚且包含,因同一行为所致的行政罚与刑事罚竞合者(含部分竞合),如驾驶人肇事逃逸情形⑤;类此,如驾驶人遵循配合酒测义务,可能因而揭露犯醉态驾驶罪之行为者。⑥

(3) 专门针对证人违反"据实"陈述义务者,由于伪证罪的处罚包含在民事及行政法院经具结的虚伪陈述,因此,"民事诉讼法"及"行政诉讼法"的证人义务条款,也会产生刑事法关联性。

2. 不生刑事法关联的非刑事程序

此一类型(参照图1之a2区),也就是纯粹的非刑事法领域之不自证己罪问题,本来无关自证己"罪"。行政法或民事法的立法者,要不要把不自证己罪原则的保护范围扩张运用到此等领域,首要是立法政策的选择问题。⑦ 非刑事法课予相对人积极配合义务情形,立法者一旦作出排除不自证己罪扩张适用的选择,即便相对人因此陷于受违反义务之制裁或自我揭发违法(但非犯罪)行为之两难处境,也无可奈何。例如,汽车驾驶人违规肇事但未致人死伤者,违反(停留现场处置、到场说明、提出资料)义务将受罚款或定期吊销执照的制裁,但遵守义务却等于揭示自我的交通违规行为,由于不受不自证己罪之保护,因此,这正是立法者本来所预设的结果。

当然,无论何种制裁,一旦涉及受"宪法"保障的人民基本权(即便是轻微的罚款),制裁本身都必须具备限制或干预的正当化事由,即遵守法律保留与比例原则。换言之,此种类型即使排除不自证己罪原则之保护,也不等于毫无保护可言。

---

① 台湾地区法规定,例示如"道路交通管理处罚条例"第62条(肇事者之通知警察、到场说明、提供资料义务及违反者或逃逸者之吊销驾照、罚款制裁)、"破产法"第152条、第153条(提出文书、据实答复义务及违反的刑罚制裁)、"强制执行法"第77条之1(提出文书、据实陈述义务及违反的拘提管收与罚款制裁)、"税捐稽征法"第46条(接受调查、到场备询、提出文书义务及违反的罚款制裁)、"公平交易法"第43条(接受调查、到场陈述、提出文书义务及违反的罚款制裁)。

② 台湾地区法之例,如于民事或行政法院,证人皆有证人到场、陈述及据实陈述义务,履行义务可能自证己罪,但不履行义务将受不利制裁或伪证罪处罚之情形,如系争"贿选伪证罪"所示情形,详见下文分析。

③ 如上述"破产法"第152、153条的罚金、徒刑之处罚。

④ 如遵守上述"强制执行法"第77条之1的提出文书或据实陈述义务,可能因此揭露债务人本人犯损害债权(如"刑法"第356条)相关犯罪行为者。

⑤ 上述"道路交通管理处罚条例"第62条与"刑法"第185条之4的竞合。

⑥ "道路交通管理处罚条例"第35条与"刑法"第185条之3的竞合。

⑦ 以德国法为例,社会秩序罚程序,也属不自证己罪原则的适用范围[Vgl. Bosch, a.a.O.(Fn.1), S.19],这是德国立法者基于秩序罚(类似于刑事之非刑事法制裁)性质而作的立法选择。

3. 产生刑事法关联的非刑事程序(前置程序)

此一类型(参照图 1 之 a1 区),是指可能产生或后来实际产生①刑事法关联的非刑事程序,本文统称为"前置程序",可能是民事程序,也可能是行政程序(如行政检查后发现不法而移送刑事机关追诉的情形)。此类案例共同的问题层次有二,两个问题的层次有别,肯定了第一个问题,不等于回答了第二个问题,不得混淆②:

(1)非刑事程序可否基于某种理由而课予相对人特定的主动配合或据实陈述义务?例如课予公司负责人对检查员特定的据实答复义务,此一问题的考虑同前述 2. 的类型(参照图 1 之 a2 区)。③

(2)如果可以,那么,(后来的)被告在该前置程序阶段所提交数据或其陈述,在随后的刑事程序有无证据能力?此乃本类型(参照图 1 之 a1 区)所特有的"前置效力"问题,也是争议焦点所在。

(二)先前非刑事程序与后来刑事程序是否"合并观察"?

以上所述争议的前置效力问题,在比较法上大致有两种处置模式。其一是形式论:以正式发动刑事程序时点(参照图 5 之 T2)作为区别界限,之后才属刑事程序而有不自证己罪原则之适用及其违反问题,此种一刀两断的观点,称为分离观察法。以行政检查为例,假使将两段程序分离观察,由于前置程序本身非刑事程序,发动行政检查时刑事被告地位也尚未形成,因此根本不适用不自证己罪原则,更无违反问题。果真如此?从被告角度而言,被告若于前置程序违反主动配合或据实陈述义务,可能遭受不利益之制裁,反之,若遵守义务,却可能自证己罪而招致刑事追诉,陷于两难处境;更重要的是,在前置程序刑事被告防御权虽迟未开始,但取证行为往往皆已完毕,及至正式发动刑事侦查之后,再多的程序保障也无法挽回木已成舟的事实,根本于事无补。从公权力机关角度而言,难保其不会利用前置程序容许课予义务的特性,并且在前置程序取证完毕之后,再来发动刑事程序,如此即可轻易规避刑事被告受不自证己罪原则保护的基本要求;说得白话些,先强迫自证己罪之后的不自证己罪特权,根本是虚晃一招!

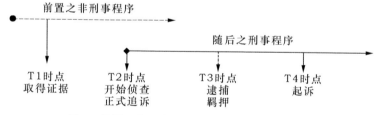

图 5 前置之非刑事程序与随后之刑事程序进程

---

① 可能产生但实际上并未产生刑事法关联的类型,如下述欧洲人权法院的 Funke 案;后来实际产生刑事法关联的类型,如下述欧洲人权法院的 Saunders 案。台湾地区实务因先前非刑事程序而随后实际发动刑事追诉程序之事例,不胜枚举,仅例示 2006 年台非字第 129 号判决案例事实,该案被告周某被"公平交易委员会"依"公平交易法"为行政调查,并为陈述,随后检察官以被告等人违反"公平交易法"第 23 条规定,依修正前同法第 35、38 条之罪嫌提起公诉,并援引周某之陈述为证。

② 参见林钰雄:《论不自证己罪原则》,载《刑事程序与国际人权》,元照出版公司 2007 年版,第 310、325 页以下。

③ 台湾地区法例示,参见相关脚注;更多例证参见王士帆:《不自证己罪原则》,春风煦日论坛 2007 年版,第 328 页以下。台湾地区实务中,例示如针对税捐稽征程序而发的释字第 537 号解释:"租税稽征程序,税捐稽征机关虽依职权调查原则而进行,惟有关课税要件事实,多发生于纳税义务人所得支配之范围,税捐稽征机关掌握困难,为贯彻公平合法课税之目的,因而课纳税义务人申报协力义务。"套本文体系,这里仅处理第一层次问题,但尚未涉及第二层次问题。

表1　不自证己罪原则与取证程序类型

取证种类 \ 程序种类		A：刑事程序	a：非刑事程序（如民事或行政程序）	
			a1：产生刑事法关联	a2：不生刑事法关联
B：供述证据	B-C 违法（间接）强制	A-B-C-D 2007 台上 1043 A-B-C-d Allan 案	a1-B-C 2005 台上 51 2007 台上 7239（系争本案）	✕
	B-c 依法强制	A-B-c J. Murray 案 枪炮 § 18IV	a1-B-c Saunders 案 破产人案	✕
b：非供述证据	b-C 违法强制	A-b-C	a1-b-C	✕
	b-c 依法强制	A-b-c	a1-b-c Funke 案	✕

正因分离观察法上述显而易见的缺陷与弊端，欧洲人权法院及德国联邦宪法法院率皆本于实质论的观点，认为前置之非刑事程序应该与后来的刑事程序合并观察，这也是欧洲法及德国法于不自证己罪原则发展史上的重大突破。合并观察法认为，假使权力机关在前置程序课予相对人（后来的刑事被告）某种主动配合或据实陈述义务，就算这些义务在该非刑事法领域有其正当性，但是，若和后来的刑事程序"合并观察"，前置程序已成为刑事整体取证程序的一环，仍会产生强制"刑事"被告自证己罪的问题。换言之，不自证己罪的适用范围（参照图5），并不局限于正式发动刑事侦查时点（参照图5之T2）之后，更不是迟至刑事侦查后逮捕或羁押时点（参照图5之T3）之后[1]，而是可能回溯到前置程序实质上的取证行为时点（参照图5之T1）。

（三）欧洲法发展之比较

传统上，不自证己罪原则可以说是刑事法的"专利"，欧洲法早期的发展，亦局限在此范围。1981年德国联邦宪法法院作成闻名的破产人裁判（Gemein-schuldner-Entscheidung）[2]，掀起了在非刑事法领域全面检讨不自证己罪的大海啸，并导致德国民事、行政相关法规的修法浪潮，迄今仍然余波荡漾。该则裁判系针对德国旧破产法的据实答询义务及违反之拘提、管收制裁而发，破产债务人可能因而陷于两难抉择：履行法定义务而自我入罪，或者违反义务并受拘提管收。德国联邦宪法法院在此区别两点：首先肯认问题（1），即基于破产债权人利益保护之必要，系争破产法规定有其正当性，并不违宪；但是，问题（2）有别，破产程序的特殊性不能作为排除刑事被告受不

---

[1] 关此，欧洲法与美国法有别。依照美国联邦最高法院自米兰达裁判 [Miranda v. Arizona, 384 U.S. 436 (1966)] 以来树立的准则，告知义务始于被告受拘捕（禁）时点。比较参见林钰雄：《欧式米兰达——欧洲人权法院 Allan 裁判及其划时代意义之评析》，载《台湾本土法学杂志》2005年第72期，第130页以下。

[2] BVerfGE 56, 37 ff.；Vgl. Aselmann, NStZ 2003, 71 ff.；参见王士帆：《不自证己罪原则》，春风煦日论坛2007年版，第303页以下；林钰雄：《论不自证己罪原则》，载《刑事程序与国际人权》，元照出版公司2007年版，第311页以下。

自证己罪保护之正当理由。因此,结论是:虽然可于破产程序课予破产债务人据实答询义务及其制裁,但因此所得供述"不得"作为"刑事追诉"的证据使用。德国联邦宪法法院不但明确区分了两个问题层次,并不混淆,而且实行的是合并观察法,认为应从整体程序来评价前置程序的取证行为,因此也才会产生证据使用禁止之效果。

随后,欧洲法跨国性层次的发展,同德国法情形。① 类似案例如1996年欧洲人权法院的Saunders案裁判。② 本案涉及英国公司法所定公司负责人接受行政检查的据实答询义务及违反的制裁效果,这也是典型的"于法有据的(间接)强制"(legal compulsion)。英国在行政检查的前置程序发现疑点后,发动刑事追诉程序,随后不顾Saunders的反对,援引其在检查程序的陈述,作为主要的不利证据。本案英国政府主张分离观察法,认为前置程序本身根本还不是刑事程序,因此不适用不自证己罪原则,且课予揭示义务有其必要,但欧洲人权法院援引先前的Funke裁判③,驳斥英国主张,认为既然英国刑事法院终究使用了前置程序取得的证据,两段程序的关联性就不容切割,内国(或地区)刑事追诉机关不能以前置或分离程序的方式或理由,规避公约所要求的程序保障。

Saunders案裁判之后,基于欧洲人权法院判例法的影响力与拘束力,欧洲法(含英国法④)就不自证己罪原则的发展轨迹,大方向就此定调,而欧盟系统制定的欧盟刑事法典草案(Art. 31 II, Corpus Juris 2000),也明确继受了欧洲人权法院揭示的基本方向。⑤ 针对非刑事程序之不自证己罪问题,欧洲超国家(或地区)性发展确立的几个大纲领,归纳如下:

(1) 扩大刑事案件的判断标准。⑥ 由于不自证己罪原则适用于刑事程序,因此这一发展也同时扩张了此项原则的适用范围。

(2) 采取合并观察法。尤其是,如果后来的刑事程序使用了先前于非刑事之前置程序取得的证据(如Saunders案),前置程序即应受不自证己罪原则之保护。

(3) 证据使用禁止。由于适用不自证己罪原则,因此,前置程序强制取得的证据,即便形式

---

① 请参见林钰雄:《论不自证己罪原则》,载《刑事程序与国际人权》,元照出版公司2007年版,第287页以下;Esser, a. a. O. (Fn. 1), S. 520 ff.;TRECHSEL, *supra* note 1, at 340-359.

② ECHR, *Saunders v. U. K.*, Reports 1996-VI.

③ ECHR, *Funke v. France*, 1993, Series A no. 256-A.

本案为欧洲人权法院关于不自证己罪原则的第一则标杆裁判,其特性为:

本案并非针对典型的"刑事"程序,而是针对"非刑事"程序(法国海关法)的配合提出文件义务而发(图1之外延a区)。甚至于,本案法国在海关法程序之后,实际上并未对Funke发动正式刑事追诉。本案不是针对核心内涵的"供述"证据,而是针对提出"非供述"之文书证据而发(图2之外延b区)。本案法国海关官员系依照内国有效的海关法规定,而对Funke施加"于法有据",而非"违法"的强制(图3之外延c区)。

尽管如此,判决结果仍是法国违反不自证己罪原则!这则具有以上三点非典型特征的裁判,随后奠立了欧洲不自证己罪的规格基础,并与美国法走向分道扬镳。而非刑事领域的不自证己罪问题,自从本则裁判开启先河之后,也被步步推向高峰,几年之间,从法国的海关法、英国的公司法到瑞士的税法,无一能够幸免于违反不自证己罪的指摘(ECHR, *Saunders v. U. K.*, Reports 1996-VI; *J. B. v. Switzerland*, RJD 2001-III)。

④ 英国于本案败诉后,随即从善如流而修法(Schedule 3 of the Youth Justice and Criminal Evidence Act 1999),将欧洲人权法院见解转化为其内国法,据此,被告作成于先前公司或商业之调查程序且受间接强制而为的陈述,皆已一般性禁止检察官援引为刑事证据(MOWBRAY, *supra* note 1, at 300)。

⑤ 请参见林钰雄:《论不自证己罪原则》,载《刑事程序与国际人权》,元照出版公司2007年版,第320页以下。

⑥ 这牵涉到欧洲人权法院对于《欧洲人权公约》第6条所称"刑事追诉"(criminal charge;strafrechtliche Anklage)概念的扩张解释,在此不赘述,Vgl. dazu nur Espenhain, Anm. zu EGMR, EuGRZ 1981, 15 ff.

上于法有据,也可能因违反不自证己罪原则而落入证据使用禁止的范围;反之,如果先前程序的取证形式上已经违法,尤其是违反告知义务,更应禁止使用。

(四) 本案之分析

回到系争"贿选伪证案"。案例所示,甲系于民事法院审理当选无效之诉时,作证陈述,检察官随后发动了伪证罪及贿选罪的刑事追诉程序。因此,当选无效之诉即为刑事程序之"前置程序",本案属于实际上产生刑事法关联的非刑事程序类型(参照图1之 a1 区),而且所取得者为供述证据(参照图2之 B 区)。

至于此项供述证据,于前置程序系合法或违法强制取得?

首先,应判断有无强制性质。由于证人于民事程序亦有到场、陈述及据实陈述义务,违反者并有拘提、罚款之处罚①,这些制裁效果性质上皆属于法有据的间接强制,而违反据实陈述义务者亦有"刑法"伪证罪之制裁问题,具有强制性质无疑。

其次,应进而判断违法或合法取得?民事法院于证人作证前,除了践行一般告知义务(指告知证人具结义务及伪证之处罚②)之外,由于证人依法亦有免于自证己罪之拒绝证言特权,法院就此并负有特别告知义务。③ 因此,对于有自证己罪之虞的证人,应践行两种告知义务始属合法。台湾地区"最高法院"于"贿选伪证案"认定,甲作成证言的当次民事准备程序,"法官经由调卷,并将相关资料附卷之情形,已经知悉被告涉有违反公职人员选举罢免法案件"。换言之,民事法官应是出于疏忽,而未于讯问证人甲之前依法告知其得拒绝证言,故程序因未践行特别告知义务而违法(参照图3之 C 区)。

确认本案属于"前置程序违法取得供述证据"类型(参照表1之 a1-B-C)之后,接下来是分离观察法或合并观察法的争点。关此,台湾地区"最高法院"强调系争"民事诉讼法"规范意旨,亦同"刑事诉讼法"相关规定,在于免除证人之抉择困境(履行义务而自我入罪或违反义务而受罚锾或伪证制裁),故民事程序违反特别告知义务者,"无异剥夺证人此项拒绝证言权,强迫其作出让自己入罪之陈述,违反不自证己罪之原则,自系侵犯证人此项权利",其效果如同于刑事程序违反情形,并进而影响随后的刑事审判。这正是合并观察法的取向,相当值得肯定。

换言之,民事程序的不自证己罪之拒绝证言权及告知义务规定,结合后来的刑事追诉程序观察,也就成为刑事整体取证程序的一环,若有违反,就如同于刑事程序违反,属于证据取得之禁止,应继续检讨证据使用禁止之问题。

三、法律效果:诉讼法与实体法

(一) 诉讼法效果:证据使用禁止

1. 理论之说明

刑事程序违反不自证己罪的拒绝证言权之告知义务(本法第181条、第186条第2项),是否产生证据使用禁止之效果?由于台湾地区立法并未针对此种类型特别规范其法律效果(本法第158条之2第2项所规范者,非属此类),因此,审查基准回归证据使用禁止的一般条款(本法第158条之4)。然而,关此一般条款的定性,仍待厘清:可否理解为台湾地区立法者"钦定"权衡理论并对其他所有理论为"死亡宣告"(排他说)?还是据此明文立法来提供台湾地区法继续发展

---

① "民事诉讼法"第302、303、311条(到场、陈述义务)。
② "民事诉讼法"第312条第2项。
③ "民事诉讼法"第307条第1项第3款及第2项。

证据禁止理论与实务的平台（平台说）？无论从学理、立法体系及实务新例而言，答案应属后者。①

依照平台说观点，违反效果必须借重证据禁止理论来解决。由于"贿选伪证案"情形，并无迹象显示民事法官蓄意、恶意规避告知义务。因此，无论是依照三阶段审查基准说（应进入第二阶段即规范保护目的之审查）、权利领域理论或规范保护目的理论②，推论及重点同样皆在于：应先探究被违反规范的规范保护目的何在。

系争特别告知义务的规范目的，在于贯彻不自证己罪原则及防御权保障，以免相对人面对权力机关时，因误以为有真实、陈述义务而为对自己不利之陈述。从证据情势来看，在相对人后来成为刑事被告情形，如案例甲于前置程序因民事法院违反告知义务而为陈述之情形下，对其最为不利者，并非该陈述本身，而是陈述可能被援引为后来刑事追诉的有罪证据。换言之，如果此时刑事法院采纳违反告知义务所得之陈述，告知义务的规范保护目的将会再度受损，即会加深并扩大原来的自证己罪的损害范围。因此，法院为避免损害此项告知义务的立法目的，不应使用系争陈述，否则拒绝证言及其告知义务的规定，对甲而言犹如空中楼阁。

2. 裁判之评释

台湾地区"最高法院"新近裁判，同上述"1."所述意旨。针对在刑事程序违反不自证己罪之拒绝证言的告知义务表示："若该证人因此成为'被告'追诉之对象，则其先前居于证人身份所为不利于己之陈述，基于不自证己罪原则及法定正当程序理论，应认对该证人（被告）不得作为证据。"③以上裁判非泛泛诉诸权衡，而系从系争拒绝证言权及告知义务的规范保护目的（保护证人免于自证己罪），推论并得出证据使用禁止的效果，而且是绝对禁止，值得肯定。

针对"前置（非刑事）程序"情形，台湾地区"最高法院"在"贿选伪证案"，固然也仔细探究系争被违反之规范的保护目的，指出免于抉择困境及不自证己罪的保护目的，但就系争供述证据于后来刑事程序的证据使用禁止问题，却未明确表态。反之，先前作成的2005年台上字第51号判决，则特别强调，由于民事诉讼之前置程序违反不自证己罪之拒绝证言的告知义务，"上诉人（按：伪证罪被告）在不自证己罪之拒绝证言权被剥夺之情况下，为保护自己以免受刑事诈欺罪之追诉、处罚，而基于人类的本能为不实之陈述，何以得以伪证论罪科刑？又此种侵犯上诉人不自证己罪之拒绝证言权所取得之证言，对上诉人而言，似非适法之证据，何以得采为认定上诉人犯伪证罪之判断依据"？

比较台湾地区"最高法院"先后两则民事前置程序相关判决可知，虽然同样以拒绝证言权告知义务之违反及据此而来的不自证己罪之违反为出发点，但是，2005年台上字第51号判决较为明确指向违法取得证据之使用禁止；反之，2007年台上字第7239号判决偏向扣连成立伪证罪的"具结"要件。相较之下，笔者认为，前则判决更胜一筹，因为就不自证己罪原则的前置效力而言，

---

① 关于平台说，参见林钰雄：《刑事诉讼法》（第五版）（上），元照出版公司2007年版，第586页以下（含台湾地区实务见解之例证）。

② 关于证据禁止理论的发展及基本问题，仅参见林钰雄：《干预处分与刑事证据》，2008年版，第243页以下之"从基础案例谈证据禁止之理论与发展"及第303页以下之"德国证据禁止论之发展与特色"。

③ 2007年台上字第1043号判决。其他相关裁判如2006年台上字第909号、2008年台上字第1859号判决，则认为此项拒绝证言权，属于证人之权利，而证人拒绝证言权及法院告知义务之规定，系保护证人而设，违反告知义务所生之法律效果，自应对证人生效。

应予注意，尽管台湾地区"最高法院"相关裁判有部分差异，但针对违反不自证己罪之拒绝证言的告知义务所取得的证言，于证人后来被追诉成为刑事被告的情形，率皆认为无证据能力。参见杨云骅：《未告知证人拒绝证言权之法律效果》，载《台湾本土法学杂志》2007年第99期，第157页以下。

前则判决同时宣示了两个堪称"里程碑"的重要观点：一是前置的民事程序与后来的刑事程序要"整体合并观察"，而民、刑事诉讼法之不自证己罪的拒绝证言及其告知规定，皆有相同的规范保护意旨。二是即便违反阶段乃前置的民事程序，亦会连结到刑事程序的"证据使用禁止"！如果了解这"任督二脉"在不自证己罪原则发展史上的重要性，当可大胆地说，2005 年台上字第 51 号判决足以晋身台湾地区"最高法院"的标杆裁判之列。美中不足的是，本则判决系针对伪证罪而非所犯刑事本罪（该案若证人据实陈述，将揭露自己的诈欺犯行）而发①，判决理由也混杂了诉讼法的不自证己罪与证据使用禁止，以及实体法的伪证罪成立要件，以至于稀释了不自证己罪原则于非刑事程序之前置效力的浓度。

事实上，正是伪证罪的情形，承认不自证己罪前置效力之证据使用禁止效果，问题比较复杂，因为在此行为人伪证行为与取证行为产生同时竞合现象，难分难解。前置效力较为典型的运用，其实是刑事本罪，但台湾地区"最高法院"就此尚未明确表态。②就理论言，既然于民事前置程序之违反如同于刑事程序之违反，因此，随后针对刑事本罪而发动追诉者，参照上述台湾地区"最高法院"关于刑事程序违反此种告知义务的确定见解，于证人随后成为刑事本罪被告时，先前陈述亦应本于不自证己罪原则而绝对禁止使用，如此理论才能一以贯之，裁判也才具一致性。

（二）实体法效果：不该当伪证罪构成要件？

前置程序因未依法告知证人不自证己罪之拒绝证言权，除了可能招致诉讼法的证据使用禁止效果以外，是否同时影响实体法上伪证罪之成立要件？关此，台湾地区"刑法"的伪证罪，固然以"具结＋虚伪陈述"为成立要件，但未言明违反拒绝证言权之特别告知义务者，是否影响伪证罪之构成要件该当性。最令人讶异的是，这个问题先前几乎未曾被台湾地区学说或实务所发现，绝大多数文献与裁判③在此处理的相关问题是，不得命具结而命具结，或违反具结前应告知具结义务与伪证罪处罚的一般告知义务者，不能构成伪证罪，而未意识或阐释违反拒绝证言特权之特别告知义务的情形及其与伪证罪构成要件之关系。

台湾地区"刑法"伪证罪所称具结，固然可以理解为"依法践行具结程序"，但不够明确的法条文义，开启了广、狭解释方向的可能性。就狭义解释而言，若证人非无具结能力之人，法院在其作证前已"告以具结之义务及伪证之处罚并命朗读结文后具结"，如"贿选伪证案"所示情形，似即已完成"依法具结"程序，随后的虚伪陈述即可能该当伪证罪。反之，广义解释系指将依法具结概念包括命为具结之前应先践行的法定程序，包含依法践行拒绝证言权的告知义务在内，也就是包含前述特别告知义务，据此，案例所示情形，因法院未告知而未（完全）依法践行具结程序（欠缺特别告知义务之程序），仍不该当伪证罪之构成要件。广义解释虽然相当有利于伪证罪被告，但如此扩张"具结"要件的内涵，是否合乎立法本旨，尚待研究，至于其射程距离如何，能否兼及其他拒绝证言权告知义务违反或其他证人法定调查程序违反之情形，更待厘清。

---

① 就此，2007 年台上字第 7239 号判决，亦同（其刑事本罪乃贿选罪）。

② 2005 年台上字第 51 号判决，案例事实被告所犯刑事本罪（诈欺罪）部分，业经台湾地区高等法院 1998 年上易字第 2730 号判决判处罪刑，因不得上诉于第三审而确定（本法第 376 条），故台湾地区"最高法院"亦无表态机会；该确定有罪判决援引被告于侦查中陈述为裁判依据，并未处理先前民事程序的不自证己罪之争点。至于 2007 年台上字第 7239 号判决，案例事实被告所犯刑事本罪（贿选罪）部分，说明已见于上文。

③ 例示教科书如林山田：《刑法各罪论》（修订三版）（下册），2002 年版，第 210 页以下；文章如黄惠婷：《伪证罪可罚性范围之检讨》，载《台湾本土法学杂志》2006 年第 89 期，第 79 页以下；实务见解如 1938 年院字第 1749 号解释："'民事诉讼法'既于证人具结前，应告以具结之义务及伪证之处罚等程序，规定甚详，若未履行此等程序，而命其具结，纵其陈述虚伪，不能依'刑法'第一百六十八条伪证罪论科。"

台湾地区"最高法院"两则近例,在前置程序后追诉伪证罪的脉络,皆是援引不自证己罪原则为论据而采取广义解释说,认为法院于前置程序未依法践行拒绝证言权的告知义务者,纵使曾告以证人具结之义务及伪证之处罚,并命朗读结文后具结,亦属未依法践行之具结程序,不生具结之效力,自不能论以伪证罪,法院应判决无罪。① 可以说,台湾地区"最高法院"的贡献在于,发现了这个存于实际案例但先前未被注意的重要问题,并且创设了扣连伪证罪"具结"要件的解决途径。

然而,显而易见的问题是,拒绝证言之告知义务不仅止于系争不自证己罪情形而已②,若依台湾地区"最高法院"创设的途径,违反其他拒绝证言之告知义务者,是否也一同评价为"不生具结效力"而不构成伪证罪?若否,解释上是否自相矛盾?若是,判决中洋洋洒洒关于不自证己罪原则及其告知义务之重要性的论述主轴,就结论有何重要性可言?反正已因不生具结效力而确定不可能构成伪证罪了!

以上疑点,涉及"刑法"与"刑事诉讼法"交错适用的复杂问题。由于本文以不自证己罪原则于非刑事程序之前置效力为主轴,基于写作目的及篇幅限制,无法一一交代来龙去脉③,因此,仅拟提出德国法之处置方式,抛砖引玉,以供比较与反省。《德国刑事诉讼法》(StPO)亦有数种证人拒绝证言之特权,规范密度比台湾地区法高,但基本类型大同小异,也包含证人不自证己罪之拒绝证言权(§ 55I StPO)及相应的告知义务(§ 55II StPO);此外,证人作证前原则上应经"宣誓"(效力相当于台湾地区法的具结)或效力等同宣誓的代替措施。《德国刑法》(StGB)针对各种伪证情形有数个构成要件,在此仅以相当于台湾地区"刑法"的伪证罪(§ 154 StGB:Meineid)为例说明其交错关系。该条第 1 项乃基本构成要件及处罚,第 2 项则是情节较为轻微者的法定刑减轻规定。法条文字仅称情节较为轻微者,但并未进一步规范其内容。依照学说与实务向来的解释,行为人虽符合于法院前经宣誓而虚伪陈述之要件,但若未受告知其拒绝证言权者,程序瑕疵构成减轻事由,换言之,伪证罪仍然成立,只是减轻其刑而已。④ 此等违反拒绝证言权之告知义务的程序瑕疵,所产生的实体法双重效果(即仍成立伪证罪但应减轻),也一体适用在违反不自证己罪之拒绝证言权的告知义务情形(§§ 55 StPO),此外,即便先前作证的程序,法官并

---

① 2005 年台上字第 51 号判决开启先河(但判决结论并不确定),2007 年台上字第 1043 号判决再接再厉,随后,台湾地区"最高法院"方向大致定调,如 2008 年台上字第 265 号判决,系争伪证罪被告之证词作成于他人之刑事案件,而非民事案件,台湾地区"最高法院"结论同认不生合法具结效力:"……证人此项拒绝证言权与被告之缄默权同属不自证己罪之特权,为确保证人此项权利,'民事诉讼法'第三〇七条第二项及'刑事诉讼法'……第一八六条第二项均规定法官或检察官有告知证人得拒绝证言之义务;如法官或检察官未践行此项告知义务,而径行告以具结之义务及伪证之处罚,并命朗读结文后具结,将使证人陷于前述抉择困境,无异侵夺证人此项拒绝证言权,有违证人不自证己罪之原则。该证人于此情况下所为之具结程序即有瑕疵,为贯彻上述保障证人权益规定之旨意,自应认其结不生合法之效力,纵其陈述不实,亦不能遽依伪证罪责论拟。"

② 如本法第 185 条第 2 项之近亲拒绝证言权的告知义务;此外,"民事诉讼法"第 307 条第 2 项的告知义务,包含同条第 1 项所列 5 款的各种情形。

③ 相较之下,本文仅附带提及的 2008 年台上字第 265 号判决,由于纯粹是刑事程序之不自证己罪的告知义务违反与伪证罪关联性之案例,完全不涉及不自证己罪于非刑事程序之前置效力问题,因此,作为观察伪证罪具结要件之案例,更为适合。

④ Vgl. Lackner/Kühl, StGB-Kommentar, 26. Aufl., 2007, § 154 Rn. 16f.; Lenckner, in: Schönke/Schröder, StGB-Kommentar, 27. Aufl., 2006, Vor. § 153 Rn. 24; Tröndle/Fisher, StGB-Kommentar, 53. Aufl., 2006, § 154 Rn. 19 m. w. N.

未认知到证人(即伪证罪之行为人)有合乎不自证己罪之拒绝证言情况者,亦同有减轻效果。①

以上见解,结合德国刑法未经宣誓而虚伪陈述者仍构成相当罪名的规定(§ 154 StGB: Falsche uneidliche Aussage)可知,德国法的立场是,无论宣誓与否,也无论能否拒绝证言,任何人于法院前一旦作证就不应虚伪陈述,违反者即应受处罚;在此立场之下,即便法院于践行证人法定程序有瑕疵,实体法上也仅构成减轻事由而非不成立犯罪。

以上做法,固然可以让我们未来进一步思考,台湾地区"刑法"伪证罪的立法论问题,但司法实务对目前伪证罪要件采取何种解释,却已是现在必须解决的问题。饶富意义的是,前述2005年台上字第51号判决提到,被告"为保护自己以免受刑事诈欺罪之追诉、处罚,而基于人类的本能为不实之陈述,何以得以伪证论罪科刑",分析这里所言重点,其实是罪责层次之可非难性问题,就刑法体系的解释论而言,似乎可以将台湾地区"最高法院"的见解,从客观构成要件不该当,转化为罪责(有责性)层次的宽恕或减轻罪责事由。②

结论性观点

非刑事法领域,也有不自证己罪原则的适用问题,尤其是产生刑事法关联的非刑事程序,此即前置效力的问题。本文从台湾地区实务的"贿选伪证案"出发,结论认为,先前民事法院审理当选无效之诉取得甲证言的过程,因未尽不自证己罪之拒绝证言的告知义务而违法("民事诉讼法"第307条第1、2项),依照本文主张及欧洲法整合趋势所采的合并观察法,此项前置程序的取证违法,必须与后来的刑事程序结合观察,其效果如同在刑事程序违法取证(本法第181条、第186条第2项)。而在刑事程序违反上述告知义务的法律效果,乃法院不得将系争甲证言采为其所自证刑事本罪的裁判基础。据此,案例所示甲的贿选罪案件,刑事法院应禁止使用甲于前置程序的先前陈述。

台湾地区"最高法院"关于前置效力,前后有2005年台上字第51号及2007年台上字第7239号两则判决,率皆本于合并观察法之基本立场,探究系争"民事诉讼法"告知义务规定的不自证己罪之规范目的及其于刑事程序之后续影响,殊值肯定;此外,前则判决尚且指向证据使用禁止之效果,更是难能可贵。合并观察法及证据使用禁止,正是非刑事程序之不自证己罪原则的"任督二脉",欧洲法因为打通了这两点,而使不自证己罪原则的前置效力大放异彩,台湾地区"最高法院"能够异曲同工,获得如此重大突破,令人赞佩。

此外,针对伪证罪部分,台湾地区"最高法院"结合不自证己罪与实体法伪证罪之具结成立要件,认为法院于前置程序未依法践行拒绝证言权的告知义务者,纵使曾告以证人具结之义务及伪证之处罚并命朗读结文后具结,亦因不生合法具结之效力而不构成伪证罪("刑法"第168条),这是台湾地区"最高法院"在实际个案中所发现的理论问题,而解决途径也是由台湾地区"最高法院"所创设,但就理论定位及射程距离而言,尚有诸多疑问仍待厘清。

最后,本文略提系争实例所示的几点省思及对立法论的启示。

首先,即便"民事诉讼法"已有明文规定,但两则判决案例皆是民事法院疏于依法践行不自证己罪之告知义务的情形,导致后来刑事追诉的障碍。这或许是因为案例跨越了刑事法与非刑事法领域,使得过于专业分工的民事法官,忽略了这个问题在刑事程序的严重性。

---

① Vgl. BGHSt. 23, 30; 27, 74, 75; Senge, in: Karlsruher Kommentar StPO, 5. Aufl., 2003, § 55 Rn. 18.
② 关于"刑法"总则的罪责层次及"刑法"分则伪证罪之关系,参见林钰雄:《新刑法总则》,元照出版公司2006年版,第291页之"案例10-1:侍者伪证案"。

其次,如前所述,合并观察法有其不得不然的理由,然而,因此而来的震撼却不容小觑。如欧洲法发展经验所示,一旦承认不自证己罪之前置效力,其于非刑事程序领域将造成无比广泛之影响,立法者必须加以正视。为了调和非刑事程序课予主动配合或据实陈述义务之需求,以及被告受不自证己罪保护之必要,解决之道有几种可能的立法模式①:

一是拒绝证言权模式。针对非刑事之前置程序的供述证据,一一赋予证人不自证己罪之拒绝证言特权并课予权力机关告知此项拒绝证言权的义务。台湾地区系争"民事诉讼法"规定即属此类,但有更多课予据实陈述义务的行政法规定,并无相当的条款可循。反之,德国基本法生效后所制定的各类德国行政法规,几乎都有相对人得以自证己罪为由而拒绝陈述或证言的规定,民事程序亦同,因此在产生刑事法关联情形,才能免予违反或规避不自证己罪原则的指摘。

二是区分方式,仍得课予协力义务但禁止使用于刑事程序。亦即,于非刑事程序承认权力机关得基于系争民事法或行政法的特性,课予相对人主动配合或据实陈述义务及违反的非刑事制裁(当然仍应遵守法律保留及比例原则);但是,因此取得的证据(包含供述与非供述证据),不得运(使)用于随后的刑事程序。此即前述德国联邦宪法法院于破产人裁定所宣示的解决模式,而德国立法者取代被宣告违宪之旧《德国破产法》(初定于 1877 年)所新制定的《债务清理法》(§97 InsO),即是本此模式而定。如此一来,既能兼顾非刑事程序之特殊需求,避免窒碍难行,又能兼顾刑事被告应受不自证己罪原则保护之基本要求,相当值得推荐。

尽管台湾地区"最高法院"已经发现了不自证己罪原则于非刑事程序之前置效力问题,但台湾地区立法者除了民事、行政诉讼法之拒绝证言规定以外,绝大多数非刑事法的立法基准,仍停留完全未考虑不自证己罪之阶段。事实上,本文所示裁判案例仅是冰山一角而已,立法者若继续懈怠,未来将无法排除如同欧洲法转型期间的各种案例在台湾地区法出现,届时,裁判者势必陷入抉择困境。是采取立法行动的时候了!

---

① 请参见王士帆:《不自证己罪原则》,春风煦日论坛 2007 年版,第 318 页以下;林钰雄:《论不自证己罪原则》,载《刑事程序与国际人权》,元照出版公司 2007 年版,第 323 页以下。

留置裁定要件之相关问题[*]

——评"大法官会议"解释第 523 号解释等

黄朝义[**]

基本案情

申请人为高雄市政府警察局提报为情节重大之流氓,经高雄地方法院治安法庭审理裁定交付感训处分。申请人不服处分,向台湾地区高等法院高雄分院提出抗告,高雄高分院审理后撤销原裁定,发回高雄地方法院重新审理。重新审理后作出不付感训之处分。但高雄市政府警察局不服此一裁定,向高雄高分院提出抗告。高雄高分院认为抗告无理由,加以驳回,全案确定。

高雄地方法院第一次审理该案件时,在申请人遭留置期间将届满前,该法院治安法庭裁定延长留置申请人 1 个月。申请人对于该裁定不服,向高雄高分院提起抗告,而高分院以"申请人无'检肃流氓条例施行细则'第三十三条第一项所规定,如经具保申请停止留置,不得驳回之原因。抗告意旨所列举之理由,又无从认定为有停止留置之原因……抗告人之抗告为无理由",并认为"检肃流氓条例"第 11 条规定的留置,及再留置性质并非刑事处分,又"检肃流氓条例"并无"刑事诉讼法"第 76 条及第 101 条的规定,难认依条例第 23 条的规定,留置的相关规定应准用"刑事诉讼法"羁押的规定。

疑难问题

"司法院大法官会议"第 523 解释(以下简称本解释)系针对"检肃流氓条例"中法院作成留置移送裁定人的相关规定所为之解释。此为"大法官"对"检肃流氓条例"之相关规定所为之第二次解释(第一次为释字第 384 号)。亦即此两号解释皆是以"检肃流氓条例"的相关规定违反"宪法"保障人民身体自由的意旨及违反正当法律程序为理由,以认定该等规定"违宪"。此处,有以下几个问题值得重新思考:

(1)"大法官会议"第 523 号解释的意旨?

(2) 释字第 384 及 523 两号解释中,"大法官会议"所认定的人身自由及正当法律程序的内涵?"检肃流氓条例"中相关规定之内容是否具合理性?

(3)"检肃流氓条例"中之部分条款相继被认定为"违宪",尤其是释字第 384 号后,条例中些许规定有了立法上的修正。修正后的条文达成或已符合保障人民身体自由? 修正后的条文能确保正当法律程序的维持?

---

[*] 原载于《月旦法学杂志》2001 年第 78 期。
[**] 东吴大学法律学系专任副教授。

学理研究

一、"检肃流氓条例"相关内容之回顾

（一）流氓种类与处理程序

"检肃流氓条例"之立法目的在于"防止流氓破坏社会秩序、危害人民权益"。此乃沿袭"动员戡乱时期检肃流氓条例"第1条之规定意旨。其中有关流氓之认定，依"检肃流氓条例"第2条规定："所认定的流氓者，为有下列情形之人：一、擅组、主持、操纵或参与破坏社会秩序、危害他人生命、身体、自由、财产之帮派、组合者。二、非法制造、贩卖、运输、持有或介绍买卖枪炮、弹药、爆裂物者。三、霸占地盘、敲诈勒索、强迫买卖、白吃白喝、要挟滋事、欺压善良或为其幕后操纵者。四、经营、操纵职业性赌博，私设娼馆，引诱或强逼良家妇女为娼，为赌场、娼馆之保镖或恃强为人逼讨债务者。五、品行恶劣或游荡无赖，有事实足认为有破坏社会秩序或危害他人生命、身体、自由、财产之习惯者。"在认定之程序上为，由市警察分局、县市警察局提出具体事证，会同"法务部调查局"及"宪兵司令部"派驻市、县市治安单位审查（"检肃流氓条例施行细则"三），后由市政府警察局或省政府警政厅（现由"警政署"接办）复审认定之（"警察机关办理检肃流氓条例案件作业规定"）。依其流氓情节的轻重，分别有不同之处理程序。例如：

1. 一般流氓

依"检肃流氓条例"第4条之规定，经认定为流氓者，由市警察分局或县市警察局书面告诫，并予列册辅导。经告诫后1年内无第2条各款的情形之一者，陈报原认定机关（市警察局或省政府警政厅）核准后注销列册及停止辅导，并以书面通知之。

2. 情节重大流氓

依"检肃流氓条例"第6条之规定："经认定为流氓而其情节重大者，市警察分局或县市警察局经上级警察机关之同意，得不经告诫，通知其到案询问①；经合法通知，无正当理由不到场者，得报请法院核发拘票。但有事实足认为其有逃亡之虞而情况急迫者，得径行拘提之。"②然无论自行到案或拘提到案，市警察分局、县市警察局应于24小时内，检具事证移送管辖法院审理；并以书面通知被移送裁定人及其指定之亲友（同法第9条第1项）。

3. 其他之情形

（1）现行嫌疑犯之流氓行为（径行强制到案）

依"检肃流氓条例"第10条规定（现行的流氓行为），警察人员发现年满18岁以上之人，正在实施第2条各款情形之一时，得径行强制其到案，由市警察分局或县市警察局检具事证，径报其直属上级警察机关（即市警察局或省政府警政厅）审阅。经认定为流氓者，视情节依第4条（书面告诫及列册辅导）或第9条第1项（移送管辖法院处理）之规定处理。

（2）未改过之流氓行为（持续流氓的情形）

依"检肃流氓条例"第7条之规定："经认定为流氓于告诫后一年内，仍有第二条各款情形之一者，市警察分局、县（市）警察局得通知其到案询问；经合法通知，无正当理由不到场者，得报请法院核发拘票。但有事实足认为其有逃亡或严重破坏社会秩序之虞，且情况急迫者或正在实施中者，得径行拘提之。前项径行拘提，于执行后应即报请法院核发拘票，如法院不核发拘票时，应

---

① 依"检肃流氓条例"第8条之规定，由市警察分局或县市警察局主管长官签发通知书。
② 依同条第2项规定，前项径行拘提，于执行后应即报请法院核发拘票，如法院不核发拘票时，应即将被拘提人释放。亦即仍需经法院之事后审查程序。

即将被拘提人释放。"

另外,无论情节重大流氓行为(同法第 6 条)、现行嫌疑犯之流氓行为(同法第 10 条)或未改过之流氓行为(同法第 7 条)中之任何一种行为,一旦移送法院者,依"检肃流氓条例"第 11 条之规定,法院得予以 1 个月以内的留置。有继续留置之必要者,得延长 1 个月,并以一次为限。

基此,就检肃流氓之整体处理程序而论,移送法院者,时间上相当快速。一方面,在评价上,与一般刑事诉讼程序之处理程序相比,程序的妥当性或许存有问题,唯在另一方面,似较能收快速打击犯罪及维护社会治安之功效。

(二) 释字第 523 号解释等"检肃流氓条例"之见解

在"动员戡乱"时期,为了防止流氓破坏社会秩序、危害人民权益,于 1985 年 7 月 19 日制定公布"动员戡乱时期检肃流氓条例"。嗣后,于 1992 年 7 月 29 日修正公布条文内容,并将法规名称修正为"检肃流氓条例"。

"司法院"于 1995 年 7 月 28 日,针对"检肃流氓条例"中部分条文作解释,公布"司法院大法官会议"第 384 号解释,宣告该条例第 5、6、7、12 及 21 条违反"宪法"的相关规定,应于 1996 年 12 月 31 日前失其效力。"立法院"乃于 1996 年 12 月 30 日修正相关条文。惟虽为如此,条例中之条文内容仍存有争议,而于 2001 年 3 月 22 日"司法院大法官会议"就其他争议之内容(留置规定)作成释字第 523 号解释。

1. "大法官会议"第 384 号解释部分

"大法官会议"第 384 号解释认为,"宪法"第 8 条为"实质正当之法律程序"的要求。实质正当之法律程序有实体法及程序法两方面的要求,前者如罪刑法定主义的要求;后者诸如犯罪嫌疑人除现行犯外,其逮捕应践行必要的司法程序、一事不二罚、对质、诘问证人、审检分离、审判公开原则及审级救济制度等。根据上述理论,"大法官会议"认为,(旧)"检肃流氓条例"中不论是否为现行犯罪行为皆得逮捕,不问个别情形,仅以检举人、被害人或证人的要求便以秘密证人方式讯问,剥夺被裁定移送人之对质及诘问权利,被裁定感训处分及刑罚宣告之人,不问其有无必要,有再受感训处分之危险及受告诫处分之人民,不得提起诉愿及行政诉讼等规定为"违宪"。

2. "大法官会议"第 523 号解释部分

释字第 523 号解释再度提起限制人民身体自由的处置应符合正当法律程序要求的意旨,并进一步认为,"检肃流氓条例"中委由法院自行裁量对于被移送裁定之人的留置处分,而不论其是否有继续严重破坏社会秩序之虞,或有无逃亡及湮灭证据或对检举人、被害人或证人造成威胁之虞等情形,违反明确性原则的要求,因而认定为"违宪"无效。换言之,"大法官会议"之多数意见认为:

(1) 限制人民身体自由的处置应以实质正当的法律规定,并符合比例原则,亦即凡是限制人民身体自由的处置,无论其是否为刑事被告,其相关程序,需以法律规定,而内容必须实质正当,并符合"宪法"第 23 条的比例原则,方符合"宪法"第 8 条保障人民身体自由的意旨。

(2) "检肃流氓条例"的"留置"相关规定,不必准用"刑事诉讼法"的规定,亦即"检肃流氓条例"第 23 条虽规定了法院受理流氓案件,同条例及其他法令未规定者,准用"刑事诉讼法",但法院受理流氓案件时,仍应斟酌"检肃流氓条例"与刑事法规在规范设计上之差异而准用相关规定。因此,"检肃流氓条例"第 11 条规定:"法院对被移送裁定之人,得予留置,其期间不得逾一月。但有继续留置之必要者,得延长一月,以一次为限。"其称该限制人民身体自由的措施为"留置"而不称"羁押",用语不同,再加上两者的规定不同,可知两者的立法设计不同,故条例中"留置"无法准用"刑事诉讼法"的相关规定。

(3)"检肃流氓条例"的继续留置措施违反"宪法"保障人民身体自由规定的意旨,亦即条例中的留置处分既为限制人民身体自由的措施,其规定自应符合明确性、基本权保障及比例原则的要求。"检肃流氓条例"第 11 条第 1 项规定:"法院对被移送裁定之人,得予留置,其期间不得逾一月。但有继续留置之必要者,得延长一月,以一次为限。"不论被移送裁定之人是否有继续严重破坏社会秩序,或有逃亡、湮灭事证或对检举人、被害人或证人造成威胁等足以妨碍后续审理之虞,均由法院裁量是否留置,已逾必要程度,违反"宪法"第 8 条及第 23 条的意旨,且与明确性原则的要求有违。

(4)"大法官会议"宣告"检肃流氓条例"的相关规定限期(1 年内)失效,亦即"大法官会议"宣告"检肃流氓条例"第 11 条第 1 项的规定于 1 年后失其效力,而在相关规定修正前,法院为留置裁定时,应依此解释之意旨为审酌。

另外,部分不同意见者认为,"留置"与"羁押"均属限制人民身体自由的刑事强制处分,留置处分应亦有"刑事诉讼法"第 101 条的准用,需被移送裁定之人有逃亡或有事实足认有逃亡之虞;或有事实足证其有湮灭、伪造、变造证据或勾串共犯或证人等足以妨碍后续审查之虞时方得为之。

(三)小结

由上述两号"大法官会议"解释中可以得知,"宪法"要求在限制人民人身自由时应符合罪刑法定主义、逮捕的正当法律程序要求、一事不二罚原则、对证人的对质及诘问权利、审检分离、审判公开原则、审级救济制度及明确性原则。进而言之,"宪法"第 8 条为人身自由的规定,对于人权保障部分规定最为详尽。盖因其为行使其他自由权利的前提[①],可知"宪法"相当重视人身自由的保护。例如,相较于"宪法"第 10 条迁徙自由之规定,人身自由保障可谓为不被恣意支配的自由。而人身自由保护范围似应有:免于被恣意逮捕拘禁;免于非法劳役;免于受恣意的刑事处罚及;行政处罚需符合法律保留原则。[②] 简而言之,人身自由即为人民身体的自由不受非法的侵犯。[③] 另外,在追求更重要的利益或价值时,或许人民的自由权利是可以受到限制的。"宪法"第 8 条所保障的人身自由亦复如此,而对人身自由的限制,"宪法"有其一定要求。"宪法"第 8 条使用三次"法定程序"之用语,要求对人民的逮捕、拘禁、审问及处罚程序须依法定程序。学者间亦认为此为"宪法"中正当法律程序的要求[④],其具体之内涵,或许可就"大法官会议"的解释得以求取。

二、现行"检肃流氓条例"之综合检讨

(一)"检肃流氓条例"之实际

在处理程序上,"检肃流氓条例"之规定有其较为捷便的优点,且在实务上对社会治安或许有其帮助,已如前述。然就案件之处理,进一步分析得知,过去有认为检肃流氓条例、各种治安项目(如迅雷项目等)及检肃流氓的人数,与社会治安及犯罪率的高低并无关联。[⑤] 但相对的,持不同

---

① 参见"司法院大法官会议"解释第 384 号理由书。
② 参见李惠宗:《宪法要义》,敦煌书局股份有限公司 1999 年版,第 107 页以下。
③ 参见许志雄等:《现代宪法论》,元照出版公司 1999 年版,第 155 页以下。
④ 参见林明锵:《人身自由与羁押权》,载《宪政时代》1995 年第 21 卷第 2 期,第 9 页以下;林子仪:《人身自由与检察官之羁押权》,载《宪政时代》1995 年第 21 卷第 2 期,第 22 页以下;陈运财:《宪法正当法律程序之保障与刑事诉讼》,载《刑事诉讼与正当之法律程序》,元照出版公司 1998 年版,第 5 页以下。
⑤ 参见李涌清:《检肃流氓条例的初步实证评估》,载《警学丛刊》1996 年第 27 卷第 1 期,第 96 页。

意见者(质疑前述分析)认为,流氓检肃绩效越高,刑案之发生数越低,社会治安越好的结论。①此部分,"司法院大法官会议"第384号解释亦认为"现行'检肃流氓条例'之制定……对于社会秩序之维护,固非全无意义"。②

以1999年之处理情形为例,各地方法院受理检肃流氓案件共计4431件,终结3190件。其中,感训裁定案件746件,经裁定交付感训处分有493人,占65.38%③;台湾地区高等法院及各分院受理抗告案件共计791件,终结732件,其中驳回520件,维持率为70%左右。④ 此些数据之呈现,显示流氓之检肃似乎有其不可否认之存在事实。

(二)释字第523号解释所提"检肃流氓条例"的问题点

1. 主要之问题点

本解释文之重点所在,在于所提之"'检肃流氓条例'第十一条规定:'法院对被移送裁定之人,得予留置,其期间不得逾一月。但有继续留置之必要者,得延长一月,以一次为限。'此项留置处分,系为确保感训处分程序顺利进行,于被移送裁定之人受感训处分确定前,拘束其身体自由于一定处所之强制处分,乃对人民人身自由所为之严重限制,唯同条例对于法院得裁定留置之要件并未明确规定,其中除第六条、第七条所定之事由足认其有径行拘提之原因而得推具备留置之正当理由外,不论被移送裁定之人是否有继续严重破坏社会秩序之虞,或有逃亡、湮灭事证或对检举人、被害人或证人造成威胁等足以妨碍后续审理之虞,均委由法院自行裁量,径与裁定留置被移送裁定之人,上开条例第十一条第一项之规定,就此而言已逾越必要程度,与'宪法'第八条、第二十三条及前揭本院解释意旨不符,应于本解释公布之日起一年内失其效力。"其中,当以"同条例对于法院得裁定留置之要件并未明确规定"(形式要件)与"被移送裁定之人是否有继续严重破坏社会秩序之虞,或有逃亡、湮灭事证或对检举人、被害人或证人造成威胁等足以妨碍后续审理之虞,均委由法院自行裁量"(形式要件与实质要件)等两要件之规定与说明皆不足。

在形式要件方面,解释文谓:"同条例对于法院得裁定留置之要件并未明确规定,除被移送裁定之人系依同条例第六条、第七条之规定而为径行拘提,法院于核发拘票时已确认被移送裁定人之具有径行拘提之事由,因而得推论其已同时符合留置之正当理由。"然此解释文非但未就留置之条件为清楚之说明,尚且有将拘提与留置混为一谈,或误解留置之性质。盖因一般之拘提要件具备与否,乃为拘提之前提("刑事诉讼法"第75、76条)。只有对于拘提到案之犯罪嫌疑犯方可对其发动羁押之处分(拘提前置原则,"刑事诉讼法"第93条),且嗣后该羁押处分仍须具备羁押与否之形式要件与实质要件("刑事诉讼法"第101、101条之1)。依理并无法直接将拘提之要件解读成或转移为羁押之要件,因此,同理地具备可否径行拘提之要件亦不得直接将其视为或成为得以留置之要件或理由。如此一来,有关得否留置之形式要件(除解释文所云"是否有继续严重破坏社会秩序之虞,或有逃亡、湮灭事证或对检举人、被害人或证人造成威胁等足以妨碍后续审理之虞"外),亦必须重为规定或限定,否则单纯地凭借不明确之概念("检肃流氓条例"第2条之概念)所建构的同法第6条、第7条之径行拘提理由,将仍难以移除整体之"违宪"疑虑。

再者,实质要件部分,解释理由书所云"被移送裁定之人是否有继续严重破坏社会秩序之虞,

---

① 参见李建广:《流氓检肃绩效与治安状况之相关研究》,载《警学丛刊》1998年第29卷第1期,第45页。
② 学者在此亦似乎肯定此种说法。参见翁岳生:《大法官关于人身自由保障的解释》,载"中央警察大学"法学论集》1996年创刊号第1期,第7、8页;同《大法官关于人身自由保障的解释》,载《月旦法学杂志》1996年第15期,第93页。
③ "司法院"行政诉讼及惩戒厅编:《司法业务年报——案件分析》(1999年),2000年版,第431页。
④ 同上书,第432、433页。

或有逃亡、湮灭事证或对检举人、被害人或证人造成威胁等足以妨碍后续审理之虞"之见解,就实质条件之判断而言(或许某部分内容将其归纳为形式要件较妥),诚属正确之看法。唯解释文论点所提之"是否有继续严重破坏社会秩序之虞"部分,预防之性质较为显著,依理较偏向"刑事诉讼法"第 101 条之 1 的预防性羁押条件,而非属同法第 101 条之一般性羁押之要件。就此部分而言,流氓留置之要件设计(重治安考虑防流氓行为之持续存在)与"刑事诉讼法"上预防性羁押之条件(重预防犯行之反复实施)设定,将如何作区隔与分类,或许将成为未来立法上之技术考虑问题。另外,就"检肃流氓条例"第 11 条之整体条件规定而言,除应强化形式要件与实质要件外,留置处分(裁定)之目的部分亦应一并考虑。此目的之要求亦即如解释文所云留置处分之目的,应在于"为确保感训处分程序顺利进行",否则即使留置处分之形式要件与实质要件皆存在,而在没有留置之目的存在下,留置处分将产生浮滥情形。

2. 其他问题点

(1) 留置处分之性质问题

留置处分之性质部分,解释理由书认为:"该留置处分系法院于感训处分确定前,为确保日后审理程序之处置,与"刑事诉讼法"之羁押在处分目的上固有类似之处,为同条例有意将此种处分另称'留置'而不称'羁押',且其规定之要件亦不尽相同,显见两者立法之设计有异,自不能以彼例此。"唯依"检肃流氓条例施行细则"第 30 条规定,"被移送裁定人之留置,于留置所为之(第一项);留置所由法务部设置之(第 2 项);留置所未设置前,得留置于看守所(第 3 项);被移送裁定人留置于留置所或看守所时准用羁押法之规定(第 4 项)"。显然留置裁定后之结果,"留置"与"羁押"并无不同,同属于对人所为之自由限制。是故,解释理由虽云"留置"与"羁押"不同,或许只在于文字上描述之不同而已,实际上,皆属对人所为之刑事上或目的上(取缔流氓之目的)的强制处分。基此,或许不同意见者所云"留置与羁押,均属限制人民身体自由之刑事强制处分,被移送裁定之人于感训处分确定前,其身体自由被拘束于一定处所,其人身自由既受严重限制,自应同受'宪法'基本权、法律明确原则与比例原则之保障,而有'刑事诉讼法'第一百零一条规定之准用,须被移送裁定之人有逃亡或有事实足认有逃亡;或有事实足证其有湮灭、伪造、变造证据或勾串共犯或证人等足以妨碍后续审查之虞时,始得留置,而不能委由法院自行裁量。① 依合宪性解释而准用'刑事诉讼法'第一百零一条规定,即可使凡限制人民身体自由之处置,不问其是否属于刑事被告之身份,权力机关所依据之程序,皆能依法律规定,具备'宪法'第二十三条所定相关之条件,而符'宪法'第八条保障人身自由之意旨"之论述较为妥当。换言之,从保障人权之角度而论,不同意见者所主张之直接准用"刑事诉讼法"规定,不论在要件之要求方面或在明确性之要求方面,皆有其方便之处。解释理由书中强将"留置"与"羁押"作不同性质之解读,或许其诚如不同意见者所云,"纵再立法,依多数意见,其应遵循的内容实相当于'刑事诉讼法'第一百零一条规定,不免辗转曲折"。惟从另一角度而论,解释理由书中将"留置"与"羁押"之性质作区分,其理由或许不外乎目的上之政策考虑,亦即将羁押列为确保未来刑事制裁得以落实之手段(方便追诉审判),而将留置处分列为感训处分之确保手段(具保安性质,取缔流氓在于治安考虑)。或许有人会认为,直接准用"刑事诉讼法"最为有效,唯就检肃流氓之操作程序而论,究竟与一般犯罪追诉形态不同,检肃流氓之处分为警察机关与法院间之关系,有别于犯罪追诉之院检间之关系。因而,两者分别立法与个别执行有其必要(除非废除"检肃流氓条例")。只是最后之问题在

---

① 参见高瑞铮:《从实务经验谈现行检肃流氓法制兴革之道》,载《律师通讯》1991 年第 142 期,第 47 页以下。

于如前所述,应如何重新设定留置之形式要件与实质要件乃为当务之急("刑事诉讼法"第75、76、101、101条之1参照)。

(2)救济程序之重新考虑问题

依现行法之规定,被认定为一般流氓者之书面告诫处分,被认定者得依"检肃流氓条例"第5条之规定,向原认定机关提起声明异议,以为救济;然相对的,对于被同属行政机关之警察机关认定为重大流氓者,却反而无法先依一般行政救济程序获得救济,反而须等待于警察机关移送法院裁定留置后,方得以直接诉之于法院请求救济(提出抗告)。因此,被认定为重大流氓者,在法律之规定上,除无法于认定过程中得以完全陈述,以及其相关之亲友亦无法为其辅助(类似"刑事诉讼法"中之辅佐人)外,似乎也被剥夺了如被认定为一般流氓般之行政救济机会。再者,移送治安法庭后,虽谓留置裁定与羁押不同,不受"刑事诉讼法"之规范,然此明显会出现两种逃避受审查程序监督之疑虑,例如:① 被认定为重大流氓行为后,对于认定之基准(如条例第2条之规定内容)并无法请求救济外,移送治安法庭之前,警察机关不受到任何监督;② 治安法庭认定有留置之必要,部分留置之形式要件仅准用条例第6条及第7条之得径行拘提原因,是否得当问题(盖因该条例之第2条之行为形态所规定之内涵不甚明确),若径自以此为基准将无法客观化外,亦有架空要件审查之疑虑。

(三)相关解释例等所提其他之"检肃流氓条例"的问题点

1995年7月28日"大法官会议"作成第384号解释,促成了"检肃流氓条例"相关规定的修正;2001年3月22日,"大法官会议"再作成第523号解释,宣告"检肃流氓条例"的部分规定"违宪",可预见的是,该条例的规定应会再作修正。唯因司法的被动性格,"大法官"无法积极主动审查"检肃流氓条例"的修法是否已符合其解释的意旨,甚至最后修法之结果,可能亦会有"言者谆谆,听者藐藐"的情形发生。以下乃综合"大法官会议"第384号及523号解释的意旨,分别探讨现行"检肃流氓条例"其他相关规定之问题点。

1. 从罪刑法定主义而论

"刑法"第1条规定:"行为之处罚,以行为时之法律有明文规定者,为限。"为"刑法"之基本要求。本条开宗明义便说明处罚的对象为"行为",因而可推知,罪刑法定主义的内涵之一在于处罚者是行为人的"行为",而非行为人的心理事实或身份。

"检肃流氓条例"第2条以许多不确定的概念认定行为人有无流氓身份,进而得加以告诫、列册辅导、通知到案、强制到案或移送法院等,基本上,依其规定处罚的对象为"身份"而非"行为"本身,此与一般犯罪行为之处罚要件相当不同,条文中隐含着"违宪"之疑虑。① 因此,若将"检肃流氓条例"第2条规定之内容比照一般处罚规定时,在要件上,或许应明确规定以行为人的行为为处罚对象,而非以身份之有无为处罚之考虑,较为合理。

2. 强制处分行为性质之正当法律程序要求

(1)重大流氓之处理问题

"检肃流氓条例"第6条第1项规定:"经认定为流氓而其情节重大者,市警察分局、县(市)警察局经上级直属警察机关之同意,得不经告诫,通知其到案询问;经合法通知,无正当理由不到场者,得报请法院核发拘票。但有事实足认为其有逃亡之虞而情况急迫者,得径行拘提之。"即指

---

① 参见翁岳生:《前揭大法官关于人身自由保障的解释》,载《"中央警察大学"法学论集》1996年创刊号第1期,第8—9页;同《大法官关于人身自由保障的解释》,载《月旦法学杂志》1996年第15期,第94页以下。

警察机关办理"检肃流氓条例案件作业规定"警察机关认定有重大流氓情节时的处理。再者,同法第 7 条第 1 项前段规定,经认定为流氓于告诫后一年内,仍有第二条各款情形之一者,市警察分局、县(市)警察局得通知其到案询问;经合法通知,无正当理由不到场者,得报请法院核发拘票,为持续流氓情形的处理方式。然无论第 6 条之规定或第 7 条之规定,必然会产生一个问题,亦即该"通知"的性质为何之问题。依照该两条之规定,当警察机关认定相对人有重大流氓行为时,便得不经同法第 4 条的告诫程序,径行以通知书通知其到案询问,无正当理由而不到场者,便得由警察机关报请法院签发拘票,加以拘提。虽然该通知并无"刑事诉讼法"上之直接强制力,但在当事人无正当理由不到案时,警察机关便得向法院申请拘票,拘提相对人,是故该通知书类似于"刑事诉讼法"中之通知性质,犹如"传唤"①般具有间接的强制力。另外,对于通知到案者,视同业已拘提到案[此可参见同法第 9 条第 1 项之规定得知,"依第六条、第七条规定到案者,市警察分局、县(市)警察分局应于二十四小时内,检具事证移送管辖法院审理;并以书面通知被移送裁定人及其指定之亲友"]。此种通知,基本上已兼具"刑事诉讼法"上之通知(传唤)及拘提之效果,实很难否定其非具有"刑事诉讼法"上之对人直接或间接强制处分的性质。

(2) 现行流氓嫌疑犯之处理问题

"检肃流氓条例"第 10 条规定:"警察人员发现年满十八岁以上之人,正在实施第二条各款情形之一时,得径行强制其到案,由市警察分局、县(市)警察局检具事证,径报其直属上级警察机关审核之。经认定为流氓者,视其情节,依第四条或第九条第一项之规定处理。"依本条规定,警察机关发现"现行"的流氓嫌疑行为时,可不会同有关治安机关审查、上级警察机关复审(形式之审查),亦不经警察机关的告诫等程序,便得径行强制其到案移送法院裁定。此种强制到案之行为,将对人民之身体自由构成侵害,在行为之性质上,应属于对人强制处分之一种,类似"刑事诉讼法"第 88 条第 1 项逮捕现行犯之强制处分规定。然若依"刑事诉讼法"第 92 条第 2 项的规定,司法警察官或司法警察逮捕现行犯后,应即解送检察官。解送目的在于使检察官得以审查逮捕是否合法,进一步判断是否需申请羁押,以维护当事人的权益。"检肃流氓条例"只有应否移送法院裁定留置问题,而无羁押与否的问题(欠缺对于审查其强制到案是否合法的机制)。警察机关认定应移送法院时,法院只能附带审查强制被移送裁定人到案是否合法。

再者,本条所谓之"现行流氓嫌疑行为"究竟与一般"刑事诉讼法"上所谓的"现行犯行为",如何区分?盖因依"检肃流氓条例"第 2 条所规定之行为类型得知:① 若属现在实施之行为,依法皆属于"刑事诉讼法"上之现行犯行为。因此,"检肃流氓条例施行细则"第 27 条第 1 项规定:"警察机关发现行为人有本条例第二条所定之行为,同时触犯或另犯刑事法律所定最轻本刑为五年以上有期徒刑之罪嫌者,应将行为人连同刑事卷证移送检察机关侦查,并同时检具流氓事证移送治安法庭审理"。其内容存有两项疑问,亦即:第一,同时触犯或另犯刑事法律之罪刑范围为何仅限于最轻本刑为 5 年以上有期徒刑之罪嫌,其他罪嫌之处理似乎比流氓行为不重要?第二,一行为可能受到两种处罚(流氓之处分以及刑事之追诉)。② 若非属①之形态,亦即若曾过去已有该条例所云之流氓倾向者,只因过去未实施所谓之流氓行为而未被举发者,是否属于重大流氓,依法亦仅能依第 6 条之规定处理[报请上级警察机关同意,通知其到案,再移送管辖法院(第 6 条第 1 项、第 9 条第 1 项参照)],而无同条例第 10 条适用之余地。亦"即检肃流氓条例"第 10 条所规定之现行流氓嫌疑犯之行为(不论最后被认定为列册辅导流氓或重大流氓),在性质上似与流氓行为之属性(习惯)并不吻合,属于不当之条文规定。

---

① 参见陈朴生:《刑事诉讼法实务》,1999 年版,第 181 页以下。

3. 治安法庭之程序问题

依"检肃流氓条例"第22条之规定,法院得设立专庭或指定专人,以治安法庭之名义,办理检肃流氓案件。根据"检肃流氓条例施行细则"第19条的规定,法院治安法庭是由法官、书记官、通译、录事、法警及庭务员所组成。再者,依"法院办理检肃流氓条例案件应行注意事项"第5条规定,法院受理检肃流氓案件时,被移送裁定人若已随案移送,治安法庭法官应即讯问,是其有无留置之必要所为之处理。① 因此,在治安法庭中,似乎以警察机关充当追诉者之角色,由法官(审判者)讯问当事人,以决定是否要为留置处分。此种运作之模式与审检分立之精神并不相同,检察官并未参与整个流氓案件之处理程序,因而被认为有"架空检察官"之虞的批评。② 此就整体刑事诉讼程序之运作而论,应有检讨改进的必要。

4. 明确性原则

"检肃流氓条例"第2条除了有违反罪刑法定主义之嫌外,具体而言之,有违明确性原则之疑虑。尤其是,例如,该条第5款是使用"品行恶劣"及"游荡无赖"等极为不明确的用语认定流氓情节,虽可赋予警察机关处理实务时之裁量空间,但却有违反明确性原则之嫌。若为维护社会治安的确实需要,似可引入"刑法"中危险犯的要件,除可截堵实害发生以外③,尚可将要件明确化,以满足"宪法"保障人权的要求。其他例如,依"检肃流氓条例"第2条第1至4款之规定,其与刑事法的许多规定亦多有重叠。基本上,此将导致人民身体自由有遭致双重侵害之危险,实为"宪法"所不许。如:

第1款:"擅组、主持、操纵或参与破坏社会秩序、危害他人生命、身体、自由、财产之帮派、组合者。",应可该当"刑法"第154条参与犯罪结社罪或组织犯罪条例的规定。④

第2款:"非法制造、贩卖、运输、持有或介绍买卖枪炮、弹药、爆裂物者。"应可该当"枪炮弹药刀械管制条例"或"刑法"第186条、第186条之1、第187条危险物品罪。⑤

第3款:"霸占地盘、敲诈勒索、强迫买卖、白吃白喝、要挟滋事、欺压善良或为其幕后操纵者。"其除了可能只是民事侵权行为外,可能分别该当"刑法"第304条强制罪、第305条恐吓危害安全罪、第328条强盗罪、第339条诈欺罪、第344条重利罪及第346条恐吓取财罪等,而所谓"幕后操纵者"应具教唆犯的性质,适用"刑法"第29条的规定即可。⑥

第4款:"经营、操纵职业性赌场,私设娼馆,引诱或强逼良家妇女为娼,为赌场、娼馆之保镖或恃强为人逼讨债务者。"应可该当"刑法"第268条图利供给赌场罪、第231条、第231条之1等媒介性交及猥亵罪及第305条恐吓危害安全罪。⑦

结论性观点

"检肃流氓条例"的制定有其历史背景及社会上的需要,在处理的程序上有一般流氓、重大流

---

① "司法院"1997 院台厅刑二字第20743 号函。
② 参见高瑞铮:《从实务经验谈现行检肃流氓法制兴革之道》,载《律师通讯》1991 年第142 期,第48 页。
③ 参见李碧昭:《检肃流氓条例部分条文修正刍议》,载《警学丛刊》1996 年第27 卷第1 期,第161 页。
④ 参见高瑞铮:《检肃流氓与检肃流氓条例》,载《律师通讯》1991 年第136 期,第2 页。
⑤ 参见高瑞铮:《前揭检肃流氓与检肃流氓条例》,载《律师通讯》1991 年第136 期,第2 页。另有持类似见解者,参见李碧昭:《检肃流氓条例部分条文修正刍议》,载《警学丛刊》1996 年第27 卷第1 期,第162—163 页。
⑥ 参见高瑞铮:《检肃流氓与检肃流氓条例》,载《律师通讯》1991 年第136 期,第2 页;李碧昭:《检肃流氓条例部分条文修正刍议》,载《警学丛刊》1996 年第27 卷第1 期,第163—164 页。
⑦ 参见高瑞铮:《检肃流氓与检肃流氓条例》,载《律师通讯》1991 年第136 期,第2—3 页。

氓、持续流氓及现行流氓四种不同的程序,由实务的数据及分析上可知"检肃流氓条例"确实可收维护社会治安的效果。唯该条例的许多规定并不符合"宪法"正当法律程序的要求,而两度遭"司法院大法官会议"宣告"违宪"。

在释字第384号及释字第523号解释揭示了正当法律程序、罪刑法定主义、逮捕的正当法律程序、一事不二罚原则、当事人对于证人的对质及诘问权利、审检分立、审判公开原则、审级制度及明确性原则,"检肃流氓条例"也因此作了许多修正。但其他未修正规定是否意味着业已符合"宪法"上前述原则的要求,并非全无疑义。

尤其是,"检肃流氓条例"第2条以身份为处罚的对象,有违罪刑法定主义;重大及现行流氓的处理程序有违"宪法"对强制处分行为之正当法律程序要求;治安法庭的组成及审理有违刑事诉讼程序运作之审检分立原则;流氓的认定有违明确性原则的要求;以及该条例存有许多与刑事法律重叠的问题,有导致人民受双重处罚的危险。

此些问题的改进之道在于,在"检肃流氓条例"中明确规定以行为人的行为为处罚的对象、明确并加强对强制处分(强制到案)监督机制的建构、导入"刑法"中危险犯的构成要件,以明确条例中流氓行为的构成要件要素,以及重新检讨"检肃流氓条例"中许多与刑事法律有重叠的部分,以避免人民受到双重的侵害。

最后有两点需为补充说明:其一,"检肃流氓条例"第2条以许多不确定的概念认定行为人有无流氓的身份,进而得加以告诫、列册辅导、通知到案、强制到案或移送法院等,基本上,依其规定处罚的对象为"身份"而非"行为"本身。然目前取缔流氓过程中,是否确实遵守有流氓倾向且符合要件者,依法应全数接受"检肃流氓条例"之规范与处罚。换言之,取缔流氓若只在于绩效之敷衍,对于以合法身份隐瞒流氓身份者(例如隐瞒成地方议会议长、副议长、议员、代表等)无法将之绳之以法,取缔到案者并非是重要角色,此非但属于执法者之怠惰,亦属全民之痛(差别待遇,或予人有选择办案之疑虑)。其二,"检肃流氓条例"若其重点系建构在维护治安与预防犯罪等政策性之考虑,或许不应只在于牌照之发放(如告诫其为流氓)或绩效挂帅下东拼西凑式的流氓举发,到头来对于治安并无帮助,反而制造另一批治安败坏之生力军,此将非社会之幸。

侦查中之羁押审查*

——台中地院 2001 年诉字第 1022 号裁定、台湾地区高院 2002 年抗字第 90 号及 2000 年抗字第 361 号裁定

陈运财**

基本案情

案例 1（台中地院 2001 年诉字第 1022 号裁定）

本案被告颜某等二人于 2001 年 2 月 27 日，经台中地方法院检察署检察官以涉有"贪污治罪条例"第 5 条第 1 项第 2 款之"公务员"利用职务诈取财物等罪嫌重大，有"刑事诉讼法"第 101 条第 1 项第 2 款之有事实足认为有湮灭、伪造、变造证据或勾串共犯或证人之虞，及同条项第 3 款之所犯为死刑、无期徒刑或最轻本刑为 5 年以上有期徒刑之罪等情形，向台中地方法院申请羁押。经该院法官 3 人组成合议庭，于讯问后，认检察官之申请为有理由，裁定被告颜某等二人自 2001 年 2 月 28 日起羁押两个月，并禁止接见通信。之后，被告等人于羁押期间，向法院申请具保停止羁押，对此申请，台中地院由陆姓法官独自一人审理结果，于 2001 年 4 月 23 日作出准予被告颜某二人取具辖区内殷实商铺书面保证金额各 200 万元，停止羁押之裁定。然而，于被告等人依此项裁定办理具保停止羁押之前，本件检察官即行向管辖法院提起公诉，并将被告颜某等二人解送法院，为审判中羁押之审查。

案例 2（台湾地区高院 2002 年抗字第 90 号裁定）

本案被告罗某因涉嫌诈欺等案件，由台湾地区高等法院检察署检察官认有"刑事诉讼法"第 76 条第 2 款"有事实足认有逃亡之虞"及第 3 款"有事实足认（被告）有湮灭、伪造、变造证据、勾串共犯、证人之虞"之事由，情况急迫，未经传唤即径行签发拘票，并指挥司法警察人员拘提罗某到案后，经台北地检署检察官向台北地院申请羁押。唯台北地方法院 2002 年 2 月 2 日庭讯中，程序上虽就高检署发拘票拘提被告有无违"反法院组织法"有关于管辖权之规定，及拘提有无符合"刑事诉讼法"第 250 条之"急迫情形"要件，由两造就此径行拘提之程序要件是否合法加以辩论。其结果作成裁定书（2002 声羁字 24）指出，本件检察官签发拘票将被告拘提到场，于诉讼上尚不能证明其于签发拘票时，究竟其系基于何种客观事实认定被告有逃亡之虞或系基于何种客观事实认定被告有湮灭、伪造、变造证据、勾串共犯、证人之虞之急迫情形，故本件检察官在客观事实尚未全然具备之情况下，遽依"刑事诉讼法"第 76 条第 2 款、第 3 款规定签发拘票将被告拘提到案，即难认其拘提于实质上为属合法，对于被告有无应予羁押之理由，即无再进一步审查之必要，为此驳回申请人之申请。

对此驳回羁押申请之裁定，检察官向台湾地区高等法院提起抗告指出，起诉前之侦查程序本无管辖之观念，不论情况有无急迫，检察官之侦查不仅不受区域（土地管辖）之限制，且不受案件性质（事物管辖）之限制，对任何刑事案件均得侦查。再者，法院于审查羁押要件之"拘

---

* 原载于《月旦法学杂志》2003 年第 92 期。
** 东海大学法律学系教授。

提、逮捕前置主义"时,对于检察官是否合法拘提被告,仅得形式上审查拘提被告之程序是否完备,而不能进行实质上审查拘提被告之必要性。至于本案被告究竟应先传唤未到再拘提或未经传唤即径行拘提,则属检察官之权限,非得由法院就有无拘提必要性之实质内涵为审查,否则将严重侵害检察权之行使。

案例3(台湾地区高院2000年抗字第361号裁定)

2000年8月25日深夜11时许,台北地检署检察官以有事实足认为被告王某有勾串共犯、证人之虞,非予羁押,显难进行追诉、审判,依"刑事诉讼法"第101条第1项第2款之规定,向台北地院申请羁押。该管台北地院经漏夜讯问被告审查结果,于翌日裁定"申请驳回",被告准以新台币1500万元具保,并限制住居等。其理由略谓:"经本院核阅全部卷证资料,认申请意旨所陈羁押理由,依现存卷证尚不足认有'刑事诉讼法'第一〇一条第一项第二款事由存在,且被告亦无非予羁押,不能诉追之因素存在,或有其他足认显难进行侦查程序之事实,本件无从认定有何羁押之必要性,再参以申请人认为被告所涉背信、伪造文书罪嫌均属最重本刑五年以下有期徒刑之罪,复审酌被告涉案情节,本院谕知以如主文所示保证金具保,同时限制住居……应足以保全被告到案接受刑事诉追,从而申请人之申请难认有必要性,应予驳回。"

对于此项驳回羁押申请之裁定,检察官提出之抗告意旨略以:本件羁押申请书申请羁押之理由仅为"刑事诉讼法"第101条第1项第2款之事由,即"有事实足认为有湮灭、伪造、变造证据或勾串共犯或证人之虞者"。然查原裁定既认依卷证资料尚不足认有"刑事诉讼法"第101条第1项第2款事由存在,无从认有羁押之必要性,又本件被告所犯背信等罪,均属最重本刑5年以下有期徒刑之罪,而原裁定对于被告有无逃亡或有事实足认为有逃亡之虞部分,裁定书理由并无只字词组,是原裁定当亦认定被告无逃亡之虞,则本件原裁定既认被告并无"刑事诉讼法"第101条第1项各款情形,自不得为命具保、责付或限制住居,乃原裁定于庭讯完毕后竟未当庭饬回,反谕知准具保1500万元,并限制住居等,则被告在候保期间,人身自由显遭限制。参酌本案之性质、态样、侦查之进展及同案尚有其他被告在逃等情形,应认本件王姓被告当然符合"刑事诉讼法"明定羁押之要件,原裁定认无湮灭、伪造、变造证据或勾串共犯及证人之可能,亦无羁押之必要性,而未予羁押及禁止接见通信,显非允适。

裁判要旨

案例1

案经台中地院2001年诉字第1022号裁定(本文以下称此裁定为"颜案裁定"),被告等人有"刑事诉讼法"第101条第1项所定之羁押原因,且有羁押之必要,令予以收押外,并针对上述侦查中停止羁押之裁定,指摘称依据"刑事诉讼法"第279条及第121条第1项之规定,及台湾地区"最高法院"2000年台上字第1877号刑事裁判之意旨,本件侦查中以法官3人组成合议庭所为之原羁押裁定,不容任意变更法院组织,改由独任法官裁定停止羁押,否则不合法之法院组织,所践行之程序,乃当然违法之重大瑕疵,依"司法院大法官会议"释字第135号解释之意旨,该项裁定为无效裁判,根本无效。

案例2

对此,台湾地区高等法院2002年抗字第90号裁定(以下称本裁定为"罗案裁定")认为,依"刑诉法"第250条规定,检察官知有犯罪嫌疑而不属其管辖或于开始侦查后,认为案件不属管辖者,应即分别通知或移送该管检察官;但有急迫情形时,应为必要之处分。本件被告所涉之罪虽不属于台湾地区高等法院第一审管辖之案件,高检署检察官以有急迫情形存在,并以被告有"刑事诉讼法"第76条第2款、第3款之事由,而签发拘票将被告拘提到案,实已具备该条所称"急迫情形"之要件,其拘提程序即无不合。再者,"刑事诉讼法"第76条之径行拘提之规定,在案件侦查中,本属检察官之权限,法院于审查羁押要件之"拘提、逮捕前置主义"时,对于检察官是否合法拘提被告,仅得"形式上"审查拘提被告之程序是否完备,不能进行实质上审查拘提被告之必要性,此与法院于审查有无羁押之必要性(实质羁押理由与必要性)尚有不同,盖检察官既有拘提之权利,其应否拘提之实体上之判断,要非法官所得过问,此亦符合"宪法"层次所强调之"正当法律程序"。依本件抗告人对于被告之犯罪嫌疑部分,于羁押申请书上之陈明及资料判断,检察官径行拘提在形式上难谓不合法。原审以实质审查羁押要件之理由,遽认抗告人对被告径行拘提程序不合法,驳回抗告人之申请,尚难谓为妥适,抗告意旨指摘原裁定不当核有理由,自应由本院将原裁定撤销,并发回原审另为适法之裁定。

案例 3

对此抗告,台湾地区高等法院2000年抗字第361号裁定(本文下称此项裁定为"王案裁定")指出:"侦查中由检察官声请羁押被告之申请案件,检察官申请羁押事由是否合于'刑事诉讼法'第101条第1项各款所定之要件,为法官行上述条项之讯问时审酌之对象,是同条第二项规定'法官为前项讯问时,检察官得到场陈述申请羁押之理由及提出必要之证据',检察官申请羁押之事由合于上述条项之规定者,法官得将被告羁押,反之则否,法官应受检察官申请羁押事由之限制,不得舍检察官申请羁押之上述事由,径据讯问后认定被告有其他'刑事诉讼法'第一○一条第一项各款所定情形而为裁定(参照1998年2月27日'司法院'第36期司法业务研究会研究结论)。经查:本件检察官申请羁押被告,系依'刑事诉讼法'第一○一条第一项第二款,此有申请书可稽,原审于裁定中虽未指明被告有其他'刑事诉讼法'第一○一条第一项第一款、第三款之事由,惟原审于讯问被告后,在刑事报到单上载明被告'有事实足认有逃亡之虞',但此一认定并未载明于裁定书上,则原审究有无认定被告有逃亡之虞,已不明了,况依前述,法院有关审酌被告羁押之事由,系受检察官申请事由之拘束,则检察官既未依同条项第一款之规定申请羁押,则原审自无审酌被告有无第一款之事由之余地。"

又本件被告对于购买土地款项之流向未为合理之说明,且同案其他被告复未到案,与被告就该原因事实何以无勾串共犯之虞?未据原审于理由中说明,至案卷中有关资金之流向等证据资料,虽已经检察官查明,但资金流向仅能证明有此金钱往来,其原因事实仍有待相关之当事人陈明缘由,是原审以资金流向已经检察官侦查取得为据,认无串证之虞亦有未当。综上所述,本件检察官申请羁押被告,原审认不符羁押要件之裁定,尚有再予调查审酌之余地,且原裁定就被告具保、限制住居等部分亦嫌未当,检察官提起抗告指摘原裁定不当,非无理由,爰撤销原裁定,发回原审法院,另为适法之裁定。

疑难问题

案例1之颜案裁定之争点:侦查中,由法官3人合议裁定之羁押处分,之后于羁押被告期间,如由独任法官1人裁定准予具保停止羁押,其法院组织是否合法,所为之裁定是否有效?对于案情复杂或涉案被告身份受媒体关注的声押案件,审判实务或为因应值日法官资浅之问题,有部分案件不仅以裁定之形式决定羁押之准驳,其法院组织更实行合议制。此种情形,法院合议裁定羁押后,于羁押期间内,如遇被告或辩护人具保申请停止羁押,是否仍要由法院以合议裁定行之?

案例2之罗案裁定之争点:侦查中法官审查检察官所申请之羁押案件时,是否应先行审查前置程序之拘提逮捕的合法性？答案若是肯定，则以"刑事诉讼法"第76条之径行拘提为例，法官审查之范围是否包括签发拘票或执行拘提之程序要件以及"刑事诉讼法"第76条本身所定拘提之实质要件？特别是被告有无因逃亡或湮灭证据之虞等情事，致有拘提之必要，是否亦属法官得介入审查之范围？

案例3之王案裁定之争点：检察官仅以被告有湮灭证据或串证之虞为由申请羁押，法院改认定为有逃亡之虞，是否适法，即涉及第101条第1项各款(侦查中，被告是否具备羁押之要件，包括本案被告之实体事实——犯罪嫌疑是否重大，以及程序事实——有无同项各款所列之羁押原因①，再加上羁押之必要性②，均属法院应慎重审查的范围)所列羁押原因之变更问题。不仅如此，在同一案件之范围内，检察官依第101条第1项各款所主张之羁押原因与法院审查后所认定之羁押原因不同者，法院如认为有羁押被告之必要时，得否变更检察官主张之羁押原因而命羁押被告？换言之，法官于决定羁押被告时，是否须受检察官申请羁押原因之拘束？例如，检察官以逃亡之虞声押，法院审查结果认应无逃亡之虞，却有湮灭证据或串证之虞者，得否变更？反之，检察官以湮灭证据或串证之虞声押，法院审查结果认应无湮灭证据或串证之虞，却有逃亡之虞者，得否变更？本文中所检讨之第二个案例事实，即涉及检察官以被告背信嫌疑重大，且有第101条第1项第2款所定之情形而申请羁押之案件，法院认为被告并无串证之虞，却有事实足以认定有逃亡之虞者，得否变更为同条项第1款之羁押原因，而命羁押被告？

学理研究

1997年12月19日修正公布"刑事诉讼法"部分条文，由于侦查中之羁押处分改由法官审查决定，故关于被告是否具备羁押之要件，包括被告犯罪嫌疑是否重大、有无"刑事诉讼法"第101条第1项各款或第101条之1第1项所列之羁押原因及羁押之必要性，申请羁押之检察官与令状审查之法官难免因彼此认知之心证不同，致发生申请被驳回之情形。本文中所举之第2及第3个案例中，即存在审检双方对于被告有无羁押原因或羁押必要性之看法的争议。

本文举上述三个案例评论的主要目的，并不在探讨具体个案中究竟被告有无羁押之原因及必要，本文所关心的是，羁押系剥夺人民人身自由的重大处分，应属保全被告到庭之不得已的最后手段，且任何人不问其身份、地位或犯罪之轻重，非经由正当的司法程序审查，不得予以羁押。

兹就上述三案例有关羁押审查之程序争点，分别评论如后。

一、审查之主体及形式

针对案例1之颜案裁定之争点评论如下：

本文首先要指出的是，在侦查中羁押处分改由法官为事前之司法抑制后，审判实务关于羁押审查，有过度拘泥于裁判形式的倾向，其结果，不论是驳回或准予羁押之处分，检察官或被告若有

---

① 所谓逃亡之虞，系指被告或被告为图免刑事追诉而处于所在不明的状态；湮灭证据之态样，应包括湮灭既存之证据及捏造新的证据，所谓串证，乃通过施压或说服等方式以改变原证人陈述之内容之谓，此之证据应指被告自白以外之证据而言。至于，是否具备第101条第1项各款所列之羁押原因，法院应斟酌客观可能性及主观可能性，前者是指客观上必须有湮灭证据或变更证人陈述之实行可能性而言；后者则必须有证据显示被告有湮灭证据或串证之主观意思而言。

② 笔者认为，羁押处分既属保全程序之最后不得已手段，具法院裁判之性质，而非为实施侦查之手段，故侦查中法院所签发之押票，应具命令状之色彩。是否具备羁押之要件，主要应由法院判断被告有无逃亡之虞，而非全然着眼于侦查效率的考虑；且有无羁押之必要，是否具保，亦由法院独立判断，而非受检察官意见之拘束。

不服,向台湾地区高等法院提出抗告,救济却往往缓不济急。

(一) 裁判之形式与不服之救济

关于侦查中,为各项羁押处分之决定主体及形式,第 108 条第 1 项规定羁押期间之延长,以法院裁定为之;又第 121 条第 1 项规定:"第一〇七条第一项之撤销羁押、第一〇九条之命具保、责付或限制住居、第一一〇条第一项、第一一五条及第一一六条之停止羁押、第一一八条第一项之没入保证金、第一一九条第二项之退保,以法院之裁定行之。"至于对检察官之羁押申请,"刑事诉讼法"第 102 条第 1 项及第 4 项则仅规定羁押被告,应用押票,押票由法官签名,此项押票之签发及羁押之驳回,是否应以法院裁定之形式为之,并未明定。

侦查中,对于检察官之羁押申请,法官决定准驳之处分,为何"刑事诉讼法"未明文要求应以裁定为之,关于停止或撤销羁押,却明定应以法院裁定行之,其立法真意并不明确,可以推论的是,由于停止羁押或撤销羁押乃变更原法官所为之羁押处分,为求慎重及程序明确,且赋予当事人得依"刑事诉讼法"第 406 条第 1 项规定具状叙述理由,向上级法院提起抗告之机会起见,故明文要求法院必须以裁定之形式为有关停止或撤销羁押处分。至于侦查中法官初次受理检察官羁押之申请,如何签发押票或以何种形式驳回羁押之申请,则委由审判实务运作形成即可。

笔者曾为文主张,侦查中关于拘提或逮捕到场之被告是否符合羁押之要件,其判断上有时间之急迫性;且为避免拖延被告之留置,亦应讲求时效,对于检察官之声押案件,倘限定亦由法院以裁定行之,则必须严格符合第 220 条至第 227 条所定之裁判形式,可能较为劳费。况且,侦查中有关声押案件之准驳,如要求应以法院裁定行之,对此,当事人若声明不服,则必须向为裁定法院之上级法院提出抗告,如此将造成书类往返之劳费,迟延救济之时效,于恢复羁押被告之人身自由,亦非有利。是以,对于侦查中检察官声押案件,法官以处分之形式为羁押之准驳为宜,对此,当事人若有不服,应依"刑事诉讼法"第 416 条规定向该管法院合议庭提出准抗告,以资救济。

或许,就被告或辩护人之立场而言,有人会以为向上级法院以抗告方式寻求救济,于审级利益上较有保障,其实效应比同审级准抗告之救济要来得好。然而,对于第一次的羁押处分,先以准抗告寻求法院合议庭之审查,以迅速恢复人身自由,于被告而言,仍属较优越之利益,况且,准抗告纵经驳回,之后于羁押期间内被告仍得随时申请撤销或具保停止羁押,此时法院依法应以裁定决定是否撤销或停止羁押,对其裁定,如有不服,自可向台湾地区高等法院提起抗告,是以羁押被告仍有向上级法院声明不服请求救济之机会,其审级利益并无实质之侵害。

不过令人遗憾的是,目前的实务运作,对于检察官羁押之申请,法官所为之羁押准驳,概以法院裁定之方式行之,当事人若有不服,均以提出抗告之方式,向其直接上级法院声明不服。① 其结果,一方面,可能发生检察官对于驳回羁押申请或具保免予羁押之处分提出抗告后,待台湾地区高等法院作出裁定,纵使其抗告有理由,撤销原裁定,已经释放之被告早已逃之夭夭,即便原审再作出羁押裁定后,往往难以再拘束其到案;反之,如法院裁定羁押被告,被告不服向台湾地区高等法院提出抗告,纵台湾地区高等法院认为其抗告有理由,而撤销原羁押处分,被告往往已受长期羁押,人身自由受不当侵害,自不在话下。要之,对于侦查中检察官声押案件,法官为羁押之准驳,采法院裁定之形式,对此,其声明不服之管道循向上级法院抗告之方式行之,难谓妥适。

再一次强调,关于侦查中检察官之羁押申请,其审查之主体及裁判之形式,现行"刑事诉讼法"并未明定法院应以独任或合议方式为之,更未要求应依"刑事诉讼法"第 220 条以裁定行之,

---

① 参见《台北地院驳回首件羁押声请》,载《联合报》1986 年 12 月 22 日,第 1 版;《羁押遭驳回检方提抗告》,载《民众日报》1986 年 12 月 22 日,第 14 版。

基于当事人声明不服之救济实效的考虑,本文建议对于侦查中检察官羁押之申请,法官以处分之形式为羁押之准驳为宜。对此,当事人如有不服,依"刑事诉讼法"第 416 条规定向该管法院合议庭提出准抗告,以求救济即可。不待修法,期待审判实务能积极改善目前声押案件的审查运作。

(二) 合议或独任之争议

颜案裁定认为侦查中合议庭法院已作出之羁押裁定,是否保留停止羁押或撤销原羁押裁定,亦应由合议庭裁定为之,而不得由独任法官裁定行之。其理由略谓:

第一,"刑事诉讼法"第 279 条规定:"行合议审判之案件,为准备审判起见,得以庭员一人为受命推事,于审判期日前,讯问被告及搜集或调查证据。受命推事关于讯问被告,及搜集或调查证据,与法院或审判长同一之权限。但第一二一条之裁定,不在此限。"又同法第 121 条第 1 项规定,关于第 107 条第 1 项之撤销羁押、第 110 条第 1 项之停止羁押等,以法院之裁定行之。立法意旨显然认为具保停止羁押之事项,较诸羁押被告之事项,应为重大。故羁押被告虽得由受命法官 1 人为之,惟具保停止羁押之裁定则应由法院为之(在地方法院合议庭,为法官 3 人)。

第二,台湾地区"最高法院"2000 年台上字第 1877 号刑事裁判指出:"……受命法官于诉讼程序上之职权,复设有一定之限制,并非等同于(狭义)法院或审判长,观之'刑事诉讼法'第二七九条及第一六七条、第一六八条、第一七八条、第四一六条第一项第一款等相关规定甚明。因之,受命法官逾越权限,于诉讼程序中规避合议审判,僭行审判长职权,致法院组织不合法所为之审判,非但所践行之程序显然违法,抑且足使被告应受法院依相关法律规定与程序公平审判之诉讼权受有侵害,而受有罪判决,被告未能获合议审判之周延,严谨缜密审判之审级利益保障,横被剥夺,尤不待言。"明白指摘在地方法院经裁定行合议审判之案件,该受理诉讼之法院组织即告确定,不容任意加以变更,否则法院组织不合法。

据此,颜案裁定认为以合议庭羁押被告之案件,若欲作出具保停止羁押之裁定,绝不能任意变更法院组织,本案独任法官准予具保停止羁押之裁定,组织不合法,即有重大、明显之违法瑕疵,应认该独任裁定自始不生效力,毋庸再通过上诉或抗告审予以撤销。①

然而,上述有关合议所为之羁押裁定不得由独任法官裁定具保停止羁押之论述,并不具说服力。

如前所述,笔者认为,第 121 条第 1 项规定有关停止或撤销羁押之各项处分,应以法院裁定行之,此项裁定是否应以合议或独任方式为之,"刑事诉讼法"并未设有限制。只不过因停止或撤销羁押系变更原先法官所为之羁押处分,为求程序之明确,乃要求法院必须以裁定行之而已,绝非谓具保停止羁押或撤销羁押较诸羁押被告为重大所致。

再者,第 279 条之规定乃指审判案件,如属合议案件,则受命法官于准备程序中调查收集证据,受命法官不得为第 121 条有关羁押之裁定,侦查中案件尚未系属法院,自无第 279 条规定之适用。是以,纵使对侦查中检察官申请羁押之案件,系由法官 3 人合议裁定,并不当然表示法官所为具保停止羁押之裁定,亦应以合议行之。上揭台湾地区"最高法院"2000 年台上字第 1877 号刑事裁判所示之情形,与侦查中羁押处分之变更,尚有不同,不能相提并论。

更何况,依第 107 条第 4 项规定:"侦查中经检察官声请撤销羁押者,法院应撤销羁押,检察官得于声请时先行释放被告。"明定检察官有先行释放权及其申请具有强制撤销之效果。其立法理由谓:"在侦查中检察官认羁押原因消灭时,如尚须先声请法院撤销羁押后始得释放被告,将延

---

① 参见台湾地区高等法院暨所属法院 2001 年法律座谈会提案讨论结果,多数意见认为,依法应以合议庭行之之裁定,法官误以独任裁定之,该裁定不生效力;唯存在之裁定,仍应经撤销后始失效。

缓被告被释放之时间,对被告至为不利。"①故为了使在押中之被告于羁押原因消灭时,得不待法院之撤销决定,即能通过检察官申请撤销羁押之同时,先行获得释放,有利于其人身自由之早期开释。如是,不论系独任或合议之羁押裁定,尚且赋予检察官撤销羁押之申请具有使法院原羁押裁定失效之强制效果,同属恢复被告人身自由之救济机制的停止羁押,如果反而严格解释不能由独任法官裁定具保停止羁押,显然有失均衡。

本件颜某声押案,法院于决定羁押处分时,为使剥夺人身自由之决定过程能力求慎重,故以法官 3 人合议审查。相对的,具保停止羁押,乃恢复羁押被告人身自由之处分,法官如有充分事证认得以具保代替羁押,亦可防止被告逃亡者,则由法官 1 人独任作成具保停止羁押之裁定,自符合"宪法"第 8 条第 1 项保障人身自由之精神。试想,对于病患之治疗,医院为求慎重,组成 3 人医疗团进行手术后,决定是否可以拆线出院,难道非要由 3 名医师会诊决定?

故本件问题的核心应在于实质上,羁押中之颜某有无具备停止羁押之事由,而非拘泥于是由法官 1 人独任或 3 人合议的组织上的形式问题。

二、拘提逮捕合法性之审查

针对案例 2 之罗案裁定之争点评论如下:

(一)拘提逮捕前置原则

1. 拘提逮捕前置原则与羁押审查

依"刑事诉讼法"第 229 条第 3 项规定,"被告或被告未经拘提或逮捕者,不得解送"。侦查中经检察官讯问后,认有羁押之必要者,应自拘提或逮捕之时起 24 小时内,叙明羁押之理由,申请该管法院羁押之(第 93 条第 2 项)。侦查中,检察官向法院申请羁押被告,应以先经拘提或逮捕为其前提要件,一般称此为"拘提逮捕前置原则"。实行此项原则,主要是基于"宪法"第 8 条第 2 项"人民因犯罪嫌疑被逮捕拘禁时,其逮捕拘禁机关应……至迟于二十四小时内移送该管法院审问"之规定的直接要求。同时,关于人身自由的拘束,设定拘提逮捕前置原则,区分两个阶段分别审查有无拘提及羁押之要件,可避免一开始即施以长达两个月的羁押处分,有助于人身自由之保障。惟由于目前侦查中检察官仍有拘提及逮捕之强制处分决定权,故形式上虽区分为两个阶段审查,不过实际上,真正的司法审查却只有第二个阶段法官所为之羁押讯问而已。

本文在此暂不检讨现行侦查中检察官拥有拘提逮捕决定权之正当性,而要思考的是在现行"刑事诉讼法"下,纵使侦查主体之检察官拥有径行决定拘提逮捕之权限,不受法院事前之审查,然而在解释上,法院得否借由之后的羁押审查程序溯及的检验检察官先行拘提逮捕的合法性,先行之拘提逮捕如构成违法,是否使检察官羁押之申请失其效力,而不待判断有无羁押要件,法官即应驳回其申请?

罗案中之原审裁定曾指出:"法院在决定应否对被告实施羁押时,首要决定及审查者乃究竟对于被告之逮捕或拘提是否合法,如不合法,法院即不得为羁押之准许,因为基于人权之保障,拘提、逮捕前置主义系与被告、被告之利益为直接之结合,而非仅止于将拘提、逮捕与羁押间关系视之为技术性之原则而已;盖若非以此角度为之理解,将有悖于'宪法'层次所强调之'正当法律程序'。"②此项看法,相当值得肯定。确立拘提逮捕前置原则,并使拘提逮捕之合法性列入羁押审查的范围,对于拘束人身自由程序正当性的维护,具有重要意义。

盖"宪法"第 8 条明定限期移送法院审问之制度,其目的不仅在确认羁押处分之决定必须经

---

① 参见《"立法院"公报》1986 年第 86 卷第 52 期(上),第 113 页以下。
② 参见台北地院 1991 年声羁字第 24 号裁定;罗案之高院裁定,基本上亦支持此项看法。

法院践行讯问被告之程序实施审查,同时亦要求法院应审查侦查机关先前所为之拘提或逮捕有无违法;如果对于侦查中检察官申请羁押案件,法官仅能审查有无继续拘束被告人身自由之必要,而任由先前拘捕程序之违法于不顾,将使"宪法"第 8 条人身自由保障产生阶段性的漏洞。是以,所谓之拘提逮捕前置原则,不仅形式上要求侦查中羁押之申请,应以经拘提或逮捕为前提,更内含着实质的效果——非依法定程序所为之拘提逮捕下之羁押申请,亦欠缺适法性;先行拘提逮捕的违法,不仅无法通过申请羁押程序获得治愈,反而应通过声押程序的审查予以纠正。在此意义下,纵使现行"刑事诉讼法"并未赋予法官有"事前"审查检察官拘提逮捕处分合法性之权限,但于检察官申请羁押之程序中,由法官就拘提逮捕的合法性作"事后"的监督,始符合"宪法"第 8 条维护人身自由之最低限度的要求。这是法官的职权,也是其作为人权守护者的义务。

更何况,现行"刑事诉讼法"对于侦查机关违法之拘提或逮捕并未设有得声明不服之救济管道,在无事前审查又欠缺事后救济的放任状态下,如果法官再不能于羁押审查程序中介入判断拘提逮捕是否合法,将造成侦查机关权力的独断滥用,置已侵害之人身自由于无从迅速救济的状态。因此,为了符合"宪法"保障之限期移送司法审查制度之精神,确保"法定程序"之忠实执行,法院在决定是否羁押被告之际,应先行审查拘提、逮捕是否适法,而不得仅就羁押之本身是否合乎法律之规定为判断。职是之故,法院于羁押审查时,首先应审查本案声押案件是否先经拘提或逮捕,亦即形式上有无违反拘提逮捕前置原则,未经拘提或逮捕之被告,检察官径将其解送至法院申请羁押者,应认申请不合法而予以驳回;倘形式上系经拘提或逮捕,则应进一步审酌其拘提逮捕是否合于法定要件,审查结果,法院如认检察官羁押之申请未经合法之拘提或逮捕者,应驳回其申请并径将被非法拘提逮捕之人释放。

另外,于羁押审查时,关于拘提逮捕前置原则的适用,下述两个论点值得检讨:其一,羁押之效力,以人或以案件为单位判断较为适当,例如,对于同一被告,得否以不同案件,施以双重的羁押? 其二,对于同一案件,羁押以一次为原则,有无例外?

2. 拘提逮捕前置原则与案件单位原则

同一被告犯实质数罪,各罪之羁押原因同时竞合存在时,对同一被告得否施以二重以上之羁押,台湾地区相关论述并不多见。依目前实务运作,对于同一被告之数案如合并侦查、合并审判者,均以一份押票同时为数案之羁押,于押票上并引数案之数个羁押原因及案号,故实际上等同于容许对同一被告为双重羁押。此种数案合并侦查、同时申请羁押之情形,对被告人身自由,并无额外之不利益;且因未决羁押日数折抵刑期,系折抵各罪之执行刑或并执行之刑,而非折抵各罪之宣告刑期,与案件之数目无关。是以,此种同时合并侦查、合并审判之情形,是否容许对同一被告施以双重羁押,事实上并无讨论之实益。①

问题发生在对同一被告之数案,分别侦查、分别审判之情形。以侦查程序为例,倘同一被告之数案中,已有实际执行拘提或逮捕之特定案件经审查而准予羁押者,其余各案之侦查如有讯问该羁押被告之必要,目前实务运作,一般系以借提讯问之方式进行,无须就同一被告之他案为双重之羁押。② 惟遇有原羁押期间已将届满,或预期原羁押处分即将撤销之情形,就察觉在后之同一被告的他案,如认有羁押之要件者,得否在原羁押处分仍未失其效力之前,对同一被告施以双重羁押? 不仅在学理上值得检讨,对审检实务诉讼程序之进行而言,亦有重要的实益。

---

① 参见柯庆贤:《对人强制处分》,载台湾地区"最高法院":《"刑事诉讼起诉状一本主义及配套制度"法条化研究报告》(下),2001 年版,第 114 页以下。

② 同上注。

参酌日本学说及判例见解,关于羁押之效力,应以何种基准判断,分别有"被告单位说""程序单位说"以及"案件单位说"的看法。①

以被告之人为单位的想法,其所持的理由有二:一是羁押乃剥夺被告人身自由之处分,对于羁押中之被告再核发押票拘束同一被告之人身自由,无异于对同一被告同时施以两个人身自由的剥夺,不切实际。二是重复羁押违反诉讼行为一次性的原则,将造成被告人身自由之拘束流于长期化的危险。再者,"程序单位说"则主张羁押之效力,除押票所记载之犯罪事实外,亦及于申请羁押当时侦查机关已察觉之其他犯罪事实。此说之出发点,基本上与"被告单位说"相同,均在避免以案件为单位审查羁押所可能造成羁押长期化的问题。遂强调侦查机关负有利用一次之拘束人身自由程序,同时侦查同一被告可能涉及且有侦查可能的所有案件的义务。是以侦查机关已察觉之其他犯罪事实,如因本案之羁押而获得防止被告湮灭证据或逃亡之担保者,此类其他犯罪事实亦在本案羁押效力所及之范围,对于这些案件,法院不得再核发押票重复羁押被告。

相对的,"案件单位说"认为,羁押被告与否,应以犯罪事实为单位,为个别审查,如此方符合令状原则之严格要求,同一被告之两个犯罪事实,经令状审查而个别决定是否核发押票本属当然,且既然是分属两个案件,依两个程序个别审查,并无违反诉讼行为一次性原则的问题。再者,基于拘提逮捕前置原则,构成羁押基础之事实与先行之拘提或逮捕事由应具同一性,以案件为单位,较符合拘提逮捕前置原则所要求的是项意旨。况且,同一被告如因甲罪受羁押中,检察官另依乙罪申请羁押者,法院自然必须斟酌羁押中之被告,就乙罪而言是否仍有羁押之原因及必要存在,由于此种情形,一般而言,关于乙罪,甚难想象羁押中之被告会有逃亡或湮灭证据之虞,故同一被告之人身自由受双重羁押之情形,实际上应属罕见。是以,采案件单位说,并不当然造成羁押期间不当的长期化。

比较上述诸说,以人或程序为单位的见解,乍看之下似乎较有利于对被告人身自由的维护,然而在此两项见解下,被告究竟系因哪一项犯罪事实的何种羁押原因及必要性而受羁押,易流于模糊不清,法院可能以潜在的他案作为羁押的根据,却难以在事后客观的检验下而使其无从救济,其结果将导致令状原则的严格性受到破坏,反而不利于被告。② 反观"刑事诉讼法"第 108 条第 1 项所谓"羁押被告,侦查中不得逾二月"之规定,如果解释为以被告之人为单位,则遇有侦查中之被告因某罪羁押期间已满未经起诉而获得释放后(第 108 条第 7 项),又另犯他案且有羁押必要之情形,将无法就此项新的犯罪事实羁押被告,并不合理。是以,第 108 条第 1 项之规定,应指就同一案件羁押被告之期间,侦查中不得逾两个月而言,并不是采取"被告单位说"的想法。另一方面,法院审查之对象,应以经申请羁押之犯罪事实为基础,其他未经检察官主张之犯罪事实自不在司法审查的范围,要求法院于羁押审查时,一并检视侦查机关对其他犯罪事实有无同时侦查的可能性,不仅判断资料不足,亦难免引发法院过度积极介入侦查的疑虑,故"程序单位说"亦难谓妥适。③

笔者认为,从"刑事诉讼法"第 101 条第 1 项所谓"犯罪嫌疑重大"、第 101 条之 1 第 1 项所谓"有反复实施同一犯罪之虞"以及第 102 条第 2 项规定押票应记载"案由及触犯之法条"等文理解释,关于羁押效力,应认系以案件为单位;基于令状原则及拘提逮捕前置原则的要求,侦查中之羁

---

① 以下说明,参见〔日〕三井诚:《刑事程序法》(1),1993 年版,第 29 页以下;安富洁:《演习讲义刑事诉讼法》,2001 年版,第 49 页以下。

② 参见〔日〕三井诚:《刑事程序法》(1),1993 年版,第 29 页以下;安富洁:《演习讲义刑事诉讼法》,2001 年版,第 29 页以下。

③ 同上注。

押审查,应以检察官申请书所主张之犯罪事实为对象,有无羁押原因,端视被告就其个别之犯罪事实,有无妨害司法权公正行使之情形具体判断;法院核发押票所为羁押处分之效力,应仅及于押票所记载之犯罪事实,职是之故,以采"案件单位说"为适当。①

而在案件单位之原则下,关于羁押之审查,应留意下述几点情形:

其一,倘检察官以同一被告犯实质数罪为由,一并申请羁押者,法院应针对各个犯罪事实具体审查是否具备羁押要件,如认为有羁押原因及必要者,应个别明示其羁押理由,而不应笼统以被告因犯某某数罪,有逃亡或湮灭证据之虞且有羁押必要,而包括的予以羁押。审查结果,果真有两罪以上竞合存在羁押之原因及必要者,得以同一押票分别记载其羁押之要件,此种对同一被告同时为双重羁押之情形,依第 108 条第 1 项但书规定,其羁押期间除有继续延长之必要者外,侦查中仍不得逾两个月,并无期间累加计算的余地。亦即,此种情形,采案件单位说或以人为单位之见解,对于被告人身自由之拘束,结果并无差异。

其二,如检察官仅先以甲案依法拘提被告,惟于拘提后 24 小时内,以被告涉及甲案及乙案实质两罪申请羁押者,此种情形,由于被告已因甲案经合法拘提,之后合并乙案同时申请羁押,前述第一种情形处理,对被告人身自由并无实质不利益;且由拥有拘提处分决定权之检察官另就乙案部分,形式上再重复拘提或逮捕被告,亦无实益,是以检察官连同乙案申请羁押之部分,应认并不违反拘提逮捕前置原则。重点在于,同一被告之甲、乙二案是否分别具备羁押要件,应由法院慎重审查。

其三,检察官先以被告之甲案拘提被告后,却未以甲案申请羁押,而仅另以同一被告之乙案声押之情形,其羁押申请是否合法?此种情形,如以被告之人为单位思考,先前以甲案拘提被告倘属合法,则检察官之后另以他案申请羁押,似无不可。然而,以案件单位原则检视此种情形,不难发现,检察官骑驴找马,以甲案拘提之名,行侦查乙案之实,不仅有违程序明确性原则,如果乙案当时实际上尚不具备拘提之要件,而检察官竟利用甲案之拘提作为乙案之侦查,此时就乙案而言,更属未经合法拘提被告下之侦查②,应认为乙案之申请羁押违反拘提逮捕前置原则。是以,为免被告人身自由遭受无正当理由之拘束,并维护程序之明确性,检察官以被告之甲案拘提,却以乙案声押之情形,应认乙案乃未经拘提逮捕下之申请羁押,其申请不合法。③

其四,对于羁押中之被告,如检察官以该被告另犯他案为由申请羁押者,依据案件单位原则,法院自应就此他案事实,审查有无具备羁押要件。此时应注意的是,人身自由受拘束中之被告就他案事实,一般而言,难以想象会有逃亡或湮灭证据之虞,故法院应认他案并无羁押被告之原因而驳回申请。惟预期原羁押处分即将撤销,或羁押期间已将届满之情形,如被告他案之犯罪事实经法院审查结果,认具备羁押之要件者,得在原羁押处分仍然有效的状态下,另行针对他案核发押票。④ 或许采取此种处理原则,有人会提出质疑谓,对于原本可同时侦查一并申请羁押之同一

---

① 案件单位说,乃日本之通说及判例见解。参见〔日〕藤永幸治等编:《大コンメンタール刑事诉讼法》(第三卷),1996 年版,第 351 页。

② 例如,检察官以赌博罪嫌核发拘票拘提被告后,却仅针对恐吓取财侦办被告并进而申请羁押之情形,一般称此为"他案逮捕(拘提)";又,检察官如以恐吓取财罪申请羁押获准后,却利用此项押期间专对被告可能涉及他案之杀人罪嫌部分侦查者,一般称为"他案羁押"。有关他案逮捕、他案羁押之适法性,问题较为复杂,将另外撰文检讨。

③ 日本之通说及判例采此项见解,参见〔日〕藤永幸治等编:《大コンメンタール刑事诉讼法》(第三卷),1996 年版,第 351 页。

④ 参见〔日〕三井诚:《刑事程序法》(1),1993 年版,第 29 页以下;安富洁:《演习讲义刑事诉讼法》,2001 年版,第 30 页。

被告之实质数罪，倘有恶意的检察官试图以羁押为手段迫使被告自白者，有可能将实质数罪分割为一件一件，在某一案件羁押期间即将届满前，再提出他案申请羁押。如是，将造成同一被告的反复羁押，羁押期间不当长期化的流弊。然而，对于此种有同时侦查之可能却不当反复拘提、逮捕而申请羁押之情形，应认构成拘提或逮捕之滥用，其申请羁押不合法而予以驳回；关于羁押处分之效力，仍应以案件单位为原则，不宜迁就可能衍生反复申请羁押的个案流弊，而竟全盘舍弃令状审查的严格性。

3. 一罪一羁押原则

所谓一罪一羁押原则，系指对于同一被告之同一犯罪事实，不得为两次以上羁押。此项原则，属案件单位原则的内造要求，包括对于同一被告之同一犯罪事实，不得"同时"为两个以上剥夺人身自由之处分，以及对于被告同一事实之剥夺人身自由，纵使时点不同，亦仅以一次为限。前者乃着眼于横向关系，称为"禁止重复羁押原则"；后者，由程序进行的纵向观察，称为"禁止再行羁押原则"。①

依"刑事诉讼法"第108条第1项之规定，羁押期间，侦查中不得逾两个月，审判中不得逾3个月。由此项规定可见，对同一被告之同一犯罪事实，如容许两次以上之羁押，将造成羁押的不当反复，第108条第1项所定有关羁押期间的限制，将失其意义。是以，一个犯罪，羁押以一次为原则。再者，此之所谓同一犯罪事实，应以实体法上之一罪关系来界定，盖一个刑罚权应以一次之程序终结之，此项程序一次性原则的要求，应从审判阶段贯彻至侦查阶段，使刑事程序之进行具有整合性。故以实体法上之一罪关系作为界定羁押之次数单位，基准明确且一致。②

一罪一羁押原则在适用上，较有争议的是有关再执行羁押的问题，可分成两种情形说明：其一，羁押被告，经具保停止羁押，发现交保中之被告再犯与本案羁押具有实体法上一罪关系之其他犯罪事实者。例如，诈欺常业犯，交保中再犯具常业犯关系之诈欺事实，此时就该诈欺事实，如认有羁押之必要，应如何处理？其二，侦查中，羁押被告遇有撤销羁押之情形，包括羁押原因消灭（第107条第1项）、羁押期间已满未经起诉（第108条第7项）或羁押被告受不起诉处分者（第259条第1项），于撤销羁押后，因发现本案之新证据，被告嫌疑复活或被告有逃亡、湮灭证据之虞等情事，依其犯罪情节，认有再行实施侦查而拘束被告人身自由之必要者，得否就该同一犯罪事实拘提或逮捕被告后，再行申请羁押？

关于第一种情形，交保中之被告再犯与本案具有一罪关系之犯罪事实，纵使实际上并非本案原羁押处分时可同时侦查处理的范围，惟因与本案具有实体法上之一罪关系，故如有羁押之必要，自不得以他案另行重新羁押，而应依第117条第1项第3款之规定，认为有本案新发生第101条第1项或第101条之1第1项各款所定情形，将具保撤销，命再执行羁押，依第117条第3项规定，其再执行羁押之期间，应与原已执行之羁押期间合并计算。③

较有争议的是第二种情形，撤销羁押后，得否再行羁押之问题。实务见解曾指出："刑事案件

---

① 参见〔日〕三井诚：《刑事程序法》（1），1993年版，第29页以下；安富洁：《演习讲义刑事诉讼法》，2001年版，第30页。

② 参见〔日〕安富洁：《演习讲义刑事诉讼法》，2001年版，第51页。关于"一罪"之基准，除了实体法一罪说外，日本学说另有"个别事实基准说"及"例外容许说"的见解，其中之例外容许说，仍以实体法上一罪说为原则。

③ 具保停止羁押中，始发现被告于原羁押处分前，曾另犯与本案有实体法上一罪关系之其他犯罪事实者，如认有羁押之必要，亦仅能依第117条再执行羁押之规定处理。

经侦查终结为不起诉处分，因声请再议而发回续行侦查，其羁押日数，应另行起算。"①似认为同一被告之同一犯罪事实，经撤销羁押者，如有续行侦查之必要，仍得再行羁押，其羁押期间另行起算。然而，此项实务见解并不允当。折中说的看法评述谓，申请再议之发回侦查，乃因检察官本身之未能尽责，如一再发回，亦谓其羁押期间应另行起算，致不能贯彻侦查中之羁押原则不得逾两个月之规定，殊有违保护被告利益之本旨。再就检察一体而言，所谓发回续行侦查，为前不起诉处分检察官侦查之连续，故如容许羁押，其期间应并入先前已经过之羁押期间计算。②

其实，上述实务见解与折中说，对于依第259条第1项受不起诉处分而视为撤销羁押，释放被告后，遇有申请再议发回侦查之情形，基本上均同意得再行羁押，所不同者，乃实务见解认为，斯时之再羁押，为一独立之新的羁押，其期间应另行重新起算；折中说则主张此项再度的羁押，其羁押期间应与之前已经过之羁押期间合并计算。对此，笔者以为，问题的关键还在于撤销羁押后，就同一被告之同一犯罪是否容许再羁押？

如前所述，对同一案件倘容许于撤销羁押后，仍得反复羁押被告，将使第108条第1项限制羁押期间之规定，失去规范作用，造成被告被不当长期羁押；况且对于因已无羁押原因或受不起诉处分而撤销羁押之案件，倘容许就同一案件再行羁押被告，并不合于依正当程序维护人身自由的精神。是以，真正贯彻上述折中说的论据，应导出——申请再议之发回侦查后，原则上已不得再就同一案件羁押被告——的结论。此时，纵使发现新证据，被告嫌疑复活且有逃亡或湮灭证据之具体事实，而有羁押之必要者，亦仅能先于拘提或逮捕后，径行提起公诉的同时，将被告移送法院，促请法院发动职权决定审判中之羁押，以资因应。除非被告嫌疑复活且有逃亡或湮灭证据之虞之案件，犯罪情节重大，且先前之撤销羁押可归责于被告妨害司法作用之情形，始例外地容许于侦查中对同一案件被告再行羁押，且其羁押期间应与之前已经过之羁押期间合并计算。

（二）拘提逮捕要件之审查

侦查中羁押之申请，既以经合法之拘提或逮捕为前提，则法官于审查声押案件时，自应先就拘提逮捕之程序要件及实质要件进行审查。案例2之罗案裁定中，关于程序要件的判断，曾发生高检署检察官签发拘票侦办事务管辖属于地检署的刑事案件，其拘提程序是否合法的争议；至实质要件，检察官与原审之间对于法官得否介入"刑事诉讼法"第76条所列各款拘提必要性之审查，亦是看法两极。

1. 程序要件

关于地检署事物管辖范围内之诈欺等案件得否由高检署检察官签发拘票侦办的问题，部分论者及检察实务认为，起诉案件必须按照事先的、抽象的法律条文明确规范，以决定法院之管辖，其用意在于防范外力借由操纵何人审判的方式来左右审判结果。至于检察官的侦查行为，如果不是向法院为之者，例如，讯问被告、勘验现场、签发拘票或监听票等，则与法院管辖的限制无关。依"刑事诉讼法"第12条规定，诉讼程序不因法院无管辖权而失其效力，在严格受到法定法官原则支配的法院，已是如此，侦查中纵使检察官拘提被告不符管辖规定，更不影响其拘提效力。③

惟上述见解之论述，有欠允当。笔者认为，侦查中实施侦查仍应有管辖之问题，无管辖权而侦办案件，如无正当理由，视情形仍会影响其侦查之适法性。盖依"法院组织法"第58条之规定，各级法院及分院各配置检察署；同法第62条规定："检察官于其所属检察署配置之法院管辖区域

---

① 1933年院字第942号解释。
② 同此见解者，参见褚剑鸿：《刑事诉讼法论》（上册），1996年版，第183页。
③ 参见林钰雄：《法律经常遇到"平民"而转弯？》，载《中国时报论坛》1991年2月5日；参见高检署：《拘提罗，无管辖权问题》，载《联合报》1991年2月4日，第13版。

内执行职务,但遇有紧急情形时,不在此限。"又"刑事诉讼法"第 250 条规定:"检察官知有犯罪嫌疑而不属其管辖或于开始侦查后,认为案件不属其管辖者,应即分别通知或移送该管检察官,但有急迫情形时,应为必要之处分。"可见,不仅在组织法上,检察官执行职务受管辖区域之限制;在程序法上,侦查中案件不属其管辖者,原则上应即分别通知或移送该管检察官。于侦查阶段,检察官的侦查行为,如签发拘票拘提被告,即使不是向法院为之,亦受管辖原理的拘束。

而之所以要求侦查阶段亦应有管辖之限制,其实质理由不仅在于使侦查组织权责分明,防止外力介入操纵,更重要的目的乃管辖区域之界定,关系被告接受调查行使防御的权益,"刑事诉讼法"第 5 条之土地管辖采原告就被告之原则,即是基于保障被告接受裁判之诉讼权益的精神而来。例如,倘容许无管辖权之台北地检署检察官径行签发拘票,将高雄地检署管辖范围之被告拘提至台北侦办,其结果就是被告对外的接见通信、请求调查有利于己证据等防御权益受到地域的妨碍。因此,如无应为必要处分之急迫情形,自不容许台北地检署检察官"越区","飞象过河"地拘提非属其管辖案件之被告。相对的,违反"刑事诉讼法"第四条事物管辖之情形,倘发生于审判中,例如,台湾地区高等法院径行审理不具其第一审管辖权之诈欺案件,因侵及被告接受事实审理之审级,利益重大,如经上诉,应依第 400 条之规定,撤销原判决而将该案件发交有管辖权之第一审法院审理;如发生于侦查中,例如,台中高分院检察署侦查原属台中地检署管辖之诈欺案件,固属违反事务管辖之越级侦查,惟其实施侦查仍处台中区域范围内,一般而言,对于被告接见、通信等防御权益的行使,比起上述违反土地管辖越区侦查之情形,显较无实质妨害。

再者,所谓"诉讼程序不因法院无管辖权而失其效力",乃为避免诉讼程序的重复及重起程序反而可能导致不合理之结果,或有害于真实之发现,故设本条规定,纵使法院不具土地管辖或事务管辖已为之诉讼程序,其诉讼程序并不因管辖错误之理由而失其效力。① 惟毋庸失其效力之诉讼程序,并非漫无限制,一般系以形成实体的诉讼行为,例如,法院所为之审判笔录、讯问证人或勘验笔录等之证据能力,不失其效力;至于形成程序的诉讼行为,原则上仍应重新行之。② 亦即,实体真实固属重要,程序原理尤应尊重,法律条文虽谓诉讼程序不因法院无管辖权而失其效力,仅止并不"当然"失其效力,违反管辖程序原理之规范目的情节严重者,仍有致使该无管辖权所为之诉讼程序不合法,且该诉讼行为不发生诉讼法上效果之余地。

职是之故,检察官实施侦查,如无"法院组织法"第 62 条所定之"紧急情形"或"刑事诉讼法"第 250 条所定之"急迫情形",自不得于管辖区域外行使职务,否则其侵害人民自由权利之程序处分,应认为不合法,而失其效力。解释上,此之"紧急情形"或"急迫情形",应指被告有逃亡、湮灭证据或串证之虞,而有立即保全证据之必要,因具有优越于管辖程序保障之发现真实的利益,故检察官纵使对该案件不具管辖权,亦得越区或越级为适当之处分。惟于急速处分后,应尽速将该案件移送于该管检察官,以使因无管辖权下所为之被告诉讼权益的干涉抑止于最低限度。

案例 2 之高院"罗案裁定",主要基于下述两项理由,认为本案高检署检察官侦办被告罗某所涉诈欺等案件,于法并无不合:其一,本案虽非台湾地区高等法院"检察署"检察官所管辖之第一审案件,惟因有急迫情形存在,而签发拘票将被告拘提到案,已具备该条所称"急迫情形"之要件。其二,基于"检察一体",本案台湾地区高等法院"检察署检察长"若亲自处理其所指挥监督之台北地方法院检察署检察官所承办之案件,或命令台北地检署检察官将所承办之案件移转给同署

---

① 《日本刑事诉讼法》第 13 条规定,诉讼程序不因管辖错误之理由,即失其效力。参见〔日〕藤永幸治等编:《大コンメンタール刑事诉讼法》(第一卷),1995 年版,第 160 页以下。

② 同上书,第 162 页。

其他检察官或高检署检察官承办，自不受事务管辖之限制。

本案实际上是否具急迫情形，非本文所能置喙，惟应留意的是，本案属于不具事务管辖权之越级侦查之情形，实施侦查拘束被告人身自由之地点与犯罪地既属同在台北地区，显与"飞象过河"越区管辖之情形不同，本案之越级管辖实质上对侦查中被告防御权之行使影响不大，是以，有无急迫情形存在，可容许采取较宽松的认定。至于以检察一体原则作为本案越级侦查之正当化事由，则尚待斟酌，因为检察一体原则之适用，以有事实足认检察官执行职务违背法令，显有不当或有偏颇之虞，或为求法律适用之妥适或统一追诉标准，认有必要时，上级检察机关之"检察总长"或检察长始得亲自处理其所指挥监督之检察官之事务，并得将该事务移转于所指挥监督之其他检察官处理。就本案而言，是否具有上述得容许高检署检察长通过检察一体，将罗某涉嫌诈欺等案件收取或移转由高检署自行侦办之事由，似不明确。要之，本案仍应以有无急迫情形，作为检验越级管辖实施拘提之程序是否合法的根据。

2. 实体要件之审查

案例 2 之罗案裁定中的另一个值得检讨的争点是，法院于审查羁押之前提要件——"拘提逮捕前置主义"时，除了对于被告是否具备"刑事诉讼法"第 76 条所定犯罪嫌疑重大，进行合法性之审查外，是否亦得一并实质审查有无拘提被告之必要性。亦即，法官得否介入"刑事诉讼法"第 76 条所列各款拘提必要性之合目的性的审查，存在争议。申请本案羁押之检察机关强调，法院仅得形式上审查拘提被告之程序是否完备，而不能进行实质上审查拘提被告之必要性。本案被告罗某究竟应先传唤未到再拘提，或未经传唤即径行拘提，属检察官之权限，非得由法院就有无拘提必要性之实质内涵为审查，否则将严重侵害检察权之行使云云。

原审裁定认为，对于检察官是否合法拘提被告，不仅在形式上审查检察官拘提被告之要件是否充分，同时对检察官于实质上拘提被告有无违背法律之规定，亦应一并审查。对此，台湾地区高等法院之罗案裁定指出，"刑事诉讼法"第 76 条之径行拘提之规定，在案件侦查中，本属检察官之权限，法院于审查羁押要件之"拘提逮捕前置主义"时，对于检察官是否合法拘提被告，仅得"形式上"审查拘提被告之程序是否完备，而不能进行实质上审查拘提被告之必要性，此与法院于审查有无羁押之必要性（实质羁押理由与必要性）尚有不同，盖检察官既有拘提之权利，其应否拘提之实体上判断，要非法官所得过问。

诚然，如本案高院之裁定所见，于现行"刑事诉讼法"下，是否拘提被告之决定，乃检察官之权限，且拘提之目的重在暂时保全证据，调查被告与本案犯罪事实的关系，与羁押乃为确保被告将来到庭，属法院之裁判，两者性质相异。又为避免法院过度介入侦查事项，是以，法院于审查羁押要件之"拘提逮捕前置原则"时，检察官究竟应先传唤被告或径行拘提被告，亦即有无拘提被告之必要性，自应尊重检察官之权限，法院不宜介入审查。然而，以检察官既有拘提之权利，即断言有无拘提之必要性，纯属检察官的自由裁量，要非法官所得过问，此项说词，仍有检讨的余地。

因为侦查机关实施侦查，原则上应先考虑以不违反受侦查人自由意思之方式行之，且应选择侵害人民自由权利最小之途径，以合于正当程序及比例原则的精神；拘提乃拘束人身自由之重大处分，被告如显无逃亡或湮灭证据之虞，自应先行传唤到庭以调查其犯罪情形为妥适，动辄施以拘提，程序难谓正当。① 况且，依第 228 条第 3 项规定，检察官实施侦查非有必要，不得先行传讯被告，可见，仅间接强制性质之传唤，尚且应具传讯必要性之情形，始得为之，两相比较，属直接强制之拘提处分，岂有不论拘提之必要性，而任由检察官自由裁量之理。再者，基于"拘提逮捕前

---

① 关于侦查之基本原则，参见陈运财：《刑事诉讼与正当之法律程序》，1998 年版，第 137 页以下。

置原则",侦查中法官实施羁押审查程序时,应先行判断前提程序之拘提逮捕是否合法,以防止侦查机关权力的独断滥用,并使已受侵害之人身自由得于事后迅速获得救济。此时,倘限制法院仅能就有无相当理由足认被告犯罪嫌疑重大予以审查,却完全不得介入有无拘提必要性之合目的性的审查,则失去制衡的权力,将使人身自由遭受不当而过度的侵害,并不合理。

如是,法官于羁押审查时,得否实质上审查检察官实施拘提之必要性,确属两难问题;法院究竟可否介入、介入审查之程度如何？日本刑事诉讼法的规定,值得参酌。

关于拘提之必要性,是否得由法官介入审查的问题,战后新《日本刑事诉讼法》制定公布时起,即引发争议。第199条第2项仅规定法院依检察官或司法警察官之申请,有相当理由足认犯罪嫌疑人有犯罪之嫌疑者,得核发拘提,虽采令状原则,惟否定说认为,《日本宪法》第33条及第35条实行令状原则之意旨,仅在要求侦查机关行使侦查处分之强制权时,究竟在"法律上"有无该当得行使强制权之要件,应委由第三者之法官判断而已。是以法官所应判断之事项,以所申请事项之合法性为限,不包括其有无合目的性或必要性。相对的,采肯定说者主张,拘提有无具备合法性及必要性由法官审查,始能达到以令状原则收司法抑制的机能,此乃令状原则之本质;且基于弹劾侦查构造的立场,拘票乃具命令状之性质,属法官固有之权限,故法官当可审查侦查机关申请之拘提有无必要性。①

上述争议,在1953年"刑事诉讼法"修正,增订第199条第2项但书规定,"但显认无拘提之必要者,不在此限",争议大致已获平息。多数说认为,令状原则之本质,乃由法官事前审查为司法之抑制或监督,有无拘提必要性,自亦应属法官判断之事项,但书之增订即在体现此项令状原则保障人身自由的精神。然而,由于有无拘提之必要性,于侦查阶段往往具流动性,自不能无视侦查机关侦查权限的独立性,况且,侦查中拘提之要件本应迅速而简洁的审查,如要求法院必须过度介入有无拘提必要性的判断,采严格审查,反而可能有害于司法之公正,故但书中乃加入"显"字一语,强调法院对于侦查机关申请拘提,如有相当理由足以认为嫌疑人有犯罪嫌疑,以无拘提之必要者为限,始得驳回申请,否则应即核发拘提。此项修法,可谓是以上述肯定说为出发点,同时又顾及侦查机关之侦查权限,采取了平衡处理的立场。②

依《日本刑事诉讼规则》第143条之3规定,受理拘票申请之法官,认为有拘提之理由时,如参酌犯罪嫌疑人之年龄、境遇、犯罪之轻重及态样,并其他诸般情事,足认其无逃亡及湮灭证据之虞等显无拘提之必要者,应驳回拘票之申请。法官所应具体审酌之个人情境,包括年龄、职业、经历、家庭状况及交友关系等;犯罪情节包括行为态样、动机、有无计划性、手段方法、结果轻重以及有无共犯等;其他情事则包括前科资料、身体状况、是否自首或保护管束中、有无与被害人达成和解等事项。所谓"显无必要",系指法官根据侦查机关所提供的说明资料观察,即可明确得知无拘提必要之情形者而言,法官核发拘提,并无须达到确信犯罪嫌疑人有拘提必要之程度。因此,审查结果如认为具备犯罪嫌疑重大(拘提之合法性),纵使有无拘提之必要性存有些许怀疑,仍应尊重侦查机关之意见核发拘票。③

由以上日本法之观察,笔者以为,台湾地区法院于审查羁押要件之"拘提逮捕前置原则"时,为贯彻维护人身自由之精神,关于检察官先前所为之拘提有无具备合法性及必要性,应属法官得行审查之对象,惟于台湾地区现行"刑事诉讼法"下,侦查中之拘提乃检察官之权限,有无拘提被

---

① 参见〔日〕藤永幸治等编:《大コンメンタール刑事诉讼法》(第三卷),1996年版,第192页以下。
② 同上书,第194页以下。
③ 参见〔日〕高田卓尔编:《基本法コンメンタール新版刑事诉讼法》,1985年版,第190页以下。

告之必要性，属于侦查独自之事项，法院不宜过度介入，而以尊重检察官之判断为宜。故法院审查结果，如认为具备犯罪嫌疑重大之拘提理由，原则上应肯认检察官拘提之合法性，但依个案情节，显无拘提必要性者，例如，被告已表明愿自动到场说明且显无湮灭证据或串证之虞，检察官竟仍决定拘提之情形，应认其拘提已构成权限之滥用，此时法院自得基于维护人身自由之本旨，以违反"拘提逮捕前置原则"为由，驳回检察官羁押之申请。

3. 拘提后有无限时移送

"宪法"第8条第2项明定侦查机关至迟应于24小时内，将逮捕拘提之人移送法院审问之制度，其目的主要在于使法院能尽速审查侦查机关所为之拘提或逮捕有无违法，使被告人身自由之剥夺能抑制于最低限度，特别是现行"刑事诉讼法"赋予侦查机关之检察官有径行决定拘提逮捕处分之同时，却又对违法拘提或逮捕未设有得声明不服之救济管道。因此此项24小时限期移审之机制，乃"宪法"明示之正当程序所要求之最低必要限度的内容。为了符合"宪法"保障之限期移送司法审查制度之精神，确保"法定程序"之忠实执行，检察官如有逾越24小时之不必要的迟延而申请羁押者，因属直接违反"宪法"保障之重大违法情形，法官应认该项申请不合法，予以驳回。①

三、审查之范围

此处先就罪名变更之问题扼要说明后，再针对案例3有关构成羁押原因之程序事实的变更，作进一步的检讨。

（一）犯罪事实之审查

由于侦查中羁押之裁判，须有检察官之发动申请，法院始得据检察官所送交之侦查资料，审查有无羁押被告之要件，仍维持广义的不告不理、公正、消极主义的诉讼架构。② 是以，侦查中，法院实施羁押审查之犯罪嫌疑范围，自应受检察官申请之嫌疑事实所拘束，亦即，除非在同一案件之范围内，否则法院决定羁押处分所认定之罪名及适用法条，不得异于检察官所主张适用者，例如，与申请羁押之案件不具有实质一罪、裁判上一罪或包括一罪关系之其他案件，自不在法院审查之范围；或检察官以窃盗罪嫌疑申请羁押被告，法院不得只逾越此项事实之主张，认定被告杀人未遂罪而予以羁押，自不待言。③

问题是所谓同一案件之范围如何界定？关于此项问题，与审判中法院为有罪判决适用"刑事诉讼法"第300条之情形相同，实务上倾向于以基本社会事实同一说，作为容许变更法条之界限。④ 惟侦查中证据仍具流动性，且法院应严守不得介入侦查之际，故是否合于同一案件之判断，应益行慎重。笔者以为，基本上除了社会事实应属同一之外，应进一步考虑申请羁押所指构成犯罪之事实，与法院所认定构成羁押之犯罪要件的事实是否具有相当程度的共同性？如果用来证明新事实之证据与证明原先申请羁押事实之证据相较，已有重大变化或实质差异，此时，两者间构成要件之基本事实即非共同，应认非属同一案件。换言之，侦查中之羁押审查，应以使用证据是否同一为断，如法院已逾越检察官提出证据之范围，而自行收集调查之证据，显已过度介入侦查，应认为法院违反不告不理之精神及裁判公正，其羁押处分不适法。

应注意的是，法院实施羁押审查，于同一案件之范围内，如认有变更罪名而决定羁押之情形，

---

① 驳回羁押之申请者，应即释放被告，且侦查机关就同一案件，原则上即不得再行拘提或逮捕该被告。
② 参见陈运财：《新修正羁押制度之检讨》，载《刑事诉讼与正当之法律程序》，1998年版，第282页。
③ 参见林辉煌：《谈侦查中羁押之审查》（中），载《司法周刊》2002年第1091期。
④ 同上注。

于程序上应尽可能通知检察官到场,使其有陈述意见之机会,并由检察官申请变更罪名或法条的方式行之;且依第95条规定之意旨,就罪名变更一事,法院应再行告知并赋予被告及辩护人辩明之机会。附带一提的是,由于侦查具有流动性,且侦查终结及公诉之行使乃专属检察官之职权,故于羁押被告后,检察官实施侦查之结果,于同一案件之范围内,仍不受原羁押罪名之拘束,例如,法院以背信签发押票,检察官仍得依其法律见解,改依业务侵占提起公诉。①

(二) 羁押原因之变更

关于第三个案件的争议焦点,部分论者及实务见解认为,法院应受检察官申请羁押原因所拘束,第101条第1项各款间之羁押原因,不得变动。② 其所凭之主要理由在于,法官如自行变更羁押原因径予裁定羁押,即属对于未受请求之事项予以裁判,容有诉外裁判之违法。依此见解,法官审查羁押要件时,如认为检察官所主张之羁押原因并不存在,纵使法院认仍有其他羁押原因存在,而检察官并未主张者,亦应驳回检察官之申请,不得命羁押被告。

然而,上述论述,显然过度夸大了不告不理的适用范围,欠缺说服力。笔者认为,在理论及政策考虑上,法院只要在同一案件的范围内,应可变更第101条第1项各款间之羁押原因。理由如下:

第一,第101条第1项之规定,"被告经法官讯问后,认为犯罪嫌疑重大,而有左列情形之一,非予以羁押,显难进行追诉、审判或执行者,得羁押之"。由此项条文之文义可见,侦查中经检察官申请羁押之案件,有无第101条第1项各款之羁押原因,属法院得依职权判断之事项,自不受检察官申请理由所主张之羁押原因拘束。纵使检察官于申请书中仅主张被告有串证之虞,法院仍得依职权审查被告是否会逃亡而无法于将来审判中到庭。③

第二,所谓不告不理原则,依"刑事诉讼法"第268条规定,系指法院不得就未经起诉之犯罪审判而言。侦查中之羁押审查,法院只要就检察官所申请羁押之犯罪事实范围内,审查有无羁押之必要,应即合于无诉即无裁判的精神,并毋庸要求连第101条第1项各款之羁押原因亦应受检察官之主张所拘束。更何况审判中,法院依第300条为有罪判决时,得就起诉之犯罪事实,变更检察官所引应适用之法条,尚且不违反不告不理原则;侦查中,法院审查检察官声押案件,于同一案件之范围内,如果仅仅变更第101条第1项各款间之羁押原因,却反而认为其违反不告不理原则,两相比较,岂不有失均衡。

第三,不告不理原则的目的,在于避免被告受到法院突袭性的裁判,维护被告程序上的防御权益。依第95条规定之意旨,法院于讯问被告前,自应先将检察官申请羁押案件之犯罪嫌疑、罪名及羁押原因告知被告;讯问被告程序中,羁押原因如有变更,应再告知,使被告有充分行使辩明及防御之机会。审查结果,如决定羁押被告,法院应依第101条第3项之规定,将羁押原因所依据之事实告知被告及其辩护人,并记载于笔录。通过上述程序上的保障机制,即可避免被告受到法院羁押审查之突袭性攻击。要之,法院只要在检察官申请羁押之同一案件范围内审查有无羁押之原因,且践行程序上之告知义务,在此前提下,使被告就第101条第1项各款之羁押原因进行防御,并不生所谓突袭性裁判之问题。

第四,最重要的政策理由是,认为法院必须受检察官主张之羁押原因拘束的见解,反将造成

---

① 参见林辉煌:《谈侦查中羁押之审查》(中),载《司法周刊》2002年第1091期。
② 参见"司法院":《司法业务研究会之研究意见》第36期;柯庆贤:《对人强制处分》,载"最高法院"学术研究会丛书"(七),第104页;张丽卿:《羁押审查的决定与救济》,载《月旦法学杂志》2001年第72期,第177页。
③ 同此看法者,参见林钰雄:《刑事诉讼法》(上册),2001年版,第311页。

被告之同一案件可能遭受两次以上的申请羁押,致过度侵害其人身自由。具体言之,检察官以有湮灭证据或串证之虞声押之案件,法院审查结果认无湮灭证据或串证之虞,却有逃亡之虞者,如仍坚持法院不得变更羁押之原因而必须驳回检察官之申请者,势必造成检察官另行拘提或逮捕被告后,再度向法院申请羁押,反而不利于被告人身自由的保障。是以,此种情形,容许法院得不受检察官申请羁押原因之拘束,而在告知被告羁押原因变更且使其有辩明之机会后,决定有无羁押被告之必要,可避免被告人身自由受到重复不必要的拘束。

基于上述理由,解释上于申请羁押之同一案件范围内,法院认定第101条第1项各款所列之羁押原因,固然不受检察官主张之拘束,惟从羁押之目的与羁押审查之方式观之,法院变更检察官主张之羁押原因,仍应有其界限。下述几种情形,例外的,应认法院不得舍检察官主张之羁押原因而径行认定变更为其他羁押原因:

第一,基于无罪推定原则,无论被告所犯是否为最轻本刑5年以上有期徒刑之案件,倘被告并无实施湮灭证据或逃亡等妨害司法作用之行为,在本案有罪判决确定前,自不得剥夺被告之人身自由;再者,基于人身自由原则,即使是最轻本刑5年以上有期徒刑之案件,一律推定被告有湮灭证据或逃亡之虞,非予羁押,显难确保审判或执行,亦非允洽。因此,法院光以被告所犯为最轻本刑5年以上有期徒刑之重罪为由羁押被告,有违正当程序保障人身自由之本旨。① 检察官以被告犯最轻本刑5年以上之罪犯罪嫌疑重大,且有第101条第1项第1款或第2款之原因为由申请羁押者,法院仍应具体判断被告有无第101条第1款或第2款之可能妨害司法作用之行为,若无,则不得仅依第101条第1项第3款之重罪为由,即行羁押被告。

第二,例如检察官以被告抢夺罪嫌重大,而有第101条第1项第1款或第2款之原因为由申请羁押者,法院于基本社会事实同一之范围内,如认为被告之犯罪情节已构成"刑法"第329条之准强盗者,基于上述理由,仍应判断被告有无第101条第1款或第2款之羁押原因,而不得仅依强盗罪最轻本刑系5年以上有期徒刑之罪为由命羁押被告。反之,检察官仅以被告涉嫌准强盗罪,重罪为由申请羁押,法院认属抢夺罪者,仍得依职权具体判断有无第101条第1项第1款或第2款之羁押原因,并赋予被告辩明之机会,以决定是否有羁押被告之必要。

第三,检察官仅以被告犯罪嫌疑重大且有逃亡之虞声押,法院审查结果认应无逃亡之虞,却有湮灭证据或串证之虞者,基于羁押之目的及审查程序之界限,除非先经检察官补行变更其声押之原因为湮灭证据或串证之虞,否则法院仍不得径依职权变更羁押原因为第101条第1项第2款之情形而羁押被告。盖侦查中有无湮灭证据或串证之虞,纯属判断侦查必要性的相关事项,本应由检察官积极通过侦查手段提出证据资料予以证明,如果竟容许法院主动发动职权收集被告涉及湮灭证据或串证之不利事项,而据以认定被告具有第101条第1项第2款之羁押原因,此种情形,无疑的是法院过度介入侦查,失去其应保持公正审查的立场,亦不合于修正"刑事诉讼法"第161条及第163条规定检察官应负举证责任及当事人主导证据调查之精神。

另外,检察官以第101条之1第1项各款申请预防性羁押被告者,因保全被告之目的不同,此种情形,法院不得径依职权改论第101条第1项各款理由而据以羁押被告。②

四、审查之程序

法官依法实施羁押审查,讯问被告时,应告知其得选任辩护人到场,且得保持缄默,毋庸违背自己之意思而为陈述(第101条第2项、第95条),此项讯问前之告知,乃为赋予被告行使防御之

---

① 关于对重罪羁押之批评,参见陈运财:《刑事诉讼与正当之法律程序》,1998年版,第274页。
② 参见林辉煌:《谈侦查中羁押之审查》(下),载《司法周刊》2002年第1092期。

基础及机会;再者,审查结果,决定施以羁押处分时,应将其所依据之事实告知被告及其辩护人,并应以押票记载羁押之理由及其所依据之事实,此项裁定时之告知,旨在担保被告及其辩护人对羁押处分声明不服的机会(第 101 条第 3 项、第 102 条第 1 项第 3 款)。同时,法官为此项讯问时,检察官得到场陈述申请羁押之理由及提出必要之证据(第 101 条第 2 项、第 3 项)。①

依"刑事诉讼法"第 95 条及第 101 条第 3 项之规定,法官为羁押讯问时,被告得选任辩护人到场,并无疑义。此项辩护人之在场权,解释上,当然不限于在场观察,辩护人并得于法官讯问被告时陈述意见及请求调查证据,以协助被告之防御。问题是,侦查中之羁押审查,法院能否以证人审判外之陈述作为认定羁押之理由而不受第 159 条规定之限制? 在场之辩护人是否享有如同审判阶段要求检阅侦查卷证,或依第 163 条第 1 项及第 166 条第 2 项之规定,请求直接诘问证人等问题,现行"刑事诉讼法"并未明文规范。本文所举 3 个案例之羁押审查程序中,关于如何适用证据法则以及有无证据开示之问题,即是检辩双方看法对立的焦点所在,兹分别论述如下:

(一)有无严格证明法则之适用

依第 155 条第 2 项:"无证据能力,未经合法调查,显与事理有违,或与认定事实不符之证据,不得作为判断之依据。"学理上,一般称此项规定为"严格的证明",强调犯罪事实之证明方式,应依有证据能力,且经合法调查程序之证据。② 关于犯罪事实之认定,立法明文要求应经严格的证明,其目的旨在借由证据能力及调查程序两方面的限制,来规范法院心证形成的过程,以贯彻无罪推定之原理并发现真实,毋枉毋纵。相对的,所谓"自由的证明",一般指诉讼法上之事项,因无关犯罪事实及刑罚权范围之认定,故无须严格要求其所凭证据之证据资格及所践行的调查方式。审判期日,法院认定犯罪事实,确认被告之不法且应罚之行为是否存在,依上述 155 条第 2 项之规定,固应受严格证明法则所拘束;问题是,于侦查中,法院审查检察官申请羁押有无理由时,是否亦应有上述严格证明法则之适用?

关于此项问题,目前台湾地区多数见解认为,由于侦查中之羁押审查程序属于审判期日以外之程序,其目的亦不在于认定本案被告之罪责与刑罚范围问题,而仅在判断有无保全被告之必要;又,羁押审查具时间急迫性,故以自由的证明行之即可,不受严格证明法则之拘束。③ 然而,如此论断羁押审查不受严格证明法则之拘束,恐生误解,有待再做缜密的思维,以寻求羁押审查程序应采之适当的游戏规则。

首先,应区别羁押理由中之本案事实——"犯罪嫌疑重大",及程序事实——第 101 条第 1 项第 1 款及第 2 款所列事项,分两方面检讨。就被告有无湮灭证据、逃亡或串证之虞的认定部分而言,属本案犯罪事实以外之程序事项,据此作为推论有无保全被告——判断羁押之必要性的前提基础,此部分与被告之不法及罪责无涉,是以其证明活动,自以自由的证明为已足,于证据能力及调查程序的问题上,可不受严格限制。至"犯罪嫌疑重大"的判断,尚不宜简单一句话——采自由

---

① 参见王梅英:《羁押相关声请、审查程序及其救济途径》,载《军法专刊》1999 年第 45 卷 5 期,第 16—17 页。

② 参见黄东熊:《刑事诉讼法论》,1999 年版,第 363 页。

③ 参见林钰雄:《刑事诉讼法》(上册),2001 年版,第 311—312 页;张丽卿:《羁押审查的决定与救济》,载《月旦法学杂志》2001 年第 72 期,第 176—177 页。台湾地区有部分见解认为,由于有无羁押的原因与必要之判断,并非为证明被告的有罪程度达于毋庸置疑的确信地步,因此不需严格证明,只需自由证明即可。惟笔者认为此项论述,并不正确,因为证明方式,采严格证明或自由证明,应从发现真实及无罪推定之观点出发检讨;相对的,所负担之证明程度的高低,系要求至确信程度抑或证据的优越性,则应从举证之公平性及技术上是否可能等观点判断;严格证明=确信之程度、自由证明=优越性之程度,不能画上等号。

证明,即可交代。

笔者认为,由于侦查中一旦决定羁押之后却未经起诉的案件,极其罕见;又如经起诉,获判无罪者,亦属例外。亦即,在台湾地区实务之运作上,侦查中一经羁押之案件,其实往往已经被贴上有罪的标签,所以只是形式上的区分羁押审查与有罪判决的阶段不同或两者目的不同,而据以论断羁押审查采自由证明为已足,似忽略了羁押在刑事程序上的实质影响。换言之,纵使侦查中之羁押审查异于认定罪刑之审判,纵使第155条第2项严格证明的规范,毋庸全盘适用及于羁押审查,惟并不表示侦查中羁押审查就完全不必受到证据能力及调查程序的合理规范;关于"犯罪嫌疑重大"的判断,仍宜以适当的证明方式行之。

就证据能力的问题而言,由于侦查中之羁押审查,并非审判期日之调查证据以认定犯罪事实,是以,得不受第159条规定之限制,而容许传闻证据作为法院形成心证的依据。然而,第156条第1项所定之自白任意性法则,于羁押审查程序应有其适用,盖自白法则乃为维持被告身体权及人格权免受公权力不当侵害之必要最低限度的制衡措施,此项制衡作用应贯彻于刑事程序;同时,非任意性的自白,虚伪可能性极高,以之作为犯罪嫌疑是否重大的判断,易生误判,不仅审判中非任意性自白,不得作为证据,羁押审查时,亦应予排除,始为适当。是以,法院如认定检察官侦查卷证所附被告的自白系违反第98条,以不正当方法取得者,此时,不得据此非任意性之自白作为审查羁押被告之依据。

会有争执的是,违法搜索取得的物证,法院得否据以判断羁押被告之理由,而不受严格法则之拘束?此项问题与所采取之违法证据的排除基准——权衡原则或绝对排除的立场有关。依权衡原则,"刑事诉讼法"第131条第4项及第416条第2项规定,"审判时法院得宣告所扣得之物,不得作为证据",此之"审判时",应指起诉后之广义的审判程序而言,并不包括起诉前之羁押审查,违法证据是否排除,应由审判中之法院综合个案情节,作适当的裁量,而不应由侦查中羁押审查之法官径行排除,而以证据不足为由,驳回检察官羁押之申请;相对的,如采绝对排除,则可能倾向主张本案如经起诉,违法搜索取得之证据,审判法院本应排除而无裁量余地,所以在侦查中,亦不得以之作为审查羁押理由之证据。惟笔者认为,纵使采用绝对排除说的想法,因违法收集之"物证"倘无伪造或变造之情形,即无虚伪之问题,具物之真实性,此种情形与因有虚伪可能而应受排除之非任意性的自白不同;况且侦查程序具流动性,羁押审查的同时或之后,检察官仍有补行收集证据之余地,倘于侦查中羁押审查阶段,法院即行援用违法证据排除法则,排除违法收集之证据而不作为心证形成之依据,恐有不当介入检察官追诉权行使之问题。是以,纵经违法程序取得之物证,仍不妨容许法院作为审查羁押理由之判断依据。

要言之,侦查中羁押审查之目的主要在于确保被告将来之到庭,而非确定被告的罪责,故不宜将审判程序认定犯罪事实应依严格证明的证据法则,全盘套用到侦查中的羁押审查。侦查中羁押审查之证明方式,就证据能力之部分而言,得不受第159条之限制,使用证人审判外之传闻证据作为判断有无羁押理由的证据。惟申请羁押所凭之证据如为警察刑求取得之非任意性自白,仍不得作为判断羁押理由之依据;至被告自白以外之其他违法取得之物证,不妨容许法院作为心证形成的依据。

另外,就证据之调查程序而言,侦查中羁押审查程序固然毋庸与审判期日证据调查之法定程序相提并论,惟羁押审查时应充分赋予被告辩明犯罪嫌疑的机会,此部分留待后述。

(二)调查方式与证据开示之问题

2002年2月8日修正"刑事诉讼法"第161条第1项规定,检察官就被告之犯罪事实应负举证责任,并指出证明之方法。此之实质举证责任,虽属起诉之后,乃审判调查证据结束真伪不明时之败诉之不利益负担,乃一结果责任,自不适用于侦查阶段。不过,此项当事人进行之精神,反应于收集保全证据之侦查程序,解释上,检察官向法院申请羁押时,仍应就被告犯罪嫌疑重大,负担证明义务,其证明之程度,应使法官对被告形成高度怀疑,始具羁押之合法性要件,否则法官即得驳回检察官之申请,毋庸再逾越检察官提出卷证资料之范围,依职权调查证据。换言之,侦查中羁押讯问之目的,主要应在于告知被告及听取其辩明、进行审查羁押要件及决定具保等条件之一种简洁而迅速的程序。故法官为羁押讯问所为之调查,原则上应以检察官申请所提之证据资料为判断之依据,被告之讯问并非积极取得其不利之供述。

一般而言,羁押理由之有无,多数的场合仅依检察官提出之证据数据以及听取被告之答辩后,法官即可判断。如检察官所提之证据显然不足以认定被告有相当之犯罪嫌疑,而被告又否认时,则法官不应为了补充检察官发现真实之不足,而竟积极主动地调查发掘对被告不利的证据,否则,无疑法官将是过度介入侦查,失去法院原本应保持之公正客观的立场。相对的,若依检察官之证据虽可认定犯罪嫌疑充足,但有无逃亡或湮灭证据之虞,难以认定时,为求慎重羁押,法官得调查事实。实施调查事实之内容,例如,得以面谈或电话联络的方式听取关系人的意见、调取证物等,必要时,亦得直接讯问证人或命令实施鉴定。①

应留意的是,羁押审查时讯问被告之程序,仅属羁押与否之言词审查程序,并非本案之言词辩论程序,故如检察官不愿到场陈述及提出必要之证据供法官形成应予羁押之心证时,并不构成本法第379条第9款之判决当然违背法令之事由,法官就检察官申请羁押所提之现有书面资料,如不足形成应予羁押之心证,只能裁定驳回羁押之申请。② 相对的,侦查中,法官实施羁押讯问时,被告选任之辩护人得在场,并陈述意见及请求调查证据,以协助被告之防御。此项辩护人之意见陈述及请求调查证据权,旨在于提出有利于被告之证据资料或促使法官发动职权调查有利于被告之证据,而并非等同于审判程序中享有对证人实施反对诘问之权利,亦无与检察官行"刑事诉讼法"第289条所谓言词辩论之余地。③

有争议的是,侦查中羁押审查时,检察官应否开示其侦查卷证由辩护人检阅的问题。依现行"刑事诉讼法"第33条之规定,由于辩护人之阅卷权仅于审判中受到保障,并无明文规定侦查中辩护人得检阅侦查卷证之权利;"刑事诉讼法"第101条第3项规定:"第一项各款所依据之事实,应告知被告及其辩护人,并记载于笔录。"此项规定,属于羁押理由之告知制度,亦非要求检察官应将其手持之证据开示被告或其辩护人。在欠缺明文规范之情形下,法官于羁押审查讯问被告时,是否应将检察官申请羁押所提供之卷证数据提示予被告或辩护人,难免产生看法的对立。

这是一个两难而棘手的问题。站在检察官的立场,本案尚未侦查终结,于羁押审查时,如提早将侦查卷证开示予被告或辩护人,恐将发生串证、湮灭罪证或恐吓证人或被害人等之情事,致使应暂时隐秘的侦查线索曝光,有碍于侦查,此项疑虑,固可理解;惟基于被告行使防御的观点言,若无法详阅检察官手中的侦查卷证,面对可能遭受长达两个月羁押期间的重大不利处分,如何充分行使辩明的机会,显有困难。

管见以为,基于保障被告防御权益,如有必要于侦查中使侦查机关将其手持之证据开示予被

---

① 参见陈运财:《新修正羁押制度之检讨》,载《刑事诉讼与正当之法律程序》,1998年版,第287页以下。
② 参见王梅英:《羁押相关声请、审查程序及其救济途径》,载《军法专刊》1999年第45卷第5期,第17—18页;柯庆贤:《对人强制处分》,载台湾地区"最高法院":《"刑事诉讼起诉状一本主义及配套制度"法条化研究报告》(下),2001年版,第99页;张丽卿:《羁押审查的决定与救济》,载《月旦法学杂志》2001年第72期,第176页。
③ 参见陈运财:《刑事诉讼与正当之法律程序》,1998年版,第289页。

告或其辩护人者,应从思考修正"刑事诉讼法"第 245 条第 1 项侦查不公开以及第 33 条审判中辩护人阅卷权之规定着手,另行于起诉前之阶段设定践行证据开示之一般性规定,为根本解决之道。① 在现行法下,尚难认为被告或辩护人于侦查中羁押审查时,有直接检阅卷宗及证物并得抄录或摄影。然而,基于羁押审查应行讯问被告之目的,主要在于告知被告之犯罪嫌疑并赋予其辩明之机会,则为担保被告有行使防御之必要武器。侦查中法官为羁押审查时,固不受第 159 条及第 166 条规定之规范,惟仍应通过程序指挥权之行使,尽可能地践行"刑事诉讼法"第 164 条及第 165 条之程序。

具体言之,如检察官申请羁押之理由中并未主张第 101 条第 1 项第 2 款有事实足认有湮灭证据、串证之虞者,为充分使被告有行使辩明之机会,法官应类推适用第 164 条及第 165 条之规定,如有证物,应提示被告辨认,如属书证,则应向其宣读或告以要旨。反之,如检察官申请羁押之理由中有主张本案被告有第 101 条第 1 项第 2 款湮灭证据、串证之虞者,基于发现真实之考虑,法官应以适当之方式扼要告知羁押原因所依据之事实,使被告享有得行使防御之必要基础,并听取其辩明。

结论性观点

1997 年 12 月 19 日修正公布"刑事诉讼法"部分条文将侦查中之羁押处分改由法官审查决定后,由审检实务的运作情形观察,与修法前检察官得自行决定羁押被告相较,剥夺人身自由之羁押处分已慎重许多,值得肯定。② 不过,新制实施 4 年多来,由法官介入侦查中之羁押审查,亦衍生了诸多争议问题,除了羁押之实质要件外,就审查之程序言,关于审查之主体及裁判之形式、审查之范围及审查之程序与证据法则的关系,均引发了申请者之检察官、被告与审查者之法官之间看法的差异,甚至对立。

是否具备羁押要件之实质问题,本属个案心证的认定问题,审检双方存在认知上的差距,本可理解;问题在于,审查之主体及审查之范围、证据法则等事项,应属法院及当事人均应行遵守之定形的操作准则,并事关被告防御权益的行使,纵使"刑事诉讼法"未设有明文规范,仍应从羁押之性质、目的以及改采司法审查之修法意旨出发,厘清羁押审查应有的程序原理,以免争议。

首先,就审查之主体及裁判之形式言,对于检察官之申请,法官决定是否为羁押处分,"刑事诉讼法"并未要求应以独任或合议方式为之,亦未要求应以"刑事诉讼法"第 220 条之裁定行之。笔者认为,基于当事人声明不服之救济实效的考虑,对于检察官羁押之申请,法官以处分之形式为羁押之准驳为宜,对此,当事人若有不服,得依"刑事诉讼法"第 416 条第 1 项规定向该管法院合议庭提出准抗告,以求救济。然而,1997 年底羁押之司法审查新制实施后,审判实务的运作一开始即将羁押审查"审判化",不仅以裁定之形式决定羁押之准驳,甚至依个案之特殊需要,组成合议庭践行对审查制的证据调查及辩论。其结果,当事人不服法院之裁定者,必须依循第 403 条第 1 项规定向台湾地区高等法院提起抗告,往往致生救济上缓不济急的无奈。再者,侦查中经合议裁定羁押之案件,如有具保申请停止羁押者,基于迅速恢复羁押被告人身自由之考虑,自毋庸

---

① 参见陈运财:《刑事诉讼与正当之法律程序》,1998 年版,第 290—291 页。
② 依"法务部"统计分析数据显示,1998 年新收侦查案件中被告人数 341 924 人,在侦查中经检察官讯问后,向法院申请羁押者计 8 357 人,占侦查被告人数之比率为 2.4%;法院裁定准许羁押者 7 500 人,核准羁押比率为 89.7%,被驳回者计 857 人,其中裁定交保者 607 人,限制住居 95 人,责付 18 人,观察勒戒 21 人,释回者 116 人(占申请羁押人数之 1.4%)。与 1997 年检察官于侦查中自行羁押被告 21 457 人,占 5.9% 相较,羁押人数及比率均有降低。

限制应以合议庭进行审查。

其次,在目前侦查中检察官仍得径行决定拘提逮捕处分的情形下,更有必要使法院于羁押审查时,同时事后审查先行之拘提逮捕之程序及实体要件是否合法,以符合"宪法"第 8 条保障人身自由的精神。以"刑事诉讼法"第 76 条径行拘提为例,违反事物管辖之拘提程序,如无实质侵害被拘提人防御权益者,自不影响拘提之效力;至于被拘提人有无逃亡或湮灭罪证之虞等必要性的判断,虽亦属法官审查范围,然而除非显无拘提之必要,否则在具备被告犯罪嫌疑重大之合法性条件下,法官应认侦查机关之拘提合法。

再次,为避免被告因同一案件受到双重声押,如法官于讯问程序中就"刑事诉讼法"第 101 条第 1 项各款事由之变更能赋予被告有辩明之机会,在同一案件的范围内,原则上不妨承认法官得不受检察官所主张具体羁押原因之拘束。惟羁押原因之变更,法官应以为确保被告将来到庭之必要为中心考虑,采为审判及执行目的之弹劾型的羁押,而非偏重为防止湮灭证据或串证之侦查目的之纠问型的羁押。

最后,就证据法则而言,关于被告犯罪嫌疑是否重大以及有无逃亡或串证之虞,固以自由证明为已足,惟法官就犯罪事实是否重大之判断,其所凭之证据有无证据能力,除不受第 159 条之规范外,其余仍应合于关联性法则、自白任意性法则之要求。至于有关调查程序,侦查中之羁押审查程序中,被告或辩护人固无检阅或抄录侦查卷证之权利,惟为使可能遭受长期人身自由拘束之被告得充分辩明羁押原因或必要之机会,在不导致被告湮灭罪证或串证之情形下,法官应以适当之方式践行"刑事诉讼法"第 164 条及第 165 条之程序。

总之,本文所选择评论案例之程序争点,就法理观点而言,其核心其实可归结于羁押的目的,及法官决定羁押与否之处分的性质如何;而就政策层面的观点言,则涉及我们可容许法官介入侦查的范围究竟如何。前后两个观点,在实践面上是具有因果关联的,极端言之,如何将羁押的目的完全界定在确保被告将来审判中的到庭,则法官的羁押审查,即不在于探究侦查机关申请羁押以防止湮灭罪证的事由是否存在,重点应集中于究竟以多少保证金或其他适当的方式得以确保被告到场,自不发生羁押审查介入侦查,或形成偏见、违反公平审判的问题;反之,如将羁押视为侦查的手段,脱不了先羁押再搜证,甚至以羁押取供的纠问色彩,则法院为羁押审查将偏重于被告有无串证或湮灭罪证的事由的判断上,如是将愈见法官介入侦查的痕迹。期待实务之运作,能由偏重为防止湮灭证据或串证之必要而申请或实施羁押之纠问型羁押,逐渐破壳而出,转型为以确保被告将来到庭之必要而为之弹劾型羁押。

徐自强掳人勒赎杀人案评析[*]

——评台湾地区"最高法院"2003年台非字第242号等相关判决

何赖杰 黄朝义 李茂生[**]

基本案情

这是一件发生在1995年9月间的掳人勒赎案,被绑架的建筑商人Y惨遭歹徒撕票,其中一个歹徒在取赎的过程中遭警方逮捕。涉嫌参与犯案的,除了没有争议的X1、X及X2之外,X的表哥徐自强亦遭判处死刑,全案历经5次更审后,在2000年4月定谳,而台湾地区"最高法院"检察署"检察总长"自2001年起先后提起3次非常上诉,均遭台湾地区"最高法院"驳回。

法院认定之犯罪事实为:

本案被告X、X1及徐自强等3人因经济状况不顺遂亟须现款解决经济窘境,故于X1及徐自强巧遇财力丰厚之房地产业者Y后萌生掳人勒赎之意,但因人手不足及欠缺交通工具而邀X2共同参与。

1995年8月中旬,徐自强、X、X1及X2等4人,均齐聚于桃园龟山乡徐自强租屋处谋划作案过程,又因Y认识X1及徐自强,因此决定掳得Y后立即灭口,以免遭警方追捕。并由X、X2及徐自强购买小长刀及手铐。而3瓶硫酸、土黄色宽型胶带、透明手套5双则由徐自强购买。

9月1日清晨5时许,4人由徐自强租屋处出发,前往Y住处附近。同日7时多,由X及徐自强持小长刀将Y车左前轮胎刺破。8时40分左右,Y欲驾车发现左前轮破损,正打开后行李箱拿取备胎更换时,X、徐自强及X2一拥而上,X持刀抵住Y颈部,X2持手铐铐住Y一只手,徐自强在旁助力推拉,将Y押上X1所驾驶之赃车后座,以胶带贴住Y双眼,由X2驾车前导及警戒。X1指示徐自强下车折返现场擦拭指纹后,自行返回龟山租屋处等候。X1、X及X2随即前往汐止山区。近10时许,X1等人抵达预定杀人地点,取得Y之父Y1的联络电话,X1即将Y杀害,将尸体丢入事先挖好的坑洞内,泼洒硫酸并进行掩埋。事毕,由X1驾赃车载X引导X2下山,途中X1先将赃车弃于伯爵山庄门口,取出车上行动电话后搭乘X2车返回徐自强租屋处,并打电话至徐自强妻所经营之槟榔摊将徐自强召回会合。

翌日清晨,X2接连打电话至Y1家要求赎款,此后即不断打电话至Y1家勒索。直至同年9月15日,双方决定以1500万元赎人。同年月16日X1搭机避往泰国,惟仍以电话联络方式参与取赎过程。9月20日X等人已约定地点取赎,适为警察埋伏逮捕X。X2、徐自强知X被捕后开始逃亡,X2于同年10月22日遭警方逮捕,徐自强则于1996年6月24日自行到案。

裁判要旨

(1)有关徐自强之犯案动机,法官系根据X2 1995年10月22日警讯笔录"因为我们4个都缺钱用,经济困难。……徐自强称有向岳家借钱及贷款也要还……我们都缺钱用,才商议要绑票

---

[*] 原载于《月旦法学杂志》2003年第102期。
[**] 何赖杰,政治大学法学院副教授;黄朝义,东吴大学法学院教授;李茂生,台湾大学法学院教授。

勒索赎金"。认定徐自强经济状况不甚顺遂进而铤而走险。

（2）有关徐自强是否参与事前谋议，法官系根据 X2 1995 年 10 月 22 日警讯笔录"8 月中旬，我和 X1、X、徐自强 4 人……徐自强的住处第一次商议要做绑票案"。而认定徐自强参与本案之事前谋议。

（3）有关徐自强是否参与事前跟踪，历审法官均根据 X2 1995 年 10 月 22 日警讯笔录"因为只知道 Y 上班的工地……即由 X1 开车载徐自强到 Y 的工地去找 Y，确定 Y 尚在该工地上班之后，我们四人又前后两次（一次开我的车……另一次开徐自强的车）到汐止工地尾随跟踪 Y，跟踪至 Y 家的附近，我们确定他的车辆及住处后即返回桃园"。"每一次都是我们 4 个人一起参与，最后一次是 9 月 1 日使用两辆车子，一辆由我驾驶我的小客车搭载 X，另一辆由 X1 驾驶赃车搭载徐自强。"而认定徐自强曾参与事前跟踪。

（4）有关徐自强是否购买犯案工具的部分，系根据 X2 1995 年 10 月 23 日检察官侦讯笔录"……我们把作案工具买齐……另徐自强自己在龟山的一处西药房买了硫酸 3 瓶、胶带 1 卷、透明手套 5 副"。而认定徐自强有准备犯案工具。

（5）9 月 1 日是否参与掳人，法官系根据 X2 1995 年 10 月 22 日警讯笔录："我们 9 月 1 日早晨约 5 点多即自徐自强的住处出发……停妥车辆后，徐自强及 X 先下车……持小长刀刺破 Y 车辆左前轮……Y……发现前轮已破……准备换胎，此时，我和徐自强、X3 人就冲向 Y，由 X 手持小长刀抵住 Y 的脖子，我持手铐铐住 Y 的手，3 人合力强行将 Y 押进 X1 所驾驶之赃车内，押入车内后，我将 Y 双手铐住，然后由 X1 驾驶，Y 被押在后座中间，两边分别坐着 X 及徐自强，负责看住。……我回我的车上……开了一段路程之后，徐自强便在附近加油站附近先下车，返回绑架现场，查看动静，并且负责清理擦净 Y 车上我们可能留下的指纹"。认定徐自强曾参与 9 月 1 日的掳人行动。另外，对于徐自强所提出之不在场证明，则以 1996 年 10 月 11 日上午 10 时许模拟从案发现场至被告徐自强居住处所需时间约 1 小时，及台北市政府警察局内湖分局警员 1996 年 10 月 16 日上午勘验，从案发地点至龟山乡自强西路仅需 45 分钟，认定徐自强下车擦拭指纹至返回桃园居住处或槟榔摊之时间应为 1995 年 9 月 1 日上午 10 时之前，因此不采同日上午徐自强于桃园邮局第五局之不在场证明。

（6）9 月 1 日下午徐自强是否参与分赃，法官以 X2 1995 年 10 月 22 日警讯笔录"……下山时，由 X1 驾驶赃车载 X 先行，我开我自己的车子随后跟行，一直开到汐止山下伯爵山庄附近，即将赃车弃置，我们 3 人共乘我的车子由我驾驶，携带工具等物，一起离开山区返回桃园徐自强住处与徐自强会合"。

（7）针对徐自强与 Y 是否为旧识，则系根据共犯 X 之姐 Z1 1995 年 11 月 8 日检察官侦讯时证称："X1 是我哥哥、X 是我弟弟，徐自强是我表弟……Y 是我男友 Z2 的朋友。""我听 Z2 说他们因中介的生意应该有认识。"及被告 X 姐 Z1 之同居人 Z2 于 1995 年 11 月 8 日检察官侦讯时证称："X1、徐自强好像在六七年前通过中介公司向 Y 租用松山火车站对面的房屋二楼作为办公室……"因此认定徐自强认识 Y。

（8）有关徐自强与其他 3 名被告的关系及犯案期间的联络状况，法官以 X、徐自强为表兄弟，而 X2 与徐自强是合伙好友，且徐自强未否认 X1 自泰国返回台湾地区后与其同住于桃园县龟山乡……之租屋处，而认定徐自强与其他被告关系密切，因此，X2 及 X 所称在徐自强租屋处会商之供述属实。此外，法官亦以徐自强曾于 9 月 8 日呼叫被告 X211 次之多，认为徐自强与 X2 之间联系密切。

学理研究

在详细审阅全案卷宗笔录、书状判决等相关资料之后,发现诸多可议之处:刑事侦查过程草率,对于被害人的车辆扣案记录、被告间犯罪通联记录均未保存于侦察卷内;法官判案仅凭其他共同被告之自白,在无任何其他补强证据之情况下,即判决徐自强死刑,对于徐自强所提出之不在场证明等有利证据均未审酌。凡此种种,造成徐自强陷于生命可能随时被剥夺的危机中。

本案所出现的检警搜证方法、法官对于事实认定共犯自白效力以及以共犯自白作为补强证据的做法,不仅可能大大影响刑事裁判的正确性,更可能动摇司法的公信力。笔者无意借本案的评鉴挑战法院的权威,而是希望从个案中看制度良窳的冰山一角,进而促使刑事司法的改革与进步。

一、程序法之评论

(一) 共犯自白之效力

何赖杰教授:

1. 违法的侦查方法

台湾地区侦查实务一向偏重"自白",似乎把它看做"证据之王",因而如果没有从被告口中,让被告亲口供出犯罪事实,似乎其他所有证据的证明力都可能受到质疑。这种过度重视"自白"的办案心态,可能是导致刑求等违法侦查方式,于侦查实务无法杜绝的主因。而这种重视"自白"的办案心态,在侦办共同正犯之犯罪时,更是变本加厉地显现出来。

数人共同犯罪与一人单独犯罪相较,前者有其特殊性。例如,犯罪人间对于犯罪,虽有共同利益,但未必完全相同,而且由于多人共同犯案,通常需要较缜密的计划,因而除非犯罪行为人"自己爆料"(自白),否则外人(当然包括侦查人员)常不易发现真相。这些特性,导致侦查人员更加依赖且看重犯人的自白,因为通过一人自白,不但可以较为容易侦查整个共犯犯罪结构,而且借着一人自白,还可以套出其他人的自白(个人谑称其为"以自白养自白")。例如,侦查人员告诉被告甲,另一被告乙已经全盘托出犯罪事实,而且供出犯罪主要是甲干的,甲一听,当然不能如此善罢甘休,因而也供出另一套犯罪"版本",再把犯罪责任推还给乙。由于这种办案方式,对于侦查人员"百利而无一害",实务自然也乐此不疲地使用。

不过,利用共同犯罪人间的"矛盾"而套出自白的犯罪侦查方法(笔者姑且称为"狗咬狗"侦查方式,因为侦查人员心态上就是想让共同犯罪人彼此间"咬来咬去"以供出犯罪),其合法性颇值得怀疑。基本上,如果侦查人员确实已获得共同犯罪人一人的供词,而且该供词也供出其他人共同犯罪,侦查人员为辨明真相而将该供词提示给被供出的人看或让其知晓,借此让该人有反驳机会。如此侦查方法,并不违法,因为这种侦查方式,与"刑事诉讼法"第97条所规定的共同被告的对质,具有同样的功能与目的。但如果侦查人员是以诈术骗取被告自白,例如甲根本没有自白,而侦查人员骗乙说,甲已自白且供出甲犯罪,乙一听随即自白,或甲自白只是稍微提到乙,但侦查人员在甲自白上添油加醋而不实告诉乙自白内容以获取乙自白,此些侦查方式即属于违法("刑事诉讼法"第98条)。

实务对于这种"狗咬狗"侦查方式,似乎并没有深刻反省其可能产生的弊病,毕竟刑事诉讼,被告不应沦为客体,被告应是诉讼主体。但由于这种侦查方式,对于"破案"功效宏大,因而一而再,再而三被侦查机关使用,甚而法律还明文承认共犯自白之效力("刑事诉讼法"第156条第2项规定)。归根究底,也许始作俑者,是过于重自白的办案心态所致。不过,被告供出自己犯罪与被告供出他人犯罪,无论从犯罪心理学、刑事侦讯科学、刑事诉讼法学等各种角度观之,仍存有很大的歧异性,不应等同视之。虽然利用共同犯罪人彼此间矛盾以发现真实,并非当然违法,不过,侦审机关不能一味耽于如此"狗咬狗""以自白养自白"等并非完全合法之侦查手段,仍应以科学物证为主,以物证引导侦查方向,较能符合刑事诉讼的要求。

上述种种违法侦查方法,从本案侦查笔录内,并无法看出是否有此情事,而本案侦查经过,又无录音、录像等数据足以验证,因而无法断定警方获得同案被告 X、X2 之自白是否有此违法事由。不过,本案情形,同样可以看出共犯自白的另一层"妙用"。本案被告 X 及 X2 皆向警方自白,不过,显然两者自白犯罪之内容存有差异(前者供出徐自强,但无 X1,后者则供出两者皆有参加)。警方当然可以这两套犯罪"版本",作为判断如何进一步侦查的参考,不过,最后,法院却是从共同被告所供出的"版本",推论出其他"版本"(常常是"综合版")而作为最后定罪的"院定版",一网打尽所有共同犯罪人。从本案徐自强等 4 人之犯罪事实来看,不但自白的两人(X、X2)所供出的犯罪各有各的"版本",之后历经更五审的法院判决,又出现不同的"修正版",最后虽然似乎是以被告 X2 的"版本"为法院最后认定的"院定版",不过,仍然还是停留于以推论方式得出该"综合版"。因为侦审机关从 X 及 X2 自白内,无法进一步获得任何能明确证明徐自强涉及掳人勒赎杀人犯罪之直接物证,因而徐自强被认定是掳人勒赎杀人罪的共同正犯,只是从各家"版本"推论而得出的结果。靠如此推来推去而推出第三套"综合版"来定徐自强的罪,这样的判决,当然难以让人信服。

2. "他白"不是"自白"

如上所述,被告除供出自己之犯罪事实外,将其他共同犯罪的人也一并供出,在侦讯实务上所在多有。被告供出自己的犯罪,属于"刑事诉讼法"上的"自白",应该没有疑义,但供出他人犯罪的供词,是否也算是"刑事诉讼法"上的"自白",并非毫无问题。为了区分两者,对于后者,笔者姑且称之为"他白",因为犯罪人涉嫌犯罪是"被他人所供出",该犯罪人本身并没有"自白"自己犯罪。

与一般单纯的被告"自白"(供出自己犯罪)相比,"他白"的可信度显然较低,因为这是人性——对自己涉案部分能逃就逃、避重就轻,而将罪责尽量推给其他被他拖下水的人(本案共同被告 X 的初供,并无供出 X1 涉案,而事后证明,X 为了掩护其胞兄 X1 之犯行,将 X1 所犯的罪全部推给徐自强)。另外,被告亦可能挟怨报复,将其平日苦无机会报复的人,借着供出其为共犯而让该人无端受累。无论如何,基本上,此种"他白"存有相当多先天不可靠因素,因而必须非常小心的处理。

台湾地区实务对于这种"他白",不认为它跟单纯的"自白"有何不同,因而实务将旧"刑事诉讼法"第 156 条第 2 项规定之"被告"概念,扩张解释为包括"共同被告",因而共同被告之"他白",也可以作为被供出的被告有罪判决依据,此种做法,如基于上述犯罪侦查及对抗犯罪等现实因素,即不足为奇。

对于实务这样的扩张解释,学者在评论苏建和案时,即已提出严厉批评,认为"他白"无法拟制为被供出的共同被告的"自白"。[①] 这种见解,值得赞同。面对这样批评,实务及立法者响应的方式,却是修改法律,明确将"共犯自白"与"被告自白"并列规定于现行"刑事诉讼法"第 156 条第 2 项,借此摆脱此一争议。不过,纵然如此修法,依然无法解决"他白"所可能引发的争议,毕竟此处之"共犯自白"依然是供出他人犯罪之"他白",不会是自白。两者于程序上必须分别对待处理。

---

① 参见许玉秀:《共同被告的自白》,载《刑事诉讼之运作——黄东熊教授六秩晋五华诞祝寿论文集》,五南图书出版公司 1997 年版,第 404 页。

3. "他白"必须以证言方式处理

基本上,被告"自白"自己犯罪,附带提及其他共犯之犯罪时,仍应就被告之陈述严以区分为"自白"及"他白"两部分,就自己犯罪部分之陈述为"自白",就他人犯罪部分之陈述则为"他白"。"自白"应依"刑事诉讼法"自白规定处理,"他白"则应依证人证据方法处理。毕竟通过对证人之对质及诘问,比较可能发现"他白"之错误之处,当然还必须以其他更明确的直接物证作为有罪判决的依据,始有可能减低使用"他白"所可能导致的错误判决。于德国学说上,甚至有认为,存有犯罪关联性的共犯之陈述,不应当成"自白",也不应当成证人的证言,因而该陈述不能作为证据。① 不过,如此处理方式,必然不会被实务认同(德国实务亦不赞同实质共同被告概念),毕竟数人共同犯罪有其隐秘性,为发现犯罪,实务断然不会放弃共犯陈述之效用。

总之,对于供出他人为共犯之陈述,无论称为"自白"也好,称为"他白"也好,法官必须以其他直接证据或证据方法作为犯罪佐证,小心求证,尽一切可能反复推敲该"他白"的正确性。毕竟"自白""他白"都不是"立可白"!不能用来掩盖错误的事实认定。

(二) 徐案中补强证据不足下之影响

黄朝义教授:

1. 法制下之补强证据要求

自白由于系属被告供述自己所为,只要该自白具有足够的可信度,不可讳言地,即拥有决定性的证据价值。因而所取得之自白设若属于虚伪或非任意之自白,且未来之判决亦以该自白为依据时,反而会造成一些冤狱的产生。

为免除冤狱之产生,在法制与实务面上乃依据各案例之经验累积而导出所谓的"认定法则"或"注意法则"等法则。因而将此些法则一律提升至以法律层次予以强制或保障之法则,即指"补强法则"。② 换言之,为期认定被告有罪,除自白以外,必须有自白以外之证据(补强证据)予以补强,方可依此认定事实。而自白要有补强证据补强其作用,其目的在于间接防止自白之强取,以及避免在事实认定上过度偏重自白,以达真正防止误判之产生。

具体而论,"刑事诉讼法"第156条第2项规定"被告或共犯之自白,不得作为有罪判决之唯一证据,仍应调查其他必要证据,以察其是否与事实相符"。此之所谓"被告之自白"系指公判庭上之自白或公判庭外之自白或兼含两者之自白。③ 换言之,不论是公判庭上被告之自白,抑或是公判庭外被告之自白,皆须有补强证据存在。盖因若从防止自白强取之危险发生而论,公判庭上之自白并无任何强取之危险可能,纵使无补强证据补强亦较无问题;惟若从防止偏重自白之点而论,公判庭上之自白与公判庭外之自白并无不同,为防止偏重自白之情形产生,理应认为不分公判庭内与公判庭外之自白,皆要有补强证据之补强。

2. 补强证据之实质内涵

犯罪事实之认定,除有自白外,仍需有补强证据补强。至于自白如何补强,在补强证据之内

---

① 学说称此为实质共同被告概念,参见许玉秀:《共同被告的自白》,载《刑事诉讼之运作——黄东熊教授六秩晋五华诞祝寿论文集》,五南图书出版公司1997年版,第410页。

② 参见[日]田宫裕:《刑事诉讼法》(新版),有斐阁1996年版,第353页。

③ 认为此处之被告之自白包含公判庭内之自白与公判庭外之自白,如黄东熊:《刑事诉讼法论》,第350页;[日]团藤重光:《新刑事诉讼法纲要》(第七版),创文社1967年版,第285页;[日]平野龙一:《刑事诉讼法》,有斐阁1958年版,第232页;[日]铃木茂嗣:《刑事诉讼法》(改订版),青林书院1990年版,第223页。惟日本最高裁判所持反对见解(最高裁判所1938年7月29日判决,《刑集》第2卷第9号,第1012页)。在英美法之概念中,认为自白系指法庭外之陈述,基本上法庭内之陈述自然无所谓补强证据之问题。

涵上,可从三部分内容,亦即补强之对象与范围、补强之程度与补强证据之适格等,加以论述。

（1）补强之对象与范围

① 补强之对象

犯罪事实依其性质与内容约可分为三部分：A. 犯罪的客观面（诸如行为、客体、结果等外在的事实）；B. 犯罪的主观面（诸如故意、过失、知情、目的等被告内心的状态）；C. 犯罪的主体面（犯人与被告为同一人之事实）。犯罪事实之何种部分应有补强证据,学说上有以下数种之不同看法,亦即：A. 有认为关于犯罪客观面的全部或至少其重要部分需有补强证据（较占多数）；B. 有认为不仅犯罪的客观面,即连关于犯罪的主体面亦需有补强证据；C. 有认为关于公判庭外之自白,须有补强证据（与 A. 同）,相对的,公判庭内之自白部分,只要对犯罪客观面事实之一部分存有足以担保自白真实性之补强证据即可。

从前述三种见解得知,大致上认为犯罪的主观面无须补强证据。盖因犯罪之主观面系以被告之内心状态为探讨对象,除自白以外无其他证据存在乃属平常之事,故在犯罪主观面之证明上,设若一再要求须有补强证据补强时,反而会被认为苛求过度。① 然相对的,倘在无其他相关补强证据存在下,亦不得勉强地仅依据矛盾之自白或不明确之自白,以推断犯罪者之主观面（知情或谋议）。

在本案相关情节中,同案 X2 及 X 曾自白称"徐自强有参与事前谋议",惟若参照 X1996 年 8 月 19 日之讯问笔录,徐自强是否曾参与谋议,X 称"不知道";复参照 X 于 1996 年 8 月 30 日之讯问笔录,其又称"我向他（指徐犯）说去讨债,是我哥哥要他去的"。依前后矛盾之 X 自白,显然可以发现,无法判断徐自强事先知道案情（不知情）。尚且依 X 曾矢口否认在徐自强处谋划作案过程；X2 亦称不知是掳人勒赎,更加得以判断其等并未于徐自强租屋处谋议犯案,徐某之租屋与有无谋议犯案无直接关系,亦即租屋事实不能成为谋议之补强证据,自然不得以租屋之事实作为徐某参与本案谋议或知情之依据。

有关犯人与被告是否相同之同一性证明部分,亦会因证据之收集有所困难,无法强加要求需有补强证据（多数学者认为）。针对此一论点,亦有认为从"秘密的暴露"（破案）之观点而论,侦查机关以自己所知之事实使得被告自白,嗣后侦查机关倘无法否定有强取被告自白之事实时,被告所为之自白不可谓之属于任意性之"秘密的暴露"。在此情形下,犯人是否为被告之事实（同一性）,除有被告之任意性自白外,亦应有补强证据之存在。② 相对的,借由侦查人员事先所未知之事项,通过侦查以确认犯之事实时,只要存有相关事证得以显示犯人为被告之事实时,即无须补强证据。

本案徐犯自始否认犯情,亦提出案发当日上午 10 时 50 分赴邮局提款,同日下午于其母经营之美容院用膳等相关不在场证明,惟侦查机关却综合同案 X2 与 X 已知之自白内容锁定徐犯亦涉案,亦即无其他有力佐证下,仅依据所谓 X2 与 X 等之"共犯之自白"以推断徐犯即为被告之一人,在认定上稍显牵强,有违被告同一性之证明。

② 犯罪客观面之补强

关于为证明犯罪的客观面,多数学者认为,自白以外需有补强证据。因而认为补强之范围系以该犯罪的客观面（罪体）为主,亦即认为只要犯罪事实之客观面（或主要部分）有补强证据即可

---

① 持此种见解者如日本最高裁判所 1939 年 7 月 19 日判决,《刑集》第 3 卷第 8 号,第 1348 页；最高裁判所 1941 年 1 月 31 日判决,《刑集》第 5 卷第 1 号,第 129 页；黄东熊：《刑事诉讼法》,第 357 页；黄东熊：《证据法纲要》,"中央警官学校"出版社 1980 年版,第 111 页以下亦持相同见解。

② 〔日〕渥美东洋：《刑事诉讼法》（新版）,有斐阁 2001 年版,第 365 页。

（形式说）。换言之，形式说者认为犯罪事实需有补强证据，亦即关于"罪体"部分需有补强证据。至于"罪体"之意义，有三种类别，亦即指：A. 客观法益之侵害事实（如尸体）；B. 显示为某一人之行为所侵害之法益事实（如他杀行为之尸体）；C. 显示为被告之行为所侵害之法益事实（如为被告所杀之尸体）。①

主张形式说之论者，一般会认为关于罪体之补强证据，只要达到对"B."内容之补强即可。②相对的，实质说之论者却认为，补强被告自白之证据，未必须要对与犯罪构成要件有关的全部自白加以补强，只要足以保证与自白有关之事实的真实性即可。③ 因此，依实质说之看法，例如有关故买赃物罪，只要有被告之自白与被害人被窃之报案记录即可，至于有关买"物"之事实，纵无补强证据亦无问题。换言之，在犯罪之客观面上，故买赃物罪包含两种事实，亦即买"物"之事实与该物为赃物之事实。被害人被害之报告在证明该物为赃物上可为证据，但在购买赃物之事实上并无法成为具有证据价值。是故强调罪体说（形式说）之论者认为，买"物"之事实与该物为赃物之事实理应全部需有补强证据；惟实质说之论者却认为，买"物"之事实无须有补强证据。

形式说与实质说两见解所诉求者在某种程度上可谓系属一致，两者皆在于要求证明自白事实之真实性。惟实质说所要求之补强仅只属于犯罪事实之一部分。因此，若以此实质说之见解推认犯罪事实之全部为真实时，在论理上恐有以偏概全之嫌。基于此点，为确保事实真相不受怀疑，形式说之见解似乎较为可行。然若过度强调自白之客观事实全数须有补强证据时，犯罪事实之认定似会变得困难，甚至会演变成无法认定。针对此点，如何处理各具体案件之争执，实质说之见解便有其值得参考之处。

考察本案 X2 及 X 供称共同杀人之事实中，X2 在警讯时曾供称，犯案之"硫酸3瓶、黄色宽形胶带1卷及透明手套5双，均为徐自强所买（龟山乡某西药房购买）"。后来 X2 及 X 分别在第一审、第二审及历次发回更审中，均一再供称"不知硫酸、手套及胶带系何人所买，仅知系由 X1 带来"。此部分无法确认徐犯有购买杀人用之相关工具。

甚且，X2 更明确证称，在警讯时系受到警察之教唆，称"徐自强住在那里，就说徐自强好了"。从此部分内容可知，X2 在警讯时自白购物事实系为警方所诱导，并非真实。

复查法院认为，X1 等 4 人于跟踪 Y 途中，在汐止镇某五金行购买两把圆锹，一同携往前述山洼，挖出一个深 60 公分、宽 90 公分、长 140 公分之坑洞以作为埋尸之用；期间并由 X、X2 及徐自强前往台北"第一家行"军品店购买小长刀及手铐。惟因所提之圆锹、小长刀及手铐迄今未被寻获，无法以此为补强证据补强有犯案之准备。

X 与 X2 亦供称，"案发当日押解 Y，在车行一、两分钟后，X1 鸣按喇叭通知 X2 一同停车，指示徐自强下车折返现场擦拭指纹后，自行返回龟山租屋处等候……近 10 时许，X1 等人抵达预定杀人地点，3 人分别戴上手套，由 X1 拿小长刀等作案工具，X、X2 负责将 Y 押进山洼内，并由 X2 拿胶带缠紧 Y 口鼻及双脚，3 人开始逼问 Y1 联络电话，取得 Y1 电话后，X1 即将 Y 杀害，取其身上物品后，将尸体丢入事先挖好的坑洞内，泼洒硫酸并进行掩埋。事毕，3 人将硫酸空瓶、胶带、手套、小长刀放入塑料袋，在分别拿取圆锹、塑料袋等物后一同走出山洼"。显然得以判断，徐犯并无参与实施杀害行为。

---

① 参见〔日〕田宫裕：《刑事诉讼法》（新版），有斐阁1996年版，第356页；安富洁：《"补强法则"》，载《搜查研究》第520号，第75—76页。
② 参见〔日〕田宫裕：《刑事诉讼法》（新版），有斐阁1996年版，第356页。
③ 日本最高裁判所采此种见解，如最高裁判所1940年11月29日判决，《刑集》第4卷第11号，第2402页。

据上所述,即便是采用实质说之见解,亦因无补强证据足以保证 X 与 X2 所自白之徐犯曾参与杀人有关事实的真实性。亦即就杀人事实,包括谋议或实施等行为在内之全部内容,皆无补强证据足以说明徐犯涉及杀人。另外,倘依形式说之见解,更加显现出该案补强证据之不足。惟对于如徐案般重大案件,理应采形式说之见解较为合理。盖因在证明有无参与杀人事实之认定上,在无相关物证等补强证据存在下,仅凭共犯之自白即予以判定,解读上稍嫌牵强。

另外,案件发生后,徐犯并未打过任何一通勒索电话。对此,分别供称参与犯案之徐犯与被害人家属系熟识者,容易被识破,故而勒索之电话皆为 X 与 X2 两人所打。经查,据被害人父亲及妻子指称并不认识徐犯,显然此种未打电话在于怕被识破之说词不足采信。至于,X 与 X2 进行勒索过程中,徐犯曾经租车提供勒索交通工具之事实,是否得以成为徐犯确实参与勒索行为之补强证据,恐有争议。盖因本案勒索行为进行中,徐犯租车时系以其本人名义登记,且前后不只一次,依一般经验法则而论,徐犯如此之租车行为很明显应与一般租车行为无异,否则岂有自曝缺点,以租车留下得以让警察人员轻易地追查到犯案记录?因此,在无其他有利的物证等有利补强证据存在下,断然判断徐犯租车之行为与勒索行为具有密切关系,实在欠缺说服力。

(2)补强之程度

补强证据之量与证明力(证据价值)等补强程度之要求,有两种截然不同之见解:一为"绝对说"之见解,认为仅依补强证据即足以形成一定心证程度之证明力;另一为相对说认为,只要补强证据与自白两者之相互关系得以达到证明事实程度即可。① 从自白需有补强证据之观点而论,补强证据自然必须与自白分离。因此,补强证据本身绝对需要拥有一定心证程度之证明力,否则将丧失补强证据之功能。基此论点得知,所要求之补强程度较与"绝对说"类似。

然若配合前述实质说之见解得以发现,有关补强证据之证明力部分,其本身之要求未必属于一定要达到某种程度之证明力。换言之,补强证据与自白两者在互补之情形下,补强证据只要拥有得以认定犯罪事实程度之证明力即可,是故此所要求之程度较与"相对说"类似(如 1985 年台复字第 10 号②、1999 年台上字第 3918 号)。

依"刑事诉讼法"第 156 条第 2 项"被告之自白,不得作为有罪判决之唯一证据,仍应调查其他必要之证据,以察其是否与事实相符"之规定内容,无法对补强证据所要求之程度加以判断。然若依实务之见解,系将"刑事诉讼法"第 156 条第 2 项之规定内容解释为"补强证据之要求仅只在于足以补强自白之证明力,并非要求补强证据必须具有绝对之证明力",基本上系持"相对说"之见解。徐案所采之态度与一般实务之见解并无不同,系以同案被告 X 与 X2 之供述内容为依据认定徐犯为共同正犯之一。亦即经查本案除 X 与 X2 之自白外,别无其他具体事证及人证等补强证据足以证明徐犯涉有本案之犯罪事实。又徐犯除自始否认犯行外,并有其他杀害被害人时之不在场证明,且徐犯未曾打过任何勒索电话,殊不知如何判断徐犯涉案。

(3)补强证据之适格

① 适格补强证据之种类

所谓"补强证据之适格",即指何种证据得以为自白之补强证据之意。基本上,补强证据因属

---

① 如日本最高裁判所 1939 年 4 月 7 日判决,《刑集》第 3 卷第 4 号,第 489 页;最高裁判所 1938 年 10 月 30 日判决,《刑集》第 2 卷第 11 号,第 1427 页;最高裁判所 1943 年 5 月 29 日判决,《刑集》第 7 卷第 5 号,第 1132 页。

② "……所谓补强证据,则指除该自白本身外,其他足资证明自白之犯罪事实确具有相当程度真实性之证据而言,虽其所补强者,非以事实之全部为必要,但亦需因补强证据与自白之相互利用,而足使犯罪事实获得确信者,使足当之。"黄东熊:《刑事诉讼法论》,第 359 页亦持此种见解。

用以认定犯罪事实之实质证据,必须是具有证据能力,且从补强法则之旨趣而论,实质上补强证据若非属独立于自白以外之证据,系无法成为补强证据。因此,除非是虽属被告之供述,但未具备自白实质内容之物(诸如胁迫书状、账簿等),方可成为补强证据,否则被告本人之供述原则上不能成为补强证据。亦即该等可为补强证据之供述系在被怀疑之前作成,且作成之物纯粹属于与侦查无关之记录,因而在与自白无直接关系之前提下,例外地认定其具有补强证据之适格,否则不得将被告之自白列为补强证据。① 甚且即便是属于第三人之陈述,惟在实质上却被认定为只不过是被告自白内容之重复时,该第三人之陈述亦不能成为补强证据。

排除上述一些不得成为补强证据之证据,只要符合法所要求之补强要件,不论其系属人证抑或是物证、书证,亦不分直接证据与间接证据,皆可成为补强证据。

② 共犯自白与补强证据

就刑事诉讼法之整体规范而论,在论理及文理解释上,"刑事诉讼法"第156条既然将"被告之自白"与"共犯之自白"并列,因此,在意义上,共犯之自白,亦须适用补强法则较为合理。

尤其是,共犯为期能够免除自己之刑事责任或减轻自己之刑事责任,经常会栽赃他人或将责任转嫁于他人而为虚伪之供述。因此,为能求取共犯自白之可信度,自然地亦应求取足够的补强证据。同时共犯对其他共犯为不利之供述时,相互间所为之不利供述,整体而论,亦应仅限定于被认为十分吻合之情事部分,方容许相互间可为不利之证据,亦即不得轻易容许共犯之自白可为补强证据或互为补强证据。②

另外,被告已为自白之后,直接将共犯所为之自白作为认定被告有罪之补强证据时,可能在解释上亦存有问题。盖因共犯之供述由于不可谓之与被告本人之自白完全相同,所以,即使对共犯之自白要求要有补强证据,其他独立于共犯自白之外的供述,若不加以设限排除,仍然可能解释为得以成为补强证据。③ 亦即共犯之自白经常会形成栽赃他人与推卸责任之危险,而且将共犯自白作为补强证据使用时,亦会发生相同情形。基本上,共犯之自白并非该当于被告本人之自白,被告在为自白时,不得将共犯之自白作为补强证据,以认定被告之罪行。然而,被告已为自白时,除非其自白之内容经证明真实性有问题,设若并未存在矛盾现象(如存有自白以外之补强证据),自然对于会造成栽赃与推卸责任之误判危险降至最低。所以,仅在此情形之下,独立于被告自白之外的共犯自白,在某些程度上并无必要将其全部解释为不得作为补强证据。④

另外,基于被告以外之两名以上共犯所为之自白,可否直接作为否认犯罪事实之被告的有罪证据或补强证据,亦为处理共犯自白的问题之一。此从共犯之自白无须补强证据之观点而论,以

---

① 基隆地检处(当时)1968年5月研究结果亦指出:"被告之自白原包括审判中之自白与审判外之自白。其方式则不论以口头或书面为之均可。被告某甲在法院外所作成之自白书,或以自白为内容之其他书状,或原在他人刑事案件中作证时所供认关于自己之犯罪事实既均属审判之外之自白,则法院于该被告在审判中自白犯罪后调查补强证据时,自不得再以此等审判外之自白采为其自白之补强证据。"

② 参见[日]渥美东洋:《刑事诉讼法》(新版),有斐阁2001年版,第331页。另台湾地区多数学者亦认为须有补强证据,如黄东熊:《刑事诉讼法论》,第361页以下;褚剑鸿:《刑事诉讼法论》(上册),第235页以下;陈朴生:《刑事证据法》,三民书局1979年版,第518页以下;李学灯:《证据法比较研究》,五南图书出版公司1992年版,第201页以下。

③ 此若不将任何自白排除于补强证据适格之外,亦即不彻底采取防止自白偏重之结果,必然会有此种结果产生。

④ 参见[日]田宫裕:《刑事诉讼法》(新版),有斐阁1996年版,第358页。

两名以上共犯之自白便得以认定否认犯罪事实之被告的罪行。① 甚至认为,共犯之自白包含在被告本人自白在内之见解者,亦有认为存有两名以上共犯之自白,且此些自白彼此相互间具有补强效果时,即可作为认定否认犯罪事实之被告的罪行②;再者,亦有认为,为迎合侦查人员之暗示意图,虽然不能说没有将其他人带入犯罪漩涡中之危险,但此种危险之判断系属法院自由心证之问题,尚不足以谓共犯之自白相互间不得作为补强证据。③ 需注意者,设若重视会造成将他人卷入犯罪漩涡中之共犯自白所存在的危险时,即使两名以上共犯之自白内容一致,但有关被告与犯罪者间关联之补强证据不存在时,自然不得以此作为认定被告有罪之证据,尤其是,被告否认犯情,又无自白以外之证据存在时,更不应为如此之解释。④

基此,在复数共犯相互间存在关系之案件里,为避免共犯可能将责任转嫁给被告而使复数之共犯造成供述内容一致之危险与替身之危险,原则上,不得以复数共犯之供述相互间作为补强证据,以作为认定被告有罪之证据(台湾地区实务上所采,与被告无共同被告关系之两共犯自白或其他不利于己之陈述,亦得互为补强证据之见解有待检讨,此为台湾地区"最高法院"1999 年台上字第 380 号判决之实务见解⑤),在此种情形下,即使被告没有自白,或是被告否认犯罪,仍然会因为其他共犯之自白的自白相互补强后,被认定有罪。

徐犯所存在之疑问亦在此,其自始否认犯情,竟然在无其他具体事证存在下,遽然依据其他被告 X 与 X2 之自白为主要依据,以认定其罪行。亦即徐犯有无涉案之主要依据乃为通过 X 与 X2 之自白相互补强以认定徐犯之犯罪,完全忽略了被告本人之辩驳,亦扭曲了补强法则之原义。换言之,对于徐犯有无涉案部分,X 与 X2 两人分别所为之自白,业已无其他具体之补强证据存在,其自白本身已有问题,法院却将此问题之两共犯自白互为补强,以认定另一人之涉案,可谓违反了对于补强法则之法理要求,属于重大程序上之违法,甚至有违反"宪法"所要求之程序保障。

3. 小结

有关共犯之自白的适用,不可否认的,存有相当多复杂之认定问题。在实务之运作上,设若一再强调共犯或共同被告自白之重要性,甚且大量使用或引用该等自白作为认定事实之主要根据,或者一再将该等证据作为证明自白者(被告)或否认犯情者之证据或充当补强证据,或将该等自白彼此互为补强证据使用,其结果,在形式上似乎已将事情解决(案件告确定)。惟就实际而论,此种实务运作方式,在方向上,非但可能如同回复到过去偏重自白之时代,将自白视为证据之王,尚且因过度偏重自白,进而滥用自白,最后造成更多的误判或冤狱情事,亦不无可能。

二、对徐自强案论以共谋共同正犯的可能性

李茂生教授:

(一) 前言

徐自强案的犯罪事实共分成四部分。首先是共谋,然后是掳人,之后是杀人,最后是勒索。

---

① 采此观点之裁判例,如台湾地区"最高法院"1999 年台上字第 380 号判决。台湾地区外之例,如日本最高裁判所 1966 年 10 月 28 日判决,《刑集》,第 30 卷第 9 号,第 1859 页。
② 参见〔日〕团藤重光:《新刑事诉讼法纲要》(第七版),创文社 1967 年版,第 285 页。
③ 参见〔日〕田宫裕:《刑事诉讼法》(新版),有斐阁 1996 年版,第 350 页;后述之台湾地区"最高法院"1999 年台上字第 380 号判决,亦有采此种看法之倾向。
④ 参见〔日〕渥美东洋:《刑事诉讼法》(新版),有斐阁 2001 年版,第 330 页。
⑤ 谓"所谓补强证据,系指自白或不利于己之陈述本身外,其他足资证明自白之犯罪事实确具相当程度真实性之证据,与被告无共同被告关系之二共犯自白或其不利于己之陈述,亦得互为补强证据"。

就徐自强的犯行,综观法院用之于认定事实的证据,除共同被告的(漏洞百出的)自白外,其他具有非供述证据价值的应该只有两样:其一为徐自强曾于自己的租屋处收容过共犯之一的 X1;其二是徐自强曾租车,而该车被用之于勒索的犯行。

如本评鉴报告有关法院事实认定部分的论述所云,除去共同被告的自白,并无任何证据可以证明徐自强曾参与过掳人、杀人以及勒索的实行行为。假若法院能够严格遵守证据法则,则应该是无法仅凭共同被告的自白即论断徐自强就掳人勒赎而杀人的罪行应负实行共同正犯之责。不过,既然法院根据共同被告的自白以及"徐自强曾于事案发生前以及犯案期间收容过由泰国返回台湾地区后无住处的 X1"这个补强证据,认定了徐自强与其他共犯间有"谋议"的存在,再加上徐自强确实有租车而该车被用于勒索的实行行为,该租车行为虽然不是实行行为但是却仍可认为是一种帮助行为,则按现在的实务见解,似乎仍可认定徐自强应该就掳人勒赎而杀人的犯罪事实负共谋共同正犯的责任。

不过,本评鉴报告认为,纵或按照现行的实务见解似乎可以认定徐自强的共谋共同正犯之责,但是共谋共同正犯是一个非常暧昧的概念,而现行实务上对于此概念的掌握似乎又有点浮滥,并不符合当代的刑法理论思潮。因此,以下先讨论共谋共同正犯理论的发展,尝试寻出符合刑法现代思潮的理论定位,然后再将法院所认定的事实纳入定位后的理论中加以检验,并得到较为合理的罪刑认定。

(二) 日本共谋共同正犯概念的发展

共谋共同正犯意指,共同参与犯罪谋议(共谋)的人虽然事后没有实际上分担客观的构成要件行为,仍可论以共同正犯之责。因为法律条文上共同正犯是指共同实施犯罪行为的人,所以虽然共谋共同正犯仍为共同正犯的一种,事实上却是一个例外,是一种扩张真正的(实行)共同正犯成立范畴的概念。

共谋共同正犯的概念是源诸日本明治中叶时的法院判决,最初仅限于诈欺、恐吓取财等智能犯的犯罪类型予以适用。这种状况一直延续到现行"刑法"施行后仍然没有变化。大正末期起,法院开始扩张适用范围,逐渐将共谋共同正犯的概念适用到放火、杀人等暴力犯罪。

时至昭和初期,当时的学者型法官——草野豹一郎开始尝试在理论上合理化共谋共同正犯的概念①,并提出所谓的共同意思主体说。此说在第二次世界大战前夕被大审院所采纳,并形塑出实务见解的典范判决。② 于该判决后,实务界开始将有了理论基础的共谋共同正犯概念扩张适用到一般的窃盗、强盗等案件,到第二次世界大战结束前,这个概念已经适用到所有的犯罪类型。

战后学界开始爆发出惊人的创造力,除基于形式的实行共同正犯论的观点而质疑"对于没有从事任何形式的实行行为的共谋者科以共同正犯之责一事的合理性"的否定说③以外,大部分学说都是采取实质的实行共同正犯论的观点而趋于肯定共谋共同正犯概念的存在。④ 不过,这些肯定说并不赞同前期的共同意思主体说,而是利用规范性、评价性的实质观点尝试扩张"实行行为"的范畴,企图使得"形式上没有从事实行行为的人",可以被实质上评价成"从事了类似实行

---

① 参见〔日〕草野豹一郎:《刑法改正草案と共犯の从属性》,载《法学协会杂志》第 50 卷第 6 号,第 1932 年。
② 1936 年 5 月 28 日大审院刑事连合部判决,《刑集》第 15 卷,第 715 页。
③ 关于否定说的立场,参见〔日〕村井敏邦:《共谋共同正犯——否定说的立场から》,载《刑法杂志》1991 年第 31 卷第 3 号,第 54 页以下。
④ 这种局势大体上是于 20 世纪 80 年代的后半叶才被确定下来的。

行为的人",据此将共谋共同正犯这个共同正犯理论的例外纳入原则之内。

实务界之所以会采取共谋共同正犯的概念是有其一定的社会事实基础,不去观察这些事实基础,即基于法官立法不妥、违背罪刑法定主义或实务界屈从于上级法院的决定不知反省等理由,而反对共谋共同正犯的概念一事,确实是没有多少的实质意义。就正如团藤重光在东京大学法学院当教授时,虽然采取否定说,但是一旦成为最高法院的法官后,即改变见解开始承认共谋共同正犯的概念,对于这种事态假若仅是认为人当了官以后就会改变初衷,则批判的力道即会仅止于批判而已,对于实态不会有任何帮助。事实上,当实务家面对千奇百怪的犯罪事实,而且又有适用刑法维护民众遵法意识①的压力时,这种观点转变是可以理解的。②而比较务实的做法应该是面对实际上存在的共谋共同正犯概念的实务运用,尽可能利用刑法理论的力量,将其适用范围限缩到可以忍受的程度。

在这种意义下,以下先简单介绍肯定说的诸种理论,然后再选择其中矛盾最少的一说,用此说观察日本实务见解的变化。

共同意思主体说创设了一个虚拟的(实行)行为主体,然后要求每个基于共谋而被纳入这个行为主体中的个人负起集团责任,这显然违背了近代的个人责任主义的要求,如今是已经没有任何论者会直接采用此说。最先取代共同意思主体说的理论是间接正犯类似说与行为支配说。此二说共同点在于认为未继续为实行行为的共同正犯,其是将实际上从事实行行为的其他共同正犯当成道具或对其拥有优越的支配地位,并借着这个实行行为实现自己的犯罪。

这两个理论一方面固守了形式的实行共同正犯论的要求(支配行为与利用行为并不是形式上的实行行为),另一方面又实质地扩张了实行行为的射程范围,让形式上未为实行行为的共谋者,可以被视为共同正犯予以处罚,只要能够进一步将支配行为与利用行为予以定型化,那确实是个优秀理论。不过,这两个理论仅能解释支配型的共谋共同正犯现象,而无法解释协力型(多数地位平等的人之间的共谋)的共谋共同正犯现象。

针对这种缺失,新的学说兴起。这个新学说有诸多名称,有共同正犯说,亦有实行行为准据说(准实行共同正犯论)的论者,足见其学说内容尚未统一。不过,主张这个新学说的论者都共同采用了真正的实质的实行共同正犯理论,认为共谋行为是一个实质的、评价上的实行行为(或准实行行为),而这个共谋行为正是处罚参与共谋者的客观基础(取代了以往的形式实行行为分担要件)。③

其实,这种想法早在新的学说兴起前,早就有蛛丝马迹存在。除了后述的练马事件的判决外,连共同意思主体说的最后一代主张者——西原春夫的见解中,亦可看到对于具体共谋行为的重视。西原春夫认为所谓的共谋不仅仅是一种单纯的主观犯意联络或谋议,而是一种客观的要件,是使得(共谋)共同正犯"得以成立罪责的客观事实"。④ 只不过,西原春夫仍旧主张只有虚拟的心理上共同体才是形式上实行行为的行为主体,而参与共谋者则是因为有客观的共谋行为而成为负责任的主体,这种将行为者与负责任者切割的见解使得一般论者无法苟同,进而也忽略了

---

① 有关刑法(刑罚)的社会机能的分析,参见李茂生:《论刑法部分条文修正草案中保安处分相关规定》,载《月旦法学杂志》2003 年第 93 期,第 101—113 页。
② 参见〔日〕松元时夫:《共谋共同正犯と判例·实务》,载《刑法杂志》1991 年第 31 卷第 3 号,第 39—42 页。
③ 参见〔日〕西田典之:《共谋共同正犯论——肯定说の立场から》,载《刑法杂志》1991 年第 31 卷第 3 号,第 34—37 页。
④ 参见〔日〕西原春夫:《刑法总论》,成文堂 1978 年,340 页以下。

其对于共谋行为见解的正当性。①

虽然这种新的学说因为会将实行行为与准备行为混为一谈,而且也会使手的时点提前,造成实际上的处罚扩张现象。不过,准备行为的处罚需要有特别规定,而且无须准备行为之后的形式实行行为。反之在共谋共同正犯的情形,假若后续并没有发展出形式上的实行行为,则根本不会被处罚,实际上,二者在具体的案例中是不会被混淆的。此外,如果能将实行行为定义成"客观上具有得类型化的(产生犯罪结果的)危险性的行为",而所谓的着手则是"从具体发生或预测会发生的犯罪结果往前观察,在因果流程中所得确定的发生具体危险的时点",则一个是客观行为,一个是具体时点,两者可以分开讨论,在着手的时点上,根本无须一定要求要有犯罪实行行为存在。② 之所以会认为将共谋视为实行行为时会导致着手时点的提前,这是因为传统上都认为所谓的着手即是开始为实行行为的时点。其实我们是没有必要坚持这种传统见解的。

在这个最新的理论下,所剩的问题有两个:其一,如何通过类型化的危险来将共谋行为定型化,其二,参与共谋的人其可能的责任分担量(更正确而言应该是参与形态),应该如何决定。

第一个问题牵涉到各个犯罪类型的不同的危险性,所以必须要靠判例的累积才能够厘清问题。不过就共同的要素而言,所谓的共谋行为应该包含主观的犯意联络以及其他例如时间、地点、行为分担的决定内容等客观要素。③ 后者比较容易理解,但是前者则颇为暧昧。不过,跳过细腻的论述,似乎可以解释成共同谋议者间的交互心理状态,而不是指单纯地认知对方的存在或主张的内容。于此我们可以看到学说理论的延续性,亦即共同意思主体说、间接正犯类似说与支配行为说等,其不外就是解释这种交互心理状态(或影响程度)的名词。由此点而言,最新的理论可以说是不仅整合了以往有关处罚根据的所有理论,其更进一步提出除主观要素外的客观要素。如此说来,在最新理论的架构下,就处罚根据的主观要素方面,我们是不是仍然无法避免要对以往争论不休的各个学说作一个选择,总不能不负责任地主张"诸说的折中"? 其实不然。

此处虽然称犯意联络为主观要素,不过并不是指各个共谋者内心中的"心理事实",而是指存在于共谋者间得客观地利用科学经验法则测定(或推测)出来的"心理性影响力",亦即客观上得观察到的心理性交互影响程度。这不是一般所谓的构成要件事实中的主观要素,而是客观要素。既然说是客观的影响程度,则这就不是选择的问题,而是认定的问题。有些情形是形成集团意识,有些情形是某方控制他方,当然也有些情形是互相利用的心理依赖。行为人通过参与共谋的行为而使得自己的存在变得对结果的发生产生一定的贡献(惹起说),而这个贡献当然有程度上的区别,心理的依赖如果达到以集团意识互相拘束,或某人可以心理上拘束其他人的程度时,当然有可能成立(共同)正犯;反之,如果相互利用的心理依赖程度并不高的情形,此际即应考虑是否仅为狭义共犯。换个角度而言,这不外是共犯因果性中的心理因果性,实际上直接牵涉到上述第二个问题。

第二个问题是有关(狭义)共犯与正犯间区别的理论,也就是参与共谋的人到底是共同正犯还是仅是教唆、帮助等狭义共犯的问题。特别是当参与共谋的人,事后又有在其他共谋者进行形式实行行为时从事了其他非形式实行行为的行为时,问题更为明显。本案徐自强租车的行为即是一例。

以往主观正犯论风行的时候,行为人只要被认定是以自己的犯罪意思进行犯罪时即为正犯,

---

① 参见〔日〕冈野光雄:《共同意思主体说と共谋共同正犯论》,载《刑法杂志》1991 年第 31 卷第 3 号,第 23—24 页。
② 例如挖陷阱的行为是实行行为,而被害人走到陷阱前的时点是着手。
③ 参见陈子平:《论共谋共同正犯》,载《警大法学论集》1997 年第 2 期,第 404—405 页。

其余则为帮助犯等(为他人的犯罪而行为)。而共谋中的犯意联络又被视为证明参与者是以自己犯罪的意思而进行共谋。此际只要参与了共谋,不论在共谋的内容上参与者的实际角色分担如何,纵或切割共谋行为与形式上实行行为,而且在形式实行行为的阶段,行为人仅是从事了实行行为以外的其他行为,该其他行为的存在,仅会成为巩固行为人身为共谋共同正犯的地位的客观证据,自然也不会使得行为人一下子就从共谋共同正犯的地位降到帮助犯。

如今学说上主观正犯论已经沦为少数说,取而代之的客观正犯论又以实质客观说为主流。所以到底是正犯还是狭义共犯的区别,已经是必须以行为人对构成要件该当事实(结果)的因果上危险程度为判断标准。虽然这种学说上的转变对于实务见解的影响力似乎尚未充分显现出来,不过至少实务界接受了学界见解的转变,而于认定正犯性时采取了主客混合的见解。

这种转变使得参与共谋的人,不仅是因为"自己犯罪的意思"而已,其另会基于客观的参与行为态样等的差别,而分别成立共同正犯或单纯的狭义共犯。虽然这点也会牵涉到共谋行为定型化的问题,不过此姑不论某行为到底是不是属于实质实行行为中的共谋行为的问题,以成立共谋行为为前提,进一步应该讨论各个参与者的共谋行为的定型化问题,亦即其到底是共谋共同正犯抑或仅是教唆、帮助犯而已的问题。

形式实行共犯理论下的否定说,有将共同正犯、教唆与帮助明确区分的机能,而这点不是肯定说中的任何一说可以完全取代。只不过共同正犯的因果性中有心理的因果性与物理的因果性两者不可偏废①,而物理因果性的重点在于形式实行行为的分担,确实当诸人处于共谋共同正犯的情形时,物理的因果性是很难判断的,但是其仍有心理的因果性,过度重视物理的因果性的否定说,难免轻忽心理的因果性之讥。②

反之,假若仅因为共谋共同正犯的物理的因果性很难认定,于是就只着重心理因果性③,则也会产生一些困扰。特别是在"主观正犯论—意思联络—心理的因果性"这种主客观诸说相互混淆的情形下,问题会更为深刻。有时仅凭"自己犯罪的意欲""认识自己为共同正犯下所为共谋""相互认识"等属于行为人内在的主观要素就会直接认定参与共谋者即为共谋共同正犯。④ 此际如果共谋关系中行为人的物理因果性并不高,例如仅消极参与或角色并不重要等,纵或事后与其他共犯进行形式上实行行为时,仅从事了轻微的帮助行为,该帮助行为不会减轻行为人的参与程度,自然也不会因此而变成单纯的帮助犯而已。

以上为至今有关共谋共同正犯理论的学界意见的整理⑤,因为理论本具有抽象的性质,所以例如最后的一个议题,亦即于共谋的关系中要如何通过心理的、物理的因果性的判断将一些参与者排除在共同正犯之外的标准方面,学界亦仅能提出一个抽象的标准,这个标准对于犯罪的实现是不可或缺的,或对于构成要件该当事实有重要的因果贡献⑥,或于构成要件实现过程中被分配

---

① 参见〔日〕前田雅英:《刑法总论》(第三版),东京大学出版会1998年版,第385页以下。
② 正因为共谋共同正犯也重视心理的因果性,所以其不可能会有在实行共同正犯中会存在的片面共同正犯。
③ 参见〔日〕林干人:《刑法总论》,东京大学出版会2000年版,第405、417—418页。不过,林干人似乎误解了所谓的心理因果性的内容,所以不用这个名词而独创出参与者相互间的"精神关系"以资替代。
④ 参见〔日〕园田寿:《共谋共同正犯,刑法の争点》(第三版),载《ジュリスト》(增刊),2000年,第99页。
⑤ 虽然说是整理,但是查看了许多教科书的内容后发觉,其实学者间的讨论并没有一定的结构与流程,为求精简论述,笔者加入了许多连结点,将诸种论述整合起来。其结果特别是关于最新理论的诠释方面,或许会有一部分与实际上的主张者的意见有所出入。于此事后声明。
⑥ 参见〔日〕山口厚:《刑法总论》,有斐阁2001年版,第274—277页。

的任务很重要①等,虽然是经过一连串的论述后得出的结论,但终究是无法直接适用到具体事例。这点就要靠实务判决的累积了。②

前述1936年的日本大审院刑事连合部判决,已经看得出来学界与实务界的互动。该判决认为,共谋共同正犯的关系是指诸人如一体同心般地相互支持依赖,进而共同地实现各自的犯意。由这种定义看来,该判决应该是采取共同意思主体说,而共同正犯与狭义共犯间的区分标准是采用主观的正犯论。

上述判决是到第二次世界大战前有关共谋共同正犯理论的实务见解的集大成。第二次世界大战后,学说纷纭形同战国时代,而实务见解也开始变得"不纯正"(亦即不会定于一尊)。最明显的应该是1958年的练马事件判决。③ 该判决认为,所谓的共谋共同正犯是指二人以上在共同意思之下成为一体,相互利用对方的行为,从事以"将各自的意思付诸实行"为内容的谋议,依此而实行犯罪。这个判决除了仍有共同意思主体说的阴影外,事实上已经采用了间接正犯类似说的见解④,不过在共同正犯与狭义共犯的区分标准方面,仍旧维持了主观正犯论的立场。

不过,练马事件判决对于其后的诸判决的影响,绝对不在于其具有主观主义刑法意涵的大杂烩形象,而在于其对于"共谋"这个事实的观点。判决中的诸点显示出以下见解上的转变。该判决认为共谋不仅是单纯的意思联络或共同犯行的认识(主观要素)而已,其更是可以比拟实行共同正犯的"实行行为分担"的客观要件,亦即是一种"得以成立罪责的事实",需要经过严格的证明(依据有证据能力的证据经过合法的证据调查程序所为的证明)。在实质的实行行为论尚未出现的那个时代,这甚至可以说是"引导学界动向的判决"。

可惜的是,练马事件判决虽然是将共谋行为视为应经过严格证明的事实,但是却又认为无须就共谋的日期、场所、详细内容、每个参与者的角色分担等一一为具体的证明与判示。如此一来,需要证明的就仅剩下例如犯意的联络、各自的正犯意思的认识等所谓的"共谋的主观要素"(不是前述的心理的因果性)了。无怪乎论者主张诉讼程序上对共谋行为的严格证明要求,在实际上经常会被轻视,特别是当共谋仅仅被当成一种犯罪成立的主观要素(犯意联络)时,被告与共同被告的自白将会非常容易成为证明这个主观要素存在的证据,如果又再认为共犯者的自白可以互相作为补强证据时,几乎无法阻止实务于认定罪刑时的自白偏重倾向。⑤

奇妙的是,翌年的松川事件大法庭判决有了决定性的转折。松川事件中,大多数的最高法院法官受到练马事件判决的影响,在严格证明的要求下怀疑犯行参与者间存在过主要的联络谋议行为,进而下达了全体无罪的判决。于审判中曾有少数法官主张纵或没有联络谋议会议的存在,只要能通过其他的谋议、实行行为的存在等推定任何的意思联络事实,则仅以此主观的事实亦得认定共谋共同正犯。不过,这种"主观谋议说"未被大多数采取"客观谋议说"的法官所接纳,而这个决定也间接地将"共谋(行为) = 犯意联络"的脐带切断,并影响到日后的判决动向。

在"应有客观上经得起严格证明考验的谋议行为的存在"的前提下,日本实务界开始着手尝试确立认定谋议内容(事关共犯因果性的重要性程度的认定)的客观标准。时至1977年的朝霞

---

① 参见〔日〕内藤谦:《刑法讲义·总论》(下)(Ⅱ),有斐阁2002年版,第1333页。
② 以下日本实务见解的整理,主要资料来自于〔日〕内藤谦:《刑法讲义·总论》(下)(Ⅱ),有斐阁2002年版,第1368页以下。
③ 1938年5月28日判决,《刑集》第12卷第8号,第1718页(伤害致死事件)。
④ 这个判决的犯罪事实是支配型的共谋共同正犯。
⑤ 参见〔日〕町野朔はか:《考える刑法》,弘文堂1986年版,第306页。

驻屯地自卫官杀害事件判决①,有关共谋内容方面的认定已经发展出一定的标准,该判决在(责任判断阶段)犯意认定上虽然仍旧维持了共同意思主体说、间接正犯类似说与主观正犯论的混合见解(要求一体化的共同犯意与利用其他共犯而实现自己的犯罪意思),但是却在"(构成要件要素判断阶段的)于犯罪遂行过程中所担当的角色的重要性"方面,认为应该就议中谁决定犯罪计划、参与的诸人于犯罪遂行过程中的任务分配、犯罪遂行中的利害关系、对于实行行为者是否有心理性的拘束、是否有得以证明实现犯罪的意欲的紧密人际关系等,进行综合性的判断。② 不论该判决将责任要素与构成要件要素加以混同的误谬,仅以其已经提出类似于认定心理以及物理因果性是否存在的客观判断标准而言,即可大书特书,甚至可以说是前述最新理论的先驱。

之后直至今日,日本实务界一直不断地尝试通过共犯因果性的判定而具体地决定共谋者是否具有(共谋共同)正犯性。有一些判例受到了论者的质疑,例如③:

(1)于相对抗的两集团械斗之际,集团成员之一的被告虽然没有实际上参与实行行为,但是却滞留在现场旁观(东京高判 1980 年 1 月 30 日《判夕》第 416 号,第 173 页)。

(2)仅仅是同意于主导者的提案,而随行于主嫌杀人行为的人(名古屋地判 1989 年 6 月 28 日《判时》第 1132 号,第 36 页)。

不过更多的判例则是受到了正面的肯定评价,这些否定正犯性的重要下级法院判决内容如下④:

(1)虽然曾被告知犯罪计划,不过未参加事前谋议也未参与现场勘查,其所受赃款为数不多,而且在整体的犯行中仅处于从属地位(千叶地松户支判 1980 年 11 月 20 日《判时》第 1015 号,第 143 页)。

(2)纵或在国外有为被告购买走私用枪支,但这仅是在外国合法范围内的协助而已,其对于枪支是否走私成功、在国内贩卖给谁等毫不关心,而且与正犯间并无紧密的人际关系(东京地判 1982 年 7 月 28 日《判时》第 1073 号,第 159 页)。

(3)虽然知道被告企图诈欺,也曾建议过贩卖方法、欺骗方法等,但是却未曾询问过正犯所欲欺骗的对象、欺骗的手段与时间,再者也未介入实行行为,事后也未受任何报告或接受任何诈欺所得金钱(东京高判 1982 年 12 月 12 日《判时》第 1085 号,第 150 页)。

(4)虽然替正犯斡旋了购买被窃试题的对象,也曾介入贩卖的行为,不过就窃取的方法未曾受过具体的说明,也无事前商量或谋议,与正犯间也应无感受到心理拘束力的亲密人际关系(札幌高判 1985 年 3 月 20 日《判时》第 1169 号,第 157 页)。

这些事实虽然不一定都是经过严格证明程序而被认定的,而且主观正犯性理论也仍旧有其固有的势力,这都会造成偏重被告或共同被告自白的倾向,不过纵或如此,这些判决均是些重视谋议内容或犯罪遂行过程中的非实行行为所意涵的共犯因果性的判决,可谓是从"基于主观事实而判断"转向到"基于客观事实而判断"的踏脚板。

(三)台湾地区共谋共同正犯概念的现况与徐案判决中的实务见解

分配给笔者的篇幅以及期间限制异常严格,以上的论述分量已经逼近极限,不过比诸上述日

---

① 东京高判 1977 年 6 月 30 日,《判例时报》第 886 号,第 104 页;最决 1982 年 7 月 16 日,《刑集》第 36 卷第 6 号,第 695 页。

② 参见〔日〕野村稔:《共谋共同正犯理论的总合的研究——はじめに》,载《刑法杂志》1991 年第 31 卷第 3 号,第 3—4 页。

③ 参见〔日〕内藤谦:《刑法讲义·总论》(下)(Ⅱ),有斐阁 2002 年版,第 1376 页。

④ 参见〔日〕林干人:《刑法总论》,东京大学出版会 2000 年版,第 418—419 页。

本学界与实务界的发展,台湾地区的情形不仅是贫弱了许多,而且亦有陈子平教授颇为完整的论述①,所以应该可以采用简略补足的方式进行论述。

与日本方面相同,台湾地区有关共谋共同正犯概念的适用亦是起源于实务上的需要。从1912年到旧"刑法"施行之前,实务界大多肯定共谋共同正犯的概念,只要有共谋、同谋或预谋(意涵不明)再加上事后分赃(实行行为以外的行为),通常都会被认定为(共谋)共同正犯。时至旧"刑法"时代,因为重要犯罪都有同谋犯(共谋共同正犯)的规定,所以实务见解趋于否定说。

不过这段期间非常短,到现行"刑法"施行后,实务界立即改变见解开始宽松地承认共谋共同正犯。这段期间的巅峰应该是1965年的释字第109号解释文。该解释文中以"以自己犯罪的意思为共同犯意的联络"为主观要素,而以"事前同谋"为客观要素肯定了共谋共同正犯的成立可能性。虽然其理由书中的诸种观点漏洞百出,而且也未明示处罚的根据到底是意思共同体说抑或他说,但是却因为这是"大法官"的解释文,所以成了台湾地区处罚共谋共同正犯的"法"的依据。之后的诸判决、判例均未说明处罚的根据,就直接依据释字第109号解释文肯定了共谋共同正犯的存在。至于共同犯意的联络,共谋行为等应如何认定一事则一概不提,仅于最近有几个判决,因为下手实施犯罪行为的正犯行为超过了共谋犯罪计划的范畴而有错误的问题存在,所以才要求应于事实栏中书明共同谋议犯罪的范畴,并于理由栏内说明所凭依据。②

这并不代表法院对于共谋的存在、共谋的内容、与结果间的因果性等要求严格的证明。其实早在释字第109号文之前,曾有过一个契机可以让法院对于共谋这个事实采取较为严格的认定态度,不过这个契机却是一闪即逝。

于1942年时曾有一个1942年院字第2404号解释,该解释将"刑法"第28条中的"实施"文句解释为对象包含阴谋、预备等行为的概念,而共谋正是一种被犯罪人所"实施"的行为,只有在其对于结果有直接关系的情形,始可成立共谋共同正犯。姑不论诸多论者对于这种见解的批判,如果这个解释能够在实务界得到重视,则共谋行为即有可能会被视为类似于实行行为的行为,需要严格证明,而且该行为与结果间的物理、心理因果性,也会成为审判时的重点。不过,可惜的是院字第2404号解释只是一个昙花一现的奇迹罢了。

总而言之,如今台湾地区的实务见解,不仅只着重于"为自己的犯罪=犯意联络"这个(可有可无的)主观要素,连得区分客观的心理因果性程度的共同意思主体、间接正犯、行为支配等的理论都不屑一顾,其偏重自白恣意认定共谋共同正犯的倾向,应该还会持续一段时间。

与以上的实务倾向相比对,台湾地区的学说理论则较为进步。不过不仅是进步有限,而且也没有任何契机可以与实务接轨,两者间形同并行线。

学界方面从早期的1931余年开始,例如赵琛、余承修等均反对共谋共同正犯的概念,时至中期的70年代,周治平、杨大器等仍然维持早期学者的见解,坚决认为纵或实务上有这类的概念,但学理上不应予以认可。不过到80年代起,学界的见解开始转变成赞成说。从以往一面倒反对共谋共同正犯概念的局势发展至今只剩下少数论者坚决反对③,大部分学者都是采取肯定实务倾向但是加以限缩适用的态度。

例如苏俊雄实行行为支配理论④,林山田虽然未使用共谋共同正犯一语,但是按其语意应该同

---

① 参见陈子平:《论共谋共同正犯》,载《警大法学论集》1997年第2期,第361页以下。
② 2001台上字第4952号、1997年台上字第4290号。
③ 参见廖正豪《共谋共同正犯论》,载《刑事法杂志》1977年第21卷第4期,第72页;褚剑鸿:《刑法总则论》(增订九版),1992年版,第272页;黄常仁:《刑法总论》(下),汉兴出版有限公司1995年版,第96页。
④ 参见苏俊雄:《刑法总论》(Ⅱ),元照出版公司1997年版,第426页。

样采实行为支配理论。① 不过这些论者,并没有进一步讨论之后的发展。

比较有趣的是蔡墩铭认为,共谋共同正犯成立的要素除"共同意思"的主观要素外,另应有客观要素,而这个客观要素不是一般论者所谓的谋议行为(的存在)而已,其必须是客观上具有精神参与作用(支配作用)的类似构成要件行为(实质构成要件行为)。② 而陈子平虽是异于台湾地区通说见解而采(修正的)间接正犯理论,于内容上比较偏向于行为人相互间的利用关系,但是亦提及共谋者间的心理因素。③ 两氏均已留意到作为(类似的)实行行为的共谋行为④,除共同意思外,另应有客观的心理因果性,此客观的心理因果性,应该通过参与者间的关系,亦即支配关系或相互利用关系等而得到证明。不过,于论文中实在是无法确认两氏是否也注意到共谋行为的物理因果性。与此相对应,黄荣坚则是一语点破关键点,其认为只要能够肯定因果关系,则并非不得将共谋者视为共同正犯。⑤ 含糊的发言,倒是创造了无限的想象空间。

姑不论此,以上心理因果性的重视如果加上关于(共同)正犯与(狭义)共犯间的区别标准,学界都是主张主观要素与客观要素混合(两者兼备)⑥的状况,一旦所谓的"心理的"因果性被视为是主观要素时,即大有可能会被共同意思所吸收,结果就是造成主观主义的偏向。而实务上在认定主观要素的时候,因为证明的困难性,所以经常容易偏向于被告或共同被告的自白。两者相成造成了台湾地区实务界的最大缺点。

徐自强案中,有关共谋的部分,在极度强烈的主观正犯论下,其结果是实务上特别重视行为人的"主嫌意识",这使得法官不知不觉中即开始重视徐嫌"为自己犯罪而为的犯意联络",并认为这是共谋的主观要素,亦即只要徐自强是以自己犯罪之意参与共谋,即可认定是(共谋)共同正犯。这正是为何徐案中的法官毫不犹豫地利用共同被告的自白,在无任何其他补强证据的情形下,恣意地认定徐嫌的主嫌身份的理由(法官一直在强调犯案的动机,例如欠债等)。其余例如共谋这个行为事实是否存在,其内容如何,有无对结果的重要(物理的、心理的)因果性等,其实都是附带的、无所谓的法院判断中的论述而已,当然也不需要经过严格证明。

判决书中谓主嫌之一曾于徐自强的租屋处共居,徐自强曾伙同其他共犯探查被害人生活起居习惯,其曾参与事前挖掘埋尸用洞穴,亦曾购买掳人以及杀人用工具。这些都指涉共谋行为确实存在,而且也对结果的发生产生了不可或缺的因果性。不过以客观的证据而言,纵或有租屋共居以及租车的客观情事,这个客观情事并不能证明徐自强参与了犯罪的共谋,而该共谋中徐嫌的地位已达重要的、不可或缺的程度。租屋共居以及租车的行为,根本无法直接与有关共谋行为的其他共同被告的自白连结在一起,因为其间充满了无数的解释可能性。

正如当徐嫌提出某日数通电话的通话记录时,法官毫不犹豫地即将这个被告所提出的证据,解释成通话记录正是证明了徐嫌与其他共同正犯间的(有关犯行的)密切关系一样,既然在不知

---

① 参见林山田:《刑法通论》(第七版)(下册),2000年作者自版,第86—90页。
② 参见蔡墩铭:《刑法总则争议问题研究》,五南图书出版公司1988年版,第262页;蔡墩铭:《中国刑法精义》,翰芦图书出版公司1999年版,第236页。
③ 参见陈子平:《论共谋共同正犯》,载《警大法学论集》1997年第2期,第402—403页。
④ 其实严格而言,这种论断是有问题的。学者蔡墩铭并未明示共谋即是一种扩张的、规范的、评价性的实行行为,而学者陈子平则是基于罪刑法定主义的要求质疑这种扩张的危险性(亦即,可能会无法将实行行为定型化)。
⑤ 参见黄荣坚:《基础刑法学》(下),元照出版公司2003年版,第340页。
⑥ 参见陈子平:《共同正犯与共犯论——继受日本之轨迹及其变迁》,五南图书出版公司2000年版,第221页以下;周金芳:《论正犯与共犯之区别——以共谋共同正犯之判断为中心》,载《法令月刊》1993年第44卷第4期,第13—16页。

通话内容的情形下,法官即可认定通话的内容,当然也可以恣意地解释租屋共居与租车一事的意涵。

主观恣意地判定徐嫌的"主嫌意识",然后将租屋共居以及租车的客观事实当成补强证据,主观地推定共谋的存在与详细内容,然后由此推定强烈的因果性。所有的错误都是源自"主观正犯犯意的恣意认定"上面。

(四) 小结

共谋是一个规范性、评价性的实行行为,按理应该要有产生结果的类型化物理以及心理因果性,这些都是要经过严格证明的客观事实(包含行为本身的存在与其内容)。心理因果性是一般的单独正犯所不可能存在的因果关系,但是这并不会使(共谋)共犯关系中的物理因果性失去重要性或其需要被严格证明的地位。过度地主张主观的正犯论,重视"为自己犯罪的意思",然后将本来应该通过共同意思主体、类似的间接正犯关系或类似的行为支配理论等确立的心理因果性的客观程度,予以无限地主观化,最后再轻忽所有客观的物理因果性的认定一事,正是台湾地区在判断共谋共同正犯是否成立时的最大缺失。

按照现在的实务习惯,或许徐自强确实是掳人勒赎而杀人的共谋共同正犯。因为虽然不能证明徐嫌进行了形式上的实行行为,但是共谋行为方面则有共同被告的自白,以及客观存在的租屋共居以及租车的事实以资证明,所以假若毫不反省的话,徐嫌确实应该被判死刑。

不过不论是理论抑或实务见解,台湾地区的实际情况应该仅达到日本 1930 到 1960 年代左右的程度而已,学别人的东西,但又不用功、不用心,结果导致了四不像的现况。台湾地区人民受到法律以及司法的保障程度,实在堪虞。

反观日本的情形,其由实际案例需要发展出共谋共同正犯概念,然后也受学界影响而从实际的判决中发展出限制共谋共同正犯适用范围的判断标准,此足证日本的法官不仅是用功,他们还会思考。看来台湾地区司法改革的进程,重点应该不是交互诘问等制度的引进,而是法学教育的改革以及法官们自我进修机会的增加。

结论性观点

综观本件徐自强案之判决可知,基本上法院认定徐自强涉犯共同掳人勒赎并杀被害人之犯罪事实,系以两名同案共同被告 X2 及 X 之自白为主要之依据,并以该两名共犯之自白相互补强,构成判决所认定事实之证据基础(包括证据能力及证明力)。而此种"共犯自白"之相互补强,从判决形式观之,似乎并不违背目前之实务见解及思潮,惟细绎本案共犯 X2 及 X 之自白,就其对自己不利部分之自白,已然欠缺确实之补强证据(如事先谋议之过程、掳人及杀人之犯案之工具等),更遑论渠等自白关于徐自强涉案部分到底有何确实之证据可资补强此部分自白之真实,尤有甚者,X2、X 二人自己之自白前后亦存有矛盾及不一致之瑕疵(包括对自己不利及对徐自强涉案之自白),则法院以该两名共犯有瑕疵之自白互为补强作用之综合认定下,否定徐自强否认犯案之辩驳,直接依共犯自白之内容认定徐自强亦为共犯之一,不仅与"补强证据法则"之以被告自白以外之证据担保自白内容真实之法理相违,在依循共犯有瑕疵自白为演绎、论证之下所产生之心证,在论理上恐更难趋近真实。

事实上,对于共犯自白是否具有补强证据之适格及证据价值,得否相互补强之质疑,并非本判决评鉴报告所独有之创见,在实务上,即有台湾地区"最高法院"1985 年台复字第 10 号判例意旨认为:"'刑事诉讼法'第一五六条第二项规定,被告虽经自白,仍应调查其他必要之证据,以察其是否与事实相符。立法目的乃欲以补强证据担保自白之真实性;亦即以补强证据之存在,借之限制自白在证据上之价值。而所谓补强证据,则指除该自白本身外,其他足资以证明自白之犯罪事实确具有相当程度真实性之证据而言。虽其所补强者,非以事实之全部为必要,但亦须因补强证据与自白之相互利用,而足使犯罪事实获得确信者,始足当之。"另台湾地区"最高法院"1998年台上字第 2580 号裁判更进一步指明:"……被告之自白,不得作为有罪判决之唯一证据,仍应调查其他必要之证据,以察其是否与事实相符。立法目的乃欲以补强证据担保自白之真实性,亦即以补强证据之存在,借之限制自白在证据上之价值,防止偏重自白,发生误判之危险。以被告之自白,作为其自己犯罪之证明时,尚有此危险;以之作为其他共犯之罪证时,不特在采证上具有自白虚伪性之同样危险,且共犯者之自白,难免有嫁祸他人,而为虚伪供述之危险。是则利用共犯者之自白,为其他共犯之罪证时,其证据价值如何,按诸自由心证主义之原则,固属法院自由判断之范围。但共同被告不利于己之陈述,虽得采为其他共同被告犯罪之证据,惟此项不利之陈述,须无瑕疵可指,且就其他方面调查,又与事实相符者,始得采为其他共同被告犯罪事实之认定。若不为调查,而专凭此项供述,即为其他共同被告犯罪事实之认定,显与'刑事诉讼法'第 156 条第 2 项之规定有违。因之,现行"刑事诉讼法"下,被告之自白,或共同被告不利于己之陈述,其证明力并非可任由法院依自由心证主义之原则,自由判断,而受相当之限制,有证据法定主义之味道,即尚须另有其他必要之补强证据,来补足其自白之证明力,始得采为断罪资料。"

而审理之过程中从台湾地区"最高法院"之发回更审理由,亦可发现法院对于上述共犯自白之补强问题,并非浑然不知,如本案第一次发回更审之台湾地区"最高法院"1997 年台上字第 4832 号裁判意旨即指明:"上诉人徐自强始终否认犯罪,原判决则以共同被告 X、X2 不利于己之供述为论据。惟对所认定徐自强因经营电动玩具店为警查获赌博情事,急款纾困;4 人聚集徐自强处,谋划作案;徐自强与 Y 因房屋中介而熟识;其间徐自强从桃园县龟山乡某药房购得硫酸、胶带、手套等情。或未能详查以佐证前述自白属实;或对 Y 之父 Y1 所述,其与徐自强不认识云云(诉缉字第 105 页),未再传讯 Y 之妻 Y2,以查证徐自强与 Y 是否相识;对 X2、X 先后所述硫酸等物是否徐自强所购,并不一致,亦未详叙采证依据。凡此难谓可以补强证据担保该共同被告不利供述之真实性,而有证据调查未尽及理由欠备之违法。此与共犯人数、所参与犯行等攸关,原审未彻查明白,遽行判决,疏嫌速断……"以及第二次发回更审之台湾地区"最高法院"1998 年台上字第 156 号裁判意旨亦称:"又 X2、X 在审理中固仍指称徐自强参与作案,惟均否认渠等事先在徐某住处谋议杀害被掳人,此攸关其有无杀人之共同犯意联络,原判决亦未叙明其心证之理由,均属理由不备。"均可见台湾地区"最高法院"对于 X2、X 两名共犯自白之真实性,并非纯然无疑,故要求能提升补强证据之质与量,提醒下级法院不要仅以复数共犯间之自白为相互补强,故就上述台湾地区"最高法院"之判决见解而言,实已坚守补强证据之法理,将共犯之自白排除在补强证据之外,避免认定犯罪之证据,流于"供述"证据,甚者仅为同案被告之主观供述,别无客观上之具体事证。

惟历经各次发回更审之调查、审理,对于上述台湾地区"最高法院"判决所指摘之部分,始终无法查明积极、具体之补强证据,以证明及担保同案被告 X2 及 X 之自白为真实,但各次更审判决仍因循抄录前审及第一审所剪辑 X1、X2 两名共犯之自白以为有罪判决之理由,最后更五审后台湾地区"最高法院"亦放弃原先对补强证据之坚持未再发回更审,使本案死刑判决而告确定,实令人感到遗憾及不解;但与其认为系法院之疏虞,毋宁称系传统实务上偏重"自白"之心态使然,故被告之自白常有"证据之王"之戏称。在侦查过程中,如能获得被告之自白,且未发现明显之矛盾,并与侦查人员之侦查方向大致符合,常即为宣布破案之时机,至于之后之侦查、搜证工作往往即流于形式,而事实之真相往往因事发当时未能确实搜证而无法再探究或重建。因此,本案在历经数年警、检及法院各审审理之后,对于台湾地区"最高法院"所指之补强证据部分,当然在产生调查上之困难,则法院在面对其他共犯对徐自强不利之自白之情况下,无法排除对徐自强之怀疑,虽无其他补强证据亦仅能依据共犯之自白对徐自强为有罪之认定,似乎成为现行实务上偏重自白之制度上必然之结果,但此最后之判决认定结果,依卷内证据所示,是否可对徐自强有罪且应判决死刑之"确信",实无法排除否定答案之可能。而此又为永不可恢复之死刑判决,犹如以徐自强之生命,作为共犯自白是否真实之赌注,而此代价并非公义之司法制度所得以承担,如果对于共犯自白之证据价值不予厘清,往后仍会有相同之判决情形产生,此亦为本判决评鉴作成之原因之一。

综上所述,可知对于共犯自白之使用,必须加以限缩其证据价值,并应以客观之补强证据来取得证据能力,以免产生仅以他人主观上之供述成为认定犯罪事实之依据。而面对目前对于共犯自白之争议,实务及立法者于"刑事诉讼法"修正时,固将"共犯自白"与"被告自白"并列规定于现行"刑事诉讼法"第 156 条第 2 项,借此确定共犯自白亦须补强证据之法律依据。惟查,关于被告或共犯之补强证据之种类及范围为何?被告与共犯间,或共犯与共犯间之自白是否可以互相补强?以及补强证据所须补强自白内容之强度如何,即是否要就自白之全部内容或主要内容,抑或一部分之内容为补强?以及是否要为严格证明等,均无从就目前修法之规定得到解决。当仅能期待实务界能就立法意旨及台湾地区外立法潮流欲限制自白之证据价值之思考上,就上述问题形成具体妥适之一致见解及适用标准,否则争议难免,将会再产生类似徐自强案极具有争议性之判决,斲伤人民对司法之信赖,以及对于正义之实现。

承受诉讼违法*

——台湾地区"最高法院"2002年台上字第5042号刑事判决评释

葛 谨**

基本案情

原告(自诉人)之子(40岁男性),1998年7月13日14时许,因全身酸痛、吃不下饭、咳嗽、呕吐等症状求诊,无家人陪同自行就诊,当时血压74/46 mmHg,经诊断为感冒,施打止肌肉酸痛针剂Piroxin及血液循环Sinkern(1Amp)之针剂后,取药自行返家。同日约18时许,第二次来诊,主诉想呕吐,无食欲、虚弱无力,乃施打5%葡萄糖液500 ml混合Vena/amp及Methycobal(Vit.13-12)/Amp①及Calcium gluconate 2ml静脉注射,施打至19时半左右,病人想上厕所,约经10分钟,忽闻厕所内碰撞声响,开门见人倒在地上,遂将其抬至推床急救,并通知病人家属。柜台小姐除打电话请救护车中心速派救护车来诊所,又电请台北县警察局消防队求救,约于20时30分左右,两辆救护车同时到达,消防队救护车于20时26分到达诊所,医师与病人之弟随119救护车将病人送往医院,途中并施急救,20时48分送至医院时,病人不幸于到院前死亡。②尸体经检察官督同法医验尸并解剖(autopsy)后,取出脏器及心脏血液等,送请"法务部"法医研究所鉴定,结果认系"病毒性心肌炎",致心律不齐致死。

裁判要旨

疏未转诊:按诊所因限于设备及专长,无法确定病人之病因或提供完整治疗时,应建议病人转诊,"医疗法"第50条第1项前段规定。③

未详查病因:医师于诊断前之检查,对于病人异常之低血压及恶心想吐、冒冷汗等症状,未予

---

* 原载于《月旦法学杂志》2010年第184期。
** 台北荣民总医院内科部临床毒物与职业医学科、东吴大学法律系兼任助理教授。
① Methycobal为水溶性维生素B12,可加速神经细胞代谢和修护受损的神经纤维鞘,如未吸收会随尿液排出体外。临床用途为治疗末梢性神经障碍。"司法院"网站原文为"Vit.13—12"(2010年4月7日访问),恐系"误写"或"转档错误",似应改正,以维人民之信赖。
② "到院前死亡"(dead or death on arrival,简称DOA)经常用来形容已无呼吸、心跳之昏迷病人,严格而言:死亡应经过医师判定,在医院外无医师资格者要能正确作死亡判定相当困难,也非恰当,临床上很多病人以"到院前死亡"之名进入医院时,除非已有尸斑、身首异处,都会先施行急救,亦有少数病人在心肺复苏术急救后恢复部分功能,甚至好转复活者。因此,对少数病人称之为"死亡",似有不周,医界遂有"到院前心肺功能停止"(out of hospital cardiac arrest,简称OHCA)之说,2007年起,119到院前救护记录改用"到院前心肺功能停止"。
③ "医疗法"于1986年11月24日公布全文91条,2004年4月28日修正公布全文123条,并自公布尔日施行;原"医疗法"第50条移至第60条:医院、诊所遇有危急病人,应先予适当之急救,并即依其人员及设备能力予以救治或采取必要措施,不得无故拖延。惟本条之处罚为行政罚,并非刑罚,以此为刑事罚之理由,似有违"罪刑法定主义"。

详确查明其病因或尽其转诊之义务。① 如能对病人详加检查,以确定其病因,或虽依其设备能力未能确定其病因,然既有可疑病因存在,如适时转诊到设备齐全之大医院检查,病人或有生机而不致死亡,益证其过失与病人之死亡原因有密切之因果关系。②

丧失最后急救机会:当时情形,医师急救10分钟后救护车未到,即应再另叫救护车,其竟疏未注意,又无何不能注意之情形,竟对死者急救40余分钟,犹不命护士另叫救护车③,致病人最后急救之机会亦丧失,急救病人之处置亦显有未当而有过失。

被告所辩,为卸责之词,不足采信。其罪证明确,犯行堪可认定,应予依法论科:从事业务之人,因业务上之过失致人于死,处有期徒刑8个月。

医师不服,上诉台湾地区高等法院与台湾地区"最高法院",台湾地区"最高法院"以"自诉人死亡承受诉讼不当及未通知检察官担当诉讼"与"理由不备"之理由,撤销原判决,发回台湾地区高等法院,台湾地区高等法院指定检察官担当诉讼,并叙明理由,改判"从事业务之人,因业务上之过失致人于死,处有期徒刑六月,如易科罚金,以三百元折算一日"[台北地方法院1998年自字第939号刑事判决、台湾地区高等法院1999年上诉字第3364号刑事判决、台湾地区"最高法院"2002年台上字第5042号刑事判决、台湾地区高等法院2002年上更(一)字第796号刑事判决参照④]。

疑难问题

本案争议焦点在于被告人即医师是否应负"诊断疏失"与"转诊过慢"之过失致死责任。

一、原告主张

原告(死者之父)主张:死者已有血压偏低(74/46 mmHg),应注意对此异常原因,进行必要之检查或处置,其竟疏于注意,仅诊断"上呼吸道感染",而予上呼吸道感染之症状治疗后,即让病人拿药回家。同日近18时许,病人因仍有恶心、想吐及冒冷汗等不适,再到该诊所就诊,医师应为必要之检查,以为其诊治之参考,其应注意数小时前,经其施打针剂、服药之后,病情并未缓解,仍然想吐,且新增"冒冷汗"之症状,如限于其设备及专长,而无法确定病人之病因或提供完整之治疗时,亦应建议病人转诊。惟医师对此显然易见之异状,竟疏于注意,遂予5%葡萄糖液500 ml混合静脉注射,于静脉点滴注射时,呼吸困难,给予氧气罩呼吸治疗,仍未注意是否另有病因。同日19时15分许,病人要上厕所,医师帮拿点滴针剂,送入厕所后,继续诊治其他病人。约19时30分许,病人倒地不起,神志丧失,立即进行急救,一面叫护士打电话叫救护车,附近救护车中心同意出车,惟迟迟未到,医师疏未立即叫护士另叫救护车,迟至同日20时10分许,打电话到警察

---

① 未详查病因并非"刑法"所定之处罚构成要件,参见"刑法"第12条。同时亦要考虑"当时临床医疗实践之医疗水平",台湾地区"最高法院"2008年台上字第2346号刑事判决:"惟因医疗行为有其特殊性,自容许相当程度之风险,应以医师当时临床医疗实践之医疗水平判断是否违反注意义务。原则上医学中心之医疗水平高于区域医院,区域医院又高于地区医院,一般诊所最后;专科医师高于非专科医师。尚不得一律以医学中心之医疗水平资为判断标准。"

② 医疗纠纷刑事案件应与其他刑事案件相同,采严格证明法则,否则似有违台湾地区"最高法院"1987年台上字第4986号刑事判例:"刑事诉讼上证明之数据,无论其为直接或间接证据,均须达于通常一般之人均不致有所怀疑,而得确信其为真实之程度,始得据为有罪之认定。"

③ 逻辑似有误会,急救事件法律尚鼓励"人人有责",不以"刑法"相绳,依"护理人员法"第26条规定:"护理人员执行业务时,遇有病人危急,应立即联络医师。但必要时,得先行给予紧急救护处理。"护士另叫救护车不需医师命令,即可执行,本案医师"专心急救",无暇他顾,似无不当。

④ 参见葛谨:《评心肌炎转诊过慢之医疗诉讼——兼论医疗过失致死之刑事鉴定》,载《台湾医界杂志》2007年第50卷,第529—534页。

局消防队求救,该消防队于 20 时 25 分接获出勤通知,于 20 时 26 分到达现场,20 时 48 分送至医院时,已无生命迹象。医师应负"诊断疏失"与"转诊过慢"之过失致人于死之责任,提起自诉。

二、被告主张

病人前后两次,均自驾机车来所就诊,并无家人陪同,第一次系 13 日 14 时许来诊,仅自述肌肉酸痛、咳嗽,经初诊为感冒,始予施打血液循环及止酸痛之针剂后,取药自行回去,其疗病过程,显无任何之过失。同日下午约近 18 时许,又骑机车第二次来诊,叙述想呕吐,无食欲、虚弱无力云云,遂予 500 ml 葡萄糖液一瓶施打点滴,约 18 时 15 分开始注射,约经半小时,病人表示较来诊时舒畅,遂继续打点滴至 19 时半左右,病人要去厕所,约经 10 分钟忽闻厕所内碰撞声响,开门见人已倒地,当时点滴尚有 1/3 瓶未打完,遂将病人抬至推床急救,并通知家属,要送医院。当时柜台小姐除打电话请速派救护车来诊所,另又电请 119 派救护车,约于 20 时 30 分左右,两辆救护车同时到达,由医师亲自与家属随救护车将病人送往医院,途中并施急救,惟至医院时,不治死亡。病人因患"病毒性心肌炎"致死,无法"事前"自症状或身体表征来诊断,医师兼顾当时体虚及血压偏低之症状,予以营养针剂点滴,已尽注意之义务,此种诊断处方过程,均无任何违误,且事发后立即施行急救,并电话请派救护车之医疗过程,被告在急救措施上已尽注意之能事,并无应注意能注意而不注意之过失。另外死者之尸体经检察官督同法医解剖后,认系病毒性心肌炎,致心律不齐致死,再经"行政院卫生署医事审议委员会"鉴定,死者系病毒性心肌炎,致心律不齐致死,此种病患之病程恶化快速,并突发死亡,为猝死之案例,大多数病人是无法以症状或身体表征来诊断,且病毒性心肌炎,死亡率甚高,纵及早诊断及治疗,是否可避免死亡,尚属未定。其死亡结果既系"病毒性心肌炎",其快速、突发之猝死,自与被告之医疗及急救措施等行为,均无"相当因果关系"之存在,尤不能单凭自诉人之巨额索赔不成,遂予医师业务过失论罪。

三、"行政院卫生署医事审议委员会"鉴定结论

法院以医疗过程,是否违反医疗常规及有无疏失,送请"行政院卫生署医事审议委员会"第一次鉴定结果:"依此病患之症状,医师诊断为上呼吸道感染,应属合理,惟第一次就诊时,曾发现病患之血压偏低(74/46 mmHG),医师未能针对此一情形,进行必要之检查或处置,仅给予上呼吸道感染之症状治疗,即让病患返家,实有违反现行医疗常规之处。又病患第二次就诊时,未见病历上有任何身体理学之检查,医师仅给予静脉点滴注射,有'诊断草率'之处。① 综上所述,病患之死因为病毒性心肌炎,死亡率很高,纵然即早诊断及治疗,是否即可避免死亡,虽属未定,但对一位中年病患就诊时,血压偏低的情形下,未详加检查及观察,实有疏失之处。"认被告医疗过程有违医疗常规、诊断草率及有疏失之处。

第二次再针对病人病毒性心肌炎致死与被告医疗及急救措施如有不当,是否有因果关系,送"行政院卫生署医事审议委员会"鉴定,鉴定结果:"病毒性心肌炎之诊断,很难光凭症状或身体检查来确定,本案病人判断的重点,应在于临床表现为休克之现象,必须针对其血压偏低的原因,详加检查及密切追踪。在初步处置后,应再追踪血压及临床症状,倘若未能改善,则建议病人迅速转诊治疗。因此,病人在第二次回诊时,医师理应再详细记录血压及心跳,否则实有应注意而未注意之处。"明确认定医师之第二次诊治,有应注意而未注意之疏失。

---

① 严格而言最多只能认定"病历记载草率",但是若考虑当时情形,医师既要急救又要完整"记载病历",实系两难,而"诊断草率"系从"病历记载草率"作推论,似乎违背"严格证明法则","医事审议委员会"似应注意"严格证明法则",与说明如何形成"诊断草率"心证之理由。

学理研究

一、心肌炎

心肌炎（myocarditis）乃心脏之肌肉受病毒、细菌、霉菌、立克次体、寄生虫、螺旋体感染、毒素、药物或其他疾病（如嗜铬细胞瘤、高血压）侵犯所引起之心脏肌肉发炎现象。心肌炎的临床症状包括：发烧、心衰竭、呼吸喘、心跳及脉搏微弱、心跳过快，而且有奔马律（gallop rhythm），甚至休克。胸部 X 光常有心脏扩大、肺水肿现象。实验诊断方面，心电图呈心律过速，低而延长 QRS 波并常有 ST-T 间节的变化，血沉速率、CPK、LDH 可能升高，Coxsackie 病毒 IgM 抗体常呈阳性反应。心脏超音波检查显示心室运动功能不良（hypokinesia），有时合并有心包膜积水和瓣膜关闭不全。经由心导管做心内膜及心肌采样切片可证实此病。① 聚合酶素连锁反应（polymerase chain reaction，简称 PCR）可以检测病毒的 RNA 或 DNA，可使许多以往未知原因之"原发性心肌疾病"找出病因。

病毒性心肌炎（viral myocarditis），是由病毒引起的心肌炎，侵犯心肌的病毒，以引起肠道和上呼吸道感染的流感、副流感、腮腺炎、呼吸道合胞病毒、腺病毒为主，美国"病毒性心肌炎"以柯萨奇 B 病毒（Coxackie virus B）最为常见。绝大多数病毒性心肌炎患者发病时有发热、咽痛、全身酸痛、腹泻等症状，酷似感冒（flu）或肠炎（enterocolitis）。

病毒性心肌炎之症状，有些可能无症状，有些只有感冒、循环系统的症状，如前胸区隐痛、心慌、乏力、恶心、头晕、劳动或活动时心慌等，心脏酵素升高，有些严重的病人会发生心律不齐、心脏衰竭、心源性休克甚至猝死，临床上，猝死之病毒性心肌炎，甚难生前诊断。②

心肌炎需靠病理切片诊断，但早期切片诊断相当纷乱，美国病理医师遂于 1987 年在得州达拉斯市开会取得共识（Dallas Criteria），将心肌炎病理变化分为"活动心肌炎"（active myocarditis）：心肌有发炎细胞浸润外，尚有心肌坏死或细胞退化现象；"边缘心肌炎"（borderline myocarditis）：心肌有发炎细胞浸润，无心肌崩解现象，但追踪切片仍有心肌有发炎细胞浸润者；"无心肌炎"（no myocarditis）：心肌无发炎细胞浸润。③

在婴幼儿或新生儿期的发病多为急性，甚至为猛爆性发作而常致命。但于较大孩童或青少年则发病较缓慢，甚至刚开始时无明显症状或仅有"感冒"症状。较大的孩童或青少年则偶有心律不齐或传导异常的现象。④

治疗方面端赖心脏衰竭的支持疗法，如限水、限盐、卧床休息。加强心脏收缩功能的药物（如：Dopamine、Dobutamine、Digoxin 等）虽可帮助心脏收缩，但对于发炎的心肌可能易导致心律不齐，使用时必须非常小心。例如，洋地黄剂量就需减半。此外也要积极使用暂时节律器（temporary pacemaker）治疗心律不齐，以免使发炎的心肌雪上加霜。类固醇的使用至今无定论。心肌炎的预后不佳，死亡率高达 50%～70%，能够完全恢复正常的大约只有 10%～20%。⑤

二、台湾地区刑事过失犯罪成立要件

成立医疗纠纷之刑事过失"犯罪"，必须符合"构成要件该当、违法性、有责性"三个条件，分

---

① Schultheiss HP, Kuehl U: Myocarditis and inflammatory cardiomyopathy. 937-949. in Crawford MH, DiMarco JP, Paulus WJ. Cardiology. 2nd ed. Mosby. Edinburgh. 2004.
② Herskowitz A, Ansari AA. Myocarditis. 9.1-9.24. in Braunwald E. Atlas of heart diseases: Cardiomyopathies, myocarditis, and pericardial disease. Vol. II. Wolfe. Philadelphia. 1995.
③ Aretz HT: Myocarditis: the Dallas criteria. Hum Pathol 1987; 18:619-624.
④ 参见陈铭仁、黄富源：《容易引起医疗纠纷的心肌炎》，载《当代医学》1996 年第 274 期，第 72—73 页。
⑤ 参见蔡依橙：《心肌炎》，载《临床医学》2009 年第 63 期，第 160—163 页。

述如下：

（一）构成要件该当

构成要件该当性的法律适用，应依照"吸收关系""法条竞合"与"择一关系"，循序判断，而决定构成要件该当性。① 依"刑法"第22条规定："业务上之正当行为，不罚。""刑法"第276条规定："因过失致人于死者，处二年以下有期徒刑、拘役或二千元以下罚金。"本案之事实并不复杂，虽无"吸收关系"，但法理上有"法条竞合"与"择一关系"之复杂关系②，台湾地区"最高法院"1994年台上字第4471号刑事判决："'刑法'上之过失，其过失行为与结果间，在客观上有相当因果关系始得成立。"因病人死亡，本案决定构成要件该当性仍需以"过失"为前提，本案若无"过失"，则不该当本条之构成要件。

（二）违法性

"刑法"第12条规定："行为非出于故意或过失者，不罚。过失行为之处罚，以有特别规定者，为限。"故"刑法"违法性以"故意"与"过失"为前提。③ 医疗纠纷之刑事过失犯罪，自亦应有故意或过失方符罪刑法定原则。医师执行医疗业务，目的在救人济世，其养成过程与公益之性质，让医师赢得社会之尊重。然而随着技术进步、新药问世与病患特异体质等因素，医疗业务并非毫无风险，医师在何种情况下应负"医疗事故"之刑事责任？依发展时间之不同，医疗纠纷过失犯理论有"旧过失犯理论""新过失犯理论"与"新的新过失犯理论"④三者。

旧过失犯理论系对医师课以事实上"绝对责任"，容易扼杀与阻碍医学之发展，早已为实务界（法院）所不取。⑤

新过失犯理论：以"可容许之危险"法理，矫正旧理论之弊端⑥，医疗行为以治疗疾病为目的，采用现代医学认可之诊治方式，若已具备疾病治疗目的、正当妥适之手段与方法、病人同意三者，医疗行为即具备适法性⑦，适法医疗行为中之过失行为，得主张"阻却违法"而不构成犯罪，医师不必对失败之治疗行为负过失之责。⑧ 因此，医疗事故之归责以医师执行医疗业务时，以是否已

---

① 参见郑逸哲：《构成要件该当性之法律适用》，载《月旦法学杂志》2007年第140期，第217—230页。
② 严格而言，"法条竞合"系行为人以单一之犯意，实施一个犯罪行为，发生一个犯罪结果，本应成立一个犯罪，但由于有数个刑罚法条对该犯罪重复之规定，外观上遂发生符合数个刑罚法条的情况。然而此等法条相互排斥，适用其中一个法条，当然排斥其他法条适用，又称"法规竞合"或"法规单数"。又法律所谓"错误"，系指行为人行为时，发生主观上之"知与欲"与客观事实结果不一致之情形，法学界通说将其区分为"事实错误"及"法律错误"。"法律错误"可区分为：(1)禁止错误（直接禁止错误）：行为人对其行为之禁止规范无所认识，致对于事实上禁止之行为，误以为法律所允许（消极），行为人内心欠缺不法意识。(2)容许错误（间接禁止错误）：行为人"误认"存在阻却违法事由之行为（例如医疗行为有阻却违法事由）。参见林山田：《刑法通论》（增订十版）（上册），2008年版，第411—446页。笔者认为，医疗行为受刑事诉讼之法理应该采"择一关系"，再限缩范围（例如，重大过失与故意），由于"失败的医疗行为"（有契约关系）与"驾驶员撞死（健康的）路人"，系属两事，因此"失败的医疗行为"似应适用"刑法"第22条："业务上之正当行为，不罚。"但法律学者与实务认为："失败的医疗行为，应依'刑法'予以处罚，甚至要加重处罚。"值得大家深入探讨。参见葛谨：《台湾医疗纠纷不受刑事诉讼之理由》，载《台湾医界杂志》2007年第50卷第8期，第379—383页。
③ 参见甘添贵、谢庭晃：《快捷方式刑法总论》，瑞兴图书出版公司2004年版，第115—187页。
④ 参见黄丁全：《医事法》，月旦出版社1995年版，第283—293页。
⑤ 参见廖正豪：《过失犯论》，三民书局1993年版，第68—77页。
⑥ 参见蔡振修：《医事过失犯罪专论》（增订一版），2005年自版，第147—156页。
⑦ 台湾地区"最高法院"1997年台上字第56号民事判决：所谓"可容许之危险"，系指行为人遵守各种危险事业所定之规则，并于实施危险行为时尽其应有之注意，对于可视为被容许之危险得免其过失责任而言。如行为人未遵守各该危险事业所定规则，尽其应有之注意，则不得主张被容许之危险而免责。
⑧ 参见吴志正：《医疗过失行为之刑事违法性》，载《医事法学》2006年第14卷，第38—51页。

尽"注意义务"为断,在医疗过程中,以其"注意能力"是否已达到"善良管理人"之责任。目前此说为医疗事故之通说。此说判断医师有无过失之考虑有三点:注意能力、医师自由裁量权、医学新知。①

新的新过失犯理论:又称"危惧感说",此说系为科技文明发达之现代社会,许多危害,在未知的状态下发生,如企业灾害、食品公害、医药事故等,因欠缺预见可能性而无过失责任,对社会安全与大众生命之维护,不够周延,而有此说。故"危惧感说"应只适用于企业法人较为妥适。②

(三)有责性

所谓有责性,或称"罪责",或称"责任",指行为人实施该当于构成要件之违法行为后,对于行为人所施予的非难或非难可能性。"有责性"就是将违法行为与行为人连结,而使其承担一定法律效果的一个法律概念。③

(四)因果关系

刑法实例上多倾向于客观的相当因果关系(proximate causation)。④ 所谓相当因果关系,系指依"经验法则",综合行为当时所存在之一切事实,为客观之事后审查,认为在一般情形下,有此环境、有此行为之同一条件,均可发生同一之结果者,则该条件即为发生结果之相当条件,行为与结果即有相当之因果关系。反之,若在一般情形下,有此同一条件存在,而依客观之审查,认为不必皆发生此结果者,则该条件与结果不相当,不过为偶然之事实而已,其行为与结果间即无相当因果关系。⑤ 台湾地区"刑法"上之过失,其过失行为与结果间,在客观上有相当因果关系始得成立。⑥ 本案医疗行为有无"刑事过失",尚待事实验证,何况纵有过失,适法医疗行为中之过失行为,尚得主张"阻却违法"而不构成犯罪。⑦ 再就医疗行为与死亡间因果关系之考察,依经验法则与医理,客观之事后审查,病毒性心肌炎,生前诊断之机会甚微,死亡率本来就很高,于医学中心及早诊断及治疗,能否避免死亡,都属未定,如何冀求"开业医师"在5小时之内,详加检查及观察而能挽回性命?⑧

另外,若在一般情形下,有此同一条件存在(上呼吸道感染症状、血压偏低,但仍能自行骑车),如于医学中心医疗,能否即可避免死亡(认为不必皆发生此结果者)?显然也未必,本案鉴定医师若依"医疗纠纷鉴定作业要点"第16项规定⑨,依相关卷证数据,基于医学知识与医疗常规,并"衡酌当地医疗资源"与"医疗水平",提供公正、客观之意见。笔者认为,综合行为当时所存在之一切事实,应认为在一般情形下,有此环境、有此行为之同一条件,均"无法发生同一之结果",即医疗行为与死亡结果,"刑事上无相当之因果关系"。故该条件(医疗行为)与结果(死亡)不相当,不过为不幸事实发生于"乡下诊所",其医疗行为与死亡结果间,刑事方面即"无相当因果关系"。故本案医疗行为与死亡间之无相当因果关系,从而本案不论依台湾地区"刑事归责"

---

① 参见黄丁全:《医事法》,月旦出版社1995年版,第292页。
② 同上书,第285—287页。
③ 参见甘添贵、谢庭晃:《快捷方式刑法总论》,瑞兴图书出版公司2004年版,第189—221页。
④ 另外留学德国学者亦提出"客观归责理论",参见张丽卿:《客观归责理论对实务判断因果关系的影响》,载《法学新论》2009年第13期,第1—29页。
⑤ 台湾地区"最高法院"1987年台上字第192号刑事判例。
⑥ 台湾地区"最高法院"1994年台上字第4471号刑事判决。
⑦ 参见吴志正:《医疗过失行为之刑事违法性》,载《医事法学》2006年第14卷,第38—51页。
⑧ 台湾地区"最高法院"2008年台上字第2346号刑事判决:"惟因医疗行为有其特殊性,自容许相当程度之风险,应以医疗当时临床医疗实践之医疗水平判断是否违反注意义务。原则上医学中心之医疗水平高于区域医院,区域医院又高于地区医院,一般诊所最后;专科医师高于非专科医师。尚不得一律以医学中心之医疗水平资为判断标准。"
⑨ 参见1997年11月4日卫署医字第86063502号公告。

或英、美之"过失四原则"①,是否有"刑事责任",皆有待商榷。

三、英、美两国医疗过失之责任与程序保障

英、美两国之医疗纠纷,优先适用民事诉讼(civil action)而非刑法(criminal prosecution),一般而言,除非英国医师有"故意"(intent)或"重大过失"(gross negligence),医疗行为系业务上正当行为,医疗纠纷之刑事诉讼保留为最后手段,若要追究医师刑事责任,尚需要经过"公听会"。②

英、美两国为海洋法系,习惯法院之判决,在同一系统的法院中,对相类似事实之案件,于不同级法院间,下级法院必须受上级法院判决拘束;于同级法院间,后判决受前判决拘束,称为"判决拘束原则"(the doctrine of precedent 或 Stare Decisis),为"案例法"(case law)之特色。③ 英国医疗纠纷民事责任之法理,原则上以"侵权法"(tort)为准据法。

（一）英国医疗纠纷程序保护——申诉制度与听证会

申诉制度：英国公医制度④之理想,经60余年之实践,发觉要在质量与效率上革新,必须加强医疗专业之组织与纪律(professional bodies and discipline),故于1996年3月增加"申诉程序"(NHS Complaints Procedure)⑤,由各地"基金会""管理处"(Authority)与负责教育训练之"执委会"(Council)分别接受并处理病患对医疗不满意之申诉,从1996年起,有关医病间之申诉,急遽增加,每年约有8—10万件。

申诉与惩戒分流："申诉程序"分地方与中央"复数机关二级处理制",但为迅速处理申诉案件,申诉与惩戒分流,以简化申诉之程序。申诉先由各地方"基金会"或"管理处"接受与调查,先分为"投诉"与"申诉"两案。"投诉案"(claim)系为取得财务补偿之事件;"申诉案"(complaint)

---

① "过失"(negligence)成立与否,英、美两国法院要依下列四点逐一审理：被告对原告有无"照顾责任"(duty of care)、被告有无"违反照顾义务"(breach of standard of care)、损害与过失有无因果关系(causality)与损害之事实(damage)四者。Tan SY. Medical Malpractice. New Jersey, World Scientific, 2006. at 21-27. 台湾地区刑事与民事法院审理过失成立要件似乎并未建立清楚之"过失"论证项目与方法,"过失"案例间颇有差异,台湾地区似可参考,较能服众。

② 英、美两国刑事诉讼需召集"陪审团",医疗纠纷刑事诉讼亦然,所费人力与物力不小,除非检察官已有相当之把握,医疗纠纷鲜少刑事诉讼,此其一。英国医师若有"重大不正当行为"将经"专业行为委员会"(Professional Conduct Committee,简称PCC)之"公听会"(public hearing),通过者方追究医师刑事责任,此为行政不法与刑事不法之"程序保障",此其二。英国检察官若医疗纠纷未经"听证会"就"率尔"起诉医师,显系对医界有敌对意识,不利社会国家之发展,英国医师公会必然全力支持医师辩护,此其三。参见葛谨：《双效原则》,载《台湾医界杂志》2008年第51卷,第487—490页。

③ 参见潘维大：《英美法导读讲义》,瑞兴图书出版公司1998年版,第75—86页。

④ 贝弗里奇爵士(Sir William Beveridge, 1879—1963)于1942年12月发表《社会保险与相关福利服务》(Social Insurance and Allied Services)》专文,即"贝弗里奇报告"(Beveridge Report),主张国家对于国民遭遇所得能力中断或丧失,以及因生育、结婚或死亡等导致特别支出时,应提供最低生存保障,以免堕入贫穷与匮乏之深渊。Beveridge强调社会保险的重要性,认为应该建立全国一致的社会保险制度,以替代当时分歧的保险制度,他提出工作者每周缴纳些许金额之保费,将可拥有生病、失业、退休与丧偶等给付,如此之社会保险制度,可提供最低之生活水平,以免穷人落入贫病交迫,永无翻身之绝境。1945年英国工党(Labor Party)大胜,说服"英国医学会"(British Medical Association,简称BMA)合作推动《公医制度法》(the National Health Service Act 1946),并于1948年7月5日施行,保费由征收税金之方式支付。英国全民免费医疗之时代于焉降临,开办初期提供"基层医疗"(Primary Care)、"住院医疗"(Hospital Services)与"小区服务"(Community Services)三种基本医疗服务(tripartite system)。

⑤ Mayberry MK. The NHS complaints system. Postgrad Med J 2000; 78: 651-53.

系病家对医疗处置有所不满,需进一步调查处理之事件。①

申诉处理第一阶段:亦称"当地解决方案"(local resolution),先厘清申诉者之要求,并向其解释程序进行方式与将实行之方法。各地方"基金会"或"管理处"之初步报告(initial response)时限,"医院基金会"为48小时,"基层医疗基金会"为3天,申诉者就会接到初步之口头或简单书面说明;正式书面报告(written report)时限,医师为20个工作天,牙医、药师等为10个工作天。"书面报告"由地区卫生主管具名,内容包括对申诉之说明与日后相类似案件采取之预防措施,若医师确有瑕疵,则包括"道歉函"。若申诉者对"申诉"结果仍不满意,申诉者可于28日内申请第二阶段之"独立审理"(independent review)。

第二阶段"独立审理":先由"3人小组"(Panel of three members)行政初审,因3人皆非医疗专业,若事件涉及临床医疗事项,则至少要再增加2人以上之"独立临床审查人"(independent clinical assessors)。第二阶段正式书面报告时限亦为20个工作天,目的是解决问题,满足病家关心事件真相与应该获得的道歉。若申诉者对第二阶段"独立审理"结果仍不满意,申诉者可于28日内,申请第三阶段之"主委审理"(Commissioner's review)。

第三阶段"主委审理"(commissioner's review):属于中央层级之申诉程序,通常为困难(hardship)与不公(injustice)之案件方受理,由卫生部负责调查与诘问,因为权力有所限,调查报告仅可建议医师道歉(apology)与建议改善当地之卫生服务。所以,一般而言,每年约8至10万件申诉案,只有2%~5%上诉至第三阶段。②

独立调查申诉:英国为内阁制国家,所以国会另设有"护民官"(Ombudsman)制度③,亦可独立调查已经过第二阶段"独立行政审理"之申诉案件,也要于28日内提出报告,但无形中内阁制国家"护民官制度"也提供"在野党""问政"之渠道与机会。④

重大不正当行为:英国"医疗管委会"⑤定义之"重大不正行为"(serious professional misconduct, SPM)系医师触犯刑事罪(交通意外与轻罪除外,除非医师有"故意"或"重大过失","医疗纠纷"之诉讼,并非"刑事案件");连续或重复的诊断、治疗错误;严重侵犯病人隐私权;对病人性侵害;于财务申报或诊治病患、研究工作之诈欺行为;滥用药物(drug or alcohol abuser)等行为。程序方面,"医疗管委会"对有"重大不正当行为"之医师,将先进行"纪律程序"(Conduct Proce-

---

① Payne-James J, Dean P, Wall I. Medicolegal essentials in healthcare. 2nd ed. London. Greenwich Medical Media. 2004. p. 71.

② Payne-James J, Dean P, Wall I. Medicolegal essentials in healthcare. 2nd ed. London. Greenwich Medical Media. 2004. pp. 71-81.

③ English V, Romano-Critchley G, Sheather J, Sommervills A. Medical Ethics Today. The BMA's handbook of ethics and law. 2nd ed. London. BMJ Publishing Group. 2004. pp. 23-70.

④ 1998年护民官报告,对基层医师之申诉案多数为诊断错误、未及时转诊或诊治、拒绝服务(removal from lists);对医院之申诉案多为出生即脑部受伤、脑膜炎未及时住院、取消可能及早发现癌症之超声波检查等。日后护民官报告也较为集中于临床医疗之合理性,虽然基层医师有权"拒绝服务",但必须经过适当与合理之沟通。

⑤ 英国"医疗管委会"(GMC)系依《1858年医疗法》(Medical Act 1858)成立,为最早之"管委会",早期由"皇家学院"(Royal College)、大学(University)、枢密院(Privy Council)之代表共24人组成。"医疗管委会"(GMC)初期负责教育训练与医师登录,当初之目的为提供国人合格之医师。《1983年医疗法》(Medical Act 1983)赋予更多之行政权力,以处理"医疗申诉"(complaint)、"医师能力"(competence)与"医师适任"(fitness-to-practice)等与"医疗质量"有关之议题,卫生行政权开始借由"医疗申诉"评断"医师能力"与"医师适任",以"再教育""命医师道歉""吊照"或"终身停业"等"行政惩戒"手段,提升"医疗服务质量"。参见葛谨:《英国医疗纠纷处理制度》,载《台湾医界杂志》2008年第51卷第2期,第68—73页。

dures),若确定"重大不正当行为"(SPM),另外将会受到"专业行为委员会"(Professional Conduct Committee, PCC)之"公开听证"。"专业行为委员会"之律师(solicitor)会准备书面证据、专家证人、申诉者之证言等,医师应公开答辩。"专业行为委员会"听证后,行政惩处可废止医师证书(erase registration)、废止执业证书(suspension)、限制执业条件或警告(warning)。若对病人有立即危害,则会召开"期中纪律委员会"(Interim Orders Committee),讨论立即"停职"或"有条件执业"。"听证会"内容并不公开,但"公布结果",医师经过"听证会"后,"不适任者"将公布不适任之理由、医师姓名与服务地点于网站上,供公众公开查询,严重者移送刑事法院。①

（二）英国之医疗过失实例

英国为海洋法系,在同一系统的法院中,受"判决拘束原则",依据"侵权行为"之"过失责任"之"医师照顾标准"(Bolam test)与"因果关系"之认定标准,肇始于1957年 *Bolam v. Friern Hospital Management Committee* 案②与 *Barnett v. Chelsea & Kensington Hospital* 案。

医师照顾标准(Bolam test):英国医师违反照顾义务(duty of care):John Hector Bolam 先生于1954年8月因"忧郁症"经 Alfred 医师诊治认为,接受"电气痉挛疗法"(electro-convulsion therapy, ETC)对其病情有帮助,经告知同意后执行"电气痉挛疗法",当时对执行"电气痉挛疗法"者为减少痉挛疗法时之伤害,有使用"肌肉舒缓剂"(muscle relaxant)与"人工固定"(manual restraint)方式两派意见,各有优劣点。"人工固定"虽可能会增加"骨折"之危险,但可减少死亡之意外,反之亦然。Friern Hospital 过去曾有8位病人因使用"肌肉舒缓剂"死亡,故 Alfred 医师认为执行治疗时,不使用"肌肉舒缓剂"而以"人工固定"方式为宜。然而不幸的是,本案以"人工固定"方式施行"电气痉挛疗法",结果造成"髋骨脱臼"(hip dislocation)与"骨盆腔骨折"(pelvic fracture)。本案被告医师对原告有"照顾责任",亦有损害之事实(骨盆腔骨折),损害与行为(以人工固定方式施行电气痉挛疗法)之因果关系相当明确,但医护人员是否有"过失责任"？则需审查有无"违反照顾义务"。

1957年高等法院(High Court):原告对医师之"治疗方法"与"医师未明确告知后遗症"质疑,表明"若早知道有此后遗症,将拒绝治疗"。McNair 法官认为,本案之"诊断"与"治疗"皆无错误(mistake),医师既然"诊断"正确且若明确告知,病人将会拒绝治疗,医师因为确信"治疗"对病人有利,所以医护人员遵照相关医事团体(responsible body of medical men in that particular art)所定之规范执行医疗行为(两派意见皆为当时认可之治疗,故在医师裁量权范围内),其医疗行为虽"未明确告知所有后遗症",但符合"相关医事团体规范之医疗行为",故并无"违反照顾义务"而无"过失责任"可言③,意即医师在合理之规范内执行医疗行为,有其"治疗特权"(therapeutic privilege)之"裁量权"。然而批评者认为,医师违反照顾义务之标准过分依赖"相关医事团体"之证言,不够客观;并且"过失责任"系"应作而未作"之责任,故执行医疗行为有无过失之判断应为"已作之行为"是否未达"照顾义务之标准"。④

因果关系:3位青年至 Chelsea & Kensington 医院急诊室求诊时,检伤人员(triage)未检视3人

---

① 参见 http://www.gmc-uk.org/ (last visited May. 26, 2010).
② *Bolam v. Friern Hospital Management Committee* [1957] 2 All ER 188.5.
③ Jones JW. The healthcare professional and the Bolam test. Br Dental J. 2000; 188 (5):237-240.
④ 批评者认为 Bolam 案并未在"已作"(what is done)与"应作"(what ought to be done)间,建立清楚明白之界线。不过平心而论,除非"明显偏离医疗常规",否则"事后先见之明"恐亦不适宜对复杂的医疗事件作有无过失之推论。台湾地区"卫生署医事审议委员会"经常以最新文献或是台湾地区外教科书为"医疗常规",且为刑事责任之鉴定"基础",也是"医医相害"之原因之一。

之情况就告知3人应先向各自之家庭医师求诊,数小时后,1人因"砷中毒"死亡。法院认为,3位青年去医院急诊室求诊时,系紧急情况,医院当然负有"照顾责任"无疑,检伤人员未检视3人之情况,即告知应先向各自之家庭医师求诊,显然"违反照顾义务",而"损害之事实"为病人"砷中毒死亡"。但"砷中毒"并非常见,就算当时能及早诊断,依当时情况,亦无法避免死亡之结果,故"违反照顾义务"与"死亡结果"间"缺乏因果关系",因而判决医师民事上无"过失责任",从而亦"无赔偿责任"。①

违反照顾义务:1984年1月11日患有支气管气喘发作而有"哮喘"(croup)之两岁小儿(Patrick Nigel Bolitho),由父母带至St. Bartholomew's医院治疗,病情改善后出院。1月16日早晨,再度至St. Bartholomew's医院,由小儿科Janet Horn与Keri Rodger医师诊治后,认为哮喘情况虽危急,但小儿仍能活动如常,说话无碍,故指示一名护士专责照顾,先使用抗生素治疗并严密观察,而暂不使用气管插管,3小时后追踪之"血氧报告"亦显示"正常",且小儿亦能自行进食;1月17日早晨Rodger医师访视时,小儿活动正常,说话无碍,Rodger医师判断病情进步,继续严密观察,暂不使用气管插管。中午12时40分小儿活动减弱,护士电请医师,Horn医师觉得小儿皮肤红润,活动尚可,"血氧报告"正常,故未嘱应使用气管插管。14时30分小儿躁动不安与哭闹,护士再度电请医师时,医师正好在门诊,无法"亲自探视",电话询问病情时,病人(Bolitho)已因缺氧致心跳停止,经急救后有"脑伤"(brain damage)之情况②,然最终仍不治死亡。

本案医师有无"医疗过失",判断之重点为是否"违反照顾义务",其中医师未嘱应使用气管插管之判断依据之一为"血氧报告"(blood gas),但该"血氧报告"经事后调查实际上是已"使用氧气"之结果,因"误写"为"室内空气"(room air)而致误判,医师"误判"是否违反照顾义务?法院认为,本案被告医师对原告有"照顾责任",脑伤损害与"不使用气管插管"之"不作为"(omission)经过审理有因果关系,四者已有三,但被告有无"违反照顾义务"?必须仰赖"专家证人",双方共邀请8位"专家证人",5人认为"暂不使用气管插管"之"不作为"违反了照顾义务,3人认为并未违反照顾义务。依Bolam原则,医护人员遵照相关医事团体所定之规范执行医疗行为,就不"违反照顾义务"而无"过失责任"可言。本案因法官采纳被告方之专家证言,而判决"医师暂不使用气管插管"之"不作为"并不"违反照顾义务",故无过失行为责任,民事上因"无过失行为"故"无赔偿责任"结案。本案与1957年 *Bolam v. Friern Hospital Management Committee* 案不同之处为,法院认为,违反照顾义务之判断者为法院,法院有权利剔除不合逻辑之专家证言(a judge will be entitled to choose between two bodies of expert opinion and to reject an opinion which is 'logically indefensible'.)。③

告知同意(inform consent):原告(Sidaway女士)因颈椎压迫(cervical cord compression)致使颈部、右肩与上臂疼痛不已,神经外科Falconer医师告知可以手术消减疼痛,手术方式为"颈椎去压迫术"(cervical cord decompression),但手术之风险包括"神经伤害"引起之疼痛与"脊椎伤害"引起之"偏瘫"(partial paralysis),本案不幸因手术中之"意外"(accident)而非"过失"(negligence)引起"左侧偏瘫"。故本案,"照顾责任""因果关系""损害之事实"三者已具,但因本案系"意外"而非"过失"引起"左侧偏瘫",而未"违反照顾义务"。④ 原告上诉时,被告Falconer医师已过世,原告"坚称"医师仅告知手术之风险包括"神经伤害"引起之疼痛,而未告知可能"脊椎伤

---

① *Barnett v. Chelsea & Kensington Hospital* (1968) 1 AER 1068.
② *Bolitho v. City and Hackney Health Authority* (1997) 4 AER 771.
③ 参见葛谨:《英国医疗纠纷判例之启示》,载《台湾医界杂志》2008年第51卷第8期,第348—353页。
④ *Sidaway v. Bethlem Royal Hospital Governors* (1985) AC 871.

害"引起"偏瘫",故其未尽"告知义务"而有民事过失。"专家证人"于法庭上证称,"有些神经外科医师不会告知病人 1% 之风险",依 Bolam 原则,Falconer 医师符合"遵照相关医事团体所定之规范执行医疗行为"。

虽然本案法院多数意见为医师于民事上"无赔偿责任",但 Scarman 法官"不同意见书"(dissent)认为,Bolam 原则不应适用于"告知同意","除非确有严重之精神伤害威胁(serious threat of psychological detriment to the patient),否则,若未告知病人任何'实质危险'(material risk),医师应负过失责任"①,至于"严重之精神伤害威胁"之意义为何?如何"确认"?1% 以下之风险应否告知?Scarman 法官皆未指明,亦留下争议之空间。不过不管如何,违反"告知同意",依英美法律,系违反"民法"与"行政法",与"刑事案件"无关,台湾地区法院亦有类似见解。② 但台湾地区"最高法院"2005 年台上字第 2676 号刑事判决,以违反"告知同意"为由,撤销原医师无罪之刑事判决,发回台湾地区高等法院台南分院,令人叹息。③ 因为"民事不法"重在"结果不法",注重损害填补与恢复个人最大利益状态;"刑事不法"重在"行为不法",强调行为人之"法的敌对状态",应否以"刑罚权"来维护医疗秩序之完整性?笔者认为,违反"告知同意",系违反"民法"与"行政法",似与"刑事案件"无关,应为世界一致之原则。

(三)"医事审议委员会"鉴定之缺失

缺乏刑事过失审查原则:"刑法"上之过失,其过失行为与结果间,在客观上有相当因果关系始得成立。故台湾地区之"过失"(negligence)之审查要件与英、美两国相同,要件有四,即"照顾责任"(duty of care)、"违反照顾义务"(breach of standard of care)、因果关系(causation)与损害之事实(damage)。英、美两国法院即针对此四要件,邀请专家证人作证,公正鉴定,建立"案例"(case law),台湾地区医事鉴定自应分段论述医师违反之四个过失要件之证据,方为妥适。④

未记录不等于未检查:第一次鉴定结果:"依此病患之症状,医师诊断为上呼吸道感染,应属合理,惟第一次就诊时,曾发现病患之血压偏低(74/46 mmHG),医师未能针对此一情形,进行必要之检查或处置,仅给予上呼吸道感染之症状治疗,即让病患返家,实有违反现行医疗常规之处。又病患第二次就诊时,未见病历上有(记载)任何身体理学之检查,医师仅给予静脉点滴注射,有诊断草率之处。""卫生署"医事鉴定为"匿名鉴定",依规定应就委托鉴定机关提供相关卷证数据,基于医学知识与医疗常规,并衡酌当地医疗资源与医疗水平,提供公正、客观之"医事鉴定"意

---

① Montgomery J. Health care law. 2nd ed. Oxford. Oxford University press. 2003. pp. 242-251.
② 台湾地区嘉义地方法院 2003 年自字第 20 号刑事判决:病人治疗选择与医师裁量界线不明:医学之有限性与人体反应之不确定性,导致医事人员不尽然能完全避免医疗之失败,任诸疾病本身恶化而束手无策,甚至因药物之作用而产生有害结果。就此而言,医疗行为实具有实验及不确定之性格,此一性格对病患而言,自是一种不可预测之危险,只不过相对于疾病治疗之目的,此应属可容许之危险而已。故医疗行为可谓系以治疗为目的之一连串反复进行修正而完成之行为,甚而包含试行错误之过程,基本上其并不包含保证治愈之性质。医疗科学较之过往尽管已有长足之精进,然医疗本质上之不确定因素并未完全消除,事实上亦不可能完全消除,对于疾病诊断及治疗方法之选择,均有赖医师之专业判断,尤其是治疗方法之选择尤涉及医师之裁量。由于疾病变化无穷,临床表征因人而异,加以治疗方法之多样性、效果之不确定性,因此难以划一治疗标准,故应肯定医师在实施治疗时拥有一定之裁量空间,医师专业裁量与病患之医疗自主权,借由医疗信息之说明与告知而适可调和。
③ 参见廖建瑜:《论医师说明义务之建构与发展》,载《成大法学》2005 年第 10 期,第 231—293 页。
④ Tan SY. Medical Malpractice. New Jersey, World Scientific, 2006, pp. 21-7;葛谨:《英国医疗纠纷判例之启示》,载《台湾医界杂志》2008 年第 51 卷第 8 期,第 348—353 页;Walston-Dunham B: a brief history of civil liability for professional malfeasance. In: Walston-Dunham B: Medical malpractice law and litigation. New York. Thomson Delmar Learning. 2006;2-4.

见;故鉴定人除需了解"医师法""医疗法"外,因为事涉司法官司,"民法""民事诉讼法""刑法"与"刑事诉讼法"有关证据与鉴定之规定亦应熟悉,更应了解法界对医疗纠纷之见解,尤其是"刑事过失"与"民事过失"法理上之不同①,鉴定结果方能真实、公正、客观。本案鉴定人纯由病历审查推论为:"病历未记录即等于事实未检查",显然与事实不符而有明显错误,事实若有不明,应依法勘验查明。"又病患第二次就诊时,未见病历上有任何身体理学之检查,医师仅给予静脉点滴注射,有诊断草率之处。"惟个案 18 时许就诊,予静脉注射,19 时 30 分许,个案倒地不起,医师立即进行急救。医师是否有足够之时间撰写病历? 病历是否随即被查扣无法补充,亦应察明,以免冤抑。

　　民刑不分:刑事、民事之责任归责原则大不相同。本质上,刑事案件是"犯罪行为"(commit crime),属于公法范畴,处罚以故意为原则,过失为例外,程序上,设有公诉人(检察官),执行追诉权,法院听讼得依"职权进行主义",调查证据与审理,审理结果为"有罪、无罪或不受理"三者。由于刑事之"残酷本质"与"人格之非难性",刑事诉讼尚需遵守许多原则,包括"罪刑法定"②、"犯罪事实应依证据认定"③、"检察官之举证责任"④、"无罪推定"⑤、"拟制推测禁止"⑥、"罪证有疑,利于被告"⑦、"相当因果关系"⑧,不能证明被告犯罪或其行为不罚者,应谕知无罪之判决。⑨ 故判断"刑事过失"之规则,应较"民事过失"严格,医疗纠纷在刑事庭审理,当然适用"罪刑法定原则""无罪推定原则""罪疑惟轻、利归被告原则"与"严格证明法则",若是在民事庭(违法但非犯罪),则适用民事之"侵权行为"或"债务不履行",两者法理不同,判断方法与要件有别,鉴定医师不应混淆。⑩ 本案病历虽只记载一次血压偏低,是否有再量血压而未记录? 未记录之原因为何? 是否以急救为先? 民事案件或许可以病历记载不全"推定有过失",但刑事案件应以事实认定,不可有"推定过失",已如上述;又"未见病历上有任何身体理学之检查,医师仅给予静脉点滴注射,有诊断草率之处",血压偏低给予静脉点滴注射,亦为治疗之方法,为何有"诊断草率之处"? "医事鉴定小组"竟将病历记载不全"等同""诊断草率",刑事案件应依"严格证明法则",其诊断草率理由与证据为何? 应该详述。严格而言"病历记载不全"与死亡间,尚属"事实不明"之情况,刑事案件,自应再确认与调查,依"严格证明法则",本案未经详加考察事实与当时情况,

---

①　民事不法重在结果不法,亦即损害之填补,刑事不法重在行为不法,强调行为人(医师)对法之"敌对意识",应课以"刑罚权"以维护法律秩序之完整。
②　"刑法"第 1 条。
③　"刑事诉讼法"第 154 条第 2 项:犯罪事实应依证据认定之,无证据不得认定犯罪事实。
④　"刑事诉讼法"第 161 条第 1 项:检察官就被告犯罪事实,应负举证责任,并指出证明之方法。
⑤　"刑事诉讼法"第 154 条第 1 项:被告未经审判证明有罪确定前,推定其为无罪。
⑥　台湾地区"最高法院"1964 年台上字第 656 号刑事判例:犯罪事实之认定,应凭真实之证据,倘证据是否真实尚欠明确,自难以拟制推测之方法,为其判断之基础。
⑦　台湾地区"最高法院"1987 年台上字第 4986 号刑事判例:刑事诉讼上证明之数据,无论其为直接或间接证据,均需达于通常一般之人均不致有所怀疑,而得确信其为真实之程度,始得据为有罪之认定,若其关于被告是否犯罪之证明未能达此程度,而有合理怀疑(reasonable doubt)之存在,致使无从形成有罪之确信,根据"罪证有疑,利于被告"之证据法则,即不得遽为不利被告之认定。
⑧　台湾地区"最高法院"1994 年台上字第 4471 号刑事判决:"刑法"上之过失,其过失行为与结果间,在客观上有相当因果关系始得成立。另"刑法"上过失不纯正不作为犯之成立要件,系居于保证人地位之行为人,因怠于履行其防止危险发生之义务,致生构成之该当结果,即足当之。
⑨　"刑事诉讼法"第 301 条第 1 项。
⑩　参见葛谨:《台湾医疗纠纷探源——医疗过失责任与理论》,载《医事法学》2006 年第 14 卷第 1、2 期,第 52—61 页。

即下"未详加检查及观察,实有疏失之处"之断语,按"病历记载不全"系触犯"医师法"第 12 条与"医疗法"第 68 条①,并非违反"刑法",依法应由卫生机关处以行政罚,并非刑罚。故此处之"疏失"系"行政疏失",与"刑事疏失"无关,不应行政与刑事责任混同。本案鉴定医师将行政与刑事疏失混同,因此而致医师被判徒刑 6 个月,当非"医事鉴定小组"之本意。②

未明确认定因果关系:刑事上之相当因果关系条件较严,必须达到无可怀疑之证据(beyond reasonable doubt evidence),需几乎 100%地确认"因果关系",方为有过失之判决,若相当因果关系仍有"疑虑",刑事犯罪之判断上,应依"罪疑惟轻,利归被告"之原则,为无罪之宣告。本案是否有因果关系?依鉴定结果:"病毒性心肌炎之诊断,很难只凭症状或身体检查来确定,本案病人判断的重点,应在于临床表现为休克之现象,必须针对其血压偏低的原因,详加检查及密切追踪。在初步处置后,应再追踪血压及临床症状,倘若未能改善,则建议病人迅速转诊治疗。因此,病人在第二次回诊时,医师理应再详细记录血压及心跳,否则实有应注意而未注意之处。""刑法"上之过失,其过失行为与结果间,在客观上有相当因果关系始得成立,本案并未明确认定因果关系,从而"刑法"上无过失可言。

推测之词不得为证据:刑事案件要以事实为证据,本案"医事鉴定小组"本已认定"依此病患之症状,医师诊断为上呼吸道感染,应属合理,病患之死因为'病毒性心肌炎',死亡率很高,纵然及早诊断及治疗,是否即可避免死亡,虽属未定",值得赞许,准此医疗行为与死亡结果间,毫无过失可言(违法性不成立),自然无审查相当因果关系(有责性)之必要。但其后又添加:"但对一位中年病患就诊时,血压偏低的情形下,未详加检查及观察,实有疏失之处。"可谓是"推测性之赘言",需知刑事之过失,应以"事实"认定,病历如何代表"全部事实"?"未详加检查及观察"之实际证据为何?病历未详加记录"并不等同"未详加检查及观察,"未详加检查及观察之事实",应要求法院详查,不应直接下结论"未详加检查及观察"。否则"鉴定医师"应将被告"未详加检查及观察"之心证理由,明白叙明,俾免冤抑。

违法性审查缺失:第二次鉴定:"病毒性心肌炎之诊断的确很难光凭症状或身体检查来确定,本案病人判断的重点,应在于临床表现为休克之现象,必须针对其血压偏低的原因详加检查及密切追踪。在初步处置后,应再追踪血压及临床症状,倘若未能改善,则建议病人迅速转诊治疗。因此,病人在第二次回诊时,医师理应再详细记录血压及心跳,否则实有应注意而未注意之处。"医师病历虽未记录血压及心跳,但有无量血压?应以"事实"认定,不应只由"病历记录"认定,此为"严格证明法则"。第二次鉴定认定医师之第二次诊治,有应注意而未注意之疏失,恐有误会,病人第二次回诊时,医师对休克的病人先注射点滴,理所当然,至于有无"委请护士"详细记录血压及心跳,系另一问题;另一个考虑是,医师是否对结果之发生有"危惧不安"之感,而有回避或避免其发生之动作?给予"静脉输液"是否为其中之选项?如否,理由为何?如是,则医师已尽此义务,而虽然发生死亡之结果,仍不成立"过失犯罪"。

有责性评价标的错误:吾人应认同"任何以诚实信用方式所为之医疗决定,都不应被视为犯

---

① "医师法"第 12 条规定:医师执行业务时,应制作病历,并签名或盖章及加注执行年、月、日。违反者依同法第 29 条处罚;违反第 11 条至第 14 条、第 16 条、第 17 条或第 19 条至第 24 条规定者,处新台币 2 万元以上 10 万元以下罚款。违反"医疗法"第 68 条依同法第 102 条处行政罚。

② 行政不法与刑事不法之间要有"程序保障",似应仿英国"医疗执委会"对有"重大不正行为"之医师,组织"专业行为委员会"(Professional Conduct Committee, PCC)进行"听证会"(public hearing)后才移送,方为妥适。

罪行为"①,否则,医师之医疗行为永远都在"杀人犯罪边缘",不符社会正义与医师存在之目的。单一"错误医疗决定"(mistake)并不构成过失(negligence),整个"医疗行为"有连续(serial mistakes)与严重(serious)错误(mistakes),致偏离应有之"医疗照顾标准"方构成"刑事过失"②,因而造成之伤害,方为"有责性"。客观而言,本案因病患血压偏低给予静脉点滴注射,亦为合理之治疗方法,诊断合理,处理亦非草率,然而不幸因"病毒性心肌炎"猝死,全然超出意料之外,医师努力急救近一小时,急救过程应无可苛责。其所犯之"疏失"(mistake)系未能生前诊断"病毒性心肌炎",系单一"错误医疗决定"并不构成犯罪,本案刑事上应无"有责性"。③

四、本案审判瑕疵

承受诉讼违法:本案另涉违法审判,"刑事诉讼法"第319条第1项规定:得为提起"自诉"之人为法定代理人、直系血亲或配偶,原告为死者之父,为直系血亲可为自诉人,但不幸于第一审辩论终结前(1999年7月15日)死亡,依"刑事诉讼法"第332条,应于1个月内申请"承受诉讼",虽由原告二子声明承受诉讼,但原告二子为死者之兄弟,属旁系血亲,法院竟由其等违法承受诉讼,依"刑事诉讼法"第332条规定,法院应迳行判决"不受理"或通知检察官"担当诉讼"。本案迟至3年后,由台湾地区"最高法院"撤销发回更一审(2002年9月12日)方通知检察官担当诉讼,审判显有瑕疵。也可见"人非圣贤,孰能无过"?

理由欠备:台湾地区医疗纠纷若在刑事庭审理,当然适用"罪刑法定原则""罪疑惟轻原则"与"严格证明法则"。台湾地区"最高法院"撤销发回更审理由为:"原判决事实栏所记载,被害人曾至诊所求诊、诊治之过程,以及被害人病发及死亡之原因等情,究竟凭何证据认定之,未详予论述说明,尚嫌理由欠备。""行政院卫生署医事审议委员会"所为之二次鉴定,包含"过度之推测之词",事实仍不明确,依"罪疑惟轻,利归被告原则",应为刑事无罪之判决,若详细审理,应无法通过"严格证明法则",已如上述。

民刑不分:按诊所因限于设备及专长,无法确定病人之病因或提供完整治疗时,应建议病人转诊,本系"医疗法"第50条第1项前段规定④,本案依其叙述与症状,诊断为上呼吸道感染,应属合理。第一次就诊时,曾发现病患之血压偏低,医师既已针对此进行必要之静脉注射处置,也属合适,所谓仅给予上呼吸道感染之症状治疗,即让病患返家,实有违反现行医疗常规之处,有事后之"结果论",须知以刑事之"新过失犯理论""可容许之危险"法理,医疗行为以治疗疾病为目的,采用现代医学认可之诊治方式,若已具备疾病治疗目的,正当妥适之手段与方法,病人同意三者,医疗行为即具备适法性,医师不必对失败之治疗行为负责。因此,医疗事故之归责以医师执

---

① 美国医学会(American Medical Association)对医疗过失之明确立场为:"任何以诚实信用方式所为之医疗决定,都不应被视为犯罪行为(Medical decision making, exercised in good faith, does not become a violation of criminal law)。"参见 Filkins JA. Criminalization of medical negligence. 497-502. In Sanbar SS, Firestone MH, Buckner F, et al. (2004);Legal Medicine. (6th edition) American College of Legal Medicine. Philadelphia, Mosby. 对照"刑法"第22条与第276条对"医疗行为"而言,有法条竞合情形,似应以"择一关系"解释。

② 参考英国"重大不正当行为"系医师触犯刑事罪(交通意外与轻罪除外,除非医师有"故意"或"重大过失","医疗纠纷"之诉讼,并非"刑事案件");连续或重复的诊断、治疗错误;严重侵犯病人隐私权;对病人性侵害;于财务申报或诊治病患、研究工作之诈欺行为;滥用药物(drug or alcohol abuser)等行为。

③ 本案曾于"国际法医学学年会"请教德国、日本、澳洲学者,关于"未能生前诊断病毒性心肌炎"皆不构成犯罪。参见葛谨:《日本第七届国际法医学研讨会纪实》,载《台湾医界杂志》2009年第52卷第9期,第472—475页。

④ 2003年修法后本条现已移为同法第60条。

行医疗业务时,是否已尽"注意义务"为断,所未明者,死者返家,医嘱为何? 死者有无遵照医嘱。第二次就诊时,依当时症状,是否可立即正确诊断"病毒性心肌炎",鉴定者应详细说明诊断之方法与医师当时情形,有无可能"生前诊断",客观而言,死者就诊至死亡前后仅5个半小时,初期症状尚轻,如要凭血压偏低而能正确诊断,并非易事。且违反"医疗法"第50条应由卫生行政机关处以行政罚,而非刑罚。①

因果关系并非无疑:医师于诊断前之检查,对于被害人异常之低血压及恶心想吐、冒冷汗等症状,已予以必要之静脉注射,观其后效,惟病情剧烈转变,难以逆料,纵使转诊到设备齐全之大医院检查,被害人是否必有生机而不致死亡? 事实尚有待验证,个人管见,依"严格证明法则",死亡原因与医疗行为之因果关系并非无疑。"未详查病因"顶多系违反"医疗照顾标准",依"罪刑法定原则",尚缺相当因果关系,有无过失,也尚待验证。

丧失最后急救机会:救护车未到,非医疗疏失至明,医师急救40余分钟,并未放弃,应予病人同情,予医师以赞许,竟谓"致死者最后急救之机会亦丧失,急救死者之处置亦显有未当而有过失",以结果论断,更是不知所指。依"严格证明法则",所谓"当时情形,医师急救10分钟后救护车未到,即应再另叫救护车,其竟疏未注意,又无何不能注意之情形,竟对死者急救40余分钟,犹不命护士另叫救护车,即应再另叫救护车,其竟疏未注意,又无何不能注意之情形"。客观而言,真是欲加之罪,何患无辞? 如何能经得起"严格证明法则"与"罪刑法定原则"之检验?

匿名鉴定不当:鉴定人(expert examiner)与英、美法之"专家证人"(expert witness)相同,专家证人则以个人意见为证据②,可以个人意见为证据。美国《联邦证据规则》第703条规定,认为专家证人应有能力去判断所接受数据之正确性,故形成意见时无须受传闻法则之限制。英国采"公医制度",依其"准则"(Guidance from the Academy of Medical Royal colleges),选任适当之"医事鉴定人"(medical expert witness)为法院之责任。英国皇家医师公会(Academy of Medical Royal Colleges)建议,法院选任医疗纠纷之医事鉴定人资格,可由以下九个问题加以确立适当之"医事鉴定人":医事鉴定人之执业范围(area of practice)、仍持续执业(still in practice)、专业鉴定范围(area of expertise)、医师所能作证(witness)与鉴定(testify)之程度(extent)与事项(subject)、执业之临床医师诊疗最后一位病人之时间、临床医师是否仍保有医师公会会籍(in good standing)、临床医师是否持续专业继续教育(up-to-date with continuing professional development)、过去5年临床医师是否接受鉴定人之训练、临床医师观点广泛接受之程度。③ 台湾地区鉴定人由审判长、受命法官或检察官就下列之人选任一人或数人充之:就鉴定事项有特别知识经验者、经机关委任有鉴定职务者。又"鉴定人就鉴定事项有特别知识经验者"之"特别知识经验"到底何指,并不清楚。实务上如为专业人士(如医师、律师、会计师、建筑师、护理师、检验师等通过专门职业技术人员)固然可视为具有特别知识及经验,而交通警察处理车祸多年,虽非专门职业技术人员,但具有一定之经验,亦可视为具有特别知识及经验。台湾地区医疗纠纷医事鉴定小组之机关匿名鉴定固然可以避免无人愿意鉴定之尴尬情形,亦可以确保鉴定机关之来源无虞,但是匿名鉴定亦有下列缺点:

---

① "刑法"第1条规定:"行为之处罚,以行为时之法律有明文规定者为限。拘束人身自由之保安处分,亦同。"违反"医疗法"应由卫生行政机关处以行政罚,竟可为刑罚,裁判者恐已违背"罪刑法定原则"之法理。

② 美国《联邦证据规则》第701条规定,一般证人个人意见或推论以下列为限:(1) 基于证人合理的体察(perception);(2) 有助于清晰了解证人之证言或有助于争执事实之决定;(3) 非基于《联邦证据规则》第702条之科学上、技术上或其他专业知识而提出者。

③ Medical Expert Witnesses, Guidance from the Academy of Medical Royal Colleges (last visited Mar. 28, 2010), http://www.aomrc.org.uk/aomrc/admin/news/docs/AoMRC_Experts1.pdf (last visited, July 28, 2005).

鉴定人未到场陈述;未能述明鉴定经过;不同观点未能分别报告;鉴定人不必具结;当事人不能拒却鉴定机关,剥夺医师被告之"防御权";鉴定人未请求法院或直接询问被告、自诉人或证人①,剥夺医师被告之防御权。台湾地区刑事诉讼自2002年2月虽已兼采当事人主义(adversary system)之"改良式当事人进行主义"②,原则上,原告(检察官或自诉人)与被告(医师)都有权利选择有利于己之证据,尤其检察官据以起诉之"鉴定报告",是起诉之重要证据,基于当事人进行主义,被告应有权利请求调查证据,基于诉讼武器均等,除"交互诘问"以发现真实外,应许以再鉴定,但"刑事诉讼法"并未就此点修正③,剥夺医师作为刑事被告的"防御权",违反"宪法"保障人民公平诉讼之权利。④

五、程序瑕疵——当事人不适格

当事人适格之判断,台湾地区实务似采"程序审理说"⑤,即应依原告所主张之事实作形式之认定,非依法院实际审理之结果为准,亦即应先就原告诉之声明判断当事人是否适格。

刑事诉讼方面:"刑事诉讼法"第3条规定:"本法称当事人者,谓检察官、自诉人及被告。"刑事诉讼的大部分发动诉讼当事人是检察官,故无承受与否的问题,少数例外是自诉,依"刑事诉讼法"第332条规定:若自诉人死亡时自有承受诉讼之问题,通常法院若无承受诉讼之人亦会请检察官担当诉讼,若承受诉讼之人非"刑事诉讼法"第319条所列之人,则依"刑事诉讼法"第303条第1项第1款谕知不受理之判决⑥,方为妥适。另外,台湾地区高等法院对申请发还机要费单据案,似乎亦采"程序审理说"。本案当事人实际上不适格,却仍进入实际审理之错

---

① 参见薛瑞元:《刑事诉讼程序中"机关鉴定"之研究——以医事鉴定为范围》,台湾大学法律研究所2001年论文,第113—143页。

② 2002年2月8日修正公布前的旧"刑事诉讼法",法官必须全程主导证据的调查,主动收集对被告不利的证据,民众看到的是法官不断地以对立的立场质问被告,调查对被告不利的事证,法官与检察官的权责分际产生严重的混淆,审判的公正性也饱受怀疑。"改良式当事人进行主义",除了可以厘清法官与检察官的权责分际、彰显公平法院的理念外,更有助于"发现真实"。

③ "刑事诉讼法"第198规定:鉴定人由审判长、受命法官或检察官就下列之人选任一人或数人充之:(1)就鉴定事项有特别知识经验者;(2)经机关委任有鉴定职务者。

④ 释字第582号,"宪法"第16条保障人民之诉讼权,就刑事被告而言,包含其在诉讼上应享有充分之防御权。

⑤ 行政诉讼方面:各级行政法院2005年行政诉讼法律座谈会提案第9号及"最高行政法院"1989年判字第2320号判决意旨:"按提起行政诉讼之当事人不适格者为欠缺诉权之存在要件,应认其诉为无理由而以判决驳回其诉。"行政法院判决1992年判字第185号:"按人民对于……行政处分,只需认为违法或不当,致损害其权利或利益者,依诉愿法第一条规定,即得提起诉愿及再诉愿。又诉愿、再诉愿机关受理诉愿案件,固应审查当事人是否适格,如当事人不适格,自不应受理,而以决定驳回之。"民事诉讼方面:台湾地区"最高法院"2001年台上字第1322号民事判决:"原告或被告无当事人能力者,法院应认原告之诉为不合法,以裁定驳回之;倘当事人之适格有欠缺者,法院则应认原告之诉为无理由,以判决驳回之。上诉人于原审提起本件再审之诉,既径列无当事人能力之赖○○为对造当事人(被告),而本件诉讼标的对于赖○○及其他共有人全体(即原审其余之对造当事人)又属必须合一确定,具见上诉人之诉,其当事人适格显有欠缺,应以判决驳回之。"因此,民事及行政诉讼皆认为当事人不适格系属"诉无理由"之法理,自不生应裁定命补正之问题。刑事诉讼方面:台湾地区高等法院2007年抗字第1181号刑事裁定:"惟按刑事诉讼案件对于当事人请求事项之裁判,需先为程序或程序上之审查,于满足程序或程序上条件之后,始得进一步作实体上审判,盖前者属于请求权行使之合法性条件,须具备请求权行使之合法性条件之后,始有审认实体上请求权有无之必要。依法应以判决行之者如此,而以裁定行之者,亦复如是。"

⑥ "刑事诉讼法"第334条规定:"不得提起自诉而提起者,应谕知不受理之判决。"台中地方法院2008年自缉字第332号刑事判决通知承受诉讼逾期无人承受(不受理判决)、高雄地方法院2006年自缉字第24号刑事判决通知承受诉讼逾期无人承受,检察官拒绝担当诉讼(不受理判决)。

误,刑事法院似应以原告之诉为无理由,判决驳回,并非撤销。"刑事诉讼法"第334条规定:"不得提起自诉而提起者,应谕知不受理之判决。"纵经审理,原告之诉为无理由,法院则应认原告之诉为无理由,以判决驳回之。①

六、实务界心肌炎刑事案件见解

以"心肌炎"为检索词,至"司法院"网站搜集相关医疗纠纷刑事案件,去除"行为人无照行医"之3例后②,共有6例,其中3例"误诊"③为上呼吸道感染,求诊至死亡时间分别为2时2分、4时30分、5时10分,结果2例无罪④,1例认罪,协商判决拘役20日,缓刑两年。⑤ 2例"误诊"为肠胃炎,求诊至死亡时间分别为10时30分、12时零分,结果均无罪。⑥ 另1例"误诊"为急性肝炎,求诊至死亡时间为17时20分,结果:两位医师分别处甲有期徒刑4个月,减为有期徒刑两个月;处乙有期徒刑两个月,减为有期徒刑1个月。⑦

考察"心肌炎案例"无罪之理由,皆系依一般刑事之原则,采"严格证明法则"⑧与"罪疑惟轻,利归被告"之原则,而为无罪之宣告,符合社会期待与医理,医界应予肯定。其他则事涉"医疗纠纷鉴定制度""认罪协商"与"自由心证",属于制度问题,需要医法双方继续沟通协商,方能有成果。

---

① 台湾地区"最高法院"为法律审,当事人不适格之"承受诉讼违法"问题,为"诉无理由",似不应撤销发回更审。
② 此三例系因为无照行医而被判刑,台南地方法院2000年易字第3059号刑事判决、嘉义地方法院2000年易字第1204号刑事判决、板桥地方法院2002年易缉字第166号刑事判决。
③ "误诊学"是研究临床工作中诊断错误之规律和防范措施的一门学问。其发生原因繁杂,不应忽视,但是也不应该"等同错误"或"等同过失"。参见刘振华、陈小虹:《误诊学》,艺轩图书出版社1998年版,第1—17页。另外,临床病理讨论会(clinical pathological conference,CPC)基本上先由临床医师分析已死亡者之病症与诊断,然后公开讨论,自病因、诊断、合并症、治疗与死因,无所不及,最后由病理医师报告解剖结果,应该为何种疾病,再讨论治疗是否适当的学习过程。参见叶曙:《病理卅三年》,传记文学出版社1982年版,第228页。此处"误诊"系指医师以病人为老师之学习过程,医师依临床之症状与检验结果,综合判断所为之"臆断"(impression),治疗多年病人往生后,争取病人与家属捐赠"病理解剖"作"最后诊断"(final diagnosis)。临床医师"臆断"与病理解剖"最后诊断"互相对照是否相符之学习过程,此亦为临床医学不断进步之原因之一,本案病理解剖最后诊断与臆断有所不同,虽然称为"误诊",但为发现医学奥秘与学习之过程,本来即不应适用"行政法"与"刑罚",但近年来受到社会误解甚大,并多以失败之医疗结果"认定不法",应予澄清。参见王正一:《102个可能——以病为师开启医学奥秘》,原水文化出版社2009年版,第4—19页;许永祥:《探索生命密码》,载花莲慈济医学中心、慈济大学合著:《当医生的老师》,原水文化出版社2008年版,第111—133页。
④ 台北地方法院1998年自字第668号刑事判决、彰化地方法院2007年诉字第194号刑事判决。
⑤ 桃园地方法院2007年医诉字第1号刑事判决。
⑥ 台湾地区高等法院台中分院2000年上更(一)字第66号刑事判决、台湾地区高等法院2000年上更(二)字第240号刑事判决、台湾地区"最高法院"2000年台上字第5241号刑事判决。
⑦ 民事方面:医院于1996年6月立协议书,先给予家属慰问金及奠仪100万元,嗣后家属仍然民事诉讼请求8 033 101元赔偿,经三审确定无过失而不必赔偿定谳。台湾地区桃园地方法院1999年重诉字第310号民事判决、台湾地区高等法院2006年医上字第23号民事判决、台湾地区"最高法院"2010年台上字第157号民事裁定参照。但刑事方面:台湾地区桃园地方法院1998年诉字第17号刑事判决、台湾地区高等法院2003年医上更(二)字第3号刑事判决,更三审中。
⑧ 刑事上之相当因果关系条件较严,必须达到无可怀疑之证据(beyond reasonable doubt evidence),需几乎100%地确认"因果关系",方为有过失之判决。Walston-Dunham B: The Medical malpractice trial. In: Walston-Dunham B: Medical malpractice law and litigation. New York. Thomson Delmar Learning. 2006; 321-41.

结论性观点

本案"医事审议委员会"鉴定与法院审判,认事用法似乎不符台湾地区之"刑事过失"原则,并将本来"无罪"之医师误判为"有罪",鉴定与审判制度缺失,侵犯医师之人权,不能谓不严重,误判之个案,除应上诉讼至上级法院予以补救,台湾地区医疗纠纷鉴定制度亦应适度改革,方能避免继续侵害医师之基本人权。[1]

医疗纠纷应先调查与调解:医疗纠纷应先行政调查,医疗纠纷之家属大多数要求"合理解释",此时可由卫生局或医师公会(具调查权之第三者)协助说明,如有行政疏失,例如病历记载不合规定、违规用药等,依法予以惩戒或行政处分。应负之民事责任,可先通过保险机制处理,协调不成,再由民事法庭审理。再依欧美之惯例,医疗纠纷应优先适用民事法律,在进入民事司法程序前,医师公会或主管机关接受医疗纠纷个案申诉(complaint)、调解(mediation)、仲裁(arbitration)与协商(conciliation),这项程序称为纠纷解决替代方法(Alternative Dispute Resolution, ADR),各地医师公会与卫生单位协调仲裁为其常态,诉讼为最后手段。

医疗纠纷优先适用民法:医疗纠纷刑事与民事过失责任本就有所不同,台湾地区对"医疗纠纷"之处理,向以"刑事"论处,乃超乎世界潮流之严格,虽有历史因素[2],但仍不无"侵犯医师人权"之事实。现行"刑事诉讼法",实行"改良式当事人进行主义",检察官对被告之犯罪事实应负提出证据及说服之实质举证责任,相对而言,是否"医疗纠纷"仍要遵循过去,一旦有"些许过失"即以"刑事"论处,医界、法界及社会都值得再深入探究。笔者主张,医疗行为既然属于"强制缔约",医病之间应以"债务不履行"或"侵权行为"之民事法理处理,故除非医疗纠纷有"故意"或"重大过失",否则不应受"刑法"之诉究。[3]

鉴定报告公开:台湾地区医疗纠纷之匿名鉴定固然可以避免无人愿意鉴定之尴尬情形,亦可以确保鉴定机关之来源无虞,但是匿名鉴定之制度必须改革,鉴定机关应负责把关选任适当之"鉴定人",选任适当人选之原则应予公告周知,方为妥适。目前鉴定报告既已匿名为之,为昭公信,法院判决自应全文公布鉴定报告,接受公评。美国大法官 Louis Brandeis[4] 认为:"阳光是最好的防腐剂,灯光是最有效的警察"(Sunlight is said to be the best of disinfectants; electric light the most efficient policeman)。法医师之"解剖报告书""鉴定报告书"与匿名之"医事审议鉴定报告"既经法院公开审理,按理无继续保守秘密之理由,自应公布全文,接受公评,也可避免法院"断章取义"。事实审法院对于鉴定证据之审查,即需负起如同美国联邦或地区各级法院法官对于鉴定

---

[1] Ger J: Why can Taiwan utilize criminal law to discipline physicians? Legal Medicine; 2009;11; S135-S137. Lin PJ: Criminal judgment to medical malpractice in Taiwan. Legal Medicine; 2009;11; S. 376-378.

[2] 依1986年之"医疗法"第98条规定,"卫生署"被动接受司法机关医疗纠纷之委托鉴定,造成"刑事调查"与"行政审查"之怪异现象,与世界各国之"行政调查"与"刑事审查"方式殊异。"飞航事故调查法"第11条规定:"飞航事故发生后,飞安会应指定飞安调查官一人担任主任调查官,由其召集成立项目调查小组全权负责指挥飞航事故调查,并邀请相关机关代表及专家参与。"亦以"行政调查"为先。医疗纠纷事涉专业,"刑事调查"为先之制度,十分怪异。

[3] 参见葛谨:《台湾医疗纠纷不受刑事诉讼之理由》,载《台湾医界杂志》2007年第50卷第8期,第379—383页。

[4] Louis Dembitz Brandeis(1856—1941),1916年至1939年任美国联邦最高法院大法官,首位犹太裔大法官,除了是隐私权之倡导者外,最为人知的是1908年在 Muller v. Oregon 案中,整理因长期劳动将造成妇女心理学上之不良效果与社会之影响实验性研究结果提供法庭参考,并获得胜诉,虽然败诉之雇主因此而判处罚金10美元,但提供有社会影响之实验性研究结果给法庭参考,由他开始,其报告也简称为"Brandeis Brief"。

证据审查之守门员（gatekeeper）责任①，以确保"宪法"第 8 条与第 16 条保障被告正当诉讼权。通常法院审查鉴定证据，似应以"守门员"之角色，就鉴定之专业，有无瑕疵，是否使用鉴定领域认可之技术，有无潜在之错误，是否经过鉴定同事之复验确认，有无出版物，是否为普遍所接受等各项准则以为参考等，认定是否具有"证据能力"。同时匿名之鉴定报告之内容并无秘密可言，应全文公布，接受公评。本案法医师如何诊断"病毒性心肌炎"，颇值推敲。"心肌炎"发生原因众多，已如前述，"病毒性心肌炎"通常病毒培养结果或是免疫学检查结果约只有 30% 阳性确认率，本案法医师如何诊断，应该公布；至于其他原因如细菌、霉菌、立克次体、寄生虫、螺旋体感染、毒素、药物或嗜铬细胞瘤、高血压等，又是如何排除，亦应公布，以释群疑。

医事过失审查原则：中国台湾地区之"刑事过失"（criminal negligence）之审查要件实务上与英、美两国并无不同，要件有四，即"照顾责任""违反照顾义务""因果关系"与"损害之事实"。英、美两国法院皆针对此四要件，邀请专家证人作证，建立"案例"；台湾地区医事鉴定报告似应分项论述医师违反之四个过失要件之证据，较为妥适。台湾地区不但现代医学由西方传入，刑事与民事法律也系继受自欧、美、日等国，相关之刑事法理与医学原理自无不同之理，建议医事鉴定应仿欧、美，分段论述医师违反照顾义务之标准与有无因果关系之证据，方为妥适。笔者建议鉴定单位要依下列四点逐一审理：被告对原告有无"照顾责任"（duty of care）、被告有无"违反照顾义务"（breach of standard of care）、损害与过失有无因果关系（causality）、损害之事实（damage）四者。"过失责任"成立与否，法院应指示鉴定单位依"过失责任"四项审查原则逐一审理。

法医师之医师资格：依"法医师法"之规定，法医师之业务归"法务部"主管，该法容许未具有医师、牙医师、中医师资格而领有法医师证书者，执行法医师鉴定业务。② 由于医疗纠纷之致死原因事涉临床经验与医理，法院基于保障人权与国际观瞻，参酌英国皇家医师公会建议，法院选任医疗纠纷之医事鉴定人资格，对鉴定医疗纠纷致死原因之法医师，应选任具有医师资格者充任，方符程序正义（due process of law）。法院亦应公布法医师鉴定报告，以昭公信。

强制解剖：符合人权指标的理想"尸体解剖率"约为 50%③，医疗纠纷如未解剖，仅以尸体外部检查并不足够，致使死因不明，容易误判，为避免日后诉讼资源浪费，损伤社会成本，伤害公权力机关形象之情形，医疗纠纷过失致死案例应强制解剖，医疗纠纷之认定除应强制解剖外，亦应要求具有医师资格之合格法医师解剖（包括毒药物检验）与复验，并应调查过去病史，俾免误判。④

公诉鉴定人制度：台湾地区刑事诉讼自 2002 年 2 月已兼采当事人主义之"改良式当事人进行主义"，依释字第 582 号，"宪法"第 16 条保障人民之诉讼权，就刑事被告而言，对质诘问权为其

---

① 台湾地区高等法院 2004 年医上诉字第 4 号刑事判决。
② "医师法"第 12 条规定，未具有医师、牙医师、中医师资格而领有法医师证书者，依聘用人员聘用条例或公务人员任用法规定，在司（军）法、行政机关从担任法医师职务连续满两年且成绩优良者，始得申请执行法医师鉴定业务。法医师任职于行政机关，恐无助于其临床知识之累积，若准许进行医疗纠纷之死因鉴定，不但力有未逮，又恐加深他人对台湾地区制度不重人权之印象，亦与提升法医师之地位，背道而驰。相同意见参见洪政武：《台湾医界对法医师法立法之疑虑》，载《台湾医界杂志》2009 年第 52 卷第 5 期，第 235—237 页；王宏育：《我所认识的"法医师法"》，载《台湾医界杂志》2008 年第 51 卷第 4 期，第 144—145 页。
③ 尸体解剖率为以年度为单位，尸体相验数与践行解剖之比率（践行解剖数÷尸体相验数）。以 2008 年为例，台湾地区死亡人数 143 624 人，尸体相验数为 17 974 人，相验率为 12.51%；践行解剖数为 2 096 人，尸体解剖率为 11.66%，与日本（30%～40%）、美国（40%～50%）等相较，有很大的进步空间。参见王崇仪：《法医师法论》，宇河文化出版有限公司 2009 年版，第 44—45 页。
④ 参见朱富美：《科学鉴定与刑事侦查》，翰芦图书出版公司 2004 年版，第 157 页。

在诉讼上应享有之基本人权与防御权,故为"医师被告之基本与绝对权"。① 为尊重司法,维护医师被告对质诘问权,鉴定报告除应公开外,"卫生署"亦应考虑建立"公诉鉴定人制度",在法庭上许以医师被告之对质诘问权。②

程序选择权③:释字第 591 号(2005 年 3 月 4 日):"'宪法'第十六条所保障之诉讼权,旨在确保人民于其权利受侵害时,有依法定程序提起诉讼,并受法院公平审判之权利。""最高行政法院"判决:"听证程序主要适用于行政机关作成不利益决定(尤其是不利益处分或授益行政处分之撤销)时,对处分之相对人或利害关系人所提供之陈述相关事实、厘清法律问题,以及主张或提出证据之机会,而于当事人意见经充分陈述,事件已达可为决定之程度时,终结听证,并斟酌全部听证结果,作成行政决定,类似于诉讼程序中之'言词辩论'程序。此观'行政程序法'第一章第十节'听证程序'及同法第一百零八条相关规定自明;至于公听会,乃是行政机关于作成诸如行政命令、行政计划或其他影响多数人权益之处分时,向相对人、专家学者或社会公正人士,甚至一般民众在内之多数人广泛搜集意见,以资为参考的制度。两者于法理上不尽相同。"④本案显然是"行政机关对医师作成不利益决定",应予被处分之医师陈述相关事实、厘清法律问题,以及主张或提出证据之机会。笔者主张,"行政不法"与"刑事不法"之间要有"程序保障",医界似可依"行政程序法"要求⑤中国台湾应仿英国"医疗执委会"对有"重大不正当行为"之医师,组织"专业行为委员会"(Professional Conduct Committee,PCC)进行"听证会"(public hearing)后,才移送刑事法院,较为妥适,方符世界潮流。

尊重医师裁量权:医师裁量权之核心由"卫生署"函示:"应由医师亲自执行之医疗行为,由非医师执行者,称为擅自,其他得由医院诊所辅助人员,在医师指导下执行之医疗行为,不视为擅自执行医疗业务,但该行为应视为指导医师之行为。""医院诊所辅助人员未经医师指示,径自行任何医疗行为,或于医师在场时,执行应由医师亲自执行之医疗行为,均属擅自执行医疗业务。"⑥所谓"应由医师亲自执行之医疗行为"则为"医疗工作之诊断、处方、手术、病历记载、施行麻醉等医疗行为,应由医师亲自执行,其余医疗工作得在医师亲自指导下,由辅助人员为之,但该行为所产生之责任应由指导医师负责"。⑦ "医师裁量权之核心"应可解释为"诊断、处方、手术、病历记载、施行麻醉等医疗行为"。释字第 613 号:权力分立制衡原则系……基本原则。……在"宪法"中将权力予以垂直及水平地分配给不同政府部门行使,以避免权力集中于单一机关而易

---

① 参见林辉煌:《对质诘问权与传闻法则——比较法之探索》(上),载《法令月刊》2007 年第 58 卷第 4 期,第 454—483 页;林辉煌:《对质诘问权与传闻法则——比较法之探索》(下),载《法令月刊》2007 年第 58 卷第 5 期,第 619—635 页;张丽卿:《医疗纠纷鉴定与对质诘问权》,台湾地区"最高法院"刑事鉴定法学术研讨会,2007 年版,第 43—62 页。

② 对质诘问权为医师被告在诉讼上享有之基本人权与防御权,为"基本与绝对权",自然应予维持,以符法制,"卫生署医事审议委员会"之书面鉴定结果似可比照"公诉检察官"之意旨,由"卫生署"选任指派之"公诉鉴定人"代表出席,至法院刑事庭接受医师被告之对质诘问,避免误会与冤抑。

③ 参见邱联恭:《程序选择权论》,三民书局 2000 年版,第 1—21 页。"程序选择权"为民事诉讼程序之重要原则,也已为"宪法"解释所肯认,笔者认为:程序选择权应可为"行政不法"与"刑事不法"间之"程序保障"理论基础,英国医疗纠纷"听证程序"即为实例。

④ "最高行政法院"2005 年判字第 01620 号判决。

⑤ "行政程序法"第 58 条规定:行政机关为使听证顺利进行,认为必要时,得于听证期日前,举行"预备听证"(相当于英国之"适任程序")。

⑥ 1976 年 4 月 6 日卫署医字第 107880 号。

⑦ 1976 年 6 月 14 日卫署医字第 116053 号。

流于专擅与滥权。而权力除分由不同部门职掌外,并设计维持不同权力间的均衡,使彼此监督与牵制,进一步防止权力的集中与滥权。"而根据禁止扩权原则,须检视一权力机关是否以削弱其他'宪法'机关的权力作为扩张自身权力之代价,以判定其行为是否违反权力分立制衡原则。"权力分立本身不是目的,维护自由和某种程度的政府分工才是关键。释字第 585 号:"不得侵犯其他'宪法'机关之权力核心范围,或对其他'宪法'机关权力之行使造成实质妨碍。""权力分立论"(doctrine of separation of power)为现代"宪法"建构之基本原理,以分权制衡之原则,防患政府权力集中而滥权(power abused),以达成确保人民自由权利之目的,司法单位与鉴定人员亦应尊重医师之裁量权,似应分别"医事鉴定"与"医学评论"之不同,司法权似不应过度介入医师裁量权之核心。①

医事审查六分法:英、美等国追究医事人员责任,至少要先区分"适任""行政""健康""伦理""安全""法律"等责任,不会只使用"二分法"(dichotomy)。② 若是"不适任""不健康""不合伦理""不符医院安全"之案件,事涉"医疗质量与病人安全",卫生行政机关应该介入调查。"不适任者"(incompetent)命其受相当之训练,考核合格方能继续行医;"不健康者"限制继续行医(例如罹患传染病),或是无法继续行医(例如失智);"不符医院安全"之案件(例如输血错误),系医院责任,卫生行政机关更应及早介入调查,而非直接交由法院惩办医师;另外,若是适用"双效原则"或"应否转诊"之"伦理责任"之事件,医师要有伤害之"故意",才负担法律责任。③ 最后为"法律议题",系对有"重大不正当行为"之医师,仿英国"医疗执委会",组织"专业行为委员会"(PCC)进行"听证会"(public hearing)后,才移送刑事法院,交由刑事法院评价。这也是为何英、美等国以"医疗法为行政法",刑事法院评价医事人员与医疗行为要以"重大过失"与"连续或重复的诊断、治疗错误"为基础之法理与原因。

慎重行使权利:应该及早建立"防止法律人滥权"之管理机制④,避免"以刑逼医",发生闹出人命之憾事。⑤ 例如,"行政院金融监督管理委员会"与"法务部"成立定期"工作联系会报",作

---

① "医事鉴定"不同于"医学评论",医事鉴定涉及法律的评价,医学评论则可促进医学的相互激荡进而产生医学进步,如把医学评论当成医事鉴定,则易使法院误认确有医疗疏失而为医师败诉之判决,这就是所谓"医医相害",当医界前掌握有医事鉴定之责时,最好同时衡量相关法律规定。参见李志宏、施肇荣:《诊断证明书与医事审议(医疗鉴定)——医疗法律案例解读系列4》,载《台湾医界杂志》2009 年第 52 卷第 7 期,第354—358 页。
② 参见葛谨:《病人安全》,载《医事法学》2009 年第 16 卷,第 66—71 页。
③ 双效原则请参考 Quill TE, Dresser T, Brock DW. The rule of double effect- a critic of its role in end of life decision making, New Engl J Med 1997;337;1768-1771. Kockler N. The principle of double effect and proportionate reason. Virtual Mentor. 2007; 9: 369-374;葛谨:《双效原则》,载《台湾医界杂志》2008 年第 51 卷,第487—490 页。
④ 冤遭起诉、调职、停职,"我很纳闷检察官何以对我如此不友善,事后才得知,据说他儿子曾到台中医院看过小儿科时,有过不愉快的经验,并曾扬言:将来会给你们好看! 不幸这笔账被记到我头上"。参见黄孝锵口述、宋菊琴撰:《杏林园丁——黄孝锵回忆录》,百香果出版社 2008 年版,第 318—324 页。
⑤ 侦查中案件,检警应尊重当事人之"隐私权"与紧守"侦查不公开"原则。2008 年 8 月 13 日,新竹检警单位侦办"诈领健保费案",搜索医疗机构,并传唤相关医事人员 18 人到案,14 日媒体便大幅详细报道,15 日林医师下班后失去联系。18 日发现自杀身亡;遗书上有"对自己所作所为非常后悔,对台湾健保体制及医院行政制度更是难过";"医院行政制度谋杀了我,祝福同仁能度过这次危机及教训"。参见洪政武:《由林医师自杀事件谈医疗机构伦理》,载《台湾医界杂志》2008 年第 51 卷第 10 期,第 413—415 页。另外医师不堪讼事自杀身亡案例,见台湾地区高等法院 1996 年上诉字第 5409 号刑事判决。医师被无辜起诉而离职案例,见台湾地区高等法院 2002 年上易字第 390 号刑事判决。

为两部会对金融不法案件移送、调查、侦办等相关事宜之定期性联系沟通管道,强化检查、调查及搜索等作业与程序之严谨性,并密切联系,严守侦查不公开原则,尽量避免对金融市场造成不当之冲击,降低申请羁押、搜索等侦查行动对金融市场的冲击。① "医疗纠纷起诉后审查制度"②似亦有必要。

---

① 参见"金管会"与"法务部"成立金融不法案件工作联系会报新闻稿(http://www.fscey.gov.tw/news_detail2.aspx? icuitem = 4881012)与中时电子报(http://news.chinatimes.com/2007Cti/2007Cti-News/2007Cti-News-Print/0,4634,110502x112008100200230,00.html)(浏览日期:2008 年 10 月 2 日),约定检察署以驻"金管会"检察官为协调联系之窗口,与金管会各单位及证交所、柜台买卖中心等保持密切合作,"金管会"亦将加强与驻会检察官之协调联系,并全力配合,俾利掌握侦查时效及提升办案质量。"金管会"将与司法人员进行个案研讨,并采检调之分级证照训练,加强检查人员之知能,及检查、移送之严谨性。未来两部会联系会报每两个月召开一次,必要时得召开临时会。

② 台湾地区昔无"起诉审查制度",2002 年修正"刑事诉讼法"第 161 条后始有之,此为增加外部监控,避免检察官滥行起诉之机制,应受肯定。参见王兆鹏:《刑事诉讼讲义》,元照出版公司 2008 年版,第 538—551 页。

医疗刑事诉讼认罪协商的实证研究*

——从台南地方法院 2004 年简字第 2351 号刑事判决出发

林萍章**

基本案情①

被告甲系 A 医院之心脏外科专科医师,为执行业务之人。病人因患有冠状动脉硬化狭窄心脏病,曾于 2001 年 3 月 24 日因心肌梗死而在 A 医院以冠状动脉气球扩张术方式治疗。嗣于同年 11 月 30 日,病人又因胸痛住进 A 医院,于同年 12 月 4 日下午 5 时 30 分,由甲医师为其施行冠状动脉绕道手术(下称"第一次手术"),共接 5 条血管;惟手术后因引流管出血量多,且血块压迫心脏引起心包填塞,导致血压下降濒临休克,故于同年 12 月 5 日下午 1 时 55 分、同年 12 月 6 日凌晨 5 时 51 分许,又先后两次进入手术室(下称"第二次、第三次手术")。甲医师身为病人心脏外科手术之医生,理应注意心脏手术后出血或引起心包填塞系心脏手术后常见之并发症,且当术后出血较多时,除应注意出血是否减少、停止,以及输血是否足够外,也须注意引流管是否因血块堆积在心包内,而压迫心脏造成心包填塞;惟病人于第二次手术后,于 12 月 6 日凌晨 4 时点许,其中心静脉压即升至 20 mmHg,心包填塞的征象已相当明显,甲医师此时即应对病人采取重新打开伤口,清除血块以解除心包填塞并止血,或于病况更危急时,并应立即拆开部分伤口缝线,以手指直探心包内,让血水引流出,再彻底清除血块及止血,而以上述方式解除病人之心包填塞病状,且依当时之情况,又无不能注意之情事。惟甲医师并未及时采取上述之急救方法,致延误治疗时机,造成病人于同年 12 月 19 日晚上 11 时因心脏血管绕道手术后并发症肝衰竭而死亡。

本案经台湾地区台南地方法院讯问被告后(2003 年医诉字第 1 号),因被告自白犯罪及依其他现存证据,已足认定其犯罪,经本院合议庭裁定后(依"刑事诉讼法"第 449 条第 1 项前段②),径依简易判决处刑如下:甲○○从事业务之人,因业务上之过失致人于死,处有期徒刑 6 个月,如易科罚金,以 300 元折算一日。缓刑两年。

疑难问题

认罪协商本质上是以与被告利益交换来取得判决,法官、检察官及被告可能各取所需并皆大欢喜。学界间对于"认罪协商"制度之优劣仁智互见。有学者认为,因"认罪协商"制度在司法实

---

* 原载于《月旦法学杂志》2010 年第 185 期。
** 长庚纪念医院胸腔及心脏血管外科系主任。
① 台湾地区台南地方法院刑事简易判决 2004 年度简字第 2351 号判决。
② "刑事诉讼法"第 449 条(声请简易判决之要件)规定:"第一审法院依被告在侦查中之自白或其他现存之证据,已足认定其犯罪者,得因检察官之声请,不经通常审判程序,径以简易判决处刑。但有必要时,应于处刑前讯问被告。前项案件检察官依通常程序起诉,经被告自白犯罪,法院认为宜以简易判决处刑者,得不经通常审判程序,径以简易判决处刑。依前二项规定所科之刑以宣告缓刑、得易科罚金或得易服社会劳动之有期徒刑及拘役或罚金为限。"

务中可能会以牺牲司法追求的公平正义目的为代价,且与刑事诉讼发现真实目标背道而驰而主张废除这项制度的适用。亦有学者认为,在社会多元发展的今天,随着刑事案件日益增加,法院审理案件负荷繁重,审理案件之效能日趋低落,使各国或地区均意识到作为人民诉讼权之一的迅速审判未能得到很好的保障,而"认罪协商"制度却能使这一权力得到有效保障。经实证研究表明,认罪协商确有其理论基础,不可能废弃不用。

学理研究

一、罪刑协商

社会多元发展,刑事案件日益增加,导致法院审理案件之负荷繁重,审理案件之效能日趋低落,且各国或地区均意识到迅速审判亦属人民诉讼权保障之一环,故均在立法上设计对于相对轻微之案件,尽量避免适用冗长繁琐之通常审判程序,以相对简易之诉讼程序,迅速处理案件,以缩短审判流程,提升审判效能。并且,基于从迅速审判、诉讼经济及对人民诉讼主体权重视之观点出发,对于符合一定之诉讼条件案件,亦允许以被告自愿认罪,愿意接受一定刑罚处罚之所谓"认罪协商"方式终结案件,英美法系之国家如此(如英国、美国、加拿大),德国、意大利亦部分采撷美国认罪协商制度之精神,发展出不同之认罪协商模式。虽然学界间对于"认罪协商"制度之优劣仁智互见,且批评从未间断,然据实证研究,认罪协商确有其理论基础,不可能废弃不用。在此思潮下,台湾地区在1997年12月19日修订"刑事诉讼法"简易程序章,引进了美国认罪协商制度之精神,建立简易程序协商机制。为进行刑事诉讼制度之改革,再于1997年7月举行"司法改革会议",在该次会议后刑事诉讼确立了"改良式当事人进行主义"的改革方向,在该次会议中,亦决定酌采认罪协商求刑制度。经立法努力,终在2004年3月23日"立法院"三读通过增订"刑事诉讼法"第七编之一协商程序,并于同年4月9日生效施行。至此,台湾地区"刑事诉讼法"继原有之简易程序协商(包括侦查中求刑协商及审判中求刑协商),更进一步正式采取所谓之"认罪协商"制度模式。惟此次增订过程中,"司法院"原本草案之设计是要将"简易程序协商"删除,一并在新增协商程序中规范。但经过立法朝野协商后,认为二者功能不同,仍保留"简易程序协商",故在现制下"简易程序协商"及"新增协商程序"并存,并建构了深具台湾地区特色之"量刑协商制度",将来极有可能成为台湾地区终结诉讼案件之主要方式之一。①

"刑事诉讼法"简易程序中,关于认罪协商之规范,主要有第449条、第451条之1及第455条之1,尤其第451条之1为整个制度之关键条文。依该条规定,于适用简易程序之前提下,当事人得为侦查中求刑协商,亦得为审判中求刑协商。

(一) 罪刑协商的优点

(1) 疏解案源、诉讼经济、结案迅速②;

---

① 参见洪尧赞:《量刑协商制度之研究》,中正大学法律研究所2005年论文。
② 2005年"民事诉讼集中审理施行心得中区研讨会"会议记录(2005年7月15日)。美国民事案件和解比率为80%至85%,刑事以协商方式和解比率为90%,但智慧财产权案件和解比率高达95%,罪刑协商,刑事案件由刑庭法官解决,如和解后态度良好,量刑可以减轻或判缓刑或易科罚金,刑庭法官可以促成和解。笔者主张附带民诉由刑庭法官办理有它的好处,除非是该案的罪是否成立有争论,不然有提出附带民诉的案件,被告付出该赔偿的钱,得到满意的刑罚,被害人可以不以繁杂的诉讼程序,得到该赔的钱,法官不要写判决,书记官也不要因交互诘问而笔录作那么长,这是功德无量的事情。笔者现在有一个观念,民事、刑事有可能的话一并解决,如被告被判1年刑,因和解的条件只差50万元、100万元而没办法和解,判刑后和解就更难了,原告打赢了官司有什么意义,只拿到一张执行名义,有可能拿不到钱。

(2) 节省时间,符合当事人利益;
(3) 缓和司法制度之僵化;
(4) 符合公平原则,实现个案正义;
(5) 无碍真实发现,并能促进和谐。
(二) 罪刑协商的缺点①
(1) 协商结果不符社会公义且无法正确发现事实:实行认罪协商制度将导致正义可以谈判妥协,且刑事审判将大量偏重被告自白判罪,如此一来,实务上恐将出现以虚伪自白为他人顶罪或图较轻处罚之情事,其结果违反平等原则,对社会正义的实现显然有不利之影响,更易造成社会治安的恶化。
(2) 恶性重大之犯罪以量刑协商方式终结并予从轻量刑,违反人民法律感情:依新增协商程序规定,对于被告所犯为死刑、无期徒刑、最轻本刑 3 年以上有期徒刑的重罪或高等法院管辖第一审案件,虽不得进行协商,但有若干侵害重要法益之恶性重大案件,以高雄市议会议长朱安雄贿选案为例,因被告所犯为"公职人员选举罢免法"第 90 条之 1 第 1 项之罪,其最轻本刑为有期徒刑两个月,依法可以量刑协商并予从轻量刑,此明显破坏人民对司法的信赖,抵触人民的法律感情。
(3) 违反真实发现,且对裁判上一罪之轻罪部分为量刑协商,将造成被告不当获利:如"刑法"上连续犯、想象竞合犯、牵连犯等裁判上一罪案件,有可能因检察官或法官欲以协商程序快速结案,而未积极追查为起诉效力所及之全部犯罪事实,只就已发现之部分犯罪为量刑协商,如此一来,将造成重罪轻判,使被告不当获利,抵触有罪必罚原则。
(4) 有可能衍生司法人员之弊端:实行协商程序,因被告可以认罪交换较低量刑为条件而与法官、检察官协商,不肖检察官、法官可能利用此制度而与被告或被告辩护人勾结甚而收贿,使被告所受之刑轻于所犯之罪,将对司法之公正、廉洁产生不利影响。
(5) "无罪推定""罪疑惟轻""严格证明""陈述自由"等原则之质变,"法官中立性""检察官之客观性与法定性义务""罪责原则""罪刑相当原则""实体真实原则"等基础构造之颠覆。②
(6) 违背"法官保留原则"与"公开审理"之要求,严格限制上诉破坏"诉讼权"保障之核心内容。③
(7) 科刑范围在 6 个月以下有期徒刑之案件被排除在指定辩护范围外,乃是对程序权保障之缺陷。对上诉理由作不合理限制,将对维护正义之救济管道形成障碍。④
(8) 被告实际未犯罪却因协商而被认定有罪之公平性问题。
(9) 认罪自白之证明力。

二、实证研究

(一) 台北地方法院⑤
(1) 刑事协商程序使用率仅 6.5%,相较于美国联邦法院之百分之 65%,差异甚大。

---

① 参见《"司法院"对有关"量刑协商"制度之说明》("立法院"第五届院会记录),载《"立法院"公报》第 93 卷第 17 期,第 52—56 页;王皇玉:《刑罚与社会规训——台湾刑事制裁新旧思维的冲突与转变》,元照出版公司 2009 年版,第 67—116 页。
② 参见林钰雄:《协商程序与审判及证据原则》(上),载《月旦法学教室》2004 年第 25 期,第 73—85 页。
③ 参见杨云骅:《刑事诉讼法新增"协商程序"之探讨》(下),载《月旦法学教室》2004 年第 21 期,第 104—107 页。
④ 参见陈运财:《协商认罪制度的光与影》,载《月旦法学杂志》2004 年第 101 期,第 248 页。
⑤ 台湾地区台北地方法院统计室:《刑事诉讼新制施行现况及成效分析》,2007 年 4 月。

(2) 以"一般诈欺罪"为例,依终结程序量刑轻重排序为:交互诘问→其他程序→协商程序→简式审判→简易程序。
(3) 不服检察官申请之简易审判而提起上诉地院二审案件增加2%。
(4) 简式审判上诉维持率不及5成。

(二) 台南高分院①
(1) 地方法院检察署申请简易判决处刑之比率约为23%。
(2) 地方法院实行简式审判程序的比率约为52%,协商程序的比率约为10%。
(3) 地方法院简式审判程序的维持率持续下降。
(4) 地方法院实行简式审判程序或协商程序的结案速度较快。

(三) 台湾地区医疗刑事诉讼认罪协商之案例

2000年至2009年,台湾地区各级法院审理经检察官申请以简易判决处刑之医疗刑事诉讼共有12案(表1)。被告共15人,医师12人(其中1人为牙医师)、护士2人、医检师1人。仅两案法院认同检察官之申请,而以简易判决被告3人有罪,但皆可易科罚金。其中一案即为本案(表1案七);另一案被告护理师与医检师2人在将婴儿抱离保温箱采集检体时,因未注意而使婴儿跌落地面,造成头部外伤(表1案九)。

表1 台湾地区医疗刑事诉讼认罪协商

	终审法院	案号	程序	被告	案由	判决
1	新竹地方法院	2000年诉字第402号	改依通常程序审理	护理师、临床心理医师(各1人)	业务过失致死	均无罪
2	台中分院	2000年上诉字第2310号	改依通常程序审理	脑神经外科之主任医师	业务过失致死	上诉驳回,无罪
3	台北地方法院	2001年易字第1081号	改依通常程序审理	妇产科医师2人	泄露业务上知悉他人秘密罪	撤回告诉,公诉不受理
4	高等法院	2003年上易字第2255号	改依通常程序审理	妇产科主治医师	过失伤害	上诉驳回,无罪
5	彰化地方法院	2004年易字第71号	改依通常程序审理	小儿科医师	业务过失伤害	撤回告诉,公诉不受理
6	台中地方法院	2004年易字第1224号	改依通常程序审理	医疗连少尉牙医官	业务过失伤害	无罪
7	台南地方法院	2004年简字第2351号	简易判决	心脏外科主治医师	业务过失致死	有期徒刑3个月,易科罚金
8	高雄分院	2006年上易字第854号	改依通常程序审理	新陈代谢科住院医师	业务过失伤害	上诉驳回,无罪
9	苗栗地方法院	2007年苗简字第824号	简易判决	医检师、小儿科护士(各1人)	业务过失伤害	有期徒刑3个月,易科罚金
10	桃园地方法院	2008年医易字第1号	改依通常程序审理	一般外科主治医师	业务过失伤害	撤回告诉,公诉不受理

① 台湾地区高等法院台南分院统计室:《刑事诉讼新制施行成效之分析》,2006年1月。

（续表）

	终审法院	案号	程序	被告	案由	判决
11	桃园地方法院	2008年医诉字第1号	改依通常程序审理	急诊部医师	业务过失致死	无罪
12	板桥地方法院	2009年易字第1138号	改依通常程序审理	急诊室医师1人	伪造文书	无罪

有3案原告撤回告诉，法院因而判决公诉不受理。其余7案皆依"刑事诉讼法"第451条之1第4项但书规定改依通常程序审理而判决被告无罪。理论上，检察官申请以简易判决处刑之诉讼案件被告皆已认罪。然而经检察官申请以简易判决处刑之医疗刑事诉讼12案中的7案却被法院改依通常程序审理而判决被告无罪。从而，法院审理的9案中（扣除3案原告撤回告诉），法院不认同检察官之申请者高达7案，占77.8%。此7案有3案经检察官上诉至高等法院，皆被驳回。为何检察官申请以简易判决处刑之诉讼案件有如此高的无罪率？是否在检察官侦查过程中发生报复性侦审之情况，使得被告同意检察官申请以简易判决处刑？①

三、本案分析

（一）手术适应症

本案病人因患有冠状动脉硬化狭窄心脏病，曾于2001年3月24日因心肌梗死而在A医院以冠状动脉气球扩张术方式治疗。嗣于同年11月30日，病人又因胸痛住进A医院。根据美国心脏学院出版之《2004年冠状动脉绕道手术指引修正》，病人因冠状动脉气球扩张治疗与药物治疗无效而有接受冠状动脉绕道手术之适应症。② 此外，冠状动脉性心脏病若有不稳定胸痛，则有接受冠状动脉绕道手术之急迫性。本案病人应是在此情况下接受紧急手术。

（二）手术前准备

冠状动脉绕道手术前应停止服用抗血小板药物保栓通（clopidogrel）5日。③ 根据美国心脏学院出版之《2004年冠状动脉绕道手术指引修正》，若病人病情许可，手术前应停止服用抗血小板药物保栓通至少5日，以减少手术后流血量与输血量。许多文献显示，若手术前停止服用保栓通不足5日或7日，则手术后流血量与输血量将大量增加，手术后再次手术之几率亦大幅提高。④ 病人于11月30日又因胸痛住进A医院，于12月4日下午5时30分，由甲医师为其施行冠状动脉绕道之手术。从而，手术前停止服用保栓通不足5日，至多3日。因此，病人接受冠状动脉绕

---

① 参见王皇玉：《认罪协商程序之法社会学考察：以台湾刑事司法改革为例》，载《台大法学论丛》2008年第37卷第4期，第65—113页。

② Kim A. Eagle, et. al., ACC/AHA 2004 Guideline Update for Coronary Artery Bypass Graft Surgery. Circulation. 2004; 110:1174.

③ Kim A. Eagle, et. al., ACC/AHA 2004 Guideline Update for Coronary Artery Bypass Graft Surgery. Circulation. 2004; 110:1171, 1173.

④ Vaccarino Gn. et. al. Impact of preoperative clopidogrel in off pump coronary artery bypass surgery: a propensity score analysis. Journal of Thoracic & Cardiovascular Surgery. 137(2): 309-13, 2009. 停止服用保栓通不足7日者，手术后再次手术之几率自0.5%提升至5.6%，P = 0.009。Berger JS, et al. Impact of clopidogrel in patients with acute coronary syndromes requiring coronary artery bypass surgery: a multicenter analysis. Journal of the American College of Cardiology. 52(21):1693-701, 2008. 停止服用保栓通不足5日者，手术后再次手术之几率自1.7%提升至6.4%，P = 0.004。Yende, S. Wunderink, R G. Effect of clopidogrel on bleeding after coronary artery bypass surgery. Critical Care Medicine. 29(12):2271-5, 2001. 停止服用保栓通不足5日者，手术后再次手术之几率自1.6%提升至9.8%，p =0.01。

道紧急手术后流血量与输血量将大幅提高,手术后再次手术之几率亦大幅提高。从而,本病人接受冠状动脉绕道手术之后因出血过多再次手术之情况乃有"预见可能性",却无"结果回避可能性"。①

(三) 3次密集手术

病患于12月4日下午5时30分,由甲医师为其施行冠状动脉绕道手术(下称"第一次手术"),共接5条血管,惟手术后因引流管出血量多,且血块压迫心脏引起心包填塞,导致血压下降濒临休克,故于同年12月5日下午1时55分、同年12月6日凌晨5时51分许,又先后两次进入手术室(下称"第二次、第三次手术")。依手术常规,第一次手术需时约10至12小时,第二次手术需时约3至5小时。依台湾地区各医学中心医师作业常规,甲医师于第一次手术前(12月4日下午)与第二次手术后(12月5日下午)应仍于医院执行医疗业务,并未休息。当第二次手术结束后,甲医师应已连续执行医疗业务30余小时,且经历两次重大手术,甲医师体力应已严重减损。从而,在第三次手术前,当病人情况恶化前,甲医师是否能正确反应以实时回避病情恶化,不无疑问。易言之,不论采行为人标准说或平均人标准说,皆无"期待可能性"。② 根据研究,医师工作时间太长、休息不足为病人安全主要风险因素之一。③ 台湾地区医师不适用"劳基法",造成医师工作时间太长、休息不足。应将医师纳入"劳基法"之适用范围。④

(四) 鉴定意见

"行政院卫生署医事审议委员会"鉴定认为,病人于第二次手术后,于12月6日凌晨4时许,其中心静脉压即已升至20 mmHg,心包填塞的征象已相当明显,甲医师此时即应对病人采取重新打开伤口,清除血块以解除心包填塞并止血。事实上,甲医师与A医院应于此时已在准备第三次手术,而于12月6日凌晨5时51分进入手术室。"医事审议委员会"鉴定又认为,于病况更危急时,并应立即拆开部分伤口缝线,以手指直探心包内,让血水引流出,再彻底清除血块及止血。也就是说,病况更危急时,医师应于加护病房直接拆开部分伤口缝线,以手指直探心包内,让血水引流出,再彻底清除血块及止血。根据实证医学研究,手术后出血之再次手术通常于手术室执行⑤,

---

① 参见陈子平:《刑法总论》(增修版),元照出版公司2008年版,第204页以下。
② 参见陈子平:《刑法总论》(增修版),元照出版公司2008年版,第351—354页。关于规范责任论对无期待可能性的判断标准,有三种不同意见:行为人标准说、平均人标准说、"国家标准说"。"平均人标准说"属于折中见解,且为今日之通说。惟何谓平均人,其概念颇不明确。是以此为期待可能性有无之判断,不免陷于暧昧不明之状态。盖责任非既对行为人为之,应以对行为人之期待可能性为其界线,不能求诸其他标准。除非考虑当事人所面临之具体情况,实无法判断有无期待可能性,因此采行为人标准说。
③ 参见许凤君、张有恒:《从临床治理观点探讨医学中心病人安全的风险因素》,第四届台湾地区医疗质量促进年会(2006年6月16日至17日于台北举行),第202页。经由美国"哈佛实证研究"暨"IOM调查报告"两份研究结论,医疗是高风险的行业,且高于5成的医疗伤害其实是可避免的。正因其严重度与重要性,病人安全的提升刻不容缓,并应是国家或地区层次(NationalPriority)的优先课题。"IOM报告"认为,医疗失误皆是系统性、管理上的因素。
④ 参见陈素铃:《受雇医师有望于年底纳入劳基法适用对象》,载《联合晚报》2009年9月23日。过去高高在上的律师、会计师、医师,即将陆续适用劳基法。劳委会已经决定自11月1日起,先将受雇会计师事务所的会计师纳入劳基法适用范围,依法可享受劳退新制,预估将有2000余人受惠。劳委会表示,未来除担任老板及合伙人、委任的会计师外,只要是受雇的会计师都可适用"劳基法"。除了会计师之外,劳委会也将在年底前完成"受雇律师"适用"劳基法"检讨工作,希望在年底前将属于受雇性质的律师、医师都纳入"劳基法"适用对象。此举也打破过去会计师、律师及医师"三师"不被视为劳工的传统观念。
⑤ Aranki S, et al., Early noncardiac complications of coronary artery bypass graft surgery. www.uptodate.com (last visited Oct. 20, 2009).

但于加护病房直接执行也做得到。① 然而于加护病房直接执行手术后出血之再次手术系 2001 年方有单一学者报告,并非医疗常规。本案刚好发生于 2001 年,即使甲医师与 A 医院知晓此篇报告,亦不及改变医院制度与加护病房设计与设备。事实上,美国心脏学院出版之《2004 年冠状动脉绕道手术指引修正》并未将"在加护病房直接执行手术后出血之再次手术"列入指引。从而,"在加护病房直接执行手术后出血之再次手术"并非医疗常规,以此相绳,恐非恰当。②

(五) 简易协商

本案经台湾地区台南地方法院讯问被告后,因被告自白犯罪及依其他现存证据,已足认定其犯罪,经本院合议庭裁定后(依"刑事诉讼法"第449条第1项前段),径依简易判决处刑。然而简式审判程序,被告必须在"准备程序"中为有罪之陈述,且简易审判程序仅是简化证据调查程序,相关证据法则之适用较为宽松。从而,本案被告罪自白之证明力未经严格证明,可能有问题。

(1) 在第三次手术前,病人情况恶化前,甲医师是否能正确反应以实时回避病情恶化,不无疑问。易言之,期待甲医师能正确反应是无"期待可能性"。

(2) 其他现存证据应指"卫生署医事审议委员会"鉴定报告,但其所陈述之解决方案并非医疗常规。以此相绳,难谓恰当。

此外,简易程序与协商程序之事实描述与法官判决之心证叙述皆很简略,造成学术研究极大困扰。

(六) 小结

本案争议在于第三次手术之时机与方式。

依台湾地区各医学中心医师作业常规,甲医师于第一次手术前(12月4日下午)与第二次手术后(12月5日下午)应仍于医院执行医疗业务,并未休息。当第二次手术结束后,甲医师应已连续执行医疗业务 30 余小时,且经历两次重大手术,甲医师体力应已严重减损。在第三次手术前,当病人情况恶化前,甲医师是否能正确反应以实时回避病情恶化,不无疑问。从而,要求本案甲医师回避病人病情恶化,似无"期待可能性"。"行政院卫生署医事审议委员会"鉴定进一步认为:"病况更危急时,医师应于加护病房直接拆开部分伤口缝线,以手指直探心包内,让血水引流出,再彻底清除血块及止血。"然而于加护病房直接执行手术后出血之再次手术系 2001 年方有单一学者报告,并非医疗常规。本案刚好发生于 2001 年,即使甲医师与 A 医院知晓此篇报告,亦不及改变医院制度与加护病房设计与设备。事实上,美国心脏学院出版之《2004 年冠状动脉绕道手术指引修正》并未将"在加护病房直接执行手术后出血之再次手术"列入指引。在 2001 年,台湾地区大部分医学中心做不到"卫生署医事审议委员会"鉴定意见"在加护病房直接执行手术后出血之再次手术"。从而,本案甲医师要达成"医事审议委员会"鉴定意见,即无"期待可能性"。本案经台湾地区台南地方法院依简易判决处刑,显示出简易协商与罪刑协商之缺点。

(七) 本案之启发:心脏外科专科医师之医疗过失刑事责任③

根据笔者最近之研究,2000 年至 2007 年,全台湾地区仅有的 74 名心脏外科(重症中的重症科)专科医师中,竟有 6 名医师被刑事判决定谳,多为极资深优秀医师,被起诉者 2/3 为主任级以上(含院长级)医师。其中 1 名医师被判有罪,败诉率为 16.7%(即本案)(表2)。起诉之争议点以手术后出血最多(3 例案件),手术后感染次之(2 例案件),此 5 件刑案之争议点皆是有"预见

---

① Fiser SM, et al. Cardiac reoperation in the intensive care unit. Ann Thorac Surg 2001; 71:1888.
② 参见林萍章:《医疗常规与刑事责任》,载《月旦法学杂志》2009 年第 175 期,第 233—252 页。
③ 参见林萍章:《由实证研究看台湾医疗过失刑事责任》,载《台湾法学杂志》2009 年第 139 期,第 35—37 页。

可能性",但无"结果回避可能性"。

台湾地区一般医师(含中医师与牙医师)约5万名。每年刑事法院医疗诉讼判决数,平均每年43例案件(1.95位医师/100万人口/年),败诉率约为7%。若以统计方式分析,与台湾地区心脏外科医师比较,一般医师之刑事起诉率,其p值小于0.0001;一般医师之刑事败诉率,其p值等于0.024。从而,一般医师与心脏外科医师比较,心脏外科医师比较容易被告刑事诉讼,也比较容易败诉。与美国、日本相比较,中国台湾医疗纠纷刑事诉讼起诉率远大于美国,亦远大于日本(p值皆小于0.0001)。[①] 从而,台湾地区成为全世界经常以刑法严厉处罚医师的唯一"文明"地区。在台湾地区,风险愈大的科别之医师,愈易败诉。目前,医学系的优秀毕业生多不选择"劳心劳力"又"容易被告",却是真正救人的"内外妇儿"四大科与重症科了。

表2　心脏外科专科医师之医疗刑事判决

	刑事法院	裁判字号	争议	医师
1	台北地院	1999年自字第2号	手术后出血症	胜诉
2	高雄地院	2002年诉字第3570号	妇科手术中主动脉穿刺伤	胜诉
3	台湾地区"最高法院"	2005年台上字第2761号	手术后肺炎并发败血症	胜诉
4	台南高分院	2004年上易字第356号	手术后迟发性出血症	胜诉
5	台南地院	2004年简字第2351号(本案)	手术后出血症	败诉
6	台湾地区"最高法院"	2006年台上字第3661号	手术后感染性心内膜炎	胜诉

结论性观点

认罪协商本质上是以与被告利益交换来取得判决,法官、检察官及被告虽可能各取所需并皆大欢喜,但司法追求公平正义的目的却可能被牺牲,且与刑事诉讼发现真实的目标背道而驰。协商案件未经审判阶段证据调查程序,法院径依卷宗资料讯问被告后判处罪刑,司法判决成为交易、妥协的产物,与刑事诉讼发现真实的目标背道而驰。而且被告对于是否接受认罪协商虽有决定权,但通常代表被告与检察官协商者为律师,协商不仅使律师的谈判能力深深影响量刑,律师与检察官有无交情,也都会影响协商条件。兼以法院未经审判,直接依协商结果宣判被告罪刑,被告可能只因想免除多年诉讼之累而被处罚。以上种种现象均与刑事诉讼追求公平正义的终极目标显不兼容。[②]

2000年至2009年,台湾地区各级法院审理经检察官申请以简易判决处刑之医疗刑事诉讼共有12案。仅两案法院认同检察官之申请,而以简易判决被告3人有罪,但皆可易科罚金。另九案中(扣除3案原告撤回告诉),法院不认同检察官之申请者高达7案,占77.8%。此7案有3案经检察官上诉至台湾地区高等法院,皆驳回。为何检察官申请以简易判决处刑之诉讼案件有如此高的无罪率?

本案在第一次紧急手术前,病人停止服用保栓通不足5日,手术后流血量与输血量将大量增加,手术后再次手术之几率亦大幅提高。手术医师对此并发症已有"预见可能性"。虽可预见,但

---

① 参见林萍章:《医疗常规与刑事责任》,载《月旦法学杂志》2009年第175期,第233—252页。
② 参见林辉煌、吴巡龙:《法国法学教育及刑事诉讼制度最近情形考察报告》。

无"结果回避可能性"。此外,本案病人有接受心脏手术适应症与急迫性。若医师未说明可能并发手术后出血,但理性的第三人也不会因"心脏手术后,可能并发手术后出血"而拒绝接受紧急心脏手术。从而,"医师未说明心脏手术可能并发手术后出血"与"病人拒绝接受心脏手术"间不成立因果关系。本案争议在于第三次手术之时机与方式。当第二次手术结束后,甲医师应已连续执行医疗业务 30 余小时,且经历两次重大手术,甲医师体力应已严重减损。在第三次手术前,当病人情况恶化前,甲医师是否能正确反应以实时回避病情恶化,不无疑问。从而,要求本案甲医师回避病人病情恶化,似无"期待可能性"。"行政院卫生署医事审议委员会"鉴定报告,并非医疗常规。从而,本案甲医师要达成"医事审议委员会"鉴定意见,亦无"期待可能性"。本案经台湾地区台南地方法院依简易判决处刑,显示出简易协商与罪刑协商之缺点。

根据笔者最近之研究,2000 年至 2007 年,全台湾地区仅有的 74 名心脏外科专科医师中,有六名医师被刑事判决定谳。若以统计方式分析,一般医师与心脏外科医师比较,心脏外科医师比较容易被告刑事诉讼,也比较容易败诉。与美国、日本相比较,中国台湾医疗纠纷刑事诉讼起诉率远大于美国,亦远大于日本。在台湾地区,风险愈大的科别之医师,愈易败诉。目前,医学系的优秀毕业生多不选择"劳心劳力"又"容易被告",却是真正救人的"内外妇儿"四大科与重症科了。在可见的将来,台湾社会不必再吵谁是儿童肠病毒的看诊医师,甚至连"台湾之子"的接生医师、急重症病人的救命医师都将可能由台湾地区外的医师充任了。①

---

① 参见林萍章:《无法保障 医师为何而战》,载《联合报》2008 年 2 月 29 日,A15 版。

初探医疗秘密与拒绝证言权*

——从欧洲人权法院之 Z v. Finland 判决(艾滋病患案)谈起

林钰雄**

"……我看到或听到的一切私人生活,不管是否与我的职业业务有关,我绝不说出去,我不会泄露他人的秘密,因我认知到,这些都是需要保密的事项……"

从公元前 400 年的"希波克拉底誓言"(The Hippocratic Oath①)开始,医师这个行业的守密义务,似乎就受到特别的重视。即便时空异位,就两千多年后的台湾地区而言,这不但是医师的伦理规范,也是法律对医师的基本要求——至少就规范的应然面而言是如此。例如,"医师法"规定医师就其因业务知悉他人的秘密不得无故泄露②,"刑法"也明文处罚医师无故泄露业务秘密的行为③,相应的,"刑事诉讼法"(以下简称"本法")还有医师得拒绝证言的规定。④

然而,关于医疗秘密与拒绝证言,却有两个根本的困扰问题:一是规范应然面本身的适用问题;二是其与实然面的落差。先就后者言,浸淫在台湾地区媒体的"爆料文化"⑤之下,似乎"连医师也疯狂",电视新闻少不了治疗医师向美丽记者侃侃而谈的 SNG 镜头,爆料内容从病患伤势到阴茎入珠,不一而足。最近的艺人倪敏然自杀事件,更把这种爆料文化带上不可思议的"高潮",曾治疗倪氏的心理医师陈国华,竟然向媒体透露倪氏患有重度忧郁症并揭露其诊疗经过(以下简

---

* 原载于《月旦法学杂志》2005 年第 127 期,收录于本书时,原文之部分用语、文字经出版社编辑调整。
** 台湾大学法律学院教授。

① 英文全文参见 http://classics.mit.edu/Hippocrates/hippooath.html(本文网页检索的最后日期,皆为初稿完成之 2005 年 5 月 10 日)。

② "医师法"第 23 条规定:"医师除依前条规定外,对于因业务而知悉他人秘密,不得无故泄露。"
所称前条规定系同法第 22 条:"医师受有关机关询问或委托鉴定时,不得为虚伪之陈述或报告。"
此外,同法第 29 条亦有惩处规定:"违反第十一条至第十七条或第十九条至第二十四条规定之一者,处新台币六千元以上三万元以下罚锾,并视其情节轻重,移付惩戒。其触犯刑法者,应移送司法机关依法办理,必要时并得撤销其医师证书。"

③ "刑法"第 316 条规定:"医师、药师、药商、助产士、宗教师、律师、辩护人、公证人、会计师或其业务上佐理人,或曾任此等职务之人,无故泄露因业务知悉或持有之他人秘密者,处一年以下有期徒刑、拘役或五百元以下罚金。"

④ "刑事诉讼法"第 182 条规定:"证人为医师、药师、助产士、宗教师、律师、辩护人、公证人、会计师或其业务上佐理人或曾任此等职务之人,就其因业务所知悉有关他人秘密之事项受讯问者,除经本人允许者外,得拒绝证言。"
此外,在同法第 183 条还有行使程序的规定:"证人拒绝证言者,应将拒绝之原因释明之……"(第 1 项)"拒绝证言之许可或驳回,侦查中由检察官命令之,审判中由审判长或受命法官裁定之。"(第 2 项)

⑤ 至少如林志玲这般深受狗仔队青睐的名人而言,连送修手机这么单纯的日常行为,都可能要承担手机内亲密照片被揭露、被兜售的爆料风险。
不过,市井小民也难豁免,感染艾滋病的犯罪嫌疑人也有被警察爆料出卖给媒体的"新闻价值",还会伴随诸如"警察戴安全帽、口罩、手套埋伏、穿雨衣讯问、警局一片心惊惊"等耸动标题。例示报道如 http://www.ttv.com.tw/news/html/094/03/0940302/09403024586104L.htm,http://www.epochtimes.com.tw/bt/5/4/16/n890311p.htm。

称"医师爆料案")!① 继"邱小妹人球事件"之后,这种无视于医师伦理规范、"医师法"及"刑法"处罚的医师个人行为,再度重创医师的行业形象及医病的信赖关系。

在这种氛围之下,探讨医疗秘密与拒绝证言权的规范应然面问题,虽说多少有些吊诡,但却是本文的重心所在。表面看起来,台湾地区法就此已有相当的规范基础,但实际用起来,却衍生一连串鲜见于台湾地区文献讨论的难题。② 例示三组与本文直接相关的问题如下:

(1) 医疗拒绝证言权的权利主体与性质为何? 亦即,这是谁的权利? 规范目的要保护谁? 谁来行使? 在此可先略分为医师说、病患说③及被告说。具体而言,如果病患不同意医师作证揭露其隐私,医师得以自行裁量是否作证? 其裁量标准何在? 或者医师必须行使拒绝证言权? 连带的,如果医师违反病患意愿而作证,是否构成"刑法"的无故泄露业务秘密罪? 甚至于,(非病患之)被告可否主张医师必须行使拒绝证言权? 以上问题如何解释,直接影响到医疗拒绝证言的权利范围大小,甚而影响到衍生的禁止扣押问题。

(2) 以上情形,法院的角色为何? 本法就拒绝证言有统一的程序规定(本法第183条以下),以审判中为例,所称"拒绝证言之许可或驳回",到底是形式符合即可主张拒绝证言(形式审查说),还是实质上应由法院为准驳的判断(实质判断说)? 这也等于是问,针对形式上已经符合医疗业务拒绝证言的事项,甚至于在病患与医师皆不欲揭露医疗信息的情形,法院有无权限解除拒绝证言特权并进而强制医师作证? 如果法院有此权限,试问其行使的标准何在? 行使的权限为何? 如何划定其界限始能免除病患医疗信息被过度公开的危险? 此外,在医师自愿作证情形,程序上同样也有审判及卷证公开与否的问题。

(3) 医疗拒绝证言权是业务关系拒绝证言权的一环,而后者又是整个拒绝证言制度的一环。因此,焦距如果慢慢放大,同时产生的问题是,以上针对医疗拒绝证言权提出的A、B两组问题,在其他业务关系拒绝证言权(如宗教师、会计师、律师等)时应否为同一解释? 再放大些,在其他非业务关系的拒绝证言权时(如因公务关系、近亲关系或不自证己罪而拒绝证言权,详见本法第179至181条),可否相提并论? 反过来说,可否从其他拒绝证言权的主体、性质及法院角色,推论医疗拒绝证言权相关问题的结论? 就此有两大基本方向,本文称其为统一说与区分说。④

---

① 参见 http://news.yam.com/ettoday/life/200505/20050509035146.html.
② 针对拒绝证言权的一般性文献已经极其有限,专就医病关系的拒绝证言更是凤毛麟角。例示如王茂松:《论证人之拒绝证言权》(上)、(下),载《军法专刊》1982年第28卷第5期,第24页以下、1982年第28卷第6期,第19页以下;吴巡龙:《新刑事诉讼法亲属身份拒绝证言权范围的检讨》,载吴巡龙:《新刑事诉讼制度与证据法则》,学林文化事业有限公司2003年版,第239页以下;林辉煌:《论公务秘密之刑事拒绝供证——比较法之观点》(上)、(下),载《台湾本土法学杂志》2004年第62期,第32页以下、2004年第63期,第39页以下;许家源:《医病关系之拒绝证言权——从美国联邦最高法院Jaffee判决谈起》,载《军法专刊》2004年第50卷第7期,第30页以下等。
一般证据法或刑诉教科书的说明,参见李学灯:《证据法比较研究》,五南图书出版公司1992年版,第583页以下;林钰雄:《刑事诉讼法》(第四版)(上),元照出版公司2004年版,第471页以下;陈朴生:《刑事证据法》,1990年自版,第279页以下。
③ 台湾地区从早期文献开始,医师说与病患说纷纭,但多半都忽略其与以下B、C两组问题的相关性。偏向医师裁量说者,参见陈朴生:《刑事证据法》,1990年自版,第283页("业务上秘密……非谓证人之拒绝证言与否,以本人之意见为准……拒绝与否,证人仍有斟酌之权");参见王茂松:《论证人之拒绝证言权》(下),载《军法专刊》1982年28卷第6期,第19页同此见解;"最高法院"1936年上字第25号判例则未区分不同的拒绝证言权,概括宣称:"得以拒绝证言之证人,其拒绝与否之自由,在于证人,非被告所能主张。"
④ 前引之"最高法院"1936年上字第25号判例,即可归纳为统一说的代表。此争点进一步分析详见下文。

尽管各国或地区立法例对刑事拒绝证言制度或有多少差异,但上述例示者可以说是共同问题①,而且摆荡于病患医疗隐私的保障与追诉重罪的公共利益之间。本文挑选欧洲人权法院②的 *Z v. Finland* 案(以下简称"Z案或Z裁判"),作为评释的对象,这个标杆裁判涉及的是法院强制本欲保密的医师,作证揭露其病患的艾滋病历信息,由于案例有4个主角,即刑事被告(X)、医师③(L等人)、被揭露感染艾滋病的第三人(Z)以及芬兰法院本身,正可凸显前文所列举的A、B、C三组基本难题。

基本案情

本案事实相当复杂。简述如下④:

申诉人Z女士(指在欧洲人权法院提起个人申诉案之原告)是芬兰人,其夫X(非芬兰籍)曾涉嫌多起强制性交犯罪(行为起讫时间约为1991年12月至1992年12月)。X与Z皆是艾滋病毒(HIV = human immunodeficiency virus)的带源者,由于芬兰检察官怀疑X在性侵害被害人之前,可能早已由医师的诊断得知自己已经感染艾滋病,所以也将侦查范围扩及X杀人未遂的犯罪事实,并传唤Z作证,但Z依照芬兰内国法,行使配偶之拒绝证言权。⑤

在X同意之下,治疗X与Z的一位L医师,将X的病历复印件转交给检察官,但不包含Z的染病信息。案经起诉后,审判中法院依照不公开程序进行审判,惟Z仍行使配偶之拒绝证

---

① 本文所引相关德文文献:Beulke, Strafprozessrecht, 7. Aufl., 2004, Rn. 190 ff.; Eisenberg, Beweisrecht der StPO, 3. Aufl., 1999, Rn. 434 ff.; Esser, Auf dem Weg zu einem europäischen Strafverfahrensrecht-Die Grundlagen im Spiegel der Rechtsprechung des Europäischen Gerichtshofs für Menschenrechte (EGMR) in Straßburg, 2002, S. 630 ff.; Grabenwarter, Europäische Menschenrechtskonvention, 2003; Kleinknecht/Meyer-Goßner, StPO, 45. Aufl., 2001, §52 ff.; Lackner/Kühl, StGB, 24. Aufl., 2002, §203 Rn. 1 ff.; Laufs, Arztrecht, 5. Aufl., 1993, Rn. 420 ff.; Meyer-Ladewig, EMRK-Konvention zum Schutz der Menschenrechte und Grundfreiheiten, Handkommentar, 2003, Art. 8 Rn. 1 ff.; Pfeiffer, StPO, 2. Aufl., 1999, §52 ff.; Roxin, Strafverfahrensrecht, 25. Aufl., 1998, §26; Schroeder, Strafprozeßrecht, 2. Aufl., 1997, Rn. 118 ff.; Senge, in: KK-StPO, 4. Aufl., 1999, §52 ff.; Wildhaber, in: Internationaler Kommentar zur EMRK, Hrsg. W. Karl, Stand Juni 2004, Art. 8 Rn. 1 ff.

② 欧洲人权法院(European Court of Human Rights, ECHR)系依照《欧洲人权公约》(European Convention on Human Rights,以下简称"公约")所设置的欧洲区域性国际人权法院。基础说明请参见林钰雄:《欧洲人权保障机制之发展与挑战》,载《台湾本土法学杂志》2005年第69期,第90页以下;廖福特:《欧洲人权法》,学林文化事业有限公司2003年版,第1页以下;Grabenwarter, a. a. O., S. 53 ff.

③ 如Z案所示,这种医师就其先前诊疗过程作证陈述的情形,由于既是就待证事项有亲身经历之人,但其经历又涉及特殊专业知识的判断(即本法第210条所称"依特别知识得知已往事实之人者"),因此,在严格证明的法定证据方法的定性上,通常是"鉴定证人"[sachverständiger Zeuge;林钰雄:《刑事诉讼法》(第四版)(上),元照出版公司2004年版,第482页]而非单纯的"证人"或"鉴定人",且与证人同样具有不可替代性。

至于一般受法院委托鉴定之鉴定医师,由于性质不同,信赖关系与保密义务亦与一般的诊疗医师有别,因此,这些鉴定医师的法庭陈述,本来就构成保密义务的例外[vgl. Eisenberg, a. a. O. (Fn. 10), Rn. 1272; Lackner/Kühl, a. a. O. (Fn. 10), Rn. 23],前引"医师法"第22条及第23条亦有明文。

④ ECHR, *Z v. Finland*, Reports 1997-I, §§9-42; zusammenfassend s. Esser, a. a. O. (Fn. 10), S. 689 f.
附带说明,本文所引的裁判,取自欧洲人权法院判例检索网站(自欧洲理事会官方网站 http://www.coe.int 进入 Human Rights/ECHR/Judgments and Decisions 栏之"Search the Case-Law-HUDOC")正式公布的英文版。

⑤ 相当于本法第180条第1项第1款、第181条后段之拒绝证言权。但这部分不是本案主要争点,在此不赘。

言权。法院为了查明 X 的染病史,遂传讯并谕令 L 医师就此作证,L 遂揭示相关信息。法院并命令,相关卷证(包含原先 L 所提供的病历复印件)皆应保密。被害人之代理人在审判中询问 X 关于 Z 感染艾滋病的事宜,但 X 皆拒绝回答。被害人方面遂主张,仅由 X 的病历根本无法判断出系争的待证事项(即 X 于"何时知悉"自己感染艾滋病),因此法院遂传唤了曾经诊治过 X 与 Z 的另一位医师 K 医师作证,K 遂提供 Z 的相关病历信息。此外,法院再度传唤 L 医师出庭作证,L 也再度揭示关于 Z 病的相关信息。Z 在 L 出庭之前曾写信给 L,表明其不欲揭露染病信息之意愿并提醒 L 依法有拒绝证言权。在法院调查证据程序,法院也传讯了 Z 的精神治疗医师及另几位治疗过 Z 的医师。上述几位医师皆明白表示不欲为相关证言,但法院命令其陈述。其中一位医师遂表示,基于在 1990 年 8 月的一次血液检验,得知 Z 已感染艾滋病。

此外,基于检察官之发动,警察也搜索一间曾经治疗过 X 与 Z 的医院,并扣押了大约 30 份的相关病历资料,在影印后归还医院。从这些文件可知,在 1990 年秋天时已经确知 Z 感染艾滋病,并且,X 直到 1991 年 12 月底皆拒绝接受艾滋病原的检测。还有,警察也扣押了不少的检测报告与诊断文件,记载关于 Z 先前的病史、健康及生活状态。法院将以上扣押文件的复印件纳为本案之卷证。由于 Z 认为所有的病历信息都已经被提出了,沉默无益,遂在最后一次审判期日时作证陈述。Z 明白表示并不是由 X 而感染到艾滋病。

法院最后判处 X 有罪,包括三个杀人未遂的罪名。同时,法院谕令卷证相关的信息应予保密,期间 10 年。X、检察官及诉讼参加人则申请延长保密期间为 30 年;在上诉程序并重复此项申请。

在不公开举行的上诉程序中,X 的辩护人转告法院:Z 也希望能够延长保密期间。上诉法院判处 X 共 5 个杀人未遂罪名,总刑期为 11 年有期徒刑。基于 X、Z 及诸多医师的证词,上诉法院认为 X 至迟在 1991 年 12 月时,已经知悉其感染艾滋病。在判决理由中,也连名带姓提到 Z。同时,上诉法院也维持 10 年保密期间的谕知。

然而,上诉法院判决后,将判决传真到一家报社。该报在报道中指名道姓提到 X,并表示 X 的有罪判决是根据他的"芬兰老婆"的陈述,报道中援引判决理由中关于 Z 感染艾滋病的事宜。Z 认为,芬兰法院及追诉机关的作为,已经违反了《欧洲人权公约》第 8 条的规定,遂提起申诉。

裁判要旨

(一)争点与主张

本案的四个议题,也就是申诉人 Z 认为芬兰的国家行为(含司法行为)违反公约的四个部分,可以归纳为[①]:

(1)芬兰法院要求医生作证的命令,侵犯了医疗秘密与拒绝证言权。

(2)芬兰追诉机关搜索医疗院并扣押病历资料。这点,其实也就是禁止扣押(Beschlagnahmeverbote)[②]的问题。

[①] ECHR, *Z v. Finland*, Reports 1997-I, §70.

[②] Zum Begriff vgl. Benfer, Rechtseingriffe von Polizei und Staatsanwaltschaft, 2. Aufl., 2001, Rn. 533 ff.; Malek/Wohlers, Zwangsmassnahmen und Grundrechtseingriffe im Ermittlungsverfahren, 2. Aufl., 2001, Rn. 164 ff.

关于拒绝证言与禁止扣押之关系,尤其是能否从前者导出后者,参见林钰雄:《对第三人之身体检查处分——立法原则之形成》,载《台大法学论丛》2004 年第 33 卷第 4 期,第 101 页以下、第 125 页以下。

(3) 芬兰法院保护 Z 医疗数据不被外泄的保密时间过短。

(4) 上诉法院公开申诉人的全名以及健康情况,本案的审判有遭新闻媒体过度曝光的问题。针对以上四个议题,被告国芬兰认为并无违反公约第 8 条之情事。

(二) 裁判之要旨

本案系争的是《欧洲人权公约》(以下简称《公约》) 第 8 条①,该条系对私人生活、家庭生活、住居及通讯的尊重之权利,也是经常发生争议的重要条款。在规范结构上,本条分为两部分:第一项宣示上述基本权之保障;第二项列举限制基本权的条件(Eingriffsschranken)。② 用台湾地区较为熟知的术语来说明,第一项是关于基本权保护领域(Schutzbereich)的规范,第二项是关于干预的正当性基础或称合法性要件(Eingriffsvoraussetzun-gen) 的规范,内容包含了相当于法律保留原则的法律授权形式要求(except such as is in accordance with the law),以及比例原则的实质要求(and is necessary…),此两个要求也都是本案审查的重点。

就结论言,欧洲人权法院认为以上(1)、(2)两点芬兰并未违反《公约》第 8 条,第(3)点视情形而定,第(4)点则已违反《公约》第 8 条规定。在审查顺序方面,欧洲人权法院就上述议题,分别审查是否合乎系争《公约》第 8 条第 1 项(保护领域)及第 2 项(干预及干预的正当性),由于争点繁多且说明细腻,因此,在此仅简略交代主要的争点,即揭露医疗信息是否合乎公约所要求的比例性问题,其余的裁判理由及分析,详见下文相关部分的说明。简言之③:

(1) 内国(或地区)法院要求医生作证。首先,欧洲人权法院在此肯认,医疗资料的保密,是病患受《公约》(第 8 条第 1 项)保护的私人及家庭生活受尊重之权利,一般的医疗秘密已是如此,本案的感染艾滋病情形更是毋庸置疑。其次,就干预正当性而言,芬兰法院是依照内国法,而强制本欲尊重病患意愿而拒绝证言的医师作证,借此澄清系争重大刑事案件(杀人未遂)的一个关键待证事实(X 知悉自己感染艾滋病的时点),而且第一审法院也依内国(或地区)法规定,审判程序不公开,判决仅公告主文而隐匿申诉人全名,且谕知 10 年的保密期间禁止公众接近相关卷证的医疗信息。整体而言,内国(或地区)法强制申诉人的医师作证,具有压倒性的公共利益,且已经充分考虑配套的保护措施,故手段与目的之间合乎比例。

(2) 扣押医疗记录及附件。既然本案强制医师作证并不违反公约,而扣押病历等相关文件,作用也仅在于补充、佐证医生证言以澄清相同的待证事实(X 何时知悉感染艾滋病),因此,也合乎比例。尽管搜索扣押病历系由检察官所发动,但这并不影响上述结论。

(3) 保密期间。针对申诉人主张芬兰法院未就保密期间问题给予其陈述意见机会,并谕知过短的保密期间问题,欧洲人权法院认为,芬兰法院通过 X 律师的转述,已经充分考虑了申诉人希望医疗信息保密以及加长保密期间的观点;此外,相较于内国(或地区)法所允许的最长 40 年的保密期间,10 年固然较短,但不能因此就说是不合理的期间。不过,如果在保密期间届满之前,

---

① 本案另涉公约第 13 条(有效权利救济)的规定,但此部分经裁判为无审查必要(Not necessary to examine Art. 13),本文亦不赘述。

② "Article 8-Right to respect for private and family life

1. Everyone has the right to respect for his private and family life, his home and his correspondence.

2. There shall be no interference by a public authority with the exercise of this right *except such as is in accordance with the law and is necessary* in a democratic society in the interests of national security, public safety or the economic well-being of the country, for the prevention of disorder or crime, for the protection of health or morals, or for the protection of the rights and freedoms of others." (Emphasis added)

③ ECHR, *Z v. Finland*, Reports 1997-I, §§70-114.

公众即得接近或知悉该病历内容,这就会违反公约第 8 条的保障。

(4)上诉法院的过度公开。就此,欧洲人权法院注意到,芬兰第一审法院仅公开判决主文及所引法条,但未公开申诉人的全名及医疗信息;然而,上诉法院不但公开判决主文,而且理由中还公开了申诉人的全名及其感染艾滋病的信息,这部分已经明显违反公约第 8 条的规定。

疑难问题

本文主要探讨医疗秘密与拒绝证言权的规范应然面问题。主要有以下几个基本问题:

(1)医疗拒绝证言权的权利主体与性质为何?

(2)法院在审判过程中所称的"拒绝证言之许可或驳回",到底是依据形式审查说,还是实质判断说?

(3)可否从其他关系拒绝证言权(如因公务关系、近亲关系或不自证己罪而来之拒绝证言权,详见本法第 179 至 181 条)的主体、性质及法院角色,推论医疗拒绝证言权相关问题的结论?

学理研究

一、国家(或地区)性之分析

本案被告当事国是芬兰。就欧洲人权法院的人权裁判记录来看,芬兰可以说是"人权模范生"。[①] 从 Z 裁判所列举的芬兰相关内国法来看,比较而言,其保护医疗秘密的规范密度也的确远高于台湾地区法。[②] 当然,模范生也有犯错的时候,至少从老师(欧洲人权法院)的角度来看是如此。

欧洲人权法院的被告皆为国家,也就是《欧洲人权公约》的签约国(目前为 46 个),欧洲人权法院的任务在于,以跨国性司法裁判来确保签约国履行因缔约而来的遵循公约之义务(《欧洲人权公约》第 1 条)。因此,犹如内国(或地区)宪法法院就宪法诉愿案件的审查一般,欧洲人权法院的个人申诉案(Individual applications?; Individual-beschwerden),仅针对国家(或地区)行为来审查,所以,个案申诉的系争事项必须先确定到底有无"国家(或地区)性"(Staatlichkeit)的问题,亦即系争者是否为"国家(或地区)→个人"的关系,肯定后才会进入"基本权保护领域→基本权干预→干预正当性"的审查。至于欧洲人权法院裁判的诉之属性,主要是确认之诉、确认

---

① "二战"后冷战时期,在东西对抗的氛围下,芬兰被苏联强纳为半附庸国;随着苏联的解体,芬兰率先赶在柏林围墙倒塌(1989 年 11 月 9 日)之前就奔向西欧,加入欧洲理事会并签订《欧洲人权公约》(同年 5 月 5 日),1990 年 5 月 10 日即完成公约批准程序。1995 年欧盟第 4 次扩大时,芬兰顺利被纳为欧盟成员国,与奥地利、瑞典同时加入欧盟。在加入欧洲理事会并接受欧洲人权法院的强制审判权之后,芬兰的人权记录不但比起陆续加入的新签约的欧洲国(主要是泛东欧国家)更为良好,甚至比起旧签约的西欧国家也不遑多让。以 2003 年最新的统计数字为例,在当年度涌入欧洲人权法院的 38 435 件案件中,芬兰仅占了 285 件(意大利有 1845 件、法国有 2906 件、英国有 1393 件);在该年度 521 件违反公约案件中,芬兰仅有 3 件(意大利有 106 件、法国有 76 件、英国有 20 件)。基本说明请参见林钰雄:《欧洲人权保障机制之发展与挑战》,载《台湾本土法学杂志》2005 年第 69 期,第 90 页以下,数据来源: http://www.echr.coe.int/Eng/Edocs/2003SURVEYCOURT.pdf http://conventions.coe.int/treaty/Commun/ChercheSig.asp? NT = 005&CM = &DF = &CL = ENG。

② 诸如,医师的守密义务、先得病患书面同意始能解除守密义务的例外条件、医师未得病患同意不得作证的原则及重罪例外、法院命令医师揭露秘密的权限与程序、禁止扣押的原则与例外及程序与救济、政府信息(含法院裁判)公开的原则与例外、法院卷证保密期间等(ECHR, *Z v. Finland*, Reports 1997-I, § § 44-56)。

裁判,亦即,针对申诉人所主张被告国违反公约之事项,作出确认违反(申诉人胜诉、被告国败诉)或确认不违反(申诉人败诉、被告国胜诉)之裁判。当然,由于案例往往有许多争点,因此,申诉人一部分胜诉、一部分败诉情形亦是家常便饭,这在欧洲人权法院公告的裁判简旨中可一目了然。

在检验国家(或地区)行为是否违反公约所保障权利之前,逻辑顺序上应先检验"国家性",也就是系争行为是否可归责于国家(或地区)(dem Staat zuzurechnen)的判断。在此所称的"归责"是中性用语,并没有非难的意涵,仅表明某个行为是不是可以算成是国家(或地区)的行为而已。① 所称国家(或地区),除了权力机关本身之外,还包括权力机关手足的延伸,就刑事追诉的脉络言,后者尤指受权力机关所指使的卧底网民的情形,欧洲人权法院亦有相关判例法加以阐释②,在此不赘。

Z案主要涉及的是"法院"命令医师就其病患的医疗秘密作证,是"检察官"发动搜索并扣押病历文件,由于都是权力机关直接的权力行使行为,因此,其国家(或地区)性自然不容置疑。值得注意的是,干预基本权的权力机关,包含行政、立法及司法各种行使公权力的机关在内,诚如本案所示,无论作为追诉机关的检察官,即便是行使司法权的"法院",也可能是基本权的干预者。

比较复杂的是保密期间的争点,因为这里可能同时牵涉国家(或地区)就私人对私人侵害的保护义务问题。保护义务(Schutzpflicht)③,一言以蔽之,国家(或地区)不仅负有不无理干预人民基本权的消极不作为义务,甚至于进一步负有积极的作为义务,以保护私人免予来自私人的基本权侵害,诸如,应以刑法规范及刑罚追诉来防止私人间的重大法益侵害(如制裁并追诉杀人行为)。犹如基本权第三者效力的情形,借由保护义务的课予,使得原本之间仅属私人间的事务,产生了国家(或地区)性的连结关系,当然,这也使得国家(或地区)归责判断的问题变得更为复杂。④ 不过,就欧洲人权法院的判例法来看,虽然保护义务在其基本权体系的定位如何,是个可争执的问题,但就结论言,可以说课予国家(或地区)相当严苛的保护义务,最近名噪一时的卡罗琳裁判即是一例。⑤

就系争感染艾滋病的医疗秘密而言,如果这涉及受(宪法或公约)保护的权利,国家(或地区)不仅负有不无理揭露的不作为义务,基于保护义务,还有更进一步采取积极预防措施——必要时包含刑法制裁——的作为义务,以防止私人的泄密。而如前所示,包括台湾地区法在内,针对医疗保密也采取了刑法制裁、本法的医疗拒绝证言等立法措施,以保护病患免予被医师揭露其医疗秘密,当然,这些立法措施及其执行状况是否达到所要求的保护程度,这是另一个关键问题。

---

① 中文的"归责",是从德文"Zurechnung"直译而来,而德文该字又是拉丁语"imputatio"的翻译,说得白话些,就是处理某一笔账能不能算到某个人头上的问题。参见Schünemann:《关于客观归责》,陈志辉译,载《刑事法杂志》1998年第42卷第6期,第83页。

② ECHR, *Stocké v. Germany*, 1991, Series A no. 199; *Allan v. the United Kingdom*, Reports 2002-IX.

③ 参见李建良:《基本权利与国家保护义务》,载《宪法理论与实践》(二),学林文化事业出版公司2000年版,第59页以下。

④ 就刑事诉讼言,保护义务的典型事例是,对私人不法取得的证据,法院应否基于保护义务而禁止其使用。问题及说明参见杨云骅:《赔了夫人又折兵?——私人违法取得证据在刑事诉讼的证据能力处理》,载《台湾本土法学杂志》2002年第41期,第1页以下。

⑤ ECHR, *Von Hannover v. Germany*, Judgment of 24 June 2004. 该案申诉人是名流摩纳哥(Monaco)公主Caroline von Hannover,其提起申诉肇因于狗仔队(paparazzi)对其永无止境的隐私干扰,而偷拍照片向来亦成为杂志卖点,Caroline因而在德国法院告数份德国杂志;被告国是德国,被告原因是Caroline认为德国内国程序(含德国联邦宪法法院)违反了《公约》第8条隐私及家庭生活的保障。尽管直接侵害是来自于狗仔队(私人),但被告签约国(德国)的法院是否恪尽其保护申诉人的职责,仍是欧洲人权法院得依照公约第8条来审查的事项。本案德国败诉。

回到 Z 案,很明显,由于被害告诉人(含其代理人)方面借由诉讼参与而知悉了申诉人 Z 感染艾滋病的医疗秘密,因此,这些私人当然可能成为泄密者。国家(或地区)有无采取积极预防措施来防止这些私人泄露其他私人(Z)的医疗秘密? 这就涉及国家(或地区)就此有无保护义务及其强度如何的问题,下文将简略说明。

二、保护领域之分析

(一) 医疗信息保密之权利

1. 问题概述

就病患医疗信息保密及医疗拒绝证言权的脉络言,肯认了个案中的国家(或地区)性,亦即肯认个案中存在"国家(或地区)对个人"的行为之后,受诉个案的法院首要面临的问题是:免予医疗信息被揭露的自由,或者说医病信赖关系的维护,是不是一种基本权? 若是,其依据为何? 其权利主体是医师还是病患? 其保护领域及于哪些事项?

上述问题当然有其时空环境,不能一概而论,首因受诉法院的性质而异,亦即,案件是哪个国家(或地区)或哪个超国家(或地区)法院系属? 这会牵涉到是否受该内国(或地区)法律或宪法所保障的权利? 或受系争《国际人权公约》所保障的权利? Z 案涉及的是被告国芬兰的内国法以及《欧洲人权公约》/欧洲人权法院,本文亦仅在此一脉络予以分析,并且特别注重其与台湾地区法的异同。

系争医疗秘密或医疗信赖关系在哪个情况或环节发生争执,这也是必须列入考虑的事项。揭示医疗秘密或破坏医病信赖关系,可能有各种情况,不一而足,前述所示台湾地区的"医师爆料案",心理医师对媒体公开已死病患的忧郁病症,仅是其中一例。就欧洲人权法院近年来处理过的重大相关案件而言,还包括诸如 *M. S. v. Sweden* 案①所示,涉及医院提供病患病历资料给国家机关(瑞典的社会保险局)以判断应否给付保险金;或如轰动一时的 *Plon v. France* 案②所示,法国总统密特朗的私人医师出书揭示医病经过。本文系争的 Z 案,问题发生在刑事追诉程序,一大环节是医疗的拒绝证言权,因此,本文重心也在此,特别着重拒绝证言权脉络的分析。

2. 权利性质与权利主体

针对医疗信息的保密或医病信赖的维护,属于应受法律保障的事项,这点表面上似乎不成问题。无论从台湾地区法、Z 案系争的芬兰法或欧洲人权法院的判例法来看,这可以说是共同承认的保障事项。然而,"权利性质"及"权利主体"都是长期以来争执的问题,亦即,这到底是不是一种具有可诉讼性的具体主观权利,还是仅一种抽象的客观价值? 若是主观权利,其权利主体在谁? 具体而言,受保障的主体是行使职业行为的医师,或是期待医疗信息不被揭露的病患?③

以上问题,当然因系争内国(或地区)法[含内国(或地区)宪法]而异,强制医师揭露医病信息,一般而言,若以病患作为权利主体,可能列入考虑的包括几种内容多少会相互重叠的基本权,除人性尊严的维护外,诸如隐私权、信息自我决定权、人格发展自由权等;反之,若以医师作为权

---

① ECHR, *M. S. v. Sweden*, Reports 1997-IV.

② ECHR, *Plon(Societe) v. France*, Judgment of 18 May 2004. 本案说明及其评释,参见刘静怡:《医疗秘密与出版自由——评欧洲人权法院之 *Plon v. France* 案》,载《台湾本土法学杂志》2005 年第 73 期,第 97—114 页。

③ 就此,德国法亦有争执。例如,《德国刑法》亦有医师泄露病患医疗秘密的处罚规定(§203 StGB;相当于台湾地区"刑法"第 316 条之规定),但该规定的保护法益究竟是个人权利(保障病患的个人秘密)或公共利益(公众对于医师应保密的信赖利益),颇有争论。德国通说将以上两者并列为保护法益,但少数说主张受保护的是个人法益。文献指引:Lackner/Kühl, a. a. O. (Fn. 10), Rn. 1.

利主体,主要涉及的是职业自由的问题。

在 Z 裁判中,以上问题同时也是系争四个议题如何裁判的先决问题。欧洲人权法院明确表示,个人数据,尤其是病历数据的保密,对于《公约》第 8 条的个人生活和家庭生活应受尊重之权利,具有根本的重要性,并且也是公约诸签约国内国法的重要法律原则。为了达成医疗目的,病患不可避免地要向医师透露个人及私密的信息,这是医疗行为的一环。而要求医疗信息保密的原则,不仅在于尊重病患的个人隐私,也在于一般性地保障病患对医疗职业与医疗机构的信赖关系,否则,需要医疗援助的人,可能会因担心自己的私密外泄,而放弃医疗援助,甚而因此危及自身的健康。由于本案涉及的是申诉人感染艾滋病的信息保密问题,上述考虑也就特别重要,因为申诉人血液检测结果、感染病史、心理状况等信息一旦泄露,将会对其个人生活以及家庭生活,乃至于社会及工作关系产生巨大影响,申诉人可能因此不名誉之事被揭露而有被排挤的风险,毫无疑问,这是《公约》第 8 条所欲保护的领域。①

一言以蔽之,针对前述的"权利性质"及"权利主体"问题,欧洲人权法院在此采取了"双效合一"的处置方式,直接承认"病患"(权利主体)具有免于医疗信息被揭露的自由,认为其定性上属于公约第 8 条私人与家庭生活权利的保护领域(权利性质)。换言之,无论医疗保密是否同时涉及公益维护(公众对医病的一般信赖关系),皆无碍于病患具有此一主观权利的结论。此外,由于本案的申诉人是病患,因此,欧洲人权法院基于公约限制及案例法的特性,并未进一步处理强制医师作证是否涉及医师职业自由的问题。整体而言,欧洲人权法院的说理颇具说服力且结论亦相当明快,当然,这种明快处置也有其背景因素,因为就规范依据而言,《欧洲人权公约》第 8 条即是隐私权的一般性规定②,使欧洲人权法院得以明确运用该条为施力杠杆,轻易处理这个在诸多内国(或地区)(宪)法难以定性的棘手问题。

3. 权利范围之衍生问题

在界定了医疗秘密的权利主体与权利性质及其规范依据之后,接下来的是其权利范围及于哪些事项? 这点,在 Z 案算是相对容易,因为本案系争的病历是易受社会眼光排挤的艾滋病,如果《公约》第 8 条及于病患的医疗秘密,保密范围当然及于这种敏感病历。类似的情况,在 *M. S. v. Sweden* 案中,系争的申诉人医疗病历包含了高度个人且敏感的堕胎信息,欧洲人权法院也将其明确连结到《公约》第 8 条的保障。③ 反之,*Plon v. France* 案就复杂许多,该案不但涉及医疗秘密与言论自由的冲突,而且所揭示的是"已死之人"生前的医疗信息(更遑论已死之人还是曾公开承诺定期公布健康状况的总统)。Z 裁判无关死人的医疗信息保密,但这的确是常见的问题(前述"医师爆料案"也与此有关),台湾地区法就此规范密度不足,欧洲一些国家内国法就此有明文规范,将保密时点延长到死后④,这比较能够符合医疗保密的规范目的(避免病患担心死后被揭示医疗信息而不就医),可供参考。

---

① ECHR, *Z v. Finland*, Reports 1997-I, §§95, 96.

② Vgl. Meyer-Ladewig, a. a. O. (Fn. 10), Art. 8 Rn. 1 ff.; Wildhaber, a. a. O. (Fn. 10), Art. 8 Rn. 1 ff., Rn. 154 ff. (Rechtsfragen von Aids).

③ ECHR, *M. S. v. Sweden*, Reports 1997-IV.

④ 如《德国刑法》,泄露业务秘密之处罚,亦及于死后[§203 IV StGB; vgl. dazu Lackner/Kühl, a. a. O. (Fn. 10), Rn. 26 f.]。但台湾地区"刑法"相应的第 316 条,就此完全没有规范。此外,法国法关于死后医疗信息之保密问题,请参见 *Plon(Societe) v. France*, Judgment of 18 May 2004, §28.

在业务拒绝证言脉络,台湾地区文献亦有肯认保护范围及于已死之人者,如王茂松:《论证人之拒绝证言权》(下),载《军法专刊》1982 年第 28 卷第 5 期,第 19 页;陈朴生:《刑事证据法》,1990 年自版,第 283 页等。

此外,医疗保密范围及于医师因医病所知悉的秘密及医疗内容,这点固无疑问,但衍生的权利保护领域问题还包括,医疗保密范围是否及于就医之人的人别信息(Identität des Patienten)及伴随情况(Begleitumstände)①,后者如病患开什么车来(可能由车号线索找出就医之人)或由什么人陪同而来(可能由陪同者找出就医之人)等,但此与本案无关,在此不赘。此外,诸如医师的业务佐理或辅助人(护士、医师助理等)的拒绝证言问题,也是值得探讨的重点之一(本法第182条之"业务上佐理人"、德国法§53a StPO 参照),但此亦非本案问题。

4. 小结

整体而言,针对诸多内国(或地区)法争论不休的医疗保密问题,欧洲人权法院明确承认病患具有免予医疗信息被揭露的自由,这是病患来自于《公约》第8条的权利。以上 Z 裁判所表达的见解,也是欧洲人权法院关于医疗保密的判例法一以贯之的态度。就保护领域的判定而言,由于本案系争的是极其敏感的艾滋病原感染病史,并且无关几个衍生的外延领域,因此,案例判断重心自然不在于保护领域,而在于干预的正当性。

(二) 拒绝证言之权利

1. 问题之层次

Z 案同时涉及拒绝证言权之保护问题。这个问题同样必须放在争执的脉络来分析。就内国(或地区)的违宪审查而言,首要区分的是,系争拒绝证言权是宪法所保障,抑或仅属法律所保障之权利? 若是前者,干预拒绝证言权会有宪法问题,但若是后者,可能属于内国(或地区)立法者形成自由之范围。就国际人权法院的违反公约审查[指内国(或地区)是否违反系争国际人权公约]而言,首要区分在于系争拒绝证言权是公约所保障的权利,抑或仅属内国(或地区)法所保障的权利? 若是前者,干预拒绝证言权会有违反公约问题,但若是后者,申诉案件自然无法成立;此外,即便是公约所保障的权利,还要考虑国际人权法与内国(或地区)法的任务界限问题,尤其是内国(或地区)法针对具体制度形成所拥有的判断余地(margin of apppreciation;或译为"边际裁量权限"②)。

2. 类型与属性

上述问题,还要进一步考虑系争的是哪一种拒绝证言权。各国(或地区)法就此有宽严不同的规范,以台湾地区为例,主要的拒绝证言权类型包含:基于近亲身份关系、基于不自证己罪、基于公务身份以及基于业务关系而来的拒绝证言权(本法第179至182条)。

针对上述拒绝证言权的主体与性质问题,可能有"统一说"及"区分说"两种基本的处置方向,统一说是指用同一种依据、模式来解释所有拒绝证言权类型的尝试。③ 由于类型殊异,因此,统一说本来就有其先天的缺陷,例如,基于不自证己罪而来的拒绝证言权(本法第181条前段),毫无疑问是"证人本人"的权利,权利性质与范围也是取决于证人本人恐因其陈述而自我入罪的

---

① 德国实务就此明白采取肯定见解,认为医疗信息的保密范围兼及病患人别、医疗内容及伴随情况:vgl. BGHSt 33, 148; 38, 369; Rogall, Anm. zu BGH, NStZ 1985, 374; Roxin, a. a. O. (Fn. 10), §26 Rn. 21.

② 参见王玉叶:《欧洲人权法院审理原则》,载欧美研究所"欧洲人权学术研讨会"论文(2004年10月13—14日)。

③ 美国证据法学者 John H. Wigmore 曾提出承认拒绝证言权的四个要件,经常为台湾地区文献所引用[如王茂松:《论证人之拒绝证言权》(上),载《军法专刊》1982年第28卷第5期,第24页;吴巡龙:《新刑事诉讼法亲属身份拒绝证言权范围的检讨》,载吴巡龙:《新刑事诉讼制度与证据法则》,学林文化事业有限公司2003年版,第245页]。果真如所有拒绝证言的承认要件适用同一法理基础与判断基准,那就是彻底的统一说了。

风险范围,换言之,规范目的在于保护该案的证人而非被告,权利主体当然也不是该案的"被告"。① 反之,基于公务身份的拒绝证言权(本法第179条),权利主体明显不是作证的该"公务员"本人,拒绝证言与否也不是该"公务员"的裁量事项,而且法院还有积极介入并实质审查拒绝作证是否果真妨害重大利益的权限(本法第179条第2项②、第183条)。至于基于近亲身份关系而来的拒绝证言权(本法第180条、第181条后段),究其规范目的在于维护婚姻与家庭之制度,并避免与被告有特定近亲身份关系者处于人伦与法律交战的窘境③;既然如此,如何权衡这种交战,应该委由该近亲证人自己来判断,被告既无封锁权利(指拒绝其近亲作证陈述之法律上权利)④,法院也不得介入或否定证人的选择;就此种拒绝证言权言,近亲证人行使拒绝证言权仅需向法院释明其适格的近亲身份即可,法院也仅能形式审查,不能实质驳回而强制作证(本法第183条)。⑤

由此可知,区分说应是较为可行的途径。其实,纵使同样是基于业务关系的拒绝证言权(本法第182条),权利主体与权利性质也未必能够一概而论。例如,外科医师通常不会因为被法院科以强制作证义务,致使其难以执业(该急诊的还不是非去不可)。但是,如果法院可以强迫辩护律师供出其当事人坦承的犯行,试问哪个被告还敢找律师? 甚至于,同样是医师,心理治疗医师的情况反而比较接近律师而非外科医师。显然,这里涉及完全不同程度的职业自由问题,就一般医病业务关系而言,主轴在于病患医疗信息受保密之隐私权⑥,主体也在病患;反之,就辩护业务关系而言,律师职业自由权利和其当事人信息受保密的权利,同样具有重要性,也有可能因此发

---

① 结合证据禁止问题,德国实务进而就此发展了"权利领域理论"(Rechtskreistheorie),认为权力机关违反此种拒绝证言权之情形,被告不得主张因此所得的证据不得使用,仅该证人得在后来的对己刑事程序主张证据应予禁止使用。Vgl. BGHSt 11, 213, 215 ff.; 38, 214, 220.

② "前项允许,除有……外,不得拒绝。"
值得注意的是,在此种拒绝证言程序(指第183条),法院具有实质审查拒证事由并实质决定准驳与否的权限[参见林辉煌:《论公务秘密之刑事拒绝提供——比较法之观点》(下),载《台湾本土法学杂志》2004年第63期,第70页],这和下述的近亲拒绝证言程序之法院角色,完全不同。还有,前引"最高法院"1936年上字第25号判例,运用到公务拒绝证言情形,将会产生荒谬结果(拒绝证言与否属于该"公务员"证人之自由),由此更可印证,区分说较具说服力。

③ 参见林钰雄:《对第三人之身体检查处分——立法原则之形成》,载《台大法学论丛》2004年第33卷第4期,第127页以下;vgl. Eisenberg, a. a. O. (Fn. 10), Rn. 1241; Kleinknecht/Meyer-Goßner, a. a. O. (Fn. 10), § 52 Rn. 1; Roxin, a. a. O. (Fn. 10), Rn. 14; Schroeder, a. a. O. (Fn. 10), Rn. 118; Senge, a. a. O. (Fn. 10), § 52 Rn. 1.

④ 以配偶拒绝证言权为例,其权利人乃该配偶证人,而非被告,这点在台湾地区法及德国法几无争议可言(本文系争Z案的芬兰法亦同)。但美国法就此有不同认知,各州规定也不一致(参见吴巡龙:《新刑事诉讼制度与证据法则》,学林文化事业有限公司2003年版,第251页)。

⑤ "例如,甲夫因涉嫌杀乙妻而被提兑公诉,其子丙以目击证人身份被传讯作证,丙行使拒绝证言权时,仅须释明其为被告甲之子即可,如提出户籍誊本,至于丙基于何种动机而拒绝证言,并非所问,法院亦不得介入。"[参见林钰雄:《刑事诉讼法》(第四版)(上),元照出版公司2004年版,第474页]但应注意,以上仅针对近亲拒绝证言的程序而发,不能适用在本文所处理的医疗拒绝证言情形。

⑥ 因此,不能以医师职业不受拒绝证言权有无之影响为由,来否定病患的医疗隐私权(及医疗拒绝证言权),但请参见简旭成在《刑事诉讼法上之业务关系拒绝证言权》一文所言:"在美国……联邦法院一般来说,尚未接受一般医师与病患间之拒绝证言权,其显然是接受证据法大师Wigmore的主张:认为此种拒绝证言权是不需要的,医生不需要它即可招徕病人,病人也不需如此鼓励以建立和医生间之关系。"上述引文说法,可以说是极度忽略病患医疗隐私的保护,说得更白话些,就算不保护,病患也无可奈何,难道能因此不就医? 这就犹如发身份证强制人民按指纹一样,不按就没身份证,你要如何过日常生活?

展出双主体模式的拒绝证言。此外,这些差异也会连带影响到强制作证是否合乎比例原则的判断。

3. 判例法之分析

就欧洲人权法院的判例法而言,拒绝证言权的争讼案件不在少数。① 举凡因近亲(如配偶)关系、业务关系(最为常见者即是医病关系)或不自证己罪而来的拒绝证言权,皆曾是该院阐释的对象。但应注意,就规范基础而言,尽管《欧洲人权公约》除了实体基本权以外,也在统称为公平审判权/公正程序权(Right to a fair trial)的《公约》第 6 条,有一般性及特别列举的程序基本权条款,不过,"拒绝证言权本身"并不是《欧洲人权公约》所列举保障的程序基本权项目。但这不能被误解为"拒绝证言权"不受公约保障,相反的,保障与否取决于系争拒绝证言权的类型,方式上接近本文所称的区分说。简言之,一旦系争拒绝证言权同时涉及其他受《公约》保障的基本权,则其权利主体、性质及范围就取决于《公约》基本权的保障。尽管内国(或地区)法就其拒绝证言制度的具体形成,享有一定的判断余地,但无论如何,其保障水平不能低于公约的要求。

以基于不自证己罪之拒绝证言权为例,依照欧洲人权法院固定的判例法见解,不自证己罪原则属于《公约》第 6 条公平审判条款的核心保障内涵。② 因此,内国(或地区)法固然可以裁量其如何具体规定这种制度,但无论如何形成其制度皆不得违反不自证己罪及其他受《公约》保障的权利。具体而言,例如内国(或地区)法院依照内国(或地区)法,对因自证己罪之虞而拒绝证言之人处以罚锾,将会违反公约规定。③

回到业务关系之拒绝证言权。就权利的保护领域而言,以律师业务关系之拒绝证言权为例,虽然拒绝证言权本身并不是《公约》列举保障的权利,但内国(或地区)法院若强迫辩护律师就其与当事人沟通事项作证陈述,将会侵害《公约》第 6 条所特别列举的被告辩护权之保障。同样的,医病业务关系之拒绝证言问题,重点一样不在于拒绝证言权本身,而在于因此所涉及的《公约》第 8 条之私人与家庭生活受尊重的基本权;无论内国(或地区)法就此如何制定其拒绝证言权利及例外,都不会影响医病保密属于《公约》第 8 条第 1 项之保护领域的判断,最多就是放到第 2 项的比例原则脉络,来审查系争内国(或地区)法是否具有干预的正当性。

4. 小结

就 Z 案所涉及的医疗秘密之拒绝证言权而言,一言以蔽之,权利的保护领域是病患医疗秘密不被揭示的隐私权利,而不是拒绝证言权本身。内国(或地区)法关于医疗秘密之拒绝证言权的具体制度如何设计,影响的不是保护领域,而是干预正当性问题。

三、干预属性之分析

就系争事项是否构成对《公约》第 8 条权利的"干预"而言,Z 案算是相对容易。因为争点是医疗信息的"秘密",因此,任何可归责于国家(或地区)所致的"揭露"(disclo-sure),不论是法院下令诊疗医师出庭作证或检察官搜索扣押相关病历,都是对病患医疗信息秘密的"干预"(inter-ferences;Grundrecht*seingriffe*)。值得注意的是,就法学方法言,欧洲人权法院在审查违反《公约》所保障的权利时,固然区分保护领域及干预的正当性[包含明确区分内国(或地区)法形式上有

---

① Ein Überblick: Esser, a. a. O. (Fn. 10), S. 630 ff., S. 681 ff., S. 687 ff.
② ECHR, *Funke v. France*, 1993, Series A no. 256-A, §44; *John Murray v. the United Kingdom*, Reports 1996-I, §45.
③ ECHR, *K v. Austria*, 1993, Series A no. 255-B, §§8-11, 15; see also *Serves v. France*, Reports 1997-VI, §47.

无干预授权基础及实质上是否合乎比例性要求],但针对是否属于权利的"保护领域"以及是否构成权利的"干预"这两个层次,则未必严格区分。不过,就结论言,干预性在本案脉络本来就不成问题。①

四、干预之正当性

由以上说明亦可得知,揭露医疗秘密固然是对公约第 8 条所保障权利的干预,但这种干预并非绝对禁止。换言之,不管《公约》第 8 条第 1 项的隐私权有无绝对不得干预的"核心领域"(基本权核心理论),纵使是揭露诸如艾滋病这么敏感的医疗信息,也不是绝对禁止,反面言之,艾滋病患对于其染病的医疗信息,也没有绝对的"封锁权利",染病信息还是可能在违反其意愿情形下被强制揭露。因此,本案的审查重点就在于,到底要符合哪些要件,才能强制揭露艾滋病患的医疗信息?这也就是干预的正当性问题("Whether the interferences were *justified*")。其实,Z 裁判的关键意义,除了重申医疗秘密信息属于"病患"受《公约》第 8 条保障的权利之外,最重要的是欧洲人权法院在此所揭示的严格且具体之干预要件。

(一)法律保留

干预正当性的形式要件,是形诸于《公约》第 8 条第 1 项前段的干预必须"依据法律为之"(in accordance with the law),即揭露医疗信息必须根据来自内国(或地区)法的授权基础,其实就是法律保留的要求。由于《欧洲人权公约》的签约国囊括各种不同的法律传统(英美法 v. 欧陆法/判例法 v. 成文法/或各种混合制),因此,欧洲人权法院针对法律保留问题采取比较实质的基准,亦即,审查系争干预有无事先的预见可能性(foreseeability; Vorhersehbarkeit),据此,一来成文实定法也必须符合这个基准及其明确性的内涵;二来判例法若符合上述基准,也得作为干预的授权基础。②

在 Z 案中,申诉人特别针对第二个议题(扣押病历)指摘芬兰内国法违反法律保留的明确性要求,指出芬兰内国法:并未就病历扣押加以类型化,即未区分出哪些病历可以在刑事程序中被扣押、被使用;并未规定病患对抗病历扣押的事前防止措施;并未规定扣押病历及附件应先取得法官的命令。③ 不过,诚如欧洲人权法院裁判理由所援引、翻译的芬兰内国法④,授权规定密密麻麻且要件清晰,具有充分的预见可能性。还有,法官保留虽然重要,但有事前审查与事后救济之别,内国(或地区)法得视其需要决定其模式,由于芬兰内国法就此不但明文规定保密文件的禁止扣押⑤问题,也有法官的事后救济程序,因此,也不成问题。⑥

(二)比例原则

1. 个案特性

经过以上层层关卡之后,本案的审查重心落在比例原则。这里,涉及手段与目的之间的权

---

① ECHR, *Z v. Finland*, Reports 1997-I, §71("Whether there was an interference with the applicant's right to respect for her private and family life")。本判决洋洋洒洒,但仅用一小段说明构成"干预"。

② Zur Problematik vgl. Meyer-Ladewig, a. a. O. (Fn. 10), Art. 8 Rn. 38 ff.

③ ECHR, *Z v. Finland*, Reports 1997-I, §§72,73.

④ Ibid., at §§ 44-56.

⑤ Ibid., at §§48,49. 应予注意,由于本案结论认为法院有权强制医师揭露系争医疗信息,所以禁止扣押的争点当然就不具重要性了。

⑥ Ibid., at §73. 附带说明,法官保留原则一直是欧洲人权法院审查重大干预处分的实质基准(*see* ECHR, *Lüdi v. Switzerland*, 1992, Series A no. 238, §43; Teixeria de Castro v. Portugal, Reports 1998-IV, §38)。

衡,欧洲人权法院认为必须整体观察个案,判断内国(或地区)用以正当化揭露系争医疗信息的理由,是否相关且充分,以及所用手段与所追求目的是否处于合乎比例的关系。① 就下位审查层次言,欧洲人权法院在此区分为正当目的("Legiti-mate aim")及在民主社会的必要性("Necessary in a democratic society")两大部分②,和一般所熟知的德国式比例原则的三段下位子原则(即适合性、必要性与狭义比例性)略有出入,不过,正当目的的检验通常不是争点所在,必要性才是重点。③

以上仅是一般原则,纵使在较为不敏感的私人信息的揭露,也是如此。然而,放到本案的脉络而言,应注意其案例特性包括:

(1) 系争揭露的医疗信息,是感染艾滋病的敏感事项,而非一般的医疗信息。

(2) 本案被法院下令强制作证的医师,基于医师的医疗保密义务,本欲尊重病患意愿而拒绝证言。

(3) 系争案例揭露的,除了刑事被告 X 本人以外,还包括享有拒绝证言权的配偶 Z 的感染信息,由于要求配偶作证及其他揭露医疗信息的行为,待证事实相同(证明被告 X 知悉感染的时点),因此,揭露行为可能间接影响配偶享有的拒绝证言权。

(4) 本案刑事程序涉及的是杀人(未遂)的重罪,而系争医疗信息对于判断"X 何时知悉感染艾滋病"的待证事实具有关键重要性。

2. 审查基准

基于上述案例特性,欧洲人权法院认为,尽管内国(或地区)就其具体证据法制度有形成空间,内国(或地区)法得自行判断到底在侦查中或审判中的调查证据得否使用病患的医疗信息,但无论如何不能免除追诉公共利益与个人医疗信息保密的公正衡量。除非具有压倒性的公共利益的要求,否则不能揭露诸如艾滋病这么敏感的医疗秘密④,并且,在不得不揭露的情形,也必须采取有效与适当的配套保护措施,免予信息被滥用的危险("accompanied by effective and adequate safeguards against abuse")。⑤

此外,在判断正当目的的问题时,欧洲人权法院特别强调判断时点是揭露医疗信息当时("when the contested measures were taken"),而非以事后诸葛亮角度(ex-post)回溯判断该医疗信息对刑事程序结果有无重要性。具体而言,内国(或地区)法院在强制医师作证当时,就必须确认揭露系争医疗信息具有正当目的,否则就可能被判定为违反《公约》第 8 条;就结论言,Z 案揭示医疗信息

---

① ECHR, *Z v. Finland*, Reports 1997-I, §94: "In determining whether the impugned measures were 'necessary in a democratic society', the Court will consider whether, in the light of the case as a whole, *the reasons adduced to justify them were relevant and sufficient* and *whether the measures were proportionate* to the legitimate aims pursued." (Emphasis added)

② Ibid., at §§74-78, 79-114.

③ Vgl. Meyer-Ladewig, a. a. O. (Fn. 10), Art. 8 Rn. 41 ff.

正当目的的审查,系指干预手段必须追求公约第 8 条第 2 项所列举的"…in the interests of national security, public safety or the economic well-being of the country, for the prevention of disorder or crime, for the protection of health or morals, or for the protection of the rights and freedoms of others.",类似台湾地区"宪法"第 23 条所示情形,由于本来就包山包海,因此正当目的本身往往不是个案审查重点所在。

④ Ibid., at §96: "The interests in protecting the confidentiality of such information will therefore weigh heavily in the balance in determining whether the interference was proportionate to the legitimate aim pursued. Such interference cannot be compatible with Article 8 of the Convention (art. 8) *unless it is justified by an overriding requirement in the public interest*." (Emphasis added)

⑤ Ibid., at §103.

的两大目的,包含追诉重罪以及政府信息公开(含公开裁判以追求司法透明性),皆被判定为正当目的。① 最后,就决定揭露的程序(decision-making process)而言,必须充分考虑被揭露人的意见("take her views sufficiently into account"),但针对内国(或地区)法院审判程序揭露医疗秘密信息而言,重点在于法院必须将被揭露人的意见及利益纳入考虑,至于是否直接听取其言词意见,则非重点所在。②

并合以上所言,本案审查比例性时应该注意的重点是干预理由应该相关(relevant)、充分(ausreichend)并具压倒性公共利益的要求,而且,审查上述比例性时,不但是强制作证行为本身的程序,甚至于内国(或地区)法的相关配套保护措施,也在考虑范围。综观判决可知,刑事法院强制医师揭露病患艾滋医疗信息,干预合乎比例性的具体标准包括③:

(1) 如果没有病患的许可,医师或精神治疗师仅能在极为严格的条件下被强制陈述病患的医疗信息,如严重的犯罪(serious criminal offences)。

(2) 如果医师不欲向侦讯警察作证陈述,除非基于司法机关(judicial body)的裁判,否则不得强制医师作证。

(3) 系争揭露程序必须具备保密的特性,法院在讯问医师时应以不公开程序为之,此外,包含笔录及陈述内容的相关卷证,也在应予保密的范围。

(4) 所有的程序参与者,就医师所提供相关信息皆负有(继续)保密的义务。

(5) 违反保密义务可能招致民事或刑事责任。

3. 综合评释

无论对于内国(或地区)法院或如欧洲人权法院这般国际人权法院而言,鉴于千变万化的个案差异,比例性审查本来就有难以精确的特性。《欧洲人权公约》固然是某种意义的成文法,但公约条文本来就极为简洁、抽象(尤其是诸如第8条这种可能包山包海式的基本权),其具体成形取决于公约的有权解释机构,即欧洲人权法院,在面对各系属个案时所发展的内涵与标准,而该院自身标榜的是判例法。可以说,《欧洲人权公约》/法院这个机制,是横跨成文法与判例法的混合体,这种混合让其处理诸如Z案这般具体个案时,既有《公约》的成文依据,又不失个案弹性。

无论说理或结论而言,笔者认为该院的见解具有高度的说服力与妥当性,而且对台湾地区法的相类问题,也提供了颇具参考价值的解决方向。首先,面对感染艾滋病这般敏感的医疗秘密④,欧洲人权法院的基本态度是,虽可干预(揭露)但要件特别严格,可谓"有宽有严"。"宽"是指即便艾滋染病信息也不是绝对不受干预的基本权核心领域,换个术语言,就本案言,弹性的比例原则打败了僵硬的基本权核心理论。⑤ 犹如欧洲人权法院所注意到的,这种感染史对于某些

---

① Ibid., at §§74-78.
② Ibid., at §101.
③ Ibid., at §§46, 53-56, 94, 103-105; zusammenfassend s. Esser, a.a.O. (Fn. 10), S. 691.
④ 附带说明,尽管感染艾滋病是极其敏感的秘密事项,医师对其亦有特别高度的保密义务,但基于这种疾病有感染到性伴侣及"毒友"(常共享毒针)的特别风险,也使医师往往处于良心与义务冲突,尤其是病患不顾医师劝告而从事危险行为时(例如不告知其性伴侣、性交不戴保险套、与他人共享针头、从事性交易行业或上网援交)。在此,基于救助重大法益(生命)之优越利益,医师可能依照紧急避难而向特定人揭露病患的医疗秘密。Vgl. Laufs, a.a.O. (Fn. 10), Rn. 431 ff.
⑤ "实则,吾人若能善用'比例原则'……则应可达到保护基本权利本质内涵之目的。"引自李建良:《基本权理论体系之构成及其思考层次》,载《宪法理论与实践》(一),学林文化事业出版公司1999年版,第95页。德国法对核心理论检讨,在此不予赘述,相关中文文献可参见陈新民:《论宪法人民基本权利的限制》,载《宪法基本权利之基本理论》(第五版)(上),元照出版公司2002年版,第236页以下。

犯罪的追诉具有关键的重要性。在台湾地区法亦然,尤其是传染性病罪与杀人罪("刑法"第271、285条)竞合的犯罪,知悉染病时点一样是犯罪构成要件的相关待证事实。这同时表示,无论是医师或病患,对于医疗秘密并没有绝对的信息封锁权(正因如此,所以如虐童案件医师有通报义务),纵使病患不欲医师就其医疗秘密作证,纵使医师也希望行使业务上的拒绝证言权,但法院还是可能强制医师作证。

"严"是指欧洲人权法院在此设定的严格干预要件,尤其是压倒性的公共利益的要求,以及配套保护措施的准则。仔细分析本案可知,欧洲人权法院虽然在某种程度上容许揭露医疗信息,但在比例性审查时,更进一步区分了"向法院揭露"及"向公众揭露"两者,这两种情形的干预正当性要求也有所不同。在四个系争议题中,就结论言,向法院揭露的部分,亦即强制医师作证以及扣押病历,芬兰内国法通过了比例性要件的审查,但是,向公众揭露的部分,尤其是连名带姓的判决经公告周知,就已经使公众在保密期间得以知悉申诉人的医疗秘密,这理所当然地被判定为过度公开。由于系争信息是被定位在"应向法院揭露"但(至少在10年保密期间内)"不得向公众揭露"的区间,因此,法院命为揭露的程序自然就有"审判不公开"的要求,而且这种不公开并不仅止于揭露程序本身,也包含卷证的持续保密在内。这种区分让比例性的审查更为明确、具体且合理,可以说是欧洲人权法院在本案的重大贡献。

特别值得赞许的是,欧洲人权法院把比例性问题和配套保护措施挂钩处理。唯有内国(或地区)法提供有效而适当的配套保护措施,系争医疗信息的揭露才能被判定为合乎比例,而这种配套保护措施不但包含芬兰法已经提供的"卷证不公开的保密期间",甚至也及于积极课予诉讼关系人的保密义务及其违反的制裁。也就是说,内国(或地区)法应该向下列要求调校:所有因其诉讼地位而知悉系争他人医疗秘密的诉讼关系人(含被告及其辩护人/被害人及其代理人),都因而负有不得向他人或公众揭露的保密义务,并且,违反时应有民事或刑事等制裁措施。这点,更为精密地处理了诉讼关系人(知悉本案相关信息)的诉讼信息权利以及受揭露人的隐私权利。

五、台湾地区法之反省

(一) 基本难题

Z裁判对于台湾地区如何面对医疗拒绝证言权问题,颇具参考价值,而且该裁判发展的基准,正好可以合理填补台湾地区实定法的缺漏。以下仅例示几个前述提到的问题之解决:

首先,如前所示,明定于本法第182条的医疗拒绝证言权,长期以来,由于学说与实务的漠视,以至于连最为基础的权利主体及权利性质问题,都令人摸不着头脑;连带的问题是,第183条的拒绝证言程序,到底(审判中)法院的角色为何?其许可或驳回的权限与标准何在?是否因拒绝证言权的种类而角色有所不同?

这些基本问题直接影响到具体争执如何解决。例如,当病患本人不欲医师就其医疗秘密出庭作证时,医师应否拒绝证言?如果这应由病患判断,则医师显然不应作证,但如此一来,也等于完全封锁了这个证据资料。反之,如果拒绝证言与否应尊重医师的判断(如德国模式),涉及的难题是,为何负有医疗保密义务的医师可以作出不予保密的判断?这里无可避免涉及病患的医疗隐私事项,为何医师有权违反病患的意愿而自行处分病患的隐私?此外,在病患即是被告情形,仅关乎医病双方,还算相对单纯;如果病患不是本案被告也不是被害人,而是第三人,也就是Z案所示情形,甚至于还可以讨论被告得否要求医师拒绝证言的问题,也就是被告有无主张封锁他人医疗信息的权利。在以上所有情形,同时存在的是:法院在医疗拒绝证言上扮演的是形式审查者还是实质决定者的角色?例如法院得否否决病患的保密意愿?得否强制医师改变其拒绝证言的决定?如果法院得实质干预医师或病患的决定,强制作证与否的标准又何在?

(二) 旧法新解

以上这些在前述提到的问题,完全不见于台湾地区实定法。在拒绝证言的法规结构与台湾地区相同的德国法制,通过学说与实务的解释,走的是"医师决定模式",除病患解除医师保密义务的情形外(§53II StPO),原则上委由医师权衡是否行使医疗拒绝证言权,病患本身并无法禁止医师作证陈述,连法院也不得干预医师拒绝证言与否的判断。① 尽管这有前述为何医师可以片面决定泄露病患秘密的疑虑,但就德国实务而言,由于医师几乎都会主动尊重病患意思而行使医疗拒绝证言权,因此,实际呈现形态反而接近"病患决定模式",与台湾地区本有天壤之别。不过,在这种模式下,绝大多数的医疗证据资料会被医师主动封锁,这也意味着,如果Z案发生在德国,可能的结果是,法院根本无从得知X及Z的染病信息,X当然也不可能被判处杀人未遂罪名。医疗隐私的保护将会凌驾追诉犯罪的利益,纵使重罪亦然。

笔者较为赞成的是欧洲人权法院"病患—法院的折中模式",并据此勾绘出台湾地区相关实定法的解释方向。首先,在权利主体及权利性质上,应先明确界定病患具有医疗信息受保密的隐私权利,而医疗拒绝证言权的行使必须连结到病患隐私权。据此,在病患已经解除医师保密义务的情形,医师就不得再于法院之前行使医疗拒绝证言权,这也可以合理解释现行法的除外规定。② 其次,在病患明确表示不欲医师揭露其医疗秘密的情形,由于医师本来就有保守病患医疗秘密的法定义务(包含"刑法"在内),而本法也已经借由拒绝证言制度而赋予医师守密的规范基础,因此,医师原则上"必须"行使医疗拒绝证言权。

上述医师拒绝证言情形,"唯有"法院能够强制医师改变,也就是法院借由"驳回"医师拒绝证言的方式与程序(本法第183条),强制医师回归一般的作证并陈述义务(同法第176条之1)。借由如此的扩张解释,同法第183条在医疗拒绝证言情况就取得了非同小可的意义,法院也从拒绝证言的形式审查者变成实质决定者③,至于判定准否拒绝证言的实质基准,也就是判断干预正当性、比例性的具体指标,即可参考前述Z裁判的可行见解。

应该进一步补充的是程序进行的基本要求。所称程序,包含准驳拒绝证言的程序以及强制作证的审判程序,两者皆以排除公众在场的"不公开"程序进行,因为纵使在强制医师作证以揭露医疗秘密的情形,通常也仅限于"向法院揭露"而已,而台湾地区现行"法院组织法"的不公开例外规定,也提供如此处理的规范基础。④ 无论是公告的主文、理由或程序,应予保密而不向公众公开的范围,包含医师人别信息(何人被强制作证)、病患人别信息以及医疗秘密内容。

---

① Vgl. nur BGHSt 9, 59, 61; 18, 146, 147; Kleinknecht/Meyer-Goßner, a. a. O. (Fn. 10), §53 Rn. 6; Pfeiffer, a. a. O. (Fn. 10), §53 Rn. 2 f. 但应注意,德国医师虽然可以判断系争作证事项有无保密的利益与必要,不过,也要为错误判断负责。如前所述,德国刑法有处罚医师无故泄密罪的规定(§203 StGB),依照德国通说,医师纵使在法院前陈述病患的医疗秘密(也就是不拒绝证言情形),也不当然构成阻却违法事由 [(vgl. Kleinknecht/Meyer-Goßner, a. a. O. (Fn. 10), §53 Rn. 4 f.; Pfeiffer, a. a. O. (Fn. 10); Roxin, a. a. O. (Fn. 10), Rn. 22)]。

② 在此指本法第182条后段所称"除经本人允许者外,得拒绝证言";据此,在病患本人已经同意医师作证情形,医师就不得拒绝证言。

③ 但应注意,本文在此仅针对医疗拒绝证言权谈第183条的法院角色;在其他拒绝证言权的类型,未必相同;如前文也提到的近亲之拒绝证言权,法院仅有形式审查权限而已。由此更可以了解区分说比统一说更有合理性。

④ "法院组织法"第86条但书规定,"……有妨害……或善良风俗之虞时,法院得决定不予公开"。

(三) 立法层次

1. 诉讼参与者的保密义务？

以上是借由对目前实定法规定的解释即可处理的部分。进一步应或宜借由立法手段解决的事项,包括卷证数据对诉讼关系人的揭露问题,以及检察官准驳拒绝证言的权限问题。第一个问题,以 Z 案为例最能清楚说明,因为该案系争被揭露医疗信息的是被告及被害人以外的第三人。依照台湾地区法,案件起诉后,被告的律师(辩护人)及被害人的律师(告诉代理人)除了各种参与权以外,还享有全面的阅卷权(本法第 33 条、第 271 条之 1)。因此,在法院强制医师作证情形,这些诉讼参与者通常也因此知悉了他人的医疗秘密。然而,这种不得已的揭露,仅在达成诉讼目的的最小范围内有其正当性,进一步向诉讼参与者以外之公众的揭露,会造成新的、更大的且超过必要范围的侵害。问题是,如何避免审判及卷证的医疗信息被过度揭露(或蓄意泄露)？如何做到"向法院揭露"而"不向公众揭露"？

在此,法院固然负有使保护医疗信息不向公众揭露的义务(如前述的不公开审判及卷证保密),但保密犹如防洪,任何一个缺口都可能造成决堤效应,因此,保密义务人若仅限于法院(及其他追诉机关),试问如何防堵被告方或被害人方的泄露？就此,台湾地区法在侦查不公开部分,已有类似问题,亦即,在侦查资料"得对诉讼参与者公开"但"不得对公众公开"的情形,本法(第 245 条第 3 项)明定此时的诉讼参与者(含辩护人及告诉代理人)负有保密义务①,换言之,法律明文课予私人(公权力机关)保密义务。如果连一般侦查信息都已经如此保护,在为了追诉的公众利益而揭露病患敏感的医疗信息的情形,立法机关更有保护义务制定配套的保密措施,以防止过度公开或(参与诉讼之其他私人)蓄意泄露,而对病患可能造成的二度伤害。具体而言,台湾地区立法者得参考前述欧洲人权法院所揭示的两个要求,更为明确地②制定强制医师作证的相关配套措施:一来必须课予因参与诉讼而知悉他人医疗秘密之人,负有保密义务(必要时含保密期间规定);二来违反这种义务将会招致民事赔偿或刑事制裁责任。

2. 检察官准驳拒绝证言之权限？

另一个应该在立法层次重新检讨的,是侦查中检察官宜否有准驳拒绝证言的权限之问题。如前所述,为了有效且适当权衡追诉公共利益与病患医疗秘密之冲突,本法第 183 条的准驳拒绝证言程序,在旧法新解之下,必须从形式审查转换为实质裁判的程序。但是,台湾地区法就此仍然沿袭旧制的"侦查中→检察官/审判中→法官"之二分模式,实有改采法官保留原则的必要,最多就是在急迫情形增列弹性的相对法官保留,但无论如何,原则上不宜让作为侦查者的检察官来实质判断。不过,这已经不是法律解释而是立法政策的范围了,应予一并检讨的,还包括检察官命证人具结的权限等相关问题。

结论性观点

欧洲人权法院本来即是英美法与欧陆法、内国(或地区)法与国际人权法的整合平台,较能跳脱个别国家(或地区)的法律传统及制度视野。尽管台湾地区不是《欧洲人权公约》的成员,但

---

① "检察官、检察事务官、司法警察官、司法警察、辩护人、告诉代理人或其他于侦查程序依法执行职务之人员,除依法令或为维护公共利益或保护合法权益有必要者外,不得公开揭露侦查中因执行职务知悉之事项。"

② 现行法的规定,其实也有可能通过解释来包含某些保密义务及处罚,例如前述律师本来就是"刑法"第 316 条的规范对象。不过,被告、被害人的保密义务,就仅能以立法手段处理了。

是，诸多欧洲人权法院的裁判所示，其对台湾地区法解决相类问题，却具有高度的启示作用。①台湾地区本因继受背景之故，法律制度徘徊在英美法、欧陆法与本土化的三岔路口，对于两大法系的整合趋势，本来应投以更为高度的瞩目，却长期漠视其地区法化的问题。

如本文所示，医疗秘密与拒绝证言在台湾地区法虽有成文规定，但规范密度不足且漏洞百出。长期以来，不论拒绝证言权的一般问题或医疗拒绝证言权的特殊问题，皆未受台湾地区学说与实务的重视。整体而言，台湾地区法关于拒绝证言制度的理解，最常陷入两个盲点：一是欲以"放诸四海而皆准"的统一说，来解释所有类型的拒绝证言权，但如本文主张的区分说所示，不但各类型的本质有所差异，并因而导致处置程序的差别。例如，同样是拒绝证言的法院准驳程序（本法第183条），在近亲拒绝证言权时法院仅有形式审查权，但在医疗拒绝证言权时法院却是实质决定者。二是以医疗拒绝证言权为例，一旦医师（自愿或被迫）作证陈述的情形，就完全忽略了对病患隐私后续的程序性保护，无论是立法、学说或实务，完全不问到底此时及之后应以何等程序保障或配套措施，来避免病患医疗隐私信息的过度公开或泄露。在此，Z裁判提供了足为借鉴的典范。

最后，回到本文前述所提三组问题，以"病患—法院的折中模式"为准据，简略交代结论：

（1）医疗拒绝证言权的权利主体不是医师，而是病患，并且不论病患是否为本案被告。据此，不但在病患同意揭露时医师必须回归一般公民的作证义务，并且，在病患明示反对揭露时医师必须拒绝证言。由此可知，医师基于守密义务并无裁量权限。这个解释连带影响到"刑法"无故泄露（医疗）业务秘密罪的适用范围，如果医师不顾病患反对而作证，可能构成该罪。

（2）上述情形，（审判中）法院得基于追诉重罪的优势公共利益，解除医师守密义务并强制医师作证，依照本法第183条对准驳拒绝证言为实质决定。但基于医疗隐私的保障，上述决定程序及其后相关作证程序，应有审判与卷证不公开的配套措施。

（3）本法各种拒绝证言权的主体、性质、范围及法院角色，不能一概而论（区分说），以上A、B结论系专就医疗拒绝证言而发。

---

① 台湾地区长久以来习惯继受个别国家或地区或特定的宪法裁判，从中对于人权保障之内涵（主要是德国及美国），有片面与相对微观的限制，因此对于如何运用国际人权法的规范，诠释"宪法"基本权利之保障，则相对感到陌生……欧洲人权法院关于人权保障的裁判，更常与时俱进，具有多元化及前瞻性的进步思维，其亦能够提供台湾地区在相关比较研究上新的思考面向。参见吴志光：《"欧洲人权法院裁判巡礼"专题前言》，载《台湾本土法学杂志》2005年第69期，第89页。

刑事医疗诉讼审判之实务与改革*

——兼评台湾地区"最高法院"2007 年台上字第 4793 号判决

张丽卿**

基本案情

甲于 2000 年 12 月 20 日 9 时 35 分左右昏倒,被送至嘉义基督教医院的急诊室进行诊治。医师乙对甲进行心电图、生化检查、肝功能、肾脏、白红细胞等检查,又经留院观察近 3 个小时后,于同日中午 12 时 15 分同意甲出院。翌日上午,甲于自宅内严重气喘、心悸,于送至基督教医院急救途中死亡。嘉义基督教医院急救后,仍宣告死亡,死亡证明书记载"疑似心律不齐,心因性猝死"。甲的家属对于甲的死亡不能谅解,认为死亡前一日曾经帮甲进行急诊的医师乙,对于甲的死亡应该负责。甲之子乃诉由嘉义地检署检察官侦查起诉。

本案一审嘉义地方法院判决被告医师乙有罪,处有期徒刑 1 年(嘉义地方法院 2002 诉 183);乙不服,向台湾地区高等法院台南分院提起上诉,二审法院判决乙无罪(台湾地区高等法院台南分院 2004 医上诉 868)。案经上诉至台湾地区"最高法院",经发回后(台湾地区"最高法院"2007 年台上字第 4793 号判决),于 2008 年 1 月 30 日,台湾地区高等法院台南分院依旧维持被告无罪的判决[台湾地区高等法院台南分院 2007 重医上更(一)381]。

裁判要旨

第 4793 号判决:

被告于甲前往急诊当日,除对其做一张心电图及一般生化、肝功能检查外,倘如病患甲乃夫所指,并未要求甲留院观察,做进一步诊断确认,即要其离院,致其返家翌日上午猝然死亡,此急诊处置是否无悖于一般医疗常规,而与甲于急诊翌日之心因性猝死,毫无关联?似非全然无疑。原判决对上述医审会之鉴定意见未加详酌,徒以上述情由遽认被告之急诊处置已符合一般医疗常规,并无疏失,既嫌理由不备,且所为论断与上述医审会鉴定意见不尽相符,亦有证据上理由矛盾之处。

台南高分院判决:

乙医师为甲做各项医疗处置时,并无急性心肌梗死的临床症状;乙当时已就甲主诉的症状加以治疗并获得改善,且出院前的第二次心电图或抽血检验心肌酵素,亦无法检查出患者必然罹患急性心肌梗死,且医师也嘱咐甲必须至心脏科门诊追踪治疗。因此,乙医师所为各项医疗处置,并无违反一般急诊室医师之医疗常规。甲系于回家后之翌日,才产生突发性之心脏问题,该发病时间在客观上无法预见,且纵然已尽早得到正确诊断及适当治疗,其结果并不保证能够避免病情恶化乃至死亡。

---

* 原载于《月旦法学杂志》2011 年第 196 期。
** 高雄大学财经法律学系教授兼院长、东海大学法律学系合聘教授。

疑难问题

本案历时近8年,如此旷日费时的重要原因是嘱托鉴定共有7次,其中包含6次"医事审议委员会"的鉴定,以及一次台湾大学医学院的鉴定。之所以发生多次鉴定,并非案情随着时间的递嬗而有不同,而是因为欠缺医疗专业的法官,在同样的议题上面打转,以致延宕多年。换言之,由于医疗诉讼涉及专业领域,法官对此部分的专业能力有限,或由于鉴定制度本身所存在的问题,及不同领域间整合知识的困难,进而形成法官与鉴定人的意见不同,或法官因为无法了解鉴定内容而延宕诉讼的现象。事实上,这也是所有医疗诉讼审判上的困境。

学理研究

公平迅速且正确解决纷争的审判,是司法制度实现公平正义的最根本要求。从"刑事诉讼法"的规定来看,法官负有相当大的责任,必须本于自由心证,对一切事实加以正确评价。不过,法官的知识经验有限,难以在法律知识以外,作成无瑕的自由心证。以医疗诉讼为例,反映在审判的最大特色,就是历久费时。一件医疗诉讼可能消耗当事人双方以及法院相当的时间精力。因医疗瑕疵而致死伤的病患家属,以及被告的医师,都因诉讼缠身而疲惫不堪。不仅影响当事人的工作与生活,甚至造成缠讼的医师走向绝路。① 本文以"心因性猝死案"为例,指出现行刑事医疗审判制度的困境,探讨涉及高度专业的医疗诉讼所能依循的方向。

一、刑事医疗诉讼审判的实务现状

为了解决医疗诉讼审判上的困境,以及满足人民对于司法公正的期待,"医疗法"第83条修正规定:"'司法院'应指定法院设立医事专业法庭,由具有医事相关专业知识或审判经验之法官,办理医事纠纷诉讼案件。"希望借成立医事专业法庭,处理医疗纠纷案件。

"司法院"呼应"医疗法"第83条规定的意旨,乃于2005年指定台北、士林、板桥、台中与高雄5处地方法院,台湾地区高等法院以及台中分院、高雄分院三处高等法院设置"医事专业法庭",用以审理民事医疗纠纷的损害赔偿事件,以及违反"医师法"或医疗行为过失致死伤的刑事案件。

不过,医事专业法庭的设立虽已经超过5年,但仅是成立医事专业法庭,恐怕仍无法全面解决医疗纠纷诉讼延宕的问题,因为从司法实务统计发现②,刑事医疗诉讼审判的确面临一些专业上的挑战及审判上的难题,以下分述。

(一)专业上的挑战

1. 没有医事专业背景的法官

基本上,台湾地区司法实务采"专庭专股承办"的方式设置医事专业法庭。不过,2005年开始运作的医事专业法庭,由于医事专业法庭甫成立时,法官中并无有医事专业者,只得先由有意愿者充任;但是受限于法官自身专业能力的局限,所以有意愿者极低,最后只能通过协调或抽签

---

① 医师公会联合会理事长李明滨于《凝聚医界共识,转危机为契机》文中指出:本会同仁有因在司法诉讼过程中发生自杀之不幸事件;先进国家或地区的统计更是惊人,每45个涉入诉讼案的医师,就有一人死于自杀,由此可见,医疗诉讼对个人……是巨大之损失。参见李明滨:《凝聚医界共识,转危机为契机》,载《台湾医界》2009年第52卷第3期,第5页。

② 本文根据之司法实务统计资料,主要来自林清钧:《医事专业法庭成效初探——刑事庭》,载"医事专业法庭制度"学术研讨会书面资料(台湾地区医师基金会、台中地方法院、东海大学法律学院、中国医药大学医学院主办,台中市医事法学会、高雄大学财经法律系承办),2009年11月15日,第42页以下。

方式挑选医事专业法庭的法官。① 这样的现象，在某种程度上已经削弱了立法者希望以有意愿并有医事专业者优先担任医事专业法庭法官的美意。

医事专业法庭法官有无具备相当程度的医疗专业水平，是医疗专业法庭能否发挥功能的核心关键。法官若能具有相当程度的医疗水平，则可精准掌握案件的争点，节省鉴定所需时间的耗费，利于真实发现与诉讼经济。不过，在当前法学教育与法曹养成的框架下，很难产生真正具有专业医疗知识的法官，实务上以协调或抽签的方式产生医事专业法庭的法官，也是情非得已。

所幸这种现象稍有改进，例如台湾地区高等法院在2004年8月开始作成"法官办理民、刑事医疗专庭意愿表"，询问法官办理医疗专庭的意愿，强调愿意办理医疗专庭的重要性。此外，在2009年年终的事务分配及法官会议讨论时，更以此意愿表为成立医疗专庭的依据；又如台湾地区高等法院台中分院亦以征询庭长、法官意见后指定绩优法官办理。② 不过，整体而言，具有医事专庭法庭的法院，普遍仍存在不具有医事专业的法官，职司医疗纠纷的案件审理。

2. 缺乏系统的专业进修管道

缺乏有医事专业背景法官的重要原因，除了教育与考试体制外，也在于法官欠缺有系统的专业进修管道。值得敬佩的是，为了达到"专业案件，专业审理"的目标，实务上，专庭的法官多会在闲暇时候，利用下列方式提升自己的医疗知识："司法院"举办相关研习会进修；遇到个案时，再针对该个案病情，阅读资料；上远距医疗课程；上网检索相关问题等方式。③ 不过，这几种方式对于培养医疗专业知识能否发挥功用，可能是有疑问的。

"司法院"零星举办的研习会，对于法官在医疗专业能力的培养上，功能应该有限，因为任何一门学问的养成，都必须有一套有系统的、长期的教育规划，只是几场研习或研讨会，效果有限。另外，法官本身工作繁忙，遇到个案才搜寻与阅读数据，可能比较经济实惠，可是在临阵磨枪的情况下，法官是否真能了解与个案相关的医学知识，也让人质疑；也有法官表示，通过网络检索数据的方式了解相关问题。不过，以网络数据作为审理案件的参考，恐怕也不妥适。④

为了解决法官缺乏有系统的专业进修管道，无法获得专业知识的缺陷，司法实务有建立"专家参与咨询制度"，供法官在审理案件时，如遇疑难可以求教。但值得注意的是，实务上法官却鲜少利用专家参与咨询的制度，至于为何不加利用的原因，就不得而知了。⑤

3. 医疗专庭法官流动频繁

一个在专业上更值得忧虑的现象是，医事专业法庭法官的流动率十分庞大，多无法久任，通过台中地方法院林清钧法官的访查数据显示，2005年至2009年更换了75%的专庭法官。⑥ 由于

---

① 参见林清钧：《医事专业法庭成效初探——刑事庭》，载"医事专业法庭制度"学术研讨会书面资料（台湾地区医师基金会、台中地方法院、东海大学法律学院、中国医药大学医学院主办，台中市医事法学会、高雄大学财经法律系承办），2009年11月15日，第42页。

② 同上书，第40页。

③ 同上书，第44页。

④ 与之相较，医疗远距课程可能是上述几种法官采用进修方法中比较好的，因为通过一系列课程的安排，或许能够形成一套较有体系的医学知识，有助于法官在专业知识方面的提升。不过，长期的医疗课程虽然有助于法官在医疗知识上的成长，但是法官是否经得起如此劳累负荷，仍有待观察。

⑤ 这应该是台中地方法院的状况，相当程度显示专家参与咨询的制度并未落实；不过，同日与会（"医事专业法庭制度"学术研讨会）的台中地方法院李彦文院长表示，专家咨询制度在北部的法院似乎较有成效。

⑥ 参见林清钧：《医事专业法庭成效初探——刑事庭》，载"医事专业法庭制度"学术研讨会书面资料（台湾地区医师基金会、台中地方法院、东海大学法律学院、中国医药大学医学院主办，台中市医事法学会、高雄大学财经法律系承办），2009年11月15日，第45页。

新的法官到任又必须重新熟悉医事专业法庭的运作以及培养医疗专业素养,这使得医事专业法官的培养更加不易。

目前医事专业法庭中的法官,可能仅因个人兴趣或有经常处理医疗案件的因素,方才参与专庭的运作。可是医事专业法庭毕竟属于专门处理医疗的项目,所接触者皆为高度专业性的医疗问题,专庭的职业法官虽有兴趣和热忱或经验,唯一旦流动率过高,无法长期留任在医事专业法庭中接受医事审判专业的历练,就无法累积珍贵的经验,将更难培养适合审理医疗纠纷案件的专业法官。

此外,更实际的问题,就是经费。当前唯一堪称成功的专业法院,仅有智慧财产法院,为此投入大量的人力、物力,方才有今日智能财产法院的规模。不过,当前应无力针对个别的专业诉讼形态,进行如同智能财产法院相同或类似待遇的扶植。欠缺专业能力的专业法庭,受到的挑战显得更为严峻。

(二) 审判上的难题

1. 医事专业案件收案不多

反应在医事专业法庭审判上的困境之一为,医事专业法庭每年医事专业纠纷案件的收案率未达法院收案量的1%,所以在实际运作上,已有法院减少专庭股数的状况,此让实务界有"如此少量之案件,成立专业法庭有无必要"的质疑。不过,从案件的数量观察,2007年、2008年,台湾地区高等法院及其二分院(台中、高雄),以及五处地方法院(台北、士林、板桥、台中、高雄),共有139件,并不能小觑。①

台湾地区目前似乎没有医疗纠纷的统计调查,对于全台湾地区或各地区发生率实难掌握。②若观察司法机关送交"行政院卫生署医事审议委员会"鉴定的案件数量统计③,从1987年4月到1998年12月的12年间,"医事审议委员会"共鉴定1859件;1987年到1995年间每年大概130件;但到1996年后,1年就有225件,几乎增加了1倍。自1995年至2002年年底止,平均每年的件数则约379件④,这个数字尚不包含教学医院等所为的鉴定。

此外,台湾地区医疗改革基金会统计,自2000年12月至2006年12月,共计1450笔个案向该基金会寻求协助,平均一年有240件左右⑤,这个数字仅是该基金会服务过的案例。因而,有学者推算,光是2002年台湾地区医疗纠纷发生数是4489至6376件⑥,当然并非每件医疗纠纷都会进入诉讼程序。不过,从上述数据显示,医疗纠纷的数量不断增加。纵然当前医事专业法庭的收案量不大,但是在公民自身权利保护高涨的年代,未来医疗专业法庭的收案势必增加。

---

① 参见林清钧:《医事专业法庭成效初探——刑事庭》,载"医事专业法庭制度"学术研讨会书面资料(台湾地区医师基金会、台中地方法院、东海大学法律学院、中国医药大学医学院主办,台中市医事法学会、高雄大学财经法律系承办),2009年11月15日,第41页。

② 参见台湾地区医疗改革基金会(http://www.thrf.org.tw/Page_Show.asp?Page_ID=897),2011年3月12日访问。

③ 参见邱清华:《建立医疗纠纷补偿制度——"医难救济金"》,载《医事法学》2002年第10卷第2期,第6页以下。

④ 其中以妇产科、内科、外科及小儿科件数最多。控诉理由之前四位依次为:医疗不当、手术失败、医师误诊及用药不当。参见陈原风:《医疗纠纷处理法草案(草案评估)》,载"立法院"全球信息网(http://www.ly.gov.tw/ly/04),2011年3月12日访问。

⑤ 参见台湾地区医疗改革基金会(http://www.thrf.org.tw/Page_Show.asp?Page_ID=534),2010年5月12日访问。

⑥ 参见台湾地区医师公会联合会网站资料(www.tma.tw/se_dis/10files/),2011年2月12日访问。

值得注意的是,由实务的统计数字可知,医疗纠纷诉讼的上诉维持率的确比一般案件高。① 由于医疗纠纷的责任难以厘清,又牵涉医病双方的重大权益,若司法机关无法适时扮演一个专业中立的仲裁角色,将无法说服双方当事人。因而由于专业法官办案的缘故,医疗纠纷诉讼的"上诉维持率"比一般案件高②,若是如此,则医事专业法庭的设置,应该已经彰显其相当的专业程度以及设置的必要性。

2. 审理时间冗长并仰赖鉴定

医疗纠纷审理时间冗长,是常见的现象。其实,当前的医疗纠纷审理之所以旷日耗时,最根本的原因仍是法官欠缺医疗专业能力,因为自身欠缺医疗专业,所以在审理上的困难度增加,同时对于事实的认定也只能仰赖鉴定。换言之,由于欠缺医疗专业,导致每遇医疗纠纷,几乎必送鉴定,如此当然费力耗时,造成拖延。

按理说,鉴定人在涉及专业领域的诉讼程序中,通常扮演最重要的地位;但是,鉴定的结果可能不确定,甚至不实。为了周全判断事实证据的价值,法官需要鉴定人的意见作为辅助。按理,刑事鉴定人乃具有专业知识的人,其所为鉴定证据应该相当可靠,但为何会发生被质疑鉴定证据有问题,不被法官采纳的情形,这是专业诉讼审判的困境。

以前述的心脏病猝死案为例,甲的病症是否具有心肌梗死,由医疗专家的角度观察,只要有相关的资料就可以为判断,但是法院却为此议题来回7次鉴定。由鉴定意见不难发现,医审会与台湾大学医学院的态度均相同,就是"有可能,但是不确定"。或许法官是出于谨慎小心的态度判案,希冀以多次鉴定来巩固自己的心证。不过过多的鉴定次数,不仅虚耗社会资源,对于当事人也是莫大折磨。因而如何解决处理专业领域诉讼时可能出现的难题,是刻不容缓的。

此外,由于当前的医疗鉴定,大多数是送"行政院卫生署医事审议委员会"进行鉴定,仅有少数案件在需要的时候,才会送至大型教学医院进行鉴定,对于当前以"医事审议委员会"为主的医疗鉴定形态,一直以来也多受诟病,时有病患及其家属指其医医相护,或有被告医师指其医医相害,显见"医事审议委员会"的公正性受到一些质疑。③

3. 鉴定人未出庭接受诘问

鉴定是否明确、正确,必须通过对质诘问才能够检验,否则鉴定人的鉴定结果几乎决定一场官司的胜败。但是,当前的司法实务并未要求"医事审议委员会"、各大教学医院在作成鉴定报告后,必须莅庭接受对质诘问。这可能是执行上有困难,因为"医事审议委员会"的鉴定,是由鉴定小组的委员集体鉴定,到底应指定哪位委员到庭说明,有实际上的困难。或许因为这样,司法实务从未有要求医审会指定鉴定委员到庭说明或报告的实例。

不过,司法实务不能因为过去没有请鉴定人接受诘问的惯行,而牺牲诉讼当事人的对质诘问权。何况医疗鉴定报告书非于例行性的公务或业务过程所制成,不具有特信性文书的特征,不是"刑事诉讼法"第159条之4第1款或2款公务上或业务上的特信性文书。④ 故非传闻证据排除

---

① 参见林清钧:《医事专业法庭成效初探——刑事庭》,载"医事专业法庭制度"学术研讨会书面资料(台湾地区医师基金会、台中地方法院、东海大学法律学院、中国医药大学医学院主办,台中市医事法学会、高雄大学财经法律系承办),2009年11月15日,第42页以下。

② 不过,根据林三元的观察,关于医疗民事纠纷事件,虽有医事专业法庭设置,当事人对案件之"折服率",上级审法院对案件之"维持率",以及案件审结之日数,似乎没有重大差异。参见林三元:《医事专业法庭成效初探——民事庭》,载"医事专业法庭制度"学术研讨会书面资料,第42页以下。

③ 参见张丽卿:《医疗纠纷鉴定与对质诘问权》,载《东吴法律学报》2008年第20卷第2期,第8页以下。

④ 相同意见如张熙怀、叶建廷:《传闻法则之例外规定——特信性文书》,载《传闻法则理论与实践》,2003年版,第216页。

的例外,不应直接成为审判上的证据。因而如何增加鉴定人至法庭接受交互诘问,以及如何在机关鉴定的情形,促使实施鉴定者或审查人到庭接受交互诘问,以保障被告医师的诘问权,是不容忽视的课题。①

4. 跨领域知识整合的困难

"刑事诉讼法"第207条规定,鉴定有不完备者,得命增加人数或命他人继续或另行鉴定。如认为鉴定结果尚有可疑,审理事实之法院,仍应调查其他必要之证据,以资认定,不得仅凭不实不尽的鉴定报告,作为判断的唯一依据。② 因此,鉴定人无论系提出书面或口头报告,对于鉴定形成的经过皆应详细说明。③ 尤其鉴定人所引为鉴定基础之理论有争议或不同的立论时,更应清楚交代争执之点。此外,鉴定人亦应说明其所采研究方法,并介绍该专门知识在科学技术及实务通说见解。鉴定报告必须基于鉴定人的最佳认知及确信。

不过,诉讼实务上鉴定人对于引为鉴定基础的学说、研究方法及实验过程等均甚少说明。法官对于鉴定报告除了出现明显的矛盾或谬误外,甚少过问鉴定基础的科学技术或专门知识,形成只重视鉴定结果不注重鉴定过程的现象。不过,这也不能完全责难法官,因为法官欠缺专业知识,仅能片面相信鉴定人的报告,或是就鉴定报告中所出现的各式不同看法作整理,导出结论。

这就是跨领域专业知识在理解上的困难,法官与鉴定人对专业领域的问题思考方法不同,形成判决过程中最棘手的困境。虽然当鉴定事项牵涉不同的科学领域时,可以借由科际整合的研究加以辅助;不过如果连该科学领域内部亦存在不同的见解时,如鉴定人间彼此的意见有不同时,问题可能就更加严重,亦非科际整合可以解决。

二、刑事医疗诉讼审判的改革方向

在多元分工社会的今日,成立处理专业诉讼的机制,有其必要。但是如前所述,面对复杂的医疗诉讼,并非只是成立"医事专业法庭"就可以解决所有医疗专业的问题。医事专业法庭的设立值得称许,但是应更有全面建构医事专业法庭的配套,方能全面真正解决医疗纠纷问题。这些建构医事专业法庭的配套,主要在于必须克服专业上的挑战及疏理审判上的难题。

(一)专业上挑战的克服

法官不具有医疗专业能力,是医疗诉讼的一大难题。但是现行医疗诉讼实务所呈现的状况,不但"没有医事专业背景的法官"且"医疗专庭法官流动频繁",再加上"缺乏系统的专业进修管道",使得刑事医疗专庭的审理,遭遇到极大的挑战。为此,要彻底克服这些困境,必须有完善的制度设计。笔者认为,唯有通过"专家参审制"的建立,才能解决审判者要拥有医疗专业知识的困境。此外,如果检察官与律师对于医疗知识一窍不通,也会妨碍诉讼的进行,因而检察官与辩护人也应具备相当的医疗专业知识。以下说明如何实施专家参审制,以及如何充实检察官与辩护人在医疗或其他专业领域的知识。

1. 专家法官参审制

为了克服医事专业法庭审判的难题,笔者长期认为应确立"专家参审制"。由于医疗诉讼涉

---

① 台中地方法院的林清钧法官表示:"交互诘问,是人类发现真实最有利的武器,为了进行交互诘问,了解事实真相,必须提高个人鉴定,可惜目前均以机关鉴定为主,且普遍都送'医事审议委员会'鉴定。"致使鉴定人根本无法出庭。参见林清钧:《医事专业法庭成效初探——刑事庭》,载"医事专业法庭制度"学术研讨会书面资料(台湾地区医师基金会、台中地方法院、东海大学法律学院、中国医药大学医学院主办,台中市医事法学会、高雄大学财经法律系承办),2009年11月15日,第14页。
② 参见台湾地区"最高法院"1951年台上字第71号判例、1968年台上字第3399号判例。
③ Zwiehoff, Gabriele, Das Recht auf den Sachverständigen, 2000, S. 79 f.

及高度的医疗专业知识,而专家参审制就是针对复杂性、技术性和专业性的案件,由专家直接参与该类案件的审理,用以克服法官知识局限性的困境,使诉讼得以顺利进行的机制。

(1)"专家咨询"非"专家参审"

专家参审制度是由职业法官与专家参审法官共同组成审判庭,专家参审法官直接参与判决的作成,将专业真正落实在特定案件的审判工作上。职业法官与专家参审员共同审理事实与法律问题,将更能发挥合议庭认事用法的审理功能。

值得注意的是,目前实务虽有"专家参与咨询"的制度①,不过在实务上,却鲜少法官利用该制度,这是一个值得观察的现象。所谓专家参与咨询,是指诉讼双方共同合意选定专家参与审判,经法院筛选后,便可于诉讼中提供法官咨询,协助法官认定事实。"专家咨询要点"制定的目的,是为增进法院于裁判时认事用法的适当性,保护诉讼当事人利益,同时提升人民对司法的信赖,在民事、刑事、行政诉讼的审理程序中,由各该行业拥有专门知识技能的人,提供职业法官专业上的咨询,协助其认定事实。依据"专家咨询要点"第2条、第3条的规定,民事医疗纠纷与因医疗行为致死或重伤的刑事案件都能适用专家咨询。

由于专家咨询不是司法的常态,如何适当地遴选专家名册以供法官筛选,是本制度得以运作并发挥效用的前提。"专家咨询要点"第6条规定,关于咨询专家的选定以及名册制作,是由地方法院及少年法院应依各种事件类别为之。亦即,应就该各自管辖区域内具有特别知识、技能或工作经验,适于为咨询的专家,遴选并予列册,提供职业法官选任时的参考。至于第二审法院,除得引用一审法院所建立的名册外,亦得自行建立专家名册;且为求个案审理的咨询适切性,法院认为必要时,亦得选任名册以外的专家进行咨询。

另外,"专家咨询要点"规定,专家应本于良知及专业确信,提出专业意见供法院参考;除了依其本身专业所作出的见解外,不得参与事实认定及法律判断,亦即,咨询内容的范围仅限于专业事项的意见。由于专家因为参与咨询,必然牺牲专职领域的工作,因此应该给予适当的报酬,除了日费及旅费外,应给予其职位工作相当的报酬,俾使有学识能力,具审判能力及特殊专长的人参加审判,彻底发挥参审制度的功效。对于专家的回避与保密义务,"专家咨询要点"也有相当清楚的规范。

不过,咨询专家不是法官,也不是鉴定人,所以咨询时不必具结,由法官决定是否采纳专家的意见,只有在判决书可能出现"本件经某某专家参与咨询"等字样。② 专家参与咨询,有个根本性的问题,就是法官本身并无专业知识,无法提出有实益的问题,而咨询专家的说明,也无法立刻建立法官对专业知识的了解。

由此可知,专家参与咨询与专家参审,二者迥然不同。"专家参与咨询"参与审判的专家只提供咨询,并无法真正参与审判,加上没有强制要求法官利用这项制度,所以造成专家无法真正进入审判,专业无法在专业诉讼中落实。

(2)专家法官参审才能解决医疗诉讼的困境

由前述可知,专家咨询制度对专业诉讼所遭遇到的困境,难以确切提出解决的方法。在解决专业诉讼的困境上,应仰赖专家参审作为专业法庭的配套,才能有效解决当前的问题。因为专家

---

① 该制度系2000年5月2日"司法院"(2000)院台厅民一字第10577号令订定"专家参与审判咨询试行要点"而来,后经2003年7月7日"司法院"(2003)院台厅民一字第17480号函修正名称为"专家咨询要点"。

② 参见张丽卿:《参审制度之研究》,载张丽卿:《刑事诉讼制度与刑事证据》,元照出版公司2003年版,第59页。

参审制确有如下优点①:

① 弥补职业法官专业知识的不足

法官不可能上通天文、下知地理,在处理实际个案时,若遇高度专业的疑难,法官需要协助,而专家法官就是最佳的平台。在医疗纠纷中,许多病征、医疗方式等,都不是法官了解的,法官也不可能短时间内参加讲习,或是一时片刻在网络上搜寻数据便能掌握医疗纠纷的争点。② 借由专家参审,当事人或证人、鉴定人的陈述,或案情内容,涉及专业领域时,职业法官可立即咨询专家法官,如此不仅可以节省诉讼时间,亦使法官产生正确的心证,有助于事实的发现。

专家法官不是单纯在审判上提供咨询,而是实际参与审判的法官,对于极需要专业知识的案件立即提供专业上的判断。专家参与审判的好处是,专家法官对案件的事实认定有决定权,使职业法官无法情绪性地排斥专家的意见,专家法官的专业意见将反映在判决之中,法官的适用法律亦因而受到拘束,可增强法庭专业的形象与能力。以医事专业法庭为例,专家法官本身就是医学专家,与被告医师同是医学领域的专家,此将使得被告更能信服法院的判决。法院的判决,也因为专业法官的加入而显得更加专业,对于裁判质量的提升也会有帮助。

② 满足诉讼经济与迅速审判

由于法官对专业知识的缺乏,在问案或请求鉴定时,较不容易找出事实的争点,容易发生诉讼迟延,或请求鉴定的内容与案情无关等窘境。专家参审可以补足职业法官在专业知识上的缺乏,在问案或请求鉴定时比较容易找出争点,专家法官可与职业法官共同判决,所以诉讼延宕的情形相较可以避免。

在现在的鉴定制度下,请鉴定人作鉴定报告,除了公文的往返、等候鉴定所消耗的时间外,鉴定人可能拒绝鉴定,再寻找其他鉴定人,旷日费时造成诉讼的延宕。如果实行专家参审,等候鉴定的不确定时间就可以排除,因为摒除少数需要实验室的鉴定报告之外,参与审判的专家可以对案件立即提供意见,符合诉讼经济及迅速审判的要求。

③ 强化鉴定制度应有的功能

有论者认为,专家参审制是多此一举,因为只要加强鉴定功能便可满足当前医事专业法庭等专业诉讼的需求。但是只要提升鉴定制度功能真的能解决审判的困境吗?事实上,这样的观点并不完全正确,因为专家参审制度的确立,必须再加上"能发挥功能的鉴定制度",才能解决医疗纠纷制度审理的困境,并非鉴定制度能替代专家参审或由专家参审取代鉴定制度。

专家参审之所以能够提升鉴定应有的功能,理由很简单,因为专家(专家法官)与专家(鉴定人)的对话,更能够使事件的争点浮现,并且切中要害。③ 现制之下,鉴定人在场或书面的陈述之后,法官可能对专业领域的事项依旧是一知半解,如此会大打鉴定制度功能的折扣。此外,鉴定人本身有其工作负担,法院请求鉴定时,鉴定人可能只引用已经过时的调查发现为根据,或根本未调查④;也可能因为鉴定人主观偏见,使得鉴定结果更加不可靠。此时专家法官对于鉴定结果

---

① 关于这些内容,参见张丽卿:《鉴定人鉴定或专家参审》,载张丽卿:《验证刑诉改革脉动》,2008年版,第172—173页。

② 法官的医疗知识,多来自参加"司法院"举办的讲习或上网取得信息,此是否能够达到"具有医疗专业知识"的程度,令人怀疑。本文并非要谴责法官,因为这不是法官的错,任何人的知识都是有限的,造成今日医事专业法庭的困境,是制度上的缺失。

③ 参见张丽卿:《德国刑事诉讼参审制之研究》,载《刑事法杂志》1995年第39卷第4期,第49—50页。

④ Gohde/Wolff, Die Transparenz der Untersuchungssituation in Psychiatrischen Gerichtsgutachten, R & P 1991, S. 170.

产生把关的效果,将有助于事实的发现,亦可解决鉴定制度的弊害。

最后,要注意的是,医事专业法庭在实行专家参审后,还需要有相关的配套措施。因为专家多为其专业领域的佼佼者,要其牺牲专职领域的工作时间与收入,配合复杂又冗长的司法程序,势必有困难。笔者认为,在制度设计上,除需给专家法官"适当的补贴"外,如日费及旅费,另外亦需给予"相当于其本来职位工作的报酬",俾能使有学识能力及特殊专长的人参加审判,才能发挥参审制度的功效。又因专家参审不是诉讼中的常态,为了避免需要专家时,无法应急,所以宜建立全台湾地区专门知识领域人才档案①,为全台湾地区的医疗人才进行专业领域与地域性的分类归纳,建立一个系统化的文件名册,否则不知专家何在,也无法落实专家参审医事专业的诉讼。②

2. 以检察事务官的专业辅佐

检察官的医疗专业能力。

依据"法院组织法"的规定,检察官有实施侦查、提起公诉、实行公诉、协助自诉、担当自诉、指挥刑事执行以及其他法定职务,然而检察官的最主要任务为实施侦查、提起公诉、实行公诉。换言之,检察官所执行者,是法律的贯彻与实践。③

当案件侦查完结后,检察官负有判断是否提起公诉的义务。公诉的目的,在于确定具体的刑罚权。因此,在控诉原则下,检察官具有控诉人民犯罪的权力,法院则维持超然中立的角色,仅针对检察官控诉的案件行审问。④ 且基于"不告不理原则",无控诉即无裁判,一切案件皆需经由检察官提起公诉,进入法院后才能开始审理。⑤

案件提起公诉进入法院后,检察官的功能就必须实行一切依法规定的公诉程序。在改良式当事人进行主义的框架下,审判程序中,检察官必须确实莅庭进行法庭诉讼活动,例如在审判期日亲自出庭、陈述起诉要旨、申请调查证据并进行交互诘问。⑥

从上述检察官在诉讼程序所担任任务来看,以医疗诉讼为例,若检察官具备相当程度的医疗专业,对于侦查与诉讼都会产生相当的帮助。在侦查阶段,若检察官能具有专业的医学知识背

---

① 有学者建议似可比照刑事鉴定制度中之专业人员,方得以应各地之需,参见黄朝义:《相关刑案中专家参与审判咨询之运作问题》,载《律师杂志》2000年第253期,第26页。

② 与本文相同的立场,反映在"司法院"于2006年7月所提出的"专家参审试行条例草案"中。依该条例草案第14条的规定,即说明关于参审员遴选名册的制作,由"司法院"于征询相关职业公会、政府机关、学术单位的意见,就具有本条例草案第10条所定资格的专家,征得其本人同意后,依其专长、品德与具体事迹造具参审官遴选名册,送交参审员遴选委员会遴选之。不过,"司法院"于造具参审员遴选名册时,除应表明其专长、品德与具体事迹外,当然也应包含学经历,因为清楚载明专家的相关学术经历,将有助于当事人合意使用此套制度。参见张丽卿:《国民参与刑事司法之具体实践——以医疗诉讼为例》,东亚刑事诉讼法制发展动向学术研讨会论文(东海大学法律学系主办),2009年5月,第42页以下。

③ Peters, Karl, Stafprozess, Ein Lehrbuch, 4. Aufl., 1985, S. 161.

④ Roxin, Claus, Strafverfahrensrecht, 25. Aufl., 1998, § 13, Rn. 4; Beulke, Werner, Stafprozessrecht, 10. Aufl., 2008, Rn. 18,. 385.

⑤ 参见林山田:《刑事程序法》(第五版),五南图书出版公司2004年版,第52页;黄朝义:《刑事诉讼法》(第二版),新学林文化事业有限公司2009年版,第10—11页;[日]三井诚、酒卷匡:《入门刑事手续法》(第四版),有斐阁2006年版,第111页;[日]山口裕、后藤昭、安冨洁等:《刑事诉讼法》(第四版),2006年版,第15页;张丽卿:《刑事诉讼法理论与运用》(第十一版),五南图书出版公司2010年版,第30页。

⑥ Vgl. auch Einsenberg, Ulrich, Beweiserecht der StPO, 6. Aufl., 2008, Rn. 168.

景,即能迅速厘清案情,找出决定性的控诉证据,对于明显以刑逼民的医疗案件①,可直接作成不起诉处分,达成减轻案源的效果,同时也节省了医疗资源的不必要耗费;且于公诉程序中,检察官具有专业医疗知识,能够掌握鉴定内容,又能在送请鉴定的过程中,明白指出请求鉴定的重点为何,这必定使诉讼程序的进行也更加流畅。由此可知,检察官若能具备医疗专业知识,自是再好不过。

不过,当前检察官普遍缺乏医疗专业能力,这并非检察官的过失,而是在检察官所处的环境中,无法达到目标。检察官与法官一样,不可能是万能的全知者。此外,"医疗法"第83条也没有要求检察署必须有专门侦查医疗纠纷案件的股别。碍于现状,笔者认为,应以现行侦查实务可以落实的方法为之;亦即,应以具有医疗卫生专业背景的检察事务官辅佐检察官进行犯罪侦查。不过,目前检察事务官分有侦查实务、财经实务、电子信息、营缮工程四组,未来若能考虑增加"医疗卫生组"等专业组别,应能强化检察官侦查时的力道。

3. 辩护人的医疗专业能力已经逐渐分工成形

现代的刑事诉讼程序,被告是诉讼主体,非被支配的客体。但是被告并不熟悉法律,其实质上的诉讼主体地位必须有辩护人的倚赖权方能维持;辩护制度可平衡被告与审检两方的悬殊地位,确保其以诉讼主体的地位接受司法机关的审判,一方面能保护当事人不受刑事追诉机关的不法攻击,另一方面同时协助法院发现真实,避免发生错误裁判。② 精确地说,刑事辩护制度系为保障被告法律上之利益,借由辩护人之专业,协助被告,充实被告防御权,以落实诉讼上双方当事人之实质对等,避免权力机关在诉讼程序中的可能攻击,具有监督审判是否遵守正当法律程序的功能,是被告在刑事诉讼程序中的重要武器。③

换言之,"刑事诉讼法"规定辩护人所享有的权利,是作为防御被告权利被侵害的必要工具,这些必要的权利,如被告于羁押中,有接见辩护人的"交通权"("刑事诉讼法"第34条);审判中得检阅卷宗及证物并得抄录、摄影的"检阅抄录权"("刑事诉讼法"第33条);事实审中,辩护人待事实调查完毕后,得就事实与法律见解的"辩论权"及最后陈述权利④、审判中得于搜索或扣押、勘验时在场的"在场权";尤其在审判期日有直接诘问证人、鉴定人的询问或诘问权。⑤

必须注意者,虽然辩护人的主要功能是在确保被告防御权的实质运作,并借以彰显被告居于刑事诉讼程序主体的地位;但在此一原则下,辩护人另有附带协助刑事司法公正实施与追求公共利益、发现实体真实的司法功能。因此,辩护人在刑事诉讼程序中所行使的所有权利,仍须在司法功能维护公共利益的限制下进行,如此才能确实保障被告诉讼中的正当利益。

同样,在医疗诉讼中,辩护人若能具备相当程度的医疗专业知识,便可更充分地替当事人辩护,不仅能使诉讼程序更为流畅,也更能发现真实。近来,虽只有极少数律师具有医疗专业能力,但要提升辩护人的医疗专业能力相对简单。因为律师工作具有强大的市场导向,目前也随着专

---

① 据陈荣基教授观察,医疗纠纷向来有"以刑逼民"的怪现象,参见陈荣基:《台湾医疗纠纷的频率与原因的分类》,载《台湾医界》1994年第37卷第6期,第102页。

② 参见林山田:《刑事程序法》(第五版),五南图书出版公司2004年版,第196页;王兆鹏:《刑事诉讼讲义》(第四版),元照出版公司2009年版,第416页以下;黄朝义:《刑事诉讼法》(第二版),新学林文化出版有限公司2009年版,第86页;张丽卿:《刑事诉讼理论与运用》(第十一版),五南图书出版公司2010年版,第125页。Beulke, a. a. O. (Fn. 31), Rn. 150.

③ Roxin, a. a. O. (Fn. 31), § 19, Rn. 2; Beulke, a. a. O. (Fn. 31), Rn. 150; Kuehne, Hans-Heiner, Stafprozessrecht, 7. Aufl., 2007, Rn. 178.

④ Jahn, Schlussvortrag des Strafverteidigers nach § 258 StPO, JuS, 2002, 1212 f.

⑤ Beulke, a. a. O. (Fn. 31), Rn. 159.

业分工的趋势演进,有专门处理民事或刑事诉讼的律师,有专门处理智慧产权的律师;同样的,研究医疗法令且具备医疗专业能力的律师也逐渐产生。

简言之,在市场力量驱动下,辩护人的专业分工已经逐渐成形。此外,配合法学教育改革中双学位法律人、学士后法学教育的运作,在律师这个行业,已经取得较大的效果。例如台湾地区许多硕士在职班的学生来源是医师或其他专业人士如会计师、建筑师等,这些医师、建筑师或会计师等,也都有计划考取律师,然后在此专业领域的诉讼中贡献心力。①

(二)审判上难题的疏理

医疗诉讼所遭遇的审判上的难题,莫过于"鉴定制度"的困扰。由于医疗纠纷案件中,认定被告有无过失最重要的证据方法,端看鉴定的正确与否,以及法官能否了解鉴定内容;然而当前的医疗鉴定制度,实有改革的必要,尤其为使鉴定内容能更明确,针对鉴定人的诘问,更是不能忽略。② 以下从鉴定人同理心的角度,说明对被告医师应享有"对质诘问权"的重要。

1. 鉴定医师的同理心

医疗实务上,许多被委任鉴定的医师表示,如果实施鉴定之后还要出庭陈述意见,接受询问或诘问,将拒绝鉴定。"卫生署"迁就此一现实,向实施鉴定的医院表示,鉴定人无须署名,鉴定结果以医院的名义出具即可。故从现行"卫生署"鉴定实务观之,可谓完全实行机关鉴定的方式,不仅不必具结③,也无从在审判庭上接受诘问,几乎成了无法检验的证据。

不过,实施鉴定的医师应该理解,任何人都可能因缘际会而成为被告,可能成为被鉴定的对象。一旦自己成为被鉴定的对象,如果对鉴定内容有所质疑,想要针对鉴定内容提出意见,可是,当诉讼上完全没有机会让被鉴定人有询问质疑鉴定内容的机会时,将会多么委屈与不满?

相对于此,同样都属医疗专业的"精神鉴定"的医师在司法实务上都愿意出庭接受询问,何以医疗纠纷鉴定的医师却极力反对出庭? 依照一般的说法,因为精神鉴定的对象是"精神病患",医疗鉴定的对象却是"医师同僚",要让鉴定医师接受被告医师的诘问,形成同行对同行相互攻讦的现象,这将颇为难堪。然而必须反问的是,"被告医师"在诉讼上权利难道不如"精神病患"吗?

2. 被告医师的诘问权仍需保障

释字第582号已明白指出刑事被告的"诘问权"系源自"宪法"第16条的诉讼权,是"宪法"第8条实质正当法律程序的保障内容。④ 诘问权的功能,主要在发现真实,对不利证人之当面反诘问,此种借由当事人诘问证人以发现瑕疵的做法,绝非法官讯问所能取代。

观察当前的医疗纠纷诉讼可知,以医疗审议委员会为主的医疗纠纷鉴定,多以书面报告的方式呈现,若法官对鉴定报告有疑问,再以文书往返的方式进行,完全没有对质诘问的机会。

事实上,"医事审议委员会"或大型教学医院的医疗鉴定报告书属于传闻证据⑤,理应由实际

---

① 例如东海大学法律研究所博士生黄清滨医师,现已是执业律师,就是很好的例证。
② 参见张丽卿:《医疗纠纷与对质诘问权》,载《东吴法律学报》2008年第20卷第2期,第1页以下。
③ 为确保鉴定之可靠性担保,"刑事诉讼法"第202条规定鉴定人应具结。此外,第206条第2项规定:鉴定人有数人时,得使其共同报告之。但意见不同者,应使其个别报告。原则上,鉴定应由自然人为之,仅在例外情形才得嘱托医院、学校或其他相当之机关为之(第208条第1项),而不必具结(第208条第2项未准用第202条)。
④ 相同意见,如王兆鹏:《从宪法解释看被告诉讼基本权与诘问权》,载王兆鹏:《辩护权与诘问权》,元照出版有限公司2007年版,第154页以下。
⑤ "医事审议委员会"或大型教学医院的医疗鉴定报告书是传闻证据,并非特信性文书。所谓特信性文书应具有公示性、例行性(机械性)、良心性与制裁性等特征,对此的详细说明可参见陈运财:《传闻法则之理论及其实践》,载《月旦法学杂志》2003年第97期,第101页。

为鉴定者出庭报告说明。且无论是"医事审议委员会"或大型教学医院所作成的医疗鉴定报告,都应有实际参与鉴定者在法庭上对法官与当事人进行报告,这样可使其具有证据能力的同时,也让诉讼当事人可对之诘问,并符合传闻证据排除法则的规范目的及"宪法"保障对质诘问权的法理。因而,若允许直接引用特信性文书之传闻例外规定,以医疗鉴定报告书取代鉴定人当庭证言的做法,对医师被告是很不公平的。①

3. 改革刑事医疗鉴定制度

除了应确实保障被告医师的对质诘问权,落实鉴定人出庭接受诘问的义务,现行医疗纠纷鉴定制度的改革,更是当务之急。

笔者认为,基于鉴定制度的种种缺失②,医疗纠纷鉴定作业应改革其中最被诟病的"医审会鉴定"的疑问。亦即,"医事审议委员会"不宜直接参与医疗纠纷的鉴定,而应直接由司法机关嘱托各大医学中心、医学院或教学医院进行医疗纠纷鉴定工作。制度上宜设计"医事审议委员会"扮演鉴定制度中的上级"复审"单位,只审究针对初次鉴定不服的案件。诸如比照"精神鉴定"的做法,直接由司法机关委托教学医院为鉴定,并确实要求医疗鉴定人出庭说明接受诘问,发现真实。这样不但可以避免由医审会鉴定无法指定委员出席的困境,也让"医事审议委员会"鉴定小组立于超然中立的上级鉴定单位地位,避免机关鉴定在诉讼实务上,无法落实诘问权的保障。③

附带一提,亦有学者认为应从充实法医的鉴定能力与鉴定系统,确立法医师的独立专业地位,提升医师对质诘问的保障水平等方面着力。④ 笔者认为,此建议亦属可采,若能将鉴定作业适度分配于从事刑事鉴识工作的"法务部法医研究所"负责,必定更能发挥应有的功能。因为法医研究所时常支持重大刑事案件的相验及解剖业务,处理鉴定时,应能迅速切中问题核心。目前有39位专业医疗人员⑤,硬设备上,拥有现代化解剖室,以及各项精密的物理分析仪器。故法医若能作为司法实务上的鉴定主体之一,也能发挥鉴定应有的功能。当然由于法医为公务员,若要求其作为鉴定证人时,应莅庭接受交互诘问,其配合度将高于"医事审议委员会"或一般大型医疗机构所负责鉴定的专业医师。⑥

三、台湾地区"最高法院"2007 年台上字第 4793 号判决评析

在清楚掌握刑事医疗诉讼审判的实务困境及可能的改革方向后,回到台湾地区"最高法院"

---

① 医疗鉴定报告书的法律性质与对质诘问权的关系,攸关"传闻法则例外认定"的法理解释,本文暂不深入讨论,将另撰文深入说明。

② 关于鉴定制度的种种缺失及困境,参见张丽卿:《刑事医疗纠纷之课题与展望》,载《检察新论》2010年第8期,第142页以下;张丽卿:《台湾における刑事医事纷争の课题と展望》,载关西大学法学研究所:《ノモス》2008年第23号,第15—41页。

③ 参见张丽卿:《医疗纠纷与对质诘问权》,载《东吴法律学报》2008年第20卷第2期,第23页以下。

④ 参见邱清华等:《医疗纠纷鉴定之现况、检讨及建议》,载《医事法学》2000年第8卷2、3期合订本,第12页。

⑤ 此39人包含专门负责法医病理解剖工作,并具有病理专科医师资格者12位;一般法医及法医病理、毒物化学、血清证物等专家学者27位。参见"法务部法医研究所"网站(http://www.tpa.moj.gov.tw/ct.asp?xItem=2590&ctNode=7790,2010年5月12日访问)。

⑥ 关于法医鉴定、刑事鉴定的改革,"法务部"在2009年7月10日所发表的"司法改革10年之实践与展望"中表示,计划加强法医师的人才,并且提高法医师的待遇。更重要的是,针对法医鉴定、刑事人员鉴定,将着手建立"复鉴"机制;亦即,若对于第一次鉴定不服者,有救济的途径,借以强化法医与刑事人员鉴定的正确性、客观性与公正性;若对于复鉴不服者,甚至可以申请"再鉴"。参见"法务部":《司法改革10年之实践与展望》,载 http://www.moj.gov.tw/public/Data/985113823292.pdf,2010年5月12日访问。

2007 年台上字第 4793 号的判决。笔者认为，该判决发回的理由并不公允。该判决发回的主要理由指出："被告于甲前往急诊当日，除对其做一张心电图及一般生化、肝功能检查外，倘如病患甲乃夫所指，并未要求甲留院观察，做进一步诊断确认，即要其离院，致渠返家翌日上午猝然死亡，此急诊处置是否无悖于一般医疗常规，而与甲于急诊翌日之心因性猝死，毫无关联？似非全然无疑。原判决对上述医审会之鉴定意见未加详酌，徒以上述情由遽认被告之急诊处置已符合一般医疗常规，并无疏失，既嫌理由不备，且所为论断与上述医审会鉴定意见不尽相符，亦有证据上理由矛盾之违法。"针对上述理由，笔者提出几个值得斟酌点，作为印证前文所提的困境及改革的思维方向。

（一）是否符合医疗常规必须仰赖鉴定

本案从案发到高等法院，嘱托鉴定达 7 次之多。如此多次的鉴定，并非案情有所改变，而是因为法官欠缺医疗上的专业知识，所以在同样的争点上打转。这个主要争点是：甲接受乙的急诊治疗时，是否有心肌梗死的症状存在？急诊处置是否符合一般医疗常规？

"医疗常规"是汇集医师共同之临床经验与专业知识所形成的一套流程标准，是医界在其长期发展的经验中，选择对病患利益及有效医疗的前提下，浓缩出来供个案医师在临床诊断上的最佳行为准则。换言之，医师如依其经验与专业知识以及医疗常规的做法而行为时，对于不可预见的风险并不负过失责任。①

以本案为例，医师在急诊室对病患的处置，如果符合医疗常规，对于无法预见的风险，原则上不负过失责任。② 由于医审会的历次鉴定均认为，"不确定是否有"心肌梗死或心肌缺氧的病状存在。③ 台大医院认为，虽"不能排除有"心肌梗死的可能性，但认为即使有心肌梗死，也较可能属于陈旧性心肌梗死。陈旧性心肌梗死系心脏功能处于稳定，并非急症，不需急救；若病情稳定，可用药物控制及门诊追踪，不必给予血栓溶解剂或进行介入性治疗。④ 换言之，如果鉴定意见肯定病患在急诊时就被检查出患有心肌梗死或心肌缺氧的病状存在，那么医师没有将病患留院观察的处置就有违反医疗常规的嫌疑；但是因为历次的鉴定都无法肯定，而台大医院也认为即使有陈旧性心肌梗死，若病情稳定也可用药物控制及门诊追踪治疗，无须留院观察。

由于甲到基督教医院时，心跳每分钟虽达 105 次，但经治疗在做心电图时心跳每分钟仅为 93

---

① 医疗常规的形成，最重要的就是实证医学的落实，这是当前台湾地区发展比较晚，也是正在努力的范畴，其范围亦包含医疗政策、医疗法令及公共卫生策略等内容。参见 Sharon E. Straus、W. Scott Richardson、Paul Glasziou、R. Brain Haynes：《实证医学——临床实践与教学指引》，陈杰峰、王慈蜂译，2007 年版，第 1 页以下；Muir Gray、唐金陵：《实证医学——医疗照护决策》，郭耿南总编译，2007 年版，第 3 页以下。

② 例如 2009 年台上字第 6890 号判决指出："……倘诊疗医师就此所为斟酌、取舍，确有所本，并无明显轻率疏忽，或显著不合医疗常规之情，不能因诊疗医师采择其所认最适时、有利于病患之治疗方式，摒除其他，即谓其系懈怠或疏虞，有错误或延迟治疗情事，而令其负'刑法'上之业务过失责任。"肯定如医师所为已经符合医疗常规时，即不应令其负'刑法'上之业务过失责任。

③ 历次"医事审议委员会"的意见大致为：(1) 医审会第一次鉴定意见认为：无法排除病患此次心肌梗死之可能性。然应辅以其他鉴定为佐证，始能认定乙医师在为甲实施急诊时是否有心肌梗死病症存在，亦即，无法肯定有无心肌梗死存在。(2) 医审会第二、四及五次鉴定意见，均无法确定甲于接受乙的医疗行为时，是否有心肌梗死存在。(3) 医审会第三、六次之鉴定意见，尚不足认定甲于接受乙急诊当时确有心肌缺氧之症状存在。

④ 台湾大学医学院的鉴定意见：不能排除有心肌梗死的可能性，如有，陈旧性心肌梗死较为可能。因心肌梗死有急性及陈旧性之分；急性病情：有心肌细胞有急性坏死的现象，心脏呈现极不稳定的状态，故为内科急症；陈旧性病情：病患并不一定记得有症状，心脏功能处于稳定，并非急症，故不须急救。足见"急性"与"陈旧性"心肌梗死有别，其医疗标准程序亦不同。

次,足见乙在医疗过程中确有使甲的病情改善;且医师嘱咐甲至心脏科门诊追踪治疗,乙所为各项医疗处置无违反一般急诊室医师医疗常规,并已尽告知义务。申言之,从医审会第二次以后的鉴定意见与台大医学院的鉴定意见,均认为医师乙应无违反急诊室医师的医疗常规。既然医师在急诊室对病患的处置,符合医疗常规,那么对于嗣后死亡无法预见的风险,台湾地区实务也认为原则上不负过失的责任,而不具"可归责性"。①

(二)能否审酌鉴定意见攸关跨领域专业的窘境

台湾地区"最高法院"对于台湾地区高等法院的指摘,最关键的意见是:"原判决对鉴定意见未加详酌,致所为论断与医审会鉴定意见不尽相符,有证据上理由矛盾之违法。"然而此项说法有失公平。因为具有对鉴定内容详加审酌的能力,必须要有足够的专业知识,但即使是医疗专庭的法官也没有此项能力,这是跨领域专业的困难。

以本案为例,从台南高分院判决书的论述得出:医审会第二次与第三次鉴定意见均认为:"甲离院后第二天清晨突然死亡,从嘉义基督教医院急诊部简略的病历数据,实在无法确定死因为何,但是以这么短的病程来看,病患极可能因为心脏病猝死。"又,医审会第四次鉴定意见认为:"有些病患心肌梗死时并没有胸痛,只是气喘而已,故亦可能是因为心脏病发作死亡。"医审会第五次之鉴定意见则认为:"依心电图S1Q3T3现象,病患有可能死于肺栓塞或主动脉剥离或脑血管破裂等原因。但是,以其病情短而急的过程推断,病患死于心脏病猝死的几率较大。"医审会第六次鉴定则表示:"病人无典型之症状,无法正确推论病人发病的时间。肺栓塞、脑中风、主动脉剥离等原因,亦均有可能为其死亡原因。"

换言之,台南高分院的职业法官们虽不具医疗专业背景,但是努力斟酌上述医审会第二、三、四、五、六次的意见后综合认为:"乙医师为甲做各项医疗处置时,并无急性心肌梗死的临床症状;乙当时已就甲主诉的症状加以治疗并获得改善,且出院前的第二次心电图或抽血检验心肌酵素,亦无法检查出患者必然罹患急性心肌梗死,且医师也嘱咐甲必须至心脏科门诊追踪治疗,因此,乙医师所为各项医疗处置,并无违反一般急诊室医师之医疗常规。甲系于回家后之翌日,才产生突发性之心脏问题,该发病时间在客观上无法预见,且纵然已尽早得到正确诊断及适当治疗,其结果并不保证能够避免病情恶化乃至死亡……"

笔者认为,2006年间台南高分院应已作成正确判决,并且已经详加论述七次鉴定意见的内涵②,尤其本判决提出要成立过失犯罪的两项非常重要的判断标准:一是突发心脏病在客观上无法预见:由于甲于回家后翌日,才产生突发性的心脏问题,发病时间在客观上无法预见,病患死亡的结果不可测,无法归责于医师的决定。因为如果将死亡结果归咎于医师,岂不是认为一切不可预测的结局都要让医师承担?如果是这样,岂不是认为医师必须是神?只有神才能掌握不可知的变量。二是死亡结果不能完全避免:由于几乎所有鉴定意见均倾向"甲的死亡应属意外",与乙的医疗行为无关;既然专业鉴定意见清楚表达,医师并未违反一个小心谨慎的专业人士该有的注意义务,应无疏失。且纵然已尽早得到正确诊断及适当治疗,其结果并不保证能够避免病情恶化乃至死亡,医师的处置(未让病人留院观察)与病人的死亡,并非因果流程的常态,结果不具有可预见性。

遗憾的是,由于台湾地区"最高法院"的发回,不但让乙多了好几年诉讼程序上的煎熬,也让

---

① 例如2009年台上字第3327号判决认为:"……如医师所为之处置符合医疗常规,则病患嗣后死亡,非可归责于医师。"

② 详细内容可参见台湾地区高等法院台南分院2004年医上诉字第868号刑事判决。

台南高分院的判决遭到质疑。其实,职业法官对有无心肌梗死的专业认定,是无法胜任的,因为这个攸关跨领域专业知识的窘境。台南高分院已经是在斟酌了所有鉴定意见后,本于"刑事诉讼法"上严格证据及"罪疑惟轻"原则①,认为死亡结果与被告在急诊室所为各项医疗处置并无相当因果关系而判决无罪②;亦即,台南高分院法官在心证上应该是认为,基于本案例的各种具体事实情状,的确必须考虑有些怀疑的情形,而没有直接对被告作成不利之裁判。③ 更具体地说,病患死亡是否可以避免,不是法院可以判断,必须仰赖具有特别知识经验者之医疗鉴定,始能断定;但是当多次鉴定依然无法判断结果可"几近确定"避免时,则应认为病患死亡结果不具有客观可避免性,被告医师便无法成立业务过失致死罪,因此并非如台湾地区"最高法院"所言,没有详加审酌鉴定意见。

（三）留院观察是否真能不死乃专业判断

病患家属的争执是,如果医师决定将病患留院观察,死亡结果应该可以避免。不过,是否真能够避免不死,通说的看法是:"即使医师履行注意义务（留院观察）,也'几近确定'无法避免损害结果时,则违反注意义务之医师,不论其义务违反程度之轻重,均不会成立过失犯罪。因为若是医师采取履行注意义务之措施,也无法改变结果发生时,则该结果就是无法避免的不幸意外。"亦即,过失犯罪之成立必须是注意义务之违反与结果发生间具有关联性,若是注意规范无法于个案中发挥保护法益的效用,则单纯地违反注意规范,亦不成立犯罪。因为过失致死的本质是结果犯,并非只要求医师抵触了法所要求之行为规范④,就成立犯罪。

病患家属认为,如果医师决定将病患留院观察,死亡结果应该可以避免。但是,留院观察的目的是什么? 留院观察的目的,应该是针对所发现的病因加以监控,不使恶化。本案被告医师所作的各项检查,并未发现心肌梗死的可能原因;历次医审会与台大医院的各鉴定报告,都不能断定病患在急诊时有心肌梗死存在,病患的死因是什么也无法断定。既然鉴定意见无法断定患者的病因,留院观察就成为没有意义的举动。换言之,专业意见认为,医师没有将病患留院观察的决定与病患的死亡不具有因果关联性。

（四）具谦抑思维之高等法院判决

刑法的基本精神不会如此强求医师,强求任何人。在过失犯或不作为犯的判断上,只要是超越一个人的能力,行为人基本上就没有责任。本案医疗鉴定的目的,就是要指出,防止病患的死亡,是医师的能力所及吗? 医疗鉴定的专业判断如果已经清楚表达,这不是医师的能力所及,法院就应该作无罪判决。所以,本案的高等法院台南分院及更一审判决乙无罪,乃是尊重专业的正

---

① Tröndle/Fischer, StGB, 54. Aufl., 2007, vor § 13 Rn. 17 e; Schönke/Schröder/Lenckner/Eisele, StGB, 27. Aufl., 2006, vor § 13 Rn. 99 ff; Rengier, AT, 2009, § 52 Rn. 33; Ulsenheimer, Arztstrafrecht in der Praxis, 4. Aufl., 2008, § 1 Rn. 215.

② 台湾地区"最高法院"1987 年台上字第 4986 号判例指出:"认定犯罪事实所凭之证据,虽不以直接证据为限,间接证据亦包括在内,然无论直接或间接证据,其为诉讼上之证明,须于通常一般之人均不致有所怀疑,而得确信其为真实之程度者,始得据为有罪之认定,倘其证明尚未达到此一程度,而有合理之怀疑存在,致使无从形成有罪之确信,根据罪疑惟轻、罪疑为有利被告之原则,即不得遽为不利被告之认定。"因而台南高分院所为之无罪判决,合乎刑事证据严格认定法则之精神。关于刑事判决法官必须扮演"证据守门员角色"的说明,参见张丽卿:《医疗纠纷鉴定与刑事责任认定》,载《月旦法学杂志》2008 年第 157 期,第 71—101 页。

③ Ulsenheimer, a. a. O. (Fn. 56), § 1 Rn. 214; Roxin, AT II, 2003, § 31 Rn. 44; Rengier, AT, 2009, § 49 Rn. 14.

④ Ulsenheimer, a. a. O. (Fn. 56), § 1 Rn. 210.

确判决。病患家属如果仍然怀疑鉴定结果,可以请求鉴定医师在法庭上接受诘问,这样迷雾可以渐渐驱走,真相也因此更为清楚。①

结论性观点

医疗纠纷发生后,最让医师受折磨的应该是刑事诉讼。刑事医疗诉讼的时间大多不会在短时间内结束。诉讼没有结束,医师的压力就会持续存在,难免影响医疗质量,这对于病患权益是一种潜在的威胁。任何诉讼都不免有时间延宕的情形,但是刑事医疗诉讼的延宕恐怕更常见。这主要是因为医疗纠纷的判断非常不容易,法官的医疗知识相对贫乏,因此,如何在诉讼制度上加速刑事医疗纠纷的解决,实在值得讨论。

目前实务固然有医事专业法庭的设置,但成效似乎不如预期。主要原因之一是,专庭法官的调职相当频繁,当法官的经验与专业知识比较成熟时,就会他去。如何让专庭法官安于其位,是制度设计上必须思考的重点。

医事专业法庭之外,专家参审更是一个可行的途径。专家参审是专家法官与职业法官协力共同作出案情的精准分析与判断,让审理的争点随时得到正确的回答,这是鉴定制度无法比拟的。

审判上必须给被告医师对质诘问的机会与权利。目前比较具有权威性的医疗纠纷鉴定,应该是医审会。被告医师对于鉴定内容与结论几乎没有说明的机会,诉讼上应该让被告医师面对鉴定人表达自己的意见,甚至诘问鉴定的内容。一旦制度上这样设置,鉴定人必须更为谨慎,鉴定内容的权威性也更能建立。

本案的情节很简单,病患入院急诊,医师尽力作了各项检查及治疗,认为并无大碍后,请病患回家调养,并嘱咐须回诊治疗,隔日却因不可预料的原因,病患死亡。这个情形在医疗实务上应该并不少见,如果诊治医师必须因此承担业务过失致死罪,则医师人人自危,不知如何自处。这恐怕不是实务判决所乐于见到的结局。

---

① 有鉴于此,"最高法院"2009年台上字第6890号判决具有指标意义。该判决指出:"……但书面鉴定报告倘不无疑义或未尽详明,当事人、代理人或辩护人因此提出具体意见,本于发现实体之真实及保障当事人对于鉴定人之诘问权,自应命实际实施鉴定或审查之人到庭,以言词报告或说明,践行书面鉴定报告调查证据程序,始为适法。"

主题词索引

A

案件单位原则　408

B

保护领域　483
保护义务　482
背包案　275
背信罪　141—144
比例原则　488
濒死过程　165
补强证据　428
不纯正不作为　087
不纯正渎职罪　264
不法所有之意图　233
不告不理原则　417
不应排除说　367
不正方法　251
不自证己罪原则　376

C

程序审理说　460
程序选择权　464
抽象危险犯　123
传统型恐吓危险罪　337

D

担保功能　307
当场　240
渎职罪　264

F

法兰克公式　111
法律保留　488
法条竞合　074
法益权衡理论（裁量理论）　368
法秩序一元说　368
防卫过当　102

诽谤罪　208

G

干预　487
个人法益　339
"公平交易法"营业诽谤罪　149
公务员审查义务　321
公医制度　349
共犯自白效力　426
共谋共同正犯　434—442
共同正犯　218
构成要件该当性　075—081
构成要件满足性　074
过失　021,057,058
过失犯　068

H

合法前行为　333
毁损名誉　213

J

间接故意　012—018
"检肃流氓条例"　394
紧急避难　175,178
精神鉴定　005
竞争关系　151
酒醉驾车罪　122
拘提逮捕前置原则　407
举动犯　190
拒绝证言权　390,477

K

可罚的未遂犯　108
可受公评　215
客观不可避免性　087

L

立场理论　273

利用计算机技术侵犯固有法益　338
留置处分　396
流氓种类　392

M
美容医学　064
明确性原则　399

N
脑死说　159

O
《欧洲人权公约》　480

Q
欺诈罪　236
前置效力　389
强盗罪　232
强制罪　167
侵害现在性　095
侵占　278
轻微财物的正当防卫之限制　100
权限理论　274

R
认罪协商　467

S
三角诈欺　271
商业判断法则　134—145
射程距离　377
生命绝对保护原则　179,182
实质预备犯　220
使公务员登载不实罪　313
适格证据　309
双效原则　019
私人不法取得证据　367
死亡认定　157—161

T
贴近理论　273
"通讯保障及监察法"　258
同意能力　200,202

W
违法前行为　332
未成年人同意　194
伪造文书罪　296,301
文书　288
无照行医之例外　354

X
希望主义　012
相当因果关系　050,053
泄露使用电脑知悉秘密罪　326
心肺功能丧失说　158
心肌炎　448
心神丧失　004
新法兰克公式　111
信赖原则　070
"刑法"第315条之1　186
"刑法"诽谤罪　154
刑事法关联　380
刑事过失犯罪　448
形式预备犯　220
形事医疗鉴定制度　506
形事医疗诉讼审判　496

Y
严格证明法则　419
一罪一羁押原则　411
医疗过失责任与程序保障　451
医疗纠纷　464
医疗拒绝证言权　477,485
医疗秘密　476
医疗行为　064,085,169
医疗准则　069
医师的紧急救治义务　044
医师亲自到场诊察义务　036,041
医师说明之义务　027
医师制度　347
医事过失审查原则　463
医事审查六分法　465
隐私法益　329

隐性的(成文间接)规定 279
"优生保健法" 202
邮件案 275
预备犯 220

Z

诈欺 270,371
诈欺罪 251
诈术 236
侦查中羁押处分 404
真正恶意原则 151
正当防卫 098
正义原则 045
证据使用禁止 385
直接故意 012—018,323
中止犯 107

忠实义务 134
重大过失 024
专家参审 006
专家法官参审制 500
专科医师制度 354
追回权 098
准强盗构成要件 239
自杀责任 054
足以生损害于公众或他人 302,322,337
阻却违法事由 210
最佳利益 198
罪刑协商 468
罪责能力 004,007
尊重医师裁量权 464
作为义务 040

www.lawdata01.com.cn

学术精品的数位典藏平台

教育·人文·法学·社会·医卫

收录子库	资料特色
期刊库	900种学刊报：含TSSCI、CSSCI重要核心期刊，独家收录"台湾图书馆最具影响力学术资源"最佳人气学术期刊
论著库	独家收录元照、智胜、高等教育、台大、政大、"清华"、成大、高点培训丛书
教学案例库	提供高校重要学者上课教材、教学案例、争点评释
词典工具书库	收录《元照英美法词典》《英汉法律用语大词典》《英汉法律缩略语辞典》《英汉法律词典》
博硕论文库	收录1980年迄今台湾地区多领域博硕论文索引与部分全文
常用法规库	收录两岸常用重要法规，包括立法理由、新旧条文对照、实务见解等
判解精选库	收录台湾地区大法官解释、各级重要法院判例、决议等司法实务资料
题库讲座	收录两岸公职考、研究所、证照等相关评量试题与考试信息
月旦影音论坛	5000场在线影音讲座、500位重要学者精彩专题、500种主题研讨讲座

[系统特色]
繁简用语对译、权威词典中英文对照、多元检索跨库整合、多载体阅读、相关词查询。

[适用对象]
公共图书馆、高校科研单位，包括政法类、综合类、师范类、财经类等相关学科。

[使用需求]
科研/教学应用：最新研究议题、两岸研究趋势、教学补充资料、论文资源；
实务/进修应用：最新实务动态、学术数据佐证、个案研究与分析；
收录/更新：最早回溯到1952年5月发表之文章，每日更新。

用户服务
北京元照教育科技有限公司
电话：010-62117788
QQ：1045798934
邮箱：1045798934@qq.com

试用开通
中国教育图书进出口有限公司
QQ：476588387
邮箱：liu_yao@cepiec.com.cn

更多前沿信息请关注
"月旦知识库"公众号